同庆

计划生育委员会
共和国成立六十周年

国家人口计生委主任李斌在云南调研期间，听取中共云南省委、云南省人民政府汇报人口计生工作，图为李斌主任在会上作重要讲话

国家人口计生委主任李斌到云南检查指导工作，与云南省有关领导亲切合影。

国家人口计生委主任李斌（右五），中共云南省委书记白恩培（右四），云南省人民政府副省长高峰（左四），国家人口计生委国际合作司司长郝林娜（右三），国家人口计生委宣教司司长张建（左三），云南省人口计生委主任郝青山（右二），国家人口计生委财务司副司长武家华（左二），云南省人民政府副秘书长卫星（右一），国家人口计生委科技司副司长许梅林（左一）

国家人口计生委主任李斌（左）在云南省省长秦光荣（中）陪同下视察丽江古城区人口计生工作

国家人口计生委主任李斌（中）在云南省副省长高峰（右一），云南省人口计生委主任郝青山（左一）陪同下视察昆明市人口计生工作

国家人口计生委主任李斌在云南省人民政府秘书长丁绍祥陪同下听取丽江市政府汇报人口计生工作

国家人口计生委主任李斌（中）在云南省人口计生委主任郝青山（左一）、迪庆州州长陈建国（左二）陪同下与迪庆藏族地区群众亲切交流

国家人口计生委主任李斌（左二）在迪庆州州委书记齐扎拉（左一）陪同下到迪庆藏族群众家中看望育龄妇女

国家人口计生委主任李斌（左二）在丽江市市长王君正（右二）、副市长杨一奔（右一）陪同下视察丽江市人口计生委信息化建设情况

国家人口计生委主任李斌（右一）在丽江与纳西族育龄妇女亲切交谈

国家人口计生委主任李斌（左一）视察迪庆州香格里拉县计生服务站

2006年4月10日，原国家人口计生委主任张维庆（左二）在副省长高峰（右一）宜良县委书记郭子贞（左一）陪同下，到宜良县汤池镇深入农户调研

2007年6月17日，国家人口计生委副主任赵白鸽（前排左二）在省人口计生委主任郝青山（后排左）的陪同下视察腾冲县计划生育服务站

2008年8月，原国家人口计生委副主任潘贵玉(右一)深入禄丰县检查指导工作

2007年4月，国家人口计生委副主任王培安（左四）就大理州创建全国统筹解决人口问题试验区进行专题调研。图为王副主任到农户家中访谈

2009年4月，国家人口计生委副主任江帆（左二）在云南文山州调研

2008年3月，国家人口计生委纪检组长勾清明（右一）到会泽调研

原省人大常委会主任、省计生协会会长李桂英（中）在省人口计生委主任郝青山（左一）陪同下到昆明市西山区调研

中共云南省委副书记李纪恒在全省人口计生工作会议上讲话

云南省人民政府副省长高峰（右一）与玉溪市副市长王跃（左一）签订人口与计划生育责任目标书

云南省人民政府副省长高峰在全省人口计生工作会上讲话

云南省人口和计生委主任郝青山(右一)与文山州人口和计生委主任祝正武（左一）签订人口目标责任书

云南省召开全省州市人口计生委主任会议

2007年12月，省人口计生委主任郝青山（左三）、德宏州州长孟必光（左二）共商人口计生工作

国家人口计生委副主任赵白鸽（前排左二）在云南省人口计生委主任郝青山（前排左三）陪同下在腾冲县计生服务站调研

省人口计生委主任郝青山（左四）、云南省人口计生委纪检组长聂原平（左二）在临沧市副市长马迎春（左一）陪同下在凤庆调研

省人口计生委主任郝青山（左一）向育龄妇女了解“兴边富民”工程实施情况

省人口计生委副主任金桂兰（左二）在大理调研

省人口计生委副主任吴莉华（左三）在昭通鲁甸调研

省人口计生委纪检组组长聂愿平（左一）在普洱市调研计生工作

省人口计生委主任郝青山（左二）在昆明市计生委主任杨文慧（右一）陪同下检查昆明人口计生工作

省人口计生委党组成员、省计生协会副会长郭秀华（左二）在玉溪市调研计生工作

省人口计生委副主任李善荣在昭通市彝良县调研计生工作

领取养老抚助金的群众代表

省人口计生委三下乡活动

云南省副省长高峰为《云南人口和计划生育年鉴》题词

记载今天的收获，谋求明天的发展，
不断开创云南人口计生工作新局面。

高峰

2009年10月26日

创刊词

人口问题始终是制约我国全面协调可持续发展的重大问题，是影响经济社会发展的关键因素。正是从这一国情出发，在改革开放的进程中，党中央、国务院始终将解决发展问题与解决人口问题紧密结合，坚持改革开放，坚持计划生育基本国策。经过30年的努力，我国创造了经济快速发展和人口全面发展两大奇迹。人口和计划生育事业取得了举世瞩目的伟大成就，实现了人口再生产类型由高出生、低死亡、高增长向低出生、低死亡、低增长的历史性转变。妇女总和生育率从实行计划生育前的5.8下降到目前的1.8左右，使我国13亿人口日推迟4年到来，对我国经济持续较快增长的贡献率达到四分之一以上，有效地缓解了资源、环境的压力，有力地促进了经济发展、社会进步和民生改善，人民群众生活实现了由贫困到温饱再到总体小康的历史性飞跃。

云南人口和计划生育工作历经30多年的曲折发展，亦实现了人口再生产类型的历史性转变，总体上进入稳定低生育水平、统筹解决人口问题的新阶段。在新的形势下，全省人口计生系统坚持以科学发展观为指导，按照稳定低生育水平、统筹解决人口问题、促进人的全面发展这一总体目标要求，围绕构建社会主义和谐社会和全面建设小康社会的大局，千方百计稳定低生育水平，着力提高出生人口素质，综合治理出生人口性别比偏高问题，不断完善流动人口计划生育服务管理体制，积极应对人口老龄化，深入开展“推套防艾”工作，注重加强队伍建设，努力开创新时期人口计生工作的新局面。

经过全省人口计生系统上下共同努力，《云南省人口和计划生育年鉴》（以下简称《年鉴》）正式创刊了。它是一部具有一定工作指导性和可靠史料性的工具书，是社会各界了解人口和计划生育工作的重要窗口。编撰和利用好《年鉴》，有利于总结、传播人口计生工作经验、宣传先进典型、传递业务信息、指导人口计生工作，促进人口与经济社会的和谐发展；可以为各级人口计生部门提供翔实的人口数据、史料，为推动人口计生事业健康、稳定、深入发展提供服务。《年鉴》收录了2006、2007年和2008年全省各州（市）、县（市、区）人口计生主要工作情况。今后每年将继续编撰。

我们有理由相信，在社会各界的关心、支持下，《云南省人口和计划生育年鉴》一定会越办越好，不断谱写新的篇章，更好地为推动全省人口和计划生育事业作出新的贡献。

云南省人口和计划生育委员会主任 [signature]

2009年5月

特别鸣谢

昆明市人口和计划生育委员会

鸣谢单位

昭通市人口和计划生育委员会

楚雄州人口和计划生育委员会

玉溪市人口和计划生育委员会

红河州人口和计划生育委员会

普洱市人口和计划生育委员会

西双版纳州人口和计划生育委员会

大理州人口和计划生育委员会

保山市人口和计划生育委员会

德宏州人口和计划生育委员会

怒江州人口和计划生育委员会

临沧市人口和计划生育委员会

云南省人口和计划生育

Yunnan Population and Family Planning Yearbook

年鉴

2006–2008

云南省人口和计划生育委员会 编

上

云南出版集团公司
云南人民出版社

图书在版编目(CIP)数据

云南人口和计划生育年鉴：2006～2008 / 云南省人口和计划生育委员会编 .—昆明：云南人民出版社，2009

ISBN 978-7-222-06186-6

Ⅰ.云… Ⅱ.云… Ⅲ.①人口—工作—云南省—2006～2008—年鉴②计划生育—工作—云南省—2006～2008—年鉴 Ⅳ.C924.257.4-54

中国版本图书馆 CIP 数据核字（2009）第 187282 号

责任编辑：崔　洋

装帧设计：李学科

责任印制：段金华

书　名	云南人口和计划生育年鉴（2006-2008）
作　者	云南省人口和计划生育委员会 编
出　版	云南出版集团公司　云南人民出版社
发　行	云南人民出版社
地　址	昆明市环城西路 609 号
邮　编	650034
网　址	www.ynpph.com.cn
E-mail	rmszbs@public.km.yn.cn
开　本	889×1194　1/16
印　张	75.25
字　数	1200 千
版　次	2009 年 10 月第 1 次印刷
印　刷	昆明美盈彩印包装有限公司
书　号	ISBN　978-7-222-06186-6
定　价	680.00 元

《云南人口和计划生育年鉴》编辑委员会

《云南人口和计划生育年鉴》编辑部

目 录

contents

YUNNAN POPULATION AND FAMILY PLANNING YEARBOOK
(Contents·2006——2008)

THE FIRST VOLUME

Summary

Speeches by NPFPC Leaders to Yunnan

Speeches by Leaders of Yunnan Province

Important Literature

Important Documents

Speech by Leaders of Yunnan Population and Family Planning Committee

Key tasks

Professional

Regional

THE SECONG VOLUME

Regional

(Translated by Yang Qiong)

云南
人口和计划生育 年鉴 2008

Yunnan Population and Family Planning Yearbook

云南人口和计划生育年鉴

创 刊 号

昆明市人口和计划生育委员会

◆ 12月27日上午，市委、市政府主要领导到市人口计生委检查指导工作

◆ 12月3日至4日，市人口与计划生育工作领导小组目标考核组对十四县（市）区政府、三个开发（度假）区、市教育局、市公安局、市民政局、市财政局、市房管局、市卫生局2008年度人口与计划生育工作进行考核

2006年是“十一五”规划的开局之年，经过全市广大计生干部辛勤工作，顺利完成了省、市下达的各项指标任务，市政府、市人口计生委均被考评为一等奖。人口出生率为10.9‰，自然增长率为6.47‰，计划生育率99%，长效避孕及时率81%，市财政年初安排计划生育事业经费预算1694.45万元，农业人口新领取《独生子女父母光荣证》21594户。

2007年，党的十七大胜利召开、《中共中央国务院关于全面加强人口和计划生育工作统筹解决人口问题的决定》颁布实施，为人口和计划生育工作提出了新要求、新任务。省政府下达5项指标、省人口计生委下达9项指标、市政府目督办下达22项工作任务全面完成，经省政府、省人口计生委检查考核，市政府、市人口计生委均荣获一等奖。长期未解决的农村独生子女保健费得到全面落实。官渡、安宁、呈贡、石林、富民5个县（市）区达到省级优质服务县标准。晋宁、石林出生缺陷干预工作成效明显。群众对计划生育管理服务的满意度不断上升。按时完成各级人大代表、政协委员建议、提案面商答复工作。市人口计生委对口帮扶的禄劝县娜拥村委会通过脱贫验收。“四创”工作进展顺利。人口出生率10.47‰，自然增长率6.02‰，计划生育率99.32%。

2008省政府、省人口计生委分别下达我市8项和11项指标任务。年底，经省政府、省人口计生委检查考核，市政府、市人口计生委均荣获一等奖。人口计生统计年报显示，人口出生率10.94‰，自然增长率5.59‰，计划生育率99.32%。

◆ 慰问流动人口独生子女家庭

◆ 5月25日，市人口计生委举办“昆明市人口计生系统解放思想大讨论专题讲座”

◆ 1月7日至11日，省政府检查考核组一行8人在省人口计生委主任郝青山的带领下，到我市检查考核2007年省政府与市政府、省人口计生委与市人口计生委签订的《人口与计划生育目标管理责任书》完成情况

◆ 2月18日，市人口计生委根据市委、市政府在全市开展经济社会发展软环境建设活动的要求，召开软环境建设动员大会

◆ 2-1月20日，市人口计生委在桃源广场召开昆明市流动人口计划生育模范家庭奖励大会

◆ 10月30日上午市人口计生委召开了昆明市实施《关于强化流动人口计划生育现居住地管理工作意见》新闻通报会

◆ 在12条线路30辆公交车上开辟了计划生育公益宣传广告

昭通市人口和计划生育委员会

2009年3月深入学习实践科学发展观活动

根据各县区人口与计划生育工作统计报表汇总，2008 年末，全市总人口为 5267804 人，其中：常住人口 4238387 人，流出半年以上人口 1029417 人，分别占总人口的 80.4% 和 19.6%；全市已婚育龄妇女总数为 936482 人，其中：常住已婚育龄妇女 704184 人，流出半年以上已婚育龄妇女 232298 人，分别占已婚育龄妇女总数的 75.2% 和 24.8%。

2008 年，全市常住人口共出生人口 49851 人，其中：符合政策出生 35147 人，计划生育率为 70.50%；流出半年以上人口出生 12200 人，其中符合政策出生 6895 人，计划生育率 56.57%。

2008 年 7 月 21 日，昭通、宜宾两市流动人口计划生育工作协作会在宜宾市长宁县举行，两市人口计生委主任、分管流动人口计生工作的副主任，昭通市盐津、水富、昭阳、绥江、彝良、威信六县区和宜宾市宜宾、珙县、高县、兴文、筠连、翠屏、屏山七县区人口计生局负责人及流

2009年7月昭宜两市协作会及全市流动人口计划生育工作会

动人口计划生育管理办公室负责人出席协作会，共商毗邻地区流动人口计生工作协作大计。

2005 年 7 月 22 日，两市首次人口计生工作协作会在水富举行，并形成了《昭通市宜宾市人口与计划生育工作协作会议纪要》。宜宾市人口计生委主任罗厚云通报了三年来两市流动人口计生工作协作的成果及存在问题。昭通市人口计生委主任龙波就两市下一步流动人口计生工作协作提出了 4 点建议：按照国家人口计生委关于建立流动人口计划生育管理服务“一盘棋”的要求，进一步探索完善两市深化流动人口计划生育的方式方法；建立两市信息通报制度；成立联合检查组，开展联合监督，严格贯彻落实两市达成的各项协作协议；进一步加强相互间的交流学习，提高两市流动人口计划生育工作水平。各县区人口计生局负责人从不同的角度发表了两市流动人口计划生育工作协作的意见。

两市在总结三年来协作成功经验和存在问题的基础上达成了新的共识，双方决定会后印发新的《会议纪要》，将形成的共识固定下来，作为两市今后流动人口计划生育工作协作的指导性文件，并希望双方共同遵守，严格执行。

2009年8月昭通市乡镇人口和计划生育业务培训

楚雄州人口和计划生育委员会

国家人口计生委副主任潘贵玉(右一)深入禄丰县检查指导工作

2006年，楚雄州圆满完成了省人民政府及省人口和计划生育委员会下达的各项任务指标，人口和计划生育工作继续保持了良好的发展态势。（1）人口出生继续下降。全年全州出生人口26009人，人口出生率10.07‰，比上年下降0.78个千分点；死亡16409人，死亡率6.35‰，比上年下降0.31个千分点；自然增长9600人，自然增长率3.72‰，比上年下降0.46个千分点。（2）计划生育率稳步上升。在出生的26009人中，符合政策出生的25951人，计划生育率为99.78%，比上年同期持平。（3）综合节育率继续提高。全年全州已婚育龄妇女人数达535065人，已采取避孕措施487882人，综合节育率为91.18%，比上年上升0.19个百分点。（4）计划生育村（居）民自治全面展开。全州1094个村（居）委会，有1088个按照工作程序，全面开展了计划生育村（居）自治工作，开展面达99.54%。（5）农业人口领取《独生子女父母光荣证》任务全面完成。全年全州农业人口共领取《独生子女父母光荣证》5562户，完成省人民政府下达任务的111.24%。（6）计划生育优质服务工作全面推开。双柏、南华、姚安、大姚、禄丰5县相继启动了优质服务先进县创建活动。楚雄、永仁、武定3县市也积极开展计划生育优质服务先进县市创建活动的准备工作，计划在2007年全面实施。（7）推广使用安全套防治艾滋病工作成效显著。州人口计生委安排资金2.45万元，制作了7000个安全套标志牌免费发放到宾馆酒店，规范了安全套的摆放。截止2006年9月30日，全州有星级宾馆43家，安全套摆放率100%；普通旅馆酒店894家，安全套摆放率98.65%；娱乐服务场所162家，安全套摆放率为92.59%；美容及发廊491家，安全套摆放率为92.67%。

2007年，全州人口增长继续得到有效控制。（1）人口出生率持续下降。全州全年出生人口24275人，人口出生率9.35‰，自然增长率3.04‰。与上年同期相比，人口出生率和自然增长率分别下

楚雄州计划生育避孕药具管理站工作人员在研究药具管理工作

开展科技大练兵活动，进行B超实用技术培训

降0.72和0.67个千分点。（2）计划生育率保持稳定。在出生人口中，符合现行生育政策出生24213人，计划生育率99.74%，与上年同期持平。（3）综合节育率略有下降。全州已婚育龄妇女人数541823万人，占总人口的20.82%。在已婚育龄妇女中，已采取避孕措施491631万人，综合节育率90.74%，比上年同期下降0.45个百分点。（4）领取《独生子女父母光荣证》人数持续增加。全州累计有100798人领取了《独生子女父母光荣证》，累计领证率为18.6%，比上年同期上升0.84个百分点。

2008年，全州各级党委、政府继续高度重视并切实加强对人口和计划生育工作的领导。（1）州委、州人民政府高度重视人口和计划生育工作。州人民政府共专题研究人口和计划生育工作4次，并在2008年9月召开的全州人口和计划生育工作会议上对2002年－2007年的35个人口和计划生育工作先进集体和100名先进个人进行了表彰。同时，将人口和计划生育工作纳入州委、州人民政府重点工作督查内容，进行定期通报和督查。（2）人口和计划生育目标管理责任制进一步健全完善。州人民政府决定，对人口和计划生育工作实行县市人民政府、计划生育部门和领导小组成员单位分别进行考核制度。在2008年“两会”期间，州人民政府召开高规格的人口和计划生育工作座谈会，州人民政府与各县市人民政府主要领导签订了《2008年人口和计划生育目标管理责任书》。（3）州级计划生育经费投入有所增长。2008年州级财政共投入计划生育事业费560.52万元，比上年增长28.74万元。（4）基础设施建设得到加强。在2008年四季度中央增加投入、扩大内需、拉动经济增长的重大决策部署中，全州争取到新增中央预算内投资计划生育服务体系建设项目37个，其中：县级计划生育服务站2个，乡级计划生育服务所35个。项目总建筑面积14935平方米，总投1321万元，计划于2009年8月前全部完工。

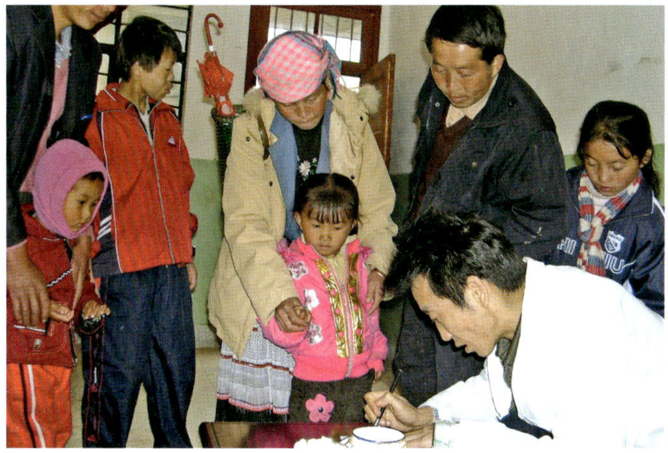

为独生子女开展免费健康检查

2008年11月19日－21日，全省流动人口计划生育工作研讨会议在楚雄召开

向广大育龄群众发放宣传单

玉溪市人口和计划生育委员会

省人口计生委赫青山主任到玉溪指导检查工作

2007年云南省县级计划生育业务培训班在玉溪举办

2007 年，玉溪市抓住贯彻落实《中共中央国务院关于加强人口和计划生育工作统筹解决人口问题的决定》的有利时机，更好地贯彻落实《决定》精神，依托党校、人口学校等阵地，采取举办培训班、发放有关《决定》政策汇编及学习资料、广播电视宣传等形式，使各级各部门领导干部深入领会《决定》精神。全市计生工作者，围绕一个中心（进一步降低生育水平，构建和谐计生）、完善两项机制（以群众需求为导 向的优质服务机制和计划生育村民自治机制）、实施三大工程（出生缺陷干预、推套防艾和关爱女孩行动、综合治理出生性别比偏高）、突出四个重点（贯彻落实中央《决定》精神、“奖优免补”、流动人口计划生育管理和基层基础工作）的人口与计划生育工作思路，扎实工作，改革创新，不断完善规范化管理，狠抓各项政策措施的落实，圆满完成“奖优免补”工作的各项指标任务，优质服务、村（居）民自治、依法行政、流动人口计划生育管理、推套防艾、

计划生育协会等各项工作整体推进，进展顺利，人口与计划生育工作取得可喜的成绩。

圆满完成2007年度人口计划。据计生统计报表，2007年，全市出生18679人，同比减少835人，人口出生率、人口自然增长率分别为8.86‰和3.70‰，同比分别下降0.44和0.39个千分点，人口出生率比省下达指标低3.14个千分点；计划内出生人数18548人，计划生育率99.30%，同比下降0.08个百分点，比省下达任务数高4.30个百分点；流动人口违法多生育2人，比上年同期少3人，比省下达任务数少18人；全市农业人口新领取“独生子女父母光荣证”941户；全市有618个村（居）委会开展计划生育村（居）民自治；避孕及时率为80.6%，比省下达80%的指标高0.6个百分点。出现出生人口继续下降，自然增长率明显降低，综合节育率稳定上升，避孕及时率逐步提高的良好态势。生育证发放程序合格率达100%。全系统共办理信访接待3934件，答复落实3886件，落实率98.01%。

玉溪市人口计生委参加2007年三下乡活动

2007年玉溪市人口与计划生育干部培训班现场

2006玉溪市人口计生系统第三届人口杯职工运动会

红河州人口和计划生育委员会

2006年2月，国家人口和计划生育委员会副主任赵白鸽（右三）到红河州弥勒视察人口和计划生育工作。图为赵白鸽副主任与弥勒西三镇可邑村的少数民族妇女亲切交谈

1991年12月，时任国家计划生育委员会副主任彭玉到红河州建水、个旧等地视察计划生育工作。图为彭玉副主任在建水视察时为当地计划生育工作题词

州人民政府原副州长洪丹平（右二）陪同省人口计生委主任郝青山（左一）到基层调研人口和计划生育工作

2006年，红河州人口和计划生育工作严格按中共云南省委、省政府提出的“人口自然增长率三年下降三个千分点”的目标要求，狠抓各项措施的落实，人口和计划生育工作呈现出稳步发展的态势。1、把人口和计划生育工作情况纳入政绩考核体系，坚持党政一把手亲自抓、负总责不动摇，严格执行人口和计划生育“黄牌警告”制度。2、严格执行现行生育政策，始终把工作的着力点放在农村人口和流动人口计划生育管理服务上，全面实施农业人口独生子女家庭奖励政策，加大对违法生育的处罚力度，进一步降低生育水平。3、强化基层管理和服务网络建设，积极开展计划生育优质服务先进单位创建活动，全面实施出生缺陷一级预防，提高出生人口素质。

2007年红河州人口和计划生育工作，紧紧围绕中共红河州委六届二次全会提出的“不断完善现行人口与计划生育政策，控制人口数量，提高人口素质”的目标任务，狠抓基层基础工作，强化孕前规范管理和服务，严格控制违法生育，特别是违法多生育，人口和计划生育工作稳步健康发展。1、始终坚持和落实科学发展观，坚持人口与发展综合决策，坚持现行生育政策不变，既定的人口控制目标不变和各级党政一把手亲自抓、负总责不变，实行计划生育“黄牌警告”和“一票否决”，坚决落实目标管理责任制；2、切实转变工作思路和工作方法，坚持宣传教育为主、避孕为主、经常性工作为主，始终把工作重点放在农村，特别是边远贫困地区，放在基层基础工作上，对不同地区，采取不同政策，从实际出发，因地制宜，分类指导。3、积极开展计划生育村民自治试点工作，组织广大育龄群众实行自我教育、自我管理、自我服务。4、进一步完善人口和计划生育利益导向政策体系，落实各项计划生育奖励优先优惠政策，提高农业人口独生子女父母光荣证领证率，遏制农村人口过快增长。

2008年红河州人口和计划生育工作，认真贯彻落实《中共中央国务院关于全面加强人口和计划生育工作统筹解决人口问题的决定》、《中共云南省委云南省人民政府关于进一步加强人口和计划生育工作统筹解决人口问题的决定》，按照构建社会主义和谐社会、建设社会主义新农村的要求，以稳定和完善现行人口政策和生育政策为前提，以深化综合改革，健全工作新机制为动力，以增强公共服务和社会管理能力为基础，以推进人口与发展科学决策、综合治理为保障，认真落实“黄牌警告”和“一票否决”制度，实行政府对政府、计生部门对计生部门的“双线”目标考核，狠抓基层基础工作，强化孕前规范管理和服务，切实加强流动人口计划生育服务管理工作，严格控制违法生育，积极开展计划生育优质服务、出生缺陷一级预防和“关爱女孩”行动，全面完成了省人民政府与州人民政府、省人口计生委与州人口计生委签订的责任目标。

杨州长代表州委、州人民政府在全省计划生育形式分析会上讲话

州委常委、州委宣传部长李涛（右一）、州人民政府原副州长洪丹平（右二）为群众发放计划生育宣传材料

2003年，红河州全面启动了农业人口独生子女家庭养老补助政策。图为2003年年满60周岁的农业人口独生子女父母养老补助首发式

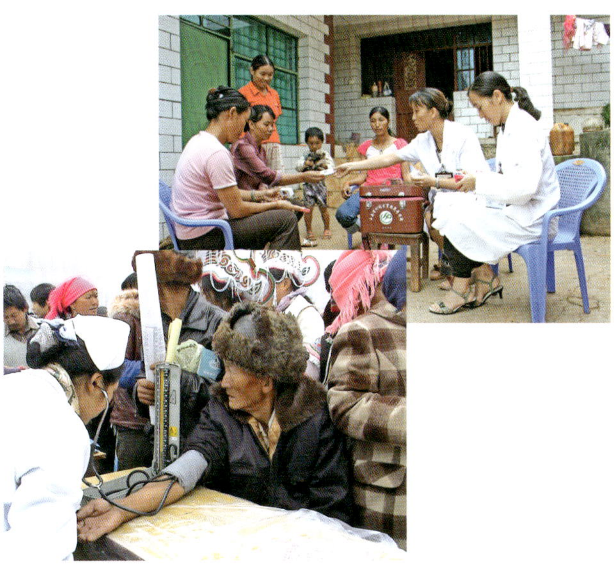

州县、乡计划生育服务站、所始终把为民、便民、利民放在技术服务工作的首位，坚持深入乡村、深入农户为育龄群众开展避孕节育技术服务

为基层协会文艺队自编自导自演文艺节目，宣传中央《决定》精神

普洱市人口和计划生育委员会

国家人口计生委纪检组关爱边疆人民

朝气蓬勃的人口计生工作者

省人口计生委副主任吴莉华深入普洱市，在通关服务站看望育龄妇女

市人口计生委全体干部职工为灾区捐款献爱心

普洱市位于云南省西南部，是世界茶源、中国茶城，国土面积4.5万平方公里，是云南省土地面积最大的市级行政区。国境线长达486公里，与越南、老挝、缅甸3国接壤，居住着26种少数民族。全市辖9县1区，103个乡镇，36个居民委员会、994个村委会，除思茅区外，宁洱、墨江、景谷、景东、镇沅、澜沧、江城、孟连、西盟9个县均为少数民族自治县，其中：墨江县是全国唯一的哈尼族自治县，澜沧县是全国唯一的拉祜族自治县，澜沧、江城、孟连、西盟4县为边境县。2008年末，全市总人口258.1万人，完成生产总值179.86亿元，城镇居民可支配收入11344元，农民人均纯收入2536元；人口自然增长率为5.86‰。目前，全市共有市、县级计划生育行政管理机构11个，乡镇计划生育办公室103个，县级计划生育技术服务站10个，乡级计划生育技术服务所95个；乡镇以上计划生育行政管理人员230人，事业管理人员133人，专业技术人员411人，994个村委会配有计划生育宣传员1045人。

普洱市人口和计划生育委员会是主管全市人口和计划生育工作的政府职能部门，内设办公室、业务科、发展规划科、宣传教育科、流动人口管理办公室5个职能科室；一个群团组织（市人口和计划生育协会）；一个下属全额拨款事业单位（市人口和计划生育药具管理站）。有在职干部职工18人，其中正处级领导1人、副处级领导2人、副调研员1人、科级干部9人、科员1人、事业人员4人。在市委、市政府的正确领导，全委以党的十七大精神和科学发展观为指导，认真贯彻落实《中共中央国务院关于全面加强人口和计划生育工作统筹解决人口问题的决定》和《中共云南省委云南省人民政府关于进一步加强人口和计划生育工作统筹解决人口问题的决定》精神，围绕稳定低生育水平、统筹解决人口问题、促进人的全面发展这个中心任务，进一步加大“奖优免补”、流动人口管理和优质服务工作力度，进一步夯实基层基础工作，为全市经济社会又好又快发展创造了良好的人口环境。

市人口计生委张主任陪同省人口计生委领导到灾区一线视察

通过实施计划生育“奖优免补”政策致富的农村独生子女户

深入基层 分类指导

普洱市人口计生系统代表队参加云南省关爱女孩知识竞赛

中国人口宣教中心、和杰公司爱心献边疆

优质服务暖人心

西双版纳州人口和计划生育委员会

第一届云南人口奖获得者，西双版纳傣族自治州人民政府州长刀林荫同志深入基层调研计划生育工作

2006年是实施“十一五”规划的开局之年，全州人口和计划生育工作坚持“宣教开路、利益导向、政策推动、优质服务、依法管理、村（居）民自治、综合治理”的工作思路，以人口和计划生育责任目标为主线，开拓进取，扎实工作。通过全州各级各部门的共同努力，全州计生干部的辛勤工作，社会各界的积极支持与参与，全州人口和计划生育工作取得新的进展。

人口基本情况：据西双版纳州统计局公报，2006年年末户籍总人口889873人、当年出生人口10938人、出生率12.35‰、死亡人口4500人、死亡率5.08‰、自然增长人口6438人、自然增长率7.27‰。计划生育基本情况：据西双版纳州计划生育统计报表，2006年计划生育率95.98%、选用各种避孕方法人数169000人、综合避孕率90.27%、采取三术150185例、三术率80.62%。

2007年西双版纳州人口和计划生育工作全面贯彻落实党的十七大精神和中共中央国务院《关于全面加强人口和计划生育工作统筹解决人口问题的决

开展宣传工作，该图为景洪市基诺族乡以“三下乡”活动为阵地对基诺族群众开展宣传活动

良好的环境，优质的服务为广大的育龄群众提供了优质的技术服务，该图为2007年新建的景洪市嘎洒镇计生服务所

定》，紧紧围绕降低生育水平、统筹解决人口问题、促进人的全面发展的中心任务，乘势推进，开拓创新，健全机制，提升能力。在常规工作上抓规范管理，重点工作上求突破，特色工作上有创新，努力提升全州人口计生工作整体水平。建立了以国家奖励扶助制度为龙头，以“奖优免补”为内容的农村计划生育利益导向机制；乡镇计划生育服务所“兴边富民”工程进展顺利；按照“属地化管理、市民化服务”的原则，努力探索建立流动人口计划生育统一管理，优质服务新体制；宣传工作更加深入人心，营造了良好的人口与计划生育工作氛围；完成了推广使用安全套预防艾滋病工程阶段性工作，计划生育优质服务工作初见成效，计划生育信息建设进一步加快，人口过快增长得到有效控制。

州市领导参加全国科技活动周启动仪式

人口基本情况：据西双版纳州统计局公报，2007年年末总人口（户籍）904292人、当年出生人口10381人、出生率11.57‰、死亡人口4359人、死亡率4.77‰、自然增长人口6022人、自然增长率6.8‰。计划生育基本情况：据西双版纳州计划生育统计报表，2007年计划生育率96.95%、选用各种避孕方法人数167189人、综合避孕率89.77%、采取三术148017例、三术率79.47%。

2006年秋季开学之际，西双版纳州勐腊县象明乡人民政府为获得“教育奖学全”的农业人口独生子女兑现奖金

2008年，西双版纳州人口和计划生育工作坚持以党的十七大和十七届三中全会精神为指导，坚持以人为本，全面落实科学发展观，完善利益导向政策，建立健全依法管理、村（居）民自治、优质服务、政策推动、综合治理的长效机制，切实维护群众合法权益，引导群众自觉实行计划生育，稳定低生育水平，统筹解决人口问题，为全面建设小康社会创造良好的人口环境。通过全州各级各部门的共同努力，全州人口和计划生育工作取得新成效，管理和服务能力明显提升，人口出生性别比趋于正常，落实节育措施力度明显增强，计划生育水平进一步提高，人口自然增长水平持续放缓。

人口基本情况：据西双版纳州统计局公报，2008年年末总人口（户籍）920048人、当年出生人口10982人、出生率10.29‰、死亡人口4578人、死亡率4.29‰、自然增长人口6404人、自然增长率6‰。计划生育基本情况：据西双版纳州计划生育统计报表，2008年计划生育率96.95%、选用各种避孕避孕方法人数176750人、综合避孕率90.74%、采取三术162498例、三术率83.42%。

大理州人口和计划生育委员会

2006年7月，原国家人口计生委主任张维庆到大理州视察工作，他要求大理州要率先创建成为全国统筹解决人口问题的示范区。图为张主任与大理州干部座谈

2007年4月，国家人口计生委副主任王培安（左四）就大理州创建全国统筹解决人口问题试验区进行专题调研。图为王副主任到农户家中访谈

大理州人口计生委主任芮雪梅（右三）在祥云县检查指导工作

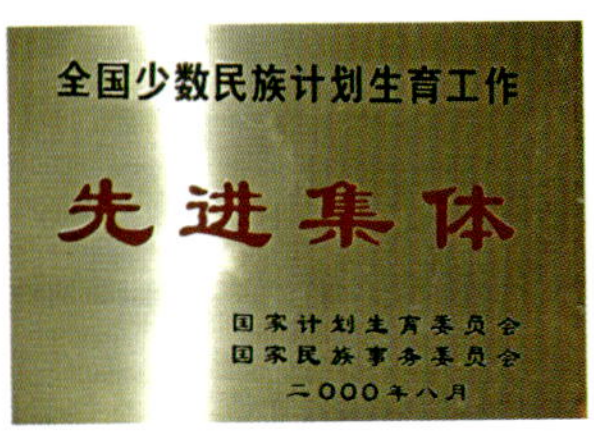

2006年是大理白族自治州成立五十周年。五十年来，特别是党的十一届三中全会以来，在自治州历届党委、政府的正确领导下，经济建设取得辉煌成就，各项社会事业得到较快发展。我州自上世纪70年代开展人口与计划生育工作以来，经过30多年的努力，2006年与1972年相比，人口出生率由34.39‰下降到10.06‰；人口自然增长率由25.83‰下降到4.56‰；实现了人口从高出生、高死亡、高增长到低出生、低死亡、低增长的历史性转变，累计少出生人口约160万人，为全州经济社会发展作出了巨大贡献。

计划生育工作的稳步实施，使人口过快增长得到有效控制。截止2006年末，全州总人口达343.97万人。“十五”期间，全州人口年均出生率为12.10‰，比“九五”期间的14.57‰降低2.47个千分点，人口出生率降至较低水平；年均人口自然增长率为6.55‰，比“九五”期间降低1.59个千分点；计划外出生人数由“九五”末的206人减少为100人，下降51.46%；计划生育率由99.56%提高到99.69%，提高0.13个百分点。

30多年来，大理州少出生人口160万人，为全州经济社会发展作出巨大贡献。

2007年大理市的人口与计划生育工作取得了较好成绩：一是人口总量增长稳定。2007年，全市总人口达608386人，年内出生4847人，其中计划内出生4844人，年出生率为8.00‰，与上年同期相比增加0.08个千分点，自然增长率为3.23‰，与上年同期相比下降0.11个千分点，计划生育率为99.94%，与上年同期相比下降0.06个百分点。全市年内出生婴儿4847人，其中：男婴为2530人、女婴2317人，婴儿性别比为109.19，与上年同期相比回升4.23个百分点。二是综合节育率、长效节育率稳步上升。全市已婚育龄妇女人数为125428人，采取各种避孕措施的已婚育龄妇女人数为113014人，综合节育率为90.10%，与上年同期相比上升0.20个百分点；采取三术和皮埋的已婚育龄妇女人数为109013人，长效节育率为86.91%，与上年同期相比上升0.29个百分点。三是领取独生子女证人数不断增加。期内女性初婚2217人，初婚率为3.67‰，与上年同期相比上升0.19个千分点。全市领取独生子女父母光荣证36387人，与上年同期相比增加1252人，领证率为23.34%。

2008年，大理州人口和计划生育工作通过认真贯彻落实《中共大理州委大理州人民政府关于创建全国统筹解决人口问题试验区的实施意见》，开拓创新，扎实工作，为全面建设小康社会、构建和谐大理创造了良好的人口环境。

2008年末，全州总人口347.48万人，期内出生34346人，出生率为9.88‰，死亡19787人，死亡率为5.69‰，自然增长14559人，人口自然增长率为4.19‰；计划生育率为99.43%，综合节育率为90.83%，出生人口性别比保持在107以内，较好地完成了年度人口和计划生育的各项目标任务。

全州人口和计划生育工作实行责任目标管理，图为大理州人民政府副州长许映苏（右）与县市长签定责任书

大理州高度重视创建“统筹解决人口问题试验区”工作，州人民政府组织召开座谈会。图为州人口计生委主任芮雪梅（主席台左）主持会议。副州长许映苏（主席台右）安排部署工作

大理州人口计生委深入扶贫挂钩点开展生育关怀行动

计生服务站技术人员在为群众服务

大理州注重开展社区计划生育宣传

保山市人口和计划生育委员会

2007年6月17日，国家人口计生委副主任赵白鸽（前排左二）在省人口计生委主任郝青山（后排左）、保山市副市长解丽平（前排左三）、保山市人口计生委主任刘冬青（前排左四）、腾冲县人口计生局局长彭安俊（后排右）的陪同下视察腾冲县计划生育服务站

辛勤的耕耘换来丰收的喜悦。保山市30年少出生约120万人，产生巨大的经济、社会、生态效益；自1998年起人口出生率和人口自增率连续5年分别低于20‰、10‰，2002年与全国同步进入低生育水平阶段；严格规范行政执法，无1例因计划生育案件引起的行政诉讼；深入开展计划生育优质服务，昌宁县2007年、隆阳区2008年分别被评为全国、全省计划生育优质服务先进单位；认真实施奖优免补政策、特别扶助制度、“少生快富”工程，计划生育利益导向机制逐步健全；以计划生育听证会为平台，村级普遍建立计生民主管理制度；干部队伍进一步壮大、结构逐步优化，2007年全市村级“两委”换届中有11.4%的宣传员被选为村（社区）干部；对外交流合作进一步加强，联合国人口基金防艾项目自2004年11月起在腾冲县实施，中国人口学会党政干部教育分会第二届理事会会议2007年6月在腾冲县召开。

2007年9月27日，李正阳市长到市人口计生委检查工作。图为市人口计生委主任刘冬青（右二）向李正阳市长（右一）汇报工作

2007年12月21日，省人口计生委李善荣副主任（中）在隆阳区计生服务站检查指导工作

2008年6月30日，举行全市农村独生子女家庭才艺展演

2008年1月14日，举行全市人口资源环境及安全生产工作座谈会，熊清华书记（前排中）作重要讲话

2007年7月19至22日，在市委党校举办计划生育科技大练兵活动培训班

2007年8月14日，刘冬青主任（右二）陪同省人口计生科研所李江川所长（左二）一行在昌宁县计生服务站调研出生缺陷干预试点工作

2006年11月，腾冲县计生服务站到腾越镇尚家寨村为农村独生子女免费体检

2006年5月科普周期间，腾冲县计生服务站设点宣传

德宏州人口和计划生育委员会

主任　番绍芬

2006年，在州委、州政府的领导下，在省人口计生委的帮助指导下，德宏州各级党委政府和人口计生部门以“三个代表”重要思想和科学发展观为指导，按照“十一五”时期全省人口计生工作要“突破一个难点，突出两个重点，推进四项建设，实施四大工程，抓好七项工作”的基本工作思路和2006年的工作要点，紧紧围绕人口与计划生育目标管理责任书的各项指标任务，加强领导，真抓实干，开拓进取，各项工作取得了积极进展，较好地完成了2006年人口与计划生育“双线”目标管理责任。

2006年年末全州总人口116.5万人，其中男性59.69万人，女性56.81万人，汉族58.55万人，少数民族57.95万人；当年出生1.66万人，出生率14.31‰；死亡0.73万人，死亡率6.34‰；自然增长0.93万人，自然增长率7.97‰。

2007年，德宏州认真贯彻落实省第八次党代会、州第五次党代会精神和《中共中央国务院关于全面加强人口和计划生育工作，统筹解决人口问题的决定》（以下简称《决定》）精神，以“凝聚力、执行力、

孟必光州长（左）与盈江县县长俄吞签订人口计生目标管理责任书

2007年新建成投入使用的盈江县旧城镇计划生育服务所

创新力”建设（以下简称“三力建设”）为抓手，紧紧围绕人口和计划生育目标管理责任书的各项指标任务，加强领导，开拓进取，狠抓落实，人口和计划生育工作水平全面提升，圆满完成了2007年人口和计划生育各项目标任务。

2007年年末全州总人口117.72万人，其中男性60.35万人，女性57.37万人，汉族59.14万人，少数民族58.58万人；当年出生1.59万人，出生率13.60‰；死亡0.69万人，死亡率5.90‰；自然增长0.9万人，自然增长率7.70‰。

2008年，德宏州各级党委、政府和人口计生部门以“三个代表”重要思想和科学发展观为统领，全面贯彻落实党的十七大和中央《决定》精神，坚持计划生育基本国策不动摇，以“三力建设”为抓手，以落实行政负责人问责办法等四项制度为促进力，全面推进宣传教育、婚育新风进万家示范活动、优质服务、村民自治、出生缺陷一级预防、流动人口服务管理、综合治理、依法行政、禁毒防艾等各项工作，整体工作水平进一步提升。

2008年年末全州总人口118.5万人，其中男性60.71万人，女性57.79万人，汉族59.51万人，少数民族58.99万人；当年出生1.61万人，出生率13.50‰；死亡0.69万人，死亡率5.90‰；自然增长0.89万人，自然增长率7.60‰。

省人口计生委原主任张玉明（中）于2006年9月28日到路西市勐戛镇调研人口计生村民自治工作

州委州政府表彰“十五”人口计生先进工作者

计划生育优质服务深受群众欢迎

盘龙区人口和计划生育局

区委、区政府召开20087年度人口与计划生育工作暨表彰会，总结部署人口计生工作，表彰计划生育先进工作者及幸福文明家庭，对各街、乡、各街乡计生办及相关职能部门签订目标管理责任书

盘龙区辖区内有拓东、鼓楼、东华、联盟、金辰、青云、龙泉、茨坝8个街道办事处，双龙、松华2个乡;48个社区居委会,16个村委会,2006年末，总人口388214人，其中：已婚育龄妇女49785人、采取各种避孕节育措施43199人。

2006年，全区共出生1789人，其中：一孩1601人，一孩率89.49%;二孩188人,二孩率10.51%,出生率4.73‰，死亡1110人，死亡率2.93‰，人口自然增长率1.8‰。

2007年，总人口407147人，其中：已婚育龄妇女51014人、采取各种避孕节育措施44322人。全区共出生1998人，其中:一孩1817人，一孩率90.94%;二孩181人，二孩率9.06%，出生率4.99‰，死亡1194人，死亡率2.98‰，人口自然增长率2.01‰。

2008年，全区总人口数446428人，其中：已婚育龄妇女72513人、采取各种避孕节育措施64984人。

2007年10月1日——2008年9月30日，全区共出生2191人，出生率4.98‰，死亡1119人，死亡率2.54‰，自然增长率2.44‰。

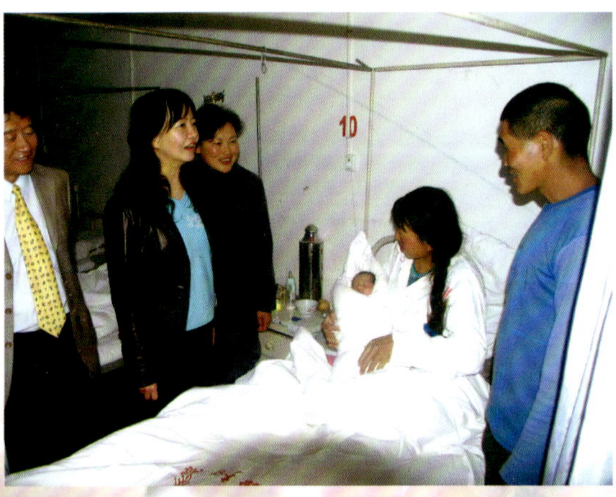

对部分农业人口家庭符合政策生育实行住院分娩全额补助，在全省首开先河，区领导、人口计生局领导看望第一对享此惠民政策的夫妻

新春佳节来临之际，盘龙区人口计生局领导带领干部职工慰问独生子女贫困户

认真贯彻“奖优免补”政策，举行“农业人口独生子女家庭一次性奖励金兑现仪式，切实兑现群众奖励金

编辑说明

BIAN JI SHUO MING

人口问题是我国社会主义初级阶段长期面临的重大问题，是制约我国经济和社会发展的关键因素。稳定低生育水平，统筹解决人口问题，促进人的全面发展是实现社会主义现代化建设宏伟目标、实现全面协调和可持续发展、全面建设小康社会和构建社会主义和谐社会的重大战略决策。实行计划生育仍然是必须长期坚持的基本国策。中国人口和计划生育事业自上世纪70代以来，特别是“十五”时期取得了巨大成就，为国家的经济和社会发展作出了重要贡献。2006年以中央《决定》的颁布为标志，我国人口和计划生育工作进入了稳定低生育水平、统筹解决人口问题的新的历史发展阶段。

《云南人口和计划生育年鉴》（以下简称《年鉴》）是云南省人口和计划生育委员会主管，全省人口计生系统和部分人口研究机构共同参与编纂的首部年鉴，全面、系统、准确地总结、记载、宣传云南人口和计划生育事业进展、成就和经验的大型资料工具书。

《年鉴》作为大型资料工具书，为读者提供了便捷的查阅途径。《年鉴》由云南人口和计生系统和有关机构的干部、专家共同撰稿和编写，内容、资料和数据力求全面、真实、准确、客观。因本年鉴编辑部人力、水平、时间有限，编校工作中的疏漏和差错在所难免，诚望广大读者给予理解和支持，并提出宝贵意见。

经过全省人口计生系统共同努力，首次创刊的《年鉴》将在保存史实资料、总结传播经验、宣传先进典型、传递业务信息、提供历史借鉴、辅助领导决策等方面发挥重要的作用，更好地为我省人口和计划生育事业在新时期、新阶段的进一步发展服务。

2009年6月

云南人口和计划生育年鉴编辑部

促进人的全面发展

实现中华民族伟大复兴

综 述 篇

2006年云南省人口和计划生育工作综述

2006年是云南省全面实施"十一五"人口发展规划的开局之年，全省人口计生各项工作继续向前推进：年末总人口为4482.9万人，自然增长人数30.8万人，比2005年少增长4.5万人；人口出生率由2005年的14.72‰下降到2006年的13.2‰；人口自然增长率由2005年的7.97‰下降到2006年的6.9‰，全面完成了人口和计划生育工作的各项目标任务。特别是人口出生率和自然增长率与全国的差距自实行计划生育以来首次缩小到2个千分点以内，这是一项重要突破。概括2006年的人口计划生育工作的成效和进展，主要有如下几个方面：

一、人口计生工作各项目标任务圆满完成

2006年初省人代会通过的《省政府工作报告》要求，2006年全省人口自然增长率控制在8‰以内，实际为6.9‰。全省人口和计划生育工作会确定人口出生率控制在14‰以内，实际为13.2‰；违法多生育计划控制在0.9万人以内，实际为0.83万人。

二、"奖优免补"工作目标如期实现

2006年度全省新办农业人口《独生子女父母光荣证》101410户，是全年目标数的126.7%。"奖优免补"政策实施以来，全省累计有46.9万户农业人口家庭自愿放弃再生育领取了《独生子女父母光荣证》。

通过三年实践的磨合，"奖优免补"工作机制更加健全，体系更加完备，工作更加顺畅；对工作中存在或显露出来的一些问题，能够产生内生性的应对措施，有了比较成熟的解决办法；政策的知晓率由重点人群逐渐扩展，已逐步覆盖全体人群，影响力和感召力日益扩大；工作逐渐走上常规化、日常化，从干部到群众已基本实现了"要我办证"向"我要办证"的转变，如富民县办证目标100户，实际办证达4223户。

三、人口出生缺陷干预工作扎实起步

省政府追加预算1000万元，正式在25个试点县启动了出生缺陷干预试点工作。工程实施仅三

个多月，25个试点县就婚前培训了75737人；孕前检查HIV抗体检测5798人，查出阳性18人；乙肝检测5786人，查出阳性435人，发放叶酸增补剂2.5万份。通过这些工作措施，进一步增强了全民提高出生人口素质的意识，为从源头上有效阻断艾滋病、乙肝通过母婴传播和提高出生人口素质、降低出生缺陷起到了积极的作用。初步探索了一些出生缺陷干预工作的经验。

四、综合治理流动人口工作有了新的进展

在各地积极探索、总结经验的基础上，召开了全省流动人口计划生育工作现场会，从建立保障机制、建设管理体制、完善协作配合、综合治理、维护流动人口合法权益、加强信息沟通等方面作了进一步的交流探讨。各地在落实免费药具服务、区域协作、配备社区(居委会)管理员、对违法生育有奖举报、加强信息化建设等方面也探索了一些新鲜的经验。全省流动人口计划生育管理人员发展到达12024人，各级流动人口计划生育工作经费投入近500万元，其中省级财政投入从2005年的50万增加到2006年的200万；初步实现了流动人口信息的异地交流和共享，信息平台反馈率60%以上，《流动人口婚育证明》查验率达73.7%。

五、法制建设和依法行政工作有新推进

一是省政府修订出台了《云南省独生子女父母光荣证管理办法》。二是云南省人口和计划生生育委员会积极主动配合省人大常委会进行了《云南省人口与计划生育条例》“立法回头看”活动，积极争取省人大将《条例》修订工作列入了2007年度立法计划。三是依法行政意识进一步加强，省《条例》的规定得到进一步落实：计划生育技术服务法定项目免费在绝大多数州、县得到落实；红河州、临沧市等州、市全面落实了农业人口独生子女保健费；有15个州、市开展了行政执法检查。

六、人口发展战略研究取得初步成效

开展人口发展战略研究，是党中央、国务院赋予人口计生委更名后的重要职能。云南省自2005年启动云南人口发展战略研究以来，先期确定了7个研究课题。其中由云南师范大学承担其中的《“奖优免补”与云南人口、社会、经济关联度研究》已完成，该课题研究成果在2006年10月全国部分农村计划生育家庭奖励扶助制度全面实施会议上作了交流，受到与会各省、市、区政府分管领导和财政、人口计生等部门负责人较好评价。

七、投入有较大幅度增长，基层基础得到进一步加强

中央财政补助云南省的计划生育经费达9150万元，比上年增加2170万元；计划生育服务站国债项目资金1300万元，比上年增加700万元，两项共计投入10450万元，比上年增长37.8%。省级财政投入达1.5亿元，比上年增加1000万元。以“兴边富民”工程为契机，以实施农村计划生育服务站国债建设项目为重点，完成了12个县级计划生育服务站和25个中心乡镇计划生育服务所的建设。

八、安全套推广使用取得新成效

防治艾滋病专项经费由2005年的16万增加到2006年的200万。按照《省人民政府办公厅关于开展2006年中期推广使用安全套防治艾滋病工程督导调研的通知》，组织省推广使用安全套防治艾滋病工程工作组成员单位对16个州、市进行了督导调研。经过全省上下的共同努力，在全国率先实现了宾馆、酒店100%摆放安全套或设置了安全套发售设施。此项工程的实施得到了党中央、国务院及有关部门的充分肯定，得到了国际社会的广泛好评，极大地增强了群众自我防范艾滋病的意识，为全省防治艾滋病、性病等作出了积极的贡献。

九、对外交流与合作进一步提升了国内国际形象

一是筹办了财政部、国家人口计生委在云南省召开的全国农村部分计划生育家庭奖励扶助制度和“少生快富”工程全面实施工作会，高峰副省长及各有关厅局领导作了10个主题交流发言，全面介绍了云南省人口计生工作取得的成绩和主要做法，赢得了与会代表的广泛赞誉。二是沾益县“联合国人口基金计划生育/生殖健康第六周期项目”正式启动。三是全球基金第四轮“对娱乐场所从业女性实施预防性病/艾滋病的综合干预”项目在云南省3个县实施，并完成了项目总结验收。四是日本援助的罗平县“中西部生殖健康/计划生育家庭保健服务能力建设项目”接受了项目官员的考察。五是成功接待了联合国人口基金驻华首席代表薄纳德博士一行赴云南考察联合国人口基金项目。另有山东、广东等十多个省、市、区相继到云南省考察人口计生工作，对云南省人口计生工作给予较高的评价。

2007年云南省
人口和计划生育工作综述

在省委、省政府的正确领导下，在各有关部门的大力支持下，经过全省上下的共同努力，2007年的云南省人口和计划生育各项工作都取得了新的成绩。

一、既定任务圆满完成

2007年全省生育水平保持了稳中有降的良好发展态势，全年出生人口58.8万人，人口出生率为13.08‰，净增人口为30.8万人，人口自然增长率为6.86‰，年末总人口为4513.7万人。对比2006年，人口出生率下降0.12个千分点，人口自然增长率下降0.04个千分点，净增人口下降2.13万人。

二、认真贯彻落实《中共中央国务院关于全面加强人口和计划生育工作统筹解决人口问题的决定》精神

2007年1月9日，省委常委会专门听取了云南省人口和计划生育委员会关于全国人口与计划生育工作会议精神、党中央国务院对贯彻落实中央《决定》的要求、全省人口和计划生育工作情况及云南省贯彻落实中央《决定》意见的汇报。会议对全省人口计生工作取得的成绩给予了充分肯定，对云南省面临的人口形势进行了认真分析，对全面加强人口计生工作统筹解决云南人口问题进行了安排部署。根据会议精神，云南省人口和计划生育委员会起草了《中共云南省委、云南省人民政府关于贯彻落实〈中共中央国务院关于全面加强人口和计划生育工作统筹解决人口问题的决定〉的实施意见（代拟稿）》，提出了一系列贯彻落实中央《决定》的具体措施，为文件出台做好准备。同时认真抓好中央《决定》的学习宣传，通过督查调研狠抓贯彻落实，于2007年7月、10月先后两次组织由省计生委领导带队的督查调研组，深入基层，对各州、市贯彻落实中央《决定》精神和年度目标任务完成进展情况进行了全面督查，促进了各州、市工作的均衡发展。

三、进一步明确云南省人口和计划生育工作的思路

2007年4月和8月，云南省人口和计划生育委员会先后召开了全省州市人口计生委主任会议、全省人口计划生育形势分析会，认真研究了人口和计划生育统计数据和发展状况，深入分析了当前全省人口发展态势和计划生育工作形势。根据科学测算，并参照国际标准和国家测算方法，会议认为目前云南省已经实现了人口再生产类型的历史性转变，全省总体人口形势已进入稳定低生育水平发展新阶段，但同时面临极高的反弹现实风险，需要经过一段相当长的后稳定时期。任何政策的偏差、工作的失误以及指导思想的松动、外部环境的不利影响，都可能导致生育率回升。根据云南省已进入稳定低生育水平发展新阶段的实际，结合贯彻中央《决定》精神的要求，确定了云南省今后一段时期人口和计划生育工作的思路是：以全面贯彻落实中央《决定》精神为中心，坚定不移地走中国特色统筹解决人口问题的正确道路，抓住一条主线，把握两个大局，应对三大矛盾，牢记五条经验，统筹六个关系。

四、农业人口独生子女家庭奖励工作取得新进展

2007年，全省新办农业人口《独生子女父母光荣证》49632户。自实施农业人口独生子女家庭“奖优免补”政策以来，全省共有52.4万户农户领取了《独生子女父母光荣证》，是之前24年累计领证数的3.8倍。截至2007年底，全省累计领证的农户数达到62.4万户，突破60万关口；农业人口办证户数已占全省农业人口一孩家庭的44.6%。

五、宣传教育工作进一步得到加强

在认真宣传中央《决定》精神的同时，继续推进“关爱女孩行动”和婚育新风进万家活动的深入开展。配合国家人口计生委于2007年1月启动实施了“新农村新家庭——大香格里拉地区人口健康促进”项目；配合中央党校和国家人口计生委在云南省腾冲县筹备召开了全国党校系统人口理论教学研讨会；为倡导科学生育观念、宣传生殖健康科普知识，云南省人口和计划生育委员会与省卫生厅、昆明市政府于4月25——5月4日联合主办了中国（昆明）首届生殖健康暨性文化博览会，取得了良好的社会效果。

六、出生缺陷干预工程试点工作稳步推进

在稳步推进对农业人口实施免费出生缺陷干预的25个县试点工作的同时，上报省政府批准增加20个县作为出生缺陷干预工程重点县，并在其余84个县全面开展出生缺陷预防的宣传和婚前培训和技术人员培训等工作。省人口计生委继续抓好出生缺陷干预试点县的各项任务落实，加强分类指导，做好婚前培训、孕前检查、科学服药等各个环节的工作，着力指导试点县探索城镇人口出生缺陷干预的有偿服务机制。

七、推广使用安全套工作进一步规范发展

一是深入贯彻落实省政府办公厅颁发的《云南省推广使用安全套管理暂行办法》，进一步加大了安全套推广的保障力度；二是云南省人口和计划生育委员会组织编写了《推广使用安全套一天培训教材》，促进了推广使用安全套预防艾滋病工作的进一步规范发展；三是充分发挥人口计生部门在防治艾滋病工作中主力军作用，利用农村计划生育服务站所等设施对重点人群培训宣传，通过健康筛查、设立“爱心屋”、“女性健康中心”等加强培训，提高安全防范意识，增强防治信心；四是积极关心和帮助艾滋病感染者或高危人群防治艾滋病，通过一些人性化的措施，使敏感问题非敏感化，防治工作日常化。

八、统筹解决人口问题的能力有了新提高

以中央《决定》精神为指导，从适应新时期人口计生工作发展需要出发，在人、财、物力各方面加大投入，切实增强全省人口计生系统统筹解决人口问题的能力。一是财政投入进一步加大。2007年，中央财政补助云南省人口计划生育各种专项经费21313万元，比2006年的9150万元增加了12163万元；省级财政投入14891万元。二是进一步加强了人口计生服务网络建设，国家和省级共安排了4306万元（其中国家发改委补助2766万元，省级发改委补助1540万元）资金用于新建和改扩建33个县级服务站、62个乡级服务所。三是努力增强基层计划生育技术和出生缺陷干预服务能力，安排了660万元资金为服务站所配备了一批必要设备。

九、流动人口计划生育管理进一步加强

一是服务保障措施得到加强；二是建立了以现居住地为主的流动人口计划生育管理工作机制；三是联合各级公安、劳动保障、建设、教育、卫生、工商等部门按照国家人口计生委等9个部门联合下发的《关于进一步做好流动人口计划生育工作的意见》要求，认真履行部门职责，加强协调和配合，联合构建流动人口合署办公平台，积极探索“一站式”、“一证式”管理服务模式，共同开展流动人口计划生育管理服务工作，流动人口计划生育综合治理工作格局初步形成；四是切实维护流动人口生殖健康合法权益，现居住地计划生育技术服务机构积极为流动人口提供查环、查孕、查病、治病服务，免费发放避孕药具，开展避孕节育技术服务。外来流动人口对云南省人口计生工作的满意度逐年上升。

十、积极协调解决了群众反映的热点难点问题

在2006年下半年开始的工资改革中，广大职工对暂时停止执行《云南省人口与计划生育条例》中关于“领取《独生子女父母光荣证》的职工退休后加发5%的退休金和养老补助金”规定反映强烈，许多相关部门也提出了意见建议。为妥善处理这一热点难点问题，保持人口和计划生育政策的稳定性和连续性，云南省人口和计划生育委员会作了大量的协调工作。在省政府领导的直接关心协调下，省人事厅、省财政厅于6月下发了“云人〔2007〕19号”文件，以在独生子女父母退休时发放“计划生育奖励金”的办法替代原发放方式，妥善解决了这一问题。

十一、人口计生领域的交流合作进一步扩大

“联合国人口基金计划生育/生殖健康第六周期项目”、“中国中西部生殖健康/计划生育家庭保健服务能力建设项目”等多个国际合作项目进展顺利；积极争取“幸福工程--救助贫困母亲行动”的援助项目，共争取到国家、北京市、上海市项目款数十万元；成功接待了发展中国家高官考察团对云南省人口和计划生育工作的考察，进一步树立了云南省人口和计划生育工作的新形象；另有甘肃、青海等多个省、市、区相继到云南省考察人口计生工作，对云南省人口计生工作给予较高的评价。

2008年云南省人口和计划生育工作综述

2008年是全省人口和计划生育工作取得突破性进展的一年，通过开展解放思想大讨论和深入学习实践科学发展观活动，推动全省人口和计划生育各项工作取得了显著成效。

一、如期完成人口和计划生育工作各项目标

在全省各地的共同努力下，2008年的人口和计划生育工作各项任务完成情况良好，全省总人口4543万人左右，人口出生率为12.63‰（全年出生人数为57万）、人口自然增长率为6.32‰（增长29万），比2007年分别下降了0.45和0.54个千分点，人口自然增长率30年来首次下降到30万人以内，完成了年初省人大通过的全省人口自然增长率控制在7‰以内的目标。农业人口独生子女家庭奖励工作继续稳步推进，截至2008年末，全省领证农户总数累计已达到64.1万户，农业人口办证户数已占全省农业人口一孩家庭的46.39%。

二、各级党委政府进一步加强了领导

各级党委、政府高度重视人口和计划生育工作，坚持党政领导一把手亲自抓、负总责，坚持目标管理责任制，严格实行“一票否决”制度，把人口计生工作纳入经济社会发展全局，及时研究解决人口和计划生育工作的重大问题。2008年6月17日、7月1日省政府和省委先后召开常务会、常委会，专题研究人口计生工作，颁发了《中共云南省委云南省人民政府关于进一步加强人口和计划生育工作统筹解决人口问题的决定》，为统筹解决云南人口问题奠定了坚实基础。

三、出生缺陷一级预防工作取得明显成效

为实现预防关口前移，2008年3月，在临沧市凤庆县召开了全面启动出生缺陷一级预防工作会议，制定下发了开展出生缺陷一级预防的实施意见，在全省129个县全面推开出生缺陷一级预防工作，并将出生缺陷一级预防经费列入省级预算，保证了工作经费。加强对技术服务人员的培训，举办了多期培训班，多次派员参加上海举办的培训班，提高服务人员的技术水平。通过对226930例目标人群中的164350进行孕前、产前检查或筛查，发现和避免了部分有缺陷婴儿的出生。建立和完善各项制度监管措施，加强对艾滋病、性病监测，预防母婴传播。积极开展“生育关怀”活动，普及婴幼儿抚养和家庭教育的科学知识，开展婴幼儿早期教育，强化独生子女社会行为教育和培养。

四、流动人口计划生育服务管理取得新进展

加强了对流动人口计划生育重点地区和重点人群的服务管理，把流入人口纳入本地区计划生育服务管理范围，与常住人口同宣传、同服务、同管理、同考核。制定出台《云南省流动人口计划生育管理规定》，进一步完善流动人口计划生育法规体系和工作规范。定期召开会议研究部署流动人口计划生育工作中的重大问题，积极探索“一站式”、

"一证式"服务管理模式，积极组织计生、法院、公安联合组成人口和计划生育行政联合执法监督，共同开展流动人口计划生育服务管理工作，形成全省"一盘棋"工作格局。

五、调整完善计划生育奖励扶助政策

通过深入调研和反复论证起草的省委、省政府《决定》稿，经省政府常务会和省委常委会审议通过，调整、完善了农村独生子女家庭"奖优免补"政策：适当拓宽"奖"的范围，为考取高中阶段和大专院校的农村独生子女发放奖学金；维持"优"的政策；调整"免"的内容，将原免除农村独生子女父母所承担的一事一议的筹资、筹劳政策，调整为免除农村独生子女及父母、双女绝育户父母参加新型农村合作医疗个人需承担的费用；提高"补"的标准，根据国家标准提高养老补助金的发放标准。此外，落实了对独生子女伤残死亡家庭的"特别扶助"制度，在25个边境县对农村独生子女户和双女户家庭试行"少生快富"工程。

六、计划生育优质服务进一步得到提升

积极开展计划生育优质服务先进单位创建活动，加强技术服务队伍科技大练兵等能力建设，免费提供计划生育技术服务，不断提高已婚育龄妇女的综合避孕率、避孕措施及时率。加快县、乡服务站所标准化、规范化建设，以"环境优美、技术优良、服务优质、管理科学、群众满意"为目标，认真考核、推荐、评比"国优"、"省优"服务县，继续加大推"国优"工作力度，通过严格认真的检查、考核，石林县、华宁县、大姚县、开远市和勐海县获得国家级计划生育优质服务先进单位称号，通过发挥项目县的示范作用，全面提升创优活动水平。

七、宣传教育工作进一步加强

以宣传贯彻中央《决定》和省委《决定》为重点，深入开展婚育新风进万家和关爱女孩行动、人口文化大院建设，组织开展"2008中国昆明性健康暨性文化博览会"，倡导科学文明进步的婚育观念。结合新农村建设实施新农村、新家庭大香格里拉健康项目，鼓励广大藏区牧民群众走少生、优生、优育道路。

八、进一步完善稳定增长的投入保障机制

2008年省本级财政投入的人口计划生育经费达到2.1亿元，人均4.6元，比2007年投入增加了6100万元。抓住国家扩大内需机遇，重点强化了农村基层计划生育服务体系建设，2008年分两批安排了28个县级计划生育服务站和276个中心乡镇计生服务站国债建设项目，中央补助资金9100万元

九、着力加强干部队伍建设和党风廉政建设

积极加强对人口计生干部队伍培训教育，举办各类培训班316期，培训各类人员6780人次。认真贯彻执行《干部选拔任用工作条例》，坚持正确的用人导向，防止用人上的不正之风。建立了行政问责制，设立了投诉机构、电话和意见箱，开通了"12356"人口计生服务热线。坚持信息公开制度，在政府信息网站公布人口计生委的各项工作情况。坚决查处违法违纪案件，年内全省人口计生系统查处案件2起2人。扎实开展民主评议行风活动，广大群众对计划生育工作整体情况的满意率普遍提高。

对外合作交流、人口发展战略研究、综合改革等工作也取得了一定的成效。"十一五"人口和计划生育事业发展规划中期执行情况良好，进展顺利，得到了国家人口计生委督查组的好评。

改革开放30年 云南人口和计划生育工作综述

云南省的人口和计划生育工作起始于20世纪50年代中期，起步于20世纪60年代，1963年即成立了省计划生育领导小组，并提出了具体的生育政策，在全国也属起步较早的省份。但历经波折，特别是十年“文革”前后备受“左”的干扰，工作难以正常开展，取得的成效也十分有限。

党的十一届三中全会后，乘着改革开放的东风，作为中国特色社会主义事业组成部分的人口和计划生育工作，在云南也走上了稳步健康快速发展的轨道。经过全省上下30年来坚持不懈的艰苦努力，取得了辉煌的成就。

30年来，全省人口出生率、自然增长率分别由1977年的31.01‰和23.36‰下降到2008年的12.63‰和6.32‰，大幅下降了18.38和17.04个千分点，仅仅只用了30年的时间，就走过了发达国家一、两百年的历史，实现了人口发展由高出生、低死亡、高增长向低出生、低死亡、低增长的历史性转变，30年因计划生育因素少出生了860多万人，有效地缓解了迅猛增长的人口对资源环境和社会就业的压力，有力地促进了经济发展和社会进步，对促进民族团结、边疆稳定和社会和谐发挥了巨大作用。

30年来，全省上下持之以恒、锲而不舍，坚定不移贯彻执行计划生育基本国策，从云南实际出发，坚持改革开放、以人为本、全面协调可持续发展，坚持党政一把手“亲自抓、负总责”，落实目标管理责任制，大力加强法制建设，努力营造齐抓共管格局，重视服务和管理队伍建设，广泛深入开展宣传教育，不断提高科技服务水平，积极开展对外交流合作，遵循人口发展科学规律，与时俱进改革工作思路和工作方法，建立和完善适应时代要求的工作机制，在控制人口迅猛增长和统筹解决人口问题的历程中，先后在全国首创了以政府行为推行计划生育“三为主”工作规划、以系统综合措施建立农业人口独生子女“奖优免补”政策为核心的利益导向机制等先进经验，成功平抑第三次生育高峰，加快了云南人口再生产类型转变。全省上下卓有成效的工作得到了党中央、国务院和国家人口计生委等相关部委的充分肯定。时任省长和志强、徐荣凯先后两次在中央人口资源环境工作座谈会上做了交流发言，徐荣凯还荣获第五届“中华人口奖”；国家人口计生委主任专门给省委书记、省长写了亲笔信，对云南的人口计生工作给予了高度评价；2005年7月出席GMS会议的温家宝总理在听取云南省的工作汇报后指出：“云南在全国率先推行了农业人口独生子女计划生育‘奖优免补’政策，有效地降低了人口自然增长率，要扩大奖励扶助的试点，鼓励农民家庭少生快富。”对云南省的人口计生工作给予了充分肯定。

30年改革开放，云南省人口和计划生育工作取得了辉煌的成就，具体体现在以下几个方面：

一、党政领导始终高度重视，全省上下齐抓共管、综合治理人口问题

历届省委、省政府高度重视人口和计划生育工作。改革开放之初，1979年7月，云南省革命委员会就制发了《关于计划生育若干问题的试行规定》，为新时期的人口和计划生育工作奠定了基础。1984年，中共云南省委制发了“云发[1984]52号”文件，正式提出了“一、二、三”的生育政策。此后，省委、省政府常年开会研究人口计生工作，多次出台关于人口和计划生育工作的《决定》，始终以身作则、高度重视对人口计生工作的领导。1989年12月起，在行政管理领域首先对人口计生工作实行目标管理责任制，每年省政府领导与各地、州、市政府（行署）领导签订年度人口计生工作目标管理责任书，并增强了省人口与计划生育工作领导小组的权威性。1993年起，省委、省政府坚持在每年的省人大、政协“两会”期间召开全省计划生育工作座谈会（后扩充为人口资源环境工作座谈会），加大了对人口计生工作的领导督促力度。在省委、省政府的模范带动下，全省各级党委、政府和各相关部门、人口计生工作领导小组各成员单位高度重视、加强领导、密切协作，形成了全社会齐抓共管、综合治理人口问题的格局，为人口计生工作的顺利开展提供了强有力的组织保障。

二、建立了较为完备的人口计生政策法律法规体系

改革开放以来，随着全社会法制建设的推进，人口计生领域的法制建设不断加强。20世纪80年代中期，人口和计划生育立法工作逐步提上议事日程。我省第一部人口计生地方性法规《云南省计划生育条例》经过4年多的酝酿，于1990年12月22日经省七届人大常委会第15次会议审议通过，自1991年4月1日开始施行，使我省人口计生工作走上了依法管理的快车道。进入21世纪，随着国家《人口与计划生育法》的颁布施行，《云南省独生子女父母光荣证管理办法》、《云南省流动人口计划生育管理规定》、《云南省社会抚养费征收管理规定》等一系列地方人口计生法规、规章、规范性文件相继出台，修订后的《云南省人口与计划生育条例》自2002年9月1日起施行。近年来，省政府在2003年试点的基础上，2004年修订出台了《云南省农业人口独生子女家庭奖励规定》，在农业人口独生子女家庭中全面推行“奖优免补”政策；2005年7月省政府先后颁布了《云南省人口出生缺陷预防规定》、《云南省出生人口性别比升高问题综合治理规定》;2007年1月省政府又颁布了《云南省推广使用安全套管理暂行办法》。至此，初步形成了以省《条例》为核心，以多个政府规章和规范性文件为补充，既有控制人口数量，又有提高人口素质、改善人口结构和维护人口安全的地方人口计生政策法律法规体系，为人口计生工作的深入开展提供了制度和法律保障。

三、与时俱进不断改革工作思路和工作方法

改革开放以来，云南省委、省政府一贯坚持“有利于边疆稳定、有利于民族团结、有利于经济社会发展”的原则，本着“农村与城市相区别、边疆与内地相区别、山区与坝区相区别、少数民族与汉族相区别”的分类指导原则，制订并坚持实施了符合云南省情的“一、二、三”生育政策。按照中央关于计划生育“既要抓紧，又要抓好”的指示，1994年省政府制订并组织实施了以宣传教育、避孕节育、经常工作“三为主”的三年规划，有力地加强了基层工作，加快了基础设施建设，促进了计划生育管理的系统化、目标化、制度化、规范化。进入21世纪，围绕进一步降低生育水平这一目标，在充分考虑各方面因素的情况下，省委、省政府转变思路，采取以人为本、利益导向、综合治理的办法，于2003年在全国率先出台了综合性、系统性的农业人口独生子女家庭“奖优免补”政策，取得了在稳定生育政策的前提下迅速降低生育水平的显著成效，为全国探索建立计划生育利益导向机制作出了贡献。2005年省政府根据人口计生工作发展态势，及时在全国领先出台了《云南省人口出生缺陷预防规定》，率先走上了统筹解决人口问题的道路。30年改革开放，云南人口与计划生育工作在坚持基本原则的同时，不断适应形势发展转变工作思路和方法上不断转变：一是由“惩罚多生”为主向“奖励少生”为主的方向转变;二是由“行政制约”为主向“利益导向、综合治理”的方向转变；三是由“管理一代人”向“服务三代人”转变；四是由“单纯的控制人口数量”向“既控制人口数量又高度重视人口素质和人口结构”的方向转变。

四、初步创立了适合时代要求的工作新机制

建立与社会主义市场经济体制相适应的人口和计划生育工作新机制，是人口与计划生育事业持续发展的需要。在省委、省政府的领导下，云南省人口计生系统在新机制、新制度的建设上做了积极的探索和有益的尝试，特别是在农业人口独生子女家庭“奖优免补”工作中，初步建立起了五个新机制：一是以“奖优免补”为主的利益导向机制；二是以“四权分离”为主的工作运行机制；三是以省级财政为主的分级投入保障机制；四是以“云南人口奖”为主的激励机制；五是以“三公开、三公示、一评议、一见面”为主的民主监督机制。在制度建设上，形成了四项新的制度：一是资金发放的“直通车”制度；二是资金发放定期决算制度；三是信息化痕迹管理制度；四是责任监督追究制度。

五、形成了较为完备的人口计生管理服务体系

自1979年在乡(公社)一级配备计划生育专职人员以来，30年来人口和计划生育工作队伍在稳定中发展。1983年在原省计划生育领导小组及办公室的基础上，成立省计划生育委员会作为省人民政府的组成部门，同年底省委批准成立了省计划生育协会，计划生育队伍建设走上了规范化道路。随着职能的扩展，2004年省人大批准省计划生育委员会更名为省人口和计划生育委员会。截至目前，全省初步建立起比较完备的计划生育管理和服务网络：现有省级计划生育科研所1个、市级服务中心8个，县级服务站128个，乡级服务所1076个，计划生育流动服务车144辆，基本形成了以县站为龙头，乡所为基础，流动服务车为纽带的基层计划生育服务网络；人口计生队伍中，乡级以上公务员3618人，技术服务人员7777人，村级计划生育宣传员14337人，村民小组服务员114960人，另有省级专兼职人口理论研究人员100人，计生协会组织1.6万个。初步形成了组织严密、运转灵活、管理有效的较为完备的人口计生管理服务体系。

六、宣传教育成效明显，群众婚育观念开始明显转变

宣传教育工作是人口计生工作的起家之本，云南在计划生育工作中一贯重视宣传教育工作，并始终把宣传教育工作与云南边疆民族传统文化形式相结合，掀起了数次人口计生宣传的高潮。如1991年初，围绕《云南省计划生育条例》的颁布实施，全省开展了规模空前的《条例》宣传活动；1996年初，以云南第4000万个公民诞生为契机，以迎接“云南省4000万人口日”活动为中心，全省掀起了系统的、持续数月的宣传高潮；1999年，规模空前、观众人数超过千万人次的全省计划生育文艺调演活动在红土高原广大城乡掀起了又一轮宣传教育的高潮。进入新世纪，“奖优免补”政策宣传、计划生育利益导向政策宣传服务万里行、“婚育新风进万家”、“关爱女孩”等活动不断开展，促进了人口计生事业的顺利发展。

多年的宣传教育也取得了良好的成效，全省各族群众的婚育观念开始明显转变。据云南省第五次人口普查统计公报分析，2000年云南家庭户平均规模为3.73人，比改革开放前1978年的5.41人减少1.68人。一般说来，家庭规模小型化是社会现代化的必然趋势，但这是十分缓慢的变化；我省家庭户规模22年减少1.68人，缩小幅度达31%，如此之快的历史性变化，表明在我省家庭户类型中，一是3人户（一对夫妇和一个独生子女）大量增加，二是按政策可以生育二孩或三孩但自愿只生育一孩或二孩的家庭也在逐渐增加，这才使云南家庭户均规模下降到3.73人。这表明，我省计划生育工作不但有效控制了人口的过快增长，而且通过坚持不懈的艰苦努力，有力地促进了群众生育观念的根本转变。另据2006年底的统计，在响应政府"奖优免补"政策号召自愿放弃再生育新办《独生子女父母光荣证》的46.9万户农户中，有19.2万户是独女户，占40.9%，也说明广大农村计划生育宣传教育工作取得了明显成效。

七、计划生育利益导向机制建设取得显著成效

自改革开放以来，云南省计划生育工作就着手利益导向机制建设，但限于历史条件，效果有限。真正在利益导向政策上迈出坚实的步伐，取得显著成效是在"十五"期间。

世纪之交，云南省生育水平还明显高于全国，人口过快增长的巨大压力，制约了经济社会的发展，进一步降低生育水平是云南可持续发展的必然选择。鉴于云南地处边疆、民族众多、社会发育程度较低等因素，云南省没有采取紧缩生育政策的办法来解决人口过快增长的问题，而是采取以人为本、利益导向、综合治理的办法，从群众最关心的生产生活以及养老、子女教育等问题着手，于2003年7月出台了《云南省农业人口独生子女奖励暂行规定》，决定在41个县、市、区进行试点，对农业人口独生子女家庭给予"奖优免补"的奖励和优待。

"奖"就是对符合再生育条件而自愿放弃再生育、领取《独生子女父母光荣证》的农业人口夫妻，给予1000元的一次性奖励；"优"就是对农业人口独生子女升初、高中和省内高等院校时给予加20分优先录取；"免"就是免除农业人口独生子女义务教育阶段的课本费、杂费、文具费，免除农业人口独生子女16周岁前家庭所承担的农村义务工、劳动积累工；"补"就是对农业人口独生子女父母年满60周岁以后，每人每年发给500元的生活补助。

2004年省政府进一步修订完善这一政策，扩大了"补"的范围、提高了"补"的标准，将教育"三免费"调整为教育"奖学金"，出台了《云南省农村独生子女家庭奖励规定》，并于同年6月1日起在全省全面实施"奖优免补"政策。

"奖优免补"政策广受党政领导、基层干部和广大群众的欢迎，实施短短5年时间就取得了显著的成效：自2003年8月试点以来，截至2008年6月30日，全省共有53.7万户农业人口家庭自愿放弃再生育领取了《独生子女父母光荣证》，是之前24年（1979—2003年7月）累计办证数的3.87倍。截至目前，全省领取《独生子女父母光荣证》的农户总数累计已达到63.2万户，农业人口办证户数已占全省农业人口一孩家庭的45.71%。

"奖优免补"政策实施时间虽短，但成效显著：全省共有53.7万户农业人口家庭自愿放弃再生育领取了《独生子女父母光荣证》，相当于少生53.7万人口。从"奖优免补"政策实施到2007年末，全省人口自然增长率由2002年的10.6‰下降到6.86‰，下降了3.74个千分点；人口出生率由2002年的17.9‰下降到13.08‰，下降了4.82个千分点，根据中国人口与发展研究中心的评估方法，其中有3个千分点是"奖优免补"政策的直接作用所致，促使全省年出生人口总数由2002年的77.1万人迅速下降到2007年的58.8万人，下降了18.3万人。据省委督查室调查，有95.5%的群众对"奖优免补"政策表示满意，在各项涉农政策中位列第一。

八、统筹解决人口问题迈出坚实步伐

在控制人口数量增长取得辉煌成绩的同时，省委、省政府高度重视人口素质、结构、安全问题，2005年7月省政府及时在全国领先出台了《云南省人口出生缺陷预防规定》，率先走上了统筹解决人口问题的道路，同时颁布了《云南省出生人口性别比升高问题综合治理规定》，2007年1月省政府又颁布了《云南省推广使用安全套管理暂行办法》。这系列文件的出台，构建起了统筹解决云南人口问题的政策框架。

从2006年起已在25个试点县实施出生缺陷干预工程试点，2008年又在全省全面推行出生缺陷一级预防工作，围绕“宣传倡导，健康促进，优生咨询，高围人群指导，孕前实验室筛查和营养素补充等”六项任务广泛开展工作，假以时日，必将对云南各民族提高出生人口素质、降低出生缺陷发生率起到积极的推动作用。在综合治理我省部分地区性别比持续攀升的问题方面，通过实施《云南省出生人口性别比升高问题综合治理规定》，使出生人口性别比持续攀升的问题得到初步遏制，根据人口抽样调查结果，目前我省出生人口性别比为110，与第五次人口普查的出生性别比110.06基本持平，低于全国平均水平。“推广使用安全套防治艾滋病工程”取得积极进展，在全国率先实现了星级宾馆酒店100%摆放安全套或设置发售设施，工作得到社会各界的认可，群众反映较好，受到了党中央、国务院及有关部门的充分肯定，得到了国际社会的广泛好评，极大地增强了群众自我防范艾滋病的意识，为加强人口安全，预防艾滋病、性病蔓延作出了积极的贡献。

九、树立了云南人口计生工作的良好形象

云南省多年来高度重视人口和计划生育领域的对外开放和交流合作，特别是“八五”以来，对外开放交流合作日益频繁。近10多年来，联合国人口基金、国际计划生育联合会、世界卫生组织、全球基金、国际奥比斯、美国福特基金会、日本家族计划国际协力财团、泰国人口社区发展协会等众多国际组织与我省人口计生系统联合实施了多项人口计生交流合作项目。特别是作为我国人口计生工作的“窗口”先后成功接待了联合国人口基金出资国大使考察团、高官访问团，以及英国议员团、日本代表团等众多外国访华团对云南人口计生工作的考察，向国际人士展示了云南人口计生工作的良好风貌，国际组织、机构和国际友人对我省人口计生工作广泛赞誉，促进了我国在人口计生领域的对外交流合作。

近年来，由于“奖优免补”等政策的实施，进一步树立了云南省乃至我国人口计生工作的新形象。一是由于“奖优免补”政策的实施，密切了党群、干群关系，进一步树立了党和政府心系群众、执政为民的新形象；二是由于“奖优免补”一系列的新政策，充分体现了以人为本的理念，进一步树立了“国策”惠及国民的新形象；三是由于工作思路和工作方法由“管理型”向“服务型”的转变，进一步树立了人口计生干部“以人为本”的新形象；四是由于狠抓了计划生育行政执法“七不准”的贯彻落实，规范了计生干部的行政执法行为，进一步树立了人民群众是计划生育主人翁的新形象；五是由于云南开创性地实施了“奖优免补”一系列新政策，新华社、美国肯塔基新闻网等数十家国内外媒体相继进行了正面报道，联合国人口基金等国际组织也给予了充分肯定，进一步树立了云南人口计生工作在国际国内的新形象。

国家人口计生委领导到云南时讲话

国家人口计生委主任张维庆在云南省人口和计划生育工作汇报会上的讲话

（2006年7月29日）

刚才听取了张玉明同志和高峰同志对云南省人口计生工作的全面汇报，对“十五”时期以来云南人口和计划生育工作取得突破性进展做了重点介绍，对当前云南省人口计生工作面临的形势及存在的问题做了比较全面和准确的分析，对“十一五”时期如何加强人口计生工作提出了12个方面的要求。

云南省是我国一个多民族的边陲省份，从实行计划生育以来，全省少生了1100多万人口，为云南省的经济社会发展和人民生活的改善作出了巨大的贡献。就人口计生工作而言，云南为全国创造了很多好的经验。在“九五”时期，云南省实施了“三为主”的工作规划，为全国20世纪末基本实现“三为主”的目标提供了具有普遍价值的推广经验；“十五”时期，云南省从实际出发，出台了“奖优免补”利益导向政策，为全国人口计生工作思路和工作方法的重大转变同样提供了具有普遍价值的推广经验。

“十五”时期，云南省委、省政府在算过几笔大账后，出台了“奖优免补”政策，徐荣凯省长在中央人口资源环境工作座谈会上汇报了“奖优免补”政策情况之后，全国31个省、市、自治区的各级党政领导受到了很大的震动，各省市区以云南省为榜样，采取了一系列利益导向的政策措施和保障制度，对全国人口计生工作思路和工作方法的转变起了一个很大的推动作用，对全国的影响是巨大的。徐荣凯同志担任省长期间，荣获了“中华人口奖”，并将5万元奖金捐献出来设立了“云南人口奖”，他这一举动，对中西部地区的各级党政领导起到了一个很好的示范和带动作用，为坚持人口计生工作党政一把手“亲自抓，负总责”树立了很好的学习榜样。

“十五”时期，云南省的人口计生工作取得了突破性的进展，实现了工作思路和工作方法的重大转变，推进了新时期工作新机制的建设，全面加强了基层基础工作和信息化建设，率先实施了人口计生工作“奖优免补”政策和保障措施，在全省范围内基本形成了“党政负责、部门配合、群众参与、综合治理”的工作格局，并且积累了丰富的经验，人口计生工作上了一个新台阶。

云南省积极实施国际合作交流项目，按照国际人发大会行动纲领和联合国千年目标的要求，引进先进理念，提升人口计生工作水平，搞好计划生育生殖健康服务，受到国际社会的广泛关注和高度评价，为树立我国人口计生工作的良好形象作出了积极的贡献。这一点不简单。举个例子，英国议员爱德华在英国议会里坚决反对中国的计划生育政策，带领英国议会团亲自到中国来调查，在云南省调查了两个项目县，访问了许多人，回去后彻底转变了对中国计划生育政策的看法，大讲中国计划生育政策的好处，并且说服英国议会继续给联合国人口基金项目捐款，并且还增加了340万英镑。这件事说明，云南的国际合作交流项目搞得非常好，对中国计划生育政策起到了积极的宣传作用，转变了许多人对中国计划生育政策的看法，为我国人口计生工作树立了良好的国际形象。

云南省人口和计划生育工作，能够取得今天这样的成绩，对云南省经济、社会发展的全局产生了重大而深远的影响，我认为有四条重要经验。

第一，始终坚持党政一把手“亲自抓，负总责”，切实做到认识到位，责任到位，投入到位，措施到位。这是云南省人口计生工作持续稳定、健康发展的根本原因，也是云南省把人口和计生工作放在改革发展、稳定和经济社会发展全局去思考、去决策的根本经验。计划生育工作虽然叫基本国策，更名后职能有了很大的拓展，但如果党政主要领导认识不到位，把它仅仅作为一项业务工作去认识，就不可能取得这样的成绩。历届云南省委、省政府领导都是十分重视人口计生工作的。

第二，始终坚持以“以人为本”的科学发展观来统领经济社会发展全局和人口计生工作。以胡锦涛同志为首的党中央在非典之后及时提出了牢固树立和认真落实科学发展观的战略决策，这是国家实现又快又好发展战略决策的选择，也是一个重大战略性的转变。“以人为本”就是以人民群众的利益为本，包括个体和群体两个方面。就个人而言，就是要实现每个人全面、自由、健康的发展；就群体而言，就是要实现人与人、人与自然、人与社会的和谐发展，以及人口与社会、经济、资源、环境协调和可持续发展。人口计生工作涉及到亿万家庭、涉及到每个人，是一项政策性和群众性很强的工作，是认真落实科学发展观的重要领域之一。做好人口计生工作最能体现科学发展观的要求。

人民群众响应党和政府的号召，实行计划生育政策，为国家的发展、民族的振兴作出了重大牺牲和贡献。在20世纪70年代、80年代、甚至90年代人口计生工作采取行政强制性措施，这是一段悲壮的历史。作为人民政府，国家必须让计划生育家庭率先享受改革发展的成果，必须解决计划生育家庭面临的实际困难和问题。比如独生子女伤残死亡家庭问题，独生子女家庭的风险是很大的，因为只生了一个孩子，中途因疾病、灾害、车祸或者各种原因中途夭折的，这个家庭面临的精神创伤、经济压力都是非常严重的，政府能说不管吗?这是响应政府的号召造成的，我们政府必须取信于民，采取有力的措施处理好这些问题；还有对独女户、双女户家庭问题，农村重男轻女的问题等等。所以落实科学发展观是非常重要的，云南省实施“奖优免补”政策，我认为是树立和落实科学发展观的具体体现，是科学发展观真正深入人心的表现。

第三，人口和计划生育干部队伍发挥了不可替代的作用。30多年来，人口计生工作取得了少生4亿多人的伟大成就，如果没有这样一支勇于奉献、无怨无悔的干部队伍，可想而知，天下第一难事如何能做好？在改革开放的今天，在市场化的条件下，还有一支善于做群众工作的队伍是不容易的。所以这支队伍只能加强，不能削弱。如果把这支甘于奉献的队伍削弱了，解体了，那国家很多的发展目标就难以实现。

第四，善于总结经验，加以推广。云南省创造了可供全国借鉴的成功经验，我认为，重要的一条就是坚持从群众中来到群众中去的做法，善于总结人民群众在实践中创造的成功经验，并把这些经验总结出来，加以推广，由一枝花变成满园春。这是新时期创新精神的生动体现，也是必须坚持的根本工作方法。许多好的工作经验和做法都是基层创造的，所以一定要尊重群众的首创精神，要善于总结基层创造的经验。

人口计生工作从70年代到现在，大体经历了两个时期，一是降低生育水平时期。用了20多年的时间，有效控制了人口过快增长，这一直持续到二十世纪90年代中期；二是稳定低生育水平时期，从二十世纪90年代中期到“十五”时期。现在进入“十一五”时期，人口计生工作开始进入稳定低生育水平、统筹解决人口问题、促进人的全面发展的新时期，这大约还要持续十五年左右的时间。就是要稳定低生育水平，不能反弹，同时又要统筹解决好人口数量、人口素质、人口结构、人口分布以及人口与资源、环境的持续发展，人口与经济社会协调发展，这个阶段的任务更加繁重。

云南省经过“十五”时期的努力，已经进入了低生育水平时期，虽然比全国生育水平略高一些，但已进入更替水平，进入了低生育水平时期。云南省要围绕如何稳定低生育水平、如何统筹解决人口问题、如何促进人的全面发展来部署人口计生工作，这个问题的解决必须用邓小平理论、“三个代表”重要思想和科学发展观来统领。

第一，努力稳定生育政策和低生育水平。对云南省来说，稳定低生育水平是一件非常不容易的事，因为云南的生育政策相对较宽。特别是“十五”时期，实施“奖优免补”政策后有43万个家庭自愿放弃生育二孩，这个力度相当可观。云南的生育政策很好，正好符合专家的要求，老百姓乐于接受，干部好做工作，许多措施能认真落实，希望云南省的生育政策不要动，不要变。

要尽快建立起新的工作机制。从实际出发，创造适合云南特点的新机制，建立起长效机制来。一定要实现工作思路和工作方法的重大转变，把服务放在首要位置，在服务中加强管理，让老百姓感受到人口计生工作就是为了他们的利益，进一步拉近和群众的距离和感情。

第二，在社会主义新农村建设和和谐社会的建设中充分发挥人口计生管理服务网络的重要作用。党中央就建设社会主义新农村问题连续发了几个文件，以此来解决“三农”问题。这是抓住了国民经济发展的主要矛盾。人口和计划生育工作的重点就在农村，难点也在农村，重中之重还在农村，因此，在建设和谐社会和社会主义新农村过程中，如何发挥计划生育管理服务网络的作用是一个重大课题。希望云南人口计生委在高副省长的指导下，认真研究这个课题，先抓试点，抓率先实施统筹解决好人口问题的示范工程。把农村这台大戏唱好了，人口计生工作的新任务就完成了大部分。

第三，实行分类指导，切实解决好云南人口的结构性矛盾。云南省是少数民族最多的省份之一，情况非常复杂。人口结构性矛盾在各地表现都不一样，如人口较少民族的问题、老龄化的问题；各民族的情况也不一样，老龄化有的提前到来，有的还没有到来。要采取适合本地特点、本民族特点的经济政策和保障措施，不能一刀切。

第四，大力实施出生缺陷干预工程，努力提高出生人口素质。人口计生和卫生两个部门要密切配合，各有侧重，做好出生缺陷干预工作，减少出生缺陷的发生。

第五，要切实加强人口计生管理服务网络和信息化建设。用信息化带动管理服务网络现代化，实现工作的高效率和优质服务。

第六，要高度重视人口计划生育干部队伍的建设。

一是要配好县以上人口计生委主任，要把优秀的干部选拔到人口计生系统中来，要选有奉献精神、热爱这项事业的优秀干部做这项工作，不合适就建议调整。

二是合理搭配领导班子结构。建议每个班子里要有医学背景的同志，班子内部结构配备一定要合理，要形成团结合作的战斗集体。

三是一定要深化干部人事制度的改革。采取竞争上岗，择优聘任的办法，建立激励机制，激活大家的积极性，解决人口计生队伍超稳定带来的不利影响。

四是一定要加强干部队伍的教育和培训。“十一五”时期，国家人口计生委已把对县级人口计生委主任的培训和乡镇以上计划生育技术服务机构的主要负责人培训工作纳入了国家培训计划。一定要加大对基层干部队伍的培训工作，努力提高基层干部队伍素质，特别是要提高基层主官的素质。希望云南省能够学习甘肃省使用干部“双推优”的方法，把优秀干部推荐到其他岗位，推荐优秀人才入党。通过这种方式和办法，让人口计生干部队伍充满生机。

最后，我代表国家人口计生委感谢云南省委、省政府和各级党政领导对人口计生工作的关心和重视；感谢各部门的同志对计划生育工作天下第一难事的充分理解、大力支持和关怀厚爱；感谢人民群众团体，包括工青妇、协会、基金会、非政府组织，为人口计生工作作出的努力和奉献，所发挥的生力军作用；还要感谢云南省人口计生战线的全体同志，由于你们的努力，使云南省人口计生工作在“十五”时期上了一个大台阶，进一步树立了人口计生工作的良好形象，树立了人口计生队伍的良好形象，为云南省的经济社会发展作出了不可磨灭的贡献。同时，国家人口计生委将一如既往地采取各项切实有效的政策和措施来支持云南省的人口计生工作，祝愿云南省的明天更加美好！

国家人口计生委主任张维庆对云南省人口和计划生育工作给予充分肯定并寄予希望

●2004年3月1日，张维庆主任在听取云南省政府分管领导及人口计生委工作汇报后指出：云南人口计生工作由于实施了“奖优免补”政策，取得了很好的经验，对全国来说，也是很有意义的经验。云南省“奖优免补”政策合乎潮流，顺乎民意，效果明显，经验可贵。“奖优免补”政策实际上是新时期人口和计划生育工作思路和方法的创新；也是扶贫开发方面的创新；是“三个代表”重要思想在农村的具体体现；是科学发展观和正确的政绩观在农村的生动体现。有利于密切党群、干群关系；有利于解决计划生育困难家庭实际问题；有利于农村经济发展，有利于探索在解决“三农”问题中如何逐步建立农村保障机制。云南的“奖优免补”政策引起了中央、国务院领导的高度重视。

●2004年8月，张维庆主任在给恩培书记、荣凯省长的信中写到：云南“奖优免补”政策实施以来，极大地推动了我国人口与计划生育工作思路和工作方法转变的进程，有力地促成了农村部分计划生育家庭奖励扶助制度和“少生快富”扶贫工程试点的开展，在全国以及国际上产生了很好的社会反响。

●2006年7月29日，张维庆主任在云南调研期间听取云南省人口和计划生育工作情况汇报后指出：云南省从实际出发，出台了“奖优免补”利益导向政策，为全国人口计生工作思路和工作方法的重大转变提供了具有普遍价值的推广经验。是树立和落实科学发展观的具体体现，是科学发展观真正深入人心的表现。徐荣凯省长在中央人口资源环境工作座谈会上汇报了“奖优免补”政策情况之后，全国30个省、市、自治区的各级党政领导受到了很大的震动，各省市区以云南省为榜样，采取了一系列利益导向的政策措施和保障制度，对全国人口计生工作思路和工作方法的转变起了一个很大的推动作用，对全国的影响是巨大的。

“十五”时期，云南省的人口计生工作取得了突破性的进展，实现了工作思路和工作方法的重大转变，推进了新时期工作新机制的建设，在全省范围内基本形成了“党政负责、部门配合、群众参与、综合治理”的工作格局，并且积累了丰富的经验，人口计生工作上了一个新台阶。

云南省积极实施国际合作交流项目，按照国际人发大会行动纲领和联合国千年目标的要求，引进先进理念，提升人口计生工作水平，搞好计划生育生殖健康服务，受到国际社会的广泛关注和高度评价，为树立我国人口计生工作的良好形象作出了积极的贡献。

●2006年10月15日，张维庆主任在昆明召开的全国农村部分计划生育家庭奖励扶助制度和

"少生快富"工程全面实施工作会议上的讲话中指出：在2004年中央人口资源环境工作座谈会上，云南省省长徐荣凯关于在云南实行计划生育"奖优免补"政策的发言，引起很大反响，揭开了在全国范围建立政府为主、社会补充的人口和计划生育利益导向政策体系的序幕。

同时，张维庆主任也对云南人口计生工作提出希望和要求：一是希望云南人口计生委在省委、省政府的领导下，认真研究在社会主义新农村建设和和谐社会建设中充分发挥人口计生管理服务网络重要作用的课题，先抓试点，抓率先实施统筹解决好人口问题的示范工程。二是希望要高度重视人口计划生育干部队伍的建设。要配好县以上人口计生委主任，要把优秀的干部选拔到人口计生系统中来，要选有奉献精神、热爱这项事业的优秀干部做这项工作，不合适就建议调整。班子内部结构配备一定要合理，要形成团结合作的战斗集体。三是希望云南省能够学习甘肃省使用干部"双推优"的方法，把优秀干部推荐到其他岗位，推荐优秀人才入党。

同时，希望大理能够率先建成统筹解决人口问题的示范区，最终把大理建成"生态文明、社会和谐"的示范区。

领导讲话

中共云南省委书记白恩培在全省人口资源环境工作座谈会上的讲话

（2006年1月18日）

每年的“两会”期间，都要召开人口资源环境工作座谈会，充分说明做好这项工作的重要性。做好人口资源环境工作，对于全面贯彻落实科学发展观，不断提高可持续发展能力，推动我省经济社会发展切实转入以人为本、全面协调可持续发展的轨道，具有十分重大的意义。

下面，我讲3点意见。

一、统一认识，坚定信心，进一步增强做好人口资源环境工作的紧迫感

“十五”期间，各级党委政府紧紧围绕“十五”计划的各项目标，认真贯彻落实科学发展观，贯彻落实中央的方针政策和省委省政府的决策部署，人口资源环境工作取得了可喜成绩。人口与计划生育工作成效明显，在全国率先探索实施了农村家庭计划生育“奖优免补”政策，人口自然增长率持续下降，比“九五”末下降了3个多千分点。资源对经济发展的保障能力得到加强，保障了基础设施等重大项目建设用地，土地开发整理复垦成效显著，土地市场初步形成，行政管理全面加强，国土资源管理秩序进一步规范。环境保护和生态建设取得较大成绩，在经济平稳较快增长的情况下，全省环境质量总体保持良好水平.以滇池为重点的九大高原湖泊水污染综合防治取得积极进展，重点城市环境综合整治进一步深化。林业重点生态工程成效明显，森林覆盖率提高到49.9%，比“九五”末提高5.6个百分点。全省农村沼气建设速度加快，已成为全国较好的省区之一。水利建设成绩显著，以“润滇工程”为代表的水利基础设施建设进展顺利，农村水电呈现良好发展势头。人口资源环境立法工作富有成效，各项改革稳步推进，对外开放成效明显。去年以来，人口资源环境工作又取得了新的成绩，出生缺陷预防和人口性别比失衡综合治理力度显著加大，循环经济试点工作进展顺利，水利设施在抗旱救灾中发挥了重要作用。溪洛渡电站的正式开工，标志着我省西电东送能源基地建设进入了一个新的发展阶段。这些成绩，为“十一五”人口资源环境工作打下了良好基础。

在充分肯定成绩的同时，也必须清醒地看到，我省人口资源环境与经济社会发晨的矛盾仍然突出，面临的形势依然严峻。一是人口问题给加快发展带来了较大压力。我省是一个人口大省，预计2005年底已达4450万人，在全国排第12位、西部第2位，“十一五”期间每年还要新增30万人左右，人口总量较大、增长较快，人口总体素质低，新增人口又大部分集中在农村，提高人口素质任务艰巨，就业压力也在增大，老龄化进程在加快，社会负担日益沉重。二是一些重要资源的瓶颈制约日益突出。我省经济增长方式粗放的状况还没有根本扭转，资源综合利用水平较低，产品科技含量低、附加值不高，高能耗、高物耗产业比重较大。2000–5以来我省单位生产总值能源消耗持续上升，水、电力出现短缺，一些主要矿山面临资源枯 竭，大宗支柱矿产探明储量增长缓慢。随着经济的快速发展，资源短缺的制约将会进一步加大。三是生态环境总体恶化的趋势尚未得到有效遏制。我省水土流失量大面广，水污染仍然严重，大气环境不容乐观，农业土壤污染和农村面源污染问题突出。资源开发和城市化带来的生态环境压力加大，群众对环境问题的投诉明显增加。我们必须高度重视这些问题，下决心加以解决。

做好人口资源环境工作，我们面临许多难得的机遇和有利条件。国家深入实施西部大开发战略，在资金、项目、技术等方面将继续给予我们有力的扶持。对外开放的进一步扩大，为推动人口资源环境领域的国际合作．提供了更广阔的空间。改革开放以来，我省经济社会发展取得长足进展，为做好人口资源环境工作提供了较好的条件。更为重要的是，近几年来各级领导干部的认识进一步提高，为做好这项工作奠定了坚实的思想基础和组织基础。我们要充分利用好这些机遇和有利条件，认真做好人口资源环境工作，使人口素质不断提高、资源保障能力不断增强、生态环境不断改善。

二、全面贯彻落实科学发展观，努力推动人口资源环境工作迈上新台阶

科学发展观是指导发展的世界观和方法论的集中体现。各级党委政府要始终坚持用科学发展观统领人口资源环境工作，努力推动人口资源环境与经济社会发展相协调。

第一，进一步降低生育水平，不断提高人口素质。人口与计划生育工作是关系国计民生的大事。要加强人口发展战略研究，继续推行农业人口独生子女家庭“奖优免补”政策和“少生快富”扶贫工程，逐步提高补助标准，继续降低生育水平，确保实现省委省政府提出的目标，力争到“十一五”末，人口自然增长率降到6.08‰以内。加强生殖健康服务，增强群众自我保健和防范艾滋病的意识和能力。全方位开展出生缺陷预防工作，尽快改变我省出生缺陷率偏高的状况，不断提高人口素质。深入开展婚新风进万家活动和“关爱女孩行动”，综合治理出生人口性别比偏高问题，促进人口性别比平衡。流动人口计划生育工作历来是个难点，要加快完善流动人口计划生育管理和服务体系，有效遏制流动人口未婚先育和超生现象。积极应对老龄化问题，加快老龄事业和老龄产业的发展。

第二，切实提高资源保障能力，加快建设资源节约型社会。要从可持续发展的战略高度，谋划好眼前利益与长远利益、局部利益与全局利益的协调。坚决实行最严格的耕地保护制度。耕地是保障粮食安全的根本，要坚持一手抓耕地保护，一手抓土地开发整理复垦，促进农业生产与国家建设的土地协调。按照有保有压、突出重点和节约用地的原则，强化宏观调控，严把土地闸门，经过调整供地总量和结构，促进经济结构调整和增长方式转变，重点保障好关系经济社会发展全局的大项目、大产业和重大基础设施建设用地。高度重视征地拆迁中存在的突出问题，切实保护好被征地农民的权益，营造安定和谐的发展环境。切实巩固矿业支柱产业的优势。全面推进矿业权有偿制度改革，加快提高矿山规模化开采和集约化利用水平。有效遏制乱采滥挖、破坏浪费资源的行为，鼓励企业“科技兴矿”，提高资源回采率和综合利用率。加强矿产资源调至评价与勘查工作，努力增加紧缺矿产资源远景储量，切实保障后续资源供给。努力保障能源供给。我省水能资源十分丰富，但开发程度较低。要坚持水电为主、水火电并举、大中小共同发展的方针，按照“十一五”末水火电装机容量达到3600万千瓦以上的目标，加快能源建设步伐，重视发展太阳能、生物质能等新能源。着力加强地质灾害防治工作。我省滑坡、泥石流等自然灾害较为突出。要加快建立地质灾害监测预防体系，提高灾害预警预报能力和防治能力，努力减少人员伤亡和灾害损失。

第三，为人民群众创造健康安全、舒适优美的生产生活环境，加快建设环境友好型社会。我省地处长江、珠江、澜沧江等大江大河的上游，生态环境的好坏，不仅关系到云南各族群众的生存和发展，而且关系到全目的生态安全和中华民族的长远发展。我们必须根据自然的承载能力，规划经济社会发展，坚持走生态建设产业化、产业发展生态化的路子，实现经济效益、社会效益、生态效益相统一。大力发展循环经济，按照“减量化、再利用、资源化”的原则，全面推行清洁生产，通过合理延长产业链，加强对各类资源的循环利用，完善再生资源回收利用体系，以尽可能小的资源消耗和环境代价，获得尽可能大的经济社会效益，形成低投入、低消耗、低排放和高效率的节约型增长方式。继续抓好循环经济试点示范工作，逐步扩大试点范围。继续优化生产力布局，按照优化开发、重点开发、限制开发和禁止开发的要求，明确不同区域的功能定位和发展方向，在全省形成各具特色的发展格局。加大污染治理力度，抓紧解决严重影响人民群众健康安全的环境污染问题。严格执行环境影响评价，坚持环保设施与主体工程同时规划、同时施工、同时投入使用，加快实行排污许可证制度，严格控制污染物排放总量，做到增产不增污，努力实现增产减污。加大城市环保基础设施建设力度。加强九大高原湖泊和重点流域水污染综合防治，强 化水污染事故的预防和应急处理，确保群众饮水安全。高度重视农村环境污染问题，大力实农村小康环保行动计划，综合防治土壤污染和规模化养殖业污染，积极发展生态农业，继续大力发展农村沼气。继续加强生态环境保护与建设。坚持突出重点抓生态，按照保护优先、开发有序的要求，以强化对森林、矿产和旅游开发的监管为重点，加大自然生态保护力度。正确处理林业生态建设和声业发展的关系，继续全面实施林业重点工程，深化商品林林权改革，努力壮大林产业。力争到2010年，九大高原湖泊和六大水系水环境质量有较大改善，重点地区和城市的环境质量明显改善，农业面源污染和农村环境污染得到治理，森林覆盖率进一步提高，生态环境得到改善。

第四，大力提高水资源利用效率，推进节水型社会建设。更加注重水资源的节约、保护和管理，统筹生活、生产和生态用水，使经济社会发展与水资源条件相协调。保障好饮用水安全，切实加强饮用水水源保护，建设好城市备用水源，确保城市饮水安全，重点解决好农村部分地区饮用水严重不足和水质不达标的问题。大力推行节约用水，支持研发和推广节水技术与产品，推进工业废水、生活污水再生利用，积极发展节水灌溉农业，建设节水型城市。继续深入推进水价、水利工程管理体制、水利投融资改革，逐步消除制约水利发展的体制机制障碍。不断提高防洪抗旱能力。去年的严重旱灾，暴露出我省抗灾能力的不少薄弱环节。要加强防洪抗旱工程建设，保障好以“润滇工程”为重点的水源工程建设，继续加强山区“五小水利”和灌区续建配套工程建设，加强病险水库除险加固和城市防洪工程建设，努力减少自然灾害损失。要统筹好上下游、地表地下水资源调配，推进水资源的合理开发、优化配置、高效利用和全面节约。正确处理水利水电工程建设和保护流域生态的关系，随着溪洛渡电站的开工建设，我省2江水电开发步伐加快，要积极探索有效机制，在发挥好河流功能的同时，切实保护好河流生态系统。

三、加强领导，健全制度，不断促进经济社会发展和人口资源环境相协调

做好人口资源环境工作，领导是关键。各级党委政府要紧紧围绕“十一五”的奋斗目标和今年的工作任务，坚持完善体制机制，强化依法行政，提高服务能力，依靠群众支持，切实推动人口资源环境工作不断发展。

第一，切实加强领导，健全工作目标责任制。要从全局和战略的高度，充分认识人口资源环境工作的极端重要性和紧迫性，继续坚持党政一把手亲自抓、负总责，确保认识到位、责任到位、措施到位、投入到位。建立促进节能降耗环境保护的评价考核体系和激励约束机制，将发展过程中的资源消耗、环境损失和环境效益逐步纳入经济各级政府耕地保护行政首长负责制，严防国家明令淘汰类项目向欠发达地区转移，坚决关闭个别地方还存在的工艺落后、浪费资源、污染严重、安全生产无保证的“五小”企业，对因决策失误或姑息纵容造成严重后果的领导干部，要严肃处理。

第二，不断深化改革，完善体制机制。坚持以改革为动力，从体制机制上解决问题。积极稳妥地推进水、电等资源性产品价格改革，建立有利于资源节约与合理开发的价格约束机制和补偿机制。建立健全有利于资源节约和环境系。按照照谁开发谁保护、谁受益谁补偿的原则，加快探索建立区域生态补偿机制。推动城市污水和垃圾处理单位转制，加快污染治理市场化进程，积极发展环保产业。加强技术开发和创新体系建设，加强国际合作与交流，大力支持开发推广资源节约、替代和循环利用技术与产品，重点推进钢铁、有色、电力、石化、建筑、煤炭、建材、造纸 等行业节能降耗技术改造，充分发挥科技对建设资源节约型和环境友好型社会的重要支撑作用。转变计划生育工作思路和工作方法，进一步完善“依法管理、村（居）民自治、优质服务、政策推动、综合治理”的新机制 .

第三，加强法制建设，推进依法监管和服务。坚决贯彻人口、土地、矿产、水利、林业、环保等方面的法律法规，加强地方法规体系建设，严肃查处各种违法违规案件，尤其要加大对环保违法行为的处罚力度，着力解决“违法成本低、守法成本高”的问题，将人口资源环境工作纳入法制化、规范化的轨道。强化执法责任制，加大执法力反，加强部门协调，完善联合执法机制。加大执法监察力度，规范执法行为，切实解决有法不依、违法不究、执法不严的问题。高度关注损害群众切身利益的问题，完善对污染受害者的法律援助机制。加快信息化建设步伐。加强人才队伍建设，不断提高人口资源环境工作队伍的整体素质。

第四，充分依靠群众，增强做好工作的合力。做好人口资源环境工作，必须紧紧依靠人民群众。要大力开展形式多样的宣传教育活动，大力倡导人人节约、事事节约、处处节约，从自己做起，从现在做起，从点滴做起，促进形成有利于节约、环保的行为方式和文化氛围。各级党委政府要做建设资源节约型和环境友好型社会的表率，建设节约型机关力度要大、时间要长、效果要实，要形成一系列规章制度来巩固成果。政府采购要优先考虑节能、节水和环保认证产品，实行绿色采购。深入开展绿色学校、绿色社区、环境友好企业等创建活动。健全社会监督机制，涉及公众权益的发展规划和建设项目要向社会公开，充分发挥群众的参与和监督作用。

做好人口资源环境工作，关系到全省经济社会又快又对发展，关系到平安和谐云南建设，关系到全面建设小康社会宏伟目标的顺利实现，意义十分重大，任务非常艰巨。我们要以邓小平理论和“三个代最”重要思想为指导，坚定不移地贯彻落实科学发展观，认真贯彻党的十六大和十六届五中全会精神及省委七届七次全委会精神，推动我省人口资源环境工作不断取得新的成绩，为实现今年和今后五年的目标而努力奋斗！

中共云南省委副书记、省长徐荣凯在人口资源环境工作座谈会上的讲话

（2006年1月18日）

同志们：

现在开会。

在党中央明确提出建设社会主义新农村，建设资源节约型、环境友好型社会和构建社会主义和谐社会等重大战略任务的新形势下，在我们胜利完成"十五"计划、阔步走向"十一五"的关键时刻，省委、省政府召开全省人口资源环境工作座谈会，具有十分重要的意义。这次会议的主要任务是贯彻落实党的十六大、十六届五中全会和省委七届七次全委会议精神，牢固树立和落实科学发展观，按照国家关于人口资源环境工作的总体部署和要求，进一步分析我省面临的新形势、新任务，研究部署"十一五"和今年全省人口资源环境工作。

出席今天座谈会的有省委常委、省人大、省政府、省政协的领导同志；省法院、省检察院和人民团体的负责同志；省属有关部门及中央驻滇有关单位负责同志；各州市党政主要领导同志，以及各州市国土资源、水利（水务）、人口与计划生育、环保部门的主要负责同志。

刚才，省直四个部门和四个州市的负责同志作了很好的发言，畅谈了工作体会，交流了工作经验，并讲了一些好的思路和措施。恩培同志作了重要讲话，全面深刻地总结了我省"十五"人口资源环境工作，从贯彻落实科学发展观、提高云南可持续发展能力的高度，对进一步做好我省人口、资源、环境工作，努力建设资源节约型、环境友好型社会提出了明确要求。恩培同志的讲话十分重要，大家要结合实际，认真学习领会，抓好贯彻落实。

过去的五年，在省委、省政府的领导下，各地、各部门开拓进取，扎实工作，全省人口资源环境工作取得了新的战绩。人口增长得到控制，人口素质进一步提高。国土资源管理秩序逐步规范，天然林保护、退耕还林、防护林建设等重点生态工程不断推进。列入监测的主要城市环境质量有所好转，九大高原湖泊水污染综合防治取得阶段性成果。但也要清醒地看到，我省人口基数大，控制人口过快增长、提高人口素质的工作繁重，随着经济快速发展，资源短缺、环境形势严峻等问题日趋突出，可持续发展还面临十分艰巨的任务。我们要坚定不移地走可持续发展道路，立足现实，着眼长远，下更大决心抓好人口资源环境工作，努力实现经济社会与人口、资源、环境的协调发展。

未来五年，是我省加快经济社会发展的关键时期，也是人口资源环境工作的关键时期。我们要牢固树立和落实科学发展观，认真贯彻中央和省委的部署，围绕建设资源节约型、环境友好型社会的要求，坚持基本国策不动摇，走生产发展、生活富裕、生态良好的文明发展道路，发展循环

经济，保护生态环境，促进云南经济发展与人口资源环境相协调。这里，我就今后一段时期的工作，补充讲几点意见。

第一，把人口和计划生育工作作为实施可持续发展战略的重要方面，长抓不懈。近年来，我省人口和计划生育工作取得较大突破，积累了很好的经验，要继续巩固成果，争取更大成效。尤其要紧紧围绕控制人口增长和提高人口素质两大任务，建立健全适应科学发展观要求的人口和计划生育工作机制，创新工作思路，确保实现既定工作目标。一是坚持计划生育基本国策，保持低生育水平，力争在2010年将人口控制在4600万以内。实"少生快富"工程，认真落实"奖优免补"政策，到2008年实现全省40%左右的农业人口一孩家庭自愿放弃生育二孩，严格控制违法生育，确保人口自然增长率到2010年下降到6.08‰。二是健全人口和计划生育管理服务体系。加强以县、乡计划生育服务站为重点的服务网络建设，加快人口计划生育信息综合决策支持系统和人才队伍建设。三是大力提倡优生优育，全面提高出生人口素质。认真实施好《云南省人口出生缺陷预防规定》，认真开展好婚前培训、孕前检查、孕期供药、产前筛查、残疾儿童鉴定等一系列服务工作，大幅度减少新生婴儿出生缺陷。加强农村基础医疗保健，支持边疆民族贫困地区开展生殖健康和计划生育优质服务。四是有效治理婴儿性别比例偏高问题。加大宣传力度，切实创造男女平等的社会环境，改变女性上学难、就业难、同工不同酬等现象。加快完善有利于女孩出生、成长的社会保障体系和政策环境，积极探索以农村家庭养老为基础、其他方式为辅的补充养老模式，解除群众后顾之忧。加强对医学鉴定性别的管理，严厉打击非法鉴定婴儿性别和非法堕胎行为。

第二，强化耕地保护目标责任制，坚决制止乱占滥用耕地现象。当前，随着工业化和城镇化快速发展，全省可用土地面积越来越少，保护耕地、节约用地已迫在眉睫。一要强化土地规划约束和用途管制，严格建设用地审批，不得随意改变土地利用规划，更不得随意改变基本农田用途。进一步完善土地征用程序和补偿机制，坚决纠正和防止土地征用中侵害农民利益的问题。二要严格执行经营性土地使用权招标拍卖挂牌出让制度，用法定程序和价格杠杆遏制盲目圈地，防止暗箱操作和滋生腐败。规范国有土地使用权出让收入管理，推进城乡地籍调查工作，依法做好土地发证、抵押登记工作。严格控制划拨用地范围，经营性基础设施用地要逐步实行有偿使用。三要加大行政监管和社会舆论监督力度，坚决查处违法违规批地用地案件，严肃处理相关责任人，对典型案件要公开曝光。四要通过土地利用规划修编合理安排生态建设用地，积极支持社会主义新农村建设，统筹安排土地开发、保护和整治项目和退耕还林、退田、还湖等各项生态建设工程，探索产业开发、城镇建设、农业发展和生态建设相协调的发展之路。

第三，抓好资源节约和综合利用，大力发展循环经济。目前，我省经济增长依然过度依靠对自然资源的消耗和初加工。如果这种状况不努力改变，就难以实现经济社会的可持续发展，对生态建设和环境保护也会带来更大压力。我们必须狠抓资源节约和综合、高效利用，大力发展循环经济，努力转变经济增长方式。要加强工业、交通、运输、建筑、商用和民用各领域的节能降耗工作，推进重点高耗能企业的节能管理，强制淘汰消耗高、污染重、技术落后的工艺和设备，重视产品的生态设计和使用再利用，形成低投入、低消耗、低排放和高效率的节约型增长方式。要切实重视资源的综合、高效利用，加强监管，提高资源的回采率和综合回收率，发展精深加工产业。重点推进钢铁、有色、煤炭、电力、化工、建材等行业废渣、废水、废气的综合利用，推广循环经济新模式。进一步建立完善再生资源回收利用体系和政策，最大限度地搞好城乡生产和消费环节产生的各种废弃物的回收利用。要通过经济、技术、法律等手段，推进资源利用方式的根本转变，不断提高资源利用的经济、社会和生态效益。逐步建立完善有偿获取资源勘探、开发权的，市场化机制和反映资源稀缺程度的价格机制，促进金社会节约资源的自觉性，实现资源科学合理配置。要注重发挥科技进步在资源节约和利用中的作用，加强重大节能降耗技术和资源加工技术的开发研究，及时推广相关科技成果，鼓励和引导企业淘汰落后的工艺、技术和产品。

第四，加强生态环境保护，全面提高可持续发展能力。良好的生态环境是实现可持续发展的基本前提。要强化“环境就是资源，环境就是资本”的认识，把加强生态环境保护的工作落到实处。一是坚持预防为主、综合治理的方针，全面推进清洁生产，抓好高耗能、重污染行业及重点流域、重大工程污染的预防，从源头控制污染物的严生和排放，坚决改变先污染后治理、边治理边污染的状况。努力降低单位产值污染物排放，切实解决好影响经济社会发展特别是严重危害人民身体健康的突出问题。二是加强以饮用水安全和重点流域、高原湖泊为重点的水污染防治工作。要采取最严格的措施保护饮用水源，禁止工业、养殖业污染物直排饮用水源地，特别要严格控制有毒有害物质的污染。把六大水系、九太高原湖泊和主要库区作为水环境保护与治理的重点，采取综合防治措施，加大工作力度，逐一抓出成效。三是强化城乡污染治理。抓好7个重点监测城市的环境治理，加快城市环保基础设施建设，提高城市污水处理和垃圾无害处理率。积极防治农村面源污染，加强农药、化肥、农膜使用的指导和管理，加大规模化养殖场污染处理力度，确保农村用水安全，减少粮食、蔬菜农残含量。四是坚持保护优先、开发有序的原则，继续推进天然林保护、退耕还林还草、防护林体系建设、水土流失治理、石漠化综合治理等重点生态建设工程，推进长江上游生态屏障建设，严格控制生态脆弱区的开发，切实遏制局部地区生态环境恶化的趋势。五是增强全社会的环境保护意识，提高可持续发展能力。生态环境保护是各族人民的根本利益所在，只有全省上下、社会各界和广大人民群众积极参与、共同努力，才能取得成效。要进一步加强环保宣传，鼓励和支持社会各界参与生态环境保护的活动，发动各方面的积极性共同搞好这项工作。

第五，全社会节水，努力提高水资源利用效率。水资源是人类生产和生活不可缺少的自然资源，也是各种生物赖以生存的环境资源。随着我省城镇化、工业化进程加快和人民生活水平的不断提高，水资源短缺的矛盾日益突出。必须节约用水、合理用水，统筹解决好生活、生产和生态用水问题。要全面推动节水管理工作，加强城市工业和服务业节水管理，提高污水废水处理回收利用水平。大力发展农业节水灌溉，加快灌区改造，切实提高灌溉用水利用效率。开展节约用水宣传教育，增强全民节水意识。要抓紧推进水价改革，建立有利于促进节约用水和水资源合理利用的水价形成机制，加快水管体制改革，努力建立健全符合省情、水情和社会主义市场经济要求的水利管理体制和运行机制，促进民营水利发展。要立足于防大汛、抗大旱，做好防汛抗旱工作。制订重点城市应急供水预案，加快解决农村部分地区人畜饮水困难，确保用水安全。

最后，我还要强调一点，加强人口资源环境工作，关键在于落实。各级政府要切实转变职能，把做好人口资源环境工作作为加强社会管理、提高自身能力建设的重要任务，不折不扣地抓好落实。要加快建设相关基础设施、服务网络和监测系统，提高综合保障能力。人口计生、国土资源、环境保护和水利等部门要切实担负起职责，严格执法，加强管理，搞好服务，为全省生态建设和环境保护事业作出更大贡献。

同志们，让我们以更大的决心、更有效的措施、更扎实的工作，把省委、省政府确定的各项任务和政策措施落到实处，推动我省人口资源环境工作不断取得新的成绩，不辜负全省人民群众的期望。

今天的座谈会到此结束。散会。

以科学发展观为指导
努力开创人口与计划生育工作新局面

——在全省人口与计划生育工作会议上的讲话

云南省副省长　高峰

2006年2月22日

同志们：

这次全省人口与计划生育工作会议，是一次十分重要的会议。国家人口计生委对这次会议的召开给予了极大地关注，赵白鸽副主任亲临会议作指导并发表了重要讲话。赵副主任的讲话，充分肯定了我省人口计生工作取得的成绩，并对做好"十一五"及今年我省人口与计划生育工作提出了殷切的希望，这对我们是一个极大地鼓舞。与会同志要认真学习领会赵副主任的重要讲话，切实贯彻落实到实际工作中。下面，我简要回顾一下"十五"我省人口计生工作情况，并就"十一五"工作思路和今年要重点抓好的工作讲几点意见。

"十五"期间，我省人口与计划生育工作，在党中央、国务院的正确领导下，在国家人口计生委的关心支持下，紧紧围绕进一步降低生育水平这一目标，创新工作思路，完善工作机制，健全法规体系，采取有力措施，结合认真实施国家"奖励扶助制度"和"少生快富"扶贫工程试点，在全国率先实施了农业人口独生子女家庭"奖优免补"政策，取得了突破性进展。人口自然增长率持续下降，2005年已降至7.97‰，比"九五"末下降3.51个千分点，2003年至2005年连续三年人口自然增长率保持在10‰以内，去年顺利实现了省委、省政府提出的"人口自然增长率三年下降三个千分点"的第一年目标，提前5年实现了省委、省政府确定的到2010年人口自然增长率下降到8.44‰的目标，为全省经济社会协调可持续发展作出了巨大贡献。在此，我代表省人民政府向辛勤工作在全省人口计生工作战线上的广大干部职工，以及社会各界表示衷心的感谢。

在肯定成绩的同时，我们也应清醒地看到，我省的人口计生工作仍然面临着许多问题。主要表现在：人口基数大，生育水平高，增长速度快，总体素质低，流动人口计划生育管理薄弱，出生性别比攀升，出生缺陷高发，经济社会发展的人口压力大。针对这些问题，省委、省政府明确提出，要把控制人口数量、提高人口素质、改善人口结构、引导人口分布，作为当前及今后一段时期关系全省社会事业发展全局的大事抓紧抓好，抓出成效。

"十一五"是我省加快经济社会事业发展，继续缩小与全国生育水平差距，与全国同步实现全面建设小康社会战略目标的关键时期。"十一五"我省人口计划生育工作的基本思路和目标是：以邓小平理论和"三个代表"重要思想为指导，坚持以人为本，全面贯彻落实科学发展观，进一步降低生育水平，力争到2010年全省总人口控制在4600万人以内，出生率控制在13.5‰以内，自然增长率控制在6.08‰以内，出生缺陷发生率有较大幅度下降，出生人口性别比有所回落，初步建立起调控有力、管理有效、服务到位、政策法规完备的人口和计划生育工作保障体系和工作机制。

今年是落实“十一五”规划的开局之年。做好今年的人口与计划生育工作，具有衔接性、基础性、带动性的重要作用。为此，今年我省人口与计划生育工作要在以下6个方面有新的突破。

第一、在人口与计划生育工作理念上要有新突破。进入21世纪，人口与计划生育工作在工作思路到工作方法上都发生了巨大的变化，科学发展观的提出，为人口计划生育工作的发展确立了新的理念。“以人为本”是科学发展观的重要内容，人口计生工作要树立“以人为本”的思想，以满足人民群众日益增长的计划生育、生殖健康需求作为工作的出发点和落脚点。一切想群众所想，急群众所急，把群众真正作为人口与计划生育工作的主人，想方设法提高群众的生活、生育质量，实现好、维护好、发展好广大人民群众在人口与计划生育工作中的根本利益。全面协调可持续发展是落实科学发展观的必然要求，要从云南的实际出发，在进一步降低生育水平的基础上，统筹解决人口素质、结构和分布等方面存在的突出问题，树立大人口观念，以新的视野、新的理念、新的观点来看待和重视人口计划生育工作，促进人口自身的协调发展和可持续发展，以此促进人口、经济、社会、资源、环境的协调发展和可持续发展。从世界背景来看，人口与计生工作面临信息社会、法治社会、人文社会的交流与互通的时代变化；从国内背景看，中国正处在由计划经济向社会主义市场经济转轨的关键时期，我们的政府职能正在发生变化，人口与计划生育工作的发展阶段在发生变化，中国人口问题在发生变化，人口与计划生育的管理和服务对象在发生变化，党和政府对人口与计生工作的要求在不断提高，人口计生工作正处在一个变革的时代，我们的工作理念一定要与时俱进。因此，我们必须强化人口计生工作在整个经济社会发展全局中战略性、决定性、关键性作用的理念，一定要以党中央、国务院的路线、方针、政策为指导，根据时代发展要求，根据人民群众需要，根据变化了的工作情况，以新思路、新方法、新措施，做好人口与计划生育工作。

第二、在人口与计划生育新机制建立上要有新突破。“十五”期间，我省人口与计划生育工作之所以取得突破性的进展，取得辉煌成就，重要的是在建立新机制、完善新制度、落实新措施上有创新、有突破。“奖优免补”政策、云南人口奖、云南省人口和计划生育先进工作者奖等一系列新政策、新机制、新制度、新措施的建立和落实，为我省人口计划生育工作的发展起到了积极的促进和推动作用。从今年开始，要在“十一五”期间，进一步加强机制创新和制度建设，按照理论创新、制度创新、科技创新、能力创新、载体创新的思路，力争在制度建设上再有新的突破，以制度创新来促进人口计生工作的开展，以制度创新来巩固人口与计划生育工作取得新的成效。

第三、在流动人口计划生育管理上要有新突破。流动人口计划生育管理工作，是人口与计划生育工作中的“老大难”。“十五”期间，我省违法多生育的行为突出地集中在流动人口之中，流动人口违法多生育已成为我省人口计划生育工作的“瓶颈”。要解除这个“瓶颈”，必须采取坚决有效的措施。一要加强流动人口的计划生育机构队伍建设，配备必要的管理人员，安排必需的工作经费，确保流动人口计划生育管理工作落到实处。二要切实履行人口计生部门的生育调控职能，完善管理措施和管理手段，加强与有关部门的沟通联系，建立完善全省流动人口计划生育监管的现代化信息系统。三要加强各有关部门的配合，建立由人口计生部门牵头，公安、工商、劳动保障、卫生、房产管理、税收等有关部门参与的联动、互动的工作管理机制，实行流动人口计划生育管理目标责任制，各级人民政府要定期进行检查考核。四要建立对流动人口服务的有效机制，改变当前对流动人口“堵、卡、赶、罚”的做法，以做好服务为工作着力点，加强对他们的宣传教育，转变他们的生育观念，解决流动人口的生育、节育、生殖保健等方面的具体问题，以服务促管理。五要进一步完善流动人口计划生育管理的实施办法，抓紧在年内制订出台切实可行的管理措施，使流动人口计划生育管理工作有章可循、有法可依，切实扭转流动人口计划生育管理被动的局面。

第四、在计划生育重点地区工作上要有新突破。我省人口计生工作发展不平衡，在部分地方落后的生育观念还根深蒂固，加之计划生育基层基础工作薄弱，管理滞后，违法多生育现象仍然十分突出，生育水平居高不下，严重影响了全省进一步降低生育水平的步伐。“十五”期间，省委、省政府采取坚决有力的措施，加大了对重、难点地区工作的指导和监督检查的力度，使这些地区的工作有了显著变化，取得了明显进展。我们要继续关注这些地方的工作，加强调查研究，加强督促指导，力争这些地区的工作取得新的突破。省人口计生委把全省各州市的人口计生工作情况作了图表式比较，基本反映了各地的情况，希望各地检查对比，特别是计划生育工作难度大、各项指标滞后的州市要引起重视，切实加强领导，认真分析原因，采取有力措施，改变工作滞后的状况。

第五、在人口与计划生育法制建设上要有新突破。要严格依法行政，切实维护群众的合法权益。今年，省人大常委会已将《云南省人口与计划生育条例》作为立法“回头看”的项目，各级人口计生部门要按照省人大常委会的要求，认真搞好执法调研，深入分析《条例》在执行过程中遇到的具体问题，要通过立法程序，切实解决目前工作中独生子女保健费无法落实、管理机制不健全等问题。同时，要积极争取将“十五”期间所实施的“奖优免补”等政策，通过立法程序纳入《条例》。要加强计划生育的执法及监督工作，坚决杜绝执法不到位、执法不作为、乱执法和违法执法的现象，把全省人口与计划生育工作纳入法制化的轨道。要加强社会抚养费的征收管理，制订社会抚养费征收具体措施，充分发挥社会抚养费在控制违法生育上的作用。

第六、在抓工作落实上要有新突破。一是“奖优免补”工作要有新进展。“奖优免补”政策在全国是一个创举，也是我省人口计生工作的一个亮点。今年，各级人民政府及有关部门要把落实“奖优免补”政策作为一项重要工作来抓，确保全省农业人口独生子女家庭办证达到8万户以上，确保到2008年实现全省40%左右的农业人口一孩家庭自愿放弃生育二孩。要认真研究“奖优免补”工作中遇到的新情况和新问题，完善各项政策措施，逐步提高奖励标准；要高度重视政策的兑现工作，人口计生部门要严把资格确认关，财政部门要及时安排拨付资金，资金的委托发放机构必须按时将奖励金发放到每一个受奖对象手中，绝不允许克扣、挪用或拖延奖励金的发放。在落实“奖优免补”政策中，要强调政府指导与群众自愿相结合，省政府给各州、市下达一定的农业人口独生子女办证指标，是对工作的一个总体要求，并不代表基层可以以此为借口，去强迫群众办证。这一点，必须把握好政策原则，要尊重群众的意愿，绝不允许强迫命令。

二是出生缺陷干预工作要全面启动。“十五”期间，我省每年有四万多的出生缺陷婴儿，属出生缺陷发生率高发省份。为有效治理出生缺陷，2005年7月，省政府出台了《云南省出生缺陷预防规定》，近期将召开省人口计划生育工作领导小组会议，专题研究出生缺陷干预的工作。这项工作事关我省民族发展的未来，各州市人民政府要高度重视这项工作，各有关部门要密切配合，特别是卫生和人口计生部门要密切配合，坚决避免推诿、扯皮现象的发生，严格按照《云南省人口出生缺陷预防规定》，抓好工作落实，力争今年我省的人口出生缺陷发生率有较大幅下降。

三是出生人口性别比攀升综合治理要形成合力。从全省总体情况看，我省出生人口性别比基本正常，但有6个州市、67个县市已超过正常值，呈逐步攀升的势头。出生人口性别比的治理，是一个综合的社会系统工程，近期国家有关部委已联合制订了综合治理出生人口性别比的政策措施，全国人大常委会正在讨论将违法进行胎儿性别鉴定和非法终止妊娠列入追究刑事责任的范围，省政府也于去年出台了《云南省综合治理出生人口性别比升高问题的规定》。遏制出生人口性别比攀升的势头，关键是各部门要按照各自的职责，狠抓落实。公安、卫生、人口计生等部门对做好这项工作负有不可推卸的责任。卫生部门要与人口计生部门一道制订B超等胎儿性别鉴定设备和技术管理的有效办法，坚决杜绝非医学需要的胎儿性别鉴定和选择性别的人工终止妊娠；公安部门要加大对溺婴、弃婴的打击力度，对那些溺婴、弃婴的行为要依法追究刑事责任。各有关部门要认真履行职责，配合人口计生部门做好工作，确保我省出生人口性别比的基本平衡。

四是农村计划生育工作要与社会主义新农村建设有机结合。建设社会主义新农村，是党的十六届五中全会提出的重大历史任务，是贯彻落实科学发展观的重大举措，是实现国民经济持续快速发展的持久动力，也是构建社会主义和谐社会的重要基础。目前，我省进一步降低生育水平的重点在农村，解决人口素质、结构、分布等问题的重点也在农村。人口与计划生育部门要深刻认识建设社会主义新农村的重大意义，切实把握这一重大的历史机遇，围绕群众生育、生产、生活，加强调查研究，提出切实可行的政策措施和项目，将人口和计划生育工作纳入新农村建设的总体规划，统一部署，协调推进。

同志们，人口计生工作是一项基本国策，是关系经济社会发展的伟大事业。做好人口计划生育工作，要提高认识，加强领导，明确责任，狠抓落实。我们要以邓小平理论和“三个代表”重要思想为指导，全面贯彻落实科学发展观，按照“十一五”规划目标，切实抓好今年的各项工作措施，为开创全省人口与计划生育工作的新局面作出新的贡献。

谢谢大家。

落实奖优免补政策 全面推进人口与计划生育工作

——在全国农村部分计划生育家庭奖励扶助制度和“少生快富”工程全面实施工作会议上的发言

云南省副省长　高　峰

（2006 年 10 月 15 日）

各位领导、同志们：

根据会议安排，我就云南省人口与计划生育工作情况作如下汇报。

按照国家人口计生委的部署和要求，结合省情实际，我省以落实“奖优免补”政策为重点，积极推进了人口计生各项工作。

一是出台了“奖优免补”政策。2003 年 7 月，我省出台了《云南省农业人口独生子女奖励暂行规定》，并在 41 个县（市、区）开展试点，对农村依法允许生育二孩和三孩的家庭自愿放弃再生育，领取《独生子女父母光荣证》的夫妻及其子女进行“奖优免补”。“奖”是对农业人口领取《独生子女父母光荣证》的夫妇，给予 1000 元的一次性奖励；“优”是对农业人口中的独生子女升初、高中和省内高等院校时给予加 20 分优先录取；“免”是免除农业人口中独生子女义务教育阶段课本费、杂费、文具费，免除农业人口独生子女 16 周岁前家庭所承担的农村义务工、劳动积累工；“补”是对农业人口独生子女父母年满 60 周岁后，独男户每人每年发 600 元生活补助，独女户每人每年发 700 元生活补助。从 2003 年 8 月实行“奖优免补”以来，至今年 9 月，全省有 46.9 万户农业人口家庭自愿放弃生育二孩并领取《独生子女父母光荣证》，是过去 24 年累计领证数的 3.39 倍，有 37.1 万对夫妻领到了一次性奖励金，有 17.1 万人次享受养老生活补助，有 47 万人次的中小学生领到独生子女义务教育“奖学金”，有 4314 名高考生、16400 名中考生享受到了升学加分政策。

二是拓展了工作职能。为适应新形势发展的需要，2003 年，我省把省、州（市）、县计划生育委员会（局）全部更名为人口和计划生育委员会（局），把各级人口计生委（局）工作职能由控制人口数量，拓展到提高人口素质、改善人口结构、引导人口分布、关注人口安全等方面。2005 年 7 月，我省出台了《云南省人口出生缺陷预防规定》，全面开展了出生缺陷干预工作。同时，还出台了《出生人口性别比升高问题综合治理规定》，进一步加强了对人口性别失衡的综合治理。为做好艾滋病防治工作，我省充分发挥人口计生系统服务网络健全、方便群众、贴近群众的优势，全面开展了安全套推广使用工程，全省 98.8% 的宾馆酒店、娱乐场所等摆放了安全套。

三是建立了工作机制。为了使人口计生工作能够持续健康发展，真正把人口计生工作建立在依法行政的基础上，我省建立了 5 个方面的工作机制。1. 建立了以“奖优免补”为主的利益导向机制。

2003年，我省实施了“奖优免补”政策；2004年，国家又把我省列为“奖励扶助制度”、“少生快富”工程试点省，全省逐步建立了以国家“奖励扶助制度”为龙头，以“少生快富”工程为支撑，以“奖优免补”为内容的人口计生工作利益导向机制。2.建立了以“四权分离”为主的工作运行机制。奖励对象资格认定由人口计生部门负责；资金筹措及运行管理由财政部门负责；资金发放由邮政部门负责；监督工作由监察、审计部门负责，避免了部门之间的推诿扯皮，为奖励资金的安全运行提供了保证。3.建立了以各级财政分级负担的经费投入保障机制。其中补助经费，除中央给予补助外，其余补助经费全部由省级财政承担；奖免经费，属贫困县的由省级财政承担80%，州县级财政承担20%，非贫困县的由省级财政承担50%，州县级财政承担50%。4.建立了以“云南人口奖”为主的激励机制。2005年，我省设立了“云南人口奖励基金”，下设“云南人口奖”、“云南省人口和计划生育先进工作者奖”两个奖项，配合全省人口计生工作目标责任奖，形成了人口计生工作激励机制。5.建立了以“三公开、三公示、一评议、一见面”为主的民主监督机制。严格执行政策规定、办事程序、办理结果三公开；对奖励对象生育、节育及兑现情况在乡、村、组三级进行公示；对村民的生育、节育、奖励等工作情况召开村民会进行评议；对奖励对象由乡、村干部见面复核。

四是增加了经费投入。2001～2005年，我省人口计生事业经费支出持续增长，年均增长1.1亿元以上，在当年地方财政总支出中所占的比例由0.62%上升到0.99%。“十五”期间，中央、省、州(市)、县四级财政投入人口计生事业经费达19.48亿元，比“九五”期间增加9.21亿元，增幅达90%。其中，省级投入增幅达277%，州市级投入增幅为129%，这为开展人口计生工作提供了重要保障。

五是提高了队伍素质。随着人口计生工作职能的拓展和事业的发展，我省逐年加强了行政管理、技术服务、群众工作、理论研究、产业开发5支队伍的专业培训，逐步改善了全省人口计生工作队伍知识结构、专业结构和年龄结构，初步建立了一支专业化、知识化和年轻化的思想好、作风正、懂业务、会管理、善于做群众工作的人口计生工作队伍，为人口和计划生育事业持续健康稳定发展提供了有力的组织保障和人才基础。

六是加强了信息化建设。我省开发了“奖优免补”软件，开通了专用网站，并为省、州、县、乡配置了计算机、打印机和“奖优免补”软件，实现了“奖优免补”从资格认定、资金运行、资金发放全过程的电子化监督管理。省、州(市)、县(市、区)建立起了局域网，开通了公共信息查询网站，实现了从国家到省、州、市、县、乡信息传输的网络化，提高了工作效率。

七是加强了服务站所建设。“十五”期间，共改扩建27个县级计生服务站、286个乡级计生服务所，配备了144辆计生流动服务车、16辆药具运送车，更新了必须的设备，为发挥“四功能”创造了良好条件。

八是广泛开展了宣传教育。在全面清理全省38184条宣传标语的基础上，实施了人口计生工作宣传“5311”工程，做到每个乡镇宣传标语不少于5条、每个村委会不少于3条、每个村民小组不少于1条，每个乡、每个村、每个组均设有1块人口计生工作公示榜，大力宣传人口计生政策。

通过以上努力，到2005年，我省总人口控制到4450.4万人，出生率降为14.72‰，自然增长率降为7.97‰，超额完成了“十五”计划目标。与“九五”期末相比，出生率下降了4.33个千分点，自然增长率下降了3.51个千分点，少出生人口48.3万人。

我省人口计生工作虽然取得了一定的进展，但是面临的形势依然严峻。主要是：人口基数大、净增人口多；人口总体素质不高、人口安全存在隐患；出生性别比偏高、关爱女孩任务较重；基层基础薄弱、投入不够；人口分布不平衡、流动人口计划生育管理难度大等。

今后，我省将按照这次会议精神，借鉴兄弟省市区的经验，突出做好以下工作。

一是进一步推行“奖优免补”工作。认真落实我省“奖优免补”政策，争取到2008年，全省有45%的农业人口一孩家庭领取《独生子女父母光荣证》，实现“人口自然增长率在2006—2008年三年间，每年下降一个千分点”的目标。

二是加大出生缺陷干预力度。全面开展婚前培训、孕前检查、孕期供药、产前筛查、残疾儿童鉴定等服务工作，减少出生缺陷的发生。

三是严格做好依法行政工作。进一步完善计划生育法律法规，加大人口计划生育执法力度，减少违法生育，坚决做到有法可依、有法必依、执法必严、违法必究。

四是广泛开展宣传教育。进一步实施“5331”宣传工程，深入开展“婚育新风进万家”系列宣传活动和“关爱女孩”行动，为开展人口计划生育工作营造良好的社会氛围。

五是做好计划生育优质服务。加强计生队伍专业技术培训，为群众提供优质、高效的计划生育服务，进一步提升我省人口计划生育工作水平。

六是积极探索村（居）民自治。在进一步完善人口计生工作“三公开、三公示、一评议、一见面”的民主监督机制的基础上，按照国家有关法律法规，积极探索人口计生村（居）民自我教育、自我管理、自我服务的村（居）民自治机制。

七是加快人口发展战略研究步伐。抓紧完成我省已经启动的7个人口发展战略课题研究，为制订全省经济、社会、人口、资源、环境协调发展和可持续发展战略提供科学依据。

在党中央、国务院的正确领导下，在国家人口计生委、财政部等有关部委的大力关心和帮助指导下，我们一定动员全省上下，团结一致，扎实工作，不断提高人口计生工作水平，为控制人口的过快增长，提高人口素质，促进经济社会发展作出新的贡献。

在全国“新农村新家庭——大香格里拉地区人口健康促进”项目启动会的发言

云南省副省长 高 峰

（2007 年 1 月 14 日）

尊敬的张维庆主任，各位代表，同志们：

正当全国上下认真学习贯彻中共中央、国务院《关于全面加强人口和计划生育工作统筹解决人口问题的决定》精神，积极探索统筹解决人口问题的方法，进一步推进人口与经济、社会、资源、环境的协调发展和可持续发展，努力构建社会主义和谐社会之际，地处彩云之南、雪域高原的香格里拉迎来了全国“新农村新家庭——大香格里拉地区人口健康促进”项目启动会的召开。我代表云南省人民政府对会议的召开表示热烈祝贺！向莅会各位代表和同志们表示诚挚欢迎！向维庆主任和各部委、各兄弟省市区领导多年来对云南工作的关心、支持，表示衷心感谢！

人口问题是关系经济社会协调发展的战略性问题。云南地处西南边疆，全省总人口 4450 万，其中少数民族人口占 1/3 以上，农村人口 3138 万人，占总人口的 70%。着力解决“三农”问题，统筹农村各项事业协调发展，一直是各级党委、政府重中之重的工作。近年来，我省把抓好农村人口和计划生育工作作为推动农业、农村发展的一项基础性、全局性举措，认真贯彻落实国家有关方针政策，积极探索行之有效的途径和办法。从 2003 年 8 月 1 日开始推行农业人口独生子女“奖优免补”政策。国家将我省列入农村部分计划生育家庭奖励扶助制度和“少生快富”工程试点后，我省进一步完善了政策措施，加大资金投入，初步探索了计划生育工作与农村独生子女家庭的健康和发展相结合的长效机制，得到广大群众的积极响应，取得了实实在在的成效。实践证明，“奖优免补”政策的实施，有利于控制人口数量，提高人口素质；有利于化解三农问题，加快脱贫致富步伐，促进新农村建设，全面建设小康社会；有利于城乡结构的战略性调整，统筹城乡协调发展和可持续发展；有利于密切党群干群关系，加强党对农村的领导，提高党在农村的执政能力，构建和谐社会。“十五”期间，云南人口自然增长率从 11.48‰下降到 7.97‰，五年下降了 3.5 个千分点，初步扭转了人口自然增长率长期居高不下的局面。

新农村建设是统筹解决中国人口问题的重大历史机遇，也是构建社会主义和谐社会的一个重大战略抉择。国家人口计生委依托贯穿中央、省、地、县、乡、村，集行政管理、技术服务、群众工作和村(居)民自治“四位一体”的人口和计划生育公共管理与服务网络，针对广大农民致富、健康、育儿和保障四大需求，以农村家庭为着力点，以改变农民传统的生产、生活、生育方式，积极倡导新风尚，培育新农民，争创新农家，建设新农村为目的“新农村新家庭——大香格里拉地区人口健康促进”项目，对于加快新农村建设步伐，对于构建社会主义和谐社会，对于统筹解决农村人口问题有着十分积极的现实意义和深远的历史意义。

这个项目能够确定在我省迪庆州实施，项目启动会能在迪庆召开，体现了国家人口计生委对我们工作上的信任和支持，体现了对云南人口和计划生育工作高看一眼、厚爱一分。我们一定珍惜这一难得的机遇，我们作为实施项目省、州和试点县，将会对此项目给予高度重视，加强领导，按照国家人口计生委的要求，认真组织实施，在人力、物力和财力等方面给予支持，保证项目的顺利实施。

最后，真诚地邀请与会的各位领导和同志们在云南多走走、多看看，对我们的工作多提宝贵意见。预祝会议取得圆满成功！祝大家在云南期间工作顺利，身体健康！

重要文献

中共云南省委 云南省人民政府关于进一步加强人口和计划生育工作统筹解决人口问题的决定

云发〔2008〕20号

为深入贯彻落实党的十七大精神，进一步落实《中共中央国务院关于全面加强人口和计划生育工作统筹解决人口问题的决定》(中发〔2006〕22号)精神，切实稳定我省低生育水平，提高出生人口素质，促进人口与经济、社会、资源、环境协调和可持续发展，现就进一步加强人口和计划生育工作，统筹解决人口问题作以下决定。

一、充分认识新时期人口和计划生育工作的重要性和紧迫性

(一)我省人口形势依然十分严峻。人口问题是制约我省全面协调可持续发展的重大问题，是影响经济社会发展的关键因素。实行计划生育以来，全省少生了1300多万人，有效缓解了人口对资源环境和社会就业的压力，有力地促进了经济发展和社会进步。今后一个时期，我省将先后迎来总人口、劳动年龄人口、老年人口和流动人口四大高峰，人口问题面临严峻挑战：一是人口基数大，增长速度快，净增人口多；二是人口素质总体水平低，出生缺陷发生率高，贫困人口多、贫困程度深，人均受教育年限低，艾滋病问题影响严重；三是劳动适龄人口多、增长快，就业形势严峻；四是部分群众生育意愿与现行生育政策反差较大，流动人口、高收入人群、再婚人员违法多生育等问题日益突出；五是流动迁移人口持续增加，对公共资源配置和社会管

理构成挑战。

（二）统筹解决人口问题的任务重大而紧迫。我省经济社会发展面临的重大问题，无不与人口问题密切相关，人口问题上的任何失误和懈怠，都将对经济社会发展产生难以逆转的长期影响。各级党委、政府务必从贯彻落实科学发展观、构建社会主义和谐社会、全面建设小康社会的高度，充分认识新形势下人口和计划生育工作的重要性和艰巨性，充分认识统筹解决人口问题的复杂性和紧迫性，坚决克服盲目乐观和麻痹松劲情绪，坚持不懈地做好人口和计划生育工作。

（三）以科学发展观统领新形势下人口和计划生育工作。我省人口和计划生育工作要坚持以科学发展观为指导，把人口发展放在经济社会发展全局中统筹谋划，坚持以人为本，切实推进工作重心由控制人口数量为主向统筹解决人口问题转变，工作导向由强调国家利益向兼顾国家和个人利益转变，工作方法由行政制约为主向依法管理、政策导向、优质服务和综合施治转变，统筹解决人口数量、素质、结构、分布、安全问题，促进人口、资源、环境相协调，促进人口发展、经济发展、社会发展相协调，为建设富裕民主文明开放和谐云南创造良好的人口环境。

二、千方百计稳定低生育水平

（四）控制人口增量和增速。通过多年努力，我省已实现人口再生产类型的历史性转变，总体上进入稳定低生育水平阶段。但是，我省低生育水平尚不稳定，仍面临极高的反弹风险，低生育水平下的高增长量将长期存在。因此，控制人口数量，稳定低生育水平，仍是当前和今后一个时期人口和计划生育工作的首要任务。综合分析我省经济社会和人口发展趋势，到“十一五”期末，全省人口总量要控制在4600万人左右，人口出生率控制在13‰左右，人口自然增长率控制在6‰左右；到2020年，人口总量控制在4800万人左右，人口自然增长率控制在3‰左右，总和生育率稳定在更替水平以下。

（五）稳定现行生育政策。稳定现行生育政策是实现我省人口控制目标的重要保障。要加强政策宣传，在全社会形成现行生育政策不改变、计划生育基本国策不动摇的舆论氛围，切实抓好人口和计划生育法律法规政策的落实，创造有利于人口和计划生育工作开展的良好环境。

（六）坚持依法管理。加强法制建设，进一步完善我省人口和计划生育法规体系。各级政府及有关部门制订有关惠民政策和改革措施，要统筹考虑与人口和计划生育政策法规相协调，体现对计划生育家庭的优先优惠；要清理、修订与人口和计划生育法律法规不协调、不一致的政策规定，让守法者不吃亏，让违法者切实承担法定的社会责任。严格控制违法生育。凡违法多生育的，依法征收社会抚养费；对有执行能力拒不缴纳社会抚养费的，人民法院依法强制执行。党员、干部违法生育的，依纪依法从严惩处。探索建立违法生育不良记录档案制度，依法将居民违法生育情况纳入银行征信系统进行监督。进一步规范行政执法行为，做到既严格执法，又切实维护群众的合法权益。

（七）完善利益导向机制。建立和完善政府为主、社会补充的人口和计划生育利益导向政策体系。计划生育家庭为国家作出了贡献，应优先分享改革发展的成果。在总结以往成功经验的基础上，认真实施农村部分计划生育家庭奖励扶助制度，推进“少生快富”工程，调整完善农村独生子女家庭“奖优免补”政策。拓宽“奖”的范围，对考取高中阶段学校和大专院校的农村独生子女给予奖励。维持“优”的政策，对农村独生子女报考高中和省内高等院校时给予加分及优先录取。调整“免”的内容，对农村独生子女及父母、只生育两个女孩且采取绝育措施的夫妻个人缴纳的新型农村合作医疗资金给予全额资助。提高“补”的标准，提高农村独生子女父母60周岁以后的养老补助金。结合实施“兴边富民”工程，积极稳妥地落实国家“少生快富”政策。探索建立独生子女伤残死亡家庭扶助制度、计划生育手术并发症补偿制度、双方均为独生子女的夫妇放弃生育二孩的奖励措施。全面兑现独生子女保健费，农村独生子女保健费由州（市）、县（市、区）财政承担，省财政通过一般性转移支付对贫困地区给予补助。在就业培训、合作医疗、扶贫开发、土地政策、改水改厕等方面，制订对农村计划生育家庭特别是独生子女家庭和双女户家庭的优先优惠政策。集体收益以人均分配的，独生子女户和双女绝育户增加一人份的份额，以户计发的要高出户均标准20%以上的额度。将符合条件的计划生育家庭优先纳入最低生活保障范围。在确定救助标准时，各种计划生育专项奖励扶助资金不计入家庭收入。

（八）着力推进重点地区、薄弱环节的工作。按照整体布局、分类指导原则，加大对重点地区人口和计划生育工作的支持、指导和督查力度，严格责任目标管理，努力实现全省整体发展。把农村作为稳定低生育水平、统筹解决人口问题的重中之重，将农村人口和计划生育工作纳入建设社会主义新农村的总体部署，切实加强乡、村计划生育基础工作。在区划调整、户籍改革、企业改制重组过程中落实人口和计划生育相关政策和职责任务。

三、努力开创统筹解决人口问题新局面

（九）努力提高出生人口素质。人口和计划生育技术服务机构与医疗保健机构要在各自职责范围内密切配合，依靠专家、组织群众、动员社会力量，共同做好出生缺陷预防工作。全面开展一级预防工程，倡导科学婚检，重点落实好宣传倡导、健康促进、优生咨询、高危人群指导、实验室筛查和营养素补充等任务。加强艾滋病、性病监测，预防母婴传播。促进住院分娩和母乳喂养。开展“生育关怀”活动，为贫困妇女提供必要的生育救助和安全接生。大力普及婴幼儿抚养和家庭教育的科学知识，开展婴幼儿早期教育，强化独生子女社会行为教育和培养。

（十）综合治理出生人口性别比偏高问题。广泛宣传男女平等、少生优生等文明婚育观念，深入开展“关爱女孩行动”、“婚育新风进万家”活动，普及保护妇女儿童权益的法律法规知识。实行有利于女孩健康成长和妇女发展的社会经济政策，促进男女平等就业和共同参与社会经济活动。落实各项惠民政策，对计划生育女儿户予以倾斜。推动救助贫困母亲“幸福工程”等社会公益活动。建立和完善B超使用准入和执业资格认证、B超检查和人工终止妊娠登记、孕情检测、孕产过程管理、举报奖励等制度，对终止妊娠药品和促排卵药品实行严格的处方管理。运用法律手段，严厉打击非法实施胎儿性别鉴定和选择性别人工终止妊娠行为，依法严惩溺、弃、残害女婴和针对妇女儿童的违法犯罪行为。

（十一）建立流动人口计划生育服务和管理新体制。将流动人口纳入流入地人口总数，实行以流入地为主的目标管理双向考核。完善流动人口计划生育服务网络和管理机构，配备社区流动人口计划生育专（兼）职人员，实行聘任制，报酬由州（市）、县（市、区）解决，原则上不得低于当年当地最低工资标准。整合公安、人口和计划生育、民政等部门的管理队伍，履行流动人口综合服务、管理职责。流入地要按照“属地化管理、市民化服务”的原则，将流动人口计划生育服务和管理纳入经常性工作范围，提供与户籍人口同等的免费服务，切实维护流动人口计划生育合法权益。流出地要切实做好外出育龄人员的宣传教育培训、节育措施落实和免费办理婚育证明等相关工作。建立流入地与流出地“信息互通、管理互补、服务互动、责任互担”的长效协作机制，推动形成省内流动人口计划生育管理“一盘棋”格局。实施“以奖代补”、“有奖举报”等制度，强化社区流动人口登记，实现流动人口信息适时变动、异地查询和跟踪管理。相关部门在为流动人口办理居住、出生、务工、经商等有关登记手续和相关证照时，要核查婚育证明，并与人口和计划生育部门密切配合，互通信息。加强对重点区域的管理，在流动人口集中的社区、企业、集贸市场等成立计划生育协会。

（十二）积极应对人口老龄化问题。探索建立有利于计划生育工作的社会养老保障机制，特别是独生子女家庭养老保障机制。保持有关政策的协调稳定，切实落实对退休的独生子女父母的奖励政策；探索对未享受退休金或养老补助的城镇独生子女父母的奖励扶助政策。发扬敬老、爱老、助老的良好社会风尚，大力弘扬子女赡养、家庭养老和邻里互助的传统美德。构建以居家养老为基础、社区服务为依托、机构照料为补充的养老服务体系，不断提高老年人生活质量。

（十三）深入开展推广使用安全套预防艾滋病工作。重点做好对特定场所免费摆放、对特定人群免费发放安全套工作，提高安全套的可及性及使用率，努力阻断艾滋病、性病经性途径传播。

四、进一步完善人口和计划生育工作保障机制

（十四）建立稳定增长的投入保障机制。对人口和计划生育事业的公共投入，是保稳定、促发展的基础性投入。要从财政、基础设施、人力、科技等方面加大投入，确保法律法规规定的各项计划生育经费落实到位。要逐年增加投入，到2010年，各级财政人均人口和计划生育事业费达到30元。省级财政对贫困地区和计划生育工作成效好的地区倾斜。

（十五）强化服务体系。加强面向基层的人口和计划生育技术服务体系建设，形成以县级服务站为龙头、乡镇服务所为骨干、流动服务车为纽带的城乡人口和计划生育技术服务体系。发挥各级技术服务机构宣传教育、技术服务、优生指导、药具发放、信息咨询、随访服务、生殖保健和人员培训功能，不断满足群众对计划生育、生殖健康、家庭保健服务的需求。发挥省人口计生科研所在全省计划生育技术服务中的科技创新和产业开发龙头作用，积极推进科技成果的试验示范和应用推广。到2012年完成改扩建70个县级服务站、800个乡镇服务所。加强技术服务和出生缺陷干预能力建设，配备必需的检查、监测、治疗设备。

（十六）推进信息化建设进程。建立人口和计划生育信息管理系统和人口资源数据库。开发和运行人口宏观调控管理、人口发展趋势预测、人口安全预警预报、基层管理服务、流动人口综合管理、奖励优惠信息管理、人口变动抽样调查等综合应用系统，推进关系国民经济和社会发展的重大人口问题的信息资源建设，促进开发利用。

（十七）加快职业化建设。完善人口和计划生育专业技术职称制度，积极开展生殖健康咨询新职业试点，探索建立人口和计划生育专业技术人员、专业工作人员职业资格认证制度，不断提高服务机构专业人员比重。规范职业标准，严格职业准入，提高职业技能，落实职业待遇，建立和完善职业教育培训、评估认证和监管体系，努力构建以行政管理、科研与技术服务、生殖健康咨询和家庭计划管理、群众工作四位一体的人口和计划生育社会管理和公共服务网络。

五、切实加强对人口和计划生育工作的领导

（十八）建立健全统筹决策调控机制。坚持党政一把手"亲自抓、负总责"的原则。各级党委、政府要把人口和计划生育工作纳入重要议事日程，及时研究解决人口和计划生育工作的重大问题。做好人口发展功能区编制工作，加强人口发展战略研究和成果运用，科学制订人口发展规划，并将其纳入国民经济和社会发展总体规划。制订重大经济社会政策要充分考虑人口因素，注重吸纳人口计生部门的意见和建议。进一步健全各级人口和计划生育工作领导机构和协调机制，明确成员单位职责，加强对成员单位履职情况的督查和考核，建立定期磋商、密切配合、综合评估和协调运作机制，构建党政主导、部门协同、社会参与的综治工作格局。

（十九）坚持和完善考核制度和责任追究制度。各级党委和政府要实行人口和计划生育目标管理责任制，严格进行考核。对党政领导、责任部门

实行“一票否决”制度。要把领导干部落实责任制的情况和辖区内人口和计划生育工作的优劣作为衡量政绩、进行奖惩的重要依据。在各类代表和委员推荐选举、综合性评先选优时要严格审查计划生育政策执行情况。对人口和计划生育责任目标落实不好的地区和单位，要对其党政领导进行通报批评。对因失职懈怠造成工作滑坡、人口失控的，上级行政和纪检监察机关要对相关责任人进行行政问责或行政过错追究。

（二十）加大督查力度。把人口和计划生育工作纳入各级党委、政府重大事项督查范围。省委、省政府每年对各州、市人口和计划生育工作情况进行一次督查。各州、市党委、政府要加强对本地区人口和计划生育工作的督查，每年要向省委、省政府报告本地区人口和计划生育工作情况。

（二十一）加强队伍建设。在农村综合改革和城市行政区划调整中，确保人口和计划生育工作机构和人员稳定，不得随意撤并和改变机构性质。乡镇要有单独的计划生育办公室并至少有2名以上公务员编制。乡镇计划生育服务所配备2名以上专业技术人员。按照思想好、作风正、懂业务、会管理、善于做群众工作的要求，选配好各级人口计生部门领导班子，优化班子结构，积极选配有医学背景的成员。按照分级负责的原则，加强教育培训，不断提高人口和计划生育队伍的政治、业务素质。参照村委会主要干部的标准，落实并提高村级计划生育宣传员的报酬。按照公平、竞争、择优的原则，完善用人机制，不断优化队伍的年龄、专业结构。建立健全各级计划生育协会组织，充分发挥计划生育协会在基层人口和计划生育工作中的生力军作用。

（二十二）加强宣传教育工作。改革宣传教育内容和形式，抓好宣传教育载体建设，不断扩大宣传的覆盖面和影响力，增强群众实行计划生育的自觉性，营造全社会关心、理解和支持人口计划生育工作的舆论环境。各级党校、行政学院（校）要开设人口理论课或举办专题讲座，各大专院校要加强在校学生的人口和计划生育基础知识教育，中小学校要广泛开展青春期健康教育。报刊、广播、电视、互联网等媒体要持续广泛开展人口形势和相关政策法规宣传，推广统筹解决人口问题的经验。做好宣传品进村入户工作，组织开展群众喜闻乐见的人口文化活动。

（二十三）建立健全长效工作机制。面对人口和计划生育新的形势和任务，既要坚持多年来行之有效的基本经验，又要解放思想、实事求是、与时俱进，研究新情况、解决新问题，不断丰富和拓展统筹解决人口问题的思路、内涵和经验。综合运用法律、行政、教育、经济等手段，建立健全依法管理、村（居）民自治、优质服务、政策推动、综合治理的长效工作机制。

各级党委、政府及有关部门要结合实际，制订进一步加强人口和计划生育工作，统筹解决人口问题的具体措施。

2008年10月8日

重要文件

云南省“十一五”人口发展规划

人口问题是关系经济社会协调发展的重大问题，对国民经济和社会发展具有重大影响。人口发展规划是经济社会事业发展规划的基础，正确把握人口发展规律，有效控制人口数量、提高人口素质、改善人口结构等是全面建设小康社会和构建和谐社会的迫切需要。根据《云南省“十一五”规划和2020年远景目标纲要》，制订本规划。

一、“十五”云南人口发展的主要成就

（一）创新了新思路

在工作思路上由“惩罚多生”为主向“奖励少生”为主方向转变；在工作方法上由“管理为主”向“服务为主”的方向转变；在具体措施上由“单纯的行政强制”为主向“利益导向、依法管理”为主的方向转变；在工作对象上由“管理一代人”为主向服务“三代人”方向转变；在工作内容上由“单纯的控制人口数量”向既“控制人口数量又重视人口素质和人口结构”的方向转变。结合云南的实际，我们创立了我省人口与计划生育工作的基本思路即：“宣教开路、利益导向、政策推动、优质服务、依法管理、村（居）民自治、综合治理”的28字方针。

（二）拓展了新职能

为适应新形势发展的需要，2003年，省委决定，省、州（市）、县计划生育委员会（局）统一更名为人口和计划生育委员会（局）。更名后的人口计生委（局），职能由控制人口数量，拓展到了提高人口素质、改善人口结构、引导人口分布、关注人口安全等方面。即：加强对人口规模、趋势、素质、结构、迁移等人口和计划生育重大问题的综合性、前瞻性研究，推动人口和计划生育工作的综合治理，促进人口与经济社会协调发展和可持续发展。省人口计生委更名后增设了发展规划处、流动人口计划生育管理处和对外合作处。

（三）出台了新政策

2003年7月省政府出台了《云南省农业人口独生子女奖励暂行规定》，对农业人口独生子女家庭给予“奖优免补”的奖励优待，在41个县（市、区）进行试点。由于试点工作成效显著，2004年5月省政府修订出台了《云南省农业人口独生子女家庭奖励规定》，决定从2004年6月1日起在全省全面推行“奖优免补”政策。

“奖优免补”政策实施以来，全省共有36.8万户农业人口家庭自愿放弃生育二孩领取了《独生子女父母光荣证》，是过去24年累计办证数的2.66倍。目前，全省农业人口一孩家庭累计领证率已达34.59%。有28.5万对夫妻领到了一次性奖励金；有10.78万人次享受养老生活补助；有217170名（人次）小学生、70540名（人次）初中生享受了独生子女义务教育“奖学金”；有2717名高考生、9539名中考生、320名小学生分别享受到了升学加分照顾政策。

实践证明，“奖优免补”政策作为集国家、集体、个人三者利益为一体的综合性奖励政策，是合民心、顺民意的政策。它有利于控制人口数量和提高人口素质；有利于从根本上化解三农问题；有利于统筹城乡协调发展和可持续发展；有利于加快全面建设小康社会和新农村建设的步伐；有利于密切党群干群关系、构建和谐社会、提高党的执政能力；有利于树立人口计划生育国际国内的新形象。

为从源头上提高人口素质，防止缺陷儿的发生，2005年7月省政府办公厅颁布了《云南省人口出生缺陷预防规定》。以省政府文件出台《出生缺陷预防规定》从源头上比较系统和科学地来预防缺陷儿的出生，这在全国也是首创。此文件的出台，标志着我省人口和计划生育工作，已经开始由单纯的控制人口数量向既控制人口数量又高度重视人口素质，两者兼顾的方向转变。从某种意义上讲这是人口计划生育发展进程中具有里程碑意义的一个转折点，也是省委、省政府贯彻落实以人为本、构建和谐社会以及树立和落实科学发展观、正确政绩观和马克思主义群众观的具体体现。

为改善人口结构，有效遏止出生性别比持续攀升的问题，2005年7月，省政府出台了《出生人口性别比升高问题综合治理规定》，此文件的出台，对于加强对人口性别失衡的综合治理，确保出生人口性别的基本平衡具有深远的意义。

（四）建立了新机制

为了使人口和计划生育工作能够持续健康发展，使人口计生工作真正建立在依法行政的基础之上，初步建立起了五个方面的新机制：

一是以“奖优免补”为主的利益导向机制

由于云南省在2003年实施了“奖优免补”政策，2004年国家就将云南省列为了“奖励扶助制度”和“少生快富”工程两项试点。结合云南实际，我们将两项试点与“奖优免补”政策进行了有机整合。至此，初步形成了以国家“奖励扶助制度”为龙头，以“少生快富”工程为支撑，以“奖优免补”为内容的人口和计划生育利益导向机制和政策体系。

二是以“四权分离”为主的工作运行机制

在“奖优免补”工作中在全国首创了“四权分离”的运行机制：即奖励对象的资格认定由人口计生部门负责；资金的筹措、运行管理由财政部门负责；资金发放由邮政部门负责；监督工作由监察、审计部门负责。“四权分离”机制的建立，使各相关部门既有权利又有义务，使责、权基本对等，既避免了部门之间的推诿、扯皮，也为奖励资金的快捷、高效、安全运行提供了保证。使部门权利受到制衡，为从源头上防止腐败奠定了基础。

三是以各级财政分级负担的投入保障机制

为把“奖优免补”政策落到实处，结合各级财政的实际，省政府明确规定：“补”的资金，除中央按人均600元的标准承担80%以外，其余经费全部由省级财政承担；“奖、免”的经费，属贫困县的由省级财政承担80%，州（市）、县财政承担20%，非贫困县由省级财政承担50%，州（市）、县财政承担50%。同时规定在州(市)、县配套的经费中，州(市)级财政承担的比例不得低于50%。这一机制的建立，避免了各级人口计划生育部门年年为筹措经费而发愁。

四是以"云南人口奖"为主的激励机制

省政府设立了"云南人口奖励基金"。下设"云南人口奖"和"云南省人口和计划生育先进工作者奖"。两个奖项的设立,再辅之以人口与计划生育"双线"目标责任奖，初步形成了三个层面的人口和计划生育工作激励机制：一是规格最高、影响最大的"云南人口奖"；二是规格较高、人数较多、覆盖面较大的"云南省人口和计划生育先进工作者奖"；三是奖励各州、市党委、政府和人口计生部门的"人口计生责任目标奖"。

五是以"三公开、三公示、一评议、一见面"为主的民主监督机制

即政策规定、办事程序、办理结果三公开；奖励对象的生育、节育及兑现情况等要在乡、村、组三级公示；召开村民大会对村民的生育、节育、奖励等工作情况进行评议；乡、村干部对奖励对象实行见面复核。

为确保"奖优免补"政策落到实处，建立了四项制度：

一是资金发放的"直通车"制度；二是责任监督追究制度；三是信息化管理制度；四是资金发放定期决算制度。

(五)增加了投入

一是投入的范围有新的增加：在2002年的基础上新增了"独生子女父母的养老生活补助"；财政新增了一次性奖励金和教育奖学金两个项目；二是投入的数量上有新的增加：由于新政策的实施，经费由2002年的35586万元增加到了2004年70612万元，增幅达98.4%。其中，中央11572万元，比2002年增加7473万元，增幅为184%，省级17137万元，比2002年增加11604万元，增幅为209%。

"十五"前四年，中央、省、市、县四级财政投入人口计生事业经费14.23亿元，比"九五"前四年投入7.95亿元增加6.28亿元，增长79%。其中：中央级财政投入2.38亿元，比"九五"前四年的投入增加1.89亿元，增长30%；省级财政投入3.6亿元，比"九五"前四年的投入增加2.5亿元，增长227%；州(市)级财政投入2.64亿元，比"九五"前四年的投入增加1.41亿元，增长115%；县级投入5.59亿元，比"九五"前四年的投入增加0.46亿元，增长9%。各级财政投入为人口计生事业发展创造了条件，提供了保障。

(六)队伍素质进一步提升

随着职能的拓展、事业的发展，在人口和计划生育工作实践中确立了行政管理、技术服务、群众工作、理论研究、产业开发五支队伍。整个队伍的知识结构、专业结构、年龄结构逐步改善，依法行政与优质服务的能力普遍提高，以人为本的工作理念基本树立。全省人口计生工作队伍作风有了明显转变，工作效率明显提高，大局意识明显增强，勤于学习、善于思考、热情服务、乐于奉献的风气正在逐步形成。逐步建立起了一支专业化、知识化和年轻化的思想好、作风正、懂业务、会管理、善于做群众工作的人口和计划生育基层工作队伍，为人口和计划生育事业持续健康稳定发展提供了强有力的组织保障和人才基础，

(七)信息化建设上新台阶

省人口计生委自主开发了"奖优免补"软件，开通了专用网站，为全省所有乡(镇)配置了计算机、打印机和"奖优免补"软件,实现了"奖优免补"从资格认定、资金运行、资金发放全过程的管理和监督电子化。与省委、省政府和国家人口计生委实现了政务信息传输电子化；州、市、县、区人口计生委基本建立起了局域网和开通了公共信息网站。实现了国家、省、州、市、县信息传输网络化。省人口计生委基本实现了办公自动化，人口计生系统的主要管理工作基本实现了信息化。省人口计生

委被省政府授予"云南省电子政务先进集体"称号，被国家人口计生委评为"政务信息工作先进单位"。

（八）站所建设有新推进

改扩建27个县级计生服务站和286个乡级计生服务所；配备了144辆计生流动服务车和16辆药具运送车；更新和配备了一些设备，为进一步发挥"四功能"创造了一些条件。

（九）宣传教育有新内容

一是对38184条宣传标语进行清理，清除违反民本思想的标语1102条；二是制订并实施了具有云南特点的乡、村、组宣传标语和公示板的"5311"工程，即：乡镇所在地不少于5条、村民委员会所在地不少于3条、村民小组不少于1条宣传标语，乡、村、组都有1块人口与计划生育公示榜；三是改进了宣传方式，注重了宣传实效，寓宣传于服务之中，融服务和宣传为一体，提高了群众对政策的知晓率。"十五"期间国家级媒体报道云南人口计划生育情况87条，省级媒体报道425条。

（十）国际交流与合作更加广泛深入

积极争取并认真实施了联合国人口基金第四、第五周期生殖健康/计划生育项目；日本计划生育结合项目；福特基金中国中西部计划生育优质服务试点示范项目；世界卫生组织生殖道感染干预对策与评价研究项目；国际计划生育联合会妇女发展项目；福特基金预防性病、艾滋病项目等。项目覆盖了41个县，获得资助资金2000余万元人民币。通过国际项目的实施，扩大了对外交流与合作，丰富了管理和服务经验，受到了国际组织、机构和国际友人对我省人口计生工作的高度赞誉，树立了云南省乃至我国人口计生工作的良好形象。

（十一）"十五"人口计划全面完成

2005年全省总人口控制在4450.4万人以内，人口出生率为14.72‰以下；自然增长率在7.97‰左右，违法多生育在1万人以内。"十五"人口计划全面完成。

与"十五"计划相比，总人口少97万人；出生率少2.61个千分点；自然增长率少1.54个千分点。与"九五"末相比，出生率下降4.33个千分点，自然增长率下降了3.51个千分点。"十五"期间全省共出生364.13万人，比"九五"少出生48.3万人；自然增长率平均为9.6‰，比"九五"下降了3.51个千分点。

2003年至2005年连续三年人口自然增长率保持在10‰以内，妇女总和生育率已由2000年的2.08降至2以内。

总结"十五"取得的成就，我们的基本经验和体会：一是坚持以人为本，树立和落实科学发展观、正确政绩观和马克思主义群众观是做好工作的前提；二是坚持党政一把手"亲自抓，负总责"，强化责任目标管理，严格执行"一票否决"是做好工作的关键；三是坚持做到投入到位是做好工作的保障；四是坚持围绕中心服务大局，与时俱进，努力转变工作思路和创新工作机制是做好工作的不竭动力和源泉。

二、面临的人口形势与挑战

"十五"期间，人口计划生育工作取得了显著成绩，但人口形势依然十分严峻。

一是人口基数大、净增人口多、脱贫任务重、可持续发展压力大

2004年全省总人口已达4415.2万，出生率为15.6‰，自然增长率为9‰，分别高于全国平均水平3.31和3.13个千分点。按此生育水平测算，到2010年总人口将达到4660万人。按人均1500美元测算，全省需要GDP总值5777.3亿元人民币，6年年均增长需11.79%；到2020年总人口将达到5100万，按人均3000美元测算，全省需要GDP总值12398.1亿元人民币，16年年均增长需9.37%。如果按9‰的自然增长率测算，到2010年仅在贫困县就还要净增151.2万人口。

云南省人均占有耕地的数量也在不断减少，1949年为2.27亩，1980年为1.52亩，2000年底

为1.06亩，低于全国1.54亩的平均水平。据有关专家预测，如人口按2002年的增长水平不变，到2010年云南人均耕地为0.96亩，2020年仅为0.85亩，直逼联合国粮农组织确定的人均耕地警戒线0.8亩的水平。

人均占有的水资源虽然高于全国平均水平，但也在不断减少，1949年人均13931立方米，1980年人均6500立方米，2000年人均5831立方米，2004年4770立方米。

二是人口总体状况不佳、素质不高、人口安全隐患大

总体受教育程度低。据“五普”资料，全省人口平均受教育年限仅为5.8年，低于全国平均水平1.3年；每10万人拥有的大专以上文化程度低于全国1598人、每10万人拥有的高中和初中文化程度分别也比全国低4583人和12728人；文盲率达11.39 %，高出全国平均水平4.67个百分点。

出生婴儿中缺陷比例高。在每年出生人口中，有肉眼可见的缺陷婴儿有近5万人，属于出生缺陷高发省份。

云南省已有129个县、市、区相继发现了艾滋病疫情，艾滋病感染人数、病人数和死亡人数逐年上升。

弱势群体的状况不佳。根据省统计局2004年的数据，全省有绝对贫困人口262.3多万人，有515.4万低收入人口需要稳定解决温饱问题。全省有残疾人口260万，70%以上的残疾人家庭是贫困户。城市处于最低生活保障线的人数有68.4万人。

根据国家统计局、国家发改委公布的对全国31个省、市、区社会发展水平综合评价结果，2001年我省社会发展综合水平位居全国倒数第2位，其中“人口现状”排列在全国最后1位。

三是出生性别比偏高，劳动年龄人口增速快，就业压力大

出生性别比持续攀升。1982年第三次人口普查为102.78，1990年第四次人口普查为105.67，2000年第五次人口普查为110.06。

2004年劳动年龄人口为3057万人，并以每年6.9‰左右的速度递增至2026年，到2026年将达到3558万人，给就业带来了巨大压力。

四是人口分布不理想、严重制约着城乡结构的战略性调整

据联合国人口基金《世界人口状况2001》公布的数据，中国城市人口比重是37.66%；世界平均是47%，其中较发达地区为76%，欠发达地区为40%，最不发达地区为26%；我省的城市化水平还低于世界最不发达地区的水平，仅为24.87%。若按“十五”平均每年出生75万人计算，出生在农村的就有68万，出生在扶贫开发工作重点县的有47万，在净增的44万人中，农村人口有40万，扶贫开发县的人口有29万。

五是基层基础工作薄弱，投入不足

服务站（所）建设基础差、装备水平低、设备简陋和老化；人员素质不高、待遇偏低；法定投入不足，计划生育手术费、独生子女保健费和流动人口计划生育管理等经费严重不足。

六是流动人口计划生育管理服务难

流动人口多，流动量大，流动性强，违法生育隐蔽，基层专职管理人员和基本经费严重不足。流动人口违法生育已成为云南人口和计划生育的突出问题。

三、“十一五”人口发展规划

（一）指导思想

以“三个代表”重要思想和科学发展观为指导，以全面建设小康社会为目标，以控制人口数量、提高人口素质为主线，改善人口结构、引导人口合理分布，为构建和谐社会和可持续发展创造良好的人口环境。

（二）规划目标

“十一五”人口与计划生育工作目标是：

——全省人口总数控制在4600万人以内，人

口出生率控制在13.6‰以内，人口自然增长率控制在6.1‰以内。

——人口素质得到明显提高，出生缺陷发生率下降50%。

——出生人口性别比有较大幅度回落。

——初步建立起调控有力、管理有效、政策法规完备的人口和计划生育保障体系和工作机制，逐步形成新的婚育观念和生育文化，“越穷越生，越生越穷”的状况得到基本扭转。

2020年总人口控制在4800万人以内，人口自然增长率下降到2.9‰以内；出生缺陷有较大幅度下降；出生性别比趋于正常；实现云南人口再生产的良性循环。

（三）主要任务

突破一个难点，突出两个重点，推进四项建设，实施四大工程，抓好七项工作。

——突破一个难点，即：力争在流动人口计划生育管理和服务方面有新的突破。

——突出两个重点：一是进一步降低生育水平。二是从源头上提高出生人口素质。

——推进四项建设

1. 服务站（所）建设：要以实施计划生育国债项目和“兴边富民”工程、实施“出生缺陷预防”工程为契机，建立和完善以省所为龙头、以县站骨干、以乡所为基础，以流动服务车为纽带的人口计划生育服务网络体系，以适应人口计划生育工作的发展需要。

2. 人口计生数据库建设：在充分利用现有条件的基础上，加大投入，以省电子政务网络为依托，以“奖优免补”管理信息系统为主要内容，积极构建具有云南特色的人口计生信息资源数据库。

3. 人才队伍建设：加强领导班子建设，充分发挥好行政管理队伍、技术服务队伍、群众工作队伍、理论研究队伍、产业开发队伍的作用。加大人才培养和引进力度，不断提高人口计生队伍整体素质。

4. 机制建设：在进一步完善以“奖优免补”政策为核心的利益导向机制、以财政投入为主的公共投入机制、以“四权分离”为主的工作运行机制、以“云南人口奖”为主的激励机制、以“三公开、三公示、一评议、一见面”为主的民主监督机制的基础上，解放思想、与时俱进、开拓创新、进一步完善依法管理、村（居）民自治、优质服务、政策推动、综合治理的新机制。

——实施四大工程

1.“少生快富”工程：在严格执行《云南省人口与计划生育条例》各项规定的基础上，实行“两手抓，两手都要硬”的方针，即：一手抓“奖优免补”，一手抓严格控制违法生育，进一步降低生育水平，引导群众少生快富。

2. 提高出生人口素质工程：认真实施好《云南省人口出生缺陷预防规定》，努力提高出生人口素质，到2010年力争使出生缺陷率下降50%。

3.“兴边富民”计划生育工程：加强25个边境县和80个乡镇服务站（所）建设，力争25个边境县人口自然增长率控制在7‰以下，出生缺陷发生率明显下降。

4. 安全套推广使用工程：规范安全套的市场营销及发售设施的安装，加强宣传培训，增强群众自我保护和防范艾滋病和其他性病的意识和能力。

——抓好七项工作

1.“奖优免补”工作。认真落实“奖优免补”政策，到2008年实现全省40%左右的农业人口一孩家庭自愿放弃生育二孩，领取《独生子女父母光荣证》，确保省委省政府提出的“人口自然增长率三年下降三个千分点”目标的实现。

2. 出生缺陷预防工作。大力开展婚前培训、孕前检查、孕期供药、产前筛查、残疾儿童鉴定等一系列服务工作，确保出生缺陷有较大幅度减少。

3. 依法行政工作。进一步完善计划生育法律法规，加大执法力度，解决好“有法可依、有法必依、执法必严、违法必究”的问题。

4. 宣传教育工作。进一步实施好“5331”宣传工程，深入开展“婚育新风进万家”活动和“关爱女孩”行动，为人口计划生育工作的长足发展营造良好的社会氛围。

5. 优质服务工作。把计划生育优质服务作为实现人口和计划生育工作思路和工作方法“两个转变”以及全面落实各项政策和提高群众满意程度的有效途径，全面提升人口计划生育工作水平。

6. 村（居）民自治工作。在完善以“三公开、三公示、一评议、一见面”为主的民主监督机制的基础上，依据国家有关法律、法规和政策，进一步探索人口与计划生育村（居）民自我教育、自我管理、自我服务的自治机制。

7. 人口发展战略研究工作。按时按质按量完成已经启动的七个课题研究，为我省人口经济、社会、资源、环境协调发展和可持续发展提供科学、适用的决策依据。四、保障措施

（一）大力推进依法行政

报请省人大修订《云南省人口与计划生育条例》，将《云南省农业人口独生子女奖励规定》、《云南省出生缺陷预防规定》、《云南省出生人口性别比升高综合治理规定》等有关内容纳入《条例》。

认真贯彻落实《全面推进依法行政实施纲要》，全面落实行政执法责任制，进一步规范行政执法行为；建立和完善切实有效的执法及监督机制；切实解决违法行政和执法不到位的问题。

（二）坚持党政一把手亲自抓负总责的原则，坚持“一票否决”和黄牌警告制度

坚持党政领导一把手亲自抓、负总责。各级党委、政府要切实把人口和计划生育纳入经济社会发展的大局中安排部署。坚持发展经济与控制人口两手抓，做到责任到位、措施到位、投入到位。建立责任追究制度，坚决落实“一票否决”和“黄牌”警告制度，认真贯彻落实《云南省县（市、区）党政领导班子和成员政绩考核评价办法》，把领导干部落实责任制情况和人口计生工作的好坏作为衡量政绩和选拔任用以及进行奖惩的重要依据。

（三）加大投入，确保经费及时到位

大力倡导和积极树立“国策”要用“国库”支付，惠及国民的思想，把人口计划生育事业投入纳入公共财政投入体制，依法予以保障。确保省委、省政府的重大决策和“十一五”规划落到实处。

（四）完善目标责任制，建立科学的考评体系

坚持政府对政府、人口计生部门对人口计生部门的双线责任目标管理。科学设置人口与计划生育目标管理考核指标体系，完善科学的考核办法，科学使用考核评估结果。

云南省人民政府办公厅关于印发云南省推广使用安全套管理暂行办法的通知

云政办发〔2007〕1号

各州、市人民政府，省直各委、办、厅、局：

经省人民政府同意，现将《云南省推广使用安全套管理暂行办法》印发给你们，请认真贯彻执行。

云南省推广使用安全套管理暂行办法

第一条 为了推广使用安全套，有效预防和控制艾滋病、性病的流行和蔓延，保障人体健康和公共卫生，根据《中华人民共和国传染病防治法》、《艾滋病防治条例》及有关法律、法规，结合本省实际，制订本暂行办法（以下简称本办法）。

第二条 各级人民政府应当加强对推广使用安全套预防艾滋病、性病工作的领导，建立政府领导、部门负责、全社会参与的工作机制，确保推广使用安全套预防艾滋病、性病工作的开展。

第三条 各级人民政府鼓励支持机关、团体、企事业单位和其他组织及个人，参与推广使用安全套预防艾滋病、性病工作，并保障其合法权益。

第四条 县级以上人口和计划生育行政主管部门负责本行政区域内推广使用安全套预防艾滋病、性病工作，组织对推广使用安全套工作的评估。

第五条 卫生行政主管部门负责组织医疗机构、疾病预防控制机构和保健机构开展正确使用安全套预防艾滋病、性病知识的宣传；组织性病门诊、医疗卫生单位落实推广使用安全套预防艾滋病、性病的措施；组织对有易感染艾滋病病毒危险行为的人群开展推广使用安全套的工作。

第六条 财政部门应当将推广使用安全套预防艾滋病、性病工作所需经费列入财政预算，保障推广使用安全套预防艾滋病、性病的工作经费。

第七条 食品药品监督管理部门应当依法加强对安全套生产、经营企业的监督和产品的监督，监督安全套产品质量；制订政策，便于安全套销售、推广和使用。

第八条 出入境检验检疫、质量技术监督部门应当按照国家标准加强对安全套产品的监督管理，依法实施对安全套产品的强制性认证，保障安全套的质量。

第九条 王商行政主譬部门负责制订推广使用安全套公益广告的支持性政策和管理规定；依法监

管安全套经营单位的经营行为，查处流通领域的假冒伪劣安全套产品。

第十条 旅游行政主管部门负责督促星级宾馆酒店、旅游景区落实推广使用安全套预防艾滋病、性病措施；把推广使用安全套预防艾滋病、性病工作纳入星级宾馆酒店、旅游景区星级评定及工作成效考核的内容。

第十一条 广播、电视、报刊、互联网等新闻媒体，应当开展推广使用安全套预防艾滋病、性病知识的公益宣传。

第十二条 公安部门负责依法查处卖淫嫖娼行为，净化社会环境。

第十三条 各级人口和计划生育行政主管部门会同卫生行政主管部门，对艾滋病病毒感染者和艾滋病病人免费提供安全套。

免费提供安全套应当遵循满足需要、避免浪费、保证质量、不歧视和保密的原则。

第十四条 宾馆、饭店、旅馆、招待所等提供住宿的公共场所和营业性娱乐服务公共场所的经营者，经批准开办戒毒治疗业务或者从事艾滋病、性病诊治业务的医疗机构，应当在营业场所、诊疗场所（以下统称公共场所）摆放安全套或者设置安全套发售设施，并设置有关标识，对预防艾滋病、性病知识进行说明。

星级宾馆、饭店摆放的安全套由经营者负责免费提供；非星级宾馆、饭店、旅馆、招待所摆放的安全套由政府主管部门免费提供。

各级人口和计划生育行政主管部门应当采取有效措施，保障低价优质安全套的供给，为在公共场所摆放安全套做好服务工作。

第十五条 任何单位和个人不得拒绝、妨碍摆放安全套或者设置安全套发售设施，不得破坏安全套发售设施。

第十六条 人口和计划生育、卫生、食品药品监督、质量技术监督、工商、文化、旅游、公安等行政主管部门，应当加强对公共场新摆放安全套质量的监督检查。

第十七条 人口和计划生育行政主管部门应当组织做好推广使用安全套预防艾滋病、性病的宣传教育工作，组织有关部门对公共场所摆放安全套和设置安全套发售设施情况进行监督检查。

第十八条 人口和计划生育行政主管部门应当会同卫生、工商、文化、旅游等行政主管部门，组织开展对公共场所经营者推广使用安全套预防艾滋病、性病知识的培训。

第十九条 公共场所经营者应当开展推广使用安全套的宣传，组织服务人员开展防治艾滋病、性病知识的培训；查验服务人员健康合格证明，不得允许未取得健康合格证明的人员从事服务工作。

公共场所服务人员应当依法取得健康合格证明，方能从事服务工作。

第二十条 各级人民政府及其人口和计划生育行政主管部门，应当对推广使用安全套预防艾滋病、性病工作中成绩显著的单位和个人给予表彰和奖励。

第二十一条 违反本办法第十三条第一款规定，向免费提供对象收取安全套费用的，由县级以上人民政府责令退还，对责任人员依法给予行政处分；构成犯罪的，依法追究刑事责任。

第二十二条 违反本办法第十四条第一款、第二款和第十九条第一款规定的，按照有关法规予以处理。

第二十三条 本办法自2007年1月9日起施行。

云南省人事厅
云南省财政厅 文件

云人〔2007〕19号

关于对部分终身只生育一个子女的机关事业单位职工实行适当奖励问题的通知

各州、市人事局、财政局，省直各部、委、办、厅、局人事处：

为鼓励机关事业单位职工自觉实行计划生育，根据《人口与计划生育法》关于对自愿终生只生育一个子女的夫妻给予奖励的规定，经省委、省政府同意，自2006年7月1日起，对我省机关事业单位终身只生育一个子女，并符合本通知规定条件的职工，在退休后给予适当奖励，现就有关事项通知如下：

一、机关事业单位职工终身只生育一个子女，领取了《独生子女父母光荣证》的，自办理退休手续并领取退休费之月起，发给“计划生育奖励金”。奖励金的计算办法是：

计划生育奖励金 = 退休当月基本工资 ×0.05

机关单位职工基本工资是：机关公务员的职务工资和级别工资之和；技术工人的岗位工资和技术等级工资之和，普通工人的岗位工资。

事业单位职工基本工资是：岗位工资和薪级工资之和。

二、享受计划生育奖励金的退休人员，按国家规定比例计发的月基本退休费与发给的奖励金相加，不得超过退休前的月基本工资。

三、计划生育奖励金自职工退休下月开始执行，按月发给。

四、领取《独生子女父母光荣证》，按过去有关规定享受了提高退休金比例的退休职工，不再重复计发计划生育奖励金。

五、计划生育奖励金随退休金一并发放，所需经费按原资金渠道解决。

云南省人口和计划生育委员会
云南省财政厅　云南省教育厅
关于完善农村独生子女奖学金政策的通知

云人口〔2008〕54号

各州（市）人口计生委、财政局、教育局：

根据《中共云南省委 云南省人民政府关于进一步加强人口和计划生育工作统筹解决人口问题的决定》（云发［2008］20号）精神，为进一步完善我省农村独生子女家庭奖励政策，拓宽农村独生子女奖学金的发放范围，决定从2008年秋季学期入学起，对我省农村独生子女当年考取高中阶段学校、国民教育全日制大学专科和大学本科的学生分别发放奖学金。现将有关事项通知如下：

一、发放对象

符合“云政发［2004］101号”文件规定，其父母依法办理了《独生子女父母光荣证》，当年考取并就读高中阶段学校（包括普通高中、中专、职业高中和技工学校）、国民教育全日制大学专科和国民教育全日制大学本科的本省农村独生子女。

二、发放标准

考取高中阶段学校的，一次性发放奖学金1000元；考取国民教育全日制大学专科的，一次性发放奖学金1200元；考取国民教育全日制大学本科的，一次性发放奖学金2000元。

每名农村独生子女在高中阶段和大学（大专）阶段分别只享受一次奖励。录取后未入学的，不予奖励；中途退学又重考的，不再重复奖励；考取专科后又升本科的，不再补发奖学金。

三、资金分担比例

属国家和省级扶贫开发工作重点县的，省级财政承担80%，州（市）和县（市、区）财政承担20%；非扶贫开发工作重点县的，省财政承担50%，州（市）和县（市、区）财政承担50%。

四、工作程序

（一）资格确认

每年9月，由独生子女的父母或法定监护人凭《独生子女父母光荣证》、《入学通知书》等有关证明材料向其户籍所在地的乡（镇）计生办提出申请。独生子女奖学金申报名单经乡（镇）计生办初审后，分别在户籍地的村委会和乡（镇）进行公示，公示期为5天。县（市、区）人口计生部门负责对奖励对象的资格进行复查审批。

（二）信息录入

每年9月30日前，由乡（镇）计生办工作人员将经过公示和复查的奖励对象个案信息录入云南省农业人口独生子女家庭“奖优免补”专网。

注：由于该网站的软件需要升级，2008学年的个案信息暂时以电子报表（附件2）的方式于2008年11月30日前上报省人口计生委。

（三）资金申报及预算安排

每年10月10日前，各州（市）将汇总的《云南省农村独生子女高中大学阶段“奖学金”资金承担计划表》（附件1）上报省人口计生委。

省财政厅于每年10月31日前下达省级承担的资金预算。同时，州（市）、县（市、区）财政的配套资金应及时到位。

（四）资金管理及发放

各级财政安排的农村独生子女奖学金纳入县级人口计生部门设立的“农村独生子女家庭奖励资金”专户管理，实行分账核算，节余资金结转下年使用。

由县（市、区）人口计生部门于每年12月31日前将奖学金直接发给独生子女的父母或法定监护人。

（五）其他

享受高中、大专、大学阶段“农村独生子女奖学金”的学生仍可享受教育部门其他的助学金和奖学金。

云南省人口和计划生育委员会　云南省财政厅

云南省教育厅

二〇〇八年十一月十二日

云南省人口和计划生育委员会 云南省财政厅 云南省残疾人联合会 关于印发云南省计划生育家庭特别扶助制度实施方案的通知

云人口〔2008〕63号

各州、市人口计生委、财政局、残联：

2008年8月，国家人口计生委和财政部在总结试点工作的基础上，决定于2008年下半年在全国全面实施计划生育家庭特别扶助制度(即"独生子女伤残死亡家庭扶助制度")。为确保这项政策的顺利实施，省人口计生委、省财政厅、省残联共同制订了《云南省计划生育家庭特别扶助制度实施方案》，现印发给你们，请认真贯彻落实，并将有关情况及时报送省人口计生委、省财政厅、省残联。

附件：云南省计划生育家庭特别扶助制度实施方案

云南省人口和计划生育委员会　云南省财政厅

云南省残疾人联合会

二〇〇八年十二月三日

附件：

云南省计划生育家庭特别扶助制度实施方案

为深入贯彻《中共中央 国务院关于全面加强人口和计划生育工作统筹解决人口问题的决定》(中发〔2006〕22号)精神，全面落实《人口计生委 财政部关于印发全国独生子女伤残死亡家庭扶助制度试点方案的通知》(国人口发〔2007〕78号)规定，结合我省实际，制订本方案。

一、计划生育家庭特别扶助制度的主要内容

计划生育家庭特别扶助制度是为了完善人口和计划生育利益导向政策体系，解决独生子女伤残死亡家庭的特殊困难，更有效落实计划生育基本国策，针对独生子女家庭制订的一项基本制度。

(一)扶助对象

独生子女死亡或伤残后未再生育或收养子女的家庭。

扶助对象应同时具备以下条件：

1. 扶助对象夫妻应在1933年1月1日以后出生，女方须年满49周岁。因丧偶或离婚形成的单亲家庭，单亲一方须年满49周岁。扶助对象年龄的认定以其本人居民身份证载明的出生时间为依据，对于从未办理过居民身份证的，则以其户口簿登记的出生时间为依据。户籍在云南省境内。

2. 只生育一个子女或收养一个子女。包括符合法律法规政策有关生育数量的规定生育子女和收养子女，只存活一个子女的情况。（生育行为的合法性依据依照《云南省农业人口独生子女家庭奖励规定实施细则》第三条认定）

再婚夫妻符合法律法规政策有关生育数量的规定生育子女和合法收养子女，以其本人生育和收养的子女数分别认定，符合条件的一方或双方以及未生育过子女的另一方，纳入扶助范围。由于婚姻变动形成的单亲家庭以其本人生育、收养的子女数计算。

符合上述条件的，应出具《独生子女父母光荣证》，未办理过《独生子女父母光荣证》的，由其工作单位或户口所在地村（居）委会出具有关证明材料。

3. 现无存活子女或独生子女被依法鉴定为残疾（伤病残达到三级以上）。现无存活子女的，需提供公安部门、人民法院、乡级以上医疗机构或户口所在地村（居）委会出具的子女死亡或被宣告死亡的证明材料。

独生子女被依法鉴定为残疾（伤病残达到三级以上）的，需提供中国残疾人联合会统一制发的等级为三级以上（包括三级）的《中华人民共和国残疾人证》。

计划生育家庭特别扶助对象以家庭为单位审核（再婚夫妻以个人为单位审核），扶助对象应同时具备以上条件。女方已超过49周岁的，从其扶助资格被确认时起发放扶助金。

符合上述条件的对象，由政府发放计划生育家庭特别扶助金。扶助对象再生育或收养子女后，终止领取扶助金。

对于独生子女伤残或死亡而女方尚未达到49周岁的家庭，由各级政府、社会组织为其提供精神抚慰、经济救助和医学咨询指导等服务，帮助有再生育意愿的家庭实现再生育。对于目前已享受农村部分计划生育家庭奖励扶助制度的独生子女伤残或死亡的扶助对象，按照本方案规定相应调整扶助标准；对于符合独生子女伤残死亡家庭扶助制度基本条件的农村对象，年龄达到60周岁以后，仍继续执行本方案规定，不再重复执行农村部分计划生育家庭奖励扶助制度。

（二）扶助标准

独生子女死亡后未再生育或收养子女的夫妻，由政府给予每人每月100元的扶助金，直至亡故为止；独生子女伤、病残后未再生育或收养子女的夫妻，由政府给予每人每月80元的扶助金，直至亡故或子女康复为止。

（三）扶助对象的确认

人口计生部门负责扶助对象的确认工作。具体程序是：

1. 本人提出申请。

申请纳入扶助范围的对象应在每年1月15日前由本人向户籍所在地的村（居）委会提出申请，填写《云南省计划生育家庭特别扶助对象申报表》（以下简称《申报表》），提交本人居民身份证和户口簿、《独生子女父母光荣证》或由其户口所在地村（居）委会出具有关独生子女的证明材料、子女死亡证明或子女《中华人民共和国残疾人证》等证明材料。

2. 每年2月15日前，村（居）委会对本年度申报要求确认计划生育家庭特别扶助对象资格的和上年度的扶助对象，都要逐户上门核实。对于未办理过《独生子女父母光荣证》的家庭需在村、组公示5日。

3.每年3月15日前，乡（镇）人民政府（街道办事处）进行资格初审。然后将经审定的《申报表》和相关证明材料复印件于3月31日前上报县（市、区）人口计生委（局）。

4.县级人口计生行政部门进行审批，并于每年4月30日前将最终确认的扶助对象录入国家计划生育家庭特别扶助网站，同时，根据最终确认的扶助对象名册建立个人档案。

县市区人口计生委（局）每年要组织乡镇（街道办事处）计生办对扶助对象进行入户调查，查验子女生存状况、扶助金领取情况，对因超龄、死亡、子女数量变化、户籍迁移等需退出的对象办理退出手续。

4.州（市）级和省级人口计生行政部门备案。

二、实施的范围、原则、资金来源和资金管理形式

（一）实施范围

从2008年起，在全省全面实施。

（二）基本原则

1.统一政策，严格控制。扶助对象确认的具体政策，由省人口计生部门依据上述条件和国家人口计生委的有关政策负责制订。要结合我省实际和相关法规、规章、政策制订统一标准，确保政策的一致性。

2.公开透明，公平公正。通过张榜公布、逐级审核、群众举报、社会监督等措施，确保政策执行的公平性。

3.直接扶助，到户到人。通过代理发放机构直接发放扶助金，严禁任何单位或个人截留挪用、虚报冒领扶助金等违规行为。

4.健全机制，逐步完善。制订配套政策和措施，建立健全计划生育家庭特别扶助制度的管理、服务和监督机制。

5.政府主导，社会参与。把实施计划生育家庭特别扶助制度与开展“幸福工程”、“生育关怀”等活动结合起来，形成扶贫济困的良好社会风尚。

（三）资金来源和分级负担

计划生育家庭特别扶助资金由中央和省级财政分级负担，其中，中央财政承担80%，省级财政承担20%。

（四）资金管理和发放形式

1.资金发放。计划生育家庭特别扶助资金依托现有金融服务体系，由省财政厅、人口计生委与有资质的金融机构签订代理服务协议，建立扶助对象个人账户，直接发放到人。

扶助金以个人为单位按月计算，每年发放一次。扶助对象凭有效证件到代理发放机构领取扶助金。在开展城乡居民最低生活保障制度核算申请人家庭收入时，扶助金不计入家庭收入。

2.资金管理。财政部门负责扶助资金的预算决算、转移支付、总量控制和监督管理。财政总预算会计设立专账，分别核算中央财政拨付和省级财政安排的专项资金，并及时足额将扶助金拨付到代理发放机构，监督代理发放机构将扶助金及时划转到个人账户。

人口计生部门及时掌握并监督代理发放机构建立扶助对象个人账户和资金管理情况。

代理发放机构负责制订资金发放办法和操作规程，按照代理服务协议的要求和人口计生部门提供的扶助对象名单建立个人账户，并将扶助金及时足额划转到个人账户。建立个人账户和拨付资金的情况

应及时反馈给同级财政和人口计生部门。

三、工作要求

（一）加强领导，强化责任，切实把计划生育家庭特别扶助工作落到实处。

（二）建立和完善资格确认、资金管理、资金发放与监督评估“四权分离”的运行机制，确保政策执行的公平公正。

人口计生部门要做好扶助对象的资格确认、建立个案信息档案和日常管理等工作，通过各种宣传形式，让广大计划生育家庭了解政策内容，增加政策执行的透明度；

财政部门要确保资金及时足额到位，并进行严格的监督管理；

残联要配合人口计生部门做好独生子女残疾家庭的摸底调查和资格认定工作，指导独生子女残疾的家庭进行鉴定并为符合条件的家庭办理《残疾人证》；

代理发放机构要按代理服务协议要求，确保扶助资金及时足额发放到户到人；

监察、审计等部门要积极做好监督检查工作。

（三）继续落实已出台的各项人口和计划生育奖励优惠政策，逐步形成完善的人口和计划生育利益导向政策体系。要把实施计划生育家庭特别扶助制度与“奖优免补”政策、“少生快富”工程、“关爱女孩”行动、计划生育“生育关怀”、“幸福工程”等项工作紧密结合，充分发挥各项政策的综合效应。

云南省人口和计划生育委员会领导讲话

云南省人口和计划生育工作情况汇报

——在全省人口资源环境工作座谈会上的发言

云南省人口和计划生育委员会主任　张玉明

（2006年1月18日）

各位领导、同志们：

根据会议的安排，我就全省人口与计划生育工作情况作简要汇报：

一、"十五"云南人口发展的主要成就

（一）创立了新思路

在工作思路和方法上实现了四个转变：一是由"惩罚多生"为主向"奖励少生"为主的方向转变；二是由"行政制约"为主向"利益导向、综合治理"为主的方向转变；三是由"管理一代人"向"服务三代人"转变；四是由"单纯的控制人口数量"向"既控制人口数量又高度重视人口素质和人口结构"的方向转变。结合云南实际，创立了"宣教开路、利益导向、政策推动、优质服务、依法管理、村（居）民自治、综合治理"的思路。

（二）出台了新政策

2004年出台了《云南省农业人口独生子女家庭奖励规定》，"奖优免补"政策在全国是首创，此文件的出台，标志着工作思路和工作方法的重大转变，得到了党中央、国务院以及国内外的充分肯定。2005年颁布了《云南省人口出生缺陷预防规定》，这在全国也是首创，标志着我省人口与计划生育工作，开始由单纯的控制人口数量向既控制人口数量又高度重视人口素质两者兼顾的方向转变。2005年还出台了《出生人口性别比升高问题综合治理规定》，对确保出生人口性别的基本平衡具有深远的意义。

以上三个文件的出台，标志着以《云南省人口与计划生育条例》为核心，以"奖优免补"政策和多个政府规章为补充，既有控制人口数量又有提高人口素质，改善人口结构的综合治理人口问题的政策法规体系已初步形成，为人口计划生育事业的长足发展奠定了坚实的基础。

（三）建立了新机制

一是建立了以“奖优免补”为主的利益导向机制。由于我省2003年成功地开展了“奖优免补”试点,2004年国家就将我省列为“奖励扶助”和“少生快富”两项试点,结合实际,我省将两项试点与“奖优免补”进行了有机整合。至此初步构建起了以“奖励扶助”制度为龙头,以“少生快富”工程为支撑,以“奖优免补”为内容的人口和计划生育利益导向机制和政策体系。

二是建立了“四权分离”的工作运行机制。“四权分离”机构的建立，为奖励资金的快捷、高效、安全运行提供了制度保证。

三是建立了各级财政分级负担的投入保障机制。把“奖优免补”政策落到了实处。

四是建立了以“云南人口奖”为主的奖励机制。荣凯省长荣获“中华人口奖”后，根据荣凯省长的提议，设立了“云南人口奖励基金”。荣凯省长将自己荣获的5万元奖励金捐献出来作为云南历史上的第一笔人口奖励基金。在荣凯省长的亲自关怀下,1000万元基金已募集到位。该基金下设“云南人口奖”和“云南省人口和计划生育先进工作者奖”。两个奖项的建立，再辅之以每年一次的人口目标责任奖，至此，初步形成了三个层面的较为系统的人口和计划生育工作奖励机制。

五是建立了以“三公开、三公示、一评议、一见面”为主的民主监督机制。

（四）形成了新制度

在工作中形成了资金发放直接兑付到户、到人的“直通车”制度；重大问题的责任追究制度；全方位的信息化管理制度；资金发放定期决算到户到人的制度，保证了工作顺利进行。

（五）取得了新成效

截至2005年12月31日，全省共有39.4万户农业人口家庭自愿放弃生育二孩、三孩领取了《独生子女父母光荣证》,是此前24年累计办证数的2.9倍，全省农业人口一孩家庭领证率已达36.33%。有28.5万对夫妻领到了一次性奖励金；有10.78万人次享受了养老生活补助；有217170人次的小学生、70540人次的初中生享受了独生子女义务教育“奖学金”；有2717名高考生、9539名中考生分别享受到了升学加分照顾政策。

2005年省政府与各州、市政府签订的责任目标完成情况总体较好，昆明市、曲靖市、玉溪市、红河州、德宏州、西双版纳州、思茅市、文山州、楚雄州、大理州、丽江市获一等奖;临沧市、迪庆州、怒江州获二等奖；昭通市、保山市获三等奖。

“十五”人口计划全面完成。2005年总人口为4450万人，出生率为14.6‰，自然增长率为8‰。与“九五”末相比，出生率下降了4.45个千分点，自然增长率下降了3.48个千分点。“十五”期间全省共出生366.3万人，比“九五”少出生46.1万人。2003年至2005年连续三年人口自然增长率控制在10‰以内，省委、省政府提出的“人口自然增长率三年下降三个千分点”的目标,第一年已顺利实现;提前五年实现了省委、省政府2001年《关于加强人口与计划生育工作进一步降低生育水平的决定》中所确定的2010年人口自然增长率降到8.44‰的目标。

以上成绩的取得，是省委、省政府正确领导、省人大、省政协大力支持、各相关部门密切配合、各州、市党委、政府高度重视的结果，在此，一并表示感谢。

二、“十一五”人口与计划生育工作的形势和任务

我省的人口计生工作虽然取得了显著成绩，但人口形势依然严峻，一是人口基数大、净增人口多,如按2010年人口自然增长率下降到6.08‰测算,“十一五”期间全省还将净增150万人；二是流动人口违法生育仍然十分突出；三是出生缺陷发生率较高；四是农业人口、下岗职工依法享有的独生

子女保健费难以落实。

“十一五”我省人口与计划生育工作的主要目标是，进一步降低生育水平，提高出生人口素质、改善人口结构、引导人口合理分布，力争到2010年全省总人口控制在4600万人以内，出生率控制在13.5‰以内，自然增长率控制在6.08‰以内，出生缺陷发生率有较大幅度下降，出生人口性别比有所回落，初步建立起调控有力、管理有效、政策法规完备的人口和计划生育保障体系和工作机制。

三、2006年的主要工作

2006年，力争总人口控制在4497万人以内，出生率控制在14‰以内，自增率控制在7‰以内，违法多生育控制在0.8万人以内。为此我们将重点抓好十项工作：一是抓好“奖优免补”工作。力争再有8万户以上的农业人口新领取《独生子女父母光荣证》，确保省委、省政府提出的“人口自然增长率三年下降三个千分点”目标的实现；二是加强流动人口计划生育管理。力争使流动人口中的违法生育有较大幅度下降；三是实施出生缺陷干预工程。大力开展婚前培训、孕前检查、孕期供药、产前筛查、残疾儿鉴定等一系列服务工作，力争使出生缺陷大幅度下降；四是综合治理出生人口性别比攀升。制订B超等有关性别鉴定的管理办法，严厉打击非医学需要的胎儿性别鉴定；五是大力推进依法行政工作。力争把“奖优免补”政策和出生缺陷预防的有关规定，通过立法程序纳入《条例》。狠抓独生子女保健费的落实和社会抚养费的征收；六是搞好宣传教育工作。结合社会主义新农村建设，实施好“5331”宣传教育工程；七是开展村民自治试点。结合社会主义新农村建设，进一步探索人口与计划生育村民自我教育、自我管理、自我服务的自治机制；八是大力开展推进优质服务工作。把计划生育优质服务作为实现人口和计划生育工作思路和工作方法“两个转变”以及全面落实各项政策和提高群众满意程度的有效途径，全面提升人口计划生育工作水平；九是加快人口发展战略研究。为我省人口、经济、社会、资源、环境协调发展和可持续发展提供科学的决策依据；十是加强国际交流与合作。实施好国际合作项目，采取走出去请进来的办法，学习借鉴国外先进的理念和经验，争取更多的支持，进一步展示我省人口与计划生育工作的新形象。

深刻领会会议精神
扎扎实实抓好各项工作

——在全省人口与计划生育工作会议结束时的讲话

云南省人口和计划生育委员会主任 张玉明

（2006年2月23日）

同志们：

2006年全省人口与计划生育工作会议是在圆满完成“十五”计划，全力以赴实施“十一五”规划之际召开的一次承前启后、继往开来的重要会议。国家人口计生委赵白鸽副主任、省政府高峰副省长作了重要讲话，中国人口与发展研究中心对我省“奖优免补”政策实施情况作了评估报告；会议颁发了第一届“云南人口奖”，表彰了2005年度全省人口与计划生育先进工作者，签订了2006年度的双线目标管理责任书。与会人员通过广泛深入细致的学习、讨论和交流，进一步明确了任务，统一了思想，形成了共识。下面我就认真学习贯彻落实这次会议精神讲四点意见：

一、认真学习和深刻领会本次会议的精神

这次会议的主要任务是贯彻落实省委七届七次全会、省人大十届四次会议、省政府十届七次全会以及全省人口资源环境工作座谈会的精神，用科学发展观统领人口计生工作，安排和部署“十一五”人口发展规划的各项目标和任务。要着重从以下六个方面认真学习和深刻领会本次会议的精神。

一是全面准确地把握省委、省人大、省政府有关会议的精神

在省委七届七次全会、省人大十届四次会议、省政府十届七次全会以及全省人口资源环境工作座谈会上，省委、省人大、省政府领导高度重视人口计生工作，充分肯定了人口计生系统在“十五”期间为全省经济社会发展作出的贡献，对人口计生工作提出了新的更高的要求，明确了“人口自然增长率三年下降三个千分点”的目标，要求到2010年把我省人口自然增长率控制到6.08‰以内，并且把继续推行“奖优免补”政策，实施出生缺陷干预工程，“逐步提高补助标准”写进了全会决议；在全省“十一五”规划确定的三大发展指标中，有两项直接与人口相关；在全省人口资源环境工作座谈会上，白书记、徐省长专门指出：“近年来，我省人口和计划生育工作取得了较大突破，积累了很好的经验，要继续巩固成果，争取更大成效。”我们要全面准确地领会省委、省人大、省政府对人口计生工作的高度重视和任务要求，不折不扣地把思想统一到省委、省人大、省政府的决策部署上来，并坚决贯彻执行。

二是充分理解、深刻领会赵白鸽副主任的讲话精神

国家人口计生委白鸽主任在百忙中光临这次会议，并作了重要而精彩的讲话，她围绕构建和谐社会、建设社会主义新农村，从国际、国内经济社会深刻变化的宏观视野，联系我国人口计生工作30多年的发展历程，深刻阐述了新时期我国人口和计生工作的发展趋势、特征、对策和措施，充分论述了“发展为了人、发展依靠人、促进人的全面发展”的科学发展观的内涵，对云南的人口与计划生育工作给予了充分肯定，同时也对我们下一步工作提出了宝贵的意见，为我省人口计生工作的发展指明了方向，给我们上了一堂非常深刻的提高认识、更新观念的课，使我们开阔了视野、打开了思路、坚定了信心、明确了方向。

三是认真领会、贯彻落实高副省长的讲话精神

高峰副省长的重要讲话，高度评价了人口计生系统作出的艰苦努力，全面总结了“十五”人口与计划生育工作取得的成绩，深刻分析了面临的人口形势，对“十一五”人口与计划生育工作作出了全面的安排和部署。对下步工作，高副省长强调要实现六个方面的突破：即在人口与计划生育理念上、在人口与计划生育新机制建设上、在流动人口计划生育管理上、在计划生育重点地区工作上、在计划生育法制建设上、在“奖优免补”等具体工作的落实上要有新突破，对全省人口计生工作者提出了殷切的期望。

四是对“奖优免补”的评估报告要引起高度重视

中国人口与发展研究中心王谦书记到会对我省“奖优免补”政策作了评估，站在全国的高度，从政治、经济、社会、人口、可持续发展等多方面全面、客观地评估了我省的“奖优免补”工作，利用深入调查得来的丰富翔实的数据，从理论到实践对“奖优免补”政策及其实施效果作了充分肯定，并对进一步完善政策、改进工作提出了很好的建议和意见。各地对此要引起高度重视，进一步加强对“奖优免补”政策实施的调查研究，总结经验，分析不足，把这一政策实施好、总结好、完善好。

五是高度重视人口计生系统的行风建设

省纪委派驻我委的纪检组长聂愿平同志传达了省纪委五次全会精神，全面总结了全省人口计生系统2005年党风廉政建设和反腐败工作取得的成绩，安排部署了2006年反腐倡廉工作。各地要按照这次会议的要求，狠抓落实，力争在人口计生系统的行风建设中抓出新的成效。

六是充分认识云南人口奖、云南人口与计划生育先进工作者奖在人口计生事业发展中的地位和作用

我们这次会议，首次颁发了全省人口领域的最高奖——云南人口奖，表彰了全省年度人口与计划生育先进工作者。这是荣凯省长荣获“中华人口奖”后，根据荣凯省长的提议，设立了“云南人口奖励基金”，荣凯省长还将自己荣获的5万元奖励金捐献出来作为云南历史上的第一笔人口奖励基金，在荣凯省长的亲自关怀下，募集了1000万元基金，下设了这两个奖项。这两个奖项的设立和颁发，进一步健全了人口计生工作的激励机制，必将极大地推动人口计生事业的深入发展，极大地鼓舞和鞭策着全省人口计生工作者不断创造工作的新业绩。

二、充分肯定人口计生事业取得的成绩，深刻认识人口计生工作面临的严峻形势

“十五”期间，在省委、省政府的正确领导下，在国家人口计生委的关心指导下，在各级党委、政府和各有关部门特别是财政、教育等部门的大力支持下，经过全省上下的共同努力，人口计生工作取得了突破性进展，突出表现在以下几个方面。

（一）创立了新思路

在人口与计划生育工作思路和方法上实现了四个转变：一是由“惩罚多生”为主向“奖励少生”为主的方向转变；二是由“行政制约”为主向“利益导向、综合治理”为主的方向转变；三是由“管

理一代人”向“服务三代人”转变；四是由“单纯的控制人口数量”向“既控制人口数量又高度重视人口素质和人口结构”的方向转变。结合云南的实际，创立了“宣教开路、利益导向、政策推动、优质服务、依法管理、村(居)民自治、综合治理”的思路。

(二)出台了新政策

2004年出台了《云南省农业人口独生子女家庭奖励规定》，“奖优免补”政策在全国是首创，此文件的出台，标志着工作思路和工作方法的重大转变，得到了党中央、国务院以及国内外的充分肯定。2005年颁布了《云南省人口出生缺陷预防规定》，这在全国也是首创，标志着我省人口与计划生育工作，开始由单纯的控制人口数量向既控制人口数量又高度重视人口素质两者兼顾的方向转变。2005年还出台了《出生人口性别比升高问题综合治理规定》，对确保出生人口性别的基本平衡具有深远的意义。

以上三个文件的出台，标志着以《云南省人口与计划生育条例》为核心，以“奖优免补”政策和多个政府规章为补充，既有控制人口数量又有提高人口素质，改善人口结构的综合治理人口问题的政策法规体系已初步形成，为人口与计划生育事业的长足发展奠定了坚实的基础。

(三)建立了新机制

一是建立了以“奖优免补”为主的利益导向机制。由于我省在2003年成功地开展了“奖优免补”试点，2004年国家就将我省列为了“奖励扶助”制度和“少生快富”工程两项试点。结合实际，我省将两项试点与“奖优免补”政策进行了有机整合，初步构建起了以“奖励扶助”制度为龙头，以“少生快富”工程为支撑，以“奖优免补”为内容的人口和计划生育利益导向机制和政策体系。

二是建立了“四权分离”的工作运行机制。即奖励对象的资格认定由人口计生部门负责；资金的筹措、管理由财政部门负责；资金发放由邮政部门负责；监督工作由监察、审计部门负责。“四权分离”机制的建立，既避免了部门之间的推诿、扯皮，也为奖励资金的快捷、高效、安全运行提供了保证。

三是建立了各级财政分级负担的投入保障机制。为把“奖优免补”政策落到实处，省政府明确规定：“补”的资金，除中央承担80%以外，其余经费全部由省级财政承担；“奖”的经费，属贫困县的由省级财政承担80%，州(市)、县财政承担20%，非贫困县由省级财政承担50%，州(市)、县财政承担50%。

四是建立了以“云南人口奖”为主的奖励机制。随着荣凯省长提议的“云南人口奖励基金”和“云南人口奖”和“云南省人口和计划生育先进工作者奖”的设立，我省初步形成了三个层面的人口和计划生育工作奖励机制：一是规格最高、影响最大的“云南人口奖”，主要是奖励对人口计生工作作出突出贡献的社会各界人员；二是规格较高、覆盖面较大的“云南省人口和计划生育先进工作者奖”，主要是奖励县、乡、村人口计生工作人员；三是奖励各州、市党委、政府和人口计生部门的“人口计生责任目标奖”，每年考核兑现一次。

五是建立了以“三公开、三公示、一评议、一见面”为主的民主监督机制。即政策规定、办事程序、办理结果三公开；奖励对象的生育、节育及兑现情况在乡、村、组三级公示；召开村民大会对村民的生育、节育、奖励工作情况进行评议；乡、村干部对奖励对象实行见面复核。

(四)形成了新制度

一是资金发放的“直通车”制度。即一次性奖励金和养老生活补助金由财政部门直接拨付各级邮政部门，以邮政储蓄或汇款形式直接兑付到户、到人，人口计生部门不直接接触资金。

二是责任监督追究制度。出台了《云南省农业人口独生子女家庭奖励工作监督管理办法》，明确了各部门的监督管理职责和操作程序，形成环环相扣、综合协调的全方位监督体系，对资格认定、资金发放错误及违纪违规行为实行责任追究。

三是信息化管理制度。我省自主开发了“奖优免补”管理信息系统，对“奖优免补”工作实行全过程的信息化管理和监督。

四是资金发放定期决算制度。为确保资金发放的准确无误，实行每年一次的“奖优免补”资金决算制度，对资金发放逐一结算到户到人。

（五）投入有了新增长

“十五”与“九五”比较，中央、省、州（市）、县4四级财政投入由10.27亿元增加到19.22亿元，增长8.95亿元，增幅为87.15%。其中：中央财政投入由6495万元增加到3.06亿元，增幅为371%;省级财政投入由1.33亿元增加到5.02亿元，增幅为277%；州市级财政投入由1.6亿元增加到3.67亿元，增幅为129%；县级财政投入由6.69亿元增加到7.46亿元，增幅为11.5%。

（六）树立了新形象

一是由于“奖优免补”政策的实施，密切了党群、干群关系，进一步树立了党和政府心系群众、执政为民的新形象；二是由于“奖优免补”一系列的新政策，充分体现了人性化特点，进一步树立了“国策”惠及国民的新形象；三是由于工作思路和工作方法由“管理型”向“服务型”的转变，进一步树立了计生干部“以人为本”的新形象；四是由于狠抓了计划生育行政执法“7不准”的贯彻落实，规范了计生干部的行政执法行为，清除了一系列违背民本思想的标语口号，进一步树立了人民群众是计划生育主人翁的新形象；五是由于云南开创性地实施了“奖优免补”一系列新政策，新华社、美国肯塔基新闻网等数十家国内外媒体相继进行了正面报道，联合国人口基金等国际组织也给予了充分肯定，进一步树立了云南人口计生工作在国际国内的新形象。

（七）取得了新成效

从2003年8月试点实施“奖优免补”政策以来，截至2005年12月31日，短短两年多的时间，全省共有39.4万户农业人口家庭自愿放弃生育二孩、三孩领取了《独生子女父母光荣证》，是之前24年累计办证数的2.85倍，全省农业人口一孩家庭领证率已达36.33%。2005年全省总人口为4450万人，出生率为14.6‰，自然增长率为8‰。与“九五”末相比，出生率下降了4.45个千分点，自然增长率下降了3.48个千分点，“十五”比“九五”少出生46.1万人，人口自然增长率自2003年首次低于10‰以来，已经连续三年控制在10‰以内，实现了云南人口发展的历史性转变。省委、省政府提出的“人口自然增长率三年下降三个千分点”的目标，第一年已顺利实现；提前五年实现了省委、省政府2001年《关于加强人口与计划生育工作进一步降低生育水平的决定》中所确定的2010年人口自然增长率降到8.44‰的目标。

“十五”期间全省上下卓有成效的工作得到了党中央、国务院、省委、省政府和国家人口计生委等相关部委的充分肯定。国家人口计生委张维庆主任专门给白书记、徐省长写了亲笔信，对云南的人口计生工作给予了高度评价。徐省长在中央人口资源环境工作座谈会上做了交流发言，并荣获了第五届“中华人口奖”。2005年7月出席GMS会议的温家宝总理在听取云南省的工作汇报后指出：“云南在全国率先推行了农业人口独生子女计划生育‘奖优免补’政策，有效地降低了人口自然增长率，要扩大奖励扶助的试点，鼓励农民家庭少生快富。”对云南省的人口计生工作给予了充分肯定。

回顾“十五”不平凡的五年，我们发扬人口计生系统艰苦奋斗、勇于奉献的优良传统和作风，自加压力，开拓创新，克服困难，团结奋进，取得了突破性的成绩，圆满完成了省委、省政府赋予的任务，得到了各级领导和社会各界的充分肯定。作为人口与计划生育工作者，我们倍感成绩来之不易，付出终有成效，我们倍感充实而自豪。

在充分肯定成绩的同时，我们也务必保持人

口计生系统实事求是的传统作风，充分认识我省人口问题的长期性、艰巨性和复杂性，冷静分析工作中存在的困难和问题，清醒认识到我省的人口形势依然十分严峻：

一是人口基数大、净增人口多、脱贫任务重、可持续发展压力大。目前我省的人口出生率和自然增长率与全国平均水平还有较大的差距，即使按2010年人口自然增长率下降到6.08‰的目标测算，“十一五”期间全省还将净增150万人，其中扶贫开发工作重点县还将净增96万人，经济社会可持续发展还面临着庞大的人口压力。二是人口总体状况不佳、素质不高，受教育程度低，出生缺陷比例高，残疾人口多，艾滋病疫情严重，弱势群体状况不佳，人口安全隐患大。三是出生性别比偏高，劳动年龄人口、老龄人口增速快，就业压力大。四是人口分布不理想，城市化水平低，严重制约着城乡结构的战略性调整。五是基层基础工作薄弱，法定投入不足。六是流动人口计划生育管理服务难。

工作中，也存在着一些不可忽视困难和问题：一是有的地方认识不到位，还没有把思想统一到省委、省政府战略部署上来，自觉地把“人口自然增长率三年下降三个千分点”的战略目标纳入当地经济社会发展总体当中予以贯彻落实；二是有的干部没有把人口与计划生育工作摆在可持续发展的首要地位，作为当地经济社会协调发展的基础性、战略性工作抓紧抓好；三是有的地方人口计生部门的参谋作用没有充分发挥。

因此，同志们千万不要把成绩估计过高，特别是对群众生育观念的转变不能估计过高，对基层领导重视人口计生工作的自觉性不能估计过高，对我们这支队伍的服务能力与群众需求之间的差距的改变不能估计过高，千万不能盲目乐观，务必按照中央提出的“坚持稳定现行生育政策不动摇，坚持党政一把手‘亲自抓，负总责’不动摇，坚持稳定计划生育工作机构、队伍不动摇，坚持不断创新人口和计划生育工作思路、机制和方法不动摇”的要求，坚决贯彻落实省委、省政府就做好“十一五”人口与计划生育工作提出的明确要求，求真务实，真抓实干，切实把各项任务指标抓紧抓好，把各项工作措施落实到位，确保省委、省政府关于人口与计划生育工作的规划和部署落到实处。

三、狠抓落实，全力以赴做好2006年的工作，为“十一五”规划开好局、起好步

“十一五”我省人口与计划生育工作的主要目标是，以“三个代表”重要思想和科学发展观为指导，进一步降低生育水平，提高出生人口素质、改善人口结构、引导人口合理分布，为构建和谐社会和可持续发展创造良好的人口环境。力争到2010年全省总人口控制在4600万人以内，出生率控制在13.5‰以内，自然增长率控制在6.08‰以内，出生缺陷发生率有较大幅度下降，出生人口性别比有所回落，初步建立起调控有力、管理有效、政策法规完备的人口和计划生育保障体系和工作机制，“越穷越生”的状况得到根本扭转。

围绕上述目标，主要任务是：突出两个重点，突破一个难点，推进四项建设，实施四大工程。突出两个重点：进一步降低生育水平、实施好出生缺陷干预；突破一个难点：力争在流动人口计划生育管理方面有新的突破；推进四项建设：服务站（所）、人口计生数据库、人才队伍和机制建设；实施四大工程：“少生快富”工程、出生缺陷干预工程、计划生育“兴边富民”工程、安全套推广使用工程。

2006年是“十一五”规划的开局之年，也是实现省委、省政府“人口自然增长率三年下降三个千分点”战略决策的关键之年。全省上下要认真贯彻落实本次会议精神，扎扎实实抓好2006年的工作，务必使全省总人口控制在4497万人以内，出生率控制在14‰以内，自增率控制在7‰以内，农业人口新领《独生子女父母光荣证》8万户以上，违法多生育控制在0.9万人以内，为实施“十一五”

规划开好局、起好步。为此，重点要抓好十项工作：

（一）扎实推进“奖优免补”工作。一是要进一步提高认识，把思想统一到省委、省政府“人口自然增长率三年下降三个千分点”的战略决策上来，切实将“奖优免补”工作纳入日常工作计划，建立经常性的工作机制，常抓不懈；二是要及早安排配套的奖励资金预算并及时足额划拨到位，确保政策兑现，取信于民；三是加大宣传培训力度，提高基层干部的思想认识和政策水平，通过面对面座谈、算账对比以及用身边的人和事教育群众、宣传群众，激发群众自觉参与“奖优免补”工作的积极性；四是结合社会主义新农村建设，进一步充实和完善“奖优免补”政策，如一些地方在“新型农村合作医疗”中给予办证户减免优待的做法，就是很好的探索；五是健全监督管理机制，加强督促检查，及时发现并解决基层出现的问题。

据初步统计，2006 考核年度的第一季度，从2005 年 10 月 1 日——12 月 31 日，全省又有 2.6 万户农业人口家庭新办了《独生子女父母光荣证》，已经接近了全年计划的三分之一，为 2006 年的工作开了个好头。只要我们再接再厉，狠抓各项工作的落实，今年的目标任务是一定能够完成的。

（二）加强流动人口计划生育管理。一是要在社区居委会配备专职流动人口计划生育管理员。省人口计生委已经向省政府上报了《关于配备社区居委会流动人口计划生育管理员的通知》，近期即将下发执行，各地必须按照省政府的统一部署，尽快配齐人员，健全管理和服务网络；二是要切实保障管理和服务经费，认真落实流动人口享有的法定免费的各项计划生育服务；三是要建立有效的重点对象情况定期报告制度和信息交换反馈制度，努力探索出行之有效的管理和服务机制，切实严格控制流动人口中的违法生育行为，力求在流动人口管理方面取得新的突破。

（三）实施出生缺陷干预。一是要提高认识，要从提高全民素质、推动人口计生事业持久发展的高度充分认识开展出生缺陷干预的重要性、必要性和紧迫性。二是要更新观念，充分认识出生缺陷干预绝不仅仅是医学问题，而是涉及经济社会协调发展的大问题；不是出生后才进行干预治疗，而是要贯穿于婚前、孕前、孕期、产前、产后全过程；不是简单的推广“福施福”等药品，而是要大力开展婚前培训、孕前检查、孕期供药、产前筛查、残疾儿鉴定等一系列服务工作的系统工程。三是要保障经费，认真落实《云南省人口出生缺陷预防规定》中确定的免费服务。省人口计生委正与相关部门协调尽快解决经费问题，并将出台配套实施办法，不断完善干预措施，建立有效的干预机制，力争使出生缺陷的发生率有所下降。

（四）综合治理出生性别比攀升。要认真实施好《云南省出生人口性别比升高问题综合治理规定》，协调各方面的力量，采取综合性的措施，营造有利于女孩生存发展的社会环境，制订出台 B 超等有关性别鉴定的管理办法，严厉打击非医学需要的胎儿性别鉴定，遏制出生婴儿性别比攀升的势头。

（五）加强计划生育法制建设。贯彻落实《全面推进依法行政实施纲要》，抓住省人大常委会将《云南省人口与计划生育条例》作为立法“回头看”的项目的机遇，主动配合省人大搞好立法调研，积极争取将“十五”期间所创造的“奖优免补”、出生缺陷干预等新政策、新经验通过立法程序上升到《条例》当中，切实解决独生子女保健费兑现难等难点问题。协调相关部门制订加强社会抚养费征收管理的具体措施，全面落实行政执法责任制，规范行政执法行为，加强执法监督，坚决纠正执法不到位、执法不作为、乱执法和违法乱纪的行为。

（六）深化宣传教育工作。抓住首届云南人口奖和人口与计划生育先进工作者奖颁发的机会，大力宣传人口与计划生育基本国策，宣传“十五”取得的成绩和“十一五”规划的目标，营造有利于计划生育工作的舆论氛围；结合社会主义新农村建设，实施好“5331”宣传教育工程，丰富和完善“宣传服务万里行”活动创造的宣传与服务相结合等有效形式，将集中的与面对面的宣传服务结合起来，以取得实效、“入脑入心”为目标，不断创新宣传的方式方法；深入开展“婚育新风进万家”活动和“关爱女孩”行动，建设科学、文明、进步的新型婚育文化，营造良好的社会氛围，推进乡风文明建设。

（七）进一步做好村民自治试点工作。各地要从推进社会主义新农村建设和加强民主法制建设的高度出发，在完善以“三公开、三公示、一评议、一见面”为主的民主监督机制的基础上，以促进人口与计划生育工作特别是“奖优免补”工作、推进新农村建设为目标，积极稳妥地推行党委、政府领导下，计划生育部门指导下的，有组织、有计划的村民自治试点工作，进一步探索人口与计划生育村民自我教育、自我管理、自我服务的自治机制。

（八）推进优质服务工作。尽快出台《云南省人口与计划生育优质服务实施办法》，以优质服务作为实现人口和计划生育工作思路和工作方法“两个转变”、全面落实各项政策和提高群众满意度的有效途径，结合实际积极探索有云南特色的计划生育优质服务机制，全面提升人口与计划生育工作整体水平。

（九）加快人口发展战略研究。加快研究步伐，保证研究质量，理论联系实际，加强理论创新，指导具体实践，突出云南特色，确保已经启动的七个课题如期结题，为我省人口、经济、社会、资源、环境协调和可持续发展提供科学的决策依据。

（十）加强国际交流与合作。实施好国际合作项目，采取走出去请进来的办法，学习借鉴国外先进的理念和经验，争取更多的支持，进一步展示我省人口与计划生育工作的新形象。

四、加强领导，采取有效措施，确保各项目标任务的全面完成

“十一五”及2006年的目标任务已经确定，关键在于落实。各地要进一步加强领导，采取行政的、经济的、法律的综合措施，动员和协调全社会的力量扎实工作，确保各项目标任务的全面完成。

（一）认真贯彻落实党政一把手亲自抓负总责的原则，坚决实行“一票否决”和黄牌警告制度

要切实把人口和计划生育纳入经济社会发展的大局中安排部署，列为重大事项的督查范围。坚持发展经济与控制人口两手抓，切实做到领导到位、责任到位、措施到位、投入到位。建立责任追究制度，坚决落实“一票否决”和“黄牌”警告制度。2005年5月，省委办公厅颁布了《云南省县（市、区）党政领导班子和成员政绩考核评价办法（试行）》（云办发〔2005〕9号），一是把“控制人口增长”作为了对县（市、区）政府领导班子政绩考核的主要内容之一；二是将计划生育工作作为“一票否决”的第一项内容。《办法》第十八条明文规定：“领导班子和领导成员在计划生育、安全生产、环境保护、社会治安综合治理、党风廉政建设等工作中，因工作严重失误、失职，造成重大损失、恶劣影响或对重大事故负有重要领导责任的，降低考核等次。”这是省委高度重视人口和计划生育工作的体现，也是给人口计生部门的一把“尚方宝剑”。省人口计生委将高度重视、积极参与这项工作，各地也要用好用足这个政策。

（二）全面落实人口与计划生育目标管理责任制

要坚持和完善人口与计划生育“双线”目标管理责任制，从本地经济社会协调发展和可持续发展的大局出发，科学设置考核指标，合理制订考核办法，强化奖罚制度和责任意识。要通过目标管理责任制的执行，有效地推进当地人口与计划生育工作的深入发展，促进当地人口、经济、社会的协调发展。

（三）确保投入到位

计划生育的经费投入是经济社会发展的基础

性投入，要理直气壮地大力倡导和树立“国策”要用“国库”支付，并惠及国民的观念，把人口与计划生育事业投入纳入公共财政投入体制并依法予以保障，确保省委、省政府的重要决策和“十一五”规划落到实处。各级人口计生部门要当好党委政府的参谋助手，站在全局和可持续发展的高度，算出人口大账，算清经济、社会效益账，算好长远账，争取必需的经费，逐步解决农业人口和下岗职工独生子女保健费、计划生育手术费和流动人口计划生育管理经费严重不足和计生干部待遇偏低的问题，加强服务网络建设、信息化建设、人才队伍建设，确保人口与计划生育事业改革发展的需要。

（四）深化宣传教育工作，切实营造良好的舆论氛围和社会环境

扎实推进“5331”宣传教育工程，广泛开展宣传教育活动，不断创新宣传教育的方式方法。在宣传内容上，要围绕“奖优免补”这一主线，找准政策与群众关心的契合点，有的放矢。在宣传方法上，要与相关部门密切配合，发挥好各种宣传媒体的作用，同时借助社会力量，充分发挥计生协会的作用，把计生宣传与群众喜闻乐见的文体活动结合起来。在宣传形式上，将集中的与面对面的宣传服务结合起来，增强宣传的针对性，讲求实效性，切实发挥出宣传教育的先导作用。

（五）分类指导，分层推进，协调发展

针对各地、各项工作发展不平衡的情况，一是要坚持分类指导的原则，加强督促检查，引导不同地区努力提升人口计生工作水平；二是要学会“弹钢琴”，在突出重点的前提下，协调推进各项工作不断深入发展。为此，省人口计生委计划在年内召开流动人口管理、优质服务、村民自治等经验交流或现场会议，推动全省人口计生工作的创新和发展。

（六）开拓创新，不断推动人口计生工作深入发展

坚持围绕中心、服务大局、与时俱进、开拓创新是“十五”人口计生工作取得显著成绩的一条重要经验，也是我们做好今后工作的不竭动力。各地要认真学习领会党的十六大和十六届五中全会精神，坚持以人为本的科学发展观，积极思考和探索人口计生工作为构建和谐社会、建设新农村、全面建设小康社会服务的方法和途径，找准围绕中心、服务大局的结合点，主动服从和服务于党委政府的中心工作，开拓视野，转变观念，不断创新人口计生工作的新思路和新方法，认真分析并切实解决工作中存在的困难和问题。

同志们，过去的五年，我们肩负着省委、省政府的重托和各族人民的厚望，克服困难，锐意进取，团结奋进，取得了突破性的成绩。实践证明，我们这支队伍的确是一支特别能吃苦、特别能战斗、特别能奉献的队伍。希望同志们戒骄戒躁，继续保持和发扬人口计生系统的光荣传统和作风，在省委、省政府的正确领导下，在各级党委、政府和相关部门的大力支持下，励精图治，奋发图强，团结一致，扎扎实实抓好2006年的工作，确保责任目标的全面完成，为实现云南人口、经济、社会、资源、环境的协调发展作出新的更大的贡献。

认清形势 明确任务 狠抓落实 全面加强人口和计划生育工作

云南省人口和计划生育委员会党组书记、主任 郝青山

（2007年4月29日）

同志们：

为认真贯彻落实中共中央、国务院《关于全面加强人口和计划生育工作统筹解决人口问题的决定》和全国人口计划生育工作会议精神，回顾总结2006年工作，正确分析当前人口发展态势，安排部署2007年工作任务，进一步统一思想，明确目标，全面加强我省人口和计划生育工作，经请示省政府同意，决定召开这次全省州、市人口计生委主任会议。

昨天上午高副省长出席会议并就贯彻落实中共中央、国务院《关于全面加强人口和计划生育工作统筹解决人口问题的决定》和进一步做好我省的人口计划生育工作作了重要讲话，充分体现了省政府领导对人口计划生育工作的高度重视和关心、支持。大家要认真学习领会好高副省长重要讲话精神，回去之后要及时向分管领导汇报并在工作中切实加以贯彻落实。会议期间，聂愿平组长就全省人口计生系统党风廉政建设工作做了总结和布置；与会同志就省委即将出台的贯彻中央《决定》的《实施意见》、我省实施国家“少生快富”工程、出生缺陷干预工作、流动人口管理与服务工作等进行了广泛的讨论并提出了很好的意见和建议。从昨天会议和讨论的情况看，大家情绪饱满、讨论热烈、建言献策、气氛融洽，共商人口计生工作发展大计，让我很受教益。刚才，省人口计生委与各州市人口计生委签订了2007年目标责任书。可以说，会议达到了预期的目的，取得了预期的效果。下面，我谈几点意见，供大家参考。

一、全国人口和计划生育工作会议的主要精神

2006年12月26—27日，全国人口和计划生育工作会议在北京召开。中央各有关部门，各省、自治区、直辖市和计划单列市人民政府及新疆生产建设兵团有关负责人，全国人口计生系统先进集体、先进工作者代表和“模范公务员”家属代表等出席了会议。这次会议的主要任务是：贯彻中央关于全面加强人口和计划生育工作统筹解决人口问题的决策精神，总结经验、表彰先进，分析形势、统一思想，全面部署统筹解决人口问题的各项工作，推动人口和计划生育工作再上新台阶。

（一）温家宝总理会见了与会代表并作了重要讲话

温家宝总理指出，人口问题关系我国现代化建设的全局。做好人口和计划生育工作对落实科学发展观、构建社会主义和谐社会具有重大意义。

要坚持基本国策不动摇，继续加强和改善人口和计划生育工作。第一，稳定人口政策和生育政策，稳定计划生育队伍，稳定低生育水平。计划生育工作的重点和难点在农村，抓好农村的计划生育工作尤为重要。第二，提高人口和计划生育工作水平，创新管理和服务。要坚持以人为本，完善计划生育家庭的补偿机制和社会保障，引导群众自觉地实行计划生育；扩大农村计划生育奖励扶助政策的覆盖面，把困难家庭及时纳入社会救助范围。第三，统筹人口增长与经济社会发展。提高出生人口素质，重视解决出生人口性别比偏高和人口老龄化的问题，加强流动人口计划生育管理与服务。第四，各级党委和政府要把人口和计划生育工作摆上重要议事日程，党政一把手要"亲自抓、负总责"，形成全社会共同关心支持人口和计划生育事业发展的新局面。要关心和支持人口和计划生育工作者特别是基层干部职工，为他们创造更好的工作、学习和生活条件。

（二）国务院秘书长华建敏在会上提出了工作要求

他强调，统筹解决人口问题，要着力做好以下五个方面的重点工作。一是稳定现行生育政策，建立长效工作机制，千方百计稳定低生育水平；二是推行优生优育，加强出生缺陷的预防和干预，大力提高出生人口素质；三是严厉打击非医学需要的胎儿性别鉴定和选择性别的人工终止妊娠，严惩针对妇女儿童的违法犯罪行为，广泛宣传男女平等、少生优生等文明婚育观念，制订有利于女孩健康成长和妇女发展的社会经济政策，综合治理出生人口性别比偏高问题；四是将流动人口的计划生育纳入流入地管理，实行以流入地为主的目标管理双向考核，提供与户籍人口同等的免费服务，改善流动人口的计划生育管理和服务；五是加快养老保障和养老服务体系建设，大力发展老龄服务业，积极应对人口老龄化。

（三）国家人口计生委主任张维庆在会上作了工作部署

围绕学习贯彻中央《决定》，维庆主任要求各级人口计生部门在宣传方面，要认真组织，迅速行动，把学习宣传中央《决定》活动引向深入。在落实方面，要深入贯彻，扎实工作，把中央《决定》精神落到实处：一是要明确领导责任；二是要制订实施意见；三是要加强协调配合；四是要落实财力保障；五是要加强队伍建设。

关于 2007 年人口计划生育工作安排，维庆主任提了九个方面要求：一是深入开展人口发展战略重点课题研究，全面实施人口发展规划和事业发展规划；二是切实抓好农村人口计划生育工作，努力遏制部分地区生育水平反弹的苗头；三是加快建立完善长效工作机制，推动人口计划生育工作法制化；四是建立流动人口计划生育统一管理、优质服务新体制，切实维护流动人口合法权益；五是全面实施奖励扶助制度和"少生快富"工程，积极探索建立人口计划生育利益导向政策体系；六是深化"婚育新风进万家"活动和"关爱女孩行动"，加大综合治理出生人口性别比偏高问题的力度；七是实施计划生育生殖健康促进计划，提高科学服务水平；八是加强干部队伍建设，加快职业化进程；九是加强国际交流与合作，维护我负责任人口大国形象。

党中央、国务院高度重视人口和计划生育工作，从党和国家事业发展全局出发，审时度势，准确把握时代特征，作出了以科学发展观统领新时期人口计划生育工作，以人的全面发展统筹解决人口问题的重大决策。此次会议围绕这一重要精神在五个方面统一了认识：统一了对人口和计划生育工作重要性的认识；统一了对人口和计划生育工作形势的认识；统一了对人口和计划生育工作新阶段的认识；统一了对人口和计划生育工作新任务的认识；统一了对人口和计划生育工作加大保障力度和加强领导的认识。学习和贯彻落实这次会议的主要精神，是当前和今后一个时期人口和计划生育工作的头等大事。

省委、省政府对会议精神的贯彻高度重视。2007年1月9日，省委常委会专门听取了我委关于全国人口与计划生育工作会议精神、党中央国务院对贯彻落实中央《决定》的要求、全省人口和计划生育工作情况及我省贯彻落实中央《决定》意见的汇报。会议对全省人口计生工作取得的成绩给予了充分肯定，对我省面临的人口形势进行了认真分析，对全面加强人口计生工作统筹解决云南人口问题进行了安排部署。会议还同意了我委提出的我省贯彻落实中央《决定》的五条建议，即：出台一个文件，开好一个会议，进行一次督查，抓好宣传学习，重点做好“奖优免补”和出生缺陷干预工程等7项工作。会议指出，人口和计划生育工作是“天下第一要事”，也是“天下第一难事”，是全社会必须长抓不懈的工作。第一，要坚定不移地贯彻落实人口与计划生育工作的基本国策。第二，要坚持“两手抓、两手都要硬”。第三，要进一步为人口和计划生育工作创造条件、营造环境。第四，要进一步加强领导、落实责任、狠抓落实。

二、2006年全省人口和计划生育工作简要回顾

2006年，是我省全面实施“十一五”人口发展规划的开局之年。全省人口计生各项工作继续向前推进：年末总人口为4482.9万人，自然增长人数30.8万人，比2005年少增长4.5万人；人口出生率由2005年的14.72‰下降到2006年的13.2‰；人口自然增长率由2005年的7.97‰下降到2006年的6.9‰，全面完成了人口和计划生育工作的各项目标任务。特别是人口出生率和自然增长率与全国的差距自实行计划生育以来首次缩小到2个千分点以内，这是一项重要突破。这些成绩的取得来之不易，它是全省各级各部门团结奋斗、努力工作的结果，其中也凝聚着人口和计划生育部门的辛勤劳动和汗水。在此，我代表省人口和计划生育委员会党组，向辛勤工作在基层人口计划生育战线的同志们表示衷心的感谢！概括2006年的人口计划生育工作的成效和进展，主要有如下几个方面：

（一）全年人口计生工作各项目标如期实现

年初省人代会通过的《省政府工作报告》要求，2006年全省人口自然增长率控制在8‰以内，实际为6.9‰。全省人口和计划生育工作会确定人口出生率控制在14‰以内，实际为13.2‰；违法多生育计划控制在0.9万人以内，实际为0.83万人。

（二）“奖优免补”工作任务圆满完成

2006年度全省新办农业人口《独生子女父母光荣证》101410户，是全年计划数的126.7%。“奖优免补”政策实施以来，全省累计有46.9万户农业人口家庭自愿放弃再生育领取了《独生子女父母光荣证》。

通过三年实践的磨合，“奖优免补”工作机制更加健全，体系更加完备，工作更加顺畅；对工作中存在或显露出来的一些问题，能够产生内生性的应对措施，有了比较成熟的解决办法；政策的知晓率由重点人群逐渐扩展，已逐步覆盖全体人群，影响力和感召力日益扩大；工作逐渐走上常规化、日常化，从干部到群众已基本实现了“要我办证”向“我要办证”的转变，如富民县去年计划办证100户，实际办证达4223户。

（三）人口出生缺陷干预工作扎实起步

省政府追加预算1000万元，正式在25个试点县启动了出生缺陷干预试点工作。工程实施仅三个多月，25个试点县就婚前培训了75737人；孕前检查HIV抗体检测5798人，查出阳性18人；乙肝检测5786人，查出阳性435人，发放叶酸增补剂2.5万份。通过这些工作措施，进一步增强了全民提高出生人口素质的意识，为从源头上有效阻断艾滋病、乙肝通过母婴传播和提高出生人口素质、降低出生缺陷起到了积极的作用。初步探索了一些出生缺陷干预工作的经验。

（四）综合治理流动人口工作有了新的进展

在各地积极探索、总结经验的基础上，召开了全省流动人口计划生育工作现场会，从建立保障机制、建设管理体制、完善协作配合、综合治理、维护流动人口合法权益、加强信息沟通等方面作了进一步的交流探讨。各地在落实免费药具服务、区域协作、配备社区（居委会）管理员、对违法生育有奖举报、加强信息化建设等方面也探索了一些新鲜的经验。全省流动人口计划生育管理人员发展到12024人，各级流动人口计划生育工作经费投入近500万元，其中省级财政投入从2005年的50万增加到2006年的200万；初步实现了流动人口信息的异地交流和共享，信息平台反馈率60%以上，《流动人口婚育证明》查验率达73.7%。

（五）法制建设和依法行政工作有新推进

一是省政府修订出台了《云南省独生子女父母光荣证管理办法》。二是我委积极主动配合省人大常委会进行了《云南省人口与计划生育条例》"立法回头看"活动，积极争取省人大将《条例》修订工作列入了2007年度立法计划。三是依法行政意识进一步加强，省《条例》的规定得到进一步落实：计划生育技术服务法定项目免费在绝大多数州、县得到落实；红河州、临沧市等州、市全面落实了农业人口独生子女保健费；有15个州、市开展了行政执法检查。

（六）人口发展战略研究取得初步成效

开展人口发展战略研究，是党中央、国务院赋予人口计生委更名后的重要职能。我省自2005年启动云南人口发展战略研究以来，先期确定了7个研究课题。其中由云南师范大学承担的《"奖优免补"与云南人口、社会、经济关联度研究》已完成，该课题研究成果在2006年10月全国部分农村计划生育家庭奖励扶助制度全面实施会议上作了交流，受到与会各省、市、区政府分管领导和财政、人口计生等部门负责人较好评价。

（七）安全套推广使用取得新成效

防治艾滋病专项经费由2005年的16万增加到2006年的200万。按照《省人民政府办公厅关于开展2006年中期推广使用安全套防治艾滋病工程督导调研的通知》，组织省推广使用安全套防治艾滋病工程工作组成员单位对16个州、市进行了督导调研。经过全省上下的共同努力，在全国率先实现了宾馆、酒店100%摆放安全套或设置了安全套发售设施。此项工程的实施得到了党中央、国务院及有关部门的充分肯定，得到了国际社会的广泛好评，极大地增强了群众自我防范艾滋病的意识，为全省防治艾滋病、性病等作出了积极的贡献。

（八）对外交流与合作进一步提升了国内国际形象

一是沾益县"联合国人口基金计划生育/生殖健康第六周期项目"正式启动。二是全球基金第四轮"对娱乐场所从业女性实施预防性病/艾滋病的综合干预"项目在我省3个县实施，并完成了项目总结验收。三是日本援助的罗平县"中西部生殖健康/计划生育家庭保健服务能力建设项目"接受了项目官员的考察。四是成功接待了联合国人口基金驻华首席代表薄纳德博士一行赴云南考察联合国人口基金项目。五是筹办了财政部、国家人口计生委在我省召开的全国农村部分计划生育家庭奖励扶助制度和"少生快富"工程全面实施工作会，高峰副省长及各有关厅局领导作了10个主题交流发言，全面介绍了我省人口计生工作取得的成绩和主要做法，赢得了与会代表的广泛赞誉。另有山东、广东等十多个省、市、区相继到我省考察人口计生工作，对我省人口计生工作给予较高的评价。

除上之外，全省各级人口计生部门在加强基础设施建设、干部队伍建设和党风廉政建设等方面也作出了新的努力，取得新的成绩。

三、2007年主要工作安排

做好今年全省人口和计划生育工作，必须认真贯彻落实全国人口和计划生育工作会议精神，坚持"稳定、提高、统筹"的工作方针，全面落实科学发展观，以稳定低生育水平、统筹解决人口问题、促进人的全面发展为中心，突出重点，分类指导，狠抓落实，确保会议提出的各项目标任务的圆满完成。

（一）狠抓中央《决定》精神的贯彻落实

认真贯彻落实2007年1月9日省委常委会议关于全面加强人口和计划生育工作的要求，深入广泛地开展学习宣传活动；积极做好有关协调、准备工作，俟省委、省政府出台贯彻落实中央《决定》的《实施意见》后，及时研究《实施意见》中的有关政策配套问题；认真做好以省委、省政府名义召开的全省人口与计划生育工作会议筹备工作；对各地贯彻落实中央《决定》和我省的《实施意见》的情况，适时组织一次专项督查。

（二）坚持依法行政

认真抓好"五五普法"规划的落实，加强国家"一法三规"（《人口法》、《流动人口计划生育工作管理办法》、《计划生育技术服务管理条例》、《社会抚养费征收管理办法》）和我省人口计划生育法规规章的宣传贯彻，增强干部群众的法律意识和法制观念，提高依法行政水平，切实维护群众合法权益。积极配合省人大做好《云南省人口与计划生育条例》的修改工作，认真执行计划生育行政执法"七不准"和计划生育群众工作"八不准"的规定，今年要力争在独生子女保健费兑现工作上取得突破。

（三）进一步完善人口和计划生育利益导向体系

继续抓好"奖优免补"政策等奖励优待措施的落实，不断创新利益导向机制。把"奖优免补"政策与国家"少生快富"政策有机整合，在巩固完善"奖优免补"政策的同时，认真研究国家"少生快富"工程在我省的实施问题。认真落实计划生育基本服务项目免费制度，探索建立计划生育家庭伤残死亡家庭救助制度、农村计划生育纯女户家庭奖励制度。采取综合的利益导向措施，通过"以奖促控"，进一步降低生育水平 。

（四）进一步抓好出生缺陷干预工程

在全面总结2006年试点工作基础上，认真总结试点工作的经验和问题，积极争取省政府适时扩大出生缺陷干预工程的试点面。全面实施出生缺陷一级干预，普及优生优育和生殖健康知识，积极开展婚前检查，开展孕前、孕期、孕后医学检查，预防和控制先天性感染、遗传性和环境因素对出生人口素质的影响。科学制订出生缺陷干预计划，加强出生缺陷干预的能力建设，逐步建立病残儿医学鉴定报告制度，力争抓出人口出生缺陷干预的成效来。

（五）采取有效措施加大出生性别比攀升的整治力度

深入开展婚育新风进万家活动和"关爱女孩行动"，巩固扩大"幸福工程——救助贫困母亲"和救助失学女孩的"春蕾计划"成果，进一步制订和实施好有利于女孩健康成长和妇女发展的社会经济政策。严格B超管理，建立B超检查使用准入制度、登记制度，严厉打击溺弃女婴和歧视、虐待生育女婴的妇女行为，保护妇女儿童合法权益。严禁非医学需要的胎儿性别比鉴定和选择性人工终止妊娠行为，实施有奖举报制度，加强社会监督。把出生人口性别性偏高问题综合治理纳入工作议事日程，创造综合治理出生人口性别比的良好社会环境。

（六）进一步加强流动人口计划生育管理和服务

建立流动人口计划生育统一管理、优质服务新体制，维护流动人口计划生育合法权益。在社区居委会配备流动人口计划生育专职管理人员，并落实好工作报酬。加快建立和完善以流入地为主、流出地和流入地协调配合的流动人口计划生育管理服务体系，将流动人口纳入流入地管理服务，纳入当地财政预算，落实免费服务项目，维护流动人口实行计划生育的合法权益。加强对流动人口管理部门的工作协调，推进流动人口计划生育管理服务的区域协作。加强流动人口统计和信息化建设，为引导人口有序流动和合理分布提供及时、准确的信息服务。

（七）进一步加强和完善人口计生服务体系

严格按照国家全面实施《十一五期间农村基层计划生育服务体系建设规划》要求，切实加强县、乡计划生育服务站、所标准化和规范化建设。以国家实施的计划生育服务站国债建设项目为契机，启动县、乡服务站、所改扩建工程，加强硬件配置力度，加强服务能力建设，进一步建立健全基层服务网络，强化服务功能配置，加强出生缺陷干预能力建设，加大信息化建设力度，使服务站、所功能的发挥适应人口计生事业发展的需要。

（八）深入推进“推广使用安全套预防艾滋病工程”

在宾馆酒店100%摆放安全套的基础上，充分发挥人口计生网络点多面广、贴近群众的优势，大力普及“防艾”知识，大力推广使用安全套，进一步提高安全套的使用率，努力阻断性病、艾滋病通过性途径传播。

（九）重点指导做好相关项目实施和试点示范工作

按照国家人口计生委总体部署，积极帮助迪庆州实施好“新农村新家庭——大香格里拉地区人口健康促进项目”；积极支持大理州做好率先建成统筹解决人口问题示范州的试点工作。

四、需要强调和把握好的几个问题

——认真学习、全面领会中央《决定》，把思想认识统一到《决定》精神上来。各级人口和计划生育干部特别是负责同志，一定要认真学习领会中央《决定》精神，自觉地用科学发展观统领人口计生工作，自觉地提高思想认识水平，在思想上、行动上与党中央保持高度一致。当前，我省人口和计划生育工作已进入了由进一步降低生育水平向稳定低生育水平过渡的关键阶段。实现由控制人口数量为主向在稳定低生育水平过渡的基础上统筹解决人口问题转变，由行政制约为主向形成依法管理、利益导向、优质服务和综合施治的长效机制转变，仍然是一个长期而艰巨的任务。对此绝不可盲目乐观，思想上不能有丝毫的懈怠，尤其要防止出现思想波动、工作松劲的问题。要不断提高对统筹解决人口问题重要性的认识，促进人的全面发展，不断创新人口和计划生育工作体制、机制、手段和方法，增强做好人口和计划生育工作的坚定性、主动性和创造性。

——坚定不移地走中国特色统筹解决人口问题的正确道路。要坚持用科学发展、和谐发展的思路和改革创新的办法，解决前进道路上面临的新情况和新问题，不断推进人口计生工作理念、工作思路和工作方法的重大转变；坚持以人为本，把人民群众的满意程度作为衡量工作优劣的根本标准，努力解决人口和计生工作、计划生育家庭和群众面临的最现实、最迫切、最突出的问题；坚持从群众中来、到群众中去的重要的工作路线和工作方法，善于总结基层干部群众创造的新经验、新理念、新机制、新方法;坚持因地制宜、分类指导，从各地实际出发，制订经过努力可以达到的目标。

——正确分析和认识我省人口计生工作面临的机遇和挑战。当前，我省人口和计划生育工作面临难得的发展机遇：一是以人为本的科学发展观的贯彻落实为人口和计划生育工作注入了新的生机和活力。由过去片面强调以经济建设为中心，单纯注重GDP总值，“见物不见人”，转到今天“以人为本”新的发展理念，将人口、经济、社会、资源、环境全面协调可持续发展提到了更加重要的位置，把人的全面发展放到了更加突出的地位。二是各级人口计生部门更名后，人口计划生育工作的职能和领域得到进一步拓展，工作思路、工作方法和工作理念都有了新的转变。中央《决定》的出台，以及我省即将出台的贯彻意见的实施，将从单纯控制人口数量，到关注人口数量、素质、结构、分布、安全等，人口计划生育工作的路子也会越走越宽广。三是随着国家公共财政投入机制的建立，国家财政的“阳光”将更多更直接地照射到老百姓的头上。财政直补老百姓的方式为中国几千年来前所未有，这为我省人口和计划生育利益导向机制的建立和完善提供了有力的保障。四是30多年来的艰苦奋斗为人口和计划生育工作的进一步发展奠定了坚实的基础。目前，全省人口自然增长率已经连续四年保持在10‰以下，妇女总和生育率也已降到更替水平以下。特别是"八五"和"九五"期间，云南"三为主"规划奠定了全省计划生育工作的良好基础。"十五"期间云南在全国首创的"奖优免补"导向机制打开了工作的良好局面。五是党中央、国务院和全省各级党委政府高度重视人口计划生育工作，党政一把手亲自抓"负总责"、"一票否决"等机制的建立也为做好人口计划生育工作提供了根本的保障。

同时，我省人口和计划生育工作面临一些新的挑战，人口形势依然十分严峻：一是在经济变革、社会转型、文化和意识形态多元和多变的条件下，一部分党政领导、相关部门和人口计生工作者，对人口计生工作新的形势、新的矛盾、新的困难和新的问题，缺乏清醒的认识，缺少深入的调查，因此产生了各种不利于新时期人口计生工作健康发展的思想、情绪，或者有畏难情绪，或者信心不足，或者墨守成规。二是在政府宏观调控、结构调整、职能转变的过程中，由于体制、机制改革相对滞后的原因，一部分领导干部和基层干部存在着急于求成、短期行为、潜规则运行，甚至利益驱动、权钱交易，使得人口计生工作这一周期性比较长的"天下第一难事"，亟待解决的困难和问题解决难度加大，基层基础工作和队伍建设有所忽视，投入力度严重不足。三是在落实以人为本的科学发展观、着力解决民生问题的过程中，各项惠民政策的出台缺乏相互协调、相互配套和相互衔接，加之人口计生利益导向政策体系目前处于初创阶段，因此这种不协调、不配套、不衔接的状况，也给我们做好新时期人口计生工作带来了新的困难和问题。四是在人口计生工作推行了30多年的过程中，一方面是取得了巨大的成就，另一方面政策问题所产生的负面效应日益凸显，加之人口自身发展运行过程中出现的各种矛盾和问题，与政策的负面效应交织在一起，引起了社会各阶层的广泛关注，也给我们进一步降低生育水平、做好新时期的工作增加了新的困难。

——切实做好依法行政工作。坚持依法行政，用综合手段遏制生育水平反弹的势头，坚决纠正违法行政、侵犯群众合法权益的问题。今年一定要加强普法教育，探索依法行政的有效途径和方法，总结依法行政的成功经验和做法，通过贯彻中央《决定》和即将出台的省委《实施意见》来全面提高人口计生系统依法行政的能力水平。

——突出工作重点。统筹解决人口问题，重点、难点都在农村、在流动人口。要把工作的着力点放在农村和流动人口上，充分发挥人口计划生育网络的作用，抓住新农村建设的有利时机，扎实推进新农村人口和计划生育工作，特别是做好农村流动人口的计划生育工作，努力遏制生育水平的反弹。在做好农村人口计生工作中，要特别注重解决发展不平衡的问题。保持一些工作基础好的州、市"一手抓奖、一手促控"，工作思路、工作方法和服务理念上初步呈现出来的良好发展势头；推进一些基础薄弱的州、市控制计划外生育和违法多生育的工作取得实效，努力缩小工作思路和工作方法的转变与人口和计划生育发展要求的差距。

——坚持两手抓。两手抓体现在落实奖惩机制方面，就是要严厉惩处违犯计划生育政策的行为，特别是违法多生育的行为，坚决依法征收社会抚养费和进行相关处罚，以维护政策和法律的严肃性；同时，要加快建立和完善政府为主、社会补充的人口计生利益导向政策体系，尽快完成人口计生利益导向政策体系项目设计，对各项"惠民"政策做好衔接工作，建立使"普惠"政策优先向计划生育家庭倾斜的奖励和补偿机制，达到"以奖促控"的目的。两手抓体现在自身素质与任务目标要求相适应方面，就是要按照中央《决定》要求，统筹解决好人口数量、素质、结构、分布、安全等一系列问题，进一步促进人口与经济、社会、资源、环境的协调和可持续发展；同时，要高度重视人口和计划生育队伍的能力和作风建设，采取切实措施，提高服务能力和业务水平，提高思想政治素质，树立良好的行风、政风和工作作风。两手抓体现在日常业务工作与党风廉政建设方面，就是要在坚持做好人口计划生育各项业务工作，努力完成既定目标任务的同时，把党风廉政建设与反腐败工作作为保障人口计生事业健康发展的大事来抓，把反腐倡廉的具体措施融入到人口计生事业发展的各项业务工作中，为完成人口和计划生育工作任务提供坚实的政治和组织保证。各级人口计生部门的主要领导，要切实负起党风廉政建设和反腐败工作"第一责任人"的责任，坚持亲自抓、负总责，切实做到"六个亲自"：亲自主持研究和部署反腐倡廉工作；亲自听取反腐倡廉工作汇报；亲自检查反腐倡廉工作落实情况；亲自阅批群众举报的重要信件；亲自主持开好班子民主生活会，管好自己配偶、子女和身边工作人员；亲自过问和解决群众反映强烈的热点和难点问题。要认真落实党风廉政建设责任制，一级抓一级，层层抓落实，确保责任落实到位，扎扎实实地推进党风廉政建设和反腐败工作。

——为党委、政府领导发挥参谋助手作用。实践证明，凡人口计生工作做得好的地方，一般都是人口计生部门积极争取党委、政府领导重视支持的地方。随着新时期人口和计划生育工作的发展，由过去的严格控制人口增长，向进一步降低生育水平直至稳定低生育水平过渡，这就要求我们人口和计划生育部门及其主要负责人要积极发挥党委、政府的参谋助手作用，多争取当地党政领导听取工作汇报，分析形势，了解和掌握本地人口计生工作情况，切实解决好本地人口计生工作的大事、难事。

发挥参谋助手作用，要着重做好两个方面的工作。一是要在强化综合治理协调上多下工夫。人口计划生育工作是一项系统工程，必须动员各方面的力量综合治理。在治理出生人口性别比偏高、社会抚养费征收、流动人口及社区计划生育管理、出生缺陷干预、优生优育、利益导向等重点难点工作上，要实现工作思路和工作方法的转变，充分协调好各相关部门积极参与到综合治理人口计划生育热点、难点工作中来。如与卫生等部门要在开展出生缺陷干预、优生优育等方面加强合作；与卫生、药监、法院、公安、工商、统计等相关部门要协调联动，密切配合，齐抓共管，建立严格的人口计划生育监管、通报制度，确保各项工作落到实处。

二是要在努力争取和保证投入到位上多下工夫。人口和计划生育事业是社会管理和公共服务事业。对人口计划生育事业的公共投入，是保稳定、保发展的基础性投入。没有足额的财政投入作保障，人口和计划生育经常性工作就难以落到实处。大家要开发各级领导和相关部门树立"国策要用国库支付"的意识，建立稳定增长的人口计划生育投入保障机制。在投入问题上，要按照中央统筹解决人口问题《决定》的要求，制订向人口计生工作倾斜的具体措施，不断加大计划生育投入力度，满足人口计生事业发展的需要。2006年，我省各级投入的人口计划生育事业费人均约17元，离中央要求的2010年人均30元还有很大的差距。我们要正视这个问题，开动脑筋，创造条件，力争2010年全省人口和计划生育人均事业费达到国家的要求。

同志们，回顾过去成绩喜人，展望未来任重道远。中央统筹解决人口问题的大政方针已经制订，全省人口和计划生育工作任务目标已经明确，措施已经拟定，让我们团结起来，振奋精神，开拓进取，为全省人口和计划生育工作又好又快发展作出新贡献。

在全省人口计划生育形势分析会上的讲话

云南省人口和计划生育委员会党组书记、主任 郝青山

（2007年8月2日）

同志们：

在全省上下认真落实中央《关于全面加强人口和计划生育工作统筹解决人口问题的决定》之际，我们及时召开这次会议。会议主要任务是对当前人口计划生育形势进行客观分析，做好分类指导工作，统筹解决好我省人口问题。同时，对上半年人口形势进行客观判断，明确下半年主攻方向，也是这次会议任务之一。会上善荣同志作了很好的分析报告；各州、市半年人口形势报告也富有特色和针对性；现场参观和分组讨论使我们都受益颇多。下面，我着重讲三点意见。

一、统一思想，正确分析当前人口计划生育形势

从目前来看，虽然我们对人口计划生育的规律认识不断深化，用规划统计分析来影响发展战略决策有了很大进步，但一些地方许多时候仍不能驾轻就熟地运用规律来解决工作中的问题。我们召开这次会议，就是要立足省情，统一思想，总结经验，分析问题，进行预警，认识和驾驭规律，明确今后主要任务和努力方向，促进人口计划生育工作又快又好发展。

（一）全省总体人口形势已进入稳定低生育水平发展新阶段，但仍面临极高的反弹现实风险

我省上世纪七十年代就实行了计划生育。在上世纪九十年代初期，《云南省计划生育条例》颁布实施，我省开始打开计划生育新局面。当出生率、自增率等保持较高水平的时候，大家开始思考和探索计划生育工作改革创新问题，创造出了一些新鲜经验。从“三为主”规范化管理、系列化服务到“奖优免补”利益导向机制，贯穿了一条管理体制、工作机制、工作方式改革创新的主线，各项工作取得了显著成绩，不断为降低生育水平作出了贡献。对此，应当给予充分肯定。

但是，在新形势、新任务、新要求面前，我省人口计划生育工作遇到了许多新情况、新问题。一方面，由于各方面基础、条件因素的变化，工作中出现了新的难题。我省个别地方还有育龄群众不理解和不支持的事情发生，反映了群众对我们工作成效的感受和期望还有待进一步提高；实际工作中还存在亟待解决的突出问题和薄弱环节，说明我们的改革创新工作仍有待深化发展和完善。当前我省人口计划生育工作进入了十分关键的发展时期，要创新和发展这项工作，就迫切需要我们对全省人口计划生育总体形势进行充分认识和定位。

从国际惯例看，判断一个地方进入低生育水平的标准主要有两个：一是育龄妇女总和生育率

低于更替水平（2.1）；二是人口自然增长率低于10‰。我国就是按照这个标准，在20世纪90年代末宣布实现了人口再生产类型的历史性转变，进入了稳定低生育水平的新时期。1993年我国总和生育率为2.17（2000年“五普”时为1.8），1998年我国自然增长率首次降为10‰以下。因此，2000年3月党中央、国务院为适应新时期新阶段人口计划生育工作需要，颁布了《关于加强人口与计划生育工作稳定低生育水平的决定》。这是我国人口计划生育历史上的一个重要分水岭和里程碑。

为贯彻好党中央、国务院颁布的《关于加强人口与计划生育工作稳定低生育水平的决定》精神，省委、省政府从我省实际出发，2001年4月出台了《关于加强人口与计划生育工作进一步降低生育水平的决定》。这是因为2000年我省育龄妇女总和生育率虽然已达到更替水平（约为2.08）以下，但自然增长率仍高达11.48‰，控制人口增长的任务仍然十分艰巨。2002年，随着新修订的《云南省人口与计划生育条例》颁发实施，全省的政策总和生育率紧缩后降为1.92，目前约为1.85。2003年，我省推行农业人口“奖优免补”政策后，人口自然增长率首次降到10‰以下（为9.8‰），2005年为7.97‰，2006年为6.9‰（已低于国家1999年8.18‰的水平。全省人口自增率和出生率与全国的差距已由2000年的4-5个千分点缩小到2006年的1个多千分点）。如果按照国际标准和参照国家的做法，我省在“十五”末期就已经实现了人口再生产类型的历史转变，进入了低生育水平行列。

由此，我省“十一五”及今后的人口计划生育工作发展总体形势应该定位在稳定低生育水平上。从进一步降低生育水平到稳定低生育水平的转变，是值得欣慰的一件好事。这是一个新的起点和征程，说明在党和国家的领导下，经过全省各级各部门多年努力，人口计划生育工作终于结出了丰硕的成果。今后想问题，办事情，都要以这个新的基准为立足点和出发点，以期更好地指导好我们的人口计划生育工作。但是，这并不意味着我省的人口计划生育工作就可以放松了。对此，我们必须要有清醒的认识。创业难，守业更难。我省的低生育水平随时面临反弹的现实风险。分析我省低生育水平的现实风险，主要是基于以下原因：

1. 我省的低生育水平具有中国特色，是在短期内行政强制手段下形成的，许多人付出了代价，极不稳定，需要经过一段相当长的后稳定时期。这是因为世界上许多地方一般意义上的人口转变模式是自发式。这些地方当经济社会发展到一定程度以后，人们的婚育观念随之转变，家庭产生了自我约束婚育行为能力，生育率降低，再生产转向低出生、低死亡、低增长类型。自发转变模式的特征是，经济社会发展在先，婚育观念转变在先，生育率下降在后，因而低生育水平相当稳定。

我省的人口转变的模式和全国一样是靠行政命令为主的。在经济发展水平还不具备足以使人们从根本上转变婚育观念、产生自我约束婚育行为能力的条件下，采取宣传、行政、法律、经济等综合手段，动员已婚育龄群众落实避孕节育措施，促使生育率下降，人口再生产转向低生育水平。这种转变模式的特征是：生育率下降在先，经济社会发展滞后，婚育观念转变滞后，因而低生育水平不稳定。

2. 目前，我省群众生育意愿与国家生育政策之间仍然存在较大差距。我省育龄群众儿女双全、生男孩的愿望依然较强。据2001年全国计划生育/生殖健康调查，在希望要两个孩子的妇女中，约80%的人想要一儿一女，只想要女儿的仅占1.3%。西部地区受自然环境和客观条件的影响，儿女双全的观念更加强烈。在我省，想生男孩，追求儿女双全是导致一部分人超生、多生的根本原因。这种“养儿防老，传宗接代”传统生育观念，在一些贫困山区和边疆少数民族地区表现更加突出，对稳定低生育水平是一个极大地挑战。

3. 随着避孕节育方法知情选择推行，已婚育龄妇女使用短效避孕措施的比例，以及长效避孕措施中采用放环的比例增加。据国家统计报表数，2004 年云南男性绝育率为 4.6%，女性为 29%，放环为 60%（全国分别为 7%、34%、50%）。目前，我省绝大多数地方采取结扎的人数日益锐减，采用放环的措施人数增加。由于短效措施有效性低于长效措施，加上个别地方知情选择执行不到位，非意愿妊娠和人工流产的数量将会增加；同时，采取可逆措施的妇女随时可以解除所采取的避孕措施而怀孕，这就为稳定低生育水平提出了更高的要求。

4. 政策内生育水平明显上升。上世纪 80 年代中期出生的子女已进入婚育期，形成人口出生的小高峰。同时，享受双方独生子女和部分单方独生子女政策的第一代独生子女也已进入婚育期，这种“双峰叠加”的局面将持续十几年，对稳定我省低生育水平带来压力。

5. 特殊人群存在违法生育和超生现象。在我省不少地方，早婚早育、非婚生育和不到间隔生育的问题还比较突出，不少地方流动人口超生还比较严重，一些地方富人超生问题也给社会带来了负面影响。

此外，人口和计划生育工作面临的一些思想、体制、机制障碍，也会对稳定低生育水平带来消极影响。1. 我省一些基层部分党政领导、相关部门对计划生育盲目乐观，对反弹风险估计不足，对新时期人口计划生育工作的重视程度有所下降，出现基层基础不牢、投入严重不足、机构队伍不稳等问题，导致一些地方政策措施难以到位，部分地区工作滑坡，陷入被动。

2. 由于人口发展的宏观调控和公共管理机制不健全，带来与人口转变相适应的社会保障不健全，有利于稳定低生育水平的激励和约束机制不健全，过去行之有效的人口计划生育管理体制难以适应社会主义市场经济要求，难以适应转变政府职能、建设法治政府的要求，难以适应以人为本、群众需求多元化的需求，难以适应由单纯强调数量为主向统筹解决人口问题转变的要求。

3. 我省农村生产力还不发达，农村人口占 83%（全国为 69%），传统生产生活方式相对滞后，流动人口管理服务缺乏有效手段，农村稳定低生育水平面临诸多困难。随着社会主义市场经济不断深化，“单位人”转为“社会人”，我省人口流动、人户分离等现象大量增加，人口计划生育管理难度明显加大。在社会转型期、过去曾经有效的制约手段难以适应新要求，管理手段弱化，控制空间缩小，生育秩序受到冲击。

综上所述，我省的低生育水平存在强烈的反弹势头。任何政策的偏差、工作的失误以及指导思想的松动、外部环境的不利影响，都可能导致生育率回升。这些自身问题和思想、体制、机制障碍不解决，势必影响我省人口计划生育工作的健康发展，也将直接影响改革发展稳定大局。

（二）各地人口计划生育工作发展不平衡，做好分类指导促进均衡发展还有一段较长的路程要走

目前，我省各地人口计划生育工作发展不平衡，差距较大。从 2006 年全省 16 个州、市统计数据看，自增率相差约 5 个千分点，出生率相差 6 个千分点。计划外生育率低的不到 1 个百分点，彼此计划外生育率相差近 20 个百分点。一些工作基础好的州、市基本上做到了一手抓奖，一手促控，工作思路、工作方法和服务理念上也初步展现良好的发展势头，稳定低生育水平开始进入了健康发展轨道。一些工作基础后进的州、市控制多孩和计划外生育的任务依然比较艰巨，工作思路和服务理念跟时代发展要求仍有一定的差距。一些地方违法生育特别是违法多生育和早婚早育的情况还没有得到有效地遏制，19 岁以下妇女生育水平明显偏高。个别地方一、二孩之间的生育间隔仍没拉开，多孩生育还存有一定空间。一些地方早婚早育和不登记结婚现象比较普遍。由于早婚，本来

一个世纪应该有四代人，却变成五代人。不仅不利于人口增长的控制，也不利于人口素质的提高。

对此，我们要坚持因地制宜、分类指导的原则，允许各地从实际出发，制订经过努力可以达到的目标，寻找符合本地经济社会发展实际的人口计划生育工作发展道路。工作发展较好的一些州、市，要在稳定低生育水平的基础上，创新人口计划生育体制、机制，按照“依法管理、村（居）民自治、优质服务、政策推动、综合治理”二十字方针要求，统筹解决好新时期人口问题。工作发展后进的一些州、市，要把工作重点放在进一步降低生育水平上，尽快找准工作的突破口，花苦工夫、下大力气坚决控制违法生育特别是违法多孩生育。这些地方在重点控制人口增长的同时，也要做到统筹兼顾，关注人口素质、结构等相关问题，努力使工作相互推进相得益彰。力争经过较长一段时间的努力，不断缩小差距，实现各地均衡推进的目标，共同走上人口计划生育工作持续、健康、稳定发展的轨道。

二、把握大局，全面学习贯彻中央《决定》精神

中央《决定》的颁布，为做好我省新时期人口计划生育工作指明了方向。我们要积极行动起来，大力开展调查研究，进行多方面协调，全力以赴把中央《决定》精神落到实处。切实转变工作思路和工作方法，做到从单纯强调管理，到管理与服务并重，寓管理于服务之中；从单一行政手段到利益导向机制并重，转向综合治理的道路上来；使人口计划生育工作从单纯重视人口数量控制，到人口数量、素质、结构、分布并重，统筹解决人口问题上来。

学习中央《决定》精神，要正确认识我国经济社会发展和人口发展的趋势和规律，坚定不移地走中国特色统筹解决人口问题的道路。中国特色社会主义道路和中国特色统筹解决人口问题的道路二者之间关系密切，只有坚定不移地走中国特色统筹解决人口问题的道路，才能奠定坚定不移地走中国特色社会主义道路的坚实基础。我国人口发展取得了举世瞩目的伟大成就，也面临着前所未有的复杂局面。数量问题，素质问题，结构问题，分布、流动和迁移问题相互交织，人口与经济、社会、资源、环境之间的变动关系极为复杂。人口问题始终是我国社会经济发展的关键因素。

为此，贯彻好中央《决定》精神，首先，要坚定不移地走中国特色统筹解决人口问题的正确道路。坚持用科学发展、和谐发展的思路和改革创新的办法，解决前进道路上面临的新情况和新问题，不断推进人口计划生育工作理念、工作思路和工作方法的重大转变。坚持以人为本，把人民群众的满意程度作为衡量工作优劣的根本标准。坚持从群众中来、到群众中去的重要工作方法，善于总结基层干部群众创造的新经验、新理念、新机制、新方法。坚持摆正人口计划生育部门在统筹解决人口问题中的位置，发挥积极作用。

其次，要在六个方面有所作为。1. 抓住一条主线：稳定低生育水平，统筹解决人口问题，促进人的全面发展。未来十几年，是我省稳定低生育水平关键时期。受人口增长惯性影响，我省人口年均净增长 30 万左右仍将维持相当长的时间。加上各地工作发展不平衡，个别地方仍存在越穷越生的情况，低生育水平并不稳定。稳定低生育水平，统筹解决人口问题，促进人的全面发展，将是今后人口计划生育工作长期而艰巨的任务。

2. 把握两个大局：构建社会主义和谐社会和建设社会主义新农村。就构建和谐云南来说，人口发展与经济转轨、产业结构升级不相适应，不能实现充分有效就业；人与自然的关系总体恶化，成为经济持续发展和人的全面发展的重要障碍等都是社会不和谐因素。就建设社会主义新农村来说，我省城镇化水平低，2006 年乡村人口达 3600 多万，加上全省农村贫困面大，贫困人口多，发生率高，人口现状不理想，这是新农村建设要面临

的现实问题。为此，我们要从战略全局高度，以人的全面发展为中心，切实做好人口计划生育工作，解决广大群众最关心的实际问题，达到生产发展、生活富裕、生态良好、生命安康、生育文明的和谐境界，创造全省新农村建设的良好人口环境。

3. 应对三大矛盾：①人口多，人均少的矛盾；②人口与经济社会的矛盾；③人口与资源环境的矛盾。仅就人均占有耕地来说，目前我省人均耕地 1.3 亩，低于全国平均水平，接近联合国 1.08 亩的警戒线。一些的村社，有的人均耕地不到 3 分，人地矛盾日益突出。就人口与经济社会和资源环境矛盾来看，一些地方由于人口失衡，素质不高，生存条件恶劣，人口不仅对当地经济社会发展形成了巨大影响和压力，而且由于对资源的掠夺式开发，生态环境破坏严重，为之付出了惨痛的代价，我们要从中汲取深刻教训。

4. 找准四个站位：①从立党为公、执政为民的高度站位。深入开展党的宗旨教育，贯彻党的群众路线，确立人民群众作为计划生育主人翁的地位，加大党风廉政建设和纠正行业不正之风的工作力度，增强人口计划生育干部队伍的群众观念和服务意识。②从落实科学发展观的高度站位。科学发展观的核心是以人为本，基本要求是统筹兼顾。要坚持以人为本，实现科学发展，就要实现人口计划生育工作思路由控制数量为主向统筹解决人口问题转变，工作方式由行政制约为主向依法管理、优质服务和综合施治转变，加快利益导向体系建设的进程，构建统筹解决人口问题的工作格局。③从全面建设小康社会高度站位。全面建设小康社会的每项指标都有人均占有量的要求。做好人口计划生育工作，就是不断提高经济增长的人均效益，从而提高人民群众的生活质量，促进人的全面发展。大家要进一步增强责任感和使命感，为确保 2020 年我省实现全面建设小康社会目标作出贡献。④从科学发展的高度站位。科学发展就是全面、协调和可持续发展。这其中，人口发展是关键。做好人口计划生育工作就是为实现科学发展作出最好的铺垫。

5. 牢记五条经验：①坚持计划生育基本国策，稳定和完善现行生育政策。②坚持人口与发展综合决策，发挥政策在人口计划生育工作中的主导作用。③坚持国家指导与群众自愿的原则，不断提高人民群体对计划生育工作的满意度。④坚持人口计划生育理论创新、机制创新，推进工作更好地发展。⑤开展国际合作，树立人口计划生育的良好国际形象。

6. 做好六项工作：①千方百计稳定低生育水平。从严格依法管理和完善利益导向机制两个方面着手，稳定低生育水平。建立健全计划生育执法责任制，依法从严惩处违法生育特别是违法多生育行为。不断完善农业人口独生子女家庭“奖优免补”政策，兑现落实独生子女保健费，建立独生子女伤残死亡家庭救助等制度。②大力提高出生人口素质。做好出生缺陷干预试点工作，努力提高出生人口素质。制订提高出生人口素质的规划及行动计划，认真落实《云南省人口出生缺陷预防规定》，加强出生缺陷干预能力建设，实施好出生缺陷干预工程，实行定期评估、通报制度。③综合治理出生人口性别比。采取措施，综合治理出生人口性别比偏高问题。探索建立党政负责、部门配合、群众参与的标本兼治工作机制，加强综合治理的过程评估和责任考核。实施举报有奖制度，加强社会监督。④加强流动人口计划生育管理服务。不断完善流动人口计划生育服务体系。建立城乡统一的人口登记制度，保护其合法权益，将流动人口纳入流入地人口总数，服务纳入经常性工作范围，提供与户籍人口同等的免费服务。⑤积极应对老龄化。探索建立有利于计划生育工作的社会养老保障机制，特别是独生子女家庭养老保障机制，解除群众实行计划生育的后顾之忧。⑥加强领导和强化保障措施。进一步加强对人口计划生育工作的领导，坚持党政第一把手“亲自抓、负总责”。

落实目标管理责任制，建立科学的考核评估体系。形成统筹解决人口问题的决策与调控机制，制订相应的规划并认真组织实施。构建综合治理人口问题的工作格局，统筹解决人口问题。营造全社会关心支持人口计划生育工作的宣传舆论环境，积极倡导科学、文明、进步的婚育观念。建立稳定增长的人口计划生育投入保障机制，确保到2010年人均投入达到30元的标准。

再次，要正确处理好进一步降低生育水平与稳定低生育水平、控制人口增长与统筹解决人口问题、实现人口计划生育局部发展目标与战略全局目标的三个方面的关系。这三者之间是辩证统一的关系，既相辅相成，又有所区别。1.进一步降低生育水平将逐步向稳定低生育水平过渡，稳定低生育水平中也有降低生育水平的成分。国家在2000年初作出稳定低生育水平《决定》，1999年的自增率为8.18‰，2006年降为5.28‰，即在稳定低生育水平的同时，也在进一步降低生育水平。2.控制人口增长是统筹解决人口问题的重要组织部分，是统筹解决人口问题的前提和基础。同时，统筹解决人口问题反过来也会有利于控制人口增长。二者不可截然分开，控制人口增长到一定时候必然向统筹解决人口问题过渡。3.实现人口计划生育局部发展目标是实现战略全局目标的量的积累，局部发展目标积累到一定程度就会达到实现战略全局目标的飞跃，即变成战略全局目标。战略全局目标又是局部发展目标的导航，没有战略全局目标，局部发展目标也就失去了大局的统领。

三、狠抓落实，确保今年人口计划生育目标任务的完成

各州、市在这次会上对本地半年人口形势的汇报，我听了以后是喜忧参半。喜的是，全省大多数州、市人口计划生育发展较好，对完成人口计划生育责任目标做到了时间过半，任务过半。忧的是，还有少数州、市工作发展不太理想，工作被动，对完成的一些责任目标进展迟缓，工作压力大。

这次会上，绝大部分州、市综合了大量的调研资料，获取了统计数据质量评估，半年人口形势分析汇报的底气是比较足的。大家通过一些数据整理，对现在工作当中的问题作相应分析。这样，容易找准问题的症结。汇报的许多材料，敢于暴露问题，敢于报实账，善于思考分析产生问题的原因，善于寻找解决问题的对策，值得相互学习借鉴。

从各地汇报情况看，全省上半年工作进展较好。人口计划生育工作继续保持了良好的发展态势。特别是“奖优免补”工作进展较好。今年在省政府没有下达办证指标的情况下，本着广大农民群众自觉自愿的办证原则，上半年我省“奖优免补”工作继续呈现良好发展势头，全省“奖优免补”工作取得了两个重大突破：一是目前全省农业人口领取《独生子女父母光荣证》的户数突破60万大关，已达60.38万户；二是全省农业人口独生子女户占农业户口一孩家庭比例突破40%大关，办证比例已达全省农业户口一孩家庭的43.6%。在过去基础上，今年上半年我省计划生育工作发生了一些新的变化。一是全省各地工作发展基础虽然不一样，但在不同起点上做好工作的思路比较清晰，重点突出，措施有力，督查落实力度大，成效日益显著。二是基础较好的一些州、市继续保持了良好发展势头，坚持以人为本，积极开展知情选择和村民自治，最大限度地避免和减少计划外怀孕流产和选择性别流引产，优质服务工作不断拓展。三是后进转化工作成效明显。一些地区工作薄弱的乡镇和村社，多年计划生育“坚冰”开始破解，后进转化工作取得了阶段性成果。

分析上半年人口形势，做好当前计划生育工作，完成全年目标任务，我们有很多机遇和条件。一是在科学发展观指导下，全省各级党委、政府正确处理经济社会关系，更加重视计划生育工作，并摆上突出位置。二是在新的历史条件下，管理、服务方式发生新的变化，坚持以人为本，普遍推

行村民自治、知情选择工作，更加突出理解、尊重、维护育龄群众利益，计划生育自治、自主、自觉成分逐渐增大。三是建立完善政策推动机制，奖励扶助制度全面实施，从处罚多生转到奖励少生上，利益导向作用明显，广大群众实行计划生育的自觉性有了新的提高，避孕节育措施落实较好，超生漏报减少，违法生育将逐步降低。

与此同时，我们也要看到问题和不足：一是有的地方“两手抓”坚持得不够好。二是在有些地方，人口计划生育部门工作方法单一、生硬、一刀切，有管理缺位、错位现象，群众不肯接受和不服从管理，抵触情绪较大。三是各级服务站、所技术力量不足，医疗设备陈旧，内部机制缺少活力，服务意识淡漠，服务能力脆弱，不能满足群众需求。四是村级自控能力不强，村民自治水平不高，组织、发动、依靠群众还有较大差距。五是现行生育政策与生育意愿还有较大差距，人们的性别偏好明显，二胎、多胎出生性别比失调严重，躲藏超生、逃避管理占超生比重很大。五是齐抓共管部门履行职责仍不够理想，综合治理问题还有较大差距。六是基层基础脆弱，有人管事、有钱办事、有章理事的机制不够健全。这几年乡镇计生办有的没了，人员减少，经费少了，局部出现人口控制能力弱化、超生因素增加、人口反弹、形势逆转的问题，务必引起我们警惕和认真对待。

今后五个月工作中，大家要结合贯彻中央《决定》，继续落实全省工作会议精神，做好人口计划生育工作，确保全年目标任务的完成，重点在以下几方面着力：

一是要坚定不移地实行计划生育基本国策，坚持“四个不动摇”。1.坚持稳定现行生育政策不动摇。保持现行生育政策的稳定性和连续性。2.坚持党政一把手“亲自抓、负总责”不动摇。继续实行严格的目标管理责任制，落实好计划生育“一票否决”制。3.坚持稳定计划生育工作机构、队伍不动摇。保持乡镇计划生育管理机构相对稳定，确保基层“有人管事，有钱办事”。4.坚持不断创新人口和计划生育工作思路、机制和方法不动摇。加快人口和计划生育工作新机制建设，建立“依法管理、村（居）民自治、优质服务、政策推动、综合治理”的新机制。

二是要全面加强人口计划生育工作，综合治理好人口问题。计生部门要发挥好调研、参谋、督查作用，把工作重点放在解决党政领导组织保障和履行职责上，切实做到两个一把手亲自抓、负总责，保证领导认识、措施、投入到位。要依靠齐抓共管部门，解决晚婚晚育、性别比、出生落户、超生处理、经费投入、队伍建设等问题。要依靠群众，大力推行知情选择工作，解决好群众自己管自己的问题。

三是要落实胡总书记“6.25”讲话精神，切实做好依法行政工作。今年6月25日胡锦涛总书记在中央党校省部级干部进修班讲话强调，要坚持改革开放，推动科学发展，促进社会和谐，要全面落实依法治国基本方略，弘扬法治精神，维护社会公平正义。这对我们依法做好人口计划生育工作，为构建和谐社会出力也提出了新的更高的要求。在今后工作中，我们要按照胡锦涛总书记“6.25”讲话要求，落实依法治国基本方略，坚持依法行政，坚决纠正违法行政、侵犯群众合法权益的问题，维护社会和谐。（以广西博白事件为戒）

1.带着对人民群众的深厚感情去开展工作，切实维护人民群众的合法权益。解决人民群众在实行计划生育过程中面临的最困难、最迫切、最现实的问题，让实行计划生育的家庭优先分享改革开放发展的成果。2.坚决依法办事、依法行政，严禁简单粗暴、强迫命令的做法。严格控制大月份引产，杜绝恶性案件的发生，切实维护社会的稳定。对目前开展的计划生育各项工作进行认真检查，排除隐患，化解矛盾，理顺情绪，防止引发新的事件，维护稳定。3.坚持“三为主”工作方针，真正做到宣传教育为主、避孕为主、经常性工作为主，采取切实有力措施，加强对基层干部的培训，提高政治素质、管理服务水平和业务能力。4. 按照国家“五五普法”要求，切实做好人口计划生育依法行政工作。按照国家“一法三规”和省《条例》等法律法规的规定，依靠法律政策规范约束婚育行为，有效规范管理者被管理者的行为，使各项工作步入法制轨道。

四是要适应新的历史条件，调整开展计划生育工作的观念、思路、方法，将工作重心下移到村。实践证明一个道理：运用行政手段，实行严管重罚，可以解决暂时的、阶段性问题，如果长期下去，容易激化矛盾，把好事办坏。而要真正抓好计划生育，必须依靠创新改进思路和方法，善于抓大事，集中精力解决热点、难题和矛盾。深化村民自治工作，把群众的计划生育交给群众自己来管，坚定信心、全力支持和紧紧依靠村民自治组织大胆抓起来、抓好它。人口计划生育部门要自己给自己松绑，坚持以人为本，改进管理，强化服务，不断满足育龄群众需求，下大力气解决性别比失调问题，稳定低生育水平。

五是要抓住国家“少生快富”工程在我省试点机遇，扎实做好启动实施工作。这项工作涉及全省 11 个州、市 44 个县、市、区的若干个边境村委会或七种人口较少特有民族聚居的村委会。大家要严格按照国家的要求，本着对人民群众高度负责的态度，摸清底数，细致筛查。州级要加强指导，县级要认真组织核查，尽量减少错报率和漏报率，充分发挥这项政策的导向作用。

六是要加强督促检查，确保完成全年人口计划生育目标任务。省人口计生委将在 8–9 月份组织人口计划生育专项督查，重点检查主要指标进展情况；出生缺陷干预试点县启动后的实施手段、内容和初步成效；国家奖励扶助对象资格审查的质量和“奖优免补”兑现情况。省上没有督查的州、市，也要自行组织局部检查，并将情况上报。通过督查，确保全年任务如期完成。

同志们，经过“九五”、“十五”发展，我省人口计划生育工作成绩斐然。“十一五”是云南全面建设小康社会的关键时期，也是稳定我省低生育水平的关键时期。我们要统一思想，认清形势，正视问题，把握大局，抓住机遇，乘势而上，按照中央《决定》要求，挑起重大责任，不负光荣使命，全面加强人口计划生育工作，统筹解决人口问题，为开创我省“十一五”人口计划生育工作新局面，为建设富裕、民主、文明、开放、和谐云南作出新贡献。

在全省州市人口计生委主任会议暨全面启动出生缺陷一级预防工作会议上的讲话

云南省人口和计划生育委员会党组书记、主任 郝青山

（2008年3月6日）

各位领导、同志们：

为深入贯彻落实党的十七大和《中共中央国务院关于全面加强人口和计划生育工作统筹解决人口问题的决定》精神，回顾总结2007年人口和计划生育工作的成绩和经验，正确分析当前人口发展态势，安排部署2008年及今后一段时期的工作任务，全面启动出生缺陷一级预防工作，经请示省政府分管领导同意，决定召开这次全省州市人口计生委主任会议和云南省全面启动出生缺陷一级预防工作会议。

两天会议时间虽短，但内容丰富，安排紧凑，务实高效。吴莉华同志代表省人口计生委对我省开展出生缺陷干预试点工作情况进行了小结，安排部署了全面启动出生缺陷一级预防工作任务，临沧市、凤庆县、新平县等单位作了经验交流。与会同志还进行了现场参观、实地考察。今天上午的专题讲座、互动答疑非常热烈，州、市主任们也进行了3个小时的讨论，使我们受到很多新的启发。为开好这次会议，临沧市、凤庆县的党政领导和相关部门及人口计生委的同志们作了精心的准备，为我们提供了良好的会议环境、生活条件和参观现场，把抽象的出生缺陷预防工作展示给与会同志，使之变得具体、生动、形象，真正起到了样板示范的作用，使与会同志深受启发，达到了会议预期的目的。在此，我代表与会全体同志，向临沧市、凤庆县的各位领导、各位同志们表示衷心的感谢！

借这个机会，我讲三点意见。

一、关于2007年我省人口和计划生育工作的主要成绩和进展

在省委、省政府的正确领导下，经过全省上下的共同努力，2007年的全省人口和计划生育各项工作都取得了新的成绩。根据省统计局抽样调查数据，我省2007年出生人口58.8万人，人口出生率为13.08‰，自然增长人口30.8万人，自然增长率为6.86‰，年末总人口4513.7万人，全面完成了省人大和省政府确定的各项人口发展目标任务。

（一）认真学习宣传贯彻《中共中央国务院关于全面加强人口和计划生育工作统筹解决人口问题的决定》精神。去年1月9日，省委常委会专门听取了我委关于全国人口与计划生育工作会议精神、党中央国务院对贯彻落实中央《决定》的要求、全省人口和计划生育工作情况及我省贯彻落实中央《决定》意见的汇报。省委常委会对全省人口计生工作取得的成绩给予了充分肯定，对我省面临的人口形

势进行了认真分析，对全面加强人口计生工作统筹解决云南人口问题进行了全面部署，提出了具体的要求。去年7月、10月我们先后两次组织较大规模范围的督查调研，深入基层，对各州、市贯彻落实中央《决定》精神和年度目标任务完成进展情况进行了全面督查，促进了各州、市工作的均衡发展。

（二）进一步明确了我省人口和计划生育工作的思路和任务。2007年4月和8月，我委先后召开了全省州市人口计生委主任会议、全省人口计划生育形势分析会，通过认真学习中央《决定》精神，结合云南实际，特别是根据中央的有关精神，参照国际标准和国家测算方法分析判断，得出相对统一的认识。我省总体人口形势已进入稳定低生育水平阶段，但同时面临极高的反弹现实风险，需要经过一段相当长的后稳定时期。总的思路概括为五句话：控总量、提素质、促统筹、谋和谐、求发展。控总量，就是稳定低生育水平，控制人口数量，省政府提出的人口目标任务就是控制人口总量的要求；提素质，就是按照中央《决定》和十七大精神，努力提高出生人口素质；促统筹，即在控制数量的同时，要统筹其他方面的任务和要求，达到谋和谐、求发展，实现人与自然、人口与经济社会资源环境协调可持续发展。

（三）农业人口独生子女家庭奖励工作取得新进展。2007年，全省新办农业人口《独生子女父母光荣证》49632户。自实施“奖优免补”政策以来，全省共有52.4万户农户领取了《独生子女父母光荣证》，是之前24年累计领证数的3.8倍。截至目前，全省累计领证的农户数达到62.4万户，突破60万关口；农业人口办证户数已占全省农业人口一孩家庭的44.6%。由于实施“奖优免补”政策，全省人口增长得到有效控制。

（四）出生缺陷预防试点工作稳步推进。在稳步推进对农业人口实施免费出生缺陷干预的25个县试点工作的同时，上报省政府批准增加20个县作为出生缺陷干预工程重点县，其余84个县开始开展出生缺陷预防的宣传、婚前培训和技术人员培训等工作。根据国家人口计生委会议精神和省政府的要求，省人口计生委注意抓好各项试点工作任务的落实，加强分类指导，做好婚前培训、孕前检查、科学服药等各个环节的工作，着力指导试点县探索城镇人口出生缺陷干预的有偿服务机制，为全面启动出生缺陷一级预防工作奠定了良好的基础。

（五）宣传教育工作进一步加强。去年，主要侧重抓了中央《决定》精神的宣传，同时继续推进“关爱女孩行动”和婚育新风进万家活动的深入开展。配合国家人口计生委于2007年1月启动实施了“新农村新家庭——大香格里拉地区人口健康促进”项目；配合中央党校和国家人口计生委在我省腾冲筹备召开了全国党校系统人口理论教学研讨会；为倡导科学生育观念、宣传生殖健康科普知识，我委与省卫生厅、昆明市政府于4月25——5月4日联合主办了中国（昆明）首届生殖健康暨性文化博览会，取得了良好的社会效果。

（六）推广使用安全套工作进一步规范发展。一是深入贯彻落实省政府办公厅颁发的《云南省推广使用安全套管理暂行办法》，进一步加大了安全套推广的保障力度；二是我委组织编写了《推广使用安全套一天培训教材》，促进了推广使用安全套预防艾滋病工作的进一步规范发展；三是充分发挥人口计生部门在防治艾滋病工作中主力军作用，利用农村计划生育服务站所等设施对重点人群培训宣传，通过健康筛查、设立“爱心屋”、“女性健康中心”等加强培训，提高安全防范意识，增强防治信心；四是积极关心和帮助艾滋病感染者或高危人群防治艾滋病，通过一些人性化的措施，使敏感问题非敏感化，防治工作日常化。

（七）统筹解决人口问题的能力有了新提高。以中央《决定》精神为指导，从适应新时期人口计生工作发展需要出发，在人、财、物力各方面加大投入，切实增强全省人口计生系统统筹解决人口问题的能力。一是财政投入进一步加大。二是进一步加强了人口计生服务网络建设，国家和省级共安排了4306万元（其中国家发改委补助2766万元，省级发改委补助1540万元）资金用于新建和改扩建33个县级服务站、62个乡级服务所。三是努力增强基层计划生育技术和出生缺陷干预服务能力，安排了660万元资金为服务站所配备了一批必要设备。

（八）流动人口计划生育管理进一步加强。一是服务保障措施得到加强；二是建立了以现居住地为主的流动人口计划生育管理工作机制；三是联合各级公安、劳动保障、建设、教育、卫生、工商等部门，按照国家人口计生委等9个部门联合下发的《关于进一步做好流动人口计划生育工作的意见》要求，认真履行部门职责，加强协调和配合，联合构建流动人口合署办公平台，积极探索“一站式”、“一证式”管理服务模式，共同开展流动人口计划生育管理服务工作，流动人口计划生育综合治理工作格局初步形成；四是切实维护流动人口生殖健康合法权益，现居住地计划生育技术服务机构积极为流动人口提供查环、查孕、查病、治病服务，免费发放避孕药具，开展避孕节育技术服务。外来流动人口对我省人口计生工作的满意度逐年上升。

（九）积极协调解决群众反映的热点难点问题。在2006年下半年开始的工资改革中，广大职工对暂时停止执行《云南省人口与计划生育条例》中关于“领取《独生子女父母光荣证》的职工退休后加发5%的退休金和养老补助金”规定反映强烈，许多相关部门也提出了意见建议。为妥善处理这一热点难点问题，省人口计生委积极向省有关部门协调，并向省政府领导提出建议。省人事厅、省财政厅于6月下发了“云人〔2007〕19号”文件，妥善解决了这一问题，体现了对计划生育家庭优先优惠的政策。

（十）人口计生领域的交流合作进一步加强扩大。“联合国人口基金计划生育/生殖健康第六周期项目”、“中国中西部生殖健康/计划生育家庭保健服务能力建设项目”等多个国际合作项目进展顺利；积极争取“幸福工程--救助贫困母亲行动”的援助项目，争取到国家、北京市、上海市部分项目支持；成功接待了发展中国家高官考察团对我省人口和计划生育工作的考察，进一步树立了我省人口和计划生育工作的良好形象，扩大了对外影响。此外，我们还与上海市人口计生系统建立了进一步协作关系。

此外，我们在人口计生队伍培训、服务站所建设、人口发展战略研究、整治出生性别比攀升、打击“两非”等方面也取得较好的成绩。

二、对当前全省人口计生工作面临形势的简要分析

在充分肯定取得成绩的同时，我们也要清醒地认识到，在新的形势下，人口计生工作面临的形势更加复杂，任务更加艰巨。虽然我省从理论上讲进入了稳定低生育水平阶段，但是人口计生工作呈现前所未有的复杂局面，低生育水平面临反弹的现实风险。从现在到未来一、二十年的时间，云南省面临总人口、劳动年龄人口、老龄人口三大高峰。其中劳动年龄人口占总人口比重较大的状况将维持较长的时间。这种情况有利有弊，其好处是人口红利期长，为经济社会发展提供了充足的劳动力资源；当然也存在不利的因素，由于我省经济社会发展的不平衡性、滞后性，劳动力人口中相当一部分向外流动，将带来不利影响，包括性别比升高的问题，劳动力短缺的问题，空巢老人、留守儿童的问题等等，对我省协调发展带来了不利的影响。

我省今后一段时期将面临三大人口高峰，人口惯性增长势头强劲、出生人口性别比逐步攀升、人口素质总体水平不高、劳动力总量庞大就业困难、人口老龄化加剧带来新的社会压力，以及流动迁移人口持续增加对社会稳定构成影响等诸多问题。总之，促进我省健康和谐发展的任务非常艰巨，在这个过程中，人口计生工作矛盾问题突出。当前比较突出的问题有四个方面：

一是认识上的问题。即对现行计划生育基本

国策的认识问题。除群众的议论外，有相当一部分干部，对计划生育政策产生某种程度的动摇或疑惑。另外海外舆论对我们的影响也很大。前段时间，美国出了两本书:《中国威胁论》和《中国崩溃论》，其中提到人口的问题，实际上是人口的“威胁”问题，50年代他们就对所谓新的“黄祸”威胁感到恐慌。上世纪50年代，当时苏联的赫鲁晓夫与德国总理阿登纳秘密会晤时就认为，中国人口像这样发展，对世界威胁太大。上世纪70年代，在布加勒斯特人口大会上，各国对中国人口过快增长颇有微词。当时我国开始采取计划生育政策，与国际舆论的压力也很有关系。形势发展到今天，由于有效控制了人口，国家经济发展了，社会稳定了，国外有人反而要求中国人口应该放开，实际上目的非常清楚，就是希望中国不要发展。

中国最大的问题是人口问题。虽然出现了人口结构、素质和老龄化的问题，但是相对于人口总数这一主要矛盾来讲，还是次要矛盾或者矛盾的次要方面。中央在权衡这个问题时，对人口政策到底调不调？放不放？改不改？曾经也处于两难境地。在中央《决定》出台之前，国务院组织几十位院士、300多位专家进行了深入的论证，对人口发展战略进行为期一年多的研究，综合吸取了南南合作国家的人口发展成果，同时对许多诤言和高见，以及某些学者联名的提案建议都进行了分析，最后得出的结论是：稳定现行生育政策，稳定低生育水平，同时要统筹解决人口问题。我们人口计生部门的同志，在这个问题上要有清醒的头脑，清醒的认识，不要受这样那样的舆论的干扰。

二是群众的生育意愿和国家现行的生育政策、法律法规之间的差距依然存在。而且会较长时间存在，特别是农村。

三是人口计生工作的任务复杂艰巨，但手段相对弱化和缺失的矛盾比较突出。人口计生工作老办法不太有用，新办法不太够用，硬办法不敢用，软办法又不管用，这种情况的确存在。在执行有关政策和法律过程中，人口计生部门常常处于两难境地，基层计生干部处在比较困难的状况，法律保障、行政保障、经济保障滞后或者缺乏，有的方面无法可依，有的方面有法难依，结果造成法律严肃性受到影响，公信力受到影响。

四是国家的普惠政策与计划生育优生优惠政策发生对撞，形成政策对冲。国家陆续出台的普惠政策体现了人文关怀，广大群众非常欢迎，但是一些按人头计算的普惠政策对计划生育政策产生较大的影响，与原来要求对计划生育家庭体现的优先优惠政策形成了反差。当然，国家出台的政策不能顾及方方面面，这就给我们今后的工作带来了影响。比如说国家“少生快富”工程，对局部地区部分人群“三到二”的奖励问题，它和我省的“奖优免补”政策相冲撞，可能引发的问题矛盾很多，以至云南至今很难顺利实施这项工程。如何把国家的政策和云南的现行政策衔接好，协调好，既保持稳定又让群众满意、上级满意，这是个难题。但尽管很难，我们也得破解。

另外，管理服务网络建设问题、地方财政限于财力投入不足、部门协调不到位等问题依然困扰我们，基层提到的基础设施不适应，技术条件不适应，工作人员报酬低，工作积极性不高的问题等也普遍存在。

虽然当前我们面临的矛盾问题较多，但也要看到我们面临的难得的机遇。一是党的十七大精神的指引。十七大为人口计生工作进一步提出了明确要求，指明了前进方向，提供了重大的战略机遇。胡锦涛总书记的讲话中关于人口计生工作的三句话：“坚持计划生育的基本国策，稳定低生育水平，提高出生人口素质”，为我们的工作提供了很大的空间。二是科学发展观提供了理论指导。构建和谐社会，促进人的全面发展，客观上提出了要为人与自然、人与经济社会发展、人与资源环境和谐发展创造良好人口环境。三是新农村建设、小康社会建设为人口计生工作提供了广阔的舞台。人口计生工作大有可为，大有文章可做，大有潜力可挖。有为才有位。我们要自觉承担“天下第一要事”、“天下第一难事”的职能任务，认清形势，把握大局，扎实工作，把人口计生事业不断推向前进。

三、关于2008年工作要点

第一，围绕一个中心：认真贯彻党的十七大精神，全面落实中央《决定》和即将出台的省委、省政府的实施意见，坚持计划生育基本国策不动摇，千方百计稳定低生育水平，确保完成省人大、省政府确定7‰的人口控制目标。

目前，80后的子女已处于婚育高峰期，全国和全省的育龄妇女人群也处于相对的高峰期，2008年奥运期间扎堆生孩的可能性也存在。请各地多加大宣传，要严格控制人口数量，确保新一届政府第一年顺利完成人口计生各项目标任务。请各位州、市主任对这项工作给予关注，给予重视，确保各州、市目标任务的完成。

第二，突出两个重点。一是流动人口计划生育管理。管理是首要的，要做好。目前全国有24个省单独成立了流动人口计划生育管理处，国家计生委考虑在两会之后要争取增设这样一个司，使指导工作力度有所加强。要努力形成信息采集、区域协作、综合治理、优质服务、群众自治的新的工作机制。要发展流动人口信息员队伍，建立相关部门合署办公制度、工作协作制度，探索建立以房管人的机制，建立流入地和流出地信息互通、服务互动，责任互担这样一个长效机制。省政府领导多次提出，对流动人口计划生育管理要积极探讨，力求取得新的突破。

二是出生缺陷一级预防工作。从这次会议开始，工作就要推动，全面铺开。这项工作不是可做可不做，或者可多做可少做，做好做差无所谓的事，而是必须做好，必须努力。这次在凤庆县召开现场会，大家都感同身受，启发启示很多。我感到最突出的几点：一是各级党委、政府高度重视。真诚感谢市、县领导班子对这项工作的高度重视，对人口问题的高度重视，对提高人口素质的高度自觉，对此，我们深受教育、深受感动。二是临沧各级人口计生部门的责任意识、全局意识给了我们很大的启示。虽然临沧市经济相对不发达，政府财力有限，生活比较艰苦，基层财力不足，手段有限，但在这个问题上涉及到提高出生人口素质，关系千家万户子孙后代健康的问题上，临沧各级计生干部自觉抓，并且实实在在抓出了亮点。经济上相对不发达的地区工作上也可以出亮点，临沧在抓这项工作中取得的成绩来之不易。三是感到基层计生宣传员非常可贵，洛党村的计生宣传员做了许多工作，非常辛苦，这种敬业精神不是一般人可以比的，这是一个特例，一个典型。

从省里来讲，要进一步建立机制，把这项工作扎扎实实地推进。要进一步建立领导机制，继续争取编制问题。要明确职责，理顺内部关系，给基层更好的指导。

第三，抓好三件大事。一是尽快代省拟定贯彻中央《决定》的实施意见。前期已经做了大量的工作，由于时事的变迁、改革的推进、对问题认识的深化，现在出台的时机也许更好，对于召开会议，面上宣传，统一认识、修改法规都有好处。向省政府上报的时间初定6月份，尽量争取在这之前把工作做好，掀起贯彻中央《决定》精神的高潮。二是在继续积极协调、确保稳定的前提下，结合云南“兴边富民”计划组织实施国家“少生快富”工程。积极做好向上反映和协调工作，争取国家人口计生委对云南的理解，帮助我们把各项政策执行好。三是在认识总结近几年人口计生工作经验得失的基础上，为《云南省人口与计划生育条例》的修订提出意见和建议。《条例》涉及的问题越来越多。我们要进一步做好协调、统一认识工作，如果条件成熟，《条例》将提交修订；如果条件不成熟，还得往后拖。对此必须坚持实事求是，不能操之过急。法律既不能与日俱进，也不能朝令夕改，新的条例要着眼管较长的时间。对农业人口的确定，户籍改革制度对我们政策的界定是最直接的冲击，对人群的把握，让《条例》的修改增加了很大的难度，两项政策如何体现在《条例》中，三孩政策怎么认识，怎么统一，还有很多工作需要去做。总之，许多问题需要解决，大量的法律界定要明确。

第四，落实四项要求。一是加强统筹协调。统筹解决人口问题是一项事关全局的社会系统工程， 人口计生部门要把这项工作放到经济社会大局中去思考，找准与党委、政府中心工作的结合点，积极争取党委，政府的支持和重视，争取各相关部门的理解和配合。当前，尤其要抓住构建和谐社会，建设新农村的有利契机，加大沟通协调力度，调动相关部门的积极性，综合治理人口问题。

二是坚持务实创新。统筹解决人口问题是一项开拓创新的工作，是很具体，很实在的工作。人口计生部门的领导和工作人员要加强理论、业务知识的学习，把握发展形势，探寻工作规律，提高创新能力，进一步解放思想，创新工作机制、思路和方法，创造性地开展工作。要尊重群众的首创精神，及时总结基层好的经验和做法，大力发扬求真务实的作风，坚决反对形形式主义，弄虚作假。

三是加强督查指导。要加强对辖区县工作的督查指导，加强调研，审时度势，深入基层、深入群众，了解工作中的困难和问题。坚持因地制宜、分类指导，根据各地的不同实际确定不同的工作目标，提出不同的工作要求，不搞一刀切，“大一统”。要加强对重大政策、重要任务、重点问题的督查检查，促进经常性工作的落实，确保目标任务的实现。对重点地区、薄弱环节尤其要加强督查指导。

四是加强自身建设。最近省政府颁布了一责三制，中央政治局集体学习的题目是建设服务型政府，机关党委提出了建设学习型、服务型、创新型机关的要求可以说对我们的要求是越来越高，当领导当干部的风险是越来越大，稍有不慎，就可能被追究行政责任以至法律责任。这次会议之后，我们党组要认真学习省政府一责三制的要求，进一步明确各自的职责和行为规范。同时要求机关的全体同志都要有责任意识，工作人员出了问题也要打板子，打到谁是谁。要树立人口计生部门和队伍的良好形象，自身建设非常重要。

第五，强化五项工作。一是强化计划生育宣传教育。必须加强正面的宣传教育，宣传现行生育政策不改变，基本国策不动摇，宣传人口计划生育法律法规。要做好教育说服工作，讲大局讲政治讲国家利益。要把宣传工作当作看家宝和传家宝，始终不渝地抓好。

二是强化计划生育依法管理。为完善我省人口和计划生育地方性法规，尽快做好修订《条例》的有关工作。要进一步规范行政执法行为，保持法律的严肃性。在实际工作中进一步推进执法到位，最大限度减少政策外的生育；既要严格执法，又要维护群众合法权益，努力实现二者的统一。

三是强化计划生育优质服务。进一步推进人口计划生育进村入户的工作，进一步做好生殖健康的有关项目，为群众提供更好更优质的服务。各州市都有一些县做得很好，为云南争了光，要继续把这项工作推广到更多的县。

四是进一步强化信息化建设。进一步加快计划生育信息平台的建设，提高宏观决策能力水平，启动信息管理系统和人口资源的数据库，开发人口和计划生育WIS系统。今年将在省信息办的支持下，通过几年的努力，积极推进这项工作。

五是强化计划生育的群众工作。协会工作各地情况不一，编制不一，性质不一，党组对这个问题要进一步研究分析，向省编委进一步汇报。涉及各级协会“列群”的问题，我们将进一步向省编委反映情况，积极寻求有利解决问题的前景。

其他工作如：治理性别比问题，打击两非，推套防艾，人口发展战略研究，应对老龄化，对外合作交流等工作要继续抓好。药具管理供应，科研工作要继续推进。

这次会议，得到临沧市委、市政府高度重视，市委、政府领导亲自参加会议。谨对凤庆县委、政府和各级人口计生部门对会议的召开所付出大量的辛劳，作出的很大努力表示感谢。最后，祝临沧市经济社会取得更大的发展，人口计生工作取得更大的成绩，祝全市各族人民更加团结和睦，更加幸福！

重要工作篇

2006-2007年云南人口发展战略研究情况

21世纪初，党中央提出了落实科学发展观，全面建设小康社会和努力构建社会主义和谐社会的伟大号召，这是实现人口、经济、社会、资源、环境协调发展和可持续发展的良好机遇。2006-2007年是云南实施“十一五”发展规划的前两年，做好人口发展战略研究既是落实党中央、国务院和国家人口计生委作出的人口发展战略研究重大战略部署，也是云南省人口计生委的重要职责。通过开展人口发展战略研究，正确把握人口数量、人口发展态势、人口发展规律，结合我省经济社会发展水平和边疆民族大省实际，确立正确的发展思路，为贯彻落实科学发展观和实现全面建设小康社会奠定坚实的基础。实现以人为本、优先投资于人的发展的战略举措；实现紧密结合我省实际，促进人口和经济、社会、资源、环境协调发展和可持续发展的人口发展战略目标和人口政策，实现全省的人口计生和全社会的和谐发展。我省的人口发展战略研究工作在省人大常委会副主任梁公卿、省人民政府副省长吴晓青、省政协副主席陈勋儒同志领导下，于2005年9月19日召开了云南人口发展战略研究启动会。启动会后，经过各方的共同努力，2006-2007年人口发展战略工作顺利开展并逐步取得了良好的研究成果，这些研究成果得到了省委省政府的充分肯定：

一、放眼长远，制订云南省人口发展战略研究基本框架。从一定时期的人口数量、素质、结构、分布的变动趋势，研究人口与经济、社会、资源、环境等多个相关变量的互动关系及变化规律，提出符合我省省情、促进经济社会协调发展、和谐发展的人口发展目标、人口发展模式、工作重点和政策措施。

二、结合实际，制订课题研究内容和方向。立足省情，以人为本，设立了重大课题主要包括云南人口发展态势研究、人口与经济社会问题研究、人口与资源环境研究、人口安全问题研究、人力资源开发研究、人口与计划生育政策关系研究、“奖优免补”与人口、社会、经济关联度研究。

三、认真开展，课题研究取得良好成效。

2006年8月份结题的《"奖优免补"与云南人口、社会、经济关联度研究》对我省2003年开始实施和不断完善的"奖优免补"政策实施的效果、产生的影响、存在的问题进行了深入的调查了解研究，提出了具有较强指导性和可操作性的政策建议，为不断完善政策实施提供了切实可行的政策依据、措施，得到省人大、省政府、省政协专家的充分肯定。课题研究成果在全国部分农村计划生育家庭奖励扶助制度全面实施会议上作了交流，受到与会各省、市、区政府分管领导和人口计生、财政等部门负责人较好评价。其《"奖优免补"政策评估报告》中被省政府同意冠以"受人民政府委托"字样对"奖优免补"政策进行综合评估。《云南人口与经济社会问题研究》课题立足云南省人口、经济社会发展现状和问题，研究云南省人口、经济社会发展相关性以及云南省人口迁移与流动特征提出云南省人口与经济社会协调发展的对策。其他方面课题也有序开展。

四、通过研究，进一步明确了我省人口发展目标和发展思路。我省已实现人口再生产类型的历史性转变，总体上进入稳定低生育水平阶段。但是，我省低生育水平尚不稳定，仍面临极高的反弹风险，低生育水平下的高增长量将长期存在；全省人口和计划生育工作发展很不平衡，少数地区仍处在进一步降低生育水平阶段；受人口增长惯性、经济发展水平和较宽松的生育政策等综合影响，全省年净增人口逾30万人，仍属中西部地区乃至全国人口增量较大、增速较快的省份之一。因此，控制人口数量，稳定低生育水平，仍是当前和今后一个时期人口和计划生育工作的首要任务。综合分析我省经济社会和人口发展趋势，到"十一五"期末，全省人口总量要控制在4600万人左右，人口出生率控制在13‰左右，人口自然增长率控制在6‰左右；到2020年，人口总量控制在4800万人左右，人口自然增长率控制在3‰左右，总和生育率稳定在更替水平以下。在稳定现行生育政策的前提下，坚持依法管理，不断完善利益导向机制，加强重点地区、薄弱环节的工作，进一步开创统筹解决人口问题新局面。

五、通过研究，新时期人口观得到全面阐述。进一步丰富和发展了中国特色的人口理论，提出了一些新时期关于人口发展观点。人口问题的本质是发展问题，人口问题是制约我省全面协调可持续发展的重大问题，是影响经济社会发展的关键因素，是考虑一切问题的出发点和落脚点。人口问题的解决必须以促进人的全面发展为目的，统筹解决人口问题涉及人口数量、素质、结构、安全等方面，应该着力关注人口数量、人口素质，优化人力资源配置问题;关注出生性别比、人口老龄化问题、人口发展功能区划人口分布与资源环境的承载力、人口安全与健康问题。

六、研以致用，把人口发展战略研究成果用于实践工作。云南省人口发展战略研究为实施"十一五"规划、编制2020年规划提供了科学依据。同时，充分利用人口发展战略成果，切实加强了"十一五"人口和计划生育工作。推进我省奖励扶助制度和政策实施，让实行计划生育的群众确确实实感受到党和政府的优惠政策，充分享受改革成果；有效地控制了出生人口性别比偏高，提高出生人口素质，促进流动人口的进一步有效管理等，同时，加强了部门和地区间协调，形成统筹解决人口问题的良好局面。总之，人口发展战略研究达到了预期效果，得到省委、省政府和社会各方面的充分肯定。

云南省农业人口独生子女家庭奖励工作综述

（注：本文为时任云南省人口和计划生育委员会主任张玉明于2006年10月15日在国家人口计生委、财政部于昆明召开的全国农村部分计划生育家庭奖励扶助制度和“少生快富”工程全面实施工作会议上所作的云南系列经验交流发言之一）

根据会议安排，我就云南省实施农村部分计划生育家庭奖励扶助制度、“少生快富”工程试点和农业人口独生子女家庭“奖优免补”政策的情况作简要汇报。

一、“奖优免补”政策出台背景

30多年来我省人口和计划生育工作取得了巨大成绩，因计划生育因素少出生了1100多万人，但人口基数大、净增人口多、人口分布不理想、农业人口比重大等问题依然存在，人口与经济、社会、资源、环境的矛盾依然十分突出。2002年，全省总人口为4333万人，出生率为17.9‰，自然增长率为10.6‰；在净增的45.6万人中，农村人口有41万，占90%，扶贫开发工作重点县的人口有30万，占65%；全省人均耕地仅为1.06亩，低于全国1.54亩的平均水平；山区面积占94%，如果仅以坝区面积计算，人口密度已达每平方公里1883人。面对这样的严峻形势，省委、省政府出台了《关于加强人口与计划生育工作进一步降低生育水平的决定》。

按我省《条例》规定，农业人口家庭普遍可以生育两个孩子，部分边疆少数民族农业人口还可以生育三孩，如何进一步降低生育水平是摆在人口与计划生育工作面前的一大课题。鉴于云南地处边疆、民族众多、社会发育程度较低等因素，我省没有采取紧缩生育政策的办法来解决人口过快增长的问题，而是采取以人为本、利益导向、综合治理的办法，从群众最关心的生产生活以及养老、子女教育等问题着手，于2003年7月出台了《云南省农业人口独生子女奖励暂行规定》，决定在41个县、市、区进行试点，对农业人口独生子女家庭给予“奖优免补”的奖励和优待。

“奖”就是对符合再生育条件而自愿放弃再生育、领取《独生子女父母光荣证》的农业人口夫妻，给予1000元的一次性奖励；“优”就是对农业人口独生子女升初、高中和省内高等院校时给予加20分优先录取；“免”就是免除农业人口独生子女义务教育阶段的课本费、杂费、文具费，免除农业人口独生子女16周岁前家庭所承担的农村义务工、劳动积累工；“补”就是对农业人口独生子女父母年满60周岁以后，每人每年发给500元的生活补助。

二、“奖优免补”政策完善过程

2004年国家将我省列为“奖励扶助”制度和“少生快富”工程试点省之一，省委、省政府高度重视，多次召开专题会议研究，决定将国家的“奖励扶助”

制度和“少生快富”工程与我省的“奖优免补”政策进行有机整合：

一是扩大了范围、提高了标准。将原“补”的对象范围与国家“奖励扶助”对象范围相统一，增加了依法生育的子女死亡现无子女的父母。将独生子的父母的补助标准由原来的每人每年500元提高到国家规定的600元，独生女的父母由原来的500元提高到700元，子女死亡现无子女的夫妻为750元。提高部分的奖励扶助金由省级财政全额承担。

二是将教育“三免费”调整为教育“奖学金”。为与国家对农村家庭经济困难学生的“两免一补”政策相区别，确保农业人口独生子女家庭得到更多的实惠，体现对农业人口独生子女的优待，省政府决定将“奖优免补”政策中对农业人口独生子女义务教育的“三免费”调整为农业人口独生子女“义务教育奖学金”。享受“奖学金”的农业人口独生子女仍可享受“两免一补”等其他教育优待政策。

三是调整了“一次性奖励金”的发放方式。按照国家人口计生委的要求，我省及时把“奖优免补”中“一次性奖励金”由人口计生部门兑现发放的方式，改为委托代理机构以“直通车”方式直接发放到户到人。

经过整合的“奖优免补”政策，既涵盖了农村群众生产、生活、生育三个方面，又综合服务于农村独生子女家庭三代人，使带头实行计划生育的夫妇和子女得到了实实在在的奖励和优待，充分体现了“奖励扶助”制度和“少生快富”工程的人文关怀，并为建立农村养老保障体制做了有益的探索。

三、建立了新机制，形成了新制度

建立与社会主义市场经济体制相适应的人口和计划生育工作新机制，是人口与计划生育事业持续发展的需要。在省委、省政府的领导下，在国家人口计生委的指导下，我们在新机制、新制度的建设上做了积极的探索和有益的尝试，初步建立起了五个新机制，形成了四项新制度，为“奖励扶助”制度、“少生快富”工程和“奖优免补”政策的落实奠定了基础。

一是以“奖优免补”为主的利益导向机制。国家“奖励扶助”制度和“少生快富”工程的实施，使我省“奖优免补”政策得到了进一步的充实和完善，基本形成了以“奖励扶助”制度为龙头，以“少生快富”工程为支撑，以“奖优免补”政策为内容的具有云南特色的人口和计划生育利益导向机制和政策体系。

二是以“四权分离”为主的工作运行机制。为把“奖优免补”政策落到实处，在国家人口计生委指导下，建立了“四权分离”的运行机制：资格认定由人口计生部门负责，资金筹措和管理由财政部门负责，资金发放由委托代理机构负责，监督审计由纪检监察和审计部门负责。

三是以省级财政为主的分级投入保障机制。省政府明确规定：“补”的资金，除中央按人均600元的标准承担80%以外，其余经费全部由省级财政承担。“一次性奖励”和“奖学金”的经费，属扶贫开发工作重点县的由省级财政承担80%，州、县财政承担20%；非扶贫开发工作重点县由省级财政承担50%，州、县财政承担50%。同时规定在州、县配套的经费中，州级财政承担的比例不得低于50%。

四是以“云南人口奖”为主的激励机制。我省徐荣凯省长荣获“中华人口奖”后，将5万元奖金捐献出来，并亲自出面筹集了1000万元，建立了“云南人口奖励基金”，设立了两个奖项：一是“云南人口奖”，面向社会各界，每三年评一次，每次10人，每人奖金2万元；二是“云南省人口和计划生育先进工作者奖”，面向基层，每年评一次，每次100人，每人奖金1000元。上述两个奖项的设立，结合一年一度的面向各级党委、政府的“人口计生责任目标奖”，初步形成了三个层面的比较系统的人口和计划生育工作激励机制。

五是以“三公开、三公示、一评议、一见面”为主的民主监督机制。即政策规定、办事程序、办理结果三公开；奖励对象的生育、节育及兑现情况等在乡、村、组三级公示；召开村民大会对村民的生育、节育、奖励等工作情况进行评议；乡、村干部对奖励对象实行见面复核。

在制度建设上，形成了四项新的制度：

一是资金发放的“直通车”制度。即一次性奖励金和奖励扶助金由财政部门直接拨付代理发放的邮政部门，邮政部门以邮政储蓄或汇款单形式直接兑付到户、到人。

二是资金发放定期决算制度。实行每年一次的资金决算，要求各地对资金发放逐一核对到户到人，对当年个案信息不清、配套资金不落实或账务不实的州、县，一律暂停国家和省级资金的拨付，直到整改无误后再予以拨付。

三是信息化痕迹管理制度。在用好国家奖励扶助信息管理网站的同时，我省自主开发了“奖优免补”管理信息系统，对“奖优免补”工作实行全过程的信息化管理和监督。

四是责任监督追究制度。出台了《云南省农业人口独生子女家庭奖励工作监督管理办法》，明确了各部门的监督管理职责和操作程序，公布省、州、县的举报电话，对资格认定、资金发放错误及违纪违规行为实行责任追究。

四、严格程序，规范运作

为了确保“奖优免补”政策的顺利实施，我省规定了严格的工作运行程序。

一是“一次性奖励金”发放程序：本人申请、村委会审议、在村民小组和村委会公示、乡镇复审、乡镇公示、县人口计生行政部门审批、县级公示、录入“奖优免补”网站、由省人口计生部门报财政部门审核、逐级下拨资金至县级邮政部门、邮政部门以邮政储蓄或汇款方式直接发放到人。

二是“义务教育奖学金”发放程序：本人凭《独生子女父母光荣证》申请、就读学校审核并公示、乡镇计生办审核、县计生局审批、录入“奖优免补”网站、省(市)人口计生委报财政部门审核下拨资金、乡镇计生办兑现到户到人。

三是升学加分程序：教育部门将“加分升学”政策在“招生简章”公布、本人依据《独生子女父母光荣证》向所在学校提出申请、就读学校公示、县计生部门依据“奖优免补”网站“个案信息系统”审核、省州市“招办”加分。

四是免除筹资筹劳程序：农业人口独生子女父母凭《独生子女父母光荣证》向村民委员会提出申请、村民委员会公示、免除筹资筹劳。

五是“奖励扶助资金”的发放严格按国家规定程序执行。

五、“奖优免补”成效显著

自2003年8月实施“奖优免补”政策以来，截至2006年9月30日，全省共有46.9万户农业人口家庭自愿放弃再生育领取了《独生子女父母光荣证》，是1979—2003年7月累计办证数的3.39倍。有37.1万对夫妻领到了一次性奖励金；有17.1万人次领到养老奖励扶助金；有47万人次的中、小学生领到了独生子女“义务教育奖学金”；有4314名高考生、16400名中考生享受到了升学加分的政策。

“奖优免补”政策实施时间虽短，但成效显著：

一是有效地降低了生育水平。从2003年“奖优免补”政策实施到2005年末，全省人口自然增长率由10.6‰下降到7.97‰，下降了2.63个千分点；人口出生率由17.9‰下降到14.72‰，下降了3.18个千分点，根据中国人口与发展研究中心的评估，其中有2个千分点是“奖优免补”政策的直接作用所致。

二是促进了生育观念的更新。“奖优免补”政策的实施引发了广大农民群众对“生育孩子为什么、多生孩子干什么、少生孩子有什么、养育孩子需什么、能为孩子做什么”的思考。通过反复的思想碰撞，不少家庭已开始由注重数量型向素质型转变，少生优生、生男生女都一样的新型生育观念在农村悄然兴起。在农村新办《独生子女父母光荣证》的46.9万户中，有19.2万户是独女户，占40.9%；全省长效节育率从2002年的80%提高到2005年的83%；违法多生育由3.02万人减少到0.92万人，减少了2.1万人。

三是加速了计划生育工作思路和方法的转变。“奖优免补”政策的实施，促进了人口与计划生育工作的全面发展，极大地推动了人口与计划生育工作思路和方法上的转变：一是由“惩罚多生”为主向“奖励少生”为主的方向转变；二是由“行政制约”为主向“利益导向、综合治理”为主的方向转变；三是由“管理一代人”向“服务三代人”转变；四是由“单纯的控制人口数量”向“既控制人口数量又高度重视人口素质和人口结构”的方向转变。

四是增加了农民收入。“奖优免补”政策实施以来，各级财政共有6.6亿元奖励资金直接兑现到了农业人口家庭手中，按我省3300万农业人口计算，直接提高农民人均纯收入20元；这些资金绝大部分都用在了改善农民生产、生活条件和子女教育、看病就医等方面，既达到了控制农业人口过快增长的目的，又加快了脱贫致富的步伐，为化解“三农”问题、实施可持续发展创造了较好的条件。

五是密切了党群干群关系。“奖优免补”政策集国家利益和群众利益为一体，充分体现了党和政府心系群众、执政为民的思想。2003年5月国家“十五”人口计划中期评估，我省群众对计划生育优惠政策的满意率仅为23%；由于开展了“奖励扶助”、“少生快富”和“奖优免补”工作，2006年5月省委督察室对全省农民群众关于新农村建设的问卷调查，有95.5%的群众对“奖优免补”政策表示满意，在各项涉农政策中位列第一；2005年12月在省委组织开展的55个省级部门社会评议机关作风活动中，省人口生计委名列第8名。

六是树立了人口计生工作新形象。一是由于“奖优免补”等一系列新政策，充分体现了人文关怀，进一步树立了“国策惠及国民”的新形象；二是由于工作思路和工作方法由“管理型”向“服务型”的转变，进一步树立了计生干部“以人为本、心系群众”的新形象；三是“奖优免补”政策的实施，得到了联合国人口基金等国际组织和国内外新闻媒体的充分肯定，进一步树立了人口计生工作在国际国内的新形象。

实践证明，“奖优免补”政策的实施，有利于控制人口数量，提高人口素质；有利于化解三农问题，加快脱贫致富步伐，促进新农村建设，全面建设小康社会；有利于城乡结构的战略性调整，统筹城乡协调发展和可持续发展；有利于密切党群干群关系，加强党对农村的领导，提高党在农村的执政能力，构建和谐社会。

通过三年多的实践，我们的体会是：改革创新是动力，群众拥护是前提，领导重视是关键，经费落实是保证，兑现到位是根本。

“奖励扶助”制度、“少生快富”工程和“奖优免补”政策虽然取得了显著成效，但也存在一些困难和问题。一是群众认为奖励扶助金的标准太低；二是一次性奖励金兑现还不够及时、快捷；三是群众反映奖励扶助金的兑现的起始年龄偏大；四是有的群众担心政策能否长久执行下去。对此，省委、省政府高度重视，省人大作了专题调研，拟将“奖励扶助”制度、“少生快富”工程和“奖优免补”政策纳入《云南省人口与计划生育条例》之中。

各位领导、同志们，本次会议在我省召开，是对我们工作的鞭策和鼓励，我们将以这次会议为契机，在省委、省政府的正确领导下，在国家人口计生委、财政部的大力支持下，扎实工作，开拓创新，切实把“奖励扶助”制度、“少生快富”工程和“奖优免补”工作抓紧、抓好，抓出新的成效，为实现人口、经济、社会、资源、环境的协调发展和可持续发展作出新的贡献。

奖优免补政策评估报告

云南师范大学课题组

2006年10月

受省政府委托，云南师范大学成立了由多学科专家组成的课题组，从2005年9月~2006年9月对云南省“奖优免补”政策进行综合评估。评估采用个体样本按随机抽样方式选取，共完成4000份调查问卷，并进行了对比分析，样本点覆盖57个乡镇，涵盖边疆民族地区、经济发展水平较高地区和贫困山区，具有典型性、代表性；在问卷调查的同时，还对各地人口计生人员和基层干部进行了深入访谈；最后采用仿真技术，对不同的政策响应水平下的人口发展态势及特征，进行了综合分析。现将评估结果报告如下。

一、“奖优免补”政策出台背景

（一）云南省人口控制的成就和严峻的人口形势

过去30年，云南省人口出生率由1971年的38.1‰下降到2002年的17.9‰，下降了20.2个千分点；人口自然增长率由1971年的30.1‰下降到2002年的10.6‰，下降了19.5个千分点。31年来全省累计少出生1100万人，为云南的经济和社会发展作出了巨大贡献。

但“十五”前期云南省面临的人口形势仍然严峻。人口基数大，净增人口多；人口素质不高；人口城乡分布极不平衡等，严重制约着全面建设小康社会的进程。按照云南省2002年的人口实际增长水平测算，2020年云南省人口将达5236万人，比2002年还要增905万人。采取强有力的措施来努力降低生育水平，控制人口过快增长，特别是控制农村人口的过快增长，是云南省全面实现小康社会的关键所在。

（二）“奖优免补”政策出台

云南省的现行生育政策是“一、二、三”的政策，生育一、二、三孩的人口占全省总人口的比例分别为15.48%、82.5%、2.02%；而生育一孩的几乎全部都是非农人口。要进一步降低生育水平，其空间只能是放在可以生育二孩、三孩的农业人口家庭。实践证明，降低生育水平的主要途径有两条：一是通过把“一、二、三”的生育政策调整为一孩或一孩半，主要依靠行政制约限制群众的生育数量。云南省作为边疆少数民族地区，自开展计划生育以来，针对不同地区不同民族实行“一、二、三”的生育政策，使控制人口增长取得了显著成效，广大群众已普遍接受这一政策，目前采用调整生育政策限制只生一个孩子难度是很大的，即使生育水平降下来，也会损害党群、干群关系，带来一系列的社会问题。二是建立利益导向机制，引导群众少生优生。这既能达到进一步降低生育水平的目的，又能避免以上问题的出现。因此，云南省政府从与全国同步实现全面建设小康社会目标需要出发，贯彻以人为本的执政理念，充分考虑了边疆稳定、民族团结和财政承受能力，出台了农业人口独生子女家庭“奖优免补”利益导向政策。

二、"奖优免补"政策运行情况

（一）"奖优免补"政策试点和推开

2003年7月，云南省政府出台了《云南省农业人口独生子女家庭奖励暂行规定》，于8月1日起在41个县（市、区）试点。对农业人口领取《独生子女父母光荣证》的夫妻及其子女给予"奖优免补"的奖励和优待。

2004年，云南省被国家列为"奖励扶助制度"和"少生快富"工程试点后，使之与"奖优免补"政策进行了有机整合。于当年6月1日在全省全面实施。

2005年开始，为避免政策交叉重叠，云南省将"奖优免补"政策中对农业人口独生子女义务教育的"三免费"更名为"教育奖学金"，享受"教育奖学金"的农业人口独生子女仍可享受其他教育优惠政策。

（二）"奖优免补"政策响应情况

1."奖优免补"政策知晓率

表1　对"奖优免补"政策知晓率（%）

	知道	不知道
所有人	97.2	2.8
未受益对象	92.78	7.22
受益对象	98.73	1.27

资料来源：本项目问卷调查统计。

2."奖优免补"政策满意率

表2　政策满意度分对象评价

评价项目	受益对象	未受益对象	计生干部
政策实施效果满意度	4		4
政策宣传满意度	3	4	
政策落实满意度	4	4	
政策兑现方式满意度	4		
执行人员满意度	4	4	
"奖"的满意度	4		
"优"的满意度	5		
"免"的满意度	5		
"补"的满意度	4		

注：① 资料来源：同表1。

② 5非常满意，4比较满意，3一般，2比较不满意，1非常不满意

3.“奖优免补”政策实施情况

从2003年8月1日试点实施“奖优免补”政策以来，截至2006年9月30日，全省共有46.9万户农业人口家庭自愿放弃生育二孩、三孩领取了《独生子女父母光荣证》，是自开展计划生育至2003年7月31日累计办证数的3.39倍，全省农业人口一孩家庭领证率达到41.67%。有37.1万对夫妻领到了一次性奖励金；有17.1万人（次）享受养老奖励扶助金；有36万人（次）的小学生、11万人（次）的初中生享受了独生子女义务教育“奖学金”；有0.4万名高考生、1.6万名中考生分别享受到了升学加分照顾。

三、“奖优免补”政策实施的人口影响评估

（一）对云南生育水平和人口数量的影响

1. 对生育水平和人口数量现状的影响

表3 2003-2005年“奖优免补”政策对出生率和人口数量的影响

年份	出生率		政策实施导致的出生率下降	政策实施导致的出生人口减少
	不实施“奖优免补”政策出生率	实施“奖优免补”政策后出生率		
2003	17.23	17.00	0.23	0.96
2004	16.88	15.60	1.28	5.38
2005	16.54	14.72	1.94	8.55
合计				14.89

资料来源：同表1。

2. 对未来人口数量的影响

（1）使人口出生率、自然增长率下降。大致从2020年以后人口的出生率逐渐减小，加之由于老年人口比例增加而导致了死亡率的上升，2028年左右实现零增长，并呈现人口负增长态势，直至2075年左右趋于稳定。

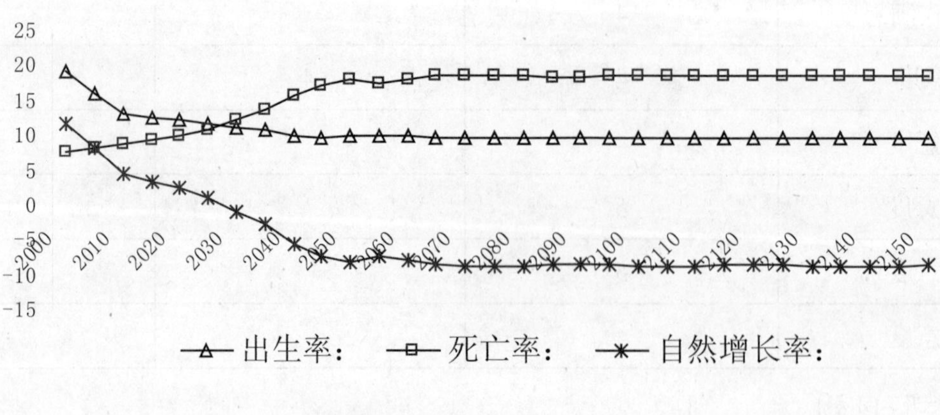

图1 办证率40%的不同年份的出生率、死亡率和自然增长率变动趋势

（2）人口总量的发展趋势。今后20多年受人口惯性的影响，云南省人口数量仍将持续上升，至2026—2030年，人口数量将达到峰值（按40%办证水平，峰值在4800万以内）。

40%为我们确定的合理办证水平，理由见后

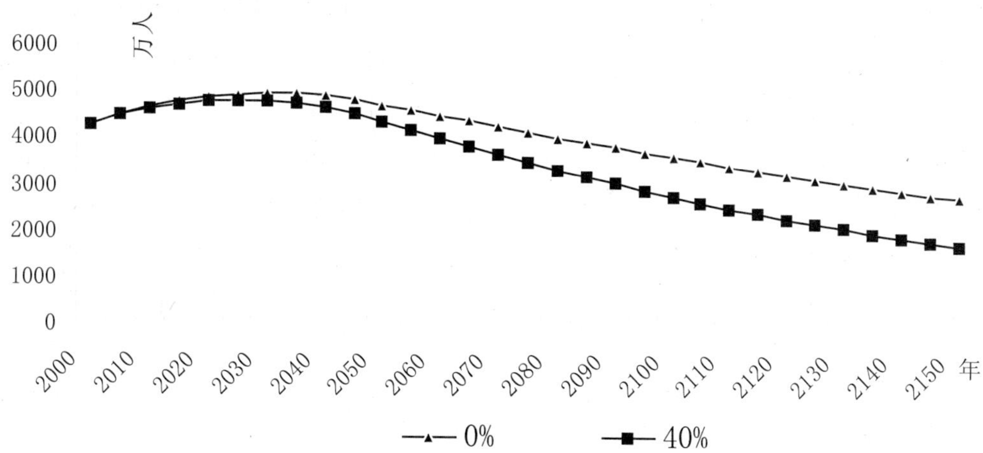

图2 不同响应水平的人口数量变化

（二）对云南人口素质的影响

“奖优免补”政策的实施将减少人口数量，增加人均拥有的教育资源，独生子女受教育年限可提高6.5年；人们生育观念改变，将减少妇女生育胎次，提高妇女生活质量和生殖健康水平。此外，“奖优免补”政策的实施，对独生子女质量将更为关注，因而云南省出台了《云南省人口出生缺陷预防规定》，这必将进一步提升云南省的人口素质。

（三）对云南人口结构的影响

出生率下降使少儿人口在总人口中比例大幅度下降，劳动适龄人口和老年人口占总人口的比重上升。在既有人口老龄化趋势背景下，按40%办证水平，2010年老年人口比达7.74%，且比重逐年增加，2050年老龄化程度达19.62%。

就长远来说，“奖优免补”政策很大程度上解除农村家庭养老的后顾之忧，出生性别选择会更少，有利于预防性别比失衡。

少生的农业人口使得农村人口绝对数量和增长速度均减小，城镇人口比重相对增加，从而会提高人口城镇化率。

对云南省人口实现零增长的影响。办证率越高，实现人口零增长的时间间隔越短，人口总量的减少所需要的时间越少。办证率为15%—50%的水平下，实现年份大约都在2026—2030年之间，由于“奖优免补”政策实施，使人口零增长的时间提前约5年。

四、“奖优免补”政策实施的经济影响评估

（一）对经济水平的影响。政策实施节约了经济成本，提高人均收入，加快了全面建设小康社会进程。依据2005年的农村一孩家庭情况及人均经济总量，按照40%的办证水平来计算，到2010年，可节约GDP大于39.5亿元，5年累计节约197.5亿元；2034年可节约GDP大于79亿元，30年累计节约1185亿元，接近1995年的云南地区生产总值。因政策实施而节约的GDP，加上由于人口减少特别是贫困人口减少而削减的小康水平下对GDP总量的需求，“奖优免补”政策的实施将极大地促进云南省全面建设小康社会的进程。

（二）对产业结构的影响。“奖优免补”政策的实施会促进产业结构的优化与升级，办证率每提高10%，第一产业劳动人口比重至少降低约0.14个百分点，第二产业劳动力比重相应上升不低于

0.03个百分点，第三产业劳动力人口比重上升不低于0.06个百分点。

（三）对城乡经济结构的影响。"奖优免补"政策的实施将增加农民收入，促进云南城乡二元经济结构的转变和统筹城乡协调发展。办证水平每提高10个百分点，从财政直接补助到农民的资金可使农民人均纯收入约增加11元，若加上二次投入增加的收益则效益更加明显。

五、"奖优免补"政策实施的社会影响评估

（一）政策的顺利实施，有利于塑造诚信、以人为本的政府形象。"奖优免补"政策制订实施的出发点、政策的内容、实施过程均体现了政府以人为本的思想和对社会公平的关注，并树立了我国人口计划生育国际国内的新形象。

（二）促进基层组织建设和行政管理方式的转变，改善党群干群关系。政策执行双方由管理者与被管理者的行政关系向平等的合同式关系转变；政策实施的对象由单独的尽义务向义务与权利并存转变，干部在执行政策的同时也给群众带来相应的利益；政策的执行由强制到自愿的转变，融洽了党群干群关系。

（三）有利于缓解"三农"问题、促进和谐社会构建和社会主义新农村的发展。"奖优免补"政策的实施，减少了农村出生人口数量，改善了人口结构，缓解了人口对资源环境的压力，促进了经济社会的协调发展；提高了农村居民生活水平，促进了贫困地区的发展，促进了地区均衡和社会公平；人口与经济、社会、资源、环境关系的整体改善，为缓解"三农"问题、调整城乡结构作出积极贡献，有利于社会主义新农村建设。

（四）使家庭结构小型化，农村家庭养老向社会养老方式迈进，家庭养老与社会养老相结合的方式将逐渐普遍。

（五）因妇女生育胎次的减少，参与社会活动的时间和精力增加，对妇女身心健康形成了强有力的保护，有利于提高妇女地位。

（六）新增人口数的减少，将极大地缓解农村和城市未来的就业压力。

六、政策存在的问题及完善意见

（一）政策实施中存在的问题

1. 政策享受对象界定不够全面。依法收养子女的独生子女家庭不能享受"奖优免补"政策规定的优待；农场中的农业人口既不登记在村民委员会，又不享受城市最低生活保障，属于政策的空白。

2. 政策具体规定存在的问题。"奖"的力度不够，对群众吸引力不够强。"优"，对边疆地区少数民族考生来说，报本省高等院校的，本来就可以享受加30分，而"奖优免补"当中的"优"只享受20分，不能起到提高这些地区群众办证积极性的作用。"免"的内容太少，仅有独生子女16周岁前免除其父母所承担的农村一事一议的筹资筹劳。"补"，享受养老补助的起始年龄太大。

3. 政策执行中存在的问题。一是有的县级财政对"一次性奖励金"和"教育奖学金"资金的到位不及时；二是"一次性奖励金"通过邮政"直通车"形式不能让老百姓办证后及时拿到奖励金；三是独生子女16周岁前，免除其父母所承担的农村一事一议的筹资筹劳在一些地方难以落实。

（二）完善政策的建议

1. 将"奖优免补"政策纳入到《云南省人口与计划生育条例》中去，以地方性法规的形式强化政策的地位和实施的力度，同时提高政策的稳定性和信誉度。

2. 政策规定的完善。依法收养子女的独生子女家庭应享受"奖优免补"政策；再婚夫妻在婚前各生育过一个孩子，并办理了《独生子女父母光荣证》的，再婚后不再生育，应继续享受"奖优免补"中"优"、"免"、"补"的政策；将农场中的农业人口纳入到"奖优免补"政策实施对象中。

3. 政策具体内容的完善。在"奖"方面，适当提高一次性奖金数额，并定期以物价上涨指数递增。在"优"的加分政策上，应适当提高边疆少数民族独生子女加分幅度。在“补”方面，增加“补”的额度，切实缓解农村独生子女家庭的养老保障问题；丧失劳动能力且因子女伤亡不能供养者，可提前享受补助金。

4. 政策执行过程的完善。进一步加大宣传力度，提高办证家庭对周围村民的示范作用，扩大宣传效果。尽量简化办证手续，提高办证效率。实行财政预拨制度，加快“直通车”资金汇兑的频率，力争实现即奖即兑，在规定的工作日内资金到达农户手中，增强农民对政策执行的信心。落实独生子女16周岁前，免除其父母所承担的农村一事一议的筹资筹劳。

七、政策实施潜力和政策可持续性分析

（一）未受益对象转化为受益对象潜力

目前全省农业人口一孩家庭数为138.3万户，按2006年9月累计办证户数57.6万户计算，则一孩家庭中未受益对象转化为受益对象潜力为80.7万户。通过对未受益对象转化为受益对象的障碍调查发现，总体上未受益对象家庭经济状况相对较好，现有“奖优免补”政策的奖励力度对他们的吸引力还不足够强。农村养老保障福利制度的不健全，“养儿防老”传统观念的束缚，使大部分农民担忧养老问题。部分群众孩子还小，怕子女出现意外而不愿领证。一部分人对政策稳定性缺乏信心而持观望态度。

（二）合理办证水平分析

通过各种办证水平下多方案人口发展规律的仿真，以政策实施对人口数量、总和生育率和人口结构影响的程度为依据，发现40%的办证率所对应的总和生育率为1.62（见表4），这一水平是人口可持续发展的临界水平。该水平对人口数量减少的作用是显著的，但对人口结构（老龄化）的负面影响则显著低于50%办证率的影响，又保留了生育水平在急剧下降过程中的可变性。因此40%的办证水平是云南省通过实施“奖优免补”政策要达到的合理独生子女办证水平。

表4 不同办证水平下总和生育率预测

办证水平（%）	0	10	20	30	40	50	60	70
总和生育率（TFR）	1.93	1.85	1.78	1.70	1.62	1.54	1.47	1.39

（三）“奖优免补”政策实施时间

根据预测，在40%的办证水平下，“奖优免补”政策实施带来的人口影响表明，云南省人口在2026－2030年实现人口零增长，最高人口不超过4800万。在人口年龄结构变化方面，2021～2025年有一临界点，此后老年人口比重、抚养比和老少比均呈较快增长，即2025年以前对云南省人口老龄化的影响不太大（见图3）。同时结合云南人口数量控制的目标考虑，我们认为，“奖优免补”的一次性奖励政策实施将维持较长一段时间。“优”和“免”的政策在已领取独生子女证的家庭中不间断实施，“补”的政策应与农村养老保障建设相结合，形成全面的农村养老保障体系。

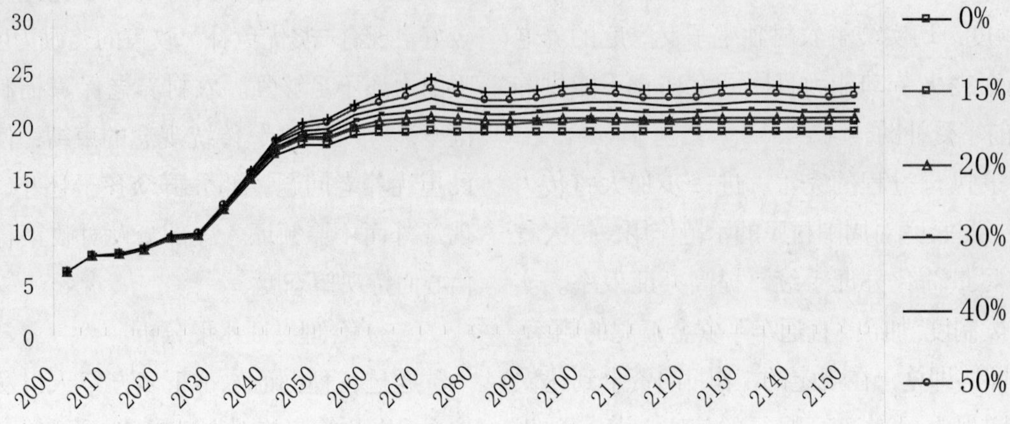

图3 不同办证率水平下老年人口比例预测

（四）“奖优免补”政策实施与社会经济可持续发展

人口发展必须与社会经济发展相协调，“奖优免补”人口政策的实施也必须随时与社会经济发展相适应。本项目的研究仅仅是阶段性的结论。为了实现不同时期“奖优免补”人口政策与社会经济发展相适应的目标，必须建立人口与社会经济发展综合预警系统，适时监控并及时完善政策。

云南省关爱女孩行动实施情况汇总

一、加强领导，明确职责，为关爱女孩行动工作的开展提供组织保证

为扎实推动全省的关爱女孩行动，省委省政府进一步加强了对关爱女孩行动的领导。一是调整充实了关爱女孩行动领导小组。省政府在原以省人口计生委主要牵头单位，12个厅级成员单位部分负责人参加的关爱女孩行动领导小组的基础上，新增省委宣传部和省民委2个成员单位，将原以省人口计生委为主要牵头单位的领导小组，升格成立了以省政府高峰副省长为组长、14个成员单位领导为成员的关爱女孩行动领导小组。二是借7月11日国务院召开全国关爱女孩行动电视电话会议之机，推动全省关爱女孩行动宣传工作的有序开展。首先是组织16个州、市的领导小组成员单位和人口计生部门认真收看电视电话会议精神，深刻领会精神实质。其次是省政府领导高峰副省长在全国电视电话会议结束后，召开了全省贯彻落实全国电视电话会议精神的会议，就全省关爱女孩行动的进展情况、如何贯彻落实会议精神及下步工作安排部署等提出了明确要求。第三是根据高峰副省长的指示精神，省人口计生委及时下发了《关于认真学习贯彻全国电视电话会议精神，切实做好关爱女孩行动的通知》，对各地做好关爱女孩行动工作提出具体要求。三是在全省开展了各地非医学需要胎儿性别鉴定和选择性别人工终止妊娠案件有关数据材料及案例的清查、清理工作。全省16州市均认真进行了清查清理，根据各地报送的清理情况总结，我省从2005年1月至2006年10月底止，我省未发现非医学需要的胎儿性别鉴定和选择性别的人工终止妊娠以及非法出售终止妊娠药物的案件。作为全国试点县之一的会泽县，在县政府组织的联合检查行动中，对怀疑的溺弃女婴跟踪调查48例中，有1例查实并给予了判刑处理，查处率为100%。

二、以关爱女孩行动为龙头，扎实推动全省出生缺陷的试点工作

围绕计划生育奖励扶助制度、“少生快富”和“奖优免补”工作的开展，省人口计生委通过全省婚育新风进万家活动的开展，加大宣传力度，切实把关爱女孩行动落到实处。一是组织开展了“破旧俗、树新风”生育观念大讨论。各地紧紧围绕“我生孩子为什么？多生孩子干什么？养育孩子需什么？能为孩子做什么？少生孩子得什么？”为主题，在广大农村育龄群众中，组织了形式多样的宣传活动。楚雄州在大讨论中，结合本州实际，开展了“五个一”为主要内容的活动。即：进行一次问卷调查、举办一场演讲比赛、开展一次征文活动，召开一次群众座谈会，组织一场文艺演出。大理州通过《大理人口》报、电视台开办栏目的方式，在全社会广泛开展了生育观念大讨论。德宏州潞西县结合全县计划生育村自治活动的开展，引导村民开展生育观念大讨论活动。

二是通过向广大育龄妇女开展查环、查孕、查病工作，推动关爱女孩行动的开展。楚雄、德宏、大理等州（市）依靠各县、乡（镇）计生服务站（所）技术服务的优势，抽调人员组成计划生育

技术服务小分队，深入到各乡（镇）免费为育龄妇女开展妇科检查和B超检查工作，并对检查中发现的疾病及时给予治疗，保障了育龄妇女的身体健康。楚雄州牟定县为推动“奖优免补”在基层的落实，结合关爱女孩行动的开展，对全县领取了独生子女父母光荣证的独生子女及双女户中的女孩免费进行健康检查。三是认真贯彻落实《云南省人口出生缺陷预防规定》，广泛开展优生优育知识的宣传培训工作。元谋县在开展计划生育优质服务和出生缺陷预防的试点活动中，利用计划生育技术服务车，开展为广大育龄群众上门服务的活动，受到了当地群众的真诚欢迎。

三、以关爱女孩知识竞赛为龙头，带动各地关爱女孩宣传活动的有序开展。

一是全省各地加大了对关爱女孩的社会宣传力度。武警云南省总队在各支队竞赛的基础上，专门组织了昆明地区的知识竞赛；除此之外，武警云南省边防总队、十四集团军、云南财经大学、昆明钢铁集团公司、云天化集团公司和昆明公交集团公司等单位在时间紧、任务重的情况下还专门组织参加了云南省关爱女孩知识竞赛的省级决赛，有效地扩大了知识竞赛的社会参与面。二是通过形式多样的竞赛活动，传播关爱女孩知识。为组织好竞赛，有的州市把知识竞赛的有关内容摘录成简明易懂的宣传画和宣传资料下发基层指导竞赛，有的还把知识竞赛活动的开展与日常宣传活动的开展、与关爱女孩和社会主义新农村建设等有机的结合起来，通过组织文艺演出等方式，扩大宣传效果。红河州把知识竞赛的内容编制成试题，在报刊上刊登，组织社会各界广泛参与，推动关爱女孩知识竞赛的开展。三是通过知识竞赛活动的开展，争取宣传、财政等部门的理解和支持，达到大联合、大宣传的目的。省人口计生委在省委宣传部的支持下，与省委宣传部成功的举办了全省的关爱女孩知识决赛；文山州以知识竞赛为切入点，积极与财政和文化部门合作，把人口与计划生育政策以及关爱女孩的宣传与电影放映有机的结合起来，以州财政部门为牵头单位，由州财政出资，州人口计生委和州文化局将关爱女孩知识竞赛以及计划生育、“奖优免补”政策、少生优生等内容制作为10分钟的《春风化雨》宣传片，由州电影公司以组织6个放映小组的方式，深入到全州八县102个乡镇及390多个行政村的山区，开展人口与计划生育政策巡回宣传活动，放映电影500多场。通过电影放映前播放宣传片，既丰富了广大农民群众的文化生活，又有效地扩大了对关爱女孩的宣传。四是通过新闻媒体营造关爱女孩知识竞赛的宣传氛围。据统计，全省16个州（市）、129县（市区）和解放军部队、学校、大型企业等在知识竞赛期间，都开展了富于地方特色的宣传教育活动，各大新闻媒体、报刊、广播等均发布了有关的消息。省级竞赛的当天，昆明公交集团利用公交车线长面广的优势，通过七彩公交数字电视在各大公交车上广泛播送知识竞赛的有关情况，有效地扩大了竞赛的宣传面和社会影响面。总之，通过全省广泛地开展关爱女孩知识竞赛活动，有效地推动了广大群众学习妇女保健、科学育儿和有关的法律法规知识，营造了一个全社会关心关爱女孩的社会环境。五是制作了一批关爱女孩的宣传品。省人口计生委为指导基层做好宣传，邀请有关曲词家编写了“奖优免补”主题歌，并将“奖优免补”主题歌与我省报送获奖的关爱女孩歌曲编制成光碟，下发基层传唱；同时依托省计划生育宣传教育中心，在上海计划生育宣传教育中心的支持下，摄制了反映我省“奖优免补”及关爱女孩行动开展情况的电视专题片，下发基层并在全国部分农村奖励扶助和“少生快富”全面实施工作会上宣传，受到了会议代表的好评及基层干部的欢迎。

四、开展了集中整治非法鉴定胎儿性别和选择性别终止妊娠行为专项活动

为推动关爱女孩的开展，省人口计生委、卫生厅等5部门下发了《云南省集中整治非法鉴定胎

儿性别和选择性别终止妊娠行为专项活动方案》，组织了对各地医疗、保健机构、个体诊所、计划生育技术服务机构、药品批发及零售企业、药店等单位的B超管理和“两非”查处情况的专项清查工作，对B超管理及严厉打击非医学需要的胎儿性别鉴定和选择性别的人工终止妊娠等提出要求，建立规范管理的工作制度。

重要会议和活动篇

全省人口资源环境工作座谈会 2006年1月18日，云南省委、省政府在昆明召开全省人口资源环境工作座谈会。省委书记白恩培、省长徐荣凯等省领导，各州市党政主要领导参加会议。白恩培强调，各级党委、政府要始终坚持用科学发展观统领人口资源环境工作，努力推动人口资源环境与经济社会协调发展。要通过加强人口战略研究，继续实施好农业人口独生子女家庭“奖优免补”政策和“少生快富”扶贫工程，有效降低人口自然增长率，提高人口素质。要围绕“十一五”的奋斗目标和2006年工作任务，切实加强对人口资源、环境工作的领导，健全工作目标责任制，深化改革，完善机制，充分依靠群众，增强人口资源环境工作的合力。徐荣凯对今后一段时期的人口计生工作提出要求：一是要坚持计划生育基本国策，保持低生育水平，力争2010年将人口控制在4600万以内。加快实施“少生快富”工程，认真落实“奖优免补”政策，到2008年实现全省40%左右的农业人口一孩家庭自愿放弃生育二孩。严格控制违法生育，确保人口自然增长率到2010年下降到6.08‰。二是要健全人口和计划生育管理服务体系，加强以县、乡计划生育服务站为重点的服务网络建设，加快人口和计划生育信息综合决策支持系统和人才队伍建设。三是要大力提倡优生优育，全面提高出生人口素质。

全省人口计生工作会议 2006年2月22日，全省人口与计划生育工作会议在昆明召开。会议提出，要把控制人口数量、提高人口素质、改善人口结构、引导人口分布，作为当前及今后一段时间关系全省社会事业发展全局的大事抓紧抓好，努力开创人口与计划生育工作新局面。会议认为，“十五”期间，全省人口自然增长率持续下降，2005年已降到7.97‰，比“九五”末下降3.51个千分点，顺利实现了省委、省政府提出的“人口自然增长率3年下降3个千分点”的第一年目标，提前5年实现了省委、省政府确定的到2010年人口自然增长率下降到8.44‰的目标，为全省经济社会协调可持续发展作出巨大贡献。副省长高峰出席会议并作讲话，他强调：今年“奖优免补”工作要有新进展，确保全省农业人口独生子女家庭办证达到8万户以上；出生缺陷干预工作要全面启动，力争今年全省的人口出生缺陷发生率有较大幅度下降；出生人口性别比攀升综合治理要形成合力，确保农村计生工作要与社会主义新农村建设有机结合。国家人口计生委副主任赵白鸽到会并讲话。省人大常委会副主任王义明、省政协副主席陈勋儒，以及省级有关部门负责人，各州、市分管领导出席会议。会上，省政府与州、市政府签订了2006年度人口与计划生育目标管理责任书，国家人口计生委对“奖优免补”政策实施情况作了评估报告。

张维庆到云南视察指导工作 2006年7月26日到30日，国家人口计生委主任张维庆到云南检查指导，听取了省委、省政府和省人口计生委的汇报，深入到昆明、大理、丽江等州、市，了解基层工作情况，与育龄群众亲切交谈。张维庆指出，近年来云南人口计生工作呈现稳定、健康发展的良好态势，各项主要工作取得了新成绩和明显进度。他对云南省的人口计生工作提出六点要求：一是努力稳定生育政策和低生育水平，尽快建立起新的工作机制，一定要实现工作思路和工作方法的重大转变；二是在和谐社会和社会主义新农村建设中充分发挥人口计生管理服务网络的重要作用；三是实行分类指导，切实解决好云南省人口结构性矛盾；四是与卫生部门密切配合，大力实施出生缺陷干预工程，努力提高出生人口素质；五是要切实加强人口计生管理服务网络和信息化建设；六是要高度重视人口和计划生育干部队伍的建设。

赵白鸽到云南调研 2006年2月21日—24日，国家人口计生委副主任赵白鸽在参加云南省人口与计划生育工作会议期间，视察了红河州弥勒县、西版纳州勐罕镇、思茅市翠云区。赵白鸽对云南人口与计划生育工作取得的成绩给予了充分肯定和高度评价。

江帆到云南进行调研 为了解“少生快富”扶贫工程试点工作，由国家人口计生委副主任江帆率国家人口计生委、财政部联合组成的调研组于2006年6月6日至7日对云南的人口计生工作进行了调研。调研组听取了高峰副省长和省人口计生委张玉明主任的汇报后，实地察看了省计划生育药具站、省计划生育宣教中心、省计划生育科研所、晋宁县计划生育服务站和宝峰镇计划生育服务所，对云南的人口与计划生育工作给予了充分肯定。

云南省开展关爱女孩行动知识竞赛活动 2006年10月24日—26日，云南省委宣传部、省人口计生委联合在昆明举办了云南省关爱女孩行动知识竞赛决赛活动。在各地广泛开展宣传教育和层层竞赛选拔的基础上，全省共有23个代表队参加了此次比赛。经过3场初赛、3场复赛和1场决赛的激烈较量，昆明市、怒江州代表队获得一等奖；保山市、武警云南总队、昆明公交集团有限责任公司和昆明钢铁集团有限责任公司代表队获得二等奖；红河州、临沧市、思茅市、丽江市、昭通市和驻滇某集团军代表队获得三等奖；德宏、迪庆等8个州、市代表队获得组织奖;楚雄、大理等11个州、市代表获得优秀奖。

省人口计生委进行社会主义新农村建设专题调研 2006年5月22日——26日，省人口计生委调研组一行8人在委党组书记、主任张玉明的带领下深入到楚雄州武定、禄丰、姚安、永仁、元谋5个县6个乡镇及8个计划生育服务站、所进行了人口计生系统参与社会主义新农村建设情况的专题调研。调研组一行采取召开座谈会、实地察看、走访干部群众等形式，进村入户深入了解了楚雄州人口计生工作情况，重点调查了人口计生部门如何服务于基层、服务于群众，如何将人口计生工作与社会主义新农村建设相结合的情况，以及广大基层干部群众对当前人口计生工作的看法，特别是对“奖优免补”政策的意见和建议。

云南省人大常委会开展《云南省人口与计划生育条例》“立法回头看”活动 为了改进立法工作，进一步提高立法质量，2006年4月17日至21日，云南省人大常委会到昆明、曲靖市开展《云南省人口与计划生育条例》“立法回头看”活动，目的是掌握了解该条例在执行中遇到的新情况、新问题，促进条例的修改、完善和贯彻落实。

国家人口计生委纪检组长勾清明到云南调研 2007年3月28日—4月3日，中央纪委驻国家人口计生委纪检组组长、国家人口计生委党组成员勾清明率监察部驻国家人口计生委监察局副局长杨云凯同志一行到云南专题调研人口计生系统党风廉政建设和作风建设工作。勾组长一行在省人口计生委纪检组组长聂愿平等的陪同下，先后深入到丽江、西双版纳、思茅3个州、市，与当地党政领导、纪检监察部门负责同志、人口计生部门有关同志进行了座谈，听取了人口计生工作和人口计生部门党风廉政建设以及行风建设工作情况汇报，实地察看了基层计划生育服务站、所，进村入户走访了部分育龄群众，听取他们对人口计生工作的意见和对计生干部作风的评价。

全省州市人口计生委主任会议 2007年4月28日，全省州市人口计生委主任会议在昆明举行。会议强调，要以控制人口数量、提高出生人口素质为主线，采取综合措施，进一步降低生育水平，大力提高出生人口素质，努力遏制出生人口性别比攀升，统筹解决人口数量、素质、结构、分布和安全问题。副省长高峰出席会议并讲话。他指出，过去的一年，在省委、省政府的领导下，经过全省上下特别是人口和计划生育系统干部职工坚持不懈的努力，全省人口与计划生育工作取得了明显成效；人口自然增长率、人口出生率、违法多生育数分别从2005的7.97‰、14.72‰和0.92万下降到6.9‰、13.2‰和0.68万；进一步遏制了人口过快增长的势头，加快了人口再生产类型转变步伐，初步形成了“奖控结合”综合治理人口问题的机制。高峰要求，各地各部门要牢牢把握人口计划生育的正确方向，全面加强人口与计划生育工作，为建设富裕民主文明开放和谐云南的创造良好的人口环境；要坚持创新的原则、高度关注民生的原则和统筹兼顾的原则，狠抓落实，切实开创人口计生工作新局面；要加强领导，形成合力，更好地推动人口计划生育事业的发展。当前和今后一段时间，要重点抓好加强流动人口管理，完善“奖优免补”政策，大力实施出生缺陷干预，综合治理出生人口性别比等问题。省人口计生委党组书记郝青山强调，在工作中要把握好几个问题：一是认真学习、全面领会，把思想认识统一到中央《决定》精神上来；二是坚定不移地走中国特色统筹解决人口问题的正确道路；三是正确分析和认识我省人口计生工作面临的机遇和挑战；四是切实做好依法行政工作；五是突出工作重点；六是坚持两手抓；七是为党委、政府领导发挥参谋助手作用。会上，省人口计生委与16个州、市人口计生委签订了2007年度人口与计划生育目标管理责任书。与会代表就即将出台的我省贯彻中央《决定》的《实施意见》及实施国家“少生快富”工程、出生缺陷干预、流动人口管理与服务等工作进行了广泛讨论，提出了建设性的意见和建议。

生殖健康暨性文化博览会 2007年4月25日至5月4日，“2007中国昆明生殖健康暨性文化博览会”在昆明国际会展中心举办。这是云南省首次举办以性文化为主要内容的博览会。博览会以“预防艾滋、文明健康、构建和谐”为主题，主要内容包括：中华古代性文化展、性健康与疾病防治、防治艾滋病、计划生育科普展览、义诊和咨询服务、生殖健康和性保健用品展销等。博览会由省人口和计划生育委员会、昆明市人民政府主办，省健康教育所、春城晚报等承办。

全省人口计划生育形势分析会 2007年8月1日至2日，全省人口计划生育形势分析会在蒙自县召开。会议认为，自1999年以来，经过长期努力，全省人口增长过快的势头得到有效控制，从2007年起，全省已进入低生育水平的行列和低生育水平发展阶段。从1996年至2007年12年间，随着人口与计划生育工作的深入发展，全省人口出生率由20.87‰下降到13.08‰，人口自然增长率由1996年12.93‰下降为6.86‰，出生率和自然增长率分别下降了7.79和6.07个千分点，人口过快增长势头得到了有效控制。2007年上半年，全省人口出生水平仍比去年同期有所下降，全省计划生育工作继续保持良好的发展态势。

国家人口计生委副主任王培安到云南调研 2007年4月4日至6日，国家人口计生委副主任王培安率调研组在省人口计生委副主任吴莉华等的陪同下，到云南大理州进行农村基层人口与计划生育工作调研。调研期间，王副主任先后深入到大理市、弥渡县、南涧县、祥云县4个县（市）3个乡（镇），分别同当地党政领导和相关部门有关同志进行座谈，全面了解贯彻《中共中央国务院关于全面加强人口和计划生育工作统筹解决人口问题的决定》的重要举措，听取他们对农村基层人口计生工作的意见和建议。并深入到村寨，走访了部分育龄群众，与他们进行了亲切交谈，详细了解了群众对人口计生工作的看法和意见。

国家人口计生委副主任赵白鸽到云南调研 2007年6月15日，国家人口计生委副主任赵白鸽在云南省人口计生委主任郝青山、副主任金桂兰、昆明市人口计生委主任杨文慧等陪同下，到昆明市盘龙区马家营社区检查指导人口与计划生育工作。赵白鸽副主任一行先后到马家营社区服务窗口、社区幼儿园检查指导，并与社区流动人口代表进行亲切座谈，详细了解他们对计划生育工作的意见和建议。赵白鸽副主任在听取了昆明市人口计生委主任杨文慧关于建立流动人口计生综合管理机制及在流动人口计划生育管理服务中存在执法难等方面的情况汇报后，对昆明市流动人口计划生育工作给予了充分肯定。一是党政一把手亲自抓负总责，部门配合好；二是云南省、昆明市对流动人口计划生育工作专项经费投入到位；三是流动人口信息网络健全，充分运用网络管理，极大地提高了工作效率和质量；四是有统一的流动人口计划生育服务模式；五是建立了相应的激励机制；六是对市民宣传培训工作到位；七是流动人口管理服务网络体系健全；八是各级人口计生部门勇于改革创新，培养了懂业务、会管理、能服务的新型干部队伍。同时要求昆明市要认真总结流动人口计划生育工作管理经验，以对全国流动人口计划生育工作起到好的示范作用。

上海人口计生援滇幸福工程项目启动 上海市人口计生委、计生协于2007年11月30日在昆明与云南省人口计生委、云南省计生协会举行签约仪式，在迪庆藏族自治州德钦县建立计划生育幸福工程项目点，提供幸福工程捐款15万元，帮助当地计划生育家庭贫困母亲脱贫。上海市计生委对云南省人口计生工作实行对口帮扶合作以来，在人口与计划生育科技合作方面，分别于2001年2002年对全省的县级服务站站长进行了计划生育生殖健康和新技术的免费培训，并于2003年在景洪市橄榄坝乡服务所援助开展了合作项目，资金达25万元，提升了云南省基层人口计生工作的服务水平和服务能力的建设；上海市计生协会先后3次在云南省的宁蒗县、瑞丽市、香格里拉县资助开展幸福工程项目，这次是第四次在云南省建立幸福工程项目点，项目累计资金达46万元。

北京资助云南勐腊“幸福工程”项目点 2007年11月，北京资助“幸福工程”勐腊项目点启动仪式在云南省勐腊县举行，这是全国“幸福工程”组委会在云南省建立的第6个项目点。北京市人口计生委和计生协出资28万元项目资金用于帮助勐腊县贫困母亲发展生产，帮助贫困母亲走向幸福路。在启动仪式上，勐腊县“幸福工程”项目办公室与贫困母亲户签订了项目协议书。项目将按照《幸福工程——救助贫困母亲行动管理办法》的要求，通过“小额资助、直接到人、滚动运作、劳动脱贫”的运作模式，帮助受助贫困母亲“治穷、治愚、治病”。

云南人口计生系统在建设新农村中开展“四新”

活动 一是倡导新风尚。引导农民大力弘扬以爱国主义为核心的民族精神和以改革创新为核心的时代精神，继承艰苦奋斗、自力更生精神，通过宣传教育，使家庭有新的婚育观念，做到家庭生育计划自觉服从生育政策和政策计划，主动配合和支持人口计划生育管理和服务，积极推动群众性精神文明创建活动，开展和谐家庭、和谐村组、和谐村镇创建活动，倡导社会主义荣辱观、婚育新风、男女平等、崇尚科学、正派善良、诚实守信、尊老爱幼、移风易俗、遵纪守法、说话文明、待人礼貌、讲究卫生、拒绝黄赌毒、不参与迷信活动，提倡科学健康的生活方式，形成文明向上，积极进取的新风尚。二是培育新农民，组织农民学文化、学技术、学管理，学习市场信息、生殖健康、优生优育等科学知识，开展丰富多彩的文体活动，不断提高农民思想道德素质和科学文化素质。促进农民全面发展，争做有文化、懂技术、会经营的新型农民，激发他们热爱家乡的热情，增强建设新农村的责任感和使命感。三是争创新农家。即创富裕农家：有文化素质、科技素质、管理素质，积极发展家庭经济，增加致富项目，使家庭人均收入逐年明显稳定增长，影响和带动周围群众科技兴家，勤劳致富。创文明农家，崇尚科学、文明、进步的新观念，树立正确的家庭观、婚育观和审美观，移风易俗，遵纪守法。创健康农家：环境整洁，庭院整洁，衣着得体，物设有序，关心身体健康，注重生育质量、生存质量和生活质量。创和谐农家；家庭民主、尊老爱幼，夫妻相爱，邻里友善，美满幸福。创高尚农家：热爱国家，关心集体，乐于奉献，积极参与各项社会活动和社会公益事业，在社会主义新农村建设中争当骨干。四是建设新农村。建设生产发展、生活富裕、村容整洁、乡风文明、管理民主的新农村。

人口健康促进项目在迪庆启动 由国家人口和计划生育委员会主办的新农村新家庭——大香格里拉地区人口健康促进项目，2007年1月4日在迪庆藏族自治州正式启动。国家人口和计划生育委员会主任张维庆，国家人口和计划生育委员会副主任、项目领导小组组长赵白鸽，云南省副省长高峰，西藏自治区政府副主席德吉出席启动会。张维庆说，党的十六届六中全会作出了关于构建社会主义和谐社会若干重大问题的决定，近日，党中央、国务院又作出了关于全面加强人口和计划生育工作统筹解决人口问题的重大决策。启动新农村新家庭——大香格里拉地区人口健康促进项目，是国家计生委贯彻落实中央决策的具体行动，是统筹解决西部地区特别是老少边穷地区人口和计划生育突出矛盾和问题的重要载体，是促进人口与资源环境协调发展、维护国家生态安全的重要举措，也是一项扶贫济困、雪中送炭、解决民族地区人民群众最迫切、最现实、最具体利益的民心工程。他强调，要把实施好这个项目与强化人口和计划生育管理服务体系和能力建设紧密结合起来，与保护地区特色文化、促进民族团结、维护国家稳定紧密结合起来，与加强党政领导、促进区域和部门协调、广泛动员社会力量参与紧密结合起来，吸引资金、技术、产品、人才和信息等资源的投入，动员各方面的力量，共同在大香格里拉地区打造一个体现科学发展观要求，人与人、人与自然、人与社会和谐相处、协调发展的美好幸福家园。赵白鸽在会议上作了“大香格里拉地区人口健康促进项目的意义和影响”的主旨发言。高峰、德吉分别讲话，表示要珍惜机会，加强领导，认真推进项目建设取得实效。中国（海南）改革发展研究院执行院长迟福林教授，清华大学传媒中心主任李希光教授，全国政协委员、TCL集团股份有限公司执行董事韩方明，国家人口计生委项目领导小组副组长兼专家组组长、昆明医学院健康研究所所长张开宁教授在会上分别发言。

省委常委专题研究人口计生工作 2007年1月9日，云南省委书记白恩培在昆明主持召开八届省委第5次常委会议，学习传达全国人口计生工作会议精神，党中央国务院对贯彻落实中央《决定》的要求，就如何做好全省今后一个时期的人口和计生工作进行了讨论。会议认为，在省委、省政府的正确领导下，经过全社会的共同努力，特别是近几年来制订和实施“奖优免补”政策，全省人口和计划生育工作成效显著，人口出生率由1971年的38.11‰下降到2006年的13.2‰，人口自然增长率由1971年30.09‰下降到2006年6.9‰，提前5年实现了我省人口自然增长率到2010年控制在8.44‰内的目标，35年少生了1329万人，受到国务院的表彰和奖励。会议提出，全省人口和计划生育工作仍然面临着许多新情况、新问题，形势依然严峻，第一，要坚定不移地贯彻落实人口与计划生育工作的基本国策。第二，要坚持“两手抓、两手都要硬”。第三，要进一步为人口和计划生育工作创造条件，营造环境。第四，要进一步加强领导、落实责任、狠抓落实。会议决定：1. 原则同意以省委、省政府名义出台贯彻落实《中共中央国务院关于全面加强人口和计划生育工作统筹解决人口问题的决定》的实施意见，要求有关部门抓紧研究起草。2. 同意适当时候以省委、省政府名义召开全省人口与计划生育工作会议，全面部署我省人口与计划生育工作。3. 同意适当时候，由省委组织对各地各部门贯彻落实《中共中央国务院关于全面加强人口和计划生育工作统筹解决人口问题的决定》及全省人口与计划生育情况，进行一次督促检查。省委书记白恩培作了重要讲话。省委副书记、省长秦光荣，省委副书记李纪恒，省委常委、副省长罗正富，省委常委、省委秘书长杨应楠，省委常委、宣传部部长张田欣，省委常委、统战部部长黄毅，省委常委、政法委书记孟苏铁，省委常委、副省长曹建方等出席了会议。

中共云南省委组织传达学习《中共中央国务院关于全面加强人口和计划生育工作统筹解决人口问题的决定》 《中共中央国务院关于全面加强人口和计划生育工作统筹解决人口问题的决定》颁布后，中共云南省委高度重视，迅速采取措施组织传达学习和贯彻落实。省委副书记李纪恒于2006年12月25日专门作出批示：此件十分重要。请省人口和计划生育领导小组工作认真组织学习，提高贯彻执行的自觉性。请省委办公厅协调省人口计生委及有关部门研究制订全省贯彻落实的《实施意见》。根据批示精神，省委办公厅迅速于12月28日组织召开了全省人口和计划生育工作领导小组会议，29个成员单位的负责人在会上认真传达学习了《决定》，研究了云南省学习贯彻落实的措施，要求各成员单位认真履行职责，结合部门实际提出贯彻落实的具体意见，并决定迅速将中央《决定》精神传达到全省各级、各部门，同时抽调成员单位人员抓紧制订云南省的具体贯彻落实意见。

考 核 篇

2006年度省人民政府对各州、市人民政府人口和计划生育目标管理责任制考核结果为：

一等奖：昆明市、曲靖市、玉溪市、保山市、楚雄州、红河州、文山州、思茅市、西双版纳州、大理州、德宏州、丽江市、迪庆州、临沧市

二等奖：昭通市

三等奖：怒江州

2006年度省人口计生委对各州、市人口计生委人口和计划生育目标管理责任制考核结果为：

一等奖：昆明市、玉溪市、楚雄州、红河州、曲靖市、文山州、思茅市、大理州、保山市、德宏州、迪庆州、丽江市、临沧市、西双版纳州

二等奖：昭通市、怒江州

2007年度省人民政府对各州、市人民政府人口和计划生育目标管理责任制考核结果为:

一等奖: 昆明市、曲靖市、楚雄州、玉溪市、红河州、文山州、普洱市、西双版纳州、大理州、德宏州、丽江市、怒江州、迪庆州、临沧市

二等奖: 保山市、昭通市

2007年度省人口计生委对各州、市人口计生委人口和计划生育目标管理责任制考核结果为:

一等奖: 昆明市、曲靖市、楚雄州、玉溪市、红河州、文山州、普洱市、大理州、保山市、德宏州、丽江市、怒江州、临沧市

二等奖: 西双版纳、昭通市、迪庆州

2008年度省人民政府对各州、市人民政府人口和计划生育目标管理责任制考核结果为:

一等奖: 昆明市、楚雄州、玉溪市、红河州、普洱市、西双版纳州、保山市、 丽江市、临沧市

二等奖: 文山州、大理州、德宏州、怒江州

三等奖: 曲靖市、迪庆州

2008年度省人口计生委对各州、市人口计生委人口和计划生育目标管理责任制考核结果为:

一等奖: 昆明市、楚雄州、玉溪市、红河州、文山州、普洱市、西双版纳州、保山市、德宏州、临沧市

二等奖: 曲靖市、大理州、丽江市、怒江州、迪庆州

三等奖: 昭通市

荣誉篇

为表彰和奖励在我省人口和计划生育事业中作出重大贡献的各界人士，动员全社会力量综合治理人口问题，引导全社会增强人口意识，树立科学发展观，促进云南人口、经济、社会、资源、环境的协调发展和可持续发展，经云南省人民政府批准设立云南人口奖。云南人口奖为常设的云南省人口领域的最高个人终身荣誉奖。

根据《云南人口奖评选办法》的规定，由中共云南省委宣传部、云南省人口和计划生育委员会、云南省财政厅、云南省人事厅、云南省卫生厅、云南省教育厅、云南省统计局、云南省人民政府扶贫开发领导小组办公室、云南日报报业集团、云南电视台等单位组成第一届云南人口奖遴选委员会和组织工作委员会，经全省社会各界推荐，组织工作委员会审查、初选、复选，遴选委员会表决，并公示无异议，现发布第一届云南人口奖遴选结果，决定授予以下10人云南人口奖。（2006年2月）

第一届云南人口奖获奖名单

刀林荫	女	傣族	西双版纳州人民政府代州长
宋嘉林	男	苗族	文山州人民政府州长
李　培	男	汉族	曲靖市人民政府市长
李华松	男	汉族	凤庆县人民政府县长
李桂芳	女	白族	大理州人口和计划生育委员会主任
罗崇敏	男	汉族	中共红河州委书记
柳　彬	男	汉族	中共思茅市委常委、翠云区区委书记
黄如论	男	汉族	世纪金源集团董事局主席
彭　林	男	汉族	云南省计划生育技术科学研究所原所长
熊　晶	女	汉族	西山区人民政府区长

2006年

1.全国人口和计划生育系统先进集体（2006年11月10日）

昆明市人口计生委
楚雄彝族自治州南华县人口计生委
玉溪市易门县人口计生局
红河哈尼族彝族自治州潞西县人口计生局
文山壮族苗族自治州富宁县人口计生局
西双版纳傣族自治州勐腊县勐捧镇计划生育服务所
德宏傣族景颇族自治州潞西市人口计生局

2..全国人口和计划生育系统先进工作者（2006年11月10日）

张国能　云南省曲靖市人口计生委主任

3.全国农村部分计划生育家庭奖励扶助制度和"少生快富"工程试点工作试点工作先进（2006年10月15）

（1）先进地（州、市）
昆明市
红河州
（2）先进县（市、区）
宣威市
广南县
永平县
永德县
镇沅县彝族哈尼族自治县
（3）先进人口计生部门
云南省人口计生委
楚雄彝族自治州人口计生委
华宁县人口计生局
勐海县人口计生局
梁河县人口计生局
（4）先进财政部门
云南省财政厅

昆明市财政局
楚雄彝族自治州财政局
丽江市财政局
临沧市财政局

4.全国农村部分计划生育家庭奖励扶助制度和“少生快富”工程试点工作先进个人（2006年10月15日）

杨文慧　黎　成　孙　燕　张　玲　雷　毅　陈南舟　寇玉明
龙明凤　玉　温　陶　明　熊国宣　何建菊　岳麻孔　和鸿伟
麻卫国　此里永姆　杨仙琴　任晓珍　雷　韬　张　斌
张玉明　石丽康　卢　军

5.全国人口和计划生育系统优秀工作者（2006年11月6日）

吴　宏　普成宽　杨恒江　林　清　邵　钢　祝正武
胡晓宏　朱德昌　杨见解　姚丽媛　史定东　张旺华

6.2006年全国计划生育优质服务先进县（市、区）

曲靖市罗平县　玉溪市红塔区　红河县泸西县

7.全国人口和计划生育科技成果奖（2006年6月22日）

二等奖　中国男性参与计划生育影响因素的研究　彭林　云南省计划生育科研所

8.全国人口和计划生育软科学奖（2006年6月22日）

一等奖　中国计划生育优质服务试点项目　张开宁　云南昆明医学院健康与发展研究所

9.全国人口和计划生育科技工作先进集体（2006年6月22日）

云南省人口和计划生育委员会科技处
云南省计划生育技术科学研究所
云南生育健康研究会
昆明市安宁市八街镇计划生育服务所

昆明市宜良县汤池镇计划生育服务所
曲靖市人口和计划委员会科教业务科
曲靖市宣教市热水镇计划生育服务所
曲靖市陆良县三岔河镇人口和计划生育服务所
玉溪市峨山彝族自治县计划生育服务站
玉溪市新平彝族傣族自治县漠沙镇计划生育服务所
保山市施甸县姚关镇计划生育技术服务所
保山市腾冲县人口和计划生育服务站
丽江市永胜县羊坪彝族乡计划生育服务所
昭通市永善县黄华镇计划生育服务所
昭通市彝良县计划生育服务站
昭通市水富县太平乡计划生育服务所
思茅市景谷傣族彝族自治县凤山乡计划生育服务站
临沧市耿马傣族佤族自治县孟定镇计生中心服务站
德宏傣族景颇族自治州盈江县平原镇计划生育服务所
怒江傈僳族自治州兰坪白族普米族自治县兔峨乡计划生育服务所
迪庆藏族自治州香格里拉县上江乡计划生育服务所
大理白族自治州南涧彝族自治县公郎镇计生服务所
楚雄彝族自治州元谋县计划生育服务站
楚雄彝族自治州禄丰县一平浪镇计划生育服务所
红河哈尼族彝族自治州弥勒县计划生育服务站
红河哈尼族彝族自治州个旧市大屯镇计划生育服务所
红河哈尼族彝族自治州元阳县黄茅岭乡计生服务所
文山壮族苗族自治州广南县珠琳镇计划生育服务站
文山壮族苗族自治州富宁县计划生育服务站
西双版纳傣族自治州景洪市勐罕镇计划生育服务所

10.全国人口和计划生育科技工作先进个人（2006年6月22日）

丁　明　云南省人口和计划生育委员会科技处
程晓丽　昆明市人口和计划生育委员会科技处
司凤仙　昆明市官渡区计划生育服务站
吉丽华　昆明市石林彝族自治县计划生育服务站
李佳红　昆明市富民县东村乡计划生育服务所
曾召凤　昆明市寻甸回族彝族自治县金所乡计划生育服务所
马春华　曲靖市罗平县计划生育服务站

王　俊	曲靖市富源县计划生育服务站
尹迎春	曲靖市沾益县计划生育服务站
张左兰	曲靖市师宗县彩云镇计划生育服务所
何　花	曲靖市麒麟区三宝镇计划生育服务所
付开存	曲靖市会泽县乐业乡计划生育服务所
李竹莲	玉溪市红塔区计划生育服务站
李美芝	玉溪市通海县计划生育服务站
杨秀琼	玉溪市澄江县阳宗镇计划生育服务所
李海波	玉溪市华宁县青龙镇计划生育服务所
曹江艳	玉溪市元江哈尼族彝族傣族自治县东峨镇计划生育服务所
张发成	保山市隆阳区计划生育服务站
赵德宏	保山市龙陵县计划生育服务站
杨　萌	保山市昌宁县柯街镇计划生育服务所
朱昌丽	昭通市鲁甸县计划生育服务站
叶国进	昭通市镇雄县计划生育服务站
范春开	昭通市威信县石坎乡计划生育服务所
黄柳明	昭通市盐津县牛寨乡计划生育服务所
郭　美	昭通市大关县木杆镇计划生育服务所
年溢溪	丽江市古城区计划生育服务站
子学珍	丽江市永胜县计划生育服务站
和珍仙	丽江市玉龙纳西族自治县大具乡计生服务所
任自学	丽江市华坪县荣将镇计划生育服务所
王有琼	思茅市翠云区计划生育服务站
吕恩玲	思茅市景谷傣族彝族自治县计生服务站
龙宝凤	思茅市孟连傣族拉祜族佤族自治县计划生育服务站
王　梅	思茅市墨江哈尼族自治县碧溪乡计生服务所
杨正贤	思茅市镇沅彝族哈尼族拉祜族自治县勐大镇计划生育服务所
王　卿	思茅市景东彝族自治县曼等乡计生服务所
刘子芬	临沧市沧源佤族自治县计划生育服务站
李韦娜	临沧市临翔区计划生育服务站
杨明春	临沧市镇康县南伞镇计划生育服务所
周林虎	临沧市凤庆县腰街乡计划生育服务所
王　菊	临沧市人口和计划生育委员会
王立海	德宏傣族景颇族自治州潞西市计生服务站
黄正芳	德宏傣族景颇族自治州陇川县计生服务站
萍　保	德宏傣族景颇族自治州瑞丽市姐相乡计划生育服务所

闫存香	德宏傣族景颇族自治州梁河县勐养镇计划生育服务所
番绍芬	德宏傣族景颇族自治州人口和计生委员会
明云英	怒江傈僳族自治州贡山独龙族怒族自治县计划生育服务站
张雪燕	怒江傈僳族自治州福贡县马吉乡计生服务所
陈文明	迪庆藏族自治州维西傈僳族自治县计划生育服务站
杨丽珍	迪庆藏族自治州香格里拉县三坝乡计划生育服务所
李天杰	西双版纳州勐腊县计划生育服务站
依香伦	西双版纳州勐腊县勐捧镇计划生育服务所
周素梅	大理白族自治州宾川县计划生育服务站
李杰香	大理白族自治州祥云县计划生育服务站
李丽英	大理白族自治州大理市计划生育服务站
何凤仙	大理白族自治州云龙县漕涧镇计生服务所
林四美	大理白族自治州洱源县炼铁乡计生服务所
董　查	大理白族自治州弥渡县寅街乡计生服务所
方惠平	楚雄彝族自治州楚雄市计划生育服务站
和云琼	楚雄彝族自治州牟定县计划生育服务站
赵云峰	楚雄彝族自治州大姚县计划生育服务站
李洁翠	楚雄彝族自治州永仁县永定镇计生服务所
李玉红	楚雄彝族自治州南华县红土坡镇计生服务所
李航琴	楚雄彝族自治州双柏县鄂嘉镇计生服务所
陈志冈	红河哈尼族彝族自治州泸西县计生服务站
杨立云	红河哈尼族彝族自治州建水县计生服务站
高凤仙	红河哈尼族彝族自治州绿春县计生服务站
武　卫	红河哈尼族彝族自治州石屏县牛街镇计划生育服务所
杨海珠	红河哈尼族彝族自治州蒙自县文澜镇计划生育服务所
徐　艳	红河哈尼族彝族自治州金平苗族瑶族傣族自治县者米乡计划生育服务所
杨文广	文山壮族苗族自治州麻栗坡县计生服务站
高忠富	文山壮族苗族自治州马关县计生服务站
张发秀	文山壮族苗族自治州西畴县西洒镇计划生育服务所
田　猛	文山壮族苗族自治州文山县秉烈乡计生所

11.第13届中国人口文化奖（广播影视类）

2006年11月24日由国家人口计生委、文化部、国家广电总局、全国妇联、中国文联、中国作协、中国人口文化促进会、中国广电协会、中国电影家协会、中国电视艺术家协会等10个单位评选。

电视专题片

奖项	作品名称	主创人员	摄制单位
三等奖	雕刻大山的民族（22集）	总撰稿: 孟家宗 撰稿: 陈约红 李期博 王清华 阿罗 白玉宝 邹天福 导演: 向真	云南红河影业有限公司
三等奖	甲次卓玛和她的母系大家庭	编辑: 高云川 冯滔 导演: 范志平	云南电视台纪录片中心

电视类

奖项	作品标题	刊播单位	作者姓名
三等奖	预防艾滋防止母婴传播	云南电视台	柳春

2006年度“云南省人口和计划生育先进工作者”

昆明市

郭子贞	宜良县县委书记
杨德惠（女）	宜良县汤池镇禾登村计生宣传员
司国会（女、布依族）	东川区铜都镇新街村计生宣传员
刘兴智	禄劝县人口计生局局长
陈国钟	富民县人口计生局局长
保建彬	官渡区区委副书记、区长
毕广才	安宁市草铺镇党委书记
王聪宝	嵩明县阿子营乡计生办主任

昭通市

马昌宇（回族）	昭阳区青岗岭乡党委书记
鲍焕平	昭阳区人口计生局局长
李章恒（回族）	鲁甸县人口计生局局长
杨登祥	巧家县金塘乡双河村计生宣传员
佘家均	大关县人口计生局局长
阳　勇	绥江县副县长
刘松贵	镇雄县以古镇比道角村计生宣传员
王直萍（女）	彝良县人口计生局副局长

曲靖市

保明富（回族）	沾益县副县长
赵永平	师宗县彩云镇党委书记
蒋克明	富源县人口计生局局长
沈立德	宣威市人口计生局局长
冯　平	马龙县马鸣乡计生办主任
陈伟孝	罗平县阿岗镇计生办主任
鲍白玉	曲靖市开发区西城街道办事处白牛社区计生宣传员
代继龙	麒麟区越州镇西关居委会计生宣传员

楚雄州

纳云德（傈僳族）	南华县县委书记
李静云（女、彝族）	禄丰县副县长
速进明（回族）	楚雄市人口计生委主任
罗金珍（女、彝族）	元谋县人口计生委主任
胡　武	楚雄市子午镇计生办主任
李秀珍（女）	大姚县金碧镇殷连村计生宣传员
李秀英（女）	永仁县永定镇良田村计生宣传员

玉溪市

周兴荣	新平县漠沙镇计生办主任
白翠华（女、彝族）	元江县澧江镇红河社区计生宣传员
韩桂芬（女）	红塔区人口计生局副局长
刘会兰（女）	红塔区凤凰路街道办事处瓦窑居委会计生宣传员
张　平	华宁县副县长
宋盈春（女）	易门县六街镇社会事业管理服务中心副主任
李　宏（彝族）	峨山县县委副书记、县长

红河州

王发利	建水县县委副书记、县长
叶翠萍（女）	河口县县委书记
马艳秋（回族）	弥勒县人口计生局局长
陈南舟（瑶族）	蒙自县人口计生局局长
张　宏	泸西县向阳乡计生办主任
杨龙三（哈尼族）	绿春县大兴镇马宗村计生宣传员
许福义（哈尼族）	红河县甲寅乡老博村计生宣传员

文山州

王　洪	文山县追栗街镇计生办科员
王家仁（彝族）	砚山县盘龙乡三合村计生宣传员
韦　超	西畴县副县长
万洪亮	麻栗坡县董干镇董干村计生宣传员

俞承忠	丘北县人口计生局局长
韦　波	广南县五珠乡乡长
龙　会（女）	富宁县人口计生局局长

思茅市

何　洁（女）	普洱县人口计生局办公室主任
刘泰元	镇沅县者东镇者铁村计生宣传员
赵　云（壮族）	澜沧县县委书记
龙院平（彝族）	江城县人口计生局副局长
梁　玮（女、壮族）	景谷县副县长
连志明	景东县人口计生局科员
杨发清（哈尼族）	墨江县联珠镇象鼻村计生宣传员

西双版纳州

高艳丽（女）	西双版纳农垦分局计生委主任
王德高（布朗族）	勐海县布朗山布朗族乡乡长
玉甩叫（女、布朗族）	勐海县布朗山章家村计生宣传员
玉旺叫（女、傣族）	勐腊县勐腊镇计生办计生助理员

大理州

王慧君（女、傣族）	宾川县副县长
张学全（白族）	漾濞县人口计生局局长
赵永福（白族）	洱源县人口计生局副局长
赵建梅（女、白族）	剑川县羊岑乡副乡长
杨毅军	巍山县五印乡计生办主任
王福云	祥云县计生服务站站长
尹宏光（白族）	云龙县表村傈僳族乡科立村计生宣传员
刘美仙（女）	弥渡县弥城镇谷芹村计生宣传员

保山市

杨洪刚	隆阳区永昌街道办事处副主任

蒋启坤	施甸县人口计生局局长
尹仁辉	腾冲县腾越镇计生办主任
杨世安	龙陵县象达乡计生办主任
张卫国	昌宁县副县长

德宏州

文恩贵	潞西市人口计生局局长
尹可跃	梁河县人口计生局局长
赵云莲（女）	盈江县平原镇计生办主任
罗　斌	陇川县户撒乡党委书记
翁草丁（女、景颇族）	瑞丽市户育乡副乡长

丽江市

和寿阳（女、纳西族）	古城区束河街道办事处副主任科员
肖　越（彝族）	宁蒗县蝉战河乡三股水村计生宣传员
乐文鹤（女）	永胜县副县长
谢贤恒	华坪县人口计生局局长
和晓英（女、纳西族）	玉龙县石鼓镇镇长

怒江州

余松成（白族）	兰坪县中排乡计生办主任
桑朝富（彝族）	泸水县上江乡计生专干
王沙波（傈僳族）	福贡县人口计生委主任
吴金莲（女、藏族）	贡山县副县长

迪庆州

赵红春（女、藏族）	香格里拉县副县长
扎史吾堆（藏族）	德钦县人口计生委主任
和艺春（女、纳西族）	维西县塔城镇启别村计生宣传员
蔡玉芬（女、傈僳族）	香格里拉县上江乡计生服务所主治医师

临沧市

李　梅（女）	临翔区人口计生局副局长
吴甫风	永德县副县长

吴强达	镇康县木场乡乡长
林子荣（拉祜族）	耿马县勐撒镇计生工作站站长
莫成美（女）	双江县勐库镇忙那村计生宣传员
陈维菊（女）	凤庆县凤山镇安石村计生宣传员

2006 年

1. 云南省人口和计划生育委员会 2006 年获中共云南省委、云南省人民政府“云南省社会治安综合治理先进单位”奖

2. 云南省人口和计划生育委员会 2006 年获国家人口计生委、国家财政部“全国农村部分计划生育家庭奖励扶助制度和少生快富工程试点工作先进单位”奖

3. 吴宏 2006 年 9 月获云南省人民政府“2005 年云南省 1% 人口抽样调查工作省级先进个人”奖

4. 吴宏获云南省人力资源和社会保障厅、云南省统计局 2004–2005 年度“全省统计系统先进个人”奖

5. 驻云南省人口计生委纪检组 2006 年受中纪委驻国家人口计生委纪检组表彰为专题论文获奖单位

6. 陆海音 2006 年获云南省人民政府“云南省有突出贡献优秀专业技术人才三等奖”

7. 叶利民 2006 年获中国人口文化促进会“全国人口文化工作先进个人”称号

2007年

1.全国人口和计划生育外事工作先进集体（2007年4月25日）

云南省人口计生委
德宏州人口计生委
玉溪市人口计生委
祥云县人口计生局
沾益县人口计生局
牟定县人口计生局
云县人口计生局

2.全国人口和计划生育外事工作先进个人（2007年4月25日）

丁　明（女）	云南省人口计生委对外合作处处长
雷　毅	玉溪市人口计生委主任
孟树仙（女）	楚雄彝族自治州人口计生委主任
吴江玲（女）	西双版纳州人口计生委主任
徐玉明	曲靖市罗平县人口计生局副局长
刘江华	思茅市翠云区人口计生局副局长
段如促	腾冲县计生协项目负责人
杨明丽（女）	腾冲县计划生育服务站站长
周云香（女）	监沧市沧源佤族自治县计生服务站副站长

3.全国计划生育优质服务先进单位（2007年12月3日）

昆明市宜良县　文山州马关县　保山市昌宁县

4.第13届中国人口文化奖（舞台艺术类）（2007年12月）

音乐类　入选作品奖　歌曲《女孩的天空》云南省人口和计划生育宣传教育中心

2007年度“云南省人口和计划生育先进工作者”

昆明市

马　涛（回族）	晋宁县副县长
岳绍萍（女）	呈贡县副县长
陆　华	东川区人口计生局局长
卢慧萍（女）	安宁县人口计生局局长
赵艳红（女）	五华区莲华办事处计生办主任科员
段绍云	富民县大营镇计生办主任
陶永苍	嵩明县牛栏江镇古城村计生宣传员
刘明华	寻甸县塘子镇坝者村计生宣传员

昭通市

李培海	昭阳区旧圃镇大村村计生宣传员
马吉林（回族）	鲁甸县县委书记
董天霖	巧家县人口计生局局长
汪范香（女）	盐津县普洱镇桐梓村计生宣传员
肖德祥	永善县人口计生局局长
邹才源	镇雄县场坝镇党委书记
赵　信	威信县人口计生局局长

曲靖市

吕品红（女）	富源县副县长
程星红	陆良县三岔河镇党委书记
李　才（回族）	沾益县人口计生局局长
胡崇英（女）	马龙县人口计生局局长
胡志胜	宣威市田坝镇计生办主任
张正才	会泽县上村乡计生办主任
郭海良	师宗县雄碧镇天生桥村计生宣传员
高小荣	罗平县罗雄镇法金甸村计生宣传员

楚雄州

邓斯云	楚雄市市委副书记、市长
李　伟	禄丰县勤丰镇镇长
张春艳（女）	姚安县人口计生委主任
张良荣	牟定县江坡镇计生办主任
陈丽华（女、彝族）	大姚县龙街乡计生办主任
马光洪（回族）	南华县五顶山乡柳德村计生宣传员
王桂涛（女、彝族）	元谋县老城乡老城村计生宣传员

玉溪市

朱建华	新平县副县长
张　萍（女）	通海县秀山镇滨湖社区计生宣传员
陈留焕（女）	江川县路居镇螺蛳铺村计生宣传员
吴运龙	澄江县人口计生局局长
罗天顺（彝族）	华宁县青龙镇计生办副主任
杨继荣	峨山县大龙潭乡乡长
白青德（哈尼族）	元江县人口计生局局长

红河州

崔丽荣（女）	个旧市人口计生局局长
李存贵	开远市市委副书记、市长
章绍明	石屏县人口计生局局长
王家林	弥勒县县委副书记、县长
王金荣	泸西县金马镇雨龙村计生宣传员
李江山（哈尼族）	绿春县人口计生局局长
罗文高（苗族）	河口县莲花滩乡计生办主任

文山州

李艳红（女、壮族）	富宁县副县长
王树忠（彝族）	砚山县江那镇党委书记
罗毅飞（苗族）	马关县人口计生局局长
段昌云（女）	西畴县兴街镇计生办主任

俞承忠	丘北县人口计生局局长
郑周亮	广南县八宝镇杨柳树村计生宣传员
金丽梅（女、回族）	文山县红甸乡茂克村计生宣传员

普洱市

刘　钊	墨江县县委书记
孔广群（女）	景东县副县长
袁孟金（傣族）	孟连县人口计生局局长
李美芳（女、拉祜族）	西盟县人口计生局局长
刘江华	思茅区人口计生局局长
李建华（女、彝族）	宁洱县宁洱镇太达村计生宣传员
李应祥（拉祜族）	澜沧县勐朗镇唐胜村计生宣传员

西双版纳州

岩　康（傣族）	西双版纳农垦分局副局长
玉　溜（女、傣族）	勐海县勐遮镇曼恩村计生宣传员
李有萍（女）	景洪市人口计生局办公室主任
依腊波（女、傣族）	勐腊县人口计生局局长

大理州

熊艳平（女）	巍山县副县长
庞生明	祥云县祥城镇镇长
曹永凤（女、彝族）	南涧县人口计生局局长
杨丽菊（女）	弥渡县红岩镇计生办主任
杨汝清（白族）	云龙县检槽乡计生办主任
鲍红仙（女）	大理市大理镇南门村计生宣传员
钟　伟（女）	宾川县金牛镇白塔村计生宣传员
李顺明（女、白族）	鹤庆县六合乡灵地村计生宣传员

保山市

张元秀	隆阳区西邑乡计生办主任
杨光兰（女）	施甸县副县长
刘定育	腾冲县固东镇罗坪村计生宣传员

余自明　　龙陵县龙山镇副镇长
施恩朝　　昌宁县人口计生局局长

德宏州

杨保良(女)　　潞西市副市长
段建德　　瑞丽市畹町经济开发区人口计生局局长
宋云祥　　陇川县章凤镇计生办主任
杨爱华(女)　　梁河县九保乡勐科村计生宣传员
向光茂(傣族)　　盈江县芒章乡相帕村计生宣传员

丽江市

李英莲(女)　　古城区金江乡罗玄村计生宣传员
唐方明　　华坪县中心镇计生办主任
杨学才(彝族)　　宁蒗县战河乡副乡长
和永军(纳西族)　　玉龙县人口计生局副局长
马天强(彝族)　　永胜县羊坪乡计生服务所所长

怒江州

鲁　春(傈僳族)　　泸水县人口计生委主任
罗建文(白族)　　兰坪县县委副书记
丰学光(傈僳族)　　福贡县马吉乡计生办主任
唐立功(傈僳族)　　贡山县丙中洛乡党委书记

迪庆州

张志宏(普米族)　　维西县县委副书记
和红美(女、藏族)　　香格里拉县人口计生委主任
此里永宗(女、藏族)　　德钦县霞若乡计生专干
和春莲(女、傈僳族)　　维西县永春乡罗马村计生宣传员

临沧市

李祥生(佤族)　　沧源县副县长
杨仙琴(女、白族)　　云县人口计生局局长
董国俊　　凤庆县计生服务站站长
杞　忠　　临翔区蚂蚁堆乡党委书记、乡长

严家相	永德县亚练乡亚练村计生宣传员
杨建强（佤族）	镇康县忙丙乡帮海村计生宣传员

2007年

1. 云南省人口和计划生育委员会2007年获中共云南省委、云南省人民政府“云南省社会治安综合治理先进单位”奖

2. 云南省人口和计划生育委员会2007年获中共云南省委、云南省人民政府授予“云南省信访工作先进集体三等功”奖

3. 李毅群、李青2007年获中国计划生育协会“全国计划生育协会先进工作者”奖

4. 云南省计划生育科研所《妇女生殖道感染诊断与综合防治技术研究》课题2007年获云南省人民政府“省科学技术进步三等奖”

专业工作篇

办公室

2006年

【概述】

2006年,办公室在委党组的领导下,在各相处室的大力支持和配合下,紧紧围绕进一步降低生育水平、提高出生人口素质这一中心工作,当好委党组的参谋助手,为确保国家人口计生委和省委、省政府决策部署的贯彻落实发挥了应有的作用。

一、办文工作

(一)规范了收文、发文程序,严格按照公文处理程序办理,提高了办文质量。一年来,委机关发送的各类文件、电报、函件、信息、内部情况通报、人口调研均未发生明显公文差错。10月份在省政府办公厅举办的公文处理培训班上,在公文点评中,我委的公文办理得到了好评。

(二)建立了畅通的政务信息传输渠道,实现了与国家人口计生委、省委、省政府的无纸化信息传输,做到了全省政务信息传输电子化。年初,下发了《关于对各州市政务信息工作管理和考核办法》,年底,对各州市报送的信息进行了统计和考核,但因年初未安排工作经费,尚未兑现奖惩。

(三)2006年,共向国家人口计生委办公厅、省委办公厅、省政府办公厅报送信息182条,被上级部门采用信息22条。

(四)2006年,共编发《人口与计划生育信息》27期,《内部情况通报》9期,《人口调研》3期,超额完成任务。

(五)2006年,在相关处室的配合下,较好地承担了全国农村部分计划生育家庭奖励扶助制度和"少生快富"工程全面实施工作会议、全省人口资源环境工作座谈会、全省人口与计划生育工作会议、全省出生人口缺陷试点工作启动会、两次委党组中心组学习会议(玉溪、海埂)材料起草工作,主要起草了省政府领导和省人口计生委领导的讲话。积极参与撰写我委向国家人口计生委、省委、省政府、省人大的汇报材料。

二、办会工作

（一）2006年，在各处室的支持下，办公室牵头承办了7次规模较大、规格较高的会议。

第一，积极协助省委、省政府办公厅筹备全省人口资源环境工作座谈会；

第二，组织召开了全省人口与计划生育工作会议；

第三，承办了全国农村部分计划生育家庭奖励扶助制度和"少生快富"工程全面实施工作会议；

第四，在昆明海埂会议中心组织召开了委党组中心组学习会议；

第五，在玉溪组织召开了委党组中心组学习会议；

第六，组织召开了全省出生人口缺陷试点工作启动会；

第七，召开了省人口计生委与驻滇部队"八一建军节"座谈会；

（二）协助有关处室承办的会议。

第一，参与协助流动人口处承办流动人口计划生育工作现场会；

第二，参与协助科技处承办全省计划生育优质服务工作现场会；

第三，参与协助宣教处承办全省关爱女孩行动知识竞赛；

第四，参与协助法规处承办"立法回头看"活动会议；

第五，参与协助发展规划处承办"奖优免补"课题结题会；

每次会议做到周密部署，精心组织，未出现差错，得到了与会代表的好评。

（三）每次办会都积极主动与财务处进行沟通，按照会议标准认真核算，做到既节约经费又开好会，确保了会议的圆满成功，让大家满意。

三、办好了四件实事。

（一）云南省计生系统团购房工作进展顺利。

（二）委机关档案库房、资料室装修验收后已投入使用，各种档案、资料整理规范。

（三）与发展规划处共同积极与省招办协调，圆满完成了农业人口独生子女高考升学加分工作，未收到投诉举报。

（四）全省电子政务采购设备到位，相关设备分发到相关州市，机关局域网运转基本正常。

四、信访工作

（一）2006年共受理群众来信、来访、来电670件次，做到件件有回复，件件有落实。

（二）圆满解决了老上访户楚雄州的罗志淑、昭通市的王发章的问题。

（三）认真协调了曲靖、玉溪市计生干部转干、公务员登记的相关问题。

（四）2006年，办公室共牵头办理了省人大代表建议5件、省政协委员提案2件，已经全部办理完毕。

五、督办工作

（一）办公室明确专人负责督办工作，2006年，未接到督办件，对国家人口计生委和省委、省政府领导交办的事项，办公室及时向委领导汇报，与相关处室协调，未发生因交办不及时出现差错。

（二）对主任办公会决定事项的督办工作，及时传送到机关各处室，对每一项督办工作都进行跟踪、了解、督办，做到认真督促，及时反馈。得满分5分。

六、管理和服务工作

（一）做好委机关内部管理工作

第一，严格规范了办文程序；

第二，加强了机关后勤管理和保障工作，加强了会议室管理；

第三，加强驾驶员的管理和培训工作，1月，在宜良召开了驾驶员交通安全意识教育和业务培训会，做到了人员交通安全无事故发生；

第四，加强机关车辆管理，出台了车辆管理办法，规范了车辆使用管理制度，全年来，无交通事故发生。

（二）本着为领导服务，为机关服务，为基层服务原则，认真做好服务工作

第一，认真完成领导交办的各项工作，积极为领导当好参谋助手，让领导满意；

第二，认真做好基层到机关联系、请示、汇报工作的服务，做到有一个座位，有一杯热茶，有笑脸相迎，有热情相送，有一句温暖的话语；

第三，为机关服务在生活上做到早、中餐尽量让大家满意，在工作中未发生因工作不周到影响各处室工作的情况，尽心尽力为大家服务。

（三）认真做好接待工作

完成了对国家人口计生委主任张维庆、副主任江帆、赵白鸽、潘贵玉、王国强的接待工作，得到了领导的好评；

先后接待了国家人口计生委、财政部联合督查组，国务院发展研究中心督查组，国家人口发展研究中心评估组；

先后接待了新疆、河南、河北、内蒙、广东、山东、上海、重庆等兄弟省区计生考察团，做到积极协调领导，介绍经验，安排食宿，使他们高兴而来，满意而归，无有损云南省形象的事件发生。

七、其他工作

第一承办了全国农村部分计划生育家庭奖励扶助制度和“少生快富”工程全面实施工作会议，得到了领导和与会代表的好评；

第二完成了棕树营、茭菱路职工宿舍电网改造工作；

第三，完成了“云南人口奖”的遴选和表彰工作；

第四，承担了云南“十一五”丛书编撰和“十五”成就展览工作；

第五，参与了责任目标督查、出生缺陷干预试点工作督查、省人口计生委到楚雄州进行社会主义新农村建设调研活动；

第六，较好地完成了委机关住房不达标的清理、审批和上报工作；

第七，参与了省人大“立法回头看”调研活动。

八、荣誉表彰

2006年，社会治安综合治理工作考评中，省人口计生委被省委、省政府评为“省社会治安综合治理先进单位”。

2007年

一、办文工作

1. 承担了《中共云南省委云南省人民政府关于进一步加强人口和计划生育工作统筹解决人口问题的决定》文稿的组织、调研、起草、讨论、修改等工作。

2. 承担了全省州市人口计生委主任会议、全省人口形势分析会议等会议、活动的材料起草工作，参与撰写我委向省委常委会和国家人口计生委的汇报材料。

3. 组织编撰正式出版了《新人口礼赞——人口和计划生育工作回顾与展望（云南卷）》。

4. 进一步规范了收、发文程序，提高了办文质量。与相关处室配合起草了《云南省人口计生委党风廉政建设责任制暂行规定》、《云南省人口计生委接待工作规定》等规范办文、办事、办会工作的文件。一年来委机关正式发送的各类公文均未发生明显差错。

5. 全年编发《人口与计划生育信息》27 期《内部情况通报》9 期，共向国家人口计生委办公厅、省委办公厅、省政府办公厅报送信息 182 条，被上级部门采用的信息 22 条。

6. 完成了 2006 年机关文书档案的整理工作共整理出文书档案 40 卷 529 件；完成了省档案局对我委机关文书档案保管的年检工作，被评为“优秀

年检单位”。

7.完成了《中国人口计划生育年鉴》云南篇和《云南年鉴》、《云南经济年鉴》、《云南省小康年鉴》中计划生育篇的编撰工作。

二、办会工作

在各处室、各单位配合下，牵头或参与承办了下列会议：

1.牵头承办了全省州市人口计生委主任会议。

2.牵头承办了全省人口形势分析会议。

3.省人口计生委党组民主生活会。

4.配合国家人口计生委在我省香格里拉县组织筹办了“新农村新家庭——大香格里拉地区人口健康促进项目”启动实施会议。

5.配合中央党校和国家人口计生委在我省腾冲筹备召开了全国党校系统人口理论教学研讨会；

6.承担了我委与省卫生厅、昆明市政府联合主办的“中国(昆明)首届生殖健康暨性文化博览会”大量筹办工作。

7.组织筹办了沪滇人口和计划生育系统对口支援合作协议签订仪式。

8.协助国家人口计生委在昆明组织举办了“维护中西部地区妇女生殖健康权利培训班”。

三、接待工作

1.3月28日－4月3日组织参与了接待中央纪委驻国家人口计生委纪检组长勾清明率监察部驻国家人口计生委监察局副局长杨云凯一行深入到我省丽江、西双版纳、思茅等地进行人口计生系统作风建设和党风廉政建设调研工作。

2.4月6日至4月14日组织参与了接待国家人口计生委王培安副主任带队到我省大理州、德宏州开展农村人口和计划生育工作综合调研工作。

3.6月14日至17日，组织参与了接待国家人口计生委副主任赵白鸽等到我省昆明、丽江、迪庆等地检查了社区服务窗口、流动人口管理、计划生育优质服务调研工作。

4.8月13－15日，组织参与了接待挂职任国家人口计生委办公厅副主任的全国人大常委会委员张美兰到我省进行的信访专题调研工作。

5.参与了省政府办公厅安排的第七届残运会对口接待工作，我委因工作突出被组委会评为“突出贡献奖”。

6.参加了省政府办公厅安排的中国旅交会接待陕西省副省长到丽江、版纳考察的工作，受到省政府接待办的好评。

7.协助国家人口计生委做好在昆明组织举办的“维护中西部地区妇女生殖健康权利培训班”的接待工作。

8.组织了沪滇对口支援活动上海人口计生委到云南考察的接待工作。

9.接待了其他省市区人口计生委到我省学习考察工作。

四、信访和督查工作

2007年加强了督促检查和信访工作：

1.办理了省人大、省政府转来的《关于曲靖市西平镇6000多户下岗失业人员、农村人口独生子女保健费未能落实》等督办件5件，下发《督办通知》5份，上报《督查专报》7期，做到件件有落实，事事有回音。

2.于7月、10月先后两次参与组织督查调研组，深入各州、市对贯彻落实中央《决定》精神和年度目标任务完成进展情况进行了全面督查。

3.做好矛盾纠纷排查化解工作，着重解决信访老户问题。认真对待和受理群众的信访和举报，及时核实群众反映的问题。全年接待群众来信来访871件次，其中来信139件次，来访35件次，电话访697件次。

4.积极协调解决了群众反映的热点难点问题。对工资改革中广大职工因暂时停止执行《省条例》中关于“领取《独生子女父母光荣证》的职工退休后加发5%的退休金和养老补助金”规定强烈不满而引起的信访热点问题，与相关处室配合积极促成了省人事厅、省财政厅下发“云人〔2007〕19号”

文件妥善圆满解决了这一问题。

5. 因2004年至2007年我委信访工作成绩突出，被省委、省政府评为“三等功”先进集体。

6. 参加国家人口计生委办公厅召开的信访老户案例分析会，云南省报送案例分别获得三等奖、鼓励奖。

五、其他重要工作

1. 组织协调了新一届省人口与计划生育工作领导小组成立的大量文秘工作。

2. 办理了人大代表建议3件，政协委员提案4件。

3. 协助委建房小组组织完成了全省计生系统集体认购夏意雅园商品房的抽签选房工作。

4. 参与组织了云南省人口和计划生育委员会与云南人民广播电台合办的“金色热线”栏目政务公开工作。

5. 参加了2007年双线责任目标考核调研工作。

6. 参与了我委调研组两次到扶贫挂钩联系点鲁甸县水磨镇慰问调研工作，并撰写调研报告，参与制订扶贫方案。

2008年

一、办文工作

1. 全程承担了《中共云南省委云南省人民政府关于进一步加强人口和计划生育工作统筹解决人口问题的决定》文稿的组织、调研、起草、讨论、修改等工作。

2. 承担了全省州市人口计生委主任会议和云南省全面启动出生缺陷一级预防工作会议、全省“十一五”人口发展规划和事业发展规划中期评估暨人口形势分析会议、全省人口和计划生育宣传教育工作会议等会议、活动的材料起草工作，积极参与撰写我委向省政府常务会、省委常委会和国家人口计生委的汇报材料。

3. 进一步规范了收、发文程序，提高了办文质量。与相关处室配合起草了《云南省人口和计划生育委员会服务承诺书》、《云南省人口和计划生育委员会接待工作规定》、《云南省人口和计划生育有奖举报制度》等规范办文、办事、办会工作的文件。一年来委机关正式发送的各类公文均未发生明显差错。

4. 全年编发《云南省人口和计划生育工作信息专报》10期、《人口与计划生育信息》32期、《内部情况通报》2期、《人口调研》期；四川地震期间向国家人口计生委上报了《信息专报》48期；向国家人口计生委办公厅、省委办公厅、省政府办公厅报送信息150余条。

5. 完成了2007年机关文书档案的整理工作共整理出文书档案48卷610件。

6. 进一步加强了机关机要文书交换、督促检查、保密教育等工作。

7. 完成了《中国人口计划生育年鉴》云南篇和《云南年鉴》、《云南经济年鉴》、《云南省小康年鉴》中计划生育篇的编撰工作。

二、办会工作

在各处室、各单位配合下，牵头或参与承办了下列会议：

1. 省政府“十一五”人口发展和事业发展规划中期评估汇报会；

2. 全省州市人口计生委主任会议和云南省全面启动出生缺陷一级预防工作会议；

3. 全省“十一五”人口发展规划和事业发展规划中期评估暨人口形势分析会议；

4. 全省人口和计划生育宣传教育工作会议；

5. 全省计划生育协会工作会；

6. 全省人口计生系统办公室主任培训班；

7. 部分州、县人口计生委主任省《决定》起草座谈会

8. 协助国家人口计生委在昆明组织举办了“更年期妇女宫内节育器取出技术培训班”。

三、办好五件实事

1. 职工食堂改造及早、中餐改革工作顺利完成；

2. 经省政府办公厅批准，处置了机关老旧车辆，并更新配备了办公用车，改善了机关办公条件；

3. 组织了全省人口计生系统办公室主任培训班考察活动；

4. 组织了人口计生系统办公室实务跟班学习培训工作；

5. 为科研所搬迁和单位建房工作做了大量前期准备工作。

四、接待工作

贯彻落实省政府行政问责办法等四项制度，依照《云南省人口和计划生育委员会贯彻落实四项制度责任书》要求，我办严格按照文明接待、依法行政、政务公开、廉洁从政、遵守纪律、责任落实六个内容来要求全体工作人员，切实提高行政效能，积极做好各项接待工作：

1. 组织参与了接待国家人口计生委副主任潘贵玉等到云南进行“十一五”人口发展和事业发展规划中期评估工作；

2. 组织参与了接待国家人口计生委国际合作司和澳大利亚人权委员会专家来昆考察工作；

3. 组织参与了接待中央新增投资项目检查组驻云南检查指导的工作，并组织参与了中央检查组组长、国家人口计生委纪检组组长勾清明在滇考察人口计生的工作；

4. 协助国家人口计生委做好在昆明组织举办的“更年期妇女宫内节育器取出技术培训班”的接待工作。

5. 协助做好国家人口计生委赴滇进行“三下乡”活动的接待工作。

五、信访和督查工作

1.2008 年重点加强了信访工作和督促检查工作，认真对待和受理群众的信访和举报，及时核实群众反映的问题。对群众举报反映的问题加大督查力度，责令要求涉及问题的各级人口计生部门认真调查核实情况，并及时将调查结果向上级领导报告，对调查后确实存在的问题进行了严肃查处。

2. 按中央和省委要求组织开展了大接访、大下访活动。认真排查化解矛盾纠纷，积极为群众解决实际困难和问题，顺利结案了一批多年上访的积案。如 11 月组织了我委联合民政厅、人事厅等多个部门开展的联合大接访，对上访户提出的要求和诉求给予认真听取并耐心细致地说服教育，本着客观公正、实事求是、以人为本的原则圆满解决了刘顺才等一些老上访户的案件。

3. 全年接待群众来信来访 895 件次，其中来信 91 件次，来访 54 件次，电话访 697 件次，网上信访 53 件次。

4. 积极参与了省联席会议办公室组织的奥运会期间信访应急机动工作。

六、政府信息公开工作

1. 建立了省人口计生委政府信息公开工作领导机构、明确了主管部门、工作机构，配备了专兼职人员；组织开展了政府信息公开培训、教育工作。

2. 对政府信息进行了认真梳理；按规范编制、公布了《云南省人口计生委政府信息公开指南》《云南省人口计生委政府信息公开目录》；制订并实施了《云南省人口和计划生育委员会政府信息公开实施办法》，重新设计印制了《云南省人口和计划生育委员会发文稿纸》并规范了公文发布公开程序。

3. 多渠道公开政府信息，与相关处室配合建设了云南省人口和计划生育委员会政府信息公开网站，取得了良好的社会效益。

4. 按照《政府信息公开条例》要求，全年共在“云南省人口和计划生育委员会政府信息公开网站”上主动公开了 148 条政府信息。

5. 因此项工作突出，被省人民政府表彰为“2008 年云南省政府信息公开优秀单位”。

七、其他重要工作

1. 组织了第二届云南人口奖遴选的启动、初选、初评工作。

2. 办理了人大代表建议 2 件，政协委员提案

7件。

3. 积极参与了委机关解放思想大讨论活动的组织、文秘工作。

4. 积极参与了委机关深入学习实践科学发展观活动的组织、文秘工作。

5. 积极参与了深入学习实践科学发展观活动期间到昭通、玉溪、昆明进行的调查研究工作。

6. 启动了编纂《云南人口计划生育年鉴》工作，填补了全省人口计生系统的年鉴编纂空白。

7. 组织筹办了第二届昆明“性健康博览会”。

8. 参与组织了我委与云南人民广播电台合办的“金色热线”栏目政务公开工作。

9. 参加了2008年双线责任目标考核调研工作。

10. 积极参加了国家人口计生委和我委组织的“三下乡”活动。

11. 撰写了《关于农村普惠政策与计划生育基本国策协调问题的调查报告》和《昆明市综合改革情况调研报告》等调查研究报告。

政策法规处

2006年

一、完成了全省人口计生系统的法规、信访培训。(3月15日至17日在宣教中心举办)

二、协助国家人口计生委政策法规司做好《中国生殖健康权利》在曲靖马龙的调查工作。(4月5日至4月8日)

三、完成了省人口计生委对基层计划生育工作的督察调研工作。(4月6日至13日)

四、配合省人大完成了"立法回头看"调研工作，活动结束后，省人大常委会形成了"关于开展云南省人口与计划生育条例'立法回头看'活动的情况报告",并刊登在《人大要情通报》第24期上，国家人口和计划生育委员会于2006年10月8日在《调查与研究》上进行全文转载。(4月17日至4月21日)

五、参加了省政府在省委党校举办的《全面推进依法行政实施纲要》的培训，并组织了全委公务员和参公管理的人员共52人参加了省政府法制办举办的统一考试，成绩全部合格。(4月17日至4月19日培训、9月30日考试)

六、完成了法规委执法材料(执法依据、行政许可、行政确认等)的核对查实并报送省法制办。(6月14日)

七、陪同监察室刘主任赴昭通的昭阳区、大关县、镇雄县进行了纪律在计划生育工作中的保障作用和行政执法情况的调研。(6月19日-6月23日)

八、完成了《全国人口和计划生育工作"十五"回顾与"十一五"展望》丛书云南卷法制工作部分的编撰。(7月份)

九、举办了部分州、市、县法规干部行政执法专题研讨会，就即将出台的几个文件和行政执法中的具体案例进行了研讨。(八月份)

十、完成了法规委金桂兰、吴莉华、聂愿平、可明等四人的法制督察证办理工作。

十一、拟制并下发了《关于贯彻实施〈云南省农业人口独生子女家庭奖励规定实施细则〉若干问题的规定》的通知。(即是农业人口"奖优免补"政策应用问题解释)(8月28日)

十二、完成了《"奖优免补"问答》的修订工作。(8月份)

十三、陪同和副主任参加了第13期省级人口计生委主任研修班及政法处处长培训班。(8月27日-9月1日)

十四、完成了人口出生缺陷干预试点县工作的督察工作。(9月13日-15日)

十五、参加了省政府法制办举办的全省清理限制非公经济规定暨规范性文件制订备案培训，并完成了《清理了限制非公有制经济发展规定工作文件》的工作。(10月份)

十六、陪同和副主任参加了由国家人口计生委在兰州举办的西部地区计划生育"少生快富"工程培训班。(11月10日-11日)

十七、拟制并下发了《贯彻落实〈独生子女父母光荣证管理办法〉的意见》。(11月3日)

十八、参加了省委"依法治省"领导小组在安宁举办的"五五"普法骨干培训，并草拟了《人口和计生系统"五五"普法规划》和《关于成立云南省计生系统"五五"普法宣传教育领导小组的通知》。(11月份)

十九、草拟了云南省人口和计划生育"少生快富"工程实施办法及制订说明。配合发展规划处完成了目标人群的摸底调查工作。(11月份)

二十、配合科技处完成了《云南省人口出生缺陷预防实施细则》。

二十一、参加了由国家人口计生委政法司举办的计划生育/生殖健康与人权保护研讨会二期。（4月份一期，10月份一期）

二十二、草拟了法规委“依法治省”工作总结。（12月份）

二十三、完成了法规委今年规范性文件的备案工作。

二十四、完成了关于成立省人口计生委行政复议办公室的相关工作。

二十五、反馈各级各部门拟出台文件的修改意见14件。

二十六、协助办公室完成人大代表、政协委员提案答复3件。

二十七、答复基层计生委、局政策执行中的问题21件。

二十八、答复群众来电200余人次。

2007年

2007年，法规处在委党组的领导下，在其他处室的支持和配合下，经过全处同志的共同努力，比较圆满地完成了今年的主要工作任务。

【加强理论学习，促进党风廉政建设】

一年来，法规处始终坚持学习不放松，自觉加强对政治理论的学习，进一步提高党员干部队伍的凝聚力和战斗力，充分发挥党员的先锋堡垒作用，切实加强党的思想建设、组织建设和作风建设，确保本处人员思想上先进，政治上可靠，廉政上自律，作风上优良。

一是加强政治思想学习教育

组织本处人员学习邓小平理论、“三个代表”重要思想和党的十七大精神、《江泽民文选》，参加委里组织的各种党课、报告会、学习会、培训会。通过加强理论学习教育与实际工作紧密结合，既提高了干部的理论素养，强化了艰苦奋斗、无私奉献的精神，树立了全局观念，又增强了解决实际问题的能力。

二是加强业务知识学习教育

把理论学习和计生工作的新业务、新知识、新技能结合起来，组织处内干部学习《中华人民共和国人口与计划生育法》、《全面加强人口和计划生育工作统筹解决人口问题的决定》、《云南省人口与计划生育条例》、国务院《全面推进依法行政实施纲要》等业务知识和其他法律法规，通过加强业务知识的学习，有效地提高了处内人员的业务水平和工作能力。

三是加强党风廉政学习教育

通过学习《中国共产党纪律处分条例》、《中国共产党党内监督条例》等党纪条规，教育党员干部构筑牢固的思想道德防线，树立正确的权利观、地位观、利益观。严格执行各项规定，实现用制度管人管事。坚持政务公开，增加政务、事务的透明度，主动接受群众和领导的监督。提高了党员干部拒腐防变的能力，确保了党员干部始终保持艰苦奋斗、廉洁自律的工作作风，推进了各项工作规范有序开展。

【2007年各项工作任务完成情况】

一、目标管理责任制完成情况

1.完成了《云南省人口与计划生育条例》修订提交省政府法制办的立法调研、起草、论证等工作。并向国家人口计生委上报了修订情况。

2.协助国家人口计生委政法司完成了在昆明举办的“中西部地区妇女生殖健康权利培训班”的有关事宜，并得到国家计生委的好评。

3.完成了云南省独生子女死亡伤残家庭补助办法的调研起草工作。

4.完成了计划生育村（居）民自治情况的调研（11月26日–28日赴文山州进行了调研）。

5.完成了《云南省计划生育村民自治指导意见》的起草工作。

6.完成了县、乡“奖优免补”对象资格确认工作的抽查。（1月9日–23日红河、文山，10月9日–13

日昆明、楚雄，10月12日–19日红河、文山）

二、其他工作任务完成情况

1.根据国家人口计生委要求，对法规省实施三孩生育政策的相关情况进行了摸底调查，并将符合条件的二孩家庭个案信息录入国家"少生快富"工程管理信息系统。并在蒙自人口形势分析会议上，征求了各州市主任的意见后对法规省实施"少生快富"工程提出了具体的方案。

2.参与民政厅等有关厅局制订《关于解决法规省公民事实收养有关问题的若干意见》。

3.拟制并印发了《云南省人口计生系统开展纪念〈中华人民共和国人口与计划生育法〉实施五周年活动方案》，各地积极开展了形式多样的宣传活动，并积极参加第三届人口和计划生育法制征文活动。现已有10余篇文章参加了征文。

4.向国家人口计生委报送了法规省计划生育保险工作情况及全省人口计生系统行政复议行政应诉案件统计分析报告。

5.转发了国家人口计生委《县级人口和计划生育依法行政考核与评估基本要求》和《坚持依法行政抓紧抓好当前工作的通知》并提出了具体要求。

6.参加了西部地区计划生育"少生快富"工程的培训。

7.完成了法规委行政审批项目的清理，并将保留和取消的项目上报省法制办。

8.完成了行政执法案件的督办工作。

9.配合国家人口发展研究中心完成了少生快富和奖励扶助调查工作。

10.陪同国家计生委办公厅主任一行完成了行政执法督查工作。

11.配合纪检监察室完成了部分州市的行政执法抽查。

12.配合流动人口处赴河口、金平、麻栗坡进行了法规省"三非"（非法入境、非法婚姻、非法生育）人员的调研。

13.完成了赴红河州、文山州的目标责任考核工作。

14.拟制并向省委依法治省领导小组办公室报送了法规委贯彻依法治省工作会议精神的情况报告。

15.认真组织了委机关、协会及其直属各单位参加了"百家网站奥运相关法律法规知识竞赛"活动，并将活动情况上报省直机关工委。

16.完成了法规委推行计划生育政务公开实施意见的拟制下发，并将法规委开展政务公开工作督促检查情况和2007年工作总结上报了省政务公开领导小组办公室。

17.完成了赴福建进行户籍改革调研的工作，拟制了《关于在深化户籍制度改革中做好人口计生工作的意见》，并征求了各州市意见。

18.答复了三件诤言。

19.答复群众来信来访、电话咨询逾百件。

20.就各部门的征求意见稿提出修改意见10余件。

2008年

2008年，法规处在委党组的领导下，在国家人口计生委政法司和省政府法制办的指导下，在其他处室的支持和配合下，经过全处同志的共同努力，比较圆满地完成了今年的主要工作任务。

【加强理论学习，促进党风廉政建设】

一年来，法规处始终坚持学习不放松，自觉加强对政治理论的学习，进一步提高党员干部队伍的凝聚力和战斗力，充分发挥党员的先锋堡垒作用，切实加强党的思想建设、组织建设和作风建设，确保本处人员思想上先进，政治上可靠，廉政上自律，作风上优良。

一是加强政治思想学习教育

组织本处人员认真学习邓小平理论、"三个代表"重要思想和党的十七大精神、《江泽民文选》，积极参加科学发展观活动，参加委里组织的各种党课、报告会、学习会、培训会。通过加强理论学习教育与实际工作紧密结合，既提高了干部的理论素养，强化了艰苦奋斗、无私奉献的精神，树立了全局观念，又增强了解决实际问题的能力。

二是加强业务知识学习教育

把理论学习和计生工作的新业务、新知识、新技能结合起来，组织处内干部学习《中华人民共和国人口与计划生育法》、《全面加强人口和计划生育工作统筹解决人口问题的决定》、《云南省人口与计划生育条例》、国务院《全面推进依法行政实施纲要》等业务知识和其他法律法规，通过加强业务知识的学习，有效地提高了处内人员的业务水平和工作能力。

三是加强党风廉政学习教育

通过学习《中国共产党纪律处分条例》、《中国共产党党内监督条例》等党纪条规，教育党员干部构筑牢固的思想道德防线，树立正确的权利观、地位观、利益观。严格执行各项规定，实现用制度管人管事。坚持政务公开，增加政务、事务的透明度，主动接受群众和领导的监督。提高了党员干部拒腐防变的能力，确保了党员干部始终保持艰苦奋斗、廉洁自律的工作作风，推进了各项工作规范有序开展。

【圆满完成各项工作任务】

一、参与草拟了《中共云南省委云南省人民政府关于进一步加强人口和计划生育工作统筹解决人口问题的决定》（送审稿）及说明 。

二、根据国家人口计生委《人口计生委办公厅关于召开全国和计划生育依法行政座谈会的通知》要求，全面分析和总结了法规省 2005 年以来人口和计划生育依法行政工作中取得的经验和体会、存在的主要困难和问题以及当前人口和计划生育依法行政形势。并形成文字材料报政法司，提交会议进行交流。

三、完成了“少生快富”工程赴临沧、德宏的调研,并形成调研报告。完成了2008年度“少生快富”工程的资格确认、录入等相关工作。

四、根据省政府要求，完成了省人口计生委贯彻实施《云南省人民政府实施行政问责办法等四项制度》的意见的拟制下发。并上报省政府办公厅。

五、起草并下发《云南省人口和计划生育委员会关于在深化户籍管理制度改革中做好人口和计划生育工作的实施意见（暂行）》。

六、根据《省政府关于对〈中华人民共和国政府信息公开条例〉实施前准备工作进行专项督查的通知》（云府法发电 [2008]5 号）和《云南省人民政府办公厅关于做好施行〈信息公开条例〉准备工作的通知》（云府法发电 [2007]274 号）的要求，法规处认真进行了准备，较好地完成了省政府督查组的督查工作。

七、根据高副省长指示完成了《云南省人口计生委关于全省社会抚养费征收情况报告》。

八、起草并下发《云南省计划生育少生快富工程实施方案（试行）》（云人口发〔2008〕66 号）。

九、8 月 20 日参加了国家人口计生委举办的全国计划生育家庭特别扶助制度培训班，起草并下发《云南省计划生育家庭特别扶助制度实施方案》（云人口发〔2008〕63 号）。

十、积极组织全省各级人口计生工作者参加第三届人口与计划生育法制建设征文活动，得到国家人口计生委好评，并荣获组织奖。

十一、完成了城镇违法生育专项治理工作。并将治理情况报国家人口计生委。

十二、参加了省政府组织的《政府信息公开条例》的培训，草拟了《云南省人口计生委政府信息公开实施办法》，整理了需要公开的计划生育相关法律、法规、规范性文件及行政复议和行政许可程序。并于 12 月发布到云南省人口计生委政府信息公开网站上向社会公开。

十三、配合民政厅完成了事实收养调研。

十四、配合民族促进会、发改委、劳保厅完成了“关爱留守儿童”情况调研。

十五、根据省直机关工委的通知要求，对法规委“五五”普法实施以来的工作进行了自查，并形成报告报省直机关工委。

十六、完成了云南省省级政府采购实施计划表，并报省政府财政厅采购办。

十七、根据国家人口计生委《关于开展人口和计划生育行政执法督查的通知》（人口厅〔2008〕62号）要求，紧紧围绕此次行政执法督查的主要内容，认真开展了行政执法自查工作，并形成自查报告上报国家人口计生委政法司。

十八、为贯彻落实《中共中央国务院关于全面加强人口和计划生育工作统筹解决人口问题的决定》（中发〔2006〕22号）和《中共云南省委云南省人民政府关于进一步加强人口和计划生育工作统筹解决人口问题的决定》（云发〔2008〕20号）精神，根据省政府主要领导的指示，法规处收集了农村现行普惠政策有关情况。在对现行农村“普惠”政策进行分析汇总的基础上，提出了关于在农村普惠政策中体现计划生育家庭优先优惠政策的建议。

十九、对8个相关州市及25个边境县分两期进行了“少生快富”工程对象资格确认培训；

二十、对16个州市及部分县（市、区）法规干部进行了“计划生育家庭特别扶助制度”对象资格确认培训；

二十一、对全省华侨农场人口与计划生育政策执行情况进行了搜集整理，到陆良华侨农场进行了实地调研，完成了《关于华侨农场人口与计划生育工作情况的报告》并报省人大常委会；

二十二、根据《云南省人口和计划生育委员会开展深入学习实践科学发展观活动实施方案》的要求，11月6日至11月10日陪同吴副主任到文山州砚山县、曲靖市陆良县就法规省计划生育政策执行中的问题进行了专题调研，完成了调研报告；

二十三、接待了澳大利亚人权委员会专家到法规省马龙县考察，受到外国专家和国家人口计生委的好评。

二十四、答复省政协提案8件。协调省人大、省政协在全国人大、政协会议上提出了三件提案。

二十五、完成了法规委行政审批项目的第四轮清理，并将保留和取消的项目上报省法制办。

二十六、按时统计并向国家人口计生委和省政府法制办报送了人口和计划生育行政复议行政应诉行政处罚案件等各类统计报表。

二十七、参与完成了《云南省人口计生委向社会公开工作承诺制度》的起草工作。

二十八、参加了省政府法制办举办的法制督察证培训，并为郝主任、李副主任、郭副会长及政策法规处相关人员办理了《法制督察证》；

二十九、年内有两名同志分别参加了省委党校和省级机关党校的培训学习。

三十、就各部门的征求意见稿提出修改意见近15件。

三十一、网上信访答复14件。

三十二、办理人大代表提案一件；

三十三、答复群众来信来访、电话咨询100余件。

发展规划处

2006年—2008年云南省人口发展规划与信息化建设工作

【人口发展战略研究】

一、启动2005年云南人口发展战略研究

先期确定了7个研究课题。1.云南人口发展态势研究。2.人口与经济社会问题研究。3.人口与资源、环境的研究。4.人口安全问题研究。5.人力资源开发研究。6.人口与计划生育政策关系研究。7."奖优免补"与人口、社会、经济关联度研究。

二、做好研究课题前期准备工作

向省政府申报确定云南人口发展战略2005年首选的七个研究课题，获得批准；成立人口发展战略研究组织机构及明确相应职责；组织专家组对七个竞标课题申请大纲进行了评审，采用议标的方式进行课题分配。

三、确定课题研究的基本原则和内容要求

四、做好研究课题的保障措施

签订云南人口发展战略研究课题协议书；建立专家组课题研究中期跟踪评估制度；实行研究课题成果奖励；落实研究经费。云南省政府安排了60万元启动经费，并将《云南省中长期人口、经济、社会、资源、环境关联度研究》和《实施农业人口"奖优免补"政策，逐步建立和完善农村计划生育利益导向和农村社会保障机制的政策性研究》两个课题纳入了政府总体研究计划。

云南师范大学承担《"奖优免补"与云南人口、社会、经济关联度研究》专题研究。2006年，该课题研究成果在全国部分农村计划生育家庭奖励扶助制度全面实施会议上作了交流，受到与会各省、市、区政府分管领导和财政、人口计生等部门负责人的较好评价。

【发展规划与信息化建设】

一、制订《云南省"十一五"人口发展规划》

根据《云南省"十一五"规划和2020年远景目标纲要》，制订了《云南省"十一五"人口发展规划》。《规划》总结了"十五"云南人口发展的主要成就。分析了面临的人口形势与挑战。明确了"十一五"人口发展规划的指导思想、规划目标、主要任务。制订了确保《规划》实现的保障措施。

二、完成《云南省十一五人口和计划生育事业发展规划中期评估报告》

印发了《云南省"十一五"人口发展规划和事业发展规划中期评估方案》，对"十一五"人口和计划生育事业发展规划进行了中期评估，总结了主要成绩及经验，分析了存在的主要问题和困难，明确了做好今后工作的主要任务和主要保障措施。

三、2006—2008年三年度分别进行了全省人口和计划生育责任目标考核并兑现奖惩

考核分别由省政府发文通知各州、市人民政府，每次考核分8个检查组对16个州、市各年度人口与计划生育目标责任书的落实情况开展专项检查。考核内容要以年初各州、市与省政府和省人口计生委签订的人口和计划生育目标管理责任状为依据，对当地完成当年人口计划及人口和计划生育工作各项结果指标情况进行逐一考核。考核结束后，每年初在全省工作会上兑现奖励。

四、完成2006—2008年每年的人口形势分析报告

《云南省2006年度人口计生形势分析报告》对人口计划生育现状和存在的主要问题进行了分析，对"十一五"及中远期人口发展态势进行展望。《云南省2007年度人口计生形势分析报告》分析我省人口计划生育工作已进入稳定低生育水平发展

新阶段，但仍面临很高的反弹现实风险；对全省人口计生工作重新进行了定位。《云南省 2008 年人口计划生育形势分析报告》分析了当年人口计划生育基本态势及做好今后工作的保障措施。

五、2007 年召开了全省人口形势分析会

省人口计生委主任郝青山在全省人口形势分析会上的讲话中指出，全省总体人口形势已进入稳定低生育水平发展新阶段，但仍面临极高的反弹现实风险；各地人口计划生育工作发展不平衡，做好分类指导促进均衡发展还有一段较长的路程要走。在这次会上，针对全面学习贯彻中央《决定》精神，提出了云南的工作思路，即："1. 抓住一条主线：稳定低生育水平，统筹解决人口问题，促进人的全面发展。2. 把握两个大局：构建社会主义和谐社会和建设社会主义新农村。3. 应对三大矛盾：①人口多，人均少的矛盾；②人口与经济社会的矛盾；③人口与资源环境的矛盾。4. 找准四个站位：①从立党为公、执政为民的高度站位。②从落实科学发展观的高度站位。③从全面建设小康社会高度站位。④从中华民族负责的高度站位。5. 牢记五条经验：①坚持计划生育基本国策，稳定和完善现行生育政策。②坚持人口与发展综合决策，发挥政策在人口计划生育工作中的主导作用。③坚持国家指导与群众自愿的原则，不断提高人民群体对计划生育工作的满意度。④坚持人口计划生育理论创新、机制创新，推进工作更好地发展。⑤开展国际合作，树立人口计划生育的良好国际形象。6. 做好六项主要工作：①千方百计稳定低生育水平。②大力提高出生人口素质。③综合治理出生人口性别比。④加强流动人口计划生育管理服务。⑤积极应对老龄化。⑥加强领导和强化保障措施。"

六、信息化建设情况

实现了国家、省、州、市、县信息传输网络化，能通过专网向国家人口计生委报送政务信息。省级人口计生系统内部局域网建设完毕，办公自动化系统运转良好，部分州市人口计生委建立了机关内部局域网。省人口计生委自主开发了"奖优免补"软件。2006 年 4 月，该系统通过了由省科技厅组织的科技成果鉴定，认为"该系统在开发和运用方面处于国内先进水平"。育龄妇女及家庭成员数据库项目正在办理立项中，计划于"十一五"期末建成我省以省级为数据中心的云南省全员人口库及相关业务信息管理系统。我省尚未建成全员人口个案管理信息系统，立项工作正在进行中。

宣教处

2006年

全省人口计生宣传教育工作以继续做好宣传贯彻落实《云南省农业人口家庭独生子女奖励规定》为主线，以深入宣传《云南省出生人口性别比升高问题综合治理规定》和《云南省人口出生缺陷预防规定》为重点，进一步做好婚育新风进万家和关爱女孩行动的工作，一年来取得了明显的成效。

【以社会主义新农村建设为契机，加大宣传力度】

"生产发展、生活宽裕、乡风文明、村容整洁、管理民主"的新农村建设，是建设社会主义小康社会，落实科学发展，构建和谐社会的重要内容，人口与计划生育宣传工作如何借国家实施社会主义新农村建设之机，坚持以人为本，以人的全面发展为中心，动员群众广泛参与，构建以乡村为重点，家庭为着力点，加强社会主义生育文化建设，逐步建立起全省人口和计划生育宣传教育工作的新机制，以扩大对外的宣传力度。为此，我们及时地在全省开展了"我生孩子为什么、生了孩子为什么、将来孩子干什么的大讨论"活动，通过大讨论活动的开展，逐步改变农村群众生育观念；同时我们积极与生殖健康研究会合作，就社会主义新农村建设怎样做好群众先进生育文化宣传等有关问题，深入基层调研，就坚持人口文化新村建设示范工作与计划生育的目标管理责任制、与"奖优免补"、优质服务、婚育新风进万家活动、关爱女孩行动、出生缺陷干预、生殖道感染防治、性病艾滋病预防等工作有机结合，以依法管理为保障、村民自治为基础、优质服务为途径、政策推动为契机、综合治理为核心的人口和计划生育工作的宣传机制的建立与完善等，形成完整的方案报委领导及国家人口计生委领导，受到了领导好评。结合社会主义新农村建设和出生缺陷预防试点工作的启动，省宣教处中心制作了出生缺陷预防的宣传折页463000份，宣传画12340套。全省各县、乡（镇、街道）、村三级按照5331工程的要求，共书写人口计生标语47857条。文山州借社会主义新农村建设，加强农村文化建设之机，拓展宣传思路，州人口计生委把"奖优免补"、关爱女孩、少生优生知识等汇集拍摄为5分钟的《春风化雨》宣传片，作为电影下乡放映前的宣传片，在州财政局和州文化局的积极支持下，投入10万余元资金，三家联合组织了在全州八县102个乡镇农村巡回放映电影的活动，共放映电影500场，发放计划生育折页近4万余份。广南县在社会主义新农村建设中，对农业人口独生子女家庭中的父母、爷爷、奶奶及独生子女本人实施每人每年补助10元，作为参加新型合作医疗的基金，该办法实施后，有效地促进了"奖优免补"政策在基层的实施。曲靖市富源县人民政府在社会主义新农村建设与计划生育宣传有机结合，县政府投资12万余元，在全县境内公路主干道及县境内高速路旁设置了20块双面计生写真彩图，在乡镇所在地设置了11块计划生育权利和义务公益双面广告牌，并结合全县婚育新风进万家和"关爱女孩行动"等活动的开展，购买书包800个发放给已办理了《独生子女父母光荣证》的在校女孩，有力促进了男女平等先进生育文化的宣传。

【加强阵地建设，提高管理水平】

人口与计划生育宣传工作必须有一个宣传自己的平台，有一个既方便群众了解接受，又能够及时传播新型生育文化的窗口。为此，我们在委党组的关心支持下，与云南日报开设了每周一期的人口与计划生育知识宣传专栏，开设了云南人口奖暨计划生育先进事迹的追踪报道工作；与中国新闻社合作，开设了云南人口计生网站。并在全国奖励扶助“少生快富”会议期间，成功进行了视频网络现场直播，会议当天，发出新闻、图片、视频共65条，与中国政府网、中国人口网、中国网等网站进行了网络对接，当天点击率达6万人次，有新浪、网易、东北新闻网等100多家网站转载了会议实况。据统计，今年全年各类电视、报纸、广播、网站共刊播我省人口计生工作新闻报道458条，其中云南日报刊登了68篇，有10条上了头版。今年四月，是我省四千万人口达到十周年的纪念日，为进一步加强对全省人口与计划生育的宣传活动，省电视台连续一周在都市条形码专栏，专门组织了对第四千万个小公民的追踪报道，在话里话外关注民生栏目中播出了对省人口计生委金桂兰副主任的专题采访。

大理州依托大理人口报广泛宣传计划生育，宣传流动人口管理办法，计划生育好人好事，受到了基层欢迎。迪庆州借助全国第三周期婚育新风进万家活动在迪庆实施项目的机会，对项目县的整体工作进行了全面的调查研究，有针对性地开展工作，在加强村宣传服务阵地上下工夫，在开展形式多样的宣传活动上做文章，收到了一定成效，受到了国家人口计生委领导的肯定，为全国新农村新家庭——大香格里拉健康促进迪庆项目争直到了积极的作用。

【借助外力，提升自己，走大联合之路】

积极与机关、部队、学校、企业等合作，形成大宣传、大联合、出精品的工作格局，以扩大人口与计划生育宣传效果，有序推进全省婚育新风进万活动，促进关爱女孩行动项目的健康发展。为做好全省2001—2005年婚育新风进万家活动的总结表彰工作，安排部署下步工作，宣教处在认真贯彻落实全国宣教工作会议的基础上，与省委宣传部等1 2部门协调，联合下发了《关于2006—2010年继续深入开展婚育新风进万家活动的意见》，对今后5年，全省开展计划生育婚育新风进万家活动及时进行安排部署，随后又召开了全省2 0 0 1-2 0 0 5年婚育新风进万家活动表彰会议和云南省人口学会第四次会员代表大会，表彰先进并对下步工作提出了具体要求。今年七月，全国关爱女孩行动电视电话会议后，为推动全国关爱女孩行动的健康发展，我省在全省各地开展了关爱女孩知识竞赛活动，为推动知识竞赛的开展，云南省人口和计划生育委员会主动与机关、部队、学校、企业等有关部门联系，在武警云南省总队、武警云南省边防总队、十四集团军、云南财经大学、云天化集团有限责任公司、昆明钢铁集团有限责任公司、昆明公交集团有限责任公司等部门的大力支持，他们积极参与了全省关爱女孩知识竞赛，有效地扩大了全省知识竞赛的社会参与面，取到了宣传普及的作用。据统计，全省16个州（市）、129县（市区）和解放军部队、学校、大型企业等都开展了富于地方特色的宣传教育活动，其中9个州（市）和87个县（市区）以及武警云南总队和支队均组织层层选拔竞赛活动。省级竞赛的当天，昆明市各大新闻媒体、报刊、广播等均发布了消息，昆明公交集团利用公交线多、面广的优势，通过七彩公交数字电视在各公交车上广泛播送知识竞赛的有关内容，有效地扩大了竞赛的宣传面和社会影响面。为加大对《云南省农业人口独生子女家庭奖励规定》的宣传力度，在武警云南省总队大力支持下，云南省人口和计划生育委员会编写了方便基层群众传唱的“奖优免补”的主题歌曲，与上海市计划生育宣传教育中心合作，拍摄制作了全面反映我省农业人口家庭“奖优免补”实施情况的专题片《天下好事–“奖优免补”》和《女孩的天空》等光碟，起到了宣传云南人口与计划生育的作用。云南省《农村工作守则》实施以后，我们抓住大力宣传《农村工作守则》30条的大好时机，与电视台合作，在反映农村工作的20集电视连续剧《白花村的故事》中，第5.16集中插入有关宣传"奖优免补"和破除养儿防老的传统观念的内容，起到了相得益彰宣传增效的作用。除此之外，我们与云南日报紧密合作，开设了人口计生专栏。并对首届人口奖获得者的先进事迹进行了系列宣传报道。

通过与部门的联合宣传，既密切了人口计生委与各有关部门的联系与协作，又扩大了社会各界共同参与人口与计划生育宣传的影响，进一步深化社会各界对宣传新型生育文化和"关爱女孩"行动的认识，营造一个关心支持人口与计划生育宣传工作，共谋发展的社会环境。

总结今年云南省宣教工作其主要的特点是：各级领导高度重视，加大了经费投入，宣传工作做到了早计划、早部署、出实效。省人口计生委委党组多次就如何做好宣教工作进行专题研究，并多次拨出专款用以支持与云南日报、云南电视台开办栏目及与有关部门的合作与开发，在委党组的关心支持下，我们圆满地完成了责任目标书上的五项任务，其中第一项：在云南日报头版登稿5篇以上，全年共上头版10篇，超额完成了5篇；除此之外，宣教处还完成了"奖优免补"歌曲的编写、云南人口奖及计划生育先进人物事迹的序列报道、四千万小公民后续情况的追踪报道、关爱女孩知识竞赛、光碟《女孩的天空》，电视片《白花村的故事》以及全国农村部分计划生育家庭奖励扶助制度和"少生快富"工程全面实施工作会议的宣传报道、《云南省南省妇女儿童发展规划（2001年~2010）》的中期监测评估报告和《云南省小公民道德教育建设》的实施情况总结等责任目标书以外的工作，但存在的不足是计划生育宣传教育工作开拓创新精神不够，对基层工作指导有待加强，责任目标书中原定组织一次"奖优免补"演讲，但由于全省组织关爱女孩知识竞赛而未如期组织，今后我们将按照委党组的要求，加强调查研究，深入基层，加强指导，切实把全省的计划生育宣传教育工作落到实处。

2007年

2007年省人口计生委宣教处坚持以邓小平理论和"三个代表"重要思想为指导，认真按照云南省"十一五"人口发展规划，全面建设小康社会和构建社会主义和谐社会、建设社会主义新农村的要求，围绕全面贯彻落实《中共中央国务院关于全面加强人口和计划生育工作统筹解决人口问题的决定》（以下简称《决定》）和云南省人口计生委办公室《2007年全省人口和计划生育宣传教育工作要点》，深入学习宣传贯彻落实《云南省农业人口独生子女家庭奖励规定》，大力营造了有效降低生育水平，统筹解决人口问题，促进人口计划生育工作持续、健康全面发展的良好宣传舆论氛围。

【宣传工作得到提升】

（一）认真学习、宣传《决定》，贯彻落实全国人口和计划生育工作会议和全省人口和计划生育主任工作会议精神

结合全国人口和计划生育工作会议精神和全省人口计生委主任会议精神的贯彻宣传，认真组织、精心策划了《决定》的宣传活动。4月初在全省人口和计生委主任会议召开之际，宣教处向全省下发了宣传《决定》的标语口号征集通知和转发了学习《通知》及发放学习辅导光盘1750盘，并组织云南电视台、云南广播电台、制作了宣传《决定》的访谈节目，在云南日报、云南人口宣传专刊开设了宣传《决定》的栏目，在全省开展了学习贯彻《决定》的知识竞赛，通过对决定的宣传，有效提高了全社会对新时期人口问题重要性、紧迫性和艰巨性的认识，大力宣传了我省30多年来人口和计划生育工作取得的巨大成就和基本经验，宣传了我省人口和计划生育工作面临的新形势、新特点和新情况，宣传了为什么在全国人口发展进入稳定低生育水平时期，我省仍处于降低生育水平的阶段，大力宣传了我省在统筹解决人口问题，促进人的全

面发展方面，人口和计划生育工作的指导方针、总体思路、目标任务和保障措施。

（二）深化“奖优免补”政策宣传，推进新农村建设

利用电视、广播、报纸等新闻媒体，宣传“奖优免补”政策有利于降低农村生育水平，为社会的发展提供良好的人口环境；有利于增加农民收入，提高农村教育水平，早日实现生活富裕；有利于推进乡风文明建设，婚育文明是建设社会主义新农村乡风文明的内在要求。一年来，通过对5331宣传工程的巩固发展，促进了农村独生子女办证率的提高。

（三）根据国家人口计生委的安排部署

2007年1月宣教处积极组织筹备召开了国家人口计生委在迪庆启动的新农村新家庭—大香格里拉地区人口健康促进项目启动会。会议在实现视频网络直播时，直播文字97篇，图片25篇、新闻10条、背景资料4篇、政府网、新浪、网易等86家网站转载了会议实况，当天点击率达2.1万人次；6月积极组织筹备在腾冲召开的全国党政干部教育分会理事会议，我省师大络华松教授撰写的“流动人口高危行为的理论分析”获论文优秀奖；12月组织筹备在德宏州召开了全省人口和计生宣传工作会议。并组织了首届云南人口新闻奖评选和社会主义新农村论文评选活动。

（四）继续深入开展婚育新风进万家活动，加强生育文化建设

广泛宣传计划生育男女平等、少生优生等文明婚育观念，普及保护妇女儿童权益的法律法规知识，大力加强人口文化和生育文化建设。通过争取将德宏州列入了全国婚育新风进万家活动第三阶段示范州。并多次到示范州、县指导工作。组织了二期18人参加了由清华大学、世界银行、国家人口计生委组织的新农村、新家庭健康研究高级研修班。对全省开展婚育新风进万家活动情况进行了认真总结报国家人口计生委宣教司。

（五）推进了关爱女孩行动向深入发展

综合治理人口性别比问题是新时期人口和计划生育的重要工作任务之一。为进一步有效遏制出生人口性别比升高的势头，云南省人口和计划生育委员会协同省卫生厅、省公安厅、食品药品监督管理局、省监察厅联合下发了《云南省集中整治非法鉴定胎儿性别和选择性别终止妊娠行为专项活动方案》的通知，在全社会形成了关爱女孩的浓厚舆论氛围，推动了关爱女孩行动工作的纵深发展。会泽县是全国关爱女孩试点县，工作有序推荐，顺利通过国家专家组评估验收。为推动关爱女孩行动的深入开展，6月由中国人口报社爱心捐助10万元对迪庆藏族地区100名女孩举行了“爱心涌边疆、真情为学子”为主题的“真情互动”活动。

（六）根据国家人口计生委的安排部署

在全省开展了清理规范更新标语口号的考核评估和参加了全国组织的考核评估其他省的工作。按时组织报送了《国家人口计生委办公厅关于做好第十届精神文明建设五个一工程评选推荐工作的通知》参赛作品；按时组织报送了《国家人口计生委办公厅关于选送优秀人口新闻作品参加第17届中国新闻奖评选的通知》参赛作品；按时组织报送了《关于做好第13届中国人口文化奖（舞台艺术类）评选活动通知》参赛作品；按时组织报送了《征集新时期人口和计划生育标语口号的通知》参赛作品，并获得了人口计生和新农村建设一等奖一条，男性健康日二等奖一条。

（七）新闻宣传力度进一步加大

为使人口和计划生育政策更加深入人心，一年来新闻媒体人民日报刊登1篇，中国人口报18条，云南日报51篇（其中头版5篇），云南电视台新闻报道了13条，云南广播电台播出20条，省、市级各类报纸报道了48篇、性博览会期间省级各类报刊专门报道了64篇，一年来累计310条。特别是元月19日云南电视台云南新闻“开局之年气象新”栏目播出了我省人口计生工作取得的成就和云南日

报“云岭喜迎十七大”栏目头板刊出我省“实施奖优免补政策、人口自然增长率降低”一文和“西山区农民工享受计生保健服务”一文，有力加大了我省人口计生工作的宣传力度。易会安撰写的《服务网络向基层延伸》一文获得中国人口报2007年度特约记者优秀作品三等奖。

（八）继续深入开展科技、文化、卫生“三下乡”活动

为满足人民群众对生殖健康保健知识、知情选择避孕措施、现代文明生活方式、勤劳致富生产技能日益增长的需求，增进党群、干群关系，12月参加了省委宣传部组织的14家全省“三下乡”活动，向马关县送去了价值11万元的宣传设备、避孕药具、医疗器械和宣传品等。

（九）人口学会工作进一步提高

在省人口计生委党组的关心重视下，在省社科联的帮助指导下，云南省人口学会在去年换届的基础上进行了学会章程修改和组织机构代码的更换工作；2月组织筹备召开了人口和计划生育参与社会主义新农村建设理论与实践研讨会，对收集到的37篇论文进行了认真评选，评出一等奖2名、二等奖4名、三等奖6名；完成了云南省人口学会年度检审等工作；并向学会主管部门报送了2007年人口学会工作总结和2008年人口学会工作安排。

2008年

2008年，全省人口和计划生育宣传教育工作以“三个代表”重要思想和科学发展观为指导，认真贯彻德宏会议精神，围绕人口计生中心工作，充分发挥社会各相关部门的宣教优势，整合宣教资源，动员社会力量，努力形成大宣传、大联合的宣传格局，推进新型生育文化、生育文明建设，引导群众树立科学、文明进步的生育观，为全省人口计生工作任务的完成创造了良好的工作氛围。

【努力建设“大联合、大宣传、大服务”的联合机制】

一是建立了“党政领导、部门参与”的联合机制。先后成立了以省分管领导为组长，多部门参与的省“婚育新风进万家”、“关爱女孩行动”等领导小组；与省电台和云南日报合作开办了《计生之窗》和《人口计生》新闻专题栏目。各州市也在当地的报纸、电台、电视台开办了300多个人口计生宣传栏目。昆明作为省会城市，充分发挥全省政治经济文化中心的优势，积极探索与社会各界联合创建新型生育文化新路子，推动婚育文化进社区、进公园、进厂矿。二是初步建立了“树典型、立先进”的激励机制。组织了首届云南人口新闻奖评选，共有参赛作品19篇，评选出一等奖2名，二等奖3名，三等奖5名，优秀论文奖9篇；全省80%以上的地区实行了新闻发稿奖励制度，对发表新闻稿件的基层作者给予奖励。激发了广大计生干部写稿投稿的积极性。

【发挥新闻宣传的主渠道作用，营造健康的舆论氛围】

一是坚持正确的舆论宣传，加强新闻舆论管理。在宣传贯彻中央、省《决定》和云南省改革开放30年人口计生工作取得的辉煌成就中，组织新闻记者深入基层进行专题采访报道，云南电视台在云南新闻精彩云南．辉煌三十年专题报道《云南计划生育工作走上稳步健康快速发展轨道》；云南日报专版宣传《繁育理性的丰碑：云南人口和计划生育工作改革开放30年辉煌成就》。红河、保山在红河政报、保山日报专版宣传改革开放30年人口计生工作取得的辉煌成就。在“全国人口文化宣传月”活动期间，各级新闻媒体刊登播出稿件100多篇。二是大力宣传人口计生法律法规，引导群众自觉按政策生育。三是运用现代科技手段丰富和发展了人口计生宣传网络。昆明、德宏、红河等州市开办了人口计生网站；临沧、保山、玉溪尝试生育文化进超市、建立人口理论教育基地；部分州市开设了户外电子荧屏、声讯电话、手机短信等服务，玉溪红塔区在公交车、红河在各行政服务大

厅计生服务窗口利用电子屏幕不断滚动播放生殖健康、计生法律法规、人口文化宣传口号等。各地充分发挥新闻宣传的主渠道作用，据初步统计2008年1–11月云南电视台报道了21条、中国人口报刊登报道我省人口新闻4条(其中头版头条2篇)、省市级各类报刊报道102篇、其中，云南日报报道38篇(其中头版1篇)；各州市人口计生委通过广播电视报纸杂志媒体播发刊发稿2000多篇，营造了健康的舆论氛围。

【围绕工作重点开展宣传服务活动，满足群众需求】

一是抓好各类宣传月活动、纪念日活动。各地利用7·11世界人口日、9·25公开信发表纪念日、10·28男性健康日、12·1艾滋病日等重要纪念日，组织了丰富多彩的大型宣传服务活动，做到有声有色有创新。红河举办了"人口文化宣传月活动启动仪式"；同时，还邀请了驻地部队军乐队、社区秧歌队、舞狮队等专业、业余文艺团体现场表演节目，吸引了周围群众，烘托了宣传气氛;保山以"关爱独生子女，构建和谐家庭"为主题举办全市农村独生子女家庭才艺表演，充分展示了农村独生子女文明新家庭的形象；二是认真抓好宣传贯彻省《决定》的专项活动。省《决定》颁发后，省人口宣教中心举办了三期州县宣传干部培训班，学习《决定》精神和相关的宣传业务知识；各地结合实际，也开展丰富多彩的宣传教育和技术服务活动。三是全省大部分地区积极开展创作排练了一批文艺节目到基层巡回演出，丰富群众的文化生活。宣传月中，云南省组织报送了5个全国人口计生文艺调演节目，2个获得二等奖。四是避孕节育、生殖健康知识不断在育龄人群中普及。以"一校一站二栏"为主要阵地，为群众提供避孕节育、优生优育、生殖健康保健知识等宣传服务。面对面为群众提供生殖健康普查普治，在修正药业的大力支持下，今年在全省9个州市15个县市857个村累计免费检查育龄妇女90844万人，普查率达45%，查出妇科病患者71232人，发病率高达79%。五是积极开展各种创建活动，推动婚育文明建设。文山州积极探索并创造性地开展以"新农民、新风貌、新家庭、新观念、新行为、生育政策落实好"为主要内容的生育文化示范村建设。昆明将人口计生宣传纳入文明城市和社会主义新农村规划的生育文化示范村(社区)建设，实施五个一、八个有工程。

【拓展人口计生宣传阵地，营造良好的社会氛围】

一是不断巩固完善"5331"工程建设。以"一校一站二栏"为龙头，构筑了"纵到底"的计生宣教阵地，昆明、丽江华坪县等地将"二栏"扩大延伸为集休闲、宣传、娱乐等功能为一体的生育文化广场和人口文化公园生育文化娱乐苑，成为当地群众休闲娱乐、接受新知识的一个好场所。各地强化技术服务中心、站、所、室的宣教功能，使群众在接受技术服务的同时也受到宣传教育。昆明市拨付了6万元专款作为工作启动经费，由昆明市计生服务中心启动青少年性健康教育"青苹果之家"品牌项目，设立了服务窗口，建立了29人的专家团队，开展"青春期性健康教育"。随着我省第三批先进性教育在农村的开展，结合社会主义新农村建设和计划生育重心下移的要求，以抓好国家在迪庆州开展的"新农村新家庭—大香格里拉地区人口健康项目"为切入点和国家在西部地区开展"新农村新家庭—人口健康项目"的机遇，进一步巩固婚育学校的这一宣传阵地，将"宣传教育、科学管理、优质服务"三位一体有机融合,积极开展"五期教育"，为普及人口与计划生育基础知识发挥了积极作用。2008年组织了人口和计划生育新农村建设论文评选，共有参赛作品61篇，评选出一等奖2名，二等奖5名，三等奖10名，优秀论文奖44篇，组织奖4名。二是拓展宣传阵地，营造宣传服务大环境。各地在抓好"5331"工程建设的同时，不断拓展宣传阵地，营造良好的户外宣传环境。在城市，各地利用现有的条件和场所，因地制宜、因势利导，大投入、高标准地建设生育文化宣传精品和亮点，将新型生育文化有机地融入社区文化、城市美化、新区建设等。全省各地的主要路段、公共场所都设置了大量的计生宣传牌、宣传画、生育文化长廊。结合社会主义新农村建设，各地积极推动婚育新风进万家活动，在切实增强人口计生宣传的亲和力、感染力和吸引力上下工夫。玉溪、保山、文山、昆明、红河等州市结合今年“新农村、新家庭、新风尚”的婚育新风主题，开展先进生育文化进村入户、进超市、进厂矿、进学校，使婚育文化遍及各个角落。三是人口计生宣传品进村入户，深受群众欢迎。仅省宣教中心今年就制作了出生缺陷等宣传折页、挂图、墙报和单行本13万册（份、本），VCD光碟和磁带4633盘，免费下发《云南人口宣传》专刊到各乡镇；各地计生宣传干部从实际出发，以人性化、生活化为标准，设计制作了印有计生宣传内容的日常生活用品，受到了基层和群众的欢迎。四是各地积极订阅一报一刊。昆明市人口计生委2008年被国家人口计生委《人口与计划生育》杂志社评为征订工作先进单位。

【综合治理出生人口性别比，促进关爱女孩行动健康开展】

一是认真按照省政府办公厅转发的省人口计生委等12部门《关于深入开展关爱女孩行动综合治理出生人口性别比偏高问题实施意见的通知》和省人口计生委等5部门《云南省集中整治非法鉴定胎儿性别和选择性别终止妊娠行为专项活动方案》，开展了集中整治非法鉴定胎儿性别和选择性别终止妊娠行为专项活动的自查自评。二是认真宣传我省“奖优免补”政策、国家奖励扶助制度、“少生快富”工程，特别是利益导向政策的宣传，让广大群众分享国家对实行计划生育的优先优惠，切身感受到实行计划生育的荣耀和实惠。三是营造舆论氛围。把关爱女孩纳入社会主义精神文明和公民道德规范建设规划之中，作为婚育新风进万家活动的重要内容，充分利用各种宣传手段，大力营造关爱女孩、综合治理出生人口性别比偏高问题的舆论氛围，广泛深入宣传男女平等这一基本国策，宣传各级党委、政府出台的有利于女孩及女孩家庭的各种奖励和优惠帮扶政策，促进新型婚育观念的形成。全省大部分州市在春节期间，开展为女孩户家庭“送温暖献爱心”、慰问计生女孩贫困户等活动。

【举办了第二届“性健康暨性文化博览会”，进一步弘扬性文化、树立性道德，为少生优生工作服务，真正促使性文化和生殖健康成为先进文化的重要组成部分】

以“普及科学性文化，促进和谐性健康”为主题，从“计划生育和生殖健康”、“云南防艾成就展”和“云南省防毒禁毒成就展”三个部分，举办了“2008年中国昆明性健康暨性文化博览会”。在性博会举办的前夕和期间，组委会一是以大学生生殖健康问题、中国怎样走向性文明？青少年性健康与性文明、中老年性健康与性文明、走出男子性健康的误区以及艾滋病防治与性健康等内容组织了七次专题讲座，具有较强的针对性，满足各类人群的需求，引起了社会的广泛关注；二是组织了60多名志愿者，走向街头、走进企业和社区，开展“预防艾滋、关注性健康”宣传，倡导从我做起，从身边做起；同时发放安全套和防艾、生殖健康等相关资料7万多份，性博会的举办吸引了12万观众前来观看。

【围绕委中心工作，处室工作有序开展】

一是在国家人口计生委的关心支持下，云南省筹建了清华大学远程教育网站；完成了清华大学远程教育网站的选点及清华大学继续教育学院举办的人口计生系统宣教干部研修班的培训工作。二是为配合做好云南省全面加强人口和计划生育，统筹解决人口问题决定的宣传，完成了对全省各州、市、县人口与计划生育宣传教育干部的培训工作。三是对人口与计划生育宣传标语口号进行了清理规范和更新，强化了“人性关爱、人情关爱、人文关爱”的宣传理念，切实净化、优化和美化了人口与计划生育宣传环境，四是完成了云南省人口和计划生育新农村建设论文的评选工作和云南省人口新闻的评选工作。五是完成了人口与计划生育杂志社举办的市县主任谈计生文章、国家人口计生委宣教司、中国人口文化促进会共同举办的人口文化美术摄影展览活动参赛作品、国家人口计生委宣教司《关于选送优秀人口新闻作品参加第18届中国新闻奖评选活动》和《第13届中国人口文化奖2008年（文学美术摄影作品）评选活动》的组织报送工作。六是完成了我省参加全国人口与计划生育文艺调演节目的报送工作。七是召开了人口学会常务理事会议。学会工作受到了省社科联“优秀学会”的表彰。八是完成省委宣传部等14部门一年一度的三下乡。九是完成了解放思想大讨论活动的全程工作。十是参与完成了科学发展观大讨论的一、二阶级工作。

科技处

2006年

一、科技管理

【认真学习《中共中央国务院关于全面加强人口和计划生育工作统筹解决人口问题的决定》精神】

9月在南京人口干部管理学院举办的“云南省科技管理和服务培训班”上聘请国家人口计生委科技司张世锟司长作了“努力做好科技工作为落实中央《决定》作贡献”的讲课。11月在全省县级主任培训班上，丁明处长作了“认真学习贯彻中央《决定》——人口计生科技创新”的讲座。

【积极组织申报和实施各级各类科研项目，并取得可喜的成绩】

积极组织、协调和指导科研所申报科技部重大支撑项目——绝育手术并发症（后遗症）防治技术的研究，并获得成功，得到研究经费200万元，实现了云南省人口计生系统牵头实施科技部项目零的突破和资助经费超百万元的突破。针对男女绝育术常见和多发的手术并发症，从流行病学调查和临床干预性研究两个方面，通过回顾性研究、规范培训等，实施干预性、诊断性研究，配合预防性、综合性治疗，达到减少受术者并发症的发生率，形成绝育手术并发症（后遗症）诊断、治疗和康复的技术方案和规范，并在试点使用，指导对绝育手术并发症和后遗症的有效预防和治疗。本研究拟组织两地区12个县、区服务机构在内的大规模、多中心研究，以获得更接近实际应用效果的可靠数据。

组织省级专家论证了省计生科研所的“乳腺疾

病普查普治项目”，并推荐上报国家人口计生委申请三大工程 B 类项目立项。

积极争取参加并全面启动国家“十五”科技攻关课题“宫内节育器失败原因及预防技术对策研究”流行病学调查项目，得到经费 47.368 万元，其中较好地组织完成的“回顾性调查”部分被国家人口计生委授予科技处组织奖。云南省的 5 个县的 110 人获表彰。

【大力推广《降低新生儿出生缺陷率的综合防治技术研究》的阶段性成果、有效的经验和做法】

由云南省计划生育技术科学研究所和云南省第一人民医院遗传诊断中心共同实施的云南省科技重大攻关项目《降低新生儿出生缺陷率的综合防治技术研究》，自 2005 年实施以来，对泸西县的 10 个乡镇的 5000 多名目标人群进行出生缺陷干预，取得了显著的社会效益，为省政府出台《云南省人口出生缺陷预防规定》和全省正式启动和开展出生缺陷预防工作奠定了基础。

【积极组织申报省政府科技进步奖】

云南省人口计生委与云南大学合作完成的“中国西南国际河流资源环境与社会经济综合研究”课题，获得省政府科技进步二等奖；省计生科研所的“宫腔镜下输卵管近端双重插管提高输卵管输通率的比较性研究”课题获得省政府科技进步三等奖。

【多个集体和个人获得国家人口计生委科技管理先进集体和先进个人表彰】

组织向国家人口计生委推荐上报云南省科技管理的先进集体和先进个人。云南省科技处等 30 个集体被国家人口计生委授予科技管理先进集体光荣称号，丁明等 73 个个人被授予科技管理先进个人的光荣称号。

【云南在全国计划生育科技大会上交流】

6 月 22 日至 23 日，全国人口和计划生育科学技术大会在北京隆重举行，云南省怒江州贡山县服务站站长明云英（独龙族）作为唯一基层技术服务人员代表在大会上进行“无悔的选择，执著的追求”的交流，发言感动了与会人员，获得一致好评。

【云南在全国少数民族地区计生科技工作座谈会上交流】

2006 年 9 月国家人口计生委在宁夏召开全国少数民族地区计生科技工作座谈会，云南省人口计生委作了“以科研促工作 以科技促发展”的大会交流发言。

【调整充实了科技专家委员会】

调整充实了科技专家委员会（与卫生厅联发），并于元月十六日召开了云南省计划生育技术服务专家委员会会议。

【组织了科技活动周的大型宣传活动】

5 月 20 日较好地组织了科技活动周的大型宣传活动。

【组织完成全省《计划生育技术服务执业许可证》的审批和换证工作】

组织完成全省 1000 余个计划生育技术服务机构《计划生育技术服务执业许可证》的审批、校验和换证工作。省人口计生委科技处受理了省、市级共 8 家计划生育技术服务机构执业许可的申报，组织完成了其“执业许可”的审批、发证。

【加强技术服务人员业务培训】

积极争取并组织好云南省 5 个县（市、区）的服务站站长参加了“全国服务站站长培训”，工作得到了科技司、教师和站长的赞扬。

二、计划生育优质服务

【全面推进计划生育优质服务先进县（市、区）创建活动】

为认真贯彻落实国家人口计生委《关于开展计划生育优质服务先进县（市、区）创建活动的通知》精神，结合云南省实际，决定在全省范围内开展计划生育优质服务，下发了《关于在全省开展计划生育优质服务的实施意见》（以下简称《实施意见》），要求以进一步降低生育水平，提高人口素质，保障人口安全为目标，把广大人民群众的满意程度作为衡量优质服务的主要标准。根据国家人口计生委对创建活动提出的“六好”目标，按照环境优美、技术优良、服务优质、管理优秀、群众满意的“四优一满意”要求，力争用5年左右时间，实现“三个提高”：提高计划生育服务水平、提高服务质量、提高服务效益，建立起优质服务为理念、群众需求为引导、科学管理为特征的优质服务机制，使人口与计划生育事业进一步成为造福于人民群众的事业，进一步树立计划生育工作新的良好形象，为云南省全面建设小康社会创造良好的人口环境。《实施意见》从总体要求及目标、主要任务、主要措施、评选表彰及奖励先进等方面作出了部署和安排，是云南省开展计划生育优质服务的重要的指导性文件。同时，从2006年起将计划生育优质服务的内容纳入人口计生责任目标考核指标。

【加强了计划生育优质服务的宏观研究和指导】

修改完善了省级优质服务先进县（市、区）的考核评估指标，进行优质服务专题讲座5场次，培训人员700余人

【召开了“全省计划生育优质服务现场会”】

2006年11月20–21日，在曲靖市沾益县召开了“全省计划生育优质服务现场会”。省人口计生委领导及相关处室、省计生协会办公室、直属各单位主要负责人；各州、市人口计生委分管领导、科技科长；2003–2005年度全国计划生育优质服务先进县（市、区）人口计生局主要负责人和部分县（市、区）人口计生局负责人共计90余人参加了会议。会议总结交流了经验，进一步提出了推进计划生育优质服务的“四提升”“三拓展”的具体任务和措施，使全省进一步统一了思想，明确了任务，鼓足了干劲，促进了云南省计生优质服务围绕大局深入开展。

【组织省级计划生育优质服务达标县和先进县（市、区）的评估验收】

从2006年起，云南省把创建“计划生育优质服务达标县”纳入省政府与各州市政府签订的人口与计划生育责任目标考核内容，把“创优”活动做为政府行为来抓。并把“创优”工作分三个阶段进行，要求各州、市对“创优”活动有一个规划，先要达省标，然后创省优，最后再创国优。在全省人口与计划生育责任目标考核的同时对全省计划生育优质服务达标县和先进县（市、区）进行评估验收。结果达标县共35个：官渡区、呈贡县、安宁县、宜良县、石林县、水富县、罗平县、师宗县、陆良县、南华县、姚安县、大姚县、禄丰县、红塔区、澄江县、通海县、华宁县、个旧市、建水县、泸西县、河口县、文山县、马关县、景东县、景谷县、孟连县、勐海县、南涧县、永平县、昌宁县、陇川县、华坪县、泸水县、临翔区、云县；先进县（市、区）共18个：、宜良县、水富县、罗平县、师宗县、大姚县、红塔区、华宁县、泸西县、河口县 、马关县、景谷县 、勐海县、南涧县、昌宁县、陇川县、华坪县、泸水县和云县 。

【组织全国计划生育优质服务先进单位的推荐申报工作】

根据国家人口计生委的要求，积极组织第四批全国计划生育优质服务先进县（市、区）—红塔区、泸西县、罗平县的推荐申报，并获得通过。

三、人口出生缺陷预防

【完善人口出生缺陷预防的政策】

为贯彻落实好《云南省人口出生缺陷预防规定》，起草并下发了《云南省人口出生缺陷干预工作实施细则（试行）》（云人口发［2006］33号）、《云南省人口出生缺陷干预工作有关问题的通知》和《出生缺陷干预宣传方案》等一系列有关出生缺陷干预的规范性文件等。

【全省启动出生缺陷试点】

经省政府批准在晋宁等25个县（市、区）启动了出生缺陷预防的试点，6月12–13日召开了“云南省人口出生缺陷干预试点启动大会”，各州、市人口和计划生育委员会主任、25个出生缺陷预防试点县计生局局长、服务站站长和省人口计生委

机关处以上干部，委直属单位主要负责人，省计生协会办公室秘书长等100余人参加了会议，使大家统一了思想，明确了任务措施。还邀请到北京大学人口研究所所长郑晓瑛博士和宋新明博士到会进行专题讲座。并及时对25个试点县的基本情况、服务站、所设备情况，服务能力状况、目标人群情况等开展了基线调查，摸清了底数。

【规范出生缺陷试点工作】

组织科技人员和专家设计、预调查、审定、印刷出生缺陷干预试点所需的孕前检查技术服务系列用表和知情选择同意书等相关表格，并下发到各州、市和25个试点县（云人口办发【2006]34号）。组织相关人员编写、审定、印刷、下发《云南省人口出生缺陷干预工作问答》等。

【加强试点县医疗设备的配备】

在对25个试点县服务站（所）基本设备和人员配置情况的调查的基础上，完成了政府采购460万元技术服务设备，在精心准备和实施下，节约经费100多万元并追加采购，并及时按计划下发到试点县。

【加强了开展出生缺陷预防工作的能力建设】

主办了2期160余人参加的出生缺陷干预培训班。对州市、县两级的管理人员、专业技术人员和骨干进行了从理论到实践、从基础到临床、从管理到服务的系统培训，考试合格者发给《出生缺陷干预培训合格证》。

【认真开展了出生缺陷干预试点的督查工作】

组成5个检查组分别到六个州（市）的十个试点县（市）进行出生缺陷预防工作开展情况的督导和检查。

【考察学习】

安排科技处和科研所负责人到贵州省考察出生缺陷预防工作开展情况。

四、推广使用安全套预防艾滋病工程

【统一和规范工作报表】

制订和下发了推广使用安全套防治艾滋病工程相关报表的制度化要求（季报表）。保证及时向领导、相关部门提供准确数据。

【督导检查】

按照省政府要求，除积极参加了全省组织的艾滋病防治工作的督导检查外，还组织7个部门8个组对全省推广使用安全套防治艾滋病工程进行督查，写出报告向省政府领导进行了汇报。

【具体工作】

完成上报了“云南省2006年省级推广使用安全套防治艾滋病专项资金项目管理方案”；完成200万元专项经费的分配计划；完成国家人口计生委专门调拨的1500箱安全套的分配计划。

五、对外合作工作

【办理和组织出国考察学习】

办理了20位领导出国考察学习的相关手续，保证了出国考察任务的执行；组织完成了全省计生系统26人到新马泰的考察工作；组织计生系统12人到澳大利亚、新西兰的考察学习。

【积极组织启动和实施好国际项目】

完成了联合国人口基金计划生育/生殖健康五周期项目工作总结；组织启动了联合国人口基金计划生育/生殖健康六周期项目，参加了国家启动会；完成了项目实施方案、上报了设备清单等具体工作；接待了国家专家督导组；特别是成功接待了国家人口计生委赵白鸽副主任和联合国人口基金驻华代表薄纳德博士一行赴云南考察联合国人口基金项目。

积极组织启动和实施中日技术合作中西部生殖健康/计划生育家庭保健服务能力建设项目，接待日本专家考查团和国家人口计生委项目官员到罗平县的考察；参加了国家启动会，指导项目县的大会发言得到好评；完成了项目实施方案、设备清单、参加培训等具体工作、召开了启动会。

完成全球基金第四轮中国艾滋病项目对娱乐场所从业女性实施预防性病/艾滋病的综合干预项目在云南省3个县的实施工作，完成了项目总结

验收。在国合司的安排下组织并带3个项目县的负责人到湖南省考察和交流了项目工作；在国合司的安排下接待安排了东北三省及其项目县到我省昆明和翠云的项目考察和交流。

组织完成了WHO100%安全套推广项目在我云南省四个县的实施，完成了项目总结验收。

总之，各项国际合作项目进展顺利，国际交流与合作进一步发展，进一步展示了我省人口与计划生育工作的形象，工作得到国家人口计生委的高度肯定。

2007年

一、科技管理

【制订“十一五”科技发展实施意见】

省人口计生委组织制订并下发了《云南省“十一五”人口和计划生育科学技术发展实施意见》，明确“十一五”期间人口和计划生育科技发展的总目标是：到2010年，在云南省建立健全适应构建社会主义和谐社会要求，适应人民群众需求的、比较完善的计划生育技术服务体系和网络；进一步提高科技队伍素质、服务能力、服务水平和服务质量；进一步增强科技管理能力；优质服务水平明显提高，人民群众对计划生育技术服务的满意程度明显提高。主要任务是推进四项建设，实施四大工程。即推进计划生育县乡服务站（所）建设、服务站信息化建设、技术服务队伍职业化建设、科技创新机制建设和实施以提高技术服务能力为重点的人才工程、实施人口出生缺陷干预工程、实施“兴边富民”计划生育工程、实施安全套推广使用工程。

【科技大练兵活动启动】

旨在以提高计划生育技术人员的整体业务素质和综合服务能力为目标，以适应新时期人口和计划生育新发展为总要求，打造一支高素质的计划生育技术服务队伍，促进各级计划生育技术服务机构进一步依法执业、规范执业，树立技术优良、服务优质、环境优美的机构形象的云南省计划生育科技大练兵活动于2007年5月正式启动，科技大练兵活动历时三年，分三个阶段实施。

【各级各项科研课题进展顺利】

由云南省人口和计划生育科学技术研究所承担的国家科技支撑计划课题《绝育手术并发症防治技术的研究》、参与国家人口和计划生育科研所承担的国家科技支撑计划课题《避孕节育技术方法综合评价研究》、国家人口计生委“避孕药具不良反应监测”项目、参与昆明市科技局的项目《利用计划生育网络开展出生缺陷综合防治技术研究》进展顺利；承担的云南省省级重大攻关课题《降低新生儿出生缺陷率的综合防治技术的研究》进入总结评估阶段。由省人口计生委批准立项的课题《云南省乳腺疾病普查普治项目》、《云南出生缺陷干预工程结果的监测》进入成果申报阶段。启动了与云南省第一人民医院共同承担的《孕前保健标准操作规范（SOP）的研究及示范》和与香港中文大学合作的《高海拔地区人群遗传耐受性研究》课题研究。

【加强科技管理和技术服务能力建设】

一是认真组织国家“三千人才工程”计划的实施，特别保证省级每年5.4万元配套经费的落实；二是于9月2–6日组织了云南省计划生育科技系统培训规模最大，规格最高的一次有各州、市人口计生委分管科技主任、科技科长，开展技术服务的州（市）中心主任，各县（市、区）服务站站长、省计划生育研究所所长、省药具站站长、省计生委科技处全体人员共166人参加在南京人口干部管理学院举办的科技管理和服务培训班；三是积极组织好参加国家级的各类培训和国际、国内项目培训；四是根据国家人口计生委的统一部署和具体要求，做好了“全省计划生育科技大练兵活动”三年规划，下发了《关于印发科技大练兵活动实施方案的通知》和《关于成立科技大练兵活动领导小组及办公室的通知》，各16个州市也都制订了具体实施方案，9月南京的培训班就是云南科技大练兵的一项具体内容，同时进行了动员和部署。

【行政执法检查】

争取省政府法制办公室对《计划生育技术服务管理条例》、《计划生育技术服务管理条例实施细则》和《计划生育技术服务机构执业管理办法》1个行政法规2个规章贯彻落实情况及效果进行行政执法检查。按要求，在16个州市已完成自查并报送自查总结的基础上，科技处完成了全省行政执法检查的总结并报省政府法制办公室。

【积极开展打击非法行医专项行动】

按照国家和全省的统一部署，省人口计生委积极开展打击非法行医专项行动，获得了云南省打击非法行医专项行动领导小组办公室打击非法行医专项行动先进集体表彰；罗明辉同志获得了云南省打击非法行医专项行动领导小组办公室打击非法行医专项行动先进个人表彰。

【积极组织科学知识普及活动】

一是按照省科技厅的统一部署积极与玉溪市人口计生委一道组织好了5月在玉溪市的科技活动周的大型宣传活动。二是按照艾滋病防治局的统一部署积极组织了12月1日世界艾滋病日的大型宣传活动。活动简讯已分别上报省科技厅、省艾滋病防治局、国家人口计生委、《中国计划生育学杂志》和委员会办公室。

【组织参加生殖健康新技术、新成果博览会】

积极组织全省人口计生系统100余人参加国家人口计生委第四届生殖健康新技术、新成果博览会。

二、计划生育优质服务

【组织省级计划生育优质服务达标县的评估验收】

在与各州、市签订优质服务达标县责任目标的基础上，在全省人口与计划生育责任目标考核的同时对全省计划生育优质服务达标县进行评估验收。结果达标县共19个：西山区、威信县、麒麟区、新平县 、易门县、江川县、蒙自县、西畴县、镇沅县、江城县、大理市、宾川县、剑川县、施甸县、潞西市、永胜县、泸水县、维西县、永德县。

【组织全国计划生育优质服务先进单位的推荐申报工作】

根据国家人口计生委的要求，积极组织做好第五批全国计划生育优质服务先进县（市、区）——宜良、马关和昌宁县的推荐申报，并获得通过。科技处处长丁明和马关县常务副县长　参加了“全国计划生育技术服务能力建设暨优质服务先进单位表彰电视电话会”北京主会场的领奖并组织了云南分会场。

三、出生缺陷一级预防

【加强对出生缺陷一级预防工作的领导】

云南省人民政府办公厅下发了《关于成立云南省人口出生缺陷干预领导小组的通知》（云政办发［2007］286号），确定了高峰副省长为组长，卫星副秘书长、省人口计生委主任为副组长，相关成员单位领导为成员的云南省人口出生缺陷干预领导小组，并确定领导小组下设办公室在省人口计生委。

【全面开展出生缺陷一级预防工作】

为认真贯彻落实“国家人口计生委全面启动出生缺陷一级预防工作会议”精神和《云南省人口出生缺陷预防规定》，进一步推进人口出生缺陷预防工作，经请示，省政府同意在全省全面开展出生缺陷一级预防工作，巩固提高原有25个试点县（市、区），增加20个重点县，开展宣传倡导、健康促进、优生咨询、高危人群指导、孕前实验室筛查和营养素补充等工作，在其余84个县（市、区）全面开展宣传、婚前培训和技术人员培训等工作。

【积极完善政策和工作规范】

与省财政厅联合下发了《云南省人口出生缺陷干预专项经费管理暂行办法》、及时下发了“关于转发国家人口计生委《开展出生缺陷一级预防工作的指导意见的通知》的通知”、《云南省人口和计划生育委员会关于进一步做好出生缺陷干预有关工作的通知》、《关于增加我省出生缺陷干预重点县的通知》及《关于25个试点县剩余叶酸调配意见》等；

【加强出生缺陷干预能力建设】

组织编写出版了《云南省人口和计划生育部门出生缺陷干预培训教材》；争取了科技司“人口和计划生育部门出生缺陷一级预防能力研究”课题。

【其他】

对25个试点县进行了工作情况的调查、监测、督导和评估；积极争取和组织实施了国家人口计生委“人口计生系统出生缺陷一级预防能力研究”课题；下达了2007年人口出生缺陷干预1000万元专项经费等

四、推广使用安全套预防艾滋病工程

【出台了政策】

经人口计生部门积极努力，省政府出台了《云南省推广使用安全套管理暂行办法》。并认真贯彻落实。争取到393万元专项经费。在宾馆、酒店等提供住宿的场所基本摆放了安全套或设置安全套发售设施的基础上，扩大免费发放的目标人群，特别要以农民工为重点，加强对用工企业、劳动力市场和车站、码头、机场等农民工集聚地点的系统管理。大力普及防治艾滋病、性病知识，保障安全套的提供，努力阻断艾滋病经性途径传播。组织对各州市推广使用安全套工作的专项考核工作。

五、对外合作

【组织实施国际项目】

积极组织实施好联合国人口基金计划生育/生殖健康第六周期项目、中日合作中国中西部生殖健康

家庭保健服务能力建设项目和艾滋病防治等国际合作项目。

【加强对外交流合作】

2007年4月在国家人口计生委外事工作会议上，云南省进行了“积极开展国际交流合作预防艾滋病项目树立中国人口计生工作的良好国际形象”的大会发言。8月科技处处长丁明和沧源县人口计生局陈树勇局长参加了“亚太地区第八届艾滋病大会”，交流了中国云南人口计生部门在艾滋病预防中开展的工作。

【多个集体和个人获得国家人口计生委外事工作先进集体和先进个人表彰】

组织向国家人口计生委推荐上报云南省外事工作先进集体和先进个人。云南省人口计生委等7个集体获得了国家人口计生委外事工作先进集体的表彰，丁明等9个个人获得了国家人口计生委外事工作先进个人的表彰。

【外事接待】

7月接待了由商务部、人口和计划生育委员主办的“国际性与生殖健康及其权利研修班”40多位发展中国家司局级及以上官员到云南的学习和考察。郝主任作了“防艾滋 促和谐 谋发展 富人民”的发言，安排对外合作处陪同考察了宜良和丽江。工作得到了国家人口计生委的表扬。

【考察学习】

按要求按时办理了4人次的出国手续，保证了出国任务的完成。2月组织完成了省人口计生系统8人到南非考察团的考察活动；4月和10月分别组织完成了人口计生系统两批次 各9人到澳大利亚、新西兰考察团的考察活动。

【规范部门因公出国（境）管理】

为认真贯彻落实云南省人口和计划生育委员会关于贯彻落实《建立健全教育制度监督并重的惩治和预防腐败体系实施纲要》的精神，结合我委实际，起草了《云南省人口计生委因公出国（境）管理暂行意见》。

2008年

一、科技管理

【科学研究】

由云南省人口和计划生育科学技术研究所承担的国家科技支撑计划课题《绝育手术并发症防

治技术的研究》进入评审验收；参与《出生缺陷人群监测与综合干预模式及示范研究》、《避孕器具放取环手术并发症防治技术的研究》、《宫内节育器（IUD）使用失败原因分析》三个“十一五”国家科技支撑计划课题研究；努力实施好大姚、华宁县、弥渡县三个国家人口计生委“避孕药具不良反应监测”试点工作。

【积极组织申报省政府科技进步奖】

云南省计生科研所的“妇女生殖道感染诊断与综合防治技术研究”课题获得省政府科技进步三等奖一项。

【推进科技大练兵活动】

旨在提高云南省计划生育技术人员整体业务素质和综合服务能力的科技大练兵活动进入实质演练提高阶段，各级人口计生部门和计划生育技术服务机构围绕依法执业、规范执业，树立技术优良、服务优质、环境优美的机构形象的科技大练兵活动取得了很好的效果。一是指导各地开展科技大练兵活动，下发了《关于做好计划生育科技大练兵活动有关事宜的通知》云人口办发【2008】（20号）；二是组织开发“云南省计划生育科技大练兵理论考试题库”，提供各州、市统一组织理论考试专用；三是在下发《云南省计划生育科技大练兵活动实施方案》的基础上，要求和督促各州、市制订计划生育科技大练兵活动实施方案；四是加强对各州市开展计划生育科技大练兵活动的指导，在各州市开展培训时，积极参加授课和指导等；五是利用上海对口支持云南的机会，10月组织第一批8个州市科技管理科长和服务站站长80人到上海进行技术培训作为科技大练兵的具体内容来抓，取得了较好的效果；六是认真实施“三千人才工程”，及时将国家的补助经费下拨，同时保证和下拨了配套经费。及时收集各州市实施“三千人才工程”进修培训的总结，对进修培训人员进行了跟踪调查，以保证效果。

【加强县乡计划生育服务站（所）规范化、标准化建设】

按照《农村计划生育服务机构基础设施建设标准》《计划生育服务站机构形象规范手册》和《计划生育技术服务机构质量管理规范》的要求，坚持计划生育行业特色，指导县乡服务站标准化建设，规范服务流程，确保各种手术的安全。下发了关于开展计划生育服务站机构形象规范试点工作的通知（云人口发【2008】3号），决定在有条件的地方开展计划生育服务站机构形象规范试点工作，并加强了督导和检查。健全技术服务网络，增强服务功能，规范服务程序和质量标准，为育龄群众提供优质的生殖保健服务。按照技术优良、服务优质、管理优秀、环境优美、群众满意的要求加强计划生育技术服务机构建设，健全技术服务网络，增强服务功能，规范服务程序和质量标准。在全省初步形成了以县站为龙头、以中心所为骨干、以乡镇服务所为依托、以流动服务车为纽带的人口计生服务网络体系，较好地发挥了宣传教育、技术服务、优生指导、药具发放、信息咨询、随访服务、生殖保健、人员培训的综合功能。

【科普活动】

较好的组织省人口计生系统参加了2008年科技活动周活动，并总结上报国家人口计生委科技司、省科技厅和《中国计划生育学杂志》。

【扩展服务内容】

云南省人口和计划生育科学技术研究所经云南省卫生厅批准许可开展丈夫精液人工授精（AIH）。

二、计划生育优质服务

【组织省级计划生育优质服务达标县和先进县（市、区）的评估验收】

在全省人口与计划生育责任目标考核的同时对全省计划生育优质服务达标县和先进县（市、区）进行评估验收。结果达标县共19个：五华区、盘龙区、马龙县、富源县、楚雄市、石屏县、红河县、富宁县、宁洱县、西盟县、勐腊县、鹤庆县、云龙县、隆阳区、瑞丽市、古城区 、香格里拉县、双江县、沧源县;先进县(市、区)共18个:安宁县、石林县、威信县、南华县、禄丰县、易门县、江川县、开远市、蒙自县、文山县、景东县、江城县、大理市、剑川县、隆阳区、潞西市、永胜县、维西县和临翔区。

【组织全国计划生育优质服务先进单位的推荐申报工作】

根据国家人口计生委的要求，积极组织第六批全国计划生育优质服务先进县(市、区)——石林县、大姚县、华宁县、开远市和勐海县共5个县(市)的推荐申报，并获得通过。勐海县县长吴江玲作为全国计划生育优质服务先进单位的代表到北京领奖

【接受国家检查】

在国家对云南省进行的“十一五”人口发展和计划生育事业发展规划中期评估中选取的三个现场中，晋宁县为2004年度的国优县，华宁县为今年推荐申报的国优县，禄丰县为今年推荐申报的省优县，经领导和专家的调查评估，在省里的反馈会上，都给予了较高的评价。

三、推广使用安全套防治艾滋病和禁毒工作

【制订实施方案】

为巩固和扩大三年推广使用安全套防治艾滋病工作成果，确保完成新一轮禁毒和防治艾滋病人民战争各项目标任务，根据《云南省新一轮禁毒人民战争实施方案(2008–2010年)》、《云南省新一轮防治艾滋病人民战争实施方案(2008–2010年)》、《云南省防治艾滋病十项行动计划》，结合云南省实际，省人口计生委制订了《云南省新一轮禁毒和防治艾滋病人民战争推广使用安全套工作实施方案》，进一步明确了我省推广使用安全套防治艾滋病的职责、任务和采取的措施。

【加强推广使用安全套预防艾滋病工程的实施】

一是按季落实推广使用安全套防治艾滋病工程相关报表，及时向领导提供准确数据；二是参加防艾局组织的云南省防治艾滋病十项行动计划相关方案的学习和讨论，参与防治艾滋病中美政策项目的学习和研讨；三是及时组织完成了2008年向艾滋病病人、感染者，为全省开展高危行为干预免费提供安全套工作；四是协调卫生厅及相关单位，组织接待新疆人口计生委赴云南进行防治艾滋病工作考察；五是根据《2008年云南省防治艾滋病工作计划》，结合三年多云南省推广使用安全套防治艾滋病工作实践，制订了推广使用安全套防治艾滋病工程2008年工作计划；六是在2007年省财政安排393万元推广使用安全套防治艾滋病工程专项经费中，安排383万元政府采购安全套免费下拨保证艾滋病病毒感染者、艾滋病病人及其家属等的使用，和提供非星级宾馆、酒店的免费摆放。

【积极参与禁毒工作】

一是完成《云南省三年禁毒人民战争总结》修改意见的反馈函及《云南省2008–2010年新一轮禁毒人民战争实施方案(征求意见稿)》的反馈函。二是为认真履行职责，配合做好《禁毒法》实施工作，拟订“云南省人口计生委办公室转发中共云南省委依法治省领导小组办公室 云南省司法厅《关于做好宣传普及〈中华人民共和国禁毒法〉工作的通知》”下发各州(市)人口计生委，直属各单位；三是省人口计生委、省人口计生药具站获2005–2007防治艾滋病人民战争先进集体荣誉称号；吴莉华、丁明、罗明辉、苏建波获2005–2007防治艾滋病人民战争先进工作者荣誉称号。

四、出生缺陷一级预防

【全面开展出生缺陷一级预防工作】

下发了《云南省全面开展出生缺陷一级预防工作实施意见》；3月召开了“全省州市人口计生委主任会议和云南省全面启动出生缺陷一级预防工作会议”，全省出生缺陷一级预防工作全面开展，25个试点县工作取得初步效果和经验，20个重点县工作稳步推进，促进了人口和计划生育工作整体水平的提高。各试点和重点县围绕“预防任务”发挥

各自的主观能动性积极探索，初步建立了行政和业务技术相结合的预防体系；初步形成了县、乡、村三级药物干预机制及转诊机制。使三级计划生育服务网络进一步发挥作用，探索和实践了一整套符合云南实际的孕前－围孕期出生缺陷干预的模式。

【责任目标管理】

修改完善了对开展出生缺陷一级预防责任目标考核的指标；根据国家人口计生委办公厅《关于印发孕前优生健康检查试点工作方案的通知》，结合云南实际积极组织开展孕前检查，并将孕前检查率列入了目标责任考核。

【宣传教育和孕前培训】

组织编写了开展出生缺陷一级预防相关的“指南”、“保健手册”和“知识读本”等宣传资料，全省开展多种形式的出生缺陷预防的宣传教育和孕前培训工作，增强了群众参与出生缺陷预防的意识。共举办婚、孕前群众培训5093班次，培训群众347801人；发放宣传品1290046份。

【开展出生缺陷预防的系统培训】

为促进缺陷预防服务能力提高，组织编写了《云南省人口出生缺陷干预培训教材》，省对州市、县两级的管理人员、专业技术人员和骨干进行了从理论到实践、从基础到临床、从管理到服务的系统培训，考试合格者发给《出生缺陷干预培训合格证》。5月举办了“全省部分县级服务站站长暨人口出生缺陷一级预防重点县骨干培训班”。各试点和重点县等采取“请进来”、“送出去”的方式，针对出生缺陷干预工作的各个环节对技术服务人员进行培训。经过系统培训，进一步提高了县、乡、村三级技术服务人员的业务水平。全省共举办计生技术服务人员和计生宣传员培训835班次，共培训相关人员21742人，其中举办省级师资培训班3次，培训师资300余人次。

【增加投入】

为试点、重点县配置了一批技术服务设备。自2006.2007和2008年，省政府每年投入1000万元，州、市配套经费用于人口出生缺陷一级预防工作；省级还下拨和采购了760万元的酶标仪、洗板机、血球仪、尿液分析仪、显微镜等开展孕前检查的基本设备；对重点县进行了实验室设备情况的调查，并下发通知指导各地进行开展出生缺陷一级预防孕前实验室检查相关设备的采购。

【建立规范】

通过实践初步建立了一套出生缺陷干预技术规范。组织修改下发了“云南省出生缺陷一级预防技术服务用表”，全省统一应用。年内共下发相关通知等6个。

【积极开展孕前健康检查】

积极开展孕前健康检查，对待孕夫妇进行风险评估，给予了生育指导，取得了较好的社会效益和一定的经济效益，对226930例目标人群中的164350进行了孕前检查；其中检查出了数量不等的血、尿、白带、精液常规、HBSAg、梅毒螺旋体和TORCH等的异常，特别是在对54619人HIV抗体检查中，发现了50例异常并及时进行了转诊；对64159例进行了孕期B超筛查，发现异常256例；对出生的99685人中的78212进行了随访，其中出生缺陷儿179例；发生死胎、死产、流产等不良妊娠结局467例。

【开展了免费和有偿“叶酸”调供的服务工作】

对目标人群免费发放叶酸467610瓶，使有效预防神经管畸形落到了实处。

【其他】

加大了对试点和重点县的工作指导，到昆明、玉溪、楚雄等州、市进行了专题讲座，到永善等县进行了具体工作指导；加强了对开展出生缺陷一级预防工作的信息报道。

五、对外合作工作

【推进国际项目的实施】

一是积极组织实施好联合国人口基金计划生育/生殖健康第六周期项目，加强了协调、督导和指导，各项工作得到了国际合作司的肯定；二是按要求积极组织实施好中日合作中国中西部生殖健康家庭保健服务能力建设项目，加强督导，并作好了省级推广计划。三是继续做好思茅区、云县、文山县人口计生局开展的美国中华艾滋病基金会资金“对娱乐场所从业女性实施预防性病 / 艾滋病的综合干预”项目；四是继续做好 WHO100% 安全套推广项目在我省四个县实施的后续工作。

【交流学习】

罗明辉同志 2 月参加国家人口计生委组织的赴越柬两国艾滋病防治考察；丁明 9 月参加国家人口计生委组织的赴日本的项目培训。

人事处

2006 年

1. 完成 2005 年机关党委工作总结及 2006 年工作安排；

2. 完成 2004—2005 年省直机关“云岭先锋”优秀共产党员推荐上报工作；

3. 圆满完成 2004—2005 年度实施“云岭先锋”工程检查考核工作及上报总结报告；

4. 5 个党支部完成了换届选举工作；

5. 圆满完成联系点的第三批先进性教育工作；

6. 完成社会评议机关作风的总结及上报工作；

7. 组织完成了第 26.27 期处级干部进修班；

8. 认真做好首届“兴滇人才奖”的组织投票工作；

9. 认真组织了 5 期西部县级计生委主任赴北京参加培训，1 期州市主任赴南京培训；

10. 完成乱办班乱收费乱发证的治理整顿情况上报；

11. 完成医保缴费工资核定及日常业务工作；

12. 参加到楚雄州调研；

13. 完成省九届妇女代表、执委的推荐上报工作；

14. 组织了纪念建党 85 周年座谈会，表彰实施“云岭先锋”工程优秀共产党员；

15. 开展了“禁毒防艾”知识竞赛、“爱心圆梦大学”助学行动、“树荣辱观、唱正气歌”学唱演唱活动、“送温暖、献爱心”社会捐助活动；

16. 完成了省人口计生委出席省第八次党代会

代表的推荐上报工作；

17. 认真组织学习《江泽民文选》、十六届六中全会和省第八次党代会精神，上报相关材料；

18. 协助办公室组织中心组学习扩大会议和党组民主生活会，上报两年来党组中心学习组学习情况和相关材料；

19. 协助完成全国部分农村计划生育家庭奖励扶助工作会议的安全保卫工作；

20. 完成机关党委的换届工作；

21. 完成省直机关工委安排的各项工作及日常工作。

22. 下发了《云南省人口和计划生育委员会关于进一步加强全省人口和计划生育队伍建设的意见》和《云南省村级计划生育宣传员管理办法》，在部分县开展了村级宣传员"县管、乡聘、村用"试点工作。

23. 完成了委机关和直属事业单位的年终考核及报批手续。

24. 根据党组安排，完成了委机关领导职务的民主推荐、考察、公示、任命等工作。

25. 按省社会保障局要求，完成了离退休人员工资社会化发放核算工作。

26. 完成了省人事厅、市统计局等相关厅局要求报送的各种报表和工资、劳动执法年审工作。

27. 完成了第一届云南省人口和计划生育系统先进工作者的评选表彰奖励工作。

28. 完成了全国人口计生系统先进集体、先进工作者、优秀工作者的推荐、报批工作。

29. 完成了全省第四次人口计生系统人事统计工作。

30. 完成了全省计划生育荣誉证书的审批和发放工作。

31. 完成了全省专业技术人员高级职称推荐评审工作。

32. 办理了出国人员的政审手续。

33. 完成了省人口计生委挂钩扶贫干部的推荐审批工作。

34. 完成了公务员登记和工资套改工作。

35. 按全省老干部工作会议精神贯彻落实好全委老干部工作。

36. 严格按照政策要求，落实好离退休干部政治生活待遇，做好离休干部的"两费"发放工作。

37. 组织好每月2次的政治学习和活动；及时审核、报批离休干部医药费，报各种医药费报表；按省委老干局要求，做好离退休干部相关信息的上报工作 。

38. 做好离退休干部节假日、生病住院的走访慰问工作；组织好节庆日活动；组织离退休干部参加省老龄委、省级老年体协举办的各种活动及体育比赛。

39. 做好老干部活动室的管理，做好老干部生活服务工作；做好老龄委成员单位的联络员和信息员的工作。

40. 组织离退休干部参加省委、省政府及委机关召开的各种会议。

配合委人口发展战略领导小组组织好课题研究专家组具体参会工作：

1. 完成了委机关和直属事业单位的年终考核及报批手续。

2. 根据党组安排，完成了委机关领导职务的民主推荐、考察、公示、任命等工作。完成了我委挂钩扶贫干部的推荐审批工作。

3. 按省社会保障局要求，完成了离退休人员工资社会化发放核算工作。

4. 完成了省人事厅、市统计局等相关厅局要求报送的各种报表和工资、劳动执法年审工作。

5. 完成了第一届云南省人口和计划生育系统先进工作者的评选表彰奖励工作。

6. 完成了全国人口计生系统先进集体、先进工作者、优秀工作者的推荐、报批工作。

7. 完成了全省第四次人口计生系统人事统计工作。

8.完成了全省计划生育荣誉证书的审批和发放工作。

9.完成了全省专业技术人员高级职称推荐评审工作。

10.办理了出国人员的政审手续。

11.草拟了人事处十五工作回顾

12.完成了公务员登记和工资套改工作。

2007年

【组织人事工作】

1.按照委党组的要求，协调省编办，争取设立出生缺陷预防处，增加人员编制和职数。

2.完成了委机关和直属事业单位的报批手续及年终考核。

3.向省委、省政府报送了继续执行领取《独生子女父母光荣证》的退休人员退休时享受加发5%退休金的专题报告，并专此与省人事厅等部门进行了协调；完成了省人大、省政协、省信访局关于加发5%退休金的提案回复。

4.完成了云南省人口和计划生育委员会建设社会主义新农村指导员的推荐审批下派工作。

5.协助省委组织部完成了厅级后备干部的民主推荐、考察等工作。

6.完成了07年军队转业干部接收安置工作(共接收6人)。

7.为11名出国学习考察人员办理了政审手续。

8.完成了第二届云南省人口和计划生育系统100名先进工作者的评选表彰奖励工作。

9.完成了全省人口计生系统先进工作者荣誉证书的审批和发放工作。

10.完成了全省计生系统初、中级职称考试省内合格人员的审核报批和办理职称证工作。

【干部教育和培训工作】

1.根据省纪委、省委组织部和省委宣传部〈关于开展"加强作风建设、促进廉洁从政"主题教育活动的通知〉精神作为契机，结合我委实际认真抓好委机关作风建设，配合纪检组制订了开展"加强作风建设、促进廉洁从政"主题教育活动方案，并开展了活动。

2.完成了省人口计生委"十五"期间公务员培训工作总结上报。

3.制订下发了《县级人口计生委主任和计划生育服务站站长培训实施方案》。

4.组织了1期州市主任和1期西部县级计生局长赴南京培训；1期县级计生局长赴北京培训；1期以贯彻中央《决定》为主要内容的全省计生主任(局长)培训，全年累计培训主任(局长)191人次。

5.组织完成了厅级领导干部和公务员副处级领导干部调训任务。

6.举办1期全省计划生育技术人员继续教育培训班。

7.完成2007年度县乡计划生育服务站所技术服务人员进修实习计划。

8.按照省人事厅的要求，圆满完成了公共管理核心内容知识的培训和考试工作。

9.根据国家人口计生委的统一部署，认真组织了人口计生干部队伍建设情况征文活动，共上报论文10篇。

【劳动工资和医疗保险工作】

1.完成了委机关的津贴补贴规范增资测算和报审工作；

2.完成了省委组织部、省人事厅、市统计局等相关厅局要求报送的各种报表和工资、劳动执法年审工作。

3.完成了委机关和直属单位的工资套改和滚动晋升测算工作。

4.完成了本年度医保工资缴费核算、新增人员医保申请及调离人员的退保工作。

5.按省社会保障局要求，完成了离退休人员工资社会化发放核算工作。

【离退休干部职工管理与服务工作】

1.严格按政策要求，落实了离退休干部政治生活待遇，做好了离休干部的“两费”发放工作。

2. 按要求组织了每月两次的政治学习和活动；先后多次组织老干部参加政治理论学习、观看十七大精神电教片；全年共组织老干部外出活动10余次（7月份组织了离退休老干部到曲靖市参观考察）。

3. 及时审核、报批了离休干部医药费，向医保中心填报了2007年四个季度医药费报表，全年共为离休老干部核销医药费近15万元。

4. 做好了离退休干部节假日、生病住院的走访慰问工作；组织了春节慰问和敬老节活动；全年累计看望生病住院的离退休老干部12次。

5. 组织了离退休干部参加省老龄委、省级老年体协举办的各种活动及体育比赛；先后组织离退休老干部参加了省老年人权益保障法律知识竞赛和省老年体协举办的两次钓鱼比赛等活动。

6. 做好了老干部生活服务及老干部活动室的管理工作；为全委近20名老干部办理了老年人优待证；申请专项经费为老干活动室购买了电视机、DVD机及音响设备。积极为老干部开会、参加各种活动、看病、出入院等提供用车服务。

2008年

【组织人事和劳动工资工作】

1. 按照委党组的要求，协调省编办，增加了人员编制和职数。

2. 完成了委机关和直属单位处级干部的民主推荐、考察、任免等工作。协助省委组织部完成了厅级后备干部的民主推荐、考察等工作。

3. 完成了委机关和直属事业单位的年终考核及报批手续。

4. 完成了我委建设社会主义新农村指导员的推荐审批下派工作。

5. 完成了08年军队转业干部接收安置工作。

6. 完成了第三届云南省人口和计划生育系统100名先进工作者的评选表彰奖励工作。

7. 完成了全省人口计生系统工作人员计划生育荣誉证书的审批和发放工作。

8. 完成了全省计生系统初、中级职称考试省内合格人员的审核报批和办理职称证工作。

9. 完成了委机关和直属单位的工资套改和滚动晋升测算工作。按照省社会保障局要求，完成了离退休人员工资社会化发放核算工作。

10. 完成了省委组织部、省人事厅、市统计局等相关厅局要求报送的各种报表和工资、劳动执法年审工作。

11. 完成了本年度医保工资缴费核算、新增人员医保申请及调离人员的退保工作。

【干部教育和培训工作】

1. 根据省委组织部《关于开展“讲党性、重品行、作表率”活动通知》精神，结合我实际认真抓好委机关作风建设，制订我委落实科学发展观，带头落实“讲党性、重品行、作表率”的活动方案。

2. 完成了省人口计生委“十一五”干部教育中期评估报告。

3. 根据国家人口计生委《关于开展人口计生队伍职业化建设试点工作的指导意见》和国家人口计生委办公厅《关于实施人口计生公共服务管理网络“强基工程”的通知》精神，结合工作实际，我委制订了贯彻意见，并转发两个文件，要求各级人口计生部门提高对开展人口计生队伍职业化建设试点工作的指导意见和实施“强基工程”的认识，切实加强领导，加大宣传力度，认真落实有关要求，稳步扎实的推进职业化建设试点和“强基工程”工作。

4. 组织完成了厅级领导干部和公务员副处级领导干部参加省委党校秋季举办的中青年干部培训班和公共管理培训班。

5. 组织完成了国家人口计生委举办的县级（国优、省优）人口计生委（局）新任主任（局长）专业知识示范培训班和

西部地区县级人口计生委（局）主任（局长）

专业知识培训班。

【四项制度】

根据《云南省人民政府关于省政府部门及州市行政负责人问责办法》(云政发[2008]16号)和《云南省人民政府关于在全省行政机关推行服务承诺制首问责任制限时办结制的决定》(云政发[2008]11号)的通知要求，结合本部门实际，云南省人口和计划生育委员会制订印发了《云南省人口计生委关于贯彻执行行政问责办法等四项制度的实施意见》(云人发[2008]11号)，委机关各处室、计生协会以及直属各单位还结合自身实际，分别制作了"服务承诺公示牌"、"工作人员去向牌"，在办公室的办公桌上统一放置设有本人姓名、照片、职务、电话的服务承诺公示牌，建立了首问登记制度和AB角制度，设立了投诉机构、投诉电话和意见箱，方便群众投诉。并在省人口计生委政务信息公开网站上对外公开服务承诺事项，开通了12356阳光人口计生服务热线，方便群众办事，接受群众监督。

机关党委(老干办)

2006年

2006年，机关党委坚持以邓小平理论和"三个代表"重要思想为指导，深入学习贯彻党的十六大、十六届三中、四中、五中、六中全会和省第八次党代会精神，全面贯彻落实科学发展观，围绕加强党的执政能力建设和先进性建设，突出学习、遵守、贯彻和维护党章，树立"八荣八耻"的社会主义荣辱观，坚持解放思想，实事求是，与时俱进，围绕中心，服务大局，扎实工作，切实加强党的建设。

【抓好党员干部的理论学习和思想教育，加强了思想政治建设】

一年来，根据上级安排和工作需要，机关党委深入开展了党的基本理论、基本路线、基本纲领和理想信念教育，引导干部职工坚定马克思主义信念。组织开展了以贯彻落实"三个代表"重要思想、科学发展观和践行社会主义荣辱观为主要内容的学习教育活动，以学习、遵守、贯彻和维护党章为重点，坚持用科学理论教育党员干部，牢固树立科学的世界观、人生观、价值观和社会主义荣辱观，坚持全心全意为人民服务的宗旨，坚持"立党为公、执政为民"的本质要求。具体抓了以下工作：一是按照省委和省直机关工委的要求，把学习党章、遵守党章、贯彻党章、维护党章列入了全年党建工作重点，作为党员干部的必修课，认真抓好了落实。通过学习，广大党员进一步加深了对党的性质、宗旨、路线、纲领、指导思想和奋斗目标的认识和理解。机关各支部100多人参加了省直机关工委组织的纪念中国共产党成立85周年“党的知识”答题竞赛活动。二是认真组织学习胡锦涛总书记在庆祝中国共产党成立85周年暨总结保持共产党员先进性教育活动大会上的重要讲话，掀起学习《江泽民文选》、《中共中央关于构建社会主义和谐社会若干重大问题的决定》和省八次党代会精神的高潮，购买了《胡锦涛同志在庆祝中国共产党成立85周年暨总结保持共产党员先进性教育活动大会上的讲话》、《江泽民文选》、党的十六届六中全会《决定》学习辅导等学习资料发给机关全体干部职工。机关各支部按照机关党委下发的理论学习安排意见认真组织了学习活动。三是机关党委和各党支部举办了庆祝中国共产党成立85周年座谈会，回顾党的光辉历史，歌颂伟大的中国共产党，全体党员深受教育。四是进一步建立和完善了学习制度，通过组织生活会和中心学习组学习，积极营造了全员学习和全面学习的良好氛围。积极协助办公室完成了委党组中心学习组扩大会议和专题民主生活会，认真传达学习了必读篇目，收到了良好的学习效果。各党支部按照机关党委每个时期下发的学习通知，结合部门工作实际，采取不同的方式开展了组织生活。特别是老干支部学习积极性高，组织生活丰富多彩，形式多样，积极为机关党建工作建言献策，为机关党员作出了榜样。为认真贯彻落实省第八次党代会精神和机关党委的要求，机关各支部认真组织学习，把党代会精神全面贯彻落实到各项工作任务中。五是组织开展了专题党风廉政教育活动，以及全委干部职工观看了“红军长征过云南”大型主题展览等教育活动。

【抓好各项基础工作，基层党组织建设得到加强】

通过开展党建的各项基础工作，规范了工作，凝聚了人心，培养了干部，基层党组织建设得到加强。一是继续扎实抓好“云岭先锋”工程，巩固先进性教育成果，认真抓好各党支部创先争优及创先争优模范岗的创建工作。各支部评出创先争优模范岗党员进行表彰，机关支部评出创先争优模范岗党员7名，机关党委表彰“云岭先锋”优秀共产党员7名。认真完成省直机关社会评议机关作风的工作，省人口计生委在评议中荣获一等奖第八名。二是深入贯彻《中国共产党党和国家机关基层组织工作条例》，进一步健全完善机关党的组织，圆满完成了机关5个党支部和机关党委的换届工作，配备了机关党委专职干部。三是注重抓制度建设，先后建立和完善了理论学习制度、民主生活会制度、中心发言人制度、学习考勤制度、会议考勤制度等。各项制度都得到了较好的执行。四是各党支部注重在实践中考验、培养和发展党员，按照“坚持标准、保证质量、改善结构、慎重发展”的十六字方针，积极、稳妥地做好入党积极分子的培养和新党员的发展工作， 2人按期转正。五是加强了对干部职工的政治思想工作。积极组织机关干部参加上级党组织的培训教育活动，提高党员干部的政治思想素质； 定期分析党员干部职工的政治思想情况，开展个别谈心活动，帮助干部职工解疑释惑。六是完成了党组织的基础工作。今年重点是推荐选举了省人口计生委出席云南省第八次党代会代表，认真组织了云南省出席党的十七大代表候选人初步人选的推荐工作，并为转业干部和机关干部办理了组织关系的转接手续，完成党费收缴和党内统计年报表及相关材料的上报工作。

【大力开展精神文明创建活动，精神文明建设成效明显】

根据新形势新任务的要求，机关党委不断加大了机关精神文明建设工作的力度，提升文明创建的水平，有效地服务于全委的中心工作。一是认真落实《公民道德建设实施纲要》，大力倡导“爱国守法、明礼诚信、团结友善、勤俭自强、敬业奉献”的基本道德规范。开展以创建 “学习型、服务型、创新型机关”为目标的 “党在我心中”、“创优争先岗”、“创优争先模范岗”、“党员身份亮出来”等为主要内容的创建活动。二是开展丰富多彩、健康向上、喜闻乐见的文体活动。机关党委、工会利用重大节日适时组织全体干部职工开展了参观、募捐、拔河、趣味游戏、棋牌赛等文体联谊活动。在党组中心组学习期间组织全委干部职工学唱《八荣八耻》、《八个坚持八个反对》等革命歌曲，各党支部都认真组织了学唱活动。通过开展活动，密切了党群关系，干群关系，调动了机关职工工作积极性，增强了职工履行《公民道德建设实施纲要》的自觉性，促进了机关干部职工健康向上创新进取的工作热情。三是继续认真贯彻《中共云南省委关于加强和改进新时期工会、共青团、妇联工作的意见》，大力支持工会、青年团依照法律和各自章程开展工作，充分发挥他们在密切联系群众方面的桥梁和纽带作用。机关工会还积极开展了职工医疗互相活动。四是积极响应省委省政府和机关工委的号召，广泛开展“送温暖献爱心”活动，机关党委积极发动干部职工向贫困地区、灾区群众献爱心，积极捐款捐物。帮助第三批先进性教育活动联系点古城区金山乡落实新农村建设资金5万元，受到了好评。

【党风廉政建设取得新进展】

配合纪检监察狠抓党风廉政建设。一是抓工作责任的落实。将党风廉政建设与反腐败工作任务分解到委机关各处室和直属单位。二是开展反腐倡廉教育和纪律教育，促进人口计生干部廉洁从政。开展了以“学习贯彻党章与牢固树立社会主义荣辱观”和陈良宇同志严重违纪问题查处为主题的党风廉政教育。把学习贯彻党章和学唱《八荣八耻》等革命歌曲，作为加强人口计生系统反腐倡廉教育的重要措施，组织全委党员开展党章知识竞答活动。同时开展纪律教育，将国家人口计生委制订的人口和计划生育《群众工作纪律》和《检查考评工作纪律》下发到基层。要求各级人口计生部门的工作人员，特别是领导干部，在自觉遵守“四大纪律八项要求”的同时遵守“两个纪律”，在检查、考核、评估工作中做到文明执法不侵权，优质服务不失信，廉洁爱民不谋私。并利用人口计生系统作风建设先进事迹演讲片和警示教育片开展警示教育，筑牢拒腐防变的思想道德防线。三是开展了以人口计生工作者及其家属为主要对象的廉政文化进家庭教育活动。四是按照省委保持共产党员先进性教育活动领导小组的安排，圆满完成联系指导古城区开展第三批先进性教育活动，在总结大会上受到表扬。

2006年，机关党委结合工作实际，较为圆满地完成了上级党组织布置的各项工作任务。但还存在一些不足。一是还需要充分发挥各党支部的战斗堡垒作用和党员先锋模范作用；二是还需要不断创新党建工作思路；三是工学矛盾突出的问题依然存在；四是还需进一步创新活动内容和活动方式，为构建和谐机关进一步作出努力。

2007年

2007年，省人口计生委机关党委坚持以邓小平理论和“三个代表”重要思想为指导，全面贯彻落实科学发展观，以迎接、学习宣传贯彻党的十七大精神为主线，以加强党的执政能力建设和先进性建设为重点，以科学发展、建设和谐机关为基本要求，坚持围绕中心、服务大局，进一步加强机关党的建设，为省人口计生委完成各项任务提供了有力的思想组织保证。

【加强政治理论学习，促进党的思想政治建设】

一是认真抓好党的十七大精神的学习活动。成立了省人口计生委学习贯彻十七大精神领导小组，制订学习方案，举办了学习贯彻十七大精神动员报告会，委党组书记郝青山作学习动员和学习十七大精神辅导；机关党委及时向各党支部下发了《关于认真组织学习贯彻党的十七大精神的通知》及相关学习材料；各党支部迅速组织广大党员原原本本学习党的十七大报告和党章；积极配合参与委党组党的十七大精神中心组的学习活动；省人口计生委学习贯彻党的十七大精神情况在机关党建第31期《工作简报》和第12期《云南机关党建》中刊发。二是认真组织学习了相关报告、理论书籍，为相关学习活动提供服务。学习了胡锦涛总书记6月25日在中央党校发表的重要讲话、《理论热点面对面》、《构建社会主义和谐社会》等；举办了“构建社会主义和谐社会”专题讲座，省级机关党校副校长、副巡视员王鸿林同志作了《社会主义和谐社会宏观解读》；根据机关工委的要求，为领导干部参与《云南省领导干部时代前沿知识讲座》的学习提供服务；认真组织机关党员干部参加省级机关党校举办的处、科级干部进修班和处级领导干部十七大精神专题轮训班的学习；配合相关处室抓好“五五普法”工作。2005年至2006年党组中心组学习情况被省委组织部、省委宣传部2007年第一期《中心组学习》采用刊出，并在云南省机关党建网学习园地第一期登出。三是认真组织学习了相关会议精神。学习了十六届六中全会、中纪委七次全会和省委第八次党代会、八届二次全会精神。通过多种形式的深入学习，以理论武装头脑，进一步提高了党员干部运用理论解决实际问题的能力和党员队伍的整体素质。

【以开展活动为载体，促进党的基层组织建设】

一是认真组织“四个长效机制”文件的学习和落实检查。认真开展了对中央四个先进性长效机制文件、省委十八项基层党建工作制度的学习和贯彻落实情况的自检自查工作，拟报了落实情况自查报告和专题学习整改情况，建立完善了党建工作相关制度和党组抓基层党建工作责任制；各党支部认真搞好自查工作；在学习中与学习贯彻省第八次党代会精神相结合，与学习贯彻省委省直机关党的工作会议精神相结合，与开展“省直机关党建工作走在全省基层组织建设前列大讨论”（以下简称“大讨论”）相结合，不断提高广大党员干部贯彻落实先进性长效机制文件的自觉性和坚定性；结合工作实际，建立健全了学习制度、联系群众制度，坚持社会评议机关作风等各项工作制度；拟定了《云南省人口计生委机关党建工作目标管理》，将党建工作纳入处室目标责任书签订考核。通过学习和自查，机关干部职工的思想和精神面貌发生了深刻的变化，促进了各项工作的顺利展开。二是“大讨论”活动取得明显成效。各党支部按照机关党委制订的活动方案和具体工作日程，认真进行了学习动员、学习讨论、查找问题等阶段的工作；广大党员干部为抓好省直机关党建工作积极开动脑筋，认真思考，建言献策，写出了《浅析省直机关要在增强执政意识方面走在全省基层党建的前列》等13篇征文、4篇建言上报机关党委，经评审组认真评审，评出征文一等奖1篇，二等奖2篇，三等奖3篇，鼓励奖7篇，建言获鼓励奖，在《云南人口宣传》“党建园地”中专设《走在前列大讨论征文》栏目刊登获奖征文6篇，并按要求上报工委征文5篇、建言2篇，“大讨论”专题研讨会论文1篇，陈云斌同志撰写的《浅析省直机关要在增强执政意识方面走在全省基层党建的前列》荣获三等奖，机关党委的《增强执政为民意识　建设人民满意的服务型机关》评为优秀奖，在2008年省委省直机关党的工作会议上受到表彰；健全完善了云南省人口计生委《学习制度》等相关制度和《机关党委工作职责》。通过抓好整改，完善制度，规范管理，推动了各项工作深入开展。总之，整个活动步履坚实，成效明显，达到了预期的目的。三是举行了纪念建党86周年暨“大讨论”征文表彰活动。6月29日，举行了全体干部职工近200人参加的纪念建党86周年暨“大讨论”征文表彰活动，共同庆祝中国共产党成立86周年。同时，为表彰先进，鼓励建言献策，进一步推动“大讨论”活动深入开展，表彰了在“大讨论”征文活动中脱颖而出的优秀征文。“七一”活动情况在第7期《云南机关党建》中刊出。四是“云岭先锋”工程及其他各项工作稳步推进。继续实施“云岭先锋”工程，巩固和发展保持共产党员先进性教育活动成果，进一步建立和完善保持先进性的长效机制；注重抓制度建设，先后建立完善了相关制度，严格党的组织生活，坚持党员领导干部双重组织生活会制度；各党支部注重在实践中考验、培养和发展党员，按照“坚持标准、保证质量、改善结构、慎重发展”的十六字方针，积极、稳妥地做好入党积极分子的培养和新党员的发展工作，预备党员转正2人，接收预备党员1人，入党积极分子2人，参加入党积极分子培训2人；认真完成了2007年上半年党内统计工作和2006年发展党员工作总结，2006年度党内统计年报表被评为优秀报表，受到通报表扬，接转组织关系11人，认真做好党费收缴工作，做到零差错；积极组织机关党员干部13人参加了省级机关党校的学习培训，加强老干党支部建设，落实工作职责，丰富活动内容，创新活动方式，每月组织2次支部活动；认真做好委领导和相关部门临时交办的工作，努力完成省直机关工委下达部署的各项任务，积极参加人口和计划生育责任目标考核和督查调研人口计生工作；上报省委省直机关党建工作会议精神贯彻意见以及开展哲学科学报告会、研讨会情况管理自查报告；认真完成了医疗保险缴费工资核定及其他医保业务工作。

【加强和谐机关建设，精神文明建设取得新成效】

深入贯彻落实《公民道德建设实施纲要》，大力倡导“爱国守法、明礼诚信、团结友善、勤俭自强、敬业奉献”的基本道德规范；认真组织学习邓平寿同志先进事迹和参加全国道德模范候选人投票工作；在党的生日和重大节庆日里，积极开展有益于增强党组织凝聚力和战斗力的文体活动，丰富机关职工业余文化生活，营造团结和谐的工作氛围。与办公室、工会一道组织春节联谊活动和“七一”纪念活动，开展了球类、棋牌比赛和文艺联欢活动；积极响应省委、省政府和机关工委的号召，广泛开展“送温暖献爱心”活动，广大党员干部共捐款23490元、捐衣物552件（条）；认真贯彻《中共云南省委关于加强和改进新时期工会、共青团、妇联工作的意见》，大力支持工会、青年团依照法律和各自章程开展工作，充分发挥其在密切联系群众方面的桥梁和纽带作用；抓住机关党建工作中存在困难与问题，积极展开理论学习研讨活动，上报云南机关党建研究会理论研讨会论文4篇，药具站苏建波同志撰写的《积极应对 齐抓共管 务实创新——浅析加强流动人口思想政治工作》一文被评为省直机关“加强思想政治工作，促进和谐社会建设”理论研讨论文一等奖，潘旭阳、朱怡璇、谷天柱同志撰写的文章获鼓励奖，受到省委省直机关工委的表彰奖励；9月底以前按要求组织各支部撰写上报国家人口计生委政研会“和谐机关与党的建设”论文3篇，杨怡同志撰写的《论构建和谐机关的内在要求》一文在11月28日全国人口计生系统构建和谐机关研讨会上作交流发言，受到了好评。并被第12期《云南机关党建》刊登。

【加强廉政建设，促进机关反腐倡廉工作】

认真学习中央、省委关于党风廉政建设的一系列重要文件，认真组织学习中纪委七次全会、全国人口计生系统反腐倡廉工作会议、省纪委二次全会精神；在全体党员中开展以“加强作风建设、促进廉洁从政”为主题的教育活动；在省人口计生委党组领导下，搞好服务，认真协助完成了2007年3月领导班子作风建设专题民主生活会和2007年度党员领导干部民主生活会相关工作；组织全体干部职工观看优秀国产故事片《我的长征》、《公仆》，各党支部先后6次观看《失衡的秤》、《卢万里受贿案警示录》、《赌之害》等正反典型电影或电教片，不断增强党员干部拒腐防变的能力；组织各党支部122人参观云南省直机关廉政文化建设展览，组织处以上干部到省反腐倡廉教育基地观看“云南省党风廉政建设和反腐败斗争成就展”和警示教育片；认真贯彻落实中纪委八条规定、人口和计划生育工作纪律，严格检查考评工作纪律，做到令行禁止。

2007年，在省委省直机关工委的领导下，在委党组的具体指导关心下，经过广大党员的共同努力，机关党委圆满地完成了上级党组织布置的各项工作任务。但在工作中还存在一些不足：一是工学矛盾突出的问题难以解决，学习的时间难以保证；

二是学习的创新性、系统性、针对性不强，需进一步创新学习内容和方式；三是深入基层调查研究和创新党建工作思路不够；四是党务干部队伍的建设有待进一步加强。

2008年

2008年，省人口计生委机关党委坚持以邓小平理论、"三个代表"重要思想和科学发展观为指导，全面贯彻落实党的十七大和十七届三中全会精神及省委省直机关党的工作会议精神，围绕贯彻落实省直机关党建工作的主要任务和要求，结合人口计生工作实际，主要抓了以下几方面的工作：

【认真抓好政治理论学习】

一是认真组织学习党的三代中央领导集体关于解放思想、更新观念的重要论述，学习十六大以来党的一系列重大理论创新成果，学习党的十七大、十七届三中全会、全国"两会"精神和省第八次党代会、省委八届四次全委会精神，学习先进发达地区通过解放思想推进改革发展的成功经验；组织党员干部深入学习《毛泽东邓小平江泽民论科学发展》、《科学发展观重要论述摘编》、《深入学习实践科学发展观活动领导干部学习文件选编》、《科学发展观学习读本》以及中央、省委有关学习实践科学发展观活动的重要文件和领导讲话精神，真正领会和掌握科学发展观的科学内涵、精神实质和根本要求，切实增强贯彻落实科学发展观的自觉性和坚定性；学习《理论热点面对面》、省委省政府有关文件精神和传达学习省委省直机关党的工作会议精神。二是举办了有委党组成员、机关、省计生协会办公室、直属各单位干部职工及离退休老干部参加的"解放思想大讨论"、"深入学习实践科学发展观活动"专题讲座。三是根据机关工委的要求，积极参与《云南省领导干部时代前沿知识讲座》的学习。四是认真组织机关党员干部5人参加省级机关党校举办的处、科级干部进修班学习，18人参加处级干部十七大精神专题轮训班的学习。五是协助抓好党组中心组学习和党组专题民主生活会。六是认真组织各支部参与"纪念改革开放30周年"知识竞赛，获优秀组织奖，药具站苏建波同志获优秀奖；参加"禁毒防艾"知识竞赛和参观改革开放30年成就展等学习活动。七是配合政策法规法处抓好"五五普法"工作。通过内容丰富、形式多样的学习，营造了浓厚的学习氛围，进一步增强党员干部学习的自觉性，提高党员干部的理论素养和政治素质。

【解放思想大讨论活动扎实有效】

按照《中共云南省委关于在全省组织开展"解放思想、深化改革、扩大开放、科学发展"大讨论活动的通知》（云发〔2008〕5号）和《云南省"解放思想、深化改革、扩大开放、科学发展"大讨论活动方案》的要求，省人口计生委党组高度重视，机关党委积极参与抓好落实，认真扎实有序地开展解放思想大讨论活动。一是成立了省人口计生委解放思想大讨论活动领导小组；二是印发了《云南省人口计生委"解放思想、深化改革、扩大开放、科学发展"大讨论活动实施方案》及日程安排；三是召开了"大讨论"活动动员会；四是举行了理论中心学习组学习；五是举办了专题报告会，邀请昆明市委常委宣传部长张红萍到会作"思想大解放、昆明大发展"的专题报告；六是举行解放思想专题讨论会，交流学习心得；七是组织召开各级人口计生部门和各相关部门参加的座谈会，向16个州市人口计生委发出征求意见表，广泛征求对领导班子和党组成员的意见建议，并制订整改方案和措施；八是按要求圆满完成各项工作任务和上报材料。通过解放思想大讨论活动，对解决干部职工在改革开放，科学发展进程中思想观念、服务理念、工作作风等方面存在的突出问题，对解决影响我省人口与计划生事业发展的工作思路、工作方式、体制机制等方面存在的问题有了新的突破，确保了全省人口和计划生育工作目标任务的顺利完成，为云南改革开放和现代化建设创造良好的人口环境。

【深入开展学习实践科学发展观活动】

委党组及时成立了省人口计生委深入学习实践科学发展观活动领导小组，并下设办公室在机关党委，由党组成员、副主任、机关党委书记、领导小组副组长金桂兰同志兼任办公室主任、机关党委专职副书记任办公室副主任。机关党委积极参与整个活动，认真做好每一项工作，制订了《云南省人口计生委开展深入学习实践科学发展观活动实施方案》和工作日程，认真开展学习调研阶段“五个一”活动和检查分析阶段各项工作。一是认真组织学习，不断加深对科学发展观的理解。为召开动员会、委党组中心组理论学习、专题报告会、案例分析会、科学发展大家谈、支部组织生活会、党组专题民主生活会做好服务，组织委机关、省计生协会办公室集中学习，保证了集中学习时间在7个工作日，在学习中注重“三个结合”即理论学习与交流学习体会相结合、理论学习与警示教育相结合、理论学习与案例分析相结合，力求学习取得实效；二是深入开展调查研究，查找影响和制约人口计生科学发展的突出问题，上报调研报告；三是分析检查，注重实效，广泛征求意见，召开专题民主生活会，深入查找单位和个人在贯彻落实中央《决定》、省委贯彻《决定》意见，改进工作等方面存在的主要问题；深入查找在服务基层和群众，关注民生方面存在的主要差距。各党支部召开支部专题组织生活会，开展“三查”、“三看”，进行自我检查分析，明确努力方向。

【举行纪念建党87周年暨“创先争优”表彰活动】

6月27日，举行了有委机关、省计生协会办公室、直属各单位全体干部职工和离退休老干部近200人参加的庆“七一” 暨“创先争优”表彰活动，共同庆祝中国共产党成立87周年。会上，举行新党员入党宣誓和全体党员重温入党誓词；为树立典型、弘扬先进，推进创先争优活动深入开展，表彰了2006—2007年度“创先争优”活动7名优秀共产党员、6名优秀党务工作者。

【加强机关党建工作】

一是将机关党务工作纳入全委工作计划，年初签订责任书，与其他工作同部署同落实同考核。二是继续实施“云岭先锋”工程，开展创先争优活动，机关党委被省委省直机关工委表彰为省直机关2006—2007年度创先争优先进基层党组织，黄从华同志被评为优秀共产党员、杨怡同志被评为优秀党务工作者。三是注重抓制度建设，今年建立和完善了党员干部学习制度和党建工作责任制，坚持三会一课制度，严格党的组织生活，坚持党员领导干部双重组织生活会制度，抓好支部组织生活。四是各党支部注重在实践中考验、培养和发展党员，按照“坚持标准、保证质量、改善结构、慎重发展”的十六字方针，积极、稳妥地做好入党积极分子的培养和新党员的发展工作，预备党员转正1人，接收预备党员1人，入党积极分子1人。五是积极完成党员信息库建库工作，为今后党员统计奠定了良好的工作基础；完成了2008年党内统计和工作总结，2007年度党内统计年报表被评为优秀报表，受到通报表扬；认真做好党费收缴工作，做到零差错；接转组织关系；积极完成信息上报工作。六是积极完成上级组织部署的工作任务，认真完成省直机关工委、省级机关党校统一组织的学习、培训、报告会、参观等各种教育活动任务，加强了对干部职工的政治思想教育工作。有23人参加了省级机关党校的培训，增强了党性，提高了思想和理论素质； 定期分析党员干部职工的政治思想情况，开展个别谈心活动，帮助干部职工解疑释惑。七是加强老干党支部建设，落实工作职责，丰富活动内容，创新活动方式，每月组织2次支部活动，一次组织理论、文件、时事政治等的学习，一次到户外举行娱乐健身活动，使老干部做到政治坚定，思想常新，身体健康。做好领导和相关部门临时交办的工作。

【精神文明建设有新进展】

一是深入贯彻落实《公民道德建设实施纲要》，大力倡导“爱国守法、明礼诚信、团结友善、勤俭自强、敬业奉献”的基本道德规范。二是认真组织学习先进典型，通过学先进，赶先进，，激发党员干部工作的积极性和创造性。三是与办公室、工会、离退办一道组织了春节联谊活动、“七一”纪念活动和九九重阳敬老节活动，通过开展活动，营造了团结和谐的工作氛围。四是响应省委、省政府和机关工委的号召，积极开展“送温暖献爱心”活动，广大党员干部职工积极为四川地震灾区捐款55060元、缴纳特殊党费136589元，为云南灾区和扶贫挂钩点群众捐款16300元、捐衣物747 件（条），共捐款207949元、捐衣物552件（条）。五是认真贯彻《中共云南省委关于加强和改进新时期工会、共青团、妇联工作的意见》，大力支持工会、青年团依照法律和各自章程开展工作，充分发挥其在密切联系群众方面的桥梁和纽带作用。机关工会积极开展了职工医疗互相活动。

【抓好机关反腐倡廉工作】

一是认真学习中央、省委、党组关于党风廉政建设的一系列重要文件精神；二是在解放思想大讨论和深入学习实践科学发展观活动中，通过专题讨论会、专题报告会、中心组理论学习和支部学习，加强反腐倡廉学习教育；三是认真贯彻执行《云南省人民政府关于省政府部门及州市行政负责人问责办法》、《云南省人民政府办公厅关于全省行政机关推行服务承诺制首问责任制限时办结制实施意见》和省纪委《关于认真学习贯彻<中共云南省委关于在全省实行领导干部问责制的决定>和<云南省人民政府关于省政府部门及州市行政负责人问责办法>的通知》，与委员会签订了贯彻落实行政问责等四项制度责任书；四是组织全体干部职工观看优秀共产党员的先进事迹影片《真水无香》和反腐败的电教片《人生的败笔》等，开展典型警示教育，增强党员干部拒腐防变的能力；五是落实廉洁自律规定，提高党员执行党风廉政建设有关规定的自觉性。认真贯彻落实中纪委“八条”规定、人口和计划生育工作纪律，严格检查考评工作纪律，做到令行禁止。通过深化反腐倡廉教育，进一步引导党员干部树立科学发展观和正确政绩观、权利观、地位观和利益观。

2008年，经过广大党员和各党支部的共同努力，机关党委圆满地完成了上级党组织布置的各项工作任务，取得了一定成绩，但在工作中还存在一些不足：一是工学矛盾突出的问题难以解决；二是需进一步创新活动内容和活动方式；三是深入基层调查研究和创新党建工作思路不够；四是党务干部队伍的建设有待进一步加强。

纪检监察室

2006年

【高度重视，认真贯彻会议精神】

中纪委六次全会、省纪委五次全会召开后，结合人口计生工作实际及时提出本系统党风廉政建设工作意见，3月初在省政府召开的全省人口计生工作会议上，驻省人口计委纪检组组长聂愿平主持学习了省纪委五次全会精神，对2005年的工作进行总结，并部署了2006年的党风廉政和反腐败工作任务。全国人口计生系统纪检监察工作会议后，又分别召开委机关干部职工会议和州、市人口计生委纪检组长会议，传达贯彻会议精神。下发了《云南省人口计生委关于人口计生系统2006年党风廉政建设与反腐败工作的意见》。从加强反腐倡廉教育，落实各项制度，加强监督检查，推进政风行风建设，纠正损害群众利益的问题等十四个方面提出工作意见。将党风廉政建设与反腐败工作任务分解到委机关各处室、协会办、直属单位和各州市人口计生委。

【开展反腐倡廉教育、促进人口计生干部廉洁从政】

一是开展以“学习贯彻党章与牢固树立社会主义荣辱观”为主题的党风廉政教育。把学习贯彻党章作为加强人口计生系统反腐倡廉教育的重要措施，组织全委党员开展党章知识竞答活动，教育党员干部把维护和执行党的政治纪律放在首位，保持坚定信念和清醒的政治头脑，遵守党的纪律，做一名合格的共产党员。通过学习教育，党员干部对照党员先进性标准找差距，廉洁自律意识明显增强，坚定了理想信念，明确了努力方向。二是开展纪律教育。将人口和计划生育《群众工作纪律》和《检查考评工作纪律》下发到基层。要求各级人口计生部门的工作人员，特别是领导干部，在自觉遵守“四大纪律八项要求”的同时要遵守“两个纪律”，在检查、考核、评估工作中做到文明执法不侵权，优质服务不失信，廉洁爱民不谋私。三是抓好“利用身边事教育自己人”的反腐倡廉教育。分别组织委机关处以上干部、直属单位负责人、办公室主任、财务科长和一般干部观看本系统作风建设先进事迹报告片和警示教育片。同时将“两片”下发到县级人口计生部门，要求各地要把组织观看“两片”与经常性学习教育、树立社会主义荣辱观和廉政文化建设结合起来，通过警示教育和先进典型事迹教育，引导广大人口计生工作者学先进、比奉献，加强思想修养和职业道德修养，筑牢拒腐防变的思想道德防线。

【开展廉政文化进家庭教育活动】

根据国家人口计生委关于人口计生系统反腐倡廉宣传教育基本规划和省纪委关于推进廉政文化进家庭的要求，下发了《关于在全省人口计生系统开展廉政文化进家庭活动的意见》。从今年4月份开始，在全省开展以人口计生工作者及其家属和农村育龄群众家庭为主要对象，针对不同家庭和不同育龄群众实际情况，多渠道，有组织地开展廉政文化进家庭教育活动。

各级人口计生部门按照省的部署，首先从抓学习教育入手，组织观看计生系统的作风建设先进事迹和警钟长鸣等廉政教育片，加强计生职业道德的教育；结合乡、村（社区）开展的计划生育婚育新风进万家活动，在计划生育政策咨询，优生优育、生殖健康等上门服务中把廉政文化送进家；利用宣传栏、文艺演出，大力宣传廉政规定和勤政廉政的先进事迹和计划生育纪律，既推动和谐家庭的建设又接受群众的监督，更加融洽了计生工作人员与育龄群众关系。其次，在落实“奖优免补”政策中，从农村育龄家庭入手，以严明的工作纪律，扎实的工作作风，为群众落实好、兑现好各种奖励，把党和政府的关怀送到群众的手中，同时，把计生干部廉政勤政的形象展现在群众面前，用实际行动宣传计生干部的廉政作风。三是从慰问干部职工家属入手，利用国庆、中秋节假日，组织召开计生委机关廉政文化进家庭座谈会，加强干部职工的廉政文化教育等。通过这些活动，进一步建立和完善反腐倡廉“大宣教”格局。

【加强监督检查，纠正行业不正之风】

按照省政府第四次廉政工作会议提出的要“围绕促进领导干部廉洁从政，深入开展廉政监察，促进政府系统廉政建设，围绕全面推进依法行政、加强和改善宏观调控、群众关心的热点问题开展执法监察”的要求。密切配合人口计生部门进一步强化监督检查。一是把州（市）、县、乡人口计生部门依法履行《云南省农业人口独生子女家庭奖励工作监督办法》的情况纳入今年行政执法监察的主要任务，于4月份组织开展了行政执法监察工作，先后对昆明等8个州市20个县的人口计生行政部门进行政执法监察调研。督促有关部门认真履行《云南省农业人口独生子女家庭奖励工作监督办法》规定的职责，同时，重点监督检查“奖优免补”政策的落实情况，防止在确认奖励对象和资金管理、发放过程中发生违纪违法行为。二是针对人口计生工作的重点岗位和重点工作环节，加强对再生育审批、社会抚养费征收、技术服务、避孕药具发放和经费管理使用情况的监督，开展了对避孕药具经费使用的监督检查工作，确保实行计划生育的夫妻充分享受使用免费避孕药具的权利。

【加强政风行风建设，纠正损害群众利益的问题】

按照驻省人口计生委纪检组关于各级人口计生部门要积极参加地方政府统一组织的社会评议政风行风活动，坚决纠正损害群众利益的不正之风的部署和要求，各州市人口计生委通过当地广播电台开办的“政风行风热线”栏目，接受群众的咨询和投诉。使群众关心的问题得到解决，扩大了舆论监督、群众监督、行政监督和社会监督的渠道。各地还结合实际采取多种形式开展民主评议人口计生部门政风行风活动。如思茅市采取发放无记名征求意见表的形式开展民主评议活动，还以座谈会形式开展农村兄弟姐妹评议人口计生工作活动；德宏州等地建立了特邀监察员制度，主动请社会各界人员参与监督。通过这些活动，健全了评议互动机制，加强和改进作风建设。

【认真开展治理商业贿赂工作】

按照省的部署，组织开展治理商业贿赂工作。省人口计生委成立了治理商业贿赂工作领导小组，下发了《省人口计生委关于开展治理商业贿赂自查自纠工作的意见》。委机关各处室、协会办和直属单位，认真按照要求对2001年以来发生的商业交易行为进行自查自纠。共清理房屋工程建设、计划生育药具、计划生育技术设备、宣传设备、办公设备采购等42个项目。在清理中各单位注重查找机关及其工作人员在商业交易和经营活动中利用职权搞权钱交易、收受贿赂等谋取非法利益的问题。没有发现违纪违规行为。

【开展调查研究】

开展了“纪律在贯彻执行计划生育基本国策中的保证作用”专题调研工作。组织16个州（市）人口计生委对1991年以来，党员、干部和国家工职人员在人口和计划生育工作中因违纪违法受处分的情况进行了调研。向国家报送了《防范计划生育违纪违法行为发生的思考》的调研论文，对全省党员、干部和国家工职人员违反计划生育纪律案件的发案特点和规律进行研究分析，总结了我省15年来运用党纪政纪保证计划生育基本国策贯彻执行的经验，对如何更好地发挥纪律在人口和计划生育工作中的保证作用提出了建议。

【依法查办案件】

认真核实受理群众来信和举报，做好案件督办工作。及时督办了曲靖、昭通等地群众反映基层干部不认真履行职责、作风粗暴、损害群众合法权益和以权谋私等行为的举报案件。

2007年
驻省人口计生委纪检组工作概述

【及时传达会议精神，落实党风廉政建设责任制】

中纪委七次全会、全国人口计生系统反腐倡廉工作会议、省纪委二次全会和省政府第五次全会召开后，结合人口计生工作实际及时提出本系统党风廉政建设工作意见，4月初在全省人口计生委主任会议上，驻省人口计生委纪检组组长聂愿平主持学习了省纪委二次全会精神，对2006年的工作进行总结，并部署了2007年的党风廉政和反腐败工作任务。下发了《云南省人口计生委关于人口计生系统2007年党风廉政建设与反腐败工作的意见》。从加强反腐倡廉教育，落实各项制度，加强监督检查，推进政风行风建设，纠正损害群众利益的问题等十四个方面提出工作意见。将党风廉政建设与反腐败工作任务分解到委机关各处室、协会办、直属单位和各州市人口计生委。同时，委党组书记、主任与党组其他成员，委分管领导与各处室（单位）负责人层层签订了《2007年度党风廉政建设工作责任书》，从领导机制和责任上充分保证工作的落实。

【不断深化反腐倡廉教育，增强干部廉政勤政意识】

根据省委、省纪委的部署和要求，认真抓好省人口计生委干部职工的政治思想教育工作，围绕胡锦涛总书记在中纪委七次全会上提出的“八个良好风气”和省纪委关于加强思想道德教育的要求，一是组织党员干部认真学习江泽民反腐倡廉理论和胡锦涛总书记在中纪委第七次全会上的重要讲话精神，进一步引导党员干部特别是领导干部树立科学发展观和正确政绩观、权利观、地位观和利益观，提高领导干部作风建设重要性和紧迫性的认识。二是按照省纪委，省委组织部和省委宣传部《关于开展“加强作风建设、促进廉洁从政”主题教育活动的通知》要求，在省人口计生委全体党员中，开展以“加强作风建设、促进廉洁从政”为主题的教育活动，把领导干部作风建设作为教育的重点，要求领导干部要积极倡导八个方面的良好风气。通过学习和查摆问题，党员干部理想信念进一步坚定，宗旨意识进一步牢固，道德修养进一步加强，作风面貌进一步改善，增强了党员干部的工作责任心和敬业精神。三是先后3次组织党员干部观看了《认真学习胡锦涛总书记的重要讲话》、《失衡的秤》、《卢万里受贿案警示录》、《赌之害》等先进典型和领导干部因放松作风要求，滑入腐败深渊的反面典型电教片。11月9 日，组织委机关、协会办和直属单位处以上干部到省反腐倡廉教育基地观看“云南省党风廉政建设和反腐败斗争成就展览”，通过开展正反两方面的教育活动，进一步增强了党员干部勤政廉政的自觉性。

【认真贯彻落实廉洁自律规定，推进廉洁从政】

一是认真落实中共中央纪委“八条”规定

根据省纪委《关于转发〈中共中央纪委关于严格禁止利用职务上的便利谋取不正当利益的若干规定〉等文件的通知》要求，及时督促配合省人口计生委抓好对《规定》的学习自查工作。委党组成员结合理论中心学习，对照《规定》进行自查。对全委党员干部个人重大事项和利用职务上的便利谋取不正当利益等情况进行了统计上报，通过督促检查和统计报告，加强对个人重大事项的监督管理。

二是认真落实人口和计划生育工作纪律

下发通知，要求各级人口计生部门在乡（村）政务公开栏中公开计划生育群众工作纪律和检查考评工作纪律，做到令行禁止。对未在公开栏中公开“两个纪律”的县（市），进行通报批评。并对州市进行执法监察抽查中对“两个纪律”的公开和执行情况作了检查。从检查情况看，各地贯彻情况良好。

【广泛开展民主评议政风行风活动】

根据国家人口计生委关于继续开展民主评议政风行风活动的要求，于6月–10月，组织全系统开展民主评议政风行风活动。下发了《云南省2007年人口和计划生育系统民主评议政风行风工作实施方案》，以省、州（市）、县（市、区）人口和计划生育行政部门、直属单位及其领导班子为评议对象，对各级领导班子的领导作风、思想作风、工作作风、廉洁自律的情况进行评议，同时，在各级人口计生部门认真自查自评的基础上，还组织县以上人口计生部门开展了"下评上"活动和"请农民兄弟姐妹评计生"活动；向农村育龄群众发放调查问卷20余万份。

各级人口计生部门结合政风行风评议工作，积极参加当地政府开办的"政风行风热线"直播节目。9月20日，省人口计生委党组书记、主任郝青山带领相关职能处室负责人参加省级"金色热线"直播节目，在节目直播当中，实行了省、州（市）直播连线互动，共接听群众反映的问题22件，对咨询和投诉的问题认真进行解答。通过组织"政风行风热线"上线工作，加强了人民群众的联系，及时倾听人民群众的意见建议，解决突出问题，进一步加大了人民群众监督和参与人口计生工作的力度，促进了全系统政风行风建设。

【认真贯彻落实惩治和预防腐败体系实施纲要】

为贯彻落实中共云南省委《关于贯彻落实〈建立健全教育、制度、监督并重的惩治和预防腐败体系实施纲要〉的意见》和《云南省人口计生委关于贯彻落实〈建立健全教育制度监督并重的惩治和预防腐败体系实施纲要〉的具体意见》，结合我省实际，以加强教育、完善制度、强化监督为重点，提出了省人口计生系统2007–2008年拟订或修改完善规定、制度，努力推进我省人口计生系统惩防制度和机制的建设。

【开展行政执法监察，纠正行业不正之风】

按照国家人口计生委纪检组监察局的部署，结合云南省实际，组织开展了行政执法监察工作。重点对人口和计划生育政（村、居）务公开、行政执法责任制、"奖优免补"政策、流动人口农民工计划生育便民维权措施的落实情况以及社会抚养费的征收管理、计划生育药具发放管理和党员干部遵守计划生育党纪政纪情况进行监察。各级人口计生委（局）把开展行政执法监察工作作为促进人口计生部门及其工作人员依法行政、转变职能、改进作风、提高效能的重要工作来抓，高度重视，按照"六看六访"要求认真组织行政执法检查。据统计，在这次行政执法监察工作中，共访问有关人员188348人，其中：人口计生行政执法人员2401人、基层干部7163人、奖励扶助对象和独生子女父母42554人、计划生育手术对象60586人、社会抚养费征收对象1813人、流动人口和农民工73831人。通过"六看六访"，广泛听取基层干部群众对人口计生部门推进依法行政工作的意见和建议，查找出工作上的差距和漏洞，既发现和纠正了问题，又解决了群众反映的问题，增进了与群众的沟通，密切了党群干群关系，达到保证人口计生工作健康发展的目的。总体来看，人口计生法律法规得到贯彻执行，行政执法工作制度和工作纪律得到有效实施，人民群众的合法权益得到切实维护。

【认真开展治理商业贿赂工作，做好自查自纠】

根据省治理商业贿赂领导小组《关于印发〈云南省组织开展治理商业贿赂不正当交易行为自查自纠工作考核验收办法〉的通知》要求，认真组织开展治理商业贿赂自查自纠工作，成立了考核验收小组，下发了考核验收的具体方案，细化了考核标准，对考核验收的原则、内容和验收步骤作了进一步明确。并于3月初对委机关各处室、直属单位开展治理商业贿赂自查自纠工作进行了检查。没有发现不正当交易行为和违纪违法行为，但发现了存在的一些薄弱环节。如：有的单位对有关制度的落实还需要进一步加强，对规范业务经营活动的认识还有待提高，并提出了改进的具体措施。

【组织开展专题调研】

按照国家人口计生委纪检组监察局和省纪委的要求，结合实际，组织州市人口计生委开展"计划生育工作人员职务犯罪情况”、实施农村部分计划生育家庭奖励扶助制度落实“四权分离”原则和“查处人口和计划生育违纪违法问题”等专题调研。各地在调研基础上，写出了调研报告，认真总结本系统在反腐倡廉工作中的经验和做法，及时反映工作中出现的新情况、新问题。纪检组在各地调研的基础上，向国家报送了题为《浅谈人口计生系统工作人员职务犯罪成因及对策》的调研报告，对全省人口计生系统工作人员职务犯罪的表现形式、成因进行了分析，并提出对策建议。为我省人口和计划生育工作的健康发展提供理论依据。

【认真依法督办案件】

认真核实受理群众来信和举报，做好案件督办工作。及时督办了曲靖等地群众反映基层干部不认真履行职责、作风粗暴、损害群众合法权益和以权谋私等行为的举报案件。

【驻国家人口计生委纪检组到我省调研指导工作】

2007年3月29日至4月3日，中央纪委驻国家人口计生委纪检组勾清明组长一行到云南省就党风廉政建设工作进行调研指导。3月30日至4月2日，聂愿平组长陪同勾清明组长一行到丽江、西双版纳调研，两地政府领导汇报了本地人口和计划生育工作情况和党风廉政建设工作情况。勾清明组长进村入户口了解育龄群众的生活情况。4月3日，省人口计生委召开情况汇报会，省人口计生委副主任和耀云、省纪委驻省人口计生委纪检组组长聂愿平分别汇报了云南省人口和计划生育工作情况和云南省人口计生委党风廉政建设工作情况。勾清明组长对云南省人口和计划生育工作取得的成就和党风廉政建设工作成绩给予了充分肯定，并对今后的工作提出了意见和建议。

2008年
驻省人口计生委纪检组工作概述

【认真贯彻会议精神，落实党风廉政建设责任制】

中纪委二次全会、国务院廉政工作会议、全国人口计生系统反腐倡廉工作会议、省纪委三次全会和省政府廉政工作会议召开后，及时向委党组汇报，并召开委机关干部职工、协会办和直属单位负责人参加的会议，传达会议精神。按照省纪委、省政府和国家人口计生委关于反腐倡廉工作的部署，结合全省人口计生工作实际，下发了《云南省人口计生委关于人口计生系统2008年党风廉政建设与反腐败工作的意见》。从加强反腐倡廉学习教育，促进干部廉洁从政；建立完善制度；加强作风行风建设，切实解决突出问题；加强监督检查，维护政令畅通，查办违纪违法案件，严肃党纪政纪等方面提出具体要求。将党风廉政建设与反腐败工作任务分解到委机关各处室、协会办、直属单位和各州市人口计生委。要求结合实际，全面落实党风廉政建设责任制。同时，委党组书记、委主任与党组其他成员，委分管领导与各处室（单位）负责人层层签订《2008年度党风廉政建设责任书》，从领导机制和责任上保证工作的落实。

【加强反腐倡廉教育，抓好廉洁自律工作】

在省人口计生委组织开展的“解放思想大讨论活动”和“深入学习实践科学发展观活动”中，通过专题讨论会议、专题报告会议和中心组理论学习，加强反腐倡廉学习教育，以树立正确的权利观为重点，进一步加强对党员干部特别是领导干部的理想信念、党风党纪、廉洁从政、依法行政和艰苦奋斗教育。对党员干部提出要坚持“四个结合”和提高“四种能力”教育。即：把反腐倡廉教育与“学党章、讲党性、重品行、作表率”专题教育活动结合起来，着力提高党员干部加强党性修养、道德品行修养和拒腐防变的能力；把反腐倡廉教育与深入学习实践科学发展观活动结合起来，着力提高领导干部坚持执政为民、以人为本和科学民主决策的能力；把反腐倡廉教育列入干部教育培训计划，同干部培养、选拔、管理、使用结合起来，着力提高干部老老实实做人、干干净净做事的能力；把廉政教育与勤政教育结合起来，着力提高干部依法行政、干事创业、务实高效的能力。进一步引导党员干部特别是领导干部树立科学发展观和正确政绩观、权利观、地位观和利益观，提高领导干部对作风建设重要性和紧迫性的认识。

【认真组织开展政风行风评议工作，加强政风行风建设】

按照省委省政府和国家人口计生委2008年民主评议行风工作的部署和要求，纪检组拟定了指导全省人口计生系统评议行风工作的实施意见，以省人口计生委[2008]32号文件下发全系统组织实施。意见要求各级人口计生委要充分认识开展“双评活动”的重要意义，把开展“双评活动”与贯彻落实以人为本的执政理念、加强人口计生系统反腐倡廉建设、树立人口计生工作新形象结合起来，切实纠正行业不正之风。要以人民群众满意为根本标准，以群众反映的突出问题为整改重点，进一步建立和完善各项规章制度，强化依法行政意识，规范技术服务行为，促进人口和计划生育工作作风的转变。于7月至10月，在农村组织开展了“请农民兄弟姐妹评计生”活动；在城市社区、街道（社区）组织开展了“请流动人口农民工评计生”活动。发放调查问卷 227624 份。通过问卷调查，广大群众对计划生育管理和服务工作给予了充分肯定，其中：农民兄弟姐妹对计划生育工作整体情况评价的满意率为85.7%，基本满意率为12.6%，不满意率为1.7%。流动人口农民工对计划生育工作整体情况评价的满意率为80%，基本满意率为15%，不满意率为5%。

组织全系统配合做好云南人民广播电台“政风行风热线”的直播工作。要求各州（市）人口计生委要高度重视，成立由主要负责人为组长的工作班子，搭建省、州（市）连线互动平台。在节目直播当中，实行省、州（市）直播连线互动。11月6日，省人口计生委党组成员、副主任李善荣率相关处室负责人参加《政风行风热线》节目的上线直播，认真办理答复群众咨询和反映的问题22件，群众对答复表示满意。省政府纠风办对我们所做的工作也给予肯定。

【加强监督检查，维护政令畅通】

一是抓中央新增资金的使用管理监督工作

2008年，国家人口计生委新增我省新建、改扩建15个县级服务站和230个乡镇中心服务站项目资金 6900万元。为推进这项工作和加强监管，下发了《云南省人口计生委关于加强对新增计划生育服务体系建设资金使用管理监督检查的通知》。要求各州市人口计生委认真学习贯彻中央纪委、国家发改委、监察部、财政部和审计署《关于对新增1000亿元中央投资的管理和监督检查的通知》、《云南省财政厅关于加强扩大内需资金使用管理工作的紧急通知》等文件精神，深刻领会中央决策的重大意义，以对党和国家负责、对人民负责的态度，切实抓好对新增服务体系建设资金使用管理的监督检查工作。

二是抓行政问责办法等四项制度的贯彻落实工作

2008年3月，省委省政府在全省行政机关推行领导干部问责制服务承诺制首问责任制限时办结制。为切实贯彻落实省委省政府行政问责办法等四项制度，下发了《云南省人口计生委关于贯彻执行行政问责办法等四项制度的实施意见》和《督查办法》，要求委机关各处室、协会办和直属单位要高度重视四项制度工作，并认真抓好落实。省人口计生委与委机关各处室、协会办和直属单位签订了《云南省人口计生委贯彻落实四项制度责任书》。2008年5月，向社会公布了《云南省人口计生委八项服务承诺书》和举报投诉电话；在委机关各处室、协会办和直属单位设置了“服务承诺公示牌”、“工作人员去向牌”， 建立了首问登记制度和AB角制度，设立了意见箱。在省人口计生委的政务信息网上公开服务承诺事项，方便群众办事和投诉，接受群众监督。进一步规范人口和计划生育工作管理与服务机制，切实解决不作为、乱作为以及工作效率低下等不正确履行职责的问题。着力解决群众反映强烈的问题，坚决纠正损害群众利益的不正之风，进一步提高群众满意度。

三是对省人口计生委干部选拔任用工作进行监督

2008年，按照《党政领导干部选拔任用工条例》和《云南省人口计生委干部选拔任用实施意见》的规定，省人口计生委根据工需要，先后选拔任用了18名处级（含非领导职务）干部。纪检组按照有关规定和要求，对干部选拔调整任用工作进行全过程监督，落实任职廉政谈话制度，纪检组长分别对新任职的处级干部进行了任前廉政谈话，打好"预防针"。

同时，协助完善了国家实施的农村人口和计划生育奖励扶助、少生快富和特别扶助三项制度奖励资金管理的"四权分离"运行机制，明确奖扶资金的发放由代理机构直接发放，避免了截留、挪用和虚报冒领等违规行为发生。建立了国家人口计生委、青海省支援我省抗震救灾资金物资的监管制度，确保各项支农惠农政策落到实处。督促、配合开展清理"小金库"、规范非税收入管理工作、对全省避孕药具专项经费使用管理情况和抗震救灾资金物资管理使用的监督检查，抗震救灾资金物资有序有效用于灾区恢复重建，没有发现挤占、挪用行为。

【严明群众工作纪律，主动接受监督】

认真落实国家人口计生委的要求，将《群众工作纪律》和《检查考评工作纪律》印发全系统，要求各级人口计生部门在乡（村）政务公开栏中公开"两个纪律"，做到令行禁止。要求各地采取多种措施加大宣传、公开、培训和执行力度，提高人口计生干部贯彻执行"两个纪律"的自觉性。并组织检查。同时将落实"两个纪律"与贯彻省政府关于建设法治政府、阳光政府的要求相结合，将群众工作纪律纳入人口计生工作服务承诺事项，在政务信息公开网站上向社会进行公示，主动接受监督。

六、抓执法监督，查处违纪违法行为

在《云南省人口计生委关于人口计生系统2008年党风廉政建设与反腐败工作的意见》中，要求对党员干部违法生育、侵占、挪用、贪污、骗取计划生育专项资金的案件要严肃查办对严重侵害群众利益，虚报、瞒报、伪造、篡改出生人口统计数据等弄虚作假的要坚决查处。据统计，2007年以来，全系统共查出违法生育党员干部349人，落实纪律处分340人。

认真核实受理群众来信和举报，做好案件督办工作。及时督办了昆明、普洱等地群众反映基层干部不认真履行职责、作风粗暴、损害群众合法权益和以权谋私等行为的举报案件。

【开展专题调研】

一是组织开展了对农村部分计划生育家庭奖励扶助制度"四权分离"制约监督机制、行政效能建设和行政效能监察工作调研，上报了《云南省农村部分计划生育家庭奖励扶助制度"四权分离"制约监督机制工作情况报告》和《抓好行政效能监察，促进勤政廉政建设》的调研报告。二是按照深入学习实践科学发展观调研活动的要求，对昭通市人口计生系统干部队伍思想观念和工作状态方面存在的突出问题；党员干部党性党风党纪方面群众反映强烈的突出问题等进行了调研，并写出了调研报告。

流动人口管理处

2006年

【概述】

2006年以来，云南省流动人口计划生育服务和管理工作在委党组的领导下，以“三个代表”重要思想和科学发展观为指导，深入贯彻落实党的十七大精神、《中共中央国务院关于全面加强人口和计划生育工作统筹解决人口问题的决定》和省第八次党代会精神，紧紧围绕委员会中心工作，较好地完成了责任目标的各项内容，使全省流动人口计划生育工作迈上了新台阶、取得了新成就。

2006年流动人口计划生育工作主要体现在：一是在2006年的全省流动人口计划生育管理服务现场会上，确立了“强化管理、完善服务、维护权益、健全机制、落实保障、齐抓共管”的流动人口计划生育工作思路；二是积极探索流动人口计划生育管理机制。通过总结昆明、昭通两市管理服务协作经验，探索流动人口计划生育区域管理服务协作机制。通过完善流动人口计划生育信息交换平台管理机制，实现了流动人口信息的异地交流和共享，全省目前通过信息平台反馈性息数已占应反馈数的60%以上；三是全面提升流动人口计划生育服务和管理。全省流动人口较为集中的地区，对流动人口实行建卡立账、查验证明、严防违法多生育的管理，全省《流动人口婚育证明》查验率已达73.74%。同时，各地都开展了为流动人口提供计划生育基本项目的免费服务，全年为流动人口免费提供了价值约74万元的避孕药具，发放人份11.5万人，全省还确定了33个县为流动人口避孕药具免费发放试点县；四是流动人口计划生育工作保障措施逐步落实。全省各级已基本建立了流动人口计划生育管理机构，管理人员达12024人，2006年全省各级流动人口计划生育工作经费投入近500万元，其中省级财政投入从2005年的40万增加到今年的200万。

【召开“全省流动人口计划生育工作现场会”】

2006年6月20日—21日，全省流动人口计划生育工作现场会在曲靖市召开。来自全省16个州（市）人口计生委领导、流动人口管理科（站）长以及经验交流单位和重点县（市、区）人口计生局领导参加了会议。会议全面总结了过去几年流动人口计划生育工作在建立保障措施、建设管理体制、完善协作配合、综合治理流动人口、维护流动人口合法权益和信息交换平台运转等方面取得的成绩和经验，指出了流动人口计划生育工作面临的严峻形势，并就如何进一步做好流动人口计划生育管理和服务工作提出了要求。会议期间，与会代表现场参观、学习了曲靖市麒麟区和宣威市的流动人口计划生育管理服务工作经验；听取了昆明市、麒麟区、宣威市、威信县、红塔区和蒙自县的经验交流。

2007年

【概述】

2007年，在云南省计生委领导的领导和各处室的支持配合下，流动人口管理处按照工作安排和要求，圆满完成了处室责任目标的各项工作，在指导全省流动人口计划生育管理服务工作中，取得了新的成绩。主要完成了以下工作：一是组织全省流动人口“关怀关爱”活动和开展全省流动人口计划生育服务周活动；二是参与世界卫生组织西山区项目的评估和项目延伸工作，并陪同世界卫生组织有关人员赴楚雄州考察，确定楚雄市委项目延伸试点；三是草拟全省流动人口计划生育工作考核指标；四是组织并完成对非法入境越南妇女生育情况调研，组织州、市、县流动人口计划生育管理服务人员赴华东、华南考查；五是深入部分州市进行督促指导工作，全面了解全省社区流动人口计划生育管理员设置情况，并配合省农民工办公室开展全省农民工工作督查；六是组织并在全省范围内使用流动人口计划生育统计报表，按时上报国家人口计生委所要材料及数据；七是完成各地流动人口信息平台使用情况的督导工作，全年两次通报信息交换平台使用情况。

2008 年

【概述】

2008 年，通过认真开展解放思想大讨论和学习实践科学发展观活动，紧紧围绕云南省计生委中心工作和流动人口工作实际，使流动人口计划生育服务和管理工作任务圆满完成。一是探索建立流动人口计划生育工作部门协调配合、齐抓共管工作机制；二是建立并实施全省流动人口计划生育管理服务工作考核制度，适时对各地工作开展情况进行考核；三是积极开展省际区域流动人口计划生育管理“一盘棋”工作，年内与四川、重庆、湖南和广西等签订共管协议；同时，对与贵州省所签协议执行情况进行检查；四是加强对重点州、市的联系和指导，及时总结各地工作中出现的经验和亮点，协助各地解决工作中出现的问题；五是继续加大对各地流动人口计划生育信息交换平台的指导工作，积极探索信息交换工作重心下移和社区信息化管理工作；六是结合关怀关爱活动，开展流动人口计划生育维权周活动，切实保障流动人口计划生育合法权益；七是探索在各级计划生育服务机构设置流动人口生殖健康服务中心，拓展管理服务网络；八是召开全省流动人口计划生育工作研讨会。

【召开“云南省流动人口计划生育工作研讨会”】

2008 年 11 月 19—21 日，云南省流动人口计划生育工作研讨会在楚雄市召开。会议系统总结了2007--2008 年全省流动人口计划生育工作取得的成绩和经验，研讨了全省流动人口计划生育工作发展方向和面临的问题和困难，对下一步全省流动人口计划生育服务管理工作进行了安排部署。楚雄州、楚雄市和禄丰县进行了大会交流发言；与会人员还现场参观了禄丰县、楚雄市开展流动人口计划生育服务管理工作的情况。

会上，省人口计生委李善荣副主任作了题为《锐意进取，开拓创新，努力提高流动人口计划生育服务和管理水平》的讲话。省人口计生委主任郝青山出席会议并作了重要讲话。郝主任指出，新时期的流动人口计划生育工作，必须按照科学发展观的要求，认真贯彻落实中央和省委、省人民政府的《决定》精神，转变观念、理清思路、创新机制，加快建立完善与社会主义市场经济相适应的流动人口计划生育管理服务体系。做好流动人口计划生育工作要坚持四项原则：一是要坚持服务全局；二是要坚持综合治理；三是要坚持以人为本；四是要坚持改革创新。郝主任要求，全省流动人口计划生育工作要实现“五大转变”：即流动人口计划生育工作思路由被动控制为主，向主动服务为主的转变；工作内容由以计划生育管理为主，向提供计划生育综合服务、开展困难帮扶、维护合法权益转变；工作方法由以依靠行政手段为主，向坚持以人为本、依法管理、优质服务转变；工作模式由以依靠人口计生部门为主，向广泛利用社会资源，齐抓共管、综合施治转变；工作格局由地区分割，各自为政，向以流入地管理为主，流出地共同配合，实现服务管理“一盘棋”转变。郝主任强调，流动人口计划生育工作要建立“六项机制”：一是建立信息采集机制；二是建立优质服务机制；三是建立权益保障机制；四是建立综合治理机制；五是建立群众自治机制；六是建立区域协作机制。国家人口计生委服务管理司副司长阎宏到会指导并作了讲话。阎副司长充分肯定了云南省在流动人口计划生育工作方面取得的成绩。她认为云南省流动人口计划生育工作力度大、思路清，成效明显；基层经验鲜活，各级人口计生部门坚持以人为本的工作理念，在基层的管理和服务工作中积累和总结了不少好的经验和做法。同时，阎副司长提出今后一个时期流动人口计划生育工作的思路：一是要加强研究，提出流动人口有序流动、合理分布的政策建议；二是要制订规划，推动工作的持续发展；三是学习宣传贯彻《流动人口计划生育工作条例》，提高流动人口计划生育服务管理制度化和规范化的水平；四是加快信息化建设，构建高效便捷的工作平台；五是推进区域化协作，促成规范性的形成；六是建立规范化网络、夯实基层基础；七是要认真总结基层经验，创新体制、机制。

云南省人口学会

2006年

【积极开展学术活动】

一是参与全国性学术交流活动。学会坚持集中精力组织全省人口学专家开展学术活动，积极参加各种学术会议，交流学术成果。学会理事、云师大人口所所长骆华松教授等撰写的《流动人口高危行为的理论分析》等文章在第四届全国人口科学优秀成果奖论文类评比中获得优秀奖。易会安秘书长撰写的《服务网络向基层延伸》一文获得中国人口报2007年度特约记者优秀作品三等奖。通过组织专家学者参加各种学术会议，不断提高了我省人口学术成果在全国的影响。二是组织开展学术研讨活动。组织人口学专家、社会学专家参与了云南人口发展战略的课题研究工作。共有15名学会会员参与了由省委、省政府组织的此项课题的研究。其中常务理事、云大人口所吕昭河教授是课题研究组的副组长，常务理事、云大人口所罗淳教授等7人也分别是参与7个分课题的研究。参加了奖优免补与云南人口、经济、社会关联度研究课题工作。由学会常务理事、云师大人口所武友德教授、学会理事、所长骆华松教授负责，14名会员参与课题研究，经过半年的努力，顺利结题并向省政府提交了评估报告。三是进行人口和计划生育专题工作调研。为了探索人口和计划生育系统如何参与社会主义新农村建设的内容、方法和途径，学会组织了部分会员深入昆明、玉溪、红河州市的七个乡（镇）、十二个村（社）进行了调研，召开了涉及九个州市二十个县

（市区）的党政领导、基层干部、人口与计划生育工作者和群众的10多个座谈会，完成了《云南省关于建设“人口文化新村”的实施意见》和《云南省人口文化新村建设省级示范点实施方案》。“新农村新家庭——大香格里拉地区人口健康促进”项目从2006年11月至2009年10月，在我省迪庆藏族自治州的香格里拉、维西、德钦三县实施。为了争取项目的实施，加强对项目实施工作的指导，促进项目实施工作的顺利进行，保证项目目标任务的如期实现，部分理事和会员，结合云南和项目县的实际，从项目文本的制订、项目骨干的培训、需求调查的组织、需求评估的进行多次进行现场指导，形成项目指导方案、做了大量实在而有效的工作，受到了国家人口计生委领导的多次表扬。

【加强交流合作】

一是昆明市西山区“流动人口健康促进项目”。作为全国首个流动人口的计划生育国际合作项目，有10名会员参与了省、市人口计生委及昆明市西山区人民政府组织实施的，世界卫生组织资助的项目试点工作已完成，目前试点经验将在楚雄州先行推广。此项目受到世界卫生组织、国际计划生育联合会、国家人口和计生委等部门和国内外有关机构的关注。二是省政府与北京大学共同实施的省院省校合作项目——“社会主义新农村建设中人口健康促进示范社区研究课题”。经过立项考察、项目设计、专家论证和省院省校合作项目评审组三次评审，已经由学会常务理事、昆明医学院健康研究所所长张开宁教授牵头、有5名学会会员为项目成员的昆明医学院健康研究所中标，代表省政府和北京大学，在玉溪市的通海县和迪庆州的香格里拉县进行为期两年的项目实施工作。

2007年

【开展了优秀论文评选工作】

社会主义新农村论文评选活动，共征集论文61篇，评选出一等奖2名，二等奖5名，三等奖10名，优秀论文奖44篇，以省人口计生委和省人口学会的名义颁发了证书和奖金。通过论文的交流和评比活动，有效地调动了广大理事从事学科研究的积极性和主动性。同时，在四届一次常务理事会期间还召开了云南省人口和计划生育参与社会主义新农村建设理论与实践研讨会，对收集到的37篇论文进行了认真评选，评出一等奖2名、二等奖4名、三等奖6名；专家委员会认为本次会议收到的论文质量较以往有明显的提高。会上，学会会长、副会长为论文获奖者颁发了证书和奖金。

【举办首届云南人口新闻奖评选活动】

为表彰四届理事会以来我省人口科学研究成果，更好地调动广大人口科学工作者的积极性，充分发挥社科评奖的导向作用和激励作用，省人口学会于2007年12月组织了首届云南人口新闻奖评选，共有参赛作品19篇，评选出一等奖2名，二等奖3名，三等奖5名，优秀奖9篇。

【开展关爱妇女健康进行生殖健康普查工作】

为改善农村群众家庭的生活质量，提高农村育龄妇女的生殖健康水平和优化农村出生人口的总体素质，进一步推动计划生育优质服务的深入开展，提升全省人口和计划生育工作的整体水平，根据国家人口计生委组织开展“关爱妇女生殖健康”活动的精神和中国人口学会实施“关爱妇女生殖健康，开展生殖健康普查”的要求，结合云南省实际，按照“政府主导、部门推动、政企合作、社会参与”的工作思路，省人口学会迅速组织调查研究，及时起草拟订实施方案，积极协调省卫生厅、省妇儿工委签署了联发文件，为在全省农村开展关爱妇女健康进行生殖健康普查工作，奠定了扎实的基础。

2008年

【召开了云南省人口学会第四届三次常务理事会】

经第四届理事会研究，8月15日，云南省人口学会第四届三次常务理事会在昆明云南师范大学召开。省人口学会常务理事、人口研究所所长及特邀人口学专家共40多人参加了会议，云南师范大学的副校长原一川致辞，省人口计生委副主任金桂兰通报云南省人口学会第四届理事会换届以来的主要工作进展；新当选的云南省人口学会第四届理事会会长、省人口计生委党组书记、主任郝青山到会讲话，并对学会工作提出了要求。原省人大副主任、省人口学会名誉会长梁公卿参会向大会祝贺并作重要讲话。会议通过郝青山同志为云南省人口学会第四届理事会会长；增选金桂兰为副会长；梁剑波、骆华松为常务理事。

【在全省开展了不孕不育家庭普查和援助工作】

2008年通过普查有14个州市上报受援助对象88个家庭，其中：昆明3个，玉溪3个，红河56个，德宏2个，版纳3个，文山1个，普洱1个，大理2个，迪庆3个，昭通4个，保山2个，丽江4个，楚雄3个。第一批接受诊疗援助的18个家庭中：昭通3个，版纳3个，文山1个，红河1个，德宏2个，迪庆3个，保山2个，大理2个，临沧1个。到目前为止，已经成功地为8个家庭做了手术治疗。从整个活动效果来看，已经有了一个良好的开端。

【人口学会参与了妇女生殖健康普查普治工作】

2008年在全省9个州市15个县市857个村累计免费检查育龄妇女90844万人，普查率达 45%，查出妇科病患者71232人，发病率高达79%。接受治疗32032人，通过普查普治工作使基层育龄妇女朋友客观了解自身健康状况，获得了将伴随她们一生的健康知识。同时建立查治档案率100%，进一步建立和完善了各县、乡（镇）及自然村育龄妇女生殖健康档案，为各级人口计生部门开展人口与计划生育优质服务工作奠定了良好的基础。

云南省计划生育协会

【概述】

2006.2007.2008年云南省计划生育协会贯彻落实中央《关于全面加强人口和计划生育工作统筹解决人口问题的决定》精神，坚持以人为本，推进体制创新，切实加强各级协会组织建设和队伍建设，扎扎实实开展协会活动，拓展服务内容，创新服务模式，提高了协会服务群众的能力和水平，开创了协会工作的新局面。

【开展“协会服务行动拓展年”活动服务】

根据中国计划生育协会的部署，结合云南实际，认真制订了《云南省计生协关于开展“协会服务行动拓展年活动”的规划》，对开展“协会服务行动拓展年活动”的指导思想、目标、任务、方法提出了明确要求，及时下发各州（市）、县（市、区）计生协，全省各级计生协及时作出了工作安排。如玉溪市在优质服务活动中，各级协会制订协会参与优质服务工作制度和职责，会员小组长收集群众需求信息，向村（居）“两委” 每月反馈一次，发挥了很好的作用。

【做好国家“奖励扶助制度”和“奖优免补”工作】

一是以多种形式广泛开展宣传，特别是基层协会业余文艺宣传队自编自演计划生育法律法规和“奖优免补”政策的节目，用身边的事教育身边的人。二是把深入细致的思想工作做到家，落实到人；三是会员积极带头办领《独生子女父母光荣证》，起好表率作用；四是密切联系群众，为群众生产、生活、生育搞好服务，为独生子女家庭开展助耕活动，帮助用好用活一次性奖金与项目扶持相结合，发展种植、养殖业和改善生产、生活条件，实现“少生快富”奔小康；五是监督政策兑现，取信于民。坚持一切从实际出发，一切为人民群众的利益着想，关心群众，服务群众，办实事，求实效，在活动与服务的过程中做好群众工作，力求把计划生育“奖优免补”工作真正建立在群众自觉自愿的基础之上。增强了计生协的凝聚力，为计划生育村民自治试点和推行“奖优免补”政策奠定了良好的群众基础。

【加强国际交流合作】

2006年省计生协切实加强国际交流与合作，先后接待了联合国人口基金驻北京办事处总代表希瑞女士一行到瑞丽市、腾冲县考察指导联合国人口基金资助的瑞丽市、腾冲县计生协预防艾滋病宣传教育项目工作，并对丽江市宁蒗县计划生育协会工作进行考察。接待了美国福特基金会驻华总代表李文晶女士，积极争取援助项目总金额40万美元。

2007年

【开展“生育关怀行动”】

中共中央、国务院《关于全面加强人口和计划生育工作统筹解决人口问题的决定》（中发〔2006〕22号）文件中，将开展生育关怀行动作为统筹解决人口问题的重要举措。云南省计生协会领导和办公室人员参加了2007年5月29日、中国计生协在人民大会堂召开的全国“生育关怀行动”启动会。依据中宣部、中央文明办、中国计生协等10个单位联合下发的《关于广泛开展生育关怀行动的通知》精神，云南省起草了《云南省开展“生育关怀行动”的实施意见》。从全省“生育关怀行动”发展看，州、市、县区的步伐已明显快于省上。

【加强国际国内交流合作，抓好项目工作】

云南省2007年争取到北京市幸福工程组委会，北京市人口计生委资助的28万元人民币幸福工程——救助贫困母亲行动项目；争取到国家幸福工程组委会项目款5万元继续支持云南省丘北县幸福工程项目点的工作；争取到上海市人口计生委、市计生协援助云南省建立幸福工程项目款15万元人民币。北京的援助款已在云南省西双版纳州的勐腊县正式启动幸福工程项目。上海市的援助款已在云南省迪庆州德钦县建立幸福工程项目点。

2008年

【常务理事会】

2008年1月29日召开了四届十次常务理事会，会议认真传达学习贯彻党的十七大报告，进一步学习贯彻《中共中央国务院关于全面加强人口和计划生育工作统筹解决人口问题的决定》，传达学习了中国计划生育协会六届三次全国理事会暨先进表彰会会议精神，传达学习了中国计生协在沈阳召开的全国省级会长会精神。认真总结上一年的工作，全面研究部署2008年的工作。省计生协四届常务理事会提名增补省人口计生委党组书记、主任、郝青山同志为副会长。郝主任作了重要讲话：通报2007年全省人口和计划生育工作情况、对2008年全省人口和计划生育工作提出思路和要求。会上原省人大常委会主任、省计划生育协会会长、中共十七大代表李桂英同志作了题为《认真学习贯彻党的十七大精神 推动计生协工作向前发展》的重要讲话。

【全省计生协会工作会】

省计生协于2008年11月12日——14日在玉溪市召开全省计生协会工作会议，原省人大常委会主任、省计生协会会长李桂英同志，省人民政府副省长高峰同志，省人口计生委主任、省计生协会副会长郝青山同志，玉溪市委、市政府的主要领导以及全省16个州（市）计生协会会长、常务副会长、秘书长共计100余人出席了会议。

会议主要任务是：全面贯彻党的十七大精神，积极投入深入学习实践科学发展观活动，深入贯彻中央《决定》和《中共云南省委云南省人民政府关于进一步加强人口和计划生育工作统筹解决人口问题的决定》精神，总结交流计生协工作经验，现场参观，研究州（市）和县级计生协“参公入列序”及其机关“三定”问题，研究新形势下的群众工作，着力把做好计划生育群众工作的能力提高到新的水平，促进全省协会工作的深入发展。会上，李桂英会长就协会工作如何贯彻学习实践科学发展观作了重要讲话。高峰副省长作了重要讲话，特别强调：“各级政府和人口计生委要高度重视和关心支持计划生育协会的工作，创造必要的工作条件”。郝主任对省委、省政府贯彻中央《决定》出台的《中共云南省委云南省人民政府关于进一步加强人口和计划生育工作统筹解决人口问题的决定》的过程及重要意义作了讲话。

【创新工作思路，拓展服务全面深化】

计划生育协会的凝聚力在于服务，服务是协会工作永恒的主题。2008年，各级协会按照省委、省政府的部署，紧紧围绕新时期人口与计划生育工作要求，结合全省计生协会工作实际，抓落实、求实效，不断巩固扩大“协会服务行动拓展年”成果，拓展服务工作全面深化。

加强调查研究，理论指导实践。理论是实践的先导。2008年，省计生协围绕贯彻落实中国计生协六届三次全国理事会精神和云南省的工作意见，为切实了解基层计生协会工作现状，加强联系与指导，省计生协会在新年伊始组织了4个调研小组、针对六个专题：即一是学习贯彻党的“十七大”精神，进一步领会中央《决定》精神，结合协会工作实际抓落实；二是学习贯彻中国计生协六届三次全国理事会会议精神，重点在创建“学习型、研究型、创新型、有作为”的群团组织上努力，按照“五有”（有活动场所、有服务项目、有活动制度、有宣传队伍、有文体器材）要求加强基层协会阵地建设，指导基层开展活动与服务；三是依据《云南省计生协会2008年工作意见》，州（市）计生协会对2008年的工作要做到早计划、早部署、早落实；四是结合实际抓好基层计生协会的服务与活动。五是加强对计生协会实施项目的指导、监督与管理。六是积极探索“生育关怀行动”的活动实践。对部分州（市）计生协会工作开展情况进行了调研，进一步促进全省计生协会工作的深入发展。

云南省计生协还在全省开展了协会发展理论研究征文活动，带动全省的调研工作。各州（市）广泛深入地开展了计生协工作的调研活动，先后上报了多篇调研文章，如富源县中安镇的《充分发挥计生协会职能作用积极参与流动人口计划生育管理》、红塔区《设岗定责试点创新基层协会工作机制促进计划生育协会工作深入发展》、玉溪市计生协会关于《少数民族地区计生协参与村民自治工作的实践与探索》、砚山县《稼依华侨农场计生协会多渠道做好工作》、五华区苏家塘村计生协会《参与计生村（居）民自治 着力促进和谐社区建设》、蒙自县《开展“少生快富”项目促进计划生育协会工作》、西畴县鸡街乡那柏村《重视“会员之家”建设 积极发挥计生协在新农村建设中的作用》、文山州计生协《文山州基层计划生育协会组织积极参与村民自治工作》、泸西县午街铺镇凤舞村计生协《加强协会建设 推进村民自治》、玉溪市计生协《实施“少生快富”帮扶项目 增强计生协会的感召力和凝聚力》、凤庆县计生协会《在经济欠发达的少数民族地区推行计划生育村民自治的探索与实践》等调研文章，经上报中国计生协会，部分文章已在中国计生协的《工作研究》，精编成辑的《计划生育基层群众自治——工作研究论丛》、《春华秋实——计划生育协会基层工作经验汇编》下发全国各地学习推广，促进了云南省计生协会发展理论研究的工作。

创新服务理念，提升服务水平。坚持服务大局、服务群众是计生协工作的基本方针，各地发挥优势，想群众所想，办群众所盼，在服务上，坚持把协会服务与经济发展、新农村建设相结合。楚雄州在稳步发展计划生育“少生快富”工作中，争取了基金30万，用于扶持计划生育户发展经济。全州各级计生协会，以帮助和扶持计生户发展经济实现少生优生快富奔小康为出发点，以关注育龄群众生产、生活、生育的“三生”优质服务为立足点，帮助和扶持广大群众发展经济。牟定县计生协会在投入“少生快富”流动资金13万元，扶持7个乡镇发展种植业的同时，与乡镇计生协会共同协调和争取扶贫资金1000多万元，扶持计生户发展生产。全县有7689户重点计生户受到各级扶持，重点计生户帮扶率达93%，有2195户一般计生户也受到了各级扶持，一般计生户帮扶率达86%。红河州各级协会始终围绕经济建设这一主线，发挥自身优势，发掘整合社会资源，协调社会方方面面的力量，参与经济建设。通过兴办协会项目，开展生育关怀行动，增加群众经济收入等方法，促进育龄群众生育观念的转变。一年来，各级协会“为大局服务、为群众服务”的理念更加深入，拓展服务工作成效显著。

【结合云南实际，积极开展“生育关怀行动”】

中央《决定》中，将开展生育关怀行动作为统筹解决人口问题的重要举措。依据中宣部、中央文明办、中国计生协等10个单位联合下发的《关于广泛开展生育关怀行动的通知》精神，云南省为广泛开展“生育关怀行动”，认真贯彻落实胡锦涛总书记、温家宝总理关于开展“生育关怀行动”的重要指示精神，进一步推动云南省计生协会工作的深入发展。全省各地协会按照“理论上提升、方法上突破、特色上鲜明、受益面扩大、品牌效应突出”的总体要求，不断创新，大胆实践，引导生育关怀工作深入发展。

【突出工作重点，夯实基层基础工作】

2008年，各级计生协围绕基层群众自治、新农村建设、和谐社区建设的新要求，认真探索新形势下基层协会工作的新思路、新途径。立足基层工作，实行重点指导。推行村民自治是加强农村民主政治建设的根本途径，是农村民主政治建设的重要内容之一。

实行分类指导，加强组织建设。省计生协会

紧紧围绕全面贯彻落实科学发展观和贯彻落实中央《决定》精神，进一步发挥计生协会的生力军作用，统一思想认识，把各级协会的思想和行动统一到中央《决定》精神上来，总结经验，开拓进取，扎实工作，不断提高做群众工作的能力和水平，抓好基层基础工作。

参与流动人口服务管理，积极探索新路子。全省各级计生协在流动人口服务管理上寻找突破口，建立健全流动人口计生协会组织，以组建协会为载体，在流动人口较为集中的地方，以地域、行业、籍贯和人群集聚等不同特点，成立流动人口计划生育协会。

创新活动内容，彰显协会特色。各级协会围绕创新活动服务方式，丰富活动服务内容，完善活动服务制度，探索了许多成功的经验。

【贯彻落实“四项制度”】

一是认真组织学习，提高认识。二是结合计生协会群团组织的特点，贯彻实施“四项制度”中注重在宣传教育、维护权益、服务群众上下工夫。三是规范省计生协机关制度。将上级部门统一制订的“机关八项工作承诺”挂牌上墙，制订了“云南省计划生育协会服务公示牌”和“云南省计划生育协会机关工作人员去向牌”，加强了协会机关制度建设，转变机关作风，为党和政府联系群众提供优质服务。省计生协机关还认真学习贯彻《中华人民共和国政府信息公开条例》，制订了《云南省计划生育协会机关信息公开指南》和《云南省计划生育协会机关信息公开的内容》、上报省人口计生委并在云南省人民政府信息公开网站上查阅。

【加强国际国内交流合作，促进协会抓好项目工作】

2008年，省计生协会继续巩固和加强已建立的国际国内合作关系，参加了联合国人口基金在昆明举办的外展能力建设及安全套推广项目培训班。先后接待了中国计生协会国际合作部的部长、项目处、宣教处的处长，到云南办培训班及考察项目工作，争取到了国际劳工组织在云南省云锡公司工矿企业员工中开展生活技能、生殖健康、预防艾滋病教育的培训项目。争取到了中国计生协会安排在水富县的“生育关怀-重建心灵家园行动”项目，争取到了开发“生育关怀——青春健康”宣传品项目。接受联合国人口基金人员对腾冲县项目的中期评估，进一步做好联合国人口基金支持的腾冲县“百分之百安全套使用”的项目；全省继续做好国内资助的“幸福工程——救助贫困母亲”项目，积极开展救助贫困母亲活动。2008年先后接待三批中央中直机关协作组到德宏州畹町经济开发区、潞西市，丽江市宁蒗县“三下乡”开展“生育关怀行动”、“向边疆贫困母亲献爱心”捐资救助活动，共捐资8万多元人民币，听取“幸福工程——救助贫困母亲行动”项目实施情况的汇报，实地察看了“幸福工程”项目点，走访慰问了部分“幸福工程”项目受助家庭，与受助家庭代表进行了座谈，全国幸福工程组委会向云南省项目点捐赠三辆摩托车；全省继续做好国内资助的“青少年性与生殖健康”、“少生快富”等项目，继续实施好云南省的计划生育基金项目以及各地自筹资金的计生协会项目，如临翔区圈内乡圈内村利用3万元省计划生育基金，扶持了6户计生家庭发展种植业和养殖业，一年时间内取得较好的效益，受到群众高度好评。丽江市古城区七河乡七河村计生协会使用省计划生育基金10万元用于20户计生户开展“少生快富”项目。每户扶持5000元，积极发展养猪、养牛、养鱼等家庭经济的养殖项目，项目实施一年，平均每户增加收入5000元，收到了较好的社会效益和经济效益。

云南省人口和计划生育科学技术研究所

【概述】

云南省人口和计划生育科学技术研究所成立于1981年4月，为省属独立科研所，全民所有制事业单位。隶属于省人口计生委和省科技厅的双重领导，是全省唯一从事人类生育调节、生殖医学、遗传病防治研究和生殖健康临床医学服务的、集科学研究、临床服务、培训指导、科普教育为一体的计划生育科研机构。加挂有“云南省生育调节与少数民族优生研究重点实验室”、“云南少数民族优生研究中心”、“中——澳比林斯自然避孕法研究中心”和“云南省人口和计划生育技术指导中心”等四块牌子。全所核定编制55人，在职职工47人，专业技术人员34人，其中：正高5人，副高7人，中职13人，初职9人。

2006年–2007年，坚持以科研为主的发展方向，开展以男性生育调节为主的计划生育、生殖医学应用基础研究；以云南省特有的少数民族的遗传多样性和遗传病防治为主的优生优育应用基础研究；以科学研究和技术服务为重点的新技术、新方法、新药具的引入性研究。在科学研究、技术服务、培训指导、制度建设等方面都取得了不俗的成绩。在研课题10项，到位科研经费368.4万元。在中国计划生育学杂志、中国妇幼保健杂志等核心期刊上发表文章10篇。“妇女生殖道感染诊断与综合防治技术研究”项目顺利结题，并荣获2007年度云南省政府科技进步三等奖。项目专著《农村妇女生殖道感染综合防治技术研究》由云南省科技出版社出版；《云南省人口出生缺陷干预培训教材》由云南人民出版社出版；大众科普丛书《知情避孕与优生知识问答》由云南省科技出版社出版。

【科研项目】

1. 国家科技部科技支撑计划“绝育手术并发症（后遗症）的防治技术研究”项目，是建所以来第一次牵头实施的国家科技重大攻关课题，实现了国家科技支撑项目申请的零突破。2007年5月份正式启动以来，举办了两期培训班，对昭通、曲靖两地的共250多名专业技术人员进行了项目实施相关知识和技能的培训，完成了5000例女性结扎和1000例男性结扎的项目临床干预任务，并多次开展了下乡技术指导和项目督导活动。编制了《绝育术并发症综合防治技术培训教材》和系列生殖健康/计划生育科普宣传材料20000份。完成了回顾性调查，临床干预研究和随访，项目中期督导调研报告、绝育手术规范、情景分析等工作。

2. 省级重大攻关课题“降低新生儿出生缺陷率的综合防治技术研究”项目由省计生科研所与云南省第一人民医院共同承担，该研究在借鉴国内外先进的出生缺陷预防理念和先进技术的基础上，建立了唐氏综合征，18–三体综合征、开放性神经管畸形的产前筛查和产前诊断的方法并应用于临床，确立了孕中期B超筛查重大体表畸形的生物学测量指标。建立了出生缺陷综合干预体系及具体模式、操作流程、干预措施等关键技术，开展了以孕前健康教育、补充营养素和服务机构能力建设等为重点的出生缺陷社区干预，完成了4022例计划怀孕妇女出生缺陷一、二级干预的综合防治措施研究。2007年底项目结题时，示范区健康教育的人群覆盖率达73.14%，叶酸使用率达41.63%，干预结果表明含出生缺陷在内不良妊娠结局的发生率从干预前的23.98%降至干预后的11.72%，下降幅度51.13%。通过云南省科技厅组织的专家验收，成果的总结和推广工作进行顺利。

3."妇女生殖道感染诊断与综合防治技术研究"项目由云南省计划生育技术科学研究所、中国疾病预防控制中心传染病预防控制所和云南省妇幼保健院三家共同承担完成。项目通过对云南省红河州弥勒县、德宏州陇川县2167名农村妇女三年连续、动态、多病种的现场干预和监测，建立了以农村社区为基础，育龄人群为主体，把生殖道感染防治融于计生/卫生的日常和外展服务的综合防治体系。该项目的开展对提高妇女的自我保健意识，降低妇女生殖道感染的发生，进一步控制艾滋病流行具有重要的现实意义。

4.与香港中文大学合作的"不同海拔地区人群遗传耐受性的研究"课题，2007年4月，由项目资助派员到英国伦敦大学学习与项目内容相关的分子生物学实验操作技术。同年6月对迪庆州香格里拉县和德钦县两地共500名目标人群开展了流行病学调查研究，完成了DNA的提取工作。并为当地700多名藏族群众提供免费健康检查，此举受到了当地政府及百姓的一致好评。

5."孕前保健标准操作规范（SOP）的研究及示范"项目为云南省科技厅社会发展计划（社会发展部分）【2007]008号"降低出生缺陷关键技术及干预措施的研究与示范项目"的子课题（批准经费50万元），属2007年新立项课题。拟通过定性、定量研究方法和对现有资料收集，获得人群与出生缺陷发生相关的风险因素，开展以人群为基础的孕前出生缺陷相关风险评估，制订针对性更强的干预措施；应用循证医学的原理和方法，结合国内相关专家的广泛共识，建立操作性强的集风险评估（问诊、检查）、咨询健康促进、干预的孕前保健SOP；开展示范性研究，对已形成的SOP，进行试用、评价、完善和推广，填补我国孕前保健工作的空白，达到为政府部门组织实施出生缺陷预防提供低成本高效率预防策略提供技术支撑及信息支持的目的。

6.为了贯彻国家人口计生委提出的"以事业带动产业，以产业促进事业"的战略构想，云南省人口计生委经过认真研究，探索如何通过生殖健康产业开发，更好地为广大育龄妇女提供以技术服务为重点的计划生育优质服务，经省人口计生委科技处推荐，省人口计生科研所经过深入基层调研，广泛征求意见，引进合作伙伴和技术支持单位，决定开展"云南省农村妇女乳腺疾病普查普治项目"。项目由相关专家提出了项目建议书，对项目的运作进行了系统规划，对项目达到的目标提出了具体要求，经省人口计生委组织省内部分外科、妇产科和计划生育专家进行科学评估和论证，经省人口计生委正式批准，由省人口计生科研所和山西傅山盛康投资集团合作，由云南省第一人民医院作为技术支持单位，开始了项目的试点、试推广和全面推广工作。2006年–2007年该项目在前期试点、试推广基础上，在我省5个州市、14个项目点展开工作。截至2007年年底，整个项目工作覆盖已婚育龄妇女181.8万人，接受免费普查人数为60.1万，普查率为33.0%，通过委托昆明医学院健康与发展研究所、世界卫生组织生殖健康亚洲培训中心对项目进行了评估，得到了该项目的开展形成了"群众得健康、政府树形象、机构（队伍）升能力、事业获发展"的多赢局面的评估结论。同时，由于项目的深入开展，经省人口计生委批准，2006年11月23日，云南省人口计生科研所与云南省第一人民医院合作，成立了省乳腺疾病普查普治项目治疗中心，中心的成立，使筛查出的良、恶性肿瘤患者能达到及时有效的治疗，进一步树立了项目在广大育龄妇女心目中的良好形象，也为全省计划生育服务系统的医务人员创造了学习深造的条件。

7.积极参与实施省人口计生委课题"云南出生缺陷干预工程结果的监测"。承担基层专业技术人员的培训和指导工作，共举办了四次业务培训班。完成干预结果的监测实施方案、培训教材的编撰、新技术的推广引进以及结果监测研究表格的设计等工作，开展调查监测，完成了结果分析报告。通过阶段评估、资料分析，对下一步的项目工作提出了具体建议，为上级领导决策提供科学依据。

8.国家计生委课题"人口计生部门开展出生缺陷一级干预能力研究"。开展出生缺陷干预试点工作，对基层人口计生部门开展出生缺陷一级干预能力情况进行了深入研究和客观评估，针对存在问题提出改进意见和建议，为循征决策提供依据。

9.昆明市科技局《利用计划生育网络开展出生缺陷防治技术的研究》项目，依托云南省出生缺陷干预工程，对嵩明、晋宁县两地的农村人群开展以一级预防为主的出生缺陷综合干预。利用计生网络建立经济适用的综合防治技术，达到降低新生儿出生缺陷发生率，提高人口素质的目的。

【技术服务】

通过科研项目的实施和科技创新能力的提高，不断推动科技成果的转化。开展以生育、节育、不育为重点的生育调节和计划生育/生殖健康技术服务工作；围绕生殖保健开展了男女避孕节育新技术、遗传咨询与婚育指导、RTI/STD诊断治疗、性保健、中老年生殖保健等对外技术服务和咨询。所属生殖医学中心两年来共接待门诊病人5万余人次，深入基层开展不孕不育症诊治700余人次。针对基层对生殖健康服务的需求，深入基层计划生育服务站所，开展优生优育、并发症诊治等临床服务。利用省乳腺疾病普查普治项目和出生缺陷综合防治技术研究等项目实施，为基层培养了一批技术服务骨干。积极开展免费流动人口、城镇无业人员计划生育技术服务工作，制作了大型免费服务宣传栏，深入基层5个县开展腹腔镜结扎技术服务达1700余人次。为流动人口提供了方便、快捷、高效、安全的计划生育技术服务途径。

结合云南省计生科研所的中心工作，依托科研技术优势，积极承担我省出生缺陷一级预防工作，完成云南省人口出生缺陷干预工程监测系统计算机软件开发的前期准备工作。编写出生缺陷一级预防培训教材，制订出生缺陷一级预防相关技术标准、规范，建立质量控制体系，推动出生缺陷一级预防深入开展。大力普及预防出生缺陷科学知识，积极广泛推动一级预防工作，有效减少出生缺陷发生的危险因素。建立唐氏综合征、神经管畸形等常见出生缺陷无创、微创筛查技术及以产前诊断，包括植入前基因诊断等内容的完整的产前诊断技术。

利用宫、腹腔镜以及宫腹腔内窥镜联合应用等生殖医学高精尖技术，开展生殖健康临床服务以中老年保健等为重点服务项目。积极应用辅助生育技术和内窥镜技术（宫腔镜、腹腔镜）等科研成果和新技术提升临床服务水平。应用B超和内窥镜进行女性不育症的诊断和治疗技术日臻成熟，能对常见的不育症如排卵障碍、输卵管阻塞、子宫内膜异位症、免疫性不孕、少（弱）精症进行有效的治疗。宫腹腔镜联合手术治疗、宫腔镜下输卵管近端双重插管疏通输卵管治疗、卵巢囊肿阴道超声下穿刺及注射药物治疗、宫腔人工授精技术（IUI）、选择性减胎术等先进技术的应用，为开展夫精人工授精提供了可靠的技术保障。

充分发挥云南省人口和计划生育技术鉴定办公室的工作职能，开展计划生育节育手术并发症及病残儿医学鉴定工作。组织业内专家对10例计划生育节育手术并发症和6例病残儿进行了医学鉴定工作。

2008年

2008年是全面贯彻落实党的十七大精神的重要之年，也是全面推进省人口计生科研所各项科研技术工作深入发展的关键之年。在省人口计生委党组的正确领导下，省人口计生科研所抓住解放思想大讨论和学习实践科学发展观机遇，全面落实科学发展观，围绕解放思想促体制创新，抓住机遇求和谐发展这一主题，进一步解放思想，更新观念，团结奋斗，开拓进取，扎实工作，使全所在科学研究、技术服务、培训指导等方面取得了明显进步，全面推进了各项科研任务和技术服务工作的深入发展。

1. 抓理论学习，思想认识有了新提高。

2008年省委在全省组织开展了"解放思想、深化改革、扩大开放、科学发展"大讨论活动和学习实践科学发展观活动。按照省委和省人口计生委的要求精神和统一安排，结合省人口计生科研所的工作重点，所党支部认真制订了相应活动方案。认真组织全所干部职工，特别是党员干部认真学习了党的十七大精神和科学发展观，使党员、职工进一步树立了正确的社会主义荣辱观和科学发展观。省人口计生科研所还派出专题调研小组，深入基层开展调研工作。结合学习实践科学发展观活动的各项内容，认真分析影响和制约省人口计生科研所科研、技术服务、产业开发、规范管理，以及干部队伍思想观念和工作作风方面存在的突出问题，制订具体的整改方案。通过一年来，所党支部狠抓了政治思想工作建设，全体干部职工政治觉悟普遍提高，工作质量和服务水平明显改善，形成了团结务实、人人向上的良好工作局面。

2. 抓科研重点，科研项目有了新推进。

省人口计生科研所充分发挥云南省重点实验室和云南少数民族优生研究中心的地位和作用，突出科研优势和计划生育技术服务龙头作用。经过全所职工的不懈努力，目前五项在研课题均按原计划顺利实施中，分别为：国家"十一五"科技支撑计划《绝育手术并发症（后遗症）防治技术研究》；省级重大攻关课题《降低出生缺陷，提高人口素质的孕前关键技术研究及示范》、国家人口计生委《避孕方法综合评估》、昆明市科技局《利用计划生育网络开展出生缺陷防治技术的研究》、科技部《以人群为基础的出生缺陷监测和干预模式研究》。

国家"十一五"科技支撑项目《绝育手术并发症防治技术的研究》课题，先后5次到项目点开展培训、督导等工作，累计下乡150个工作日，外聘专家讲课培训达20学时。目前课题已完成所有研究工作，各类研究表格已返回，数据已全部统计完毕，研究报告已完成，项目结题汇报工作正在准备中，预计能顺利通过国家课题验收。《降低新生儿出生缺陷率的综合防治技术研究》项目已完成结题前的总结评估和报表的上报工作，并于6月20日顺利通过省科技厅组织的项目验收。

按照全省出生缺陷干预工程中省人口计生科研所承担的职责内容，完成了省人口计生科研省出生缺陷一级干预办公室交办的各项工作。完成了提供给45个重点、试点县使用的技术服务研究用表、家庭婚育保健手册的编撰、校对、印刷和下发工作。完成云南省人口出生缺陷干预工程监测系统计算机软件开发的前期准备工作。

全年省人口计生科研所专业技术人员共计发表文章8篇（其中中国计划生育学杂志4篇，中国初级卫生保健杂志1篇；中国心理卫生杂志1篇；中国妇幼保健1篇；中华医学遗传学杂志1篇），主编出版专著二本。

3. 抓技术服务，业务收入创新高。

省人口计生科研所围绕生殖保健开展了男女避孕节育新技术、遗传咨询与婚育指导、生殖道感染疾病的诊断治疗、性保健、中老年生殖保健等对外技术服务和咨询服务。积极开展免费流动人口、城镇无业人员计划生育技术服务工作。为流动人口提供了方便、快捷、高效、安全的计划生育技术服务途径。认真完成国家人口计生委和省人口计生委的各项指令性任务。全年深入基层指导交流及完成课题和指令性下乡任务计610个工作日，截至12月31日，共完成创收499万元。

所属生殖医学治疗中心全年门诊接诊病人近12000例；完成各种治疗近20000人次。开展B超、X射线、乳腺检查、结核菌素检查、细菌性阴道病检查等各类检查6900人次。完成各种手术1600人次。完成易门、玉溪、思茅等3个县的不孕症诊治任务，治疗不孕患者约200人次。完成新平县、南华县的腹腔镜结扎术1002例。自省人口计生科研所获卫生厅批准开展夫精人工授精技术（AIH）达到国内中上水平。

4. 抓业务拓展，服务职能有了新增加。

经过积极筹备，在省人口计生委的支持下，经省司法厅批准，省人口计生科研所成立了云南省人口和计划生育司法鉴定中心，建立了司法鉴定实验室方法，顺利通过省司法厅司法鉴定许可证的评审，开展法医物证鉴定工作。年内省人口计生科研所12名专业技术人员参加了司法鉴定岗位培训班，获得培训合格证，并全部升级为国家司法鉴定人。目前该中心已正式对外开展服务工作，截至年底已完成亲子鉴定4例。进一步拓展了技术服务水平和领域，也为全省人口和计划生育工作提供了更高的技术支撑。

5. 抓学术交流，内容形式有了新突破。

按照加强交流，共同进步的原则，今年4月，省人口计生科研所承办了第二届中国西部人口和计划生育科研院所联席会议，会议主题为：搞好出生缺陷干预工程，提高出生人口素质。来自西部8个省区的科研院所领导及北京、上海、吉林、深圳的领导和专家共36人出席了会议。会议交流了人口计生科技工作的发展方向和管理的经验，重点介绍了各地开展出生缺陷干预的工作情况、经验以及目前存在的困难，就探索建立中国西部省级人口科研院所科技合作交流新机制，省级科研院所在出生缺陷一级干预中如何发挥科技引领和支撑作用等专题进行了交流和讨论。

6. 抓基层指导，培训效果有了新提高。

针对基层对生殖健康服务的需求，省人口计生科研所专业技术人员深入到昭通、大理、曲靖、思茅、玉溪、楚雄、保山、德宏、丽江、版纳等10个州市34个县市，开展优生优育、不孕症诊治、并发症诊治等临床技术服务。5月份，由省人口计生科研所举办了“云南省人口出生缺陷一级预防重点县骨干培训班”，培训出生缺陷干预重点县和部分试点县的专业技术人员共93人，授课40学时。邀请所内外专家和学者就常见的遗传咨询案例分析、孕前风险评估、咨询技巧、围孕期保健、健康促进与宣传倡导、产前B超筛查以及孕妇营养素增补等为专题进行授课，经培训班前、后测试对比，收到了较好的培训效果。

计生宣传教育中心

2006 年

省人口计生宣教中心在省人口计生委的领导下，围绕人口和计划生育工作中心任务，认真实施《云南省人口和计划生育宣传教育中心“十一五”宣传教育和干部培训规划》，履行宣传教育和干部培训两大职能，经过全体职工的共同努力，各项工作取得了较好的成绩。

【加强政治业务学习，提高职工思想业务素质】

组织职工学习了胡锦涛总书记在纪念中国共产党成立 85 周年大会上的重要讲话和党的十六届五中、六中全会精神以及省第八次党代表会精神等，学习了《江泽民文选》部分篇目。结合建党 85 周年的光辉历程进行了座谈讨论。开展了社会主义荣辱观和党风廉政教育。学习收看了省委副书记李纪恒视察省人口计生委时的重要讲话，并结合中心的宣传教育和干部培训工作进行讨论，积极探索用改革办法，开放的措施寻求中心的新发展。学习了《专业技术人员素质读本》，每个职工就个人能力与集体智慧的关系，良好的人际关系与业务工作关系撰写了心得体会，参加了省人事厅组织的《专业技术人员素质读本》的考试。全省人口出生缺陷试点工作启动后，宣传教育中心还邀请有关专家讲授了人口出生缺陷预防知识。同时，结合中心作为事业单位的特点和实际，开展了形势教育和科以上干部民主生活会，把中心放到人口和计划生育事业的全局，深入分析面临的形势和发展的要求，积极探索中心发展的新途径。

【加强组织建设，努力构建和谐中心】

为巩固保持共产党员先进性教育成果，落实整改措施，建立保持共产党员先进性的长效机制，加大党支部建设的力度。经省人口计生委机关党委批准，中心支部进行换届，选举组建了新的支部委员会，完善了支部活动制度，发挥了党小组在经常性工作中的作用。加强对党员的教育和管理，提高党员素质，党员带头团结同志，带头遵守纪律，带头执行决定，带头做好工作，在争创一流佳绩上发挥先锋模范作用。积极发挥工会组织的作用，使工会成为联系职工、反映民意、集中民智的桥梁和纽带，采取民情恳谈会、征求意见等形式，了解职工的关切，解决好职工普遍关心的问题。加强制度建设，推进民主决策和民主管理，制订了《议事规则》和《工作规则》，健全和完善了各项规章制度，按章行事，以制度管人管事，规范有序的工作秩序逐步形成。进一步加强了作风建设，密切党、政、工配合，加强科室沟通协作，强调职工的大局意识和整体观念，促进了和谐中心的建设。

【深化改革，加快新机制建设】

探索和发展计划支持与市场运作相结合的宣传教育和干部培训机制，落实财务预算控制和成本核算制度，规范宣传教育和干部培训业务。制订了《设备和设施经营（租赁）规则》、《宣传教育工作规则》、《干部培训工作规则》，制发了《关于规范宣传品制作和干部培训招标工作的通知》。建立了宣传品策划的编委会审核制度、宣传品制作和考察培训的招标备案制度，明确了工作程序和基本要求，组建了编委会和招标工作小组，凡需要引进和制作的宣传品须经编委会审查确定，在宣传品制作和干部考察培训上实行公开招标，根据价格和质量等方面的要求确定宣传品的制作厂家，根据报价和服务质量等方面的要求确定干部考察培训承办商，综合专家意见确定设备、设施经营（租赁）者，有效地避免了在业务活动中的不正当交易行为，完成了中心综合楼改造装修的结算工作，在 2009 年开展的治理商业贿赂自查自纠和物价检查、财务审计中未发现大的违纪违规现象。在加强纪律管理取得成效并得到较好巩固的基础上，取消了上下班打卡制度，把管理的重点转移到科室管理和岗位管理上，与人事、分配机制创新相结合，继续搞活津贴发放，着重抓科室责任目标和岗位责任目标的落实，初步实现了通过改进方式、加强管理推进业务发展的目标。

【突出工作重点，做好宣传教育工作】

2006年的宣传教育工作以“奖优免补”和人口出生缺陷预防为主要内容，重点突出，形式多样，加大了宣传品策划和制作的力度，促进宣传品进村入户。完成委员会下达宣传品制作任务，制作和发行人口出生缺陷预防宣传折页52万张、标语宣传画9.1万张，再版和发行“奖优免补”宣传画100万张，并按时免费发送到人口出生缺陷干预试点县和各县、市、区。根据基层需要，围绕计划生育优质服务、政策法规和优生优育、生殖健康科普知识，策划、制作和引进宣传挂图、墙报、展板、折页、声像宣传品等7类19种，共发行20多万张（块、盘）。《利用避孕套包装预防艾滋病宣传项目》正在筹划实施中。配合全国农村部分计划生育家庭奖励扶助制度和“少生快富工程”工作会议在云南省的召开，完成了宣传展板、会场布景的设计制作和会场展厅的布展，与上海人口计生宣教中心联合摄制了反映云南省实施“奖优免补”工作的电视专题片《天下好事》和《关爱女孩行动》电视音乐片。协助中国人口宣教中心完成了“两项制度”评估片拍摄和宣传精品展示评比活动。完成了全省“关爱女孩行动”知识竞赛活动和“人口日”、“宣传月”、“科技周”、“三下乡”等大型公益宣传活动的相关任务。拍摄电视专题新闻5条，并在云南电视台播出。编办《宣传专刊》12.期3600份，为怒江州、建水县、师宗县编办《宣传专刊》专版3期1800份，免费发行各州、市和129个县、市、区及有关单位。为计生服务站所提供了形象设计服务和规范化建设指导。为省药具站拍摄了建站20周年电视专题片《彩云之南勤耕耘，团结奋斗谱新篇》，指导完成了全省计划生育优质服务现场会电视专题片《情暖珠源》。与云南盘亚通信有限公司合作开办人口和计划生育语音信息服务的筹建工作正在进行。

【拓展办学形式，加强干部培训工作】

云南省计生宣教中心始终把拓展办学形式，扩大生源组织作为干部培训工作的重点，在强化教学管理，提高教学质量，改善后勤服务上下工夫，实现了培训方式的转变和培训效益的提高。配合有关处室和单位举办了3期业务培训，培训学员136人。以服务基层为宗旨，根据基层需要组织开展各类业务培训考察7期，参训学员210人次。完成了南京人口管理干部学院云南函授站计划生育管理大专班、本科班学历教育的教学工作，与昆明医学院联合开办的临床医学大专班在昭通顺利开学，现参加函授学历教育人员已达61人。2009年的干部培训工作，实现了突破性的转变，采取送培训到家、送教师上门等办法，根据人口出生缺陷干预试点工作的需要，在宣威举办了计划生育技术服务人员和管理干部业务培训班，帮助他们掌握相应的知识和技能，更好地适应了工作开展的需要；宣传教育中心根据计划生育技术服务人员学历偏低的实际，与昆明医学院和昭通市人口计生委反复协调，开办了昆明医学院昭通教学点。服务理念的增强，工作思路和工作方法的转变，提高了培训的效益，受到了基层的欢迎，为提高人口计生队伍素质作出了积极的贡献。

2007年

2007年，云南省计生宣教中心以“加强作风建设，促进廉洁从政”主题教育活动为契机，进一步规范内部管理，创新工作机制，加强与各级人口计生部门的联系与合作，努力拓展宣传教育和干部培训业务，各项工作取得了明显的成效。

【加强作风建设，规范内部管理，促进廉洁从政】

2007年是省人口计生委狠抓党风廉政建设与

反腐败工作任务落实的重要一年。宣传教育中心按照省人口计生委的安排和部署，结合中心的实际，做了大量卓有成效的工作。

一是开展了“加强作风建设，促进廉洁从政”主题教育活动

以胡锦涛总书记强调的八个方面良好风气着手，弘扬新风正气，把加强作风建设作为全面落实科学发展观的重要保证，为实现“十一五”宣传教育和干部培训规划，推进全省人口和计划生育事业发展，构建和谐人口环境提供坚强的政治纪律保证。

二是制订党风廉政建设与反腐败工作任务责任目标

为抓好中心的党风廉政建设与反腐败工作，成立了党办，并把省人口计生委在2007年党风廉政建设与反腐败工作任务中提出的五个方面十六条意见中与中心密切相关的十四项工作任务分解到各科室，要求认真履行职责并抓好落实，同时中心行政和支部领导与各科室负责人签订党风廉政建设与反腐败工作任务责任目标书。

三是建立健全各项规章制度，完善惩治和预防腐败制度

云南省计生宣教中心建立了领导谈话制度，委分管领导每半年与中心领导谈话一次，中心领导每半年与科室负责人谈话一次，中心结合工作实际，进一步制订完善各项规章制度，修订了中心的《议事规则》和《工作规则》。《议事规则》规定了中心议事决策的程序和形式，明确了中心的议事决策必须坚持民主集中制原则，使中心的议事决策民主化、规范化、科学化。《工作规则》规定了中心人事、财务、考勤、文秘、文档、印章、设备、设施、房产、车辆、物资管理、宣传教育和干部培训等12项规章制度，是中心规范管理，以制度管人管事的重要规则，特别是在计划生育宣传品的制作、引进、发行中实行编委会审核制度和宣传品印刷的招标备案制度。在组织人员外出学习考察实现公开招标。在财务管理中，对经费的支出实行预算制度，这些规则的实施避免了经济往来的不正当行为，提高了资金使用安全和效率，加强和规范了权利运行的监督制约机制。

四是加强基层党建工作，促进党风廉政建设

为增强中心党组织的创造力、凝聚力和战斗力，中心制订了《关于建立健全抓基层党建工作责任制实施办法》，明确了党建工作的工作目标和措施，把中心的党建工作放到全面贯彻落实科学发展观，构建和谐中心、学习型中心、创新型中心中去，发挥中心党组织的战斗堡垒作用和党员的先锋模范作用，以党建工作促进党风廉政建设的开展。

五是开展“走在前列”大讨论活动

为扎实有效地在中心广大党员中开展“走在前列大讨论”活动，制订了“走在前列大讨论”活动工作计划。积极开展建言献策活动，每个党员联系自己的工作实际撰写一篇如何“走在前列”的论文，中心上报的《文化建设与构建和谐社会》、《切实加强思想政治建设，构建社会主义和谐社会》两篇论文获鼓励奖，受到机关党委的表彰奖励。通过“走在前列大讨论”活动，党员干部的思想作风、学习作风、领导作风、工作作风、生活作风有了明显的转变，廉洁从政的意识进一步加强，心系基层、服务群众的意识进一步提高。9月初，宣传教育中心组成了4个调研组对云南省10多个州市、30多个县（市、区）的宣传教育和干部培训工作进行了调研，获得了许多宝贵的意见和建议，增强了中心宣传教育和干部培训工作的有效性和针对性。

六是加强国有资产管理，做好资产清查工作

针对中心资产较多的实际问题，清查小组逐一进行清理，共输入固定资产卡片800多个，填制上报资产报表200多份，完成了资产清查工作，通过了会计师事务所资产清查的专项审计，针对存在的问题，进行了认真的总结分析，并提出了整改措施。

【加强政治业务学习，强化考试考核，提高职工思想业务素质】

2007年中心结合“加强作风建设，促进廉洁从政”主题教育活动、“党风廉政建设与反腐败工作任务”的落实、“关于建立健全抓基层党建工作责任制”的实施和“省直机关党建工作如何走在全省基层组织建设前列大讨论”活动的开展，以及进一步完善中心的《议事规则》和《工作规则》，规范内部管理，建立反腐倡廉的长效机制，制订了全年政治业务学习计划。组织职工学习了邓小平理论和“三个代表”重要思想的有关篇目；学习了中央《决定》；学习了胡锦涛总书记在中纪委第七次全会和在中央党校的重要讲话精神；学习了温家宝总理在国务院第五次廉政工作会议上的讲话；学习了省第八次党代会、省纪委二次全会和省政府第五次全会精神；学习了《领导干部作风建设知识问答》和《廉洁从政党纪政纪相关法规手册》的有关篇目；学习传达了全省人口计生委主任会议和全省人口形势分析会议精神；结合中心的工作实际，在党员干部和职工中举办了一次“加强作风建设，促进廉洁从政”为主题的党课教育。召开了一次以加强作风建设，规范内部管理，促进廉洁从政为主题的科以上干部民主生活会；组织党员职工观看了优秀国产故事片《公仆》、观看了反映一些党员领导干部因放松作风要求、滑入腐败深渊的警示教育片。

为提高党员干部和职工学习政治理论和业务知识的自觉性和主动性，确保政治业务学习取得实效，中心成立了学习工作小组，建立了政治业务学习考试考核制度。2009年宣传教育中心组织职工在学习的基础上，进行了中央《决定》、省第八次党代会精神、全省人口计生委主任会议精神、中心《议事规则》和《工作规则》等有关内容的考试考核。还积极参加了国家人口计生委组织的学习贯彻中央《决定》的知识竞赛。参加了五华区社区街倒办事处组织的全市普法统一考试。通过学习与考试考核，达到了以考促学、学以致用的目的。

中国共产党第十七次全国代表大会胜利召开，中心组织全体党员干部职工统一收看了十七大开幕式电视转播，听取了胡锦涛总书记作的《高举中国特色社会主义伟大旗帜为夺取全面建设小康社会新胜利而奋斗》的报告。参加了省人口计生委召开的学习贯彻十七大精神动员大会。按照机关党委的要求，中心制订了学习贯彻十七大精神工作计划，要求全体党员干部职工把学习贯彻十七大精神作为当前和今后一段时期重要的政治任务。组织学习十七大报告和新《党章》等有关的文件及材料，进行了座谈讨论，大家深刻的认识到：党的十七大是在我国改革发展关键阶段召开的一次十分重要的大会。胡锦涛总书记的报告是在新的历史起点上继续发展中国特色社会主义的政治宣言和行动纲领。宣传教育中心要把十七大精神贯彻落实到人口和计划生育宣传教育工作中。

【强化服务意识，拓展宣传形式，做好宣传教育工作】

2007年中心的宣传教育工作以宣传贯彻中央《决定》为主要内容，强化服务意识，加强与各级人口计生部门的联系和协调，拓展宣传业务，创新宣传载体，扩大社会宣传，努力为统筹解决人口问题创造良好的舆论环境。

——加大宣传品的策划制作，促进宣传品的进村入户。针对基层的需要策划制作了计划生育贺年片、避孕节育指导手册、流动人口技术服务卡、计划生育药具知情选择手册、关爱女孩挂图、建设社会主义新农村、构建和谐幸福家庭通俗读本、2008年年历等5类9种文图宣传品，全年发行文图宣传品45万余份（张、套、册），发行各类计生声像宣传品2100盘。中心设计制作的《出生缺陷预防宣传小折页》获第五届全国人口和计划生育宣传品折页类三等奖。

——加强宣传指导，做好计划生育服务站所形象设计工程。积极帮助指导陇川、江川、香格里拉、德钦、维西、易门、思茅、临翔、临翔区的搏尚镇、沧源县的芒卡镇等县（区）、乡镇的计划生育服务站所形象工程的设计和装饰工作。

——加强对外联系与合作，提高声像制作水平。与中国人口宣教中心联合拍摄《卡瓦格博》《阿姨的婚礼》2部对外宣传电视专题片；为省医学健康发展研究会拍摄教学专题片1部、维护中西部地区妇女生殖健康权利专题片1部；与云南电视台联合拍摄新闻片1部；拍摄会议资料片5部；开办人口计划生育语音信息服务；完成与云南人民广播电台 联合开办人口计生栏目的筹备工作和开办人口计生网站的前期准备工作。

——发挥《云南人口宣传》的作用，扩大社会宣传。为满足基层的需要，从2009年起宣传教育中心将自办发行的《宣传专刊》进行更名、扩版、扩量。《宣传专刊》更名为《云南人口宣传》，版面由8开4版扩大为4开4版，发行量由原来的3600份增加到20000份，由原来免费发放到全省16个州（市）、129县（市、区）人口计生委（局）扩大到全省的所有乡（镇）计生办。提高了《云南人口宣传》的覆盖面和影响力。

——积极支持配合中国人口宣教中心，做好宣传教育工作。完成了由国家人口计生委立项，中国人口宣教牵头组织的增强计划生育/生殖健康宣传品对低层人群可及性调研项目；积极筹办全国计划生育文图宣传品选题研讨会；积极参与中国人口宣教中心创作室工作，并完成了宣传品的选题；完成了“中华女性德艺风采展示系列活动”的组织、评选和报送工作；配合做好中国人口宣教中心主办的《人口传媒》在云南的征订工作。

——协助委员会等有关部门，积极参与大型社会公益宣传活动。完成“三下乡”、“人口日”、“科技周”、“宣传月”、“世界艾滋病宣传日”等大型社会公益宣传活动的相关任务。参与中国人口报社在迪庆州香格里拉县举行的捐资助学启动仪式，参与中国人口宣教中心在景谷举行的“关爱女孩，助学行动”启动仪式。

【加强联系协调，拓展办学形式，做好干部培训工作】

2007年宣传教育中心始终把加强同各级人口计生部门的联系协调，拓展办学形式，扩大生源组织作为干部培训工作的重点，强化教学管理，提高教学质量，改善后勤服务，使干部培训工作取得了新的突破，举办各类培训班十五期，共培训人口计生干部近600人，实现了培训方式的转变和培训效益的提高。

——继续办好函授学历教育。完成南京人口管理干部学院云南函授站大专班、本科班函授学历教育规定教程的教学教务工作；完成昆明医学院成教学院临床医学大专班昭通教学点的教学工作。

——做好计划内培训工作。协助省人口计生委完成全省县级人口计生委（局）主任（局长）培训班任务，协助科技处，流动人口管理处等有关处室完成各类业务培训班任务，共300人参加培训。

——积极组织短期培训。举办流动人口管理干部培训班，110人参加培训；举办人口计生干部业务培训班，83人参加培训；举办全省宣传干部业务培训班，90多人参加培训。

——深入基层，开展培训。与盐津县人口计生局联合举办了一期全县人口计生干部岗位培训班，100人参加培训；与大关县人口计生局联合举办了一期全县人口计生干部岗位培训班，80人参加培训。

——组织学习考察培训。年内宣传教育中心共组织11期出省出境学习考察培训，共184人参加考察培训。

同时，中心还积极完成委员会交办的各项工作和任务，为基层人口计生系统的人员提供了大量的后勤接待服务。

2008年

省人口计生宣教中心在委员会的领导下，紧紧围绕省人口计生委的工作部署，认真贯彻落实全省人口计生宣传教育工作会议精神和干部培训规划，进一步增强服务意识，加大改革创新的力度，丰富宣传教育和干部培训的形式和内容，为统筹解决人口问题，促进人口与经济、社会、资源、环境的协调发展作出了积极贡献。2008年，宣传教育中心以解放思想大讨论活动和深入学习实践科学发展观活动为契机，创新工作思路和工作方法，致力于学习型、创新型、服务型、和谐型中心建设，认真落实宣传教育和干部培训两大职责。

【认真开展解放思想大讨论活动和深入学习实践科学发展观活动】

按照云南省人口计生委的统一部署，中心成立了解放思想大讨论活动领导小组和办公室，制订了大讨论活动实施方案。听取了委党组书记、主任郝青山的动员讲话和昆明市委宣传部长张红苹的专题报告，参加了云南省人口计生委解放思想大讨论系列活动。对中心开展解放思想大讨论活动进行了再动员，学习了解放思想大讨论活动规定的文件和材料。召开了不同层次的讨论会、座谈会，广泛征求意见，组织解放思想大讨论交流发言，撰写心得体会，开展献计献策活动，积极探索宣传教育和干部培训的新办法、新措施和新途径，提高了广大干部职工对解放思想和创新发展重要性的认识，促进了思想上、认识上和行动上的进一步统一。开设了解放思想大讨论活动“党建园地”，利用中心的宣传平台，组织了对全系统解放思想大讨论的宣传报道。

认真开展了学习实践科学发展观活动。成立了学习实践活动领导小组和办公室，制订了《云南省人口和计划生育宣传教育中心深入学习实践科学发展观活动实施方案》，对学习实践活动三个阶段十一个环节目标和任务进行了细化。听取了委党组书记、主任郝青山的重要讲话，对中心的学习实践活动进行了再动员。采取集中学习和自学的方式，学习了《毛泽东、邓小平、江泽民论科学发展》、《科学发展观重要论述摘编》和《深入学习实践科学发展观活动领导干部学习文件选编》等部分篇目，胡锦涛总书记在党的十七届三中全会上的讲话等文献，听取了省委党校张德寿教授的专题报告。选择宣传教育、干部培训、管理服务、队伍建设等四个内容进行了案例分析；围绕解决影响和制约中心科学发展的突出问题，确定了宣传教育、干部培训、管理服务等19个调研题目，分别到大理、怒江、楚雄、曲靖等地开展了专题调研，形成了两份调研报告；结合工作实际进行深入思考和讨论，交流了心得体会。召开了支部组织生活会，开展了批评与自我批评；以座谈会和书面形式征求委领导、委机关各处室、协会办、直属单位、基层人口计生部门和中心全体职工以及老领导、老同志、专家学者的意见建议。召开了领导班子专题民主生活会，按照“三检查三分析”的要求，深入查找班子和个人在贯彻落实科学发展观、影响宣传教育和干部培训科学发展、影响中心团结与和谐等方面的突出问题，以及党性党风党纪方面群众反映强烈的问题。中心还召开了主任、副主任和主任助理民主生活会，深入开展批评和自我批评，认真分析和归纳总结存在的突出问题和群众反映强烈的问题，研究制订整改方案框架。在学习实践活动中，宣传教育中心还充分利用《云南人口宣传》专刊、《计生之窗》广播栏、宣传橱窗等平台，宣传云南省人口计生委开展学习实践活动的情况。

【强化服务意识和服务理念，努力推进“四型”中心建设】

建设学习型、创新型、和谐型、服务型中心是宣传教育中心确定的奋斗目标。2009年，宣传教育中心继续发挥学习工作小组的作用，制度了学习计划，行政与支部相结合，政治学习与业务学习相结合，学习与考核相结合，实行一月一学一考的制度，安排部分同志作辅导讲解，聘请专家开办讲座，组织职工参加各类培训班的学习，派遣部分同志跟班进修，组织职工深入基层参加实践锻炼，多形式、多途径强化职工的政治业务素质。积极推进中心的改革创新，提出了改进内部机构设置和职能配备，推行竞争上岗的意见，分别在中心主任会议、行政会议上进行讨论，广泛征求职工和专家学者意见，并向委分管领导和相关处室作了汇报；积极创建各种工作平台，组建了宣传品发行工作小组和生源组织工作小组，整合中心有限的人力资源，实行片区责任制度，把需求调研、业务指导和宣传品发行、生源组织结合起来，进一步密切与基层的沟通与联系，使宣传品发行特别是生源组织两大瓶颈得到较大的突破，使广大职工在实践中得到了锻炼。不断增强服务意识，把握好宣传教育中的策划、设计、制作和发行等各个环节，积极推进平台建设与业务发展，提高宣传教育服务质量；把业务策划放在首位，制订培训方案，组建师资队伍，抓好课前准备，组织教学评估，确保教学效果和培训质量，受到了基层的普遍欢迎。把落实《议事规则》和《工作规则》作为推进中心管理决策民主化、规范化、科学化和程序化的重要措施，不断增强职工的规则意识和纪律意识，规范工作行为，努力形成遵章守纪、按章行事的工作秩序。把团结和谐作为中心重要的基础来抓，加强团队精神的培养和锻炼，建立科室与科室、小组与小组、片区与片区之间的配合协调机制，做好以老带新、以弱带强、优势互补、合作共事，加强沟通理解、互相支持、关心照顾、和谐相处，较好地维护了中心的团队形象。在2009年5·12汶川大地震中，中心的党员干部和职工发扬"一方有难、八方支援"的精神，向地震灾区捐款5200元，交纳"特殊党费"20050元；在"送温暖、献爱心"活动中捐款1300元；向鲁甸县水磨乡捐赠衣物被褥等78件。

【抓住机遇，突出重点，促进宣传教育工作的发展】

2008年，宣传教育中心抓住云南省全面实施出生缺陷一级预防工作、省委省政府出台《决定》的机遇，以出生缺陷一级预防、省委省政府《决定》的宣传教育和计划生育优质服务为重点，在统..筹解决人口问题中发展宣传教育业务，较好地落实了围绕中心、服务大局的责任。围绕出生缺陷一级预防宣传教育工作的需要，宣传教育中心开发制作了出生缺陷一级预防指南、出生缺陷一级预防知识问答画册、出生缺陷一级预防咨询指导册、出生缺陷预防系列流动展板和翻翻乐家家福时钟等5种宣传品；围绕省委省政府《决定》宣传教育工作的需要，宣传教育中心开发制作了《决定》单行本、宣传墙报、宣传折页和录音带、CD光盘等5个宣传品。自行制作、联合制作和引进发行了计划生育墙报、出生缺陷一级预防挂图、婚前医学检查挂图、新农村新知识科普知识系列挂图、更年期保健挂图、婴幼儿科学养育挂图等6种宣传品。全年完成文图宣传品发行287.9万份，其中，出生缺陷一级预防宣传品200多万分，省委省政府《决定》宣传品66.7万份；发行声像宣传品3800盘，其中《决定》宣传品2000盘。围绕计划生育优质服务，实施了永善、大关、沧源、思茅、易门、龙陵、五华、西山、德钦、嵩明等10个县区服务站和9个乡镇服务所的形象设计安装，为盘龙区桃源广场、官渡区世纪广场、五华区虹山社区等5个地方设计制作文化广场宣传品，为116个乡镇、村的文化室、文化大院、图书屋提供规范设计服务；为石林县设计制作了申报全国计划生育优质服务县的宣传画册和宣传画，拍摄制作"优质服务进万家、情暖彝乡创和谐"电视专题片，为省人口计生药具站拍摄制作"深入学习实践科学发展观，推动药具优质服务上台阶"电视专题片，拍摄制作了全省人口计生系统办公室主任培训教学片，拍摄制作出生缺陷一级预防教学片，为省医学健康研究会制作宣传片，拍摄全省出生缺陷一级预防启动会新闻一条，并在云南电视台播出，完成了国家及省人口计生委重要会议、重大活动和公益宣传活动等电视资料的拍摄。利用各类平台加大人口和计划生育的社会宣传，在云南人民广播电台开办"计生之窗"栏目，完成了50期的播出；语音短信得到更好发展，受众上线率稳中有升；编辑发行《云南人口宣传》12期21000份，并为迪庆州、弥勒县、永胜县和潞西市编办了专板。积极参加"三下乡"

等相关的公益宣传活动。

【加大策划力度，注重培训质量，实现干部培训工作的新突破】

2009年是云南省全面实施出生缺陷一级预防工作、省委省政府《决定》出台的重要一年，宣传教育中心以此为契机，在统筹解决人口问题中拓展干部培训业务。在干部培训工作中，宣传教育中心注重整合行政资源、基层资源和社会资源，得到了上级领导和有关处室的支持，得到了专家学者的帮助，得到了州市和县市区人口计生部门的有力配合。在具体工作中，宣传教育中心注重培训业务策划，制订培训工作方案，拓展培训形式内容，强化生源组织力度，抓好师资队伍建设，认真组织课前准备，切实搞好教学评估，确保了教学效果和培训质量，使干部培训工作实现了新突破。举办昭通市出生缺陷一级预防培训班4期，培训人员450多人；临沧、德宏、文山、保山、怒江出生缺陷一级预防培训班5期，培训人员510人；举办全省人口计生系统宣传干部培训班3期，257人参加培训；举办全省人口计生系统办公室主任培训班1期，158人参加培训；同时宣传教育中心协助委员会有关处室完成了各类业务培训任务。南京人口管理学院云南函授站大专班、本科班顺利毕业，完成了昆明医学院临床医学大专班昭通教学点的教学教务工作。组织福贡、嵩明、兰坪、宣威、玉溪、盘龙、晋宁等县市区人口计生系统的143人出外学习考察。承办全国人口计生宣教中心主任会暨宣传品研讨会，100余人参加了会议。全年共举办各类培训和会议25期，人员2000余人。

做好全省人口计生系统人员到省里办事的接待服务工作，全年安排食宿1000多人次。

2008年，中心通过开展解放思想大讨论活动和深入学习实践科学发展观活动，促进了各项工作的发展。宣传教育中心结合中心工作的实际和更好履行两大职责的需要，始终把为上级服务、为基层服务和为社会服务作为宗旨，把解放思想、改革创新作为发展的动力，把团结和谐、提升素质作为发展的基础，采取了一些新办法、新措施，取得了积极的成效。

云南省人口和计划生育药具管理站

2006年

2006年，云南省人口和计划生育药具管理站在省人口计生委的正确领导和国家药具发展中心的指导下，以“三个代表”重要思想为指导，紧紧围绕全省人口与计划生育工作目标，与时俱进，开拓创新，深化计划生育药具工作改革，努力转变工作思路和工作方法，突出工作重点，全面履行工作职责，较好地完成了2006年任务目标，为云南省降低人口数量，提高人口素质，改善人口结构，实现人口目标发挥了重要作用。

【完成了2006年度药具购调存任务】

全年订购药具11，315，747.00元，实际完成药具调入11，315，747.00元，执行完成订购计划率为100%；分配计划金额11，092，433.00元，实际调拨11，092，433.00元，执行完成分配计划率为100%。其他发放药具金额100396.02元。各级药具库存合理（省级库存363，819.00元），能满足要求，做到不断档、不脱供、不积压。

【机制建设有新突破】

《云南省计划生育药具规范管理试行办法》施行3年多来，在各级人口计生部门的领导下，经过全省药具工作者的共同努力，全省药具规范管理目标基本实现，规范管理成效显著，进一步建立和完善了药具管理流程和业务流程两大板块的规范运行长效机制。同时，为顺应深化计划生育药具工作改革的要求，云南省人口和计划生育药具管理站积极协调有关部门，探索新形势下如何进一步建立计划生育药具管理和服务工作的新机制。在委员会的大力支持下，通过云南省人口和计划生育药具管理站的积极努力和扎实工作，机制建设又有新突破。

一是建立了计生系统内部的工作协调配合机制

省人口计生委高度重视计划生育药具工作改革，成立了以委主任为组长，分管主任为副组长，委机关各处室、直属部门负责人为成员的药具工作改革领导小组，负责对全省药具工作改革的领导，并召开了领导小组会议，就药具工作的重点和将要出台的文件进行了专题研究。为进一步贯彻落实国家关于深化计划生育药具工作改革的有关文件，抓好各项改革措施的落实，巩固云南省计划生育药具规范管理工作，拓展计划生育药具工作领域，下发了《关于加强计划生育药具工作改革的实施意见》（云人口发〔2006〕42 号），各地认真贯彻落《实施意见》，云南省药具工作改革取得了实效。

——加强了领导。各级人口计划生育部门提高了对药具工作重要性的认识，加强了对药具工作改革的组织领导，明确了改革的目标和任务，按照改革的要求，制订改革措施，稳步推进药具工作改革。

——明确了职责。按照分级管理，分级负责的原则，统筹规划、分步实施，坚持各级人口计划生育行政主管部门负总责，一级抓一级、层层抓落实的工作方针，把工作落到实处。

——狠抓了落实。各级人口计生委及其相关部门积极支持药具工作改革，按照职责分工，通力协作，采取措施，抓好落实，药具工作改革取得实效。

二是建立了部门联动齐抓共管药具管理工作的机制

为创造良好的政策环境，云南省人口和计划生育药具管理站积极加强与有关部门的协调，争取他们的支持和配合。经多次协调，征求意见，对进一步加强云南省计划生育药具管理工作达成了共识，为确保云南省广大育龄群众使用安全、有效、便捷的计划生育药具产品，依法为目标人群提供免费的计划生育药具服务，促进计划生育药具特别是安全套（避孕套）的推广使用，进一步降低生育水平，预防性病/艾滋病，综合治理出生性别比升高问题，不断满足广大群众日益增长的计划生育、生殖健康需求，2006年7月省人口计生委与省食品药品监督管理局、省卫生厅、省工商行政管理局等部门联发了《关于加强计划生育药具管理工作的意见》（云人口发〔2006〕38号），该文件的出台，是为了更好的贯彻落实《中华人民共和国人口与计划生育法》、《中华人民共和国药品管理法》、《计划生育技术服务管理条例》、《医疗器械监督管理条例》、《艾滋病防治条例》等法律法规，对加强计划生育药具市场的监管，进一步落实国家免费药具的管理和发放工作的具体界定，是云南省深化计划生育药具工作改革的重大成果，标志着云南省部门联动齐抓共管药具工作的新机制已经建立。对推动云南省计划生育药具管理工作全面进入依法管理和依法服务的轨道起到重要作用。

【项目工作效果好】

一是开展了宫内节育器放置效果对比项目

云南省人口和计划生育药具管理站积极指导14个州市开展了以活性元宫环、爱母环、吉妮环等为主的宫内节育器放置效果对比项目。截至11月份，已有昆明、大理、玉溪等3个州市通过了项目考评验收。该项目的开展，充分调动了各州市药具站的积极性，促进了基层技术人员技术水平的提高，并通过各种新型宫内节育器的放置效果分析，为云南省药具的政府采购提供了基础数据，达到了良好的效果。

二是开展了对免费发放避孕药具的外观质量抽检

为保证直调到云南省各州市的避孕药具质量，6月份云南省人口和计划生育药具管理站组织相关人员对厂家直调到大理州、楚雄州的免费避孕套进行了两个批次的外观质量抽检，未发现质量问题，确保了广大育龄群众使用安全、高效的避孕药具。

三是正确使用避孕套的人数呈上升趋势

据不完全统计，2006年全省免费发放避孕套23万多人份，2800多万只，中央投入政府采购专款460多万元。既确保了育龄夫妇避孕节育的需求，又推动了云南省推广使用安全套的需要，发挥了政府部门为公众提供公共产品的作用。

【优质服务有新亮点】

一是指导基层创新药具发放服务工作机制

全省各地因地制宜地开展和探索免费药具发放多样化服务模式。如昆明市开展的“避孕药具进社区、进楼道”，楚雄州在州级直属机关单位开展的“避孕药具直供”、玉溪市开展的“六登门八服务”、“计划生育药具文化超市”、“三进、五送、八服务”、“一体化管理，一条龙服务”等系列优质服务，为方便群众领取避孕药具做了积极的尝试。

二是与省人口计生委流动人口处共同在全省设立了33个流动人口避孕药具免费发放试点。

积极探索流动人口药具免费发放模式，为方便流动人口领取避孕药具提供了人性化的服务。

三是不断扩大免费药具发放的宣传面

12月7日，在省人口计生委和耀云副主任的主持下，首次召开了90个省级机关分管计划生育药具工作的领导和有关人员的座谈会。会上云南省人口和计划生育药具管理站张丽萍站长向与会人员通报了我国现行有关药具管理工作的行政规章、国家免费发放计划生育药具的有关规定以及免费发放药具的品种和有关发放标准，开展了药具服务情况的问卷调查，座谈会受到了与会人员的好评，收到很好效果。

四是积极开展药具知情选择优质服务培训

特邀北京大学第一医院教授、新型药具生产企业和相关专业人士为16个州市药具站以及盘龙区东华办事处、昆明世博公司等十余家单位的计生干部、宣传员、育龄群众等进行了1700余人次的计划生育新药具、新技术，药具知情选择等方面的专题培训和知识讲座，增强了药具管理人员和技术服务人员的业务能力，群众对药具的知晓率有明显提高。

【工作领域进一步拓展】

一是参与了由省人口计生委组织实施的出生缺陷干预工程

圆满完成了省财政投入专项经费280多万元，用于83765人份的免费发放叶酸片的政府采购、调拨、监督、管理和统计汇总等工作；参与了省人口计生委组织的出生缺陷干预工程工作试点县的督察工作。确保了全省25个试点县试点工作的正常进行。

二是参与了省防治艾滋病工作委员会组织的全省防治艾滋病工作督查和2006年中期推广使用安全套防治艾滋病工程督导调研工作

促进了安全套的广泛使用，推动了工程的实施。据不完全统计，2006年全省药具系统开展安全套社会营销280多万只，为防艾推安工程的实施作出了应有的贡献。

【营销试点稳步推进】

在去年试点工作的基础上，今年主要做了以下工作：一是3月份与昆明市人口计生委共同召开了社会营销试点专题工作会议；二是重新上报了社会营销试点方案和工作实施计划；三是积极争取省人口计生委安排了10万元用于开展社会营销试点的工作经费；四是争取国家药具发展中心支持20万元的社会营销产品；五是批复了《昆明市计划生育药具社会营销试点实施方案》并与之签订了《云南省计划生育药具社会营销试点工作协议书》；六是参加国家药具发展中心在重庆召开的“计划生育药具社会营销试点工作推动会”回来以后，进一步完善试点工作，补报了昆明市开展社会营销试点工作的基线调查报告；七是派人参与国家药具发展中心组织编撰《计划生育药具社会营销工作手册》的工作；八是加强了对试点地区工作的督导和检查。九是开通了五条社会营销渠道，仅昆明市就营销安全套130多万只。

【工作调研指导作用大】

为切实促进和提高云南省计划生育药具管理工作，认真开展贯彻落实深化药具工作改革精神，云南省人口和计划生育药具管理站针对药具计划统计管理、财务经费管理、流动人口免费药具发放、信息化建设等方面的工作，对各州市的工作进行了专题调研和指导。

1.对十六个州市深化药具工作改革情况进行了收集，并制订了云南省深化药具工作改革的方案报国家人口计生委药具发展中心。

2.对昆明、大理等八个州市深化药具工作改革措施的落实情况进行了指导、督促、检查和调研，形成了4份专题调研报告报送上级部门和领导、各处室和十六个州市，为决策机关和基层部门及时提供了信息。

3.对调研中发现的问题及时提出了六条改进药具工作的意见并得到有关州市的采纳，对全面推动药具工作改革起到了积极作用。

4.为了让各地了解全省各地在深化药具工作改革的动态和进展情况，及时收集整理了10多篇全国、全省各地在深化药具工作改革中好的经验和做法用信息的形式下发到各州市，有力地指导了各地的工作。

5.向药具发展中心呈报了云南省《深化改革建机制 开创工作新局面》的专题材料和《云岭涌春潮 改革谱新篇》的宣传板面，被国家人口计生委选定为今年在江西新余市召开的全国深化药具工作改革经验交流现场会议的书面经验交流材料和宣传展板。

6.为进一步更新药具工作的观念，转变工作思路，拓宽工作的视野，提高药具管理人员的素质，云南省人口和计划生育药具管理站组织了4批53人分管药具工作的计生委领导和从事药具管理工作的有关人员到外地考察学习计划生育药具管理、社会营销、生殖健康等方面的经验，使外出考察学习的领导和药具管理人员开阔了视野，找到了自身存在的差距，增强了做好药具管理工作的信心。同时，还举办了全省计划生育药具管理业务培训班，对16个州市的药具站长、计划统计员、信息员等74人进行了药具质量管理、报表分析、软件操作、公务礼仪、政务信息、社会营销等知识的培训，进一步提高了基层管理人员的整体素质。

【工作交流与合作有新举措】

为加强与兄弟省市药具管理站的交流与合作，4月份云南省人口和计划生育药具管理站承办了西部六省市（区）计划生育药具管理站工作研讨会，来自重庆、四川、宁夏、新疆、贵州、云南的药具站站长和相关人员就进一步深化计划生育药具工作改革，加强区域性工作联系和沟通，促进西部地区药具工作等进行了认真的研讨，达到了相互学习、相互促进的目的。

为贯彻落实云人口发〔2006〕38号文件，切实加强与有关部门的交流和沟通，9月27日在和耀云副主任的主持下，召开了四部门就加强计划生育药具管理工作的联席会议，云南省人口和计划生育药具管理站向各部门通报了有关计划生育药具管理工作的情况，听取了各部门的意见，并达成了明年共同做好三项工作的共识，形成了会议纪要并由委员会下发各成员单位。

【制度建设更加完善】

一是根据国家人口计生委印发《计划生育药具“十一五”规划的通知（国人口发〔2006〕90号），云南省人口和计划生育药具管理站积极组织学习文件，并结合云南省药具工作实际，草拟了《云南省计划生育药具工作“十一五”规划》，经省人口计生委审定，以云人口发〔2006〕62号文件印发16个州市贯彻落实。

二是根据《计划生育药具工作管理办法（试行）》（中华人民共和国国家人口和计划生育委员会令第10号），云南省人口和计划生育药具管理站认真组织学习，并结合云南省药具工作实际，组织修订了《云南省计划生育药具规范管理试行办法》，经省人口计生委审定，以云人口发〔2006〕63号文件印发16个州市贯彻执行。

【召开了全省人口和计划生育药具工作会】

2006年12月21–22日，在西双版纳州召开了全省人口和计划生育药具工作会。省人口计生委副主任和耀云、委机关有关处室、省计生协会办公室、直属单位的负责同志，各州市人口计生委分管药具工作的领导、药具管理站站长出席了会议。

和耀云副主任在《把握机遇 建立机制 不断开创计划生育药具工作新局面》的讲话中，全面系统地传达了全国深化计划生育药具工作改革现场经验交流会议的精神，通报了全省深化药具工作改革的基本情况，对继续推进全省药具工作改革作了全面部署，提出了具体的要求。5个州市介绍了药具工作的经验。举行了《回顾过去 着眼未来》一书的首发式。观看了《彩云之南勤耕耘 团结奋进谱新篇》的药具专题片和各州市药具工作改革成果宣传展览。组织参观了西双版纳州景洪市勐罕镇计划生育服务所。

2007年

在省人口计生委的正确领导下，在国家人口计生委药具发展中心的指导支持下，云南省人口和计划生育药具管理站以“三个代表”重要思想和科学发展观为指导，深入学习贯彻落实党的十七大精神、《中共中央国务院关于全面加强人口和计划生育工作统筹解决人口问题的决定》（以下简称《决定》）、《国家人口计生委关于认真贯彻落实中共中央国务院关于全面加强人口和计划生育工作统筹解决人口问题的决定的意见》和省第八次党代会精神， 紧紧围绕着深化药具工作改革这一主题，认真落实药具工作“十一五”规划，较好地完成了与省人口计生委签订的2007年度计划生育工作目标责任书的各项内容，为实现全省人口目标发挥了积极的作用。

【加强学习，提高认识】

1.认真组织学习了党的十七大精神。十七大召开期间，及时组织职工收看电视实况转播，参加了省人口计生委领导宣讲学习十七大精神，并及时上报学习情况。通过学习，全站职工深受教育，备受鼓舞。大家一致认为，深入学习十七大精神，对于我们全面加强人口计生工作，统筹解决人口问题，落实科学发展观具有非常重要的现实意义。

2.深入学习贯彻中央《决定》和《国家人口计生委关于认真贯彻落实中共中央国务院关于全面加强人口和计划生育工作统筹解决人口问题的决定的意见》。通过学习，全站干部职工充分认识到稳定低生育水平的长期性、艰巨性和统筹解决人口问题的复杂性、紧迫性，进一步增强了以科学发展观统领新时期人口和计划生育工作的政治意识、大局意识和责任意识；提高了深化改革，进一步做好药具工作的自觉性。

3.组织学习了《中纪委关于禁止利用职务上的便利谋取不正当利益的若干规定》、《云南省人口计生委关于建立健全党组抓基层党建工作责任制的实施办法（试行）》、《云南省人口计生委机关党委关于认真学习贯彻中央保持共产党员先进性长效机制文件的意见》等文件。参加了省人口计生委机关党委开展的“省直机关党建工作走在全省基层组织建设前列大讨论”征文、建言活动和参观反腐倡廉警示教育展览活动，云南省人口和计划生育药具管理站有三篇征文分别获奖。

【履行职责，抓好落实】

1.围绕中心，服务大局。为满足全省120多万育龄群众的避孕需求，云南省人口和计划生育药具管理站较好地完成了国家免费药具供应管理和免费发放服务工作。2007年国家人口计生委批准云南省年度避孕药具政府采购计划数为11746015.00元。截至2007年12月10日，全省执行计划调入药具金额为12545890.00元（其中，执行当年计划调入11746015.00元，占全年药具订购合同计划的100%；申请追加计划调入313875.00元），国家免费调入新型药具148368.00元。全省分配药具计划金额为10368026.00元，执行分配计划调拨金额为12102184.78元（其中执行当年计划调拨金额10368026.00元；执行追加计划调拨金额599120.40元；用于“三下乡”宣传免费发放药具金额65360.40元；用于防治艾滋病宣传免费发放药具金额972000.00元；其他发放97677.98元），省站药具库存金额428890.02元，云南省人口和计划生育药具管理站对16个州市的计划生育药具分配计划执行率达100%。各级药具库存合理，做到满足需求，不断档、不脱供、不积压，全面完成了2007年度药具购调存任务。

2.完善制度，落实规范。云南省人口和计划生育药具管理站在完成资产清查和治理商业贿赂专项工作的同时，进一步完善了药具专项经费使用制度和规范审批程序。一是认真落实政府采购招标规定，按规定完成了年度政府采购药具、设备任务并及时支付了药具、设备采购经费。二是加强对各州市药具专项经费管理使用情况的检查，定期下发全省药具经费使用管理情况和工作进度情况通报。三是主动争取有关部门的配合，加强对成人用品市场的检查，重点检查计划生育药具非卖品上市等问题。四是开通计划生育药具咨询服务电话5313756.5301009和投诉电话5326981，自觉接受群众监督。五是制订药具业务信息系统使用管理制度，确保系统安全运行。六是进一步加强药具仓储管理，完善药具在库养护制度，确保在库药具质量。

3.求真务实，完善机制。在工作中，不断建立和完善药具工作新机制。今年，云南省人口和计划生育药具管理站草拟的《云南省2007–2010年计划生育药具宣传实施方案》经省人口计生委批准，以云人口发〔2007〕28号文件印发全省贯彻落实；与省宣教中心共同编印了一本通俗易懂、图文并茂的《计划生育药具知情选择手册》，制作了一套计划生育药具宣传版画，建立了宣传学习的长效机制。为提高计划生育药具知情选择、优质服务水平，云南省人口和计划生育药具管理站开展了多渠道、多形式的药具宣传活动，进一步提高了群众对药具知识、生殖健康知识的知晓率，提高了药具的使用率和有效率，提高了群众的满意度。

4.拓展服务，创新模式。在搞好国家免费药具发放服务工作的同时，云南省人口和计划生育药具管理站进一步树立大药具观念，不断扩大计划生育药具公共管理和服务范畴。一是全省药具服务已由仅向户籍地已婚育龄人群发放逐步扩展为向现居住地育龄人群发放。各地针对不同人群，创新药具发放模式，把免费发放工作主动融入城市社区卫生服务工作和社会主义新农村建设中，不断提高药具发放的覆盖面，提高药具发放服务的及时率和到位率。药具文化超市、药具直供、药具进社区、进楼道、为流动人口开设药具免费发放服务窗口等发放模式得到推广，群众反映越来越好。二是根据《云南省人口出生缺陷预防规定》，认真完成了2006—2007年度省人口计生委安排的280多万元用于16个州市的25个试点县，8万多目标人群免费发放“叶酸”的政府采购调拨和督促检查工作，并上报了2007—2008年度免费发放“叶酸”的政府采购需求计划。三是认真落实《国家人口和计划生育委员会促进生殖健康产业发展纲要》，不断拓展药具工作领域。积极稳妥地在昆明、大理、德宏、玉溪、昭通、文山、红河等地开展计划生育药具社会营销试点工作，摸索了三种社会营销模式，开通了五条营销渠道，初步总结了试点经验，同时在昆明市完成了国家的试点任务，得到国家人口计生委药具展中心领导的充分肯定；筹建云南省计划生育生殖健康产业协会的请示，经省人口计生委批准；完成了省人口计生委首次安排20000元的新型计划生育药具采购任务；争取并完成了国家药具发展中心免调云南省948243元的新型计划生育药具的调拨和发放，为拓展云南省药具免费发放领域，满足群众多样化需求发挥了作用。

5.加强培训，提高素质。按照分级负责，逐级培训的原则，云南省人口和计划生育药具管理站加大药具队伍的培训，不断提升药具管理水平和服务能力。2007年云南省人口和计划生育药具管理站选派了12人次参加国家和省人口计生部门组织的各种培训和考察学习；举办了两期全省性药具业务培训，全省129个县（市、区）人口计生委（局）分管药具工作的领导、服务站站长、药管人员，共600多人次分别接受了药具管理、社会营销、新型药具、业务软件应用等综合药具知识的培训；先后接待了6个省市人口计生委组织的药具工作考察团。通过各种形式的学习培训和考察交流，药具管理人员的素质明显提高。

6.互联互通，资源共享。为提高药具工作效率和水平，努力形成全省统一的县级药具购调存业务和报表管理规范，加快各地信息化建设步伐。今年，云南省人口和计划生育药具管理站积极争取省人口计生委的支持，投资130多万元，为全省129个县级人口计划生育服务站药具管理人员统一配发了电脑、打印机等设备，制订了《云南省计划生育药具业务信息系统应用实施方案》，为2008年实现省、州市、县（市区）三级药具管理服务机构数据互联互通，资源共享的数据平台奠定了基础。

7.加强调研，抓好考评。为使深化药具工作改革的各项措施落到实处，云南省人口和计划生育药具管理站根据《云南省计划生育药具工作改革评估方案》的要求，2007年4月，组织了对全省16个州市深化药具工作改革情况进行了考核评估。上报了全省药具工作改革情况考核评估工作总结和情况通报。通过考评基本掌握了全省深化药具工作改革的基本情况及工作动态，查找和发现了各地在深化药具工作改革中存在的困难和问题，对全省深化药具工作改革进行了阶段性总结。同时，针对考评中的情况，又分别对昆明、曲靖、玉溪、临沧、保山、德宏等州市药具工作进行了专题督导调研，上报了督导调研报告，印发了6期《云南药具》（有5期药具信息报送稿被国家人口计生委药具发展中心采用），为各级人口计生部门进一步落实深化药具工作改革措施，抓好药具规范管理工作，进一步加强队伍建设，改进工作方法，进一步加强对基层工作的指导，完善工作联系制度提供了大量的信息，发挥了较好的信息通报和决策参考作用。

【强基固本，协调配合】

1.理顺体制，强化管理。根据新时期药具工作的职责和任务，省人口计生委非常关心重视云南省人口和计划生育药具管理站的机构定性问题，以云人口发〔2007〕9号文件向省人事部门报送请示，将云南省人口和计划生育药具管理站纳入参照公务员管理的单位，为此，云南省人口和计划生育药具管理站作了积极的协调，并按照药具工作的要求，加大药具工作的管理力度，积极推进药具工作改革，狠抓各项工作的落实，为理顺体制打牢基础。

2.完善制度，明确职责。在深化药具改革工作中，云南省人口和计划生育药具管理站一方面，进一步完善制度，明确岗位职责，做到工作落实到人、制度到人、责任到人。同时，积极争取省人口计生委将药具分配计划执行率纳入2007年度人口与计划生育责任目标考核指标，做到药具工作与人口计生工作同布置、同管理、同考核。另一方面，加强对各州市药具专项经费管理使用情况的检查，下发了《全省药具经费使用管理情况和工作进度情况通报》。

3.加强协调，争取支持。积极争取上级和地方政府的支持，改善工作条件，推进药具工作的发展。先后有文山、普洱、红河、大理、丽江、楚雄等州市的药具综合楼相继建成并逐步投入使用，临沧、迪庆、西双版纳、怒江等州市的药具综合楼建设正在筹建之中，为改善各级药具管理部门的工作环境和办公条件发挥了应有的作用。

4.积极参与，树立形象。参加了中国生殖健康产业协会成立暨第一次会员代表大会，云南省人口和计划生育药具管理站被选为理事单位，站长被选为理事。参加了第四届中国计划生育生殖健康/新技术新产品博览会；参与筹办了中国昆明生殖健康暨性文化博览会；9月28日，举办了省级机关分管计划生育药具工作的领导和有关人员参加的计划生育药具知情选择/生殖健康知识讲座，开展了药具服务情况问卷情况调查，受到各方面的好评。

5.规范管理，不断提升。按照深化计划生育药具工作改革考核评估要求，狠抓药具规范管理的巩固和提高，进一步加强药具需求计划、分配执行、目标管理等全程管理，及时编写了年度工作大事记，加强了痕迹资料的收集整理和归档工作，各项业务工作更实更细更规范，做好了迎接国家人口计生委对云南省深化计划生育药具工作改革考核评估的各项准备。

6.部门配合，齐抓共管。云南省人口和计划生育药具管理站参与了省人口计生委、省食品药品监督管理局、省卫生厅、省工商行政管理局就加强计划生育药具管理工作召开的两次部门联席会议；草拟了《云南省人口计生委、省食品药品监督管理局、省卫生厅、省工商行政管理局关于做好2007年计划生育药具管理工作的通知》，经四部门审定会签后以云人口发〔2007〕30号文件印发各州市贯彻落实；积极配合委机关各处室完成相关工作；支持和配合各州市开展了宣传培训工作；配合有关部门开展了防艾推套专项督查、科技“三下乡”、计划生育药具市场检查等工作。

2008年

2008年，在省人口计生委的领导和国家药具发展中心的指导下，云南省药具工作坚持以党的十七大精神为指导，深入学习和贯彻落实科学发展观，紧紧围绕年初制订的各项工作目标，全面履行工作职责，强化药具管理和服务，扎实有效的开展了各项工作，较好地完成了全年的各项工作任务。

【认真抓好学习教育活动】

按照中央、云南省委和省人口计生委的统一部署，省站根据自身实际、结合工作特点，认真抓好学习教育活动，做到学习教育活动和各项工作做到了两不误、两促进，使省站全体干部职工思想认识更深刻，工作思路更清晰，工作作风更扎实，创新精神有增强，推进了各项工作，取得了较好的学习成效。

（一）圆满完成了解放思想大讨论活动

遵照省人口计生委党组关于印发《云南省人口计生委"解放思想、深化改革、扩大开放、科学发展"大讨论活动的实施方案》的通知要求，省站成立了领导小组，制订了实施方案，圆满完成了大讨论活动的各个阶段既定任务，达到了预期目的和收效。主要做法是：一是高度重视、精心组织。召开了专题会议，对解放思想大讨论活动进行了认真研究和部署，明确目标责任，形成了人人参与的良好局面。二是认真学习，提高认识。按照大讨论活动的相关要求，在学习阶段把解放思想大讨论活动同药具工作相结合，开展了认真学习和讨论，每个职工都撰写体会文章。三是深入调研，查摆问题。在解放思想大讨论活动调研查摆阶段，通过多种形式，向16个州市药具站和全站职工广泛征求意见，经整理共征集意见建议23 条；四是切实整改，狠抓落实。整改提高工作是整个解放思想大讨论活动的着眼点和落脚点，是解放思想大讨论活动成果的集中体现。为确保整改提高阶段取得实效，根据省人口计生委的有关要求，省站向省人口计生委专题汇报了5个方面的问题，制订了相应的整改措施。

（二）认真开展深入学习实践科学发展观活动

开展深入学习实践科学发展观活动，是党中央在深入研究我国发展形势、党的建设面临挑战和党员干部队伍存在问题的基础上作出的重大决策，也是云南省解放思想大讨论活动的继续。省站党员干部职工自觉地把思想和行动统一到中央、省委的决策部署和省人口计生委的具体要求上来，以高度的责任感和使命感，积极投入到学习实践科学发展观活动中来。成立了学习实践科学发展观活动领导小组及办公室，制订了活动实施方案及活动日程；参加了省计生委动员大会、专家讲课；组织省站动员会；陪同国家药发中心副主任一行到云南省昆明、版纳开展学习实践科学发展观活动的调研；站长张丽萍、副站长苏建波还分别带队组成两个调研组，到丽江市、怒江州进行了"学习实践科学发展观、促进药具优质服务提质提速"为主题的调查研究，推动了理论联系实际、学习促进工作的深入；向国家药具发展中心上报了三份学习实践科学发展观典型案例，印发了三期简报，总结了经验，推动了基层工作；组织科学发展大家谈，交流学习体会。通过学习实践活动，省站干部职工提高了思想认识，增强了信心，提高了工作热情，顺利完成了学习调研阶段的工作任务。

（三）开展经常的学习教育工作

一是加强时事政治的学习教育工作，重点学习十七届二中、三中全会精神，深刻理会和谐社会和科学发展观的重要意义，努力把十七大精神融入具体工作当中。二是加强站领导班子和党员干部、职工的党风廉政建设教育，加强党性教育和法规学习。三是进一步加强对《中共中央国务院关于全面加强人口和计划生育工作统筹解决人口问题的决定》和《中共云南省委云南省人民政府关于进一步加强人口和计划生育工作统筹解决人口问题的决定》的学习，提高不断深化药具工作改革，促进云南省计生药具事业又好又快发展，增强开创药具工作新局面的决心。

（四）加强队伍培训和工作交流

一是省站参加了国家药具发展中心在北京举办的综合业务培训和深圳召开的流动人口服务管理座谈会，参加省人口计生委举办的各类培训，组织相关人员到重庆、内蒙、宁夏、深圳进行考察学习，增强了干部队伍为民办实事、办好事的能力和水平。

二是各州市进一步加强对药具队伍的培训。各州市将队伍培训列为重点工作抓，做到长抓不懈，全省参加培训的各级药具管理服务人员占在职人员的95%以上。如昆明市在计生系统科技大练兵活动中，把药具业务培训纳入科技大练兵的综合培训中，培训成绩作为今后岗位聘用和评先评优的重要依据，参训人数总计1000多人。楚雄、大理、普洱、临沧等地统一购买了《计划生育药具知情选择手册》5000余本，发至基层药具管理员、发药员，作为业务工具书使用。通过培训，有效地提高了各级药具管理人员综合业务能力和工作水平。

【较好完成了全年工作目标】

按照工作目标，全省各级药具部门狠抓落实，较好完成了各项工作任务。

（一）完成了计划生育药具工作改革考核评估工作

根据国家人口计生委办公厅《关于印发计划生育药具工作改革评估方案的通知》，云南省认真进行自查自评工作，对深化药具改革工作情况进行了总结。深化药具改革主要工作与成绩是：领导高度重视，改革措施有力，制度更加完善，队伍得到加强，提升管理水平，确保药具质量，创新服务模式，拓展服务领域，加强宣传教育，加快信息化建设，强化督导考评，群众较为满意。在这次考评中，云南省紧抓国家提出的9个方面重点内容，坚持公开、公平、公正的原则，坚持“以评促建、以评促改、评建结合、重在建设”的方针，通过考评落实责任、改进工作、促进发展，对客观评价药具工作的发展水平，研究今后药具发展思路，确定发展目标，制订政策和措施起到了积极的作用。

（二）完成了计划生育药具社会营销试点工作总结

按照国家人口计生委办公厅《关于印发计划生育药具社会营销试点工作方案的通知》，云南省高度重视，药具部门积极行动，按照试点要求，扎扎实实开展工作，今年3月完成并上报了药具社会营销试点工作总结。试点工作的主要做法：制订试点方案，确定试点单位，成立工作机构，整合资源优势，开拓营销渠道，拓展营销领域，加强督导监管，注重协调交流。试点工作取得的一些成绩，主要是安全套摆放情况较好，免费发放安全套的数量逐年增加，安全套商业销售网点不断增多，安全套销量和使用量明显扩大，对全民艾滋病知识普及教育工作产生了明显的成效。

（三）完成了与省人口计生委签订的党风廉政建设工作责任书

根据省人口计生委党风廉政建设工作责任书的要求，省站精心组织，周密安排，内容进行责任分解，并逐级签订责任书，切实开展党风廉政建设工作。完成了责任书的自查、自评及上报工作，药具系统没有出现违纪违规行为的人和事。

（四）完成了各项具体业务工作

一是顺利完成了药具购调存任务：全年避孕药具订购计划12126145.00元，完成订购计划12126145.00元，订购计划完成率100%，完成以前年度计划97200.00元；全年避孕药具分配计划11754569.00元，分配计划执行11754569.00元，分配计划执行率100%；国家免费调入新型避孕药具264920.00元，完成调拨、发放264920.00元，完成计划率100%；全面完成了国家和省安排的任务。同时，受省人口计生委的委托，省站圆满完成了省政府下达的非星级宾馆免费提供3830000.00元防艾专用安全套的政府采购任务；全省45个出生缺陷一级干预试点县和重点县免费提供1981000.00元“叶酸”的政府采购工作将于2008年12月完成。

二是开展相关自查清查工作：（1）省站接受了省直预算单位“小金库”和规范非税收入管理清查工作。经检查，省站所有资金和银行账户均纳入预算管理，不存在有“小金库”的现象；（2）开展避孕药具财政专项资金效益审计调查审前自查工作。2005年至2007年省站不存在避孕药具管理不善，造成损失和浪费的情况，不存在挤占、挪用专项经费的情况；（3）完成"全国政府采购专项检查"自查工作，省站撰写了专项报告报省人口计生委，接受有关部门检查，无违反规定情况。

三是自2008年1月1日起，云南省已全面启用县级计划生育药具业务信息系统，基本实现了全省联网。全省业务信息系统运转良好，显现了信息联网方便快捷的作用。

四是积极准备有关材料，协调和争取有关部门落实省站机构定性问题；积极协调和争取落实筹建云南省计划生育生殖健康产业协会的相关工作，草拟了《关于进一步促进生殖健康产业工作的意见》和各种文本资料，做好了成立生殖健康产业协会的材料准备工作；完成了2007年度财务决算工作，以及各种报表和数据分析等；上报了2008年度全省药具业务经费分配建议和2009年全省药具需求计划。

五是搞好协调配合。省药具站为省人口计生委开展"三下乡"和各类宣传活动免费提供了计划生育药具34701.00元；参与了国家药具发展中心《计划生育药具工作职业道德规范》、《计划生育药具工作管理办法（试行）》、《全国计划生育药具业务管理规范（试行）》、《全国计划生育药具质量管理规范（试行）》的修订工作；参与省人口计生委出台《云南省人口和计划生育委员会关于全面开展出生缺陷一级预防工作的实施意见》等文件的修改，认真填报了《2008年度全国计划生育避孕药具供货情况征求意见表》，切实履行好药具部门工作职责。

六是认真完成省人口计生委、国家药具发展中心交办的其他工作任务。

【进一步加强自身建设】

为强化内部管理，增强干部职工的创造力、凝聚力和战斗力，促进单位和谐发展，各地积极争取上级和有关部门的支持，不断加强自身建设。

（一）充实调整干部队伍

随着工作职能的转变和工作人员的变动，为了与国家药具发展中心内设机构相适应和工作的衔接，更好地落实省站的各项工作任务，2008年3月经省人口计生委同意，省站新增职能科室1个（社会营销办公室），增设岗位3个（综合科副科长岗1个、社会营销办公室副主任岗1个、办公室副主任岗1个）。并按照聘用制度的有关规定完成了对新增科室及岗位人员的聘用工作。

（二）领导班子建设得到加强

在省人口计生委的高度重视和关心下，省人口计生委党组不断加强对省站领导班子的建设。今年7月以来先后按相关程序选调了1名处级干部到委任职；在站内新选拔任用了1名副站长；从省人口计生委机关新选拔任用了1名干部到省站任副站长；彻底解决了站领导班子不健全的问题。

（三）认真落实"四项制度"

为切实提高了工作执行力和工作效能，云南省认真贯彻落实《云南省人民政府关于省政府部门及州市行政负责人问责办法》和《云南省人民政府关于在全省行政机关推行服务承诺制首问责任制限时办结制的决定》，进一步强化行政责任，促进行政负责人依法行政、恪尽职守，提高执行力和公信力，按照工作要求，做到思想统一，职责明确、措施到位。各地在学习动员的基础上，认真部署，制订工作日程，公开药具部门的"服务承诺"、"工作承诺"、"问责事项"、计划生育药具政府采购目录等政务信息。全省药具系统的干部职工执行四项制度的自觉性和责任感明显增强，切实提高了工作执行力和工作效能。

（四）开展政务信息公开工作

根据《中华人民共和国保守国家秘密法》、《中华人民共和国政府信息公开条例》和《云南省人口与计划生育条例》，按照人口计生委的要求，结合药具工作实际，省站成立了政务信息公开工作领导小组，印发了《云南省人口和计划生育药具管理站政务信息公开工作规定》，拟定了信息公开栏目，为信息的公开做好了各项准备。

（五）切实改善工作条件

在深化药具工作改革和规范管理的要求下，红州、丽江、迪庆、普洱等州市加大了对药具库房和办公设施建设等基础设施的投入力度，新建州市级药具办公和业务用房。同时，各地紧紧抓住国家加大对计划生育服务站所建设资金投入的机遇，在改建和扩建服务站所的同时，切实解决了县乡药具管理业务用房方面的问题，进一步改善了药具工作环境。

（六）开展精神文明创建活动

省药具站党支部和工会组织围绕业务工作，不失时机地开展学习教育活动，工会组织经常组织干部职工开展健康有益的文体活动，定期开展健康检查，制订职工慰问制度，积极为职工排忧解难、办实事；积极带领职工投身于抗震救灾的各项工作和“送温暖、献爱心”活动中，全年省站共捐款20020.00元，捐衣物200件（条）；自觉维护社会稳定，妥善处理来信来访，没有发现违法违纪现象。

【创造性地开展工作】

随着经济社会的发展变化，药具工作遇到了许多新情况、新问题、新挑战，面对这些问题，云南省进行积极的研究探讨，并结合实际，采取有效措施，有针对性地开展创新性工作，推动药具工作再上新台阶。

（一）开展云南省计划生育药具/生殖健康服务情况调查活动

为深入学习实践科学发展观，更好地了解和掌握云南省育龄群众计划生育药具/生殖健康服务情况，促进计划生育药具/生殖健康服务工作的发展，省站组织开展了计划生育药具/生殖健康服务情况问卷调查活动。本次调查统一设计了《云南省育龄群众计划生育药具/生殖健康服务情况调查问卷》，以农村已婚育龄群众、城市育龄群众、流动人口等目标人群为主要调查对象。调查问卷共分三类，设计题目40道。为充分体现大调查工作的广泛性、代表性、科学性，选定在昆明市、红河州、普洱市、西双版纳州等四州市进行实地调查。本次调查收回样本量1220份。根据调查情况，对1220份问卷进行了汇总统计分析，撰写出了《云南省计划生育药具/生殖健康服务情况问卷调查分析报告》，向省人口计生委作了专题汇报，并上报了国家药具发展中心，同时，以《云南药具专刊》的形式下发全省各州市人口计生委和人口计生药具管理站。

（二）进一步加强药具优质服务工作

一是进一步明确了加强药具优质服务工作思路。省站在对4个州市深化药具工作改革整改提高工作情况进行督查调研后，分别又对昆明、版纳、丽江、怒江等地进行多次调研，还特邀了部分州市人口计生委主任，县（市、区）人口计生局长、计生服务站长、药管员，乡计生办主任等在昆明召开了计生药具工作征求意见会。会上认真查找了药具工作中存在的困难和问题，商讨了加强计划生育药具优质服务的意见，研究了药具工作提质提速、创新创优的发展思路，形成并由云南省人口计生委出台了《关于进一步加强计划生育药具优质服务工作的意见》（云人口发〔2008〕48号）。《意见》中重点在拓宽服务范围，创新服务模式，拓展服务内容，打造服务品牌，提高服务水平，加强队伍建设，创新创优，推进云南省药具优质服务提质提速等方面提出了具体要求，为实现云南省药具优质服务基本覆盖，最大限度地满足群众日益增长的计划生育、优生优育、生殖健康等需求，推动云南省人口计生工作不断向前发展奠定了基础。

二是各地坚持“需求主导，服务优化”，以服务百姓，改善民生为目标，完善药具服务网络，把药具免费服务融入优质服务、新农村建设和生殖健康工作之中，积极开展计生优质服务工作，较好地提高了计划生育综合节育率，药具应用率、有效率、随访率、群众满意率和知情选择率。如昆明市积极探索开展城市多元化服务；玉溪市推出的“五个结合”的服务模式；德宏州着力打造药具“易得工程”；楚雄、大理、曲靖、怒江、临沧等州市确保为流动人口提供药具优质服务；红河、文山、保山、西双版纳、昭通等州市加大了宣传教育工作的力度，全力推进药具优质服务工作。

（三）组织设计了《云南计生药具管理VI视觉形象识别系统》

为加强免费药具发放网点建设标准化、规范化，统一品牌形象，突出药具优质服务的公益性，努力打造云南计生药具优质服务品牌形象，省药具站组织设计了《云南计生药具管理VI视觉识别系统》。该系统的推广运用是实施药具优质服务战略，塑造品牌形象，追求品牌效应，是新形势下解放思想、深化改革、学习实践科学发展观，推进药具优质服务提质提速的一项创新型工作，也是一项利民惠民便民的民生工程。

地区篇

昆明市人口和计划生育委员会

昆明市

2006年

【概况】

2006年是"十一五"规划的开局之年，经过全市广大计生干部辛勤工作，顺利完成了省、市下达的各项指标任务，市政府、市人口计生委均被考评为一等奖。人口出生率为10.9‰，自然增长率为6.47‰，计划生育率99%，长效避孕及时率81%，市财政年初安排计划生育事业经费预算1694.45万元，农业人口新领取《独生子女父母光荣证》21594户。

【全市人口和计划生育工作会】

2006年3月8日至9日市政府在晋宁县召开2006年人口和计划生育工作会。市政府副市长廖晓珊作了重要讲话。会上，市政府、市人口计生委分别与14县（市）区政府、人口计生局签订了2006年目标管理责任书，晋宁县作了创建"全国计划生育优质服务先进县"经验交流发言，全体参会人员参观了晋宁县计生服务站和宝峰镇、新街乡、二街乡的计生服务所。

【"奖优免补"】

按《云南省农业人口独生子女家庭奖励规定》要求，2004年6月1日后办理《独生子女父母光荣证》的农业人口家庭才能享受"奖优免补"，之前办理《独生子女父母光荣证》的农业人口家庭只能享受"优免补"奖励。在已办理《独生子女父母光荣证》家庭中，全市有8万多户农业人口独生子女家庭享受不到"一次性奖励"。市委、市政府高度重视，1月24日，市政府113次常务会议决定一次性解决昆明市农业人口独子女家庭"一次性奖励"遗留问题，兑现了83298户7863.265万元，其中市级承担4613.4975万元，县级承担3249.7675万元。截至11月底全市农业人口累计领取《独生子女父母光荣证》143586户；兑现一次性奖励金140217户

13256万元；发放奖学金130153人次2526万元；高考加分3000人，中考加分10933人；发放奖励扶助金13558人次897万元。

【流动人口计划生育管理】

一是建立了流动人口生育信息报送制度。市人口计生委与市卫生局联发《关于建立流动人口计划生育信息报送制度的通知》，全市设有妇产科的医疗机构严格执行国家有关规定，定期上报流动人口生育情况信息。二是与昭通市签订了双向管理协议。为落实《昆明市政府 昭通市政府 经济技术与社会管理首期合作实施意见》中"加强计生合作"的精神，3月27日至4月5日，在原市委领导、市计生协会会长戴文忠和市人口计生委主任杨文慧的带领下，组织四城区、安宁、呈贡六个县（市、区）人口计生局局长、机关处（室）负责同志和市公安局、市财政局、市教育局相关负责人一行27人到昭通市、曲靖市开展工作，与当地市、县计生干部交换了工作经验，在加强流动人口计生工作上达成了初步共识。12月6至9日，由11个县（区）副县（区）长和人口计生局局长一行34人组成的昭通市政府计划生育工作考察团在韩梅副市长带领下，回访昆明市。12月8日，昆明市、昭通市流动人口计划生育工作座谈会在市政府综合楼召开，五华区、盘龙区、官渡区、西山区分管领导和市财政局、市公安局、市教育局、市卫生局负责人参加会议，昆明市人口计生委主任杨文慧和昭通市人口计生委主任王阳签订了《昆明市 昭通市流动人口计划生育工作双向管理协议书》。三是加强服务。在全市范围内确定了10个工作示范点，设立了10个流动人口计划生育药具免费发放点，推行流动服务车进社区活动，在药具发放点，免费印发2万份《流动人口计划生育免费服务券》、《服务证》，为11050名流动人口育龄群众免费发放了价值265176元的避孕药品。市级财政投入100万元手术费，为流动人口施行各类计划生育手术5276例，查孕查环17642例。四是继续推行有奖举报制度，接待咨询、举报电话3790个。五是在流动人口聚集地建立流动人口计生协会，实现"四个延伸"，引导流动人口做到自我管理、自我教育、自我服务。

【优质服务】

昆明市计划生育服务网络建设纳入《昆明市经济社会发展第十一个五年规划纲要》。市财政投入460万元，改扩建计生服务站（所）25个，其中4个县级服务站、4个中心服务所、17个普通服务所。以人口出生缺陷干预、生殖道感染、避孕方法知情选择"三大工程"为主体，确定官渡、安宁、呈贡、宜良、石林、富民六个县（市、区）创建计生优质服务先进县。加强婚前育龄妇女培训、孕前检查、产前筛查、叶酸及营养素增补，加强非医学需要的胎儿性别鉴定和非医学需要的选择性别的人工终止妊娠管理，"两非"问题有所扼制。全年鉴定病残儿238人次，为东川、禄劝、寻甸三县农业人口独生子女免费体检627人。

【依法行政】

完成《昆明市流动人口计划生育管理条例（修订）》和《昆明市流动人口计划生育管理暂时性扣款规定》的立法工作。加大执法工作力度，进一步规范昆明市计划生育管理工作程序，落实执法责任制，大大提高了依法行政的水平。严格执行《行政复议法》，受理行政复议案件5件，结案率100%。认真落实《昆明市计划生育系统信访工作责任制》，坚持每月10日为主任接待日，及时解决群众反映的热点、难点问题，全年接待群众来信18件、来访131人次、来电810个，回复率100%。完成市人大代表、市政协委员建议提案9件，答复率、满意率均为100%。制订下发《昆明市人口计生委关于进一步深化政务公开实施意见》，市、县、乡、村四级计生部门做到生育政策、工作程序、审批结果、处罚结果、兑现奖励五公开。

【宣传教育】

利用各种纪念日、节假日，以婚育新风进万家、关爱女孩、奖优免补等为主要内容，开展丰富多彩的宣传服务活动。全年印制计划生育宣传品25个种类240万份，省市报刊宣传报道106篇，昆明电视台在六个频道滚动播出人口和计划生育公益宣传片，与《昆明日报》合办“关注春城人口”专版。创作歌曲《女孩的天空》获全国关爱女孩歌曲评比三等奖，并收录云南省关爱女孩行动歌曲专辑；创作情景剧《情暖彝乡》、诗朗诵《在希望的田野上》、双人快板《奖优免补暖人心》，在全国奖励扶助制度和“少生快富”工程全面实施工作会上做了精彩表演，受到国家人口计生委领导和全国与会代表的高度评价。

【药具工作】

昆明市被列为全国计划生育药具社会营销试点城市，结合推广使用安全套防治艾滋病工程，安装安全套自动售套机1025台、移动电话安全套电子商务售套机250台，全市108家宾馆、饭店安全套摆放率达到100%，1356旅社、招待所、休闲度假场所安全套摆放率达到70%。免费发放246万元避孕药具，社会营销安全套100余万只。为四城区具备“六位一体”功能的社区卫生服务中心配备药具柜120个。

【干部队伍建设】

昆明市人口计生委坚持党组理论学习中心组学习制度，组织机关14名干部参加公务员“8+X”培训；选派18名县（市、区）人口计生局局长和机关中层干部参加国家人口计生委举办的培训班；组织县（市、区）计生协会秘书长参加中国计生协会举办的培训班；举办4期共629人参加的县、乡分管领导、计生办主任和计生专业技术人员的业务培训班；选派2名副处级干部参加市委组织的异地培训，2名青年干部基层挂职锻炼；举办14期253人参加网络信息平台操作运用培训班；选派16名技术人员到甲级医院进修。

【人口发展战略研究】

《昆明人口发展战略研究》由《昆明人口现状及发展趋势》、《昆明人口与经济社会资源环境协调发展》、《流动人口管理与服务》、《昆明市人口与计划生育改革与创新》四个分课题组成，分别由云南大学、昆明市社科院社会所、市人口计生委承担研究工作。各项工作按计划有序进行，各课题组完成了课题设计、方案制订、前期经费投入、基线调查、资料收集、初稿撰写等工作。

【党风廉政建设】

把党风廉政建设列入重要议事日程，制订了《昆明市人口计生系统2006年党风廉政建设与反腐败工作的意见》、《市人口计生委建立健全教育、制度、监督并重的惩治和预防腐败体系实施意见》，层层签订党建和廉政目标责任书，党员与党支部签订《廉洁自律承诺书》，把党员遵守党纪情况纳入年终考核。开展“创文明机关，促政风建设，践行荣辱观”活动与创建文明单位相结合。加强“奖优免补”政策兑现、行政执法和计生干部廉洁自律的监督，采取不打招呼方式，对东川等县（区）进行调查，及时查清并纠正工作中的失误。

【计生协会工作】

把协会工作纳入目标责任管理考核内容，增加协会工作经费。发挥文艺宣传、农业科技、优生优育/生殖健康三支志愿者服务队的作用，积极开展贴近基层、贴近会员、贴近群众的宣传服务活动。科学管理“三结合”资金，做好“少生快富”项目工作。270万元资金已发放到嵩明、石林、宜良、安宁、晋宁、呈贡的48个乡镇288个村滚动使用，使2万多户计生困难户、双女户受益。积极争取美国福特基金会的支持，在嵩明县开展预防艾滋病宣传项目。选取4个村（居）委会开展计划生育村（居）民自治试点工作。做好“奖优免补”政策兑现民主监督，撰写了《关于各县（市、区）“一次性奖励奖金”兑现工作开展情况的调研报告》。加强对外交流与合作，组织协会干部到广州、深圳学习考察。举办市计划生育协会成立20周年纪念大会及系列活动。开展“协会服务行动拓展年”征文活动。加大协会队伍建设，全市有各级协会组织2569个，个人会员84万。

【市计生服务中心定编】

根据昆编办〔2006〕176号文件，市计划生育服务中心隶属昆明市人口和计划生育委员会管理，机构规格副县级。根据职责任务，内设机构6个：办公室、财务室、人口和计划生育宣传教育部、人口和计划生育干部培训部、流动人口计划生育服务部、计划生育医疗技术服务部;机构规格副科级。

【承办全国农村部分计划生育家庭奖励扶助制度和"少生快富"工程全面实施现场会】

2006年10月14日至17日，全国农村部分计划生育家庭奖励扶助制度和"少生快富"工程全面实施工作会议在云南省召开，昆明市承办现场参观和专题文艺晚会。10月16日，近300名会议代表在省政府高峰副省长、钱恒义副秘书长，市政府王文涛市长、王奇英副市长，市人口计生委、市财政局主要负责同志的带领下，分三个组到宜良县匡远镇永兴村委会段官村、汤池镇禾登村委会上皂角村和下皂角村、南羊镇南羊街村委会桥头营村现场入户参观，查阅了石林县"奖优免补"公示栏，察看了"奖优免补"痕迹资料、信息平台的操作运用；在石林风景区观看了奖励扶助主题晚会。国家人口计生委张维庆主任、王国强副主任、江帆副主任对昆明市的工作给予了高度评价，张维庆主任在晚会上，赋诗一首：《七律·石林》"高天翠松石林盘，百里剑戟莲湖穿。诗玛情深盼哥还，阿细月坪舞群仙。长号声声动心田，三弦阵阵共婵娟。夜半篝火情无限，放歌未来尽开颜。"

【"关爱女孩行动"知识竞赛】

举办全市"关爱女孩行动"知识竞赛，全市14县（市）区组队参加比赛，盘龙、西山代表队荣获一等奖，宜良、呈贡、嵩明、禄劝代表队获得二等奖，官渡、五华、东川、晋宁、安宁、富民、石林、寻甸代表队获得三等奖。在此基础上，精心组织，挑出选手组队参加10月26日全省举办的竞赛，荣获一等奖。

【荣誉】

2006年，昆明市被评为全国奖励扶助市级先进集体，市财政局被财政部和国家人口计生委评为全国计划生育奖励扶助工作先进集体；市人口计生委被中宣部、国家人口计生委评为全国婚育新风进万家活动先进集体，被国家人口计生委评为全国人口与计划生育工作先进集体。

2007年

【概况】

2007年，党的十七大胜利召开、《中共中央国务院关于全面加强人口和计划生育工作统筹解决人口问题的决定》颁布实施，为人口和计划生育工作提出了新要求、新任务。省政府下达5项指标、省人口计生委下达9项指标、市政府目督办下达22项工作任务全面完成，经省政府、省人口计生委检查考核，市政府、市人口计生委均荣获一等奖。长期未解决的农村独生子女保健费得到全面落实。官渡、安宁、呈贡、石林、富民5个县（市）区达到省级优质服务县标准。晋宁、石林出生缺陷干预工作成效明显。群众对计划生育管理服务的满意度不断上升。按时完成各级人大代表、政协委员建议、提案面商答复工作。市人口计生委对口帮扶的禄劝县娜拥村委会通过脱贫验收。"四创"工作进展顺利。人口出生率10.47‰，自然增长率6.02‰，计划生育率99.32%。

【全市人口和计划生育工作会】

2006年12月26日市政府在兰花宾馆召开2007年人口和计划生育工作会。市政府副市长王奇英作了重要讲话。会上，市政府、市人口计生委分别与14县（市）区政府、人口计生局签订了2007年目标管理责任书，通报了2006年度人口计生工作"双线"责任考核结果。与会代表现场参观了盘龙区马家营社区、官渡区银海森林小区两个流动人口计划生育工作示范点。

【奖励优待】

全市农业人口新领取《独生子女父母光荣证》4214户，申报高考加分1271人，兑现中考加分4563人。兑现发放一次性奖励金5143户492.1万元，义务教育奖学金49449人962.5万元，养老扶助金5720人377.925万元。呈贡县对新城搬迁的独生子女户多分配30平方米住房面积；安宁市对新区开发建设失地独生子女家庭参照“奖免补”政策予以落实；宜良县开展计划生育系列保险；嵩明县在征地建房等方面给予独生子女户优惠政策；寻甸县提高独生女保健费至20元，并免除独生子女及其父母新型农村合作医疗个人缴纳资金，已有60474人次享受到此项优待政策，免缴资金达60多万元。

【优质服务】

全面开展科技大练兵，组织各县（市）区计生服务站站长到南京人口学院进行培训，42人到省、市、县人民医院进修，培训657名技术人员。晋宁、西山、嵩明、石林、安宁等县（市）区承担的6个国家、省级项目工作进展顺利。市计生服务中心加挂市人口健康医院牌子，全面开展优生优育、生殖健康服务。协助市政府举办“2007中国昆明生殖健康暨性文化博览会”。深入开展预防艾滋病推广使用安全套工程，完成2005--2007年的工作评估。国家避孕药具社会营销试点工作有序推进。免费发放240万元避孕药具，社会营销安全套90万只。开展打击非法行医专项行动，查处253家诊所，取缔4家黑诊所。重新校验、换发13个县（市）区计生服务站、46个乡（镇）计生服务所的《计划生育技术服务机构执业许可证》，326人取得《计划生育技术服务人员合格证》。在35个出租车经营公司设置避孕药具发放点，提供免费避孕药具10万只（盒）。

【流动人口服务管理】

强化双向管理机制，与流入人口较多的四川、重庆、贵州、浙江、福建、昭通等地的工作互动更加紧密。引入中国人口福利基金会“人口信息化建设援助行动”项目100万元资金（含市级配套50万元），在250个项目点实施。每季度在《昆明日报》、《都市时报》发布一次查验《流动人口婚育证明》公告，五华、安宁、呈贡纳入计生管理的流动人口数首次超过公安统计数据。在40个社区流动人口卫生服务站开展计划生育宣传教育，设置避孕药具免费发放点。市财政投入100万元为流动人口提供免费技术服务20823例。建立生育信息监测制度，对204家医疗机构产妇分娩信息进行监测，全年流动人口生育28176人，报送无证生育信息2222条，其中三孩以上93人。推行10项流动人口、农民工便民利民措施。

【依法行政】

按照市政府要求，推行“阳光政务”，对行政审批事项进行清理、细化和流程再造，在昆明政务网上向社会公布。制订《昆明市人口计生委行政审批工作管理制度》，进一步规范行政审批程序。坚持依法行政，年内共处理历年来违法生育行为206件。进一步加大对流动人口违法生育的巡查工作力度，下达责令限期补办《流动人口婚育证明》通知书1572份。4月1日开通昆明市人口计生政务网《昆明人口之家》（域名www.kmrkjsw.gov.cn），2007年12月，网站点击量达24万人次。各级人口计生行政部门政务公开更加透明。计生干部培训形式多样化，人人参与普法考试、知识竞赛，依法行政能力进一步提高。5个村（居）民计划生育自治试点工作取得成效。牵头组织城管、工商、卫生等部门清理计划生育不良广告1.1万平方米。全年共受理群众来信来访8518批次（来信227件、个人访4593人次、电话访3698人次），答复率100%，信访维稳工作进一步加强。

【宣传教育】

开展“增强计划生育/生殖健康宣传品底层人群可及性”课题研究。与国家计生宣教中心达成合作开展"青苹果"品牌项目。参加国家人口计生委"上地数码杯"男性健康知识竞赛，昆明市获优秀组织奖，3人获奖；参加"青年参与"中国宣传画竞赛，6幅作品获奖。在市委党校成功举办联合国妇女发展基金中国社会性别项目---计划生育与男女平等基本国策研讨班。各级计生文艺宣传队深入乡村、学校、企业，自编自演计划生育文艺节目。联合市城管局、昆明出租汽车协会在云南广播电台《交通之声》、昆明广播电台《汽车夜话》栏目开通"男性健康热线"。与《昆明日报》、《都市时报》合办栏目，出专版31期，在《中国人口报》《云南日报》、《昆明日报》报道昆明市人口计生工作86篇，《影响力》杂志报道1篇，中国人口网报道8篇，市政公众网报道60篇，人口之家网报道300篇。制作《昆明人口墙报》6期3万份，印制各类计生宣传品480万份。

【药具工作】

深化药具工作改革。在全市选择了5家计划生育技术服务站（所），开展"宫内节育器放置效果对比"课题，周期一年。为全市具备"六位一体"功能的社区卫生服务中心配备药具柜310个。

【党风廉政和文明机关建设】

坚持中心学习组学习制度，落实领导干部廉政责任，坚持"三谈两述"制度，坚持月末查找、首问责任追究、行政监察、主任（局长）接待日等制度。联合市审计局对6个县（区）"奖优免补"专项资金进行审计调查。继续与各县（市）区人口计生局、委机关签订党风廉政目标责任书，实行目标责任分解考核制度。开展党风廉政教育月活动。开展民主评议机关工作作风和"下评上"与请农民兄弟姐妹评议计生活动。采取"六看"、"六访"方式，开展人口计生行政执法监察。深入调查研究，中层以上干部列席7个县（区）人口计生局工作例会，了解情况，听取意见，现场解决问题；参加市纠风热线---昆明广播电台《春城热线》栏目，现场答疑市民提问。围绕"四创"工作目标，制订五年创建计划，开展"创建文明机关、争当文明职工"活动。4月28日，市人口计生委在南屏步行街举行"树立文明婚育观，共建和谐新昆明"昆明市人口计生系统创建全国文明城市启动仪式。

【计划生育协会工作】

昆明市共有各级计划生育协会组织2626个，会员小组22630个，会员之家3491个，会员79万。市计生协积极参与人口计生工作新机制建设的探索，进一步规范基层"会员之家"建设。把"三结合"项目与"幸福工程——救助贫困母亲行动"和社会主义新农村建设相结合，选准脱贫致富项目，加大科技培训，270万元"三结合"项目资金投放到8个县（市）区、48个乡镇、288个村，帮扶2万多户计生困难户和贫困母亲家庭，年人均增收600--2500元。开展"生育关怀行动"，走访慰问400名关怀对象和两支基层文艺宣传志愿者服务队。

【十五表彰大会】

2007年11月5日，市委、市政府召开昆明市"十五"人口和计划生育工作先进集体、先进个人表彰大会。授予昆明市公安局治安管理支队等60个单位"昆明市'十五'人口和计划生育工作先进集体"称号和李惠麟等400名同志"昆明市'十五'人口和计划生育工作先进个人"称号。

【荣誉】

市人口计生委获2007年度全国基层宣传工作先进集体，《生育文明在推进新农村建设中的作用及对策建议》获云南省"新农村建设"理论研讨一等奖。晋宁县承担的"宫内节育器失败原因及预防技术对策的研究"、石林县承担的"全国宫内节育器避孕效果回顾调查"两个国家"十五"攻关项目受到表彰。宜良县被评为全国计划生育优质服务先进单位。西山区承担的促进流动人口生殖健康项目，通过了世界卫生组织验收。五华区、嵩明县小街镇、五华区苏家塘社区、富民县麦家营村、昆明佳盟花卉有限公司、官渡区关上镇荣获全国计划生育协会先进集体称号。市委、市政府表彰“十五”人口和计划生育工作60个先进集体、400名先进个人。

2008年

【概况】

省政府、省人口计生委分别下达昆明市8项和11项指标任务。年底，经省政府、省人口计生委检查考核，市政府、市人口计生委均荣获一等奖。人口计生统计年报显示，人口出生率10.94‰，自然增长率5.59‰，计划生育率99.32%。

【全市人口和计划生育工作会】

2007年12月26日市政府召开2008年人口和计划生育工作会。市政府副市长王奇英作了重要讲话。会上，市政府、市人口计生委分别与14县(市)区政府、人口计生局签订了2008年目标管理责任书，通报了2007年度人口计生工作“双线”责任考核结果。与会代表现场参观了呈贡县大新册社区、五华区虹山社区两个计划生育村（居）民自治工作示范点。

【流动人口服务管理工作】

2008年5月，市人口计生委制发《关于创新流动人口计划生育管理服务机制的实施意见》，建立五级网络化管理、综合治理、社区ABC工作、目标倒逼、奖惩激励、服务维权、执法督查、社会舆论监督、目标考核等九项制度。在实施5个月取得一定效果和经验后，该项工作得到了市委、市政府的高度重视，列为当年全市重点制度创新之一，经市政府101次常务会、市委65次常委会审议通过，出台了《中共昆明市委昆明市人民政府关于强化流动人口计划生育现居住地管理工作的意见》（昆通〔2008〕53号），明确了社区（村）“四同”工作标准，建立了责任倒逼、经济责缴、责任保证金、第三方考核四项制度，形成基层党委政府牵头、职能部门齐抓共管、社区（村）责任到人的工作新格局，为实现流动人口计生工作重心下移，服务管理全覆盖提供了强有力的保障。6月26日，市人口计生委召集公安、工商、劳动保障、卫生、建设、房管、交通、城管等市级部门召开昆明市流动人口计划生育工作第一次联席会议。

【奖励优待政策】

“奖优免补”工作，全年农业人口新领取《独生子女父母光荣证》4707户。兑现“一次性奖励”5355户10296人514.8万元。中考加分4254人，高考加分1467人。兑现义务教育奖学金49709人977.4万元，其中小学31502人，初中18207人。享受养老生活补助5701人；特别奖励扶助487人。根据国家、省的要求，完成昆明市计划生育家庭特别扶助对象资格确认和录入工作，共录入1868人，其中，伤残扶助对象579人，死亡扶助对象1289人。依法兑现独生子女保健费920.8155万元。

【优质服务】

开展创建国家、省级计划生育优质服务先进单位活动，在巩固晋宁县、宜良县两个“国优”基础上，石林县创建为“国优”，安宁市创建为“省优”；五华区、盘龙区达到“省标”。开展科技大练兵，集中培训217名县级、193名乡级计生技术人员，选送34名技术人员到省（市）级三甲医院进修。全面启动出生缺陷一级预防干预，晋宁、安宁、宜良三个省级试点、重点县的成效明显。新建、改扩建10个乡镇计生服务所，市级财政投入275万元购置多功能手术床70张、便携式B超40台，基层计生服务机构的标准化建设水平进一步提高。加强基层药具工作规范化管理，发放230万元免费避孕药具。开展安全套推广使用评估，目标人群使用率达80%。

【依法行政工作】

全市人口计生系统认真贯彻人口与计划生育政策及法律法规，全面推行“阳光政务”。按照《政府信息公开条例》要求，编制信息公开目录和指南，依法公开机构职能、法律法规、行政执法、发展规划、业务知识和工作动态。14县（市）区、3个开发（度假）区计生行政审批事项按规定全部集中到行政审批中心。全市统一开展了行政执法检查，对历年计划生育违法案件进行清理。高质量完成信访工作，全市共受理群众来信来访5933批次（来信109件、个人访3365人次、集体访6件、电话访2247人次、电子访206人次），昆明广播电台“春城热线”栏目群众反映14件，云南广播电台“金色热线”栏目群众反映4件，答复率100%。完成市委、市政府主要领导批示件9件、分管领导工作电话4件，市长热线1件，市长接待日督办2件的办理工作，回复率、解决率100%。按时完成19件人大代表、政协委员建议、提案面商答复工作。在2008年度昆明市政风行风“春城热线”工作年度综合考评中，昆明市人口计生委荣获“优秀单位”第一名。

【宣传教育工作】

与新农村、文明社区建设紧密结合，按照“五个一”（有一个生育文化小广场、一个生育文化展室、一条生育文化长廊、一支计划生育文艺宣传队、一个生育文化雕塑）标准，建成生育文化示范村（社区）14个，在建61个。各县（市）区以重大节假日为契机，开展进村入户宣传、网络信息宣传和“五期”培训。争取国家青少年性健康教育“青苹果之家”分支机构在昆落户，在市计生服务中心建立活动阵地，成立29名专家组成的专家队伍，培训了全市120名师资骨干，在东川高级中学、东川二中、安宁市八街中学举办了讲座。关注男性健康，开展“关爱的哥健康”系列活动，市人口健康医院免费为的哥进行健康体检。市人口计生委组织创作的民族歌舞《快乐的小媳妇》获2008年全国计划生育文艺调演二等奖，创作摄制的计划生育公益宣传片《少一点压力多一份和谐》获国家“首届全国人口、家庭、健康题材公益广告”作品评选二等奖，是全国唯一获此殊荣的省会城市。

【党风廉政建设】

制订了《2008年党风廉政建设与反腐败工作意见》和《2008年纪检监察工作要点》，确定了年度工作目标，将党风廉政建设与反腐败工作的十六个方面进行责任分解，明确了各项工作的责任部门及职责任务，确定了牵头单位和责任单位。委党组制订了《中心学习组2008年理论专题学习计划》，将反腐倡廉作为党组理论学习中心组学习的重要内容。坚持努力做到两个始终：始终抓好经常性教育，做到警钟长鸣，防患未然；始终将党风廉政制度建设和违纪违规案件查处放在重要位置，联系部门实际，切实常抓不懈。在党风廉政建设工作中，紧密结合“保持共产党员先进性活动”、“云岭先锋工程”，采取多种形式开展党风廉政宣传教育，深化党风廉政建设工作。举办了“思想大解放、昆明大发展、精神大振奋”和“党建暨廉政建设”专题讲座，在机关办公楼内建立了廉政文化建设宣传栏，对党员干部时时提醒教育。新农村建设联系点——宜良县匡远镇永丰村工作顺利完成，被市委表彰为先进集体。

【软环境建设】

2008年2月18日，市人口计生委召开软环境建设动员大会。按照市委统一部署，全市各级人口计生部门努力打造软环境建设，三个阶段的任务圆满完成。建立了领导干部问责、首问首办、服务承诺、限时办结等制度，推行一线工作法，公开领导干部电话和服务承诺具体事项，大幅压缩各种计划生育行政审批和服务事项的办理时限和程序。年终考核抽查，群众对计划生育工作的满意率达到99.37%。经市软环境建设活动督导组考核，市人口计生委得95分。

【人口发展战略研究】

由市人口计生委牵头组织，云南大学人口发展研究所、云南省健康与发展研究会、市社科院的专家、学者和实际工作者组成的《昆明人口发展战略研究》课题组，运用人口学、经济学、社会学、生态学、健康学等多学科的最新理念和研究方法，历时3年，研究形成长达26万余字的报告，成为云南省首家完成的区域性人口发展战略研究州市。其研究成果为昆明市制订中长期经济社会发展战略提供了决策参考，对人口和计划生育创新工作机制具有重要意义。专家委员会于9月18日一致通过课题研究成果验收，并在中国人口出版社出版发行。

【药具工作】

建立新的药具工作管理模式，将全市药具工作按照不同地区分为三个板块，分类指导、分级管理、责任到人。有五华、盘龙、官渡、西山四个区开展“预防艾滋病提高安全套使用率评估”项目，周期一年（2008年6月20日—2009年6月20日）。

【计生协会工作】

加强组织建设，全市共有各级协会组织2423个，会员小组23405个，会员91.9万。以会员之家建设为依托，积极参与计划生育村（居）民自治，做好“奖优免补”和计划生育“阳光政务”的评议、监督工作。开展“生育关怀行动”，筹措特殊会费40万元，用于慰问“五关怀”对象。加强“三结合”项目工作，市计生协会将250万元“三结合”资金全部放贷到嵩明、石林、安宁、呈贡、晋宁等县（市）的50个乡镇298个村滚动使用。建立流动人口计生协会36个，实现“五个延伸”（向工业园区、非公有制企业、外来务工者公寓、大型市场、新住宅小区延伸）。宣传、医疗、农科三支志愿者队伍服务活动广泛深入开展。

【招商引资工作】

按照市委、市政府招商引资工作要求，市人口计生委抽调副主任赵世明、主任科员金红苗两名同志，协助市科技局组建广东揭阳招商分局，赵副主任任招商分局副局长。经市招商引资办公室考核认定，分局共引入项目46个，实际到位内资4.1947亿元、外资530万美元，超额完成3亿内资、350万美元外资的任务。

【流动人口计划生育模范家庭奖励大会】

2008年1月20日，在桃源广场召开昆明市流动人口计划生育模范家庭奖励大会。市政府副市长王奇英、市计生协会会长戴文忠、市政府办公厅厅务委员汪云兰、市人大教科文卫委主任文荣久、市人口计生委主任杨文慧等领导出席大会，并为100个流动人口计划生育模范家庭颁发了奖励品。

【社区流动人口计划生育工作人员培训】

2008年5月24日至26日，在云南省工青妇干部学校举办“昆明市社区流动人口计划生育工作人员培训班”，对《市人口计生委关于创新流动人口计划生育管理服务机制的实施意见》的具体工作进行了部署，要求从“九个机制”对流动人口计划生育管理服务工作创新，努力破解当前全市人口计生部门亟待解决的“难题”。

【解放思想专题讲座】

2008年5月25日，市人口计生委举办“昆明市人口计生系统解放思想大讨论专题讲座”。市委常委、市委宣传部部长张红苹结合昆明市委九届四次全会提出的“思想大解放，昆明大发展”，从昆明的地位和现状、昆明的责任、昆明的定位和发展的目标、昆明的出路，就“思想大解放，昆明大发展，精神大振奋”进行了专题讲座。

【荣誉】

晋宁县人口计生局局长马玉英被云南人口奖遴选委员会授予第二届“云南人口奖”。马俊、杨红映、王云辉、刘东升、杨芬、常萍华、李春艳、王芳荣等8人被省人力资源和社会保障厅、省人口和计划生育委员会被表彰为“云南省人口和计划生育先进工作者”。

五华区

2006年

【概况】

2006年五华区人口与计划生育工作坚持以邓小平理论和党的十六届五中全会精神为指导，认真实践“三个代表”重要思想，坚持以人为本，全面落实科学发展观，以稳定低生育水平、控制人口数量、提高出生人口素质为主要任务，把城市社区、流动人口、贫困地区计划生育管理和服务作为重点，全面开展农村独生子女家庭的“奖优免补”工作，全面推进“抓干部、强集体，抓队伍、强素质，抓经常、强基础，抓典型、强活力”的工作思路，不断提高计划生育管理和服务水平，为现代新昆明、新五华创造良好的人口环境。

【统计数据】

据五华区统计年报数据显示：2006年末，全区总人口663832人，其中男342853人，占51.65%，女320979人，占48.35%。全区总人口比上年末减少19760人。全年出生人口4128人，人口出生率6.12‰，比上年减少0.76个千分点；死亡人口2959人，死亡率4.39‰，与去年持平。净增人口1169人，人口自然增长率1.74‰，比上年减少0.75个千分点。据计生统计报表统计数据显示：2006年末，全区计划生育率100%，综合节育率90%；避孕及时率85%。全区已婚育龄妇女74421人，比去年同期增加663人。已婚育龄妇女中已采取各种节育措施67024人，比去年同期增加1859人，节育率90%，同比上升1.71%；累计三术43009人，比去年同期减少250人，三术率57.79%，同比下降0.86%；采取针药及工具避孕人数24015人，避孕率32.27%，同比上升0.13%。“奖优免补”兑现率、国家网、省网录入率100%；“奖优免补”政策知晓率95%。

【签订人口目标责任书】

3月8日，五华区政府召开人口资源环境工作会，继续把人口与计划生育工作纳入全区经济和社会总体规划，完善和落实目标管理责任制。会上兑现2005年度人口目标责任奖，李鸿副区长代表区政府与9家街道办事处、2个乡签订人口目标责任书。

【依法行政】

2006年3至9月累计办理《独生子女父母光荣证》7482本。审批符合一次性奖励3456人，其中解决遗留问题“一次性奖励”3246户；一次性奖励53人；优免157人，其中中考加分93人，高考加分38人。1至9月办理“奖优免”3587人。兑现奖励金156万元。

【计划生育服务】

扎实开展计划生育技术服务，认真落实国务院《计划生育技术服务管理条例》，坚持为已婚育龄妇女开展生殖健康知识培训、咨询和“三查一治”（即查孕、查环、查病、治病）活动，坚持站内服务与站外服务相结合，查环查孕与查病防病相结合，对患病妇女，主动提供治疗和咨询，对非意愿怀孕妇女，帮助采取有效补救措施；对接受计划生育手术的人员和使用药具的育龄妇女进行随访。与区教育局、卫生局，在学校、社区广泛开展青少年生殖健康教育和预防艾滋病宣传教育，扩大计划生育宣传和受教育面。

【宣传教育】

通过黑板报、宣传栏等宣传媒体，重点宣传国家计划生育政策法规、独生子女政策相关规定、计划生育利益导向机制。充分利用节假日、世界人口日、《条例》颁布纪念日等节日和“三下乡”活动，深入到农村、街道、社区、市场和单位，开展计划生育宣传、咨询活动。2006年在全区组织各种宣传、培训活动145起，出黑板报3418期，张贴宣传画报1000

余期，出宣传标语1366条。上街宣传151起，展出宣传板 780 块，咨询服务人数157623人次。据统计全区各街道办事处（乡）悬挂宣传标语130条；出宣传橱窗3418期；发宣传资料157677册；展出宣传展板130块；上街宣传服务25场，宣传服务人次2570人次；文艺演出10余场次，观看群众1万多人。

【药具管理】

2006年免费发放药具累计17.8万元，流动人口避孕药具3.9万元。举办各类药具培训班28期，对药具人员进行业务培训，规范业务要求，促进药具管理水平更加专业化。

【出生缺陷干预】

2006年成立由区政府副区长李鸿任组长的“五华区人口出生缺陷预防工作领导小组”，制订《五华区人口出生缺陷预防工作实施意见》。按照政府领导、部门配合，社会参与、预防为主，重点突出、简便易行，因地制宜、分类指导的工作原则，积极开展多种形式的人口出生缺陷预防宣传教育工作，提高群众尤其是育龄夫妇出生缺陷预防知识知晓率，增强婚前医学检查自觉意识、责任意识。对计生、卫生专业技术人员开展专业技术培训，继续组织好婚前培训、孕前培训，减少五华区人口出生缺陷，提高出生人口素质。2005年10月至2006年9月举办“婚前、孕期”培训58期，参加人数5013人。年内五华区在育龄人群及孕产妇中积极推广使用斯利安，对沙朗、厂口2乡的贫困户免费提供使用斯利安。全年优生检测500余人。

【预防艾滋病】

继续贯彻落实《云南省艾滋病防治一办法六工程》、《昆明市推广使用安全套防治艾滋病工程实施方案》。年内，五华区人口和计划生育局分别对全区范围内的32家星级宾馆，452家旅社、招待所，34家度假村，59家娱乐场所的安全套摆放情况进行全面清查，并顺利通过市人口计生委、市药具站对区重点场所预防艾滋病安全套摆放情况进行的抽查。全区31台自动售套机全年免费发放安全套53.6万只，销售安全套7.4万只。全年印制5万份宣传册，上街10余次宣传预防艾滋病相关知识。防艾知识、计划生育政策、优生优育知识咨询达5000人次；举办预防艾滋病知识培训20场，培训人次1070人次。免费发放安全套11.6万只。

【计划生育协会工作】

2006年1月19日，五华区计划生育协会召开五届三次理事会，总结2005年工作，安排部署2006年工作。昆明市计生协会会长戴文忠、五华区计生协会名誉会长杨林森、五华区计生协会会长（区委副书记）厉忠教、五华区计生协会副会长（区人大副主任）冯蓉华、五华区计生协会副会长（区政府副区长）李鸿、五华区委办公室主任（区委常委）凡群、五华区计生协会副会长（区政协副主席）杨万里、五华区协会全体理事、9个街道办事处2个乡的党政主要领导和分管计划生育工作的副主任（副乡长）及9个街道办事处2个乡的计生、计协干部125人参加会议。

2006年5月29日是中国计生协会成立26周年纪念日，也是第八个会员集中活动日。全区各级计生协会利用“会员之家”活动阵地，广泛开展宣传活动。举办座谈会16次，组织学习20余次，举办讲座8期，出黑板报600余期， 悬挂大幅宣传标语50条，张贴宣传小标语100多条，广播宣传20次，上街开展宣传咨询服务活动5次，文艺演出7场，发放各种宣传资料2万余份。各级协会开展“献爱心”帮扶活动。五华区人口计生局和五华区计生协会组织慰问辖区100余户特困独生子女家庭。区计生服务站免费为1千余位辖区内城市无业已婚育龄妇女、农村已婚育龄妇女和纳入管理的流动人口中的已婚育龄妇女进行生殖健康检查。

截至2006年9月，全区104个社区居（村）委会，建计生协会 94个，有会员小组2678个，会员联系户18271户。协会积极开展计划生育群众村（居）民自治工作。举办专题培训班，在街道办事处（乡）和村（居）委会开展试点，制订《公约》，变单纯依靠行政机关的管理模式为以广大村（居）民为主体，动员社会广泛参与的新模式，促进全区计划生育协会工作向纵深发展。各级协会认真开展农村独生子女家庭1000元一次性奖励金兑现工作宣传活动。利用广播和闭路电视宣传50余次，出黑板报72期，张贴大小标语450条，召开理事会10余次，召开兑现奖励大会3次，兑现3246户。普吉、黑林铺、红云、莲华街道办事处和沙朗、厂口乡组织社区居（村）委会理事、会员深入到2000多户农村独生子女家庭中开展面对面宣传，并现场解答农户们提出的问题。

【流动人口计划生育管理】

2006年五华区人口计生局认真贯彻执行《云南省流动人口计划生育管理规定》及《昆明市流动人口计划生育管理条例》，把对流动人口管理的要求与规定，列入《2006年人口目标责任书》，将流动人口计划生育管理纳入常住人口的同宣传、同服务、同管理、同考核之中。定期或不定期地为区外来务工人口提供政策咨询，优生优育、避孕节育等项服务工作，利用服务车在辖区内播放政策法规，优生优育知识，服务站医生在社区为流动育龄妇女进行“三查”。积极参与区委、区政府组织的4次“建立健全外来务工人员体系”主题宣传活动，扎实开展各种类型的流动人口计划生育知识宣传活动。散发预防艾滋病小册子3850本、流动人口管理小折页4600份、生殖健康小册子1700本；政策咨询23人次；免费发放避孕套2300余盒。展出计划生育宣传展板60块。发放《昆明市流动人口计划生育管理条例》500余本。印制 10000份流动人口统计报表，10000份供医院使用的流动人口无证生育表格，10000份流动人口计划生育管理服务问答，投入经费82000元。举办1期针对办事处、乡计生干部流动人口政策法规培训，2期提高计生干部网络应用技术水平，规范全国流动人口信息交换平台操作程序和昆明市流动人口管理平台（无证生育平台）数据录入的实作培训，提高广大计生干部业务工作水平。各办事处、乡结合工作实际、集中对流动人口进行摸底清理登记，认真贯彻市、区“流动人口违法怀孕、生育有奖举报制度”，重点抓好流动人口用工单位、房屋出租户管理。有奖举报反馈率100%。奖励举报流动人口计划外怀孕事例一起。查处流动人口计划外怀孕、生育11起，协助其他县、区查处流动人口在五华区计划外怀孕，做工作5起。在流动人口密集的地区和单位建立流动人口计划生育协会。依靠流动人口中的可靠力量管理服务好流动人口，扩大管理覆盖面。加强与卫生部门的协调配合，定期与卫生部门互相反馈意见，及时补充流动人口违法生育信息。

【荣誉】

邓琼芳　女　五华区人口和计划生育局　全国人口文化工作先进个人　中国人口文化促进会

2007年

【概况】

2007年五华区人口与计划生育工作认真贯彻落实党的十七大精神，深入学习党中央、国务院《关于全面加强人口和计划生育工作统筹解决人口问题的决定》，紧紧围绕做好新时期人口计生工作这个重点，以宣传为引擎，以服务为根本，上下齐心、扎实工作，全面完成了市政府下达的3项指标、市人口计生委下达的13项指标，取得了可喜的成绩。

【统计数据】

据五华区统计年报数据显示：2007年末，全区常住人口88.09万人，户籍人口647643人。户籍人口中，男333611人，占51.51%，女314032人，占48.49%。全区户籍人口比上年末减少16190人。全年出生人口4560人，人口出生率6.95‰，比上年上升0.82个千分点；死亡人口2747人，死亡率4.19‰，比去年下降0.2个千分点。全五华区自然增长1813人，人口自然增长率2.76‰，比上年增加1.02个千分点。据计生统计报表统计数据显示：全区符合政策生育率99.92%，“奖优免补”网站数据准确率100%，宣传品进村入户率85%，流动人口信息交换平台回复率100%，流动人口婚育证明查验率70%以上，无一例行政复议、行政诉讼案件。

【签订人口目标责任书】

2007年1月8日，2007年度人口和计划生育工作会在区行政中心四楼召开。区委常委、区委宣传部部长凡群及区人大副主任冯蓉华、区政府副区长李鸿、区政协副主任杨万里及相关领导出席会议。五华区人口和计划生育领导小组全体成员，区属各街道办事处书记、主任、分管副主任、计生、计协干部，沙朗乡、厂口乡党委书记、乡长、分管副乡长、计生、计协干部，区人口和计划生育局全体干部100余人参加会议。王静局长主持会议，区政府副区长李鸿代表政府与各街道办事处（乡）签订《2007年人口与计划生育工作目标责任书》实行人口与计划生育目标管理。

【预防出生缺陷宣传】

五华区计划生育服务站在全区开展"预防出生缺陷——培养健康宝宝"宣传活动，把700份宣传资料及调查问卷下发到全区有助产资格的医院产科，由医务人员以一对一的方式对孕、产妇宣传计划受孕、计划分娩知识，并让孕妇认真填写"预防出生缺陷——培养健康宝宝"调查问卷近350份，以此提高"斯利安"、"福施福"的知晓程度，做好全五华区一级、二级预防工作。

【计划生育家庭指导服务窗口】

五华区人口和计划生育局与区民政局合作率先在五华区便民服务大厅设立计划生育家庭指导服务窗口，由计生服务站有婚前医学检查资质的医务人员对婚姻登记人群进行义务宣传，以预防出生缺陷、预防艾滋病为主要内容，免费为自愿检测对象进行HIV抗体检测，同时动员准备受孕人群进行TORCH筛查，在最早时间内开展出生缺陷一级预防工作。对前来服务窗口的育龄夫妻通过填写"预防出生缺陷——培养健康宝宝"调查问卷，加强育龄人员对预防出生缺陷知识的掌握熟练程度，扩大预防出生缺陷知识覆盖面，提高目标人群预防出生缺陷自我保健意识。五华区计划生育家庭服务窗口把优生优育知识、新生儿出生缺陷的干预和预防艾滋病知识融入到日常的宣传和筛查服务中，接受婚前健康咨询率达98%；接受免费检测TORCH4451人；15877名孕产妇接受健康咨询，15675名孕产妇接受HIV免费检测，受检率98.73%，发现阳性14人，检出率0.09%，14名阳性孕产妇均在五华区定点医疗、保健机构进行母婴阻断治疗和婴儿随访工作。

【计划生育服务】

五华区人口计生局审批符合政策二孩生育264人，免费为育龄妇女"三查"（查孕、查环、查病）5361人，年内为辖区6406人提供免费妇科病普查。2007年2月6日至7日组织干部和计生服务站医务人员"三下乡"到厂口、沙朗两乡向赶集的农民群众进行计生法律法规、优生优育、避孕知识宣传，发放年画及各类宣传资料500份，发放避孕药具200多盒，走访慰问厂口、沙朗两乡实行计划生育的100户困难家庭，计划生育服务车免费为40余名流动人口进行 "三查"。

【计生宣传】

在天保花园、志诚家园小区开展"生育文化进社区"试点工作，在小区内制作人口文化宣传长廊，设立免费药具发放橱窗60个，成立 "人口计生宣传图书角"，为小区居民了解人口计生知识提供便利服务。全年印制6万份计生政策宣传单，制作15000个计生宣传折叠包在全区范围内免费发放。编写计生工作简报61期，在"昆明人口之家"网站投稿踊跃，稿件投放及采用量位居全市第一。全年开设婚前、孕期培训班69期培训6545人。完成"每个乡有一块公示板五条永久性宣传标语，每个村（居民）委员会有一块公示板三条永久性宣传标语，每个村民小组有公示板一块一条永久性宣传标语"的"5331"工程。

【建立人口计生志愿者队伍】

2007年7月，建立"创建全国文明城市人口计生志愿者”队伍，制作2000份“创建文明城市五华人口计生志愿者”标志牌，下发到区属各街道办事处、乡计生志愿者手中，认真做好人口计生系统创建全国文明城市（创建和谐社区和创建和谐乡村）两大基础性工作。

【组织参加《决定》知识竞赛活动】

五华区人口和计划生育局在全区范围内积极组织广大干部群众参加国家人口计生委组织开展的宣传贯彻《关于全面加强人口和计划生育工作统筹解决人口问题的决定》知识竞赛活动。五华区9个街道办事处、2个乡的5810名干部职工及广大群众参加知识竞赛，完成5810份答题卡，由五华区人口计生局统一邮寄到中国人口报社《决定》知识竞赛组委会办公室。

【“奖优免补”】

“奖优免补”工作区级财政投入9.5万元。审批符合一次性奖励69人、优免167人、养老补助2人。办理初中升高中加分70人、高考加分37人。累计办理《独生子女父母光荣证》9713本。为确保2007年奖励对象不漏报、不错报，五华区人口计生局组织工作组深入基层对区涉农办事处（乡）奖励扶助工作进行2次抽查。年内，配发5000份有关“奖优免补”政策宣传小围裙，400套“奖优免补”宣传标语，200份“奖优免补”公示栏。

【计划生育协会工作】

2007年1月11日，五华区计划生育协会召开五届四次理事会，总结2006年区协会工作，部署2007年区协会工作。省计划生育协会会长李桂英、省人口和计划生育委员会党组成员（省计划生育协会副会长）郭秀华、昆明市人口和计划生育委员会副主任赵世明、区计划生育协会五届四次理事会名誉会长杨林森、区计划生育协会五届四次理事会会长厉忠教、区委常委（区委宣传部部长）凡群、区人大常委会副主任（区计划生育协会五届四次理事会副会长）冯蓉华、区政协副主席（区计划生育协会五届四次理事会副会长）杨万里出席会议，五华区计划生育协会五届四次理事会全体理事、区属各街道办事处党工委书记、主任、分管副主任、计生、计协干部，沙朗乡、厂口乡党委书记、乡长、分管副乡长、计生、计协干部参加会议。会议由杨万里副会长主持。

2007年5月29日，是中国计生协成立27周年纪念日，也是第九个全国会员集中活动日。五华区计生协会召开“五华区百名流动人口独生子女家长座谈慰问会暨五华区计划生育协会志愿者文艺宣传队成立大会”，以纪念中国计生协会成立27周年。辖区纳入管理的100名流动人口独生子女家长代表和“阳光艺术团”全体成员以及9个街道办事处的计生、计协干部参加会议。昆明市计划生育协会戴文忠会长，昆明市人口和计划生育委员会杨文慧主任，云南省人口和计划生育委员会宣教处易会安处长，昆明市计划生育协会王学艳秘书长，昆明市人口和计划生育委员会流动人口计划生育管理处都吉处长，五华区计划生育协会杨林森名誉会长，五华区委常委、区委宣传部凡群部长，区人大冯蓉华副主任，区政府李鸿副区长，区人大教科文卫委员会宋玫主任，五华区民政局外来务工人员教育服务管理办公室黄兴发主任到会祝贺。会议由区人口和计划生育局王静局长主持。会上，戴文忠会长向志愿者文艺宣传队（阳光艺术团）成员颁发《聘书》，与会领导向流动人口独生子女家长代表发放《五华区流动人口优质服务卡》。

五华区有各级计划生育协会组织665个，会员小组3333个，会员163100人。2007年7月11日，是第十八个“世界人口日”，五华区人口计生局与五华区计生协会紧紧围绕“男性参与，孕产妇保健”这一主题，开展《中共中央国务院关于全面加强人口和计划生育工作统筹解决人口问题的决定》，国家、省、市有关计划生育的方针、政策和法律、法规，“奖优免补”政策，避孕节育、优生优育、生殖保健等知识的宣传活动；举办“如何关注男性健康”为题的五华区级机关干部男性生殖健康知识讲座。组织五华区计生服务站医务人员到区级机关大楼为工作在区级机关后勤的53名外来务工人员中的育龄妇女免费进行“三查”（查孕、查环、查病）。

【计划生育村民自治工作经验交流】

2006年初，五华区莲华街道办事处虹山社区苏家塘村被昆明市计划生育协会确定为开展计划生育村民自治工作试点单位。苏家塘村充分运用和发挥网络健全、会员众多、植根群众的组织优势和熟悉基层工作、了解村情民意、善于做群众工作的能力优势，依法参与村民自治。2007年12月13日市计生协会戴文忠会长带领王学艳秘书长、张必明主任和刘朝霞处长到苏家塘村进行调研，深入了解苏家塘村开展计划生育村民自治工作情况。听取情况介绍及察看台账后，一行人员对苏家塘村的计划生育村民自治工作给予充分肯定。12月26日苏家塘村的做法在市人口计生工作会上进行交流。

【干部培训】

五华区人口计生局强化干部定期学习汇报和定期下基层联系制度，提高人口计生干部队伍的综合素质。每月召开计生专干例会，各业务科室不定期深入各街道、乡，面向社区（村）居委会、村民小组、公共户单位进行面对面的有针对性的综合培训，指导基层、服务基层，全区2000余人参加各种类型的培训。针对五华区计生管理干部队伍中新生力量多的实际情况，五华区人口计生局8月16日至17日在“康怡休闲园” 对全区社区居委会（村委会）一级的计生、计协干部进行综合培训，133名计生干部参加培训。

【药具管理】

五华区人口和计划生育局为全区83个社区居委会制作免费药具发放标志，在社区服务中心配置计生药具柜20个，为社区育龄人群提供免费药具；在区机关，制作设置“五华区计划生育免费药具自取柜”；并统一制作《计划生育药具免费领取爱心服务卡》，让居住在辖区内的流动人口，持《婚育证明》和服务卡，就能到局设立的任何一个免费药具发放服务点领取药具；全年发放免费避孕套222479只。

【流动人口计划生育管理】

为切实维护流动人口合法权益，五华区人口和计划生育局出台《五华区流动人口计划生育便民维权十项措施》。对区流出人口采取：流出人员外出前办理一份《流动人口婚育证明》，签订一份《计划生育合同》，进行一次健康检查，约定一个联系方式，落实一项节育措施，外出后每季度寄回一份《避孕节育报告单》的“六个一”管理制度。对流入辖区人口采取以静制动的12345新的管理机制进行管理：建立“一套规章”（制度、台账）并实行依法管理；认真抓好“两项”责任制的落实。社区要与出租户、流动人口用工单位签订计划生育管理服务协议书；用“6本账”对流动人口进行动态管理；社区居委会、城中村根据工作实际对出租房屋进行公示，为重点育龄流动人口开展优质服务；健全和落实“五项制度”即流动人口与常住人口同服务制度，房屋出租用入住人员把关制度，重点对象管理服务制度，监督履约制度。同时分别在便民服务中心及莲华街道办事处设立“流动人口便民维权窗口”。

成立以王静局长为组长的五华区整治城中村流动人口计划生育管理与服务工作领导小组，制订《五华区整治城中村流动人口计划生育管理与服务工作方案》并下发到各街道办事处计生办，指导各街道办事处做好流动人口计划生育管理与服务工作。配套印发2万份《致来五华区育龄夫妇的一封公开信》，2万份《五华区流动人口计划生育便民维权十项措施》，2万份《流动人口计划生育管理服务问答》，发放到群众手中。

年内免费为流动人口“三查”4038人，流动人口行政处罚16人，罚款金额17690元，征收社会抚养费1人，征收金额140800元。

【荣誉】

五华区人口和计划生育局

全国计划生育协会先进集体
全国计划生育协会
五华区人口和计划生育局
昆明市"十五"人口和计划生育先进集体
中共昆明市委、昆明市人民政府
普吉街道办事处
昆明市"十五"人口和计划生育先进集体
中共昆明市委、昆明市人民政府
云南省第二人民医院
昆明市"十五"人口和计划生育先进集体
中共昆明市委、昆明市人民政府
五华区公安分局
昆明市"十五"人口和计划生育先进集体
中共昆明市委、昆明市人民政府
五华区洪园社区居委会
昆明市"十五"人口和计划生育先进集体
中共昆明市委、昆明市人民政府

表彰人员:

赵艳红　女　莲华街道办事处
2007年度云南省人口和计划生育先进工作者
云南省人事厅、云南省人口和计划生育委员会
阎　洁　女　大观街道办事处
昆明市"十五"人口和计划生育先进个人
中共昆明市委、昆明市人民政府
郑秀华　女　大观街道办事处
昆明市"十五"人口和计划生育先进个人
中共昆明市委、昆明市人民政府
李　劲　女　黑林铺街道办事处
昆明市"十五"人口和计划生育先进个人
中共昆明市委、昆明市人民政府
杨惠琼　女　黑林铺街道办事处
昆明市"十五"人口和计划生育先进个人
中共昆明市委、昆明市人民政府
邹　洁　女　黑林铺街道办事处
昆明市"十五"人口和计划生育先进个人
中共昆明市委、昆明市人民政府
王　萍　女　黑林铺街道办事处
昆明市"十五"人口和计划生育先进个人
中共昆明市委、昆明市人民政府
赵艳红　女　黑林铺街道办事处
昆明市"十五"人口和计划生育先进个人
中共昆明市委、昆明市人民政府
胡　斌　男　黑林铺街道办事处
昆明市"十五"人口和计划生育先进个人
中共昆明市委、昆明市人民政府
邱　朝　女　黑林铺街道办事处
昆明市"十五"人口和计划生育先进个人
中共昆明市委、昆明市人民政府
罗建宾　男　中共五华区委
昆明市"十五"人口和计划生育先进个人
中共昆明市委、昆明市人民政府
李　鸿　女　五华区政府
昆明市"十五"人口和计划生育先进个人
中共昆明市委、昆明市人民政府
毛　燕　女　华山街道办事处
昆明市"十五"人口和计划生育先进个人
中共昆明市委、昆明市人民政府
李琼梅　女　厂口乡政府
昆明市"十五"人口和计划生育先进个人
中共昆明市委、昆明市人民政府
鄂文灿　女　华山街道办事处
昆明市"十五"人口和计划生育先进个人
中共昆明市委、昆明市人民政府
陈跃恩　女　护国街道办事处
昆明市"十五"人口和计划生育先进个人
中共昆明市委、昆明市人民政府
程　云　女　中共五华区委宣传部
昆明市"十五"人口和计划生育先进个人
中共昆明市委、昆明市人民政府
段树林　女　沙朗乡政府

昆明市"十五"人口和计划生育先进个人
中共昆明市委、昆明市人民政府

梁中卫　女　丰宁街道办事处
昆明市"十五"人口和计划生育先进个人
中共昆明市委、昆明市人民政府

应国端　女　丰宁街道办事处
昆明市"十五"人口和计划生育先进个人
中共昆明市委、昆明市人民政府

黄玉辉　女　龙翔街道办事处
昆明市"十五"人口和计划生育先进个人
中共昆明市委、昆明市人民政府

窦亚英　女　丰宁街道办事处
昆明市"十五"人口和计划生育先进个人
中共昆明市委、昆明市人民政府

王清和　男　五华区财政局局长
昆明市"十五"人口和计划生育先进个人
中共昆明市委、昆明市人民政府

邓琼芳　女　五华区人口和计划生育局局长
昆明市"十五"人口和计划生育先进个人
中共昆明市委、昆明市人民政府

付　军　女　五华区人口和计划生育局
昆明市"十五"人口和计划生育先进个人
中共昆明市委、昆明市人民政府

李巧玲　女　五华区人口和计划生育局
昆明市"十五"人口和计划生育先进个人
中共昆明市委、昆明市人民政府

赵艾兰　女　五华区计划生育服务站站长
昆明市"十五"人口和计划生育先进个人
中共昆明市委、昆明市人民政府

2008年

【概况】

2008年五华区的人口计生工作坚持以科学发展观统领全局，以贯彻落实中央《关于全面加强人口和计划生育工作统筹解决人口问题的决定》为主线，以稳定低生育水平为目标，以创建省级优质服务区为抓手，紧紧围绕"夯基础，上水平，树亮点，动新招，求发展"的工作思路，突出重点，攻坚克难，开拓创新，狠抓落实，各项指标任务顺利推进，整体水平不断提高，全区人口计生工作呈现出良好的发展态势。2008年市政府、市人口计生委对区计划生育工作年终考核中，政府目标考核在第一板块中位居全市第一，部门考核在第一板块中位居全市第二；在全区的综合目标考核中，位居全区第二。

【统计数据】

据五华区统计年报数据显示：2008年末，全区常住人口88.49万人，户籍人口665020人。户籍人口中，男339016人，占50.98%，女326004人，占49.02%。全区户籍人口比上年末增加17377人。全年出生人口5543人，人口出生率8.45‰，比上年上升1.5个千分点；死亡人口2807人，死亡率4.28‰，比去年增加0.09个千分点。全区自然增长2736人，人口自然增长率4.17‰，比上年增加1.41个千分点。据计生统计报表统计数据显示：全区符合政策生育率为99.92%。全区有已婚育龄妇女71604人，综合节育率87.69%，避孕及时率86%。《生育证》、《独生子女父母光荣证》办证程序合格率100%，"奖优免补"网站数据录入准确率100%，"奖优免补"兑现率100%。全年无一例群体性上访和行政复议及行政诉讼案件。

【签订人口目标管理责任书】

2008年3月20日，2008年度人口和计划生育工作会在五华区行政中心四楼多功能厅召开。市人口计生委助理调研员廖官田及区委常委、宣传部部长凡群，区政府副区长李英杰等相关领导出席会议。区人口和计划生育工作领导小组全体成员单位负责人、各街道（乡）党政主要领导、分管负责领导及计生、计协专干，区人口计生局全体干部和直属事业单位负责人86人参加会议。区政府办主任马强主持会议。区政府副区长李英杰代表政府与各街道办事处（乡）签订《2008年人口和计划生育目标管理责任书》；区人口计生局局长王静代表区人口计生局与各街道办事处（乡）社建办主任签订《2008年人口和计划生育目标管理责任书》，实行人口与计划生育工作双线目标管理。

【计生服务】

按照省级优质服务标准，投入资金14万元做好区级计划生育服务站的标准化建设。投入资金29万元，为辖区内2756名农村、流动已婚育龄妇女开展免费“三查”服务。在确保药具管理干部持证上岗的基础上，新增10个流动人口免费避孕药具发放点，全年为各办事处（乡）发放10个品种，总价值143337.22元的免费避孕药具，药具分配计划执行率达100%。2008年12月底，顺利通过省计生委的验收考核，成为省级计划生育优质服务达标单位。

【宣传教育】

加强计生宣传阵地建设，把丰宁街道办事处虹山中路社区打造成为涵盖“一个生育文化小广场、一个新家庭文化屋、一条生育文化长廊、一支计划生育文艺演出队、一个生育文化雕塑”的“五个一”社区生育文化示范阵地。全年免费发放各类宣传资料12840份，宣传挂历8100余份、发放避孕套12070盒，环保宣传折叠包3万个。编写计生工作简报37期，向市人口计生委主办的“昆明人口之家”网站报送信息60条，被采用53条，稿件投放及采用量位居全市第一。全年开设新婚孕期培训班40期培训2913人。

【流动人口计划生育服务管理】

截至2008年9月底，五华区有流动人口255897人，纳入管理44731人。其中育龄妇女19894人，流出489人，持证19812人，流动人口信息交换平台回复率98%。在工作中认真贯彻落实市人口计生委流动人口服务管理九项制度和社区“四同”管理工作要求。全年清查流动人口24万余人，查验《流动人口婚育证明》21143本，开具《责令补办通知》6790份，办理婚育证明200余份；与用工单位、物管小区、出租房主签订各类责任书4189份，社区（村）“四同”（即同宣传、同管理、同服务、同考核）工作开展率100%。积极协调政府为辖区内流动人口聚集社区配备37名专职流动人口计划生育宣传员，为基层流动人口计划生育服务管理工作的开展提供人员保障。

【计划生育利益导向机制】

按照《云南省人口与计划生育条例》规定，依法落实独生子女保健费11834人，发放经费668810元。认真贯彻执行《云南省农业人口独生子女家庭奖励规定》，切实做好“奖优免补”工作，发放奖学金1604人，经费312740元，其中区级财政承担78185元；发放一次性奖励费263户，经费131500元，区级财政承担32875元，所有经费均已按时足额拨付到位。全年向奖优免补及国家网站申报符合一次性奖励263人，奖学金1604人，办理初高中加分118人，养老扶助57人。同时按要求启动并完成全区计划生育家庭特别扶助对象的资格认定工作，对审核合格的188人信息进行网上录入工作。

【千人义务信息员队伍】

积极整合公安协管员、巡防队员、计生协会志愿者、流动人口志愿者、辖区群众等各种社会资源，率先在全市成立一支千人义务信息员队伍。信息员队伍对辖区内流动人口发生的违法怀孕、生育信息及流出、流入信息的及时反馈，不仅让行政执法更具针对性，还加强了对辖区流动人口生育状况的动态掌握。信息员队伍至成立以来报送信息73条。

【计划生育协会工作】

五华区有计生协会组织619个，会员108500名，会员小组3618个，会员联系户12730户，其中有流动人口协会组织17个，流动人口计生协会会员2863名。全区现有“会员之家”665个，其中社区“会员之家”81个，社区创建率100%，村（居）民自治工作稳步推进，开展率达90%以上。强力推进“生育关怀”行动，认真完成基线调查，确定522户关怀目标人群，选定护国街道办事处的祥云社区、黑林铺工商分局个体劳协、厂口乡的秧草沟村分别作为全区关怀外来务工人员、关怀女孩健康成长的关怀试点，并以“5·29”为契机，发动全区会员向关怀对象捐赠8.5万元特殊会费。动员协会志愿者力量参与流动人口计划生育服务和管理工作，组建一支148人的流动人口计生协会会员志愿者巡查队伍，增强流动人口服务管理力量。

2008年6月19日，来自五华区各界的区计划生育协会会员代表在五华区行政中心四楼报告厅举行计生协会第六次会员代表大会。大会通过了第五届理事会的工作报告和新修改的《五华区计划生育协会章程》，选举产生第六届理事成员名单，选举产生协会常务理事成员、理事成员等协会组织架构。区委常委、区委宣传部部长凡群同志当选为新一届计划生育协会会长。原云南省人大常委会主任、省计生协会会长李桂英，省人口计生委党组成员、省计生协会常务副会长郭秀华，省计生协会秘书长朱强，昆明市计生协会会长戴文忠，市计生协会秘书长王学艳，区委常委、区委宣传部部长凡群，区人大常委会副主任王蓉、副区长李英杰等领导及计划生育协会上届、本届理事成员，9个街道办事处和2个乡的党政主要领导、分管副主任（副乡长）、计生、计协专干160余人参加会议。大会由区政府副区长李英杰主持。

2008年5月29日，是中国计生协会成立28周年纪念日。区人口和计划生育局、区计生协会在胜利广场召开“五华区流动人口计划生育模范家庭慰问暨义务信息员聘任大会”，以纪念中国计生协会成立28周年。省人口计生委副主任李善荣、省人口计生委宣教处处长易会安、省人口计生委流动人口管理处处长范雅康、市计生协会会长戴文忠、市人口计生委主任杨文惠、市计划生育协会王学艳秘书长、五华区区委书记罗建宾、区政府副区长李英杰等领导及区计划生育领导小组成员单位负责人出席大会，并为100户流动人口计划生育模范家庭和义务信息员颁发慰问品和聘书。9个街道办事处和2个乡的计生、计协专干、百户流动人口计划生育模范家庭代表及义务信息员代表200余人参加大会。

【计划生育协会工作经验交流】

2007年12月，五华区计划生育协会被全国计划生育协会授予“全国计生协工作先进单位”。2008年11月14日区人口计生局局长、协会秘书长王静代表区计生协会在玉溪举行的全省计划生育协会工作会议上从“发挥网络健全优势、依托会员之家、创新宣教模式、开拓工作领域、推进生育关怀”等五方面作了题为《健全网络 服务群众 在新的起点上推动计划生育协会创新发展》的经验交流。

【干部培训】

强化机关干部定期下基层工作制度，下移工作重心，前移工作关口，大力践行计生特色的“一线工作法”，确保宣传教育到一线、服务群众到一线、解决问题到一线、检查指导到一线。全年各业务口的同志下基层检查指导工作306次，培训基层专干48次，培训人数3000余人（次）。针对计生、计协干部新生力量较多的实际情况，2008年4月9日至11日，在五华区委党校对9个街道办事处和2个乡的计生、计协专干及局机关干部38人进行 “统计、药具、科技、流动人口服务管理、宣传教育、计生协会业务知识”等为期三天的综合业务培训。

【人口计生半年工作分析会】

2008年7月30日，五华区人口和计划生育局在区级机关行政中心四楼多功能厅召开五华区2008年人口和计划生育半年工作分析会。区人大教科文卫委主任宋玫、区政府副区长李英杰、区人大部分代表、区政协部分委员、区人口和计划生育工作领导小组成员单位负责同志、各街道（乡）分管领导及计生、计协专干、区计生局机关干部62人参加会议。会议由区计生局副局长贾迎波主持。此次会议是计生系统首次召开的半年工作倒查分析会议，有利于推进区人口计生工作全年目标任务的圆满完成和提升全区人口计生工作整体水平。

【软环境建设】

至2008年2月22日启动了全区软环境建设活动

开始，在五华区软环境建设领导小组办公室的正确领导下，在区软环境建设督导组的具体指导下，按照“标准更高、要求更严、力度更大、实效更好”的“四更”要求，全局12名干部职工积极响应，结合工作实际，认真学习提高、认真自检自查、认真剖析整改、认真督查落实，圆满完成了学习动员、自查自纠、督查推动三个阶段的学习工作任务，取得了较好的工作成效。在办证程序方面，从2008年3月份开始，凡在五华区办理《生育证》手续，不再需要出具由区人口计生局发放的《优生、优育、保健知识培训合格证》，且取消了3元的办证工本费用。在压缩行政审批时限方面，从原来办理“再生育”审批30个工作日，压缩到资料齐全、手续完备在5个工作日内审批完毕。在便民服务方面，每月到两乡上门为农民群众办证一次。在再造工作流程方面，将行政审批事项减为一项，仅保留再生育的审批权限，并在政策法规科加挂行政审批科的牌子，整科进驻便民服务中心，为实现“一窗式受理、一站式办结、一条龙服务”提供了保证。在加强监督方面，为保证计划生育工作投诉渠道畅通，设立软环境建设投诉举报电话，在本单位网页和办公地点向群众公开服务承诺，主动收集群众意见。

【荣誉】

陈会仙　女　莲华街道办事处马村社区居委会全国流动人口计划生育服务与管理先进个人。

盘龙区

2006年

【概况】

盘龙区辖区内有拓东、鼓楼、东华、联盟、金辰、青云、龙泉、茨坝8个街道办事处，双龙、松华2个乡；48个社区居委会，15个村委会，总人口388214人。其中：已婚育龄妇女49785人、采取各种避孕节育措施43199人。

【统计数据】

全区共出生1789人，其中：一孩1601人，一孩率89.49%；二孩188人，二孩率 10.51 %，出生率4.73‰，死亡1110人，死亡率2.93 ‰，人口自然增长率1.8 ‰。

【全面完成各项指标任务】

市政府下达违法多生育控制数20人，实际控制在0人；计划生育事业经费投入达250万元，实际投入250万元；人口计生配套经费和专项经费及时拨付。昆明市人口计委下达符合政策生育率96%，实际完成100%，全区人口与计划生育事业的稳步发展。

【计划生育宣传】

用多种宣传形式，开展丰富多彩的宣传活动；4月13日召开“盘龙区2004-2005年人口与计划生育表彰会暨2006年工作会”。区委、政府表彰60个先进集体、120个先进个人、100户幸福家庭；投入宣传经费23万余元。2006年10月份代表昆明市参加“云南省关爱女孩行动”知识竞赛，荣获全省第一名。

【计划生育服务】

以人为本，优质服务。推广福施福、斯利安5238盒，两乡免费开展优生检测和服用斯利安，免费为育龄妇女优质服务5238人次。坚持在春节、国庆定期慰问独生子女贫困家庭，与卫生等部门配合对我区宾馆等204个重点场所摆放安全套进行全面检查。2006年区计生服务站开展的“宫颈癌早期血清抗体的筛选技术的应用”荣获盘龙区2004-2005年度科学技术奖。

【计划生育管理】

党政一把手亲自抓负总责，层层签订人口与计划生育双线目标管理责任书，认真贯彻执行“黄牌警告”、“通报”、“一票否决”制度。在流动人口管理中，继续推行属地化管理，层层签订《流动人口管理责任书》、实现分级管理，层层抓落实的工作局面。依法行政，做好奖优免补工作，维护群众合法权益，开展计生岗位大练兵和知识竞赛活动，加强基础工作，提高人口计生工作水平。

【计划生育创新工作】

盘龙区人口计生局与区房管局联合在胜利花园、佳园、江东丽景园小区创建计划生育优质服务进社区试点工作，取得了良好的社会效益；打造出马家营村对出租房及流动人口计划生育综合管理与服务的“盘龙模式”。

【计划生育协会】

在非公企业阿惠家政服务中心流动人口协会的基础上打造“会员之家”，“阿惠家政”的员工不仅自觉实行计划生育，还带动了身边的亲戚朋友。2006年5月胡锦涛总书记到云南视察工作，看望了“阿惠家政”的42名农民工，并与他们进行了亲切交谈。开展计划生育村（居）民自治工作，2006年2月区计生协会率先全市在茨坝街道办事处花渔沟社区居委会开展“农业人口独生子女家庭”奖励兑现计生理事听证会，现在听证内容扩展到计划生育管理的方方面面。在盘龙区17所中学5千名中学生中开展“青少年性与生殖健康知识竞赛活动”，积极探索未成年人思想道德建设工作方法。

【工作成绩显著】

2006年盘龙区被国家中宣部、中央文明办、人口计生委、教育部、民政部、文化部、广电总局、全国总工会、共青团中央、全国妇联授予“2001-2005年全国婚育新风进万家活动先进县区”的光荣称号。

【荣誉】

2006年受市级以上表彰的先进人物表

姓名	性别	工作单位	荣誉称号	颁奖单位	颁奖时间
李惠麟	女	盘龙区人口和计划生育局	2006年度荣获云南省计划生育宣传教育中心宣传干部和干部培训特别奖	云南省计划生育宣传教育中心	2006.12
喻佳	女	盘龙区计划生育服务站	在云南省关爱女孩行动知识竞赛中，荣获一等奖	中共云南省委宣传部，云南省人口计划生育委员会	2006.10

2007年

【概况】

2007年盘龙区辖有拓东、鼓楼、东华、联盟、金辰、青云、龙泉、茨坝8个街道办事处，双龙、松华2个乡人民政府；49个社区居委会，16个村委会，总人口407147人，其中：已婚育龄妇女51014人、采取各种避孕节育措施44322人。

【统计数据】

全区共出生1998人，其中：一孩1817人，一孩率90.94%；二孩181人，二孩率 9.06 %，出生率4.99‰，死亡1194人，死亡率2.98 ‰，人口自然增长率2.01 ‰，盘龙区人口呈现出稳步低增长的态势。

【指标任务完成情况】

市政府下达流动人口违法多生育控制数30人，实际0人；市政府下达计划生育专项经费投入120万元，区财政预算安排经费投入146.69万元，发独生子女保健费投入82万元；市人口计委下达符合政策生育率不低于96%，实际完成100%；市人口计生委下达 “奖优免补”网站数据录入率99.5%，实际数据录入准确率达100%。

【计划生育宣传】

创新宣传方式，结合“盘龙江艺术节”开展两年一次的第七届“国策在我心中”文艺演出活动。利用春节流人口返乡、农村人口相对集中的有利时机，送宣传单上门等形式进行宣传。结合新农村建设，投资8千元为松华乡大摆村委会建立计划生育宣传阵地。

【计划生育服务】

区财政投入4.2万元对双龙、松华的孕产妇进行免费优生筛查和补充服用“斯利安”叶酸片，为6300个育龄群众免费提供查孕查环、妇科病普查服务，对查出有生殖道感染的育龄妇女500人进行跟踪治疗。参加盘龙区打击非法行医专项综合整治，清理取缔86家非法行医诊所。

【计划生育管理】

为保证计划生育工作落在实处，区委、区政府给盘龙区人口计生局增加2个行政编制，领导职数增加1个副职；区计生服务站增加9个事业编制，8个街道办事处计划生育办公室从社区科划出单立。在局内部开展中层干部竞争上岗，完善干部竞争激励平台，形成能上能下优胜劣汰的机制。在行政执法中推行计划生育“阳光政务”，办理行政处罚53件、征收社会抚养费23件、《独生子女父母光荣证》2436本、接待处理群众来信来访296件。

【流动人口管理与服务工作】

继续推行属地管理。区财政经投入25万元，给办事处（乡）、村（居）委会配置电脑软、硬件设备，加强对流动人口管理的信息监控。6月15日，国家计生委赵白鸽副主任到盘龙区视察计生工作，对盘龙区流动人口计划生育管理服务工作十分满意。

【计划生育协会】

开展以“生育传承希望，关怀相伴和谐”为主题的活动，对25名关怀发放了5千元慰问金。开展“关爱女孩、关心妇女健康”活动，对我区的100户关怀对象发放了100份学习用具，慰问流动人口和纯居民200户。 2007年6月明通巷社区计生协人口文化大院挂牌成立，属全市首家。

【荣誉】

2007年受市级以上表彰的先进人物表

姓名	性别	工作单位	荣誉称号	颁奖单位	颁奖时间
李惠麟	女	盘龙区人口和计划生育局	荣获昆明市“十五”人口和计划生育工作先进个人	中共昆明市委、昆明市人民政府	2007.9.24
袁孙群	女	盘龙区计划人口和计划生育局	荣获昆明市“十五”人口和计划生育工作先进个人	中共昆明市委、昆明市人民政府	2007.9.24
布清玲	女	盘龙区计划人口和计划生育局	荣获昆明市“十五”人口和计划生育工作先进个人	中共昆明市委、昆明市人民政府	2007.9.24

2008年

【概况】

2008年盘龙区辖区内有拓东、鼓楼、东华、联盟、金辰、青云、龙泉、茨坝8个街道办事处，双龙、松华2个乡人民政府；49个社区居委会，16个村委会，全区总人口数446428人，其中：已婚育龄妇女72513人、采取各种避孕节育措施64984人 。

【统计数据】

2007年10月1日—2008年9月30日，全区共出生2191人，出生率4.98‰，死亡1119人，死亡率2.54‰，自然增长率2.44‰，盘龙区人口呈现出稳步低增长的态势。

【全面完成各项指标任务】

昆明市政府下达符合政策生育率98%，实际完成99%；市政府下达计划生育工作经费投入130万元，区财政预算安排经费投入149.7万元；市人口计生委下达流动人口违法生育查处率达100%，实际达100%；市人口计生委下达计划生育村（居）民自治工作开展率达60%，实际达70%以上。

【依法行政，群众实行计划生育的权益得到维护】

全面推行“计划生育行政执法责任制、行政执法过错追究制、违法执法损害赔偿制”。各街道（乡）社区的计生便民服务窗口实行“一站式”优质服务，2008年全区办理一孩生育证2324本、二孩生育证284本，独生子女父母光荣证3026本、接待群众来访136人次、处理上级信访件6件。计生政务公开栏，公开生育政策、办证程序等接受社会和群众监督。双龙乡麦地塘大凹子村民小组在对农业人口独生子女家庭除享受国家规定的奖励以外还额外给予1.2万元的奖励。

【流动人口管理与服务有工作，有所突破】

制订《盘龙区人口和计划生育局创新流动人口计划生育管理与服务机制工作实施方案》，《盘龙区流动人口计划生育服务与管理“四项”工作倒逼制度》，对流动人口实行层层网格化管理和合同管理，努力为他们提供生产、生活、生育优质服务，探索出行之有效的“阿惠家政”、“马家营”、“佳园小区等综合管理服务的新路子。全区投入33万元，为区人口计生局和49个社区配齐50名流动人口专管员。

【协调配合，综合治理工作机制建立】

盘龙区人口计生局与职能部门紧密配合，通力协作，认真履职，区人口计生领导小组定期召开会议，研究问题，制订对策，落实综合治理措施，形成党政主导、计生搭台、部门配合、齐抓共管的工作格局。

【不断创新，计划生育宣传教育工作】

在明通社区 “人口文化大院”的基础上，又建成桃源社区生育文化示范社区；在东风广场、金星立交等地用现代传媒手段宣传人口计生工作成果；结合新农村建设打造了松华乡双玉村、小河村、双龙乡三十亩村计划生育宣传阵地。2008年3月国家人口计生委宣教司石海龙副司长视察盘龙区的计生工作，认为盘龙区的宣传工作经验值得推广。

【优质服务工作担当排头兵】

盘龙区人口计生局与卫生局联合在15家社区卫生服务中心（站）开展计生技术和政策咨询服务；区政府于2008年4月1日起，在新型农村合作医疗的基础上对5个涉农乡计划内生育的农业人口孕产妇住院分娩费用进行全额补助，现已有229户享受此政策，属全省首创。盘龙区创建计划生育优质服务先进区已验收合格，群众对计生工作的满意度不断提高。

【强化计划生育管理，人口计生工作水平提高】

2008年4月盘龙区委、区政府召开盘龙区2006—2007年人口与计划生育表彰会暨2008年工作会，表彰55个先进集体，110个先进个人和100户“幸福家庭”。进一步强化目标责任制，把人口与计生工作重心放到基层，实行“一线工作法”，强化基层基础，加强计生队伍建设。

【发挥群众组织优势，区计生协会工作再上新台阶】

全区256个协会组织，5万名会员，加强基层协会基础工作，开展各种活动。在“五关怀”活动中，全区共捐款5.2万余元帮贫救困。向松华乡三丘田村26户村民、双哨中心学校大哨分校114个学生捐赠棉被、米、学习用具等。充分发挥“五老”和计划生育积极分子的作用，建立基层宣传队143个，组建741人的流动人口计划生育志愿者信息员巡查队伍，挂牌上岗，建立了对流动人口的信息采集报告、查处、反馈的工作机制。双龙乡在流动人口管理中率先实行流动人口计划生育志愿者奖励制度。2008年年底考评，盘龙区计生协会工作位居全市14县区第一名。

官渡区

2006年

【概况】

昆明市人口计生委下达指标：符合政策生育率不低于96%， 实际符合政策生育率达到99.94%；避孕及时率不低于85%，实际完成90.75%；孕前检查率达30%，实际完成达90.71%；适宜对象叶酸增补率达30%，实际完成达51.88%；县（市）、区本级计划生育事费全年预算支出达1，428万元。"奖优免补"配套经费1，112万余元及"出生缺陷干预"专项经费5万余元落实并及时拨付；"奖优免补"网站数据录入率达99.5%，实际录入准确率达100%；"奖优免补"政策知晓率达90%，实际达98.64%；"5331"工程达标率达95%，实际完成达98.10%，宣传品进村入户率不低于80%，实际完成达82.78%。

【统计数据】

2006年（从2005年10月1日至2006年9月30日）共出生人数3323人，出生率为8.03‰；其中，男孩1709人，女孩1614人；在出生人数中，一孩出生2843人，一孩率为85.56%，与上年同期减少1.32个百分点；二孩出生476人，二孩率为14.32%，与上年同期上升1.22个百分点；计划内多孩出生4人，与上年同期增加3人，多孩率为0.12%，与上年同期上升0.1个百分点。

【出生性别比及计划内外分孩次出生情况】

出生婴儿性别比为105.89%，与上年同期下降了2.70%；在出生婴儿性别比中：一孩性别比为106.76%，二孩性别比为101.69%；全年有计划外二孩出生1人，与上年同期减少3人，计划外生育率为0.03%，与上年同期下降0.07个百分点；有计划内生育人数3322人，计划生育率为99.97%，与上年同期上升0.06个百分点；在计划生育率中：一孩计划生育率为100%；二孩计划生育率为99.78%，三孩计划生育率为100%。

【晚婚及领取独生子女父母光荣证】

全区有已婚育龄妇女94407人，占总人口数的22.73%，与上年同期减少0.29个百分点。全年有女性初婚人数2037人，达到23周岁及其以上初婚的有1320人；全区领取独生子女父母光荣证人数56553人，领证率为59.90%。

【落实各种节育措施】

在已婚育龄妇女人数中，落实了各种节育措施人数86634人，与上年同期减少205人；综合节育率为91.77%，与上年同期上升0.95个百分点；采取"三术"措施的有67534人，与上年同期减少718人，"三术"率为71.87%，与上年同期上升0.49个百分点；采取针药及药具避孕人数18783人，针药具避孕率为21.68%，与上年同期上升2.24个百分点。

【"奖优免补"】

认真贯彻落实省、市"奖优免补"相关政策及文件，认真开展农业人口独生子女家庭的各项奖励优待工作。2006年为进一步体现政府对未领取过1000元一次性奖励的农业人口独生子女家庭的关心，经过昆明市、官渡区两级政府的共同努力，完成了21751户农业人口独生子女家庭一次性奖励的资格认定和兑现工作，其中享受1000元的20033户、享受500元的1718户。

2006年度认定和兑现符合一次性奖励的农业人口独生子女家庭861户，其中享受1000元的823户，享受500元的38户；审核新增养老生活补助人员32人，其中：独生子父母10人，独生女父母20人，独生子女死亡父母2人。至2006年全区累计有208人享受养老生活补助，其中：独生子父母88人，独生女父母

108人，独生子女死亡父母12人；为参加2006年中、高考的农业人口独生子女1208人办理照顾加分资格认定审核，其中，中考884人，高考324人；办理享受农业人口独生子女教育奖学金9714人，其中小学阶段6357人，中学阶段3357人。在此期间，官渡区人口计生局严把资格确认关，坚决杜绝弄虚作假、擅自扩大兑现范围的现象出现，并通过信息公布、公示，层层把关，认真接受群众监督。

【计划生育服务站】

2006年共接待门诊人数8148人，其中，内儿科门诊432人，妇产科门诊人数7716人；住院人数625人；完成各类计划生育手术2209例，其中为流动人口免费手术902例；全年为7个乡镇、街道共5219名育龄妇女进行生殖健康综合检查，为9543名育龄妇女开展查孕查环。并为2260余名育龄妇女进行避孕方法知情选择培训，认真做好出生缺陷干预工程的各项工作。

【流动人口管理服务】

全年认真贯彻落实《昆明市流动人口计划生育管理条例》，进一步建立综合治理机制；不断加大宣传培训力度，努力提高管理服务水平；创新工作机制，强化服务意识。一是针对住宅小区探索小区物业融入计划生育管理服务的新模式，在住宅小区设立“官渡区人口和计划生育局便民服务窗”，并印制相关宣传品连同免费提供的避孕药具一同摆放到小区楼道“服务窗”内，使流动人口计划生育管理由被动型管理转变为主动型服务。二是在各乡镇、街道流动人口较为集中的地点增设流动人口避孕药具免费发放点，进一步扩大对辖区内流动人口计划生育服务的范围；切实维护流动人口的合法权益，为他们提供优质的计划生育服务。官渡区人口和计生局于2006年3月制订下发了《官渡区人口和计划生育局关于流动人口育龄人群享受计划生育基本项目免费服务的通知》，结合官渡区实际对全区范围内自觉实行计划生育的流动人口育龄人群提供计划生育基本项目免费服务。年内为流动人口免费手术902例，开展育龄妇女查孕查环、妇检2913人次，出具流动人口孕情检查报告单962份。

【宣教培训】

举办了官渡区人口和计生工作业务培训，全区各乡镇、街道办事处分管计生工作领导、计划生育专干及村（居）委会计生宣传员、局机关全体干部共150 余人参加了此次培训。培训内容包括计划生育政策法规、流动人口管理、优质服务、协会工作、统计、药具管理、科技等业务知识。通过培训使广大计生干部综合业务水平有了进一步提高，为官渡区更好地开展人口与计生工作打下了坚实的基础；同时，充分发挥大众媒体及各种宣传阵地，强化宣传教育工作。2006年全区宣传品农村入户率达84.72%，城镇宣传品入户率达68.00%，举办各类培训班共1767期，培训人次达96794人次，较好地为官渡区育龄人群进行了“五期”教育、知情选择、生殖保健知识的培训以及计生专干业务知识的培训。官渡区张贴制作各类标语10124条，其中固定性标语1101条，“奖优免补”标语5214条，宣传标语达标率94.58%；固定宣传栏646块，公益性广告100块，业务性广告83块；举办宣传活动536场次，接受人数达159998人次；全区宣传经费人均投入1.9元。

2007年

【概况】

昆明市计生委下达指标：符合政策生育率不低于96%， 实际符合政策生育率达到99.97%；避孕及时率不低于85%，实际完成90.51%；孕前培训率达80%，实际达100%；孕前检查率94.22%；适宜对象叶酸增补率达30%，实际完成达55.83%；县（市）、区本级计划生育事业费全年预算支出达338万元。“奖优免补”配套经费72万元及“出生缺陷干预”专项经费4万元落实并及时拨付；“奖优免补”网站数据准确率达99.5% ，实际准确率达

100%；“奖优免补”政策知晓率达90%，实际达98.57%；“5331”工程达标率达90%，实际完成达97.57%，宣传品进村入户率不低于80%，实际完成达94.17%；生殖健康服务覆盖率，户籍人口达到80%，实际达100%，流动人口达到60%，实际达95.79%。

【统计数据】

2007年（2007年1月1日至2007年12月31日）共出生人数3323人，出生率为8.03‰；自然增长率为4.27‰。在出生人数中，一孩出生2843人，一孩率为85.56%；二孩出生476人，二孩率为14.32%；计划内多孩出生4人，多孩率为0.12%。

官渡区领取独生子女父母光荣证人数56553人，领证率为59.90%。

本期施行计划生育手术例数2802例，综合节育率为91.77%，“三术”率为71.87%。

【“奖优免补”】

认真贯彻落实省、市“奖优免补”相关政策及文件，认真开展农业人口独生子女家庭的各项奖励优待工作。2007年度认定和兑现符合一次性奖励的农业人口独生子女家庭670户，其中享受1000元的642户，享受500元的28户；审核新增养老生活补助人员30人，其中：独生子父母12人，独生女父母18人；为2007年中、高考的农业人口独生子女1322人办理照顾加分资格认定审核，其中，中考941人，高考381人；办理享受农业人口独生子女教育奖学金9059人，其中小学阶段5787人，初中阶段3272人。在此期间，官渡区人口计生局严把资格确认关，坚决杜绝弄虚作假、擅自扩大兑现范围的现象出现，并通过信息公布、公示，层层把关，认真接受群众监督。

【计划生育技术服务】

官渡区计生服务站全年共接待门诊人数8029人，其中，内儿科门诊181人，妇产科门诊人数7848人；住院人数639人；完成各类门诊计划生育手术2519例，其中为流动人口免费手术1161例，出具流动人口孕情报告单2725份；全年为乡镇、街道共5566名育龄妇女进行生殖健康综合检查，为7302名育龄妇女开展查孕查环。并为1380余名育龄妇女进行避孕方法知情选择培训，认真做好出生缺陷干预工程的各项工作。

【流动人口管理服务】

建立和完善流动人口计划生育管理和服务，把“属地化管理、市民化服务，依法维权、综合治理”的各项措施落到实处。将流动人口计划生育工作纳入本地经常性工作范围，并做好各项服务工作。以“关怀关爱、促进和谐”为流动人口解决后顾之忧。今年官渡区在流动人口就业、就医、子女入学等方面从满足流动人口的需求创造便利条件，各乡镇、街道对流动人口聚居区定期检查和服务，做好登记造册、宣传咨询、查证验证、随访服务等工作，切实掌握其生育节育状况，及时提供优质避孕节育和生殖健康服务。从根本上建立保障流动人口计划生育的体制和制度，使流动人口与户籍人口同权同责，促进全区人口与计划生育事业的健康发展。

严格执行《昆明市流动人口计划生育管理条例》及《昆明市流动人口计划生育管理暂时性扣款规定》，不断完善建立综合治理机制，加强与公安、工商、卫生、劳动、民政、城建等部门的联系，进一步建立流动人口管理综合管理网络。进一步加大对流动人口违法生育的查处力度，通过认真取证、笔录调查、违法告知、严肃查处、加大社会抚养费征收力度，扩展双向管理等手段，重点查处了一批群众举报反映强烈的违法生育案例。此项工作得到了市人口计生委的肯定，并被列为市人口计生委流动人口管理的工作试点。

坚持流动人口育龄群众与现居住地育龄人群“一样管理、一样服务、一样享受”的管理服务机制，在去年探索小区物业融入流动人口计划生育管理服务模式取得成效的基础上。上半年又先后在太和、吴井、金马、官渡街道辖区内的部分住宅小区安装设置“官渡区人口和计划生育局便民服务窗”358个，不断扩大了对流动人口计划生育的服务范围。继续推行对辖区范围内自觉实行计划生育的流动人口育龄人群提供计划生育基本项目免费服务，切实维护流动人口的合法权益。以此同时，对乡镇、街道辖区内的10家流动人口卫生服务机构进行调研，研究和探索下一步拓展对流动人口计划生育管理服务工作的方法和途径，并新增“流动人口避孕药具免费发放点”10个。

积极开展对流动人口进行全面清查，对符合条件但未办理《流动人口婚育证明》的给予异地办证，对流入的已婚育龄妇女建立台账，反馈信息。年内清理流动人口《婚育证明》90502人次，查验《婚育证明》43371份，并对未办理婚育证明的处罚8起，罚金400元，发放责令限期补办流动人口婚育证明通知书400余份。流动人口数据交换平台信息录入数为32162条，反馈77人次。并与出租屋主签订流动人口管理合同，明确其责任，年内共签订流动人口计划生育管理合同16778份（其中与房东签订15652份，与企业签订909份，与单位签订217份）。

继续推进流动人口育龄群众与现居住地育龄人群“一样管理、一样服务、一样享受”的管理服务机制，切实维护流动人口的合法权益。为官渡区范围内自觉实行计划生育的流动人口育龄人群提供计划生育基本项目免费服务。年内为流动人口免费手术1161例，出具流动人口孕情检查报告单2725份。

【宣传培训】

认真宣传、组织学习中共中央、国务院《关于全面加强人口和计划生育工作统筹解决人口问题》的重要文件精神，进一步树立和提高做好新时期人口和计划生育工作的认识。结合2007年人口计生工作的重点任务，有针对性地制订今年计划生育宣传的各项计划和内容。通过宣传画、宣传册、黑板报、举办“五期教育”培训班、生殖健康讲座、文艺演出等形式，宣传计划生育政策、避孕节育知识。同时，利用全区开展“三下乡”的时机，全面启动人口计生工作“三下乡”宣传活动，不断促进群众婚育观念的转变，进一步加强村（居）生育文化建设，积极开展富有特色的婚育文化活动。组织并参加了昆明市计生系统创建全国文明城市的各项宣传活动，深入抓好“关爱女孩行动”，营造良好的舆论氛围。

充分发挥大众媒体及各种宣传阵地，强化宣传教育工作。各乡镇、街道办事处计生办根据要求结合实际，定期每月开展一次人口和计生宣传活动。通过开展宣传活动，向群众宣传政策、法规，提供咨询服务及发放药具。2007年全区宣传品农村入户率达83%，城镇宣传品入户率达68%，举办各类培训班共550期，培训人次达97094人次，较好地为全区育龄人群进行了“五期”教育、知情选择、生殖保健知识的培训以及计生专干业务知识的培训。制作固定性标语1439条，固定宣传栏786块；举办宣传活动647场次，接受人数达115140人次；全区宣传经费人均投入4.4元。

【荣誉】

2007年9月，官渡区人口和计划生育局被中共昆明市委、昆明市人民政府表彰为昆明市“十五”人口和计划生育工作先进集体；马珩、王玉兰、任勇、赵元良、王玉玑、孙凤英、王义海、郭薇、张晓萍、司凤仙、赵曼丽、张琼芝被表彰为昆明市“十五”人口和计划生育工作先进个人。

2008年

【概况】

昆明市人口计生委下达指标：人口自然增长率控制在6.5‰以内，实际达2.57‰；常住人口符合政策生育率达98%，实际符合政策生育率达到100%；流动人口信息交换平台回复率达100%；流动人口违法生育查处率达100%，并征收流动人口违法生育社会抚养费；官渡区本级计划生育工作经费投入150万元，实际投入达273.4万元；“奖优免补”配套经费和独生子女保健费专项经费保障落实并及时拨付；全面落实省、市人口计生委对实行计划生育的育龄夫妇免费提供基本项目的计划生育免费技术服务。2008年为常住人口免费提供查孕查环81175人次；努力提高计划生育工作群众满意度，并依法管理，全面推行计划生育行政执法责任制、行政执法过错责任追究制、违法执法损害赔偿制。

【统计数据】

全年共出生人数3289人，出生率为5.58‰。在出生人数中，一孩出生2626人，一孩率为79.84%；二孩出生662人，二孩率为20.12%；计划内多孩出生1人，多孩率为0.03%。

官渡区领取独生子女父母光荣证人数57878人，领证率为45.75%。

本期施行计划生育手术例数2767例，综合节育率为90.84%，“三术”率为71.93%。

【“奖优免补”】

认真贯彻落实省、市“奖优免补”相关政策及文件，认真开展农业人口独生子女家庭的各项奖励优待工作。2008年官渡区共有505户农业人口领取了《独生子女父母光荣证》。认定符合一次性奖励的农业人口独生子女家庭 505户，其中享受1000元的495户，享受500元的10户；审核确认新增年满60周岁的养老生活补助对象28人，其中独生子父母14人，独生女父母14人；办理农业人口独生子女中高考照顾加分资格认定审核1229人，其中：中考加分800人，高考加分429人，官渡区有8797人享受教育奖学金。在此期间，官渡区人口计生局严把资格确认关，坚决杜绝弄虚作假、擅自扩大兑现范围的现象出现，并通过信息公布、公示，层层把关，认真接受群众监督。

【计划生育技术服务】

官渡区计生服务站全年2008年全年共为各街道办事处、大板桥镇育龄妇女开展查孕查环41190人次（其中流动人口13450人，户籍人口27785人），乳腺疾病普查22372人次；为孕前孕期育龄妇女提供叶酸、营养素增补854人。有效地为预防和降低出生缺陷做了扎实有效的工作；继续做好推广使用安全套预防艾滋病工作，积极开展预防艾滋病宣传活动，大力开展推广使用安全套项目工程；认真组织做好病残儿医学鉴定和不孕不育症鉴定的材料组织、审核上报工作。2008年组织不孕不育鉴定21人，病残儿鉴定26人。

【流动人口管理服务】

建立和完善流动人口计划生育管理和服务，把“属地化管理、市民化服务，依法维权、综合治理”的各项措施落到实处。将流动人口计划生育工作纳入本地经常性工作范围，并做好各项服务工作。

2008年6月18日，由官渡区政府组织召开了由各街道（镇）分管领导、计生专干和社区宣传员参加的官渡区创新流动人口计划生育工作机制安排会，对此项工作进行安排部署，并由官渡区人口计生局制订下发了《关于贯彻落实〈市人口计生委关于创新流动人口计划生育管理服务机制的实施意见〉的实施方案》（官人口发〔2008〕19号）的文件。同时，批准由官渡区人口计生局负责在全区各街道实施流动人口计划生育专管员招聘录用工作，并经区长办公会研究同意由官渡区财政安排专款作为本年度社区流动人口计划生育管理专项经费，现全区已配备社区专管员45名。官渡区人口计生局还对全区各街道社区流动人口计划生育专管员进行了业务知识及岗前技能培训，培训内容包括计划生育法律、法规，相关工作制度、岗位职责及相关业务知识。通过培训，截至2008年8月，官渡区各街道社区流动人口计划生育专管员已担负起了对辖区内流动人口查验《婚育证明》，采集和上报流生育信息，发放计划生育宣传资料及避孕药具，配合街道计生部门完成各项流动人口管理服务工作。

【切实推进社计划生育】

卫生“六位一体”服务机构的建设，建立新型计划生育综合性服务网点，建立和健全社区流动人口生殖健康服务网络及服务点，在官渡区全面推进社区流动人口生殖健康、宣传培训、避孕药具发放等各项管理服务工作，有效地拓展对流动人口管理服务的范围。今年在50家社区卫生服务中心设立了计划生育、生殖健康宣传及避孕药具免费发放站。

建立和完善市、区、街道（镇）、社区（村）、村（居）民小组五级网络化管理机制，在六甲、金马、关上等街道（社区）推行出租房主——流动人口计划生育管理试点工作，并全面推行出租房主——流动人口计划生育登记管理，建立动态台账。

在各街道（镇）对流动人口计划生育服务管理工作进行责任区划分并实行网格化管理。全区共划分责任区208个，由村委会人员、辖区派出所民警、计生专干、联防队员、护村队员以及志愿者组成的共计3533人的工作人员承担起了责任区的服务管理工作，进一步强化了现居住地管理的职责，有效地体现了流动人口服务管理的全覆盖。

各乡镇、街道计生办制订相关培训计划，并围绕计划生育政策法规和生殖保健知识等内容，进一步加大对流动人口的宣传培训力度。全区共举办流动人口专题培训85期，培训人数达10050人次；

加大对流动人口违法生育的查处力度。在官渡区范围内开展《流动人口婚育证明》的查验及违法生育行为的查处，全年累计查验《婚育证明》71651人次，为流出人员办理《婚育证明》155人次。对176例流动人口违法生育行为进行查处，并对33例违法生育行为进行了处罚，查出率达100%。对75名违法怀孕的流动人口育龄妇女实施了补救手术。

完成官渡区流动人口志愿者队伍的组建和培训工作，全区692名志愿者均做到持证上岗，正式加入流动人口计划生育管理服务队伍，并不定期的对本片内的常住户和暂住户进行走访，对租房为主的流动人口进行重点查访服务。

进一步提高全区基层计生人员对流动人口信息化管理的水平，先后组织社区计生宣传员、计生专管员共计130余人进行流动人口数据交换平台的业务培训，充分掌握信息交换平台的操作技能，并在实际工作中得以运用。

【宣传培训】

认真组织开展元旦、春节期间的计划生育宣传活动及“三下乡”活动，为广大群众宣传计划生育法律、法规及生殖健康保健知识。

结合昆明市人口计生委2008年度宣传重点工作安排意见及官渡区人口计生局《2008年度人口和计划生育宣传工作实施方案》的要求，按照“贴近实际、贴近生活、贴进群众”的要求，不断创新工作思路和工作方法，于近期在官渡街道世纪城社区建立“生育文化长廊”、在石井社区建立了生育文化社区。并在巩固宣传成果的基础上，进一步抓重点、强阵地、创精品、活机制，在更高的层面上形成具有官渡特色计划生育宣传教育工作的新格局。积极组织参加全区2008年科技活动周宣传活动，围绕“建设创新新型云南，推进官渡软环境建设”的主题，认真宣传人口和计划生育政策法规， 优生优育、避孕节育知识，并耐心细致地解答群众的咨询；今年开展计生及生殖健康培训共622场，受训人数共计53615人次。

组织全区各乡镇、街道计生专干、村级计生宣传员170余人进行了人口和计划生育工作业务培训，通过培训，让全区的计生干部和计生宣传员了解计划生育政策法规的运用，掌握切实有效的工作方法，提高政策水平，强化服务意识，增强服务本领，为全面完成2008年的人口与计划生育各项目标任务奠定坚实的基础；

组织开展基层流动人口数据交换平台业务培训，不断增强计生工作人员对流动人口信息交换平台的使用能力，为流动人口管理服务工作提供有力的信息保障；

积极组织参加市人口计生系统服务站、所专业技术人员科技大练兵活动，进一步提高专业技术人员的业务素质和服务水平。官渡区计生服务站、所技术人员均通过市计生委统一考核。

西山区

2006年

【概述】

符合政策生育率：市下达指标不低于96%，实际完成99.91%；人口出生率6.05‰；人口自然增长率2.3‰。避孕及时率：市下达指标不低于85%，实际完成85.4%。孕前检查率：市下达指标30%，实际完成61%。适宜对象叶酸增补率：市下达指标达到30%，实际达到78%。“奖优免补”网站数据录入率：市下达指标99.5%，实际完成99.8%。“奖优免补”政策知晓率，市下达90%，实际完成91%。“5331”工程（每个镇、街道办事处有1块公示板、5条永久性标语；每个村委会有1块公示板、3条永久性标语；每个村民小组有1块公示板、1条永久性标语）达标率：市下达指标95%，实际完成100%。宣传品进村入户率：市下达指标不低于80%，实际完成87%。流动人口信息交换平台回复比例：市下达指标户籍人口达到80%、流动人口达到60%，实际完成户籍人口85%、流动人口60.44%。

【完善目标管理责任制】

在人口与计划生育目标管理责任制中实行通报和“黄牌警告”制度，分阶段对工作开展情况进行督促、检查和通报。狠抓目标任务的落实，与各镇、街道办事处签订目标管理责任书。建立联系点和局长接待日制度，局领导和各科（室）负责人对各镇、街道办事处计生工作分片包干，做到责任明确，指导到位；坚持局长接待日，认真解决群众反映的困难和问题。在“撤乡并镇”和街道办事处整合中，稳定计生干部队伍，强化镇、街道办事处、村（居）委会计生工作人员责任，使区计生网络运转正常。

【宣传教育】

宣传工作立足基层，面向家庭，贴近群众，大力建设新型生育文化，开展丰富多彩的群众性宣传活动。创新宣传形式，加大计生宣传环境整改，在碧鸡公园设置4块宣传栏，镇和街道办事处设置显示栏和灯箱等。创新宣传内容，满足群众求知、求美、求乐的需求，从以往的政策宣传为主转向注重计生科学知识的普及，引导人们关注自身健康，关注生存空间。

西山区计生服务站配备和更新宣传设备，在每月定期举办的婚前、孕期培训班上积极宣传计生法律法规、生殖健康、优生优育和生殖保健等知识，并定期抽出人员开展送宣传、送服务、送生殖健康服务到基层活动。2006年投入计生宣传经费8万元，订制印有计生政策法规、生殖健康保健、TORCH感染、优生优育、艾滋病预防等知识的围裙、折页、纸杯、挂历、年画等形式多样的宣传品，利用节假日、纪念日、“男性健康日”、科普日、入户调查等有利时机，免费发放到已婚育龄妇女手中，将婚育新风送进千家万户，提升计生工作整体水平和计生宣传效果。

【计划生育优质服务】

在积极开展业务培训，提高计生服务人员业务素质的基础上，紧紧围绕生育、节育、不孕不育诊治三个环节，创新服务理念，改善服务条件，最大限度地拓宽服务领域。继续实施避孕节育措施知情选择、出生缺陷干预、生殖道感染干预“三大工程”，为育龄群众提供满意的优质服务。

把好出生第一关，构筑出生缺陷干预“防火墙”。对西山区人口符合政策生育待孕和在孕的妇女给予免费补服“斯利安”（增补叶酸），抑制神经管畸形，提高人口出生素质；充分发挥计生服务站作用，坚持每月定期举办婚前、孕前培训班，及时向群众宣传孕前注意事项和优生知识，为广大育龄妇女婚前、孕前提供了科学的孕育知识；开展优生检测和唐氏综合症筛查工作，西山区共检测TORCH 826例，唐氏综合症筛查128例。

避孕节育重点抓避孕措施落实到位，避孕方法知情选择指导到位，孕前服务到位，技术服务质量4个到位。健全和完善了基层药具供应网络，西山区药具应用率99%，有效率99%，随访率100%。

【流动人口计划生育管理工作】

据统计，2006年西山区有流动人口24万，其中已婚育龄妇女约3万人。为有效做好流动人口的计生工作，积极探索流动人口计划生育现居住地管理模式。针对外来人口缺少计划生育知识的情况，将办理“生育证”、“ 独生子女父母光荣证”和享受计划生育免费服务的条件、办法编入“致流动人口的一封信”中，送到部分外来人员手中，增强其执行计划生育政策、服从现居住地管理的意识。

按照“现居住地和户籍地共同管理，以现居住地为主”的流动人口计划生育管理原则，把流动人口的计划生育工作与常住人口一样同宣传、同管理、同服务。把流动人口的管理融于服务之中，设窗口为流动人口免费发放避孕药具及提供相关政策咨询服务，对流动人口计划生育“六项手术”实行免费定期报账制，全年为流动人口育龄妇女做生殖健康检查1.48万人，占已婚育龄妇女的60.44%，使住区育龄流动人口能享受到国家各级政府的免费服务。完善信息通报制度，全年提交信息1812条，反馈284条，报送流动人口无证生育信息270条，信息反馈率100%。针对流动人口管理难，政策外生育隐蔽性强的特点，除执行市人口与计划生育委员会有奖举报制度外，各镇、街道办事处根据自身的实际建立了相应的有奖举报制度，鼓励群众对政策外生育行为进行监督。

为探索流动人口计划生育管理与服务的有效途径，“昆明市西山区促进流动人口生殖健康项目”于2月16日正式启动，这一项目旨在促进流动人口与当地户籍人口的生殖健康同教育、同服务、同管理，变“排斥式”管理为“拥抱式”服务，变单纯的被动管理为以人为本、包容式的管理。项目启动后，与合作方昆明医学院健康研究所密切配合，在马街、福海、永昌街道办事处3个项目点开展一系列的活动。一是在马街、福海街道办事处的流动人口和服务机构中开展问卷调查，获取了大量翔实的数据资料。二是对项目技术服务点区计生服务站、区妇幼保健所、福海卫生院及11家私营诊所医务人员进行生殖健康服务培训，提高服务人员的服务技能。三是以项目为载体，把培训和服务延伸到社区。让流动人口掌握更多的求职谋生技能，许多家长在“夏令营”和“家长学校”的活动中领悟到教育孩子的重要性，提高了对法律法规、安全常识的认识和维护自身权益的意识。此外各项目点在流动人口较多的地方成立了计划生育协会，让流动人口互通信息，在逐步实现自我教育、自我管理、自我服务的过程中开展各项活动，把管理融于服务之中。

【奖优免补情况】

大力宣传《云南省农业人口独生子女家庭奖励规定》，严把资格审定和张榜公布关，完成市政府对带头实行计划生育的农业人口独生子女家庭一次性奖励兑现任务9044户，保证西山区农村计生政策的稳定性。完成符合国家和省政策条件的农业人口独生子女家庭奖励，其中中、高考加分405人，教育奖学金4055人，一次性奖励742人，养老生活补助92人。全年办理“独生子女父母光荣证”3058户。此外坚持“六一”儿童节慰问山区独生子女户，把党和政府的温暖送到实行计划生育的家庭。

【基层基础工作指导】

西山区人口和计划生育局每月的例会和半年、年终检查都要进行入户调查，核对台账，发现问题及时纠正，保证台账能及时、准确地反映工作情况。按照“干什么会什么、缺什么补什么、需要什么学什么”的原则，分类指导，加强培训的针对性和适用性。2006年完成对西山区镇、街道办事处计划生育助理员和村（居）委会计划生育宣传员的培训工作。在云南省"奖优免补"网站的信息录入工作中，西山区各级按时间要求完成"一次性奖励金"和"教育奖学金"录入工作。在2005为城市社区配齐电脑的基础上，2006年又为3镇所有村委会配备电脑，为西山区的计划生育工作实行微机管理打下基础。

【计生协会工作】

"昆明市西山区促进流动人口生殖健康项目"3个社区项目点成立计划生育协会流动人口分会，以发挥协会组织网络的优势和职能作用，让流动人口参与到自我教育、自我管理、自我服务活动中，共同做好项目工作。区各级协会利用节假日、协会成立纪念日等有利时机开展各具特色的宣传活动，确保群众对计划生育政策的知晓率。8月29日，组织"关爱女孩"知识竞赛活动，选拔优秀队员参加市决赛，获市级一等奖。

2007年

【概述】

2007年度人口与计划生育管理工作圆满完成，符合政策生育率100%，避孕及时率85.4%。出生缺陷预防工作：孕前培训率82%，孕前检查率65%，适宜对象叶酸增补率80%。"奖优免补"网站数据录入率99.8%，"奖优免补"政策知晓率91%。"5331"工程达标率92%，宣传品进村入户率87%。西山区开展区、街道办事处两级培训17次。兑现落实育龄妇女免费手术和生殖健康检查免费等奖励优待政策，流动人口交换平台回复率98%，婚育证明查验率61.9%。生育证、独生子女证办证程序合格率100%，无行政复议、行政诉讼案件，违法生育行为查处率85%。开展优生优育系列服务，计划生育生殖健康服务覆盖率户籍人口达84%，流动人口达60.55%。

【计划生育优质服务】

在西山区范围内对符合生育政策待孕和在孕的妇女给予免费补服叶酸"斯利安"，抑制神经管畸形，提高人口出生素质，西山区免费发放"斯利安"3120瓶，使依法生育家庭直接受益。区计生服务站坚持每月定期举办婚前、孕前培训班，及时向群众宣传孕前注意事项和优生知识，全年共举办婚前、孕期培训班36期，参培人员2480人，发放优生宣传画册2万余份。加强区计生服务站硬件设施建设，投资84万元，完成服务站改造装修搬迁工作。

在西山区范围内开展优生检测和唐氏综合症筛查工作，共检测TORCH960例，唐氏综合症筛查300例。为进一步提高技术服务人员的服务能力和服务水平，保障计划生育技术服务接受者的安全与健康，服务站聘请省、市有关专家、教授举办专业技术人员业务培训班，全员学习新知识，掌握新技术。全年做计划生育各种手术500例，下基层开展妇科病检查及常见病治疗5834人次，站内接诊门诊病人2810人次。

【流动人口计生管理】

据统计，西山区人户分离人口12万人，流动人口32万人，其中已婚育龄妇女2.88万人。为有效做好流动人口计生工作，第一，加大宣传力度，提高流动人口的国策意识。全年上街宣传145次，展出宣传展板350块，出动宣传车55次，免费发放各种宣传资料21万份，出宣传橱窗及黑板报256期，接受咨询服务3万余人。第二，强化属地管理责任制。按照"现居住地和户籍地共同管理，以现居住地为主"的流动人口计划生育管理原则，把流动人口计划生育工作纳入与常住人口一起同宣传、同管理、同服务，融管理于服务之中。设窗口开展对流动人口免费发放避孕药具及相关政策咨询服务，对流动人口计划生育"六项手术"实行免费定期报账制。全年为流动人口育龄妇女做生殖健康检查1.74万人，占已婚育龄妇女的60.55%，使住区育龄流动人口享受到国家和各级政府的免费服务。第三，完善信息通报制度，参与全国流动人口信息交换平台工作。一年提交信息2120条，反馈率100%。调查核实处理举报电话25人，处理直接来局举报件41件，根据市人口和计划生育委员会的安排部署，积极督促各镇、街道办事处计生办与辖区医院保持每周二的对接，报送流动人口无证生育信息。第四，完善有奖举报制度。如马街街道办事处在与社区签订的目标责任书中有举报制度的内容；福海、前卫街道办事处有流出人员点名制，鼓励群众对政策外生育行为进行监督举报。

【促进流动人口生殖健康】

项目于2006年2月16日正式启动，在项目实施过程中，在马街、福海街道办事处的流动人口和服务机构中开展问卷调查；对作为项目技术点和服务点的区计生服务站、保健所、福海卫生院及10个私营诊所的医务人员进行生殖健康服务培训。把项目与日常工作紧密结合，各项目点在流动人口较多的地方成立计划生育协会，让流动人口互通信息，在逐步实现自我教育、自我管理、自我服务的过程中开展各项活动。区委、区政府于7月26日召开西山区促进流动人口生殖健康项目信息发布会，初步构建了维权行动、社会工作、公共服务、社区发展四位一体的流动人口生殖健康管理服务创新模式。

【奖优免补】

完成符合国家和省政策条件的农业人口独生子女家庭奖励规定兑现，其中中、高考加分374人，教育奖学金4119人，一次性奖励377人，养老生活补助33人。2007年农业人口办理“光荣证”3113户。西山区“社会人”独生子女保健费，按区、镇两级各承担50%的比例兑现实际发放数。坚持儿童节慰问山区独生子女户，把党和政府的温暖送到实行计划生育的家庭。

【基层基础工作指导】

西山区人口和计划生育局每月的例会和半年、年终检查都要进行入户调查，核对台账，发现问题及时纠正，保证台账能及时、准确地反映工作情况。年内完成对西山区镇、处计划生育助理员和村（居）委会计划生育宣传员的培训工作。西山区各级按时间要求完成“一次性奖励金”和“教育奖学金”微机录入工作。

2008年

【概述】

据计划生育统计报表统计，2008年统计年内，西山区共出生2578人，出生率为6.15‰；死亡人数1480人，死亡率为3.53‰；自然增长率为2.62‰；符合政策生育率为99.92%，综合节育率为88.87%，宣传品新进入户率为87%，流动人口信息交换平台回复率为100%，生殖健康服务覆盖率户籍人口为90%，流动人口为82%，群众对计划生育工作的满意度较往年有所提高。

【工作情况】

根据领导换届的实际情况，2008年初，调整充实了区人口和计划生育领导小组成员。4月8日，召开了西山区计划生育工作会，通报了对各镇（街道）2007年考核结果，兑现了目标考核奖，并与各镇（街道）计生办签订了目标责任书。

【宣传教育】

宣传工作力求立足基层，面向家庭，贴近群众，开展了一系列丰富多彩的群众性宣传活动。一是突出“三为主”之首，创新宣传形式，区、镇（街道）和村（居）委会都设置了固定的宣传标语、宣传栏和灯箱等。据统计，年内累计发放各种宣传资料5万余份，避孕药具34箱，咨询3600余人

【依法行政】

依法行政工作全面加强。根据上级要求，对行政审批、行政执法、行政处罚、行政赔偿等事项进行梳理、细化。制订出了行政处罚程序、行政执法制度、行政赔偿制度等。“阳光政务”工作上网公开，让群众充分知晓权利、义务和党的惠民政策。认真做好信访工作。向社会公开投诉电话，全年共接待群众政策咨询、遗留问题解答205件。

【优质服务】

为切实提高计划生育优质服务水平，首先抓技术服务能力建设。服务站迁入新址后，主要在软、硬件的建设上下工夫，全体技术人员参加了市人口计生委组织的科技大练兵活动，全员考试合格。继续对西山区符合政策生育的在孕和待孕的妇女给予免费补服“斯利安”，促进人口出生素质的提高。开展了“西山区乳腺疾病普查普治项目”，共检查1915人，受到了项目点育龄妇女的欢迎。继续实施优质服务“三大工程”，全面开展优生检测，全年共检测TORCH1207例，唐氏综合症筛查381例，免费生殖健康检查5327人。

【“奖优免补”】

奖优免补政策全面落实。全面完成了符合国家和省政策条件的农业人口独生子家庭的奖励规定兑现，其中：高考加分人员资格审查150人，中考加分人员资格审查327人，教育奖学金小学2187人，中学1288人，省一次性奖励农业人口享受人员的资格审查334户，养老生活补助人员资格审查18户。2008年办理《光荣证》3058本。按上级要求，在规定时间内完成了计划生育家庭特别扶助对象资格确认和录入工作。西山区“社会人”的独生子女保健费得到了较好的落实。

【流动人口服务管理】

为确实提高流动人口计划生育管理服务效能，经区政府第26次区长办公会研究，同意在西山区配备35名流动人口计生专管员。认真落实免费技术服务。对流动人口计划生育六项手术实行免费定期报账制，全年为流动人口育龄妇女免费生殖健康检查7693人，实施计划生育手术898例；避孕药具免费发放覆盖到了每个社区、小组。积极推进流动人口信息化管理。对辖区内流动人口进行了清理清查，对违法生育和计外怀孕情况登录交换平台，与流动人口原籍互通信息，实现双向管理。

【计划生育协会】

西山区计生协会始终把工作重心放在紧紧围绕人口和计划生育的中心工作上。认真开展“生育关怀行动”关怀对象的基线调查，拟定了实施方案，发动基层协会为计划生育困难户做好事。积极参与民主管理，帮助村（居）委会自治章程、居民公约的修订，使人口和计划生育工作，特别是流动人口的计划生育纳入了村（居）民自治的内容。积极组织协会会员参与公益活动，开展特殊会费捐款，西山区共捐特殊会费79828元。为扶贫联系点的村委会协会建起了文化室，方便会员学习和活动。

东川区

2006年

【概况】

2006年，东川区认真贯彻执行《中华人民共和国人口与计划生育法》、《云南省人口与计划生育条例》，继续控制人口数量，提高人口素质，全年工作以遏制违法生育为中心，以狠抓基层、夯实基础为重点，以农业人口独生子女“奖优免补”为突破口，认真落实“三为主”方针，较好地完成了昆明市下达的各项计划生育指标。年内，通过开展计划生育专项整治行动，违法生育行为得到全面清理处罚，违法生育现象抬头的趋势基本得到遏制， 统计数据不真实、漏报瞒报现象得到纠正。

【统计数据】

2006年末东川区总人口29.05人，按计生口径统计，年内出生人数2647人，出生率9.38‰；死亡人数1348人，死亡率4.78‰；自然增长率4.6‰；计划生育率为96.45%；避孕及时率为82.5%，三术率（长效避孕率）为83.85%。 “奖优免补”网站数据录入率达99.5%；“奖优免补”政策知晓率达91%；“5331”工程达标率96.5%；宣传品进村入户率达84%。年度内区级投入计划生育事业费180.7万元。农业人口新领取独生子女父母光荣证户数364户， 截至9月30日，东川区农业人口累计领取独生子女父母光荣证户数达3348户。

【区人口资源环境工作座谈会】

2006年2月10日上午，在区人大、政协第二届四次会议召开期间，区召开东川区人口资源环境工作座谈会。参加会议的有区级领导王光明、汪一舟、龚志兴、马玉琼、邹康、马俊、黄铭，区计划生育工作领导小组成员、各乡（镇）党政主要领导、计生专干、区属各部委办局的领导共82人。会议由区委副书记、区人民政府代区长田文主持，区人口和计划生育局、区国土资源管理局、区环保局、区水利局、区林业局、区安监局分别在会上做工作汇报和2006年的工作安排。区人民政府副区长马俊宣布2005年人口和计划生育目标责任书兑现情况并与各乡（镇）签订2006年人口和计划生育目标责任书。

昆明市委常委、区委书记高德明作讲话。他说：2006年，东川区人口和计划生育工作必须突出两个重点，一是重点控制计划外多孩出生，二是抓好奖优免补工作。高书记指出，东川计划生育工作形势严峻，对虚报、漏报、瞒报计划外多孩现象必须重点解决，2006年对计划外多孩要严格控制，该查就查，该处理就处理，该罚就罚。计划生育工作中独生子女奖优免补工作要早抓、早安排、早落实。要加大奖优免补宣传力度，使奖优免补这个好政策深入人心。各乡（镇）党委政府必须高度重视计划生育工作，坚持一把手负总责，亲自抓，坚持实行一票否决制，上级下达的各项指标任务必须坚决完成。

【计划生育专项整治行动】

2006年2月20日开始，为了从根本上解决东川区基层统计数据不真实的问题和遏制违法生育，广泛开展以“六查六落实”为主要内容的计划生育专项整治行动。区级成立了以区长为组长，区纪委书记、分管副区长为副组长，有关部门负责人为成员的专项整治工作领导小组，并以东办通〔2006〕10号文印发了《东川区计划生育专项整治行动实施方案》，从区纪委、区监察局、区财政局、区教育局及区人口和计生局等有关部门抽调了8人组成指导组。

专项整治行动工作目标明确重点突出，以清理违法生育情况并进行全面处理；加大执法力度，征收社会抚养费并落实绝育措施；去除统计水分和虚假统计数据，实事求是，反对虚报浮夸，欺下瞒上为重点，进行“六查六落实”：1.查违法生育情况，落实处理处罚措施；2.查农业人口独子证办理情况，落实奖优免补政策；3.查已婚育龄妇女孕情和生育情况，落实生育计划；4.查节育措施情况，落实以长效为主的节育措施；5.查流动人口等特殊人群情况，落实管理服务；6.查晚婚晚育情况，落实引导措施。

整治工作分为宣传动员阶段、组织实施阶段、总结检查阶段和整改巩固四个阶段进行，至7月30日结束。

【加强对人口和计生工作指导督促】

东川区人口和计划生育局为加强对各乡（镇）人口和计划生育工作的检查督促，继3月23日东川区人口和计划生育工作会议召开后，分别于4~6月组织工作人员分赴各乡（镇）调研、指导工作。

2006年4月19~27日，由局长杨伟、书记张福林、副局长孙良红带队到8个乡（镇）对计划生育专项整治行动进行指导，督促目标任务的完成。

2006年5月17~25日，在副区长马俊的带领下，区人口和计划生育局杨伟局长、孙良红副局长和有关科室负责人到乌龙镇、拖布卡镇、汤丹镇，对计划生育工作特别是专项整治行动进行调研，并对乡（镇）工作提出指导意见，要求各乡（镇）一是要以打黑除恶为契机，切实抓好专项整治工作，加大对历年来违法生育未处理人员的查处力度；二要切实抓好奖优免补工作；三要切实坚持“三为主”的工作方针，夯实基层基础工作；四要抓好法律法规的宣传，规范执法程序；五是要求计生办、服务所人员加强学习，更新观念，提供优质服务；六要采取有力措施，确保目标任务的完成。

2006年5月下旬至6月上旬，又组织工作人员分别到了铜都镇、红土地镇、因民镇、舍块乡进行工作调研和指导。

【药具工作】

8月17日~18日，昆明市药具站在毕天有书记的带领下，到东川区检查使用安全套预防艾滋病工作。区人口和计划生育局领导非常重视此次检查工作，由党组书记张福林、区避孕药具管理站职工共8人组成市场联合检查小组，对辖区内药店、宾馆.旅店、招待所进行全面检查。经检查除1家未摆放及两家负责人不在，情况不明外，其余30家都100%摆放。检查结束后毕书记对今后工作提出要求。

通过经常性和突击性检查活动的开展，进一步提高了娱乐服务场所安全套防范意识、有效带动社会不同人群积极参与使用安全套预防艾滋病工作，为降低高危人群营造良好氛围。

【干部队伍建设】

2006年8月27日~9月3日，东川区人口和计划生育局在东川区成人职教中心举办东川区计划生育系统干部培训班。东川区8个乡镇分管计划生育工作的领导、计生办全体人员及区人口和计划生育局机关干部共计56人参加了此次培训。

在2006年8月28日举行的开班仪式上，邀请了区属各部、委、办、局及8乡镇主要领导参加。区委副书记、区纪委书记王光明，区政府副区长马俊出席会议并讲话。马俊副区长分析了当前东川区计划生育工作面临的问题和困难，认为主要是宣传不到位、政策学习不够、责任意识不到位，基层基础工作薄弱等，迫在眉睫的问题是提高计划生育干部队伍的业务素质及政策水平，加强制度建设，从奖优免补、整治违法生育着手，理清思路。要求各位学员认真学习、深刻领会，一定要把握好政策界线。

培训班邀请了省计生委发展规划处处长吴宏，昆明市人口和计划生育委员会统计处处长李华忠、法规处处长刘朝霞、宣教处处长李小天、流动人口管理处处长都吉，市计生协会秘书长王学艳进行授课。内容主要有：《人口理论与实践》、《人口与计划生育统计》、《基层统计台账管理》《如何做好新形势下计生协会工作》、《云南省计划生育条例》、《云南省农业人口独生子女奖励规定》、《流动人口管理办法》等。

【基层计生服务所建设】

（一）汤丹镇服务所。计划新建面积600平方米，工程投资48万元。其中：市级补助30万元，区级补助18万元。年末工程已建设完工，实际建设面积560平方米，完成投资58万元。其中：市级补助30万元，区级配套18万元，汤丹镇自筹10万元。覆盖服务群众3.96万人。其中：已婚育龄妇女7 661人，服务所有工作人员5名（均为专业技术人员）。（二）乌龙镇服务所。计划新建面积100平方米，改建面积100平方米，工程投资12万元。其中：市级补助8万元，区级补助4万元。年末工程已完工，实际完成新建面积210平方米，改建面积100平方米，完成投资22万元。其中：市级补助8万元，区级补助4万元，由于计划新建面积增加，资金缺口10万元。覆盖服务群众2.42万人。其中：已婚育龄妇女4 701人，服务所有工作人员5名（专业技术人员2名）。（三）阿旺镇服务所。计划新建面积600平方米，工程总投资48万元。其中：市级补助30万元，区级补助18万元。年末工程已建设完工，实际完成新建面积630平方米，完成投资63万元。其中：市级补助30万元，区级补助18万元，镇政府自筹15万元。覆盖服务群众3.46万人。其中：已婚育龄妇女6 824人，服务所有工作人员4名（专业技术人员3名）。（四）舍块乡服务所。计划新建面积100平方米，改建100平方米，工程总投资12万元。其中：市级补助8万元，　区级补助4万元。至年末，100 平方米的改建工程已完工，计划新建面积100平方米由于舍块乡政府所在地建设用地紧张，到2007年10月中旬乡政府才落实解决，年末完成主体工程的50%。工程完工后可覆盖服务群众7 747人。其中：已婚育龄妇女1 359人，服务所有工作人员3名（均为专业技术人员）。（五）红土地镇服务所。计划新建面积400平方米，工程总投资32万元。其中：市级补助28万元，区级补助4万元。因红土地镇2007年进行新集镇的统一规划建设，为保持与新集镇的规划建设和功能配置相协调，服务所建设也纳入了统一的规划中，至年末建设用地已经落实，场地完成平整，工程开工建设，预计2008年4月完工。该服务所可覆盖服务群众2.24万人。其中：已婚育龄妇女4 103人，服务所有工作人员2名（均为专业技术人员）。

【市级专家组为农业人口独生子女免费体检】

2006年10月16日，昆明市人口和计划生育委员会专家组一行19人，在区人口和计划生育局领导及医务人员的陪同下，到乌龙镇开展免费为农业人口独生子女进行体检的活动，把市委、市政府对办理了农业人口独生子女的关怀送到农村落到实处。

专家组由市计生委技术服务中心马红军主任带队，成员包括昆明市延安医院两位著名儿科专家、市计生服务中心主治医师及有关专家。专家组在乌龙镇计划生育服务所为乌龙镇117名0～14周岁的农业人口独生子女进行包括五官、内科、外科、血常规等四大项共计20个小项的身体检查。专家们对婴幼儿及少年儿童发育情况或查出的疾病提出了综合指导及治疗意见，让广大的家长及时了解如何加强改善子女的营养、改变不良生活习惯、预防和治疗疾病，真正做到少生优育。

2007年

【概况】

2007年，东川区的人口和计划生育工作贯彻执行中央《关于全面加强人口和计划生育工作统筹解决人口问题的决定》及省、市人口和计划生育工作会议精神，紧紧围绕市政府及市计生委下达的人口和计划生育工作目标，以强化领导，狠抓基层，夯实基础为重点，认真落实“三为主”方针，研究解决人口和计划生育工作出现的新情况、新问题，积极探索统筹解决东川人口问题的新思路、新途径。

【统计数据】

2007年末东川区总人口29.12万人，按计生口径统计，育龄妇女56650人，年内出生人数2186人，人口自然增长率为4.05‰，符合政策生育率为

96.25%。东川区农业人口累计领取《独生子女父母光荣证》3016户。

【东川区人口和计划生育工作会】

2007年2月14日，东川区召开东川区人口和计划生育工作会，区计划生育工作领导小组25个成员单位主要领导和7镇1乡的乡（镇）长、分管领导、计生办主任、服务所负责人及区人口和计划生育局机关的全体人员共110多人参加会议。会上，区人口和计划生育局对东川区2006年的人口与计划生育工作开展完成情况进行汇报，通报了2006年度各乡（镇）人口与计划生育目标管理责任的考核结果，并对2007年的工作进行安排，同时与各乡（镇）计生办签订了2007年度人口与计划生育目标管理责任书。为加强交流，组织了3个乡（镇）就计划生育工作方面取得的成功经验进行交流。副区长马俊结合市计生工作会议精神对东川区2007年的人口与计划生育工作提出了围绕“5个三”，（三项管理、三大建设、三项机制、三率控制和三大服务）任务的落实，明确责任，扎实工作，力争2007年东川区的计生工作再上一个新台阶，为东川再就业特区建设营造一个良好的人口环境。

【参加“三下乡”活动】

2007年2月2~4日，东川区人口和计划生育局参加了由区委宣传部牵头组织到乌龙镇和阿旺镇开展的“三下乡”活动。这次活动中，区人口和计划生育局由局长陆华带队，一行16人，活动内容主要以关爱农村独生女孩为重点，捐赠给乌龙镇和阿旺镇农业人口独生女孩家庭户踏花被237床，价值1.7万元；发放历书、计划生育法律法规汇编、日历画、小折页、《东川区人民政府致东川区农村一孩家庭的公开信》、致流动人口的1封信、出生缺陷干预、生殖健康、性病防治等宣传材料3万余份；政策咨询50余人。区服务站的医生为两镇的农村妇女进行了生殖健康咨询和检查150余人，量血压200余人；区药具站免费发放了价值3000余元的避孕药具。

【昆明市调研组调研东川人口计生工作】

2007年3月29日，市委政策研究室综合处处长张文华与市人口和计划生育委员会助理调研员缪官田带领市调研组一行4人到东川对学习贯彻《中共中央国务院关于全面加强人口和计划生育工作统筹解决人口问题的决定》情况进行调研。调研组在听取了区人口和计划生育局局长陆华就东川区贯彻落实中央《决定》所做的工作情况汇报后，先后与财政、统计、教育、公安、劳动、民政等部门负责人及乡（镇）计生专干座谈，广泛听取对人口计生工作的意见、建议和基层计生工作中存在的问题和困难，对东川人口和计划生育管理体制、机制、区乡（镇）计划生育机构、队伍建设、经费保障、流动人口管理与服务、计划生育利益导向机制落实等情况进行全面调查了解。在听取汇报和座谈后，调研组要求东川加大对中央《决定》的宣传力度，认真落实计划生育利益导向的奖励、扶助等惠民政策。加大执法力度，扼制违法生育，认真解决好乡、村计生干部的待遇，充分调动基层计生干部的积极性，进一步稳定低生育水平，促进人口与计划生育工作全面发展。

【宣传教育】

2007年4月10~25日，为确保享受计划生育养老生活补助政策执行到位，使国家资金发挥最大的效益，东川区人口和计划生育局组织开展了农村部分计划生育家庭奖励扶助对象见面调查工作，对东川区享受计划生育养老生活补助的对象进行入户见面调查及核实。为搞好此项工作，区人口和计划生育局召开专题会议进行研究部署，制订专门的工作方案。从局机关及乡（镇）计生办抽调了18人组成3个调查组，分片负责，对8个乡（镇）分布在130多个村委会的享受计划生育养老生活补助的对象进行入户见面调查核实。通过调查核实，对查出的问题及时纠正，使东川区农村部分计划生育家庭奖励扶助政策的实施更加规范，把党和国家对他们的关心切实落实到每位对象手中。

【计划生育行政执法】

2007年7月18～31日，东川区人口和计划生育局对东川区7镇1乡的计划生育行政执法工作开展情况进行了监督检查，对执法监察中发现的问题，要求乡（镇）限期整改、纠正，规范东川区计生系统的行政执法工作。按照昆明市人口和计划生育委员会《关于开展全市人口计生系统计划生育行政执法监察的通知》要求，东川区人口和计划生育局从加强执法监察，规范东川区计生系统行政执法，树立良好计生执法形象的工作目标出发，成立了由陆华局长担任组长，孙良红、张福林副局长任副组长，各科室负责人为成员的行政执法监察工作组，制订专门的监察工作方案，对东川区7镇1乡在生育证审批、征收社会抚养费、“奖优免补”政策的落实、流动人口和农民工计划生育便民维权措施的落实及计划生育政务公开等计划生育行政执法工作开展情况进行监督检查。工作组对检查出的问题及时向乡（镇）党委、政府进行反馈，同时要求各乡（镇）及时进行纠正和整改。

【村级计划生育宣传员培训】

2007年8月8～10日，为深入贯彻学习《中华人民共和国人口与计划生育法》《云南省人口与计划生育条例》《云南省农业人口独生子女家庭奖励规定》，增强法律意识，进一步提高计划生育宣传员业务素质，推进东川区计划生育事业发展进程。东川区人口和计划生育局组织了东川区148个村的计划生育宣传员和11个社区副主任共174人进行业务知识培训。培训班邀请了市计生委相关处室的领导授课，培训内容涉及计划生育法律法规、统计知识、宣传教育、流动人口管理等方面。法规处处长刘朝霞、统计处处长李华忠、宣教处处长李小天、流管处处长都吉4位领导针对本处室的业务知识进行了系统、全面、细致的讲解，对学员提出的问题一一作了解答。

【规范人口计生宣传标语口号】

2007年8月，为进一步规范人口和计划生育标语口号，落实“5331”工程，提高标语口号的宣传质量。区人口和计划生育局认真贯彻国家、省、市人口计生委的有关通知精神，将国家征集评选出的190条计生宣传标语口号转发到各（乡）镇，并成立工作组深入到各乡（镇）、村（居）、组，对各乡（镇）开展清理规范更新人口计生宣传标语口号的工作进行检查指导。要求各乡（镇）、村（居）、组分别对辖区内的计生标语口号进行自查自纠，对一些质量低下、冷漠、强硬、命令式、强迫式、不符合依法行政、容易引起群众反感和抵触的标语口号及时清理、规范和更新，更新标语全部使用国家人口计生委推荐的新时期计生标语口号。东川区人口和计划生育局从国家推荐的190条标语中挑选出18条温馨标语，在东川城区凯通路段制作了18块36面标语宣传灯箱，标语内容醒目规范，画面温馨和谐，为建设社会主义新农村、构建和谐东川创造良好的人口环境。

【打击非法行医专项行动】

2007年10月10～11日，由东川区人口和计划生育局牵头，组织区卫生、药监、公安、工商等部门联合开展打击非法行医专项行动，在整个活动中，出动执法人员12人，对东川城区和阿旺镇进行专项整治行动。专项整治的对象是个体诊所和“黑诊所”，行动打击的重点是：未取得《计划生育技术服务执业许可证》而擅自从事计划生育技术服务的个体诊所和“黑诊所”，以及计划生育技术服务未经批准、擅自开展《计划生育技术服务管理》规定以外的其他临床医疗服务项目的行为；非法取环、人流、胎儿性别鉴定和选择性别终止妊娠手术的行为；违法发布计划生育医疗传单和广告的行为。行动采取拉网式检查，经过对东川区人和诊所、便民临床医学综合门诊部等7家个体诊所进行检查和整治，清理出违反《计划生育技术服务条例》擅自从事计划生育技术服务的个体诊所1家，使用非法医疗器械5个品种，数量41付，超医疗执业许可范围经营2家。对其他诊所进行了宣传教育，严禁开展计划生育的有关技术服务。

【基层计生服务所建设】

2007年东川区有基层计划生育服务所建设任务共计8个。其中：2006年度为汤丹镇、阿旺镇、红土地镇、乌龙镇和舍块乡服务所建设，2007年度为东川区服务站、铜都镇和拖布卡镇服务所建设。至2007年末，各项目工程进展情况如下：（一）东川区服务站建设。计划新建面积800平方米，改建面积400平方米，工程总投资96万元。其中：市级补助50万元，区级补助46万元。至年末项目建设的规划设计已经完成，但工程尚未开工建设。主要是配套申报了国债项目，经向市发改委请示，国债项目必须批复后才能动工，因此项目只有在国债项目批复后才能建设。该项目覆盖服务群众28.63万人。其中：已婚育龄妇女5.65万人，服务所有工作人员13名（专业技术人员9名）。（二）拖布卡镇服务所建设。计划新建面积120平方米，改建面积280平方米，工程总投资21万元。其中：市级补助15万元，区级补助6万元。至年末，已完成项目的规划设计，但工程尚未开工建设。主要是配套申报了国债项目，待国债项目批复后建设。该项目覆盖服务群众3.04万人。其中：已婚育龄妇女4 103人，服务所有工作人员5名（均为专业技术人员）。（三）铜都镇服务所建设。计划新建面积500平方米，工程总投资40万元。其中：市级补助28万元，区级补助6万元。年末项目建设的规划设计已经完成，但工程尚未开工建设。项目覆盖服务群众11.41万人。其中：已婚育龄妇女2.38万人，服务所有工作人员9名（管理人员3名）。

2008年

【概况】

2008年，东川区人口和计划生育工作在区委、区政府的高度重视和正确领导下，在区人大的监督下，在昆明市人口计生委大力支持和指导下，坚持以“三个代表”重要思想为指导，深入贯彻落实科学发展观，按照新时期稳定低生育水平、统筹解决人口问题、促进人的全面发展的要求，认真落实全市人口计生工作会议精神，紧紧围绕市政府下达的人口和计划生育工作目标责任，增强领导干部的紧迫感和责任感，狠抓基础，强化管理，创新工作机制，努力推动东川人口和计划生育工作又好有快地发展，为东川超常规、跨越式、可持续发展营造良好的人口环境。

【统计数据】

2008年末东川区总人口29.33万人，其中非农业人口10.33万人，农业人口19万人。具统计，育龄妇女57396人，年度出生人口2530人，其中：计划内生育2468人，符合政策生育率97.55%，人口自然增长率3.76‰。东川区累计办理独生子女父母光荣证8430户，其中农业人口2815户。

【东川区人口和计划生育工作会】

2008年1月25日，东川区召开2008年人口和计划生育工作会，区委、人大、政府、政协的分管领导，各乡（镇）乡（镇）长、分管计生工作的乡（镇）长、区领导小组25个成员单位的领导及各乡（镇）计生办主任、服务所所长和区计生局全体干部职工共计81人参加了会议。会上，区人口计生局局长陆华对东川区2007年度的人口和计划生育工作情况进行了汇报，并对2008年度的工作进行了安排布置；通报了2007年度各乡（镇）人口和计划生育目标管理责任的考核结果，兑现了目标考核奖；2个镇就计划生育工作方面的成功经验进行了交流；同时，区政府与各乡（镇）人民政府、区人口计生局与各乡（镇）计生办分别签订了2008年度的人口和计划生育目标管理责任书。马俊副区长结合市计生工作会议精神对东川区2008年度的人口和计划生育工作提出三点意见：一是把握形势，深化认识，进一步增强做好人口计生工作的紧迫感和责任感；二上突出重点，破解难点，全面提高人口和计划生育工作水平；三是加强领导，创新机制，促进人口和计划生育工作不断实现新跨越，会议强调2008年东川区的人口和计生要以十七在精神为指导，深入贯彻落实科学发展观，以饱满的政治热情，高度的负责精神，优良的工作作风，在新的起点上努力开创人口和计划生育工作的新局面。此次会议的召开，让区领导小组成员单位和各乡（镇）及时了解掌握目前东川区人口计生开展情况和存在问题，使各单位、乡（镇）“一把手”进一步增强了人口计生工作的紧迫感和责任感，同时做到计生工作早计划、早安排，为东川区全面完成2008年度人口和计划生育目标管理责任，进一步提高东川区人口和计划生育工作水平水奠定了基础。

【软环境建设】

优化经济社会发展软环境是实现建设现代新昆明战略目标的重要保障，是实现东川再就业特区超常规、跨越式发展的必然要求。按照区委、区政府的统一安排部署，3月份区人口和计划生育局认真开展优化社会经济发展软环境建设，与实际工作相结合，注重落实，努力优化提高自身管理服务水平。审批项目由原来的5项精简为1项，审批办理时限大幅压缩，行政效能得到提高。对清理和精简后的行政审批事项进行细化和流程再造，通过东川政务网向社会公布，通过东川电视台向社会作出公开承诺，行政审批更加透明。严格执行首问责任、服务承诺、限时办结三项制度，机关作风得到改进。

【开展优质服务】

2008年4月24—25日，为把优化人口计生软环境建设落到实处，东川区人口和计划生育技术服务站大力推行“一线工作”法，立足本职工作，开展优质服务“三进”活动，即：进社区、进企业、进村组，把优质服务送到群众家门口，提高群众对人口和计划生育的满意度。区服务站张开云站长带领其他三名医生在铜都镇计生办和服务所的大力支持、配合下，先后到铜都镇所辖桥北和祥合社区开展免费计划生育技术服务、生殖健康和保健知识咨询、政策咨询及避孕药具发放活动。本次活动共为172名育龄妇女做了妇检，查处病例22例，其中子宫肌瘤7例、盆腔积液10例、囊肿5例，及时为患者进行了医疗指导；生殖健康保健和政策咨询186人次；免费血压测量158人；发放各类计划生育宣传资料近2000份，免费发放价值3000多元的避孕药具。此次活动的开展，在社区广大育龄妇女和外来流动人口中产生了较好的影响，用实际行动让群众感受到新时期人口和计划生育工作向以人为本优质服务工作的转变。下一步，区服务站将全部完成对城区所有社区优质服务进驻活动，并积极支持、配合乡镇医学监护工作，开展进企业、进村组活动。

【开展生育文化示范村建设】

2008年5月6日，在阿旺镇分管人口计生工作钟斌副镇长的陪同下，东川区人口和计划生育局陆华局长、孙良红副局长率领相关科室负责人到岩头村，对生育文化示范村建设工作进行指导。在听取了钟斌副镇长对岩头村基本情况的介绍后，陆华局长指出：开展生育文化示范村建设对推动新时期农村人口和计划生育工作的发展，稳定低生育水平，提高人口素质，有着非常重要的作用；我们要以创建生育文化示范村为载体，用科学发展观统领计划生育宣传教育工作，通过建设新型生育文化，树立科学、文明、进步的婚育观，促进社会主义生育文明，创造良好的人口环境。并就生育文化示范建设提出建议：一是生育文化示范村的创建要区、镇、村三级联动，按照示范村建设的内容和标准开展工作；二是要与新农村建设有机结合起来，把计划生育工作融入到新农村建设中去；三是示范村的建设不能流于形式，要充分发挥示范村的阵地作用，开展形式多样的活动，真正达到长期、有效的计划生育宣传氛围；并表示，在上级无专项经费的情况下，人口计生局将在物资和经费上给予一定的支持，并指定专门的工作人员负责全程指导。随后孙良红副局长对示范建设 “五个一、八个有”的内容进行了详细的介绍和说明，让镇计生办和村两委班子成员对示范村建设有了更具体的认识。最后，在岩头村两委的陪同下，一行人深入拟建设地点进行实地察看，并结合一些具体问题和实际工作进行了指导。

【创新流动人口计划生育管理新机制】

2008年6月6日，作为东川流动人口最为集中的铜都镇（占东川区流动人口总数80%以上），召开了所辖18个社区计划生育宣传员工作会，对创新流动人口计划生育管理服务工作进行业务培训，并就具体工作进行了安排。会上，区人口计生局孙良红副局长传达了，市人口计生委关于创新流动人口计划生育管理工作的专题会议精神，并结合东川区的现状提出：要进一步健全镇、社区（村委会）、村（居）民小组管理网络，以管出租房、管用工企业、管物业小区为重点，"三管"齐下，力争流动人口管理服务工作不留死角，覆盖率达100%。区计生局流动办工作人员对《昆明市流动人口计划生育管理条例》和东川区新启用的流动人口统计台账的填报进行了培训。会议最后，分管人口计生工作的张国庆副镇长，对各社区近期的工作进行了强调，要求各社区在7月底前完成流动人口统计台账的建档工作，摸清底数和基本情况，为下一步的工作打好基础。目前，区人口计生局已印制了7000份流动人口统计台账登记账页分发到各乡镇，预计8月初东川区即可完成对流动人口进行统一建档立卡的工作，为实现"四同"管理奠定基础；与用工企业签订责任书的工作已基本落实，现正结合东川区实际，积极筹备与出租房、小区物业管理签订责任书的相关事宜。

【依法行政】

2008年6月19日，为进一步规范东川区计划生育行政执法，严格执行收支两条线，防止"坐收坐支"现象的发生，推进人口计生系统的廉政建设，区人口计生局与东川公安分局联合制订了《关于规范违法生育和违法多生育人员办理小孩落户手续的通知》，规范东川区在办理违法生育和违法多生育人员小孩落户时的办理程序。从2008年7月1日起，东川区在办理违法生育和违法多生育人员小孩落户时将严格按照以下程序办理：1.对违法生育（非婚生育、无证生育、抢生）的人员，由乡镇计生办填写《东川区违法生育罚款征收决定书》，报区计生局法规科审核，经局长审批后，当事人把罚款交到指定银行后，凭银行出具的收款收据到法规科办理落户证明。2.对违法多生育（超生）人员，各乡镇要严格按照委托书和《云南省社会抚养费征收管理规定》的有关规定征收，并出具《云南省社会抚养费专用收据》。当事人凭乡（镇）计生办出具的征收清单及《云南省社会抚养费专用收据》办理落户手续。3.各乡镇派出所在办理违法生育（非婚生育、无证生育、抢生）人员小孩落户手续时，凭区计生局出具的落户证明进行办理。办理违法多生育（超生）小孩落户手续时，凭乡（镇）计生办出具的征收清单和《云南社会抚养费专用收据》进行办理。在公安部门的鼎力支持下，东川区人口计生局从涉及当事人的切身利益出发，倒逼各乡镇计生办规范计生行政执法，规范票据的管理使用，严格遵守"收支两条线"，有力推进人口计生系统的党风廉政建设。

【开展生育关怀行动】

2008年7月31日，在北京奥运会即将开幕之际，东川区委、区政府开展"生育关怀行动"——向农村贫困独生子女、双女户家庭捐赠电视机，昆明市人口计生协会会长戴文忠、东川区委常委、区委宣传部部长蒋静蓉、区人大副主任邹跃云、区人民政府副区长马俊、区政协副主席黄铭出席了启动仪式。向200户农村贫困独生子女、双女户还没有电视机的家庭，每户捐赠一台21寸康佳彩色电视机。

【开展关怀贫困独生子女及女孩考生活动】

为进一步深入贯彻落实《云南省农业人口独生子女家庭奖励规定》，提高"奖、优、免、补"政策在群众中的影响力，宣扬少生优生的婚育新风和新型生育文化，关注、关爱女孩健康成长，东川区人口计生局从工作经费中挤出1.7万元，用来奖励2008年考取大专院校的6名农村独生子女（每人1500元）和8名家庭贫困的女孩考生（每人1000元）。

【计划生育村（居）民自治工作】

2008年东川区已有158个村（居）委会完成了计划生育自治章程和村规民约的制订工作，并开始按照自治制度开始管理本村的人口和计划生育工作，占东川区163个村（居）委会的96.9%。在工作中采取的主要做法是坚持一个核心和两个结合，即：开展计划生育村（居）民自治坚持以村（居）委会党支部的领导为核心。坚持党委、政府的领导是开展计划生育村（居）民自治工作的重要保障。在东川区开展计划生育村（居）民自治工作中，充分发挥村（居）委会党支部在工作中的领导核心作用。村（居）委会党支部统一对计划生育村（居）民自治工作的领导和监督，选好计生干部，落实计划生育工作职责；村（居）委会依据现行的计划生育法律法规， 结合本村的情况，制订《计划生育自治章程》、《计划生育村民自治村规民约》，及时组织召开村民大会或村民代表会讨论、完善，直至通过，按照自治章程、村规民约管理本村计划生育工作；村级计生协会利用会员广、密切联系群众的优势，组织好宣传动员工作，积极参与计划生育村民自治，起好带头作用自觉履行村规民约，村（居）委会党支部、村（居）委会、村（居）计生协会三位一体确保计划生育村民自治工作顺利开展。开展计划生育村（居）民自治与新农村建设相结合。东川区在开展计划生育村（居）民自治工作中，以新农村 “乡风文明，管理民主” 的建设为切入点，把《计划生育自治章程》、《计划生育村民自治村规民约》的制订融入新农村的制度建设中，以新农村建设带动计划生育村（居）民自治，以计划生育村（居）民自治促进新农村的婚育文明和计划生育的民主管理。开展计划生育村（居）民自治与新时期人口和计划生育服务管理的需要相结合。在东川区的工作中：一是《计划生育自治章程》和《村规民约》的条款制订做到广泛征求群众的意见，重视群众的广泛参与，所有条款必须经过村民或村民代表大会讨论通过，尊重群众的意愿，以人为本；二是《计划生育自治章程》和《村规民约》的具体内容以新时期人口和计划生育工作以人为本、依法管理、优质服务的工作要求和需要相结合，对现有的计划生育法律法规和服务管理工作进行完善，突出可操作性和服务管理工作的实际需要。

【加强年度目标管理责任考核】

2008年10月27日，由东川区人口计生局张福林副局长带队，计生局办公室、法规、统计等相关职能科室业务骨干组成的考核组一行7人进驻拖布卡镇，对该镇2008年度“双线”目标管理责任的落实完成情况进行检查考核。东川区委、区政府10月6日制订下发了《昆明市东川区人民政府办公室关于2008年度东川区人口和计划生育目标管理责任考核的通知》（东政办发〔2008〕144号），决定由区人口计生局成立考评组，对东川区各乡镇2008年度人口和计划生育“双线” 目标管理责任完成情况进行检查考核。计生局领导班子在接到《通知》后，高度重视，精心组织。一是及时组织成立了由陆华局长任组长、两位副局长任副组长、职能科室业务骨干为成员的考评领导小组，统一完成对东川区8个乡镇的考评工作。二是认真研究，精心组织制订统一的考评评分办法；考评领导小组紧扣“双线”目标责任书内容，在广泛征求意见的基础上，制订了《目标管理责任考核评分表》，对各项目标任务进行量化，确保考评工作的科学性和准确性。三是采取听汇报、看痕迹、进村抽查等多种考评方法，确保考评工作的科学合理。东川区对各乡镇2008年度人口和计划生育“双线” 目标管理责任的考核工作，到11月中旬全部完成。

安宁市

2006年

【概况】

2006年，安宁市认真贯彻执行《中华人民共和国人口与计划生育法》、《云南省人口与计划生育条例》和《云南省农业人口独生子女家庭奖励规定》，以开展创建云南省计划生育优质服务先进市工作为契机，深化“两改、三落实、五送、八项服务”工作理念，推进人口和计划生育综合改革，完成了昆明市下达的各项人口和计划生育指标任务。

【统计数据】

据人口计生统计报表，2006年末全市户籍人口26.46万人，其中：已婚育龄妇女人数5.58万人，年内出生人口1925人，出生率7.50‰，死亡人数1315人，死亡率5.12‰，人口自然增长率2.38‰，长效避孕率77.33%，综合避孕率91.81%，符合政策生育率99.89%。落实“奖优免补”政策，全市办理农业人口独生子女家庭一次性1000元经济奖励资格审核认定265户，办理农业人口独生子女家庭一次性1000元经济奖励历史遗留资格审核认定8107户；办理农业人口独生子女父母养老生活补助资格审核认定265户；办理农业人口独生子女中考、高考升学加分资格审核认定396户；办理农业人口独生子女九年义务教育“奖学金”资格审核认定4347人。“奖优免补”数据录入率100%，育龄群众“奖优免补”政策知晓率96%。印制“计划生育服务指南”39种46.05万份，免费发给育龄群众，人口和计划生育宣传品入户率97%，“5331”宣传工程达标率98.5%。投入“三结合”帮扶资金45万元，资金帮扶389户，信息技术帮扶2606户。

【市政协常委会听取工作汇报】

2006年，安宁市政协主席、副主席、各专委主任（副主任）、部分政协常委会委员听取安宁市人口和计划生育工作汇报。安宁市人口和计划生育局局长卢慧萍汇报2005年人口和计划生育工作情况，各位政协领导、政协委员纷纷给人口和计划生育工作建言献策，肯定了人口和计划生育工作的成绩，指出了存在的问题和不足。

【召开人口和计划生育工作会】

2006年，安宁市召开人口和计划生育工作会，市人大常委会副主任李凤岚、市政协副主席蔡玉英、市人口和计划生育工作领导小组部分成员单位领导，8镇、昆钢公司人口和计划生育分管领导，人口和计划生育办公室负责人，市人口和计划生育局中层干部47人参加会议。会上，安宁市人口和计划生育局局长卢慧萍总结2005年人口和计划生育工作，安排2006年人口和计划生育工作。市人大常委会副主任李凤岚代发八街镇全国“婚育新风进万家”活动奖牌，市政协副主席蔡玉英代发“草铺村全国计划生育协会工作先进集体”奖牌，8镇人民政府代表与安宁市人民政府签订2006年人口和计划生育目标管理责任书。安宁市人民政府副市长张正平作重要讲话，提出当前人口和计划生育工作的4大任务和5项重点工作。

【开展创建省级计划生育优质服务先进市工作】

2006年，昆明市确定安宁市为创建省级计划生育优质服务先进县（市、区）之一，安宁市委、市政府成立工作机构，制订实施意见，提出“改革管理体制、改善服务方式；落实避孕方法知情选择、生殖道感染防治、人口出生缺陷一级预防三大工程；送宣传、送政策、送信息、送药具、送技术”（称简“两改、三落实、五送”服务）。助推管理变革的“创优”工作总体思路，由“等服务”到“送服务”用行为方式的转变诠释计划生育优质服务的人本理念，引发和助推人口和计划生育管理的变革，初步探索一条适宜安宁市人口和计划生育工作持续、稳定、健康发展的新路子。

【开展创建省级计划生育优质服务培训】

2006年6月23日，安宁市人民政府在昆明市干部疗养院，举办计划生育优质服务培训会，安宁市委副书记李海平、市人大常委会副主任李凤岚、市人民政府副市长戴彬、市政协副主席蔡玉英、8镇分管人口和计划生育工作领导，连然镇、太平镇村委会总支书记，人口和计划生育办公室干部、村（居）委会计划生育宣传员190人参加培训会。市人民政府副市长戴彬作培训动员，云南省健康与发展研究会教授熊源发讲解计划生育优质服务的目的、意义、主要任务、工作方法，介绍其他地区的主要工作经验和做法。

【市政府组织外出学习考察】

2006年，安宁市人民政府副市长戴彬带队，组织市人口和计划生育局、市卫生局、8镇分管人口和计划生育工作领导，人口和计划生育办公室负责人，市计划生育服务站、禄脿镇、青龙镇计划生育服务所负责人30人，到牟定县、祥云县学习考察创建计划生育优质服务先进县经验。听取牟定县分管人口和计划生育工作副县长黄玲，县人口和计划生育局局长吴继英。祥云县分管人口和计划生育工作副县长单进园，县人口和计划生育局局长张之明创建国家级计划生育优质服务工作情况介绍。

【召开创建省级计划生育优质服务先进市工作推进会】

2006年，安宁市人民政府召开创建省级计划生育优质服务先进市工作推进会，8镇镇长、分管人口和计划生育工作、昆钢公司分管人口和计划生育工作领导、人口和计划生育办公室负责人，安宁市创建省级计划生育优质服务先进市工作领导小组成员单位主要领导参加会议。安宁市创建省级计划生育优质服务先进市领导小组办公室主任、市人口和计划生育局局长卢慧萍作“坚持以科学的发展现为指导，全面推进安宁市计划生育优质服务先进市创建工作”的讲话，市人民政府副市长戴彬作“统一思想，抢抓时间，扎实工作，确保省级计划生育优质服务先进市创建目标顺利实现”的讲话。安宁市委常委宣传部部长尹贵生、市人大常委会副主任李凤岚、市政协副主席蔡玉英参加会议。

【核定市计划生育服务站编制】

2006年，根据《安宁市机构编制委员会关于印发安宁市人口和计划生育局所属事业单位机构编制方案的通知》（安机编〔2006〕53号）同意保留安宁市计划生育服务站，机构规格股级，内设技术服务咨询科、技术服务辅助科，人员编制18名，其中：管理人员编制1名、专业技术人员编制16名、工勤人员编制1名，领导职数设站长1名，经费形式金额拨款。

【大事记】

1.2006年，云南省审计厅、云南省人口和计划生育委员会，到安宁市审计调查“奖优免补”政策执行情况。安宁市人民政府副市长戴彬参加调研检查，安宁市人口和计划生育局局长卢慧萍汇报工作。通过听、看、查、访工作形式，对安宁市贯彻落实“奖优免补”政策资金管理、资金发放工作给予很高的评价和肯定。

2.2006年，云南省人口和计划生育委员会、昆明市人口和计划生育委员会，经过调研，确定安宁市为省人口和计划生育统计改革试点工作市。

3.2006年，云南省人口和计划生育委员会药具站站长张丽萍3人，到安宁市人口和计划生育局、温泉镇人口和计划生育办公室调研药具规范化管理工作。安宁市人口和计划生育局局长卢慧萍汇报药具规范化管理工作情况。

4.2006年，市计划生育协会召开第四届四次常务理事会。补选了市政府副市长戴彬为会长，增补5位常务理事会理事，9位理事会理事。

2007年

【概况】

2007年，安宁市认真贯彻执行《中华人民共和国人口与计划生育法》、《中共中央国务院关于全面加强人口和计划生育工作统筹解决人口问题的决定》、《云南省人口与计划生育条例》和《云南省农业人口独生子女家庭奖励规定》，坚持以人为本，稳定低生育水平，提高人口素质，统筹解决人口问题，深化"两改、三落实、五送、八项服务"工作理念，圆满完成了昆明市下达的各项人口和计划生育指标任务。

【统计数据】

据人口计生统计报表，2007年末全市户籍人口26.75万人，其中：已婚育龄妇女6.09万人，全市共出生人口2108人，出生率7.59‰，死亡人数1164人，死亡率4.39‰，自然增长率3.2‰，长效避孕率75.91%，综合避孕率90.82%，符合政策生育率99.85%。落实"奖优免补"政策，安宁市共办理农业人口独生子女家庭一次性经济奖励资格审核确认245户，办理农业人口独生子女中考、高考教育优待加分资格审核确认399人，办理农业人口独生子女义务教育奖学金资格审核确认4256人，办理农业人口独生子女父母养老生活补助资格审核确认223人。投入"三结合"帮扶项目资金60万元，对281户计划生育户开展种植养殖经济帮扶。办理一孩《生育证》950户，办理二孩《生育证》666，户，办理《独生子女父母光荣证》894份，办证程序合格率达100%。

【昆明市人大常委会视察"奖优免补"工作】

2007年，昆明市人大常委副主任杨丽，昆明市人大常委会教科文卫工委主任文荣久，副主任王本晋、杨建平，带领昆明市人大常委会教科文卫工委专业代表小组部分代表，视察安宁市"奖优免补"政策落实工作。昆明市人口和计划生育委员会主任杨文慧、副主任赵世明、昆明市财政局、昆明市邮政局领导，安宁市人大常委会副主任李凤岚、安宁市人民政府副市长戴彬陪同视察组检查工作。安宁市人口和计划生育局局长卢慧萍汇报，自2004年6月实施《云南农业人口独生子女家庭奖励规定》以来，安宁市贯彻落实"奖优免补"政策的主要做法和取得的经验。享受到"奖优免补"政策的群众代表，镇、村人口和计划生育干部代表在会上作发言。昆明市人大常委会通过视察调研安宁市"奖优免补"政策落实情况，认为安宁市领导重视，机构健全；经费落实，措施到位；宣传有力，覆盖面广；部门配合，齐抓共管；把关严格，程序规范；在解决大屯新区开发农转非人员的"奖优免补"问题上有所创新。

【市政府召开人口和计划生育工作会】

2007年，安宁市政府召开人口和计划生育工作会，市人大常委会副主任李凤岚、市人民政府副市长戴彬，市委党校常务副校长耿玉立出席会议。安宁市人口和计划生育工作领导小组成员单位领导，8镇及昆钢公司分管人口和计划生育工作领导、计生办负责人62人参加会议。昆明市人口和计划生育委员会副主任尹俊、安宁市人民政府副市长戴彬、市人口计生局局长卢慧萍在会上讲话。八街镇人民政府、禄脿镇人民政府、昆钢公司建安分公司在会上作经验交流发言，表彰了2005年至2006年16个人口和计划生育工作先进集体、33名先进个人。8镇和昆钢公司与市人民政府副市长戴彬签订了2007年人口和计划生育目标管理责任书。

【昆明市政府考核人口目标责任】

2007年，昆明市人口目标责任检查考核组市政协副主席陆玉珍、市人大常委会科教文卫体委主任任达仙，昆明市人口和计划生育委员会党组成员党总支书记张云华、监察室主任李建平、宣教处副处长郑洁到安宁市对2007年人口和计划生育目标管理责任完成情况进行检查考评。通过抽签的方式，对安宁市人口和计划生育局、草铺镇权甫村委会、太平镇读书铺村委会和连然镇东湖社区的人口和计划生育工作进行检查。安宁市人大常委会副主任李凤岚、市人民政府副市长戴彬、市政协副主席蔡玉英、市人口和计划生育局、市公安局、市统计局、市财政局的领导参加考核会。副市长戴彬向检查考核组汇报安宁市人口和计划生育目标责任完成情况。各考评小组反馈了到基层检查的情况。在听取各方面的意见后，考评组认为安宁的人口和计划生育工作领导重视，人员、经费、责任落实到位，宣传工作扎实，统计工作改革创新，政策落实，成绩显著。建议：加强流动人口计划生育管理与服务工作。

【人口计生工作调研】

2007年，云南省人口和计划生育委员会副主任李善荣、发展规划处处长吴宏，在昆明市人口和计划生育委员会主任杨文惠，党组成员张云华的陪同下到安宁市人口和计划生育局调研。安宁市委副书记李海平、市人民政府副市长刘毓新、市政协副主席蔡玉英陪同调研。在听取了安宁市人口和计划生育局局长卢慧萍的汇报后，对安宁市计划生育服务站基础建设、技术人员、工作情况进行调研，在安宁市草铺镇权甫村委会计划生育统计改革试点调研，察看了台账、资料。对安宁市的人口和计划生育工作给予领导重视，认识到位；因地制宜，稳步推进；严格依法行政，用好用足政策；注重宣传、强化培训的肯定。

【荣誉】

被中共昆明市委昆明市人民政府授予"十五"人口和计划生育先进个人的是：中共安宁市委李海平、安宁市连然镇王燕、安宁市青龙镇李文洪、安宁市人口和计划生育局卢慧萍、李金华、杨宁、徐琼仙、安宁市食品药品监督管理局唐华、安宁市公安局苏学雪、安宁市中医院杨剑平、昆钢公司大红山矿李智红、八街镇人口和计划生育办公室田燕萍、八街镇摩所营村委会尹玉芳、八街镇一六村委会王翠兰、县街镇人口和计划生育办公室张举萍、县街镇县街村委会李宗琼、县街镇王家庄村委会杨菊芝、连然镇人口和计划生育办公室罗喜德、连然镇罗白村委会段玫

【大事记】

1.2007年，中国第八个男性健康日，安宁市组织市人口和计划生育局、市卫生局、市疾控中心、市计划生育服务站、连然镇开展"关注男性健康、树立大健康观念"主题宣传服务活动。邀请云南省计划生育科研所原所长彭林教授讲授男性健康知识。90余人听取讲座。组织市、镇两级人口和计划生育干部到昆明参观"生殖健康暨性文化博览会"。

2.2007年，第20个"世界艾滋病日"安宁市组织市人口和计划生育局、市委宣传部、市卫生局、市疾控中心、市广电局、市建设局、连然镇、百花社区，开展"遏制艾滋病，履行承诺"主题宣传活动。

3.2007年，昆明市和安宁市投资41.9万元对安宁市计划生育服务站业务用房进行修缮改造（其中：昆明市补助20万元，安宁市人口和计划生育局自筹21.9万元）

2008年

【概况】

2008年，安宁市认真贯彻执行《中华人民共和国人口与计划生育法》、《中共中央国务院关于全面加强人口和计划生育工作统筹解决人口问题的决定》、《云南省人口与计划生育条例》和《云南省农业人口独生子女家庭奖励规定》，认真落实科学发展观，以"稳定低生育水平，提高人口素质，统筹解决人口问题"为目标，坚持"依法行政、村（居）民自治、优质服务、政策推动、综合治理"，深化"两改、三落实、五送、八项服务"工作理念，明确责任、突出重点、完善措施、创新机制、狠抓落实，圆满完成了昆明市下达的各项人口和计划生育指标任务。

【统计数据】

据人口计生统计报表，2008年末全市户籍人口26.55万人，其中：已婚育龄妇女62481人，全市出生人口2121人，出生率7.35‰，人口死亡1293人，死亡率4.48‰，自增率2.87‰，符合政策生育率99.76%。

长效避孕率75.27%，综合避孕率为89.86%。印制人口和计划生育宣传品22种35万份，免费发送到育龄群众手中，投入"三结合"帮扶项目资金60万元，经济帮扶计划生育家庭360户，信息帮扶1883户。落实农业人口独生子女家庭奖励优待政策。全年共办理"奖优免补"一次性经济奖励资格审核确认207户；独生子女高考中考优待加分407人；独生子九年义务教育奖学金资格审核确认4230人；独生子女父母养老生活补助格审核确认265人；办理独生子女伤残、死亡家庭特别扶助对象资格审核确认82人；办理农村独生子女奖学金资格审核认定556人。

【省政府人口目标检查】

2008年，云南省人民政府人口和计划生育工作检查组到安宁市检查工作。省人口和计划生育委员会主任郝青山、办公室主任石丽康、发展规划处副处长付秀莲6人，在昆明市人口和计划生育委员会主任杨文惠、办公室主任张必明、发展规划处处长李华忠的陪同下到安宁市检查工作。安宁市委副书记、市长王剑辉，市委常委、市统战部部长、市委宣传部部长尹贵生，市人大常委会副主任李凤岚，市人民政府副市长戴彬，市政协副主席蔡玉英参加检查汇报会。检查考评组，采取现场抽签方式，对安宁市八街镇、温泉镇、太平镇的人口和计划生育工作进行检查。

【经济社会发展软环境建设】

2008年，安宁市建立人口和计划生育"问责、首问首办、服务承诺、限时办结"制度，推行"一线工作法"，以工作成果倒逼工作进度，公开领导干部和投诉举报电话，实行"两集中、两到位、一站式服务"简化办事程序，提高办事效率，改革《计划生育技术服务机构执业许可证》和《计划生育技术服务人员执业合格证》行政审批为行政内部办理事项，免收生育证工本费、节育手术并发症鉴定费、病残儿童医学鉴定费、计划生育环情孕情检查证明费4项费用，实行"零"收费制度，压缩计划生育服务事项办理时限和程序，规定一孩生育证当日办结，《独生子女父母光荣证》3日办结，二孩生育证审批7日办结。

【创新流动人口计划生育服务管理机制】

2008年，安宁市认真落实流动人口"属地化管理、市民化服务"工作模式，进一步落实"谁用工，谁负责；谁出租，谁负责"责任制度，签订流动人口《出租出借房屋合同》13000份、《用工雇主合同》12000份、《物业企业管理合同》130份，发出婚育证明《限期补办通知书》10193份，免费计划生育技术服务299人，流动人口信息换平台回复率100%。以送宣传、送政策、送药具转变流动人口生育观念，对流出人口实行信息跟踪管理，对流入人口实行定期清查登记，把流动人口计划生育服务管理纳入村（居）民自治工作，落实流动人口优惠政策，创新流动人口计划生育服务管理机制，建立市镇村组4级流动人口计划生育服务管理机制，落实流动人口计划生育重点人群、信访督办、违法查处、信息管理4个倒逼机制，建立流动人口计划生育巡查队81个，巡查人员925人，把流动人口计划生育纳入"同宣传、同服务、同管理、同考核"服务管理。

【成功创建云南省计划生育优质服务先进市】

2008年，安宁市按照"领导重视好、政策导向好、依法行政好、服务质量好、民主管理好、队伍作风好"要求和"四优一满意"评估指标体系，以群众需求为工作出发点，建立以科学管理为特征的优质服务机制，推进八项服务措施的落实。深化"改革管理体制、改善服务方式"；落实避孕方法知情选择、生殖道感染防治、出生缺陷一级预防三大工程；为广大育龄群众送宣传、送政策、送信息、送药具、送技术，把"被动等服务"变为"主动送服务"，把"按规定服务"变为"按需求服务"，全面创建云南省计划生育优质服务先进市，经省市评估被云南省人口和计划生育委员会评为全省计划生育优质服务先进市。

【出生缺陷一级预防工作】

2008年，云南省人口和计划生育委员会将安宁市列为全省实施出生缺陷一级预防20个重点县之一，安宁市人民政府成立工作领导小组，制订下发《安宁市人口出生缺陷一级预防工作实施方案》，明确各成员单位工作职责和任务。安宁市人口和计划生育局，成立技术服务工作领导小组，围绕婚前培训、孕前检查、孕前孕期供药、利用B超进行重大体表畸形筛查、必要的终止妊娠手术和组织病残儿医学鉴定，开展出生缺陷一级预防工作。一是投入专项资金购置检测设备，改造了安宁市计划生育服务站化验室，对八街镇、禄脿镇计划生育服务所进行修缮改造，把目标人群孕前检查服务纳入免费范围。二是开展目标人群摸底调查和培训，提高广大育龄群众自觉参与出生缺陷一级预防的意识。三是培训业务骨干，组织开展门诊咨询和孕前检查服务。全年出生缺陷门诊咨询2926人次，培训目标人群23期，培训3030人次，培训率83%，举办讲座2期，参加人员360人次，发放宣传材料46万份，为1435名目标人群提供叶酸和相关营养素，进行孕前优生检测523对夫妇1046人，提供生殖保健服务10971人次。

【召开人口和计划生育工作会】

2008年，安宁市召开2008年人口与计划生育工作会。市委宣传部部长周美英、市人大常委会副主任李树华、市人民政府副市长戴彬出席会议，各镇、街道办事处分管人口和计划生育工作领导，人口和计划生育办公室负责人，安宁市人口与计划生育工作领导小组成员单位主要领导参加会议。安宁市人口和计划生育局局长卢慧萍作2007年人口和计划生育工作报告，安排2008年主要工作。副市长戴彬对全市人口和计划生育工作提出4点要求。一是要统一思想，提高认识，要以深入贯彻落实党的十七大精神和新昆明建设，经济社会发展软环境建设为契机，抓好抓紧当前的人口和计划生育工作；二是要明确目标，狠抓落实工作，稳定低生育水平；三是要坚持综合治理，统筹兼顾，解决好人口问题，把流动人口计划生育管理服务、失地农民人口和计划生育工作，出生缺陷一级预防工作作为重点；四是建立健全长效机制，加大政策法规宣传工作力度，继续落实人口和计划生育工作“一票否决”制度，落实各项保障措施，稳定干部队伍，切实做好安宁市的人口和计划生育工作。

宜良县

2006年

【概况】

宜良县认真贯彻落实《中华人民共和国人口与计划生育法》、《云南省人口与计划生育条例》，继续加强人口与计划生育工作，以“奖优免补”政策的贯彻落实和创计划生育优质服务县为重点，认真落实“三为主”方针，积极推广“三结合”项目，较好地完成了昆明市下达的人口与计划生育各项指标和工作任务。

【统计数据】

按计生口径统计，2006年末宜良县总人口411487人，年内出生人数3815人，出生率9.30‰；自然增长率3.53‰；计划生育率99.84%；长效节育率为81.32%；避孕及时率为80.31%；农业人口新领取独生子女父母光荣证为4256本。

【切实加强对计划生育工作的领导】

始终坚持各级党政领导一把手“亲自抓、负总责”。召开宜良县计生工作会，总结2005年的计划生育工作，安排2006年的计划生育工作，签订2006年人口与计划生育目标管理责任书。

【加强计划生育宣传教育工作】

以农业人口“奖优免补”、创建省级计划生育优质服务县宣传为主题开展一系列宣传活动，组织计生干部、计生宣传员深入重点人群家中进行宣传，做到了“三上门”服务，送《人口与计划生育法》、《云南省人口与计划生育条例》、《云南省农业人口独生子女家庭奖励规定》上门；送生殖健康知识上门；送避孕药具上门；投资63万元，在昆石高速公路边和县内主要交通要道新设立大型公益广告牌5块宣传人口与计划生育政策；印发13种不同内容的宣传品20余万份，入户宣传品户均不低于5份。

【加大执法力度，严肃查处计生违法事件】

严格依法管理计划生育，规范计划生育行政行为，认真落实“宜良县计划生育执法责任制和执法错案追究制、经济赔偿制”，查处计生违法案件。

【加强流动人口管理】

制订《宜良县流动人口管理办法》，加强对流动人口的服务和查验证管理。宜良县流出人口8796人，出具《婚育证明》率达到77.94%。流入宜良县的人口为4050人，《流动人口婚育证明》查验率为79.4%；建立健全流动人口交换平台，提高了流动人口管理水平。

【优质服务】

根据计划生育优质服务的基础要求，坚持“两改三抓六服务”开展计划生育优质服务的整体思路和基本框架。两改，一是改管理体制，二是改革服务方式；三抓一是抓好知情选择的落实，二是抓好奖励扶助的落实，三是抓好服务保障的落实。六服务，即： 宣传服务；随访服务；药具服务；政策服务；健康检查服务；技术服务。

加强对计生服务站（所）的规范化管理。对县计生服务站和9个乡镇计生服务所进行了全面装修打造，使面貌焕然一新，为育龄群众提供温馨、舒适、方便的服务环境。专业技术服务人员深入到各乡镇、村委会免费为宜良县育龄妇女开展查环、查孕、查病工作，在普查中，对查出患有各种妇科疾妇女给予及时治疗。开展各种计划生育手术服务。

【“奖优免补”】

积极争取市县配套资金8410500元，为农业人口独生子女家庭8966户兑现一次性奖金，为130名农业人口独生子女办理了高中升大学加分手续。

【做好计生协会工作】

积极开展了“三结合”项目。为了引导广大育龄群众实现少生快富，建立文明幸福家庭，县计生局、计生协会筹集资金60万元为实行计划生育的874户农村困难户、独生子女户扶持发展种植业、养殖业使扶持户增加了经济收入。

【做好“全国农村部分计划生育家庭奖励扶助制度和‘少生快富’工程全面实施工作会议”参观接待工作】

十月十四，全国农村部分计划生育家庭奖励扶助制度和“少生快富”工程全面实施工作会议在昆明召开，确定宜良县为现场参观点。宜良县委、县政府、县人口计生局高度重视，成立了由代理县长任组长、分管副县长任副组长和相关部、委、办、局主要领导任成员的接待协调领导小组，制订了详细的接待方案和安全保卫措施。并精心组织实施，最终圆满完成接待任务，受到好评。

2007年

【概况】

2007年，宜良县认真贯彻落实“十七大” 精神和中共中央《关于全面加强计划生育工作，统筹解决人口问题的决定》精神，解放思想、转变观念、创新工作机制，稳定低生育水平，提高出生人口素质。继续贯彻落实农业人口独生子女家庭“奖优免补”政策，争创计划生育优质服务先进县。认真落实“三为主”方针，积极推广“三结合”项目，较好地完成了昆明市下达的双线目标管理责任制各项指标工作任务。

【统计数据】

按计生口径统计，2007年末总人口40854人，年内出生人数3756人，出生率9.33‰；自然增长率3.75‰；计划生育率99.87%；长效节育率为81.00%；农业人口新领取独生子女父母光荣证数为2425本。

【切实加强对人口计划生育工作的领导】

层层落实党政一把手亲自抓负总责和人口计划生育目标管理责任制，加大领导、工作、督查和考核力度，抓紧抓好计划生育工作，确保全年人口与计划生育各项指标、任务全面完成。

【继续加大计划生育的宣传力度】

丰富宣传内容，创新宣传形式，引导群众广泛参与，促使党的计划生育政策更加深入人心，群众婚育观念得到进一步的转变，群众实行计划生育的自觉性得到进一步的加强。

【依法行政，加强计划生育执法力度】

进一步规范执法主体、执法依据、执法行为、执法程序、执法文书，在依法行政上正确处理好执法与服务的关系，正确执法，文明执法。加大对计划外生育和违法收养子女查处力度。切实加强流动人口的计划生育服务和管理工作。

【强化基层基础建设】

进一步强化计划生育婚育管理、孕情管理和信息管理，把人口计生工作的重心下移到村、到组、到户、到人，全面推进避孕节育知情选择和村居民自治。加强人口和计划生育计划统计工作。做好基层计划生育统计台账的督促检查工作，不断提高计算机管理水平。

【巩固计划生育优质服务成果，全面提升优质服务工作水平】

按照“六个好”要求，结合工作实际，进一步拓展服务领域，让育龄群众享受更多更广的服务，争当国家级计划生育优质服务先进县。积极争取国债资金，对有条件的乡镇计生服务所进行改扩建。要继续做好对已婚育龄妇女的医学监护工作，做好避孕药具管理工作，注重实效、保证质量。通过接待国家计生委在云南省召开的农村独生子女奖励扶助工作会现场参观和23个国家研讨会代表现场参观考察，宜良县被评为国家、云南省计划生育优质服务先进单位，受到表彰。匡远镇计划生育办公室、汤池镇人民政府、宜良县财政局、狗街镇计划生育办公室被评为先进集体，陈国惠等26人评为先进个人，受到市委、市政府表彰。

【巩固完善"奖优免补"利益导向机制】

继续做好对农业人口独生子女家庭奖励的兑现工作。完善机制，严格程序，做到无错、漏。开展"生育关怀行动"、"关爱女孩行动"、"婚育新风进万家活动"。

【全面实施出生缺陷干预工程】

宜良县被列入云南省出生缺陷干预重点县，全系统集中精力，投入人力、物力、财力实施出生缺陷预防工作。

【加强计生干部队伍建设和党风廉政建设】

一是加强计生队伍的思想作风建设，强化工作纪律，建设廉政型计生干部队伍；二是加强培训，进一步提高基层计划生育干部自身的政策水平，业务素质，工作能力。三是狠抓四项工作。强化素质建设，打造服务型计生队伍。强化机制建设，打造创新型计生队伍；强化思想建设，打造奉献型计生队伍。

2008年

【概况】

2008年，宜良县认真贯彻党的十七大精神，以科学的发展观指导人口和计划生育工作，通过认真开展软环境建设活动和解放思想大讨论活动，广大计生干部团结协作，共同努力，以促进经济发展，构建社会和谐和昆明市下达的人口与计划生育目标任务为重点。进一步巩固计划生育优质服务成果，全面启动出生缺陷干预工程，宜良县人口和计划生育各项工作进展顺利。

【统计数据】

按计生口径统计，2008年末总人口414502人，年内出生人数3780人，出生率9.15‰；自然增长率3.62‰；计划生育率99.94 %；当年落实长效节育术4359例，长效节育率80、17%；农业人口新领取独生子女父母光荣证数为1003本。

【"奖优免补"】

按照农业人口独生子女家庭奖励扶助规定，宜良县办理《独生子女父母光荣证》709本，其中农业人口326，非农业人口383本；办理一次性奖励金474人，共46万元；享受养老生活补助104人，共计6.8万元；享受教育奖学金5427人，其中小学3201人，初中2226人，共计111.2万元；宜良县 "奖、补"经费共计163万元。审批享受教育优待加分631人，其中高等院校127人，初中升高中504人。

【加强计划生育科技工作，提高计生工作质量】

县、乡计生服务站（所）共同组成技术服务指导组，携带"B超"监测仪、药品、手术器械和宣传材料、五期培训录音、录像宣传带，深入到各乡镇、村委会免费宜良县育龄妇女开展查环、查孕、查病工作。共做健康检查111700人次，其中检查出患有子宫肌瘤851人，宫颈炎5985人，附件炎4062人，不孕症138人。经治疗痊愈8743人。共免费为育龄群众做各种计划生育手术4328例。认真做好避孕药具的发放管理工作。宜良县代表队参加昆明市计生委组织的科技大练兵，理论考试在十四个县区中获全市第一名。

【全面开展出生缺陷干预工程】

宜良县2008年3月21日全面启动了人口出生缺陷预防工程。宜良县政府成立了人口出生缺陷干预领导小组、工作指导小组，制订了工作方案，开展了基线调查，培训了基层工作人员。组织县服务站医务人员到基层，配合各乡镇开展人口出生缺陷一级预防干预。开展婚前、孕前优生知识培训2190人，优生监测904人，其中：查出乙肝36人，梅毒7人，艾滋病3人。产前B超筛查163人，为待孕、在孕夫妇进行了相关的优生指导。

【加强计划生育宣传教育工作】

认真开展出生缺陷干预知识宣传活动，投入宣传经费15万元，印发宣传资料，倡导优生优育，避免残缺儿出生。以农业人口独生子女"奖优免补"政策的贯彻落实、加强流动人口的计划生育管理和服务计划生育优质服务为主题，开展一系列内容丰富、形式多样的宣传教育活动。利用元旦、春节等节假日庆祝、慰问活动，广泛开展宣传活动。二是加强入户面对面的宣传。组织计生干部、医务工作者、计生宣传员深入重点人群家中进行宣传，做到了“三上门”，即：送《云南省人口与计划生育条例》、《云南省农业人口独生子女家庭奖励规定》、《人口与计划生育法》上门、送生殖健康知识上门、送避孕药具上门。三是注重阵地宣传教育，充分发挥阵地的宣传教育作用。通过开设固定宣传栏，制作永久性标语，对育龄群众进行潜移默化的教育。建设生育文化村2个。

【加强依法行政工作】

依法管理计划生育、依法规范计划生育行政行为，宜良县依法查处历年违反计划生育33户。加强流动人口的计划生育管理和服务工作。一是认真制订了《宜良县流动人口管理办法》；宜良县共查验流动人口婚育证明3328人次，为流动人口中的已婚育龄妇女查环查孕，妇科普查1675人，对违法怀孕的 2人采取了补救措施，对违法生育的1 人进行了查处。二是建立健全流动人口交换平台，提高流动人口管理水平。

【软环境建设成效明显】

认真开展软环境建设活动和解放思想大讨论活动，广泛征求意见，召开专题民主生活会，查找主要问题，进行整改。向社会公开作了软环境服务承诺。机关办事效率明显提高。广大群众满意率达98%以上。

【推广“三结合”项目】

宜良县人口计生局和计生协会共筹集资金23万元， 九个乡镇计生办和计生协共筹集资金42万元，宜良县共投资金65万元，扶持项目点6个，为实行计划生育的1261个农村家庭户，增加群众收入96万元。广泛开展宣传教育工作，举办了青春期、婚前期、孕产期、育儿期和更年期培训。宜良县共开展了五期培训326期，参加培训人数总计18968人。

晋宁县

2007年

【综述】

2007年，晋宁县人口与计划生育工作在县委、县政府的正确领导及市人口计生委的正确指导下，认真贯彻执行了中共中央国务院《关于加强人口和计划生育工作稳定低生育水平的决定》及《云南省人口与计划生育条例》和《云南省农业人口独生子女家庭奖励规定》，积极在全县组织实施云南省农业人口独生子女家庭奖励工作、计划生育优质服务和人口出生缺陷预防试点工作，圆满完成了上级下达的各项指标任务，为构建晋宁和谐社会、建设新农村创造了良好的人口环境。

【统计数据】

2007年主要指标任务是：人口控制数任务2800人，实际出生2313人，未突破控制数；符合政策生育率任务不低于96%，实际完成98.09%。避孕及时率任务80%，实际达到82%。人口出生缺陷预防工作，孕前培训率任务要求达80%，实际培训率达到95%；孕前检查率任务要求达50%，实际检查率达到65%，人口出生缺陷预防试点工作进展顺利。农业人口独生子女父母光荣证办证指标：农业人口累计领取《独生子女父母光荣证》户数任务要求达到18092户，实际达到18777户，占任务的103%，超额完成任务。按照《云南省人口与计划生育条例》规定，独生子女保健费全面落实。

【宣传教育】

加强舆论宣传阵地建设，扩大计生政策宣传覆盖面。为使人口和计划生育政策法规及相关知识进一步深入人心，2007年，在原有的《婚育新风进万家》知识袋、"国策围腰"、"国策年历"、《计划生育优质服务证》的基础上，投资近20万元，新增固定规范宣传标语1394条（县级352条，乡镇1042条），新制作"奖励扶助制度"、"奖优免补"、优质服务知识等宣传资料2.5万份；制作人口出生缺陷预防知识资料1.8万份，《计划生育法规手册》、《流动人口计划生育服务指南》5万册，宣传墙36面。同时，晋宁县人口计生局与有关部门共同创作、编排群众喜闻乐见的花灯小戏，利用"三下乡"科技活动、"世界人口日"、公开信发表周年纪念日、计生法规颁布实施周年和计生协会建立周年纪念活动等时机，上街、下乡、进村开展集中性宣传。通过广泛深入宣传，做到家喻户晓，育龄群众对实行计划生育的基本权利和相关政策知识知晓率达到98%以上。

【奖优免补工作】

在保证育龄夫妻免费享受基本项目的计划生育技术服务的同时，晋宁县认真落实农业人口独生子女家庭的"奖优免补"政策。截至2007年9月底，晋宁县累计发放《独生子女父母光荣证》18777户，已享受各类"奖优免补"奖励的家庭累计38353户次，发放奖励金2216万元。（1）累计兑现了一次性经济奖励17708户。（2）累计兑现了中小学教育"奖学金"18338人次，累计兑现资金377.584万元。（3）享受国家奖励扶助的413老人足额领取了生活补助；（4）2007年1104名农业人口独生子女享受到了中考升学加分优待，203名农业人口独生子女享受到了高考升学加分优待。独生子女家庭享受到了"奖、优、免、补"的真正实惠。

【计划生育优质服务】

为了进一步提升计划生育优质服务水平，晋宁县加强了技术服务网络建设，积极争取省市支持，给县计生服务站新配备了酶标治疗仪、全自动血球分析仪、心电监护仪、B超、兰光箱、婴儿辐射保暖台；给9个乡（镇）的计生服务所新配备了乳腺诊断仪、红外线治疗仪等先进的医疗设备，村级采取不同形式建立了计生服务室。目前，全县计划生育机构健全、人员到位、待遇落实，工作开展正常，优质服务进一步深化。为了进一步提升计划生育优质服务水平，在过去县、乡计划生育专业技术人员为育龄群众查环、查孕、查病的基础上，全方位落实避孕节育措施知情选择、出生缺陷干预、生殖道感染干预“三大工程”各项工作。为20735名农村已婚育龄妇女进行数码电子阴道镜妇科检查、下腹部B超和红外线乳腺检查，并为每位育龄妇女建立了电子病例档案。通过对全县育龄妇女生殖道感染疾病进行普查普治，充分体现计划生育以人为本的原则，为育龄群众的身心健康提供了有力的保障，有效地拉近了群众与干部的距离，促进了计生工作健康发展。圆满完成“十·五”国家科技攻关项目宫内节育器失败原因及预防技术对策的研究”各项工作。2007年4月，国家项目课题组和云南省生殖健康研究所在元谋县召开项目评估、情况分析和总结表彰会，晋宁县人口计生局和县计生服务站分别被评为该项目工作先进集体。同年6月，省政府将晋宁县确定为全省出生缺陷干预工作试点县（全省确定25个试点县）。为了贯彻落实好《云南省人口出生缺陷预防规定》，完成好试点工作，共投入配套资金8万元，积极开展相关培训和调查工作。

2007年1－10月，共培训目标人群18期2200人次，签订了《出生缺陷干预知情同意书》1500份，发放叶酸639人，孕前检查1500人，产前筛查1300人，办理保险639份，随访639人，没有新生婴儿出生缺陷情况，为进一步建立和完善以社区为基础的计划生育优质服务工作机制，保障公民的生殖健康权利，根据《中华人民共和国人口与计划生育法》及《云南省人口与计划生育条例》，在全县普遍推行计划生育村民自治，按照《中华人民共和国村民委员会组织法》的有关规定，制订专门的《计划生育自治章程》，广泛推行以群众自我管理、自我监督、自我服务为主的计划生育村民自治，在新街乡宋家营村试点的基础上全面展开，通过为育龄群众传知识、搞服务、办实事，举办计生政策和科技知识培训班，增强育龄群众自觉实行计划生育的自觉性，进一步巩固计生优质服务成果，落实计划生育“三结合”工作。同时，通过不断拓展计生服务和新项目，帮助计划生育困难家庭解决生产、生活中的实际问题，争取市级帮扶资金30万元，用于扶持养奶牛、养鸡和种植蔬菜等项目，使计生工作真正体现以人为本和群众是计划生育的主人，促进了群众生育观念的转变。

【流动人口计划生育管理与服务】

在流动人口计划生育管理与服务工作中，晋宁县建立了流动人口信息平台县乡计算机网络。一方面，流入地按照“属地化管理、市民化服务”的原则，将流动人口计划生育管理和服务纳入属地的经常性工作范围，做到与户籍人口的计划生育工作同部署、同落实、同考核，为流动人口计划生育提供市民化服务，做到与户籍人口同宣传、同管理、同服务；另一方面，流出地将流动人口计划生育工作与村民自治、民主管理和民主监督结合起来，积极配合流入地，从源头上加强对流出人口的管理和服务。做好外出人员的宣传、教育、培训，落实避孕节育措施，免费办理《流动人口婚育证明》，加强外出人员的登记工作，及时向流入地提供、反馈流出人员相关信息。再一方面，以计生部门为主，公安、工商、卫生、劳动人事、城建等部门密切配合，对流动人口进行综合治理，使流动人口计划生育工作健康发展，为以后继续建立流动人口计划生育协会组织奠定了基础。

【行政执法】

晋宁县人口和计划生育局认真贯彻执行《中华人民共和国行政许可法》，依法规范行政执法委托行为，收回原委托乡镇行使的行政处理权和行政处罚权，将全部委托改为部分委托，杜绝了乡镇随意降低社会抚养费征收标准的违法行为。规范社会抚养费的征收和管理，坚决实行收支两条线，定额领取票据，便于对全县社会抚养费的征收情况进行动态监控。严格依照法定程序作出征收决定，依法送达被征收对象，避免因征收决定中存在的漏洞和问题导致法院无法强制执行。四是对一次性缴纳确有困难的或暂时没有履行能力的征收对象，人口计生局告知被执行人申请分期缴纳社会抚养费，经审查批准后作出分期缴纳的决定，如果当事人仍不按分期缴纳的决定履行的，再申请法院强制执行。一方面，申请法院执行后，积极向法院提供被执行对象的下落和可供执行的财产或线索；另一方面，抓“典型”、拨“钉子”，找准有履行能力、有财产可供执行的，又不愿意履行义务的对象向法院申请执行，案件执行结束后，配合法院做好宣传工作，促进计生面上工作的开展。

【队伍建设】

为切实加强计生干部队伍建设，提高干部队伍素质、优质服务的能力关系着计划生育管理服务水平的高低和计划生育事业的成败。为加强计生干部队伍自身建设，2007年8月27日—31日晋宁县人口计生局为全县230名县、乡、村计生干部举办综合培训，围绕人口和计划生育的宣传教育、政策法规、流动人口管理、科技管理、宣传教育、计划统计、艾滋病预防等知识进行综合培训，并邀请了昆明市人口计生委副主任尹俊、流动人口管理处处长都吉、科技处处长程晓丽、县妇幼保健院和县疾控中心的老师为学员进行了生动、实用、指导性强的讲课。同时，根据工作实际及时对乡镇计生专职干部适时进行分期培训，2007年，共举办各类业务培训15场次160人。通过定期或不定期、多层次的教育培训，广大计生干部的政治素质、业务素质，依法管理、依法行政和优质服务的水平得到了提高。

【计划生育协会】

全县各级计划生育协会，依照《章程》，在协助政府推进人口与计划生育工作中起到了不可替代的重要作用。基层计生协会把推进计划生育村民自治作为一项重要工作，既参与计划生育管理，又代表广大群众监督计划生育工作，反映群众的呼声。通过为育龄群众传知识、搞服务、办实事，举办计生政策和科技知识培训班，增强了育龄群众实行计划生育的自觉性，进一步巩固了计生“三为主”成果，落实了计划生育“三结合”工作。借助上级“三结合”资金30万元，不断拓展计生服务和新项目，帮助计划生育困难家庭解决了生产、生活中的实际问题，使计生工作真正体现以人为本和群众是计划生育的主人，促进了计划生育工作根本转变。

2008年

【综述】

2008年，晋宁县人口与计划生育工作在县委、县政府的正确领导及市人口计生委的正确指导下，认真贯彻执行了中共中央国务院《关于全面加强人口和计划生育工作统筹解决人口问题的决定》和中共云南省委、省政府《关于进一步加强人口和计划生育工作统筹解决人口问题的决定》，接受了国家人口计生委《“十一五”人口发展规划和事业发展规划》督查组对晋宁县“十一五”中期人口规划目标完成情况及优质服务进展情况的检查评估。圆满完成了上级下达的人口和计划生育各项指标任务，为构建晋宁和谐社会、建设新农村创造了良好的人口环境。

【统计数据】

按人口计生系统的统计口径（2007年10月1日－2008年9月30日），晋宁县总人口为273252人，年平均人口为272276人，已婚育龄妇女60798人，出生率为7.83‰，死亡率为5.48‰，自然增长640人，自然增长率为2.35‰，综合避孕54029人，综合避孕率为88.87%，长效节育49083人，长效节育率80.73%，农业人口《独生子女父母光荣证》领证累计为19566户，领证率占农业人口一孩家庭30905户的63.3%。

人口控制数任务2800人，实际出生2131人，未突破控制数；符合政策生育率任务不低于96%，符合政策生育2112人，符合政策生育率为99.11%；长效避孕及时率任务要求达80%，实际为80.7%；人口出生缺陷一级预防干预率任务要求达80%，实际一级预防干预率达到80.25 %；县级生育文化示范村建设任务为1个，实际完成建设1个（昆阳镇中谊村为县级生育文化示范村）；按《云南省人口与计划生育条例》第二十八条规定，100%落实了独生子女保健费；按照《计划生育技术服务管理条例》规定，农村育龄夫妻100%免费享受计生技术服务；依法行政，全面推行人口和计划生育“阳光政务”工作。

【宣传教育】

推动人口和计划生育宣传教育内容形式、手段载体创新，重点推进社区和乡村人口文化、生育文化示范村创建活动。建设新型生育文化既是促进社会主义生育文明，又是计生部门结合自身实际贯彻科学发展观，构建和谐计生的具体体现，新型生育文化是社会先进文化的重要组成部分，因此，为适应社会主义新农村的建设，推动晋宁县婚育新风进万家活动再跃上一个新台阶，以快捷、方便、周到的服务，转变广大育龄群众的婚育观念，根据《昆明市生育文化示范村实施方案》精神，县委、县政府把计划生育宣传网络建设提到了重要议事日程，制订了《晋宁县生育文化示范村建设实施方案》，同时结合新农村建设的要求，在全县村级建设计划生育服务室，县人口计生局根据县政府的要求，2008年，在全县建设县级生育文化示范村1个，乡级生育文化示范村9个，村级生育文化室102个，县级生育文化长廊一个。为提升计划生育宣传教育工作的品位，县人口计生局为9个乡（镇）计生办和县计划生育技术服务站配备了宣传设备了索尼T200数码照相机，为人口和计划生育对外宣传工作、加强资料和痕迹的管理工作提供了技术设备。

【奖优免补工作】

截至2008年底，晋宁县农业人口累计领取《独生子女父母光荣证》为19566户，占农村一孩家庭的63.3%。2008年共兑现“奖优免补”各种奖励8374人，兑现金额234.65万元。兑现了一次性经济奖励793户，

兑现金额76.95万元；兑现了中小学教育奖学金6076人，兑现金额127.936万元；兑现了456名老人的养老奖励扶助金29.8万元；对1018名农业人口独生子女高考升学和中考升学加分优待进行了资格审核确认。按照《云南省人口与计划生育条例》规定落实独生子女保健费。全年兑现独生子女保健费5500户，资金60余万元。

农业人口育龄夫妻100%免费享受基本项目的计划生育技术服务，今年，县政府落实了配套经费17.8万元，61053例计划生育技术100%得到免费服务。

【计划生育优质服务】

加强基层服务网络建设，以技术服务为载体，巩固计划生育优质服务成果，继续做好出生缺陷干预工作。2008新建了新街乡、上蒜乡、昆阳镇、夕阳乡四个计生服务所；为九个乡（镇）计划生育服务所各配置了一台配置冰箱、一台尿十项分析仪和一台血液离心机，为完成人口出生缺陷一级预防工作任务打下了坚实基础。

2008年共签订“出生缺陷干预知情同意书”1512份，发放叶酸898人，利用流动服务车下乡进行出生缺陷预防宣传，开展孕前检查，产前筛查、办理计划生育保险和叶酸服用后的随访等相关工作。2008年组织技术人员利用计划生育服务车下乡150多天，行驶22000多公里，深入300多个村组，接待咨询群众近2万人次，共查环查孕近5万人次，免费发放避孕药具28000多人份，为育龄群众提供了及时、安全、有效的避孕节育措施。县服务站和9个乡镇计生服务所全年为育龄妇女提供免费技术服务60000多例，计划生育优质服务深入广大农村育龄群众之中。在做好计划生育优质服务的同时，县人口计生局积极开展防治艾滋病知识宣传教育活动和推广使用安全套预防艾滋病工作，与全县

的42家酒店、宾馆、旅馆、招待所签订《推广使用安全套预防艾滋病责任书》，要求各业主要以对国家、对人民、对家庭、对自己高度负责的精神，扎扎实实地做好推广使用安全套预防和控制艾滋病的工作，有效地保障全县人民群众的身体健康和生命安全，维护社会发展和稳定的大局，为全面建设和谐晋宁作出应有的贡献。2008年为全县酒店、宾馆、旅馆、招待所、计生服务站、乡村服务所、村民委员会发放安全套40多万只，为有效防治艾滋病疾病发生、减少计划外怀孕提供安全、有效的措施保障。

【流动人口计划生育服务与管理】

加强流动人口计划生育的服务与管理，创新流动人口计划生育管理新机制。2008年，县人口计生局认真组织贯彻和学习《昆明市人口计生委关于创新流动人口计划生育管理服务机制的实施意见》，使全县人口计生干部及时掌握新时期流动人口计划生育工作的指导思想、创新内容，及时转变工作思路和方法。充分利用流动人口信息平台，及时反馈流动人口相关信息。按照“属地化管理、市民化服务”的原则，将流动人口计划生育服务和管理纳入辖区的经常性工作范围，做到与户籍人口的计划生育工作同部署、同落实、同考核，为流动人口计划生育提供市民化服务，做到与户籍人口同宣传、同服务、同管理。把流动人口计划生育工作与村民自治、民主管理和民主监督结合起来，积极配合流入地，从源头上加强对流出人口的管理和服务。做好外出人员的宣传、教育、培训，落实避孕节育措施，免费办理《流动人口婚育证明》，加强外出人员的登记工作，及时向流入地提供、反馈流出人员相关信息。以计生部门为主，公安、工商、卫生、劳动人事、城建等部门密切配合，定期或不定期对流动人口进行综合治理，使流动人口计划生育工作健康发展。

【依法行政】

推行“阳光政务”，落实政务公开，建立软环境建设的长效机制。完善部门规章制度，减少审批事项，压缩审批时限。《生育证》的审批时限：由原来规定的60个工作日压缩为20个工作日内审批完成；《独生子女父母光荣证》的审批时限：由原来规定的20个工作日压缩为10个工作日内审批完成；流动人口《婚育证明》的审批时限：由原来规定的5个工作日压缩为2个工作日内审批完成。减少收费事项，规范收费标准。行政事业性收费项目由原来的3项削减为1项，只保留计划生育社会抚养费征收项目，严格按照《云南省社会抚养费征收管理规定》的征收标准进行征收，不乱收费，不超标准征收；免收《生育证》工本费；免收病残儿童医学鉴定费。严格执行四项制度。实行首问负责制，做到接待群众热心，体察民情细心，解释政策耐心，解决问题用心，有问必答。对群众来电来访调查回复时限由原来的10个工作日压缩至5个工作日。制订了《晋宁县人口计生局首问责任制规定、服务承诺制、限时办结三项制度的工作方案》。制作了 “晋宁县人口计生局为民服务指南”公示板（在昆阳大街科普知识宣传专栏上）对外公布。

在市政府信息公开网站、晋宁党建网站为民服务栏目、乡级和村级公示专栏上对外公开人口计生行政职能、行政执法范围和权限、现行生育政策。公开办事指南、办事时限、办事程序、办事结果和社会服务。将办事纪律、责任追究内容及举报电话向社会公开，设立“局长接待日”和举报电话。

制订了《晋宁县人口和计划生育局行政执法制度公开内容》、《晋宁县人口和计划生育局管理服务项目》、《晋宁县人口和计划生育局内部审批项目》、《晋宁县人口和计划生育局行政执法工作管理制度》、《晋宁县人口和计划生育局行政审批工作管理制度》，并在昆明市政府信息公开网上进行了公开。

统一制作了村级《计划生育公示栏》133块，向群众公开二孩生育证申请上报及审批情况、独生子女奖励情况。制作计划生育办事指南133块，粘贴到全县各村委会，将办理《生育证》、《独生子女父母光荣证》、《一次性经济奖励兑现证》、《奖励扶助兑现证》、《流动人口婚育证明》以及病残儿医学鉴定申请与审批程序、独生子女保健费申请与审批程序在村级进行长期性公示，将计划生育的各项工作置于群众的监督之下。制订了《人口计生局推行行政审批“两集中、两到位”改革工作方案》，按要求做到人进中心、公章进中心、值班领导进中心、所有手续进中心，开展“一窗式受理、一站式办结、一条龙服务”工作，做到进入无条件、审批无阻力、程序无障碍、结果无否决。

【队伍建设】

2008年，按照建设高素质的技术服务队伍要求，县人口计生局组织县、乡（镇）计划生育服务站、所的36名专业技术人员开展“科技大练兵活动”，并在昆明市计划生育“科技大练兵活动”理论考试中名列第一，为开展人口出生缺陷干预工作培养了一支懂业务、会管理、事业心强的科技干部队伍。

为提高全县各级人口计生干部队伍自身素质，2008年6月，举办了为期4天的全县人口计生干部综合培训班，使县、乡（镇）和村的200多名计生干部在计划生育政策法规、行政执法、统计台账、科技管理、流动人口服务管理和计划生育宣传教育等方面得到了一次综合业务知识的培训，昆明市人口计生委副主任尹俊同志到会为学员进行了业务讲课。县人口计生局通过定期或不定期、多层次的教育培训，广大计生干部的政治素质、业务素质，依法管理、依法行政和优质服务的水平明显得到了提高。

【计划生育协会】

2008年全县各级计划生育协会积极争取各级党委政府对协会工作的领导和支持，保障了人员和经费的落实，使协会活动成效显著。依照《计划生育协会章程》，7月28日，晋宁县计划生育协会在晋宁县磷都宾馆会议室召开第四届四次理事会。会议通过了因人事变动后调整的协会秘书长、常务理事、理事人员名单，并选举了陈建昆同志为县计生协会秘书长。按照协会的生命力在于活动，协会的感召力在于服务的工作原则，2008年，县计生协会与县农业局、科技局、妇联等部门联合举办科技培训班，邀请相关老师、专家到晋宁县为72户农民群众讲授水产养殖、蔬菜栽培和花卉种植等技术；与有关部门联合对全县30106名育龄妇女生殖道感染疾病进行普查普治；成立了“生育关怀行动”工作领导小组，开展对实行计划生育的贫困群体进行帮扶活动，组织动员协会会员和社会各界为“生育关怀行动”捐赠特殊会费2万多元，为四川汶川大地震捐款6万元多；春节前，组织常务理事对120名独生子女困难家庭、计生干部困难户和计生老干部进行慰问；借助上级30万元“三结合”资金，帮助计划生育困难家庭拓展项目，解决了生产、生活中的实际问题，使计生工作真正体现以人为本和群众是计划生育的主人，促进了计划生育工作根本转变。

【荣誉】

2008年11月，晋宁县人民政府分管人口计生工作副县长马涛荣获2007年度“云南省人口和计划生育先进工作者”称号。

嵩明县

2006年

【概述】

2006年嵩明县人口与计划生育工作，紧紧围绕“一个中心、着力突出四个重点”即坚持以人为本，以人的全面发展及育龄群众对计划生育的满意度为中心；贯彻计划生育政策有新亮点，控制人口增长杜绝计划外生育有新举措；认真巩固农业人口独生子女“奖优免补”办证成果，切实加大宣传力度，不断提高农村《独生子女父母光荣证》的办证率，农村独生子女“奖优免补”办证率有新突破；计划生育优质服务有新起点，全面完成市政府及市人口计生委下达的人口与计划生育各项指标任务，为嵩明人口与经济社会的协调发展和可持续发展创造良好的人口环境。2006年市下达办理农业人口独生子女父母光荣证600户，实际完成715户，完成指标的119.2%，全县累计农业人口独生子女父母光荣证7384户；办理农业人口独生子女高考加分14人，初中升高中及中专加分76人。

【统计数据】

据县统计局及县人口计生局数据显示，2006年全县总人口为344300人，实际出生2808人，符合政策生育率达98.96%，出生率为11.41‰，死亡率为5.08‰，自然增长率6.33‰，计划生育综合节育率为88.76%。

【领导重视措施有力】

2006年县委常委及县政府常务会先后三次听取人口与计划生育工作情况汇报，于3月28日召开嵩明县人口与计划生育工作会，签订目标管理责任书，表彰33个先进集体和100名先进工作者，兑现奖励目标考核奖8万元，有效地促进了计划生育各项指标任务的全面完成。县人大常委还专题听取人口与计划生育工作情况汇报及执法检查并提出了许多宝贵的意见和建议.全县基本形成了各级各部门高度重视人口与计划生育工作，部门联动落实人口与计划生育工作职责的良好局面，为各项工作目标任务的顺利完成奠定了良好的工作基础.

【“奖优免补”】

巩固办证成果，提升工作水平。实施农业人口独生子女“奖优免补”政策，是提高人口素质的重要举措，是控制人口增长的关键所在，特别是嵩明县属农业人口大县尤为重要。引导和鼓励农业人口一孩家庭办理《独生子女父母光荣证》。严格执行省、市政府有关规定的各项奖励政策，不折补扣地落实到位；嵩明县还进一步明确相关的奖励优惠政策，即农村独生子女在申请农村建房、征兵入伍时同等条件优先考虑；县政府把独生子女办证率列入单项考核，即每完成一户奖励乡（镇）10元，完不成一户惩20元，罚金一律从当年乡（镇）财政经费中扣除。

【宣传、培训工作】

自昆明市人口计生委在嵩明县小街镇启动农业人口独生子女家庭“奖优免补”宣传月服务活动以来，深入千家万户宣传计生方针政策。举办文艺演出、知识竞赛等活动，全县共举办各种宣传培训750场次，受教育人数170089人，编辑《人口计生工作简报》十二期，报道各类信息35条，宣传品入户率达86.1%，政策知晓率达87.2%，投入各类宣传经费209350元，人均宣传经费0.53元；挂钩指导到乡（镇），进村入户搞好培训，组织一孩家庭户及新婚夫妇召开座谈会，给群众算养老账、儿孙账、教育账，让育龄群众实实在在的看到眼前利益和长远利益；深入开展计划生育法律法规学习，积极参加市计生系统《依法行政实施纲要培训》，积极参加市计生委组织的“关爱女孩知识竞赛活动”，荣获二等奖。

【流动人口计划生育工作】

按照新修订的《昆明市流动人口计划生育管理条例》，坚持以人为本，创新管理体制和机制，不断完善管理和服务的措施。增设了流动人口管理科并配专职干部一人，负责督促和协调全县流动人的管理和服务；逐步建立流动人口以现居住地管理为主的管理机制，做到同管理、同服务、同宣传，全县有外来人口1528人，登记率达85%，外出流动人8503人，婚育证出具率达90%；制订和完善流动人口计划生育管理政策，成立流动人口计划生育领导小组，综合治理流动人口，定期或不定期对流动人口进行清理清查，切实有效地对辖区内流动人口计划生育进行有效管理。

【坚持以人为本，推进优质服务】

坚持以人为本的发展观，全面推进优质服务，按照计划生育优质服务的创建要求，以避孕节育全程服务为重点，以出生缺陷干预工作为亮点，以服务促管理，以管理促发展，以发展求生存的工作思路。加强基础设施建设，先后投资30余万元，对计生服务站原有业务用房进行装修改造，改善服务环境，提高服务水平。开展系列优质服务，为村委会干部及计生专干进行体检327人，“三八”节前后与县妇联配合实施“关爱妇女行动”，先后对全县14个村委育龄妇女进行免费“三查”和培训，培训2000余人，B超检查1284人，实施出生缺陷干预，对全县生育一孩及二孩的育龄妇女实施叶酸增补，提高了群众生殖健康知识的知晓程度；实施综合治理，遏制出生婴儿性别比高的势头，对个体行医和个体诊所进行广泛宣传。以“关爱女孩行动”为契机，倡导“生男生女都一样，女儿也是传后人”的宣传，克服重男轻女的思想，使嵩明县出生婴儿性别比趋势于平衡；积极向市科技局争取项目支持，开展出生缺陷干预工程，提高出生人口素质；认真搞好日常业务工作，接待手术者3625人，其中放环859人，取环554人，结扎5人，波姆光治疗52人次，妇检2242人次。

【加强协会工作，创新工作机制】

嵩明县有协会组织117个，会员之家136个，会员小组1124个，理事1985人，发展会员18407人，会员联系户17464户，形成县、乡、村及村民小组的四级网络体系，协助计生干部参与计划生育的管理和服务，充分发挥协会的桥梁和纽带作用。积极组织会员参与开展形式多样的宣传活动，联合县妇联及卫生局、疾控中心、保健站、计生服务站邀请妇科专家开展为期18天的防艾宣传培训活动，遍及全县7个乡（镇）36个村委会，参训人数12600人，进行B超检查6520人（次）妇科病检查1428例，开展计划生育服务237例，发放各种避孕药具4300盒，各类宣传材料25760份；积极参与农业人口独生子女“奖优免补”扶助对象的资格审查，并填写《云南省农村部分计划生育家庭奖励扶助对象村（居）计生协会理事评议表》，做好收集整理，提出宝贵意见；积极力争省、市“三结合”滚动扶持资金100万元，在嵩阳镇、杨桥乡、牛栏江镇、阿子营乡、小街镇帮助计划生育户发展种植和养殖业，扶持158户，间接帮扶576户，户均增收3000——8000元，深受群众的欢迎和好评；积极争取省计生协会开展的“美国福特基金”资助的预防艾滋病健康教育项目拓展，按照项目要求有计划按步骤地开展一系列的工作，10月12日美国福特基金会总部理事会长助理雅各布携北京办事处艾滋病项目官员到小街镇进行实地检查，并给予充分肯定和高度评价。

【干部队伍建设】

坚持与时俱进，求真务实，是抓好人口与计划生育工作的力量源泉，是树立科学发展观和构建社会主义和谐社会的必然要求。不断调整工作思路，深入基层搞好服务，工作方式由过去的行政处罚、经济措施向综合治理转变，工作考核由任务指标向效果指标转变，统计信息向微机化管理转变实现资源共享；创新工作方法，积极与卫生保健部门、公安部门合作对全县出生人口进行摸底清查，有效杜绝瞒报和漏报，不断提高统计信息的准确率；推行政务公开，建立政务公示栏及办事指南，建立公开长效机制，率先在全县计生系统干部职工中倡导“五办、五不让”的工作作风，被县纪委作为经验推广，廉洁从政，务实高效；加强队伍建设，不断提高办事效率，调整充实了科室人员，实行了内部岗位交流，给干事创业者提供了展示自己的平台，表彰先进激励后进促进工作，极大地调动了广大干部职工的工作热情，强化爱岗敬业、乐于奉献的工作精神。

2007年

【概述】

2007年嵩明县人口和计划生育工作，紧紧围绕贯彻落实《中共中央、国务院关于全面加强人口和计划生育工作统筹解决人口问题的决定》这一中心，着力抓好计划育政策的贯彻落实，深入推进农村独生子女“奖优免补”工作，惠及计生家庭，不断提高依法行政水平，杜绝计划外生育，努力提升管理服务水平，全面完成市政府、市人口计生委下达的人口和计划生育各项工作目标任务，取得了可喜的成绩。

【统计数据】

据县统计局及县人口计生局数据显示，2007年全县总人口为347200人，实际出生3067人，符合政策生育率达98.76%，出生率为11.51‰，死亡率为5.1‰，自然增长率6.41‰，计划生育综合节育率为88.45%。

“奖优免补”一次性奖励金、养老扶助金、义务教育奖学金及时足额拨付到位，积极争取县委、政府的支持，从根本上解决农业及其他非农人口独生子女保健费落实发放，从2007年10月开始兑现。积极开展出生缺陷干预工作，全县孕前培训率达98%，比市下达的80%提高18个百分点；孕前检查率达89%，比市下达的50%提高39个百分点；叶酸增补率达72%，比市下达的30%提高42个百分点；“5331”工程达标率97%；局机关设置流动人口管理科，专人负责督促和协调全县流动人口的管理，对流入人口实施同管理、同服务、同宣传，累计为外来流动人口服务760人（次），并建立流动人口信息交换平台，回复率达99%。广泛开展计划生育村民自治，认真制订《计划生育村民公约》，协同有关部门将人口计划生育纳入民主法制示范村建设，纳入社会主义新农村建设的一项重要内容。2007年9月积极参加市人口计生委组织的国庆歌咏比赛，自创歌曲《新时代最可敬的人》，荣获比赛二等奖；协会工作有创新，三年来积极力争协会“三结合”帮扶资金累计300万元，帮助计划生育户发展种植和养殖业，户均增收10000元，取得了可喜的经济效益和社会效益，得到了省市协会的充分肯定和大力支持，为农村增收致富寻找出一条新的道路；积极开展软环境建设，按照嵩明县经济社会发展软环境建设工作要求，进行职能合并，减少办事环节，缩短办事时间，提高行政效率和执行力，对原有的四个职能科室调整为三个职能科室即办公室、综合一科、综合二科。

【“奖优免补”】

2007年嵩明县农业人口新办《独生子女父母光荣证》459户，巩固办证8153户，办证巩固率101.66%。办理农业人口高考升学加分8人，中考升学加分93人。兑现一次性奖励金692户，34.6万元；义务教育奖学金2037人，37.192万元；养老扶助金560人，37.192万元；农业及其他非农人口独生子女保健费8万元。克服资金困难，改善办公条件，添置微机8台，安装宽带网，“奖优免补”网站数据录入率达100%；政策知晓率达95%。

【宣教、培训工作】

积极开展形式多样的宣传教育培训活动，小街镇阿古龙村委会小脚老奶计划生育协会分会，在县计划生育协会的大力支持下，自编自演花灯歌舞，进村入户，宣传计划生育方针政策，走进中央台农民春节联欢晚会，并接受德国、巴西等国家电视台采访，已成为嵩明县人口计生宣教工作的一张靓丽名片。杨林镇设置计划生育公益广告，营造良好的宣传氛围，扩大宣传效果，为农村独生子女户挂光荣牌，让独生子女家庭脸上有光彩。撰写理论文章和调查报告三篇，自办《人口计生简报》二十期，刊载各类信息56条，被各级部门采用20条。向市人口计生委上报各类信息37条，上报总量位居14个县区第五位，加强了人口计生工作的上情下达、下情上达和横向交流。同时，积极组织全县计生系统干部职工及宣传员进行政策法规、业务知识、更新知识等培训。积极开展业务知识竞赛，创先争优，对工作突出的给予表彰奖励，2007年度全县受省、市、县表彰的各类先进集体41个、先进个人123名，有效地调动了干部职工的工作积极性，进一步增强爱岗敬业热情和精神。积极参加市人口计生委组织的"迎国庆、唱国策"歌咏比赛，自创歌曲《新时代最可敬的人》，以优美的旋律，整齐的阵容荣获比赛二等奖，向全市人民充分展示嵩明计生新形象。随后将此歌曲制成CD发放到基层，有效地宣传了人口计生工作，鼓舞了计生干部。

【行政执法】

认真规范行政执法，统一下发规范性文件要求，进一步明确执法主体、程序，规范法律文书、档案。严格执行"七不准"、"十禁止"的规定，坚持依法办事，热情服务，依法行政，文明执法，切实加大对违法生育的查处力度，年内查处各类违法生育案件76件，查处率80%。同时，完善和规范生育证、独生子女证的办证管理，2007年审批发放二孩《生育证》650人，办理农业人口、非农业人口《独生子女父母光荣证》627户，办证程序合格率100%；按时完成四件县政协委员提案的面商答复工作，人民群众对计划生育管理服务的满意度稳步上升。

【技术服务稳步推进】

积极开展以"县服务站为主体、乡（镇）服务所为依托、计生服务车为纽带、育龄群众为重点"的计划生育技术服务网络体系建设，为育龄群众提供全方位、多层次的避孕节育、生殖健康、咨询服务。积极争取县计生服务站、牛栏江镇及滇源镇计生中心服务所项目建设。2007年12月30日完成县计生服务站改造搬迁，由老县城秀松街106号搬迁至新县城水真路215号开展业务工作。积极参加省计生委组织的服务站长到南京人口学院进行培训学习，认真选送3名业务骨干到省级人民医院进修学习。全面承担国家"十一五"科技课题"避孕节育科学方法综合研究与评价"及市科技项目"利用计划生育网络开展出生缺陷综合防治技术研究"等工作。计生服务站（所）完成各类计划生育手术15000多例。其中，县服务站完成手术7307例，放环1271例，取环1812例，B超2840例，化验5041例，妇检3523例，波姆光治疗91例，免费进行生殖健康检查11672人。

【队伍作风建设】

为提高素质，转变作风，重塑计生队伍新形象，以打造"团结班子、构建和谐机关"为核心，认真坚持例会学习制度，落实领导干部廉政责任，完善计生干部职业道德规范及"三公开两监督"制度。进一步完善机关内部管理规定。以思想建设为抓手，以党员示范窗口为榜样，认真巩固市级文明单位。积极开展民主评议机关工作作风和"下评上"与请农民兄弟姐妹评议计生活动。采取"六看"、"六访"方式，开展人口计生行政执法监察。增强为民服务意识，克服"门难进、脸难看、人难找、事难办"的不良现象，增强干部职工的综合素质，转变工作作风，提高社会对计生部门认知度。积极开展业务知识，政策法规，更新知识等培训。先后参加依法行政和医学专业技术培训63人（次），全县65名计生管理和服务人员，基本适应工作发展的需要。

【计生协会工作】

嵩明县计划生育协会组织117个，会员小组1124个，会员之家136个，会员18407人。协会工作力创特色，2007年12月小街镇计划生育协会荣获"全国协会先进乡镇"光荣称号。嵩明县协会工作紧紧围绕

“活动”和“服务”两条主线，以基层基础工作为重点，以项目工作为突破，扩大活动领域，提高服务水平。积极参与人口计生工作新机制的探索和“奖优免补”政策的评议监督工作，联合县妇联、卫生局、疾控中心、妇幼保健站邀请省妇科专家到县开展义诊及宣传培训工作。积极争取“三结合”项目资金80万元，帮扶计划生育户发展种、养殖及加工、运输业，户均增收1000至8000元。积极开展预防艾滋病教育拓展项目工作，美国福特基金会资助的“预防艾滋病健康教育项目”，有序开展，平稳推进，顺利通过项目组的评估验收。

【文明建设及平安创建】

嵩明县人口计生局于2005年10月搬迁县城水真路215号，改善了办公条件，提高了服务水平，在创建县级文明单位的基础上，切实加强软硬件建设，进行靓化和美化，认真对照市级文明单位考评标准和要求，精心组织，认真准备，于2006年10月创建为市级文明单位，推动了人口计生工作的有序开展，计生工作面貌焕然一新，2006年3月荣获县委政府表彰的“平安单位”，2007年荣获县委政府表彰的“无邪单位”。

【荣誉】

姓名	性别	民族	籍贯	工作单位	何时何单位授予何种称号
杨金山	男	汉	嵩明	嵩明县人口和计划生育局	2007年9月24日，荣获市委、市政府"十五"人口计生工作先进个人
崔云莲	女	汉	山西	嵩明县人口和计划生育局	2007年9月24日，荣获市委、市政府"十五"人口计生工作先进个人
吴兴国	男	汉	嵩明	嵩明县人口和计划生育局	2007年9月24日，荣获市委、市政府"十五"人口计生工作先进个人
吕福明	男	汉	嵩明	嵩明县人口和计划生育局	2007年9月24日，荣获市委、市政府"十五"人口计生工作先进个人
李明清	男	汉	嵩明	嵩明县人口和计划生育局	2007年9月24日，荣获市委、市政府"十五"人口计生工作先进个人
李蕴珠	女	汉	昆明	嵩明县人口和计划生育局	2007年9月24日，荣获市委、市政府"十五"人口计生工作先进个人
李正魁	男	汉	嵩明	嵩明县人口和计划生育局	2007年9月24日，荣获市委、市政府"十五"人口计生工作先进个人
杨凤仙	女	汉	嵩明	嵩明县计划生育服务站	2007年9月24日，荣获市委、市政府"十五"人口计生工作先进个人
肖淑芬	女	汉	嵩明	嵩明县计划生育服务站	2007年9月24日，荣获市委、市政府"十五"人口计生工作先进个人

2008年

【概述】

2008年是嵩明县上下切实优化经济社会发展软环境建设，努力转变机关作风，提高行政效能的起步之年，也是人口计生工作抢抓发展机遇，积极探索新思路、新方法，扎实苦干，取得工作重大突破的进步之年。全面贯彻落实省、市、县人口计生工作会议精神，攻坚克难，狠抓落实，不断创新工作思路和工作方法。取得七个方面的重要突破，即规范行政执法，在依法行政上有新突破；强化流动人口管理，在创新管理服务机制上有新突破；强化计生技术服务，在基层服务网络建设上有新的突破；创新宣传教育形式，在生育文化示范村建设上有新突破；在盘活国有资产、偿还集体欠账，谋求计生事业减负前行上取得新的突破；落实农业及其他非农人口独生子女保健费，在健全利益导向机制上有新的突破；认真落实建设项目及扶持资金，在力争国家、省、市资金补助有新的突破。圆满完成各项指标任务，荣获市政府目标考核一等奖、市人口计生委目标考核四等奖，县级综合目标考核一等奖，行风民主测评明显提高，为全县人口与经济社会的协调和可持续发展创造良好的人口环境。紧紧围绕"一个中心、着力突出四个重点、确保完成各项指标任务"，即以贯彻落实中央《决定》精神为中心，全面贯彻计划生育政策有新突破，贯彻落实农村独生子女"奖优免补"政策有新举措，计划生育宣传教育有新亮点，优质服务有新起点，全面完成市人民政府及市人口计生委下达的人口与计划生育各项指标任务，创新工作机制和体制，狠抓各项任务指标的落实。市考核组的检查考核，责任目标全面完成。

【统计数据】

据县统计局及县人口计生局数据显示，2008年全县总人口为349400人，实际出生3173人，符合政策生育率达99.22%，出生率为12.05‰，死亡率为5.68‰，自然增长率6.37‰，计划生育综合节育率为88.96%。

【"奖优免补"】

2008年嵩明县农业人口新办《独生子女父母光荣证》240户，全县累计办理农业人口独生子父母光荣证8733户；贯彻落实"奖优免补"政策，兑现一次性奖励240户19.85万元、兑现养老生活补助621人41.14万元、兑现独生子女保健费66万元、兑现教育奖学金中小学生2174人40.24万元，完成国家特别奖励扶助对象资格确认85户，享受特别奖励扶助金10.10万元；办理中考加分104人、高考加分24人，最后录取初中升高中95人、高中升大学12人，录取率初中升高中达91%、高中升大学达50%。

【宣教、培训工作】

宣传教育有新形式，生育文化建设有新亮点。大力开展宣传教育工作，计生系统干部职工积极工作，踊跃投稿，全年共计上报文稿信息203条，编辑《人口计生简报》28期，撰写文章30篇、简讯51条；及时编辑网络信息上报市人口计生委《昆明人口之家》网站，2008年有理论文章3篇、信息55条，被《昆明人口之家》网站采用，其中2篇分别荣获二等奖和三等奖；信息采用39条，采用总量位居14县（区）第二名。高起点、高标准开展生育文化示范村建设，以点带面逐步启动，2008年已建成的杨桥乡、小街镇、杨林镇的7个村委会生育文化示范村建设，作为嵩明县生育文化建设示范点，按照"五个一"的要求集廉政建设、普法宣传、禁毒防艾、养老敬老、健身娱乐为一体生育文化建设，已成为农村文化建设的一道靓丽风景，深受群众的喜爱和欢迎。为适应新形势，顺应新要求，7月15日至18日，举行了为期4天的县、乡（镇）、村委会计生干部综合业务培训，并邀请省、市计生领导和业务处室进行授课辅导。

【行政执法】

依法行政水平不断提高。按照县委、县政府的统一安排部署，认真开展优化社会经济发展软环境建设，与实际工作相结合，不断优化提升管理服务水平。审批项目由原来的5项精简为1项，审批办理时限大幅压缩，行政效能得到提高。对清理和精简后的行政审批事项进行细化和流程再造，通过嵩明政务网及嵩明人口计生政务网向社会公布，通过嵩明电视台及报刊向社会公开承诺，行政审批进中心，不断提高依法行政的透明度。严格执行首问责任、服务承诺、限时办结三项制度，机关作风得到明显改观。行政执法上有新突破，从根本上规范行政执法，下发《嵩明县关于规范计划生育行政处罚及社会抚养费征收的管理规定》，实行“乡（镇）收县管”，财政专户，从根本上规范计划生育行政处罚及社会抚养费的征收。

【技术服务稳步推进】

计生服务稳步推进。全面完成计划生育服务站的搬迁改造工作，以优美的环境、优质的服务、优惠的价格服务全县育龄群众，门诊人次达11048人（次），其中：妇检2330人（次），B超检查2247人（次），化验2889人（次），其他及计划生育手术3582人，承担着全县育龄群众90%的计生服务工作；积极开展“关爱妇女生殖健康及乳腺检查”活动，分别到杨桥乡、小街镇、杨林镇、嵩阳镇、滇源镇开展检查，育龄妇女检查14023人；积极力争各级支持，完成了牛栏江镇及滇源镇计划生育服务所标准化改造工程。在克服财政困难的前提下，2008年10月经县委、政府研究，决定在县、乡两级计生系统和卫生系统公开招考计划生育专业技术人员8名充实到杨林镇、小街镇、牛栏江镇、滇源镇乡（镇）计划生育服务所工作，并纳入全额拨款的事业人员，从根本上解决嵩明县多年来乡镇计划生育服务所人员空缺的局面。

【队伍作风建设】

以巩固党员先进性教育成果和深化“云岭先锋”工程为主线，以机关“三力”建设、为民服务体系建设为载体，以软环境建设和解放思想大讨论为抓手，结合“打造团结班子、建设和谐机关”这一目标，充分发挥党组织的战斗堡垒作用。在班子建设中，首先抓好班子成员的理论学习，从制度建设入手，定期和不定期组织开展“交心谈心”活动，充分调动班子成员和中层干部的积极性，既分工又合作，为每位班子成员和中层干部提供了展示自己才能的平台，形成人人有压力、人人有动力、人人有干劲的工作格局。通过开展“三力”建设，领导班子思想、作风、制度建设等方面得到加强，“执行力、创新力、凝聚力”得到提升。领导班子和干部职工工作热情高、干事氛围浓，各项工作进展顺利、效果明显，在往年基础上有了重点突破，县级综合目标考核荣获一等奖，行风民主测评明显提高位居38个政府职能单位第19位。

【计生协会工作】

协会工作成效显著。2008年7月2日全面完成县级协会换届选举工作，县委常委、宣传部长李自金当选为县计划生育协会第四届协会理事会会长。协会工作经常化、制度化，全县7个乡镇107个村（居）民委员会773个村民小组，共有计划生育协会组织118个，会员小组1827个，会员之家114个，会员联系户33560户；巩固全国协会先进县达标成果，2008年9月26日顺利通过市协会的考评验收；积极开展拓展服务及生育关怀，倡议协会会员募捐特殊会费及为汶川地震捐款48650元；积极争取计生关爱425户，慰问物资及资金合计4.5万元；争取协会“三结合”帮扶资金80万元，扶助计生户450户，发展种植及养殖业，每户人均增收1000至1500元，为农村产业结构的调整注入新的活力。

【精神文明建设】

自创建为市级文明单位以来，认真巩固创建成果，积极创造条件争创省级文明单位，促进人口计生工作再上新的台阶，人口计生新形象得到进一步提升。积极开展健康向上的文体娱乐活动，“三.八”节组织女职工到红河建水进行革命传统教育，“五.一”节参加市人口和计划生育委员会组织的“迎奥运、讲文明、树新风”登山比赛，荣获团体总分第一名，单位投资8万余元安装了多媒体和卡拉OK，为开展健康向上的活动创造良好的娱乐环境，同时还利用暑假期间组织在读初中、高中、大学的职工子女召开座谈会，相互交流，共同提高，延续父母生命践行谦和为美，创造自我价值秉承优良学风，进一步关心职工子女的成长，激发干部职工的工作热情，增强工作的主动性和积极性，为下一步争创省级文明单位奠定良好的工作基础。

【荣誉】

姓名	性别	民族	籍贯	工作单位	何时何单位授予何种称号
陶永苍	男	汉	嵩 明	嵩明县牛栏江镇古城村委会计划生育宣传员员	2008年11月28日，荣获省人口和计划生育委员会表彰的2007年度人口计生工作先进工作者
刘东升	男	汉	嵩明	嵩明县人口和计划生育局	2008年12月24日，荣获省人口和计划生育委员会表彰的2008年度人口计生工作先进工作者

寻甸县

2006年

【概况】

2006年，寻甸县认真贯彻执行《中华人民共和国人口与计划生育法》、《云南省人口与计划生育条例》，继续控制人口数量，提高人口素质，全年工作以遏制违法生育为中心，以狠抓基层、夯实基础为重点，以农业人口独生子女“奖优免补”为突破口，认真落实“三为主”方针，较好地完成了昆明市下达的各项计划生育指标。

【统计数据】

据统计，年末全县总人口513157人，年内出生人数实际出生4332人，其中：男2307人，女2025人。出生率8.47‰，计划内出生4270人，计划生育率达98.57%。人口自然增长率4.1‰，无违法多生育。2006年农业人口新领取独生子父母光荣证户数650户，已领证657户。“奖优免补”网站数据录入率达100%，“奖优免补”政策知晓率达98%以上。

【加强领导 健全目标责任制】

一是县委、政府高度重视人口与计划生育工作，进一步建立健全党政一把手亲自抓，负总责的机制，把人口与计划生育工作列入重要议事日程，积极组织协调各方面的力量抓好计划生育工作，做到了领导到位、责任到位、措施到位。

二是层层建立目标责任制，做到目标明确化，责任具体化。4月5日县人民政府在人代会期间与16个乡（镇）签订了目标管理责任书，下达了工作指标，明确了工作任务，制订了奖惩措施。工作中加大检查、考核力度，全县上下形成了横向到边，纵向到底的目标管理体系，有效地促进了人口与计划生育工作的健康发展。

三是自觉接受人大的监督。受县人民政府的委托，县人口和计划生育局于3月20日向第十三届人大常委会第二十五次会议汇报了寻甸县实施“奖优免补”以来的工作情况，做到扎实工作与严格监督相结合，有效地促进了工作的开展。

【加大宣传力度 逐步转变群众的婚育观念】

一是注重社会宣传的效果。一方面利用元旦、春节等节日的庆祝活动、慰问活动，进行以《人口与计划生育法》、《条例》为主要内容的政策宣传；另一方面，加强平时入户面对面的宣传。组织计生干部、计生助理员深入重点人群家中进行宣传，做到了“三上门”，即：《人口与计划生育法》、《条例》上门、送生殖健康知识上门、送避孕药具上门；同时开展集中宣传活动。利用乡（镇）赶街天，组织宣传小分队多次深入到人口较多的乡（镇）进行宣传活动，接待义诊人数2万人次，发放各类宣传资料3万多份，发放避孕药具62箱。收到较好的社会宣传效果。

二是注重阵地宣传教育，充分发挥阵地的宣传教育作用。县、乡、村人口学校对重点已婚育龄妇女进行了《人口与计划生育法》、《条例》、生殖保健知识等内容的系统化培训，共办培训班42期。另外，还通过开设固定宣传栏，制作永久性标语，营造一种人人关心、重视人口与计划生育工作的氛围。“531”工程达标率95%以上。

三是充分发挥计划生育协会的作用，组织会员将人口与计划生育政策编成通俗易懂、喜闻乐见的文艺节目，在群众中演出，以身边的事教育身边的人。通过宣传，进一步增强了广大育龄群众计划生育意识，提高了实行计划生育的自觉性。

【“奖优免补”】

一是认真落实“奖优免补”的每个工作环节。在开展“奖优免补”奖励具体工作中，认真坚持奖励工作程序，严把奖励对象资格认定关。在工作中始终做到农业人口独生子女及父母申请奖励优待，必须出具身份证、户口册及公安部门的户口证明、结婚证、乡（镇）以上计生技术服务部门近期出具的查验落实长效避孕节育措施证明。同时，还要出具《独生子女父母光荣证》、《终身只生育一个孩子合同书》的复印件。经计生部门进行资格认定后，对符合奖励优待的对象由村委会张榜公示，接受群众的监督。

二是严格资金的管理和发放。县级以上安排的奖励经费，由县级人口和计划生育行政主管部门设立"农业人口独生子女家庭奖励资金"，实行专户管理。

三是加强对已领取独生子女父母光荣证家庭的巩固工作。在平时的生产、生活中，对独生子女家庭加以扶持，为他们提供实实在在的服务，让他们真正感受到办理独生子女父母光荣证的好处，从而更加自觉自愿的实行计划生育工作。

【计生协会工作】

2006年12月15日，寻甸县召开了计生协会第四届会员代表大会，选举产生了新一届协会领导机构，修订《计划生育协会章程》，确定了今后五年计生协会工作的思路、目标和工作任务。目前，全县共有计生协会专兼职人员17人，县、乡（镇）、村已建立协会和分会组织190个，发展了以五老为骨干，以育龄人群和积极分子为主体的计划生育协会会员48353人，占全县总人口的9.73%，成立会员之家190个，会员联系户10406户。协会工作延伸到千家万户，为协助政府做好人口和计划生育工作提供了有力的组织保障。

【流动人口计划生育管理】

县、乡均明确了流动人口计生责任专干，使此项工作逐步走上正常化。一是组织各乡（镇）对流动人口进行了集中清理、清查进一步完善流动人口管理台账，规范了对流动人口的管理。二是流动人口信息交换平台运转正常。按要求应提交信息96条，已提交信息96条。应反馈流动人口信件办理4件，已办理4件。流动人口信息交换平台回复比例达到100%。三是从6月份开始，建立了流动人口生育情况信息管理系统。围产保健户籍地应提交或反馈18人，已提交反馈18人。生育情况户籍地应提交或反馈29人，已提交反馈29人。

【狠抓政策兑现 确保依法生育】

一是围绕"一法三规一条例"的贯彻落实工作，按照市计生委的安排布置，组织乡（镇）分管领导、计生干部、技术人员共75人按时参加业务培训，提高依法行政能力；

二是加大依法行政、依法管理人口与计划生育工作的力度。一方面坚决杜绝乱收费、乱罚款行为，切实维护广大群众的合法权益；另一方面加大对违法生育征收社会抚养费工作的力度，通过政策兑现，杜绝计划外生育。

【加强管理 不断提高计划生育服务质量】

一是为了提高全县计划生育技术员的政治、业务素质，2006年5月16-17日，举办了计划生育技术员培训班，参加培训的有县、乡计生服务站（所）的技术员及县人口计生局干部共70余人。通过培训，使全县计划生育技术人员更新了服务观念，提高了业务水平，统一了思想认识，为今后创建计划生育优质服务县打下了良好的基础。

二是在推广使用安全套预防艾滋病工作中，积极会同相关部门，在旅馆、发廊、美容厅、流动人口集中地、医疗单位、药品经营等重点场所推广使用安全套。

三是在出生缺陷干预工程工作中，成立了"人口出生缺陷干预工作"协调领导小组，制订了实施人口出生缺陷干预工作计划，逐步提高适宜对象叶酸增补率，真正做到控制人口增长，提高人口素质。

【表彰】

一、获昆明市"关爱女孩"知识竞赛三等奖。

二、获市计划生育协会"服务拓展年"征文优秀组织奖。

2007年

【统计数据】

截至2007年9月底，全县总人口517335人，已婚育龄妇女107102人，综合节育率达87.21%，独生子女领证人数14839户。全县共出生4588人，计划内出生人数4504人，计划生育率98.17%。其中一孩2442人，二孩2132人，多孩14人，出生性别比为118。人口出生率为8.9‰。人口自然增长率4.02‰。全县施行“三术”例数6880例，其中女性绝育15例，环埋6701例，补救措施164例。截至2007年9月底，全县共有流出人口19408人，流出人口持证率为96.22%；共有流入人口5662人，流入人口持证率为77.98%。

【县人口资源环境工作座谈会】

2007年3月9日，寻甸县召开全县人口资源环境工作座谈会。参加会议的有县五机关主要领导及分管联系领导，县直各部、委、办、局主要领导领导，各乡（镇）党政主要领导共89人。

会议由县人民政府县长孔贵华主持，县人口和计划生育局、国土资源管理局、环保局分别在会上做工作汇报。县委书记杨照辉在会上对人口和计划生育工作作了重点讲话：一是正确认识全县计划生育工作的形势；二是深化对人口和计划生育工作的再认识；三是突出重点抓关键；四是加强领导，强化队伍建设。

【宣传教育】

继续坚持宣传教育的首位意识不动摇，广泛深入地开展各种形式，多方位、立体式的宣传教育工作，着力在转变群众婚育观念上下工夫，切实加强三方面的宣传：宣传领导，深化各级领导层对计生工作长期性、艰巨性、复杂性的认识；宣传部门，增强相关部门齐抓共管意识；宣传群众，树立新型的生育文化观念。充分发挥人口学校的宣传教育阵地的功能，定期讲授群众喜闻乐见的生产、生活和人口与计划生育方面的知识，以身边的人和事教育带动广大育龄群众自觉形成新的婚育观念。广泛开展形式多样的宣传活动，让科学、文明、进步的婚育新风进入千家万户。组织计划生育宣传、技术服务人员，开展“传婚育新风，送优质服务”活动，深入村组为育龄群众送科普知识，送宣传资料，送技术服务，免费为育龄妇女查病治病。同时，注重5.29协会活动日、7.11人口日、9.1人口法宣传日、12.4法制宣传日等集中宣传活动，设立宣传点，分发宣传单。全县共印政策宣传资料2万份，制作政策宣传手提袋1万个，投入专项宣传经费共计达3万多元。悬挂过街横幅标语10余条，张贴计生各类公告3000份，全县计划生育知识入户率达到95%以上。

【强化基层基础工作】

一是加强基层计生业务规范化管理。为切实抓好计划生育基层业务管理规范，今年寻甸县分别在7月、8月举办了两期87人参加的基层计生业务培训班，同时，各乡（镇）通过村委会宣传员竞争上岗等形式，加大了对宣传员的培训力度，从政策法规、宣传教育、规划统计、乡村基层管理规范、流动人口计生管理与服务、科技管理与服务、协会等七方面进行了系统全面的业务知识培训，对基层管理提出统一规范性要求。坚持边培训边统一边规范，采取村级自查、乡级互查、县级督查各种形式，全县基层计生管理水平上了一个新的台阶，规范化程度大为提高。

二是加大后进转化力度。继续坚持分类指导，动态管理制度，突出抓好后进转化工作。不定期召开人口形势分析会、后进转化工作会议，分析现状、查找症结、谋求提高；加大后进村的计生管理跟踪问效力度，深入村组帮助摸排，清理底子，挤掉水分，夯实基础。

三是加强人口计生系统信息化建设。全县十六个乡（镇）均实行了宽带上网，初步实现计生信息网上交换；充分利用流动人口信息交换平台网络资源优势，加强了流动人口的生育节育信息收集力度。

进一步提高了基层计生工作效率和质量。

【流动人口管理工作】

为进一步加强寻甸县的流动人口计划生育管理和服务，维护流动人口的计划生育合法权益，掌握流动人口计划生育发展形势，有效地控制人口增长，提高人口素质，为和谐社会发展服务。县人大于2007年7月2日至3日组织部分相关人员及县人大代表对寻甸县有代表性的柯渡镇、金所乡、仁德镇的流动人口计划生育管理工作情况进行视察。通过视察后更加完善了流动人口计划生育管理工作。柯渡镇就对流出人员多的情况进行跟踪管理、定期服务着手。金所乡就进驻企业成立流动人口计划生育管理工作协会之家，并有专兼职人员定期反馈情况，由计生服务所技术员定期提供简单技术服务。仁德镇就如何从流动人口的管理与服务上进行落实，逐步提高流入人口与常住人口的亲和力。并逐步落实医保、入学、住房、户口等方面进行有序的管理。通过视察后不断总结经验，按寻甸县的实践分类管理，摸索流动人口计划生育"一盘棋"的管理模式。

【计划生育技术服务工作】

坚持以人为本抓服务，全面推进了以技术服务为重点的计划生育优质服务。一是深入开展以"六好"为主要内容的计划生育优质服务活动。二是坚持严格执行技术服务规范。全县严格执行《常用计划生育技术常规》和《临床检验操作规程》，上半年，组织完成了对21名手术并发症患者和4名独生子女病残儿童鉴定工作。三是坚持开展孕情健康检查和免费服务。各乡（镇）严格执行了计划生育各项免费服务政策规定。开展孕情健康检查64次，应查对象180665人，实查155329人，参查率达86%，查出意外怀孕164人，均得到有效补救。四是坚持完善技术服务网络。2007年申报乡级服务所建设项目四个，已批准立项建设，同时，即将完工验收2006年项目建设柯渡、联合两个乡级服务所。

【依法行政工作】

寻甸县计生系统始终将依法行政贯穿于人口计生工作的各个环节，执法水平不断提高。一是狠抓国家"一法三规"和省《条例》的学习贯彻。严格执行"七不准"规定，对贯彻实施《行政许可法》的情况进行了督促检查。二是狠抓党务政务公开工作。全系统以公开栏形式，将国家计生政策法规，各级计生部门的行政职能和职责范围、办事内容、办事条件、办事程序、办事时限、办事纪律、服务承诺、违纪违规投诉举报和处理办法向全社会公布，主动接受社会监督，增强了计生工作的透明度，收到较好效果。三是狠抓社会抚养费依法征收。县人口计生局对各乡（镇）的行政执法进行了认真指导、督促和检查，规定统一使用执法文书，杜绝了乱收费、乱罚款和搭车收费行为。四是狠抓群众来信来访工作。县人口计生局实行了领导干部信访接待月制度，2007年共处理群众来信和电话举报案件8例，维护了社会稳定。

【荣誉】

被表彰单位及个人	荣誉称号	表彰机关
寻甸县人口和计划生育局	昆明市"十五"人口和计划生育工作先进集体	中共昆明市委 昆明市人民政府
寻甸县塘子镇计划生育办公室	昆明市"十五"人口和计划生育工作先进集体	中共昆明市委 昆明市人民政府
寻甸县鸡街乡计划生育办公室	昆明市"十五"人口和计划生育工作先进集体	中共昆明市委 昆明市人民政府
姜彩云、刘定美、杨德珍、刘云学、代柱存、鲁外英、杨天富、毛学明、马继芬、冯正奎、马惠功、段庭祥、李树玲、张美定、孙永香、李美英、荀粉珍、文训粉、向永清、马调仙、徐正权、马明润、马金华、李顺华、蒋天喜	昆明市"十五"人口和计划生育工作先进个人	中共昆明市委 昆明市人民政府
寻甸县塘子镇坝者村委会宣传员刘明华	云南省人口和计划生育工作先工作者	云南省人口和计划生育委员会

2008 年

【统计数据】

截至 2007 年 10 月 1 日 –2008 年 9 月 30 日，寻甸县总人口 519247 人，出生人口 3853 人，计划内出生 3805 人，计划生育率达 98.75%，自然增长率 3.04‰。其中：男 1985 人，女 1868 人，一孩 2152 人，二孩 1687 人，计划内多孩 14 人。出生人口与去年同期相比减少 735 人，计划生育率同比上升 0.59 个百分点，自然增长率同比下降 0.98 个千分点；死亡人数 2277 人，与去年同期相比减少 238 人。完成本期“三术”5037 例。

【领导重视 责任明确】

一是春节过后，县计生局立即向政府领导汇报工作，并建议召开全县计生工作会议，安排布置 2008 年的工作，得到了政府领导的支持，在 1 月 17 日计生局召开计生系统计划生育工作会、签订目标管理责任书的基础上，于 2 月 20 日县政府召开了全县人口和计划生育工作会。做到了工作早计划，早安排，早落实。二是县委、政府以文件通知，将各乡镇的计划生育目标任务列为县委目督办、政府目督办督查的内容抓落实。

【加大培训力度 提高计生队伍素质】

为加大学习培训的力度，县计生局集中计生办人员学习人口与计划生育业务知识，准确掌握必要的业务知识。一是于 2008 年 2 月 21 日举办了行政执法培训，对全县的计划生育执法程序进行了严格规范。二是于 2008 年 3 月 25 日，对全县的技术人员进行了统一培训，为明年创优质服务，打下良好的基础。三是于 2008 年 6 月 4 日针对部分乡镇统计人员变动的情况，对各乡镇的统计员进行了业务培训。四是于 2008 年 6 月 4 日召开全县流动人口管理工作培训会，传达了市流动人口管理工作会议精神，安排布置了寻甸县的流动人口管理工作，并就有关业务进行了培训。

同时组织局机关有关科室人员，到部分乡镇，利用宣传员例会，对乡镇计生办人员及村宣传员，从思想理论到业务工作进行了培训，从而提高基层队伍的政治业务水平，促进了各项工作的开展。

【“奖优免补”】

一是认真做好 2008 年“奖扶”申报工作。完成了一次性奖金申报 77 户；完成了养老生活补助申报 913 人，其中：独生子 406 人，独生女 392 人，无子女 115 人；完成初中升学加分 72 人，高考加分 12 人的申报核实工作。二是 2008 年 4 月，计生局组织三个检查组，分别到乡（镇）对 2008 年新申报的养老生活补助对象进行了检查复审。经过对奖扶对象资格认定归档材料、奖扶对象见面情况、奖扶对象公示情况、奖扶对象协会评议情况等四个方面的检查，进一步规范了寻甸县计划生育奖扶工作。三是认真落实国家计划生育家庭特别扶助政策。对符合扶助条件的 141 人进行了审核申报。

【流动人口管理有了新的进展】

按照昆明市流动人口计划生育工作机制创新动员部署大会及 6 月 4 日县计生局召开的流动人口管理工作培训会精神，各乡镇都结合当地实际，开展了流动人口管理工作。通过督促检查，流动人口较为集中的乡（镇）都在安排的时间内完成了两个责任书和一个协议书、二个信息报告单，并严格落实“四同”管理的标准。[出租、出借房屋单位、个人流动人口计划生育责任书，用工单位、雇主流动人口计划生育管理和服务责任书；物业管理企业流动人口计划生育管理和服务协议；流动人口计划生育信息报告单、流动人口违法生育（怀孕）信息报告单。]

【依法行政 推行“阳光政务”】

按照市县的要求，一是对计生行政审批事项，人口计生局进行了清理、细化，流程再造，制订了人口计生局信息公开目录及公开内容报县政府信息产业办。二是按照县政府行政审批事项进中心的要求，人口计生局做到“人进中心、公章进中心、办事进中心”。三是按照经济社会软环境建设对社会的公开承诺，人口计生局修订、完善、重新制作了政务公开公示栏。多数乡镇计生办也制作了办事公开栏，悬挂了服务所收费项目和免费项目标准。

【计划生育协会工作正常开展】

一是积极配合市计生协会在寻甸县七星乡开展的送温暖、献爱心下乡宣传活动。同时启动了寻甸县"生育关怀行动"。

二是结合寻甸县实际，开展了"生育关怀行动"。计生局对9户独生子女因灾、独生子女父母生病等特困家庭，进行了慰问并发给慰问品及慰问金3000多元，切实解决了广大计生贫困户的生产、生活困难，促进了社会和谐，也转变了广大群众的生育观念.

三是响应市计生协会发起的交一次"特殊会费"的活动，积极发动协会会员捐资5020元。

四是各乡镇组织协会理事，切实做好"奖优免补"评议监督工作。

【开展计划生育优质服务工作】

一是为做好科技大练兵工作，成立了领导小组，下发了寻甸县大练兵实施方案，分发了辅导材料，于3月27日召开科技大练兵动员大会，并于5月13日–17日完成科技大练兵乡级服务所专业技术人员计划生育技术理论培训及考试，参训人数48人；县服务站专业技术人员计划生育技术理论培训及考试12人。全面开展了技术服务大练兵活动；二是县避孕药具管理达到规范化要求，做到专人管理，账面与库存相符。库存量已达到省、市要求。

【荣誉】

被表彰单位及个人	荣誉称号	表彰机关
寻甸县人口和计划生育局长 王云辉	云南省人口和计划生育工作先进工作者	云南省人口和计划生育委员会

石林县

2006 年

【概况】

2006 年，石林县认真贯彻执行《中华人民共和国人口与计划生育法》、《云南省人口与计划生育条例》、《云南省人民政府关于印发云南省农业人口独生子女家庭奖励规定的通知》，较好地完成了昆明市下达的各项计划生育指标。

【统计数据】

据统计局 2006 年石林县社会经济统计资料提供的数据：年末全县总人口 236908 人，年内出生 3096 人，出生率 13.16‰；死亡 428 人，死亡率为 1.82‰；自然增长人数 1341 人，自然增长率为 5.72‰。

据人口计生部门统计：计划生育率为 99.61%，避孕及时率为 81.60%，综合节育率为 87.11 %，县本级投入计划生育事业费 176 万元，2006 年新领取《独生子女父母光荣证》636 户，农业人口累计领取《独生子女父母光荣证》5518 户；孕前检查率达 42.50%，“奖优免补”网站数据录入率达 99.6%，“奖优免补”政策知晓率达 98%。“5331”工程达标率为 100%，宣传品进村入户率达 98%。

石林县 2006 年度的人口和计划生育工作经 2006 年 11 月 29 日市人口与计划生育工作领导小组目标考核组考评，人口计生局目标责任完成情况考核结果为 96 分，位居前列。

【宣传教育】

宣传方式不断创新，宣传内容不断丰富，利用各种纪念日、节假日，以婚育新风进万家、关爱女孩、奖优免补等为主要内容，开展丰富多彩的宣传服务活动。宣传品不断增加，全年印制计划生育宣传品 11 个种类 13 万份。宣传质量不断提高，制作计划生育优质服务县创建工作纪实——《阿诗玛故乡的新乐章》光碟。为适应计划生育工作发展的需要，在既有宣传橱窗、黑板报、计生流动服务车等宣传硬件的基础上，制作了 26 块展板和各种宣传册 8 万多册，更新规范了宣传标语和计划生育服务站、所的宣传图板，制作了公益广告牌和档次高、内容新、规范化的标语，为开展好计划生育宣传教育工作奠定了基础。全年利用广播宣传 910 次，放映电影 155 场，观众达 74753 人次，录像 233 场，观众达 26616 人次，宣传橱窗 112 期，黑板报 994 期，固定标语 1326 条，其他标语 507 条，文艺演出 323 场，观众达 89805 人次，以乡镇为单位举办人口与计划生育基础知识培训班 11 期，参训人数达 1421 人，举办县乡村计生工作人员培训班 2 期，参训人数为 300 人次。

【“奖优免补”】

在全县广泛开展“奖优免补”工作，落实利益导向机制和奖励扶助制度。截至 2006 年 9 月底，全县共有农业人口一孩家庭 10303 户，已经领取《独生子女父母光荣证》的 5518 户，占 53.56%。自 2004 年 6 月 1 日实施“奖优免补”政策以来，截至 2006 年 9 月 30 日，共有 5123 户农业人口家庭自愿放弃再生育，领取了《独生子女父母光荣证》，是 2004 年 5 月 31 日前累计领证 395 户的 12.97 倍。有 4550 对夫妻领到了一次性奖励；有 379 人次领到了养老奖励扶助金；有 1877 人次的中、小学生领到了独生子女“义务教育奖学金”；有 10 名高考生、75 名中考生享受了升学加分的政策。

【计划生育优质服务工作】

按照确立的“2251”的计划生育优质服务理念，着力放在推进“两个转变”（一是变管理为主为服务为主；二是变被动服务为主动服务）上，认真开展工作。2006 年应监护已婚育龄妇女 54394 例，已监护52695人次，医学监护覆盖率96.9%，随访46398人次，妇检数23161人次，免费发放18.6万元的避孕药具，社会营销安全套1.3万余只。为了减少人口出生缺陷，提高出生人口素质，2006年1月开始，县计划生育服务站启动了“出生缺陷干预”检查，开展了TORCH四项、梅毒血清学、乙肝两对半等检查，到12月底，共检查926人次。

2006年出生缺陷干预工程成立了协调领导小组，制订了计划，开展了相关工作；开展了出生人口性别比综合治理工作；推广使用安全套防治艾滋病工作有机构、有专项经费，有专兼职人员，投入了专项经费；重点场所全部摆放了安全套，设置了安全套自动售套机20台。

【计划生育服务网络建设】

2006年投资16万元新建了长湖计生服务所200平方米业务楼；投资18万元改扩建、修缮、包装了路美邑镇、大可乡计生服务所业务楼；投资37万元修缮、包装县计生服务站、板桥、石林、圭山、西街口镇计生服务所，增强了宣传、服务功能，服务站所做到了整洁化、温馨化。为93个村（居）委会服务室配备了药具柜、发药箱、检查床、办公桌椅等设备。以县计划生育服务站为龙头、乡级计划生育服务所为依托、村级计划生育服务室为基础的计划生育三级服务网络已经形成。

【计生协会工作】

2006年各级协会投入“三结合”项目资金60万元，使500多户计生困难户、双女户受益。探索性地开展计划生育村（居）民自治试点工作。全县有各级协会组织102个，个人会员33863人。

【流动人口计划生育管理】

2006年底，全县有流入人口4517人，查验流入人数3910人，查验率达86.56%；流出人口2080人，对流出人口办理《婚育证明》1891人，办证率90.86%。

【全国农村计划生育家庭奖励助扶制度和“少生快富”工程全面实施工作会议全体代表莅临检查指导工作】

2006年10月16日下午，在昆明参加全国农村计划生育家庭奖励助扶制度和“少生快富”工程全面实施工作会议的全体代表到石林县检查指导工作。出席会议的国家人口计生委主任张维庆，副主任王国强、江帆及31省、7个计划单列市和新疆建设兵团、解放军、武警部队的300余名代表详细察看了石林县“奖优免补”痕迹资料。晚上，与会代表观看了奖励扶助制度和“少生快富”专场演出。张维庆主任赋诗《七律·石林》:“高天翠松石林盘，百里剑戟莲湖穿。诗玛情深盼哥还，阿细月坪舞群仙。长号声声动心田,三弦阵阵共婵娟。夜半篝火情无限，放歌未来尽开颜。”

【荣誉】

2006年受国家、省、市表彰情况国人口发〔2006〕125号，人口计生委关于给予全国宫内节育器避孕效果调查成绩突出的单位和个人表彰的决定

一、2005年全国宫内节育器避孕效果调查优秀调查单位名单

云南省昆明市石林县人口计生委

二、2005年全国宫内节育器避孕效果调查受表彰调查员名单

陈宇杰　戴宏平　吉丽华　张自祥　毕昂光
武春丽　张国贤　姜志文　毕远鹏　张有德
王艳青　谢丽琼　马继超　张桂英　金海燕
杨丽茸　尹正刚　沈树江　李劲松

三、局机关戴宏平被国家人口和计划生育委员会评为全国人口和计划生育系统药具工作先进个人；吉丽华荣获全国人口和计划生育科技工作先进个人荣誉称号；黄丽英被云南省人事厅、云南省人口和计生委评为2005年度云南省人口和计划生育先进工作者；戴宏平、沈树江被云南省人口和计划生育委员会评为云南省人口和计划生育系统药具工作先进个人。

2007 年

【概况】

据人口计生部门统计：2007 年，县财政预算安排计划生育专项经费 107.43 万元。计划生育率为 99.90%，避孕及时率达 80.5%，综合节育率为 86.83 %，农业人口累计领取《独生子女父母光荣证》户数达到 5655 户；人口出生缺陷预防：孕前培训率达 98%；孕前检查率达 55%；适宜对象叶酸增补率达 50%。“奖优免补”工作：“奖优免补”网站数据准确率达 100%，“奖优免补”政策知晓率达 98%。宣传教育工作：“5331”工程达标率达 95%；宣传品进村入户率达 95% 以上；干部教育培训任务已完成。流动人口管理：县人口和计划生育局有专职流动人口管理干部，有专项经费；流动人口信息交换平台回复率达 98%；婚育证明查验率达 90.95%。文秘、事务工作：按时、按质报送了各种文件及文稿；按要求采用了网络报送信息，每月不少于 2 条；及时准确上报了各种计划生育数据资料和报表。开展了计划生育村（居）民自治工作。政策法规：违法生育行为查处率达 80% 以上；生育证、独子证办证程序合格率达 100%；行政复议、行政诉讼案件没有。开展优生优育系列服务：生殖健康服务覆盖率，户籍人口达 81%；流动人口达 60% 以上；已坚持开展查孕、查环、查病以及孕前指导等咨询服务；完成县计生服务站、圭山镇服务所建设规划、修缮，服务站（所）按规范化开展工作；开展了课题、项目研究，完成了国家人口计生委引产手术调查任务；经省市药具站多次抽查，避孕药具管理达到了规范化要求。协会工作：有会员之家，有工作经费，活动正常，《协会工作手册》记录清晰；组织理事对“奖优免补”工作进行监督、评议，有记录；科学运作“三结合”项目，资金管理有制度，按时、足额归还；认真完成各项工作，做到了全年制作简报不少于 6 期；协会工作有创新、有特色。综合治理人口问题的新机制建设有新进展。

【统计数据】

据石林县社会经济统计年鉴提供的数据：年末全县总人口 238865 人，年内出生 2371 人，出生率 9.97‰；死亡 1237 人，死亡率为 5.20‰；自然增长人数 1237 人，自然增长率为 5.2‰。

2004 年共接待来信来访 442 件，其中：求决类 130 件，举报类 3 件，咨询类 309 件。通过接待，使问题解决在基层，解决在萌芽状况中。

在 2007 年 12 月 26 日召开的全市人口与计划生育工作会议上，通报了考核结果，石林县、石林县人口和计划生育局均获 99 分（名列第一）。

【计生宣传教育】

为深入贯彻《中共中央、国务院关于全面加强人口和计划生育工作统筹解决人口问题的决定》，开展了《决定》知识竞赛活动，发出答题卡 1133 份，收回 1133 份。统一制作了 8 块政务公开栏发放到各乡（镇）悬挂，公开了“人口和计划生育群众工作纪律”和“人口和计划生育检查考评工作纪律”等内容。全年利用广播宣传 742 次，放映电影 72 场，观众达 27799 人次；录像 53 场，观众达 15167 人次；文艺演出 131 场，观众达 68718 人次；固定标语 2634 条，出黑板报 1068 期，橱窗 298 期，印制宣传品 92230 份，制作宣传广告牌 11 块，固定宣传栏 101 块，刊登数 1077 期，宣传品发行数 88212 份，种类 13 种，开展宣传活动 70 场次，人数达 100017 人，举办人口与计划生育基础知识培训班 8 期，参训人数为 1549 人。全年投入计划生育宣传经费 106335 元。

【“奖优免补”】

截至 2007 年 12 月底，农业人口累计领取《独生子女父母光荣证》5681 户，占一孩家庭 10856 户的 52.33%；自 2004 年 6 月 1 日实施“奖优免补”政策以来，共有 5286 户农业人口家庭自愿放弃再生育领取了《独生子女父母光荣证》，是 2004 年 5 月 31 日前累计领证 395 户的 13.38 倍。2007 年符合奖励扶助的对象 249 人，其中：独男 112 人，独女124人，无子女13人。2007年分两批审批一次性奖励户237户，确认符合中考加分58人、高考加分5人；符合享受“奖学金”的农业人口独生子女1903人次，其中：小学阶段1558人次，初中阶段345人次。

【计划生育优质服务】

2007年放置宫内节育环2582例，皮下埋植术7例，取环1229例，皮下埋植取出术5例；查环52828人次，查孕13810人次，妇检11567人次，发放避孕药具14748人次；为减少人口出生缺陷，提高出生人口素质，开展了TORCH四项、梅毒血清学、乙肝两对半等检查，2007年共检查2035人次。

药具管理实现了县、乡、村、组四级管理网络。药具应用率达99%，药具有效率达99.9%，随访率达95%。

继续全面开展了“五项优质服务”，即：做好优生指导服务；做好不孕不育诊治服务；做好避孕节育服务；做好生殖健康服务；做好少生优待服务。

【流动人口计划生育管理】

对流动人口做到了同宣传、同管理、同服务。据2007年12月统计，全年累计流入人口4794人，查验人数4657人，查验率为97.14%；流出人口2180人，办理《流动人口婚育证明》的人数为2015人，办证率为92.43 %。

【公开竞聘村级宣传员】

继续对村级人口计划生育宣传员实行招考竞聘，全县共聘用93名，一聘3年。5月10日启动招考竞聘工作，全县有201人报名，实际参加理论考试人数为171人。

【计划生育协会工作】

2007年，县计生协会紧紧围绕“少生快富奔小康”这一目标，开展了“三结合”工作，各级协会投入“三结合”项目资金60万元，为实行计划生育户解决了生产、生活中的实际困难和问题。2007年底，全县有各级协会组织102个，会员30000人。

全县每个乡镇有1—2个村委会开展了村（居）民自治试点工作。

【荣誉】

2007年9月24日，中共昆明市委、昆明市人民政府关于表彰昆明市“十五”人口和计划生育工作先进集体和先进个人

先进集体：石林县人口和计划生育局
鹿阜镇人民政府
圭山镇人民政府

先进个人：柳文炜　李忠德　黄玉林
毕卫红　毕东红　苏云波
张睿高　戴宏平　黄丽英
郑孝明　张煜瑰　马继超
李劲松　刘晓美　张金明
张　静　张有德　董毕生
杨永明　姚琼芬　转云芳
唐琼丽　毕锦华　李志光
李秀芬　田桂花

2008年

【概况】

据人口计生部门统计：县财政预算安排计划生育专项经费189.74万元；计划生育率为99.70%，避孕及时率为80.5%，综合节育率为85.86%，国家规定的计划生育免费技术服务正常开展，群众能够便捷地享受到国家规定的计划生育免费技术服务。坚持依法行政，积极推行“阳光政务”，对计划生育行政审批事项进行了清理、细化和流程再造，并在政府信息公众网上公布，方便了群众同时，提高了办事效率。全县8个乡镇计划生育服务所有机构、有编制、有相关资质，现有医务人员20名，达到市级考核要求。创建省级计划生育优质服务县工作已于2006年达标，创建省级和国家

级计划生育优质服务先进县各项工作已达到考核要求，具备接受国家考核验收的条件。

【统计数据】

据石林县社会经济统计年鉴提供的数据：年末全县总人口239612人，年内出生2021人，出生率8.45‰；死亡1886人，死亡率为7.88‰；自然增长人数1376人，自然增长率为5.77‰。

“奖优免补”网站数据准确率达100%；宣传教育：开展生育文化示范村建设，地点在圭山镇的立马村；开展孕前培训（五期教育培训）10期，参训人数1471人；“奖优免补”政策知晓率，一孩家庭达100%，其他家庭达96.80%。政策法规：全面落实计划生育行政执法责任制、行政执法过错责任追究制、违法执法损害赔偿制，生育证、独子证办证程序合格率达100%；流动人口管理：流动人口信息交换平台回复率达99.05%（原因是网络不正常）；婚育证明查验率达100%；开展计划生育优质服务：全面开展技术服务科技大练兵活动，已组织培训3期；已坚持开展查孕、查环、查病以及孕前指导等咨询服务；避孕药具管理达到规范化要求，不断深化提高；做好计划生育干部队伍培训工作，2月份已组织县乡村计生系统人员培训2天，9月份培训1天；文秘、事务工作：按时、按质报送各种文件及文稿；网络报送计划生育信息，每月不少于2条，已上报36期；及时准确上报各种计划生育数据资料和报表；坚持统计工作月例会制度；计划生育村（居）民自治工作开展率达到67%。协会工作：协会工作做到了有经费，有阵地，有活动，有记录；认真开展“生育关怀行动”；“三结合”项目工作成效显著，按时足额还款，运转正常；做好“奖优免补”评议监督工作；长效避孕及时率达到81.21%。积极开展了人口出生缺陷一级干预工作，一级预防干预率达60%。

2008年共接待来信来访559件，其中：求决类271件，举报类5件，咨询类283件，通过接待，使问题解决在基层，解决在萌芽状况中。2008年资助了支农联系点大可乡岩子脚村委会8000元生产经费。

【计生宣传教育】

为使广大群众掌握计划生育法律法规、优生优育、避孕节育等知识，充分利用多种形式向广大群众进行宣传。2008年发放农村百事通10000本、优质服务画册1000本、优质服务光盘300张，制作“您是亲人，我们真情服务；您有需要，我们关爱到家”宣传画200张张贴到计划生育服务站所室醒目的位子，更换大型计生广告牌3块。举办人口与计划生育基础知识培训班10期，参训人数1471人；放映电影67场、观众60570人次，录像21场、观众6123人次；文艺演出69场，观众88048人次；固定标语2685条，出黑板报905期，橱窗373期，广播宣传980次，印制宣传品105342份，制作宣传广告牌11块，固定宣传栏98块，刊登数1176期，宣传品发行数112163份，种类20种、开展宣传活动92场次、人数92078人。宣传经费共计投入147911元。

【“奖优免补”】

截至2008年9月底，全县共有农业人口一孩家庭10885户，其中：领取《独生子女父母光荣证》5758户，占52.90%；2008年审批农业人口独生子女家庭享受一次性奖励金117户，应发资金10.35万元；确认275人享受奖励扶助金，应发资金19.145万元；确认38人享受特别奖励扶助金，应发资金4.416万元，确认9名高考生、72名中考生享受了升学加分优惠政策；审批2161人享受“义务教育奖学金”，其中：小学1731人，初中430人，应发资金38.876万元。

【国家省计生优质服务先进单位创建】

2008年，石林县在多年创建计划生育优质服务先进单位的基础上，全面启动全国计生工作优质服务先进单位和云南省计划生育优质服务先进单位的申报工作。推行以生殖健康“三大工程”（即避孕节育优质服务工程、生殖道感染干预工程和出生缺陷干预工程）为主要内容的优质服务，实施“2251”工程（即抓好服务网络建设、干部队伍建设两个基础，实现以管理为中心转向以服务为中心、被动服务和单一服务转变为主动服务和综合服务两个转变，做好优生指导、不孕不育咨询、避孕节育、生殖保健、少生优待五项服务，促进先进婚育观念和人口文化的形成），把计划生育优质服务送进了千家万户，以真情关爱惠及彝乡群众，广大群众对计划生育优质服务的认可度不断提高，支持参与计划生育优质服务先进县创建活动的热情不断高涨，逐步探索出符合石林实际的计划生育优质服务“一线三点”工作思路（“一线”即以“真情服务、关爱到家”为主线，“三点”即以关爱计划生育家庭为着眼点、以倡导婚育新风尚为聚焦点、以开展生殖健康综合服务为切入点），取得了实效。经过国家人口计生委、省人口计生委组织专家评估，授予石林县“2008年全国计划生育优质服务先进单位”和“云南省计划生育优质服务先进单位”荣誉称号。2008年县乡计生服务站所进村入户上门提供咨询服务11680人次；开展门诊15974人次，提供门诊咨询服务4973人次；为育龄妇女开展放环2046例、皮埋5例、取环1109例、皮埋取出术4例，查环52726人次、查孕14844人次，优生检测3493人次，检查妇女病18447人次（确诊5705人次），发放避孕药具14137人次；开展随访服务44674人次。

【流动人口计划生育管理】

鹿阜镇的8个村（居）委会配备了流动人口计划生育服务员。在流动人口相对集中的地方设立了流动人口计划生育服务点，为流动人口提供便捷的生殖保健服务，实现计划生育工作流动人口与常住人口同宣传、同管理、同服务，与户籍人口享受同等政策。截至2008年9月31日，全县共有流动人口7061人，其中：流入人口4853人，查验4853人，查验率达100%，为流入人口开展免费优质服务1068人；流出人口2208人，办证2052人，办证率达92.93%。

【计划生育协会工作】

对108户农业人口独生子女家庭进行了慰问。各级协会投入“三结合”项目资金60万元，为实行计划生育户解决了生产、生活中的实际困难和问题。年底，全县有各级协会组织102个，会员30000人。

【荣誉】

一、国家人口计生委以国人口发〔2008〕90号授予石林县“2008年全国计划生育优质服务先进单位”荣誉称号；

二、省人口和计生委以云人口发〔2009〕6号，授予石林县“2008年云南省计划生育优质服务先进单位”荣誉称号；

三、2008年4月昆明市人民政府授予张睿高同志昆明市劳动模范光荣称号；

四、石林镇松子园村计生宣传员李春艳受到云南省人力资源和社会保障厅、云南省人口和计划生育委员长表彰为2008年度“云南省人口和计划生育先进工作者”。

富民县

2006年

【概述】

全县人口和计划生育工作，以构建和谐社会，全面建设小康社会为目标，以控制人口数量、提高人口素质、改善人口结构为主线。紧紧围绕降低生育水平这个中心，突出服务网络建设、优质服务先进县创建、流动人口综合管理、农业人口“奖优免补”工作四个重点，建立人口和计划生育“以奖促控”激励机制，探索人口和计划生育的改革创新思路，提升工作管理与服务水平。县委、县政府制订了《关于切实加强农业人口独生子女家庭“奖优免补”工作的实施意见》，建立了乡镇党委书记、乡镇长实行单独考核奖惩机制，制订了农业人口独生子女家庭在村集体收益分红时可享受两份分红的鼓励政策。

【统计数据】

据县统计局年报统计：总人口14.92万人；出生率11.00‰；死亡率4.43‰；自然增长率6.57‰。据县人口计生局统计：计划生育100 %；避孕率89.53%。

【宣传教育】

提高宣传的针对性和时效性，以进村入户为重点，广泛宣传政策法规、普及生理生殖、避孕节育科普知识，引导少生优生，促进群众生育观念的转变。以“四下乡”、“四进社区”、“科普宣传活动月”宣传活动为契机，以“婚育新风进万家”、“关爱女孩”等活动为载体，围绕优生优育、独生子女奖优免补工作，组织工作人员以及医生、护士，深入七乡镇及村委会发放宣传资料，开展政策咨询、避孕节育、生理生殖健康检查服务，宣传覆盖面达80%以上。全县设置宣传点56个，参加人员1220人次，黑板报、橱窗宣传187次，发放宣传资料10700份，政策咨询2221人次，生理生殖健康服务36520人次，免费发放避孕药具32540份，书写标语9934条。

【“奖优免补”】

突出“三到位一服务”。“三个到位”：一是“奖优免补”政策宣传到位，提高各级干部和农村已婚育龄群众“奖优免补”政策知晓率；二是严格执行“奖优免补”政策到位，坚持集体议事、“四权分离”（县人口和计生局资格审核确认、邮政部门资金发放、财政部门资金管理、监察、审计部门监督检查）、政务公开、责任追究和信访工作责任五个制度，确保资金专款专用；三是兑现奖励到位，财政配套资金足额到位，县人口计生局将“奖优免补”专项经费及时准确无误的发放到群众手中，取信于民，消除群众疑虑。“一服务”即科学管理，搞好服务。“奖优免补”政策的贯彻落实，持续时间跨度长达数十年，信息收集管理工作紧迫而重要，全县建立、完善、规范了独生子女档案，保证为每一户独生子女家庭能够提供及时、准确、便捷的资料查询和后续服务。兑现农业人口独生子女家庭奖励398.391万元。其中：农业人口独生子女家庭一次性奖励3534户339.1万元；义务教育阶段奖学金2616人49.136万元；中高考升学加分232人；农业人口独生子女、无子女家庭计划生育养老生育补助153人10.155万元。

【基层基础工作】

针对工作中的重点难点问题和群众关心的热点问题，积极想办法，切实加以解决。解决农业人口独生子女家庭领取一次性奖励金的历史遗留问题，兑现788户（双亲633户，单亲155户）一次性奖励金71.05万元。协调处理好乡镇行政区划调整（2镇7乡撤并为2镇5乡）中有关人口和计划生育的问题，圆满完成涉及撤并的5个乡镇人口和计划生育文书档案资料的移交工作；撤销原者北乡计划生育服务所，划归罗免乡计划生育服务所。

【优质服务】

认真贯彻落实《富民县开展计划生育优质服务实施方案》，以“六个好”为目标，按“四优一满意”的要求，围绕创优工作31项指标任务，积极开展创建省级计划生育优质服务先进县活动。组织部分乡镇计生办主任、服务站所负责人到晋宁县、宜良县学习创建计划生育优质服务县的先进经验，加快全县创优工作步伐。加强县乡计划生育服务站所硬件建设，对全县一站六所进行了改造装修，配置了宣传设备和B超等开展计划生育优质服务所需的仪器设备。推广使用“福施福”、“斯利安”，实施出生缺陷干预工程。避孕药具管理进一步规范，免费药具做到及时、足额地发放到基层和群众手中。设置自动售套机5台，在公共服务娱乐场所推广100%使用安全套。建立人口和计划生育群众信息需求制度，定期收集群众对人口和计划生育工作的意见和建议，并作为制订工作计划，做好服务的重要依据，使人口和计生工作更加贴近基层、贴近群众。为反映优质服务工作，制作了《夯实基础求发展 优质服务构和谐》专题片、编纂印制《有爱就有美好未来》。

【流动人口管理】

按照谁用工谁负责，以块为主，条块结合的原则，落实属地化管理，把流动人口纳入常住人口管理范畴，列入《人口和计划生育目标管理责任书》，实行同宣传、同管理、同服务、同考核。采取全面清理和重点整顿相结合的方法，定期或不定期地对流入成年人口进行服务管理，流动人口信息交换平台信息回复率达100%。

【加强人口发展战略研究】

加强对人口发展的调查研究，更加注重人口安全、人口结构、人口质量，按照《昆明市“十一五”人口和计划生育发展规划》和县委、县政府提出的“农业特、工业兴、田园美、休憩乐”的城乡一体化发展战略和建设“昆明特色农业区、钛产业基地、养生基地”的发展要求，草拟《富民县“十一五”人口和计划生育发展规划》，使人口规划更具科学性和可操作性。同时，制订了《关于社会主义新农村建设试点人口和计划生育工作的实施方案》，把人口和计划生育工作同农村发展经济相结合、同帮助农民群众勤劳致富奔小康相结合、同建立幸福文明家庭相结合。

【干部队伍建设】

认真开展保持共产党员先进性和“八荣八耻”教育活动，进一步提高全体党员和干部职工的思想素质，增强队伍的战斗力和凝聚力。加强干部队伍党风廉政建设，按照昆明精神“春融万物、和谐发展、敢为人先、追求卓越”的要求，把依法行政、依法办事作为整个计生工作的主线，倡导深入实际、调查研究、做好服务，带头帮助指导基层解决实际问题，切实抓好计生干部思想政治教育和业务培训。坚持公开、公平、公正的原则，按照规定的程序和方法，在全县宣传员中开展竞争上岗，选择优秀人才充实宣传员队伍。通过竞争上岗，全县73名宣传员有62人继任，新上岗11人。在全县计生系统开展民主评议行风活动，自检自查自纠，向县人大代表、县政协委员书面汇报年度工作情况，虚心听取各方面的意见和建议，找准问题促整改，以团结和谐、务实高效、廉政勤政的工作作风取信于民。

【人口计生工作会】

7月26日，县政府召开了由县人口和计划生育工作领导小组成员单位负责人、乡镇长、分管副乡镇长、计生办主任、县乡服务站所负责人参加的全县人口和计划生育工作会议，认真总结分析半年工作，查找问题，积极采取措施加以解决。

【征询人大代表、政协委员意见建议】

从2005年起，每年年终主动以信件的方式向县人大代表、县政协委员汇报工作情况，听取他们的意见和建议，改进个提高人口和计划生育服务管理水平。

【荣誉】

陈国钟被省人事厅、省人口计生委评为2006年度云南人口和计划生育先进工作者；李佳红被国家人口计生委评为全国人口和计划生育科技工作先进个人。

2007年

【概述】

富民县人口和计划生育工作坚持“稳定、提高、统筹”的工作方针，全面落实科学发展观，以稳定低生育水平、提高出生人口素质，统筹解决人口问题、促进人的全面发展为中心，突出重点，破解难点，分类指导，创新工作思路和工作举措，提高服务和管理水平，全县人口和计划生育工作取得了新成绩。县乡计划生育服务站所服务环境、服务条件有了较大改善，创建优质服务县工作有序推进；县人口计生局被市委、市政府评为“十五”人口计划生育工作先进集体，罗免乡麦加营村级计划生育协会荣获全国计划生育协会先进集体荣誉称号；解决了农村、城镇无业居民独生子女保健费问题。

【统计数据】

据县统计局年报统计：总人口15.01万人；出生率11.48‰；死亡率5.00‰；自然增长率6.48‰。据县人口计生局统计：计划生育100%；避孕率90.07%。

【奖惩通报及一票否决制】

在市第三届村委会换届选举工作中，按照《云南省人口和计划生育条例》第46条规定，对5年内有违法生育行为的候选人，及时向有关部门提出意见，给予一票否决。对75个申报市、县级文明单位、文明行业、文明社区、文明村的单位进行认真排查。

【宣传教育】

以宣传中央《决定》精神为重点，贴近群众，按需宣传，落实“以群众的需求为主”、“以群众为本” 的宣传理念，提高宣传教育的感染力、影响力和渗透力。精心组织、广泛动员，全县1002人参加了中央《决定》知识竞赛。对县、乡、村标语口号进行全面清理，使标语口号更加醒目规范，美观大方，温馨和谐，体现新时期人口计生工作的主题和发展方向。征订《中国人口报》20份，赠送县委、县人大、县政府、县政协分管联系领导和县人口计划生育工作领导小组部分成员单位。设置宣传点58个，参加人员765人次，出黑板报、橱窗宣传192次，发放宣传资料14000份，接受政策咨询1200人次，生理生殖健康服务35000人次，免费发放避孕药具32540只，书写规范标语口号740条，宣传覆盖面达80%以上。

【“奖优免补”】

新领《独生子女父母光荣证》140户，复核审批养老生活补助173人，其中新增23人。兑现一次性奖励360人18万元；兑现教育奖学金2524人48.434万元；申报农业人口独生子女升学加分270人。制订了《富民县独生子女保健费奖励（试行）方案》（富人口〔2007〕12号），落实农业人口、城镇无业居民独生子女保健费（每月10元）4070人45.5万元。5至6日，市审计局对2003年8月以来奖优免补专项经费进行审计，审计结果资金管理使用规范，无拉用、挪用现象发生。

【依法行政】

制订了《关于全面推进依法行政工作的实施意见》（富人口〔2007〕1号），进一步明确了执法主体、执法种类、执法权限和责任。推行政务公开，实施阳光政务工程。在县、乡、村政务公开栏公开人口和计划生育群众工作纪律、人口和计划生育检查考评工作纪律。

【流动人口管理】

全年组织清查4次，印制《流动人口婚育证明查验公告》200份，粘贴在各村委会及流动人口聚集地。全县有流动人口5096人，其中流出人口2030人；流入人口3066人，已婚育龄妇女1096人，采取避孕节育措施619人。查验流入成年流动人口《婚育证明》2176人次，发出《责令限期补办婚育证明的通知》1826份。为持有《流动人口婚育证明》的流动人口免费提供避孕节育、生殖保健等计划生育系列服务1034人次。加强双向联系，积极配合四川乐山市、云南昭通市、楚雄市等地做好流动人口计划生育管理和服务工作。

【优质服务】

制作《夯实基础求发展 优质服务构和谐——富民县创建省级计划生育优质服务县纪录片》光盘，撰写印制了《有爱就有美好未来——富民县创建省级计划生育优质服务县纪实》一书。深入基层，开展三查一治（查孕、查环、查病、治病）等生理生殖健康服务。开展避孕节育技术服务2818例，查环24264人次，查孕1910人次，妇女生殖健康检查31627人次，服务率达85%。在预防婴儿出生缺陷，实施出生缺陷干预工作中，优生优育检测783人次，推广使用福施福1175盒、叶酸2492盒。推广使用安全套预防艾滋病和性病的传播，累计发放安全套16000只；高度关注出生婴儿性别比问题，全年出生人口1698人其中男856人，女842人，婴儿出生性别比为100∶102（女=100）。打击非法行医，净化服务环境。开展计划生育科技大练兵活动。

【干部队伍、党风廉政和机关作风建设】

制订下发了《关于加强人口计生系统2007年党风廉政建设与反腐败工作的通知》。在全县计生系统开展行政执法检查，全年全县计生干部无违法违纪、错事错案发生。开展民主评议政风行风活动。在永定、大营、罗免3个乡镇16个村委会开展《农民兄弟姐妹评计生问卷调查》。主动把《相关单位民主评议人口计生系统意见表》分别送县人大、县政协等13个单位，请他们对人口计生系统政风行风进行民主评议。

【人口计生工作会】

1月29日，县委、县政府召开了由县人口和计划生育领导小组成员，各乡镇乡镇长、分管人口和计划生育工作的副乡镇长，乡镇计生办主任、副主任，计划生育服务站所负责人参加的全县人口和计划生育工作会议。会议指出：要认清形势，统一思想，进一步增强做好人口和计划生育工作重要性和紧迫性的认识。要突出重点，强化措施，落实责任，切实做好2007年人口和计划生育工作。要加强领导，狠抓落实，务求实效。要坚持“两手抓”，两手都要硬；要认真落实党政一把手“亲自抓、负总责”的原则，坚决实行“一票否决”和“黄牌警告”制度；要坚持和完善人口与计划生育“双线”目标管理责任制，分类指导，分层推进，严格考核。并做到 “三个到位”：一是思想认识必须到位，二是工作措施必须到位，三是组织领导必须到位。

【市人大及到富民调研奖优免补工作】

4月13日，市人大到富民县对农业人口奖优免补工作进行调研，在听取县人口计生局工作汇报，深入大营镇三村村委会三村村进行分类（一次性奖励，小学、初中奖学金，中高考升学奖励加分，养老生育补助）随机入户调查核实后，对富民县农业人口奖优免补工作给予了充分肯定 。

【县人大检查人口计生工作】

8月9日至10日，县人大对富民县贯彻落实《昆明市流动人口计划生育管理条例》及开展计划生育优质服务工作情况进行了检查，检查组在听取县政府的情况汇报后，深入到永定镇、罗免乡、款庄乡及部分村委会和计生服务所进行检查，广泛听取当地政府及相关部门的意见和建议，对开展优质服务工作给予了充分的肯定，对加快计生服务站所建设提出了建议，有力地促进了全县优质服务工作的深入开展。

【荣誉】

富民县人口和计划生育局、大营镇人民政府、款庄乡人民政府被昆明市委、市人民政府评为昆明市“十五”人口和计划生育工作先进集体；罗免乡麦加营村级计划生育协会荣获全国计划生育协会先进集体荣誉称号；郭继先、石玲红、郭秀芬、屠建云、廖亚明、杨恩喜、杜燕能、杜敏银、陈国钟、杨捷清、杨洪波、杨雄、刘继才、杨明慧、李菊明、黄明华、李司勇、段绍云、刘幼萍、张明梅、张天俊、关金辉、熊少武、袁子仙被昆明市委、市人民政府评为昆明市“十五”人口和计划生育工作先进个人；段绍云被省人事厅、省人口计生委评为2007年度云南人口和计划生育先进工作者。

2008年

【概述】

全县人口和计划生育工作，落实以人为本的科学发展观，以全面建设小康社会为目标，坚定不移地贯彻落实计划生育基本国策，进一步降低生育水平，提高出生人口素质，加强流动人口服务和管理，创新发展思路，完善服务和管理体系，着力提升服务管理水平。综合治理机制不断完善，奖惩通报制度得到较好落实；宣传工作推陈出新；利益导向机制不断完善，奖励政策全面落实；服务环境进一步优化，依法行政成效显著；流动人口计划生育管理服务机制不断创新；基础建设进一步加强，服务水平明显提高；党风廉政建设进一步加强；协会活动丰富多彩，凝聚力不断增强。经市政府、市人口计生委年终检查考核，"双线"工作均居全市第一；经县政府综合考核评定为一等奖。

【统计数据】

据县统计局年报统计：总人口15.07万人；出生率12.54‰；死亡率5.60‰；自然增长率6.94‰。据县人口计生局统计：计划生育100%；避孕率89.48%。

【宣传教育】

以农村为重点，以群众需求为切入点，在做好经常性宣传的同时，构建新载体，打造新平台，力求新效果，抓典型、抓示范，认真落实"五个一"工程（一个生育文化小广场、一个生育文化展室、一条生育文化长廊、一支计划生育文艺宣传队、一个生育文化雕塑），在大营镇奎南村委会建成富民县生育文化示范村。全年设置宣传点67个，参加人员390人次，黑板报、橱窗宣传183次，发放宣传资料12000份，政策咨询820人次，生理生殖健康服务19300人次，免费发放避孕药具30400份，书写标语口号360条，印制宣传环保布袋6000个免费发放。

【"奖优免补"】

全县新申办《独生子女父母光荣证》295户，其中：农村新领证119户；兑现一次性奖励金152户14.3万元，落实农村独生子女中高考升学加分281人，其中：中考加分222人，高考加分59人；兑现农业人口义务教育阶段教育奖学金2223人43.518万元（其中：小学1428人22.848万元，初中795人20.67万元）；全面复核落实计划生育家庭奖励扶助175人11.57万元；兑现特别扶助金（独生子女伤残或死亡）35人4.128万元。兑现2008年度考取高中、大专院校（高中1000元、专科1200元、本科2000元）农村独生子女奖学金247人28.34万元。

【阳光政务】

推行"阳光政务"以规范行政审批及行政处罚自由裁量权，细化管理服务事项，提高行政审批服务效率为主线，以便民服务窗口为载体，以优化软环境建设为契机，进一步规范执法主体、执法种类、执法权限和责任，建立依法行政、行政审批制度，向社会公开服务承诺，公布领导干部工作职责和电话号码，在富民县政府信息公开网站公开，充分保障群众知情权、选择权、监督权。县便民服务中心计生服务窗口，做到"两集中、两到位、四进中心、一站式受理、一站式审批"，兑现服务承诺。全年办理各类审批服务事项3385件，办理其他服务事项322件，政策咨询243人次，办结率100%。以合同服务管理为切入点，针对群众关心关注生育指标安排的问题，始终坚持把安排计划、安排过程、安排结果向社会公开，增强安排的透明度，保证指标安排的公开、公正、公平性，进一步明确了计生部门与群众的权利和义务，实现责权利的统一。

【流动人口管理】

按照经济社会制度创新重点工作任务的要求，拟定了《富民县人口和计划生育局关于创新流动人口计划生育管理服务机制的实施方案》，建立流动人口计划生育管理服务目标倒逼机制，认真落实"属地化管理，市民化服务"，把流动人口纳入与常住人口同宣传、同管理、同服务、同考核。坚持全面清理，重点整治的原则，对全县流动人口进行服务式管理。全县流动人口5636人，其中：流出人口2144

人，流入3492人中，已婚育龄妇女1050人，落实避孕措施962人。全年清理流动人口4次，查验《流动人口婚育证明》2727人次，发出限其补办通知2818份，查验率78%。在流入人口相对较多的永定镇城南、城北社区和大营镇大营村委会建立了流动人口志愿者巡查队伍，制订了流动人口志愿者巡查队伍制度。县、乡计划生育服务站所为持有《流动人口婚育证明》的流入流动人口免费提供优质避孕节育、生殖保健等计划生育系列服务，提供孕情服务368人次，妇女病普查80人次，生殖保健咨询服务478人次。接收全国各地流出人员信息248条，反馈信息248条，反馈率100%。加强双向联系，积极配合四川、贵州和省内昭通、楚雄、曲靖等地州做好流动人口计划生育管理。

【优质服务】

市、县投入建设资金88万元。完成罗免乡、东村乡、散旦乡、款庄乡4个计生服务所建设。县乡服务站所深入基层，开展三查一治（查孕、查环、查病、治病）生理生殖健康服务，服务率达85%。开展避孕节育技术服务2654例，查环27723人次，查孕1794人次，生殖健康检查29517人次。宾馆酒店、公共娱乐场所100%推广使用安全套预防艾滋病和性病的传播，发放安全套9800只。认真开展优生优育、婴儿出生缺陷预防工作。孕前培训1468人培训率80.3%，孕前检查928人检查率50.7%。推广使用福施福1428盒，叶酸2700合，叶酸增补率50.6%。

【干部队伍和工作作风建设】

坚持标本兼治、综合治理、惩防并举、注重预防的方针，加强计划生育系统党风廉政建设和反腐败工作。认真开展农民兄弟姐妹评计生活动，在7个乡（镇）发出问卷调查评议表500份，收回495份，群众满意率97.6%。坚持“局长信访接待日”、“信访维稳零报告”制度，切实做好领导“大下访、大接访”和社会矛盾排查工作，把矛盾和问题化解在基层。

【全县人口计生工作会议】

4月21日，县政府召开了由县人口和计划生育领导小组成员，各乡镇分管计划生育领导，乡镇计生办主任、副主任，计划生育服务站所负责人参加的富民县2008年人口和计划生育工作会议。会议总结分析了2007年人口计生工作，通报了2007年乡镇人民政府、乡镇计生办《人口和计划生育目标管理责任书》考核情况，对2008年工作进行了安排部署，县委、县政府对“十五”期间涌现出的先进集体29个、先进个人96人进行了表彰奖励。

【计生协会工作】

5月23日，与昆明市计划生育协会联合在富民县大营镇小水井苗族村举办“5·29”活动周启动仪式。活动紧紧围绕“生育传承希望，关怀相伴和谐”这一主题为现场的群众开展了生育、生产、生活等系列服务。

【省计生委领导到富民调研工作】

10月29日，省人口计生委郝青山主任轻装从简，在县人口计生局郭秀芬局长、杨捷清副局长的陪同下，先后到县人口计生局、县计生服务站调研。在县人口计生局调查了解办公条件和计生干部队伍建设情况，并同计生干部就学习、生活、工作进行了座谈。随后郝主任深入县计划生育服务站，对服务站的站容、站貌、站风进行了视察，亲临手术室、B超室、检验室等，了解优质服务设备配置及使用情况，并到康复室同到站落实长效避孕绝育措施的育龄群众进行了亲切交谈。郝主任对县计生服务站的发展和建设给予了充分肯定，并就如何进一步加强县、乡计生服务站所建设，提高优质服务水平提出了明确要求。

【荣誉】

杨红映被省人力资源和社会保障厅、省人口计生委评为2008年度云南人口和计划生育先进工作者。

呈贡县

2006年

【概况】

2006年，呈贡县坚持树立科学发展观，勇于探索创新，以做好创建省级计划生育优质服务先进县和流动人口计划生育管理与服务工作为重点，全面贯彻落实《中华人民共和国人口与计划生育法》、《国家流动人口计划生育管理办法》、《国家计划生育技术服务管理条例》、《国家社会抚养费征收管理办法》、《云南省人口与计划生育条例》、《云南省农业人口独生子女家庭奖励规定》、新修订的《昆明市流动人口计划生育管理条例》等计划生育法律法规，扎实开展了人口和计划生育各项工作，较好完成了昆明市下达的各项计划生育指标任务。

【统计数据】

据县统计部门统计，全县2006年末总人口为163811人，年内全县共出人口1388人，出生率为8.68‰；死亡人口667人，死亡率为4.07‰；人口自然增长率为3.98‰。按人口计生部门统计，年内全县符合政策生育率为99.14%；综合节育率为91.49%；县级配套经费投入382万元；“5331”工程达标率为100%；宣传品进村入户率为96%。

【宣传教育】

按照贴近群众、贴近实际、贴近生活的要求，强化了人口和计划生育宣传教育。2006年内，深入开展了以贯彻落实《中华人民共和国人口与计划生育法》、《云南省人口与计划生育条例》、《云南省农业人口独生子女家庭奖励规定》、避孕节育、生殖健康、预防艾滋病、关爱女孩等为主要内容的婚育新风进万家活动；对新修订的《昆明市流动人口计划生育管理条例》，全县计生系统按照县人口计生局制订的《关于开展<昆明市流动人口计划生育管理条例>宣传活动的方案》，采取广播电视、会议、培训、文艺演出、黑板报、发放宣传材料、政策咨询、生殖健康知识咨询、计划生育技术服务等形式，历时一月（5月8日至6月8日）进行了广泛深入的宣传。特别是县人口计生局利用计划生育服务车，组织相关人员分别到县文化广场、化城街、七甸街、东冲顶、斗南花卉市场、太平关村等流动人口聚集地方开展面对面的宣传和生殖健康服务；按照大宣传、大联合、出精品的思路，投资16.7万元制作了巨幅计生公益广告牌、国策年历、国策围腰等一批群众喜爱、高品位的具有人文关怀宣传品，增强宣传教育的吸引力和感染力，不断促进了育龄群众婚育观念的转变。同时，在抓好经常性宣传教育的基础上，以元旦、春节、“三下乡”活动、“三·八”妇女节、“5·29”会员活动日、“7·11”世界人口日、“9·1”《中华人民共和国人口与计划生育法》实施日、“10·28”男性健康日、“12·1”世界艾滋病日等为契机，认真开展了形式多样、内容丰富多彩的面对面宣传教育活动。全年开展广播电视宣传8352次；贴出标语4821条；出橱窗、黑板报425期；贴人口墙报1200张；举办各种培训班84期，培训9520余人次；组织文艺演出75场次，受教育观众达73215人次；发放计生宣传材料、国策年历、国策围腰等201000余份。

【“奖优免补”】

继续贯彻落实好农业人口独生子女家庭“奖优免补”政策。年内，全县1791户农业人口独生子女家庭享受了1000元的一次性奖励；高考生158名、中考生688名享受报考省内高等院校、高中职业学校加20分的优待；5122名中、小学生分别享受教育奖学金；193名年满60周岁的农业人口独生子女父母已领取到了养老生活补助。有1280万元中央、省、市、县“奖优免补”专项资金，兑现到农业人口独生子女家庭户中。截至2006年末，全县共有13870户农业人口独生子女家庭办理了《独生子女父母光荣证》并享受到“奖优免补”的真正实惠。

【创建省级计划生育优质服务先进县】

严格按照《呈贡县创建省级计划生育优质服务先进县实施意见》，围绕“领导重视好、政策导向好、依法行政好、服务质量好、民主管理好、队伍作风好”的目标，认真开展了创建省级计划生育优质服务先进县。一是县、乡（镇）、村（居）成立了创建省级计划生育优质服务先进县工作领导小组，切实加强了创建工作的领导，并明确了各相关部门在创建工作中的主要职责；二是投入260多万元专项经费，用于新建3000平方米的县计划生育服务站综合楼，改造、装修乡计划生育服务所，购置酶标仪、GE阴道探头等新设备，使县、乡计划生育服务站（所）逐步达到管理规范、环境温馨、功能齐全、服务周到；三是以县计划生育服务站为龙头、乡计划生育服务所为依托、村计划生育服务室为基础、流动计划生育服务车为纽带，根据不同层次的婚育状况和育龄群众对计划生育及生殖健康知识的需求，全年举办了计划生育及生殖健康科普知识培训和讲座144期，为25056人已婚育龄群众开展医学监护及生殖健康服务，与已婚育龄家庭签订了以放置宫内节育器为主的避孕节育知情选择协议书31812份，对孕妇和适宜对象推广使用福施福、叶酸营养素达30%，对避孕药具避孕和计划生育手术后随访达100%；四是发挥职能部门在使用安全套预防艾滋病工程中的作用，让他们参与到预防艾滋病的工作中，确保人口安全。年内，昆明医学院和县人口计生局共同在斗南花卉市场承办了联合国教科文组织与清华大学对外来女工生殖健康、艾滋预防教育项目。在项目执行中，以生殖健康教育为切入点，以为外来女工开展生殖健康系列免费服务为载体，以推广使用安全套预防艾滋病为重点，以培训同伴教育骨干为主要方式，使外来女工300多人以生活语言、生活化的方法接受了生殖健康和艾滋病预防知识教育，收到一定的实效。

【流动人口计划生育管理与服务】

坚持“以现居住地管理为主”的原则，把流动人口计划生育管理与服务纳入常住人口管理，做到同宣传、同服务、同管理，减少了流动人口中违法怀孕或违法生育的现象，维护了育龄流动人口的计划生育合法权益。一是以乡镇为单位组织流动人口、用工单位、房屋出租户开展流动人口计划生育相关法律法规、避孕节育、生殖健康等宣传。年内举办培训班23期，流动人口已婚育龄人群2263人参加培训，发放流动人口计划生育管理与服务宣传材料40000余份。二是在流动人口聚集的古城社区、斗南花卉市场、王家营火车站、东冲顶设立了流动人口避孕药具免费发放点，为已婚育龄流动人口开展生殖健康服务6247人。三是切实加强流动人口计划生育管理与服务。定期或不定期地对流动人口进行查验《婚育证明》，办理《审验证》，发出《流动人口婚育证明》催办通知书10246份；加大查处流动人口违法怀孕或违法生育的举报电话，全年接到举报电话10件，查实并处理6件。同时，落实与用工单位、房屋出租户签订《流动人口计划生育管理责任书》，保证从源头上抓好流动人口计划生育工作。四是注重流动人口信息录入和交换，加强流出地与流入地的协作，共同做好流动人口计划生育管理与服务工作。5月至10月，为会泽县待补镇、娜姑镇违法怀孕16人流动人口，送到县计划生育服务站采取了补救措施。对此，会泽县送来“协调配合、共创辉煌”的锦旗和牌匾表示感谢。五是指导龙城镇古城社区流动人口计划生育协会组织，依照《章程》开展活动，促进了流动人口自我管理、自我教育、自我服务，为今后继续建立流动人口计划生育协会组织奠定了基础。

【行政执法】

认真贯彻执行《中华人民共和国行政许可法》，依法做好人口和计划生育工作。一是严格依法行政，坚持政务公开，认真落实责任追究制和违法损害赔偿制，落实公民的生育权、生殖健康权，落实信访和计生干部“下访”工作责任制。二是指导村（居）委会，依据《中华人民共和国人口与计划生育法》、《云南省人口与计划生育条例》，开展村（居）民计划生育自治。三是县、乡、村三级做到生育政策公开、工作程序公开、生育指标公开、审批结果公开、收缴费用公开，保证了广大群众的知情权、参与权和监督权。全年在查处违法生育案件中，坚持做到事实清楚、证据确凿、定性准确、程序合法、适用法规正确，无要求行政复议的案件。

【队伍建设】

为不断提高全县计生干部队伍依法行政、民主决策、优质服务的能力，县人口和计划生育局利用每周五的政治学习和每月例会时间，切实加强了干部队伍综合素质的教育；同时积极鼓励县、乡在职计生干部参加各级、各类学习培训及各类学历教育。一是县人口计生局组织部分县、乡计生干部到成都市双流县借鉴学习流动人口计划生育管理与服务的经验；组织县、乡计划生育服务站（所）医务人员到曲靖市沾溢县借鉴学习计划生育优质服务的经验；组织县、乡计生干部及相关部门人员到盘龙区马家营股份合作社学习流动人口管理的成功经验。二是积极派送公务员参加全县第二期“8+X”培训。

【计划生育协会工作】

全县各级计划生育协会，依照《章程》，紧扣创建省级计划生育优质服务先进县的中心工作，以“活动”为载体、以“服务”为抓手，以推行村（居）民计划生育自治工作为突破口，不断加强自身建设，拓展服务领域，为人口和计划生育事业的长足发展发挥了积极的作用。一是为提高计划生育协会干部队伍组织群众、宣传群众、服务群众的能力，各级计划生育协会以会代训的形式，本着上级对下级负责的要求，层层对计划生育协会干部进行了业务培训；同时，县计划生育协会还派员参加了中国计划生育协会在昆明举办的协会干部培训。二是积极开展富有群众组织特色，丰富多彩、寓教于乐的宣传和服务活动。年内组织计划生育协会会员有针对性地把人口计生政策和生殖健康知识编排成花灯小戏，面对面向群众演出宣传75场次，受教观众达73215人次；组织计划生育协会会员入户发放各种计划生育宣传材料或计划生育宣传品200000份。三是全力共同做好“奖优免补”政策落实工作。各级计划生育协会主动参与“奖优免补”政策的宣传，“奖优免补”对象的摸底及资格认定等工作外，还发挥了计划生育协会民主参与、民主监督的作用，使“奖优免补”政策落实工作做到公开、公平、公正。四是积极参与计划生育村（居）民自治工作，在民主参与、民主监督中充分发挥了计划生育协会在计划生育村（居）民自治载体的作用。五是在市计划生育协会举办“协会服务行动拓展年”征文活动中，县计划生育协会组织撰写上报了《对呈贡县推行计划生育村（居）民自治问题的思考》、《发挥协会优势，倡导婚育新风》2篇征文，其中《对呈贡县推行计划生育村（居）民自治问题的思考》征文获三等奖。

2007年

【概况】

2007年，呈贡县坚持“稳定、提高、统筹”的工作方针，全面落实科学发展观，以稳定低生育水平、统筹解决人口问题、促进人的全面发展为中心，狠抓《中共中央国务院关于全面加强人口和计划生育工作统筹解决人口问题的决定》精神的贯彻落实，全力抓紧抓好抓实人口和计划生育的各项工作，圆满完成了昆明市下达的各项计划生育指标任务。

【统计数据】

按县统计部门统计，全县2007年末总人口为166078人，年内全县共出生人口1569人，出生率为9.45‰；死亡人口759人，死亡率为4.57‰；人口自然增长率为4.99‰。据人口计生部门统计，年内全县符合政策生育率为99.43%；综合节育率为89.49%；避孕及时率为86%；县级计划生育专项经费投入171.965万元、配套经费20万元；宣传品进村入户率为95%。

【宣传教育】

按照构建社会主义和谐社会和新农村建设的要求，以深入宣传《中华人民共和国人口与计划生育法》、《中共中央国务院关于全面加强人口和计划生育工作统筹解决人口问题的决定》、《云南省人口与计划生育条例》、《云南省农业人口独生子女家庭奖励规定》、《昆明市流动人口计划生育管理条例》、生殖健康知识、预防艾滋病知识、关爱女孩等为主要内容，多渠道、多形式深化了婚育新风进万家活动，并投资6万元制作了国策年历、流动人口计划生育服务指南等一批群众喜爱、高品位的具有人文关怀宣传品，增强了宣传教育的吸引力和感染力，不断促进群众婚育观念的转变，使少生优生成为群众的自觉行动。年内，在抓好经常性宣传的基础上，利用元旦、春节、"三下乡"、"三八"妇女节、宣传月、人口日、赶集日等，认真开展形式多样、内容丰富多彩的宣传教育活动。全年广播电视宣传1562次，贴出标语5542条，出橱窗、黑板报332期，贴人口墙报1800张；举办各种培训班65期，培训7248余人次；组织文艺演出60场次，受教育观众达78310人次；发放计划生育宣传材料、国策年历等宣传品150000余份。1月26~31日"三下乡"宣传服务中，开展"零距离"的宣传服务，发放计划生育宣传材料8100份、计划生育年历画5000份、"奖优免补"宣传册2000本、免费发放避孕套40000只；展出优生优育、避孕节育、生殖健康知识等图版70版次；接受群众政策咨询135人次；1月26日在马金铺乡化城农贸市场举行市、县"三下乡"活动启动仪式中，群众积极参与了《人口和计划生育知识有奖灯谜词条》竞猜的宣传活动。

【"奖优免补"】

继续贯彻落实农业人口独生子女家庭"奖优免补"政策，各级各部门坚持做到认识到位、宣传到位、培训到位、工作到位、经费到位、兑现到位、管理到位、监督到位。年内，全县885户农业人口独生子女家庭享受了1000元的一次性奖励；高考生200名、中考生738名享受报考省内高等院校、高中职业学校加20分的优待；5136名中、小学生分别享受到教育奖学金；243人年满60周岁的农业人口独生子女父母已领取到了养老生活补助。有209.256万元中央、省、市、县"奖优免补"专项资金，兑现到农业人口独生子女家庭户中。自2004年4月1日起至2007年12月31日止，已有1967.256万元中央、省、市、县"奖优免补"专项资金，全额兑现到全县13965户农业人口独生子女家庭。

【优质服务】

以巩固提高创建省级计划生育优质服务先进县的成果，围绕"领导重视好、政策导向好、依法行政好、服务质量好、民主管理好、队伍作风好"的目标，认真开展计划生育优质服务。一是以县计划生育服务站为龙头、乡计划生育服务所为依托、村计划生育服务室为基础、流动计划生育服务车为纽带，满足不同层次的婚育状况和育龄群众对计划生育及生殖健康知识的需求，全年举办了计划生育及生殖健康知识培训和讲座34期；为27036人已婚育龄群众开展生殖健康服务；对避孕药具避孕和计划生育手术后随访达100%。二是认真开展人口出生缺陷预防工作，做到孕前培训达98%、孕前检查达52%；对适宜对象叶酸增补达41%。三是发挥职能部门在使用安全套预防艾滋病工程中的作用，让他们参与到预防艾滋病的工作中，确保人口安全。四是从2007年1月1日起，把自开展计划生育工作以来对实行计划生育的农村群众以报销计划生育手术费的方式而提供避孕节育技术服务，变为直接向农村实行计划生育的育龄夫妇免费提供避孕节育技术服务。年内，县、乡计划生育服务站（所），严格按照呈贡县人口和计划生育局制订的《关于落实直接向农村实行计划生育的育龄夫妇免费提供避孕节育技术服务的通知》（呈人口通[2006]7号），为常住已婚育龄群众免费提供B超查环5042人次、查孕1082人次，免费放环、取环和人工流产术1367人次，按非营利性事业性收费标准共计记账免费139900元；同时，根据昆明市人口和计划生育委员会《关于规范流动人口计划生育手术补助经费管理的通知》（昆人口办发[2007]11号）精神，县计划生育服务站为1171人次的流动人口已婚育龄群众实行免费查环、查孕及计划生育手术服务，共计记账免费84137元，深受流动人口已婚育龄群众欢迎。

【完善计生利益导向机制】

在确保"奖优免补"政策得到公开、公平、公正贯彻落实的基础上，县委、县政府非常重视农业人口独生子女奖励扶持工作，一是执行2005年4月县政府下发的《呈贡县城市规划区内失地农民住房安置试点办法（试行）》规定，对独生子女家庭可多享受集体周转房和个人居住房建筑面积各20平方米，即每户农业人口独生子女家庭在住房上可多享受40平方米；二是根据《云南省人口与计划生育条例》第4章第28条第一款规定，从2007年1月1日起，对办领《独生子女父母光荣证》农业人口或其他非农业人口独生子女家庭，给予从领证之日起到子女满14周岁止，每月10元的独生子女保健费的奖励。年内，经县、乡、村审核，共发放5429户独生子女保健费56.51万元。

【流动人口计划生育管理服务】

认真贯彻《昆明市流动人口计划生育管理条例》，坚持"属地化管理、市民化服务"原则，切实加强流动人口计划生育管理与服务，维护流动人口计划生育合法权益，减少了流动人口中违法怀孕或违法生育的现象。一是以乡（镇）为单位，与用工单位、房屋出租户签订《流动人口计划生育管理责任合同》达90%，保证了从源头上抓好流动人口计划生育管理与服务工作。二是每个季度对辖区的流动人口进行一次清理查验《婚育证明》，全年在查验《婚育证明》中，发出催办《婚育证明》通知书13000余份。三是全年举办流动人口已婚育龄群众参加的计划生育及生殖健康知识学习讲座10期；发放流动人口计划生育管理与服务宣传材料100000余份；为流动人口已婚育龄妇女出具查环、查孕证明200份；为流动人口已婚育龄群众施行计划生育手术971例。四是巩固在流动人口聚集的古城社区、斗南花卉市场、王家营火车站、东冲顶设立流动人口避孕药具免费发放点的基础上，又在太平关村、化城农贸市场设立了流动人口避孕药具免费发放点，扩大为流动人口已婚育龄群众开展服务的面。五是注重流动人口信息录入和交换，逐步实现流动人口与常住人口同宣传、同服务、同管理，并加强流出地与流入地的协作，共同做好流动人口计划生育管理与服务。六是在4月1日~30日期间，为更好地掌握了解流动人口对计划生育、生殖健康等宣传品可及性的需求，按照市人口和计划生育委员会关于组织开展流动人口宣传品可及性调研项目的要求，完成了不同行业、不同婚育状况、不同文化层次的流动人口800人的调查问卷；召开有县人口和计划生育局，部分乡（镇）分管副乡（镇）长、计划生育办公室主任、派出所干警，部分村（居）委会主任、计划生育宣传员参加共33人的流动人口宣传品可及性调研干部座谈会；召开有24人流动人口已婚育龄群众参加的流动人口宣传品可及性调研群众座谈会。

【计划生育村（居）民自治】

按照建立和完善"依法管理、村（居）民自治、优质服务、政策推动、综合治理"新的计划生育管理机制探索中，以开展计划生育村（居）民自治为突破口，先点后面、勇于实践、逐步推广，有92%的村（居）也形成"县指导、乡（镇）负责、村（居）为主、组配合、户落实"的工作格局，既贯彻落实了计划生育基本国策又密切党群、干群关系，人口增长得到有效控制，确保年度计划生育各项指标任务的完成，收到了成效。一是从2004年下半年起在洛羊镇、吴家营乡的村（居），根据社情民意，采取自上而下、自下而上的形式，反复交由村（居）民讨论修改，召开村（居）民大会或村（居）民代表会表决通过，修订完善有利于计划生育的《村（居）规民约》并付诸实施加以推广；二是为确保修订完善《村（居）规民约》中的计划生育条款不与现行的《中华人民共和国人口与计划生育法》、《云南省人口与计划生育条例》、《昆明市流动人口计划生育管理条例》相抵触，县、乡（镇）人口计划生育行政部门，针对2007年村（居）委会换届后，对适时修改完善《村（居）规民约》中的计划生育条款给予把关或修改，使《村（居）规民约》中的计划生育条款既合法又管用、村（居）民公认、有利于党和政府的计划生育方针政策及法律法规得到贯彻落实；三是为使《村（居）规民约》的各项条款落到实处，利用党员、干部、村（居）民会议以及广播、黑板报、标语、入户上门等形式，广泛宣传发动，增强干部和群众的法制观念，引导激发村（居）民参与村（居）民自治的主动性和积极性，推进计划生育村（居）民自治得到有效开展；四是12月26日，县人口和计划生育局在昆明市人口和计划生育工作会上，对全县近几年来开展计划生育村（居）民自治情况作了会议交流；与会领导到大新册社区参观指导计划生育村（居）民自治工作，给予了肯定并提出宝贵建议。

【行政执法】

一是依法行政上落实责任追究制和违法损害赔偿制，规范计划生育行政执法行为，建立健全计划生育行政执法自我约束机制和监督机制；在查处计划生育违法行为时，坚持做到事实清楚、证据确凿、定性准确、程序合法、适用法规正确。2007年内，在查处历年来违法生育行为案件中，没有1件要求行政复议；二是落实公民的生育权上，鼓励公民晚婚晚育、少生优生，提倡一对夫妻生育一个子女。对符合生育二孩条件的，依法审批办理二孩《生育证》；三是认真落实信访和计划生育干部“下访”工作责任制。年内共接待群众来信来访6件，每件做到“事事有落实，件件有回音”；四是县、乡、村三级坚持生育政策公开、工作程序公开、生育指标公开、审批结果公开、收缴费用公开，保证广大群众的知情权、参与权和监督权。

【廉政建设】

全县人口计生系统紧紧围绕市人口计生委和县委、县政府的有关要求，坚持“标本兼治、综合治理、惩防并举、注重预防”的方针，紧扣解决损害群众切身利益的突出问题，加强党风廉政、政风行风建设，严处系统内违纪违法案件，使人口计生廉政工作取得明显成效。年内，一是积极开展牢固树立“认真第一、聪明第二”和“纪律第一、能力第二”的思想，加强内部管理，严禁利用职务上的便利谋取不正当利益和“加强领导干部作风建设，进一步提高执行力”为主题的党风廉政教育活动；健全完善“党员长期受教育、永葆先进性”的长效机制，做到领导班子团结务实、作风民主，干部队伍纪律强、素质高、党风廉政好，全县人口计生系统干部职工严格依法行政、正确执行政策，接办事项按规定时限办理完成，强化纪律意识，模范遵纪守法，确保政令畅通；县人口计生局积极主动与乡镇党委、政府共同研究，对乡镇、村工作不到位、能力有限的计生专干和宣传员及时进行调整，确保队伍做到“服务意识强、服务态度好、办事效率高、基层和群众满意”。二是采取“请农民兄弟姐妹评计生”、下级评议上级部门、召开有关部门座谈会等形式，广泛听取群众和各方面意见，以利及时查找问题，梳理群众意见，确保纠风工作落到实处，共发放“农民兄弟姐妹评计生意见调查表”到7个乡镇、33个村（居）委会1650份，收回1647份，调查问卷反映计生系统作风情况好和较好的有1393份，反映计生系统作风差的有1份；发出“下评上测评表”130份，满意率达98%，基本满意为2%；整个问卷调查过程中，没有发现人口计生系统干部执法粗暴、弄虚作假、包庇亲友违法生育对象。全年，全县人口计生系统干部职工无党纪、政纪处分，无诫勉谈话，无违法、违纪行为。

【计划生育协会】

全县各级计划生育协会，依照《章程》，紧扣人口计生的中心工作，抓住“活动”和“服务”两条主线，在民主参与和民主监督中充分发挥作用，促进了人口和计划生育事业的发展。一是围绕“提高协会服务工作水平和能力”的目的，各级计划生育协会以会代训的形式，层层对计划生育协会干部进行业务培训，并在9月12~14日县计划生育协会对乡（镇）、村（居）协会干部130余人进行了《政策法规》、《协会知识》等培训。二是全县各级协会紧扣人口计生行政部门的中心工作和群众的需求，与人口计生行政部门开展了群众喜闻乐见、丰富多彩、寓教于乐的人口计生政策及生殖健康等知识面对面宣传服务活动。年内，在抓好经常性宣传的基础上，利用元旦、春节、“三八”妇女节等节假日期间，有针对性地组织协会会员把人口计生政策和生殖健康知识编成地方花灯小戏，面对面向群众演出宣传60场次，受教观众达78310人次；组织会员入户发放各种计生宣传材料或宣传品15万余份；“三·八”妇女节期间，县计生协深入到马金铺乡秋木箐、化古城、化城三个村（居）委会，为前来参加庆“三·八”活动的妇女，分别宣讲了《统筹解决人口问题，为建设社会主义新农村作贡献》、《生殖健康》等知识，受教群众达540人次。各级协会都参与了庆“三·八”活动，并采取文艺、文体、猜谜、标语、形势报告等形式宣传了基本国策，特别是龙城镇计生协会与妇联于3月6日在县城文化广场组织城内、古城、龙街三个社区庆“三·八”文艺汇演，共汇演了《丰收》、《党的恩情》、《进城》等歌舞花灯小戏小品9个节目，汇演中穿插了计生、妇女权益保障等方面的有奖问答，汇演结束后组织拔河等文体比赛、计生猜谜等有奖活动，受教过往观众达4000余人次。三是各级计划生育协会围绕“生育传承希望、关怀相伴和谐”的主题，扎实有效开展“5·29”第27个全国会员集中活动日的系列宣传活动。全县有2250人计生协会理事及会员参加了各级计生协组织召开的“5·29”会员集中活动日座谈会，学习了《中共中央国务院关于全面加强人口和计划生育工作统筹解决人口问题的决定》等，并参与了全国性正在开展宣传贯彻《中共中央国务院关于全面加强人口和计划生育工作统筹解决人口问题的决定》知识竞赛答题活动；县计生协会利用赶集天分别到马金铺、七甸、县城文化广场开展宣传活动，发放计生宣传材料2500份、推广使用叶酸及福施福宣传单1000份、避孕套12000只、咨询服务220人次；陪同市协会走访慰问基层计生干部、协会会员、协会志愿者、计生家庭、贫困母亲等30人。四是按照国家、省、市计划生育协会的要求，认真完成市、县试点龙城镇古城社区计划生育协会“会员之家”的规范建设，并在10月作为规范“会员之家”建设典范进行推广。五是各级计划生育协发挥健全的组织网络、会员众多、能随时随地宣传、发动育龄群众的优势，参与计划生育新机制探索。特别是今年，在完成村（居）委会换届后，积极参与修订《村（居）规民约》，所修订《村规民约》的条款中有计划生育的内容。对“奖优免补”政策落实工作中，主动参与资格认定，发挥了协会民主参与、民主监督作用，确保了“奖优免补”政策的落实工作公开、公平、公正。

2008年

【概况】

2008年，呈贡县坚持以邓小平理论和“三个代表”重要思想为指导，深入贯彻落实科学发展观，紧紧围绕“稳定低生育水平、统筹解决人口问题、促进人的全面发展”的中心任务，服务新区建设“五年出形象、十年成规模、二十年建成”目标的实现，与时俱进、开拓进取，凝心聚力抓好《中共中央国务院关于全面加强人口和计划生育工作统筹解决人口问题的决定》和《中共云南省委云南省人民政府关于进一步加强人口和计划生育工作统筹解决人口问题的决定》的贯彻落实，各项工作取得重要进展并圆满完成了昆明市下达的各项计划生育指标任务。

【统计数据】

据县统计部门统计，全县2008年末总人口为112672人（不含托管到昆明市三个开发度假区的3个乡、街道），年内全县共出生人口839人，出生率为7.45‰，死亡人口381人，死亡率为3.38‰，人口自然增长率为3.84‰。按人口计生口径统计，年内全县符合政策生育率为99.9%；综合节育率为89.1%；县级计划生育经费投入107万元；宣传品进村入户率为96%。

【宣传教育】

按照构建社会主义和谐社会、和谐计生和新农村建设的要求，以育龄群众的需求为切入点，顺应新形势的发展，创新宣传思路和形式，营造了有利于人口和计划生育工作的舆论氛围和社会环境。一是以继续深入宣传《中华人民共和国人口与计划生育法》、《中共中央国务院关于全面加强人口和计划生育工作统筹解决人口问题的决定》、《云南省人口与计划生育条例》、《中共云南省委云南省人民政府关于进一步加强人口和计划生育工作统筹解决人口问题的决定》、《云南省农业人口独生子女家庭奖励规定》、《昆明市流动人口计划生育管理条例》、生殖健康知识、预防艾滋病知识、关爱女孩等为主要内容，以婚育新风进万家活动为载体，充分发挥宣传导向作用，适时开展日常性宣传活动。年内，在适时开展日常性宣传活动的基础上，利用元旦、春节、"三下乡"、"三八"妇女节、宣传月、人口日、赶集日等，认真开展形式多样、内容丰富多彩的宣传教育活动，全年广播电视宣传875次，贴出标语4624条，出橱窗黑板报220期，贴人口墙报1830张，举办各种培训班60期8348余人次，文艺演出45场次受教观众达63810人次，发放计划生育宣传材料80000余份。尤其是"三八"妇女节期间，全县有26253余人育龄群众参加了乡（街道）、村（居）举办的计生文艺及计生有奖知识问答等活动。特别是龙城街道组织3个社区于3月6日在县城文化广场庆"三八"文艺汇演及文体的活动，昆明教育电视台给予了宣传报道；二是在新农村建设中以生育文化建设为切入点，按照《呈贡县生育文化示范村（居）建设实施方案》，精心选点、多方筹资和组织实施，在常乐村投资48851元建灯光篮球场一个作为生育文化小广场并设乒乓球等文体设施，投资25000元建100平方米的综合文化室作为生育文化展室，在村委会围墙内及常乐村主街道投资21829.86元粉墙421.62平方米、绘画136.18平方米、喷塑画24平方米共制作含有计生、新农村建设等方面栩栩如生、通俗易懂的内容38块漫画作为生育文化长廊的建设，由计生协会会员、协会志愿者等方面人员组成10余人文艺宣传队作为计划生育文艺宣传队并编排有计生政策法规、奖优免补等方面的剧本和节目，在村委会大门口投资6000元制作两块不锈钢的计生宣传栏及公示栏，投资28892元对村委会内及常乐村主要街道进行环境美化。同时建有村人口计生民主管理规范及工作职责，有人口婚育学校，生育文化小广场附近有两条以上计生宣传标语，投资4498.66元购置生育文化展室的书柜、药具柜及相关书籍并征订人口计生报刊、杂志，有展示避孕药具为主的人口文化物品，有相应的法律法规、避孕节育等宣传画、相关制度上墙，建有计划生育政策、生殖健康咨询服务点等硬件、软件设施建设。在生育文化示范村建设中，做到边建边活动，使群众在参与生育文化建设的同时，沐浴着扑面而来的婚育新风，受到科学、文明、进步的婚育观念的感染和熏陶，不断满足群众在计划生育、生殖健康等方面日益增长的需求，推动婚育新风进万家活动实现新发展，成为推动全县生育文化建设的典范。

【"奖优免补"】

农业人口独生子女家庭"奖优免补"政策进一步贯彻落实。年内，全县1067户农业人口独生子女家庭享受了1000元的一次性奖励，中考生818名和高考生222名分别享受了中、高考加分优待，2842名中、小学生分别享受了教育奖学金，243名年满60周岁的农业人口独生子女父母已领取了养老生活补助，有114.1万元中央、省、市、县奖优免补专项资金兑现到农业人口独生子女家庭中；认真落实国家计划生育特殊扶助政策，对符合扶助条件的20人进行了审核、申报和录入工作。

【优质服务】

全县人口计生干部牢固树立以人为本优质服务的理念，紧紧围绕“领导重视好、政策导向好、依法行政好、服务质量好、民主管理好、队伍作风好”的优质服务六要求，把优质服务同各项工作有机结合起来，有力地推进了人口计生工作。年内，县乡计划生育服务站、所全年为常住已婚育龄人群免除计划生育技术服务费159900元，为流动人口已婚人群免除计划生育技术服务费84737元；积极开展出生缺陷干预工作，大力普及出生缺陷干预知识，举办新婚夫妇和待孕夫妇培训班47期共4976人次，推广叶酸营养素1200人份；在全省开展的计划生育科技大练兵活动中，共安排41人次先后到省、市级医院进修和参加市人口计生委计划生育业务技术培训，在全市计划生育技术理论知识考试中全体业务技术人员成绩合格。

【流动人口计划生育管理服务】

坚持管理与服务并重，属地化管理、市民化服务的原则，树立服从服务于新区建设的大局和全国一盘棋的意识，流动人口计划生育管理与服务工作有新进展。年内，一是从源头抓用工单位和房屋出租户入手，与用工单位和房屋出租户签订《流动人口计划生育管理责任合同》达95%；二是建立双向互动机制，与流出地会泽、镇雄等地互通信息、互相合作，共同管理与服务；三是强化对流动人口计划生育宣传教育，向流动人口发放流动人口计划生育须知宣传折页40000份，举办流动人口生殖健康知识培训班10期；四是为流动人口提供免费计划生育技术服务4152人次，免费发放避孕套100000只；五是注重流动人口管理信息平台的信息录入与交换。在参加全县流动人口集中清理工作中，共出动126人次，查验、登记流动人口15679人次，发放宣传材料20000份。

【依法行政】

认真落实行政执法责任追究制，规范计划生育行政执法行为，健全计划生育行政执法自我约束机制和监督机制，坚持做到行政执法事实清楚，程序合法，适用法规正确，使依法行政工作进一步加强。年内，在查处历年违法生育行为案件中，无一件要求行政复议。在“大下访、大接访”活动中共接待群众来信来访4件，做到事事有落实，件件有回音。同时，积极推行“阳光政务”，层层坚持计划生育政策公开、工作程序公开、审批结果公开、公示，保障广大群众的知情权、参与权和监督权，特别是在呈贡县政府信息公开网站上将人口计生局的机构、公开指南、公开办事指南、执法依据、执法种类、工作动态、服务承诺等向社会公开。

【托管三区人口计生工作移交】

站在呈贡新区建设的高度，积极主动地和昆明市三个开发（度假）区管委会对应部门联系，把马金铺乡、大渔乡、洛羊街道及马金铺乡计划生育服务所、大渔乡计划生育服务所的人口和计划生育工作、管理职能按规定时限要求，全面移交三个开发（度假）区管委会对应部门。做到加强联系、相互沟通、相互支持，确保了人口和计划生育工作正常有序开展。

【社会经济发展软环境建设】

按照《社会经济发展软环境建设服务承诺》，免收办证工本费，压缩办结时限和回复群众来信来访时限。将原来二孩《生育证》审批转变为管理服务事项，将《独生子女父母光荣证》审批转变为管理服务事项，将《流动人口婚育证》核办下放乡、街道为管理服务事项。规定要求办结时限由原来的七个工作日压缩至报件符合齐全即时办理。同时，按照县委、政府关于便民服务中心建设的要求，做到人进中心，公章进中心，所有手续进中心，实行“一窗式办理，一站式办结，一条龙服务”，实现行政提速，最大限度地方便群众，使县人口和计划生育局的社会经济发展软环境建设初见成效。

【队伍建设】

从制度建设、业务培训入手，以提高思考的能力、依法行政的能力、群众工作的能力、合作共事的能力为重点，切实加强队伍建设，增强了干部队伍驾驭呈贡新区人口和计划生育工作的意识，干部队伍素质进一步提高。一是加强制度建设。年内，在原有机关内部管理制度的基础上，又修订完善了机关内部管理等10个制度，保障机关作风的根本转变，推动了机关管理工作的制度化、规范化和各项工作的顺利开展；二是坚持周五的政治学习和“三会一课”、每月一次例会制度集中学习外，还采取个人自学、互教互学、专题辅导等方式学习培训；三是有计划地安排干部职工参加省、市组织的业务培训。年内，机关安排2名干部参加省的业务培训，县、乡计划生育服务站（所）全体医务人员参加了市的业务培训及考试；四是县人口和计划生育局于9月4～5日对全县计划生育干部队伍120人进行业务知识培训，邀请市人口和计划生育委员会的相关处室领导授课；五是针对新设置的3个街道，县人口和计划生育局于10月28～29日召开协调会，组织街道分管领导、计划生育干部学习相关计划生育政策、法律、法规，强调人口和计划生育工作的重要性，并对街道新增计划生育干部进行业务培训。

【计划生育协会】

全县各级计划生育协会，依照《章程》，紧扣人口和计划生育的中心工作，发挥网络健全、会员众多的优势，以“活动”和“服务”为抓手，解放思想，与时俱进，协会工作有了较好发展，为呈贡县人口和计划生育事业作出贡献。一是全县各级协会紧扣人口计生行政部门的中心工作和群众的需求，与人口计生行政部门适时开展日常性宣传服务活动。年内，利用元旦、春节、“三八”妇女节等节假日期间，有针对性地组织协会会员把人口计生政策和生殖健康知识编成地方花灯小戏、小品等文艺节目，面对面向群众演出宣传45场次，受教群众达63810人次，组织会员入户发放各种计生宣传材料80000余份；积极参与开展“三下乡”宣传服务活动中，共发放计生宣传材料3000份、计生年历画3000张、安全套15000只，接受群众政策咨询服务121人次等；在各级婚育学校举办60期8348余人次参加的《计生政策法规》、《避孕节育》、《优生优育》、《生殖健康》、《新婚夫妇》、《科技致富》、《预防艾滋病》等培训班。二是认真组织开展“生育关怀行动”。年内，以激发会员增强责任感、使命感为主旨，各级协会组织会员为生育关怀对象共捐特殊会费11167元到市协会统一管理使用；各级协会在“5·29”会员活动日前后聚焦生育行动，组织开展了以“关爱计划生育家庭、关爱贫困母亲、关爱计划生育协会会员、关爱计划生育干部、关爱协会志愿者、关爱外来务工人员”为主的生育关怀系列宣传服务活动。首先组织县计生服务站医务人员在5月5～16日深入洛羊街道办事处所辖的8个社区、东冲顶小区和王家营集贸市场为常住已婚育龄妇女1151人、流动人口已婚育龄妇女126人开展生殖健康服务；县计生协购置近4000元的大米和食用油，于5月28日分别到山区、半山区的部分村（居）走访慰问计划生育家庭8户、贫困母亲3人、协会会员4人、计划生育干部2人、协会志愿者3人。其次洛羊街道计生协会同街道办事处在“六一”儿童节前购置20000余元学习用品，于5月28日到各社区小学对学生进行慰问关怀。再次其他乡（街道）计生协会也采取不同形式并会同相关部门在“六一”儿童节前对所辖学校的部分学生进行慰问关怀。三是协助做好流动人口计划生育服务管理工作。年内，县计生协会同人口计生局抓住春节将至，针对大量外来流动人口返乡过节的时机，于1月8日在县城文化广场开展以“回家过个幸福年，回来带上《婚育证》”为主题的流动人口计划生育宣传活动，共向过往群众发放宣传材料4000份，计生年历画2000张、计生法规汇编400本、安全套14000只，回答咨询如何办理《婚育证明》35人次；全年组织会员发放《流动人口计生服务指南》、《致房主（雇主）一封信》、《致流动人口夫妇一封信》、《流动人口有奖举报告知书》、《流动人口计划生育须知》等70000余份。四是开展“三结合”帮扶工作。年内，向市计生协申请到使用周期为两年的300000元“三结合”项目资金，按照“三结合”项目资金借款合同程序，本着鼓励积极性、资金安全的原则，借贷发放到3个乡（街道）的计划生育户34户开展种植、养殖、加工和运输等行业的项目帮扶。

禄劝县

2006年

【概况】

紧紧围绕市政府下达禄劝县的人口与计划生育目标管理指标任务，加快实现工作方法和工作思路的两个转变，全面实施农业人口独生子女家庭"奖优免补"奖励扶助政策，把人口和计划生育工作与扶贫开发、农民致富奔小康有机结合起来，实现了从"处罚多生"到"奖励少生"的历史性转变；建立健全流动流动人口管理和服务机制，严格执行县人民政府《关于建立全县流动人口计划生育综合管理机制进一步明确相关部门职责的通知》要求，实行统一领导、以块为主、条块结合、部门配合的管理原则，以减少流动人口计划生育管理和服务的盲区；认真实施"少生快富"、"出生缺陷预防"、"改善出生人口性别结构"和"安全套推广使用"四大工程，组织开展新技术、新科研项目的调查与研究，基本完成《哺乳晚期宫内节育器失败原因及预防技术对策研究课题》；探索计划生育村民自治试点工作，突出计划生育民主管理的重点，发动群众广泛参与，教育、引导村民树立依法生育的观念，自觉规范生育、节育行为和生殖健康行为。从而进一步稳定并降低了全县的生育水平，进一步缩小与全市的整体差距，为全面建设小康、构建社会主义和谐社会提供良好的人口环境，促进全县经济、社会、资源、环境的全面、协调和可持续发展。

【统计数据】

据县统计部门提供，全县总人口457719人，出生8965人，出生率13.05‰，死亡3262人，死亡率6.75‰，人口自然增长率6.30‰。

按人口计生部门提供，全县总人口457387人，已婚育龄妇女91643人，占总人口比例的20.04%，女性初婚1514人，出生4100人，出生率8.98‰，死亡2158人，死亡率4.72‰，人口自然增长率4.27‰；全县累计领取《独生子女父母光荣证》9623户，全年办理农业人口《独生子女父母光荣证》833户；符合政策生育率98.2%，综合节育率92.06%。

【工作会议】

为认真贯彻中央、省、市关于人口资源环境工作的有关会议精神，安排部署2006年主要工作任务，进一步统一思想，认清形势，明确职责，狠抓落实，努力推动全县人口资源环境工作再上一个新台阶，3月12日下午，县委、县人民政府召开全县人口资源环境工作座谈会，会上，县人民政府与各乡（镇）人民政府签订了《2006年人口与计划生育目标管理责任书》。4月3日，县委、县人民政府召开全县人口和计划生育工作会，会议表彰了在2005年计划生育"奖优免补"工作中作出优异成绩的先进集体和先进个人，县人口计生局与各乡（镇）计生办签订了《2006年人口与计划生育目标管理责任书》。

【"奖优免补"】

为进一步健全和完善计划生育利益导向机制，对实行计划生育的农业人口独生子女家庭给予奖励和照顾，把党和政府的温暖送到计划生育家庭户，认真落实"奖优免补"政策。全县各乡（镇）党委、政府也高度重视，组织一切力量，集中人力，集中时间，领导挂钩，责任到人，落实到户，深入农村一孩家庭户，认真细致做思想动员工作，确保"奖优免补"工作落到实处。县委、人大、县政府、县政协领导多次深入各乡（镇）督促落实指标任务。使禄劝县的计划生育"奖优免补"工作成绩显著。当年办理农村独生子女父母光荣证826户，累计办理7166户。发放一次性奖励金3680户306.85万元（含市政府解决历史遗留问题1389户144.7万元，其中县级配套28.94万元），教育奖学金1881人33.284万元，养老生活补助1039人68.41万元。

【优质服务】

县、乡计生服务站所以计划生育优质服务和提高出生人口素质为落脚点，努力实现工作思路和工作方法的根本转变，以适应新形势下人口与计划生育技术服务工作的需要，满足广大育龄群众对生育、节育、不育和生殖健康的需求。深入基层，服务上门，增设服务网点，方便群众。认真开展以长效措施为主的避孕方法知情选择，帮助育龄群众选择落实安全、有效、适宜的避孕方法。

【检查指导】

2006年8月15日，市人大副主任林爽爽、市人口计生委主任杨文慧代表市政府对禄劝县计划生育"奖优免补"指标任务完成情况进行督查。

【目标考核】

2006年12月20日至21日，市人大副主任林爽爽、市人口计生委主任杨文慧率队代表市政府对禄劝县人口与计划生育工作进行考核。

【荣誉】

禄劝彝族苗族自治县人口和计划生育局被命名为省级文明单位。

2007年

【概况】

全面贯彻落实中共中央、国务院《关于全面加强人口和计划生育工作统筹解决人口问题的决定》，按照全面建设小康和构建和谐禄劝的总体要求，坚持计划生育基本国策不动摇和稳定现行生育政策不动摇，党政一把手亲自抓、负总责不动摇，稳定人口与计划生育工作机构、队伍不动摇，不断创新人口与计划生育工作体制、机制、手段和方法不动摇，全面加强基层基础工作，坚持依法行政、思想政治教育与利益导向相结合，综合运用法律、行政、经济、教育等手段，建立健全"依法管理、村（居）民自治、优质服务、政策推动、综合治理"的长效工作机制，建立和完善政府为主、社会补充的人口与计划生育利益导向政策体系，推动人口与计划生育工作持续稳定健康发展。充分利用国家、省、市"十一五"计划生育服务网络发展规划为契机，建立和完善以县计划生育服务站为龙头，撒营盘镇、转龙镇中心服务所为骨干，乡（镇）服务所为支撑，村服务室为依托，流动服务车为纽带的人口与计划生育服务网络，以适应人口与计划生育工作的发展需要；进一步落实农业人口独生子女家庭奖扶政策，认真开展"少生快富"工程，力争使农业人口办理《独生子女父母光荣证》户占全县农村一孩家庭户比例的45%；全面实施避孕节育知情选择、生殖道感染和出生缺陷干预；健全和完善流动人口计划生育管理和服务，将流动人口纳入户籍人口同宣传、同管理、同服务，坚决遏制流动人口计划外多孩生育，进一步稳定并降低生育水平，为全县经济社会的协调发展和可持续发展，构建和谐禄劝提供良好的人口环境。

【统计数据】

据县统计部门提供，全县总人口461933人，出生8773人，生率12.98‰，死亡3127人，死亡率6.77‰，人口自然增长率6.21‰。

按人口计生部门提供，全县总人口459248人，已婚育龄妇女92596人，出生4154人，出生率9.06‰，死亡2330人，死亡率5.08‰，人口自然增长率3.97‰；符合政策生育率达98.89%，综合节育率89.12%。

【工作议会】

为全面贯彻落实市人口资源环境工作座谈会精神，在自治县第十四届人民代表大会第五次会议和县政协六届五次全体会议期间，在3月2日召开全县人口资源环境工作座谈会，对2007年人口与计划生育工作进行全面安排部署；4月3日至4日，县委、县人民政府召开规格高、规模大的全县人口和计划生育工作会，会议表彰了在计划生育"奖优免补"工作中作出优异成绩的先进集体和先进个人，县人民政府与各乡（镇）人民政府签订了《2007年人口与计划生育目标管理责任书》。与此同时，乡（镇）人民政府与各村（居）民委员会、县人口计生局与各乡（镇）计生办签订了《人口与计划生育目标管理责任书》。各级责任书的签订，进一步明确了目标任务，有力地促进禄劝县人口与计划生育工作稳步健康发展。同时，县委、县人民政府组织督查组，于7月中旬对禄劝县2007年上半年人口与计划生育目标管理责任制完成情况进行督查，针对督查中存在的问题，县人口计生局及时召开乡（镇）计生办主任会议，对下半年的工作重点进行部署和安排，确保各项工作任务落到实处。

【优质服务】

县计生服务站在县城设点的同时，还深入九龙乡、云龙乡、团街、茂山、屏山、乌蒙、转龙、翠华、皎平渡等乡（镇）的村委会进行免费计划生育技术服务，B超检查8156人次，检查出患有子宫肌瘤、卵巢囊肿652人，电子阴道镜检查5649人次，检查出1581人患有宫颈炎，化验5367人次，检查出4562人有阴道炎，使广大已婚育龄群众就近得到高效、安全、简便、优质的计划生育和生殖健康服务。建立健全、巩固完善计划生育技术服务网络，努力改善乡（镇）计划生育服务所的工作条件，在建设资金少，施工条件差，工作难度大的情况下，与施工方共同努力，已完成撒营盘镇中心计生服务所和云龙、汤郎、翠华乡计生服务所的建设任务。

【流动人口计生管理服务】

全面贯彻执行国家、省、市流动人口计划生育管理规定、办法、条例等法律法规，建立健全流动人口计划生育管理和服务机制，实现流动人口与常住人口同宣传、同管理、同服务，进一步规范流动人口自觉实行计划生育的行为，切实维护流动人口计划生育的合法权益。充分发挥全国流动人口计划生育信息交换平台的信息来源和反馈作用，提高并规范对流动人口计划生育管理新机制，回复率达96.82%。认真落实兑现流动人口计划生育有奖举报制度，对举报和信访案件及时给予落实，结案率达96.02%。

【"奖优免补"】

全县办理农业人口独生子女父母光荣证582户，农业人口累计领取独生子女父母光荣证7363户，发放第一批一次性奖励金342户32.8万元，已申报2259人符合享受教育奖学金，1089人符合享受养老生活补助，67人符合享受中高考升学加分。

【检查指导】

3月17日省人口计生委副主任吴丽华到禄劝县调研人口和计划生育工作；4月12日，市人大常委会委员、市人大常委会教科文卫工委主任文荣久率市人大、市人口计生委对禄劝县贯彻落实计划生育"奖优免补"工作的情况进行调研；6月22日市政协副主席陆玉珍、汪叶菊率部分市政协委员到禄劝县调研基层计划生育服务网络建设工作。

【生育关怀行动】

5月22日，市计生委赵世民副主任深入禄劝县，召开座谈会，与计划生育家庭户、协会会员、协会志愿者、计划生育贫困家庭、计生干部和外来务工者进行座谈，为禄劝县19名计划生育协会先进志愿者和11户计生贫困户进行慰问，放发慰问品和慰问金。

【目标考核】

11月28日至29日，以市人民政府副市长王奇英为组长，汪云兰（市政府办公厅厅务委员）、尹俊（市人口计生委副主任）为副组长，率市政府人口与计划生育目标责任考核组，对禄劝县2007年人口与计划生育目标管理责任制完成情况进行考核。

【荣誉】

姓 名	性别	民族	工作单位	荣誉称号	授予单位
张庆学	男	汉族	县委	“十一五”计生先进个人	市委市政府
张光文	男	苗族	县政府	“十一五”计生先进个人	市委市政府
姚靖军	男	汉族	汤郎乡党	“十一五”计生先进个人	市委市政府
刘兴智	男	汉族	县计生局	“十一五”计生先进个人	市委市政府
刘银顺	男	汉族	县公安局	“十一五”计生先进个人	市委市政府
熊菊芬	女	汉族	县财政局	“十一五”计生先进个人	市委市政府
王元才	男	汉族	县计生局	“十一五”计生先进个人	市委市政府
唐文宗	男	彝族	县教育局	“十一五”计生先进个人	市委市政府
张江学	男	彝族	县计生局	“十一五”计生先进个人	市委市政府
赵正才	男	汉族	县计生局	“十一五”计生先进个人	市委市政府
张学文	男	彝族	县计生局	“十一五”计生先进个人	市委市政府
黄翠兰	女	汉族	县计生局	“十一五”计生先进个人	市委市政府
邱湖泷	男	傣族	县计生局	“十一五”计生先进个人	市委市政府
蔡武宏	男	汉族	县服务站	“十一五”计生先进个人	市委市政府
吴保顺	男	汉族	雪山计生办	“十一五”计生先进个人	市委市政府
赵光顺	男	汉族	乌蒙计生办	“十一五”计生先进个人	市委市政府
荀天成	男	汉族	转龙计生办	“十一五”计生先进个人	市委市政府
张纯芝	女	汉族	九龙计生办	“十一五”计生先进个人	市委市政府
徐春华	男	汉族	茂山计生办	“十一五”计生先进个人	市委市政府
游开文	男	汉族	团街计生办	“十一五”计生先进个人	市委市政府
姜 超	男	汉族	云龙计生办	“十一五”计生先进个人	市委市政府
李文旌	男	彝族	中屏计生办	“十一五”计生先进个人	市委市政府
刘敬芬	女	汉族	撒营盘计生办	“十一五”计生先进个人	市委市政府
黄金平	男	彝族	皎西计生办	“十一五”计生先进个人	市委市政府
丁世聪	男	汉族	汤郎计生办	“十一五”计生先进个人	市委市政府
刘兴智	男	汉族	县计生局	全省计生工作先进个人	省委省政府

2008年

【概况】

全面贯彻落实中共中央、国务院和省委、省政府《关于进一步加强人口和计划生育工作统筹解决人口问题的决定》精神，按照全面建设小康和构建和谐禄劝的总体要求，坚持计划生育基本国策不动摇和稳定现行生育政策不动摇，党政一把手亲自抓、负总责不动摇，稳定人口与计划生育工作机构、队伍不动摇，不断创新人口和计划生育工作体制、机制、手段和方法不动摇，全面加强基层基础工作，坚持依法行政、思想政治教育与利益导向相结合，综合运用法律、行政、经济、教育等手段，建立健全“依法管理、村（居）民自治、优质服务、政策推动、综合治理”的长效工作机制，建立和完善政府为主、社会补充的人口与计划生育利益导向政策体系，推动人口与计划生育工作持续稳定健康发展，坚持完善党政一把手亲自抓、负总责的人口与计划生育目标管理责任制，层层签订和落实目标管理责任书，对党政领导、责任部门、人口计生部门分别进行考核，实行计划生育工作黄牌警告和“一票否决”制度，坚持把人口与计划生育工作纳入县委、县政府督查范围，确保各项工作落到实处，促进全县人口与经济、社会、资源、环境的协调发展和可持续发展。

【统计数据】

据县统计部门提供，全县总人口468108人，出生4342人，出生率9.31‰，死亡2293人，死亡率4.92‰，人口自然增长率4.39‰。

按人口计生部门提供，全县总人口473547人（含流动人口），已婚育龄妇女96053人，出生4342人，出生率9.31‰，死亡2293人，死亡率4.92‰，人口自然增长率3.97‰；符合政策生育率达98.87%，综合节育率88.64%。

【工作会议】

为认真贯彻落实县委、县政府召开的全县经济社会发展软环境建设、工业突破园区建设暨招商引资动员会议精神，对禄劝县部分领导干部“三力”执行情况进行调研，2008年3月12日，县委组织部、县纪委到禄劝县计生局开展思想政治建设巡查活动。为认真贯彻落实市人口计生工作会议精神，总结2007年全县人口与计划生育工作，安排部署2008年工作，从而进一步统一思想，提高认识，加强领导，推动全县人口和计划生育工作全面发展，4月1日至2日，县人民政府在县人口计生局会议室召开全县人口和计划生育工作暨业务培训会。为总结上半年人口和计划生育工作，安排部署下半年工作，禄劝县于2008年5月4日召开半年人口计生工作分析会。

【优质服务】

禄劝县乡服务站所适时转变服务方式，深入基层，服务上门，积极开展优生优育、避孕节育、生殖保健和出生缺陷干预工程等计划生育优质服务活动，满足广大育龄群众对生育、节育、不育和生殖健康的需求。县计生服务站改变过去以县城坐诊为主，深入乡（镇），进村入户，实行免费计划生育技术服务，其中，放置宫内节育器734例，取出宫内节育器736例，采取各种补救措施396人次，查环查孕12045人次，术后治疗21人次。使广大已婚育龄群众就近得到高效、安全、简便、优质的计划生育和生殖健康服务，狠抓长效避孕节育措施的落实，长效避孕及时率达80%以上。加强基层基础建设，县计生服务站被列为国债建设项目，工程正在建设之中。

【阳光政务】

以经济社会发展“软环境”建设为契机，进一步优化人口和计划生育政务环境及法制环境，全面推行阳光政务。建立首问首办制、服务承诺制和限时办结制等三项制度，压缩审批事项，由6项精简压缩为1项，压缩了办理时限，由15天压缩为5天。制订人口计生系统阳光政务资料汇编，明确人口和计划生育工作的执法主体、依据、职权、职责及相配套的各项管理制度，规范办理程序和社会抚养费征收标准。严格生育审批制度，对办理机关二孩和农村三孩实行公开公示，接受群众监督。全年共办理一孩生育证2385份，二孩生育证1641份，特殊城镇居民二孩生育证17份，特殊农村居民三孩生育证26份，办证合格率达100%。认真做好违法生育家庭的处罚和子女落户审批申报工作，共出具落户证明178份，确保处罚和落户工作落到实处。全面落实计划生育行政执法责任制、行政执法过错追究制和违法执法损害赔偿制，没有发生执法过错和损害赔偿。

【“奖优免补”】

禄劝县办理农业人口《独生子女父母光荣证》257户，享受一次性奖励金家庭444户，发放一次性奖励金41.15万元；享受义务教育奖学金2480人，发放教育奖学金45.03万元；享受养老生活补助1011人，发放养老生活补助费65.58万元，享受特别扶助对象116人，发放特别扶助金14万元；发放独生子女保健费60万元；享受独生子女高考加分7人，享受独生子女中考加分57人；16325人符合新型农村医疗给予全额资助条件，将享受新型农村医疗资助金32.65万元。

【检查指导】

2008年7月15日，昆明市计生协会会长戴文忠、秘书长王学艳，市人口计生委李小天处长莅临禄劝县屏山镇六江村委会检查指导生育文化村示范村建设工作。根据县政协2008年工作要点，由政协社工委牵头，组织部分政协委员，于8月14日至26日分别深入乌蒙、转龙、皎平渡、撒营盘、团街、茂山等6个乡（镇）和县人口计生局开展专题调研。9月4日至5日，市人口计生委任振刚处长率西山、富民两个县（区）统计员，对禄劝县“十一五”规划进行中期评估调查，同时对2008年人口与计划生育目标管理考核进行入户调查。10月30日，市人口计生委杨文惠主任率委领导班子、人事处、财务处负责人，对禄劝县人口与计划生育工作进行检查指导，县委书记孔贵华、县人民政府县长毕昆闽、副县长赵永兴参加了研讨会。

【目标考核】

根据年初县委、县人民政府和市人口计生委下达我局的各项目标管理工作，为检查各项工作完成情况和局领导班子及领导班子个人一年来的履职情况，县委、县人民政府于2008年12月16日到我局对目标任务进行年终考核，考核内容主要有人口计生目标责任制、招商引资、园林绿化、党建和纠风目标、精神文明建设、党报党刊征订、综治维稳和平安创建、烤烟挂钩、扶贫挂钩、工青妇和局领导班子思想政治建设、领导能力、工作实绩、党风廉政建设及局领导班子个人在德、能、勤、绩、廉等方面的工作。

昭通市人口和计划生育委员会

昭通市

2006年

【概述】

2006年，昭通市出生率为16.38‰，比去年下降1.08个千分点；违法生育控制在1.98万人，比去年减少0.78万人，计划生育率为76.51%，提高6.46个百分点；人口自然增长率为9.5‰，比去年降低0.91个千分点，首次降到了10‰以下。水富县实现了无多孩生育，威信、绥江、盐津3个县实现了基本无多孩生育，19个乡镇巩固了基本无多孩生育，41个乡镇新实现了基本无多孩生育。昭通市多孩率控制到了9%以内，比2002年下降了20个百分点。实现了年初确定的工作目标，人口过快增长的势头得到进一步遏制，基本扭转了昭通市人口与计划生育工作的被动局面。

截至9月30日，昭通市常住已婚育龄妇女697974人，落实避孕节育措施人数有615247人，综合节育率为88.15%。昭通市各县区建立健全医学监护制度，加大了医学监护的力度，并在扩大监护面上下工夫，做到有环查环、无环上环、有孕补救，全力控制违法生育。各县区都开展了不低于两次的医学监护工作，监护面比2005年有所提高，减少了违法生育，降低了多孩率和出生率，有效提高了计划生育率。进一步加大了社会抚养费的征收力度，发挥社会抚养费警示教育作用，促进人口控制工作整体推进。

2005年10月至2006年9月，昭通市共领取农业人口独生子女父母光荣证5569户，占年度办证计划的111.38%。兑现一次性奖金5679户，有15105人次享受教育奖学金，5482人次享受养老扶助资金。国家、省、市、县共投入奖励资金1092.404万元，农业人口独生子女家庭切实得到实惠。至2006年9月30日，昭通市累计办理农业人口独生子女证29936户，是2004年6月1日前办证数的29倍，农业人口一孩领证率近15%。

【昭通市人口与计划生育工作暨表彰会议召开】

2006年 1月11日，昭通市人口与计划生育工作会议在市委小礼堂召开，市委书记邓先培在会上作了重要讲话，代市长罗应光和副市长张宽寿分别主持会议。

"十五"期间，经过昭通市上下的共同努力，人口与计划生育工作取得了突破性进展，基本扭转了昭通市人口与计划生育工作的被动局面。同2002年相比，2005年度昭通市人口出生率为17.46‰，下降5. 21个千分点；计划外生育数控制在2.76万人，减少47%；人口自然增长率为10.14‰，下降5.34个千分点；计划生育率为70.05%，提高15.87个百分点。以2000年生育水平推算，5年来昭通市少出生近10万人。邓先培说，几年来的实践证明，人口与计划生育工作虽然难度很大，但只要各级党委、政府高度重视，切实加强领导，真抓实干，扎实工作，再大的困难都能战胜，再难的事都能做好。

邓先培在会上提出了"十一五"期间昭通市人口与计划生育工作的指导思想和奋斗目标。他说，到2010年末，昭通市总人口必须控制在550万人以内、农业人口一孩家庭领取《独生子女父母光荣证》率要达到18%左右、计划生育率要达到90%以上、多孩率要降到3%以下、人口自然增长率要降到9‰以下。

邓先培强调，各级党委、政府要进一步提高人口与计划生育工作重要性的认识；要坚持以人为本，创新人口问题的思路和方法；要突出重点，严格控制违法多孩生育，千方百计提高计划生育率；要切实抓好保障工作，创造人口与计划生育工作的良好环境；要充分发挥计生协会在人口与计划生育工作中的重要作用；要高度重视新形势下的人口与计划生育工作，确保各项措施落到实处。

代市长罗应光作会议总结讲话，并对2006年昭通市人口与计划生育工作进行了安排部署。他说，按照市委、市政府确定的工作思路和目标任务，2006年要切实做好11个方面的工作：进一步强化各级领导抓人口与计划生育工作的责任；进一步加大"一放二扎"措施落实力度；进一步做好农业人口独生子女家庭奖励政策的推广工作；进一步加大医学监护和补救措施的落实力度；进一步做好流动人口的计划生育工作；进一步加强计划生育基础服务设施建设；进一步抓好各类计划生育违法案件的查处；进一步开展创建无多孩和基本无多孩乡（镇）活动；进一步做好人口与计划生育宣传教育工作；进一步加强计划生育工作队伍建设；进一步高度重视出生人口性别比问题，提高人口素质。

罗应光强调，昭通市各级各部门面对所取得的成绩，要保持清醒的头脑，进一步增强做好人口与计划生育工作的责任感、使命感和紧迫感。

市委常委、市委秘书长邬永飞宣读市委、市政府《关于表彰"十五"期间人口与计划生育工作先进单位和先进个人的决定》，张宽寿宣读市政府《关于兑现2005年度人口与计划生育目标管理责任制奖励的通知》和市政府《关于表彰奖励2005年度基本无多孩县、乡（镇）的决定》，罗应光等市领导为获奖单位和个人颁奖。市计生委和市监察局领导分别通报了2005年10至12月昭通市人口与计划生育工作情况、2005年昭通市计划生育案件查处情况。水富县和彝良县龙安乡领导在会上交流了创建基本无多孩县和基本无多孩乡的经验。市、县、乡三级共370余人参加了会议。

【昭通昆明两市流动人口双向管理协作会议召开】

为进一步贯彻落实昆明市政府与昭通市政府签订的经济技术与社会管理协议，共同做好两市流动人口计划生育管理与服务工作，3月27日至4月3日，昆明市人口与计划生育工作考察团一行27人，到昭通市进行了为期8天的考察。

考察团先后深入到昭通市大关、镇雄、威信、水富、盐津、彝良等县进行了实地考察，分别在大关、镇雄、威信、彝良等四县召开了座谈会，与当地党政领导和计划生育部门干部进行了座谈，听取了人口与计划生育工作情况介绍，并就共同做好昭通市流入昆明市流动人口计划生育管理与服务工作进行了交流。

4月3日，考察团在昭通市画苑宾馆与昭通市有关部门进行了座谈，并协商，两市初步达成了联手管理流动人口计划生育的共识：成立两市流动人口计划生育工作协调领导小组；建立议事制度。领导小组每季度对流动人口计划生育管理问题进行协商，督促检查两市贯彻执行国家和省有关流动人口计划生育管理法律法规的落实情况；按照“流动人口计划生育工作由户籍所在地和现居住地的地方人民政府共同管理，以现居住地管理为主”的原则，两市互相支持配合，共同做好流动人口计划生育管理服务工作；充分运用全国流动人口计划生育信息交换平台，对两市提交、查询的信息必须在7个工作日内准确交换有关信息；对违反计划生育规定的有关人员依法予以处理，征收社会抚养费；宣传“双向互动”。昭通市作为流动人口户籍地，积极做好婚姻、生育、节育政策的宣传工作，要求其服从当地计生部门管理。昆明市作为流动人口现居住地，做好生殖健康、优生优育、避孕节育的宣传工作，要求其遵守当地计划生育管理规定。

【昭通市计划生育协会工作暨经验交流会召开】

5月16日至17日，经市委批准，昭通市计划生育协会工作暨经验交流会议在永善县城召开。昭通市委副书记张登亮、昭通市人民政府副市长韩梅、市人口计生委主任王阳等到会并分别作了重要讲话，市计划生育协会会长吕维戳同志作了工作报告，市委党校副校长李朝清同志传达了姜春云会长、张维庆主任在中国计生协第六次全代会暨先进表彰会上的讲话精神，市人口计生委副主任马莉明同志传达了省计生协大理会议精神，永善县委书记孔荣华同志、县长肖本敏同志到会并发表了热情洋溢的欢迎词。会上，永善县、镇雄县、大关县、绥江县、彝良县等基层计生协会的同志进行了经验交流发言。这次会议认真总结过去一年的工作，学习先进地方的工作经验，找准工作的切入点，拓展服务领域，进一步提升计划生育协会的工作能力和服务水平，充分的发挥计划生育协会的桥梁和纽带作用，为顺利推进昭通市人口计生工作和社会主义新农村建设作出更大的贡献。会议强调昭通市计生协会必须紧紧围绕人口计生工作和社会主义新农村建设这一主题，充分发挥互联、互动、互助的重要作用，提高了各级对计生协会工作的重视，增强了各级计生协同志的事业感和责任心，进一步明确了各自的工作任务，学习交流了先进工作经验，为提高协会工作能力和水平打下基础。

【昭通市召开计划生育科技工作会议】

2006年7月13日至15日，市政府组织召开了昭通市计划生育科技工作会议。市人民政府韩梅副市长作了重要讲话，对当前昭通市人口计生工作情况进行全面总结，分析当前面临的形势，指出存在的问题，对下步工作作了安排部署，要求各级切实进一步加强领导，加大工作力度，确保年度目标任务的全面完成，为“十一五”人口计生工作开好头，起好步。她指出，实行计划生育最终要靠技术服务来实现，技术服务关系到广大育龄群众的身心健康，关系到昭通市人口和计划生育工作的顺利开展，昭通市各级要从讲政治的高度重视计划生育技术服务，努力提高技术服务水平。韩梅充分肯定了2005年至2006年昭通市各级、各部门在计划生育工作方面作出的成绩后，针对人口与计划生育的下步工作，要求各级、各部门加强对计生工作的领导；计生工作要有针对性和实效性，要采取有效措施，提高“一放”率、“二扎”率、绝育率和避孕及时率；加大对流动人口的管理力度，力争取得实效；要严格控制违法生育，特别是违法多孩生育，加强医学监护和补救措施，坚决控制多孩生育、违法生育，杜绝4孩及其以上的高位生育，千方百计提高人口素质，为母婴平安提供职责范围内的服务；要抓好流出和流入人口的计划生育管理工作，加强市、县（区）、乡计生部门管理队伍建设，配备专人开展工作；公安、工商、劳动、城建、人力资源开发等部门，要充分发挥职能，建立健全管理制度，加强配合、综合治理的力度，积极探索流动人口计划生育管理办法，着力解决流动人口生育“无人管”和“管不了”的突出问题，堵住流动人口违法生育的漏洞；加强婚育信息管理，及时掌握情况，采取有效措施，抓好农村人口“奖、优、免、补”工作；各县（区）在组织领导上，要继续坚持和完善一把手负总责的人口与计划生育领导机制，进一步强化各级领导抓人口与计划生育的责任，加强人口与计划生育宣传工作，不断提高依法行政的工作水平，保证人口与计划生育工作经费的投入，加强计生服务阵地和队伍建设，认真落实“一票否决”和“黄牌警告”制度，进一步加大各类计划生育违法案件的查处力度。她强调，人口与计划生育工作要实事求是、求真务实，要认真按年度目标责任进行考核，特别是对基本无多孩县、乡巩固和创建的考核认定，必须实事求是，严禁弄虚作假；对虚报瞒报、弄虚作假的，一经发现，必须撤销其基本无多孩县、乡的称号，并追究领导责任。

会议期间，11县（区）的相关负责人作了工作汇报和经验交流；与会人员参观学习了彝良县计划生育服务站和龙安乡计划生育服务所的先进经验，并表彰了一批“十五”期间昭通市人口与计生科技工作的先进个人。

【昭通市召开人口和计划生育统计工作研讨会议】

2006年7月19日至21日，市人口计生委在昭阳区召开了昭通市人口和计划生育统计工作研讨培训会议。这次研讨培训会，现场参观学习了昭阳区盘河乡油榨房村的试点统计台账和统计报表，并听取盘河乡政府对统计台账试点工作情况的介绍；讨论了《关于进一步加强人口与计划生育统计工作，完善统计台账的通知（讨论稿）》；研讨和培训如何完善“常住人口”和“流动人口”两套台账，怎样填制新的统计报表，怎样用当前的常住人口和流动人口的统计口径，在已经建立的统计台账基础上完善常住人口统计台账和流动人口统计台账。市人口计生委副主任吴学刚主持研讨会并就完善统计台账作了具体的安排和部署。会后，针对研讨会上提出的建议和意见，完善统计台账的规范操作。

【昭通市开展农村两女户家庭生育、节育和生育意愿调查】

为摸清昭通市农村两女户和前两个子女是女孩的已婚育龄妇女的生育、节育和生育意愿情况，8月市人口计生委、市妇联共同组织，在昭通市范围内开展了一次农村两女户家庭生育、节育和生育意愿专题抽样调查。调查后，形成基本结论，撰写了专题报告，提出了极具针对性的意见建议，由市政府向省政府作了专题汇报。

【省推广使用安全套防治艾滋病中期考核评估督导调研组到昭通市检查指导工作】

2006年8月26日至29日由省艾滋病防治办副主任王云生为组长的督导调研组一行6人代表省政府就推广使用安全套防治艾滋病工作深入到昭通市大关、昭阳区等地进行督导、调研、考核、评估。所到之处，政府分管领导及各成员单位向考评组汇报推广使用安全套防治艾滋病工作情况，从提高认识、加强领导、健全机构、加强宣传、提高知晓率、加强督促检查、健全安全套发放网络体系、健全培训体系、制订措施、及存在问题等作详细汇报。考评组一行对所到之处的宾馆、招待所、美容美发厅、歌舞厅等场所安全套摆放、使用及从业人员艾滋病防治知晓率等情况进行实地考察调研。29日上午市计生委主任王阳代表市政府推广使用安全套防治艾滋病领导组向考评组一行就昭通市推广安全套防治艾滋病工作的基本情况、主要做法、下步打算作汇报，市直各成员单位参会并作补充汇报。会上省考评组组长分析通报了全球、我国、我省艾滋病流行状况，对昭通市在推广使用安全套防治艾滋病工作中所做的大量工作给予了充分的肯定和高度的评价；并提出进一步加强机构建设，明确推广使用安全套防治艾滋病专职工作人员；各县尽快建立健全初筛实验室；针对昭通市外出务工人员多，外出务工人员新感染艾滋病比例日趋增高的状况，如何加强 流动人口的管理、培训，安全套发放工作；如何进一步扩大安全套的发放面，深入乡村，提高弱势群体的自我保护意识；如何规范建立健全安全套发放网络；如何加强各部门之间的协调配合等建议和意见；最后希望昭通市认真总结所做大量工作的经验，发现亮点，争取更多支持，遏制艾滋病在昭通市蔓延，为建立健康、和谐的小康社会作贡献。

【昭通市组队参加全省关爱女孩行动知识竞赛荣获三等奖】

“全国关爱女孩行动知识普及暨竞赛活动”是国家人口计生委2006年关爱女孩行动工作计划中心主要内容之一，是促进基层关爱女孩行动工作水平提高的一项重要措施。省委宣传部、省人口计生委10月20日主办了在昆明举行的全省关爱女孩行动知识竞赛，市人口计生委组织了昭通市代表队，参加了竞赛，喜获三等奖。

【昭通市开展病残儿术后并发症医学鉴定】

组织对昭通市104个病残儿和8例术后并发症进行医学鉴定。

【昭通市进一步加快计生服务所建设步伐】

高副省长到昭调研后，针对县区存在困难，对昭阳、巧家、永善、镇雄、威信五个县区计生服务站建设给予支持。市人口计生委积极同省、市发改委、财政厅（局）协调联系，取得了相应支持。目前昭阳区计生服务所已选定了修建地址，预计总投资380万元，建筑面积2000平方米。巧家县计生服务站已到位专项资金30万元。永善县计生服务站参照国家计生委县级计划生育服务站建设统一模式中C型标准和永善县溪洛渡景观大道的规划要求，项目设计占地面积556.8平方米、建筑面积2238.44平方米，预计2006年12月工程全部完工投入使用。镇雄县综合服务大楼很快可以全面建成投入使用。威信县计生服务站也即将破土动工。另外，盐津县计生服务所也取得了省、市发改委支持，将列入计划进行修建。

【昭通市进一步加大对基层人口计生工作人员培训力度】

市、县（区）组织了对乡镇工作人员和村计生宣传员的培训，并采取多种形式对群众进行宣传教育，为昭通市人口和计划生育工作营造良好的社会舆论和氛围打下基础。市人口计生委在威信召开了昭通市人口和计划生育宣传工作会议，对昭通市人口和计划生育宣传工作进行了全面安排和部署，并对各县区宣传人员进行了业务培训。7月成功开办了昆明医学院成人教育学院临床医学大专班昭通计生教学点。市计生委选送两名技术服务人员到省级医院进修学习，巧家、水富两县人口计生局长到国家行政学院进行了培训。召开了昭通市人口和计划生育统计工作研讨培训会议。市人口计生委根据市政府的倾斜政策，组织县区到昆明、大理等医学院校，招聘应届大学毕业生到计划生育技术服务站所从事计划生育技术服务工作，为进一步补充县、乡技术服务人员，全面提高基层计划生育技术服务水平奠定了坚实的基础。随着技术服务机构和技术服务人员配备工作的推进，县乡计生服务所“三配套”率提高，网络更加健全，服务能力得到增强。

【昭通市为计划生育技术服务站所和人员核发许可证】

昭通市首次把技术服务人员资格考试纳入年终目标责任考核，对昭通市11个县服务站和152个乡服务所核发计划生育技术服务执业《许可证》，对524名技术服务人员核发《合格证》。

【昭通市计划生育工作考察团到昆明市考察流动人口工作】

12月7日—9日，由副市长韩梅、市计生协会会长吕维戬同志任团长的昭通市政府考察团一行34人到昆明市五华、盘龙、西山、官渡四城区进行了为期3天的计划生育流动人口管理工作的考察学习。

【进一步加强流动人口计划生育管理】

昭通市认真贯彻落实国家、省有关流动人口计划生育管理的法律法规，严格落实流动人口计划生育以现居住地管理为主的原则，采取积极措施，把流入人口计划生育工作纳入本地经常性工作范围，与户籍人口同管理、同服务。强化流出人口计划生育避孕节育措施的落实，加大了流出人口落实避孕节育措施的工作力度，严格控制流出人口违法生育行为。继续把流动人口计划生育工作纳入村规民约建设的重要内容，在村规民约中明确规定了相关人员协助落实计划生育的责任。强化流动人口计划生育信息交换，今年，昭通市通过全国流动人口计划生育信息交换平台共提交信息1687条，比去年增加604条；反馈信息12450条，反馈率为84%，比去年提高了8个百分点。

【人口计生重点整治工作取得了新的突破】

各县区加大执法力度，实行综合治理，死角难点突破工作取得了很大成效。继往年镇雄乌峰镇、泼机镇、巧家小河乡、大关县上高桥乡等重点治理取得显著成效后，昭阳区青岗岭乡大营村和靖安乡的回龙坝村、碧凹村以及龙泉办事处的长利村等一批人口计生工作难点、盲点地区全面突破，打开了人口计生工作新局面。鲁甸县文屏、桃源、茨院等乡镇，彻底打破了不能全面推行绝育措施的局面，少数民族施行绝育措施工作取得新的突破。

【推广使用安全套防治艾滋病工作全面开展】

推广使用安全套防治艾滋病，市人口计生委药具站改造和增加药具仓库设施，保证了市对县区避孕药具的免费发放工作，未出现药具脱供断档情况。推广安全套防治艾滋病工程，开展预防艾滋病宣传、培训，建立营销网络，对重点场所摆放安全套进行检查，为艾滋病人和感染者及家属免费提供安全套等。建立旅馆业、娱乐场所安全套推广使用经营负责制，落实法人代表和业主负责制。县以上重点宾馆、酒店、招待所等旅馆业、桑拿、洗浴等场所都摆放有安全套，安全套摆放率达100%，通过了省政府8月26日至29日进行的“推广使用安全套防治艾滋病工作”的考核、评估。继续开展宫内节育器放置效果对比课题研究。争取了彝良县为出生缺陷干预试点县，积极进行叶酸、福格森、福施福等新型出生缺陷干预药物推广使用。

【人口计生系统进一步加大党风廉政建设和反腐败工作力度】

在系统内树立以“八荣八耻”为主要内容的社会主义荣辱观和公仆意识，形成良好行风，促进干部职工廉洁从政，纠正损害群众利益的问题。市人口计生委下发了《关于昭通市人口计生系统2006年党风廉政建设与反腐败工作的意见》、《关于组织开展“纪律在贯彻执行计划生育基本国策中的保证作用”专题调研的通知》、《关于在人口计生系统开展廉政文化进家庭活动的意见》、《关于学习贯彻人口和计划生育群众工作纪律和检查考评工作纪律的通知》等一系列文件，对人口计生系统干部职工从政行为作了规定，市人口计生委纪检组组织了对各县区贯彻落实情况的检查，并把党风廉政建设和反腐败工作专题片进行了巡回播放，有力促进了昭通市人口计生系统作风、行风建设。

【荣誉】

2006年度昭通人口与计划生育工作获省政府考核二等奖

2007年

【概述】

2007年末昭通市总人口为545万人，人口自然增长率为8.9‰，比上年下降0.6个千分点；违法生育1.59万人，比上年减少0.39万人，其中违法多孩生育0.545万人，比上年减少0.159万人；计划生育率为80.50%，比上年提高3.99个百分点。昭通市有3个县实现无多孩生育，1个县实现基本无多孩生育。全年办理农业人口独生子女父母光荣证4014户，兑现一次性奖励3500户，奖金311.1万元；享受国家养老补助5943人，兑现扶助金393.12万元；春秋学期发放奖学金11144人次，奖学金156.532万元，三项资金达千万元，惠及农村上万户家庭。昭通市人口控制能力进一步增强，工作被动局面进一步扭转，总体态势良好。

昭通市基层基础工作进一步强化。2007年，永善县、镇雄县计生服务站建设改造完毕，投入使用；威信、昭阳、巧家计生服务站破土动工；盐津、彝良、鲁甸、威信等县的10余个乡镇计生服务所建设进展顺利。昭通市从医学院校招聘了37名大专以上应届毕业生到计划生育服务站、所工作，充实了服务队伍。

昭通市积极探索建立人口计划生育工作长效机制。一是在工作基础较好的地方，以村两委为主的计划生育工作重心下移开始起步，工作重心由乡为主向村为主的转变，党群、干群关系明显改善。二是昭通市共有148个村开展了计划生育村民自治试点工作。三是各县区开展了以节育技术服务为主的计划生育优质服务工作，水富县被评为全省计划生育优质服务先进县，昭阳、巧家、大关、永善、镇雄开展了国家"十一五"科技支撑项目——"节育手术并发症防治课题"研究。彝良县开展了出生缺陷干预试点工作。

【昭通市人口与计划生育工作会议召开】

2007年1月12日，昭通市人口与计划生育工作会议在市委礼堂召开，会议总结了2006年昭通市人口与计划生育工作，分析当前人口与计划生育工作形势，全面安排部署今年人口与计划生育工作的一次重要会议。会议提出今年人口与计划生育工作的总体要求是：以创建无多孩县和无多孩乡（镇）为目标，以控制违法生育特别是违法多孩生育、提高计划生育率为重点，主攻流动人口计划生育这个难点，继续抓紧"一放二扎"、医学监护和补救措施落实，创新方式、改进服务，综合治理、分类指导，促进昭通市人口与计生工作持续健康发展。会议明确提出，今年人口和计划生育工作主要目标是人口出生率降到15.8‰以内，人口自然增长率降到9‰以内，计划生育率达80%以上，多孩率降到8%以内。围绕今年人口与计划生育工作的总体要求和主要目标，会议要求，各级党委政府要切实加强领导、落实责任，形成综合治理的格局，为昭通市人口与计划生育工作持续健康发展提供强有力的保障。一要从战略的高度，进一步增强做好人口与计划生育工作的紧迫感和责任感。二要围绕创建无多孩县和无多孩乡（镇）目标，进一步强化各项措施的落实。要继续按照应术尽术要求，把"一放二扎"作为人口控制的主要措施；抓好医学监护和补救措施的落实，坚决控制违法生育；拓展利益导向政策，推进人口与计划生育工作步入良性循环的发展轨道；稳步推进基本无多孩县、乡（镇）创建工作。三要突出重点，突破难点，努力提高农村和流动人口的计划生育水平。四要深化内涵，改进服务，切实提高计划生育工作的整体水平。

会上，市政府与各县（区）政府负责人签订了《2007年人口与计划生育目标管理责任书》。会议还通报了2006年度人口和计划生育目标管理考核结果，表彰了2006年度无多孩和基本无多孩县、乡（镇），通报了2006年昭通市查处党员和国家公职人员违反计生政策、法规的案件情况和2006年10至12月昭通市人口与计划生育工作情况。威信县、盐津县牛寨乡、水富县向家坝镇在会上交流了开展计生工作经验。

【永善县部分计生技术服务（站）所取得了《医疗机构执业许可证》】

永善县计生技术服务系统通过认真贯彻执行《计划生育技术服务管理条例》和《常用计划生育技术常规》，计划生育医技人员的专业理论水平和技术服务能力得到极大提升，管理和服务水平得到很大提高。各服务（站）所在认真完成计划生育免费服务的基础上，培养市场参与和竞争意识，以育龄夫妇生育、节育、不育、生殖保健为主线，积极探索，尝试拓宽服务领域，有效整合和利用医疗资源，更好地服务广大人民群众。全县计生技术服务（站）所积极向县卫生局提出了医疗许可申请，县卫生局通过医疗许可可行性论证，认真审查医疗机构执业资格，县计生服务站和青胜、桧溪、团结、水竹、务基、大兴、莲峰、墨翰八个计生服务所具备资格，办理了《医疗机构执业许可证》。计生服务

（站）所拓展医疗技术服务有了法律保证。

为规避医疗风险，县计生服务站为取得《医疗机构执业许可证》的八个计生服务所办理了“医疗机构执业保险”。

【国家人口计生委中国人口发展研究中心主任马力到昭通调研】

2007年4月8日至4月13日，国家人口计生委中国人口发展研究中心主任马力率调研组一行7人，来昭通市调研人口与计划生育工作。调研期间，调研组先后到了鲁甸县、盐津县，先后听取两县汇报，与两县干部座谈，对两个县的计划生育服务站、乡镇计划生育服务所进行了检查，并到了两个村民小组进行实地入户调查。

【巧家县加大专项投入，努力夯实计生工作基础】

为全面贯彻落实中共中央、国务院《关于全面加强人口和计划生育工作统筹解决人口问题的决定》精神，巧家县投入计生经费158.836万元，加强基层基础工作薄弱环节的建设，着力夯实工作基础。一是投入89.076万元解决历年来2772户农业人口独生子女家庭每月10元的独生子女保健费欠款，促进奖励扶助政策的全面贯彻落实；二是投入35.76万元，再购置了德国STORZ型腹腔镜手术设备一套，并组织技术人员深入乡镇为应术群众施行腹腔镜节育手术，主动为群众提供优质服务；三是投入34万元设立巧家县关爱女孩专项基金，关注和解决出生人口性别比偏高问题及开展生育关怀活动。对全县农业人口独生子女家庭、两女结扎户、失学女童等共2175人实施扶贫救助，为计生群众解决实际困难。

【韩梅副市长率团赴宜宾市学习考察流动人口计划生育管理工作】

6月12日至14日，市政府副市长韩梅率领由水富县、威信县、盐津县政府分管副县长、人口计生局局长和市人口计生委主任龙波等组成的昭通市人口与计划生育工作学习考察团赴宜宾市专题学习考察流动人口计划生育管理工作。学习考察中，韩副市长要求昭通市各级政府和人口计生部门要认真学习借鉴宜宾市流动人口计划生育管理工作的经验，结合昭通市实际，积极探索流动人口计划生育管理工作的有效方式方法，努力做好昭通市流动人口计划生育管理工作。

【韩梅副市长到水富、绥江县调研人口和计划生育工作】

6月15日至16日，韩梅副市长在市人口计生委主任龙波等的陪同下，对水富县、绥江县的人口与计划生育工作进行了检查调研。韩副市长要求两县，要进一步增强抓好人口与计划生育工作的责任心和使命感，加强领导，巩固成果；要实事求是，认真冷静分析人口与计划生育工作形势；要加强计生队伍建设，抓好“一放二扎”和补救措施的落实，积极开展无多孩生育乡镇创建活动；要认真研究流动人口的计划生育管理与服务，进一步完善计划生育“村民自治”管理体制；要进一步增强信心，正确处理支援国家重点工程、移民安置等工作与抓好人口与计划生育工作的关系，确保各项工作有序发展。

【昭通市开展7.11世界人口日宣传教育活动】

2007年7月11日是第18个世界人口日，市人口计生委、计生协会与昭阳区人口计生局、计生协会一道，围绕联合国确定的今年世界人口日“男性参与孕产妇保健”主题，在市体育馆广场开展了形式多样的宣传教育活动。

【彝良县人口计生局培训新上任村官】

6月24日，彝良县人口计生局对新当选的15个乡镇的138名村总支书记（村主任）进行了人口计生知识业务培训。通过培训，村级干部对当前面临的人口计生工作形势有了更加清醒的认识，明白了村两委在人口计生工作中的职责任务，提高了业务水平，为全县人口计生工作重心下移到村奠定了一定基础。

【昭通市人口计生委举办流动人口计划生育管理干部培训】

2007年7月9日至11日，市人口和计划生育委员会在云南省计划生育宣传教育中心举办昭通市流动人口计划生育管理干部培训，对国家有关流动人口计划生育管理与服务的法规和政策，行政执法以及计划生育行政执法的有关规定，新时期人口与计划生育工作的发展与探索，建立有效的流动人口计划生育管理服务机制等进行了系统讲解培训。

各县区人口计生局分管副局长、流动人口管理办公室主任、部分乡镇计生办（流管站）负责人和昭通市所有城市社区流动人口计划生育管理员共120余人参加了培训。

【省人口计生委主任郝青山到昭通调研】

2007年7月10日至7月13日，省人口计生委主任郝青山率调研组一行3人，到昭通市调研人口与计划生育工作。调研组先后到镇雄县、盐津县、鲁甸县进行调研。调研期间，调研组听取了各县的汇报，与县、乡、村干部座谈，对计划生育服务站、乡镇计划生育服务所进行检查和指导，并到村民小组对多子女户、两女户、独生子女户进行实地入户调查，了解群众的生产、生活、生育情况及生育观念。

调研组肯定了昭通人口计生工作取得的较好成绩，要求在下步工作中，各级党委、政府一定要正视严峻人口形势，保持清醒的头脑，正确认识现在取得的成绩，工作上千万不能有丝毫的放松。

【昭通市人口计生局局长会议在昭召开】

2007年7月18日市人口计生委召开各县（区）人口计生局局长会议。会议认真分析昭通市当前人口和计划生育工作情况，肯定了取得的成绩，查找工作中存在的问题和不足，要求有针对性地开展下步工作。会议还通报了不打招呼的抽查情况，十一县区人口计生局长也分别汇报了2007年度以来的工作情况，提出了近期工作的重点和措施。

【昭通市举办男性节育术及检验培训提高班】

2007年9月19日至21日，市人口和计划生育委员会邀请省计划生育科学技术研究所和昭通市第一人民医院的专家分别就男性绝育术、男科学、男性生殖健康、男性绝育术分析、规范男性绝育术、并发症防治、咨询技巧、实验室规范与管理、节育术后神经官能症防范及心理干预等工作，对昭通市县、乡计划生育男性节育手术的主要业务骨干共计117人作了系统的培训，并对“十一五”国家科技支撑项目“绝育手术并发症防治技术的研究”课题进行了阶段总结。

【昭通市开展人口计生年度目标责任制考核检查】

2007年11月16日至27日，市政府组织了人口计生年度目标责任制考核组，对各县（区）2007年人口与计划生育目标责任制的完成情况进行检查考核。通过综合测算、评估，威信县、水富县获一等奖，巧家县、盐津县、绥江县、永善县、大关县获二等奖，鲁甸县、彝良县、昭阳区、镇雄县获三等奖。

【荣誉】

2007年度昭通人口与计划生育工作获省政府考核三等奖

2008年

【概述】

2008年末，昭通市总人口为5267804人，其中：常住人口4238387 人，流出半年以上人口1029417人，分别占总人口的80.4%和19.6%；昭通市已婚育龄妇女总数为936482人，其中：常住已婚育龄妇女704184人，流出半年以上已婚育龄妇女232298人，分别占已婚育龄妇女总数的75.2%和24.8%。

2008年，昭通市常住人口共出生人口49851人，其中：符合政策出生35147人，计划生育率为70.50%；流出半年以上人口出生12200人，其中符合政策出生6895人，计划生育率56.57%。

一是加强领导，落实领导干部工作责任制。2008年以来，市委、市政府全面贯彻落实科学发展观，正视昭通严峻的人口形势，高度重视昭通人口与计划生育工作。研究部署进一步抓好昭通市人口与计划生育工作政策措施，解决工作中存在的困难和问题，制订了昭通市人口与计划生育工作新的目标和任务。建立了包括市级主要领导在内的市级领导干部直接挂钩联系重点乡镇，市直部门挂钩联系扶贫村人口与计划生育工作责任制度，并制订了具体的工作要求和考核办法。各县区推行了县处级干部挂钩联系到乡镇、乡科级干部挂钩联系到村、一般干部挂钩联系到组到户的人口与计划生育工作责任制度，市、县人口计生工作的"一竿子"工作法得到全面贯彻执行。

二是强化督察督办，确保工作目标任务完成。为确保昭通市人口与计划生育工作各项目标任务的顺利完成，市委、市政府把人口与计划生育工作纳入昭通市重点工作的内容进行重点督查督办，要求各县区每年分上半年和全年两次要向市委、市政府专题报告人口与计划生育工作开展情况外，还不定期对一定时期内人口与计划生育工作的进展情况，以及各地贯彻落实市委、市政府既定的人口与计划生育工作安排部署进行督查督办。

市政府组织了对十一县区不打招呼的抽查。各县区分别采取了季度抽查、半年考核、不打招呼抽查等方式开展日常检查工作，尤其是彝良、威信、永善，由县委、县政府抽调人员组成工作组分片区督查，帮助、指导工作滞后的乡镇开展工作，取得较好的成效。

三是强化统计数据质量，真实反映工作水平。市委、市政府针对昭通市人口与计划生育工作中出现的统计数据失真的问题，提出了在昭通市全面清理摸清人口与计划生育统计数据的工作部署，并组织专门工作组多次对各县区清理情况进行秘密调查核实。由于各级认识统一、领导到位、措施办法完善，昭通市清理工作取得了初步成效，各县区人口与计划生育统计数据质量大为提高，统计水分进一步减少。以因为如此，今年昭通市人口与计划生育工作的一些主要指标，如计划生育率、已婚育龄妇女综合节育率等指标比上年有不同程度的下降，违法多孩生育率相比有提高。体现了昭通市各级党委、政府贯彻落实科学发展观、实事求是的工作作风和更加努力抓紧抓好人口与计划生育工作的信心和决心。

四是抓重点突难点，强化基层基础建设。昭通市紧紧围绕控制违法生育特别是违法多孩生育的工作重点，继续强化以"一放二扎"为主的避孕节育措施的落实，继续强化医学监护和补救措施的落实，继续加强对计划生育难点、盲点地区的综合整治。加强对基层计划生育队伍的培训提高，改善基层计生技术服务条件。今年以来，昭通市共改造新建了乡镇计生技术服务所15个，市级投入近300万元资金购置了基层计生技术服务所所需的医疗设备。

【省政府考核昭通市2007年计生工作】

2008年1月20日，省政府人口与计划生育工作年度考核组圆满完成对昭通市人口与计划生育工作的考核，并对昭通市此项工作的开展给予好评。

2007年，昭通市投入计划生育专项经费491.49万元，继续加大落实"一放二扎"为重点的避孕节育措施工作力度，全年共落实一放35962例、二扎32053例，一放率、二扎率分别比上年提高1.61个百分点和2.41个百分点。昭通市累计办理农业人口独生子女父母光荣证33797户，其中去年办理4014户，"以奖促控"的利益导向机制初步形成。5945人享受国家扶助政策，兑现扶助金达393.12万元。

考核组通过查阅资料、听取汇报、入户调查等考核措施后认为，昭通市高度重视计生工作，昭通市计生工作不断进步，成效显著。考核组提出，新时期下的人口问题越趋复杂，人口生育、迁移高峰期所带来的问题不容忽视。希望昭通市要把控制违法多生育与调整人口结构相结合。同时，要针对群众生育观念落后、基层基础工作不足和干部队伍素质不高等问题，遵循人口规律，不断创新工作思路和工作方法，为广大群众提供优质服务。

市人大常委会副主任赵卫及市直有关部门负责人参加了汇报会。

【市人口计生委到扶贫点帮助春耕生产】

按照市政府办公室关于做好"三联系两深入"工作的通知精神，5月5日至8日，市人口计生委主任龙波带领计生宣传站、药具站等科站领导，到巧家县调研人口计生工作和到挂钩扶贫点帮助春耕生产。

调研组一行深入巧家县蒙姑、金塘等乡镇，对巧家县人口计生工作进行了实地调研，对巧家县人口计生下步工作作了指导，对基层提出的困难和问题现场进行了帮助和解决。

【昭通市计生协会工作会议在威信召开】

5月20日至21日，市委、市政府在威信召开昭通市计生协会工作会议。市委常委、市委宣传部部长黄玲率市直计生部门领导和各县（区）计生主管领导出席会议。

黄玲肯定了2007年的计生工作，分析了昭通市计生工作的形势和任务。黄玲要求，昭通市各级各部门要提高认识、加强领导，努力开创昭通市计划生育协会工作新局面。一是充分认识计划生育协会在新时期计划生育工作中的重要地位和作用。二是切实加强对计划生育协会工作的领导。各级党委、政府要进一步加强对计划生育协会工作的领导，分别明确一位领导同志联系或分管计生协会的工作，准确把握计划生育协会工作的特点和规律，把协会工作放在心上、抓在手上、落实在行动中。三是努力开创昭通市计划生育协会工作新局面。要继续深入扎实地抓好宣传教育工作，努力转变群众婚育观念。

市政府副秘书长孙信勇受副市长韩梅的委托，在会上作了“围绕中心、服务大局，在统筹解决人口问题中更好地发挥计生协会作用”的讲话。

会后，黄玲等领导还深入威信县双河苗族彝族乡官田坝村民小组、水田乡水田村楼上村民小组了解“计生会员之家”建设情况。

【昭通市委专题研究部署人口和计划生育工作】

2008年5月31日，昭通市委书记夜礼斌主持召开第二十次市委常委会议，专题研究部署人口和计划生育工作。市委充分肯定了近年来昭通市人口和计划生育工作取得的成绩及计生部门为有效控制人口过快增长所付出的艰辛努力，同时认真分析了当前昭通市人口和计划生育工作面临的严峻形势，并作出了以下部署：

一、要统一“一个认识”。即：要统一对人均经济观念的认识。人口基数大，发展再快也要被人口自然增长因素抵消。所以要克服盲目乐观的思想，在现有成绩的基础之上继续努力。

二、要明确“两大目标”。即：用3年左右时间，一是要把昭通市的人口自然增长率控制到全省的平均水平之内。二是要把计划生育率提高到90%以上。

三、要突出“三大重点”。一要突出镇雄县和昭阳区这个重点。两县区人口基数大，工作相对滞后，直接影响到昭通市人口自然增长率的下降。市级计生工作力量，要集中加强指导昭阳区和镇雄县的工作。二要突出因地制宜这个重点，要抓好节育、绝育措施的落实。三要突出外出务工流动人口管理这个重点。昭通市每年外出务工农民100万人左右，特别是夫妻同时外出的，要制订切实可行的措施，重点监控，防止自由超生现象发生。

四、要落实好“四条措施”。第一，加强领导，落实责任。一是要实行一把手负总责亲自抓，分管领导直接抓，层层落实责任，一级抓一级。市级领导今年内都要至少听取一次自己所联系县区的计划生育工作汇报，研究一次计划生育工作，加强对计划生育工作的指导。二是对部分县区由非领导职务分管计划生育工作的，这次会议后必须调整由实职领导分管。重点县区要安排常务副县区长来分管。三是市和各县区人口与计划生育工作领导小组必须正常开展工作，市级要组织进行必要的工作检查。第二，严肃纪律，严格执行“一票否决”制度，加大违法生育案件查处力度。一是在干部使用考核上，市委组织部和县区委组织部按照分级负责的原则，要先征求计划生育工作部门的意见。二是对领导干部落实计划生育工作责任制情况实行通报制度，原则上半年通报一次。市级通报到县，县级通报到各乡镇，重点是通报反面的案例。机关公职人员、党政干部违法生育的一定要曝光，该免职的免职，该开除的开除。第三，完善考核办法，完善奖优免补政策。一是要清理完善原来的考核办法，做到一级管一级。上级重点考核下级党政班子，特别是党政一把手。二是市县区和有关部门要对现行的奖优免补政策进行研究，对不适应新情况的要进行完善。第四，建立健全完善的计划生育服务网络体系，为广大育龄群众提供优质服务。一要加强计生部门的队伍建设，力求做到统计的信息完整准确。对上报虚假信息的，必须严肃进行整顿，不合格的计生工作人员要坚决解聘，二要加强基层基础工作。按照分级负责的原则，市、县两级要加大财政投入，适当提高村一级计划生育宣传员的待遇。

【昭通市人口计生委召开昭通市人口计生局长会议及时传达贯彻落实市委常委会议精神】

5月31日，市委常委会议专题研究了昭通市人口和计划生育工作，会议认真总结了近年来昭通市人口和计划生育工作，分析了人口和计划生育工作面临的形势，明确了当前和今后一段时期昭通市人口计生工作重点和工作措施，提出用三年左右时间下决心把昭通市人口自然增长率控制在全省平均水平即千分之七到千分之六点五之间；把计划生育率提高到百分之九十以上。6月3日，市人口计生委召开了昭通市人口计生局长会议，及时传达学习和贯彻落实市委常委会议精神。

会议首先传达学习了市委常委会议和市政府常务会议精神，通报了刚刚结束的昭通市不打招呼抽样调查情况，并结合昭通市工作实际，对贯彻落实常委会议精神，做好下步工作作了全面安排布置：

一是进一步提高认识，充分认识到人口计生工作的长期性、艰巨性和复杂性。昭通市目前还处于克难攻艰的爬坡阶段，群众的生育意愿与现行生育政策反差大，育龄群体对落实节育措施特别是结扎措施还不是完全理解和接受，工作稍一放松，工作就会滑坡，各级各部门一定要克服盲目乐观、安于现状、畏难厌战的思想和情绪，切实抓好人口计生工作。

二是进一步落实责任，完善工作措施，加大督查和业务指导力度，抓好各项工作落实。一是进一步完善干部人口计生工作包片制度，采取行之有效措施，弄清每户人婚育、生育、节育的真实情况。二是要继续加大“一放二扎”措施力度。要以控制违法生育为目标，做到应术尽术，不能以完成下达的任务为目的。三是要认真负责做好医学监护和补救措施的落实。要注意把早婚、非婚同居以及生育一孩后间隔不够的育龄妇女纳入监护对象。四是要坚决依法征收社会抚养费，达到惩戒、警示、教育作用。五是要协助纪检监察部门，加大对党员和公职人员隐匿违法生育的查处。六是要全面兑现奖励扶助政策，达到以奖促控的目的。七是要进一步探索新办法、新措施，加强流动人口管理。

三是加大基础设施建设，提高技术服务人员水平，规范技术服务，搞好优质服务。一是对已批准建设的县乡服务站所，要加快进度，加强管理，杜绝半拉子工程和豆腐渣工程。二是加强对技术人员的培训，提高技术服务水平。三是服务站所要规范化管理。四是按照“统筹解决人口问题的决定”做好出生缺陷干预、出生性别比治理等几项工作；发挥协会作用，做好关爱女孩、少生快富等工作；逐步探索村民自治工作。五是坚决执行人口计生工作“一票否决”制度。对弄虚作假、工作失职造成人口失控的单位和个人，人口计生部门要向党委政府提出建议，进行否决。

会上，龙波主任还就昭通市人口计生系统进一步加强党风廉政建设，自觉遵守民主集中制原则等提出了相关要求。

【省人口计生委吴莉华副主任到昭通市检查调研人口计生工作】

2008年6月13日，省人口和计划生育委员会副主任吴莉华、科技处处长丁明、副调研员肖明一行，在市人口和计划生育委员会主任龙波、副主任吴学刚的陪同下，到永善县进行人口计生工作调研。

在对县计划生育服务站进行了全面、认真、细致的检查和听取永善县的汇报后，吴莉华副主任对永善县人口计生工作，特别是今年实施的出生缺陷一级预防工作和县级规范形象站建设工作给予了充分肯定，对昭通市的人口计生工作提出了指导：

一是继续抓好人口控制不放松。要切实做到思想不放松，工作力度不能减。同时，更加注意工作方式、方法。

二是在出生缺陷干预工作中，做到落实措施不放松。要加强婚前、孕前检查，对当地出生缺陷发生情况作全面分析，找原因，不能把出生缺陷预防工作简单地等同于发放叶酸。要进行分类管理，指导服药，有偿与无偿服务相结合进行全方位服务，加强微量元素的补给。

三是开展科技大练兵活动不放松。科技大练兵活动是提高技术人员素质的一项重要的措施，要以全国开展的科技大练兵活动为契机，全面提高技术服务队伍的整体素质，积极开展科技比武活动，把此项工作全力抓紧抓实。

四是免费发放安全套工作不放松，大力推进“推广使用安全套预防艾滋病”工作，要对宾馆、酒店、娱乐场场加大检查，督促全面落实，要对农民工进行全面免费，做到服务上门。

五是优质服务工作不放松。优质服务工作始终是计划生育工作的发展方向，在抓紧、抓好人口控制的同时，要全面贯彻优质服务工作理念，切实转变工作思路和方法，统筹解决人口问题。

【昭通市人口和计划生育工作推进会议召开】

7月12日，昭通市人口和计划生育工作推进会议在市政府礼堂召开。会上，市委副书记、市长王敏正做了《再接再厉 扎实工作 确保2008年度工作目标任务圆满完成》的讲话。这次会议的主要任务是从贯彻落实科学发展观、构建和谐小康社会的高度，进一步提高做好人口和计划生育工作重要性和紧迫性的认识，认真总结昭通市当前人口和计划生育工作的基本经验、分析存在问题，研究部署下一阶段工作，再接再厉，扎实工作，确保2008年度人口和计划生育工作目标任务的全面完成。

按市委、市政府领导要求，此次会议重点落实了市级领导直接挂钩到重点县区的重点乡镇，县级领导直接挂钩到重点乡镇和村（社区），乡镇领导和县区部门包片重点村（社区）和村民小组，一般干部直接挂钩到重点户的“一竿子”插到底的工作方法。

【水富县“生育关怀—重建家园行动”全面启动】

“5·12”地震灾害使水富县7705户、29312人受灾，其中计划生育家庭受灾1813户、8772人，计划生育困难家庭813户、3860人。做好这些家庭的善后工作，使他们恢复正常的生产、生活，不仅需要经济帮扶和物质支援，更需要心理关怀和精神慰藉。为深入贯彻落实国务院《汶川地震灾后恢复重建条例》、国务院办公厅《关于进一步做好地震灾区学生伤亡有关善后工作的通知》（国办发电〔2008〕6号）文件精神，中国计生协会在四川等5个主要受灾地区开展“生育关怀—重建家园行动”项目。水富县作为云南省唯一开展“生育关怀—重建家园行动”的试点单位，积极贯彻落实各级有关文件精神，紧紧围绕帮助震后受灾的计划生育家庭解决生产、生活、生育中的实际困难这个总体目标，决定从2008年7月起，用3年左右的时间，在全县范围开展“生育关怀—重建家园行动”。该活动分全面启动、全面实施、总结评估三阶段实施，将以31户在地震中伤残的计划生育家庭和813户地震后造成生活困难的计划生育家庭为关怀对象；以为关怀对象提供致富信息，组织技术培训，多形式广泛宣传文明卫生习惯、流行病防治、生殖健康及地震知识，帮助他们恢复正常的生产、生活，早日致富为目标任务，积极协助县政府，帮助受灾的计划生育家庭恢复生产，重建家园。协助人口计生局对地震灾区子女伤残家庭开展的技术服务，进行心理援助、精神慰藉、生活帮扶和科学指导再生育活动。

【昭通、宜宾两市共商流动人口计生工作协作事宜】

2008年7月21日，昭通、宜宾两市流动人口计划生育工作协作会在宜宾市长宁县举行，两市人口计生委主任、分管流动人口计生工作的副主任，昭通市盐津、水富、昭阳、绥江、彝良、威信六县区和宜宾市宜宾、珙县、高县、兴文、筠连、翠屏、屏山七县区人口计生局负责人及流动人口计划生育管理办公室负责人出席协作会，共商毗邻地区流动人口计生工作协作大计。

2005年7月22日，两市首次人口计生工作协作会在水富举行，并形成了《昭通市宜宾市人口与计划生育工作协作会议纪要》。宜宾市人口计生委主任罗厚云通报了三年来两市流动人口计生工作协作的成果及存在问题。昭通市人口计生委主任龙波就两市下一步流动人口计生工作协作提出了4点建议：按照国家人口计生委关于建立流动人口计划生育管理服务“一盘棋”的要求，进一步探索完善两市深化流动人口计划生育的方式方法；建立两市信息通报制度；成立联合检查组，开展联合监督，严格贯彻落实两市达成的各项协作协议；进一步加强相互间的交流学习，提高两市流动人口计划生育工作水平。各县区人口计生局负责人从不同的角度发表了两市流动人口计划生育工作协作的意见。

两市在总结三年来协作成功经验和存在问题的基础上达成了新的共识，双方决定会后印发新的《会议纪要》，将形成的共识固定下来，作为两市今后流动人口计划生育工作协作的指导性文件，并希望双方共同遵守，严格执行。

【省人口计生委主任郝青山到镇雄县调研】

11月8日，省人口与计生委主任郝青山在副市长韩梅，省、市计生部门相关领导等的陪同下，到镇雄县专题调研人口与计生工作。郝青山要求，要进一步提高认识，按照科学发展观的要求，统筹解决好人口与计生工作。

郝青山一行先后深入场坝镇镇政府，与当地镇、村、组干部与计生宣传员座谈，了解该镇群众生育观念的转变、计生队伍、计生措施、惠农政策对计生工作产生的影响及存在困难等情况；到该镇计生服务所，检查该所硬件设施、队伍建设及内务管理；在县政府听取县委、政府计生工作情况汇报。

郝青山要求，镇雄县要加强对人口与计生工作重要性、复杂性、特殊性的认识，充分利用国家的普惠政策这个杠杆，积极稳住二孩，努力控制三孩，坚决杜绝四孩；多管齐下，充分利用政治、法律、宣传教育等手段，联系实际，着重长远，突出重点，创新方法，切实抓好人口与计生工作。

韩梅要求，要在切实转变群众落后的生育观念，完善干部职工挂钩联系制度上下工夫，抓好抓实人口与计生工作。

【全省人口与计生宣传教育工作会议在水富召开】

12月17日至18日，全省人口和计划生育宣传教育工作会议在水富召开，国家人口宣教中心主任张汉湘、省人口计生委副主任金桂兰、副市长韩梅、市计生协会会长吕维戬等出席会议。韩梅代表市政府向大会致辞，金桂兰作工作安排，张汉湘作专题讲座。

省人口计生委党组书记、主任郝青山在书面讲话中强调，在新形势、新任务下，起先导作用的人口计生宣传教育工作，要以科学发展观为指导，为稳定低生育水平，统筹解决云南人口问题，打好坚实的思想基础，营造良好的舆论环境和文化氛围。

张汉湘就什么是人口问题、新时期人口宣传教育工作的环境、新时期人口传播的特点、新时期人口宣传教育的创新等，作了深入浅出的专题讲座，并介绍了中国人口宣教中心的主要平台，与会者受益匪浅。

金桂兰对改革开放30年以来云南人口计生工作取得的成绩和经验作了总结。她说，新时期人口计生宣传教育工作要强化“首位”意识，明确“建设新型生育文化、促进生育文明”等“五大任务”，实现机制、载体、内容、方法四个创新。金桂兰指出：新时期人口计生宣传教育工作要突出“两个《决定》”精神的宣传、改革开放30年人口计生工作辉煌成就的宣传、人口和计划生育科普知识的宣传三个重点，抓好婚育新风进万家、创建人口文化大院等五项活动，加强宣教阵地建设、新闻栏目建设等六项建设。

水富县、文山县、昆明市在会上作了交流发言。

全省十六州市120多人参会。

在水富期间，与会人员还参观了水富县向家坝镇新寿村计生宣传文化大院、向家坝电站建设工地等。

【荣誉】

2008年度昭通人口与计划生育工作获省政府考核三等奖

昭阳区

2006年

【概况】

2006昭阳区人口和计划生育工作努力营造以人为本的管理模式，以新台账建立、加强基础设施建设、加强流动人口管理、加强队伍建设、加大社会抚养费征收为重点。

【统计数据】

1.人口基本情况：据计生统计报表反映，截至2006年9月30日，全区总人口为775530人（其中常住在家为684778人），2005年10月至2006年9月常住人口出生6299人，出生率为9.2‰，死亡3282人，死亡率为4.79‰，自然增长人口为3017人，自然增长率为4.41‰。

2.计划生育基本情况：据计生统计报表反映，2005年10月至2006年9月，常住人口计划内出生4640人，计划生育率为73.66%，采取各种避孕措施人数为103197人，综合节育率为87.21%。

【人口计生工作会议】

1月17日，区委、政府在温泉宾馆召开2006人口与计划生育工作会议，会议总结了2005年人口和计划生育工作，安排部署2006年人口计生工作，根据市政府、市人口计生委下达的目标任务，区政府和区计生局将指标分解下达到各、办事处，并同各乡镇、办事处签订目标责任书。4月21日区委、政府又召开半年工作会议，分析存在困难、问题，针对问题对下步工作作了安排。

【农业人口独生子女办证】

2005年10月至2006年9月，全区共办理农业人口独生子女父母光荣证504户。

【社会抚养费征收情况】

2005年10月至2006年9月，全区共征收社会抚养费333.2552万元，所有乡镇、办事处全部完成社会抚养费征收任务，完成得好的有青岗岭乡（占任务的184.93%）和太平办事处（占任务的159.81%）。

【医学监护】

2006年全区各乡镇、办事处完成医学监护3次，常住在家的育龄妇女每次监护面达90%以上。

【流动人口管理】

2006年3月和5月区计生局先后进行了两次区、乡、村流动人口计划生育管理工作业务培训，基本规范了流动人口台账；对流入人口实行定期查验管理，充分运用《全国流动人口信息交换平台》与流入地进行信息交流。截至2006年9月30日，《全国流动人口信息交换平台》应反馈个案信息515条，已反馈个案信息512条，反馈率99%，流入人口提交信息361条。

【宣传工作】

2006年5月，区计生局以“婚育新风进万家”和“三下乡”活动为载体对20个乡镇、办事处按每50人一份发放《流动人口法律法规宣传画》30000份，入村入户张贴宣传画，同时利用宣传车在集镇，人口密集地方进行流动人口法规知识宣传，并把宣传画发放纳入年终目标责任考核。2006年全区共发放人口与计划生育法律法规知识宣传画8万张，农业人口独生子女家庭“奖优免补”宣传围腰2万条，制作计划生育公示栏172块。

【完善新台账建立】

2006年 6月，昭阳区以盘河乡油榨房村为试点，进一步完善基层统计台账，按“常住人口”和“流动人口”两套台账进行管理，试点工作取得成功。7月20日至21日，市计生委在地税招待所召开全市11个县区完善新台账研讨会，参会人员到油榨房村观摩了新台账。事后区计生局分组对各乡镇、办事处新台账建立工作进行检查指导，至9月底，各乡镇、办事处新台账建立工作已基本结束，并按新的统计口径完善了台账管理。

【经费投入】

2006年昭阳区财政预算投入计划生育事业费70万元，2005年10月至2006年9月，区财政已投入156.7392万元，占任务的223.91%。其中：2005年目标责任奖106.2万元；独生子女保健费16.9万元；手术费29.7万元；农业人口独生子女教育奖学金0.9392万元；计生协会工作经费3万元。

【调查研究】

为了解西凉山片区乡镇流出人口真实情况，8月8日区政府组织工作队到西凉山四个乡分别抽取了8个社入户进行调查，掌握了真实情况，调查结果显示，外出人口占总人口的38%，外出躲避计划生育的情况严重。2006年6月、8月、9月，计生局分成4个组，由4个领导带队，深入到20个乡镇、办事处进行督查和指导。

【队伍建设】

2006年5月21~26日，区计生局对20个乡镇、办事处的乡、村两级计生工作人员进行政策法规、统计、农业人口独生子女“奖优免补”工作、避孕药具、艾滋病防治等业务知识培训，计生工作人员依法行政、优质服务和综合能力得到提高。

【基础设施建】

区计生局争取上级各部门的支持，重新选址，计划修建一个建筑面积为2500平方米集技术服务、宣传、培训、避孕药具发放等为一体的区计划生育服务中心。目前已完成地勘工作，并于2006年10月25日动工修建。永丰镇计划生育服务所已竣工，洒渔、盘河两个乡服务所也正在修建，其余乡镇服务所的改扩建力争在“十一五”期间逐年完成。

【违法行为的查处】

根据市办发［2003］2号《关于对共产党员、国家公职人员违反人口与计划生育政策法规行为为纪律处分意见（试行）》、市办发［2004］6号《关于划分人口与计划生育政策法规案件责任的意见》以及《昭阳区关于人口与计划生育工作“一票否决”制度的实施意见》的有关规定，昭阳区计生局运用DNA鉴定等手段，对违反人口与计划生育政策法规的共产党员、国家公职人员进行了查处，2006年全区共立案初查8件，8件均为农村党员超生，其中6人已开除党籍，有2件还在查处中。

【荣誉】

2006年昭阳区人口和计划生育局党组书记、局长鲍焕平同志获全省人口和计划生育工作先进个人奖；副局长董睿武同志获市人口计生委“十.五”科技管理先进个人奖.

2007年

【概况】

2007昭阳区全面贯彻落实《中共中央国务院关于加强人口和计划生育工作统筹解决人口问题的决定》（中发【2006]22号），把学习《决定》与人口和计划生育工作相结合，狠抓各项工作的落实。

【统计数据】

1.人口基本情况：据计生统计报表反映，截至2007年9月30日，全区总人口为769681人（其中常住在家为668124人），2006年10月至2007年9月常住人口出生6688人，出生率为9.89‰，死亡3170人，死亡率为4.69‰，自然增长人口为3518人，自然增长率为5.2‰；据抽查推断：出生率为16.48‰，死亡率为7‰，自增率9.48‰。

2.计划生育基本情况：据计生统计报表反映，2006年10月至2007年9月，常住人口计划内出生5187人，计划生育率为77.56 %，采取各种避孕措施人数为 105123人，综合节育率为88.06%。

【人口计生工作会议】

2007年1月24日区委、政府在温泉宾馆召开全区2007年人口和计划生育工作会议，进一步学习贯彻《中共中央国务院关于全面加强人口和计划生育工作统筹解决人口问题的决定》和全市人口和计划生育工作会议精神，系统回顾全区2006年人口和计划生育工作取得的成绩，分析了存在的困难和问题，明确提出了2007年的目标任务和工作要求。8月2日，区委副书记、区政府区长曹阜忠在全区人口和计划生育工作会上再次要求深入学习贯彻《决定》精神，并回顾昭阳区去年10月以来的工作，对今后的工作提出了新的要求。此外，区政府还多次召开片区人口和计划生育工作会议，及时提出解决办法，推动了全区人口和计划生育工作的顺利开展。

【农业人口独生子女办证情况】

昭通市下达昭阳区新办农业人口独生子女光荣证350户。2006年10月至2007年9月，全区共办理农业人口独生子女父母光荣证280户，占市下达任务的80%。

【社会抚养费征收情况】

昭通市下达昭阳区社会抚养费征收200万元。2006年10月至2007年9月，全区共征收社会抚养费537.691万元，占市下达任务的268.85%。

【医学监护情况】

昭通市下达昭阳区育龄妇女医学监护不少于2次，每次监护面达90%；2007年全区各乡（镇）、办事处完成医学监护2次，常住在家的育龄妇女每次监护面达90%以上。

【经费投入情况】

昭通市下达昭阳区财政计划生育事业预算投入90万元，2006年10月至2007年9月，区级财政已投入135.3878万元，占市下达任务的150.43%。其中2007年计划生育工作会务经费3.5万元，目标责任奖53.2万元；手术费39.6万元；区级配套农业人口独生子女一次性奖励2.076万元；补拨2003—2005年农业人口独生子女一次性奖励5.96万元；农业人口独生子女教育奖学金1.0518万元；独生子女保健费20万元；服务站专项科研费3.5万元；资产清查费1万元；网络建设费0.5万元；计划生育协会工作经费5万元。

【实行计划生育工作责任制】

一直以来，区委、区政府牢固树立人口和计划生育工作与经济社会统筹发展的思想，把人口和计划生育工作真正摆到实施可持续发展战略、全面建设小康社会的首要位置，在研究制订经济社会重大问题时，实行人口与经济通盘考虑，综合决策。严格实行计划生育工作责任制，坚持党政一把手亲自抓、负总责，分管领导直接抓、负主要责任，其他成员配合抓、共同负责，从事具体工作的同志认真抓、具体负责的工作机制。按照中央和省、市的要求，把人口和计划生育工作纳入重大事项的监督范围，纳入党政领导班子和领导干部考核的重要内容，坚决落实计划生育“一票否决”制度。严格实行计划生育责任追究制度，对计划生育出现严重滑坡的乡（镇）、办事处，追究班子及主要负责人的责任。

【落实奖励政策】

2007年，区计生局加大现行奖励政策的宣传力度，在做细工作、坚持群众自愿的前提下办理农业人口独生子女父母光荣证。继续建立和完善奖励少生优生的政策机制，及时兑现各项奖励扶持政策，使计划生育户，得到更多的实惠，实现少生快富的目标。今年共兑现农业人口独生子女一次性奖励465户，兑现奖金43.55万元；教育三免费小学581人，中学94人，兑现奖金11.74万元；养老补助305人，兑现奖金20.16万元。

【创建基本无多孩乡（村）】

为积极开展基本无多孩乡的创建工作，区委、区政府下发了昭区办通［2007］3号文件《关于严格控制违法生育努力创建基本无多孩乡的通知》，对工作不力、多孩生育突出的乡（镇）、办事处实行跟踪问责制，制订具体措施，实行重奖重罚，努力推进昭阳区无多孩乡（村）的创建工作。今年新创建基本无多孩乡3个，新创建基本无多孩村15个。

【流动人口管理】

2007年，区计划生育局严格按照《云南省流动人口计划生育管理规定》，把流动人口计划生育管理纳入流入地经济社会发展的总体规划，通盘考虑，统筹安排，综合整治。打破流动人口和常住人口在管理和服务上的界限，实现同步管理、同步服务、同步考核；充分利用《全国流动人口信息交换平台》，加强与流入地的信息交流；摸清流动人口情况，建立健全流动人口表册和台账。7月选派了29名以社区管理员为主的流动人口管理干部到昆明参加关于流动人口管理和服务、信息化管理培训，为流动人口管理工作的开展奠定了基础。

【宣传教育工作】

认真学习贯彻《中共中央国务院关于全面加强人口和计划生育工作统筹解决人口问题的决定》和全市人口和计划生育工作会议精神，继续开展好以“婚育新风进万家”为主线的宣传活动，在群众中树立少生优生、生男生女都一样的新型婚育观念；利用“12.1”艾滋病防治日、“5·29”计划生育协会活动日、“7·11”世界人口日等纪念日，向群众发放奖、优、免、补宣传画2万余张，流动人口管理宣传画1.5万余张，人口日宣传单3000余份。同时以创建“基本无多孩村”、“基本无多孩乡”为载体，加强农村计划生育工作，不断推进农村计划生育工作的规范化、制度化。

【日常管理工作】

为确保2007年目标责任的全面完成，昭阳区坚持每月向各乡（镇）、办事处通报一次目标责任完成情况。计生局分组挂钩到各乡（镇）、办事处，进行定期、不定期的督查和不打招呼抽查，进一步指导、督促人口和计划生育工作。从2月份开始，各组分片到各乡（镇）、办事处针对计生工作中存在的问题进行入户调查，通过抽查、督促，尽量减少出生人口的漏统、漏报现象，并针对出现的问题，及时提出切实解决问题的意见和建议。各乡（镇）、办事处根据各指导组的反馈意见，查缺补漏，认真进行整改，进一步促进全区人口和计划生育工作的健康发展。

【队伍建设】

8月3日至9日组织了区计生系统职工共345人，分三期在昭阳区银河宾馆进行了全员培训。对统计台账操作、政策法规、流动人口管理，艾滋病防治、避孕药具管理、协会工作进行重点讲解，通过培训提高计划生育队伍素质，提升了计划生育管理水平。

【基础设施建设】

2007年昭阳区计划生育局争取上级各部门的支持，重新选址，在北苑小区旁修建一个集技术服务、宣传、培训、药具发放等为一体的区计生服务中心，目前已投入150万，项目已经动工修建。永丰镇、盘河乡计划生育服务所现已修建完工并投入使用，洒渔乡、布嘎乡计划生育服务所主体工程也已完工。四个乡服务所共投入120万元。5月，昭阳区与昭通市计生委分别到昆明医学院、大理医学院、省医专招考择优录取9名医技人员，目前，9名医技人员经计划生育服务站集中培训后已全部就位招聘岗位。服务站、所的建设和人员的补充为全区计划生育优质服务打下了基础。

【荣誉】

昭阳区旧圃镇大村村宣传员李培海同志获2007年度云南省人口和计划生育先进个人奖。

2008年

【概况】

2008昭阳区人口和计划生育工作以降低生育水平、控制计划外多孩、提高计划生育率为主线，在加强综合治理、强化依法行政，深入开展优质服务上下工夫。

【统计数据】

1.人口基本情况：据计生统计报表反映，截至2008年9月30日，全区总人口为779900人（其中常住在家为673034人），2007年10月至2008年9月常住人口出生7822人，出生率为11.66‰，死亡3384人，死亡率为 5.05 ‰，自然增长人口为4438 人，自然增长率为6.62‰；据抽查推断：出生率为16‰，死亡率为7‰，自然增长率为9‰。

2.计划生育基本情况：据计生统计报表反映，2007年10月至2008年9月，常住人口计划内出生5527人，计划生育率为70.66 %，采取各种避孕措施人数为105754人，综合节育率为86.64 %。

【人口计生工作会议】

区委、区政府于2007年12月27日在温泉宾馆召开了全区2008年人口和计划生育工作会议，总结回顾了2007年人口和计划生育工作，及早安排部署了2008年工作，与20个乡（镇）、办事处签订了目标责任书。4月17日和8月7日，又分别召开了半年工作会和全区人口和计划生育工作会，认真查找存在问题和不足，及时制订工作措施，进一步完善以党政一据手亲自抓、负总责的工作责任制，严格执行“黄牌警告”和“一票否决”制度。

【农业人口独生子女办证】

市下达新办证190户，2007年10月至2008年9月，全区共办理农业人口独生子女父母光荣证155户，占市下达任务的81.58%。

【社会抚养费征收情况】

2007年10月至2008年9月，全区共征收社会抚养费609.2452万元，占市下达任务的304.62%。

【医学监护情况】

市下达医学监护不少于2次，每次监护面达90%，2008年全区各乡镇、办事处完成医学监护2次，常住在家的每次监护面达90%以上。

【经费投入情况】

市下达财政预算投入140万元，2007年10月至2008年9月，区财政已投入462.48万元，占市下达任务的330.39%。其中2008年工作会经费4万元；2007年目标责任奖63.9万元；一般行政管理事务专项经费317.36万元；手术费39.6万元；区级配套农业人口独生子女家庭奖励2万元；独生子女保健费22.388万元；服务站网络建设费3.7万元；流动人口管理经费3.6万元；其他人口与计划生育事务费3.5万元；工作经费2.5万元。

【宣传教育工作】

继续广泛开展《中共中央国务院关于全面加强人口和计划生育工作统筹解决人口问题的决定》宣传活动，使广大干部群众对统筹解决人口问题有了充分认识；利用流动服务车加强计划生育法律、法规、出生缺陷预防、关爱女孩宣传，促进了群众生育观念的转变。4月开展了计划生育宣传周活动，计划生育协会艺术团深入乐居、北闸、守望等乡（镇）演出，发放宣传资料17000余份，安全套4000余只。5月29日，市、区两家计生协会在清官亭灯光球场联合开展“中国计划生育协会成立二十八周年暨全国第十个会员日”活动；12月1日举行了“艾滋病防治日”宣传活动。

【基础设施建设】

总投资120万元新建的永丰、盘河、洒渔、布嘎4个乡级服务所全部修建完工已投入使用；总投资280万元的区计生服务中心年底已竣工并投入使用。

【队伍建设】

从1月起，区财政增加村宣传员每月生活补助85元，村宣传员生活补助由215元增加到300元。2008区计生局组织工作人员亲自下到乡镇培训，入村入户对乡村计生工作人员进行现场指导；按照科技大练兵要求，选派2名医技人员分别到省计生科研所及市第一人民医院进修学习；为增强区服务站技术服务力量，从昆明医学院新招录1名医学检验人员充实到区服务站工作。

【流动人口管理】

把流入、流出的重点已婚育龄妇女和进入婚育年龄的未婚青年作为管理服务重点，加强与流入地的协作与交流，先后与宜宾、昆明等地签订了流动人口管理双向协作协议书；12月省人口计生委对龙泉办事处流入人口进行检查，对昭阳区流动人口管理工作给予了充分肯定。

【强化综合治理】

4月8日，守望乡计生办工作人员在刘家海子村执行计划生育工作时，被当地群众围攻，发生暴力抗法事件。事发后，区委、区政府高度重视，从相关部门抽调人员组成强有力的工作队，于4月16至5月16日，对刘家海子村的社会治安、人口和计划生育工作等方面综合治理。通过整治，彻底打开了刘家海子村计划生育工作被动局面。

【加强督促检查】

2008年区委、区政府制订了《区级领导干部及部门挂钩联系人口与计划生育工作方案》，区级领导干部挂钩联系乡镇、办事处，区直部门负责人挂钩联系村级计划生育工作；区计生局制订《昭阳区人口和计划生育局2008年人口和计划生育工作意见》，实行分组挂钩联系乡镇、办事处计生工作，加强对基层的业务指导，通过多种形式了解出生人口，采取不打招呼抽查、半年考核及年终考核相结合的方式，对查出的问题进行督促指导。

【协会工作】

为促进协会工作开展，区政府拨给计生协会专项工作经费5万元；计生协与妇联、市保健院及三城办事处开办三优知识培训班，目前已开班4期，培训新婚夫妇400多人；积极开展村（居）民自治，凤凰办事处作为试点，每个社区拿出2000元开展工作，共计42000元，区计生局、计生协会对此次试点工作补助5000元，试点工作已初见成效。

【荣誉】

昭阳区人口和计划生育局副局长董睿武同志因工作成绩突出获2008年度云南省人口和计划生育工作先进个人奖。

鲁甸县

2006年

【概况】

2006年，鲁甸县把人口和计划生育工作列为主要工作，实行党政一把手亲自抓、负总责的考核机制，县处级领导挂钩到乡镇，县直各部门和乡镇领导挂钩到村，乡镇机关工作人员挂钩到村民小组。

【统计数据】

2006年末总人口403936人，出生率17.92‰，死亡率7.2‰，人口自然增长率为10.72‰。2006年，全县共征收社会抚养费32.972万元，避孕及时率64.48%，办理农业人口《独生子女父母光荣证》430户，流动人口查验率99.38%，流动人口信息回复率100%。

【宣传教育工作】

2006年，鲁甸县狠抓宣传教育工作。把计划生育法律、法规、“奖、优、免、补”政策等通过各种会议、活动、媒体传授给人民群众，办人口和计划生育宣传专栏，提高群众对计划生育知识知晓率。把贯彻落实《人口与计划生育法》、《云南省人口与计划生育条例》和“奖、优、免、补”政策落实情况向县人大常委会做工作汇报，主动接受人大的法律监督和工作监督，增加工作的透明度，促进人口和计划生育工作的依法开展，保证依法行政的顺利进行。

【流动人口管理】

2006年，县计生局加大对流动人口的管理，各乡镇都按常住人口和流动人口建立健全分类管理统计台账，加强对流动人口管理。同时，与全国各地合作，对提交的人口信息及时进行回复，增强流入地和流出地共同管理计划生育的能力。

【计划生育服务】

2006年，县计生服务站和14个乡镇计生服务站医务人员全部取得了执业许可证。县计生服务站医疗技术人员比例达到了80%以上，乡镇计生服务站医疗技术人员比例达到了56%以上；各计生服务站均配置了相应的医疗设备；建立和完善了技术服务质量管理体系，全县现有计划生育技术服务人员59人，县计生服务站具备中级职称的有6人、初级职称的有10人，乡镇计生服务站具备初级职称43人，技术人员全部具备了相应的执业资格，并持证上岗。

【业务培训】

2006年12月20日，人口计生局举行了全县人口计生系统统计人员业务培训会议，分管统计领导及统计股股长对统计工作作业务培训。2006年12月25日，组织召开了各乡镇计生站站长培训会议。有关领导及股室负责人对政策法规、计划统计、流动人口计划生育管理及协会等工作作业务培训。同时，派出医务人员到上级医疗单位培训，提升技术服务水平，增强服务能力。

【计划生育协会工作】

2006年，县计生协会积极协助做好人口和计划生育工作，承担预防艾滋病知识宣传教育项目实施任务。集中对县直机关、文屏、桃源、茨院三个乡镇项目点业务骨干培训，利用节日，采取多形式、多渠道宣传，实施推广“安全套”防治艾滋病工程，提高群众对预防艾滋病知识的知晓率，确保预防艾滋病项目顺利开展，使协会工作与人口计生工作相结合，促进人口和计划生育工作开展。

【重大会议】

2006年1月14日，鲁甸县委政府召开全县人口与计划生育工作会议。会议由县长尹贵友主持，县委书记马吉林作了重要讲话。会议表彰了“十五”期间人口与计划生育工作先进集体、先进个人。兑现了2005年度人口与计划生育工作目标责任奖和签订了2006年度人口与计划生育工作目标责任制。

【荣誉】

2006年，县计生局获市级先进集体单位表彰；2006年，计生局局长李章恒获省人口计生委颁发的全省人口和计划生育先进工作者表彰。

2007年

【概况】

2007年鲁甸县人口和计划生育工作本着 “承认历史不埋怨，立足现实抓突破”工作指导理念，做到了“领导、责任、措施、投入、考核”五个到位，我县人口和计划生育工作的被动落后局面得到了基本扭转。

【统计数据】

2007年末总人口408292人，出生率16.51‰，死亡率6.23‰，人口自然增长率为10.28‰。2007年，全县共征收社会抚养费275.5045万元，避孕及时率66.94%，办理农业人口《独生子女父母光荣证》540户，流动人口查验率98%，流动人口信息回复率100%。

【落实目标责任制】

2007年，县人民政府召开县人口和计划生育工作会，与各乡镇人民政府签订目标责任制。各乡镇又逐级落实到村到组到工作人员，使责任制全面落实。

【计划生育服务网络建设】

2007年，加强计划生育服务网络建设，提升技术服务能力和水平。全县服务所相继建成，并投入使用。对县计生服务站业务用房1260平方米全面改造，完成硬件建设的同时，重视技术服务水平和服务能力提升，每年都从县乡技术服务部门选派医务人员到省、市、县医疗单位进修学习，使全县计生部门医务技术服务水平和能力极大提升。县乡卫生院主动承担各项手术的落实，县妇幼保健院承担着补救措施落实任务。

【流动人口管理】

2007年，县人口和计划生育局加强流动人口计划生育管理，把办理《流动人口婚育证明》下移到乡镇，免费办证，全年办理《流动人口婚育证明》1345本。对流入人口强化《流动人口婚育证明》查验。利用流动人口计划生育信息交换平台受理来件1024件，其中查无此人222人；对流入县内的已婚育龄妇女上网提交203人，流入地和流出地合作，增强共同管理流动人口计划生育的能力。

【督促检查工作】

2007年，县人口和计划生育局整体推进工作，每10天向县委、县政府及挂钩领导报送各乡镇工作进展情况，加大挂钩联系督促和落实力度。县委、县政府加大通报力度，适时对各乡镇工作进展情况进行通报，全年通报4次。

【计生协会工作】

2007年，县计生协会在积极参与做好人口和计划生育工作。同时，承担着预防艾滋病知识宣传教育项目实施工作任务。对美国福特基金会预防艾滋病项目进行查缺补漏，确保项目如期完成，达到预期目标。县乡两级计生协会在各种活动中进行形式多样宣传，把党和政府对计划生育群众的关心和温暖送到千家万户，宣传中央《决定》精神、宣传奖励扶助政策、宣传现行计划生育法律法规，转变群众生育观念，树立婚育新风。

【业务培训】

2007年1月15日，人口计生局召开了全县计生站长业务培训会议，对下步工作作了安排和部署。2007年5月28日，举办了计生技术服务业务培训会。邀请了市计生专家对计生手术常规进行培训。2007年6月9日组织计生系统统计业务培训会议。有关领导及股室负责人对政策法规、计划统计、流动人口计划生育管理及协会等工作作业务培训。同时，派出医务人员到省、市医疗单位培训，提升技术服务水平，增强服务能力。

【重大会议】

2007年1月17日，鲁甸县委政府召开全县人口与计划生育工作会议。会议的主题是深化认识，振奋精神，迎头赶上，以科学发展观统领新时期人口和计划生育工作，为我县经济社会又快又好发展创造良好的人口环境而努力奋斗。

2008年

【概况】

2008年，鲁甸县人口和计划生育工作以党的十七大精神为指导，以科学发展观为统领，深入贯彻落实计划生育基本国策，扎实工作，强势推进，紧紧围绕提高计划生育率这一主线，以严格控制多孩出生为目标，以强化基层基础，加强统计台账建设为重点。

【统计数据】

2008年末总人口411528人，出生率16.31‰，死亡率6.21‰，人口自然增长率为10.10‰。2008年，全县共征收社会抚养费265.9万元，办理农业人口《独生子女父母光荣证》194户，流动人口查验率99.52 %，流动人口信息回复率100%。

【财政投入保障机制】

2008年，县财政预算投入430万元用于解决乡镇计生工作经费、二孩结扎奖励、增加计生宣传员工资、落实“奖、优、免、补”配套经费和兑现目标责任制。乡镇完成1例二孩结扎奖励工作经费150元，完成1例多孩结扎奖励50元；1月起，计生宣传员月工资由60元增加到180元。各乡镇征收的社会抚养费全部用于人口和计划生育工作，为计生工作提供经费保障。

【医学监护工作】

2008年，县人口和计划生育局采取措施，对乡镇实行分类指导和制订考核标准，已创建为基本无多孩的乡镇的医学监护必须达95%以上，未创建的乡镇必须达90%以上。加大对未接受医学监护对象的跟踪管理和清理排查力度，消除计划外生育隐患，严格控制计划外生育特别是计划外多孩生育。

【征收社会抚养费】

2008年，全县各乡镇结合实际，加大征收社会抚养费力度，全年征收社会抚养费265.98万元，制裁违法生育多孩的经济手段逐步形成，促进了二孩结扎手术的落实。

【宣传教育】

2008年，县计生局加大计生宣传教育力度，共发放计划生育宣传册1万册，《人口与计划生育法》、《云南省人口与计划生育条例》、《流动人口管理规定》、《云南省农业人口独生子女奖励规定》、《计划生育技术服务管理条例》小折页2万份，预防艾滋病宣传教育知识宣传单9万份，出生缺陷干预宣传知识传单3万份。在宣传窗口展出人口和计划生育宣传专栏8期。公示农业人口独生子女专栏6期。撰写人口与计划生育信息24期。广泛开展法制宣传教育和培训，把计生法律法规纳入普法规划，对计生干部职工进行全员法律法规考试，提高计划生育部门依法行政水平和执法能力。

【确保手术安全】

2008年，县计生局认真落实以人为本的服务理念。在组织应术对象、落实手术的过程中做到用车辆接送，让她们轻松而来，满意而归。对生活困难的受术者，工作人员为她们端茶、倒水、送饭，对家庭困难的服务对象，计生部门专门为她们准备了糖、米、面条、鸡蛋等生活必需品。热情周到的服务，赢得广大受术对象的理解，确保全县7000余例手术的安全，保证受术者的身心健康，密切干群关系。县计生局在县政务服务中心派驻工作人员，方便群众办事。全年共办理《流动人口婚育证明》、评先选优等各类证件证明625件。

【来信来访工作】

2008年，县计生局按照行政问责等四项制度要求，在县电视台对服务内容、服务事项进行公开承诺，办事流程上墙公示，接受社会及群众监督。县委书记“大接访、大下访”、奥运会和残奥会期间，县计生局成立信访接待领导组，局领导轮流值班，加强信访接待工作，全县无一起因计划生育工作上访事件发生，人口和计划生育工作稳步推进。

【加强流动人口管理】

2008年，全县有流出人口91924人，其中已婚育龄妇女18236人，占全县已婚育龄妇女的27.38%，针对流出人口躲生、超生现象突出的情况，各乡镇以村为单位建立完善流动人口统计台账，基本掌握流出人口信息；全年利用流动人口信息交换平台受理来件2043件，其中查无此人180人，将流入人口上网提交20人；加大对流入县内的人口查验力度，纳入常住人口管理，免费落实计划生育各项手术措施。

【计划生育服务】

2008年，县计生局加强服务队伍建设，重视医务人员的教育培训工作。全年安排6名医务人员到市、县医疗单位进修。从昆明医学高等专科学校招录3名毕业生到乡镇服务所工作，对新招聘人员进行岗位培训，增强临床服务技能。

【督查督办】

2008年，全县加大计生工作督查督办力度。一是县计生局每10天向县级领导报送1次工作进度，让领导清楚掌握挂钩点工作进展情况；二是县政府办每月将执行情况和工作建议向各乡镇通报；三是针对存在问题，县计生局及时进行抽样调查和业务指导；四是进行半年考核，针对存在问题发出限期整改通知；五是对工作滞后的乡镇领导和工作作风不实的工作人员实行行政问责；六是及时召开县人口领导组和各乡镇党政主要领导参加的县人口和计划生育工作会议传达贯彻上级会议精神，下发出《关于认真做好当前人口和计划生育工作的通知》。督查、检查力度加大，确保工作快速稳步推进。

【计生协会】

2008年，县计生协会积极参与由县卫生部门牵头负责实施的中英艾滋病预防目，宣传教育效果明显，为全县和谐社会建设作出积极贡献。县计生局为各乡镇计生协会购置配备档案柜、文件袋和日常办公用品，分别拨给各乡镇计生协会工作经费1000元，为协会开展工作提供保障。

【业务培训】

2008年6月14日，人口计生局举行了全县人口计生系统统计人员业务培训会议，分管统计领导及统计股股长对统计工作作业务培训。2008年8月22日，组织召开了全县人口和计划生育统计工作会。市计生协会副会长到会作指导。2008年10月29日是，召开计生系统站长、统计业务培训会议。有关领导及股室负责人对政策法规、计划统计、流动人口计划生育管理及协会等工作作业务培训。

【重大会议】

2008年8月7日，鲁甸县委政府召开全县人口与计划生育工作推进会议。认真分析当前人口形势，查找工作中存在的问题和不足，安排部署下步工作。2008年11月7日，召开全县人口和计划生育工作表彰会，兑现2008年度人口和计划生育工作目标责任制和表彰奖励先进单位及先进个人。

【荣誉】

2008年，县计生局流动人口办公室获国家人口计生委颁发的全国计生系统先进集体表彰。

巧家县

2006年

【概况】

2006年，中共巧家县委、巧家县人民政府正视全县人口与计划生育工作与其他地方的差距，提出了“三年还清旧账，四年步入良性轨道，五年赶上全省平均水平”的工作目标，力争用三至五年的时间，通过全县各级各部门努力，扭转计划外生育特别是多孩生育突出的被动局面。

在实际工作中，突出做好《人口与计划生育法》、《云南省人口与计划生育条例》、《社会抚养费征收管理办法》、《计划生育技术服务管理条例》的宣传与落实，切实抓好以“一放、二扎、医学监护”为主的计划生育孕前加孕后监管与补救措施，严格控制超生生育，有效降低多孩率，努力提高计划生育率。

在措施上强调抓好六个方面工作：一是抓好目标责任制考核，力求真实地反映全县人口与计划生育工作的现状和水平，客观地总结评估一年的工作；二是抓好计划生育政策宣传，强化社会抚养费的征收与管理，通过加大《人口与计划生育法》、《云南省社会抚养费征收管理办法》等法律法规的宣传，一方面使之深入人心、家喻户晓，依法控制人口，依法实行计划生育，另一方面保证社会扶养费应收尽收和用于计划生育事业；三是抓好对共产党员、国家公职人员违反人口与计划生育法律法规的查处，公正执法；四是加大对流动人口的计划生育管理，把流动人口作为管理重点，改变流动人口计划外生育、多孩生育问题较为严重的局面；五是抓好农业人口独生子女“奖、优、免、补”的管理工作，做到档案规范，资料齐全，手续完备，质量合格，把这项“民心工程”抓牢抓实；六是抓好计划生育队伍建设，在数量上逐步充实基层队伍的力量，在质量上合理调配人员结构，使每一个乡镇都能开展计划生育手术和生殖保健服务，确保了每年任务目标的如期完成。

【统计数据】

据统计报表显示，全县常住总人口427708人，常住已婚育龄妇女72929人，出生6340人，出生率为14.82‰。计划外生育828人，其中计划外多多孩生育223人，多孩率为3.52%。死亡人口2418人，死亡率为5.79‰。计划内出生5512人，计划生育率为86.94%。综合节育率为85.60%。自然增长人数3862人，自然增长率为9.03‰。流出人口84338人，流入人口1464人。征收社会抚养费186万元，农村独生子女办证486户。

【大事记】

3月，召开全县计划生育三级干部会议，全面部署人口与计划生育工作的新思路和总方针，是近年来规格最大、规模最高的一次盛会。县五套班子领导，各乡镇党委书记、乡镇长、纪委书记、派出所长、计生站长、村党支部书记、村委会主任，以及县直单位一把手近500人参加了会议，体现了抓好计划生育工作的信心和决心，进一步统一全县广大干部职工的思想意识，用思想指导好行动。

3月，出台《巧家县加大计划生育“一放二扎”工作力度的意见》(巧发〔2006〕15号)，规定凡居住在本县范围内已有两个孩子，女方年龄在40周岁及以下的夫妇，一方必须施行“结扎”手术。对外出的女方年龄在49岁及以下的夫妇，夫妇一方必须施行“结扎”手术。要求广大党员、干部、职工及村“两委”成员、带头执行计划生育法律法规，科级以上领导干部于2006年4月30日前落实相应的节育措施，一般干部职工于2006年5月30日前落实节育措施，村“两委”成员、计生助理员于2006年6

月30日前落实节育措施，有力发推进了全县计划生育工作。

4月，组织对全县统计人员和药具管理人员进行了为期3天的业务培训，并与县疾控中心协商，共同开展推广使用安全套防治艾滋病工程，县疾控中心派出人员就艾滋病防治等知识进行了专题授课。培训结束后组织对县城各宾馆开展安全套摆放检查。

8月，巧家县人口与计划生育局组织开展“爱心圆梦大学”助学捐款行动，全局职工共计捐款1820元资助贫困学生入大学学习。

12月，开展了流动人口专项查验工作，共查验1464人，持证率为78.22%，对无婚育证或流动人口婚育证已过期的，责令限期补办。加强了流动人口基层管理，为流动人口较多的白鹤滩镇4个社区招聘了一名流动人口计生管理员，每人月工资320元，工资待遇纳入了县级财政预算。

2007年

【概况】

在继续实行2006年制订的工作目标和方针政策基础上，“早安排、早部署、早落实”人口与计划生育工作，在市下达的人口控制目标基础上，自我加码，对市下达的每一项任务都重新提高了绝对任务数量，高标准、严要求地明确了2007年的工作任务，形成了党政重视，部门齐抓共管，国家机关工作人员、共产党员和各级领导干部带头落实计划生育的格局，有效遏制人口过快增长的势头

保障措施上，一是继续实行层层签订目标管理责任状的目标考核，坚持“一票否决”制度和“红、黄牌”制度，同时将计划生育工作纳入全县争先创优工作考核，确保年度目标任务的如期完成；二是坚持党政一把手负总责，分管领导具体抓、总负责的行政首长负责制，强化行政领导职责，重奖重罚，奖罚分明，调动和促进了各级各部门抓人口控制的工作积极性；三是以人为本，大力推广计划生育腹腔镜手术，减轻受术群众痛苦；四是重视为育龄妇女开展生殖保健服务，切实落实好医学监护和补救措施，对监护对象确保每年至少进行2次医学监护，且每次监护面达95%以上，坚决堵住计划外生育；五是加强流动人口计划生育管理，进一步强化工作职责，不断完善流动人口管理台账和信息网络平台，进一步摸清家底，掌握情况，明确去向，加强联系，主动配合流入地加强对我县流动人口的管理，坚决遏制流动人口计划外生育和多孩生育。

【统计数据】

据统计报表显示，全县常住总人口418338人，常住已婚育龄妇女71202有，出生5765人，出生率为13.63‰。死亡2556人，死亡率为6.11‰。自然增长3209人，自然增长率为7.59‰。计划外出生702人，其中多孩出生159人，计划生育率为87.82‰。办理农业人口独生子女父母光荣证626户。全年共征收社会抚养费292万元。性别比为122.2（女=100）。流出人口98441人，流入人口1544人。

【大事记】

1月，巧家县计划生育工作三级干部会议在县城召开，参加会议的有县四家班子在家领导，县委各部、委、办、室，政协各委、室，县法院、县检察院、县人武部，县级国家机关各办、局，各人民团体、企事业单位，中央、省、市驻巧单位主要领导，各乡镇党委书记、乡镇长、纪委书记、分管计生工作的副乡镇长、计生服务所所长、派出所所长，各村（社区）的支书或主任，共计400余人。

3月，制作了《婚育新风进万家》宣传手册2万册、计划生育政策法规宣传单2万余张、宣传图100余张、围裙3万匹向已婚育龄妇女发放。组织了宣传工作队，进村到组入户面对群众开展耐心细致的宣传教育工作，把政策宣传落实到基层群众，营造计划生育工作深入开展的良好社会氛围。

4月，投入资金35.76万元，又购置了一套腹腔镜设备，确保全县有2套腹腔镜设备同时开展工作，一台在基层巡回服务于各乡镇，另一台长期驻守县

城，服务于全县，一方面抢时间、抓效率，另一方面为广大育龄群众减轻了疼痛，得到了群众的认可和支持。

6月，设立巧家县关爱女孩行动基金34.00万元，帮助那些困难女孩家庭发展生产，落实婚育新风进万家，倡导生男生女都一样，推行优生优育发挥了作用。

7月，组织6个乡镇16名医技人员开始参加国家支撑课题节育手术并发症项目的研究工作。

今年，实行计生台账两账分离，把流动人口台账从原来的计划生育统计台账中独立出来，强化专项管理。

2008年

【概况】

2008年是县委、政府制订的“三年还清旧账，四年步入良性轨道，五年赶上全省平均水平”目标的第三年，全县进一步加大了人口与计划生育工作的力度，按照全市人口与计划生育工作会议要求及有关文件精神，认真研究，确定目标，理清思路，制订措施，克服困难，真抓实干，扎实推进人口与计划生育工作。

一是坚持双线目标责任考核，县政府与各乡镇人民政府，县计生局与各乡镇计划生育服务所分别签订了《2008年度人口与计划生育目标管理责任书》，层层落实，分线考核，奖惩分明。

二是坚持挂钩联系制度，县人口与计划生育领导组继续实行分片联系挂钩乡镇人口与计划生育工作，与联系乡镇同惩，上下联动，共同抓好人口与计划生育工作；县计局全体职工实行与各乡镇分片联系计划生育业务。

三是坚持重点督查督办工作制度，县委督查室、政府督查室都将人口与计划生育工作纳入了全年工作的重点，季度、半年度、年度都定期对人口与计划生育各项任务目标的完成情况进行专项督查与督促，确保工作力度不松，工作进度与全市同步。

四是坚持“黄牌警告”和“一票否决”制度，加强法纪保障，把人口与计划生育工作切实作为党和国家的“基本国策”高度重视和落实好。

【统计数据】

据统计报表显示，全县常住人口431835人.常住已婚育龄妇女75144人，出生5760人，出生率为13.55‰。死亡人口2546人，死亡率为5.89‰。出生婴儿性别比127。自然增长人数3294人，自然增长率为7.75‰。计划外生育626人，其中计划外多孩125人，多孩率为2.17%，综合节育率82.07 %。计划生育率89.13%。流出人口777888人，流入人口1309人。农村独生子女办证329户。征收社会抚养费484.4745万元。

【大事记】

1月，大幅提高村级计划生育宣传员的工资待遇，稳定村级计生宣传员队伍，每人每月增加150元，由原来的320元增加到470元执行，县财政每月合计增加支出36300.00元，每年共增加计划生育队伍建设支出435600.00元。

1月，计生局组织职工到药山镇大村开展挂钩扶贫与结对帮扶工作，向9户农村独生子女户、1户两女结扎户每户发放慰问金100元，合计1000元。全局32名名职工共计捐款4200元，用于向19户结对帮扶户发放春节慰问金1900元，每户发放大米50斤，共计950斤。同时还慰问5名老党员每人100元慰问金，共计500元。

3月，县计生局抽调业务骨干两次深入16个乡镇培训计生统计业务，参训人员达400余人次，提高了基层计生队伍的业务素质。

5月，县计生局组织职工为四川省汶川地震灾区献爱心，31名职工共计捐款4800元，单位捐款5000元。同时组织5名职工到医院为灾区献血1500毫升。计生局党支部组织本支部党员为四川省汶川地震灾区献爱心捐款捐款3300元。

6月，由计生、工商、食品药品监督管理局组成联合调查组对全县14个计划生育药具、性保健品经营店开展专项清查，让群众用到放心药。

12月，解决了历年来2772户农业人口独生子女家庭每月10.00元的独生子女保健费欠款89.76万元，同时向社会承诺，每年产生的30多万元独生子女保健费，由县财政筹集资金，年底一次性兑现。

盐津县

2006年

【概况】

2006年，盐津县的人口与计划生育工作以提高计划生育率，严格控制计划外多孩生育为中心，强化医学监护工作，推行“一放二扎”节育措施，积极开展创建县、乡基本无多孩生育工程。提前一年实现基本无多孩生育县。经考核，人口和计划生育工作居全市县（区）前列，获一等奖。

【统计数据】

1.人口基本情况。据盐津县统计局公报：年末总人口为367726人，出生率为16.9‰。

2.计划生育基本情况。据盐津县计划生育统计报表反映：计划生育率为83.35%，综合避孕率为81.3%。

【召开盐津县人口和计划生育工作会议】

2006年1月7日，盐津县召开人口和计划生育工作会，各乡镇书记、乡镇长、分管领导、计生办主任、县人口领导组成员单位、四套班子在家领导参加会议。会议总结了2005年工作，表彰了先进，安排布置了2006年工作。会上，县委、县政府领导指出，将人口和计划生育工作进行分解并落实，确立了在继续抓紧“一放二扎”的前提下，以提高计划生育率，严格控制多孩生育为奋斗目标，强化医学监护，落实干部承包责任制，将工作重心下移到部门、乡镇、村社，直接落实到基层，落实到人头。

【计生宣传】

2006年年初，继上年底县委宣传部、计生局、计生协、文化局、广电局等单位主办的“盐津县树婚育新风文艺宣传演出”活动，到乡镇开展乡村巡回演出20余场次，观众达6万多人。市计生协会吕会长参观了在盐津县城大操场举行的演出，并作重要讲话。市电视台两名记者跟踪采访报道，现场采访了县委书记成联远。

2006年5月29日~6月3日，县计生协会按市协会的安排部署，将“5.29”协会活动日扩展为一周。活动期间，召开各级理事、会员座谈会40多次，书写标语130多余，分别在县城、兴隆、庙坝、牛寨、滩头、普洱、中和开展政策宣传咨询和医疗义诊服务8场次，发放避孕药具220多盒、宣传资料2.5万余份，组织开展文艺宣传演出3场次，播放专题宣传服务活动新闻2条。“六一”儿童节到学校慰问农业人口独生子女在校学生。

【副省长高峰考察盐津计生工作】

2006年2月12日，副省长高峰率省财政厅、发改委、计生委、卫生厅领导在市政府分管计划生育工作的副市长韩梅、计生委主任王阳的陪同下到盐津考察人口计生局和服务站工作，并作了关于加强盐津计生服务站建设，努力改善服务环境，拓宽服务领域，为广大育龄群众服务，有效控制人口过快增长，更好地促进盐津社会经济发展的重要指示。

【基础设施建设】

2006年，全县计生事业的基础设施陈旧，多个乡镇服务所各项指标都达不到要求。年初，县委、县政府和人口计生局上报省市，将县站、落雁、柿子、牛寨等4个计生服务站所列为国债资金建设项目，总投资达176万元，其中县站80万元，其余3个乡所各32万元。

【创建基本无多孩生育工程】

2006年，盐津县委、县政府提前启动基本无多孩生育县创建工程，提出用两年时间实现基本无多孩生育，并出台了盐决字【2006】4号《关于创建基本无多孩县的决定》，明确了创建基本无多孩生育县的指导思想、目标任务、措施办法及奖惩规定。年内，经市政府考核，全县多孩率1.94%达到了基本无多孩指标，提前一年实现基本无多孩生育县目标。滩头、兴隆、牛寨、落雁、盐井、豆沙、柿子、普洱、中和等9个乡镇的计划外多孩率均控制在3%以内，市政府授予了“基本无多孩县和9个基本无多孩生育乡镇”奖牌。

【牛寨规范管理统计台账试点工作】

2006年，县人口计生局在牛寨乡进行完善新台账管理试点工作。6月22~23日，县人口计生局组织全县各乡镇的分管领导，计生办主任、负责统计和流动人口管理的人员51人到牛寨乡开展实地培训和参观学习，市计生委统计申云俊到场指导。8月，全县建立完善了一套相对准确、规范的计生统计台账。

【省人口计生委流动人口管理处副处长范雅康到盐津检查流动人口计生工作】

2006年12月25~27日，省计生委流动人口计划生育管理处副处长范雅康率红河、楚雄两州的计生同仁一行3人，到盐津检查流动人口计划生育管理与服务工作。范副处长一行在副县长吴萍、计生局局长邓光琦等的陪同下，到滩头、牛寨两乡听取了政府汇报、实地察看了流动人口计划生育管理与服务工作，肯定了盐津在加强流动人口计划生育管理与服务方面的工作。

【开展医学监护】

2006年，盐津县政府划拨专款50万元用于医学监护，购买了87台B超机，配备到全县每个村（居）民委员会，并组织培训操作员，加强医学监护工作。

【荣誉】

2006年，盐津县人口计生局和县计生服务站均获市委、市政府授予“先进集体”光荣称号。盐津县人口计生局局长邓光琦、盐井镇党委书记李平华获省人口计生委、省人事厅授予“先进个人”光荣称号。

2007年

【概况】

2007年盐津县的人口与计划生育工作，按照“三步走”战略目标，以提高计划生育率为中心，推行“一放二扎”节育措施，强化医学监护工作，积极开展创建无多孩生育县、乡工程，经市政府考核，人口和计划生育工作获一等奖。

【统计数据】

1.人口基本情况。据盐津县统计局公报：年末总人口为371072人。出生率为15.0‰。死亡率为6.9‰，自然增长率为8.1‰。

2.计划生育基本情况。据盐津县计划生育统计报表：计划生育率为91.07%，综合避孕率为82.4%。

【盐津县人口和计划生育工作会议】

2007年2月12日，盐津县委、县政府召开了全县人口和计划生育工作会，各乡镇党委书记、乡镇长、分管领导、计生办主任；县四套班子在家领导；县直各部门负责人参加了会议。县长李疆总结了2006年全县人口和计划生育工作取得的成绩和经验，分析存在的困难和面临的形势，安排布置2007年的工作；副县长吴萍代表县政府与乡镇人民政府签订了《盐津县2007年人口与计划生育工作目标管理责任书》；兑现了2006年度目标责任奖。最后，县委书记成联远从两个方面作了重要讲话：（一）2006年工作成效明显，取得六个方面的突破。一是计划生育率有新的突破；二是一孩放环有新的突破；三是补救措施有新的突破；四是医学监护上有新突破；五是控制计划外多孩生育有新的突破；六是农业人口独生子女办证有新的突破。（二）要切实加强领导，把责任制抓好、落实好，确保目标任务的完成。

【国家人口计生委到盐津调研】

2007年4月10日~12日，国家人口计生委调研组一行7人在省、市计生部门领导陪同下来到盐津，对盐津县人口和计划生育工作开展情况、技术服务、流动人口管理进行调研，深入到县计生服务站、牛寨乡计生办、牛寨乡计生服务所、盐井镇高桥村郑家坝村民小组入户调查、走访、座谈。4月12日在县委综合楼二会议室召开座谈会，县长李疆代表县委、县政府向调研组汇报了盐津县人口计生工作开展情况，国家人口发展研究中心主任马力、科技司、流管处等领导作了交流发言。

【举办人口和计划生育新机制建设业务培训】

2007年5月28日~30日，为认真贯彻落实《中共中央、国务院关于全面加强人口和计划生育工作，统筹解决人口问题的决定》（中发【2006】22号）、《中共盐津县委、盐津县人民政府关于建立和完善人口与计划生育工作新机制的实施意见》（盐发【2007】7号）文件精神，盐津县人口计生局与云南省计划生育宣传教育培训中心联合在盐津县委党校举办新机制建设和县乡服务站所规范化管理培训班。聘请省计划生育科研所专家熊源发、刘湘源和省计生委叶利民、李桂芳、宋向清讲解了《计划生育村民自治》、《计划生育优质服务》、《计划生育宣传教育》、《计划生育协会工作》以及《计生服务站所规范化管理》、《医师职业道德》、《手术操作规范》。全县计生系统干部和医技人员103人参加了培训。

【省人口计生委主任郝青山到盐津县调研】

2007年7月12日，省人口计生委主任郝青山在市政府副市长韩梅的陪同下到县人口计生局、县计生服务站、庙坝乡计生服务所、豆沙镇计生服务所调研，县长李疆、副县长吴萍陪同调研。

【荣誉】

2007年，盐津县普洱镇桐梓村计生宣传员汪范香获省人口计生委、省人事厅授予“先进个人”光荣称号。

2008年

【概况】

2008年，盐津县的人口和计划生育工作，紧紧围绕创建无多孩生育县乡工程，突出重点，狠抓落实，深化优质服务，落实农村奖扶政策，加强流动人口管理，完善村（居）民自治，推进信息化建设。经市政府考核，人口和计划生育工作获一等奖。

【统计数据】

1.人口基本情况。据盐津县统计局公报：年末总人口为380508人，出生率为14.71‰，死亡率为6.62‰，自然增长率为8.09‰。

2.计划生育基本情况。据盐津县计划生育统计报表：计划生育率为89.04%，综合避孕率为82.9%。

【省政府人口和计划生育考核组到盐津】

2008年1月11日至13日，省政府人口和计划生育工作考核组一行5人在市政府副秘书长孙信勇、市人口计生委主任龙波、副主任吴学刚陪同下，深入到庙坝乡高坎村、柿子乡太平村入户调查。县委常委张雁、县人大副主任何永刚、县政府副县长吴萍陪同考核。

【盐津县召开人口和计划生育工作会】

2008年2月1日，盐津县召开人口和计划生育工作会，各乡镇书记、乡镇长、分管领导、计生办主任；县四套班子在家领导；县直各部门负责人参加了会议。会议总结了2007年工作，表彰了先进，安排了2008年工作，签订了目标管理责任书。会上，县委书记成联远要求：全县各级各部门在抓人口和计划生育工作绝不能松懈，要继续坚持党政一把手亲自抓、负总责不动摇；坚持目标管理责任制不动摇；坚持“黄牌警告”、“一票否决”制度不动摇，要持之以恒，抓紧、抓好、抓落实。

【盐津县召开流动人口计划生育协调会】

2008年4月12日，盐津县人民政府召开流动人口计划生育工作协调会，参加会议的有计生、公安、工商、卫生、民政、文化、建设等部门领导。会上，各部门汇报了流入人口的计划生育管理情况，最后，县委常委、县政府副县长陈国均安排下步工作：一是要求各职能部门各司其职，各负其责抓好流动人口计划生育工作；二是今后每半年定期召开协调会，互通信息。

【盐津县开发人口和计划生育信息综合管理软件】

盐津县人口和计生局投资26万元与四川鸿端达科技有限公司历经半年时间联合开发一套人口计生信息综合管理软件，包括信息管理平台和防伪系统。计划生育信息管理平台包括：常住人口信息管理、流动人口信息管理、已婚育龄妇女情况管理、独生子女“奖优免补”情况管理、育龄妇女出生情况管理、育龄妇女施术情况管理、育龄妇女医学监护情况管理，各种报表查询、统计和打印等22项内容；防伪系统包括：高精度指纹采集与检对和高清人像现场采集系统。6月7日，盐津县人口计生局对各乡镇系统操作员进行了专业培训。

【荣誉】

2008年，盐津县盐井镇椒子村计生宣传员李庭润获省人口计生委、省人事厅授予“先进个人”光荣称号。

大关县

2006年

【概述】

2006年，大关县的人口与计划生育工作紧紧围绕“提高计划生育率，严控计划外生育特别是计划外多孩生育”的目标，不断加大工作力度，创新工作方式，工作取得了突破性进展。

【统计数据】

截至2006年9月28日，大关县总人口为255877人（包括流出人口）。2006年内出生3724人，出生率为15.79‰；死亡1625人，死亡率为6.89‰；自然增长2099人，自然增长率为8.9‰。计划生育率87.6%；综合节育率84.1%。

2006年共完成结扎2359例，其中二扎完成1586例。完成一放2777例。全县应监护15901人，已监护15602人，监护率98.12%；人均3次/年。办理农业人口独生子女父母光荣证354户；共征收社会抚养费233.6 万元。

创建计划生育标服务所2个，占8个计生服务所的25%；创建基本无多孩乡镇7个，占大关县9乡镇的78%。

2006年，大关县人口和计划生育局政策法规股股长黎成波同志荣获财政部、人口计生委全国人口和计划生育奖励扶助工作先进个人称号。

【加强领导、强化责任，切实抓好“一放二扎”措施落实】

2006年1月13日召开县委常委会专题研究人口与计划生育工作，1月18日又召开县委常委会、1月19日召开县政府常务会传达全市人口与计划生育工作会议精神，研究部署大关县人口计生工作。1月22日召开全县人口计生三级干部会议，安排人口计生工作，强化乡镇党政一把手责任制，强化各项措施落实，严格实行 “一票否决”制度和黄牌警告制度。5月18日又召开全县人口计生工作专题会议，再次安排部署人口计生工作。针对乡镇存在问题，要求及时整改提高，统筹兼顾，整体推进。且每月的计生例会均提升到由县政府组织的高度来召开，要求各乡镇按“天天抓、步步紧、不松手”的工作原则，坚定信心、坚持不懈、迎难而上，从贯彻落实科学发展观的高度，把人口与计划生育工作与构建社会主义和谐社会和建设社会主义新农村相结合，进一步强化责任，继续加大“一放二扎”措施落实力度，加强盲区、死角的人口与计划生育工作力度，促进各项节育措施的全面落实，为“应术尽术”目标的实现而努力工作。

【狠抓医学监护，全面落实补救措施，严控多孩生育】

一是严格按每季度一次医学监护，开展好以查环、查孕、查病为主的“三查”工作，切实保障了妇女生殖健康，提高了广大已婚育龄妇女参加医学监护的自觉自愿率。二是按统一的时间开展好医学监护工作，对重点人群、高危人群实施好监护和监控，一旦发现计划外怀孕的立即采取补救措施。三是计生服务部门切实转变工作作风，提高了服务质量，树立了良好的计生干部形象，并不断创新服务形式，逐步做到服务上门。四是各乡镇按实际情况，进一步指导完善《村规民约》，对违法生育起到了较好的约束作用。五是县人口计生局将一些成功经验、做法因地制宜的及时予以推广。六是做好高危人群的医学监护和补救措施的落实，落实好“一放二扎”和多孩结扎的生育节育和绝育措施，控制好计划外生育，尤其是计划外多孩生育，为基本无多孩乡镇的成功创建奠定了坚实的基础。

【加强两个台账建设，进一步摸清家底】

一是健全常住人口统计台账，及时准确掌握人口动向，摸清在家应术对象和已婚育龄妇女情况；

二是建立健全流动人口统计台账，掌握流向；三是加强台账运转，提高账实、账账符合率，做到家底清，情况明。通过考核抽查，全县账实、账账符合率达99.62%。

【加强政策宣传，营造氛围】

一是加大了对《中华人民共和国人口与计划生育法》、《云南省人口与计划生育条例》及农业人口独生子女“奖、优、免、补”政策的宣传力度，发放相关宣传资料170000余份，让广大群众切实了解了计生法律法规，了解到办理“农业人口独生子女父母光荣证”的优惠政策，增强了办证的信心和决心。二是实行干部包片责任制，建立健全农业人口独生子女户台账，逐人逐户宣传动员，全力开展好工作，提高了办证率。三是及时兑现农业人口独生子女户“奖、优、免、补”政策，及时兑现了承诺。四是将一些扶贫项目向农业人口独生子女户倾斜，真正体现出“少生快富”，让其得到更多实惠。通过全县干部职工的努力，今年大关县的农业人口独生子女办证取得新突破，共完成农业人口独生子女办证354户，占市下达任务250户的141.6%。特别是上高桥回族彝族苗族乡办证数占县级分配任务数的175%，打开了民族地区计生工作新局面，值得一提的是：上高桥乡一对回族青年夫妇带头宣传党的计生政策，并主动办理了农业人口独生子女父母光荣证，起到了较好的模范带头作用。

【狠抓落实，争创基本无多孩乡镇】

2006年昭通市人口计生委下达大关县巩固青龙基本无多孩乡（已合并于天星镇）1个，新创建基本无多孩乡镇1个的指标任务。大关县根据县情，下达巩固1个（青龙乡）、新创3个基本无多孩乡镇（吉利、木杆、玉碗3镇）的目标。结果，高桥、寿山、悦乐、翠华等4个乡镇也加大各项措施落实力度，积极主动争创基本无多孩乡镇。根据县内年度考核结果显示：以上巩固1个、新创建7个基本无多孩乡镇的各项指标完成数均在市级考核指标内。

【加大资金投入，确保两乡镇计生服务所建设实现达标】

一是加大资金投入，抓基层基础设施建设，为达标建设提供硬件设施保障；二是加强对计生服务所医务人员业务培训，不断提高业务素质，为达标建设提供技术保障；三是清理计生服务所房屋，为达标建设服务，确保达标服务所的成功创建。

【加强管理，进一步提高流动人口管理水平】

一是切实落实了“齐抓共管、综合治理”的流动人口计划生育管理责任制，进一步明确了各部门职责；二是加强对流动人口的持验证管理，保证持验证率达标；三是进一步完善了流动人口查验证制度、流动人口生育审批制度和查孕制度，有效的促进流动人口管理规范化、制度化。四是对流出的已婚育龄妇女应监护对象按“谁种地、谁看房、谁带孩子，谁负责”的原则，实行妇检证明限期回寄制和限期手术制，有效杜绝违法生育等现象发生，进一步提高了流动人口管理水平。

【完善季度考核制度，促进乡镇工作进度】

为有效促进工作进度，变原来的半年考核为季度考核，进一步完善《考核细则》。每年考核四次，针对存在问题，要求限期整改。并根据考核情况进行量化打分，每季度考核均按比例计分，四季度考核分值相加为年度考核分数。今年，大关县针对悦乐镇计生台账建设的薄弱环节，对其计生各项指标统计数据进行全镇普查，针对存在问题要求及时加以整改。通过整改，极大地提高了该镇账实、账账符合率，收到了极好的效果。各乡镇也积极行动起来，均加大工作落实力度，积极开展自查自纠，查缺补漏。使全县人口计生工作取得了较大进展，促进了“天天抓、步步紧、不松手”工作原则的全面落实。

【抓制度建设，层层落实责任制】

一是继续强化责任制落实。乡镇党委书记、乡镇长是人口与计划生育工作的第一责任人，党委书记、乡镇长切实担负起了抓好人口与计划生育工作的责任，坚决克服消极思想影响，迎难而上，及时部署，督促各项节育措施落实，切实抓好本乡镇的人口与计划生育工作。出现工作消极被动、软弱涣散、造成人口失控的，严格按"一票否决"的有关规定进行处理。二是实行县直挂钩单位责任制。要求县直挂钩单位要进一步统一思想、提高认识，充分发挥部门优势，在抓好本系统职工计划生育工作的同时，抓好挂钩乡镇、村、组的计划生育工作，深入挂钩乡镇村组，同心协力抓好人口与计划生育工作，保证计划生育工作全面推进。县委办、政府办加强了督查督办工作，定期通报工作进展情况，指导整改存在问题，促进了计生工作有序开展。三是进一步强化乡村工作人员责任。落实乡、村干部包片责任制，加强考核和奖惩管理，明确责任，确保节育措施、台账建设、流动人口管理、医学监护等工作任务落到实处，顺利推进全县的人口和计划生育工作。

【加强督促检查，确保工作落实】

一是成立了以县委、人大、政府、政协、纪委分管或联系计生的领导任组长，计生局领导班子成员任副组长的县级计生督查组，对各乡镇人口计生工作进行督促检查，发现问题，及时解决；二是县直部门挂钩到乡镇协助抓好人口计生工作，挂钩单位与乡镇同考核；三是县委办、政府办对人口计生工作进行专项督查督办，定期通报工作进展情况，促进工作开展；四是计生局干部职工分片挂钩到乡镇，做好经常性指导工作，并定期向县委、政府汇报工作进展情况。

2007年

【概述】

2007年，大关县紧紧围绕"严格控制人口增长，提高计划生育率"这一主线，坚持"天天抓、步步紧、不松手"的工作方针，不断加大工作力度，使人口与计划生育工作取得了新进展。计划生育率90.36%；综合节育率86.43%。

【统计数据】

（一）人口指标执行情况。据9月30日年报表显示：全县总人口255104人（包括流出人口）。全年共出生3258人，出生率为15.3‰；死亡1384人，死亡率6.5‰。其中：计划内出生2944人，计划生育率为90.36%，自然增长率为8.8‰。

（二）三术完成情况。到9月30日止，共完成三术3531例；结扎完成1470例，其中：二扎完成1037例；一放完成1977例；

（三）全县共开展医学监护3次，应监护11845人，已监护10848人，监护面为91.58%。

（四）人口计生主要报表账实符合率达96%以上。建立和完善了电子统计台账，并投入正常使用。

（五）农业人口独生子女办证情况。完成农业人口独生子女办证355户。

（六）社会抚养费征收情况。依法征收社会抚养费205.97万元。

（七）巩固和创建基本无多孩乡镇、无多孩镇情况。巩固基本无多孩乡2个，即寿山乡、翠华镇；创建基本无多孩乡镇1个，即天星镇；创建无多孩乡镇5个，即玉碗镇、吉利镇、悦乐镇、高桥乡、木杆镇。

（八）达标服务所建设情况。今年，建设达标服务所2个，分别是：玉碗、寿山两乡镇计生服务所。经县级年度考核结果显示：两服务所各项指标均在达标范围内。

（九）流动人口管理和协会工作情况。流动人口管理水平得到进一步提高，今年流动人口查验率达98%以上，流动人口生育64人。其中：流出人口生育52人，计划外多孩生育1人；流入人口生育12人，计划内生育11人，计划外二孩生育1人。计生协会工作正常开展，效果较好。

【加强领导、强化责任，确保各项措施落实到位】

大关县委、政府高度重视人口计生工作，继市计生工作会议后，大关县于1月19日召开县委常委会专题研究人口与计划生育工作，紧接着1月20日、22日又召开县政府常务会传达全市人口与计划生育工作会议精神，研究部署大关县人口计生工作。1月23

日召开全县人口计生工作会议，安排部署人口计生工作，强化乡镇党政"一把手"责任制，强化各项措施落实，严格实行 "一票否决"制度和黄牌警告制度。3月23日、4月6日、5月31日、6月28日、8月10日多次召开全县人口计生工作会议，安排部署人口计生工作。针对乡镇存在问题，要求及时整改提高，统筹兼顾，整体推进。按"天天抓、步步紧、不松手"的工作原则，坚定信心、坚持不懈、迎难而上，进一步强化责任，继续加大"一放二扎"措施落实力度，促进各项节育措施的全面落实，尽早实现在家手术对象"应术尽术"目标。

【狠抓"一放二扎"，夯实工作基础】

各乡镇认真贯彻落实"天天抓、步步紧、不松手"的工作原则，采取了各种有效措施，加大工作力度，积极动员、督促应术对象及时落实好各种避孕节育措施，到9月30日止，已全面完成年初既定目标。

【实行分类指导，突出重点】

针对上高桥乡基础差，工作难度大等特点，年初在分解指标任务时，对上高桥乡实行单独下指标，单独考核，并对本年度自觉施行节育手术人员实行50-500元不等的生活补助。通过以上措施，全乡共完成三术414例，其中结扎213例，放环201例。难度较大的团结、打堡两村就施行男女结扎105例、放环43例。整乡已初步打开局面，工作已经步入良性发展轨道。

【认真抓好医学监护工作，提高孕前型管理水平】

全县共开展医学监护3.33次，应监护11845人，已监护10848人，监护面为91.58%。通过医学监护的有效开展，加大了补救措施力度，减少了计划外生育，切实提高了孕前型管理水平。

【加大宣传教育力度，全面落实奖、优、免、补政策】

全县在财力十分紧张的情况下，投入25万元订制了宣传画、明白卡发放在所有农户家中，宣传面达99%，书写各类标语3500余条，认真落实好"5331"工程。全县在保证质量的前提下，稳步推进农业人口独生子女办证工作，认真贯彻奖、优、免、补各项政策，有效地促进了人口与计划生育工作的健康发展，全年共办理农业人口独生子女证355户。

【严格依法行政，加大社抚费征收力度】

依法行政是提高计划生育管理的重要手段之一，依法征收社会抚养费是对违法生育者的有效处罚。全县实行因地制宜、分期分批征收等措施，做了大量的思想动员工作，应征人员积极缴纳社会抚养费，通过各级干部的共同努力，全年共征收社会抚养费205.97万元。

【积极探索人口与计划生育村民自治，切实加强流动人口管理】

村民自治是村民自我管理和自我约束的重要方式之一。今年以来，全县大部分村制订了《人口与计划生育村民自治章程》，对计划生育工作进行了有效的约束及管理，特别是加大了对外出务工人员的管理，根据"四谁制"原则，村民积极配合村两委和乡镇人民政府，加强对外出人员的联系，有效地提高了流出人口的计划生育管理。

【建立健全人口计生统计电子台账，进一步规范人口与计划生育管理】

2007年，计生局会同昆明计算机研究中心开发了人口与计划生育统计台账管理软件，该套软件的建立及使用，有效地解决了因宣传员业务水平较低，变动频繁等带来的账账不实的弊端。电子台账的操作，采取基本信息收集在村、报表自动升程的方式，解决了过去人工操作报表不准不实的窘况。通过半年时间的录入复核和两个月的试运行，目前已处于正常运行阶段，电子台账管理数据真实性较强、便于人口信息查询、数据准确率高等优越性已经凸现，大大提高了工作效率。

【加强领导，狠抓落实，全力抓好国家科技支撑计划项目"绝育手术并发症防治技术的研究"课题各项工作】

一是各乡（镇）加强领导，提高了认识，抓住时机，集中人力、集中精力，狠抓计划生育手术的落实，为国家科技支撑计划项目“绝育手术并发症防治技术的研究”大关对照组课题的全面完成奠定了基础。二是加强对县、乡计生医技人员业务培训，不断提高计生技术服务水平。三是切实抓好手术随访工作，凡在课题规定时间内施行了男性绝育术的，均实行跟踪服务。四是及时、准确填写相关表册，对“手术并发症课题研究”工作上报表册做到施行一例手术就填写一例，避免了出现差错。五是狠抓落实，确保了按质按量完成上级下达给大关县的男性绝育手术样本量和随访例数。六是县人口计生局加强督促指导，确保了工作的顺利开展。

【荣誉】

2007年，大关县人口和计划生育局局长佘家均荣获全省人口与计划生育先进个人称号。

2008年

【概述】

2008年，大关县的人口与计划生育工作，紧紧围绕“创建基本无多孩生育县”的目标，坚持“天天抓、步步紧、不松手”的工作方针，坚定信心、真抓实干、迎难而上，不断加大工作力度，进一步强化了党政“一把手”责任制，严格执行“一票否决”制，把人口与计生工作纳入落实“四项制度”督查督办，实行行政问责制，确保了工作顺利推进，使人口与计划生育工作取得了新进展。

【统计数据】

2008年，大关县总人口为259268人（包括流出人口）。当年出生2896人，出生率为13.6‰；死亡1379人，死亡率为6.5‰；自然增长1517人，自然增长率为7.1‰。共办理农业人口独生子女父母光荣证325户。共依法征社会抚养费234元。

全县共完成五术3411例，其中三术完成3221例。男女结扎完成1052例；二扎完成748例；一放完成2112例。

全县开展医学监护3次，应监护13421人，已监护11823人，监护率为95.19%。计划生育率82.69%；综合节育率86.81%。

【抓部署、早安排，落实工作责任】

县委政府在2007年12月召开了全县人口与计生工作会议，下发了创建基本无多孩县的实施意见，与乡镇签订了2008年目标责任书，明确了各项目标任务。2008年4月，县政府召开全县人口与计生半年工作会议，进一步落实了后5个月工作任务。加大医学监护和“一放二扎”工作力度，提高当年避孕及时率，杜绝多孩出生，完善统计台账，提高统计准确率。各乡镇党委、政府进一步强化了党政“一把手”责任制，严格执行“一票否决”制，县政府把人口与计生工作纳入“四项制度”一并考核，对完不成任务的乡镇政府主要领导实行问责，确保了工作顺利推进。

【抓经常、分步骤，整体推进工作】

县委政府坚持人口与计生工作“天天抓、步步紧、不松手”的工作思路，县委常委会、政府常务会定期研究人口与计生工作，县政府每月召开一次工作例会分析人口与计生工作，保持了常抓不懈的工作状态。各乡镇认真研究各项目标任务，结合本乡镇工作实际，对全年指标进行分阶段实施，并分解到村，落实到人，做到了方法上分阶段实施，效果上达到整体推进。

【抓重点、求突破，全面带动工作】

一是突出重点，分类指导。对创建、巩固基本无多孩和无多孩乡镇下达不同指标，针对上高桥乡出台特殊补助政策。各乡镇根据自身实际，有的将重点放在当年避孕及时率和控制多孩生育上，有的将工作重点放在了结扎和放环任务上，有的将重点放在农业人口独生子女办证上，整体推进了工作。二是积极探索人口与计生工作新机制。根据工作发展及上级要求，大关县从去年开始便积极探索工作新机制的建立和完善，今年，全县在吉利、玉碗两镇进行试点，其余乡镇选择条件较好的12至25个村民小组开展试点工作，将人口与计生工作同新农村建设紧密结合起来，全面促进计生工作的开展和新农村建设的推进。吉利、玉碗两镇通过新机制的建立，将计生工作下放到村，实行以村为主，镇干部配合指导，进一步完善了村规民约，增强了责任意识。通过实践，效果较好。三是努力提高计划生育率。各乡镇加大医学监护力度，已开展了2至3次监护工作，整体效果比往年较好。通过扎实的监护工作，计划外怀孕和计划外生育现象得到了有效控制，进一步提高了计划生育率。

【抓督促、重检查，确保工作质量】

县人口和计生局将业务人员挂钩到乡镇进行全面指导，并对乡镇进行不定期的抽查和调研，帮助乡镇及时解决工作中存在的困难和问题。县政府将人口与计生工作纳入“四项制度”的贯彻落实，县委督查室、政府督办科、监察局、人口和计生局组成督查组，对各乡镇进行督查，对任务完成不好的予以告诫和通报，对完不成任务的乡镇政府主要领导、分管领导实行问责制。通过全面督查，各乡镇加大了工作力度，针对各自在存在的问题，及时整改和补课，保证了数据的真实性和工作的有效性。

【抓纪律、重查处，转变工作作风】

县委、县政府加大党员、国家公职人员违法生育的查处力度，体现了以人为本和公正公平。对群众反映的违法生育案件及时立案查处，一经查实，坚决处理，决不姑息。从2007年10月以来，全县共立案6件，查处6件，结案2件。对弄虚作假、漏报瞒报等行为予以严肃查处；对工作乏力，效果不佳的予以批评，并限期整改，务求实效。

【抓基础、强管理，提高服务水平】

一是抓好台账建设。2007年10月，大关县对人口统计实行电子化管理，从一年多实施情况看，效果较好，减少了做统计报表的中间环节，减轻了业务人员工作，提高了统计质量，账账符合率达99%以上。二是加强县乡服务站所建设。大关县积极争取上级投入，改善县乡服务站所设施。县级服务站建设计划指标已下达，正进入前期准备阶段；悦乐中心服务所建设，已将开工建设，计划在12月底完工；寿山服务所，正落实前期准备工作，力争在年度内动工修建。三是加强队伍建设。开展“科技大练兵”活动，进一步提高服务水平；认真研究方案，拟增加服务站所的人员编制，以适应新时期的工作需要。

【抓宣传，重教育，营造良好人口计生氛围】

一是加强对《中华人民共和国人口与计划生育法》、《云南省人口与计划生育条例》及农业人口独生子女“奖、优、免、补”政策的宣传，发放各类宣传资料70000余份。二是实行干部包片责任制，加大宣传动员力度，不断提高了办证率。三是按要求及时兑现农业人口独生子女户“奖、优、免、补”政策，取信于民，积极构建诚信政府。四是将一些扶贫项目向农业人口独生子女户倾斜，真正体现出“少生快富”，让其得到更多实惠。五是结合“关爱女孩行动”、“ 婚育新风进万家”活动和新农村建设，努力营造全社会共同参与计划生育的良好氛围，积极构建社会主义和谐社会。

【抓落实，重管理，加强流动人口计划生育工作】

一是落实流动人口计划生育管理责任制，按“属地管理原则”切实抓好流动人口计划生育管理。二是切实落实“齐抓共管、综合治理”的流动人口计划生育管理责任制，各相关部门通力合作、各司其职、各负其责，使流动人口管理不断规范化、制度化。三是对流出的已婚育龄妇女手术和医学监护证明进行鉴定和认证，在国家流动人口信息平台上认定的已术对象方可认可。否则，必须在流动人口返乡经大关县计生服务站所检查鉴定属实后才能认可。

永善县

2006年

【概况】

县计生统计报表数据显示，2006年出生人口计划生育率78.31%，计划外生育率21.69%，计划外多孩率9.32%。2006年，全县共征收社会抚养费444.41万元，避孕及时率64.48%，办理农业人口《独生子女父母光荣证》540户，流动人口查验率99.38%，流动人口信息回复率100%。

【统计数据】

据《永善县2006年国民经济和社会发展统计资料》显示，2006年，永善县年末总人口431392人，当年出生7143人，出生率15.56‰，死亡2895人，死亡率6.71‰，自然增长人口4248人，人口自然增长率为9.85‰。

【重要会议】

一、2006年2月11日，永善县召开县人口领导组会议，总结分析2005年人口与计划生育工作，研究部署2006年人口与计划生育工作。会议强调2006年人口与计划生育工作要突出三个重点：一要集中精力全面还清旧账，二要严格控制多孩出生，积极壮大基本无多孩乡镇，三要创新新机制，工作重心下移。

二、2006年3月2日，永善县委政府召开人口与计划生育工作会议。会议由县长肖本敏主持，县委书记孔荣华作了重要讲话。会议表彰了“十五”期间人口与计划生育工作先进集体50个、先进个人148名。兑现了2005年度人口与计划生育工作目标责任奖和签订了2006年度人口与计划生育工作目标责任制。

三、2006年5月16日至17日，昭通市计划生育协会工作暨经验交流会议在永善召开。市委副书记张登亮、副市长韩梅出席会议，市计生协会会长、副会长、秘书长及各县区计生协会会长、常务副会长及秘书长共60余人参加会议。会议总结了2005年的协会工作、安排部署了2006年的协会工作。张副书记和韩副市长分别作重要讲话。永善、大关、彝良、绥江等县分别作经验交流发言。

【业务培训】

一、2006年4月7日，人口计生局举行了全县人口计生系统业务培训会议，有关领导及股室负责人对政策法规、计划统计、流动人口计划生育管理及协会等工作作业务培训。

二、县计生服务站组织26名技术服务人员参加了全国执业医师（助、护）资格考试，从县计生服务站所选派12名手术医生到省、市、县综合医疗单位进行了有计划的临床培训。

【村民自治】

县计生协会在继续抓好组织建设的基础上，狠抓务基回龙村少生快富、桧溪簸箕村无计划外生育、茂林甘杉村婚育新风进万家三个试点，积极推行黄坪仁坝计划生育村民自治试点经验。2006年底，全县15个乡镇中，有12个乡镇的19个村基本实现了计划生育村民自治。

【防艾工作】

县人口计生局协调公安、工商、药监等部门对县城的宾馆、歌舞厅等场所发放安全套2000多只，县城宾管安全套摆放率达到90%以上，发放避孕套6万余只，发放防爱宣传资料3000余份，制作发放安全套标志盒700个。

【计生调研】

2006年5月，县人口计生局派出四个工作组对黄华、务基、茂林、溪洛渡等乡镇的部分村社就流动人口管理问题进行调研； 2006年8月，县人口计生局派出工作组深入黄华镇鲁溪村、细沙乡大同村对计划生育村民自治工作进行调研。

2007年

【概况】

2007年永善县围绕控制计划外多孩、提高计划生育率、创建基本无多孩乡镇和基本无多孩县这一目标，做好一放二扎、医学监护、补救措施、社会抚养费征收、宣传教育、奖优免补等常规工作。

2007年，全县共征收社会抚养费333.97万元，办理农业人口独生子女证408户，避孕及实率74%。

【统计数据】

据《永善县2007年国民经济和社会发展统计资料》显示，2007年，永善县年末总人口441795人，当年出生6760人，出生率15.3‰，死亡2872人，死亡率6.5‰，自然增长人口3888人，人口自然增长率为8.8‰。计生统计报表显示，2007年出生人口和计划生育率87.8%，计划外生育率12.2%，计划外多孩率2.24%。

【重要决定】

2007年5月22日，永善县委、县政府作出了《关于创建基本无多孩县的决定》，按照“分类指导，整体推进”的原则，要求工作基础较好的桧溪、青胜、水竹、茂林、伍寨五个乡（镇）违法生育多孩率控制在2%以内；溪洛渡、团结、细沙、务基、黄华、马楠、莲峰、大兴、墨翰九个乡（镇）的违法生育多孩率控制在3%以内；码口乡的违法生育多孩率控制在本乡总出生人数的9%以内。全县计划外多孩率控制在3%以内。

【重要会议】

一、 2007年1月23日，永善县委县政府召开人口和计划生育工作座谈会县委曹松平副书记针对2006年工作中存在的问题和2007年面临的任务，着重强调：一要深化认识，明确目标，坚定信心，稳中求进，力争2007年工作取得更好的成绩；二要转变观念，改进方法，规范行为，提高依法行政水平，推动人口计生工作健康稳步发展；三要整合资源，创新机制，加强协调配合，促进乡镇之间的工作整体、协调、平衡发展；四要充分发挥计生协会组织在人口计生工作中的作用。

二、 2007年1月24日至25日，永善县人口计生系统工作会议在县人口计生局召开。这次会议主要任务是安排部署2007年人口计生工作、签订2007年人口计生系统工作目标管理责任制。

三、 2007年4月21日，永善县召开全县计生协会理事会议暨村民自治动员大会。昭通市计生协会会长吕维戬、常务副会长曾题国应邀出席会议并作指导。会议总结了2006年计生协会工作，对2007年协会工作作安排部署，部分乡镇、村协会作交流发言。

【工作培训】

一、 2007年3月7日，永善县政府召开计划生育行政执法培训会议。县委曹松平副书记就计划生育行政执法的重要性、必要性和紧迫性等问题作了讲话。县法院、县纪委、县政府法制科的领导就如何开展计生行政执法、提高计划生育行政执法水平的有关事项作业务培训。

二、2007年1月24日，永善县人口计生局邀请县检察院副检察长柯平为全县人口计生系统干部职工作反腐倡廉专题培训，对如何搞好计生战线的反腐倡廉工作提出了建议和要求。

三、2007年上半年，县人口计生局干部职工先后深入黄华、大兴、茂林、莲峰、马楠、桧溪、溪洛渡等乡镇对计生办人员和村宣传员进行政策法规、计划统计、流动人口管理等方面知识业务进行培训。

【协会指导】

2007年2月7日至9日，市计生协会会长吕维戬深入永善的马楠、务基、黄华等乡镇检查指导协会工作，并看望和慰问了独生子女和二女结扎户68户。2007年6月29日，昭通市计生协会吕维戬会长、曾题国常务副会长一行又深入我县伍寨乡长海村检查指导工作，同时看望了两位协会小组长和7户独生子女家庭，还为他们送去慰问金750元。

【流动人口管理】

永善县加强婚育证明查验，查验率达到98%以上；采用“三谁”负责制、向外出育龄人员寄公开信、抓住外出务工人员返乡过春节的有利时机落实节育手术等方法，加强对流出人口管理，收到了不同程度的效果。

【技术服务】

县乡技术服务站所加大服务人员轮换业务培训力度，提高医生技术水平。对部分乡镇服务所进行改造，县计划生育服务站综合服务大楼竣工，墨翰、黄华、青胜三个乡的计生服务所达到市规范管理标准。

2008年

【概况】

根据县计生统计报表数据，2008年出生人口计划生育率83.2%，计划外生育率16.8%，计划外多孩率5.42%。2008年全办理农业人口独生子女父母光荣证193户，当年办证巩固率100%，征收社会抚养费385.74万元，查处党员干部违反计生政策的信访举报案件6件8人，查处率和查结率都为100%。

【统计数据】

据《永善县2008年国民经济和社会发展统计资料》显示，2008年，永善县年末总人口442237人，当年出生6324人，出生率14.3‰，死亡3082人，死亡率6.97‰，自然增长人口3242人，人口自然增长率为7.33‰。

【重要会议】

一、2008年4月29日，全市出生缺陷一级预防工作会议在永善召开，各县区人口计生局的相关领导及永善十五乡镇计生服务所所长70余人参加会议，市人口计生委副主任吴学刚作重要讲话，永善、水富、昭阳三个县区作交流发言。会后与会人员参观了县计划生育服务站的规范化建设情况。

二、2008年5月10日至11日，永善县出生缺陷一级预防动员暨业务培训会议在县计生服务站召开。云南省人口学会副会长朱建琨、昆明医学院健康研究所研究员刘湘源、熊源发等专家到会对与会人员作业务培训，省计划生育宣传教育中心主任李文辉主持会议。此次会议拉开了永善开展出生缺陷一级预防工作的序幕。

三、2008年10月6日至7日，永善县人口计生局组织召开计生系统2008年工作总结会议。各乡镇计生办主任汇报年度工作的完成情况；计生局各股室就各块工作作通报。县计生协会会长张美沛就计生协会工作作重要讲话，县人口计生局长甘永鸿安排部署2009年人口计生工作。

【检查调研】

一、2008年6月13日，云南省人口和计划生育委员会副主任吴莉华、科技处丁明处长、肖明调研员一行，到永善调研人口计生工作，同时对永善计划生育绝育手术术后并发症的诊疗工作进行指导。各位领导对永善的人口和计划生育工作给予了高度评价，特别是出生缺陷一级预防工作和县级规范形象站建设两个项目作了充分肯定，对下一步工作提出了宝贵意见。

二、2008年9月3日至4日，云南省农工民主党专职副主委张宽寿一行深入永善县伍寨乡、溪洛渡镇的部分村社就社会抚养费的征收管理等工作进行调研。张宽寿认为，永善的计生工作做得好，相信不久将步入良性发展轨道。

三、2008年9月18日，市计生协会会长吕维戬、常务副会长曾题国一行三人到永善团结、桧溪等乡镇进行为期四天的计生及协会工作调研。吕会长一行在肯定永善计生工作的同时，剖析了永善人口计生工作存在的问题，提出具体工作意见。

【计划统计】

2008年6月，永善计生局组织专人对十五乡镇的部分村社2007年及2008年前8个月的人口情况进行抽查；2008年11月，十五乡镇对2008年的出生、死亡人口进行清理核查，县计生局又抽调20人对黄华镇米贴村的人口进行全面核查。县人口计生局专门出台对计生办主任及计生统计员的考核奖惩办法，并自行研发制作一套密码电子表格，强化对社会抚养费的规范征收和管理。

【奖励扶助】

2008年，全县享受农村计划生育家庭养老扶助的对象有405人，办理了农业人口独生子女父母光荣证的家庭2706户，2008年新增42名奖扶对象，新办农业人口独生子女父母光荣证193户，符合特扶要求的家庭53户，符合享受农村独生子女高中、大学阶段奖学金政策的13人（高中12人，大学本科1人）。2008年兑现农业人口独生子女家庭养老扶助金24.05万元、农村独生子女小学及初中阶段奖学金18.76万元、农村独生子女高中及大学阶段奖学金1.4万元、保健费26.86万元；兑现“关爱女孩”行动一次性升学奖励资金3.25万元，发放新农合参合费4.01万元。

【宣传教育】

县乡各级以“7·11”世界人口日、“5·29”协会会员活动日等为契机，按照“5331”工程的要求，采取书写标语、办板报、发传单、放广播、作咨询、制作计生日历、发放计生宣传围裙等方式，宣传计生法律法规政策及优生优育、避孕节育等知识。

【流动人口管理】

永善县认真贯彻执行《流动人口计划生育工作管理办法》，采取“四谁负责制”（谁带孩、谁看房、谁种地、谁护林，谁负责）等办法，尽力做好流动人口计划生育工作。2008年，永善县人口计生局与河口县等人口计生局签订5份《流动人口计划生育双向目标管理责任制》，与全国各地信函电话核查流动人口生育情况65人次。全国各地对永善县提供信息4260条，已反馈4009条，反馈率94.1 %，提交信息279条，反馈率和提交率都排名全市前列。

【计生协会】

全县有乡级计生协会15个，村级计生协会137个，企事业单位计生协会5个，建立健全计生协会小组2691个，协会会员26413人。县乡协会组建业余文艺宣传队7个，自编自演计生文艺节目30多个，全县巡回演出44场次，较好地宣传了基本国策。县计生协会继续抓好对黄华仁坝村计生“村民自治”、桧溪簸箕村“创基本无计划外生育”、青胜村创建“会员之家”、茂林甘杉村“婚育新风进万家”、务基回龙村“少生快富”等试点工作，深入抓好“关爱女孩行动”工程。2008年全县各级协会表彰先进集体57个，先进个人93人，其中县级协会表彰先进集体11个，先进个人13名。

【站所建设】

争取国债资金25万元，对大兴计生服务所办公楼进行新建；争取“5·12”抗震救灾资金60万元，对茂林、伍寨、莲峰三个计生服务所办公楼进行重建，对黄华、青胜服务所和计生局办公楼进行维修；青胜、黄华、墨翰三个乡镇的计生服务所达到了示范服务所的创建要求；争取出生缺陷经费投入，为全县计生服务站所配备酶标仪、彩超、冰壶等医疗设备，县计生服务站已基本达到一类县站标准。

【信访维稳】

2008年共接各类信访69件（初访45件），其中信访38件，来访31件，年度信访办结率达100%，按期结案率达97%。其中反映党员干部超生隐匿的6件8人，反映计生干部超生的1件1人已查清并解除劳动合同，其他部门职工违反计划生育的5件7人。

绥江县

2006年

【综述】

2006年4月，根据县政府办绥政办发〔2005〕63号文件和绥政办发〔2006〕19号文件通知，绥江县计划生育局更名为绥江县人口和计划生育局。更名后内设机构由3个增设为4个，有办公室发展规划科学技术股、宣传教育政策法规股、农村部分计划生育家庭奖励扶助办公室，办公机构设在人口和计划生育局的有绥江县人口与计划生育工作领导小组办公室。年末有在职人员15人，其中：女职工6人，有中共党员7人，大专文化的12人。隶属的事业单位有：绥江县计划生育服务站、绥江县流动人口计划生育管理办公室、绥江县计划生育协会，共有在职职工17人，其中有女职工14人，有中共党员2人。有主治医师5人，主管护师3人，检验师1人，医师和护师4人，后勤管理人员4人。各乡镇设计划生育办公室（中城镇和田坝镇合并后，原两镇计生办合并为中城镇计生办），有在职在编人员27人。板栗、南岸、新滩、会仪、中城5个乡镇设计划生育服务所（原田坝镇计生服务所改为中城镇计生服务所），有在职在编人员19人。绥江县32个农村村委会和中城镇3个社区居民委员会共配备计划生育宣传员77人。绥江县共有计生专职人员155人。

绥江县上下紧紧围绕创建基本无多孩生育县目标，以控制违法多生育提高计划生育率为主线，狠抓"一放二扎"、医学监护和补救措施、早育非婚生育治理、以村为主工作机制的完善、违法生育查处、"奖优免补"政策的宣传兑现等重点工作的落实，扎实推进人口与计划生育工作，通过各级干部和广大群众艰苦努力工作，取得了明显成效，较好地完成了各项工作任务，实现了基本无多孩生育县目标。在当年出生的1334人中，一孩921人，占69.04%，二孩373人，占27.96%，多孩40人，占3%；计划内生育1094人，计划生育率为82%，其中：一孩782人，占一孩出生人数的84.91%，二孩297人，占二孩出生人数的79.62%，多孩15人，占多孩人数的37.5%；计划外生育240人，计划外生育人数比市下达控制数360人少120人，比县下达控制数221人多19人，其中：计划外多孩25人，计划外多孩率为1.87%；计划外多孩人数比市下达控制数130人少105人，比县下达控制数29人少4人。性别比为126。2005年10月至2006年9月，绥江县落实五种手术2539例，与上年同比多349例。实施结扎手术1294例，占市县下达任务数600例和1100例的215.67%和117.6%，与上年同比多259例，其中二孩夫妇一方结扎969例，占市、县下达任务数300例和700例的323%和138.4%，与上年同比多266例，二扎占结扎总数的比例为74.88%；放环965例，与上年同比多173例，其中一孩妇女放环908例，占市、县下达任务数600例和700例的151.33%和129.7%，与上年同比多173例，一孩放环占放环总数的比例为94%；施行人流引产手术280例，计划外怀孕补救比为53.85%。避孕及时率为75.2%。绥江县征收社会抚养费入库数为100.3599万元，占市、县计划数35万元和100万元的287%和100.36%。绥江县领取独生子女证实有累计数为2385人，其中：农业人口实有领证为1372户，占农业人口一孩家庭的31.3%，当年领证310份，占市、县计划数300份和415份的103.33%和74.7%。

【成功创建基本无多孩生育县】

年初，县委、政府提出创建基本无多孩生育县目标，各级各部门认真贯彻落实县委《关于创建基本无多孩生育县的决定》（绥发〔2006〕20号）精神，切实加强领导，制订硬措施，严格落实多孩生育责任倒查制和责任追究制，不断加大医学监护和补救措施力度，采取行政、经济和法律的措施，有效遏制了违法多生育，绥江县计划外多孩生育16人，计划外多孩率为1.3%，计划生育率达80%，实现了基本无多孩生育。

【统计数据】

到2006年9月底，绥江县有常住人口126571人，有常住已婚育龄妇女21356人，占常住人口的16.87%。有流动人口26280人，其中已婚育龄妇女6206人，占23.6%。2005年10月至2006年9月，绥江县出生人口1334人，出生率为10.54‰，出生率比市下达控制数14‰低3.46个千分点，比县下达控制数10‰高0.54个千分点，死亡893人，死亡率为7.05‰，自然增长441人，自然增长率为3.48‰。

【召开绥江县人口与计划生育工作会议】

为切实抓紧抓好2006年度人口与计划生育工作，做到早计划、早安排，县委、政府于2005年11月25日召开了绥江县第一次人口与计划生育工作专题会议，会议明确了2006年工作的基本思路和目标任务。参加会议的有各乡镇长、分管副乡镇长、计生办主任，县计生局正、副局长及各股室负责人。县委副书记张宁、县政府副县长阳勇出席会议并分别作了讲话。2006年2月27日，县委、县政府召开绥江县人口与计划生育工作会议，系统回顾了2005年人口与计生工作取得的成绩，深入分析了存在的困难和问题，全面安排部署了2006年度人口与计划生育工作，兑现了2005年目标管理责任制奖励25.7万元，签订了2006年度目标管理责任书，表彰了2005年度创建基本无多孩生育的新滩镇、中城镇，县委书记卢云峰、县长吴学志作重要讲话，县计生局局长王泽林通报2005年度工作情况。各乡镇党委书记、乡镇长、分管副乡镇长、计生办主任，各村党总支书记、主任、计生宣传员，县直各部门主要负责人、各工矿企业法人代表参加会议。5月31日，县委、政府召开第二次人口与计划生育工作专题会议，会议认真总结了绥江县上半年的人口与计生工作情况，通报了5月中旬县人口与计生工作领导组组织对各乡镇上半年目标责任书执行情况的检查结果。特别针对存在问题提出了整改意见。各乡镇长、分管副乡镇长、计生办主任、县计生局、县委办、政府办相关人员参加了会议。县委副书记杨光成、县政府副县长阳勇出席会议并分别作了讲话。8月1日，县委、政府召开第三次人口与计生工作专题会议，会议听取了各乡镇2005年10月至2006年7月的工作汇报，传达了全市彝良人口与计生工作会议精神和县委卢书记对绥江县人口与计生工作的指示精神，阳勇副县长对2006年8月---9月绥江县人口计生工作作了全面安排部署，代理县长张先华作了重要讲话，要求各乡镇务必高度重视，确保2006年度绥江县人口与计划生育目标任务的圆满完成。县政府办主任姚汝华主持会议，各乡镇党委书记、乡镇长、分管副乡镇长、计生办主任，县人口与计生工作领导小组成员单位主要负责人参加会议。

【检查指导乡镇计生工作】

3月13日至20日，按照县委、政府领导的要求，县计生局抽人组成3个检查组，到5个乡镇就2月27日绥江县人口与计生工作会议精神的贯彻落实情况开展督促检查，指导各乡镇完善措施，切实制订好2006年度人口与计生工作的实施意见。5月12日至18日，县政府抽调各乡镇分管人口计生工作的副乡镇长、乡镇计生业务骨干、部分计生宣传员、县计生局相关业务人员、县人口与计生工作领导小组成员单位领导共40余人组成5个检查组，由5个乡镇分管领导分别任组长，5个领导组成员单位抽出的领导任副组长，分赴5个乡镇就各乡镇上半年的人口与计划生育工作情况进行交叉检查，对各乡镇2006年度人口与计划生育目标管理责任书的执行情况进行了全面检查，特别对各乡镇多孩生育控制情况进行了重点抽查，此次检查共抽查了31个村的62个组。10月13日至18日，县委、县政府抽调县人口与计生工作领导组成员单位领导、乡镇计生业务骨干、部分村计生宣传员、计生局相关业务人员共44

人，由领导组成员单位领导任组长，县纪委抽调的5位同志任副组长，组成5个检查考核组分赴5个乡镇就2006年度各乡镇人口与计生目标责任书的执行情况开展考核检查。此次考核检查采取查阅相关痕迹资料，进村入户抽查的办法，对各项任务的完成情况进行评估，共抽查了5个乡镇20个村40个村民小组。

【人员培训】

3月20日，为进一步规范绥江县计生服务站所的管理，提高服务质量，县计生局组织对县乡计生技术人员进行专业知识培训。3月30日至31日，县计生局在县委党校举办人口与计划生育业务培训班，对绥江县计生专业人员159人进行了政策法规、计划统计、流动人口管理、奖优免补知识、宣传教育、计生协会工作的全面规范培训。通过培训，进一步提高了专业队伍的业务能力和管理水平，促进了绥江县人口与计生工作的规范化、制度化管理。6月20日至29日，县计生局组织业务指导组到5个乡镇就计生业务管理进行专门培训，重点就人口与计生统计台账的完善工作进行了统一。各乡镇计生办全体人员、各村计生宣传员参加了培训。

【完善统计台账】

6月至8月，按照市人口计生委的要求，各村对常住人口和流动人口分别建立统计台账。按常住人口建立统计台账的对象是：1.居住在本地，常住户口在本地的人；2.居住在本地，常住户口待定的人；3.居住本地半年以上，常住户口在外地的人；4.居住在本地不满半年，但离开常住户口所在地半年以上的人。按流动人口统计口径建立统计台账的对象是：1.常住户口在本地，离开常住户口所在地半年以上的外出人口；2.居住在本地满一个月，但离开常住户口所在地不满半年的流入人口。为建准两套台账，县人口计生局成立指导组，逐村指导。完善统计台账工作自6月20日开始，8月底全面结束。

【省、市领导来绥检查计生工作】

5月18日至19日，12月8日至9日，挂钩联系我县人口与计划生育工作的省直单位——省扶贫办社会处副处长杨宏一行先后两次到绥江检查指导人口与计划生育工作，并对绥江给予设备和经费上的支持。11月25日，昭通市副市长韩梅带领市人口计生委主任王阳到绥江检查指导人口与计划生育工作，韩副市长一行深入板栗乡、南岸镇进行检查指导，听取了县政府的工作情况汇报，对绥江的人口与计生工作作了三点指示。11月，市政府组织考核组分两个阶段对我县2006年人口与计划生育目标管理责任书的执行情况进行了检查考核。11月28日，在考核情况反馈会议上，考核组组长、市人口计生委主任王阳对绥江县2006年度人口计生工作给予了高度评价和充分肯定，对2007年的人口计生工作提出了七点建议。

【节育手术并发症鉴定】

2006年6月，县政府调整充实了绥江县计划生育节育手术并发症鉴定小组和独生子女病残儿童鉴定初审小组。年内对胡飞龙等5人进行了节育手术并发症鉴定，对3个独生子女病残儿童进行了鉴定初审。

【县法院审理判决胡飞龙诉县人口计生局、县计生服务站医疗人身损害赔偿一案】

南岸村胡飞龙于2005年11月9日到县计生服务站施行男扎手术后，一直称其身体不适、疼痛，计生局带其到多家医院进行诊治，本人一直称没有好转，于2006年6月向县人民法院递交了诉状，告县人口计生局、县计生服务站医疗人身损害，要求赔偿人民币49559.97元，并承担诉讼费和鉴定费。法院受理后，经审理，于2006年12月判决：驳回原告胡飞龙的诉讼请求，案件受理费1955元，其他诉讼费2025元，合计3980元。由原告胡飞龙承担。

【荣誉】

2006年2月，市委、市政府授予县计生局“十五”期间人口和计划生育先进集体。授予张敏“十五”期间人口和计划生育工作先进个人。

王泽林，获中共绥江县委“优秀党务工作者”

荣誉、获市人口计生委“十五”期间人口与计生科技管理先进个人。

2007年

【综述】

绥江县上下紧紧围绕巩固基本无多孩生育县目标，以控制违法多生育提高计划生育率为主线，狠抓“一放二扎”、医学监护和补救措施、早育非婚生育治理、以村为主工作机制的完善、违法生育查处、“奖优免补”政策的宣传兑现等重点工作的落实，扎实推进人口与计划生育工作，通过各级干部和广大群众艰苦努力工作，取得了明显成效，完成了各项工作任务，实现了巩固基本无多孩生育县目标。在当年出生的1218人中，一孩882人，占72.5%，二孩305人，占25%，多孩31人，2.5%；计划内生育1067人，计划生育率为87.60 %，其中：一孩785人，占一孩出生人数的89%，二孩267人，占二孩出生人数的87.5%，多孩15人，占多孩人数的48.3%；计划外生育151人，其中：计划外多孩16人，计划外多孩率为1.3 %。性别比为114。2006年10月至2007年9月，绥江县落实五种手术1914例，与上年同比少625例。实施结扎手术829例，超任务29例；其中二孩夫妇一方结扎653例，占结扎总数的比例为74.88% ，超任务53例；放环845例，其中一孩妇女放环821例，占放环总数的比例为97%；施行人流引产手术176例。绥江县征收社会抚养费入库数1104705.58万元，占年初任务100万元的110.47%。绥江县领取独生子女证实有累计数为2639人，其中：农业人口实有领证为1582户，占农业人口一孩家庭的30.22%，当年领证260份。

【统计数据】

到2007年9月底，绥江县有常住人口123200人，有常住已婚育龄妇女21611人，占常住人口的17.54%。有流动人口30122人，其中已婚育龄妇女7079人，占23.5%。2006年10月至2007年9月，绥江县出生人口1218人，出生率为9.8‰，死亡909人，死亡率为7.4‰，自然增长299人，自然增长率为2.4‰。

【巩固基本无多孩生育县】

年初，县委、政府提出巩固“基本无多孩生育县”成果，为实现无多孩生育县奠定基础，各级各部门认真贯彻落实县委政府《关于2007年度人口与计划生育工作的意见》（绥发〔2007〕17号）文件，切实加强领导，制订硬措施，严格落实多孩生育责任倒查制和责任追究制，不断加大医学监护和补救措施力度，采取行政、经济和法律的措施，有效遏制了违法多生育，绥江县计划外多孩生育16人，计划外多孩率为1.3%，计划生育率达87.6%，政策法规成人知晓率99.5%，统计台账账实符合率96%，巩固了基本无多孩生育县。

【召开绥江县人口与计划生育工作会议】

2007年1月27日，县委、县政府召开绥江县人口与计划生育工作会议，系统回顾了2006年人口与计生工作取得的成绩，深入分析了存在的困难和问题，全面安排部署了2007年度人口与计划生育工作，交流了工作经验，兑现了2006年目标管理责任制奖励16万元，签订了2007年度目标管理责任书；县委副书记杨光成、代县长张先华作重要讲话。各乡镇党委书记、乡镇长、分管副乡镇长、计生办主任，各村党总支书记、主任、计生宣传员，县直各部门主要负责人参加会议。7月6日，县政府召开第二次人口与计划生育工作专题会议，会议认真总结了前三个季度的人口与计生工作情况，通报了工作进度和全市不打招呼抽查情况；特别针对存在问题提出了整改意见。各乡镇分管领导、计生办主任参加了会议。县政府副调研员王泽林出席会议并分别作了讲话。8月24日，县政府召开第三次人口与计生工作专题会议，会议听取了各乡镇2006年10月至2006年7月的工作汇报，对下一步工作作了安排布置。县政府办副主任杨旻主持会议，各乡镇乡镇长、分管副乡镇长、计生办主任，和计生局领导班子参加会议。9月17日，县长张先华主持召开人口与计划生育专题紧急会议，会议通报了工作进展情况，对工作中存在的问题作了认真分析，对下部工作进行了安排。各乡镇党委书记、乡镇长和计生局领导班子参加会议。

【业务培训】

3月6日至8日，县计生局在县委党校举办了为期两天的绥江县计生系统业务培训班，县、乡、村计生系统专业管理人员共120人参加了培训。此次培训的内容有：人口与计划生育统计业务和统计台账、人口与计划生育政策法规和行政执法、农业人口独生子女家庭奖励政策和业务管理、流动人口计划生育台账管理，计划生育协会业务管理。9月6日至9月10日，分别到5个乡镇进行计生业务培训。培训的内容有：统计信息清理和统计台账的整顿完善、违法生育立案查处、《生育证》的审核发证、宣传教育、"奖优免补"痕迹管理、避孕药具管理、医学监护等。各乡镇分管人口计生工作的领导、计生办助理员、村计生宣传员共108人参加了培训。

【开展民主评议政风行风工作活动】

4月至8月，计生系统开展了民主评议政风行风工作活动，共发出请"农民兄弟评"计生调查问卷1000份，收回920份，群众满意率90%；发出县人口计生局领导班子、机关和直属单位"下评上"活动测评表160份，收回127份，满意率为85%以上；向人口领导组成员单位发出《绥江县人口和计划生育局关于计策系统政风行风评议征求意见的函》共20份，收回20份，收到意见建议40条。

【启动科技大练兵活动】

6月，启动计划生育科技大练兵活动。参加的范围是绥江县计划生育系统技术服务人员（包括临床医学、护理、检验、药剂、影像、药具等岗位人员）。活动主要内容是：系统地学习计划生育技术服务法规和规章，增强依法执业和持证上岗意识；强化医学知识学习，提高理论水平；加大技术人员的进修培训，提高操作技能；规范技术服务管理。活动分组织动员、实施、总结三个阶段，年内完成了组织动员。

【开展督促检查工作】

7月25日至8月2日，分3个督查组分赴5个乡镇和19个村，就各乡镇2007年双线目标管理责任书的执行情况和统计信息清理、统计台账的整顿等内容，进行了全面的督促检查，对各地工作中的薄弱环节和存在问题，督查组及时向党委、政府进行了反馈，提出了整改建议。

【开展关爱女性生殖健康免费普查活动】

8月14日至10月31日，由县政府组织，县人口计生局牵头，县卫生局、妇联、总工会、各乡镇人民政府配合，修正药业集团有限公司免费提供设备和技术支持对绥江县常住的21832名已婚育龄妇女开展关爱女性生殖健康普查活动。此项活动由修正药业集团有限公司与我县共同组织两个普查小组，在绥江县范围内依次巡回开展普查工作。普查活动的开展，进一步宣传普及了妇女生殖健康知识，有效解决了已婚育龄妇女看病难、看病贵的问题，进一步提高了人口和计划生育服务水平。

【开展统计信息清理和统计台账整顿完善】

9月1日至9月20日，绥江县各级认真开展了人口与计划生育统计信息清理和统计台账整顿完善工作。各乡镇于9月10日完成了信息清理工作，9月20日完成台账的整顿完善工作。县人口计生局抽人组成清理整顿指导组，到各乡镇指导督促清理整顿工作。

【建立流动人口计生管理新机制】

9月初，县政府印发了《绥江县流动人口计划生育工作管理实施方案》，建立了流动人口计划生育管理新机制。县政府成立流动人口计划生育管理工作领导组，并与成员单位签订了目标管理责任书；县、乡成立流动人口计划生育管理机构，配备1–2名专（兼）职工作人员，城镇社区增设7名流动人口计划生育专职管理人员。

【县政府人口与计生现场办公会议】

9月7日，县长张先华带领县政府分管人口计生工作的王泽林副调研员、县教育局、县人事和劳动社会保障局、财政局、监察局的主要领导到县人口计生局召开专题现场办公会。专题会议决定：一是在中城镇3个社区和涉及移民搬迁乡镇的相关村委会各增设1名流动人口计划生育管理专职人员，绥江县共增设7名；二是对人口计生局干部队伍建设给予进一步倾斜和关心；三是明确2007年计生事业费仍按年初预算安排的50万元划拨给人口计生局，但不包括社会抚养费县级统筹部分；四是由县财政解决人口计生局设备购置经费40万元，用于绥江县计生服务站（所）急需节育手术器械设备的购置，确保绥江县施术的需要和广大群众节育手术的安全；五是适当提高绥江县节育手术费标准；六是农村独生子女义务教育阶段“一费”减免仍按绥政发〔2005〕74号文件规定执行，由县教育局、人口计生局核实后报县政府，县财政安排经费兑现；七是农村独生子女家庭参加“新农合”的经费，县人口计生局核实后报县政府，由县财政安排经费兑现。

【为农村独生子女家庭参加“新农合”出资】

2007年，绥江县有农村独生子女1609人，独生子女父母2983人。本年度农村独生子女家庭共需参合资金45920元（个人部分），实行个人免交，由县计生局筹资解决。

【计划生育协会召开2007年度第二次理事会议】

9月25日，绥江县计划生育协会第三届理事会召开2007年度第二次理事会议。会议选举县人大副主任赵明为第三届理事会会长

2008年

【综述】

2008年，绥江县人口和计划生育局内设机构4个，有办公室、发展规划科学技术股、宣传教育政策法规股、计划生育家庭奖励扶助办公室；办公机构设在人口和计划生育局的有绥江县人口与计划生育工作领导小组办公室。年末有在职人员19人，其中：女职工9人，有中共党员6人，大专文化的14人。隶属的事业单位有：绥江县计划生育服务站、绥江县流动人口计划生育管理办公室、绥江县计划生育协会，共有在职职工17人，其中有女职工11人，有中共党员2人。有主治医师6人，主管护师3人，检验师1人，医师和护师3人，后勤管理人员4人。各乡镇设计划生育办公室，有在职在编人员27人。板栗、南岸、新滩、会仪、中城5个乡镇设计划生育服务所，有在职在编人员12人。绥江县32个农村村委会和中城镇3个社区居民委员会共配备计划生育宣传员79人。绥江县共有计生专职人员155 人。

2008年度人口和计划生育工作成效明显。人口出生率、自然增长率继续稳定在较低水平。计划生育率逐年提高，违法多生育逐年减少。报表数据显示，当年出生人口中，计划内生育1036 人，计划生育率为78.13 %，计划外多孩生育32人，计划外多孩率为2.41%。与上年同比，计划生育率下降了9.62个百分点，计划外多孩增加11人，计划外多孩率上升了1.01个百分点。绝育率、二扎率逐年提高，女扎取得历史性突破。2007年10月至2008年9月，绥江县施行5种节育手术2541例，其中：结扎1304例，在结扎中二孩夫妇一方结扎1103例，二扎占结扎总数的84.6%；全年实施女扎956例，女扎占结扎总数的73.31%，同比提高了31个百分点；放环959例，一放944例，一放占放环总数的98.44%，补救措施278例。期末， 绥江县三孩以上已婚育龄妇女落实结扎5214人，占三孩以上已婚育龄妇女人数的86.78%，结扎率比上年提高了3.28个百分点， 二孩已婚育龄妇女落实结扎5674人，占二孩已婚育龄妇女人数的62.19%，结扎率比上年提高了10个百分点。报表质量有明显提高。年内，总人口、已婚育龄妇女、出生人口、死亡人口、节育手术的统计准确率在95%以上。奖励扶助得到进一步落实。年内，绥江县领取农业人口独生子女父母光荣证107户，绥江县已领取独生子女父母光荣证从2004年起累计达1669户，占农业人口一孩总数的27.58 %。社抚费征收力度不断加大。征收社会抚养费和罚款共177

万元，比上年超出77万元，为历史最高。

【统计数据】

据报表统计，到9月底，绥江县总人口154971人，其中：常住人口124409人，流出人口30562人，流出人口占总人口的19.72%，已婚育龄妇女28980人，其中：常住已婚育龄妇女22176人，流出已婚育龄妇女6804人，已婚育龄妇女占总人口的18.55 %，流出已婚育龄妇女占已婚育龄妇女总数的23.48%。年内，绥江县常住人口出生1326人，人口出生率为10.62‰，死亡852人，死亡率为6.82‰，自然增长474人，自然增长率为3.8‰。与上年同比，人口出生减少29人，自然增长增加69人。

【召开绥江县人口与计划生育工作会议】

2008年2月23日，县委、县政府在综合楼七楼召开绥江县人口与计划生育工作会议，各乡镇党委书记、乡镇长、分管副乡镇长、纪委书记和计生办主任，绥江县35个村村党总支书记、主任、计生宣传员，县直各部门主要负责人共220余参加会议。会议系统回顾了2007年人口与计生工作取得的成绩，深入分析了存在的困难和问题，分组进行了热烈的讨论，全面安排部署了2008年度人口与计划生育工作，兑现了2007年目标管理责任制奖惩，签订了2008年度目标管理责任书；县委书记卢云锋、县长张先华作重要讲话。3月21日，张县长主持召开了县政府开第二次人口与计划生育工作专题会议，会议认真分析了分人口与计生工作进展情况，针对存在问题提出了整改意见，出台了手术关联疾病由县财政解决治疗费等促进措施。各乡镇党委书记、镇长、分管领导和县领导组成员单位领导参加了会议。7月20日，县政府在中城镇召开了人口与计生工作现场推进会议，会议进一步对绥江县本年度进展情况进行了认真分析，对后坝、良姜等10个后进村存在的问题逐一指出，并提出整改意见。县委杨凇副书记主持会议，县长张先华作了讲话，各乡镇乡镇长、分管副乡镇长、计生办主任和县直各部门领导参加会议。8月17日，分管副县长师华滟主持召开人口与计划生育统计工作会议，会议传达了全市统计工作会议精神 ，对统计工作存在的问题进行了认真分析，对下部工作进行了安排。各乡镇党分管领导、计生办主任、统计人员和县人口计生局领导参加会议。9月27日，县政府在人口计生局会议室召开第本年度最后一次专题会议，各乡镇汇报了目标责任制落实情况，对需要抓紧解决的问题进行了通报，对年度扫尾工作进行了具体安排布置；各乡镇乡镇长、分管领导、计生办主任、统计人员参会，县政府办副主任周原草主持会议、代管领导县委宣传部部长陈祥到会作了讲话。

【增加宣传员待遇】

从2008年1月起，绥江县计划生育宣传员待遇在原有基础上每月增加120元，最低达到369元。县人口计生局筹措资金2万元，为绥江县宣传员办理了人身意外伤害保险。

【计生卫生资源共享】

为顺利实施好女扎手术，县委、政府决定实施计生卫生资源共享，确定由具有资质的县人民医院、县妇幼保健院和县计划生育服务站三家单位同时施行女扎手术。年内，县人民医院实施女扎270例、县保健院126例。

【县人大视察人口计生工作】

3月下旬到4月上旬，县人大就县委、政府人口计生年度目标任务工作落实情况组织进行了视察。

【开展督促检查工作】

年内，建立了统计台账定期抽查复核制度，县级每个季度对镇、村统计台账进行一次抽查复核。1月9日至10日，4月9日至12日，8月6日至8日，分别对绥江县各乡镇双线目标责任制落实情况组织进行了督查，深入村、组对统计台账进行了抽查复核。

【抗震救灾】

“5·12”汶川大地震后，及时上报灾情，县服务站列入灾后新建项目，新滩镇、板栗乡服务所被列入灾后维修加固项目。干部职工为灾区捐款4200

元，缴纳特殊党费1200元。挂钩联系团结村姚家、柑子、靛池、南厂等四个片区40户民房地震灾后重建工作，局机关正职每人挂钩联系到户4户，副职每人挂钩联系3户，一般干部每人挂钩联系2户，出动车辆82车次，投入人员246人次，干部职工捐款现金500元/户。单位解决村"两委"工作经费3000元；调资2万元，用于修路、特殊补助等；为少数民族户争取补助资金弥补建房不足；帮助争取风洪灾损失困难补助22000元。先后协调泥水匠、木匠4批28人次到重建点；从"两省三州市"协调马匹6批120匹次到重建点；协调逐户"打板"时间、解决人力不足；协调解决了2台打砖机、6台打沙机。40户共建房3225平方米，到9月30日全部完工。

【业务培训】

5月22日至25日，县计生局在县委党校举办了为期三天的绥江县计生系统业务培训班，县、乡、村计生系统专业管理人员共120人参加了培训。此次培训的内容有：人口与计划生育统计业务和统计台账、人口与计划生育政策法规和行政执法、农业人口独生子女家庭奖励政策和业务管理、流动人口计划生育台账管理，计划生育协会业务管理，办公室工作。

【加强服务能力建设】

年内，对原有2辆公务用车依程序报废，筹集40余万元资金新购置公务用车2辆；筹集资金6万余元，修建了简易会议室；服务站新购置了腹腔镜、全自动血分析仪等先进手术设备。

【贯彻落实四项制度】

从4月起，认真贯彻四项制度，成立了领导组，制订施行了《服务承诺制度》《首问责任制度》《限时办结制度》等制度，向社会公开了办理二孩及以上生育证服务承诺、办理独生子女父母光荣证服务承诺等，有力促进了机关作风转变。

【解放思想大讨论活动】

6月至8月，县人口计生局认真开展解放思想大讨论活动，通过围绕落实科学发展观、创建"无多孩生育县"目标、建设软环境、 "三县"建设目标、移民中心工作和解决民生等5个专题，我们怎么办的大讨论，班子成员在专题讨论会上作交流发言，干部职工围绕主题讨论的要求和中心发言人的认识开展讨论。通过开展学习交流讨论，全局上下形成共识，认清了目标，明确了任务和重点，找准了差距，确定了思路，坚定了信心，激发了斗志，为开展工作提供了强有力的思想保证。

【省人口计生课题组到绥江调研】

9月3日至6日，省委农工民主党副主席张宽寿一行3人，在市计生委主任龙波的陪同下，在我县进行了社会抚养费征收情况的主题调研，调研组通过与群众座谈、走访干部、听取汇报等形式，认为我县人口计生工作有力推进，指出社抚费征收还要进一步加大力度。

【兑现优惠政策】

2008年，兑现农村独生子女父母奖励7.3万元、农村独生子女生义务教育阶段奖学金12.172万元、升学奖学金1.2万元。有197人享受600~750元/年的养老生活补助，有37人享受每年960~1200元/年的特别扶助。缴纳29万余元独生子女保健费为独生子女办理 "两全"保险。筹集资金9.574万元为农村独生子女及其父母缴纳 "新农合"参合资金。为20多名妇女免费治疗子宫肌瘤等结扎手术关联疾病。

镇雄县

2006年

【概况】

2006年，全县人口和计划生育工作在面临乡镇撤并、党委换届和扫盲攻坚等诸多工作压力面前，各部门切实采取措施，不断夯实基础，各级干部团结一心、真抓实干、奋发进取，各项工作取得了一定的进步。全县四孩出生12人，占出生总数的0.06%。共完成“五术”29560例，其中，男女结扎12406例，二孩结扎9212例，分别占市下达任务的124.06%和184.24%。一孩放环12241例，占市下达任务的153.01%。共征收社会抚养费889.73万元，比市下达的500万多389.73万元。共办理农业人口独生子女证1213户。兑现一次性奖励3247人次162.45万元，发放养老补助金1074人。

【统计数据】

根据计划生育报表，2006年度，全县总人口为1313002万人，共出生人口19831人，2006年度计划内出生15829人，计划生育率为79.82%，计划外出生4002人，其中，计划外多孩出生1370人，计划外多孩率为6.91%，出生率15.13‰；自然增长13595人，自然增长率10.37‰，同比降低0.98个千分点。

【加强计生基础设施建设】

一是县计生综合服务大楼整体建设即将结束；二是镇雄县乡镇撤并为28个后，乡镇计生服务所新建、改扩建和续建已全面竣工验收移交乡镇的有15个，还有13个乡镇服务所在建。

【不断完善考核办法】

2006年的年度考核实行监察局和计生局联合抽签决定考核点，有关部门组成联合考核组，所抽考核点全部封存交考核组带到乡镇，在入户前由考核组副组长监督启封，考核组入户资料及相关资料全部封存交评分组，由纪委监察局抽人监督，对评分表装订密封后进行全封闭打分。整个考核操作更加规范，考核结果更趋公平。

【镇雄县召开2006年度人口与计划生育工作会议】

2006年11月14日，镇雄县召开全县人口与计划生育工作会议，会上通报了镇雄县查处干部职工超声隐匿和打假治乱工作：全县2006年共立案查处干部职工超生隐匿案21件，涉及21人，已结案21件21人，其中，开除党籍2人，开除公职14人，受到其他党政纪处分的7人。共查处各类假乱案件118件123人，其中，行政处罚120人，逮捕13人，取保候审3人，判刑6人。收缴假结扎证明298份，重新落实绝育手术88人，医学鉴定结扎手术10人。并根据全县2006年度人口与计划生育工作考核结果，给予倒数第一名的乡镇党委、政府 “黄牌警告”和罚款1.5万元的处罚；给予倒数第二名的乡镇党委、政府通报批评和罚款1万元的处罚。对前八名的乡镇、前六名的县直部门以及对计划生育工作支持有力、服务到位的单位和部门，拨出26.84万元专款分别给予了表彰和奖励。同时拨出15.5万元专款，奖给今年创建的31个基本无多孩村。

2007年

【概况】

共完成“五术”23210例。其中：结扎完成9287例；二扎完成7341例；一放完成10386例；补救措施完成3266例。完成社会抚养费征收883.4118万元，占市下达任务500万的176.68%。完成农业人口独生子女办证完成606户，占市下达任务420户的144.29%。

【统计数据】

根据计生统计报表，2007年，全县总人口为1330752人，（其中流动人口264687人，占19.89%）

比2006年增加17750人。出生18174人，出生率为13.74‰，与2006年的15.13‰比降低了1.39个千分点。计划内出生15321人，计划生育率为84.3%；计划外多孩出生634人，计划外多孩率为3.49%；自然增长率为9.52‰，与2006年的10.53‰比降低了1.01个千分点。

【召开年度人口计生工作会议】

2007年11月11日，县委、县政府就及时召开全县人口与计划生育工作会议，总结了2007年的工作情况，通报了2007年度工作考核情况，对考核倒数的后三名乡镇进行了处罚，对考核靠前的乡镇和县直部门进行了表彰，并与各乡镇党委、政府及县直部门签订2008年度人口与计划生育目标管理责任书。做到了工作有总结，任务有安排。

【召开计生片区会议】

为全面掌握全县人口与计划生育工作进展情况，确保2007年目标任务全面完成，根据全县工作进展不平衡情况，县委、县政府决定从2007年6月15日起，在全县分别召开以勒、芒部、牛场、泼机四个片区会议，每个片区有7个乡镇参加，会议主要听取乡镇汇报2006年10月以来的人口与计划生育工作情况及下一步工作打算并针对片区存在问题，县委、政府县对前期工作情况进行通报，安排部署下半年人口与计划生育工作。

【加大打假治乱工作】

2007年，全县共立案查处计划生育违纪违法案件15件，查结15件。其中，计划生育超生隐匿案件13件，涉案14人，开除党籍4人，开除公职10人，党政纪处分4人。其他计划生育违纪违法案件2件，涉及2人，党内严重警告1人，行政记大过1人。继续由县政法委牵头，切实对全县计划生育“假”、“乱”现象进行严厉打击。去年10月以来，全县共立案查处各类假乱案件130件130人，行政处罚106人，其中，教师8人、干部职工8人、医生4人（已刑事处罚3人，其余的正在办理相关处罚手续），处罚金额20.48万元，对已查出使用假手术证明的对象，凡符合条件的，均落实了绝育手术。

【考核客观、公正】

2007年的考核，在2006年实行联合抽签决定考核点的基础上，又加上临时抽签确定相应的考核组，考核组只有在上车启签后，才能知道前去的考核点是哪个乡镇，只有到乡镇启签后，才能知道具体考核的村组是哪些。考核工作结束后，考核组入户调查相关资料全部封存交评分组，对评分表装订密封后，由纪委监察局派人监督，进行全封闭打分，有效避免了考核的主观性和随意性。

【基础设施】

2007年，县计生综合服务大楼投入使用。

2008年

【概况】

2008年，镇雄县为确保数据真实可靠，加大了工作检查和自查力度，认真挤干水分。全县累计完成“五术”18133例，其中：男女结扎8694例，占市下达任务5000例的173.88%，二孩结扎3395例（占结扎总数的39.05%），占市下达任务4000例的84.88%；放环7236例（其中一孩放环6451例，占市下达任务7200例的89.6%）；落实补救措施2203例。全县235130名已婚育龄妇女已落实各种避孕节育措施180889人，综合节育率为76.93%（其中一放率为44.51%，二扎率为72.45%）。全县累计征收社会抚养费969.78万元，占市下达任务500万元的193.95%。全年累计办理农业人口独生子女父母光荣证454户，占市下达任务300户的151.33%。

【统计数据】

根据计生统计报表，2008年，镇雄县总人口达1385680人，其中流出人口339147人，占总人口的24.48%；全县已婚育龄妇女为235130人，占总人口的16.97%，其中流出已婚育龄妇女80020人，占已婚育龄妇女总数的34%。共出生人口19880人，其中：计划内出生10203人，计划生育率为51.32%；计划外多孩出生4247人，计划外多孩率为21.36%；人口出生率为14.64‰。全县共死亡5735人，死亡率为4.22‰，人口自然增长率为10.42‰。

【召开计生年度工作会议】

2008年11月12日，县委、县政府召开了全县人口与计划生育工作会议，总结了2008年工作，兑现了2008年目标责任奖惩，分解下达了2009年度指标任务，县人民政府与全县28个乡镇和县直89个部门签订了《2009年人口与计划生育目标管理责任制》，制订印发了《2009年人口与计划生育工作考核办法》。做到了工作早安排，任务早明确，措施早落实。

【召开计生片区会议】

为全面掌握全县人口与计划生育工作进展情况，确保2008年目标任务全面完成，安排部署下半年工作，县委、县政府从2008年4月25日起，在全县分别召开母享、雨河、碗厂、中屯四个片区会议。会上，各乡镇汇报2007年10月以来的人口与计划生育工作情况及下一步工作打算；县人民政府通报前期工作情况并安排部署下半年人口与计划生育工作；县人口和计划生育局、财政局、教育局、计生协会等部门领导作表态发言。

【计生工作会议】

2008年7月17日，县委、政府召开了全县有县四家班子领导、28个乡镇党委书记、乡镇长、分管人口与计划生育工作领导、人口计生办常务副主任、县直各部门主要负责人、人口和计划生育局股所级以上负责人参加的人口与计划生育工作专题会议，会议明确提出了镇雄县4年工作目标。

2008年8月7日，县委、县政府组织召开会议，针对当前镇雄县人口计生工作实际情况，结合原《镇雄县2008年度人口与计划生育工作考核办法》，专题研究《镇雄县2008年度人口与计划生育工作考核办法（修改讨论稿）》。

9月5日晚，针对镇雄县强势推进人口与计划生育工作中出现的问题，县委书记马晓红在县委三楼会议室主持召开人口与计划生育工作专题紧急会议。

9月26日，县委常委、副县长古开芹在县人口与计划生育局会议室主持召开全县人口与计划生育年报工作会议。

9月1日，镇雄县计生协会第四届会员代表大会在县委礼堂召开。大会选举产生了第四届理事会组成人员66人，聘请了县委副书记张翼明、县委常委、副县长古开芹二同志为计生协会名誉会长；县政府副调研员杨波等16人当选为计生协会常务理事；杨波同志当选为第四届计生协会会长；县人口和计划生育局局长朱启源、副局长宋晓平、上届协会副会长谭齐宽当选为本届计生协会副会长；会议决定由谭齐宽同志兼任秘书长。

【新增机构】

根据镇雄县工作压力大，任务艰巨，执法难的实际，2008年9月，县人民政府成立镇雄县人与计划生育行政执法大队，帮助乡镇在计划生育工作中攻坚克难。

【提出工作新目标】

2008年7月12日昭通市人口与计划生育工作推进会议召开后，镇雄县认真分析了人口与计划生育工作面临的严峻形势，针对干部作风飘浮、高位生育突出、报表水分严重等突出问题，明确提出了“痛下决心，全力而为，力争一年扭转被动局面、两年还清历史欠账、三年步入良性轨道、四年赶上全市平均水平”的工作目标。

【措施强硬】

根据镇雄县实际，在措施上强调人口与计划生育工作必须加强领导和落实责任；必须全面摸清人口出生真实情况和建准建实台账；必须盯死“一放二扎”、医学监护和补救措施不放松；必须坚持查处干部职工超生隐匿和计生打假治乱不动摇；必须抓好督促检查和责任追究；必须加大投入和提高服务水平；必须夯实基层基础和打牢计生网底；必须充分发挥计生协会的桥梁和纽带作用；必须超前谋划和狠抓落实。

【基础设施】

2008年，镇雄县乡镇计生服务网络建设全面完成，21个乡镇计生服务所投入使用，另7个乡镇计生服务所预计在2009年6月份以前全面投入使用。

【领导检查】

2008年7月25日，市人民政府副市长韩梅率市人口和计划生育委员会主任龙波、副主任尚公乾、流动人口管理办公室主任温吉林等一行，在镇雄县组织部部长陈祥金、副县长成刚、县政府副调研员杨波和县直有关部门领导的陪同下，到镇雄县花朗、大湾、母享、罗坎、中屯五个乡镇进行人口计生工作调研检查。

8月13日，市人大主任陈林章、市人口计生委主任龙波一行，在镇雄县县委书记马晓红，县人大主任李升翔，县人大常务副主任韩义淑及县计生局领导陪同下，到镇雄县乌峰镇专题调研人口与计生工作。

8月25日，市政协副主席李志平同志在市政协秘书科科长倪宝坤、县政协副主席张启仙等的陪同下，到母享镇调研检查指导人口与计划生育工作。

9月13日，市政协主席熊启怀一行，深入挂钩联系的镇雄县盐源乡检查调研指导人口与计划生育工作。

9月6日至7日，市人大常委会副主任陈绍余在县人大副主任游定聪及县人口计生局领导的陪同下，深入挂钩联系的镇雄县五德镇检查调研指导计划生育工作。

9月22日至23日，市人大副主任皮永宏在市人大选联工委主任张孝荣，县人大副主任游定聪，县政府副调研员杨波、宋德仁及县人口计生局局长朱启源陪同下，到坡头镇专题检查指导人口与计划生育工作。

彝良县

2006年

【综述】

2006年，彝良县按照县委、政府年初三干会确立的“提高认识、分类指导、强化包管、狠抓巩固、提升综合管理水平”的指导思想，以创建无多孩和基本无多孩生育乡村为目标，以提高计划生育率、降低多孩生育、推进综合管理，开展优质服务，进一步探索流动人口管理办法为重点，着力提高计划生育工作整体水平，较好地完成了2006年计划生育工作任务。

【统计数据】

据彝良县统计局公报，2006年末，全县总人口550932人，当年出生人口出7944人，出生率14.42‰，死亡人口3080人，死亡率5.59‰，自然增长人口4864人，自然增长率8.83‰。据彝良县计生局统计报表显示，2006年全县计划生育率为77.8%，计划外多孩率为6.61%；年内农业人口独生子女办证625户，征收社会抚养费397.405万元；一孩妇女放环3603例，全县已婚育龄妇女综合节育率为77.51%。

【全面加大宣传教育力度，营造良好计生工作氛围】

全县全年共投入宣传经费达29.8万元，通过向广大群众散发宣传品、发放避孕药具、接受广大群众计划生育法律、法规咨询；做好“世界人口日”等纪念日的宣传工作；积极开展“关爱女孩”、“出生缺陷”“预防艾滋病”等宣传活动，确保了群众对“奖优免补”政策及计生法律、法规的知晓率。

【计生服务网络建设得到加强，服务水平不断提高】

彝良县在继2005年对龙安、钟鸣、两河等8个服务所实施完成改扩建的基础上，今年又投入资金9万多元对奎香、树林服务所实施改扩建。同时进一步完善现有机制，强化技术培训，加强继续教育学习，确立探索创新机制，激励务实创新。2006年底，全县计生服务网络覆盖面为100%，全面达到国标要求。彝良县服务站医学论文被国家级和国际级刊物采用并获奖；彝良县服务站被国家计生委评为科技服务先进集体。

【人口出生缺陷干预试点工作顺利开展】

彝良县6月中旬启动出生人口缺陷干预试点工作，并及时召开了动员大会暨培训会议，结合县情拟定出台了《彝良县人口出生缺陷干预工作实施细则》、《彝良县人口出生缺陷干预工作试点免费发放叶酸管理办法》等出生缺陷干预试点工作的有关规定和文件，扎实开展了出生人口缺陷干预人群的调查摸底。自启动出生人口缺陷试点工作以来，书写宣传标语1681条，免费发放叶酸226人，开展病残儿童鉴定41人，进行孕前检查866人，组织开展婚前培训18期，受培训人员4681人次。

【计生协会桥梁纽带作用进一步发挥】

彝良县有县、乡、村计生协会175个，会员达37220人，已兴办的协会经济实体4个和文艺演出队2个巩固平稳，协会作用开始发挥，桥梁纽带功用渐趋活跃。

【彝良县人口与计划生育工作三级干部会议】

1月22日，召开了全县人口与计划生育工作三级干部会议，认真总结了“十一五”期间的人口与计划生育工作，对“十一五”时期和2006年人口与计划生育工作进行了全面安排部署，会上，县政府与各乡镇、县直各单位签订了2006年度人口与计划生育目标管理责任书，兑现了2005年度目标责任奖惩。

【彝良县人口出生缺陷干预试点工作】

7月上旬，彝良县召开了“彝良县出生人口缺陷干预试点工作启动动员大会暨培训会议”，此次会议的召开标志着彝良县出生人口缺陷干预工作正式拉开帷幕。同时，为认真贯彻落实《云南省人口出生缺陷预防规定》，结合全县实际，扎实有效地开展了出生缺陷干预各项工作，并切实加强了领导，做好组织保障，成立了以分管计生副县长任领导组长，计生、卫生、财政、教育等16个部门领导为成员的领导小组。

【全市计划生育科技会议】

7月中旬，全市人口计生科技会议在彝良县顺利召开，市人民政府副市长韩梅出席会议并作重要讲话，各县区有关领导参加了会议。

韩梅副市长在充分肯定了2006年人口计生工作所取得成绩的同时，客观地分析了全市人口计生工作面临的形势和存在的问题，并要求各级各部门要正确估价形势，进一步提高认识，做到领导力度不减、作风更加深入扎实；在抓措施落实上，突出三大重点，增加工作的针对性和实效性；在抓组织领导上，继续坚持和完善一把手负总责的人口与计划生育领导机制，进一步强化各级领导抓人口与计划生育的责任。

【荣誉】

邰龙坤　2006年1月被云南省1%人口抽样调查领导小组表彰为云南省1%人口抽样调查工作先进个人。

王直萍　2006年1月被市委、政府表彰为“十五”人口和计划生育工作先进个人；2006年7月被市计生委表彰为“十五”人口和计划生育工作科技管理先进个人。

王正鑫　2006年7月被市计生委表彰为“十五”人口和计划生育工作科技管理先进个人。

何　静　2006年1月被市委、政府表彰为“十五”人口和计划生育工作先进个人。

于　萍　2006年7月被市计生委表彰为“十五”人口和计划生育工作技术服务先进个人和千例手术无事故荣誉称号。

黄元友　2006年7月被市计生委表彰为千例手术无事故荣誉称号。

2007年

【综述】

彝良县2007年的人口与计划生育工作，在县委政府的领导下及市计生委的关心帮助指导下，认真贯彻落实《中共中央国务院关于全面加强人口和计划生育工作统筹解决人口问题的决定》精神，按照“控制、提高、转移”的要求，以创建基本无多孩县为目标，狠抓各项工作措施的落实，通过全县各级各部门和广大干部职工的艰苦努力，全县整体工作态势良好，思路和方法有了极大地转变，各项指标任务完成较好。

【统计数据】

据彝良县统计局公报显示，2007年末，全县总人口555932人，当年出生人口出8339人，出生率15‰，死亡人口3614人，死亡率6.50‰，自然增长人口4725人，自然增长率8.50‰。据彝良县计生局统计报表显示，2007年，全县计划生育率为82.06%，多孩率为3.64%；年内办理农业人口独生子女父母光荣证270户，征收社会抚养费411万元；一孩妇女放环3389例，全县已婚育龄妇女综合节育率为84.22%。

【宣传教育继续加强】

今年的宣传教育工作，以“提高素质、控制数量”为主线，紧扣“人均占有”这个重心，瞄准“基本无多孩生育县”奋斗目标，在形式上有阵地、有构架、有量化责任，有具体监督；在内容上强化服务性，具有针对性，讲求适用性。从去年十月至今，全县共书写永久性标语500余条；召开育龄妇女大会近500场次；召开县乡多部门参加的专题会议7次，工作现场会4次，其中，市领导出席参会的1次；举办部门联动的计生文艺演出11场。全年累计投入宣传经费近15万元。

【计生服务条件得到改善】

2007年。彝良县投资10万元培修了奎香树林计生服务站，争取115万国债资金改扩建县中心服务站和新修小草坝服务站，投入30万元资金为15个乡镇添置了凸阵B超机。

【齐抓共管机制进一步落实】

公安部门对暴力妨碍计生公务的违法犯罪打击及时有力，不但使当年发生的暴力妨碍公务案件得到及时处理，治安处罚了7人，移交检察院批捕了8人，还将历年来久拖未决的17件案件列为专案进行限时查办；检察院、法院坚持依法快捕严判，积极开展警示教育，扩大宣传和影响，在奎香、小草坝等案发乡镇召开了公捕公判大会，共对8人判处了徒刑；检察院对妨碍计划生育的213件假手续、假证明、假票据进行了调查和复核鉴定，使之做了手术，震慑警示了他人，理顺了计生工作秩序；法院在龙街乡对3户拒交社会抚养费的违法生育户开展了强制执行社会抚养费征收的工作；县纪委牵头查办党员、干部、国家公职人员违法生育的工作强力推进，全年共收到来信来访37件，需办理的28件，已办结26件，办结率为93%；扶贫部门积极落实县委政府的奖励倾斜政策，共对全县650户计划生育户给予11.26万元的倾斜扶持。

【全县人口与计划生育工作专题会议】

1月24日，县委政府召开全县人口与计划生育工作专题会议，县委、政府、政协主要领导出席会议，市计生协会吕维戬会长、曾题国副会长参会，并对彝良县计生工作作指导讲话，县委书记冯学兰和县政府县长江先奎专门就抓好人口与计划生育工作作了重要指示。冯学兰书记要求相关部门要认真清理、处理殴打计生干部的人和事，公安部门要集中精力和人力，集中处理，保证快查快处；各乡镇要严格社会抚养费的征收，发挥经济杠杆作用，控制计划外生育；要加大对计生工作的督促查力度，充分发挥督查作用；要充分发挥计生协会的作用，调动协会真正参加计生工作；要加大奖优免补政策的落实，引导群众自学执行人口计生政策；要强化队伍建设，不断提高人口与计划生育服务管理水平；要坚决执行黄牌警告和一票否决，坚决查处弄虚作假行为。

【龙安计生现场会】

3月19日，县委政府召开了彝良县人口与计划生育工作龙安乡现场会议，市计生协会吕维戬会长到会并作了重要讲话，县计生协会会长刘兴朝安排部署了协会工作，县委李平副书记主持会议，政府吴平副县长、各乡镇镇长、计生办主任、三乐村部分群众共千余人出席会议。

【公开审判妨碍计划生育工作犯罪案件】

2007年7月20日，彝良县人民法院刑事审判庭奎香巡回法庭在奎香乡中心小学公开审理并宣判杨光辉故意伤害计划生育工作人员一案。9月23日，彝良县人民法院在小草坝乡公开审判杨盛恩、罗兴敏、陈宜琼故意妨碍计划生育工作犯罪案件。

【县、乡计划生育干部培训会议】

9月16日至18日，在县委党校召开了为期3天的县、乡计划生育干部培训会议。县人大副主任、县计划生育协会会长刘兴潮到会作了重要讲话，市人口计生委统计科张涛同志到会并对人口与计划生育统计业务进行培训，县人口计生局、县计划生育技术服务站、各乡（镇）计生办工作人员和服务所全体医务人员共120余人参加了培训。

【荣誉】

2007年3月，王直萍同志被评为2006年度云南省人口和计划生育先进工作者。

2008年

【概述】

2008年，彝良县的人口与计划生育工作在县委、县政府的正确领导下，在市人口计生委的精心指导下，紧紧围绕年初与市、县签订的目标管理责任书，以十七大精神为指导，认真落实科学发展观，全面贯彻落实《中共中央国务院关于全面加强人口和计划生育工作统筹解决人口问题的决定》，认真研究分析彝良县计生工作的现状，找准存在的问题和差距，科学决策、大胆创新、不等不靠，立足早计划、早安排、抓落实、抓效果。经过全县各级各部门的共同努力，超额完成了市、县下达的各项任务指标；一把手亲自抓、负总责任领导机制得到进一步落实；宣传教育进一步强化，群众婚育观念得到有效转变；基层基础工作进一步加强，台账运转正常，统计报表质量不断提高；基础设施不断完善，优质服普遍开展，依法管理有效实施，计生违法案件得到有力查处，计生环境进一步净化；计生投入不断加大，“奖、优、免、补”政策全面兑现；计生协会职能作用充分发挥，计划生育村民自治顺利推进。

【统计数据】

据彝良县统计局统计数据显示：2008年末总人口561736人，当年出生人口出8763人，出生率15.6‰，死亡人口4044人，死亡率7.2‰，自然增长人口4719人，自然增长率8.4‰。据彝良县计生局统计报表显示：2008年，全县计划生育率为64.42%；年内征收社会抚养费578.43万元，农业人口独生子女办证182户；　一孩妇女放环3493例，全县已婚育龄妇女综合节育率81.87%。

【人口计生专题会议】

4月15日，县委、政府召开了人口计生专题会议，总结上半年工作，分析存在问题，部署了下半年工作，县委书记冯学兰、县委副书记李平、县纪委书记卯卫菊、县政府副县长李忠秀出席会议，县政府常务副县长罗荣旭主持会议，各乡镇书记、乡镇长、人口计生领导组成员单位负责人参加会议。县委书记冯学兰对上半年的人口计生工作作了客观估价，指出存在的问题和不足，要求全县各级各部门要挤干水分，弄清家底，按照应术尽术的要求，抓好各项措施的落实；要搞好调查研究，整治早婚早育和流动人口管理难问题；要抓好政策法规的宣传，营造良好氛围，提高群众遵守计生政策法规的自觉性和主动性；要整体推进，谐调发展。

【彝良县开展出生缺陷一级预防人员培训】

5月6日，彝良县开展出生缺陷一级预防人员培训，李忠秀出席开班仪式并作重要讲话，省计生委宣教中心副处长李文辉主持开班仪式。省人口学会副会长朱建琨、省计生委王元新、刘相源、王群、熊源发、唐月华等专家、教授亲临授课。各乡镇分管副乡镇长，计生办主任、统计、村计生宣传员、县乡服务站所医生共230多人参加培训。李忠秀副县长要求全县上下要统一思想，提高认识；加强宣传，营造氛围；明确目标，落实责任；强化措施，狠抓落实。

【市计生协会会长吕维戬到彝良调研】

7月28日，市计生协会会长吕维戬、副会长曾题国到彝良县两河乡、钟鸣乡、角奎镇调研人口计生工作。

威信县

2006年

【概况】

2006年，威信县的人口和计划生育工作主要以创建基本无多孩县为目标，不断加强领导，完善措施，严格控制计划外生育（特别是计划外多孩生育），努力提高管理和服务水平。

【统计数据】

据威信县统计局公报载：2006年，全县总人口40.10万人，出生人口0.709人，出生率为17.69‰，死亡人口0.332万人，死亡率为8.30‰，自然增长率为9.39‰。

据市人口计生委公布数据，2006年计划生育率为76.5%，综合节育率为81.52%，生殖健康检查率为98.5%，办理《农业人口独生子女证》454户，征收社会抚养费377.4万元。

【工作研究部署】

3月29日，以昆明市计划生育协会会长戴文忠为团长、昆明市人口计生委主任杨文慧为副团长的一行35人前来威信考察流动人口和计划生育管理工作。5月13日，全市婚育新风进万家活动暨计划生育宣传教育工作会议在威信召开，市人口计生委主任王阳、副主任尚公乾，各县人口和计划生育局分管计生宣传工作的副局长和副乡镇长，县委副书记贺飞、县人大副主任姜荣焕、县人民政府副县长邵光奎、县政协副主席陶帮成、县计生协会会长杨朝忠，县计生局全体干部及各乡镇计生办主任参加会议。邵光奎致词，王阳作工作报告，威信县人口和计生局局长杨诚交流威信县婚育新风新进万家活动先进经验，永善县人口和计生局副局长罗剑博作关爱女孩行动试点工作经验交流，市人口计生委副主任尚公乾安排部署2006—2010年婚育新风进万家活动暨2006年计生宣传教育工作。会议对受国家级、省级表彰的先进单位和个人进行颁奖。与会人员还参观扎西镇大河村观音塘村民小组婚育新风进万家活动开展情况。

【奖优免补】

2006年，全县发放农业人口独生子女教育奖学金小学生682人10.912万元，中学生87人2.262万元，共发放13.174万元。全县兑现农村独生子女一次性奖金174户13.65万元。新办养老补助189人，兑现养老补助584人38.14万元。

【流动人口管理】

2006年，全县共有流动人口75572人，其中流入人口1108人、流出人口74464人，流动人口中已婚育龄妇女18718人，已采取避孕节育措施的15896人，其中结扎10904人、放环4966人，还有1535人无措施。

【业务培训】

5月30日，县人口和计生局组织全县计划生育宣传员进行一次专门的业务知识培训。8月3日，县人口和计生局组织全县各乡镇计生办的统计人员、县人口和计生局的部分干部、扎西镇全体宣传员60余人在扎西镇进行新台账的业务培训。12月10–12日，县人口和计划生育局组织74人参加县人民政府举办的行政执法人员综合执法知识培训，培训后，74人获得省人民政府颁发的《行政执法证》。

【协会建设】

全县共有计生协会组织122个（会员3.67万人），其中村级协会87个、乡镇协会10个、机关协会25个、行业协会3个。12月9日，威信县计生协会第三次会员代表大会在县城扎西召开，县直各单位和乡镇计生协会会员代表108人参加会议。大会选举产生新一届理事会、常务理事会，县人大副主任项云华等29人当选为第三届理事会理事，张元昌当选为威信县第三届计划生育协会会长，杨诚、马克香、马启志、刘华宇、林昌虹当选为副会长，聘请县委副书记贺飞为名誉会长，聘请县人民政府副县长吴敏为名誉副会长。

【荣誉】

2006年5月，威信县被云南省人民政府授予“婚育新风进万家活动先进县”荣誉称号，杨诚和陶波受到国家人口计生委的表彰。

2006年1月，威信县被昭通市委、市人民政府表彰为“昭通市‘十五’人口和计划生育工作一等奖”。

2007年

【概况】

2007年，威信县人口和计划生育工作紧紧围绕巩固基本无多孩县成果，创建无多孩县目标，推出4个方面新创新人口理念：一是坚持“重心下移、力量下沉、投入下倾”，使基层基础工作在人力、物力、精力、财力上有保障，工作上有落实；二是进一步健全依法建制、合同管理、村务公开、民主决策、民主监督制度。三是进一步完善“两委负总责、专干抓落实、协会做骨干、家庭为中心、群众当主人”的农村自治模式，健全“属地管理、单位负责、居民自治、社区服务”的社区自治体系；四是按照“生产发展、生活宽裕、乡风文明、村容整洁、管理民主”的总体要求，切实抓好人口发展新村的建设，本着权利与义务对等的原则，进一步制订和完善《计划生育村民自治章程》、《计划生育村民自治公约》。

【统计数据】

据威信县统计局公报载：2006年，全县总人口40.70万人，出生人口0.554人，出生率为13.61‰，死亡人口0.22万人，死亡率为5.41‰，自然增长率为8.2‰。

据市人口计生委公布数据，2006年计划生育率为80.5%，综合节育率为82.55%。

【站所建设】

2007年，县人民政府划地3333平方米，投资102万元新建县计生服务站；同时划拨31.9万元进行改（扩）建全县的计划生育服务站所，努力改善服务环境。为充实全县计划生育技术服务力量，县人口和计划生育局配合县人事和劳动社会保障局面向外省、外县招聘专业技术人才，到大理医学院、昆明医学院、四川省泸州医学院等大专院校招聘6名专业技术人才，充实全县计生服务站所。

【奖优免补】

2007年，全县发放农业人口独生子女教育奖学金小学生为870人、已兑现13.92万元，中学生为143人、已兑现3.72万元。全年兑现一次性奖金257户19万元，新办理养老生活补助149人，累计兑现养老扶助对象898人58.53万元。

2007年度县人民政府为农业人口独生子女户免除每人每年应上交的10元新农合资金，全县共免除7756人、免费7.756万元。

【流动人口管理】

2007年初，出台《威信县流动人口计划生育管理实施意见》，进一步健全完善流动人口管理服务机制。威信县有流动人口75063人，其中：流入人口1271人、流出人口73792人。流出一孩妇女4831人，已放环的3699人，一放率76.57%，无措施的有636人，占13.16%。流出二孩妇女7351人，放环1099人，占24.34%；二孩结扎5562人，二扎率75.66%。流出多孩妇女5583人，落实放环措施的245人，放环率为6.93%，结扎5196人，结扎率为93.07%。全县流动人口信息交换平台回复率98%，《流动人口婚育证明》查验率96%，流入本地的已婚育龄妇女信息提交率达95%。

【计生协会建设】

5月25～27日，市计划生育协会会长吕维戬、副会长曾题国一行莅临威信调研人口和计划生育工作暨检查指导计划生育协会工作。通过对罗布、双河、水田3个乡的调研，曾副会长对威信县的人口与计划生育工作及计划生育协会工作提出宝贵意见和建议。

【荣誉】

2007年12月，威信县的人口和计划生育工作被昭通市委、市人民政府表彰奖励为全市第一名，县人口和计划生育局同时被市人口计生委表彰奖励为全市第一名。

2008年

【概况】

2008年，威信县围绕创建“省级计划生衣优质服务县”目标，以提高计划生育率和控制违法生育为重点，着力加强人口和计划生育统计台账建设，强化医学监护和“一放二扎”措施，严格社会抚养费征管，健全利益导向机制，完善计划生育服务体系，有力地促进了全县人口和计划生育事业持续健康发展。

【统计数据】

据威信县统计局公报载：2006年，全县总人口40.75万人，出生人口0.536人，出生率为13.16‰，死亡人口0.204万人，死亡率为5.01‰，自然增长率为8.15‰。

据市人口计生委公布数据，2006年计划生育率为67.75%，综合节育率为80.70%。

【工作研究部署】

2008年1月29日，县委、县人民政府召开全县人口和计划生育工作会议，县委贺飞副书记主持会议，并作会议总结。县委龙进书记、县人民政府县长张顺民作讲话，县人民政府副县长吴敏通报2007年度人口和计划生育情况。会议表彰麟凤乡等6个先进集体和江鸿等48名先进个人，兑现2007年度目标责任奖金和创建无多孩生育乡镇、巩固无多孩生育乡镇、创建无违法生育村、巩固无违法生育村奖金。县人民政府与各乡镇人民政府及县直12个部门签订《2008年度人口和计划生育目标管理责任书》。

5月20～21日，全市计划生育协会工作会议在威信召开，会议由市计划生育协会副会长李朝清主持，威信县委书记龙进致欢迎词，市委常委、宣传部长黄玲就全市计划生育协会如何拓宽服务领域、不断开创协会工作新局面进行全面阐述，市政府副秘书长孙信勇就全市计划生育协会如何发挥生力军作用讲了三个方面的意见，市计划生育协会会长吕维戬宣布龙波、张瑞平任市计生协会副会长的决定，会议全面总结2007年度全市计划生育协会工作，安排部署2008年工作。市人口计生委主任龙波、市计生协会常务理事符长荣分别作讲话，威信县计生协会、巧家县计生协会、永善县计生协会、水富县计生协会、昭阳区计生协艺术团、永善县细沙乡计生协会、大关县玉碗镇玉碗村计生协会、威信县双河乡双河村官田坝计生协会小组分别作大会交流发言。参观双河乡双河村官田坝计生协会“会员之家”、水田乡水田村楼上计生协会“会员之家”、“花房子会议会址”、“扎西会议会址”、陈列馆、扎西烈士陵园。市计划生育协会常务副会长曾题国对会议作总结。

【奖优免补】

2008年，全县享受教育奖学金1178人，兑现金额20.608万元，其中小学生1002人（每人每年160元）16.32万元、初中生176人（每人每年260元）4.576万元。按政策加分16人。申报符合享受养老生活补助的892人，享受特别扶助的85人（其中伤残7人、死亡子女78人）。政府调节资金9.253万元为农业人口独生子女户和两女结扎户交纳新农合资金，其中农业人口独生子女户8750人8.75万元、两女结扎户503人5030元。新办证182户，享受一次性奖励金1000元71户、500元61户。为全县农业人口独生子女户、两女结扎户和养老补助对象9800人代缴“新农合”参合资金19.6万元。

【流动人口管理】

2008年，县人口计生局根据市政府在水富召开的宜宾、昭通两市流动人口计生工作协作会议精神，积极与四川省兴文县进行交流学习，加强双管协作，将流入兴文的“老大难”计生户在当地施行绝育手术。

【妇女生殖健康普查普治】

2008年3月30日，威信县启动关爱女性生殖健康普查普治活动。活动由县人口和计划生育局、县妇联和工会牵头，各乡镇计生办、妇联和工会负责具体组织实施，并由北京修正药业集团派技术人员到到威信利用先进设备进行检查，附带价格低于市场价的治疗药品，由患者自愿购买治疗。普查项目包括通过数码电子阴道镜检测宫内疾病、利用红外线乳腺诊断仪检查乳腺疾病、利用B超检查子宫及附件疾病。4520名妇女自觉接受检查，患病率为83%。

【业务培训】

2008年2月24日，县人口计生局举办全县计划生育系统专业技术骨干培训。3月29~31日，县人口和计划生育局组织全县计划生育系统科技大练兵培训活动。5月8~9日，县人口计生局会同省人口计生委宣教中心举办人口出生缺陷预防干部培训会议。省专家对出生缺陷一级预防工作的组织管理、宣传倡导在出生缺陷预防中的作用、健康促进与出生缺陷干预、生殖健康三大工程与出生缺陷一级预防、出生缺陷预防与优生、孕期营养与健康等内容进行详细的培训。

【出生缺陷干预】

2008年3月29日，威信县出生缺陷一级预防工作开始启动。通过孕前排查、产前筛查和叶酸增补等干预手段，有效降低缺陷儿出生率，提高全县出生人口素质。统计目标人群8340人，其中缺陷儿188人。

【生育关怀】

2008年春季学期，县人民政府兑现“关爱女孩行动”救助金30650元，涉及全县10个乡镇48个村164个村民小组190人（孤女30人），其中小学161人、初中29人。秋季学期兑现“关爱女孩行动”救助金58200元，涉及全县10乡镇68个村281个村民小组345人（孤女30人），其中小学241名、初中104名。全年共计资助535人次，发放救助金88850元。兑现标准按小学生每人每学期150元、初中生每人每学期200元，属农业人口独生子女的每人每学期增加50元。

【站所建设】

2008年，县计生服务站、双河乡计生服务所已建成投入使用。罗布、旧城、麟凤、三桃4个乡镇服务所达到标准化、规范化管理，庙沟、水田、长安、双河4个服务所正按标准化、规范化建设。8月，占地3333平方米、投资102万元修建的县计划生育宣传服务站（包括县人口计生局综合办公楼）竣工投入使用，县计划生育宣传服务站和县人口计生局由建设街100号迁入麒麟新区新办公楼工作办公。

【计生协会建设】

2008年，在抓好2007年创建的12个新农村建设示范点“会员之家”巩固的基础上，在全县新增的26个新农村建设示范点创建“会员之家”。

【荣誉】

2008年11月，县人口计生局局长杨诚被云南省人事厅、云南省人口和计划生育委员会表彰为“2007年度云南省人口和计划生育先进工作者”。

2008年12月，威信县被云南省人口和计划生育委员会表彰为“全省计划生育优质服务先进单位”。

水富县

2006年

【概况】

据水富县统计局公报，2006年末，全县总人口97947人，出生率为13.0‰，死亡率为7.0‰，自然增长率为6.0‰。据计划生育报表，年内出生835人，其中计划内出生754人，计划生育率为90.3%；计划外多孩出生6人，计划外多孩率为0.72%。死亡594人，自然增长人口241人。年内农独办证223户，完成一放736例。征收社会抚养费46.036万元。全县人口和计划生育工作连续五年名列全市第一，在巩固好“基本无多孩县”成果的基础上率先在全市实现了无多孩县目标。

【全县人口计生工作会】

2006年1月24日，水富县委、县政府在云水宾馆召开全县人口计生工作会议，县四套班子主要领导、县直各单位负责人、计生局全体职工、计生服务站站长、各乡镇党政一把手、分管副乡镇长、计生办主任、村党总支书记及计生宣传员参加。县委书记张朝德、县长韩梅分别在会上讲话。会议对计生工作先进乡镇和“十五”期间涌现的10个先进集体、20名先进个人予以表彰奖励。分管副县长刘小平代表县政府与各乡镇签订2006年人口计生工作目标责任书。

【清查流动人口计生工作】

2006年1月30日至2月12日，计生部门与公安部门组织开展联合清查流动人口行动，在清理流动人口暂住证时，严格查验《流动人口婚育证明》。

【人口计生宣传】

2006年3月，水富县人口计生局牵头，各乡镇计生办、村计生两员配合，在两碗乡新滩村、太平乡盐井村和向家坝镇新寿村、楼坝村开展人口计生宣传活动。共发出宣传围裙1.5万余张、宣传画3万余幅、宣传资料2.5万余份、避孕套8000只、避孕药650盒，出动宣传车12次，涉及群众32000余人，知晓率达90%。

【检查督促目标任务】

2006年4月中旬，县委、县政府组织考核组以不打招呼抽查的形式对各乡镇上半年人口计生工作责任目标完成情况进行检查。5月8日、11日，刘小平带领县人口计生局领导分赴全县3个乡镇就检查情况进行反馈，并对如何巩固好“基本无多孩县”成果、强化“无多孩县”创建工作提出具体意见。县人口计生局领导就业务工作进行安排。

【吴学刚一行到水富调研】

2006年5月20日，市人口计生委副主任吴学刚一行3人在县人口计生局领导的陪同下到向家坝镇调研计生优质服务工作。

【联合宣传服务】

2006年5月20日至29日，县人口计生局和县计生协会联合宣传、卫生、科技、农业、地震、新华书店等单位深入全县乡村开展宣传服务活动，将优生优育科技知识和实用科技知识送到千家万户，纪念中国计生协成立26周年。

【世界人口日宣传活动】

2006年7月11日，水富县认真开展以“关爱女孩”为主题的第17个世界人口日宣传活动，采取集中宣传与巡回宣传相结合，出动流动宣传车巡回县城各主要街道，播放人口计生政策法规及生殖保健知识；在县城、乡镇设立宣传咨询服务点3处，免费发放避孕药具3600盒，接待干部群众义诊咨询服务3400多人次，发放宣传资料11种3万余份。

【计生干部培训】

2006年8月8日至10日，全县计生干部理论业务培训班在港务大酒店举办，县、乡镇、村（社区）

计生干部130余人参加。培训内容有社会主义荣辱观、科学发展、社会主义新农村建设、农村独生子女奖扶政策、流动人口计划生育管理、计划生育政策法规、防艾、统计等。

【市片区两女户调查业务培训在水富举行】

2006年8月13日，市人口计生委在水富县政府二楼会议室举办片区两女户抽样调查业务培训，盐津、绥江、水富县人口计生局局长及其统计、法规股长，县妇联主席和被抽中的普洱镇、板栗乡、太平乡相关人员共40余人参加。会议对具体的业务进行指导、讲解，统一口径和要求。

【农村独生子女领证户调查】

2006年8月中旬，水富县人口计生局组织全县基层计生工作人员，通过入户、问卷、查阅、核实等方式，对3个乡镇历年农村独生子女领证户进行入户专项调查，基本掌握全县农村独生子女领证户，特别是独生子女困难家庭的实际情况，为领导决策和更好地做好人口计生工作提供第一手资料。

【目标管理检查考核】

2006年10月9日至15日，县委、县政府组织检查考核组24人分7个小组对3个乡镇、县直有关部门对年初签订的目标管理责任书进行检查考核。考核组深入到全县21个村4个社区37个村民小组抽查141个样点，对1681户农户进行抽查核实，群众知晓率达96%，各项指标基本无误差。

【吕维戬等人到水富调研】

2006年10月19日，市计生协会会长吕维戬，常务会长曾题国到水富县调研计划生育协会工作。

【水富人口网开通】

2006年11月14日，水富县人口和计划生育局主办的水富人口网（http: //www.sfrk.gov.cn）正式开通。网站共设有人口快讯、文件通知、领导讲话、政策法规、办事指南等18个栏目29个网页。

【韩梅到水富调研】

2006年11月24日，市政府副市长韩梅在市人口计生委主任王阳，县委常委、常务副县长樊勇，县人口计生局局长陈关桦等领导的陪同下，深入到县计生服务站、向家坝镇调研人口计生工作。

【市政府检查考核水富人口计生工作】

2006年11月27日至29日，以市人口计生委主任王阳为组长的市政府检查考核组一行7人到水富县考核2006年度人口计生工作。

【省人口计生委到水富检查行政执法工作】

2006年12月21日至22日，省人口计生委流动人口计划生育管理处副处长范雅康一行3人，代表省人口计生委到水富县检查流动人口计划生育行政执法工作，市人口计生委副主任尚公乾等陪同检查。

【表彰奖励】

年内，太平乡计生服务所被国家计生委授予"全国人口和计划生育科技工作先进集体"称号，水富县被市委、市政府授予"无多孩县"、"二〇〇五年度人口与计划生育基本无多孩县"称号，两碗乡被市委、市政府授予"基本无多孩乡"称号，两碗乡计生办被市委、市政府授予"计划生育工作先进集体"称号，水富县人口计生局被市委、市政府表彰为"'十五'人口和计划生育工作一等奖"，县人口计生局职工周光义被市人口计生委表彰为全市"科技管理先进个人"，县计生服务站职工杨金聪被市人口计生委表彰为全市"技术服务先进个人"，县计生服务站杨金聪、黄德琴、王碧清、李艳美、余友秀被市人口计生委授予"千例手术无事故"称号。

2007年

【概况】

据水富县统计局公报，2007年末，全县总人口99600人，出生率为12.30‰，死亡率为6.70‰，自然增长率为5.60‰。据计划生育报表，年内出生768人，其中计划内出生723人，计划生育率为94.14%；计划外多孩出生3人，计划外多孩率为0.39%。死亡514人，自然增长人口254人。年内农独办证130户，完成一放787例。征收社会抚养费38.825万元。全县人口和计划生育工作连续六年名列全市第一，在巩固好“无多孩县”成果的基础上，成功创建省级计划生育优质服务先进县。

【全县人口计生工作会议】

2007年2月8日，水富县2007年人口计生工作会议在云水宾馆召开，县委、人大、政协联系领导，县政府分管领导，县计生协会会长，县人口计生工作领导组成员单位领导及各乡镇党政主要领导、分管领导，计生办主任、服务所所长，各村（社区）主任、计生宣传员和县内重点企业、医院、宾馆负责人参加。副县长樊勇总结2006年人口计生工作成绩，客观分析所面临的严峻形势和存在的实际问题，对2007年工作提出四点要求。县计生协会会长邓耀其传达全市计生协会工作会议精神，对计生协会重点工作进行安排部署。宜宾市流动人口计划生育管理办公室副主任邹文全对流动人口计生工作作交流发言。县人口计生局通报全县2006年10月至2007年1月人口计生工作主要指标执行情况。会议还表彰向家坝镇、太平乡和两碗乡为无多孩乡镇，兑现2006年度目标责任奖，与各乡镇和相关单位签订2007年目标管理责任书。

【计生药具市场检查】

2007年4月12日，水富县人口计生局牵头组织县食监局、药监局、卫生局、工商局、发改局等部门，对水富县城的私立医院、私人诊所、药品、成人保健品等42家医药单位的计生药具经营情况开展联合执法检查，对检查发现存在问题的经营单位视情况给予口头警告、批评教育和限期整改，全县计生药具市场进一步规范。

【人口计生工作专题会议】

2007年7月25日，水富县人口计生专题会议在港务酒店召开，县委、县政府、县人大、县纪委、县政协相关领导和县流动人口计划生育管理工作领导组成员单位负责人、各乡镇党政主要领导及计生办、服务所负责人，村两委主要领导、计生宣传员共90余人参会。县委常委、常务副县长樊勇通报2006年10月以来全县人口计生各项指标执行情况，安排部署下步重点工作。县委常委、县纪委书记刘小平对加强基层基础工作、扎实巩固“无多孩县”创建成果、积极探索计划生育新机制作强调。各乡镇就人口计生工作各项目标任务完成情况作汇报。

【关爱育龄妇女生殖健康普查】

2007年9月2日至10月29日，县人口计生局联合县妇联、县工会和修正药业集团，携带电子数码阴道镜、红外乳腺诊断仪、B超等设备，对全县3个乡镇8个村（社区）的1733名育龄妇女提供免费生殖健康普查。

【计划生育村（居）民自治】

2007年，全县新确定4个村（向家坝镇的水河村、新寿村、太平的古楼村、两碗的花坛村）开展计划生育村民自治试点，共签订《计划生育村民自治管理合同》915份，签订率达95%以上。

【农业人口独生子女光荣证办理】

在群众自愿办证的基础上，认真开展送表上门、送证上门、送奖金上门、送“致富信息”上门的“四上门”活动和关心群众生产、生活、生育、健康的“四关心”活动，全县的农独办证累计达1496户，占农业人口一孩家庭户的49.3%，巩固率达100%。

【社会抚养费的征收和管理】

水富县全年共审批安排生育指标775人，其中一孩534人、二孩241人。对群众举报和工作中发现的违法生育人员，按照相关法律法规予以严肃处理，共查处违法生育人员45户。

【建立健全工作机制】

年内，出台《水富县巩固无多孩生育乡（镇）考核管理办法（试行）》，严格落实责任追究制，共有18名工作不力的乡村干部被处罚；出台《水富县村（社区）计生两员管理办法》，举办2次三级计生干部业务培训会，为28名符合条件的村级计生人员购买养老保险；在全市率先出台《水富县关心救助独生子女困难家庭试行办法》，从2007年起由县财政每年预算安排10万元设立计划生育专项基金，对全县独生子女困难家庭给予600元至2000元不等的救助；出台《水富县流动人口计划生育管理服务暂行办法》，明确公安、工商、建设、民政、交通、卫生、经贸、文体等部门职责，严格执行“一证先行、无证否办”制度，推动综合治理流动人口计划生育工作格局初步形成。

【荣誉】

水富县被省人口计生委授予“省级计划生育优质服务先进县” 称号、被市委市政府授予“巩固无多孩县”称号，两碗乡成凤村计生专干张志芬被国家计生协会表彰为“全国计生协会先进志愿者”。

2008年

【概况】

据水富统计局公报，2008年末，全县总人口10060人，出生率为12.20‰，死亡率为6.65‰，自然增长率为5.55‰。据计划生育报表，年内出生855人，其中计划内出生781人，计划生育率为91.35%；计划外多孩出生3人，计划外多孩率为0.35%；死亡543人，自然增长人口312人；年内农独办证92 户，完成一放1023例，征收社会抚养费33万元。

【召开全县人口计生工作会议】

2008年4月14日，水富县2008年度人口计生工作会议在云水宾馆召开，县委、人大、政府、纪委、政协相关领导和县计生协会会长，县人口计生工作领导组成员单位领导，各乡镇党政主要领导、计生办主任、服务所所长及各村（社区）主任、宣传员参加。县政府副县长高文辉总结2007年人口计生工作成绩，分析面临的形势和问题，并提出下一步工作要求。县人口计生局通报全县2007年10月至2008年3月人口计生工作主要指标执行情况。会议还表彰向家坝镇、太平乡和两碗乡为巩固无多孩乡镇，兑现2007年度责任奖，签订2008年目标管理责任书。

【水富县举办“七一”暨流动人口杯歌咏比赛】

2008年6月19日晚，水富县人口计生系统庆“七一”暨流动人口杯歌咏比赛在白云歌厅举行，80名党员重温誓词，来自全县的5个代表队参赛。经过角逐，太平乡代表队获一等奖，两碗乡、县人口计生局代表队获二等奖，向家坝、县计生服务站代表队获三等奖。

【水富县启动“生育关怀—重建心灵家园行动”】

2008年7月，水富县作为中国计生协在云南省唯一实施“生育关怀—重建心灵家园行动”项目的试点单位，在全县范围内启动该项目并计划用三年时间，对5·12地震受损的31户计划生育伤残家庭和813户计划生育困难家庭进行心理援助、精神慰藉、生活帮扶和科学指导再生育活动，招募1000名志愿者具体开展结对帮扶工作。

【人口计生推进会】

2008年8月5日，全县人口计生工作推进会在县政府二楼会议室召开，县委常委、县长安治强主持，县委常委、县纪委书记刘小平，县人大副主任张世奎，县政府副县长高文辉，县政协副主席唐波、县计生协会会长邓耀其及各乡镇长、分管副乡镇长、计生办主任，计生服务所所长，县计生局党组成员参加。高文辉总结2007年10月至2008年7月人口计生目标任务完成情况，安排部署下一步工作。安治强就当前计生人口计生工作中涉及机构、人员、经费和下步工作重点作指示。县人口计生局局长传达全市人口计生工作会议精神，通报市组织的不打招呼抽查情况。

【综合治理出生人口性别比】

制订下发《水富县集中整治非法鉴定胎儿性别和选择性别终止妊娠行为专项活动实施方案》，建立有奖举报制度，设立举报电话和举报信箱，对属实信息的举报者一条信息给予500元奖励。全年开展2次专项工作检查，对全县医疗单位的12台B超进行规范管理，各医疗单位所做的4637例B超检查均无胎儿性别鉴定行为。综合治理出生人口性别比为

118。

【清理整治台账工作】

水富县人口计生局分别于4月和8月从各乡镇、村（社区）抽出工作责任心强、业务水平高的21名同志，对全县3个乡镇的21个村进行抽样调查，对仍存在出生人口漏统漏报现象的村，责令其认真整改后组织再核查，保证统计数据的准确性。通过清理整治，报表账实相符率达95%以上。

【社会抚养费的征收和管理】

水富县全年共审批安排生育指标756人，其中一孩495人、二孩258人、三孩3人。建立初信初访、领导包案等7项制度，共查处各种来信来访380件，初信初访一次性处理率为100%。

【推进计划生育村（居）民自治】

在巩固5个村民自治成功试点的基础上，新创建6个村计划生育村民自治试点，共签订《计划生育村民自治管理合同》1915份，签订率90%以上，收取信用金12万元。

【推行计划生育信息化试点工作】

2008年在3个乡镇的4个村（社区）试点推行计划生育信息化管理，有效减轻基层工作压力，提高工作效率及数字真实率。

【云南省人口计生宣教工作会议在水富召开】

2008年12月17日至18日，全省宣教工作会议在水富县云水宾馆召开，省人口计生委副主任金桂兰、国家人口计生委宣教中心主任张汉湘出席并作重要讲话，全省16个地州（市）人口计生委分管领导、宣传科长、部分县（区）人口计生局局长等80余人参加会议，水富县、昆明市、文山州分别作宣教工作经验交流。会议还参观向家坝镇新寿村“文化大院”和向家坝电站施工现场。

【中国计生协督查水富县“生育关怀—重建家园行动”项目】

2008年12月2日至6日，中国计生协会国际项目处处长丁丹平在国内部宣传处和省、市计生协有关领导的陪同下，对水富县“生育关怀—重建心灵家园行动”项目进展、经费使用、宣传倡导情况和项目实施工作中存在的困难、问题及采取的对策措施等进行专项督查指导。

【落实帮扶救助工作】

深入贯彻落实《水富县关心救助独生子女困难家庭试行办法》，2007年至2008年共有169户独生子女困难家庭获得救助金达10.6万元，其中有3户获得最高标准2000元的救助，有47户连续两年获得救助。

【荣誉】

两碗乡计生办主任税昌品被国家计生委表彰为“全国人口与计划生育系统抗震救灾先进个人”，向家坝镇计生办主任葛荣文被省人民政府表彰为“2008年度计划生育先进工作者”。

曲靖市人口和计划生育委员会

曲靖市

2006年

【概况】

2006年，曲靖市人口与计划生育工作紧紧围绕严格控制人口增长、进一步降低生育水平的目标，突出抓好“奖优免补”、流动人口计划生育管理服务、优质服务和村（居）民自治四个重点，启动出生缺陷干预试点工作，大力加强基层基础工作和干部队伍建设，全市人口与计划生育工作成效显著。年内，全市“奖优免补”工作取得明显成效，流动人口计生管理工作取得新进展，优质服务工作初见成效，继续开展乳腺疾病普查普治项目工作，优质服务领域进一步拓宽。村（居）民自治试点工作取得初步成效，有效地促进了工作重心向乡、村两级下移。宣传教育工作深入扎实开展，开展了“破旧俗、树新风”生育观念大讨论活动，“关爱女孩”行动试点工作进展顺利。实施推广安全套防治艾滋病工程稳步推进，各项工作措施得到进一步落实。

【统计数据】

据曲靖市统计局公报，2006年末，全市人口（户籍）594.94万人，比上年增1.28%。出生人口10.1万人，增34.75%。年内，全市共死亡人口2.1万人，减少近30%。人口出生率（抽样数据，下同）13.15‰，下降2.15个千分点；死亡率5.28‰，下降1.51个千分点；人口自然增长率7.87‰，下降0.63个千分点。据计划生育报表，全市110.5万已婚育龄妇女中有98.2万人采取了各种避孕措施，综合避孕率达到88.82%，其中26.5万人放置了宫内节育器，三术率达到87.71%。

【考核结果】

2006年，政府对政府责任目标考核，麒麟区、宣威市、会泽县、曲靖开发区、沾益县、马龙县、师宗县、富源县获一等奖，罗平县、陆良县获二等奖。计生对计生责任目标考核，沾益县、陆良县、曲靖开发区、富源县、宣威市、麒麟区、马龙县、会泽县获一等奖，师宗县、罗平县获二等奖。

【加强领导】

2006年，市委、市政府坚持 “黄红牌警告”、“六不准”和“一票否决”制度，把执行计划生育作为提拔任用干部、评选先进单位、先进个人和申报文明单位的依据。市委、市政府召开了全市人口资源环境工作座谈会、人口计生工作会和人口计生工作电视电话会。坚持政府对政府、计生对计生“双线”目标管理责任制，并由市政府组织对各地完成责任目标任务情况进行半年检查和年终检查。

【推进奖优免补工作】

2006年，市委、市政府在全市人口资源环境工作座谈会和半年工作电视电话会议上两次通报农业人口独生子女家庭“奖优免补”工作进度，在半年和全年工作检查中，把“奖优免补”工作进度列为重点检查内容，对工作滞后的乡镇进行重点检查。加大宣传力度，认真实施全省“5331”宣传教育工程，营造良好的宣传氛围，有力地促进了“奖优免补”工作。年内，全市共有11594户农业人口新办《独生子女父母光荣证》，自2003年8月实施“奖优免补”政策以来，共有61488户农业人口新办《独生子女父母光荣证》。

【流动人口计生管理】

2006年，9个县（市）区和开发区的121个社区（居委会）配备了流动人口计划生育管理员187名，为加强流动人口计划生育管理与服务提供了人员保证。进一步贯彻落实“单位负责、社区管理，抓雇主、管雇工，抓房主、管房客” 的工作新机制。6月20日至21日，云南省流动人口计划生育工作会议在曲靖市召开，麒麟区、宣威市为会议提供了现场。8月，陆良县在城区组建了流动人口计划生育服务站，在做好流动人口计划生育服务方面作了积极的探索。

【启动出生缺陷干预试点工作】

2006年，云南省政府启动了出生缺陷干预试点工作，曲靖市宣威和会泽被确定为试点县。为扎实推进试点工作，曲靖市政府明确了经费补助比例，属国家和省级扶贫开发工作重点县的除由省财政承担80%外，市、县财政各承担10%；非扶贫开发工作重点县的除由省财政承担50%外，市、县财政各承担25%。明确对户籍在云南省，双方都属于农业人口、准备结婚和已婚且符合政策生育的目标人群实行免费服务。宣威和会泽两县（市）按要求成立试点工作领导小组和工作机构，制订下发了《出生缺陷干预试点工作实施细则》、《免费发放叶酸管理办法》等规定，加强业务人员的培训，及时完成基线调查工作，摸清目标人群底数。

【推进安全套预防艾滋病工程】

2006年，全市人口计生系统认真贯彻执行《云南省艾滋病防治办法》和市政府“一办法五工程”部署，按照曲靖市《推广使用安全套防治艾滋病工作实施方案》的要求，全面推广使用安全套，有效预防和控制艾滋病的流行和蔓延。市、县计划生育药具部门积极组织货源，提供质优价廉的安全套。建立了安全套营销和免费发放数量定期上报制度。会同公安、旅游等相关部门对宾馆、酒店、旅社及发廊、娱乐场所的安全套摆放情况进行了实地检查，对工作不到位的要求限期改进。在实施联合国人口基金第五周期项目工作中，把艾滋病预防与计划生育综合服务有机结合起来，开展艾滋病/生殖道感染预防干预项目和青少年性健康教育，先后举办项目服务人员艾滋病预防知识培训班、试点中学青少年性健康教育师资培训班等。全市免费向已婚育龄妇女发放安全套134048只，开展防治艾滋病宣传活动免费向群众发放78410只，共向宾馆、旅店及娱乐场所等销售安全套208818只。星级宾馆安全套摆放率达标100%，普通旅馆酒店达86%，桑拿洗浴达89%。

【扩大国际合作项目成果】

2006年，沾益县继实施中国联合国人口基金第五周期生殖健康计划生育项目后，再次被国家人口计生委确定为六周期30个项目县之一。在30个项目县中，沾益是唯一一个实施过五周期项目的县。罗平县在结束了实施中日结合IP项目后，又启动了“中西部生殖健康家庭保健服务能力建设”项目。

【推进优质服务】

2006年，全市不断强化计划生育科技工作规范化管理，切实推进优质服务，提高管理服务水平。巩固和发展以县站为龙头、乡所为主体、村室为基础的技术服务网络。改建、扩建计划生育服务站所，提高技术装备水平，改善技术服务条件。全市60%的村委会（社区）设置了村级服务室。严格执行技术服务体系和人员执业准入制度，对业务工作规范等都作了统一规定，制订完善了“节育手术事故报告、抢救制度、病案讨论制度”等质量管理制度，加强医疗文书的管理。全市115个乡（镇）有83个乡（镇）服务所达到省级规范化标准。年内，市人口计生委组织对乡镇服务所进行了检查，对59个违规开展计划生育绝育手术的乡级服务所进行了整改。推进“出生缺陷干预工程”，全年推广使用“福施福”1万多盒，为降低出生缺陷的发生做了有益的工作。11月21日至22日，云南省计划生育优质服务现场会在曲靖市沾益县召开。

【队伍建设】

2006年，各级党委、政府注重强化人口计生队伍建设，及时补充干部和充实人口计生领导班子，保留了乡镇（街道）的计生办和服务所机构、人员。市人口计生委举办了“奖优免补”、优质服务、流动人口计生管理、计划生育村（居）民自治等内容的培训班，培训对象一直延伸到社区（居委会）的流动人口管理员，培训达400多人次。市人口计生委纪检组两次召开全市人口计生系统党风廉政建设会议，要求严格遵守国家人口计生委“四个不准”规定和人口与计划生育检查考核评估验收“十个不”的工作纪律和群众工作纪律。

【村（居）民自治试点】

2006年，结合实际开展了计划生育村（居）民自治试点工作。以全面推进、逐步完善的原则，根据《行政许可法》的有关规定，规范了村（居）民自治试点工作的程序和《村（居）民自治公约》、合同和自治章程，有针对性地制订了计划生育自治章程和村规民约，进一步打牢了乡、村两级的工作基础。

【荣誉】

2006年12月，张国能同志被人事部、国家人口计生委授予“全国人口和计划生育系统先进工作者”荣誉称号。

2007年

【概况】

2007年，全市人口计生工作紧紧围绕严格控制人口增长、进一步降低生育水平的目标，强化宣传教育，完善服务网络，发挥计生协和基层组织作用，认真落实“奖优免补”政策，加强流动人口计划生育管理与服务，推进优质服务和村（居）民自治试点，突出利益导向机制建设，进一步推动计划生育工作综合治理。年内，全市“奖优免补”工作成效显著；流动人口管理服务取得新成效，“属地化管理、市民化服务”要求进一步得到落实；优质服务水平不断提高；计划生育村（居）民自治试点工作稳步推进；宣传教育工作不断强化；出生缺陷干预试点工作顺利通过中期评估；对外合作与交流取得新进展；计划生育药具工作得到加强。

【统计数据】

据曲靖市统计局公报，2007年末，全市总人口（户籍）603.04万人，比上年增1.4%。全市人口出生率12.52‰，比上年降0.63个千分点；死亡率为5.01‰，比上年降低0.27个千分点；人口自然增长率为7.51‰，比上年降0.36个千分点。据计划生育统计报表，全市放置宫内节育器37857 例，“三术”率达到88.01%，综合节育率达89.13 %。

【考核结果】

2007年，计生对计生责任目标考核，麒麟区、沾益县、马龙县、宣威市、富源县、罗平县、师宗县、陆良县、会泽县获一等奖。

【保障投入】

曲靖市政府不断加大对人口与计划生育事业的投入，2007年，市县两级配套“奖优免补”经费

160万元，其中一次性奖励经费107.72万元，义务教育奖学金52.28万元，保证了“奖优免补”工作的顺利开展。

【市人大审议】

2007年，市人大常委会对全市贯彻执行《云南省人口与计划生育条例》情况进行了审议，并深入到会泽、沾益、罗平和陆良等县进行执法检查，提出了审议意见。市政府制订了具体落实措施并认真加以落实。通过审议，进一步提高了全市各级政府对计划生育工作的认识，增强做好计划生育工作的使命感和责任感，促进了各项保障措施的进一步落实。

【推进“奖优免补”】

继续不断加大“奖优免补”工作力度，提高工作质量，巩固工作，完善利益导向机。全市对“奖优免补”一次性奖励金、奖励扶助金的发放和资格认定情况进行专项督查。年内，全市共有5395户农业人口新办《独生子女父母光荣证》，自2003年8月试点以来，全市共有66723户农业人口办理《独生子女父母光荣证》。所辖的9个县（市）和市开发区全部兑现了农业人口独生子女保健费，开发区免去了农业人口独生子女户参加新型农村合作医疗中的自付部分，由政府代交；会泽县在“新农合”中，提高农业人口独生子女及双女户家庭20个百分点的报销比例。

【流动人口管理服务】

坚持并不断完善“单位负责、社区管理，抓雇主、管雇工，抓房主、管房客”的流动人口计划生育管理服务新机制，将麒麟区、宣威市开展试点工作取得的成功经验向全市推广，继续把落实村计生宣传员和社区流动人口管理员的报酬纳入政府对政府的目标责任书进行考核，加强流动人口管理员的业务培训，提高业务能力。各级人口计生部门开展了“关爱农民工”宣传活动，全市共印发10多万份《致农民工朋友的一封信》。市、县计生服务机构设立了避孕药具免费服务窗口，将流动人口计划生育管理服务纳入经常性工作范围，提供与户籍人口同等的免费服务。加强对外流人口的管理服务，在宣威市文兴乡开展了针对外流人口计划生育管理服务的试点工作，取得了初步成效；会泽县到外流人口相对集中的外地州城区设立流动人口管理办公室，开展宣传、政策咨询及办证服务，协查计生违法案件，加强与当地计生部门的协调沟通，让流动人口能享受到免费的技术服务。

【优质服务】

按照环境优美、技术优良、服务优质、管理科学、群众满意的“四优一满意”标准，全面开展优质服务先进县（市）区创建活动。市级在做好沾益、罗平、师宗和陆良四个优质服务县巩固工作的基础上，有重点地指导麒麟区制订创建方案，从加快基础设施建设、规范服务标准入手，加快创建步伐。在沾益、富源、陆良、师宗四个县开展了 “节育手术并发症防治技术研究”课题，成立了项目领导小组，按照项目实施计划，开展项目培训，圆满完成了女性绝育手术后生殖健康个案调查任务。

【村民自治】

在上年试点成功的基础上，全市继续积极稳妥地推进计划生育村（居）民自治试点工作。将此项工作纳入计生对计生目标责任书进行考核，加强对基层的指导。坚持先行试点、逐步推开，依法开展和权利、义务对等的三个原则。防止一哄而上，不搞一刀切。据统计，全市有10%的村（居）委会开展了试点工作，并确保了每个县（市）区至少有1个乡镇整体推进。

【宣传教育】

各级人口计生部门以纪念国家《人口与计划生育法》和省《条例》实施五周年活动为契机，结合贯彻落实《中共中央国务院关于全面加强人口和计划生育工作统筹解决人口问题的决定》（中发〔2006〕22号文件）精神，不断强化计划生育宣传教育工作。全市认真实施“5331”宣传工程，利用城市社区、农村基层各种文化场所，采取举办讲座、咨询服务、文艺演出等群众喜闻乐见的形式，深入宣传国家《人口与计划生育法》和省《人口与计划生育条例》，深入宣传生育政策、避孕节育、优生优育、生殖健康等科普知识和“奖优免补”政策，开展国策、国情、人口形势教育，积极倡导科学、文明、进步的婚育观念。

【出生缺陷干预试点】

宣威市和会泽县按省政府的要求，认真开展出生缺陷干预试点工作。两个试点县（市）共确定目标人群38164人，培训39324人次，发放叶酸93324瓶。两市县完成各项预定工作和相关资料上报，顺利通过了项目中期评估。

【国际合作项目工作】

2007年，罗平县在实施“中西部生殖健康家庭保健能力建设项目”中，举办了青春期性与生殖健康教育师资培训工作。沾益县在实施第六周期项目，加强宣传、倡导和培训工作，发放项目公开信11万份，培训县、乡、村育龄群众9000余人次，在17个村委会新开展避孕节育知情选择工作，并在全县122村委会（社区）开展争创“人口和计划生育十星级村委会（社区）”活动。

【计划生育药具工作】

2007年，市级人口计生部门首次将“避孕药具对象符合率”和“避孕药具计划执行率”两项指标纳入计生对计生目标责任书进行考核。召开了药具工作专题会议。加强药具队伍建设，推进信息化步伐，统一购置了计算机配发到各县（市）区，专门用于药具管理。积极推行避孕药具的全员免费发放制度，在县、乡、村建立健全了规范的计划、管理、仓储、调拨制度，拓宽了避孕节育的知情选择范围。

【行风建设】

2007年，全市各级人口计生部门按照省的布置加强作风建设。认真开展行政执法监察活动，重点监察“奖优免补”政策兑现、再生育审批、社会抚养费征收、技术服务和流动人口管理等涉及群众切身利益的事项，督促基层全面落实计划生育政务公开、办事公开，主动接受群众监督。共进行“六访”15900人，开展了以“请农民兄弟姐妹评计生”为主要内容的行风评议活动农民兄弟姐妹认为人口计生部门及工作人员工作作风好和较好的达93%以上。组织了“下评上”活动，县级计生部门对市人口计生领导班子、机关和直属单位在领导作风、思想作风、工作作风和廉洁自律方面的满意率和基本满意率在86%以上，最高的达99.6%。“双评”结果表明，各级人口计生部门严格执行国家人口计生委规定的群众工作纪律和检查考评纪律。在人口计生行政管理、技术服务工作中，没有出现因工作粗暴引发的恶性案件；在征收社会抚养费和落实长效避孕节育措施过程中，没有非法拘禁等违规违纪行为。计划生育服务站、所严格按照国家《计划生育技术服务管理条例》的规定执行，在放行节育手术前征得受术者的同意，施术过程中严格按技术常规操作，保证受术者的安全。

2008年

【概况】

2008年，人口计生工作围绕全市经济社会发展总体目标，全面启动出生缺陷一级预防工作，认真落实“奖优免补”政策，不断强化流动人口计划生育服务与管理工作，扎实推进优质服务工作，加强信访工作，认真开展领导干部“大接访、大下访”活动，解决信访热点难点问题，加大法律法规的宣传力度，提高依法行政水平，紧紧抓住国家和省出台扩大内需促进经济平稳较快增长的有利时机，努力推进基层计生服务体系建设。全市生育水平进一步降低，出生人口素质得到提高，人口结构得到改善。

【统计数据】

据曲靖市统计公报，2008年末全市常住人口578.2万人，比上年增0.92%。出生率为11.66‰，下降

0.86个千分点；死亡率4.8‰，下降0.21个千分点；人口自然增长率6.86‰，下降0.65个千分点。据计划生育统计报表，全市放置宫内节育器34686 例。计划生育率达98.98%、“三术”率达87.97%。

【考核结果】

2008年，经市政府组织考核，沾益县、富源县、会泽县、宣威市获一等奖；麒麟区、陆良县、师宗县、马龙县、罗平县获二等奖。

【出台两个意见】

2008年，曲靖市政府第四次常务会议和市委第45次常委会议听取了人口计生工作情况汇报，以市委、政府文件出台了《关于进一步加强人口和计划生育工作统筹解决人口问题的意见》，以市政府文件出台了《关于进一步加强流动人口计划生育服务和管理工作的意见》，《意见》在提高村级计生宣传员报酬、“六不准”和“黄红牌”警告制度。同时，健全完善了“一票否决”制度、加大经费投入和加强队伍建设等三个方面提出了针对性较强的措施和办法。

【市人大审议人口计生工作】

2008年8月26日，市三届人大常委会第四次会议，审议了全市人口计生工作，充分肯定了人口计生工作取得的成效，就进一步贯彻落实《云南省人口与计划生育条例》，推进全市人口计生工作又好又快发展提出了意见。会前，市人大常委会组织对全市人口计生工作，特别是贯彻落实《云南省人口与计划生育条例》等9个方面的情况进行了调研。

【全面启动出生缺陷一级预防工作】

为降低出生缺陷发生率，努力从源头上提高出生人口素质，全面启动出生缺陷一级预防工作，具体做到“五抓五确保”：一是抓组织领导，确保协调配合好。市、县成立了的出生缺陷干预领导小组和部分有条件的县还成立了出生缺陷干预专家指导组。9月16日，市人口计生委在富源县召开出生缺陷预防实验室筛查工作现场会。二是抓责任落实，确保目标责任明，纳入年度目标责任考核。对试点县、重点县及其余县（市）区下达了不同目标任务。三是抓方案制订，确保工作稳步推进。市、县（市）区分别制订了《出生缺陷一级预防工作实施方案》。四是抓基线调查，确保目标人群界定清。全市确定目标人群39316对。五是抓好宣传培训。积极参加全国出生缺陷干预知识竞赛活动，深入开展宣传倡导工作，大力普及预防出生缺陷科学知识。

【落实“奖优免补”政策】

2008年，全市继续强化措施，认真落实“奖优免补”政策。2731户农业人口家庭新办《独生子女父母光荣证》，从2003年开展“奖优免补”工作试点至今，全市共有69439户农业人口办理《独生子女父母光荣证》，是未实行“奖优免补”政策前24年农业人口累计办证3621户的19.18倍。63367户农业人口独生子女家庭领取了“奖优免补”一次性奖励金；71395人次的中小学生享受到独生子女“义务教育奖学金”；692名考取高中、大学的农业人口独生子女享受到高中、大学“奖学金”；27315人次年满60周岁符合奖励扶助政策的农业人口领到了养老生活补助金。

【流动人口计划生育服务管理】

针对新形势下流动人口计划生育服务与管理现状，按照“党政领导，属地管理，部门配合，单位负责，社会服务，综合治理”的原则，全市不断加大流动人口计划生育法律法规政策的宣传力度，加强对社区（居委会）流动人口计划生育管理员的教育培训，提高管理与服务水平；人口计生、劳动、公安、工商等部门加强协作，进一步完善流动人口计划生育工作监管体系；抓好典型示范，总结推广了宣威市文兴乡外流人口“三看两清三管”的管理服务模式、麒麟区寥廓街道办事处、陆良县中枢镇流动人口计生管理服务站的管理经验；不断完善“单位负责、社区管理，抓雇主、管雇工，抓房主、管房客”的流动人口服务管理机制。

【优质服务】

2008年，全市继续采取有效措施推进优质服务。马龙县和富源县达到“省优”标准；沾益、富源、陆良、师宗四个县开展了“节育手术并发症防治技术研究”课题；沾益县稳步推进联合国人口基金第六周期项目；罗平县组织实施“中西部生殖健康家庭保健能力建设项目”。全市加强计划生育药具管理工作，狠抓长效避孕节育措施的落实。

【计生服务体系建设】

2008年，各级人口计生部门抓住国家和省出台扩大内需促进经济平稳较快增长政策的有利时机，努力推进基层计生服务体系建设，上报项目38个，争取到项目39个，获得国家和省补助资金1030万元。一是加强领导，落实责任。及时调整充实项目建设领导小组。二是摸清底数，搞好规划。在申报项目前，对全市基层计生服务体系建设现状进行了摸底调查，编制了《曲靖市基层计生服务体系建设规划项目》。三是争取项目，认真实施。市政府领导带领市人口计生委人员，到省人口计生委汇报项目工作情况，得到了省人口计生委、发改委的大力支持。四是加强督促，确保进度。市财政局提前下达了新增39个投资建设项目的预算资金1030万元。市人口计生部门由市人口计生委领导带队，深入到各县（市）区检查项目进展情况。召开了项目工作现场会和各县（市）区人口计生局局长会议，签订项目建设责任书，对做好项目工作进行了全面的安排部署。建立了新增投资建设项目工程进展情况周报制度。每周定期上报工程进度情况报表及相关进展情况。

【加强督查】

2008年，市级人口计生部门开展了对“奖优免补”、“奖励扶助”政策落实、社会抚养费征收管理等涉及群众切身利益工作的监察。在全市范围内组织开展了四次督查活动。加大对奖励对象资格认定、资金管理、资金发放、资金审计等环节的监督，确保政策、资金兑现落实到人到户。监督检查社会抚养费征收管理使用的情况，督促各县、市（区）严格执行《社会抚养费征收管理办法》和《云南省社会抚养费征收管理规定》及市政府《关于加强对社会抚养费及滞纳金管理的通知》规定，使用全省统一的征收票据，严格执行“收支两条线”规定。

【行风评议】

2008年，按照省人口计生委纪检组和市纠风办的部署和要求，在全市开展“请农民兄弟姐妹评计生”和“请流动人口农民工兄弟评计生”的行风评议活动。通过向农村育龄群众和流动人口农民工发放调查问卷，了解育龄群众和流动人口农民工对人口计生工作的意见要求和满意程度，内容涉及整体工作评价、政务公开、技术服务、文明执法和流动人口管理措施等六个方面33个具体问题。全市共发放“双评”调查问卷14201份，收回13170份，回收率达92.7%。问卷调查汇总结果显示，农民兄弟姐妹对人口计生工作满意率和基本满意率为94%以上；流动人口农民工兄弟对人口计生工作满意和基本满意率为92%以上。

麒麟区

2006年

【概况】

2006年，麒麟区人口和计划生育工作，以贯彻落实农村人口独生子女家庭“奖优免补”政策、加强流动人口计划生育服务管理为重点，开展计划生育村（居）民自治、做好推广使用安全套防治艾滋病、积极争创省级计划生育优质服务达标县、开展“计划生育流动服务车万里行”活动、实施出生缺陷干预工程和加快信息化建设步伐等方面开展工作。

【统计数据】

据麒麟区统计局公报，2006年末全区总人口665724人（户籍），人口出生率12.58‰，死亡率4.23‰，自然增长率8.35‰。据计划生育报表，全年放环3455例，取环1434例，采取其他措施215例。三术率达90.05%，综合节育率达91.66%，医学监护（孕检）124059人次，监护率达99.5%。共发放安全套55200只。

【编制人口规划】

《麒麟区人口和计划生育事业“十一五”规划》编制工作历时半年，共3万余字，经区“十一五”规划领导小组办公室组织有关专家论证后，形成文本。规划包括全区人口和计划生育事业“十五”计划执行情况、“十一五”规划发展条件分析、指导思想及发展思路和发展原则、发展定位及发展目标、主要任务、发展项目及资金需求、保障措施共七章。

【计生协会换届】

4月6日，麒麟区召开计划生育协会第二届会员代表大会，会议充分肯定第一届计生协会工作，对第二届协会提出了要求和希望。会议选举产生了第二届理事会理事、常务理事、会长、副会长，聘请了名誉主席，聘任了秘书长、副秘书长。

【妇女病普查普治】

为响应中国人口福利基金会、国家人口计生委发起的“关爱女性健康——乳腺疾病普查普治及科普知识宣传”活动的号召，麒麟区于4月10日召开了“关爱女性健康——乳腺疾病普查普治活动项目”启动会。会后，在省专家组的指导帮助下，对约14万名已婚育龄妇女进行免费检查。完成普查79395例，普查率达63.6%。

【全省流动人口计生工作现场会】

6月20～21日，全省流动人口计划生育现场会在曲靖市召开，麒麟区在会上交流了“一二三四五”流动人口计划生育服务管理机制。“一”就是使用“一份流动人口计划生育信息管理卡片”。“二”就是实行“两账”、“两书”、“双合同”管理。“三”即“流动人口清理清查情况登记表”、“计划生育统计表”和“劳务介绍登记表”。“四”即“服务管理示意图”、“协作关系图”、“服务管理区域图”、“协会组织结构图”。“五”即“流动人口管理工作制度”、“计划生育协会活动制度”、“计划生育服务承诺制度”、“计划生育群众监督举报制度”和“已婚育龄流动人口跟踪服务制度”。

【“流动服务车万里行”活动】

以开展“计划生育流动服务车万里行”活动为载体，抽调医务人员组成小分队开展“送医、送药、送温暖”活动。全年出动流动服务车148次，行程6000余公里，发放避孕药具价值近2万元，为近8万名已婚妇女进行了乳腺疾病的普查普治，为近4000名患有妇科疾病的已婚育龄妇女进行义务诊疗。

【村（居）民自治】

为使人口计生工作重心下移到基层，在省、市人口计生部门的指导下，根据合法性、群众性和合理性三项原则，在确定目标、有保障条件和充分依靠群众的基础上，积极稳妥地开展计划生育村（居）民自治工作。至年底，全区计划生育的村（居）民自治率达100%。

2007年

【概况】

2007年，麒麟区人口和计划生育工作紧紧围绕贯彻落实省委、省政府《关于加强人口和计划生育工作进一步降低生育水平的决定》和省委、省政府提出的“人口自然增长率三年降三个千分点”目标要求，突出抓好农村人口独生子女家庭“奖优免补”政策、创建省级计划生育优质服务县两项重点工作和流动人口计划生育管理服务，整体推进各项工作。

【统计数据】

据麒麟区统计局公报，2007年末全区总人口679535人（户籍），人口出生率11.8‰，死亡率3.48‰，自然增长率7.6‰。据计划生育报表，全区已婚育龄妇女135780人，累计落实各种节育措施124346人，三术率为87.29%，综合节育率为90.22%，计划生育率为99%。农业人口办理独生子女父母光荣证7500对，累计发放养老生活补助84.7万元，兑现义务教育奖学金107.07万元，兑现一次性奖励金622.35万元。

【流动人口“关怀关爱”活动】

3月4日，开展了流动人口计划生育“关怀关爱”专项活动。发放流动人口计划生育管理办法、婚前常识读本、新婚常识读本、珍爱生命，远离艾滋、致外来朋友的一封信、对流动人口提供的六项服务等宣传资料5100份，接受法律法规咨询280多人次，免费发放避孕套8000多只，避孕栓1100多枚。

【药具规范化管理】

4月13日，省人口计生委有关领导到麒麟区检查计划生育药具工作。通过听汇报、查阅痕迹资料、入户问卷调查、入户走访等形式进行检查后。省人口计生委领导认为麒麟区的计划生育药具合同管理富有创意，服务对象对计划生育政策知晓率及服务态度满意度比较高。

【行政执法监察】

10月9日，省人口计生委纪检监察室领导到麒麟区检查计划生育行政执法监察工作。检查组通过查阅痕迹资料、访问调查、入户走访等方式，对三宝镇计划生育行政执法监察管理工作进行了仔细检查。纪检监察室领导认为麒麟区计划生育行政执法监察工作管理规范，农户对计划生育服务满意度高，党委政府领导高度重视，在全市乃至全省树立了典型。

【项目跟踪运行】

12月4日，国家人口计生委“十一五”科技支撑课题专家组成员，深入麒麟区三宝镇跟踪了解“避孕节育技术方法综合评价研究”项目运行情况。该项目属国家人口计生委科研院“十一五”期间实施的计划生育技术服务项目之一。各位专家在了解项目运行情况后表示，麒麟区的队伍结构和软硬件设施都具备实施项目条件，项目实施较好。

【“奖优免补”政策成效初显】

一是生育水平逐步降低。至2007年底，全区累计办证7500余对，有力地促进了全区人口出生率的下降。二是农业投入增加，农民收入增多。“奖优免补”政策实施以来，累计兑现一次性奖励、养老生活补助、义务教育奖学金共792.36万元，相当于在农业投入上新增792.36万元发展资金，办证家庭人均增收382元。三是新型生育观念逐渐形成。农村部分家庭已开始由注重数量型向素质型转变，“少生优生”、“生男生女都一样”、“女儿也是传后人”等新型生育观念在广大农村悄然兴起。四是树立了形象，密切了关系。“奖优免补”政策的兑现，真正体现了为民着想、为民分忧、为民谋利的宗旨，重塑了计生干部形象，密切了党群、干群关系，体现了各级政府和各级干部亲民、爱民、富民的服务意识。五是工作方法明显转变。加速了计划生育工作由“惩罚多生”为主向“奖励少生”为主的方向转变，由“行政制约”向 “利益导向”转变，由“管理一代人”向“服务三代人”转变，由“单纯控制人口数量”向“既控制人口数量又注重人口素质和人口结构”转变。

2008年

【概况】

2008年，麒麟区在稳定现行生育政策、坚持落实以长效为主的避孕节育措施的基础上，巩固发展计划生育“三为主”，全面推进“三结合”，深入开展“婚育新风进万家”活动，积极探索构建“规范化管理、人性化执法、亲情化服务”的管理服务机制。围绕 “奖优免补”政策的深入贯彻、流动人口计划生育服务管理的加强、推广安全套防治艾滋病、计划生育优质服务达标区创建成果的巩固等方面开展工作。

【统计数据】

据麒麟区统计局公报，2008年末全区总人口689012人（户籍），人口出生率9.96‰，人口自然增长率6.75‰。据计划生育报表，全区已婚育龄妇女13.58万人，累计落实各种节育措施12.43万例，三术率达89.94%，综合节育率达91.58%。农村人口办理独生子女父母光荣证7654对。

【检查考核】

1月19日，省政府对曲靖市进行年度责任目标检查考核，麒麟区被抽中。省检查组深入麒麟区东山镇、越州镇、白石江街道办事处，通过听汇报，查资料，入户调查访问等形式，全面了解人口计生各项目标任务的完成情况。检查组认为，麒麟区的人口计生工作由于领导重视，思路清晰，目标明确，措施有力，投入到位，各项指标完成较好，探索和积累了很多有益的经验，整体水平居于全省前列。

【人口计生工作会】

4月7日，麒麟区委、区政府召开全区人口计生工作会议，全面总结2007年工作、安排部署2008年工作，将“奖优免补”政策的推行、流动人口管理、省级优质服务达标县创建成果巩固确定为全年工作重点。会上，签订了全年目标责任书和流动人口计划生育管理服务单项责任书。会议还出台了《2008年人口和计划生育的意见》。

【打击“两非”】

为推动关爱女孩行动有序开展，麒麟区组织相关部门深入辖区17家医院及配有B超的个体诊所进行宣传、讲解，并发放了整治通知。所到医院（诊所）负责人及B超责任人均表示要严格执行国家规定，坚决杜绝“两非”行为。

【创新思路】

5月8日，麒麟区人口计生局与贵州省安顺市西秀区人口计生局结成流动人口管理友好协作区，并在流动人口办证现场签订了《流动人口计划生育两地共同管理协议书》。通过在两地建立流动人口计划生育协会这个平台，由当地党政搭台，计生部门指导，计生协会唱戏，共同打造具有西部特色的流动人口管理新模式。协作事项包括《婚育证明》的办理、婚育情况发生变更时的信息传递及个案信息查询、人口出生、节育手术的落实上报等，涉及上述事宜均实行信息资源共享。

【市人大调查】

7月10日至11日，曲靖市人大常委会对麒麟区人口计生工作情况进行了调查。调查组认为，麒麟区的工作管理规范、服务优质、措施有力、工作扎实、设施完备、队伍稳定、成效明显，得到了许多奖励和表彰。调查组对下一步工作提出了要求，一是加强领导、统一认识、强化措施、规范管理；二是加大宣传力度，逐步实现“养儿防老、传宗接代”等传统生育观念的转变；三是要突出抓好流动人口计划生育管理、奖优免补政策的落实等工作重点；四是坚持将依法行政贯穿于人口计生工作的全过程；五是层层落实计划生育目标责任制；六是切实为工作开展提供组织保障和经费保障。

【流动人口清理清查情况通报会】

12月18日，区政府主持召开流动人口清理清查情况通报会，要求清理清查一要兼顾全面性、要有针对性，对重点区域不留死角和盲区；二是要广泛宣传，并统一宣传口径；三是要强化服务，加强业务管理、规范痕迹资料的收集整理和分类建档。

沾益县

2006年

【概况】

2006年，沾益县人口和计划生育工作重点开展了联合国人口基金第六周期项目、计划生育优质服务、“奖优免补”少生奖励等工作，各项工作成效显著。一是联合国人口基金第五周期项目圆满完成，第六周期项目全面启动。二是深化计划生育优质服务，群众生殖健康水平不断提高。三是扎实开展少生奖励工作，以利益导向引导群众少生优生。兑现各种奖励优惠3171人次124.61万元。四是进一步关注弱势群体，延伸计划生育/生殖健康服务职能。开展青少年性与生殖健康教育和服务，开展高危人群艾滋病预防知识宣传培训和药具提供等生殖健康服务，开展流动人口计划生育“一看五送”优质服务。

【统计数据】

据沾益县统计局公报，2006年，沾益县总人口405590人，出生人口4540人，死亡人口1938人，人口出生率11.2‰，自然增长率6.4‰，死亡率4.8‰。据计划生育报表，2006年，沾益县已婚育龄妇女83527人，政策生育率为99.96%，综合避孕率为86.40%。

【联合国人口基金五周期项目圆满结束】

2006年3月，沾益县实施的为期三年的中国/联合国人口基金第五周期生殖健康/计划生育项目圆满结束。项目自2003年3月实施以来，通过学习借鉴国际国内先进经验，转变工作思路和工作方法，创新管理体制和服务机制，大力开展综合改革、权益维护、知情选择、村民自治、优质服务等一系列项目活动，全面完成了项目文本的各项任务，有力地推动了全县生殖健康/计划生育事业的蓬勃发展。

【联合国人口基金六周期项目启动实施】

2006年4月，国家人口计生委正式启动中国/联合国人口基金第六周期生殖健康/计划生育项目。六周期项目为期五年（2006年至2010年），沾益县为项目实施县，成立了六周期项目实施领导小组和办公室，制订下发六周期项目实施方案、工作流程和年度工作计划，并于2006年6月召开六周期项目启动会，全面启动实施六周期项目。

【全省优质服务现场会在沾益县召开】

2006年11月20日至22日，云南省计划生育优质服务现场会在沾益县召开，省人口计生委副主任吴莉华，省人口计生委各处室、直属单位和省计生协会领导，各州（市）人口计生委领导及50个县（市）区人口计生局领导，曲靖市、沾益县委、政府领导共计160余人参加了会议。通过会议经验交流和实地参观考察，与会人员对沾益县的优质服务工作给予了充分肯定。会议要求，全省各地要借鉴沾益的做法，强化县、乡、村三级服务网络建设，拓展服务领域和范围，开展规范服务、亲情服务和人性化服务，促使计划生育优质服务工作不断延伸和发展。

【联合国人口基金项目官员到沾益县考察】

2006年10月19日至20日，联合国人口基金驻华代表薄纳德、驻华代表处项目官员任亚楠、国家人口计生委国合司处长张扬一行三人，到沾益县考察六周期项目工作进展情况。通过听、查、看、访和座谈交流，项目官员对沾益县实施五周期项目取得的成效和六周期项目工作的进展情况给予了充分肯定，就沾益县实施项目工作提出了推广项目工作经验、做好管理评估与考核改革的指导性意见。

【国家人口计生委项目专家到沾益县考察】

2006年9月17日至19日，中国生殖健康技术指导培训中心副主任胡晓宇、国家人口计生委六周期项目专家委员会委员冯庆才到沾益县考察指导六周期项目工作。通过实地察看、听取汇报和座谈交流，专家认为沾益县部门配合密切，工作措施具体，群众的自我保健意识以及优生优育、艾滋病预防等知识和能力得到明显提高。

【荣誉】

2006年7月，沾益县人口和计划生育局党支部被曲靖市委表彰为“全市先进基层党组织”；8月，沾益县人口和计划生育局被云南省委、省政府命名为“省级文明单位”。

2007年

【概况】

2007年，沾益县人口和计划生育工作，以实施联合国人口基金六周期项目为切入点，把“以人为本、以人的全面发展为中心”的理念贯穿于生殖健康/计划生育各项工作中，有力地促进了人口和计划生育事业的全面深入发展。一是推进实施联合国人口基金六周期项目，综合改革和优质服务进一步深化。全面开展“人口和计划生育十星级村委会（社区）”创建、“八送八上门”优质服务、避孕节育知情选择和村（居）民自治等工作。二是深入开展“奖优免补”工作，计划生育利益导向机制逐步建立。兑现各种奖励优惠6989人次146.02万元。三是推进技术服务规范化和标准化建设，提高优质服务能力。四是改革考核评估方式，提供管理服务预测决策支持。

【统计数据】

据沾益县统计局公报，2007年，沾益县总人口400863人，出生人口4216人，死亡人口2055人，人口出生率10.5‰，自然增长率5.4‰，死亡率5.1‰。据计划生育报表，2007年，沾益县已婚育龄妇女83762人，政策生育率为99.96%，综合避孕率为86.93%。

【国家人口计生委领导和专家到沾益县调研】

2007年2月2日至3日，国家人口计生委国际合作司副司长汝小美、中国人口与发展研究中心研究员刘鸿雁等一行9人，到沾益县开展艾滋病预防工作情况调研。11月24日至27日，国家人口计生委项目专家郑真真、冯庆才等一行4人，到沾益考察指导六周期项目工作。

【省人口计生委领导到沾益县调研】

2007年7月18日，省人口计生委主任郝青山、副主任和耀云以及省人口计生委离退休老干部一行32人，到沾益县检查指导人口计生工作。通过察看和了解，郝主任对沾益县人口计生工作取得的成绩给予充分肯定，认为沾益县在人口计生管理与服务方面创造性的开展工作，作出了特点和亮点，为全省的人口计生工作起到了典型示范作用。

【开展“八送八上门”优质服务活动】

2007年5月，沾益县人口计生局在全县开展了“送政策，宣传咨询服务上门；送知识，培训指导服务上门；送爱心，跟踪随访服务上门；送文明，婚育文化服务上门；送科技，致富技术服务上门；送信息，少生快富服务上门；送健康，生殖保健服务上门；送温暖，办理业务服务上门”的“八送八上门”优质服务工作。通过开展“八送八上门”优质服务，实现由管理向服务的转变，不断提高群众满意度。

【开展“十星级村委会（社区）”创建活动】

2007年5月，沾益县人口计生局在全县122个村委会（社区）开展“人口控制星、计划生育星、人口发展星、宣传教育星、便民维权星、优质服务星、奖励优待星、帮扶致富星、弱势关爱星、统计信息星”等“人口和计划生育十星级村委会（社区）”创建活动。创建活动以促进人口和计划生育工作与村委会（社区）和谐发展为出发点，不断提升基层人口和计划生育管理服务水平。

【制订实施“技术服务标准操作规范”】

2007年8月，沾益县被国家人口计生委科技司确定为六周期项目“技术服务标准操作规范”全国3个试点县之一。9月，沾益县依据有关法律、法规、技术服务规范和优质服务要求等，以放置宫内节育器为重点，制订本地技术服务标准操作规范（SOP）并组织实施。

2008年

【概况】

2008年，沾益县人口和计划生育工作大力开展“综合改革、少生奖励、权益维护、社会保障、优质服务”等创新实践活动，人口计生工作取得显著成效。一是全面开展少生奖励、养老扶助和计划生育家庭系列保险工作，全年共兑现少生奖励和养老扶助等奖励优惠6557人次129.92万元，办理计划生育保险1452份8.13万元，计划生育人群得到有效社会保障。二是全面推进六周期国际合作项目，抓好制度和规范建设，积极探索生育管理、行政执法等行政管理措施改革，进一步开展避孕节育知情选择、社会性别平等促进和依法维护公民权益活动，管理服务水平不断增强。三是全面开展出生缺陷一级预防活动，大力开展宣传培训、健康促进、优生咨询、重点人群指导、实验室筛查、营养素补充等出生缺陷一级预防活动，不断提高出生人口素质。四是深入开展计划生育便民维权活动，全面推行执法服务承诺，公开人口计生信息，建立群众投诉机制，开展计划生育行风政风评议和质询听证活动，发挥群众参与和监督作用，群众权益得到有效维护。

【统计数据】

据沾益县统计局公报，2008年，沾益县总人口404113人，出生人口4345人，死亡人口1988人，人口出生率10.75‰，自然增长率5.83‰，死亡率4.92‰。据计划生育报表，2008年，沾益县已婚育龄妇女84258人，政策生育率为99.95%，综合避孕率为86.97%。

【联合国人口基金项目官员到沾益县考察】

2008年12月3~5日，联合国人口基金项目官员彭炯、玛丽斯特普国际组织项目官员宋娅等一行3人，到沾益考察指导六周期项目工作。通过听、查、看和座谈交流，项目官员认为沾益县在生殖健康服务和青年网络的建设等方面了作出了卓有成效的工作，并就促进性别平等、强化咨询服务和倡导男性参与等方面的工作提出了指导性建议。

【玛丽斯特普国际组织项目官员到沾益县考察】

2008年4月29~30日，玛丽斯特普国际组织项目官员张晖、中国人口发展研究中心研究员邵晔、王晖等一行3人到沾益县考察指导艾滋病预防与生殖健康结合工作。通过考察，项目官员对沾益的艾滋病预防与生殖健康/计划生育服务结合工作和村级培训工作成效给予充分肯定，对存在的不足和今后工作提出了很好的指导性意见。

【国家人口计生委项目专家到沾益县考察】

2008年6月14至16日，国家人口计生委项目专家岳国斌到沾益考察指导六周期项目工作，并对计划生育技术服务人员进行规范操作（SOP）培训。2008年10月13至15日，国家人口计生委项目专家冯庆才、王亿君等到沾益考察项目工作，调查了解管理与评估改革情况。

【开展人口和计划生育质询听证】

2008年6月5日，沾益县人口计生局召开了人口和计划生育质询听证会，开展人口和计划生育工作质询听证。通过县、乡人大代表、政协委员和村、组干部、育龄群众等的质询听证，搭建了育龄群众和社会各界参与监督人口计生工作的交流沟通平台。

【启动出生缺陷一级预防和计划生育系列保险工作】

2008年4月11日，沾益县人口计生局召开出生缺陷一级预防暨计划生育系列保险工作启动会，全面启动出生缺陷一级预防工作和计划生育系列保险工作。出生缺陷一级预防工作中重点开展了目标人群的宣传培训和实验室筛查工作，计生系列保险工作中重点开展了计划生育养老保险、手术保险和独生子女意外伤害保险。

【荣誉】

2008年3月，沾益县人口和计划生育局被曲靖市人民政府表彰为“档案工作先进集体”。

马龙县

2006年

【概况】

2006年，马龙县人口和计划生育工作进一步深入贯彻落实国家和省的计划生育法律法规，严格执行“黄、红”牌警告制度和通报制度。县政府先后于3月、7月、11月召开了全县人口和计划生育工作会，促进人口和计划生育工作深入开展。认真组织实施中澳《中国生殖健康权利》项目调查工作，做好妇女乳腺疾病，普查普治工作。开展计划生育村（居）民自治试点工作。认真抓好“万元增收计划”工作，深入旧县镇龙海村委会驻村帮扶。大力开展以优质服务为重点的计划生育合格村建设和村（居）民自治工作。

【统计数据】

据马龙县统计局公报，2006年，全县共出生人口1784人，人口出生率9.14‰，自然增长率4.5‰。计划生育率达97.25%，三术率达89.72%，综合节育率为90.80%。

【生殖健康项目工作】

2006年，按照国家、省、市安排，认真组织实施了中澳《中国生殖健康权利》项目调查，调查结果受到了国家人口计生委、省人口计生委的充分肯定和好评，此项工作是全国六个县级点之一。

【妇女乳腺疾病普查普治工作】

2006年，县人口计生局和县计划生育服务站组织相关人员，深入全县为16000余名妇女进行了乳腺病普查普治工作，1800余名妇女接受了乳腺病治疗，受到广大妇女的欢迎和好评。

【协会和“三结合”工作】

各级计划生育协会组织，积极开展各项活动，在创建会员之家、会员联系户工作方面取得新进展，做到了协会组织建到村、活动到组、任务到人，充分发挥协会组织在计划生育工作中的重要作用。至年底，全县、乡、村、组协会组织健全，共有协会组织74个，理事715人，常务理事162人，会员总数达22537人，占总人口的11.5%，会员联系户达10000户，占应联系户的93%。通过协会组织计划生育“三结合”工作的开展，至年底，有1800户计生困难户经过协会会员结对帮扶后生活高于当地平均水平；有600户计生贫困户摆脱贫困，有的成为当地富裕户；有500户成为文明幸福家庭；有5000人掌握一项以上致富技术和门路；“三结合”重点帮扶率达87%，部分独生子女户、双女户和计划生育家庭户经济收入明显增加，对促进计划生育户达到小康生活水平发挥了积极作用。

【流动人口计划生育服务管理】

全县认真贯彻落实国家《流动人口计划生育工作管理办法》，在县、乡（镇）设立流动人口管理办公室，配备专（兼）职流动人口管理员，做到“机构、人员、编制、经费”四配套。重点抓了“雇主管雇员、房主管房客”管理机制的落实。把流动人口计划生育服务纳入与当地人口同管理、同服务、同考核、同奖惩。实现综合服务，科学管理；按规定停止了管理费、验证费的收取；建立健全流动人口统计台账，实行网上管理和上报，有效的为当地流动人口提供服务。

【“奖优免补”工作】

2006年，按照《云南省农业人口独生子女家庭奖励规定》，共有352户办理农业人口独生子女父母光荣证，占市下达320户的110%，年满60周岁的245人享受了养老生活补助，发放养老金163350元，492人享受了义务教育奖学金，发放奖学金91820元，“奖优免补”工作有序开展，有效地控制了人口增长，降低了生育水平，优化了人口结构。

2007年

【概况】

2007年，全县的人口和计划生育工作严格按照"控制人口数量、提高人口素质，优化人口结构，促进人的全面发展"指导方针，进一步深化《中华人民共和国人口与计划生育法》、《计划生育技术服务管理条例》、《流动人口计划生育工作管理办法》、《社会抚养费征收管理办法》、《云南省人口与计划生育条例》、《云南省社会抚养费征收管理规定》、《云南省农业人口独生子女家庭奖励规定》等法律法规的宣传学习教育活动。上半年，县政府先后于1月、3月、6月、12月召开了全县人口和计划生育工作会，贯彻全市电视电话会议精神，安排部署工作；组织实施中澳《中国生殖健康权利》项目和妇女乳腺疾病普查普治工作。全面开展计划生育村（居）民自治工作；抓好社会主义新农村建设工作。

【统计数据】

据马龙县统计公报，2007年，全县共出生人口1706人，人口出生率8.67‰，自然增长率4.2‰。计划生育率98.18%，三术率89.91%，综合节育率91.14%

【生殖健康项目工作】

2007年，继续做好中澳生殖健康合作项目，向国家、省、市人口和计划生育委员会上报了交流材料，受到好评。

【妇女乳腺病普查普治】

2007年，继续做好妇女乳腺病普查普治工作，为全县10000余名妇女进行了乳腺疾病普查，1000余名妇女通过治疗，收到良好的治疗效果。

【预防性病、艾滋病工作】

2007年，配合卫生、疾控、工商等部门，在县城内宾馆、酒店摆放安全套，并适时进行抽查检查。

【"奖优免补"工作】

2007年，全县共有160户农业人口家庭办理了独生子女父母光荣证，发放一次性资金78500元，给予加分入学独生子女50人，256名年满60周岁以上农业人口独生女父母享受了养老补助，发放养老补助金170700元，548人享受义务教育奖学金共103280元。

2008年

【概况】

2008年，以深入贯彻落实《中共中央、国务院关于全面加强人口和计划生育工作统筹解决人口问题的决定》为契机，县委、县政府出台了关于加强人口和计划生育工作的配套文件，建立健全了"黄、红"牌警告制度和通报制度。先后于3月、4月、7月、9月、12月召开了全县人口与计划生育工作会和优质服务工作会，认真落实人口和计划生育"双线"目标考核责任制，抓好优质服务，推进先进县达标工作，抓宣传教育，撰写计生之歌，宣传歌唱计划生育好政策，受到省、市检查组的充分肯定。认真抓好驻村帮扶，推进社会主义新农村建设工作。大力开展以优质服务为重点的计划生育合格村建设和村（居）民自治工作，实施以人为本、综合管理、科学决策、优化结构、政策推动、扶贫帮困等一系列工程，推动了全县人口与计划生育工作的全面发展。

【统计数据】

据马龙县统计局公报，2008年，全县出生人口1844人，人口出生率9.3‰，自然增长率4.81‰。计划生育率达98.43%，三术率为90.07%，综合节育率为91.41%。

【人口和计划生育工作】

2008年，县人口计生局按照县委、政府的总体部署，一是采取各种有力措施，大力宣传《中共中央、国务院关于全面加强人口和计划生育工作统筹解决人口问题的决定》、《中华人民共和国人口与计划生育法》和《云南省人口与计划生育条例》等计划生育相关法律、法规、规定、办法的宣传，树立婚育新风，转变生育观念。克服松懈麻痹倾向，提高人口忧患意识，达到教育干部、教育群众的目的，推动全县计划生育向纵深发展；二是加大孕环情监测力度，健全查孕查环机制，落实避孕（节）育措施，有效减少意外妊娠，提高避孕及时率，降低人流比，保护育龄妇女身心健康，提高育龄人群生殖健康水平；三是各乡镇领导高度重视计划生育工作，把计划生育工作列入重要议事日程，广大计生人员深入村组、深入群众、为群众排忧解难，及时掌握育龄人群生、孕、育和避孕动态，发现问题，及时解决。

【流动人口计划生育服务管理工作】

建立健全流动人口统计台账和PADIS流动人口子系统应用，实行网上管理和上报，及时收集和反馈信息，对流入人口实施抓雇主管雇工，抓房主管房客的管理措施。

【服务站、所建设】

2008年，县计生局按照上级要求，针对目前县技术服务指导站房屋破旧、设备老化的问题， 11月，投资116万元新建县人口计生局办公楼、对县服务站进行改扩建。争取国债资金25万元，总投资46万元，新建旧县镇计生服务所，结束了旧县镇计生服务所无房的历史。

【依法行政工作】

2008年，对 2002年9月1日以后违反计划生育政策的农户进行了清理，按处罚程序进行处理，建立健全了人民群众来信来访接待制度，认真做好“大接访、大下访”工作，做到来有接待、去有答复，实现双满意，有效地维护了法律的权威性。

【“奖优免补”工作】

2008年，按照《云南省农业人口独生子女家庭奖励规定》，共有94户办理农业人口独生子女父母光荣证，享受一次性奖金的有60户，发放奖金60000元，优先入学45人，年满60周岁的278人享受了养老生活补助，发放养老金188450元，586人享受了义务教育奖学金，发放奖学金113260，“奖优免补”工作有序开展。

【优质服务工作】

2008年，全县计划生育系统按照六好四优一满意的要求和省优质服务标准，全面开展了优质服务创建活动，经省检查组考评验收，达省级优质服务标准。

宣威市

2006年

【概况】

2006年，宣威市人口和计划生育工作以降低生育水平为目标，狠抓“奖优免补”政策落实、流动人口计划生育服务管理和优质服务三项重点工作，取得了明显成效。上半年工作受到了曲靖市的通报表扬，云南省流动人口计划生育管理工作会在宣威召开；成功举办了曲靖市在宣威市召开的计划生育协会工作现场会。

【统计数据】

据宣威市统计公报，2006年全市总人口1358720人，人口出生率8.92‰。据计划生育报表，全年计划生育率达98.7%，长效避孕节育率达88.54%，综合节育率89.86%。

【健全考核奖惩制度】

认真贯彻落实省委、省政府提出的“三年内人口自然增长率每年降一个千分点”的目标要求，抓具体措施落实。党政一把手亲自抓、负总责的原则，严格执行“黄、红牌警告”、“六不准”和“一票否决”、“领导责任追究”制度和“双线”目标管理责任制。

【抓好宣传教育工作】

以“奖优免补”政策宣传为重点，全面推进“53311”工程，营造良好的人口发展氛围，做到了每个乡（镇、街道）有5条永久性计划生育宣传标语，每个村委会有3条以上永久性宣传标语，每个村民小组有3条宣传标语，每个乡（镇、街道）、村（居）委会、村（居）民小组都设置1块计划生育宣传公示栏，每户有1本《计划生育宣传手册》，“53311”达标率为100%。群众对计划生育政策的知晓率达96.8%以上，宣传品入户率超过98.6%。

【流动人口计划生育管理】

一是抓“三管”，从源头抓。市级成立流动人口监察大队，乡级成立流动人口计划生育管理办公室，村级配备流动人口计划生育管理员，做到机构、人员、经费三落实。抓“管得住”，建立“单位负责、社区管理”和“抓雇主、管雇工、抓房主、管房客”的管理模式，建立健全“两卡一书”，形成社区负责、管理员管面、村（居）民小组长管片、房主（雇主）管好自家客的责任机制，做到村不漏户，户不漏人；三抓“管得好”，以查验《流动人口婚育证明》为切入点，建立健全流动人口计划生育管理档案，成立流动人口计划生育协会，将流动人口纳入当地村（居）民自治管理，与常住人口同等对待、同等宣传、同等管理及同等服务。二是实行《流动人口婚育证明》季查制。每季度对《流动人口婚育证明》查验一次，流入人口证明查验率达98%。村（居）委会与房屋出租户、用工单位签订责任书达达98%。三是以协议方式加强外出人口的计划生育管理，共签订责任书80000多份，办理《流动人口婚育证明》41680本，流出人口累计办证86510本，流出人口办证率100%。信息交换平台个案录入率达60%，使违法生育得到了有效控制。全省的流动人口计划生育管理工作现场会在宣威召开。

【建立村（居）民自治机制】

针对农村计划生育基础工作薄弱、热点难点问题多的实际，推广以“联户小组”为核心的计划生育村民自治管理模式。使计划生育工作重心下移到村组，实现村民自我管理、自我教育、自我服务，构建了计划生育工作“村为主、组配合”的新格局。

【实施国家奖励扶助制度】

基层人口计生部门对养老扶助政策进行了广泛宣传，并深入调查，严格把关，认真核对了奖扶对象的个案信息，确保了档案资料填写、录入的齐全、完整，该补的一个不漏。宣威市共有1048人享受到了国家的奖励扶助政策。

【荣誉】

6月宣威市人口和计划生育局荣获全国人口和计划生育科技工作先进集体；10月荣获全国"少生快富"工程试点工作先进单位称号。

2007年

【概况】

2007年，宣威市人口和计划生育工作突出五个重点，即努力遏制违法生育现象的发生；加强流动人口特别是外流人口的计划生育管理；利用村民委员会换届契机，推进计划生育村民自治；进一步巩固、提升奖优免补成果，提高办证率；实施好出生人口缺陷干预工程。做好六项具体工作，即认真落实长效节育措施政策；突出医学监护，搞好服务；兑现好奖优免补的优惠政策；加强社会抚养费的收缴和管理工作；开展好人口抽查工作；认真落实"双线"目标管理责任制等。通过以上工作，有效促进经济社会、人口、资源和环境的全面协调可持续发展。

【统计数据】

据统宣威市统计公报，2007年末总人口1393611人，人口出生率8.02‰，死亡率4.94‰，自然增长率3.07‰。据计划生育报表，计划生育率达9795%，农业人口独生子女父母光荣证1166户，"奖优免补"巩固率达99.5%。

【突出五项重点】

一是认真落实避孕节育措施，杜绝违法生育现象的发生。强化管理和服务，抓好医学监护，发现问题及时解决，对避孕失效的一律给予免费手术，免费人数达21人。二是积极探索外流人口计划生育管理模式。巩固原有的"单位负责，社区管理"和"抓雇主、管雇工、抓房主、管房客"的流入人口管理模式。探索外流人口计划生育管理工作，推行"三看"、"六清"、"十管"的管理模式取得突破。三是积极推进人口与计划生育村（居）民自治机制。全市100%的村（居）委会广泛开展计划生育村（居）民自治，推动了农村的民主法制建设。四是进一步巩固、提升"奖优免补"成果，提高办证率。五是加大宣传，实施好人口出生缺陷干预工程。自试点工作启动以来，健全机构、明确职责；加强领导、狠抓落实；抓宣传培训、提高工作效率；抓基线调查、摸清目标人群；抓婚前培训、落实叶酸发放。共培训目标人群13360人，书写永久性宣传标语850条，悬挂宣传画6500张，发放出生缺陷干预折页52000份，通过调查，确定宣威市符合服叶酸人群共有9059人。

【抓好六项工作】

一是认真落实长效避孕节育措施，效果明显。二是搞好服务，进一步完善计划生育优质服务新机制。首先积极申报加强计划生育服务网络基础设施建设项目，计划新建、改建、扩建部分市乡（镇）服务所。其次改善设备配置，为基层服务所配备便携式B超13台、尿液分析仪15台，增强服务能力。三是加强培训，强化手术病历及档案管理工作，病历和档案管理运行正常。四是加强药具管理。按照"三清、六懂、六会、三到位"的模式开展工作。三是积极推广使用安全套防治艾滋病。全面实施防治艾滋病五项工程，协调相关部门，制订措施，落实责任，实现了在市区主要饭店、宾馆90%的安全套摆放，为有效遏制艾滋病不断扩散和蔓延的势头作出了积极的努力。四是加强社会抚养费的收缴和管理工作，坚持依法征收，专款专用。五是完成七个乡镇人口调查工作，为市委市政府提供决策依据。六是落实经常性工作机制，实行双线目标考核管理。认真落实党政一把手亲自抓、负总责的原则，严格执行"黄、红牌警告"、"六不准"和"一票否决""领导责任追究"制度和"双线"目标管理责任制。

2008年

【概况】

2008年，宣威市人口和计划生育工作进一步贯彻落实科学发展观，树立人口计生工作也是经济工作、人口与经济、资源、环境协调发展的理念，实现由强制管理向引导少生的转变，由行政管理手段为主向服务与管理并重的转变。进一步稳定和降低生育水平；深化出生缺陷一级预防工作，全面提升出生人口素质；全面推进流出人口服务管理"323"模式；启动服务站所"三化"建设（标准化建设、规范化管理、优质化服务）；把"奖优免补"工作引向深入，建立起依法控制少生和利益导向少生相结合的机制；完善依法管理体系，推进依法管理"强制入轨"。

【统计数据】

据宣威市统计局公报，2008年出生率7.54‰，死亡率4.35‰，自然增长率3.19‰。据计划生育报表，完成放环6762例，三术率85.54%，计划生育率98.34%，综合节育率87.01%。共有619户农业人口家庭办理了《独生子女父母光荣证》。

【理清工作思路，抓住"三个点"】

一是抓住农村这个重点。宣威市农村人口比例达86%，人口计生工作中紧紧抓住农村这个重点，加大医学监护、少生奖励工作力度，严格控制违法生育，稳定低生育水平。二是突破流动人口计划生育服务管理这个难点。进一步巩固原有的"单位负责，社区管理"和"抓雇主、管雇工，抓房主、管房客"的流入人口管理模式，完善季查制、情况通报制、免费服务制和"两卡一书"管理制度，坚持先手术后征费的原则，加强流入人口服务和管理。创新思路，推行"323"流出人口计划生育服务和管理模式。即"三看、两清、三管"，"三看"即流出人口的子女看护人，耕地的看管人，房屋财产看管人；"两清"即流出人口人数去向清，流出人口计划生育情况清；"三管"即协议制管理，协作制管理，跟踪制管理。三是清除无单位人群这一盲点。近年来，一些改制工矿企业，在企业进行改制后，原企业人员有的下岗，无工作岗位，有的人员流转，失去原来的一些管束和工作约束力，形成了计划生育工作管理中的漏洞和盲点。宣威市人口计生局把该项工作纳入了工作的重点之一来抓，在宣威辖区内的10多家企业增加计生管理员；在城区三个街道和田坝煤矿、羊场煤矿开展清理，加大对违法生育人群的查处力度。

【深化出生缺陷预防工程】

利用计生服务网络和资源，抓好关口前移和干预工作，将一级干预工程纳入年终考核，做到组织领导到位、宣传培训、措施落实"三到位"，取得了明显成效。全年共确定目标人群8950人，培训目标人群17500人，其中孕前实验室筛查人、泌尿系统感染筛查、HIV初筛、乙肝两对半检查、梅毒血清学检查、TORCH检查5780人。共落实发放叶酸人数4605人，发放叶酸26132瓶，随访4509人。

【强化基层基础工作】

一是加强服务站所建设。积极申报市计生服务站及22个乡（镇）街道服务所的建设工作，现已完成来宾镇和格宜镇服务所的新建和改造工作；为26个乡镇（街道）基层服务所配备便携式B超、尿液分析仪、冰箱、离心机等设备，增强了服务能力。二是推进村（居）民自治工作。宣威市人口和计划生育局以文件形式印发了《计划生育村（居）民自治章程》，全市统一程序、统一标准，统一推进，356个村（居）委会均完成人口和计划生育村（居）民自治章程的修订，有效的推进了农村民主法制建设，基本实现群众"自我教育、自我监督、自我管理"。三是规范基层基础台账。通过检查、督促、整改，进一步完善了村级人口和计划生育统计台账。四是加强基层队伍建设。4月，组织人员参加曲靖市举办的执法资格取证培训；8月，分2期对全市村级计生宣传员、流动人口管理员、乡（镇、街道）计生办、服务所工作人员共计800余人进行政策法规及业务培训；采取跟班学习的方式，全年组织乡（镇、街道）服务所医生开展培训26人次。通过培训，有效提高了基层人口计生队伍服务能力。

【荣誉】

2008年6月，宣威市荣获全国流动人口计划生育信息化建设先进单位称号。

富源县

2006年

【概况】

富源县2006年人口和计划生育工作，全面完成了各项任务指标，重点抓了五个方面的工作。一是在全县52个村委会开展村民自治试点工作；二是建立了信访长效机制。三是认真开展了“奖优免补”工作。四是全面开展婚育新风进万家活动。五是加强了流动人口计划生育管理工作。

【统计数据】

据富源县统计局公报，2006年，全县年末总人口737633人，出生率11‰，死亡率4.2‰，自然增长率为6.8‰。据计划生育报表，计划生育率为99.63%，综合节育率为84.54%。

【县委、政府高度重视】

一是县委、政府于3月初召开了全县计划生育工作会议，安排部署2006年全县人口与计划生育工作。会上县人民政府与县人口和计划生育局、各乡镇人民政府签订了2006年度人口与计划生育目标责任书，把任务指标及早落实分解到乡镇。二是县人民政府分管副县长主持召开了县直有关部门主要负责人会议，专题研究了全县流动人口计划生育管理工作。会上，分管副县长代表县人民政府与县计生局、县公安局、县工商局、县劳动和社会保障局、县卫生局、县建设局、县教育局等7个部门签订了流动人口计划生育目标管理责任书。三是县人民政府把农业人口独生子女办证工作纳入目标考核。

【目标管理】

2006年全县上下继续坚持实行“双线”目标责任管理。在年初，县人民政府就与各乡镇人民政府签订了目标责任书。县计生局对乡镇计生办签订了内部目标管理责任书。同时对机关干部实行了岗位目标管理责任制。各乡镇政府与所属村委会签订了目标责任书，乡镇计生办与宣传员签订了内部目标管理责任书，确保了各项任务指标落实到位。形成了一级抓一级，层层抓落实的工作机制。促进了全县人口与计划生育工作的顺利开展。

【督查通报】

县、乡两级长期坚持对执行目标责任情况和基础性工作指标的完成情况进行督查和抽查。并对工作情况进行通报。上半年，各乡镇对工作进展情况进行了督查通报，对完成任务差的村委会实行通报批评。县计生局对农业人口独生子女办证和部分养老补助对象的资格确认进行了抽查。对不符合办证条件的取消其办证资格。县人民政府办公室分别对全县1—4月和1—10月的人口与计划生育工作情况进行了通报。

【建立信访长效机制】

2006年富源县被国家人口计生委列为“建立人口和计划生育信访工作长效机制实行规范化管理”试点县，为了适应“依法管理、村（居）民自治、优质服务、政策推动、综合治理”的人口计生工作新机制要求，进一步加强和改进新形势下的人口计生信访工作。根据《信访条例》和国家人口计生委办公厅《关于印发建立人口和计划生育信访工作长效机制实施方案》和《人口和计划生育信访工作规范管理办法（试点）的通知》要求，富源县人民政府结合实际印发了富政发【2006】25号《富源县人民政府关于印发〈富源县建立人口和计划生育信访工作长效机制实行规范化管理试点实施方案〉的通知》。明确了工作的指导思想、内容和实施步骤。成立了以县人民政府分管副县长为组长的“建立人口和计划生育信访工作长效机制实行规范化管理”领导小组。为确保工作有序开展，围绕建立“统一领导、属地落实、综合解决、归口办理、依法规范、民主监督、信息推动”的长效机制，制订了信访工作的各项规章制度。为保证信访工作长效机制的顺利实施，县计生局又把信访工作纳入目标考核管理。

【婚育新风进万家活动】

富源县作为全省婚育新风进万家活动示范县，成立了婚育新风进万家活动领导小组。制订出台了《富源县2006—2010年继续深入开展婚育新风进万家活动实施方案》。县围绕活动主题开展了关爱女孩等活动。一是组织各乡镇广泛开展宣传活动。古敢乡围绕生育政策、优生优育、男女平等、避孕节育、生殖保健等政策和科普知识利用广播、橱窗、黑板报、标语、文化小广场等宣传阵地开展关爱女孩健康等宣传活动。墨红镇出动宣传车在农村集市贸易场所进行宣传，发放宣传品5万余份。营上镇采取走村入户的形式发放宣传品。同时，利用婚育学校开展宣传活动，使宣传品入户率和群众受教育面达95%以上。二是县计生局投资3.8万元购买书包，免费发放给全县在校独生女孩。三是对怀孕及怀孕结果实行跟踪管理，杜绝选择性别的人工终止妊娠。四是建立健全医疗单位B超管理规章制度，依法打击非医学需要的胎儿性别鉴定等违法行为。

2007年

【概况】

2007年，全县上下认真贯彻落实中共中央、国务院《关于全面加强人口和计划生育工作统筹解决人口问题的决定》精神，重点抓了六个方面的工作。一是开展奖优免补宣传动员工作。二是在基础较好的墨红、中安、营上、古敢、四个乡镇全面推行村（居）民自治工作。三是开展并发症防治技术研究工作。四是开展避孕药具管理试点工作。五是认真做好政风行风评议工作。六是积极做好维护稳定工作。

【统计数据】

据富源县统计局公报，2007年，全县年末总人753799人，出生率10.1‰，死亡率为4‰，自然增长率为6.58‰。据计划生育报表，计划生育率为99.75%，综合节育率为84.57 %。

【经费投入】

2007年全县奖优免补专项经费县级应配套7.85万元，全部足额到位并进入专户；全县县、乡两级投入计划生育事业费525.5万元；宣传员报酬月人均210元全部按月发放到人；全年投入流动人口计划生育管理经费31万元；投入宣传经费21万元；推广安全套防治艾滋病工作经费5万元。

【奖优免补】

为深入持久的贯彻落实“奖优免补”政策，促进全县人口与经济、社会、协调发展。县委、县人民政府高度重视，积极采取有力措施，确保了工作任务的顺利完成。全县农业人口一孩夫妇有622户自愿放弃生育二孩，申请办理了农业人口独生子女父母光荣证。

【村民自治】

为实现计划生育工作村民自我管理、自我教育、自我服务和自我监督。确定在基础较好的墨红、中安、营上、古敢、四个乡镇全面推行村（居）民自治工作。要求其他乡镇有三分之二以上的村（居）委会推行村民自治。全县共签订计划生育村民自治合同4585份，促进了广大育龄群众生育观念的转变，人口和计划生育工作质量得到了稳步提升，为控制人口过快增长，提高人口素质奠定了坚实的基础。

【并发症防治技术研究】

根据省、市人口计生委的安排，2007年确定在富源县实施《绝育手术并发症防治技术研究》课题。该项目对于开展计划生育优质服务，促进人口资源和社会经济的可持续发展具有重要的现实意义。根据项目要求，富源县要对2006年1月1日至2006年12月31日期间行女性绝育术中的1500人进行生殖健康现状调查，对其中不适患者按诊断指标进行诊断、治疗，使绝育术后不适患者得到康复。

同时选择应术育龄妇女750人在2007年6月1日至2007年8月31日期间按富源县日常采取的输卵管抽芯包埋法行绝育术，作为课题研究对照组参加课题研究。为确保项目任务顺利完成，县人口和计生局及时成立了项目协调领导机构和项目实施小组，出台了富计生字【2007】22号富源县人口和计划生育局《绝育手术并发症防治技术研究项目》实施方案。明确了工作任务和工作步骤，把项目任务分解落实到乡镇。各乡镇密切配合，精心组织，周密部署，使项目工作得以顺利实施。截至11月底，全县完成了1500人的生殖健康现状调查任务，县服务站为列为对照组的750人施行了绝育手术。术前、术中、术后严格按操作规范要求执行，各项资料认真记录，准确收集，按时上报，全面完成了省市项目组交办的任务。

【协会工作】

一是建立协会工作示范点，县计生协会划拨经费3万元，分别在营上镇、竹园镇建立六个协会工作示范点。促进全县协会工作的有效开展。二是各级协会组织积极采取结对帮扶、技术培训、科技推广等措施，为帮扶对象想办法、找项目、提供技术支持，实现增收致富。三是利用协会宣传阵地，结合今年婚育新风进万家活动的主题，开展科普知识、儿童生理卫生知识和计划生育政策的宣传、咨询工作，为育龄群众提供科学知识和政策咨询服务。有力地促进了全县人口与计划生育工作的健康发展。

2008年

【概况】

富源县2008年的人口和计划生育工作，重点抓了六个方面的工作。一是出生缺陷一级预防。二是开展争创省优质服务县活动。三是集中开展依法行政工作。四是加强干部培训，注重提高队伍素质。

【统计数据】

据富源县统计局公报，2008年，全县年末总人口749006人，出生率为11.42‰，死亡率4.94‰，自然增长率6.48‰。据计划生育报表，计划生育率为99.89%，综合节育率为84.53 %。

【出生缺陷一级预防】

县人民政府高度重视，出台了《富源县人口出生缺陷一级预防工作实施方案》，使出生缺陷一级预防工作在全县有效开展。一是县乡两级成立了以分管领导为组长，相关部门为成员的出生缺陷一级预防工作领导小组。二是县人民政府投入专项工作经费8万元，对技术人员进行培训和实验室改造。三是在县计生服务站、县人民医院、县妇幼保健院、营上镇计生服务所、黄泥河镇中心卫生院等五家医疗单位设立了出生缺陷一级预防筛查室。四是对目标人群进行免费筛查。2008年全县5个筛查实验室为目标人群中的1150人开展了免费筛查服务。

【村民自治】

在试点取得经验的基础上， 2008年全县所有村（居）委会全面推行了村（居）民自治工作，以村（居）委会为基础，依法放权，重心下移，用村规民约或居民公约规范生育行为，建立了“县级指导、乡（镇）组织领导、村（居）民自治、户落实”的机制，群众依法婚育、依法维护自身权益和监督意识明显增强，初步实现了计划生育工作自我教育、自我服务、自我管理、相互监督的工作目标，保障了群众的知情权、参与权和选择权，有效破解了法律法规不易规范的基层工作难题。

【创省优质服务县活动】

2008年，富源县被省列为创省优质服务达标县，加大了创建省优活动的工作力度。始终围绕生育、节育、不育为群众开展优质服务。县人民政府出台了创省优质服务县活动实施方案，加大了经费投入，改善了服务设施，培训了专技人员。计划生育技术服务部门不断拓宽服务领域和提升服务能力和水平。一是免费为育龄群众施行各类计划生育技术服务。2008年为群众免费施行长效避孕术7745例，全县综合节育率为84.53%。二是普遍开展了查环、查孕、查病和治疗妇科疾病的“三查一治”工作，使广大育龄群众在落实避孕节育措施的同时享受到了生殖健康方面的服务。三是县乡服务站、所基本做到人员、房屋、设备三配套，落实了技术服务人员和经费。全县计划生育专业技术服务人员通过科技大练兵等活动，在为育龄群众提供避孕节育、优生优育、生殖健康等服务方面的能力和水平得到提高。初步形成了以县技生服务站为龙头、乡级服务所为基础、村级服务室相配套的三级服务网络，为育龄群众提供优质服务创造了条件。经省人口计生委组织考评，达到了创省优质服务县标准。

【依法行政工作有新突破】

在广泛宣传计划生育法律法规、为计划生育工作营造强大声势的同时，加强计生干部培训，强化依法行政意识，提高执法水平，从严查处违法生育案件，有效遏制了违法生育现象。加大社会抚养费征收力度，对拒不履行征收决定的依法申请法院强制执行，2008年全县共依法申请法院强制执行结案300余件，有效维护了法律法规的严肃性和震慑了违法生育者，收到了较好的社会效应，对计划生育工作开展起到了较大的促动作用。

【加强培训，提高队伍素质】

2008年3月，针对全县计生宣传员和流动人口计划生育管理员新手多，业务素质不强的实际，经请示县人民政府同意，全县分两批围绕依法行政、流动人口计划生育管理、基层统计台账、优质服务等内容对全县计生干部进行了系统的理论和业务知识培训。提高了计生队伍的整体素质。促进了全县计生干部工作思路和工作方法的转变。

【协会工作】

一是开展少生快富项目，2008年全县共确定计生户100户开展少生快富项目；二是各级协会组织积极采取结对帮扶、政策倾斜、技术培训、科技推广、资金帮扶等措施，为帮扶对象想办法、找项目、提供技术支持，实现增收致富；三是利用5.29协会会员活动日，开展科普知识、生殖健康知识和计划生育政策的宣传、咨询工作，为育龄群众提供科学知识和政策咨询服务。有力地促进了全县人口与计划生育工作的健康发展。

师宗县

2006年

【概况】

2006年，师宗县人口和计划生育工作重点突出关爱女孩打击“两非”行动，社会主义新农村建设，落实奖励优惠政策，认真推广使用安全套，落实业主负责制工作，加大计划生育执法力度和计划生育“三结合”工作，较好地完成各项目标任务。

【统计数据】

据师宗县统计局公报，2006年全县总人口38.78万人，出生率为12.43‰，死亡率为3.98‰，自然增长率为8.45‰。农村独生子女3581户，全县五镇四乡开展了计划生育“三结合”工作，帮扶率达65%，其中重点帮扶率97%。

【推套“防艾”工作】

县人口计生局一是对各宾馆酒店等服务场所业主进行了安全套预防性病艾滋病的知识培训，并发放了宣传手册，引导他们创造条件提供安全套，改善使用安全套的环境，提高安全套使用率。二是在人员集中地段及流动人口较多的地方装备了4台自动售套机，为广大育龄人群提供服务；三是在县服务站、乡（镇）服务所设安全套供应发放店，大力提倡使用安全套，提倡患有生殖道感染疾病的育龄妇女使用安全套。据统计，2006年宾馆及娱乐场所等已摆放使用安全套4374只，计生局已免费发放安全套10500只。

年内，县人口计生局将艾滋病预防知识的宣传融入计划生育宣传教育工作中，多次出动计生服务车在各乡（镇）赶集日和县城上街开展预防性病艾滋病知识宣传活动，发放生殖健康、性病艾滋病预防知识宣传单2万余份，在宣传活动中，宣传人员将“防艾”知识与生殖健康相结合，将“防艾”与计划生育技术服务相结合，使广大群众了解艾滋病的危害及其传播途径，增强人们的自我保护意识，自律、自爱、自尊。

【强化宣传教育】

2006年，师宗县计生协会紧紧围绕“婚育新风进万家”活动，开展了多种形式的宣传教育活动。一是编印了《新型生育文化手册》5万本、宣传挂历2千本、宣传年画5千张，发放到农户家中，广泛的宣传了计划生育生殖保健、优生优育等科普知识，努力提高广大群众的计划生育生殖保健意识。二是利用召开会议、广播等形式宣传“奖、优、免、补”政策的好处，促进群众生育观念的转变。县计生协会印制了“奖、优、免、补”宣传杯20万只，印制《多生少生就是不一样》宣传单8万份，印制《少生一个、带富一家》宣传画3万张，通过上街宣传发放，使“奖、优、免、补”政策家喻户晓，促进了群众生育观念的转变。截至8月底，全县已有672户农业人口家庭办理了《独生子女父母光荣证》。三是以村“两校”（村党校、农民实用技术学校）为阵地，对群众进行科技、文化、市场经济、信息技术培训，增强群众的致富本领。如五龙乡水寨村协会小组，结合新农村建设，以村“两校”为阵地，每个季度开办一期培训，采取“请进来、走出去”的办学方式，对群众进行培训，并结合旅游开发，组织文艺宣传队自编自演民族文化节目等活动，增强群众致富本领。

【推进“三结合”工作】

县委、人大、政府、政协领导、县直各单位、五镇四乡按照计划生育“三结合”协调领导小组办公室〔2002〕1号文件要求，认真开展帮扶工作。县五机关领导每人帮扶1户，县直各部委办局、企事业单位帮扶3至5户，乡镇四班子领导每人帮1户，乡直单位帮扶2户。在技术培训、种植、养殖、加工、生殖健康服务等方面对计划生育户实行重点帮扶，使“三结合”工作落到了实处。据统计全县共计投入帮扶资金6.02万元，投入物资折价13.15万元，技术培训428人，帮扶种植562户、养殖28户、加工业7户、 免费生殖健康服务675人次。通过帮扶高于当地平均水平10%以上的有476户，掌握一门以上致富技术人数686人，脱贫261户，致富47户，文明家庭144户。

【荣誉】

2006年6月，师宗县彩云镇计生服务所所长张左兰，荣获全国人口和计划生育科技工作先进个人荣誉称号。

2007年

【概况】

2007年，师宗县人口和计划生育工作认真落实中央《决定》精神，坚持实行“双线”目标管理责任制考核，把握工作重点，突出工作重心，做好奖励扶助工作；加大力度，查处特殊人群违法生育行为；加强指导，规范流动人口管理；强化管理，做好优质服务工作。

【统计数据】

据师宗县统计局报表，2007年全县总人口39.44万人，出生率为12.11 ‰，死亡率为4.01‰，自然增长率为8.1‰。据计划生育统计报表，全年完成放环2831例，长效避孕及时率为95.5%，计划生育率达99.6%，生殖保健检查率达96.1%，育龄人群计划生育基础知识知晓率达94.3%。农业人口独生子女家庭办证410户。全县流动人口办证1195人，流入人口2579人，建立了控制流动人口违法多生育的工作机制，流动人口合同签订率达90%以上。

【做好奖励扶助工作】

2007年，师宗县采取多项措施，认真落实国家养老扶助政策和云南省农业人口独生子女家庭奖励规定，确保惠民政策真正惠民。一是加大宣传力度，加深广大人民群众对“奖优免补”政策的知晓度和对养老扶助政策的知晓率，让他们自觉按时申报养老补助和教育奖学金。二是深入到户调查了解办证户和申报养老补助人员的实际情况，认真细致填表，详细调查核实申报情况，严格按照六个条件申报养老补助和教育奖学金，对不符合政策条件的坚决予以取缔。三是做好跟踪服务工作，对办理了农业人口独生子女父母光荣证的农户，坚持做到“六到位”：一次性奖金、教育奖学金、养老补助金兑现到位，承诺免费体检兑现到位，巩固工作跟踪到位，思想工作服务到位，实际困难帮扶到位，非正常退证查处到位。四是发放独生子女保健费，对14岁以下下岗失业人员和农业人口独生子女给予每年120元独生子女保健费。年内，办理了418户农业人口办独生子女父母光荣证，新增养老补助对象64人，全县共有393人享受养老补助，3525人享受到每年120元的独生子女保健费。

【严肃查处违法生育行为】

针对国企改制后下岗失业人员等“特殊人群”增多，人口计生工作难以管理的情况，师宗县人口计生局在内部管理责任书中明确了工作任务，抽调人力，严肃查处自由职业人员、下岗无业人员、私营企业员工和其他非农业人口的违法生育行为。在对原师宗造纸厂、水泥厂、焦化厂等企业的调查中，有13对夫妇违法生育第二孩。根据《云南省人口与计划生育条例》的规定，对上述13对夫妇分别送达了《违法告知书》和《行政处罚决定书》，对其中的9对夫妇申请了人民法院执行，对其违法生育行为追究法律责任。

【做好优质服务】

首先加强培训，按规定印制了各种病历表格，组织技术人员进行培训。其次把优质服务列为年度工作主要内容进行检查指导，要求县服务站到乡镇服务所，做到书写规范，档案健全。三是认真实施国家“十一五”科技项目——“绝育手术并发症防治技术的研究”。成立了领导小组，制订了实施方案，召开了项目工作会议，安排布置了工作任务，并签订了项目责任书。第四是加强计划生育药具管理工作。根据省市人口计生委的要求，师宗县成立了药具管理领导小组，确定了药具管理专职人员，并召开各服务所所长和药具管理人员会议，进行以会代训，按时上报药具计划。

2008年

【概况】

2008年，师宗县人口和计划生育工作认真开展出生缺陷一级预防工作，强化基础，扎实有效稳定低生育水平；坚持政策拉动，扎实做好计划生育奖励扶助工作，搞好服务，利用信息平台规范流动人口管理体系；务实高效，做好优质服务工作。全面完成了各项任务指标。

【统计数据】

据师宗县统计局报表，2008年全县总人口为39.84万人，出生率为12.12‰，死亡率为5.2‰，自然增长率为6.92‰。据计划生育报表，全年计划生育率达98%；完成放环2815例生殖保健检查率达95%；"奖优免补"政策知晓率达94%；农业人口领证自愿率达100%；流动人口合同签订率达90%以上。已婚育龄妇女68858人，全县共领取独生子女证9991户。

【出生缺陷一级预防】

2008年，师宗县被列为全省出生缺陷一级预防项目重点县。师宗县人口和计划生育局采取了多种措施推进此项工作：一召开了动员大会，利用广播、电视、标语、黑板报、计划生育流动服务车等媒体和设施广泛进行宣传，全县共书写宣传标语 263条，发放48708份宣传资料；二组织相关人员对目标人群进行调查摸底，全县初步筛查出1358户为出生缺陷干预对象；三组织技术骨干到省科研所进行业务学习，对各乡镇计生办、服务所工作人员289人进行了系统技术业务培训，以乡镇为单位集中对目标人群进行培训，组织各乡镇计生办主任、服务所长到彩云、龙庆进行了现场观摩，培训 1270户，培训率达 93 %。充分利用一年四次的孕情健康检查的有利时机，把孕情健康检查与出生缺陷干预工作基本知识培训有机结合起来，利用广大已婚育龄妇女参加孕情健康检查的时机向她们传输出生缺陷干预的基本知识，并按要求建立档案，便于跟踪服务；积极组织干部职工、群众参与全国预防出生缺陷知识竞答活动，共有4039人参与了此项活动。全县共投入了出生缺陷干预经费8万元。全年共有890人参加了孕前检查，检查率达33%，有403人领取了叶酸服用，已发放叶酸 2004瓶，发放率达100%。

【强化基础工作】

县委、县政府于8月29日召开了全县人口和计划生育工作会，布置了全县的人口和计划生育工作，要求在全县范围内进行一次清理、清查工作，并成立了领导小组，制订了清理、清查工作实施方案，对清理、清查中存在的问题提出具体的措施，为明年人口计生工作的开展奠定了基础。季度孕情检查是计划生育的重点工作，为更进一步打牢基础，抓好落实，县人口计生局于9月16日在彩云镇长街村委会召开了季度孕情健康检查现场会，进一步规范了季度孕情检查的工作程序，打牢人口和计划生育工作的基础。

【扎实做好奖励扶助工作】

县委政府抽调县计划生育协调领导小组成员单位的领导深入到各乡镇对2004年以来办理农业人口独生子女证符合享受一次性奖励金、教育奖学金、符合国家奖励扶助政策的对象以及农业人口独生子女保健费发放情况进行了再核实，对不符合享受奖励政策的对象坚决予以取缔。2008年1至12月，全县共办理了187户农业人口《独生子女父母光荣证》，计划生育特别扶助对象25户享受每年1200元的扶助金，372人享受每年600或700元不等的养老补助金，奖励扶助对象资格认定准确率达100%，补助农业人口独生子女一次性奖励及教育奖学金共28万元，相关信息都按要求录入了国家奖扶网站和省"奖优免补"网站。

陆良县

2006年

【概况】

2006年，陆良县紧紧围绕全县经济社会发展总体目标，落实“以人为本”的理念，加大依法行政力度，加强对广大育龄群众的计划生育管理和服务，强化内部管理和行风建设，较好地完成了各项目标任务，人口增长得到有效控制。

【统计数据】

2006年，据陆良县统计局公报年末总人口为606627人，人口出生率9.72‰，死亡率4.19‰，自然增长率5.53‰。计划生育率为99.81%；已婚育龄妇女综合节育率达89.06%；计划生育生殖保健检查率达97%；新办农业人口独生子女1122户，累计办证5523户；有21个村委会开展了村（居）民自治工作。

【流动人口管理】

进一步加强对流动人口的计划生育管理和服务，根据流入人口91%集中在县城中枢镇的实际，在中枢镇14个社区居委会各选聘一名流动人口计划生育管理员，报酬与计划生育宣传员同等，列入县级财政预算。同期，在中枢镇窑上社区居委会成立“流动人口计划生育管理服务站”，为流动育龄群众提供政策法律法规宣传，优生优育优教知识咨询，生殖健康疾病查治等多项服务，实行“属地化管理、市民化服务”。

【成立陆良县人口和计划生育监察大队】

经报请陆良县编制委员会同意，成立了陆良县人口和计划生育监察大队，与流动人口管理办公室两块牌子、一套班子，负责对全县范围内的计划生育行政执法行为、流动人口违法生育处理、计划生育技术服务医疗保健市场清理等进行监督检查，

【计划生育村（居）民自治】

2006年中旬，陆良县人口计生局与板桥镇党委、政府联合在板桥镇左里堡村委会开展了计划生育村民自治试点工作。8月4日，县政府在板桥镇召开了全县计划生育村（居）民自治工作现场会，推广板桥镇左里堡村委会的计划生育村民自治工作经验。此后，各乡镇都采取了先行试点、推广经验的方法开展了此项工作，在试点村逐步建立了“村负责、民自治、户落实”的有效管理机制，初步实现了群众的自我管理、自我教育、自我服务、自我监督。至2006年底，全县有21个村（居）委会开展了计划生育村民自治，占村（居）委会总数的15%。

【关爱女孩行动】

2006年9月12日，陆良县人口计生局联合三岔河镇党委政府，以“关爱女孩，提高妇女社会地位”为主题，在三岔河镇赵家沟小学举办“关爱女孩”系列活动，为109名在校农业人口独生女发放了价值1.5万余元的字典、书包等学习用具，收到很好的社会效果。

【优质服务进军营】

陆良县人口计生局与卫生、民政等部门共同组织开展“优质服务进军营”的大型宣传服务活动，于7月29日到驻陆机场部队宣传计划生育法律法规和优生优育科教知识，为部队官兵家属200多人开展了乳腺和生殖道疾病查治，发放避孕药具12件，宣传资料1000余份，受到部队官兵及其家属的好评。

【计划生育技术服务市场清理】

陆良县人口计生局于5月23日至6月10日组织开展对全县范围内的个体医疗户专项检查整治，查出擅自从事放环、取环、人流、引产等计划生育技术服务的非法个体医疗户10户，没收医疗器械11套，药品117份，征收罚款3.2万元，遏制了非法开展计划生育手术蔓延的势头，进一步规范计划生育

技术服务市场，确保育龄群众得到安全、有效的技术服务。

【荣誉】

三岔河镇党委书记程星鋐被省人口计生委表彰为“计划生育先进个人”。

2007年

【概况】

2007年，陆良县紧紧围绕“控制人口数量，提高人口素质”的总体目标，深入推进农业人口独生子女家庭“奖、优、免、补”工作，加强对流动人口和城镇居民的计划生育管理，推行依法行政，搞好优质服务，强化行风建设，超额完成了各项目标任务，实现了县委、县政府年初确定的人口控制目标。

【统计数据】

2007年，据陆良县统计局公报年末总人口为609136人，人口出生率8.42‰，死亡率3.99‰，自然增长率4.43‰；计划生育率为99.84%；已婚育龄妇女综合节育率达89.53%；计划生育生殖保健检查率达97%；有62个村委会开展了村（居）民自治工作。

【依法管理】

2007年8月2日，陆良县委办、政府办联合下发了《关于对城镇居民和流动人口违法生育进行清理和查处的通知》（党办发【2007】53号文件），成立了全县城镇居民违法清理查处工作领导小组，对全县城镇居民和下岗失业人员违法生育进行清理查处，并在广播电视台进行公告。2007年11月，县清理查处工作领导小组从计生系统抽调15名执法人员组成三个协助查处组，协助开展对违法生育对象的调查取证工作。至2007年底，清理查处工作宣传发动阶段和摸底清理阶段的工作结束，全县共电视宣传报道15次，召开会议128次，收集整理报表148份，确定重点清查对象1347户。

【优质服务】

陆良县按照“四优一满意”的标准建设计划生育服务站、所，县服务站投资20余万元改造对外门诊，开设药品超市，为10个乡镇服务所每家配备2台B超，部分服务所配备奥林巴斯显微镜、血液分析仪等设备。2007年9月，县人口计生局联合县妇联开展“关爱育龄妇女健康优质服务进农村”活动，免费为三岔河、中枢、召夸、活水和县城部分机关、机场部队的55000余名育龄妇女进行了妇科、乳腺扫描等健康检查。加强服务站、所的内部管理，完善各项制度，强化人员培训，提升业务能力和服务水平。进一步强化药具工作，成立了县计划生育药具站，配备了2名专职药具管理人员，对药具工作实行微机管理，全县10个乡镇计划生育服务所以及140个村（居）委会都配备了兼职管理人员，建立健全了规范的药具管理台账确保运转正常。全年免费发放避孕套44500只，药具计划编制执行率达100%，药具对象符合率达95%以上。2007年，陆良县被省检查组确定为省级优质服务达标县。

【流动人口管理】

继续实行目标管理责任制，强化计生、公安、工商、卫生、教育等相关部门责任，齐抓共管流动人口计划生育工作；以流动人口服务站为依托，为广大流动人口免费提供办证、验证、孕情检查、发放避孕药具等多项优质服务；强化了对流动人口违法生育的清理清查，对燃料厂、包装厂、机三厂等驻陆厂矿的流动人口违法生育情况进行了为期一周的清理；与推广使用安全套预防艾滋病工程相结合，将更多的关怀目光投注到农民工身上，免费发放避孕套2500只、宣传资料800余份，同时落实宾馆、饭店等娱乐场所100%的安全套摆放工作，营销避孕套10180只。

【奖优免补政策落实】

继续宣传贯彻落实《云南省农业人口独生子女家庭奖励规定》及相关配套政策，严格落实“三公开、三公示、一评议、一见面”制度，财政、邮政、监察部门按“四权分离”的要求落实各自职责，全年新办农业人口《独生子女父母光荣证》637户，审核一次性奖励名单481户、养老扶助对象440人、教育加分49人、享受教育奖学金1541人，兑现养老补助28.835万元，一次性奖金44.4万元，教育奖学金27.506万元，首次为4398户农业人口独生子女按每月10元的标准发放了独生子女保健费53.4万元。

【宣传教育】

以宣传贯彻落实中央《关于加强人口和计划生育工作统筹解决人口问题的决定》精神为主线，以婚育新风进万家为切入点，加强基层计生宣传文化阵地建设，利用标语、宣传栏、墙报、村计生文艺宣传队等多种形式宣传；把人口计生宣传教育与精神文明创建和文化、科技、卫生"三下乡"活动相结合，利用春节、五一等节假日、重大纪念日与有关部门联合开展广场、下乡大型宣传活动，开展社会化大宣传；积极参与县政府门户网站建设，将《决定》等重要文件和计划生育法律法规、少生优生生殖保健知识在网上发布。2007年9月，计生系统举办学习《决定》培训班和知识竞赛活动及文艺演出，由局机关、县服务站、各乡镇计生办组队参加，使广大计生干部准确把握了《决定》精神。

【荣誉】

陆良县三岔河镇计划生育协会被国家计生协表彰为"全国乡镇级计划生育协会先进集体"。

2008年

【概况】

2008年，陆良县围绕县委、县政府年初确定的"人口自然增长率控制在6‰以内"的总体目标，以"抓工作落实、夯实基层基础，抓队伍建设、增强服务能力，抓工作规范、提升整体水平"为工作思路，强化宣传工作首位意识，突出出生缺陷一级预防、奖优免补、流动人口计划生育管理三项工作重点，完善优质服务和村民自治工作机制，落实四项制度，强化行风建设，扎实推动各项工作，人口与计划生育各项目标任务按期完成。

【统计数据】

2008年，据陆良县统计局公报年末总人口为617288人，人口出生率8.21‰，死亡率3.67‰，自然增长率4.54‰；计划生育率为99.56%；已婚育龄妇女综合节育率达89.73 %；计划生育生殖保健检查率达96%；新办农业人口独生子女324户，累计办证6483户；有62个村委会开展了村（居）民自治工作。

【计划生育宣传】

统一印制3.12万本以政策法规、行政审批程序、优生优育、生殖保健、艾滋病防治等知识的《人口和计划生育知识宣传培训手册》发放到广大育龄群众手中；强化标语宣传，制作了内容精炼、关注人本的永久性宣传标语1300余条；利用"春节"、"5.29协会成立纪念日"、"世界人口日"、"法制宣传日"等节日开展大型宣传活动，发放宣传资料和避孕药具，进一步普及计划生育知识。

【奖优免补政策落实】

抓好已办证家庭的巩固和新申报人员的资格审查、政策兑现工作，对历年办理农业人口《独生子女父母光荣证》的情况开展了全面清理清查，对不符合政策退证的，收回两证和所享受的各类奖励资金，在县人口计生局设专户保存；新申报享受教育奖学金1816人32.526万元，高中大学阶段奖学金62人6.88万元，兑现升学加分67人，兑现农业人口和城镇失业人员独生子女保健费56.7万元，符合享受养老扶助对象共420人，特别扶助对象47人。

【出生缺陷一级预防工作】

3月25日曲靖市出生缺陷一级预防工作安排布置会后，陆良县及时成立以政府分管副县长为组长，相关部门领导为成员的出生一级预防工作领导小组，制订了《陆良县出生缺陷一级预防实施方案》，在5月底前完成了目标人群的调查摸底工作。随后结合季度医学监护的开展，分类对目标人群开展宣传倡导、健康促进、优生咨询、高危人群指导、实验室筛查、营养素补充等各项工作。共确定目标人群3850人，完成宣传培训3016人次，为2654人进行了优生咨询，开展实验室筛查976人，1551人接受了营养素补充。

【实施“少生快富”工程】

陆良县计划生育协会在三岔河镇启动“少生快富”工程试点工作，于2008年9月6日召开启动会，确定40户独子户、双女户、计生贫困户，给予每户1000元的帮扶资金，并为其提供技术帮扶和优质服务，帮助发展家庭种植、养殖和手工业项目。至年底，各户已见明显经济效益。

【行风建设】

县人口计生局制订了首问首办责任制、限时办结制、服务承诺制三项制度和行政问责办法，在人口计生系统印发执行，并做成板面对外悬挂，接受社会监督；实行党风廉政责任制，层层签订党风廉政建设责任书，一级抓一级，层层负责抓落实；做好政府信息公开工作，在互联网上依法按程序公开计划生育法律法规、行政审批、避孕节育和部门动态等信息。在2008年11月份组织的“农民兄弟姐妹评计生”和“流动人口农民工兄弟评计生”问卷调查中，满意及基本满意率达97%以上。

【荣誉】

陆良县三岔河镇计生办主任陈吉泽被省委、省人民政府表彰为2008年度人口和计划生育工作先进个人。

罗平县

2006年

【概况】

2006年，罗平县人口和计划生育工作始终坚持“既要抓紧、又要抓好”的指导方针，坚持“内抓素质、外树形象”的工作目标，继续以抓宣传为主线、以抓农业人口独生子女家庭奖励扶助工作为重点、以推行计划生育村民自治为中心、以实现优质服务先进县为目标，转变生育观念，控制人口增长，人口计生工作稳步发展。

【统计数据】

2006年，罗平县年末总人口为545998人，人口出生率10.32‰；死亡率4.24‰；自然增长率6.08‰。计划生育率为99%；当年完成“三术”6590例，综合节育率为86.28%。

【“奖优免补”工作】

2006年，全县共有946户农业人口独生子女家庭办理父母光荣证，兑现一次性奖励配套经费215125元。

【计划生育慰问】

2006年，县委、县政府对计划生育困难户、独生子女户等计划生育户进行慰问，共慰问60户，慰问金额6000元。

【创建全国优质服务先进县】

一是成立由县长任组长，县委联系副书记、政府分管副县长，人口计生局长任副组长、相关部门负责人任成员的优质服务创建活动领导小组；二是县政府出台《罗平县全面推进计划生育优质服务工作争创全国计划生育优质服务先进县的实施方案》，人口计生局发出《关于开展优质服务活动考核评价指标材料准备的通知》；三是投资35万余元购置B超15台、监护仪1台及医疗器械发放到服务所；四是投资50万余元，对县计划生育服务站进行全面改造，增设服务功能；五是采取请进来、送出去的办法对专业技术服务人员进行技术业务培训，提高技术服务质量。12月份罗平县被国家人口计生委评为“全国计划生育优质服务先进县”。

【计划生育村民自治】

2006年，在全县范围内积极推进计划生育村民自治工作。县政府出台了《关于推行计划生育村民自治的意见》，县人口计生局发出《关于加强计划生育村民自治痕迹管理工作的通知》，县长与各乡（镇）长签订开展村民自治的目标管理责任书。由村民集体讨论自制《计划生育村民自治章程》并组织实施。投资16万余元印制《人口和计划生育村民自治合同书》15万份下发到村委会，由村委会主任委托村社长或中心户与村民签订，逐步做到人口计生工作村民自我教育、自我管理、自我服务、自我监督，保障了村民自己管理计划生育事务的落实。

【国际合作项目】

2006年，罗平县启动中日合作的“中西部生殖健康家庭保健服务能力建设”项目。旨在提高生殖健康家庭保健服务机构的服务能力，改善本地居民的生殖健康家庭保健状况，促进居民健康意识的转变、基本满足居民的健康需求，

【荣誉】

2006年，罗平县被国家人口计生委评为“全国计划生育优质服务先进县”。阿岗乡计生办主任陈伟孝被省人事厅、省人口计生委评为2006年先进工作者。

2007年

【概况】

2007年，罗平县的人口和计划生育工作以进一步降低生育水平，提高出生人口素质，改善人口结

构为总目标，以全面落实“依法管理、利益导向、综合治理、考核奖惩”四个机制为出发点，以进一步夯实基层基础工作，落实工作责任为重点，强化工作措施，摸实情、干实事，努力提高工作水平和优质服务水平，坚持管理、指导、服务、检查、奖罚并举，富有成效地开展各项工作，全县人口计生工作呈健康发展的良好势头。

【统计数据】

2007年罗平县年末总人口为554010人，人口出生率9.72‰，死亡率3.98‰，自然增长率5.74‰。计划生育率为98.99%；当年完成“三术”6645例，综合节育率为87.96%。

【流动人口计划生育管理】

2007年全县流出总人口10251人，应办理流动人口管理证明7081人，已办证人数4759人，办证率为67.2%；开设流动人口计划生育信息管理系统，对流动人口实行动态管理，流出人口应反馈信息1373人，实际反馈信息1312人，信息反馈率为95.56%；与流动人口建立合同管理，流动人口应签订管理合同2028人，实际签订合同1847人，合同签订率为91.07%；建立《罗平县房屋出租单位、用工单位流动人口计划生育管理责任书》管理制度，与房屋出租户、用工单位签订协议书2237份，签订《责任书》2303份。先后与贵州省的兴义市、安龙县，福建省的仙游县，红河州的弥勒县签订流动人口管理外向协议书。

【宣传教育】

印发《致农民工朋友们的一封信》2万份，《安全套正确使用方法》2万份，中央《关于全面加强人口和计划生育工作统筹解决人口问题的决定》竞赛辅导材料、试题各2500份，订阅发放《中国人口报》、《人口与计划生育》、《中国计划生育医学杂志》各20份，利用新闻媒体，有线电视播放新闻5篇，宣传计划生育方针、政策，宣传效果显著。

【队伍建设】

县人民政府常务会议决定，年内招考13名医务人员到乡（镇）计划生育服务所工作，经全县组织统一考试，有6名考生考试合格，经聘用上岗工作。

【计划生育慰问】

2007年，县委、县政府组织对执行计划生育政策困难户、独生子女户等计划生育户进行慰问，共慰问60户，慰问金额7400元，对计划生育退休同志进行慰问，慰问9人，慰问金额900元。

【“奖优免补”工作】

全县共有515户办理了《农业人口独生子女父母光荣证》，办理教育加分照顾高中升大专13人，初中升高中45人。

【避孕药具工作】

以“三清、五懂、六会、三到户、三到位”为主要内容开展避孕药具工作，“三清”即用药人数清，药具进销数据清，使用效果清；“五懂”即懂生殖生理基础知识，懂使用药具的注意事项，懂药具的性能和作用原理，懂药具的适应证和禁忌证，懂药具的副反应及处理；“六会”即会宣传，会使用，会保养，会指导，会统计，会处理一般副反应；“三到户”即送药具到户，宣传工作到户，随访和基本问题解决到户；“三到位”即发放到位，随访服务到位，宣传培训到位。

【政策法规培训】

在全县计生系统开展《中华人民共和国治安管理处罚法》、《诉讼法》培训；在县委举办的罗平县正科级后备干部理论培训班和罗平县初任村级干部培训班开展计划生育政策法规培训。

【预防艾滋病工作】

组织对县城内87家宾馆、酒店、旅馆、招待所、5家歌厅，10家发廊安全套摆放情况进行检查，对未摆放安全套的宾馆、酒店、旅馆、招待所、歌舞厅、发廊的业主或法人进行宣传教育，并现场监督摆放安全套。在20家宾馆、娱乐城安装20台安全套自动发放机，县计划生育服务站形成制度，每月定点对宾馆、酒店发放安全套。全年共免费发放安全套8.8万只，有偿销售32810只。

【中日合作项目】

一是硬件设施，积极筹措资金38万元，对县家庭保健服务中心和县计划生育服务站、所进行设备投入，其中为县家庭保健服务中心配备心电监护仪一台，为各乡（镇）计划生育服务所配备B超诊断仪各一台；二是培训教育，5月26日举办青春期性与生殖健康教育师资培训，各乡（镇）中心学校校长、项目乡（镇）各完小校长、中学生物教师1人、县直学校生物教师1人、校医1人、子弟学校校长、教育局教育科1人、各乡（镇）计划生育服务所所长参加培训；10月29日至30日举办中西部项目“健康宣传教材制作”培训，在培训活动中讨论通过《母婴保健手册》和《中老年保健手册》，制作母婴保健及中老年保健教育宣传挂图2份，男性生殖健康科普挂图2份，吸烟有害健康模型2个，乳腺模型4个。三是健康检查，全年为2136名学生进行青春期及生殖健康宣传教育，为274名学生进行了常规健康检查。

【荣誉】

罗平县被省人口计生委评为“全省优质服务先进单位”。罗雄镇法金甸村计生宣传员高小荣，被省人事厅、省人口计生委评为2007年先进工作者。

2008年

【概况】

2008年，罗平县的人口和计划生育工作，紧紧围绕以人为本工作理念，以降低生育水平，控制人口增长为目标，以进一步夯实基层基础工作，落实工作责任为重点，以关爱女孩行动、宣传计划生育法律、法规和科普知识活动以及国际合作项目的开展为载体，逐步推进依法行政、民主管理、优质服务和综合治理，全县人口计生工作稳步推进。

【统计数据】

2008年罗平县年末总人口为561356人，人口出生率9.22‰；死亡率4.00‰；自然增长率5.28‰（据统计报表）。计划生育率为99.01%；当年完成“三术”6495例，综合节育率为85.4%（据计划生育报表）

【“奖优免补”工作】

2008年全县共办理《农业人口独生子女父母光荣证》257户，办理独生子女升学加分照顾73人；兑现奖学金1504人，兑现金额32.86万元，兑现一次性奖励金325人，兑现金额28.25万元。

【出生缺陷一级预防工作】

围绕“宣传倡导，健康促进，优生咨询，高危人群指导，孕前实验室筛查，营养素补充”六项工作，做好“五抓五落实”，一抓组织建立，确保机构健全落实；二抓方案制订，确保措施落实；三抓认识提高，确保思想统一落实；四抓目标明确，确保责任落实；五抓基线调查，确保干预目标人群落实。同时为12个乡（镇）配备12台显微镜检查设备，印制《婚前知识知多少》、《生殖健康保健手册》各5万册，印制《出生缺陷一级预防宣传折页》4万册。

【队伍建设】

在2006年招考的基础上，2007年再由人口计生招考10名医务人员，分配到乡（镇）计划生育服务所工作，有9名考生考试合格，已上岗工作。

【计划生育慰问】

县委、政府组织对执行计划生育政策困难户、独生子女户等计划生育户进行慰问，共慰问60户，慰问金额7400元；市级到我县慰问5户，慰问金额1500元；对计划生育退休同志慰问，慰问9人，慰问金额900元。

【计划生育行政执法】

查处九龙镇非格村委会杨开文，长底乡德沙村委会张正刚家三人妨碍公务，阻碍工作人员执行公务被行政拘留5日的处罚案件；查处钟山乡徐选富、雷建林、朱学华三人伪造计划生育证件的案件。

【基础设施建设】

投资8万元对县计划生育服务站办公设施、病房进行改造；投资10万余元对部分设备进行更新；争取国债项目投资90万元，新建县计划生育服务站业务用房。

【板面台账】

投入1.2万元对乡村两级计划生育板面台账进行更换，共制作板面1780块（乡级2块，村级1块）。

【计划生育协会工作】

2008年完成乡村计划生育协会换届工作，协会组织健全，会员总数占总人口的11.80%；以会员活动室为基础，开展各种科技培训班4期，参培人数达会员总数的80%；巩固创建会员活动室14家；在扩大发展西关街梨园项目时，创建大水井乡塘梨凹、钟山乡白石岩两个泡核桃项目点，扶持杨顺安、李树芬两个养殖户。

【计划生育系列保险工作 】

4月25日，全县全面启动计划生育系列保险工作。5月份分别对12个乡（镇）266名人员进行计划生育系列保险知识专题培训。全年共完成投保人数8人，保费124828元。其中长险4人，保费124228元；短险4人，保费600元。

【中国中西部地区生殖健康家庭保健服务能力建设项目工作】

成立“罗平县生殖健康家庭保健服务中心”，设置“三室一门诊”：即儿童保健室、中老年保健室、妇女保健室和罗平县生殖健康家庭保健服务中心门诊，安排9名卫生专业技术人员具体负责家保中心的日常服务工作。利用项目援助设备、积极开展家庭保健服务。利用B型超声诊断仪为居民检查3654人次，利用全自动全血细胞分析仪检查3816例，利用生物显微镜检查阴道分泌物1226人次，应用生化分析仪检查304人次，应用骨密度测量仪检测196人次，应用肺功能测量仪检测206人次。围绕青春期保健、母婴保健、中老年保健开展服务。共为全县在校4.6万名中学生进行青春期相关知识教育；开展母婴保健培训班6期，培训积极分子257人，累计接受健康教育、健康宣传30556人次，发放宣传品7万余份；为41898名妇女进行了健康检查，其中健康指导6604人；为母婴提供健康咨询7401人次；举办中老年培训班6期，接受培训的中老年共412人，为5560名中老年人群进行健康宣传，为643名中老年人进行健康检查，为383名中老年人进行健康咨询。

【荣誉】

九龙镇副镇长郭庆勇被省人事厅、省人口计生委评为2008年先进工作者。

会泽县

2006年

【概况】

2006年，会泽县人口和计划生育工作，围绕“控制人口数量，稳定低生育水平，提高出生人口素质”的目标，督促落实“双线目标责任制”、“黄、红牌警告制”等制度，开展乳腺疾病普查普治工作、出生缺陷干预试点工程、计生服务所达标整改等创建工作，计划生育村（居）民自治、“关爱女孩行动”工作不断引向深入。

【统计数据】

据会泽县统计局公报，年末全县总人口942207人，人口出生率11.44‰，死亡率3.76‰，自然增长率7.68‰。据计划生育报表，计划生育率98.52%，综合节育率87.98%，三术率87.28%。

【出生缺陷干预试点工程启动】

2006年，会泽县被确定为全省25个出生缺陷干预试点县之一。制订下发全县出生缺陷干预《实施细则》和《免费发放叶酸管理办法》，召开专题会议，培训业务骨干。邀请省计划生育科研所专家为全县计生系统、乡（镇）计生办主任、服务所长以及全县376个村（社区）计划生育宣传员、流动人口协管员共计542人讲授了人口出生缺陷干预知识。全年为第一批农业人口目标人群2016人免费发放叶酸1.20万瓶，并落实出生缺陷于预跟踪随访措施，最大限度地降低婴儿出生缺陷的发生率。

【村（居）民自治工作】

按照全市村（居）民自治现场会议精神和目标管理责任书要求，全县各乡（镇）按10%的村启动村（居）民自治试点工作，其中上村乡为整体推进试点乡。全县共有55个村委会实施计划生育村（居）民自治工作。

【乡（镇）服务所整改工作】

2006年10月，全县在上村等17个乡（镇）开展计划生育服务所达标整改工作。一是县、乡筹措资金68万元购买设备。17个乡（镇）服务所达到有房屋、设备、人员三配套要求。二是对达标乡（镇）服务所全体医务人员进行相关业务技术培训。三是投资34万元改造17个乡（镇）服务所手术室、康复室。按时、按质、按要求完成各项达标任务，并通过了市级相关部门验收。

【流动人口计划生育管理】

2006年，会泽县有11.5万农民工在昆明等地打工。为做好流动人口计划生育服务工作，县人口和计划生育局在昆明成立了流动人口驻昆办事处。全年驻昆办事处召开各种会议10余次，对流动人口计划生育进行宣传教育，发放“双向互动管理”专函11份、流动人口办证须知3000余份、印发“致会泽在昆经商、务工人员的一封信”3万余份；协调周边计生服务部门为在昆打工人员做好技术服务4例、办理流动人口婚育证508本。

【“关爱女孩行动”工作】

投入资金200余万元，对农村纯女户安居房改造217户，建母亲水窖138个，异地搬迁59户，重点村扶持662户，领导挂钩扶持305户。县扶贫办、县人口和计生局等4个部门联合制订“关于对农业人口独女户、双女户家庭”给予小额信贷贴息贷款扶持的规定。全县7786户独女户、双女户享受年户均2000元的贴息贷款资金，对农村双女户年满60周岁以上的老人和独生子女老人足额兑现养老生活补助金。

【宣传工作】

2006年采写宣传人口和计划生育的文章46篇。其中：省、市报刊采用11篇，县电视台采用15篇，县级有关刊物采用3篇。组织宣传车30余辆次，工作人员70余人次，巡回全县21个乡（镇）印发“致全县外出农民工的一封信”、“走进青春期”、“生男生女一样好”、“艾滋病防治知识”等相关材料3.7万份，发放安全套6万只；制作“B超管理制度”、“严禁非医学鉴定胎儿性别”警示牌86块，发到乡（镇）计生服务所和县、乡医院。

【优质服务】

全年共为已婚育龄妇女开展孕情健康检查、乳腺疾病普查普治2.13万人，普查出患者7604人，治疗康复1650人。

2007年

【概况】

2007年，全县认真贯彻落实《中共中央国务院关于全面加强人口和计划生育工作统筹解决人口问题的决定》，以控制人口数量、综合治理人口问题、改善人口结构、提高人口素质为目标，以大力推行农业人口独生子女奖励为重点，以开展关爱女孩行动、出生人口缺陷干预、村（居）民自治为重要举措，做到思想早动员、工作早安排、措施早落实。

【统计数据】

据会泽县统计局公报，年末全县总人口946807人，人口出生率11.17‰，死亡率4.08‰，自然增长率7.09‰。据计划生育报表，计划生育率98.19%，综合节育率88.22%，三术率87.41%。

【独生子女办证】

至2007年末，全县累计办理农业人口独生子女证 1.33万户，占一孩家庭户的 44.17%。2007年办理农业人口独生子女证995户，兑现一次性奖励金74.15 万元。

【流动人口计划生育管理】

一是各乡（镇）、村委会按要求基本建立健全了流动人口台账、“两卡两书”和“两证一书”的管理机制，村委会、租房户及用人单位与流入人口签订了流动人口计划生育管理责任书。二是明确职责，狠抓落实。全县21个乡（镇）建立了规范的流动人口管理档案，各乡（镇）均落实1名专兼职流动人口管理员，全县15个社区配齐流动人口计划生育协管员。三是在昆明设立流动人口管理办公室，加强对会泽流入昆明的育龄群众的计生管理与服务。四是落实计生、公安、财政等部门综合管理责任制，加强协调配合，齐抓共管。

【计划生育村（居）民自治】

全县确定46个村稳步推进计划生育村（居）民自治。年末，全县101个村实现计划生育村（居）民自治，自治率达27.93%。

【关爱女孩行动】

2007年，是全县实施关爱女孩行动试点工作的第四年，县乡认真落实奖励、帮扶、监督、打击等工作措施，加强B超管理，强化对孕产妇的跟踪管理，并继续加大对农村纯女孩户家庭的奖励、帮扶措施的落实。年内有188户纯女户的女孩参加中、高考享受加分照顾。农村纯女户在合作医疗报销、异地搬迁、帮扶救助、“三村四化”新农村建设等方面得到优惠和照顾，推动了关爱女孩行动 试点工作的顺利进行。

【出生缺陷干预试点】

县乡两级精心组织、周密部署、广泛宣传，并充分发挥乡、村、组计生网络组织的功能。采取会议宣传、集中培训等方式，为出生缺陷干预试点工作的开展营造了良好氛围。全县共发放叶酸片 3. 59万瓶 5975人。对服用对象进行登记，跟踪管理，及时将相关情况进行统计上报，确保工作有序进行。

【优质服务】

一是对17个计生服务所的手术室进行改造和增配设备，共投入资金100余万元，极大地改善了计生手术服务环境，增强了服务能力。二是积极开展婚前培训、孕前检查、产前筛查，依法进行必要的终止妊娠和推广使用叶酸增补的好处。三是继续深入开展妇女乳腺疾病普查诊治。四是在全面开展医学监护的同时，利用流动计生服务车巡回到乡（镇）开展计划生育技术服务。

【制度建设】

一是坚持“党政一把手负总责”、“黄、红牌警告”、“计划生育一票否决”、“半年情况通报制”等制度不变。二是在评先树优资格审批上，县人口计生局严格把关，只要有违反规定的行为，任何单位或者任何人，都坚持一票否决，决不姑息迁就。

【队伍建设】

为提高干部队伍素质，树立良好的计划生育干部队伍形象。一是委托县妇幼医院举办县、乡计划生育服务站、所技术骨干70余人参加的为期一个月的检验培训；二是举办为期5天的县、乡、村人口计生系统400余人参加的计生干部业务培训，提高了干部队伍业务能力；三是在全县计生系统开展“内强素质、外树形象、建设学习型机关”的教育活动。

2008年

【概况】

2008年，全县人口和计划生育工作，紧紧围绕控制人口数量，稳定低生育水平，狠抓各种节育措施的落实、计划生育村（居）民自治和违法生育案件的查处等工作，严格执行计划生育“黄、红牌警告”和“一票否决”等制度，人口增长得到有效控制。围绕提高出生人口素质，改善人口结构，狠抓了“关爱女孩行动”试点工作和出生缺陷干预一级预防工作，综合治理人口问题初见成效。

【统计数据】

据会泽县统计局公报，年末全县总人口948882人，人口出生率11.26‰，死亡率4.54‰，自然增长率6.72‰。据计划生育报表，计划生育率98.20％，综合节育率88.09％，三术率87.19％。

【计划生育村（居）民自治】

经过三年的努力，全县共有155个村开展了计划生育村（居）民自治，2008年确定矿山镇为计划生育村（居）民自治全镇推进试点，其余乡（镇）按10%的村委会（社区）开展。

【流动人口计划生育管理】

完善了计生、公安、财政等部门综合管理责任制，加强协调配合，齐抓共管。同时，充分发挥设立在昆明的流动人口管理办公室的作用，加强对我县流入昆明的育龄群众计生服务与管理。

【“少生奖励”】

2008年共办理独生子女证504户。申报农业人口独生子女父母养老生活补助1447人，申报独生子女父母特别扶助对象198人。

【“关爱女孩行动”试点】

认真落实了奖励、帮扶、监督、打击等工作措施，加强了B超管理，强化了对孕产妇的跟踪管理，对溺弃女婴现象给予及时打击，并继续加大了对农村纯女孩户家庭的奖励、帮扶的落实。全年有196户纯女户的女孩参加中、高考享受加分照顾；农村纯女户在合作医疗报销、异地搬迁、帮扶救助、“三村四化”新农村建设、“866”扶贫开发等方面得到优惠和照顾。

【出生缺陷一级预防】

县、乡两级精心组织，成效明显。在全县范围内开展基线调查，掌握目标人群和出生婴儿的发病类型及发病率。向全县广大育龄群众免费发放叶酸药片，并对服用对象进行了登记，跟踪管理，及时将相关情况进行统计上报。由于组织、投入、措施到位，整个试点工作进展顺利，有效地降低了人口出生缺陷的发生率。

【优质服务】

一是强化优质服务理念，积极开展婚前培训、孕前检查、产前筛查，依法进行必要的终止妊娠；二是建立了41939名孕产妇管理档案，对孕产妇实行跟踪管理；三是认真做好推广安全套防治艾滋病工作和避孕药具管理；四是提供全方位的生殖健康保健优质服务；五是结合科技大练兵活动，投资110万元对全县达不到优质服务标准的乡（镇）服务所进行了全面改造和增配设备；六是加强了医疗文书档案、节育手术证明管理，做到有据可查。

【政务信息公开】

严格执行党务政务信息公开。建立完善了会泽县人口计生局服务承诺制、服务承诺事项、首问首办责任制、限时办结制、行政问责办法，并在会泽县人民政府信息公开网站进行公开。

【依法行政】

对违反计划生育法规又不兑现政策的“钉子户”依法起诉，依法查处；严格按照规定征收社会抚养费；高度重视群众信访举报的查办工作，向社会公开计划生育违纪举报电话；严格控制和减少群众越级上访的现象发生。

【队伍建设】

一是加强培训、提高素质。县人口计生局于9月份先后两次对全县计生系统干部进行了专业培训；二是为稳定基层计生干部队伍，4月份为全县基层计生工作人员每人投了50元的保险费；三是按照县委关于在全县实施行政问责办法等四项制度和开展解放思想大讨论活动的要求，干部职工通过学习教育，思想道德修养、政策法律水平和业务技能得到了提高，机关作风明显转变，服务群众的意识和能力有所增强。

楚雄州人口和计划生育委员会

楚雄州

2006年

【综述】

2006年，楚雄州圆满完成了省政府及省人口计生委下达的各项任务指标，人口计生工作继续保持了良好的发展态势。(1)人口出生继续下降。全出生人口26009人，出生率10.07‰，比上年下降0.78个千分点；死亡16409人，死亡率6.35‰，比上年下降0.31个千分点；自然增长9600人，自然增长率3.72‰，比上年下降0.46个千分点。(2)计划生育率稳步上升。在出生的26009人中，符合政策出生的25951人，计划生育率为99.78%，比上年同期持平。(3)综合节育率继续提高。已婚育龄妇女人数达535065人，已采取避孕措施487882人，综合节育率为91.18%，比上年上升0.19个百分点。(4)计划生育村（居）民自治全面展开。全州1094个村（居）委会，有1088个按照工作程序，全面开展了计划生育村（居）自治工作，开展面达99.54%。(5)农业人口领取《独生子女父母光荣证》任务全面完成。农业人口领取《独生子女父母光荣证》5562户，完成省政府下达任务的111.24%。(6)计划生育优质服务工作全面推开。双柏、南华、姚安、大姚、禄丰5县相继启动了优质服务先进县创建活动。楚雄、永仁、武定3县市也积极开展计划生育优质服务先进县市创建活动的准备工作，计划在2007年全面实施。(7)推广使用安全套防治艾滋病工作成效显著。州人口计生委安排资金2.45万元，制作了7000个安全套标志牌免费发放到宾馆酒店，规范了安全套的摆放。截至2006年9月30日，全州有星级宾馆43家，安全套摆放率100%；普通旅馆酒店894家，安全套摆放率98.65%；娱乐服务场所162家，安全套摆放率为92.59%；美容及发廊491家，安全套摆放率为92.67%。

【切实加强组织领导】

2006年，州委、州政府始终高度重视人口和计划生育工作，坚持按照科学发展观的要求，把人口和计划生育工作纳入经济社会发展和全面建设小康社会的总体规划。(1)州委、州政府调整充实了州人口与计划生育工作领导小组，共召开5次会议研究人口和计划生育工作。(2)州人大常委会对贯彻落实《云南省农业人口独生子女家庭奖励规定》的情况进行了审议。(3)州政府对全州人口和计划生育工作进行了2次专项督查和1次专题调研。(4)州监察局对全州计划生育保证金、履约金的清退进行了督促落实。(5)州委组织部、监察局、人口计生委对两个未完成2005年州政府下达工作任务县的党政主要领导进行了提醒谈话。(6)州财政年初预算州级计划生育专项经费460万元,并根据工作需要追加了经费65.09万元。全年中央、省、州、县、乡财政共投入计划生育事业费4331.95万元,人均投入达16.73元。(7)州教育局和州人口计生委联合下发文件,对农业人口独生子女教育“奖学金”的发放与教育“两免一补”政策作了有机衔接。(8)州人口计生委药具站综合楼建设项目得到了省、州相关部门的大力支持,资金已到位并于2006年12月开工建设。(9)州人口与计划生育工作领导小组成员单位及成员充分履行职责、积极发挥作用,为人口和计划生育工作的顺利开展营造了良好的社会氛围。

【广泛开展宣传教育】

2006年,楚雄州始终把宣传教育摆在人口和计划生育工作的首位来抓。(1)积极利用广播、电视、报纸等媒体开展宣传教育活动。全年全州共开办电视栏目6个,播出时间74.2小时,广播栏目127个,播出时间2062.5小时。(2)广泛开展集中性宣传活动。全州共开展计划生育宣传教育活动3937场次,接受宣传教育人数达911200人次。(3)深入开展“破旧俗、树新风”大讨论活动。全州人口计生系统采取召开育龄群众座谈会、问卷调查、征文比赛、演讲比赛等贴近群众的形式,开展了“破旧俗、树新风”大讨论活动,在群众中产生了强烈的反响。(4)认真开展关爱女孩行动知识普及暨竞赛活动。州人口计生委于2006年10月8日至10月10日在楚雄市举行全州关爱女孩行动知识竞赛,武警楚雄州支队和10县市代表队共44人参加了竞赛。在州级竞赛的基础上,选拔优秀队员组成代表队,参加了全省关爱女孩行动知识竞赛,荣获优秀奖和组织奖。(5)加强宣传阵地建设。截至2006年9月30日,全州有规范性宣传标语30572条,公益性宣传广告牌286块。

【坚持完善利益导向】

2006年,楚雄州在认真落实《云南省人口与计划生育条例》有关奖励规定的基础上,初步建立了以“奖励扶助”制度为龙头、“少生快富”工程为支撑、“奖优免补”政策为主要内容的计划生育利益导向机制。截至2006年9月30日,全州累计办理《独生子女父母光荣证》95046户,领证率达17.76%。与2005年同期相比,领证户数增加16561户,领证率上升3.09个百分点。其中,累计办理农业人口《独生子女父母光荣证》37405户,占全州农业人口一孩家庭户的38.58%,共兑现一次性奖励金1769.76万元,养老生活补助629.43万元;发放教育“奖学金”338.74万元;有489名农业人口独生子女享受了升学加分,其中高中升大学90名,初中升高中399名。

【严格规范依法行政】

2006年,楚雄州人口和计划生育系统坚持计划生育行政执法责任制,不断提高依法管理人口和计划生育工作的水平。(1)严格各类办证审批程序。全年全州受理《生育证》申请25652份,审批发放《生育证》25641本;受理《独生子女父母光荣证》申请9697份,批准发放《独生子女父母光荣证》9694份。(2)加强计划生育违法行为查处力度。全年全州共查处计划生育违法案件81件,其中,行政处罚案件76件,征收社会抚养费案件5件;依法办理行政复议案件2件。(3)妥善解决独生子女保健费欠费问题。州人口计生委在先行试点的基础上,摸清了全州独生子女保健费的欠费情况,提出了解决方案并向州人民政府作了专题汇报。中央和省财政分别安排了15万元和5万元困难地区独生子女保健费,州财政一次性安排经费51.52万元补助各县市用于兑现欠发的独生子女保健费,各县市人民政府也积极筹措资金，认真开兑现工作。截至2006年12月31日，全州共兑现独生子女保健费209.747万元，大多数县市补发了历年欠发的独生子女保健费。(4)认真清理、清退计划生育保证金。截至2006年9月30日，全州清理出历年收取的保证金523.76万元，累计已清退398.46万元。

【加强流动人口服务管理】

州、县人口计生委成立流动人口计划生育管理机构，配备了专职人员；州政府流动人口计划生育管理联席会议每季度召开1次会议，专题研究流动人口的管理服务工作；按照省政府的要求，在全州48个社区居委会配备了50名流动人口计划生育专职管理人员并落实了每人每月不低于250元的报酬，依法加强对流动人口的管理；充分运用全国流动人口信息交换平台，信息提交率和反馈率均达到了80%以上；积极为流动人口中的育龄人群提供免费服务，兑现和落实有关奖励政策。截至2006年12月31日，全州共有流动人口124552人，其中流出人口72388人，流入人口52164人，流出人口办理《婚育证明》64746份，发证率达93.60%；共查验《婚育证明》48574人，验证率达95.84%。

【拓展避孕药具服务领域】

为更好地落实计划生育避孕药具知情选择和服务的需要，在楚雄市等6县市开展了宫内节育器放置效果对比课题；以县市为单位开展避孕药具社会营销工作并取得了明显成效；进一步畅通避孕药具免费发放渠道，在77家州级单位设立服务点并直接服务上门；加大避孕措施知情选择宣传力度，投入资金制作药具实物展示板1094块发放到全州所有村(居)委会进行宣传；认真开展大姚县避孕药具不良反应监测试点县的各项工作。2006年，全州旅馆业和娱乐服务场所共销售安全套417841只，人口计生系统免费发放安全套478779只。

【深化计划生育协会工作】

2006年，全州各级计划生育协会紧紧围绕人口和计划生育中心工作，积极参与"奖优免补"政策的宣传动员；按期召开了楚雄州计划生育协会第三次会员代表大会，选举产生了新一届州计划生育协会班子，表彰了"十五"期间计划生育协会先进集体和个人；认真做好楚雄市、禄丰县国家计划生育协会预防艾滋病宣传项目和福特基金会预防艾滋病宣传项目。充分发挥计划生育协会文艺演出队作用，编辑出版了《人口与计划生育专题文艺节目》(第五辑)。

【考核结果】

(1)楚雄州政府与县市政府签订的《人口和计划生育目标管理责任书》考核结果：牟定县、双柏县、南华县、姚安县、大姚县、元谋县、武定县、禄丰县全面完成10项指标；楚雄市完成9.5项指标；永仁县完成9项指标。(2)楚雄州人口计生委与县市人口计生委签订的《人口和计划生育目标管理责任书》考核结果：双柏县，南华县，禄丰县获一等奖；楚雄市，姚安县，大姚县，永仁县，武定县获二等奖；牟定县，元谋县获三等奖。(3)州人口和计划生育工作领导小组成员单位考核结果：州委办、政府办、人口计生委、发改委、财政局、监察局获一等奖；州委组织部、公安局、卫生局、统计局、教育局、科技局获二等奖；州委宣传部、中级法院、民委、工商局、民政局、司法局、劳动和社会保障局、文化局、人事局、广播电视局、扶贫办、总工会、妇联，团州委获三等奖。

【荣誉】

2006年10月，楚雄州人口计生委被国家人口计生委、财政部评为全国农村部分计划生育家庭奖励扶助制度和"少生快富"工程试点工作先进人口计生部门；2006年10月，楚雄州财政局被国家人口计生委、财政部评为全国农村部分计划生育家庭奖励扶助制度和"少生快富"工程试点工作先进财政部门；2006年10月，楚雄州人口计生委被省委宣传部、省人口计生委表彰为云南省关爱女孩行动知识竞赛优秀奖；2006年8月，楚雄州计划生育协会被州委、州人民政府表彰为楚雄州计划生育协会工作先进集体；2006年10月，楚雄州计划生育协会被州委、州人民政府表彰为全州社会科学先进集体。2006年2月，孟树仙被中央宣传部等10部委表彰为“2001—2005年全国婚育新风进万家活动先进个人”；2006年10月，孟树仙被中国人口学会党政干部教育分会表彰为“2001—2005年全国党校人口理论教育工作先进个人”；2006年6月，方惠萍、和云群、赵云峰、李洁翠、李玉红、李航琴被国家人口计生委评为全国人口和计划生育科技工作先进个人； 2006年10月，张玲被国家人口计生委、财政部评为全国农村部分计划生育家庭奖励扶助制度和“少生快富”工程试点工作先进个人；2006年11月，杨恒江被国家人口计生委评为全国人口和计划生育系统优秀工作者；2006年2月，周保全、普学芬、吴继英、李海芬、麻文林、寸金明、余发明等7人被省人事厅、省人口计生委表彰为2005年云南省人口和计划生育先进工作者。2006年，吴双华、杨正聪被中国计生协评为全国计划生育协会先进工作者；普联和、侯家芬、姚自明、姚立勤被中国计生协评为全国计划生育协会先进志愿者；大姚县龙街乡计生协、武定县近城镇西和村委会计生协、元谋县能禹镇摩诃村委会计生协被中国计生协评为全国计划生育协会先进单位。2006年10月，申建林被省委宣传部、省人口计生委评为云南省关爱女孩行动知识竞赛优秀奖；2006年7月，申建林被州委、州人民政府评为“四五”普法先进个人；2006年，商姗被省人民政府评为1%人口抽样调查先进个人；2006年9月，陈九兴被州委、州人民政府评为计划生育协会工作先进个人；2006年6月，刘建宏被州人民政府评为楚雄州纠风工作先进个人。

2007年

【综述】

2007年，全州人口增长继续得到有效控制。(1)人口出生率持续下降。全年出生人口24275人，人口出生率9.35‰，自然增长率3.04‰。与上年同期相比，出生率和自然增长率分别下降0.72和0.67个千分点。(2)计划生育率保持稳定。在出生人口中，符合现行生育政策出生24213人，计划生育率99.74%，与上年同期持平。(3)综合节育率略有下降。全州已婚育龄妇女人数541823万人，占总人口的20.82%。在已婚育龄妇女中，已采取避孕措施491631万人，综合节育率90.74%，比上年同期下降0.45个百分点。(4)领取《独生子女父母光荣证》人数持续增加。全州累计有100798人领取了《独生子女父母光荣证》，累计领证率为18.6%，比上年同期上升0.84个百分点。

【计划生育宣传教育】

2007年，全州人口计生系统抓住《中共中央国务院关于全面加强人口和计划生育工作统筹解决人口问题的决定》(以下简称中央《决定》)下发的历史机遇，深入开展形式多样的学习教育宣传活动，营造全社会共同关心关注人口和计划生育工作的良好氛围。(1)认真开展中央《决定》精神的学习宣传和贯彻落实工作。州人口计生委购买了1500本中央《决定》知识读本，下发到全州村级以上人口和计划生育干部手中，认真开展中央《决定》精神的学习宣传；积极组织全州各级党政干部、计生干部和计生协会会员、计划生育志愿者以及育龄群众参与学习中央《决定》知识竞赛活动，全州共23266人参加了竞赛活动。(2)继续与宣传、广电等部门密切配合，利用广播、电视、报纸等新闻媒体开展宣传教育活动。全州共开办电视栏目4个，播出时间21.2小时；广播栏目58个，播出时间1913小时；报纸栏目27个，刊出人口信息184期。(3)发挥人口和计划生育系统网络健全、点多面广的优势，积极开展集中性宣传教育活动。共开展计划生育宣传教育活动3952场次，接受宣传教育群众达93.12万余人次。(4)充分调动计划生育业余文艺演出队的积极性，开展文艺节目进农村活动。共举办计划生育文艺演出112场次，观看群众达16.5万余人次。

【新农村新家庭创建】

2007年，为切实做好新时期农村人口计生工作，更好地将人口计生工作融入社会主义新农村建设，州人口计生委下发了《楚雄州开展创建计划生育新农村新家庭活动的意见》，决定从2007年1月开始，在社会主义新农村建设示范村开展以“四好”（领导重视好，技术服务好，政策兑现好，民主管理好）、“三进三入”（文艺演出进村，宣传品入户；优质服务进村，避孕药具入户；科技培训进村，实用技术入户）为内容的计划生育新农村和以“三好”（知识掌握好；政策执行好；经济发展好）为目标的计划生育新农村新家庭活动。截至2007年9月底，全州257个省、州、县新农村建设试点村全部开展了计划生育新农村新家庭创建活动，涉及农户16071户65176人。各级人口计生部门共在试点村举办实用技术培训、生殖健康专题讲座607场次，参加人数56982人次；开展文艺演出237场次，参加人数20028人次；发放宣传资料47851份，宣传品入户率98%。此外，各县市还积极组织计生技术服务人员到试点村中有针对性地开展优生优育、避孕节育等生殖健康服务，共为1055名农村独生子女进行了免费体检。

【流动人口管理服务】

2007年，全州人口计生系统积极探索和建立流动人口计生管理服务新方法、新途径。(1)认真贯彻落实国家人口计生委《流动人口、农民工计划生育便民维权措施》。在春节和春耕生产期间，全州人口计生系统组织开展了“两赠送”和生殖健康服务到家活动。(2)加强流动人口计划生育工作人员培训。州人口计生委于2007年7月9日至12日在禄丰县召开全州流动人口计划生育管理服务现场会议，同时首次举办了流动人口计划生育管理员培训班。(3)制订流动人口计划生育管理服务规范性文件。《楚雄州流动人口计划生育管理服务暂行规定》已经州人民政府第三次常务会议讨论通过并下发执行。(4)加强流动人口计划生育协会组织建设。积极在流动人口集中的社区、企业、市场建立流动人口计划生育协会，共建立流动人口计划生育协会37个。(5)加强流动人口计划生育信息化建设。州人口计生委为全州所有社区（居）委会和流动人口集中乡镇配备了50台计算机，举办了流动人口计划生育管理软件培训班，并下发了《楚雄州人口与计划生育管理软件运行规则（试行）》。(6)认真开展以“关怀关爱、促进和谐”为主题的流动人口“关怀关爱”专项行动，维护了流动人口实行计划生育的合法权益。截至2007年12月31日，全州共有流动人口167693人，其中流出人口106613人，流入人口61080人。

【计划生育技术服务】

2007年，为全面推进计划生育优质服务工作，改善计划生育服务机构的服务条件，提高装备水平和服务能力，更好地满足广大育龄群众对计划生育/生殖健康的服务需求，州人口计生委制订下发了《楚雄州计划生育服务机构形象规范化建设实施意见》，把计生服务机构形象规范化建设作为2007年人口计生重点工作之一。2007年5月18日至19日，州人口计生委在元谋县召开了全州计划生育优质服务暨服务机构形象规范化建设现场会议，对计划生育优质服务暨服务机构形象规范化建设工作进一步作了安排部署。全州10县市均成立了领导小组，制订了实施方案，并按照“三个规范”（规范计生服务机构的视觉形象识别系统、规范基础设施管理、规范计划生育服务机构执业行为）的要求，开展了服务机构形象规范化建设工作。同时，为提高计生技术服务人员业务素质和服务技能，适应新时期人口计生工作发展要求，州人口计生委下发了开展科技大练兵活动方案，自2007年开始，计划用4年时间，在全州开展以计生技术服务为重点的科技大练兵活动。

【奖励优惠政策落实】

2007年，全州人口计生利益导向机制初步建立并得到较好落实。(1)农业人口独生子女“奖优免补”政策稳步推进。全州累计有39645户农户自愿办理了《独生子女父母光荣证》，占全州农业人口一孩家庭户的40.89%，合计投入奖励扶助资金3725.565万元，相当于增加了16.86元的农民人均纯收入。(2)出生缺陷干预工程试点工作进展顺利。自2006年7月牟定、姚安和元谋3县被省政府列为云南省人口出生缺陷预防工作试点县以来，省、州、县共投入经费110万余元，各试点县按照《云南省人口出生缺陷预防规定》的要求，扎实开展了基线调查、婚前培训、孕前检查、叶酸发放等工作。(3)认真做好独生子女保健费的落实工作。2007年，州政府将独生子女保健费的落实工作列入了人口和计划生育目标管理责任制的考核内容。各县市结合工作实际，采取有力措施，积极筹措经费，开展独生子女保健费的落实工作。全年兑现独生子女保健费500余万元。(4)进一步完善机关职工生育保险制度。州劳保局按照有关规定调整了生育休假时间，增加了护理假津贴，提高了计生医疗费用，调整了生育医疗费包干支付标准，取消了县市之间的生育待遇差别。(5)探索和建立节育手术保险和农村计划生育家庭养老保险制度。州计生协会和中国人寿楚雄分公司联合下发了《关于在全州范围内开展计划生育系列保险有关问题的通知》，积极为实行计划生育的家庭解决后顾之忧和养老保障的问题。

【计划生育行政执法】

2007年，全州人口计生系统认真贯彻落实国务院《依法行政实施纲要》，不断提高依法行政水平。(1)严格各类办证审批程序。全州全年受理《生育证》申请24951份，审批发放《生育证》24951本；受理《独生子女父母光荣证》申请6346份，批准发放《独生子女父母光荣证》6342本。(2)加强计生违法行为查处力度。查处计划生育违法案件108件，其中，行政处罚案件99件，征收社会抚养费案件9件。(3)认真做好人民群众的来信来访工作，人口计生系统共接待群众来信来访7713件，依法处理7096件，办结率达92%。(4)健全计划生育政务公开制度。规范公开的内容和形式，扩大公开的范围和层次，增强工作的透明度，自觉接受群众监督，同时加强了计划生育村（居）民自治成果的巩固工作。(5)计划生育保证金、履约金清退工作全面完成。截至2007年10月底，累计清退计划生育保证金、履约金35392户523.9万元，全州10县市已全部清退完毕。

【考核结果】

(1)楚雄州政府与县市政府签订的《人口计生目标管理责任书》考核结果：双柏县、南华县、大姚县、永仁县、武定县、禄丰县全面完成10项指标；楚雄市、牟定县、姚安县、元谋县完成9项指标。(2)楚雄州人口计生委与县市人口计生委签订的《人口计生目标管理责任书》考核结果：牟定县、禄丰县、南华县获一等奖；姚安县、双柏县、永仁县、楚雄市、武定县、元谋县获二等奖；大姚县获三等奖。(3)州人口计生工作领导小组成员单位考核结果：州政府办、发改委、卫生局、公安局、财政局、妇联、人口计生委获一等奖；州总工会、团州委、劳动和社会保障局、民委获二等奖；州委办、委组织部、委宣传部、纪委监察局、中级法院、统计局、工商局、民政局、教育局、科技局、司法局、文化局、人事局、广播电视局、扶贫办获三等奖。

【荣誉】

2007年9月，楚雄州人口计生委被州委、州政府评为2002—2006年信访工作先进集体；2007年10月，楚雄州计生协会被州委、州政府表彰为全州社会科学先进集体。2007年4月，孟树仙被国家人口计生委评为全国人口计生外事工作先进个人；2007年2月，纳云德、李静云、速进明、罗金珍、胡武、李秀珍、李秀英等7人被省人事厅、省人口计生委表彰为2006年云南省人口计生先进工作者。

2008年

【综述】

2008年，全州各级党委、政府继续高度重视并切实加强对人口计生工作的领导。(1)州委、州人民政府高度重视人口计生工作。州政府共专题研究人口计生工作4次，并在2008年9月召开的全州人口计生工作会议上对2002年－2007年的35个人口计生工作先进集体和100名先进个人进行了表彰。同时，将人口计生工作纳入州委、州人民政府重点工作督查内容，进行定期通报和督查。(2)人口计生目标管理责任制进一步健全完善。州政府决定，对人口计生工作实行县市人民政府、计划生育部门和领导小组成员单位分别进行考核制度。在2008年“两会”期间，州政府召开高规格的人口计生工作座谈会，州政府与各县市政府主要领导签订了《2008年人口计生目标管理责任书》。(3)州级计生经费投入有所增长。2008年州级财政共投入计生事业费560.52万元，比上年增长28.74万元。(4)基础设施建设得到加强。在2008年四季度中央增加投入、扩大内需、拉动经济增长的重大决策部署中，争取到新增中央预算内投资计划生育服务体系建设项目37个，其中：县级计生服务站2个，乡级计生服务所35个。项目总建筑面积14935平方米，总投1321万元，计划于2009年8月前全部完工。

【人口控制工作】

2008年，全州人口增长继续得到有效控制，低生育水平进一步稳定。(1)人口出生率持续下降。全州全年出生人口24290人，人口出生率为9.28‰，比上年同期下降0.07个千分点；自然增长率为2.94‰，比上年同期上升0.21个千分点。(2)计划生育率小幅下降。在出生人口中，符合现行生育政策出生24155人，计划生育率99.44%，比上年同期下降0.22个百分点。(3)综合节育率略有下降。在546755名已婚育龄妇女中，已采取避孕措施489010人，综合节育率89.44%，比上年同期下降0.47个百分点。(4)独生子女家庭继续增多。2008年，全州累计有105142人领取了《独生子女父母光荣证》，累计领证率为19.23%，比上年同期上升0.67个百分点。

【宣传教育工作】

2008年，楚雄州人口计生系统采取切实有效的措施，继续深入宣传贯彻《中共中央国务院关于全面加强人口计生工作统筹解决人口问题的决定》精神；深入开展婚育新风进万家活动，倡导科学、文明、进步的婚育观念，大力弘扬家庭美德和社会公德；深入开展“关爱女孩”行动，努力营造关心女孩生存发展，提倡并实现男女平等、共谋发展的社会环境；切实将人口计生工作融入社会主义新农村建设，以各级新农村建设试点村为重点，以家庭为主体，深入开展了计划生育新家庭创建活动；认真开展人口文化月宣传活动，扎实抓好农村人口文化大院建设。2008年，全州共开展集中宣传活动2876场次，有57.52万人次接受了宣传教育；共发放宣传资料、宣传品45.94万份，组织计划生育文艺演出347场次，观看群众达17.6万余人次；举办生殖健康讲座、实用技术培训727场次，参加人数6.9万人次。同时，继续与宣传、广电等部门密切配合，利用广播、电视、报纸等新闻媒体开展宣传教育活动。共开办电视栏目8个，播出时间82小时；广播栏目41个，播出时间351小时；报纸栏目13个，刊出人口信息48期。

【干部队伍建设】

2008年，州人口计生队伍建设有了很大发展，人口计生行政管理队伍、技术服务队伍、群众工作队伍协调配合的工作体系已经初步形成。截至2008年12月底，实有计划生育行政管理人员403人，其中：大学本科学历56人，占14%；大学专科学历272人，占67%；中专学历56人，占14%；高中及以下学历19人，占5%。从事计划生育技术服务的人员共有510人，其中专业技术人员361人，平均每个站所有专业技术人员3.44人；在专业技术人员中，副高级技术职称1人，中级49人，初级281人；取得执业医师资格71人，占19.7%；助理执业医师资格72人，占19.9%；护士执业证书102人，占28.3%；执业药师资格1人，占0.3%；持有《计划生育技术服务人员合格证》人员334人，占专业技术人员的94.4%。全州1093个村（居）委会配备了1186名计划生育宣传员，并落实了每人每月不低于250元的报酬，部分县市和乡镇还根据实际情况提高了村级计生宣传员的待遇。

【行政执法工作】

州人口计生委将2008年确定为行政执法规范年。(1)严格各类办证审批程序。受理《生育证》申请23921份，审批发放《生育证》23918本；受理《独生子女父母光荣证》申请4652份，批准发放《独生子女父母光荣证》4650户。(2)加强对违法行为的查处力度。共查处计划生育违法案件146件，其中，行政处罚案件136件，征收社会抚养费案件10件。(3)认真做好人民群众的来信来访工作。口计生系统共受理人民群众来信来访6676件（次），经过全州人口计生干部的共同努力，绝大多数信访件得到了妥善处理，处理率达95%。(4)扎实抓好案卷评查工作。人口计生系统按照《楚雄彝族自治州行政执法案卷评查暂行办法》的规定，于2008年6月至7月认真开展了行政执法案卷评查工作。共评查各类行政执法案卷327件，合格324件，合格率达99%。(5)强化行政执法人员培训。州人口计生委于2008年3月举办了全州人口计生行政执法培训班。(6)健全计划生育政务公开制度。结合深入实施《政府信息公开条例》和行政问责办法等四项制度，人口计生系统采用多种方式，积极开展政务公开工作。同时加强了计划生育村（居）民自治成果的巩固工作。

【流动人口计划生育工作】

2008年，楚雄州人口计生系统围绕“管理零距离、服务零收费和信访零投诉”的工作目标，扎实做好流动人口计划生育服务管理工作。(1)加强组织协调。州和各县市都建立了流动人口计划生育联席会议制度，按时召开会议，及时研究总结流动人口计划生育工作中的重大问题，将流动人口计划生育工作列入年度目标管理责任书的重要内容，同布置、同检查、同考核。(2)健全工作机构。建立了州、县市、乡镇和社区四级流动人口计划生育管理网络，在45个社区招聘了50名流动人口计划生育管理员，并在乡镇、社区和集贸市场建立了37个流动人口计划生育协会组织。(3)制订出台政策。楚雄州政府以楚雄彝族自治州人民政府第4号公告的形式，发布了《楚雄彝族自治州流动人口计划生育管理暂行规定》。(4)保障经费投入。州人口计生委共投入资金60万元，建立了州级流动人口计划生育管理平台，并为13个流动人口重点乡镇和45个社区配备了计算机和打印机。(5)是强化信息引导。与深圳天略希望实现网络技术有限公司合作，开发了以社区为单位的州级流动人口计划生育信息交换平台。截至2008年12月底，全州有流动人口182621人，其中流入人口65031人，流出人口117590人，避孕药具免费提供率为93.57%，流入人口婚育证明查验率92.36%，当年流出人口婚育证明办证率91.66%。

【计划生育优质服务】

楚雄州始终把计划生育优质服务作为新时期人口计生工作的切入点。(1)继续推进计划生育优质服务先进县市创建活动。大姚县被国家人口计生委表彰为全国计划生育优质服务先进单位；楚雄市、南华县，2008年省级计划生育优质服务达标县市。(2)加强人口计生技术服务能力建设。州人口计生委制订下发了《关于进一步加强人口计生技术服务能力建设的意见》。全州共有计划生育技术服务机构105个，其中县级服务站10个，县级建站率100%；乡级中心所15个，乡级普通所80个，乡级建所率92.2%。(3)深入开展科技大练兵活动。州人口计生委制订了科技大练兵活动方案，于2008年5月举办了全州计划生育专业技术人员全员培训，对计划生育科技大练兵活动进行了部署。(4)全面启动出生缺陷一级预防工作。州政府下发了《楚雄州人民政府关于楚雄州开展出生缺陷一级预防工作的实施意见》，对开展出生缺陷一级预防工作了全面部署，并明确开展工作所需经费的承担比例。各县市也结合实际，认真开展了出生缺陷一级预防相关工作。(5)依法开展机构校验和评审工作。经评审校验，全州共校验换发服务机构新证66个服务站所(其中县市服务站10个，乡级服务所55个)，暂缓校验39个乡级服务所；校验换发服务人员合格证284证，批准增加执业项目44证，新办证50证，遗失补证8证。

【落实计划生育奖励优惠政策】

2008年，全州人口计生系统继续扎实抓好计划生育奖励优惠政策的落实。(1)农业人口独生子女"奖优免补"政策稳步推进。截至2008年12月底，累计有40923户农业人口家庭自愿办理了《独生子女父母光荣证》，占全州农业人口一孩家庭户的42.2%。2008年，有1488户农户自愿办理了《独生子女父母光荣证》，各级财政共投入奖励扶助资金891.185万元。(2)认真落实计划生育家庭特别扶助制度。全年共审批确认上报特别扶助对象1510名，共兑现扶助金175.56万元。(3)独生子女保健费按时足额兑现。2008年，共兑现独生子女保健费33686人326.67万元，其中：农业人口25008人241.66万元，非农业人口8638人85.01万元。

【推广使用安全套预防艾滋病工作】

2008年，全州推广使用安全套防治艾滋病工程工作进展顺利，为实现"有效遏制艾滋病在云南流行蔓延"的下一个三年禁毒和防艾总体目标奠定了坚实基础。据统计，截至2008年12月底，全州共有星级宾馆46家，安全套摆放率100%；普通旅馆酒店982家，安全套摆放率99.70%；桑拿洗浴行业43家，安全套摆放率81.40%；歌舞厅124家，安全套摆放率96%；美容及发廊673家，安全套摆放率92.27%；医疗卫生单位569家，安全套摆放率90.51%；药品经营单位507家，安全套摆放率99.20%。2008年，全州旅馆业和娱乐服务场所(含医疗、药品经营单位)共销售安全套247529只，人口计生系统为育龄群众免费发放国家计划内安全套396970只。

【计划生育协会工作】

2008年，全州各级计生协会紧紧围绕人口计生中心工作，积极参与"奖优免补"政策的宣传动员；继续做好协会组织整建成果的巩固和发展工作；中国计划生育协会预防艾滋病宣传实施项目的楚雄市、禄丰县已通过评估验收；拓展领域，深化计划生育系列保险工作；争取到州级计生基金30万元，结合新农村建设工作积极扶持计划生育家庭脱贫致富，促进了全州计生"三结合"工作的深入发展；州计生协会继续编辑出版了《人口与计划生育专题文艺节目》(第六辑)。截至2008年底，共有协会组织1207个，协会会员385728人，占全州总人口的14.73%；建立会员小组15140个，有宣传服务阵地2775个、协会文艺演出队108支；有"会员之家"1777个、会员联系户165856户。

【考核结果】

(1)楚雄州政府与县市政府签订的《人口计生目标管理责任书》考核结果：10县市人民政府均全面完成了州人民政府下达的10项考核指标。(2)楚雄州人口计生委与县市人口计生委签订的《人口计生目标管理责任书》考核结果：牟定县、双柏县、大姚县、南华县、禄丰县、姚安县、武定县、楚雄市获一等奖；元谋县、永仁县获二等奖。(3)州人口计生工作领导小组成员单位考核结果：州政府办、委政研室、财政局、发改委、人口计生委、劳动和社会保障局、妇联获一等奖；州纪委办、委组织部、公安局、卫生局、统计局、教育局、扶贫办、总工会获二等奖；州委宣传部、民委、人事局、民政局、司法局、文化局、科技局、工商局、广电局、法院、团州委获三等奖。

【荣誉】

2008年9月，州人口计生委被楚雄州委、州政府表彰为楚雄州2002—2007年人口计生工作先进集体；2008年10月，楚雄州人口计生委被楚雄州委、州政府表彰为楚雄州2005—2007年防治艾滋病人民战争先进集体；2008年10月，楚雄州计生协会被州委、州人民政府表彰为全州社会科学先进集体。2008年6月，周智敏被云南省委、省政府表彰为2005—2007年云南省防治艾滋病人民战争先进个人；2008年2月，邓斯云、李伟、张春艳、张良荣、陈丽华、马光洪、王桂涛等7人被省人事厅、省人口计生委表彰为2006年云南省人口计生先进工作者。

楚雄市

2006年

【概况】

2006年，楚雄市的人口计生工作紧紧围绕为全市全面建设小康社会创造良好的人口环境目标，认真落实《楚雄市人口计生“十一五”规划》，以稳定和降低生育水平，进一步提高服务质量为主要任务，与时俱进，改革创新，使全市人口计生工作制度进一步完善，计生利益导向机制逐步建立，流动人口计划生育管理和服务不断加强，人口计生工作继续沿着健康有序方向发展。

【统计数据】

据楚雄市统计局统计公报，2006年，总人口为499472人、出生5084人、出生率10.23‰、死亡人口2140人、死亡率4.3‰、自然增长人口2944人、自然增长率5.93‰。据楚雄市人口计生报表统计，2006年，计划生育率为99.96%、综合节育率为90.59%、避孕及时率为91.49%。

【宣传教育和政策法规工作】

2006年，共建立计生公益性宣传牌3块，出宣传板报1456期，制作固定标语6485条，开展宣传服务活动309场次，发放宣传材料78211份，受教育人数达11.8万人次。10月份，楚雄市人口计生委员会组队参加了楚雄州“关爱女孩”知识竞赛，荣获三等奖；12月份，开展了“破旧俗，树新风”生育观念大讨论活动，营造了良好的社会氛围。对年内出现的两例违法生育案件进行了依法查处，结案率达100%；对出现一例违法生育多孩的树苴乡党委、政府给予了计生“黄牌警告”；10月30日前清退完历年来向育龄群众收取的计生保证金、履约金194户29450元。

【“奖优免补”工作】

2006年，共办理农业人口《独生子女父母光荣证》475户，符合享受一次性奖励金363户700人，发放一次性奖励金35万元；符合享受养老生活补助1197人，发放养老生活补助79万元；符合享受奖学金2071人，其中：中学生495人、小学生1576人，发放奖学金38.08万元；有68名农业人口独生子女享受了升学加分，其中：初中升高中14名、小学升初中54人。

【流动人口计生工作】

2006年4月，楚雄市政府出台了《楚雄市加强流动人口计生管理服务工作意见》（楚政通〔2006〕44号），建立了流动人口计生管理联席会议制度，市、乡（镇）都成立有流动人口计生管理机构，配备了专（兼）职管理人员，进一步充实了流动人口计生管理人员。人口计生委员会充分运用全国流动人口信息交换平台，加强与流动人口户籍地的信息沟通。2006年末，楚雄市共有16周岁以上的流动人口53859人，其中流入人口42389人、流出人口11470人。

【计生协会工作】

认真抓好预防艾滋病、性病宣传拓展项目，全市的宾馆酒店、娱乐服务场所安全套摆放率均达100%；各乡（镇）普遍推行了计生村（居）民自治工作，初步形成了民主参与、民主监督和自我教育、自我管理、自我服务的人口计生工作自治机制；楚雄市人口计生协会于2006年9月召开了第四次会员代表大会按时进行了换届。

【计生技术服务】

2006年，共推广使用“福施福”孕妇全营养素胶囊700盒；开展优生优育知识及产前检查2600人次；做各种计生手术1431例；按国家人口计生委药具管理要求配备了计算机和专职管理人员，在城区安装自动售套机5台，确保了药具发放渠道畅通；开展了独生子女病残儿童及不孕不育症鉴定工作两次，鉴定不孕不育14人，病残儿童2人，诊治术后并发症1人。

【机构和队伍建设】

2006年，楚雄市第六届人民政府第50次常务会议研究决定，调整充实乡镇人口计生机构和工作人员，下发了《关于进一步加强乡镇人口计生工作有关问题的通知》（楚政通〔2006〕153号），规定：一是各乡镇计生服务所加挂人口计生办公室牌子，实行“两块牌子，一套班子”，合署办公，人员按身份分类管理，隶属关系不变；二是乡镇人口计生专干可任计生办主任和服务所负责人；三是各乡镇要切实加强对人口计生工作的领导，进一步明确责任，并按要求落实好相关人员。各乡（镇）按市政府的要求抓了落实，15个乡（镇）计生办共有人员160人，服务所管理人员44人，专业技术人员56人。

【楚雄市人口计生委更名】

根据国家和省、州有关规定以及《中共楚雄市委、楚雄市人民政府关于楚雄市人民政府机构改革实施意见》（市党发〔2006〕9号）、楚雄市人民代表大会常务委员会《关于楚雄市人民政府机构改革有关问题的决定》（市人发〔2006〕8号）文件精神，经市机构编制委员会研究，下发了《关于楚雄市人民政府机构改革部分单位机构名称变更及加挂牌子的通知》（楚编发〔2006〕28号），从2006年5月1日起，楚雄市计生局更名为楚雄市人口计生委员会。

【人口计生座谈会】

2006年2月28日上午，市委、市政府在市第六届人民代表大会第四次会议期间，召开了人口计生工作座谈会。会议由市长邓斯云主持，市委书记张之政作了重要讲话；副市长戴凤玲与各乡（镇）长签订了2006年《楚雄市人口和计划生育目标管理责任书》。

【荣誉】

2006年8月，市人口计生委员会被州委、州政府表彰为“楚雄州计划生育协会工作先进集体”；2006年12月，市人口计生委被市委、市政府表彰为“楚雄市第四次民族团结进步先进集体”。原市人口计生委主任速进明被云南省人事厅、云南省人口计生委表彰为“2006年度云南省人口计生先进工作者”；楚雄市子午镇计生办主任胡武被云南省人事厅、省人口计生委表彰为“2006年度云南省人口计生先进工作者”。

2007年

【概况】

2007年，楚雄市的人口计生工作，以《中共中央国务院关于全面加强人口计生工作统筹解决人口问题的决定》为指导，紧紧围绕“打牢宣传教育基础，构建优质服务平台，突破流动人口管理瓶颈”这一基本思路，突重点、攻难点、抓亮点，努力探索统筹解决人口问题的有效途径，全面完成了楚雄州人民政府下达的各项指标任务。

【统计数据】

据楚雄市统计局统计公报，2007年，楚雄市总人口为505372人、出生5170人、出生率10.29‰、死亡人口2356人、死亡率4.7‰、自然增长人口2814人、自然增长率5.6‰。据楚雄市人口计生报表统计，2007年，计生率为99.89%、综合节育率为91.39%、避孕及时率为90.58%。

【宣传教育和政策法规工作】

2007年，市人口计生委与市电视台联合，每天在播报新闻前播放一段人口计生公益广告；将每个月第一周定为人口计生宣传周，利用宣传车在城区、坝区人口聚集场所播放人口计生法律法规、优生优育、生殖健康保健等内容的录音磁带。通过多种形式开展宣传教育，使全市广大群众的人口计生法制观念和婚育新风思想意识不断增强，依法实行计生的自觉性明显提高。在人口计生行政执法中，坚持依法行政、公正执法、文明执法。依法查处了年内发生的5例违法生育案件，结案率达100%；市委、市政府对出现违法多生育一例的苍岭镇人民政府给予了计生"黄牌警告"。

【"奖优免补"工作】

2007年，楚雄市共办理了农业人口《独生子女父母光荣证》334户，发放一次性奖励金312户614人30.7万元，养老生活补助1254人次82.9万元，教育奖学金2725人次50.74万元，有97名农业人口独生子女享受了升学加分，其中：初中升高中78名，高中升大学19名。

【兑现农业人口独生子女保健费】

楚雄市委、市政府高度重视农业人口独生子女保健费的兑现工作，将2004年6月以来未兑现的3696户农业人口独生子女保健费115.454万元全部兑现到相关农户手中。

【流动人口计生工作】

2007年，楚雄市在流动人口较多的鹿城镇和东瓜镇所辖社区积极探索"重心下移，将台账建在小组上，网络、协会建在村上，服务送到门上"的流动人口计生管理服务新路子；争取到省、州人口计生委支持，投入90800元给鹿城镇和东瓜镇计生办及所辖9个社区居委会计生管理办公室，配备了电脑、打印机和流动人口管理软件，实行联网管理，并在9个社区成立了流动人口计生协会，为进一步提高对流动人口的管理服务质量奠定了坚实基础。

【计生协会工作】

2007年，全市152个村（居）委会计生协会进行了换届，新发展了计生协会会员6859人，使计生协会会员人数与总人口之比由原来的9.1%提高到10.05%，建立会员之家161个，落实会员联系户12000户。市、乡、村三级计生协会组织均统一建立健全了一表（协会一览表）、一卡（会员联系户登记卡）、一册（会员花名册）、三簿（协会会议记录簿、协会活动记录簿、好人好事记录簿）、四项职责（会长职责、秘书长职责、理事职责、小组长职责）、五项制度（理事会活动制度、理事联系制度、会员小组活动制度、会员之家活动制度、检查评比制度）。全面完成了预防艾滋病、性病宣传拓展项目。

【计生技术服务】

2007年3月28日，楚雄市委、市人民政府在子午镇举行了"楚雄市计生优质服务工作启动仪式"，在全市全面推开了计生优质服务工作；年内，共出动流动服务车巡回宣传95场次，宣传群众20余万人；免费发放避孕药具折合人民币15万元，比2006年增发了7万元；完成计生手术5596例；楚雄市计生服务站选送了3人到上级医院进修，乡（镇）计生服务所选送了10人到楚雄市计生服务站进修。

【荣誉】

2007年4月，楚雄市人口计生委被楚雄市人民政府表彰为"防治艾滋病集体二等奖"。

2008年

【概况】

2008年，楚雄市的人口计生工作，以邓小平理论、"三个代表"重要思想和党的十七大精神为指导，以科学发展观和构建社会主义和谐社会战略思想统领工作全局，认真贯彻落实《中共中央国务院关于全面加强人口计生工作统筹解决人口问题的决定》精神，立足实际，着眼于人的全面发展，转变工作思路和方法，以村级基础建设为重点，进一步打牢宣传教育基础，构建优质服务平台，突破流动人口管理瓶颈。通过全市上下的共同努力，取得了较好成效。

【统计数据】

据楚雄市统计局统计公报，2008年，总人口为506271人、出生4837人、出生率9.56‰、死亡人口4382人、死亡率8.66‰、自然增长人口555人、自然增长率0.9‰。据楚雄市人口计生报表统计，2008年，计生率为99.89%、综合节育率为90.89%、避孕及时率为89.84%。

【宣传教育和政策法规工作】

2008年，各级把宣传贯彻《中共中央国务院关于全面加强人口计生工作统筹解决人口问题的决定》、《中华人民共和国人口与计生法》和《流动人口计生管理办法》作为宣传重点，开展了集中宣传（咨询）活动55场次，出动宣传车61辆次，发放宣传资料12000余份，更新宣传标语547条，文艺演出11场次，免费发放避孕药具100盒2000只，共有57000人次接受了宣传教育。查处了计生违法案件41件（历年积案40件）。

【计生利益导向工作】

2008年，共办理了农业人口《独生子女父母光荣证》298户，发放一次性奖励金29.55万元，教育奖学金（含高中、大学阶段）3122人次70.15万元，养老生活补助1167人次75.57万元，有102名农业人口独生子女享受到升学加分，其中：初中升高中82名，高中升大学20名；兑现了独生子女保健费7796人55万元；有458人享受到了计生特别奖励扶助资金55.03万元，使计生家庭真正得到了实惠。

【计生优质服务】

2008年，楚雄市围绕创建省级优质服务先进县（市）目标要求，因地制宜，整合资源，落实房屋、设备、人员“三配套”，切实加强计生技术服务机构形象规范化建设。一是完成了楚雄市计生服务站新建综合楼的立项、选址、规划设计和土地平整等前期工作。二是多数乡（镇）计生服务所和村计生服务室按规范化要求进行了房屋改造、装修、周围环境绿化美化，建立健全了相关制度；三是按《云南省县（市、区）乡（镇）计生服务站（所）技术服务人员进修实习方案》和楚雄州计生技术服务队伍科技大练兵《通知》精神，切实加强对全市计生技术服务人员的政治、业务和服务意识的教育培训。年内以会代训3场109人次，选送到上级计生和医疗机构进修学习17人；四是认真开展以生殖健康为重点的“三查”服务。深入12个乡镇120个村（居）委会为广大育龄妇女查环、查孕、查病10000余人次；五是全市建立健全了药具管理发放网络，实行信息化管理；六是实行出生缺陷干预。推广使用“福格森”孕妇全营养素软胶囊等药物，以降低婴儿缺陷发生率，提高出生人口素质；七是为25例独生子女病残儿童和不孕不育症进行了鉴定，再婚审批200例，确保了再婚生育政策的顺利落实。

【流动人口计生工作】

2008年，楚雄市按照“属地化管理，市民化服务”的目标要求，积极探索“以社区管理为核心，以流动人口中已婚育龄妇女为重点”的流动人口计生服务管理新模式，并取得一定实效。一是加强领导，建立流动人口计生服务管理工作机制。市、乡（镇）均成立了工作协调领导小组，配齐配强了专职管理人员；村（居）委会配齐了兼职管理人员；将流动人口计生服务管理工作纳入整体责任目标考核。二是强化措施，严格管理。将流动人口中已婚育龄妇女为重点人群，以已婚育龄妇女生育、节育、避孕措施落实为重点环节，以出租房、住宅小区、集贸市场为重点地段，同公安部门进行协同清理清查。以村（居）委会为基础，健全网络，建立台账，与房东签订管理合同，落实“以房管人”措施，与房屋出租户、用工单位签订管理合同（协议）876份。三是转变观念，努力为流动人口提供优质服务。计生技术服务部门积极主动上门开展宣传咨询服务，并在市计生服务站设立流动人口生殖健康服务中心，免费为流动育龄群众施行计生手术67例，生殖健康检查120人次，提供安全套1000多只，发放避孕药膜20盒；四是在流动人口密集区设置生殖健康咨询服务和避孕药具发放点5个，建立爱心超市5家。

【计生协会工作】

2008年，楚雄市各级计生协会紧紧围绕人口计生中心工作，积极参与“奖优免补”政策的宣传动员；继续做好协会组织的整建巩固和完善工作；认真抓好预防艾滋病、性病宣传拓宽项目的扫尾和终期评估工作；积极配合卫生部门做好性病、艾滋病防治宣传和宾馆酒店及娱乐场所安全套摆放工作，摆放率达100%；楚雄市计生协会于2008年6月17日召开了四届三次理事会。

【基层统计台账改革】

根据《楚雄州人口计生基层统计台账管理办法（试行）》的通知要求，市人口计生委于2008年6月17日召开了专门会议，全面安排部署基层统计台账改革工作。通过努力，全市于2008年9月底完成了台账改革任务，从10月1日起新台账正式运行。

【人口计生工作会议】

2008年4月8日，市人民政府召开全市人口计生工作会议。副市长李万翔作了讲话并代表市人民政府与各乡（镇）签订了《楚雄市2008年度人口和计划生育目标管理责任书》。

【荣誉】

在2008年9月28日召开的全州人口计生工作会议上，楚雄市子午镇人民政府、八角镇计生办公室、鹿城镇东兴社区居委会、西舍路乡新华村委会、楚雄市供电有限责任公司等5个单位和李万翔、彭瑶、李洪坚、王近茵、刘全高、马金、何光菊、赵景兵、李平、胡登祥、高丽萍、马志英等12人分别被授予楚雄州2002—2007年人口计生工作先进集体和先进个人称号，受到州人民政府的表彰奖励；2008年3月，楚雄市人口计生委被楚雄市人民政府表彰为“2007年度艾滋病防治工作一等奖”；2008年2月，楚雄市人口计生委被楚雄市委、市人民政府授予“优秀综治成员单位”称号；2008年 7月，楚雄市人口计生委党支部被中共楚雄州委表彰为“楚雄州实施‘云岭先锋’工程先进基层党组织”；2008年10月，楚雄市人口计生委员会被楚雄州委、州人民政府表彰为“2005年–2007年楚雄州防治艾滋病人民战争先进集体”；2008年10月，楚雄市人口计生委员会被楚雄市委、市人民政府表彰为“2007年度彝州乡风文明示范建设先进单位”。

双柏县

2006年

【简述】

2006年，双柏县的人口和计划生育工作坚持以邓小平理论和“三个代表”重要思想为指导，全面贯彻落实党的十六大和十六届五中、六中全会精神，深入贯彻落实《人口与计划生育法》、《云南省人口与计划生育条例》及其配套法规和中央、省、州、县党委、政府关于人口和计划生育工作的一系列指示精神，采取有力措施，继续有效地稳定低生育水平，圆满完成了州下达的人口和计划生育工作各项任务。

【统计数据】

据双柏县统计局统计公报，2006年末，全县总人口15.56万人，其中：女性人口74211人，非农业人口16084人，少数民族人口74683人。全县全年出生人口1828人，人口出生率11.78‰；死亡人口816人，死亡率5.26‰；自然增长率6.52‰，

【县政协民主监督】

经县委批准，县政协组织民主监督工作组，从2006年7月25日开始对县人口计生委自2003年1月以来的工作开展了民主监督。县政协开展民主监督对县人口计生委的总体平价：一是坚持学习，整体素质和管理水平得到提高；二是认真履职，指导基层的工作得到加强；三是强化管理，行业作风不断好转，计划生育优质服务全面开展；四是坚持工作思路和工作方法的转变，工作得到全面发展。

【宣传教育工作】

一是利用广播、电视、标语、图片资料等各种形式和媒体，广泛深入地宣传人口和计划生育法律法规。全县共有计划生育宣传标语1826条，公益广告2块，户外墙体大型宣传标语22条，固定性宣传栏194块，宣传计划生育知识黑板报303期。二是把人口和计划生育法律法规纳入普法的内容，开展全民性的学习和普及活动。三是以婚育学校、教学点为依托，举办育龄人群学习培训班，全县各级各部门共举办培训班115 期，参学率为91%。四是把宣传教育与优质服务紧密结合起来，积极开展文艺演出进村。双柏县县以“夕阳红”老年艺术团为重点，全年分别在县城、大庄、爱尼山等地演出7场次50多个节目，受教育观众达40000余人。四是狠抓计划生育宣传品进村入户，全县共发放农业人口独生子女“奖优免补”政策等宣传资料共50000余份，农村计划生育宣传品入户率达90%。

【流动人口计划生育工作】

双柏县委、县政府高度重视流动人口计划生育的管理和服务工作，在全县配置了12个流动人口计划生育公益性岗位，对城镇流动人口进行定期清理，把管理措施落实到户到人。2006年《流动人口婚育证明》办证率达92.02%，流入人口婚育证明查验率达92.37%。

【兑现独生子女保健费】

兑现农业人口独生子女家庭户298户，共计兑现金额163380元；兑现非农业人口独生子女家庭户225户，共计兑现金额166000元（其中：历年来无职业家庭户及个体工商户已兑现；供销系统解除劳动合同的独生子女家庭户已兑现到14周岁）。

【清退计划生育保证金】

据统计，双柏县共计收取计划生育保证金35.5万元。根据州人口计生委、州监察局《关于认真做好计划生育保证金、履约金清退工作的通知》要求，在县监察局的大力支持下，县人口计生委委对全县收取的计划生育间隔保证金进行料认真清退。截至2006年底，共清退计划生育保证金6531户34万元。

【落实"奖优免补"政策】

2006年，全县共办理了农业人口《独生子女父母光荣证》332户，发放农业人口独生子女家庭一次性奖励金203户19万元；养老生活补助金340人（其中独子户178人，独女户123人，无子女户39人）22.22万元；教育"奖学金"768人（其中小学641人，初中127人）13.56万元。

【计划生育协会工作】

双柏县共有协会组织93个，协会小组1534个，会员之家99个，会员总数16618人，会员人数占总人口的10.66%。截至2006年末，累计实施"三结合"项目共33个，受帮扶的计划生育户16805户，帮扶率达53.62%。

【计划生育优质服务】

在县委、政府的高度重视下，在州人口计生委的大力帮助指导下，双柏县全面启动了计划生育优质服务先进县创建活动。2006年3月30日，全县召开了高规格、大规模的"双柏县计划生育优质服务先进县创建活动启动会议"，成立了双柏县计划生育优质服务创建活动领导小组，明确了工作职责。县政府办公室印发了《双柏县计划生育优质服务创建活动实施方案》，各乡镇党委、政府相应建立了领导机构，印发了优质服务创建活动先进乡（镇）实施方案。

【推广使用安全套工作】

县人口计生委严格依照《楚雄州推广使用安全套防治艾滋病工程工作方案》的要求，切实做好安全套推广使用工作。2006年，共在112家宾馆、酒店、娱乐场所已摆放安全套或设置安全套发售设施，销售安全套3283只；利用街天等形式对各类人群发放安全套28400支；对8家营利性医疗卫生单位和23家非营利性医疗卫生单位已摆放安全套和为就诊患者提供安全套，共销售和发放安全套2121支。

【荣誉】

2006年县人口计生委党支部被县委评为先进党支部；2006年8月，爱尼山乡计划生育协会被州委、州人民政府评为全州计划生育协会工作先进集体。2006年6月，李航琴，被国家计生委评为科技工作先进个人。2006年8月，张兆元被州委、州人民政府评为全州计划生育协会工作先进个人；罗国云被县委、县人民政府评为"四五"普法、"二五"依法治县先进工作者；2006年8月，段惠琼、汤永泽被州委、州人民政府评为全州计划生育协会工作先进个人。

2007年

【简述】

2007年，双柏县的人口计生工作在县委、县人民政府的正确领导和州人口计生委的指导帮助下，以科学发展观统领工作全局，坚持以邓小平理论和"三个代表"重要思想为指导，以深入贯彻《中共中央国务院关于加强人口和计划生育工作统筹解决人口问题的决定》及省、州、县党委、政府关于人口和计划生育工作的一系列指示精神为主线，继续有效地稳定低生育水平，圆满完成了州下达的人口计生工作各项任务。

【统计数据】

据双柏县统计局统计公报，年末全县总人口156153人，其中：女性人口74461人；非农业人口16635人；少数民族人口75425人，占总人口比重48.3%。全县人口出生率8.4‰，死亡率4.5‰，自然增长率3.9‰。

【人口和计划生育目标管理】

2007年，州政府考核县政府《2007年人口和计划生育目标管理责任书》完成情况：全县共出生婴儿1277人，人口出生率为8.16‰，低于考核控制指标1.26个千分点；计划生育率为100%；完成三术任务数1671例，占下达数的109.22%；全县2007年流动人口无违法多生育；计划生育专项经费县级投入53万元，经费到位及时率达100%；全额兑现2007年度独生子女保健费21万元；县委、县人民政府修订出台了《中共双柏县委双柏县人民政府关于对人口和计划生育工作实行黄牌警告制度的决定》；为1340名农村独生子女和320名独生子女父母开展了一次以上的免费健康检查。

【新农村新家庭创建】

在全县新农村试点村共举办专题讲座和技术培训班8场次，参加培训310人；发放“奖优免补”政策宣传纸杯18000只，宣传品入户率达100%；为532人提供了免费的健康体检，应查对象“二查”率达100%，“奖优免补”政策兑现率100%。

【服务机构形象规范化建设】

一是利用现有条件，调整房屋布局和科室设置，在县服务站增设了药具展示室、男性咨询室、女性咨询室和青少年性教育室；二是县人口计生委统一为全县8个计生服务站（所）配发了新的门牌标识、为23名技术服务人员配发了新的上岗证和温馨的工作着装；三是规范计划生育服务机构执业行为，严格按照执业许可证审批项目开展业务，实行避孕节育手术知情同意制度和术前签字制度。

【流动人口计划生育工作】

认真贯彻落实《流动人口计划生育工作管理和服务工作若干规定》，建立健全以动制动的管理机制，狠抓流动人口计划生育责任制的落实。2007年5月29日和31日，分别在流动人中集中的妥甸镇东、西城社区成立流动人口计划生育协会。为流动人口计划生育协会配置了计算机，建立了流动人口计划生育管理和服务网络平台。

【落实“奖优免补”政策】

一是县委、县人民政府高度重视，县级财政承担的“奖优免补”配套资金5万元及独生子女保健费18万元已投入到位，为政策兑现提供了资金保障；二是人口计生部门加大“奖优免补”政策宣传，不断提高优质服务水平，全年共为1340名农业人口独生子女儿童和320多名独生子女父母提供了免费健康体检；三是进一步加强管理，严把审批办理和资格审查，做到层层把关、逐级公示；四是县“奖优免补”工作领导小组各成员单位认真履职，积极协调配合，确保奖励政策及时兑现。全年共兑现“奖优免补”各项奖励资金62万元，兑现当年独生子女保健费21万元，有18名农业人口独生子女享受了升学加分。

【计划生育协会工作】

双柏县共有协会组织93个，协会小组1534个，会员之家99个，会员总数16618人，会员占总人口的10.66%。实施“三结合”项目共33个，帮扶计划生育户16805户，帮扶率达53.62% 。

【推广使用安全套工作】

2007年共在161家宾馆、酒店、娱乐场所已摆放安全套或设置安全套发售设施，销售安全套2550只；利用街天等形式对各类人群发放安全套23600只；对9家营利性医疗卫生单位和23家非营利性医疗卫生单位已摆放安全套和为就诊患者提供安全套，共销售和发放安全套20040只。促进了预防和控制艾滋病工作的深入开展。

【荣誉】

2007年袁朝苹被县委、县人民政府评为新农村指导员先进个人。

2008年

【简述】

2008年，双柏县的人口计生工作在县委、县政府的正确领导和州人口计生委的指导帮助下，以科学发展观统领工作全局，坚持以邓小平理论和“三个代表”重要思想为指导，继续有效地稳定低生育水平，狠抓人口和计划生育目标管理责任制的落实，全面开展计划生育优质服务先进县创建活动，不断提高规范化管理和服务水平，经过全县人口计生部门上下的艰苦努力，圆满完成了州下达的人口计生工作各项任务。

【统计数据】

据双柏县统计局统计公报，全县年末户籍人口15.56人，其中：女性人口74228人；非农业人口

16880人；少数民族人口75566人，占总人口48.6%。全县人口出生率8.35‰，死亡率4.37‰，自然增长率3.98‰。

【人口和计划生育目标管理】

州政府考核县人民政府《2008年人口和计划生育目标管理责任书》完成情况：全县共出生婴儿1351人，人口出生率为8.62‰，低于考核控制指标0.45个千分点；计划生育率为99.7%；完成三术任务数1413例，占下达数的104.67%；全县2008计划生育专项经费县级投入30万元，经费到位及时率达100%；全额兑现2008年度独生子女保健费22.2万元；为1340名农村独生子女和325名独生子女父母开展了一次以上的免费健康检查；村级计划生育宣传员队伍基本稳定；认真完成推广安全套相关工作，全县旅馆业和娱乐场所摆放安全套或设置安全套发售设施为100%。州人口计生委考核县人口计生委《2008人口和计划生育目标管理责任书》完成情况：2008年落实避孕节育措施及时率82.17%；二查对象检查率97%；流入人口婚育证明查验率93.1%；2008年具体行政行为合法率100%；药具分配计划执行率100%；基层统计台账改革率100%；县、乡计划生育协会已按程序召开理事会，在妥甸镇东、西城社区分别成立了流动人口计划生育协会；群众对计划生育管理和服务满意率达97.97%；认真开展科技大练兵和新农村新家庭创建活动；实现流动人口信息化管理。

【加强组织领导】

一是坚持把人口计生工作摆在各项工作的突出位置，列入经常性工作。二是坚持和落实党政"一把手"亲自抓、负总责，班子其他成员各负其责的领导机制。三是层层落实目标管理责任制，坚持人口计生工作属地管理。四是加强督促检查和指导，坚持落实"一票否决制"。五是县人口和计划生育工作领导小组成员单位及成员充分履行职责，积极发挥作用。六是县委政府专题召开常委会研究提高计划生育手术后遗症患者的补助标准，并落到了实处。

【宣传教育】

一是扩展宣传教育对象，从面向已婚育龄妇女逐步扩展到整个育龄群众，引导树立晚婚晚育、少生优生、男女平等、男性参与计划生育的生育观和婚育观；二是扩展宣传教育的内容，从只注重国情国策、人口形势、政策法规的宣传教育扩展到避孕节育知情选择、优生优育和生殖健康等科普知识的宣传教育；三是扩展宣传教育的形式和方法，充分利用人口学校开展宣教工作，在全县上下显眼的地段做大型的宣传标语。通过广泛的宣传教育，全县育龄妇女对计划生育基本政策知晓率达95%以上，对采取的避孕方法基本知识知晓率达90%以上。

【统计台账改革】

双柏县的基层统计台账改革工作已按州人口计生委的要求如期完成：一是常住人口统计台账：统计台账改革前全县有总户数38440户，总人口156699人，统计台账改革后，全县有总户数38468户，总人口156809人；二是流动人口管理服务台账：截至12月31日，全县共有流动人口8917人，其中流出人口7629人，流入人口1288人；三是奖优免补台账：截至2008年12月31日，全县累计领取独生子女父母光荣证2351人，其中实行奖优免补政策以来领取独生子女父母光荣证1872人，享受养老生活补助315人，其中独女户132人，独子户183人，享受特别扶助对象97人，其中子女死亡71人，独生子女残疾26人。

【出生缺陷一级干预】

一是将出生缺陷干预工作作为当前和今后一个时期人口计生重点工作，列入各乡（镇）人口和计划生育目标管理考核；二是广泛宣传，在育龄群众中，特别是新婚对象中积极宣传普及预防出生缺陷知识；三是成立出生缺陷干预工程服务队，定期走进基层，进村入户，大力推进出生缺陷干预工作。

【队伍建设】

一是认真开展解放思想大讨论活动。二是强化业务培训。2008年6月23至24日，在县委党校举办双柏县2008年计划生育干部培训班。各乡镇分管计划生育工作的副乡镇长和全县计生系统干部职工共160人参加了培训。

【荣誉】

2008年，李忠被国家计生协会评为全国计划生育协会工作先进个人；2008年9月，苏正勇、李兴兰州人民政府评为全州2002—2007年人口和计划生育工作先进个人。

牟定县

2006年

【概况】

牟定县2006年的人口和计划生育工作，以创新人口和计划生育工作思路、机制和方法为核心，以优质服务和落实奖优免补政策为重点，通过扎实有效的工作，人口和计划生育工作水平进一步得到提高。

【统计数据】

据牟定县统计局统计公报数据显示，年末，全县总人口203725人。全年共出生2007人，人口出生率9.97‰；死亡1398人，死亡率6.94‰；自然增长609人，自然增长率5‰；计划生育率达99.95%。

【计划生育专题会议】

2006年3月28日，召开了牟定县2006年人口资源环境工作座谈会。4月25日，召开上半年人口与计划生育工作形势分析会议。10月23日，召开了县第四届计生协会常务理事会议。2006年县政府常务会三次听取了全县人口和计划生育工作情况汇报。

【宣传教育工作】

开展了"破旧俗、树新风"生育观念大讨论活动，组织群众会200多场次，收回调查问卷500份。编排演出文艺节目36场，召开流动人口户长会100多场次，发放宣传资料10000多份，参与受益群众达2万多人次。全面启动关爱女孩宣传周活动。书写规范性人口出生缺陷宣传标语20条，流动人口宣传标语100多条。

【"奖优免补"工作】

2006年全县共有2561人次享受了奖优免补政策，兑现奖励资金75.325万元。审批兑现2007年度教育奖学金1725人31.77万元。审批农业人口独生子女升学加分61人，录取41人。审批兑现独生子女父母养老生活补助318人20.705万元。

【行政执法工作】

2006年全县共审批发放《优质服务证》2011证，其中：一孩1171证，二孩835证，三孩5证，《优质服务证》发放程序合格率达100%。全年发生违法生育案件1件2人，已得到依法查处，所处罚款已依法全额上缴国库。年内依法申请人民法院强制执行2004年发生的违法多生育案件1件。

【干部队伍建设】

编制相关培训教材，加大培训力度，加强督促指导。参加了全国农村计划生育服务机构设施标准建设培训班和人口出生缺陷干预培训班。12月8日至10日，分层次举办了县乡村计划生育行政管理干部和计划生育技术服务人员培训班，邀请资深律师对依法行政和计划生育行政执法工作进行专题培训。安排1名技术人员到上级医疗单位进修培训和跟班学习。

【流动人口计划生育工作】

2006年1月，在县人口计生委成立了流动人口股。4月，在共和镇5个社区居委会各配备了1名流动人口计划生育专职管理人员，月报酬270元。坚持每季度清理查验一次流入人口，避孕药具免费提供率达90%。流出人口婚育证明办证率达91.71%，流入人口婚育证明查验率达100%。

【计划生育优质服务】

继续全面推行避孕措施知情选择，避孕措施知情选择率达99.85%。选择了4个乡镇29个村（居）委会开展了放置宫内节育器对比课题分析。共有8771人参加了生殖健康检查，参检率达95.83%，2587名初二年级的中学生参加了青春期生殖健康教育。计划生育村（居）民自治工作进一步巩固。考核指标进一步减少，痕迹记录得到规范。

【出生缺陷一级预防】

2006年6月，牟定县被省政府确定为全省25个试点县（市）之一后，积极组织项目活动，制订了《人口出生缺陷预防工程基线调查实施方案》，成立了基线调查领导小组，在此基础上制订了《牟定县人口出生缺陷预防实施方案》，成立了领导机构和工作机构，210人参加了举办的培训班。至2006年12月底，共有3043人参加婚前培训，624人免费领用了叶酸，发放叶酸3744瓶。

【热点难点问题治理】

清退了向369户群众收取的计划生育保证金、履约金59100元。兑现了非农无业独生子女保健费467户56040元。解决了2003年9月至2005年6月拖欠的72970元的计划生育手术营养补助费。

【荣誉】

2006年2月，县人口计生委主任吴继英被省人事厅、省人口计生委表彰为全省人口和计划生育先进工作者；2006年8月，县人口计生委干部李文助被委宣传部、省人口计生委表彰委全省婚育新风进万家活动先进个人；2006年8月，县人口计生委副主任王维松、县人口计生委干部施进洪分别被州委、州人民政府表彰为全州计划生育协会工作先进个人。

2007年

【统计数据】

据牟定县统计局统计公报数据显示，截至2007年12月31日，牟定县有总人口204310人。当年，共出生1993人，人口出生率11.7‰；死亡1504人，死亡率7 ‰；自然增长489人，自然增长率 4.7‰；计划生育率达99.9%。

【计划生育专题会议】

2007年4月13日，县人民政府召开部分社会事业口工作会议，表彰奖励、兑现奖惩，签订了责任书。年内县人民政府常务会议三次专题听取人口与计划生育工作情况汇报。

【宣传教育工作】

2007年，全县共发放各种计划生育宣传资料12000多份，宣传品入户率达98%以上；组织群众会216场次，参与群众达1万余人次；活跃在城乡的46支计划生育业余文艺宣传队，自编自演计划生育文艺节目76场次，观众达2000多人次；开展了第十八个世界人口日和“世界艾滋病日”宣传活动。投入60000多元资金，对全县人口和计划生育宣传标语进行了清理、规范、更新工作，清理违反“民本思想”标语36条，规范书写混乱标语486条，新增流动人口、出生缺陷等人性化宣传标语596条。

【“奖优免补”工作】

2007年全县共有12603人次享受了奖优免补政策，兑现奖励资金403.055万元。符合一次性奖励188 户，兑现资金18.05万元；审批兑现2008年度教育奖学金1899人35.164万元；审批农业人口独生子女升学加分68人，录取39人。审批兑现独生子女父母养老生活补助268人21.47万元。

【行政执法工作】

2007年，全县共审批发放《优质服务证》688证，其中：一孩447证，二孩241证，《优质服务证》发放程序合格率达100%。全年发生违法生育案件3件6人，1件已得到依法查处，另外2件正在调查处理当中。年内征收社会抚养费2000元。对256名行政执法人员、218名基层干部、1243户“奖优免补”对象、1779名计划生育手术者、2户社会抚养费征收对象、1206名流动人口、农民工进行了走访，促进了依法行政工作的开展。

【计划生育优质服务】

2007年，牟定县继续在4个乡镇29个村（居）委会开展了放置宫内节育器对比课题分析。计划生育宣传资料入户率达到98%，农村群众对政策法规知识知晓率达96%以上；共有6128人参加了生殖健康检查，占应检查人数6570人的 93.27 %。156家重点场所按要求摆放了安全套。

【流动人口计划生育工作】

2007年10月，新桥镇矿区增配了一名流动人口协管员；11月，共和镇五个社区流动人口信息化管理工作正式启动。年内，牟定县与玉溪地区通海县结成流动人口管理与服务对子；与昆明市五华区等九个地区人口和计划生育部门订立流动人口双向管理与服务协议；组建流入人口计划生育协会组织6个。组织开展流动人口“生育关怀”专项行动，流动人口计划生育管理台账正常运转。

【出生缺陷一级预防】

认真组织项目活动，至2007年12月底，共有9825人参加了婚前培训，占应参训12256人的80.16%；共发放叶酸1846人10841瓶，发放率达85.42%；共有970人参加了孕前检查，参检率达49.26%，减免检查费用10万多元； 253人参加了产前筛查。

【行业作风建设】

2007年，全县人口计生系统深入开展 “学法律、讲权利、讲责任、讲义务”教育活动。制作了104块计划生育考评工作纪律和群众工作纪律，悬挂到县、乡、村三级。争取和投入27万元资金，兑现了2007年度独生子女保健费。开展了计划生育系统民主评议政风行风工作，综合满意率达95%。

【服务机构形象规范化建设】

2007年，争取和投入专项资金10万余元，完成了对服务房屋的改造，统一规范了全县计生服务站（所）的科室门牌、服务着装、科室布局。健全和完善了服务规范、服务制度，制订了计划生育技术服务《应急管理工作预案》。

【县计生服务站综合业务楼建设】

投资200万元的县计划生育服务站综合业务楼2006年被国家人口计生委列入国债建设项目，于2007年5月9日破土动工，至12月底已完成主体工程建设，工程预定于2008年1月27日竣工并交付使用。

【计划生育新农村新家庭创建】

2007年，牟定县在14个新农村试点村中开展了以新型生育文化进农家为主题的新农村新家庭创建活动。以制作计生宣传展板、发放计划生育宣传品、进村开展计生文艺演出、开展实用技术和生殖健康知识培训，编制《计划生育新农村新家庭知识读本》8000册方式开展创建活动。

【荣誉】

2007年9月，果建安、果宗寿、普正凤被国家人口计生委授予计划生育工作者荣誉称号；2007年10月，牟定县人口计生委被国家人口计生委表彰为全国人口和计划生育系统外事工作先进单位。

2008年

【统计数据】

据牟定县统计局统计公报数据显示，截至2008年12月31日，牟定县有总人口202850人。当年年共出生1840人，人口出生率为10.65‰；死亡1274人，死亡率为 6.87 ‰；自然增长566人，自然增长率为 3.78‰；年增长81人，年增长率为 0.4‰。计划生育率达99.89%。

【计划生育专题会议】

2008年3月21日，县人民政府召开工作会议，专题研究部署2008年的人口和计划生育工作，并层层签订《2008年人口和计划生育目标责任书》。年内县人民政府常务会议两次专题听取人口和计划生育工作汇报。

【“奖优免补”工作】

2008年，全县共申报审批兑现农业人口一次性奖励61户13.4万元；兑现农业人口升学加分63人，录取49人；审批兑现教育奖学金2029人38.23万元；审批兑现养老生活补助338人22万元。申报特别扶助对象70人。全县共有109名农业人口独生子女获准高中和大学阶段一次性奖学金，获准奖学金12.32万元。

【行政执法工作】

2008，全县共查处计划生育行政案件3件，办理一孩《优质服务证》1160 证，办理二孩《优质服务证》699证，办理《独生子女父母光荣证》480证，办理《流动人口婚育证明》1883证，具体行政行为全部合法。征收历年尾欠社会抚养费4680元，并严格实行"罚缴分离"制度。

【计划生育优质服务】

2008年，全县继续巩固避孕措施知情选择成果，在4个乡镇29个村（居）委会开展了放置宫内节育器对比课题分析，广泛开展"六进农家三服务"活动。计划生育宣传资料入户率达到99%，农村群众对政策法规知识知晓率达98%以上；共有5976人参加了生殖健康检查，占应检查人数6622人的90.24 %。首次在全县宾馆和娱乐场所免费提供安全套。

【流动人口计划生育工作】

2008年，全县认真贯彻落实流动人口管理"一盘棋"指导思想，实行流动人口双向管理与服务协议；组建流出人口计划生育协会组织3个。全县共有流入人口988人，已查验723人，《流动人口婚育证明》查验率达94.14%。

【出生缺陷一级预防】

制订了婚前培训实施方案，统一编制了培训教材。摸清了孕前检查的目标人群底数，制订了孕前检查工作规范。共有3326名适龄青年参加了婚前培训，1654人免费接受了孕前检查，产前筛查覆盖率达89个村（居）委会的100 %。

【干部队伍培训】

2008年6月24日至26日举办了县乡村计生干部培训班，共有120人参加了培训。9月23日至25日，举办了全县专业技术人员科技大练兵第一轮练兵活动，并参加全州组织的培训和考试。乡镇计生服务所共有9人到县服务站进行了为期两个月的跟班学习，县计划生育服务站1名专技人员到省昆华医院进修3个月。

【基层服务网络建设】

县计划生育服务站综合业务楼于2008年1月14日竣工，1月27日投入使用。戌街、安乐、江坡、凤屯四个计划生育服务所被列为国债建设项目，争取到项目资金124万元，预计2009年5月以前能投入使用。

【计划生育新农村新家庭创建】

2008年，继续在14个新农村试点村中开展计划生育新农村新家庭建设活动。发放扶持资金22万元，对58户计划生育户进行帮扶。投入3万元资金支持专业村组建设种植竹子120亩。

【基层统计台账改革】

2008年，利用4月份1个月的时间，对全县89个村（居）委会、1206个村民小组的人口和计划生育统计台账进行了全面核实定正。6月24日召开了全县基层统计台账改革试点工作现场会，9月15日前全面完成了统计台账改革工作。

【荣誉】

2008年9月，县人口计生委主任吴继英被州人民政府表彰为楚雄州2002—2007年人口和计划生育先进个人；2008年10月，县人口计生委副主任陈继富被州委、州人民政府表彰委楚雄州防艾工作先进个人；2008年9月，李会芬同志被国家人口计生委授予计划生育工作者荣誉称号；2008年9月，牟定县人口计生委被州委、州人民政府表彰委楚雄州州级精神文明建设先进单位。

南华县

2006年

【概况】

2006年，南华县的人口和计划生育工作紧紧围绕“在建立利益导向机制上有新突破、流动人口管理上有新突破、引导群众转变生育观念上有新突破、优质服务上有新突破、加强基层基础工作上有新突破、教育培训上有新突破”的工作要求，狠抓落实，顺利完成了州人民政府和州人口计生委下达的各项考核任务指标。

【统计数据】

据南华县统计局统计公报，2006年，全县有总户数59289户，总人口234690人，当年共出生2568人，出生率10.95‰，死亡人口1590人，死亡率6.78‰，自然增长人口978人，自然增长率4.17‰。据南华县人口和计划生育报表，2006年计划生育率99.96%，综合节育率92.01%，避孕措施及时率达88.70%。

【宣传教育】

2006年，全县共开展文艺演出、电影、录像宣传604场，广播宣传532次，出黑板报专栏5732期，举办各种宣传培训班301期，发放宣传资料17409份。在乡、村、组书写粉刷了以“奖优免补”、“关爱女孩”、“优质服务”为主要内容的永久性宣传标语4186条。创建和扶持7支计生文艺演出队，扎根农村，面向基层，广泛开展群众喜闻乐见的计划生育文艺宣传活动。

【流动人口服务管理】

建立了流动人口计划生育联席会议制度，并明确了组成部门的职责。做好已婚育龄流出人口《流动人口婚育证明》的办证、换证工作，努力提高办证率。加强对《流动人口婚育证明》的查验工作，努力提高验证率。2006年流入人口婚育证明查验率达99%，流出人口婚育证明出具率达92%。推行流动人口计划生育合同管理，共签订合同6277份。在5个社区配备了流动人口计划生育专职管理员。创建了流动人口计划生育协会，至2006年底有协会会员165名。

【“奖优免补”工作】

截至2006年12月31日，全县累计办理农业人口独生子女父母光荣证3965户，占农业人口一孩家庭数9922户的40%。年内共办理农业人口独生子女父母光荣证303户，兑现一次性奖励金12.10万元；发放养老生活补助548人36.40万元；落实教育奖学金1205人21.51万元，其中：小学生982人15.71万元，初中生223人5.8万元；有36名农业人口独生子女获得加分照顾，其中初中升高中26名，高中升大学10名。全年共兑现“奖免补”资金70.01万元，兑现率达100%。

【优质服务】

2006年，南华县开展了计划生育优质服务先进县创建活动，县人民政府成立了由分管副县长任组长，财政、卫生、教育等11个部门为成员单位的工作领导小组，制订了实施方案，召开了全县创建计划生育优质服务先进县启动会议。积极开展优质服务、宣传避孕节育知识，进村入户，送药具、查环查孕、开展生殖道感染疾病普查普治。2006年共组织服务车下乡服务80天次，开展生殖保健服务1143人次，开展生殖道感染疾病普查普治815人次，其他医疗服务776人次。

【村(居)民自治】

2006年，南华县全面推行计划生育村（居）民自治，引导乡村把人口和计划生育工作写入村规民约；村级计划生育宣传员实行“县聘乡管村用”；全县10个乡镇推行计划生育村（居）民自治，实行合同管理，有5814对已婚育龄夫妇与村（居）民委员会签订了计划生育合同书，全面推进了避孕方法“知情选择”，计划生育村（居）民自治面达100%，

【技术服务】

2006年，南华县计划生育服务站加强内部管理，改善服务环境和服务条件，提高服务质量，拓宽服务领域，共做各种手术2270例，其中女扎525例，放环743例，取环386例，其他616例，生殖保健服务1143人次，门诊就诊5014人次，经济收入达46.5万元。

【荣誉】

县人口计生委主任马仁芳于2006年2月被县人民政府表彰为“科学技术进步奖”先进个人，2006年3月被县委、县人民政府表彰为“民族团结进步先进个人”，2006年7月被楚雄州委表彰为“优秀党务工作者”；2006年8月，县人口计生委干部夏泽荣被州委、州政府表彰为“全州计划生育协会工作先进个人”。

2007年

【概况】

2007年，南华县的人口和计划生育工作围绕稳定低生育水平、统筹解决人口问题、促进人的全面发展这个中心任务，谋全局，抓大事，深化改革，健全机制，全面贯彻落实以人为本的科学发展观，进一步稳定低生育水平，顺利完成了州政府和州人口计生委下达的各项考核任务指标。

【统计数据】

据南华县统计局统计公报，2007年，全县有总户数60793户，总人口235685人，当年共出生2822人，出生率11.97‰，死亡人口2007人，死亡率8.52‰，自然增长人口815人，自然增长率3.46‰。据南华县人口和计划生育报表，2007年计划生育率99.73%，综合节育率89.37%，避孕措施及时率达88.19%。

【干部教育培训】

2007年，南华县人口计生委加强对村级计划生育宣传员的管理，并加强业务培训，举办业务培训班，增强管理和服务意识。同时加强作风建设，倡导敬业、奉献、求实、创新的作风。县委、政府统筹安排了部分专业技术人员，充实到无技术人员的乡镇计划生育服务所。

【宣传教育】

2007年，南华县人口计生委协调相关部门，积极利用广播、电视、网络等新闻媒体开展宣传教育活动，引导、帮助、促进群众转变旧的婚育观念，树立科学、文明、进步的生育文化。认真做好“5331”工程的查缺补漏工作。深入开展婚育新风进万家活动和“关爱女孩行动”。充分发挥计划生育协会文艺队的作用，开展一系列群众喜闻乐见的文艺演出，受到广大群众的喜爱。

【流动人口服务管理】

2007年，南华县人口计生委加强与流入地的协调配合，互通信息。抓好源头的管理，流出地对外出人员登记造册并及时将信息告知流入地，同时做好外出前的宣传教育和外出后的跟踪随访服务；流入地建立完善流动人口计划生育管理台账，将其与常住人口同管理、同服务。

【“奖优免补”工作】

2007年，全县累计领取独生子女父母光荣证的独生子女人数6723人，其中农业人口独生子女4198人。年内领证382户，其中，农业人口独生子女领证233户。2007年度南华县共兑现农业人口独生子女家庭“奖优免补”资金874340元，其中：一次性奖励164000元；教育奖学金1684人299840元（其中：小学1380人220800元，初中304人79，040元）；养老生活补助410500元（其中：600元266人，700元277人，750元76人）。按时足额兑现当年到期的独生子女保健费83户7.64万元。

【服务机构形象规范化建设】

为进一步加快对计划生育技术服务机构形象规范化建设，南华县人口计生委制订建设方案，对

县计划生育服务站进行改扩建，多方争取资金，着力打造乡镇计生服务所形象规范化建设。南华县各乡镇服务所统一制作了科室门牌、服装、上岗证、被套、床单、枕头套等。组织培训并选派技术骨干到省、州进修。2007年南华县实现了计划生育服务机构形象规范化、服务环境温馨化的目标，建立了形象统一、布局合理、环境温馨、满足群众需求的计划生育服务环境。

【新农村新家庭创建】

2007年，南华县按照《楚雄州开展创建计划生育新农村新家庭活动意见》的要求，成立了创建工作领导小组，结合“婚育新风进万家活动”、“关爱女孩行动”的开展和实施，通过举办培训班、送宣传品入户，送文艺演出进村等方式，引导村民树立优生优育的婚育观念，少生快富的致富观念、崇尚科学的科学观念，以生育文明促进乡风文明。

【乳腺疾病普查普治项目】

2007年，联合云南省乳腺疾病普查普治项目组在南华开展乳腺疾病普查普治项目。年内共普查了7个乡镇12858名育龄妇女，对妇女乳腺疾病做到早发现，早诊断，早治疗，进一步深化了计划生育优质服务，推进了南华县人口和计划生育事业健康发展。

【腹腔镜结扎手术】

邀请省人口和计划生育科研所的专家，指导县计生服务站技术人员，集中时间分设三个点开展腹腔镜输卵管结扎手术，共为全县10个乡镇432名已婚育龄妇女进行了手术，深受群众的欢迎。

【荣誉】

2006年11月，南华县人口和计划生育委员会被人事部、国家人口计生委表彰为全国人口和计划生育系统先进集体；2007年3月，县委书记纳云德被云南省人事厅、云南省人口和计划生育委员会评为“2006年度云南省人口和计划生育先进工作者”。

2008年

【概况】

2008年，南华县的人口和计划生育工作紧紧围绕稳定低生育水平、统筹解决人口问题、促进人的全面发展这个中心任务，努力构建“和谐人口、惠民计生”，全县的人口和计划生育工作取得开创性、突破性的发展。

【统计数据】

据南华县统计局统计公报，年末，全县有总户数61591户，总人口235928人，当年共出生2895人，出生率11.79‰，死亡人口2780人，死亡率11.97‰，自然增长人口115人，自然增长率0.49‰。据南华县人口和计划生育报表，2008年计划生育率99.43%，综合节育率88.98%，避孕措施及时率达85.01%。

【加强领导】

2008年，南华县召开政府常务会议讨论通过了南华县计划生育黄牌警告制度，县乡人口和计划生育领导小组认真坚持议事制度。为解决独生子女保健费兑现的历史遗留问题，县政府一次性安排了88.84万元资金兑现2006年至2008年共三年的独生子女保健费。2008年12月国家和省级共安排了215万元资金用于新建和改扩建县级服务站和4个乡级服务所，加强了人口计生服务网络建设。

【宣传教育】

2008年，南华县继续坚持把宣传教育放到首位。全县共开展文艺演出43场，电影86场，录像26场，宣传活动405次，出黑板报专栏1366期，宣传标语口号3880条，举办各种宣传培训班126期，街天宣传270次，共发放宣传资料46683份，投入计划生育宣传经费4.4万元。

【流动人口服务管理】

2008年，南华县认真宣传贯彻《流动人口计划生育工作管理办法》和《云南省流动人口计划生育管理规定》，规范流动人口服务和管理；加强外出前的宣传教育和外出后的跟踪随访服务；建立健全流动人口计划生育目标管理责任制和联席会议制度，加强流动人口计划生育信息化建设，继续做好信息交换工作。

【奖励优惠】

2008年，南华县累计领取独生子女父母光荣证6913户，其中农业人口独生子女4256户。年内共领证239户，其中农业人口独生子女领证130户；申报养老生活补助580人，兑现第一批一次性奖励金43户85人4.25万元；办理农业人口独生子女升学加分58名。及时足额兑现独生子女保健费121户9.89万元。做好计划生育家庭特别扶助工作，共申报确认特别扶助对象156人，其中伤残扶助8人、死亡扶助148人。

【优质服务】

2008年，南华县全面推进省级计划生育优质服务先进县创建活动，坚持以人为本，利用服务车巡回各乡镇进村入户查环查孕查病及其他服务15861人次，生殖保健服务1579人次；为县站配备了血液分析仪、电子阴道镜、宫腔镜各1台，为龙川、兔街配备了高档B超各1台，为其余乡镇配备便携式B超共7台；邀请省人口和计划生育科研所的专家，为507名已婚育龄妇女进行了腹腔镜输卵管结扎手术。

【出生缺陷一级预防】

南华县高度重视出生缺陷一级预防工作，成立了工作领导小组，制订了实施方案，深入细致开展基线调查；印制知识问答手册2000本和购买了相关的宣传材料，先后发放宣传资料5000多份；共开展婚前培训10期；采取健康促进、婚前医学检查、遗传优生咨询、优生筛查、含叶酸营养素干预、随访服务等多重措施，全面做好出生缺陷干预工作；开展出生缺陷试验室试点筛查，共为龙川、雨露、沙桥三个乡镇16对夫妇进行筛查。

【基层统计台账改革】

2008年，对全县128个村（居）委会核对基础数据工作进行了专门的部署，县人口计生委组织业务骨干深入各乡镇，对乡镇计生办开展摸底调查情况进行逐一核查。采取以会代训的形式，对各乡镇统计员、村委会计生宣员进行统计台账改革运转业务培训。全县基层统计台账改革已全面完成，并于10月正式启用。

【荣誉】

2008年11月，南华县人口计生委被县委、县人民政府表彰为“2003—2008年南华县实施妇女儿童发展规划先进单位”； 2008年11月，县计划生育协会被县委、政府表彰为“学会工作先进集体”；2008年6月，县人口计生委主任马仁芳被县委表彰为“优秀党务工作者”；2008年9月，县人口计生委干部李荣文被州人民政府表彰为“全州2002—2007年人口和计划生育工作先进工作者”。

姚安县

2006年

【概况】

2006年，姚安县的人口计生工作在各级党委、政府的高度重视和正确领导下，在上级业务主管部门的精心指导下，以“稳定低生育水平，提高出生人口素质”为主要任务，认真落实“奖优免补”政策，启动人口出生缺陷干预工程，深入开展计划生育优质服务先进县创建活动，全面加强流动人口计划生育工作。通过全县人口和计划生育干部的艰苦努力，全面完成了省州下达的人口控制和计划生育各项指标任务。

【数据统计】

据姚安县统计局统计公报，年末全县户籍总人口206776人，比上年末增加423人，年增长率为0.20‰；年内共出生1968人，出生率为9.53‰；年内死亡868人，死亡率4.20‰，自然增长1100人，自然增长率为5.33‰。据姚安县人口和计划生育统计报表，当年计划生育率达99.29%，综合节育率为91.36%，避孕及时率为93.46%。

【宣传教育】

2006年，姚安县坚持把宣传教育放在人口和计划生育工作的首要位置。一是组织县、乡人口计生干部深入各村、组，利用召开户长会的形式宣讲人口与计划生育法律法规。据统计，2006年共为3257人/次宣讲了法律法规。二是乡（镇）计生办利用节假日、街子天和各种纪念日群众相对集中的机会，全年组织街头宣传达86场次。三是乡（镇）、村（居）计生干部经常进村入户，开展面对面的宣传教育工作。四是充分利用标语、广播电视、黑板报、专栏和橱窗等阵地进行宣传。

【出生缺陷一级预防】

2006年11月6日上午，姚安县在县委党校举行人口出生缺陷干预工程启动仪式。县人民政府副县长周黎红、县政协副主席刘嵩涛、各相关部门领导、姚安县人口和计划生育系统全体干部职工及技术服务人员共150多人出席了启动仪式。姚安县利用各种渠道，向已婚符合政策及近期打算结婚的未婚人群发放《出生缺陷》宣传小折页6000本，发放出生缺陷宣传标语1904条，发放营养素207人/份。

【优质服务】

2006年，县委、县政府把计划生育优质服务先进县创建活动列入重要议事日程，把“创优”工作纳入人口和计划生育目标管理责任制。姚安县按照“四优一满意”要求，进行服务站所建设改造、内部调整和设备更新。在省州的支持下，县乡增加了价值达39.25万元的中高档新型辅助诊断设备，并解决各乡（镇）服务所价值约6.5万元的医疗设备，为实施好我县人口出生缺陷干预工程项目和优质服务先进县建设打下了坚实的基础。通过不断提升软硬件能力，2006年，姚安县被省人口计生委授予省级计划生育优质达标县。

【“关爱女孩”知识竞赛】

2006年9月26日，姚安县人口和计划生育委员会在本委会议厅举行了全县人口和计划生育系统“关爱女孩”知识竞赛活动，并选拔出参加州知识竞赛活动的代表队。10月8日，县人口计生委主任张春艳带队参加了州人口计生委组织的“关爱女孩”知识竞赛活动。

【“奖优免补”工作】

2006年度，姚安县共办理《农业人口独生子女父母光荣证》503户，全县兑现341户农业人口独生子女户一次性奖励金31.9万元；兑现农业人口独生子女教育奖学金1569人，计28.154万元；兑现农业人口独生子女升学加分27人，其中高考加分6人，中考加分21人；兑现养老补助资金393户，计25.79万元。

【全县人口资源环境工作座谈会】

2006年3月23日上午，中共姚安县委、县人民政府在姚安县人民代表大会十四届四次会议期间召开了全县人口资源环境工作座谈会。会议由姚安县人民政府县长何锡英主持，县委书记李自云、县长何锡英分别作了重要讲话。

2007年

【概况】

2007年，姚安县全面贯彻落实中共中央《关于全面加强人口和计划生育工作统筹解决人口问题的决定》，在各级党委、人民政府的高度重视和正确领导下，在县人大和县政协的关心和支持下，全县人口和计划生育工作以"稳定低生育水平，提高出生人口素质"为主要任务，以流动人口计划生育管理和落实"奖优免补"政策为重点，坚持依法行政，稳步实施人口出生缺陷干预工程，巩固和提高计划生育优质服务县创建水平，启动"新农村、新家庭，幸福计生、和谐计生"创建活动，连续12年圆满完成省州下达的人口控制和计划生育各项指标任务。

【统计数据】

据姚安县统计局统计公报，年末全县户籍总人口207906人。年内出生人口1951人，人口出生率9.41‰；死亡人口 1225人，人口死亡率5.91‰，自然增长人口726人，人口自然增长率3.5‰。据姚安县人口和计划生育统计报表，当年计划生育率达99.40%，综合节育率为90.98%，避孕及时率为91.57%。

【宣传教育】

2007年，姚安县人口计生系统采取多种形式加大宣传力度，扩大宣传面：一是县人口计生委下发了《关于掀起学习宣传中共中央<决定>的通知》，并组织开展了"宣传"活动；二是组织全县8000多名干部群众参加中央《决定》精神知识答题竞赛，并获得国家人口计生委颁发的优秀组织奖；三是认真组织140余名计生系统干部参加计划生育业务培训班，对十七大和中央《决定》精神以及计划生育业务知识进行了深入学习和培训；四是县电视台多次将宣传《决定》纳入专题栏目，县、乡镇组织出动宣传车辆20余次，开展了丰富多彩的宣传活动。

【出生缺陷一级预防】

2007年，姚安县的人口出生缺陷干预工作全面展开。全年全县共有11754人参加了婚前培训，发放叶酸734人/份，采集血样889份，对889人进行了孕前实验室检查。在采集血样的目标人群中，送检HIV阳性血清5例，经医疗卫生部门复查，其中两名被确诊。

【行政执法】

2007年，姚安县人口计生委深入贯彻依法治国基本方略，认真组织学习《中华人民共和国人口与计划生育法》、《云南省人口与计划生育条例》以及相关法律、法规、规章，将依法行政及行政执法责任制的落实列入本单位的重要议事日程，与本单位工作同时部署，层层签订行政执法责任书，年末开展了考评工作。2007年全县共查处违法生育案件17件，其中行政处罚16件，罚款4.26万元；行政征收案件1件，征收社会抚养费25564元。

【流动人口计划生育工作】

2007年，姚安县流动人口计划生育管理工作有了新的进展，一是县人口计生委为县流管办和栋川镇流管办配备了4台微机，并安装了人口与计划生育系统软件。二是认真贯彻落实了国家人口计生委《流动人口、农民工计划生育便民维权措施》，在春节和春耕生产期间针对返乡农民工开展"两赠送"，（即赠送《致农民工朋友的一封信》和计划生育服务手册活动，并为返乡农民工提供免费生殖健康服务340人（次）。三是在流动人口中建立了计划生育协会组织，全县共成立流动人口计划生育协会组织12个。到2007年底，姚安县有流动人口18957

人，其中流入人口有1223人，流出人口有17734人。在流入人口中，应持流动人口婚育证明1002人，实持有流动人口婚育证明914人，持证率为91.21%。在流出人口中，应办流动人口婚育证明15348人，实办流动人口婚育证明14563人，办证率为94.88%。

【“奖优免补”工作】

2007年3月，县人口计生委抽调人员组成工作组，深入各乡镇，对拟新增53名养老补助对象进行了走访，通过查对户口、身份证、结婚证和户籍资料等方式逐村、逐户、逐人、逐项调查，确认了50名新增养老补助对象资格。2007年全县共办理《农业人口独生子女父母光荣证》3903户，当年办证242户，全县兑现一次性奖励资金21.85万元230户；兑现养老补助资金28.275万元431人；兑现教育“奖学金”32.626万元1796人；兑现农业人口独生子女升学加分50人，其中高考加分9人，中考加分41人。

【计划生育优质服务先进县创建】

在巩固2006年省级计划生育优质服务达标县的基础上，2007年，姚安县人口计生系统围绕群众在“生育、节育、不育”方面的需求，面向群众，开展全方位、全过程、个性化的服务，巩固和提高了计划生育优质服务先进县创建水平。2007年，对9个乡（镇）1812名农村独生子女进行了免费健康检查；为新农村建设项目点的444名育龄群众提供了免费生殖健康检查；为流动人口实行了免费计划生育技术服务340多人次。

【新农村新家庭创建】

2007年，姚安县按照楚雄州人口计生委开展“新农村、新家庭创建”活动的总体部署和要求，认真开展了创建活动，把各乡镇“新农村、新家庭创建”工作情况纳入考核内容，组织县、乡计划生育技术服务人员深入新农村试点开展宣传和服务工作。2007年累计为新农村试点村妇女进行免费身体健康检查444人，免费发放避孕药具123盒，发放宣传品3500份，为建设和谐社会创造了一个良好的环境。

2008年

【概况】

2008年，姚安县坚持以邓小平理论和“三个代表”重要思想为指导，以科学发展观统领人口和计划生育工作全局，以贯彻落实党的十七大、十七届三中全会精神和《中共中央国务院关于全面加强人口和计划生育工作统筹解决人口问题的决定》为主线，以“稳定低生育水平，提高出生人口素质”为主要任务，以流动人口计划生育管理和落实“奖优免补”政策为重点，坚持依法行政，深化实施人口出生缺陷干预工程和计划生育优质服务先进县创建工作，深入开展“解放思想、深化改革、扩大开放、科学发展”大讨论和“三牢记、五争先”主题实践活动，努力构建“法制计生、惠民计生、和谐计生”，人口和计划生育工作继续朝着持续、健康、稳定的方向发展。

【数据统计】

据姚安县统计局统计公报，年末全县户籍总人口207029人，比上年减少877人，下降0.42%。年内出生人口992人，人口出生率4.78‰；死亡人口774人，人口死亡率3.73‰，人口自然增长218人，人口自然增长率1.05‰。姚安县统计局在统计公报中同时使用了计生部门的统计数据：“按计生部门统计，出生率为8.90‰，死亡率为6.61‰，自然增长率为2.29‰。”据姚安县人口和计划生育统计报表，姚安县2008年度计划生育率达99.24%，综合节育率为90.39%，避孕及时率为90.75%。

【宣传教育】

2008年，姚安县人口计生系统继续深入开展形式多样的宣传教育活动。利用街天和节假日开展主题宣传教育活动，接受宣传教育群众达2.5万余人次；为庆祝党的十七大和建州50周年，全县人口计生系统对计划生育宣传标语进行了全面的清理和规范，同时制作了人口和计划生育成就宣传展板，展示建州50年来姚安县人口和计划生育所取得的巨大成就，人口和计划生育工作环境进一步得到优化。

【优质服务】

2008年，姚安县继续深化计划生育优质服务工作，强化“以人为本”的服务理念和统筹解决人口问题的意识，以技术服务为重点，以群众的需求为出发点，以群众的满意度为落脚点，围绕群众在“生育、节育、不育”方面的服务需求，面向群众，开展全方位、全过程、人性化的服务。2008年为785名农村独生子女进行免费健康检查；为10713名农村育龄妇女开展B超检查及妇科化验检查，检查出患有妇科病1627人，治愈962人，治愈率达59.1%；为489名新农村建设项目点育龄群众提供免费优质生殖健康服务，并继续朝着争创省级计划生育优质服务先进县的目标迈进。

【出生缺陷一级预防】

2008年，姚安县通过实施人口出生缺陷干预工程，优生优育工作取得了突破性的进展。截至12月31日全县共有18583人参加了婚前培训，发放叶酸994人/份；利用B超开展胎儿重大体表畸形筛查154人，对1646人进行了孕前实验室检查，在采集血样的目标人群中，乙肝表面抗原为阳性的50人，送检HIV阳性血清9例。

【“奖优免补”工作】

2008年，姚安县共兑现一次性奖励资金121户11.5万元；兑现教育奖学金1948人36.548万元；兑现养老补助资金447人29.21万元；兑现计划生育家庭特别扶助金73人8.4万元；兑现教育“奖学金”96人10.38万元；农业人口独生子女升学加分64人，其中高考加分14人，中考加分50人。

【服务体系建设项目工作】

2008年，姚安县人口计生委抓住党中央、国务院实施扩大内需、促进经济平稳较快增长的一系列措施的历史机遇，向上级争取到了县计划生育技术服务站综合业务楼和光禄镇、官屯乡计划生育中心服务所三个建设项目，争取到国家资金150万元，省级配套资金27万元，州级配套资金15万元。

【档案管理工作】

2008年4月，姚安县人口计生委启动了机关档案星级达标工作。健全完善机关档案分类、立卷、归档、销毁及库房管理等工作制度。配备了计算机和档案信息管理系统软件，建立了文件目录数据库，实现了档案的电子化管理，极大地改善了档案室的软硬件设施，通过了云南省档案工作“八项工程”验收考核，达到了“五星级”标准。

【依法行政】

2008年认真开展了计划生育行政执法依据清理清查工作，完善已形成的行政审批、行政执法工作机制，强化依法维权，使计划生育行政执法工作规范化，不断提高依法管理人口和计划生育工作的水平。加强对计划生育违法行为的查处力度。2008年全县共查处计划生育违法案件27件。

【队伍建设】

在深入开展“解放思想、深化改革、扩大开放、科学发展”大讨论活动的基础上，姚安县人口计生委加强了干部职工党风廉政建设和反腐工作相关知识的宣传教育力度。在姚安县委、政府的领导下，对2003年–2008年全县人口计生系统涌现出的20个先进集体和5个先进个人进行了表彰奖励。

【文明单位创建】

姚安县人口计生委高度重视精神文明建设工作，坚持“两手抓、两手都要硬”的方针，结合人口和计划生育系统的工作实际，不断完善“工作创一流成绩、服务创一流水平”的工作机制，切实加大三个文明建设力度，广泛开展群众性的精神文明建设活动，不断提高干部职工的思想道德和科学文化素质，精神文明建设呈现出欣欣向荣的局面。2008年12月，姚安县人口和计划生育委员会被州委、州人民政府授予“州级文明单位”荣誉称号。

大姚县

2006年

【概述】

2006年，县委、政府把人口和计划生育工作纳入国民经济和社会发展的总体规划，层层落实目标管理责任制，严格执行计划生育“黄牌警告制度”和“一票否决制度”；全面开展计划生育优质服务，积极推行避孕节育知情选择和计划生育村居民自治工作；进一步落实《云南省农业人口独生子女家庭奖励规定》，加强基层基础设施建设和服务网络建设，不断探索和解决新形势下人口和计划生育工作中遇到的困难和问题，有效地提高了全县人口和计划生育工作整体水平。

【统计数据】

据大姚县统计局统计公报，2006年，大姚县总人口为280748人，出生2664人、出生率9.47‰；死亡人口2103人、死亡率7.48‰；自然增长人口561人、自然增长率2.00‰。据大姚县人口和计划生育报表统计，当年计划生育率为99.92%、综合节育率为90.65%、避孕及时率为93.71%。

【计划生育优质服务】

围绕“查治讲访送帮”的工作机制，一年来，共出动计生流动服务车184车次，行程15727公里，深入乡、村、组为育龄群众开展了避孕节育技术、宣传咨询、生殖保健和其他医疗服务，为育龄妇女提供生殖健康服务4.6万人次。

【宣传教育】

2006年，全县共新增永久性宣传标语1950条，印制发放各类法律法规及生殖健康知识宣传资料9.2万份，制作一次性纸杯5万只，宣传板13套，发放避孕药具6000余盒/板，组织专题文艺演出75场次。提高了育龄群众对计划生育及生殖健康保健知识的知晓率

【“奖优免补”工作】

2006年，全县累计办理《农业人口独生子女父母光荣证》4735户，占全县一孩家庭户的47.6%。至2006年9月30止，全县累计有3947户农业人口新办理了《农业人口独生子女父母光荣证》，在规定时限内兑现一次性奖励金2843户，享受义务教育奖学金5626人次，享受养老生活补助786人次，享受升学加分119人，其中：初中升高中88人，高中升大学31人，直接兑付“奖优免补”资金519.429万元，资金到位率达100%。

【避孕药具不良反应监测试点工作】

大姚县被列为作为全国西部地区唯一避孕药具不良反应监测试点县后，县委政府高度重视，成立相应的领导机构并制订实施方案，在全县开展了避孕药具不良反应监测工作。

【计划生育技术服务】

一是县人口计生委与计划生育服务站（所）签订目标责任书，明确工作目标任务；二是加大《计划生育技术服务管理条例》等相关法律法规的宣传力度，严格执行《常用计划生育技术常规》；三是实行避孕节育手术知情同意制度和术前签字制度，统一印制使用规范的计划生育技术服务医疗文书；四是加强县、乡计生服务站（所）的管理，规范了执业行为。五是加强质量管理、确保手术安全。

【流动人口计划生育工作】

一是县人民政府批准在县人口生委成立流动人口管理办公室，隶属人口计生委股所级单位，新增编制2人；二是在金碧镇的3个社区各配备了1名流动人口专职管理人员；三是对流动人口进行清查和登记，建立流动人口计划生育管理台账，充分发挥流动人口信息交换平台的作用。

【计划生育协会工作】

一是继续加强自身建设，提高队伍素质，巩固和发展组织整建成果，按照“组织健全好，活动经常好，优质服务好，形成风尚好”的要求，努力加强协会自身建设；二是充分发挥协会优势，积极开展计划生育宣传活动，年内组建了计划生育协会文艺演出队13支，深入村组宣传计划生育法律法规和“奖优免补”政策；三是积极争取有关部门的支持配合，稳步推进计划生育“三结合”工作，重点计生户帮扶率达90%。

【独生子女保健费兑现】

2006年3月至5月，大姚县人口计生委组织县、乡、村计划生育干部对办理了独生子女父母光荣证未兑现独生子女保健费的进行认真清理，并积极多方争取资金，足额兑现了历年欠发的独生子女保健费22万元。

【荣誉】

2006年2月，县人口计生委被中国人口文化促进会评为全国人口文化工作先进集体。

2007年

【概述】

2007年，大姚县深入宣传贯彻学习党的十七大和胡锦涛总书记“6·25”重要讲话精神，党员干部职工思想政治素质有了新提高，进一步深化对邓小平理论、“三个代表”重要思想、科学发展观等一系列重大理论问题的学习理解和把握，用马克思主义武装头脑，指导实践，推动工作。在学习的方法上坚持理论联系实际的学风，牢固树立学习的思想，改进学习方式，促进学习型机关的构建，同时加强党员干部职工的理想信念教育和思想道德建设，充分调动广大干部职工干事创业的积极性和主动性，转变工作作风，增强服务功能，提高了工作效率，确保了人口和计划生育各项工作任务的落实。

【统计数据】

据大姚县统计局统计公报，2007年，大姚县总人口为280846人，出生2546人、出生率10.91‰；死亡人口2212人、死亡率7.17‰；自然增长人口334人、自然增长率3.74‰。据大姚县人口和计划生育报表统计，当年计划生育率为99.80%、综合节育率为88.74%、避孕及时率为95.32%。

【干部队伍建设】

一是在乡镇机构改革中稳定机构，计生行政管理人员实行竞争上岗，择优选用；二是2007通过招聘，有7个乡镇分别招聘了1名计划生育技术服务人员，充实了计划生育干部队伍；三是县站、乡所全部人员实行全员聘用，使服务站（所）焕发了生机与活力，服务人员的技能和水平得到明显增强。

【党风廉政建设】

2007年12月11日，州委、州人民政府党风廉政建设检查组检查了县人口计生委党风廉政建设工作。检查组认为：县人口计生委党风廉政建设工作领导重视，认识到位、机构健全、制度完善、工作积极主动，部门协调配合，工作成效比较明显，

【独生子女保健费兑现】

2007年，县人民政府高度重视并对如何兑现独生子女保健费作了专题研究，在县财政压力较大的情况下，拨付资金46.4380万元，兑现了3355人的独生子女保健费。认真清理，清退计划生育保证金，全县累计清退了计划生育保证金63.4323万元，已全部清退完毕。

【农村独生子女健康检查】

在2007年7—8月份利用学校放假的有利时机，免费为全县3654名农村独生子女开展血细胞分析、甲肝抗体、乙肝表面抗原检测、心电图、血型、血压、视力、体重、身高等健康检查。

【新农村新家庭创建】

高度重视新农村新家庭创评活动工作，县乡两级分别成立了新农村新家庭创评活动领导组，并制订了实施方案，对24个试点村组开展文艺演出、宣传品入户、技术服务和科技培训进村活动，把计划生育融入新农村建设当中。

【村（居）民自治】

结合村两委换届，调整充实了相应的领导机构，并对计划生育村（居）民自治章程进行修改和完善，续签了计划生育管理协议，巩固率达到了100%。

【“奖优免补”工作】

到2007年12月31日止，全县累计共有4197户农业人口新办理了《农业人口独生子女父母光荣证》，在规定时限内兑现一次性奖励金276.15万元，养老生活补助141.3万元，发放教育奖学金148.75万元，2007年享受升学加分92人，其中：初中升高中75人，高中升大学17人。

【流动人口计划生育工作】

2007年3月，县人民政府专题召开了全县流动人口计划生育管理工作会议，专门安排布置了流动人口计划生育管理和服务工作，将流动人口计划生育管理和服务纳入户籍人口共同管理，享受户籍人口同等的政策。

【宣传教育】

2007年共新增永久性宣传标语612条，印制发放各类法律法规及生殖健康知识宣传资料9万份，制作宣传板13套，发放避孕药具8000余盒/板，组织专题文艺演出75场次。提高了育龄群众对计划生育及生殖健康保健知识的知晓率。

【计划生育协会工作】

2007年9月召开大姚县计划生育协会理事会，选举产生第六届理事会理事，圆满完成换届工作；会议期间，县委、政府决定表彰了县人口和计划生育委员会等17个计划生育协会工作先进集体和李丽华等39名计划生育协会工作先进个人。同时在金碧镇的北城、金龙、映塔三个社区分别成立了流动人口计划生育协会组织， 选举产生流动人口理事会及成员，建立相应制度和明确了责任，加强了流动人口的计划生育管理和服务工作。

2008年

【概述】

2008年，全县人口和计划生育工作在县委、县人民政府的领导下，坚持以邓小平理论和“三个代表”重要思想和十七大精神为指导，认真贯彻和落实科学发展观，以全面建设小康社会，构建社会主义和谐社会，建设活力大姚为目标，以控制人口数量，提高人口素质，改善人口结构为主线，紧紧围绕州人民政府下达的各项任务指标开展工作。

【统计数据】

据大姚县统计局统计公报，2008年，大姚县总人口为281598人，出生2673人、出生率9.47‰；死亡人口2100人、死亡率7.44‰；自然增长人口573人、自然增长率2.03‰。据大姚县人口和计划生育报表统计，当年计划生育率为99.51%、综合节育率为88.05% 、避孕及时率为95.29%。

【独生子女保健费兑现】

截至2008年12月31日，全县累计办理《独生子女父母光荣证》9547户，其中：非农业人口独生子女4371户；农业人口独生子女5176户。当年应兑现独生子女保健费3196人，已兑现资金42.31万元。

【出生缺陷一级预防】

2008年9月12日，大姚县对出生缺陷一级预防工作进行了培训，县、乡两级计划生育行政管理干部和专业技术人员86人参加了培训，并对出生缺陷知识进行了考试，成绩均达92分以上，同时，开展出生缺陷一级预防工作，共筛查怀孕妇女39人。

【基层统计台账改革】

2008年6月13日，大姚县举办了基层统计台账改革培训，各乡镇也举办了相应的培训班，并按要求做好台账改革工作，全县基层统计台账改革工作已全面完成，并正常运转，基层统计台账改革达标率达100%。

【科技大练兵工作】

2008年11月7日，县人口计生委邀请县医院、县药监局的相关专家，为全县计划生育专业技术人员进行了处方规范教学和无菌操作规范教学讲座，全县86名计划生育干部和专业技术人员参加了培训。

【宣传教育】

一是认真开展中央《决定》精神的学习宣传和贯彻落实工作，全县村以上计生干部人均发放中央《决定》知识读本，同时复印中央《决定》文件180份发至各单位，积极组织和宣传。二是充分利用广播、宣传月、电视、黑板报、宣传册、举办各种生殖健康培训、文艺演出等活动，积极开展计划生育宣传工作，2008年书写永久性宣传标语6584条，印制发放各类法律法规及生殖健康知识宣传资料14.29万份，制作宣传板13套，发放避孕药具9400余盒/板，组织专题文艺演出123场次，观众达14169人次。

【依法行政】

一是严格各类办证审批程序，全年审批发放《生育证》2970本，批准发放《独生子女父母光荣证》362户。二是加大对计划生育违法行为的查处力度，全年共查处计划生育违法案件7件。三是认真做好人民群众的来信来访工作，2008年全县人口和计划生育系统共接待群众来信来访55件，依法答复和处理55件，答复和办结率达100%。

【计划生育技术服务】

一是投入资金20余万元，对县计生服务站和4个计生服务所的业务用房进行了改造和装修；为部分计划生育技术服务机构购置了医疗设备。二是严格执行《计划生育技术服务管理条例》，认真做好计划生育技术服务依法管理和业务指导工作，注重专业技术人员继续教育和业务能力的提高。三是紧紧抓住国家扩大内需的难得机遇，积极向国家、省、州争取龙街、六苴、赵家店、三岔河、新街五个计生服务所建设项目，面积达1650平方米，总投资达160余万元。

【落实奖励优惠政策】

一是农业人口独生子女“奖优免补”政策稳步推进，截至2008年12月31日，全县累计办理农业人口《独生子女父母光荣证》5176户，占农业人口一孩家庭户的52.04%，2008年各级财政投入奖励扶助资金达149.616万元。二是按时足额兑现独生子女保健费。截至2008年12月31日，全县共兑现独生子女保健费46.8929万元，其中：农业人口2846人40.8929万元，非农业人口350人6万元。

【流动人口计划生育工作】

2008年四次对流动人口进行了全面普查，截至2008年12月31日，全县共有流动人口23047人，其中：流出人口17954人，流入人口5093人，流出人口办理《婚育证明》13701人，发证率达90.29%，查验《婚育证明》4106人，查验率达94.6%。

【优质服务】

大姚县以“贴心三关怀，干群一家亲”为主题，扎实开展计划生育优质服务先进单位创建活动。一是实施“婚育关怀”。实施孕前培训、孕期保健、产后访视、术后随访等形式，全方位实施“婚育关怀”。二是做好“成长关怀”。每年利用暑假免费为农村独生子女开展健康检查；同时在初高中应届毕业生中开展“生殖健康知识进校园、防艾知识人人晓”活动。 三是注重“特殊关怀”。高度重视更年期妇女摘取宫内节育器工作，维护其身心健康，及时开展计划生育手术后遗症并发症的鉴定和处理工作，对实行计划生育的困难家庭在经济扶助、精神慰藉、舆论支持等方面给予公正、公平的关怀和帮助。

【推广使用安全套防治艾滋病工作】

2008年，县防艾办协调卫生、文化、工商、公安、计生等部门，按季度对酒店、宾馆、小旅店、娱乐场所的安全套摆放和使用情况进行检查，进一步提高了安全套的使用率。四是加强培训，对计生系统内工作人员及娱乐服务场所业主开展培训，增强群众自我保护和防范艾滋病、性病的意识和能力，各宾馆酒店安全套摆放率达100%。

【荣誉】

2008年12月，大姚县被国家人口计生委授予“全国计划生育优质服务先进单位”荣誉称号。

永仁县

2006年

【概况】

2006年，永仁县的人口和计划生育工作紧紧围绕稳定低生育水平、控制人口增长、提高人口素质、拓展计划生育服务空间、加强流动人口管理开展工作。全年全县共落实三术1085例，占下达任务850例的127.64%。全县采取多渠道、多形式开展宣传活动，不断提高已婚育龄群众知情选择知晓率，年内已婚育龄群众知情选择知晓率95%。2006年3月，原万马傣族乡撤并，万马乡计生办人财物并入中和乡，同月，中和乡撤乡设镇。

【统计数据】

根据永仁县统计局2006年公报，全县年末总人口10.8万人，出生人口1149人，出生率为 11.4‰，死亡率为7.14‰，人口自然增长率4.26‰。据永仁县人口和计划生育2006年统计年报，全县计划生育率为98.90%，综合节育率89.54% ，避孕及时率85.92 %。

【"奖优免补"工作】

加大宣传力度，年内共发放各种"奖优免补"宣传单4300份，利用街天宣传74次。截至2006年年底，全县农业人口累计领取《独生子女父母光荣证》户数达1737户，占农业人口一孩家庭户的41.25%。年内共兑现养老生活补助281人18.63万元；一次性奖励金49户4.55万元。

【依法行政】

全县人口计生系统建立健全了行政执法责任制，成立了行政执法领导小组，与相关股、室、站、所签订了行政执法责任书。加大计划生育案件查处力度，年内共查处违反计划生育案件9件，依法向人民法院申请强制执行违反计划生育案件2件，自办案件7件，当年违法案件查处率达100%。

【流动人口计划生育工作】

龙头山、苴却、小汉坝三个社区配备了流动人口专职管理员各1名。进一步完善了流动人口查验证制度、合同制度、流动人口生育审批制度和查孕制度，有效地促进了流动人口规范化管理。2006年共清查辖区内流动人口3次，清查流动人口4334人次。其中：流出人员2050人，实发证1934人，流入人口2284人，验证2018人，责令补证121人。签订流动人口管理合同书1349份。

【推广使用安全套工作】

按照《楚雄州推广使用安全套预防艾滋病工程工作方案》的要求加大宣传力度，进行预防艾滋病宣传教育活动28场次，出黑板报21期，橱窗8个，免费发放安全套72050只，营销14140只，发放宣传品10270余份，受教育9000余人。并按规定要求在重点娱乐场所、旅店、药品经营单位摆放了安全套。同时，每月对重点娱乐场所、旅店、药店摆放安全套进行督查，通过检查督促，全县旅店摆放率达100%，药店摆放安全套摆放率达95.70%。

【基础设施建设】

2006年，全面启动了永仁县计划生育服务站搬迁项目建设，项目总投资为178万元（国债项目建设资金55万元，省级预算内资金55万元，州级预算内资金18万元），年内完成总投资118万元。

【维护群众的合法权益】

全县按照州人口计生委、州监察局《关于认真做好计划生育保证金、履约金的清退工作的通知》要求，在全县范围内开展计划生育保证金、履约金清退工作，全县各乡（镇）共涉及清退农户351户涉及金额37402.60元。

【荣誉】

2006年6月，永仁县永定镇计划生育服务所李洁翠荣获全国计划生育科技工作先进个人；2006年12月，永仁县永定镇良田村委会计生宣传员李秀英荣获云南省人口和计划生育先进工作者；2006年7月永仁县人口计生委被县委评为“基层满意部门”。

2007年

【概况】

2007年，永仁县的人口和计划生育工作，以邓小平理论和“三个代表”重要思想为指针，坚持“以人为本”工作的理念，以促进人口与经济社会协调发展和可持续发展为目标，以维护育龄群众合法权益为根本，全面开展计划生育优质服务。全县年内共落实三术1163例。全年计划生育专项经费投入40.847万元。年内兑现了当年独生子女保健费和历年所欠一非一农、城镇下岗职工、城镇无业人员独生子女保健费共计25.757万元。按照州人口计生委的部署，开展了计划生育新农村新家庭创评活动。认真组织开展县、乡、村协会换届。

【统计数据】

据永仁县统计局2007年公报，全县2007年，年末总人口10.85万人，出生人口1334人，出生率为12.3‰，死亡率为7.8‰，人口自然增长率4.5‰。据永仁县人口和计划生育2007年统计年报，全县计划生育率为99.43%，综合节育率84.06% ，避孕及时率86.80%。

【优质服务】

一是在全县各级干部、计划生育工作者和全社会倡导计划生育优质服务，举办各种计划生育优质服务倡导培训班8场次，参培人员4715人次。二是认真贯彻落实《计划生育技术服务管理条例》，县、乡计划生育技术服务人员对主要技术标准的知晓率达90%以上。三是切实保障育龄群众享有避孕措施的知情选择权和获得适宜技术服务的权利，育龄群众措施的知晓率和避孕措施的自主选择率均达到90%以上。四是深化和拓展计生“三结合”工作思路，对计划生育家庭在资金、技术、项目等方面予以倾斜。五是通过创建流动人口计划生育协会，完善流动人口计划生育管理和服务工作，切实维护流动人口合法的生育权利。

【新农村新家庭创建】

在全县21个新农村建设试点村开展了计划生育新农村新家庭创建活动。年内共组织文艺演出进村10场次、参加人数1459人次；宣传品入户1237户，发放宣传品5635份；开展二查207人次；共发放避孕药具13516板（盒）；举办科技培训50场次、参训人员3680人次；举办生殖健康专题讲座50场次、参训人员3232人次。

【计划生育协会工作】

2007年，县、乡、村三级协会届期已满，县财政拨出换届工作经费1.7万元，保障县、乡、村三级协会换届工作全面完成。2007年9月6日–7日，永定镇龙头山、苴却、小汉坝三个社区成立了流动人口计划生育协会。

【流动人口计划生育工作】

城区内的所有流动人口建立了管理台账（其中：女334人，男478人，650户812人）。年内共清查流动人口2次，清查流动人口2486人，流出人员3171人，当年实发证487人，在流入人口2486人中，应持证2473人已验证2261人，责令补证212人。

【服务机构建设】

2007年，继续加强县计划生育服务站搬迁项目建设监督及管理，到2007年12月项目建设完成总投资178万元，主体工程竣工可投入使用。年内完成了猛虎乡、维的乡、永兴乡、宜就服务所形象规范化达标建设。

【荣誉】

2007年，杨恒江、樊增芝、刘万学、李明安、李贵荣、李贵荣、娄立云、何永华、李菊萍、杨平忠、李梅、李洪桂、李会等12位同志荣获国家人口计生委颁发的计划生育工作者荣誉证书。2007年7月，永仁县人口计生委被县委评为“基层满意部门”。

2008年

【概况】

2008年，永仁县的人口和计划生育工作在县委、县人民政府的正确领导和州人口计生委的指导帮助下，坚持以邓小平理论和“三个代表”重要思想为指导，以科学发展观统领工作全局，以贯彻落实党的十七大精神和《中共中央国务院关于全面加强人口和计划生育工作统筹解决人口问题的决定》（以下简称中央《决定》）为主线，紧紧围绕稳定低生育水平、统筹解决人口问题、促进人的全面发展这个中心任务，努力构建“和谐人口、惠民计生”开展工作。全县年内共落实三术1071例，占下达任务950例的112.73%。县本级部门专项投入76.9万元。年内兑现独生子女保健费53.9275万元。全年共清查流入人口2次，清查流动人口2486人，流出人员3171人，当年实发证487人，在流入人口2486人中，应持证2473人已验证2261人，责令补证212人。认真执行药具分配计划，2008年州药具站下达永仁县计划生育避孕药具33699.10元，分配到乡级23481.96元，县级15322.74元，药具分配计划执行率达100%。

【统计数据】

据永仁县统计局2008年公报，全县2008年，年末总人口10.87万人，出生人口994人，出生率为9.14‰，死亡率为6.68‰，人口自然增长率2.46‰。据永仁县人口和计划生育2008年统计年报，2008年全县计划生育率为98.96%，综合节育率84.84%，避孕及时率82.21%。

【技术服务】

一是重点开展了生殖道感染防治。针对永仁县生殖道感染发病率较高的现实，永仁县把生殖道感染防治列为开展计划生育优质服务项目之一。全年共对1584名已婚育龄妇女进行了生殖道感染防治检查，并对发现感染的510名妇女进行了及时的治疗。二是认真贯彻《计划生育技术服务管理条例》，县、乡计划生育技术服务人员对主要技术标准的知晓率达95%以上。

【新农村新家庭创建】

在全县84个新农村试点村组开展了“三进三入”工作。年内，工组织文艺演出进村9场次；宣传品入户5489户，发放宣传品1723份；开展“二查”5987人次；避孕药具入户4952户，共发放避孕药具15234板（盒）；开展科举培训51场次，参训人员4112人次；举办生殖健康专题讲座32场次，参训人员2895人次。

【出生缺陷一级预防】

一是县、乡成立了由政府分管领导任组长，计生、卫生、民政等部门为成员的领导小组，下设技术指导小组，把出生缺陷一级预防工作纳入计划生育责任目标考核。二是将出生缺陷一级预防工作与社会主义新农村建设和婚育新风进万家等活动紧密结合，年内共印发生缺陷一级预防宣传资料30000份。三是认真组织实施计划生育系统科技大练兵活动，采取“送出去、学回来”的方式加强技术人员的培养。选送10名业务技术骨干到省、州参、县加出生缺陷预防有关知识培训学习。四是把出生缺陷预防与生殖健康普查、优质服务的乡镇创建工作有机结合，年内组织开展孕前预防出生缺陷实验室筛查和孕期重点监控，培训目标人群共12556人次，开展实验室筛查640人次。

【基层统计台账改革】

永仁县按照台账改革的要求把此项工作作为重点工作来抓，首先对全县63个村委会宣传员、三个社区流动人口管理员和县、乡统计员进行培训。同时，加大对台账运转情况的检查督查力度，全年共对35个村委会的台账改革及台账运转情况进行检查督查，7月底全县台账改革通过县级验收。

【科技大练兵活动】

按照《楚雄州计划生育科技大练兵活动实施方案》的要求，积极开展科技大练兵活动第一、二阶段工作，全年共组织学习52场次。同时，将计划生育技术服务人员开展科技大练兵活动情况纳入事业单位干部考核。

【基础设施建设】

2008年4月，县计划生育服务站搬迁新建业务用房全面投入使用。进一步加大争取项目建设资金力度，全年共计争取中央新增预算内项目建设资金90万元，新建莲池乡、宜就镇计划生育服务所，改扩建中和镇计划生育服务所，三个项目全面启动，预计到2009年6月可全面投入使用。

【荣誉】

2008年9月，永兴乡人民政府、猛虎乡阿里地村民委员会荣获2002—2007年全州计划生育工作先进集体；李贵荣、李会、李林军三位同志荣获2002—2007年全州计划生育工作先进个人。2008年12月，永仁县人口计生委被中共永仁县委、永仁县人民政府评为“社会主义新农村建设第二批派出单位先进单位”。

元谋县

2006年

【概况】

2006年，元谋县的人口和计划生育工作坚持以邓小平理论和“三个代表”重要思想为指导，以党的十六届五中全会精神为动力，全面贯彻落实以人为本的科学发展观，围绕新时期计划生育工作目标和任务“坚持宣教开路、利益导向、政策推动、优质服务、依法管理、村（居）民自治、综合治理”的工作思路开展工作。加强制度管理，保证计划生育工作经费的投入，积极开展计划生育优质服务。全年完成三术3405例；计划生育专项经费县级投入30万元，“奖优免补”配套经费按时足额到位，按时足额兑现独生子女保健费，农业人口独生子女当年领证1273户；每个社区配备1名以上流动人口计划生育专职管理人员，认真落实黄牌警告、半年通报和一票否决制度。

【统计数据】

据元谋县统计局统计公报数据，2006年末，全县总户数为59728户，总人口为210708人，其中：男107686人、女103022人；非农业人口23167人；出生1882人，出生率为8.97‰；死亡1222人，死亡率为5.82 ‰；人口自然增加660人，人口自然增长率为3.14‰；迁入人口2363人，其中：省内迁入1917人、省外迁入446人；迁出人口1390人，其中迁往省内1129人、迁往省外261人。据元谋县人口和计划生育统计报表数据，2006年末，全县有已婚育龄妇女43481人，占总人口20.57%；计划生育率为99.14%。

【宣传教育】

2006年共举办已婚育龄夫妇，避孕节育生殖健康基础知识培训班108期，参训人数5620人次；举办未婚男女青年婚育培训班79期，参训人数6127人次；举办乡级计划生育专职人员法规培训班1期，参训63人；举办宣传员培训班1期，参训186人；组织文艺队演出节目68场；书写标语1945条，公益性广告8块，固定性宣传专栏71块，刊登379期；征订人口报和人口刊物43份；上街和下乡开展宣传活动325场次，受教育63142人；印制奖优免补宣传品和生殖健康处方49994份，宣传品入户率96%。

【依法行政】

2006年查处违法生育案件24件；审批发放生育证2163人。办理独生子女父母光荣证1406户，其中：城镇户口和一非一农户133户；农业人口办理独生子女父母光荣证1273户，兑现一次性奖励1054户101.36万元，审批升学加分44人，审批农业人口独生子女奖学金1252人229920元，审批兑现农业人口独生子女父母养老生活补助254人16.49万元。全县累计领取独生子女证7619户，领证率为17.52%，其中农业人口累计领取独生子女证3368户，领证率为7.75%。清退计划生育保证金、履约金1055户56.36万元。计划生育村（居）民自治面达100%；对已婚育龄夫妇实行合同管理，全年签计划生育合同1876份。

【流动人口计划生育工作】

坚持按季度查验《流动人口婚育证明》制度，与辖区内出租房主，用工单位和场所签订“三个责任书”，建立流动人口信息跟踪制度；乡（镇）使用反馈流动人口信息交换平台，建立健全流动人口信息数据库、信息交互，反馈情况的通报制度；为流动人口免费查环查孕320人次；举办流动人口计划生育避孕节育、生殖健康基础知识培训班2期，参培560人次；全年办理流出人口婚育证明3313人，查验婚育证明3878人，查验率为98.5%。

【出生缺陷干预试点县工作】

2006年7月，元谋县被列为全省25个出生缺陷干预试点县之一。10月，组织召开元谋县出生缺陷干预工作启动会，参会200余人。启动会后，利用县城、乡镇街天进行图版、宣传车宣传4场次，受宣传教育群众3000多人次；发放出生缺陷宣传小折子2900（张）份；县服务站、乡镇计生办、服务所出黑板报36期；提供服务咨询250人次；举办婚前培训班20期1437人；办孕前培训班28期951人。

【生殖健康服务】

2006年县计生服务站组织技术服务人员先后到江边、姜驿、苴林、物茂、凉山5个乡（镇），开展技术服务2389人次。县计生服务站全年查环查孕5136人次，红外乳腺诊断994人次，治疗1010人次，生殖健康服务6876人次，全年门诊15469人次。对参加宫内节育器失败及预防技术对策的研究调查进行了随访、检查6次1926人。

【计划生育协会工作】

全县有计生协会会员之家64个，会员小组642个，会员33432人，占总人口的15.8%。年内，县计划生育协会组织群众积极参与社会主义新农村建设工作和计划生育村（居）民自治等活动；举办育龄群众计划生育、生殖健康、科技基础知识培训班163期，参培21258人次；积极参与宣传预防艾滋病活动；组织部分育龄群众参与“十五”攻关课题项目活动；组织文艺队演出计划生育专题文艺晚会48场次；协会召开2次常务理事会，更换协会秘书长；成立会员之家3个，发展新会员386人，清退老会员128人。

【荣誉】

2006年，元谋县计划生育服务站被国家人口计生委评为全国计划生育科技工作先进集体，老城乡荣获全国婚育新风进万家活动先进乡镇，元马镇摩诃村委会摩诃村荣获全国计划生育协会工作先进单位。

2007年

【概况】

2007年，元谋县的人口和计划生育工作在县委、县人民政府的正确领导下，在州人口计生委的指导下，坚持以邓小平理论、“三个代表”重要思想和党的十七大精神为指导，以科学发展观统领工作全局，以贯彻落实《中共中央国务院关于全面加强人口和计划生育工作统筹解决人口问题的决定》为主线，紧紧围绕稳定低生育水平、统筹解决人口问题、促进人的全面发展中心任务，努力构建“和谐人口、惠民计生”，人口和计划生育工作继续朝着健康有序的方向发展。全年完成“三术”2978例；计划生育专项经费县级投入30万元，“奖优免补”配套经费按时足额到位；按时足额兑现当年应兑现的独生子女保健费；为2055名农村独生子女开展了健康检查。

【统计数据】

据元谋县统计局统计公报数据。2007年年末，全县总户数为60888户，总人口为213005人。其中：男性108655人、女性104350人；非农业人口23901人。当年出生3377人，出生率为15.94‰；死亡1321人，死亡率为6.24 ‰。人口自然增加2056人，人口自然增长率为9.7‰。年内迁入人口2084人，其中：省内迁入1870人、省外迁入214人。年内迁出人口1843人，其中：迁往省内1637人、迁往省外206人。据元谋县人口和计划生育统计数据，2007年年末，全县有已婚育龄妇女43721人，占总人口的20.59%，计划生育率为99.02%。

【宣传教育】

2007年举办已婚育龄夫妇避孕节育生殖健康基础知识培训班60期，累计参训12149人次；举办未婚青年婚育培训班79期，累计参训6127人次；举办乡级计划生育专职人员法规培训班1期，参训47人次；举办计划生育宣传员培训班1期，参训186人；组织文艺队演出节目62场，书写标语1945条，公益性广告8块，固定性宣传专栏71块，刊登379期。全年征订人口报和人口刊物43份；上街和下乡开展宣传活动325场次，受教育63142人次。印制奖优免补宣传品和生殖健康处方2.5万份，宣传入户率96%。

【依法行政】

2007年查处违法生育案件15件；审批发放生育证1998本；办理独生子女父母光荣证429户，其中：城镇户口和"一非一农"户205户、农业人口办理独生子女父母光荣证224户，兑现一次性奖励178户16.2万元；审批升学加分71人；审批教育奖学金1409人26.534万元；兑现2007年度独生子女保健费2554人385145元；审批兑现农业人口独生子女父母养老生活补助266人17.27万元；全县累计领取独生子女证7848户，领证率18.18%。

【流动人口计划生育工作】

坚持按季度查验《流动人口婚育证明》制度。建立流动人口信息跟踪制度和流动人口信息交换平台。建立健全流动人口信息数据库和信息交换反馈情况通报制度。为流动人口免费查环查孕2135人次。举办流动人口计划生育避孕节育、生殖健康基础知识培训班2期，参训560人次。全县有流动人口7652人，其中：流出人口3825人、流入人口3827人。全年办理流出人口婚育证明3721人，办证率为98.56%。全年查验流入人口婚育证明3756人，查验率为98.88%。

【出生缺陷一级预防】

利用街天向赶集的群众宣传人口出生缺陷干预知识4场次，受教育群众3000多人次。发放出生缺陷宣传小折子12018份，出黑板报36期，提供服务咨询2000余人次。举办婚前培训班79期，参训3176人次；举办孕前培训班28期，参训1616人次。开展问卷调查1次，发放问卷调查表2382份，群众对人口出生缺陷干预知识知晓率87.82%。全年有886对育龄夫妇参与人口出生缺陷干预工作。

【新农村新家庭创建】

在全县40个村民小组开展新农村新家庭创建活动。在新农村建设试点村建立计划生育协会会员之家，举办计划生育政策、生殖健康、避孕方法、出生缺陷预防、推广使用安全套预防艾滋病等知识宣传培训班40期，累计参训7215人次。开展计生专题文艺演出23场。为育龄群众免费体检并建立健康档案1265人，为农村独生子女体检并建立健康档案2055人。

【计划生育协会工作】

2007年8月24日，召开元谋县计划生育协会第五次会员代表大会，有103名代表参加会议，会议选举产生兼职名誉会长1人、会长1人、副会长1人、秘书长1人、常务理事19人、理事31人。全县有计划生育协会会员之家69个、会员33478人，占总人口的15.78%。年内，各级计划生育协会组织举办育龄群众计划生育、生殖健康、科技基础知识培训班60期，累计参训12149人次。积极组织群众参与人口出生缺陷一级预防和宣传预防艾滋病活动。组织文艺队演出计划生育专题文艺晚会62场次，发放宣传册1.5万份。

【荣誉】

2007年2月，元谋县老城乡老城村委会计划生育宣传员王桂涛被评为云南省人口和计划生育先进工作者。

2008年

【概况】

2008年，元谋县的人口和计划生育工作，坚持以邓小平理论和"三个代表"重要思想为指导，以党的十七大精神为动力，以科学发展观统领工作全局，以贯彻落实《中共中央国务院关于全面加强人口和计划生育工作统筹解决人口问题的决定》为主线，紧紧围绕稳定低生育水平、统筹解决人口问题、促进人的全面发展中心任务，努力构建"和谐人口、惠民计生"，人口和计划生育工作继续朝着健康有序的方向发展。全年完成"三术"2903例；计划生育专项经费县级投入30万元；"奖优免补"配套经费按时足额到位；按时足额兑现当年应兑现的独生子女保健费；严格实行黄牌警告、半年通报和一票否决制度，县人民政府每年对全县人口和计划生育工作通报2次；村级计划生育宣传员队伍稳定，全县78个村居委会有计划生育宣传员80人，流动人口计划生育专职管理人员5人；完成推广安全套相关工作；积极开展出生缺陷一级预防工作

【统计数据】

据元谋县统计局统计公报数据，2008年末，全县总户数为61758户、总人口为214153人，其中：男109218人、女104935人；非农业人口24284人。当年出生2907人，出生率为13..61‰；死亡1760人，死亡率为8.24 ‰。人口自然增加1147人，人口自然增长率为5.37‰。迁入人口1795人，其中：省内迁入1548人、省外迁入247人。迁出人口1794人，其中：迁往省内1526人、迁往省外268人。据元谋县人口和计划生育统计报表，2008年末，全县有已婚育龄妇女44651人，占总人口的20.97%；计划生育率98.38%；综合节育率为90.92%；全县累计有8057人领取了《独生子女父母光荣证》，领证率为18.04%。

【宣传教育】

全县书写固定性宣传标语441条，公益性宣传广告牌8块，固定性宣传专栏80块，刊登296期。全年征订人口报和人口刊物98份。利用县城街天和下乡镇开展计划生育政策、生殖健康、避孕节育方法、出生缺陷预防、推广使用安全套预防艾滋病等知识宣传200场次，受教育35330人次。各种宣传品入户52351户，入户率100%。

【依法行政】

2008年查处违法生育案件16件；审批发放生育证1880本；全县当年办理独生子女父母光荣证280户，其中：城镇户口和“一非一农”户164户、农业人口办理独生子女父母光荣证116户，兑现一次性奖金115户10.75万元；发放2008年度农业人口独生子女保健费2171户25.356万元；发放城镇无业人员独生子女保健费268户4.232万元；审批农业人口独生子女父母养老生活补助253人，当年新增17人，兑现养老生活补助金16.28万元；审批计划生育家庭奖励扶助对象64人；审批升学加分69人；审批义务教育阶段奖学金1429人27.35万元；审批农村独生子女高中和大学阶段奖学金88人9.38万元。

【流动人口计划生育工作】

2008年末，全县有流动人口5956人，其中流出人口3566人，流入人口2390人。流出人口应办理婚育证明3399人，实际办理婚育证明3339人，办证率为98.23%；流入人口应持《婚育证明》1915人，实际持证1895人，持证率为98.96%。对流入人口进行免费查环查孕1089人次，与房屋出租户、用工单位签订流动人口计划生育管理责任书475份。

【出生缺陷一级预防】

2008年全县各乡镇计生办、计生服务所举办出生缺陷目标人群培训班32期，培训4972人次。利用县城、乡（镇）街天进行图版、宣传车宣传6场次，受教育群众3000多人次，发放出生缺陷宣传小折子3000份；县服务站、乡（镇）计生办、服务所出黑板报186期；县服务站、乡（镇）服务所共接待群众咨询1200人次；发放宣传资料7413份。与广播电台联办宣传周，每周广播宣传一次。全年有1076对育龄夫妇参与人口出生缺陷干预工作。全县计生服务站（所）开展孕前筛查2822人次，产前筛查576人。

【计划生育技术服务】

2008年组织科技大练兵专题讲座6期。组织8名乡（镇）计生服务所医生到州医院开展为期3个月的进修。组织2名乡（镇）计生服务所人员到县计生服务站进修。县计划生育技术服务站组织技术服务人员到乡、村讲课及开展技术服务和生殖健康服务，共举办生殖健康、推广使用安全套预防艾滋病、出生缺陷预防等知识培训班26期，参训2200余人次。“三八”妇女节优惠为全县已婚育龄妇女开展B超、电子阴道镜、乳腺扫描、白带常规等项目检查，诊查3761人次，减免医药费6.23万元。组织技术服务人员到26个村委会开展生殖健康服务，诊查3978人次。

【计划生育协会工作】

2008年，在全县40个村民小组开展新农村新家庭创建活动。在新农村建设试点村建立计划生

育协会会员之家，举办计划生育政策、生殖健康、避孕方法、出生缺陷预防、推广使用安全套预防艾滋病等知识宣传培训班40期，累计参训7215人次。开展计生专题文艺演出18场。县计划生育协会组织群众积极参与计划生育村（居）民自治和人口出生缺陷一级预防和宣传预防艾滋病活动。全年举办育龄群众计划生育、生殖健康、科技基础知识培训班180期，累计参训49987人次。

【荣誉】

2008年9月，元谋县被楚雄州人民政府评为楚雄州2002年—2007年人口和计划生育工作先进县，聂宗慧、杨德光、文光会3人被楚雄州人民政府评为楚雄州2002年—2007年人口和计划生育工作先进个人；2008年10月，元谋县人口和计划生育委员会被中共元谋县委评为元谋县解放思想大讨论活动先进集体；2008年11月，元谋县老城乡计生办主任陈国翠被省人口计生委评为云南省人口和计划生育工作先进个人。

武定县

2006年

【概况】

2006年，武定县的人口和计划生育工作在县委、县政府的正确领导下，在上级人口计生部门的指导帮助下，积极构建社会主义和谐社会、建设平安武定，广大干部职工紧紧围绕州政府下达的人口与计划生育工作目标，团结一致，顽强拼搏，开拓创新，难中求进，以狠抓基层、夯实基础为重点，坚持“三不变”，落实“三为主”工作方针，认真研究解决人口与计划生育工作出现的新情况、新问题，积极探索人口与计划生育工作的新思路、新途径。经全县广大人口计生干部的团结拼搏，开拓进取，较好地完成了各项目标任务，年终工作考核获州政府一等奖，为提高育龄群众健康水平、构建和谐社会、促进全县经济社会快速健康发展作出了积极贡献。

【统计数据】

据武定县统计局统计公报数据显示，2006年，全县年末总人口266984人，当年出生人口2679人，出生率10.05‰，死亡人口1680人，死亡率6.31‰，自然增长人口999人，自然增长率3.75‰。据武定县人口和计划生育统计报表显示，2006年，全县计划生育率为99.74%，综合节育率90.94%，避孕及时率87.04%，独生子女领证5432户。

【组织领导】

2006年，县人民政府在召开“人口资源环境工作座谈会”的同时，首次专题主持召开了全县计划生育工作会；县财政把2006年计划生育事业费由原来的每年投入10万元提高到了26万元。同时在两会上通报了2005年目标管理责任书执行情况，兑现了奖惩，签订了2006年目标管理责任书。县、乡两级定目标、明任务、议策略、抓落实，真正做到“任务到人、责任到人”。

【宣传教育】

一是把政策法规、生殖保健知识、奖优免补政策纳入入户宣传和阵地宣传的主内容，加大力度，全方位开展宣传教育，努力营造社会舆论氛围。二是认真落实“5331”宣教工程，按照乡（镇）5条，村（居）3条以上，村民小组3条，自然村1条的要求，扎实抓好永久性标语基地建设。三是在县广播台和电视台分别开设了《人口与计划生育》两个栏目，与县教育局联合开展中学《青春期生殖保健知识教育》。四是利用节假日、民族传统节日巡回乡镇积极开展各种宣教活动。五是在做好常规宣传工作的同时，积极抓好“5·29”、“7·11”等重点节庆日的宣传活动。

【“奖优免补”工作】

武定县全年农业人口独生子女办证628户，完成州下达任务数的105%。奖励扶助对象严格做到“四齐全、三公开、一监督”，即：身份证、独生子女证、结婚证、户口本齐全、兑现人员名单公开、领证人员名单公开、兑现金额公开、张榜公布接受群众监督。全年省奖优免补网站数据录入率达100%。

【独生子女保健费兑现】

2006年3月初，县、乡组织专人对全县独生子女保健费发放情况进行了全面认真清理，至2006年3月31日，全县历年共有1845户独生子女户保健费未得到兑现，金额达30余万元。通过多方努力和争取，由县财政安排缺口资金落实城镇无业居民、下岗人员两块人员当年的保健费兑现工作。

【流动人口计划生育工作】

一是与各单位、出租房主签订“管理责任书”，强化目标责任管理。二是在县级各单位曾设了一名计划生育信息员，每月上报一次信息情况，及时掌握外来人口动态。三是为狮山镇四个社区各配备了一名专职流动人口管理人员。四是协同狮山镇按季对城区流动人口开展一次清理查验活动。同时，认真抓好县、乡流动人口管理平台的运转运用，强化流动人口信息管理。

【村（居）民自治】

在全面签订“人口和计划生育协议书”的基础上，切实加强完善村（居）民自治工作：一是村级计生宣传员每月对各个村民小组进行一次走访，及时了解情况。二是进一步规范、完善计划生育村（居）民自治各项制度，在全县130个村（居）委会、1569个村民小组中开展了计划生育村（居）民自治工作，开展面达100%。

【计划生育技术服务】

2006年县乡两级严格坚持“月例会”制度，以会代训，层层抓落实。9月举办了为期5天的县、乡、村三级计划生育系统干部培训班。当年派出2名服务站所医技人员到省州医疗单位进修。继续完善内部工作责任制、职工挂点乡镇帮扶制和年终工作考核制度，完善村级计生宣传员的管理机制，将工作职责、任务、奖惩明确到人。县、乡服务站（所）结合当年中心工作，坚持巡回各村、社开展以法规宣传、查环、查孕、查病、避孕药具发放，放取环为主的各项计划生育优质服务。全年共深入全县130个村委会，服务对象达29867人次。

【计划生育协会工作】

一是不断建立和完善计生协会的各项管理制度，在活动上狠抓落实，确保运转正常，发挥作用正常。二是认真抓好协会组织清理、完善和换届工作，同时按照“健全组织、经常活动、带头示范、积极服务”的要求，突出抓好了协会组织的充实、巩固、提高工作。

2007年

【概况】

2007年，武定县人口和计划生育工作坚持以科学发展观统领工作全局，深入学习贯彻党的十七大会议精神和中央《决定》精神，紧紧围绕“稳定低生育水平，统筹解决人口问题，促进人的全面发展”的工作方针，在狠抓队伍建设、夯实基层基础工作，完善利益导向机制，创新工作机制上下工夫，在县委、县人民政府的正确领导和县人大、县政协的法律监督和工作监督下，在上级人口计生部门的指导下，通过县级各部门及广大计生干部的支持配合，全面完成了各项工作目标任务，年终再次获得州政府人口和计划生育工作考核一等奖。

【统计数据】

据武定县统计局统计公报数据显示，2007年全县年末总人口为270742人，当年出生人口2609人，出生率9.7‰，死亡人口1774人，死亡率6.6‰，自然增长人口835人，自然增长率3.1‰。据武定县人口和计划生育统计报表显示，2007年全县计划生育率为99.42%，综合节育率为89.49%，避孕及时率87.5%，独生子女领证5403户。

【县委政府重视】

一是调整充实了县人口和计划生育工作领导小组成员，将成员单位完成工作情况纳入年终考核内容。二是县人民政府于4月3日召开了全县社会事业工作会议，通报了2006年责任书执行情况，签订2007年责任书，并首次为先进单位颁发了奖牌。三是首次将人口计生工作纳入县委、政府重点工作督查内容，定期对完成情况进行督查通报。四是县委、政府对人口和计划生育工作黄牌警告制度进行了修改和完善。五是政府专题召开常务会议研究原计生服务站资产拍卖变现事宜，县委中心组理论学习专门安排听取了县人口和计划生育工作情况汇报。

【宣传教育】

2007年，全县人口计生系统以宣传、学习、贯彻中央《决定》精神为契机，积极把计划生育宣教工作融入社会主义新农村建设之中，不断深化婚育新风进万家活动。一是结合新农村建设，积极开展全县22个新农村建设示范点的计划生育新农村新家庭创建活动和生殖健康知识培训。二是进一步抓实"5331"工程，全县建立计生宣传公示板143块，永久性宣传标语2768条，大型公益性广告牌2块，县乡村三级超额完成工程目标任务。三是切实抓好计生系统网络建设，县乡两级普遍实施网络化办公，7月25日正式开通了"武定县人口和计划生育信息网站"，在州内率先实现了县级计生宣教工作网络化。

【优质服务】

一是县人民政府6月21日召开了全县"创建计划生育优质服务先进县动员暨启动大会"，制订下发《武定县创建计划生育优质服务县实施方案》，成立了工作领导小组。二是县人口计生委根据工作实际，将农闲季节6月、7月确定为优质系列活动服务月，组织工作队巡回各乡镇村开展优质服务。年内共发放宣传资料1651份，查环查孕13048人次，妇科病诊治492人，放环267例，取环158例，人流119例，独生子女健康体检1764人。

【新农村新家庭创建】

一是组织县计生服务站和当地协会文艺队，深入村组开展文艺演出进村、宣传品入户、避孕药具入户等服务活动；二是投入3千余元资金为22个示范村制作了44块精美的"新农村新家庭"宣传板，挂入示范村文化室，丰富宣教内容；三是广泛开展实用技术、生殖健康培训进村入户活动，在11个乡（镇）22个示范村开展了24场生殖健康培训和31场实用技术培训；四是进一步规范了22个新农村新家庭示范村的计划生育村（居）民自治工作，示范村计生工作合同化管理面达100%。

【服务机构形象规范化建设】

2007年3月，成立了计划生育服务机构形象规范化建设领导小组，出台了工作实施方案，开展了相关工作：一是组织全县服务站所负责人到元谋县计生服务站，物茂乡、黄瓜园计生服务所观摩。二是委机关设立专人负责此项工作。委班子多次到各乡镇调研，对服务所的外墙粉刷、美化，科室设置及室内布置做了具体指导。三是统一标志。投入资金8000余元，统一制作生殖健康知识宣传板55块，人口计生标志牌11块，定做了2万余份宣传资料和科普读物。

【流动人口计划生育工作】

一是进一步完善与各单位、出租房主签订的"流动人口计划生育管理责任书"内容，强化责任管理。二是加大流动人口清查工作力度，县人口计生委会同狮山镇计生办，逐家逐户对流动人口进行了全面清查，建立健全流动人口人员档案。三是积极开展流动人口"关怀关爱、促进和谐"活动，发放资料2900余份，药具5200余份，开展各类咨询服务180余人次。四是成立了狮山镇南街、北街两个社区流动人口计划生育协会，切实加强流动人口的自我管理、自我服务、自我监督工作。

【"奖优免补"工作】

截至2007年12月31日，全县累计办理农业人口《独生子女父母荣证》2896户，其中2007年领证179户；2007年共有41人享受到农业人口独生子女升学加分照顾，其中高中升大学11人，初中升高中的30人。积极为1852人农村独生子女开展免费健康检查活动。

【依法行政】

一是本着奖励少生和加大惩处违法生育并重的原则，对2006年前早婚早育，未婚生育和抢生等违法生育未结案件进行清理和查处，当年查处各乡镇历年未结行政案件18起；二是规范行政案件执行程序、案卷管理以及生育证、独子证等申请、审批和办理；三是积极开展行政案件评查工作，努力规范计划生育行政执法行为；四是切实做好全县计划生育村（居）民自治巩固工作，巩固率达100%。

【科技工作】

一是加强县乡服务所的管理，与服务站所签订了目标管理责任书，制订考核办法，督促检查，进一步规范服务行为；二是加强避孕药具管理和发放，切实做到不脱供、不断供；三是认真开展环情孕情的监测；四是积极开展“防艾”工作，全县旅馆酒店、娱乐场所安全套摆放率达100%；五是抓紧实施县计生服务综合大楼的建设项目：服务大楼占地2986.68m^2，建筑面积1627.1m^2，建筑楼层6层，框架结构，预计工程总投资213.72万元，资金到位154万元。

2008年

【概况】

2008年，武定县的人口和计划生育工作在县委、县政府的正确领导下，在省、州人口计生委的帮助、指导下，以落实《中共中央国务院关于全面加强人口和计划生育工作统筹解决人口问题的决定》和《中共云南省委云南省人民政府关于进一步加强人口和计划生育工作统筹解决人口问题的决定》精神为主线，紧紧围绕“稳定低生育水平、提高人口素质、统筹解决人口问题、促进人的全面发展”的总体思路，坚持以人为本，创新工作方法，较好地完成了2008年各项人口和计划生育工作任务。

【统计数据】

据武定县统计局统计公报数据显示，2008年全县年末总人口271481人，当年出生人口2616人，出生率9.67‰，死亡人口1667人，死亡率6.16‰，自然增长人口949人，自然增长率3.51‰。据武定县人口和计划生育统计报表显示，2008年全县计划生育率为99.24%，综合节育率为89.09%，避孕及时率81.71%，独生子女领证5582户。

【领导重视】

一是2008年4月初，县人民政府及时召开全县社会事业工作会，安排2008年工作，签订责任书，通报2007年责任书执行情况，兑现奖惩并颁发奖牌。二是成立了计生委党组，按正科级配备了党组书记。三是加大投入，2008年财政共安排计划生育事业费26.5万元，农业人口及下岗职工当年独生子女保健费36万元，出生缺陷干预经费8万元，并发症补助3.5万元。四是县人民政府专题召开会议帮助解决历年出现的计划生育手术并发症问题，为40名计划生育手术并发症患者解决了实际困难。

【宣传教育】

一是在公路沿线设立“关爱女孩”大型宣传板1块，积极开展“关爱女孩”行动。二是全面开展《中共云南省委 云南省人民政府关于进一步加强人口和计划生育工作统筹解决人口问题的决定》宣传贯彻工作，订购宣传单20000 份，宣传墙报150套，宣传折页10000张，录音带、光盘26盘。三是在全县22个新农村示范村和71个整村推进村开展生育文化大院建设，努力推进“婚育新风进万家”活动。

【优质服务】

一是在继续开展“二查一治”、优生优育、避孕节育、知情选择等工作的基础上，加强对新婚对象、孕产期、育儿期、更年期以及计划生育手术后的宣传与随访工作。二是积极开展计划生育专业技术人员科技大练兵活动。于5月26日至29日组织全县计划生育技术服务人员参加全州科技大练兵学习培训。在县、乡计生服务站所开展学业务、比技能活动，开展业务技能考试2次。三是进村入户为育龄妇女提供查环、查孕、查病等服务，在全县范围内积极开展“送温暖、献爱心”活动。四是积极争取项目不断改善计生服务站所硬件建设，2008年共有猫街、己衣、东坡、插甸四个乡镇进入第一批建设项目，预计2009年中期即可开展服务。

【落实优惠政策】

一是不断总结经验，分析不足，利用街天当场兑现当年独生子女保健费。二是认真落实奖优免补政策，2008年共办理农业人口独生子女父母光荣证66户，兑现当年一次性奖励金6.5万元；享受教育奖学金1223人，其中小学879人，中学344人，发放奖学金28.35万元，发放养老扶助金37万元，有43人享受升学加分。

【流动人口计划生育工作】

一是继续坚持与各单位、企业、出租房主签订“流动人口计划生育管理责任书”，强化流动人口计划生育工作责任制。二是免费为全县范围内的流入已婚育龄妇女进行生殖健康服务，实行“同管理、同服务”，切实维护流动人口婚育群众的合法权益。

【干部队伍管理】

一是完善县人口计生委机关各项工作制度，制订了单位“关于贯彻落实行政问责办法等四项制度的实施意见”；二是认真开展机关纪律作风集中检查整顿，积极推进经济社会发展新平台创评工作。三是制订了单位“工作考核办法”，切实做到职责明确、奖惩分明。四是扎实开展“讲正气、树新风”主题教育活动，层层签订党风廉政责任书，切实加强党风党纪党性教育和廉政文化建设。

【解放思想大讨论活动】

从2008年4月至8月利用五个月时间集中开展了“看发展、谋发展、促发展”解放思想大讨论活动，共争求到意见建议16条，查摆出存在问题10个，制订出整改措施10条；通过解放思想大讨论活动，进一步增强了干部职工争先意识、勤政意识、创新意识和机遇意识，有力地促进了全县计生工作的开展。

【荣誉】

2008年9月，己衣乡政府、狮山镇西和村委会被楚雄州人民政府表彰委楚雄州2002—2007年人口计生工作先进集体。2008年9月，武定县人口计生委王绍萍、张崇明，猫街镇计生办李忠元，东坡乡所所卡村委会李丙元，己衣乡计生办陈有明，云南安宁化工厂武定分厂妇委会主任杨金芬被州人民政府表彰为楚雄州2002—2007年人口计生工作先进个人。

禄丰县

2006年

【概况】

2006年，禄丰县人口和计划生育工作紧紧围绕上级下达的人口和计划生育目标任务，加强领导，强化措施，真抓实干，各项工作取得新进展。一是加强领导，完善目标管理责任制。在县“两会”期间，县委、县人民政府召开高规格的人口资源环境工作座谈会，与各乡（镇）人民政府签订了人口和计划生育目标管理责任书。并把目标责任书的情况和重点工作列入县人民政府重大督查范围，进行专项调研和督查。二是加强教育，提高人口和计划生育干部队伍素质。结合开展 “八荣八耻”为主要内容的社会主义荣辱观教育，狠抓纪律作风建设，切实提高干部职工的政治思想素质和业务素质。三是计划生育专项经费投入大幅度增加。2006年各级财政投入计划生育专项经费627.899万元，其中：县本级计划生育事业费投入157.899万元，乡级财政投入271万元。

【统计数据】

据禄丰县统计局统计公报，截至2006年12月31日，全县总人口为420846人，出生5805人，出生率为12.56‰ ，死亡2373人，死亡率为6.21‰，人口自然增长3432人，自然增长率为6.35 ‰。据禄丰县人口和计划生育2006年统计年报，全县计划生育率为99.94%，综合节育率91.55% ，避孕及时率92.28%。

【优质服务】

完善了全县计划生育优质服务规范，建立了“六登门八服务”的计划生育优质服务模式。2006年，全县各级计生工作者登门服务25151人次，53202人次接受了生殖健康服务，其中：参加生殖健康培训27040人次，咨询服务7982人次，常规服务22093人次，免费接受生殖健康服务4069人次，建立健康档案4069人份；签订《知情选择协议书》5549份，签订《计划生育协议书》1552份，规范的生殖健康随访服务6748人次。

【“奖优免补”工作】

2006年，全县累计有5338户农户自愿办理了《独生子女父母光荣证》，占农业人口一孩家庭户15212户的35.09%。自实施“奖优免补”政策以来直接为农民增加现金收入475.79万元，其中：兑现一次性奖励金276.67万元；养老生活补助112.38万元；发放教育“奖学金”86.74万元；有206名农业人口独生子女享受了升学加分，其中高中升大学22名，初中升高中184名。

【流动人口计划生育工作】

一是建立健全禄丰县流动人口计划生育管理联席会议制度，调整充实了禄丰县流动人口计划生育协调领导小组。二是在流动人口较集中的社区、村委会中以行业、同乡划分成立了8个“流动人口计划生育协会小组”，建立了流动人口计划生育协会之家。三是对持有计划生育协会会员证的流动人口实行“三免”、“三送”服务。即：免费出具环情、孕情证明，免费获取计划生育避孕药具，免费享受计划生育基本项目技术服务；送政策、送健康、送避孕药具。四是向社会公开13个指定的流动人口计划生育技术服务定点机构，公开服务项目及联系电话，免费发放《致农民工的一封信》、安全套和防治艾滋病宣传材料。

【计划生育协会工作】

截至2006年12月31日，全县共有计划生育协会组织178个，其中：县级协会1个，乡（镇）协会14个，村级协会163个，流动人口协会3个，共有协会会员93892人，占全县总人口的22.33%；成立会员之家

731个，建立协会业余文艺演出队22支。各级计划生育协会组织计划生育宣传活动1565场。

【维护群众合法权益】

一是开展非农业人口独生子女保健费兑现工作。全县共兑现非农业人口独生子女保健费2905人72万元，其中：一非一农583人，城镇无业981人，下岗失业525人。二是全面清退计划生育保证金。截至2006年12月底，全县已清退15806户282.221万元，还有546户9.459万元因长期外出务工或违反政策生育未清退外，其余均已全部清退完毕。

【领导关怀】

2006年12月25日，以省人口计生委副主任为组长的调研组到县人口计生委、县计划生育服务站、广通镇计生服务所调研流动人口计划生育服务管理工作。2006年9月1日，省计划生育协会副会长郭秀华等到黑井镇、金山镇官场社区检查美国福特基金会资助的性病、艾滋病宣传教育项目进展情况，

【荣誉】

2006年1月，禄丰县人口和计划生育委员会被中共云南省委宣传部、云南省人口和计划生育委员会表彰为“2001—2005年婚育新风进万家先进集体”；2006年8月，禄丰县计划生育协会被中共楚雄州委、州人民政府表彰为“楚雄州计划生育协会工作先进集体”。

2007年

【概况】

禄丰县2007年的人口和计划生育工作，坚持以人为本，以人的全面发展为中心，以优质服务为重点，扎实开展农村独生子女“奖优免补”工作，积极探索流动人口计划生育管理服务新机制，深入推进计划生育新农村、新家庭创建活动，努力改善民生问题，经过全县各乡（镇）、各部门及广大计生干部的艰苦努力和扎实工作，全面完成了州人民政府、州人口计生委下达的各项指标任务。

【统计数据】

据禄丰县统计局统计公报，截至2007年12月31日止，全县总人口为423534人，出生5387人，出生率为12.76‰，死亡2730人，死亡率为6.47‰，人口自然增长2657人，自然增率为6.29‰。据禄丰县人口和计划生育2007年统计年报，全县计划生育率为99.83%；综合节育率90.01%，避孕及时率89.85%。

【技术服务】

一是积极开展各类计划生育宣传培训班。2007年，全县共举办生殖健康知识讲座303场次，参加人数达28377人次，以会代训1520场次，参会人数达45600人次，制作发放图文并茂的宣传册40600册、日历画3000张、VCD18套。二是深入村（社）开展生殖道感染防治服务。县计生服务站抽调6名医务骨干，组成服务小组，深入13个乡（镇）开展生殖健康检查，共有3982人接受了检查服务。三是在县城三所中学94个班级中开展“健康、快乐、成才、贡献”为主题的“人口国策与青春生殖健康进校园”活动。四是体现个性化，扎实开展“六登门八服务”。2007年，全县共登门服务29102人次，征集群众需求信息1109条，需求信息处理率达90%，群众满意率达98%。五是实施“十一五”国家科技支撑课题—宫内节育器效果对比项目。县计生服务站按质、按量完成150例宫内节育器的放置任务。

【新农村新家庭创建】

2007年7月30日，禄丰县在仁兴镇清水村委会马房村民小组全面启动计划生育“新农村新家庭”创建活动，各乡（镇）按照创建活动要求，在52个省、州、县级新农村建设示范村，结合各自实际，开展了文艺演出进村、宣传品入户；优质服务进村、避孕药具入户；科技培训进村、实用技术入户活动，共举行计划生育文艺演出45场、发放宣传品6504份、举办实用技术培训班95期、开展生殖健专题讲座64场，受益群众达12101人，为广大农村朋友

送去了科技知识、文艺演出、计划生育政策、优生优育知识和生殖健康知识。

【流动人口计划生育工作】

一是制订了《禄丰县流动人口计划生育便民维权措施》，向社会公开了12家为流动人口提供服务的服务机构和便民热线电话，并在春节和春耕生产期间开展了“两赠送”和生殖健康服务到家活动；二是在流动人口中认真开展以“关怀关爱、促进和谐”为主题的流动人口“关怀关爱”专项行动。三是在流动人口中开展“亲情化”服务。对北门社区的流动人口进行走访慰问，为55名儿童送去节日蛋糕。四是分别在流动人口集中的金山镇南门社区、广通镇广通村委会和土官镇土官水泥厂成立了三个独立式流动人口计划生育协会，按省份成立协会小组11个，发展计划生育协会会员407人。成功承办了全州流动人口计划生育协会现场会议。

【干部队伍建设】

一是针对乡（镇）机构改革和“两委”换届共有54名计生工作者变动的实际，各乡（镇）及时考察调整和充实了计生干部队伍。二是计生干部脱颖而出，在“两委”换届中共有22名计生宣传员被选为“三职”干部；人口计生系统经组织考察有2名干部被提拔为副科级领导。三是县委、县人民政府对人口计生干部队伍建设高度重视，增设了一个领导职数。四是在县委党校举办了为期两天的计划生育干部业务培训班。全县208名计划生育干部参加了培训，县人民政府在培训班上对近年来在计生战线上涌现出来的20名优秀宣传员进行了表彰奖励。

【服务机构规范化建设】

一是及时成立领导小组，制订了《计划生育服务机构形象规范化建设实施方案》。二是积极筹措资金47.1万元，对计生服务站所的科室结构、室内色彩、床单被褥、窗帘等布局进行了改造调整，增设了人性化的悄悄话室、温馨病房和功能齐全的宣教室。三是由县人口计生委统一制作更换了规范的计划生育服务所标志牌。四是举办专业技术人员培训班1期共培训39人，组织27人参加州医学学会举办的妇产科新进展培训，县计生服务站选派5名技术骨干到南京、北京、长春、楚雄州医院学习进修，乡所共有4名医务人员到县级以上医院进修。

【落实奖励优惠政策】

截至2007年12月31日，全县累计办理农业人口《独生子女父母光荣证》5933户，占全县农业人口一孩家庭15212户的39.12 %。共兑现“奖优免补”资金599.94万元，其中：兑现一次性奖励3470户，共316.8万元，发放教育奖学金7830人次（小学5614人次、初中2216人次），发放金额127.654万元；发放养老生活补助2355人次（独生子父母1065人、独生女父母1026人、无子女264人），共发放补助金155.52万元，符合升学加分330人（初中升学加分285人、高中升学加分45人）。截至2007年12月30日止，共兑现独生子女保健费5198人，兑现保健费116.2650万元。

【大事记】

2007年7月9日至12日，楚雄州流动人口计划生育管理服务现场会在禄丰县召开。2007年7月28日，联合国世界卫生组织生殖健康部官员彼得·法杨斯博士（Dr. Peter Fajans ）、美国密歇根大学露丝·西蒙斯教授（Prof. Ruth Simmons）、人口理事会菲利普·盖斯特博士（Dr. Philip Guest）及中国人口发展研究中心解振明副主任、省人口计生委生殖健康研究中心张开林教授一行，到广通镇对流动人口生殖健康方面需求服务等方面的问题进行调研。

【荣誉】

2007年2月，县人民政府副县长李静云被云南省人事厅、云南省人口和计划生育委员会表彰为2006年度人口和计划生育先进工作者； 2007年11月，李昆禄、张琼、肖琼、周淑仙、杨发菊、杨美英、晁丽、王菊芳、郑光琼、者文香、张福、杨福玉、张莲芬、张美仙、张华梅、刘忠宏、毕桂兰、高应美、高应翠、陈红仙被县人民政府表彰为优秀计划生育宣传员。

2008年

【概况】

2008年，禄丰县的人口和计划生育工作，以邓小平理论和“三个代表”重要思想为指导，坚持和落实科学发展观，紧紧围绕“稳定低生育水平，提高人口素质”这一中心任务，注重三个强化、建立三项制度、突出三大特色、夯实三项基础、落实三大惠民政策、促进了人口和计划生育工作的健康发展。

【统计数据】

据禄丰县统计局统计公报，截至2008年12月31日止，全县总人口为423787人，出生4962人，出生率为11.71‰，死亡2695人，死亡率为6.36‰，人口自然增长2267人，自然增率为5.35‰。据禄丰县人口和计划生育2008年统计年报，全县计划生育率为99.55%，综合节育率为88.26%，避孕及时率89.92%。

【注重三个强化】

一是强化责任意识。县人民政府坚持每年召开一次高规格的人口计生工作会议，与各乡（镇）签订人口和计划生育目标管理责任书，将目标管理责任制考核作为评价各级党委、政府工作实绩和领导政绩的重要内容。二是强化督促指导。县人民政府多次召开常务会议及人口和计划生育工作领导小组会议，专题研究人口计生工作，研究解决重点难点问题。三是强化考核奖励。每年邀请县委、人大、政协相关领导对考核过程进行全程监督，拨付10万元专款对责任目标完成情况进行奖励。

【完善三项机制】

一是完善《黄牌警告制度》。结合我县实际，修改完善了《禄丰县黄牌警告制度》。二是完善财政投入机制。每年都安排财政转移支付资金85万元，专项用于人口和计划生育工作。三是完善综合治理机制。及时调整充实人口和计划生育工作领导小组成员单位，建立健全禄丰县流动人口计划生育管理联席会议制度。

【开展“生育六关爱”活动】

一是关爱困难计生家庭。年内对43户计划生育困难的家庭进行走访慰问。二是关爱基层计生干部家庭。对因病、因灾造成生活困难的5名村级计划生育宣传员、17名人口计生干部家庭进行走访慰问。三是关爱老上访家庭。想方设法为计生上访老户解决生产、生活、就学等实际困难。四是关爱独生子女家庭。为独生子女免费体检3280人次，为独生子女母亲免费生殖健康检查601人。五是关爱流动人口家庭。为75名流入人口举办生殖健康培训，免费为203名流入人口孩子接种疫苗，为流入人口已婚育龄妇女免费查环、查孕、查病285人次，并组织219名流入人口参加县人民代表选举活动。六是关爱育龄妇女生殖健康。开展生殖健康讲座“五进门”（进校园门、进机关门、进企业门、进厂矿门、进社区［村委会］门）活动，广泛宣传了生殖健康知识。2008年共举办生殖健康讲座183期，共有14580人参加了培训。

【关爱禄丰“新居民”】

一是在流动人口较为聚集的地方建立11个流动人口计划生育协会小组，发展协会会员481人，举办了第一届流入人口运动会，为全省流动人口计划生育研讨会的召开提供了参观点。二是开展流动人口信息采集工作，做好信息交换。三是把好流动人口流入关，做到“四个严格”，即严格查验《婚育证明》，严格实行责任管理，严格进行登记建档，严格落实基本项目免费服务。四是把好流出人口流出关，做到“五个到位”，即已婚育龄妇女生育指标到位、节育措施到位、签订计生协议到位、婚育证明发放到位、流出人员建档到位。五是开展“关怀关爱—共渡难关”活动。为来自四川地震灾区的流动人口简化办事程序，暂缓催办婚育证明，减轻了流动已婚育龄群众的负担。截至2008年12月31日，全县共有流动人口25880人，其中：流入10089人，占38.98%，流出15791人，占61.02%。

【争创省级计划生育优质服务先进县】

一是全面推行避孕方法知情选择的“人性化”工程。二是全面实施生殖道感染防治“关爱”工程。把查环查孕的“两查”服务拓展为查环、查孕、查病、治病的“三查一治”服务。三是全面提供生殖健康“个性化”服务工程，提供面对面“六登门、八服务”的咨询及上门服务。四是全面推行计划生育村（居）民“自治”工程。五是全力打造依法行政，便民维权的“形象”工程。六是全面实施生殖健康培训的“关怀”工程，编印了5万套图文并茂的计划生育科普知识折页，有针对性地分发到育龄群众手中，育龄群众对计划生育知识的知晓率达到了96%以上。

【夯实“三项基础”】

一是夯实计生服务基础，加大基础设施建设力度。2008年，禄丰县共争取到6个国债建设项目，截至2008年12月31日，黑井中心服务所已竣工投入使用，县计划生育服务站建设项目已进入招投标阶段；和平镇、高峰乡、川街乡、土官镇中心服务所地质勘测已经结束，进入开工前的准备阶段。二是夯实台账基础。全面推行人口和计划生育统计台账改革，在全县164个村委会（社区）、89个机关单位建立健全了规范的计划生育统计台账。三是夯实档案基础。各乡（镇）按照各年度统计报表及相关文件材料进行立卷归档，建立健全乡（镇）、村两级记录本。

【落实三大惠民政策】

一是落实农村奖励扶持优惠政策。截至2008年12月31日，全县累计办理《农业人口独生子女父母光荣证》6161户，占全县农业人口一孩家庭15212户的40.5%，其中2008年1月1日至2008年12月31日共办理农业人口《独生子女父母光荣证》265户。2008年共兑现243户一次性奖励金22.7万元；兑现2563人教育奖学金66.504万元；兑现601人养老生活补助39.07万元；给予农业人口独生子女升学加分126人。二是切实解决独生子女保健费。截至2008年12月31日止，共兑现5178户独生子女保健费54.7615万元。三是全面开展出生缺陷一级预防。截至12月31日，全县共有目标人群4092人，举办师资培训3期，培训专业技术人员198人次，举办婚前培训班7期，孕前培训15期，共培训目标人群1630人次，发放出生缺陷宣传资料17332份，开展实验室筛查11对。

【大事记】

2008年8月1日，云南省人口和计划生育委员会在禄丰县石门水库举行“迎奥运，庆八一”登山运动会。2008年10月25日，以国家人口计生委副主任潘贵玉为组长，国家人口计生委财务司司长薛启谊、国家人口计生委财务司财务处处长徐永昌和国家人口计生委财务司财务处池浩淼为成员的国家人口计生委“十一五”人口发展规划中期评估督查组深入楚雄彝族自治州禄丰县，对禄丰县“十一五”人口发展规划中期评估工作进行了督查检查。

【荣誉】

2008年11月18日，勤丰镇人民政府镇长李伟被云南省人事厅、云南省人口和计划生育委员会表彰为2007年度人口和计划生育先进工作者；2008年9月，县人民政府县长陆积峰、县人口和计划生育委员会法规股股长张志坚、县计划生育服务站站长束咏兰、广通镇计划生育服务所所长尹成芬、勤丰镇计划生育服务所所长陈红梅、和平镇计划生育服务所所长张云花、金山镇北门社区计划生育宣传员杨海燕、中村乡叽啦村委会计划生育宣传员张连芬、罗川镇彩云村委会计划生育宣传员魏丽华、黑井镇黑井村委会计划生育宣传员张平、昆明铁路局广通工务段计划生育专干岳林英被楚雄州人民政府表彰为全州人口和计划生育先进个人；2008年6月，县人口和计划生育委员会副主任刘静文被州人民政府表彰为楚雄州易地扶贫搬迁工作先进个人；2008年3月，县人口和计划生育委员会主任赵莉被中共禄丰县委、县人民政府表彰为禄丰县乡风文明示范带建设先进个人；2008年9月，县人口和计划生育委员会副主任杨德琼被中共禄丰县委、县人民政府表彰为禄丰县民族团结进步先进个人。2008年9月，妥安乡人民政府、一平浪镇人民政府、碧城镇西山村委会、仁兴镇革里村委会、一平浪煤矿被楚雄州人民政府表彰为楚雄州人口和计划生育先进集体；2008年12月，禄丰县人口和计划生育委员会被中共禄丰县委表彰为妇女工作先进集体。

玉溪市人口和计划生育委员会

玉溪市

2006年

【概况】

2006年，玉溪市人口计生系统紧紧围绕"一个中心、实施四大工程、推进五项建设、抓好六项工作"的工作思路，改革创新，不断完善规范化管理，狠抓各项政策措施的落实，圆满完成了各项指标任务。人口与计划生育工作呈现出生人口继续下降，自然增长率明显降低，综合节育率稳定上升，避孕及时率逐步提高的良好态势。

【统计数据】

据计生统计报表，2006年玉溪市出生19514人，同比减少1480人，人口出生率、人口自然增长率分别为9.31‰和4.09‰，同比分别下降0.79和0.57个千分点；计划内出生人数19392人，计划生育率为99.37%，同比上升0.16个百分点；避孕及时率为81.5%；流动人口违法多生育5人，同比减少10人；全市农业人口新领取《独生子女父母光荣证》5672户。

【农业人口独生子女"奖优免补"工作取得实效】

①将"奖优免补"工作纳入日常工作计划，建立经常性的工作机制，健全监督管理制度，认真落实各级各部门对计划生育家庭的优先优惠政策；②与监察局、财政局、邮政局联合下发了《关于加强农业人口独生子女一次性奖励发放监督的通知》，对各乡镇"奖优免补"工作进行监督检查，严格办事程序，严格执行"三公开"、"三公示"、"一评议"制度；③积极推行红塔区对"奖优免补"档案实行"层级管理"的做法，提高"奖优免补"档案管理水平。至9月30日止，全市农业人口新领取《独生子女父母光荣证》5672户，符合一次性奖励的5219户，已兑现一次性奖金5219户430.965万元；符合领取养老生活补助3154人，兑现补助费206.165万元；应兑现教育"三免费"10064人（初中1970人，小学8094人）180.724万元，已全部兑现。"奖优免补"网站数据录入准确率99.8%，农业人口已领取《独生子女父母光荣证》巩固率达99.5%，新领取《独生子女父母光荣证》自愿率达100%；"奖优免补"政策知晓率达92%。

【依法行政得到进一步落实】

①进一步明确县区计生局为计生行政执法主体，完善执法程序，建立和完善行政执法责任制、错案责任追究制、行政赔偿制和评议考核制；②

严格执行"七不准"的规定，开展行政执法监督检查工作，推进计划生育政务公开、村务公开，依法规范公民的生育行为，对违法者予以及时的处罚，对历史遗留的违法生育案件，结案率达80%，当年发生的违法生育案件结案率达90%；③协调公安、法院等部门，对执行难的案件重点整治，全市年内共申请法院强制执行案件10件；④在全市618个村（居）委会开展计划生育村（居）民自治，开展率达92.65%。2006年新开展的254个村，有244个村委会达到合格村标准。

【流动人口计划生育管理进一步加强】

①进一步贯彻落实"一法三规"及《玉溪市流动人口计划生育管理实施办法》等法律法规，初步形成"社区为主、横向联系、堵疏结合、分类管理"、"双向管理"、"外来务工人员之家"和"服务为先、维权维本"的四种管理模式；②各县区建立信息交换平台，年内接收信息744次，反馈658次，信息交换平台运转正常；③举办130余人参加的玉溪市流动人口计划生育工作现场会，总结推行红塔区凤凰路办事处的流动人口计划生育"垂直图谱管理法"，红塔区、江川县、通海县和凤凰路街道办事处交流了流动人口管理成功的经验和做法。2006年底，全市纳入计生系统造册管理的流动人口有134243人，其中：流入人口106111人，流出人口28132人，流入人口共生育615人，违法生育12例，其中：违法多生育5人，比上年同期少10人，比省下达任务数少15人。

【宣传教育工作进一步创新】

①切实做好"五五"普法宣传工作，广播、电视宣传12180次，黑板报（宣传栏）5160期，宣传标语54000条，文艺演出1250次，上街宣传580次，发放宣传材料10万份；②突出建立以"育龄群众之家"为主要形式的宣传阵地建设，红塔区、澄江县、通海县、华宁县已有40%以上的村委会建立了宣传阵地，其余县已达30%以上；③与电视台合办《玉溪新闻》片尾人口计生公益广告，每周播出21次，各县区办有《人口与健康》电视专栏；与《玉溪日报》合办每月一期的《人口与健康》专栏，全年共刊出12期，新闻报道43条；与教育部门配合，开展中小学青春期性健康和预防艾滋病知识教育；与文化部门合作，开展人口和计划生育文艺宣传，组织创作人员创作出更多更好的计划生育文艺精品下发到基层文艺宣传队；④与省人口计生委宣教中心合作，拍摄《天下好事，奖优免补》专题片，宣传"奖优免补"政策给广大人民群众带来的好处；⑤认真检查和落实"奖优免补5331"工程，清理不规范的标语口号，加强对公示板的使用管理，全市按要求书写固定标语32258条，印制和发放宣传品45万份，宣传品入户率达96.2%，育龄群众政策知晓率达95.7%；⑥将婚育新风进万家活动与计划生育技术服务、生殖健康服务相结合，以服务促活动开展，如华宁县开办的"婚育文化超市"、红塔区服务站开设的"少女关怀室"等得到了各方的充分肯定。

【计划生育优质服务全面开展】

2006年9月，召开玉溪市计划生育优质服务工作会，请有关专家针对存在问题进行指导。红塔区、华宁县、通海县、澄江县申报国家、省级计划生育优质服务先进县，大营街等53个乡镇申报市计划生育优质服务先进乡镇。红塔区获全国计划生育优质服务先进县（区）称号，华宁县获省级计划生育优质服务先进县称号，大营街等48个乡镇获市政府命名的优质服务先进乡镇称号，占全市75个乡镇（街道办事处）的64%。

【考核结果】

①政府责任目标考核：一等奖：红塔区、江川县、澄江县、峨山县、新平县；二等奖：华宁县、易门县；三等奖：通海县、元江县。②委对局责任目标考核：一等奖：澄江县、红塔区、江川县；二等奖：易门县、峨山县、新平县；三等奖：华宁县、通海县、元江县。

【全市人口资源环境工作座谈会】

2006年2月22日，市委、市政府在中玉酒店召开全市人口资源环境工作座谈会。市委、市人大、市政府、市政协、市纪委有关领导及各县（区）的党政主要领导、分管领导和市级有关部门负责人出席会议。市委书记孔祥庚作了题为《坚持以科学发展观统领人口资源环境工作》的讲话，分管人口与计划生育工作的副市长陈志芬作了题为《以科学发展观为指导全面提升我市人口和计划生育工作水平》的讲话，市人口计生委主任雷毅就玉溪“十五”期间人口和计划生育工作情况和当前面临的困难和问题作汇报。

【全市人口和计划生育工作表彰会】

2006年12月15日，市委、市政府召开玉溪市人口和计划生育工作表彰会。孔祥庚、董诗强等市委、市政府、市人大、市政协、市纪委五套班子领导出席会议。孔书记作了题为《牢固树立科学发展观全面提升人口和计划生育工作整体水平》的报告，报告总结了十年来玉溪市人口和计划生育工作取得的成绩：①始终坚持各级党政一把手亲自抓、负总责和目标管理责任制，实行“黄牌警告”和“一票否决”制度，人口出生率和自然增长率由“八五”末的16.34‰和10.00‰下降到“十五”末的10.74‰和6.16‰，分别下降5.6和3.84个千分点，实现了人口计划目标；②初步建立农村利益导向机制，人口和计划生育工作有新的进展；③全面贯彻落实农业人口独生子女“奖优免补”政策，兑现各项奖励措施；④形成了有效的行政管理、技术服务和群众工作“三位一体”工作模式，为全市的经济和社会可持续发展作出了重要贡献。会上，市委、市政府对近十年来在全市人口和计划生育工作中涌现出来的50个先进集体和120个先进个人进行表彰奖励。

【关爱女孩行动】

①利用各种节日，到人口集中的乡镇村庄进行巡回宣传，发放书籍11种90450份，各级文艺队巡回专题演出297场，观众达186400人次；②在《玉溪日报》刊出“关爱女孩行动”专版，市县区电视台专题宣传报道16条，乡村广播宣传13672次，出宣传专栏343期。③组织征订《关爱女孩行动知识竞赛题库》532册，组织开展关爱女孩行动演讲和知识竞赛活动；④在市直机关中选拔3名选手参加10月25日至27日在昆明举办的全省“关爱女孩行动知识竞赛”，获优胜奖。

【计划生育技术服务】

①抓好乡镇计划生育服务所和村服务室建设，还未建的18个乡镇计划生育服务所建设已列入市委、市政府的民心工程；②加强计划生育科技管理与服务人员能力建设，12月12日至14日，在通海县举办“全市人口计生系统专业技术人员培训班”，邀请国家人口计生委、省人口计生委、市第一人民医院的有关专家授课，来自各县区的116人参加了培训；③完成《计划生育技术服务机构许可证》和《计划生育技术服务人员合格证》三年一次的校验换发工作，对新参加工作或尚无上岗证的人员进行考核发放，确保计划生育技术人员持证上岗率达100%；④对42名病残儿童和4名计划生育节育手术并发症后遗症进行医学鉴定，做好治疗和善后处理工作。

【启动出生缺陷干预试点】

新平县被列为全省25个人口出生缺陷试点县之一，坚持以乡村为基础，依托技术服务网络和乡村人口学校，宣传优生优育和“五期”保健知识，落实配套经费15万元，对目标人群免费发放叶酸片1152份。

【推广安全套预防艾滋病工程】

①玉溪市在计生系统内部举办培训班394期31041人，对外培训184期4316人，发放宣传资料333种367365份；②在各县区服务站所设置安全套固定免费发放自动领取柜和零售窗口及健康教育咨询室，新装45台自动售套机及69个防假币器；③8月29日至9月1日，省人口计生委、省卫生厅、省文化厅等相关部门组成的省人民政府推广使用安全套防治艾滋病工程督导组一行对玉溪2006年中期推广使

用安全套“防艾”工程工作进展情况进行督导，在全市910家宾馆、酒店、旅馆中抽查了三个县（区）33家宾馆酒店、旅馆和招待所，安全套摆放率达100%，问卷调查知晓率达100%，督导组对玉溪市2006年中期推广使用安全套防治艾滋病工程给予充分肯定。

【信息化建设】

①完成《玉溪人口》网站建设，组建人口计生系统业务专网，开通玉溪人口计生系统的工作邮箱，实现市、县、乡三级计算机网络联网和与省人口计生委、国家人口计生委网站的直接连通；②加强资源整合，对现有的奖励扶助信息系统、流动人口管理系统、育龄妇女信息系统和财务、药具管理等部分软件进行梳理，统一办公平台，提高管理和使用质量；③出台《玉溪市人口和计划生育系统信息工作考核管理办法》和《玉溪市人口和计划生育系统信息保密和安全工作管理办法》，规范信息化工作，明确对各级部门和工作人员的奖惩办法，探索和调研建立“玉溪人口”数据库的方法和技术手段。

【第二届“人口杯”职工运动会】

2006年1月5日至11日，玉溪市人口计生系统第二届“人口杯”职工运动会在峨山县举办。运动会共设篮球、羽毛球、8公里徒步走、双抠、象棋、拔河、4×100米接力7个项目，来自全市人口计生系统的10个代表团、70支运动队、180名运动员参加，经过7天紧张激烈的比赛，共产生10个奖项，华宁、元江、通海、江川、澄江、易门分别获得团体总分前六名。

【计划生育协会工作】

2006年，全市690个“会员之家”按照“八上墙”的要求抓好规范化建设，以狠抓“五个一”建设为主线，加强基层协会组织建设，强化组织网络优势。截至9月30日，全市有协会组织784个（其中企业流动人口协会34个），有专兼职干部789人，理事9247人，会员小组长6255人。协会业余文艺队1547支，会员21.09万人，“会员之家”690个，会员联系户224754户。665个村（居）协会中，作用发挥好的占55%，一般的占37%，较差的占8%。8月在市委、市政府支持下建立了“玉溪市计划生育帮扶基金”，落实了90万元的启动基金实施“少生快富”项目，县区协会工作经费不低于人口计生事业经费总投入的6%。各级协会在民主参与民主监督中提交书面建议意见643条，参加决策会议859次，民主参与民主监督机制得到更好的发挥。特别是企业和流动人口计生协会建设取得突破性进展，得到省计生协会的充分肯定，在9月19日至21日召开的全省计划生育协会工作会上，市计生协和澄江县凤麓镇计生协作了大会经验交流。

【荣誉】

7名县乡党政干部和人口计生工作者荣获“云南省2006年度人口和计划生育先进工作者”荣誉称号；市人口计生委张艳华、郭跃华被市委、市政府表彰为“人口和计划生育先进工作者”。

2007年

【概况】

2007年，玉溪市人口计生工作者围绕“一个中心、完善两项机制、实施三大工程、突出四个重点”的人口与计划生育工作思路，扎实工作，狠抓政策措施的落实，各项工作整体推进，出现出生人口继续下降，自然增长率明显降低，综合节育率稳定上升，避孕及时率逐步提高的良好态势。

【统计数据】

据计生统计报表，2007年，全市出生18679人，计划内出生18548人，计划生育率为99.30%；人口出生率、自然增长率分别为8.86‰和3.70‰，同比分别下降0.44和0.39个千分点；避孕及时率为80.6%；避孕药具分配执行率达100%。941户农业人口新领取了《独生子女父母光荣证》，截至2007年9月底止，全市共84929人领取了《独生子女父母光荣证》，比上年同期增加1265人，领证率为20.28%，比上年同期增加0.18个百分点。

【农业人口独生子女“奖优免补”工作稳步推进，经常性工作机制初步建立】

切实解决下岗职工及部分农业人口独生子女保健费拖欠问题。②2006年10月1日到2007年9月30日，在全市1470户领证户中，符合一次性奖励的1243户，已兑现一次性奖金1243户118.51万元；符合领取养老生活补助3402人，兑现补助费222.47万元；应兑现教育“三免费”11538人（其中初中2345人，小学9193人）208.06万元，已全部兑现。截至9月底，全市农业人口领取“独生子女父母光荣证”累计达30286户，其中1至9月新领证941户，领证自愿率达100%；农业人口一孩家庭领证率达43%。③开展“奖优免补”档案管理评比验收，27个乡（镇）获一等奖、24个乡（镇）获二等奖、24个乡（镇）获三等奖，有效促进了“奖优免补”档案管理工作的规范化、制度化和科学化

【计划生育优质服务全面开展】

2007年，全市按照“先试点，后推进，由点到线，由线到面”的工作思路，坚持“成熟一个，创建一个，巩固一个，提高一个”的原则，开展计划生育优质服务工作。江川、易门、新平、元江进行优质服务先进县的达标创建活动，有18个乡镇申报达市级优质服务先进乡镇，占全市75个乡（镇）、街道办事处的88%。

【计划生育法制工作进一步规范】

①成立了玉溪市人口和计划生育委员会全面推进依法行政工作领导小组，设立法制机构，配备专、兼职人员，定期召开会议研究解决计划生育法制建设工作；②开展《中华人民共和国人口与计划生育法》实施五周年纪念活动，组织参加国家人口计生委在全国开展的《人口与计划生育法》实施五周年征文暨第三届人口和计划生育法制征文活动，全市报送优秀论文14篇；③做好“五五”普法工作，通过广播电视、粘贴标语、发放宣传材料、文艺演出等形式开展宣传教育活动，为依法行政营造了良好的社会氛围；④开展“法律六进”活动，成立领导小组，制订实施方案，做到宣传对象不留死角，宣传到户到人；⑤进一步明确县区计生局为计生行政执法主体，统一处罚额度，协调公安、法院等部门，对执行难的案件重点整治，全年全市共查处违法生育案件151件，其中：行政处罚117件，社会抚养费征收34件，申请法院强制执行10件；⑥加大行政执法监督检查，认真执行《玉溪市计划生育行政执法责任制》和《玉溪市计划生育行政执法监督检查制度》等5个制度，将行政执法行为考核结果与评先选优挂钩，与年终目标管理考核挂钩，杜绝行政执法过程中的违纪违法以及侵害群众合法权益的行为发生。全系统共办理信访接待3934件，答复落实3886件，落实率98.01%。

【计划生育基层基础建设进一步得到加强】

①按照国家人口计生委宣传教育“5331”工程的要求，抓好计划生育宣传阵地的建设；②各县区对基层统计台账进行清理清查，进一步规范了统计台账的管理和运行，坚持统计数据报送审核制度和季度统计数据评估分析制度，提高统计数据的准确性；③加强村、组计划生育宣传员、信息员队伍建设，所有村级均配齐宣传员，落实报酬，组信息员除江川、通海未配齐外其余县区全部配齐，并按市、县区各承担50%的比例，提高组信息员报酬，使组信息员报酬每人每月增加到20元，所需经费列入市、县区财政预算，明确工作职责，加强管理，基层队伍进一步得到稳固。

【流动人口计划生育管理与服务有新起色】

①认真贯彻落实市政府出台的《玉溪市流动人口计划生育管理实施办法》，充分发挥相关部门在流动人口计划生育管理中的作用，使之形成政府领导，部门协调，齐抓共管的工作格局；②利用已建立的流动人口计划生育信息交换平台，健全完善流动人口计划生育管理档案，加强流动人口计划生育信息的交流与反馈，做到底子清、情况明；③开展流动人口管理和服务试点工作，各县区成立试点工

作领导小组，确定试点乡镇，制订实施意见、工作流程，围绕宣传、培训、管理、服务、建立协会和流动人口信息管理交换平台的运用等六个方面开展工作；④把流动人口纳入常住人口同管理、同服务，落实免费享受的计划生育服务项目，全年共为流动人口提供免费技术服务17954人次，其中发放避孕药具3053人次，查环查孕8877例，落实“四术”4812例；⑤两次在全市开展宣传工作，发放宣传品75万余份、免费发放避孕套62件、乐乐醚4件，调查问卷3万余份，常规B超检查1.34万人次，测量血压2.31万人次，科普知识讲座27次，使受益流动人口的覆盖面达流动人口总数的60%以上。

【宣传教育工作有创新】

①突出建立以“育龄群众之家”、“计生协会会员之家”为主要形式的宣传阵地建设；②借鉴华宁县婚育文化超市的成功经验，在红塔区3个大型超市进行试点，把婚育文化超市直接打入大型商品超市；③将“婚育新风进万家活动”与计划生育技术服务、生殖健康服务结合起来，与建设社会主义新农村结合起来，与卫生局、妇联联合在全市农村组织开展关爱妇女健康科普宣传和生殖健康普查工作，把全省在通海县者湾村新农村建设中开展的“生殖健康促进示范村”研究项目试点经验推广到全市各县区，以服务促活动开展；④组织全市计生干部参加玉溪市人口计生系统新农村建设论文征集活动，收到征文49篇，报省人口计生委参评20篇；⑤把中央《决定》、婚育新风、关爱女孩行动知识、人口计生法律法规等有关内容印在围腰、茶杯、烟灰缸、餐巾纸等生活用品上，发给广大群众；⑥推荐红塔区北城镇北城居委会主任王秀珍参加全国“中华女性德艺风采”评选。

【考核结果】

①政府责任目标考核：一等奖：红塔区、澄江县、峨山县、新平县；二等奖：江川县、华宁县、易门县；三等奖：元江县、通海县。②委对局责任目标考核：一等奖：红塔区、澄江县、峨山县；二等奖：华宁县、新平县、易门县、江川县；三等奖：元江县、通海县。

【全市人口和计划生育工作座谈会】

2007年8月30日，召开全市人口和计划生育工作座谈会。各县区分管领导作工作情况汇报，市人口计生委主任雷毅通报全市人口和计划生育工作情况，传达全省人口和计划生育形势分析会议精神，副市长陈志芬作重要讲话，要求各级要以《决定》精神统领全局，进一步增强新形势下做好人口计生工作的责任感和紧迫感，真抓实干，创新工作思路和方法，推进人口和计划生育工作上新台阶。市政府副秘书长杨丽芬对2006年度人口和计划生育责任目标考核结果进行通报。

【出生缺陷干预取得初步成效】

2007年，玉溪市坚持以点带面，逐步推进出生缺陷干预工程的实施。在总结省级试点新平县出生缺陷干预工作经验的基础上，各县区逐步开展前期准备和服务工作，把出生缺陷干预贯穿于婚前、孕前、孕期、产前、产后全过程；充分利用县区、乡、村人口学校和服务站所宣教室大力开展优生优育和生殖健康知识培训，利用现有设备资源开展产前筛查、优生监测。新平县对1350对目标人群进行一级干预，推广使用“福施福、斯利安、叶酸”等预防神经管畸形的药物，免费发放“叶酸”1350人份，非免费推广使用“福施福、叶酸”等400人份，随访301人，在出生的92人中未发现异常。

【计划生育技术服务】

①按照“先试点、后推进、由点到线、由线到面”的工作思路，坚持“成熟一个，创建一个，巩固一个，提高一个”的原则，加强基层计划生育服务站所规范化建设；②针对基层科技管理、技术服务的薄弱环节，选送县、乡服务站所16名技术人员到省、市、县级以上医院进修学习，补助基层进修经费2.52万元；③对45名病残儿进行医学鉴定，其中：符合再生育的有38人，对7人进行计划生育手术并发症医学鉴定，其中：符合并发症的5人。

【药具工作成效明显】

①市财政拨专项经费5万元，由市药具站统一购进自动售套机所需的安全套，保证公共场所的需要，使宾馆、酒店等娱乐场所安全套摆放率达100%；②为省级出生缺陷干预工程试点县新平县持证生育的1350人免费发放“叶酸”片8100盒，并跟踪随访；③在各县区大力提倡和推广口服“叶酸、福施福、福格森”和开展孕前监测、B超检查；④协同市食品药品监督管理局定期不定期开展计划生育药具清理清查，与四部门联合出台《玉溪市计划生育药具社会营销管理工作实施意见》，进一步规范计划生育药具市场；⑤配合省药具站在玉溪举行三个州市、县级计划生育药具管理人员业务培训班，所有参训人员经考试全部合格；⑥组织对八县一区2005~2006年度深化计划生育药具工作改革专项考核，对考核结果获一等奖的三个县区、二等奖的六个县进行奖励。

【第三届“人口杯”职工运动会】

2007年12月25~29日，玉溪市人口计生系统第三届“人口杯”职工运动会在新平县举办。运动会设篮球、双抠、拔河、4×100米接力赛四个团体项目。来自全市人口计生系统的10个代表团、40支运动队、180多名运动员参加。经过5天紧张激烈的比赛，新平县、元江县、澄江县、江川县、红塔区分别获得团体总分前五名。

【计划生育协会工作】

2007年，各级计生协会充分发挥民主参与、民主监督的职能作用，参与《计划生育村（居）民自治章程》、《协议书》及计划生育村规民约的修改完善工作，坚持事前参与、事中监督、事后评议，反映群众需求，监督服务承诺的落实，维护群众的合法权益。截至2007年9月底，全市协会组织共798个，其中企业及流动人口协会48个，会员21.5万人，“会员之家”713个，会员联系户185551户。

【全市基层计划生育协会工作现场会暨表彰会】

2007年11月28~30日，玉溪市基层计划生育协会工作现场会暨表彰会在华宁县召开。各县区政府分管领导、计生协会长、秘书长、市计生协常务理事、75个乡镇秘书长和市人口计生委科以上干部共170余人参加了会议。会上，省计生协专职副会长郭秀华、市政府副市长陈志芬、市计生协会会长施以宽、市人口计生委主任、常务副会长雷毅作讲话。会议回顾总结了近两年全市计划生育协会工作，提出今后协会工作建议，推广学习华宁县委、政府重视基层计划生育协会工作的成功经验和做法，对近两年来在基层协会工作中涌现出来的40个先进集体和70名先进个人进行表彰。

【全省人口计生系统统计人员培训】

2007年8月30日，为期三天的全省人口计生系统统计人员培训班在玉溪市举办。在开班仪式上，副市长陈志芬致欢迎辞，省人口计生委副主任李善荣通报了全省人口计生信息化建设取得的成效，安排部署了下一步全省人口计生信息化建设工作；授课教师就人口预测规划、区划代码信息管理系统、计算机网络基础知识等作了讲授。全省16个州市计生系统的统计员、网络管理员共179人参加了培训。此次培训班，是省人口计生委直接培训到县级人口计生系统统计员、网络管理员的一次大规模的培训。

【荣誉】

玉溪市人口计生委获市委表彰的“党风廉政建设先进单位、行政效能建设先进单位”称号。7名县乡党政干部和人口计生工作者荣获“云南省2007年度人口和计划生育先进工作者”荣誉称号，

2008年

【概况】

2008年，玉溪市人口计生系统按照“围绕一个中心、突出两个重点、巩固三项成果、抓好五项工作”的工作思路，人口与计划生育工作呈现出“一降低、两突破、三成功、四规范”的良好态势。华宁县于10月代表我省被抽中的3个县之一接受国家人口

计生委的综合考评，得到了考评组的高度评价。

【统计数据】

据计生年报统计，2008年年末总人口2133281人，全年出生22283人，人口出生率10.48‰，人口自然增长率5.10‰，符合政策生育率99.18%，流动人口违法多生育4人，优选节育率84.09%，避孕及时率81.6%，生育证发放程序合格率达100%。全市89136人领取了《独生子女父母光荣证》，农业人口家庭累计领取《独生子女父母光荣证》30642户，其中当年新领证836户，领证率为21.07%，比上年同期增加0.66个百分点。

【计划生育优质服务有新突破】

华宁县继峨山县、红塔区之后，荣获全国计划生育优质服务先进单位称号，江川县、易门县获省级计划生育优质服务先进单位称号，通海县、澄江县、新平县、元江县获省级计划生育优质服务达标单位称号，71个乡镇获市级计划生育优质服务先进单位称号，占全市75个乡（镇、办事处）的94.67%。玉溪市计划生育优质服务在云南省乃至更大范围实现了第一个把计划生育优质服务先进单位创建活动设计成社会建设项目来实施的地区，第一个由地级市人民政府全面推进计划生育优质服务先进单位创建活动的地区，第一个由政府部门和科研机构在计划生育优质服务先进单位创建活动中展开合作的地区。

【村（居）民自治进一步巩固】

玉溪市各级坚持以“一法两条例”和《村民委员会组织法》为依据，以“县指导、乡负责、村为主、组配合、户落实”为原则，初步形成了“自我教育、自我管理、自我服务、自我监督”的自治机制，开展计划生育村（居）民自治工作并通过市级验收合格的村（居）573个，开展率达84.88%。

【流动人口计划生育管理与服务进一步规范】

①继续落实将流动人口纳入流入地人口总数，实行以流入地为主的目标管理双向考核，在16个试点乡镇的基础上，新增试点20个，投资14万元，扩点新建60个乡（镇、街道）信息平台；②加强协管员队伍建设，积极协调争取市财政增加流动人口管理经费15万元，使流动人口计划生育协管员工资由原来的每月600元增加到1000元，组织全市100名流动人口计划生育协管员考试，成绩合格者换发工作证，发放补助金；③继续给每个试点下拨5000元工作经费、争取县乡配套经费10000元，扩大范围，巩固成果，规范服务管理标准；④在春节和四川汶川大地震期间，组织指导各县（区）开展流动人口（灾区流入家庭）计划生育“关怀关爱”行动，免费送生殖健康知识、送药具上门；⑤按照市维稳综治委成员单位和市农民工工作联席会议责任单位要求，对照职责做好流动人口（农民工）相关工作，把全市流动人口计划生育工作融入全国“一盘棋”格局中。全市登记在册的流动人口143216人，其中：流入人口111074人，流出人口32142人，对流入人口累计查验婚育证明82064次，为流出人口累计办证17255本，对流动人口进行免费技术服务5116人，绘制图谱管理板189块（其中：乡级36块、村级153块）；签订管理合同12579份，共发现违法生育案件62起，已成功制止；对流动人口的宣传面达95%以上。

【宣传教育成效显著】

①投入 22 万元宣传教育费，与新闻媒体签订协议，宣传人口计生工作及法律法规；②对市县乡村计生干部培训12期，参训人员达2274人次；③组织订阅《中国人口报》、《人口与计划生育》杂志，印发人口计生法律法规、优生优育、出生缺陷干预、生殖健康等宣传材料，宣传品入户率达95.1%，计生知识群众知晓率达96.8%；④在全市八县一区75个乡镇664个村（居）民委员会中清理规范更新标语1万余条；⑤在客流量较大的国际连锁店“沃尔玛”、“百信”等超市及社区设置人口婚育文化知识宣传自助架，摆放有人口政策、婚、孕、育知识读本、五期保健手册、艾滋病防治知识、服务承诺以及安全套等宣传资料及计生用品，建立新型生育文化宣传阵地。

【行政执法进一步规范】

按照《关于认真贯彻落实玉溪市行政执法责任追究办法的通知》要求，建章立制，规范管理，深入推行行政执法责任制，全面实行计划生育政务公开、村务公开，规范计划生育行政许可审批工作，开展行政复议应诉和信访工作。一年来，全市共查处违法生育案件151件，申请法院强制执行10件，申请行政复议1件。委机关全年共接待群众来信来访29件，结案率100%。全系统共办理信访接待11556件，答复并落实了11439件，落实率达98.99%。

【基层基础工作进一步加强】

①对红塔区、峨山县、江川县计生服务站和江城镇计生服务所国债资金建设项目实行规范化建设，把人口和计划生育工作纳入计算机信息化管理，实现了市、县、乡三级联网；②加强队伍建设，加快队伍职业化进程，对村宣传员和组信息员，在落实待遇的同时，明确其工作职责，制订有效的考评奖惩机制，充分发挥了村、组的网底作用。

【考核结果】

①政府责任目标考核：一等奖：红塔区、峨山县、澄江县、华宁县、新平县；二等奖：江川县、易门县、通海县；三等奖：元江县。②委对局责任目标考核：一等奖：红塔区、澄江县、峨山县、新平县；二等奖：江川县、华宁县、通海县、易门县；三等奖：元江县。

【全市人口和计划工作座谈会】

2008年4月11日，市政府在新平县召开全市2008年人口和计划生育工作暨出生缺陷一级预防工作启动会议。会上，陈副市长作重要讲话，雷毅主任作工作报告。新平县人民政府对计生服务站所改革和出生缺陷干预项目工作进行了交流发言，杨副秘书长通报了2007年度人口和计划生育责任目标考核结果，市政府与各县区政府签订了2008年度目标管理责任书，市人口计生委与各县区人口计生局签订了2008年度目标管理责任书，与会人员参观了新平县出生缺陷一级预防工作和服务站所一体化管理改革现场。

【计划生育技术服务】

①集中红塔区、峨山、元江三县区服务站站长和有关人员讨论了《综合服务证》的填写规范；②完成36人的病残儿和计划生育手术并发症医学鉴定工作，其中：病残儿鉴定31人，符合生育28人，不符合生育3人，手术并发症鉴定4人，符合条件4人，申请省级鉴定1人；③ 2008年，华宁县被推荐为全国避孕药具不良反应监测试点县，已监测到56例。

【县乡服务站所一体化管理改革稳步推进】

县乡服务站所“一体化”管理改革在通海县、新平县取得成效的基础上，各县区根据实际，初步制订了实施方案，稳步推进。

【出生缺陷一级预防全面启动】

在新平县为省级试点县，红塔区、澄江县为重点县的基础上，市人口计生委要求其余6县区按重点县的要求，围绕“宣传倡导、健康促进、优生咨询、高危人群指导、孕前实验室筛查、营养素补充”等六方面的内容开展工作。市、县（区）财政投入188万元专项资金用于工作经费和设备购置补助。通过基线调查，全市共有目标人群13523对夫妇，婚前培训12153人次，发放宣传品147471份，叶酸片27168瓶。新平县孕前检查率达78.63%，比省下达任务数高18.63%，红塔区、澄江县分别达41.85%和31.93%，分别比省下达任务数高11.85%和1.93%，其余6县均达32%以上，出生缺陷一级预防全面启动。

【推广使用安全套防治艾滋病】

①调整充实了推广使用安全套防治艾滋病工程工作组及办事员，强化了与卫生、公安、工商、文化、食品药品监督等部门联系，做到协调配合，相互支持，共同推动，把督查、检查和考核情况纳入市人口计生委年终工作考核的内容之一，分别于7月和12月，组成督查组和考核组，星级宾馆、普通旅馆和娱乐服务场所安全套摆放率达100%；②组织

内部培训516期18056人，对外培训279期31138人，使高危人群艾滋病预防知识知晓率达98%以上；③投入15万元，在八县一区中心城区人口较集中的地段、星级宾馆共安装安全套自动售套机240台，安装防假币器69台。全年共免费发放安全套454万多只，社会营销（含售套机）10万多只，对艾滋病感染者、艾滋病病人、性病病人共1517人免费提供安全套7.6万多只。

【协会工作进一步提升】

玉溪市各级计生协会把2008年确定为“会员小组建设年”，狠抓“五个一”建设。市计生协协调经费30万元纳入财政预算，县区落实协会工作经费3万元，建立县区指导乡、乡督促村、村推动组、组带动会员的“五级联动”、“设岗定责”的工作机制。截至12月，全市协会组织共802个，其中企业及流动人口协会52个（流动人口协会24个，企业协会28个）。“会员之家”740个，会员小组6917个，会员21.5万人，会员联系户195589户，协会文艺宣传队1526支。在665个村（居）协会中好的占55%，一般的占37%，差的占8%。在2006年8月拨款90万元建立“玉溪市计划生育基金”的基础上，于2007年1月启动实施计划生育“少生快富”帮扶项目，每个项目周期为两年。目前，投入项目资金100万元（含省计生协10万元）在94个点对150户农村独生子女和100户双女家庭实施关怀帮扶。

【全省计划生育协会工作会议】

2008年11月13至14日，全省计划生育协会工作会在玉溪市召开。原省人大常委会主任、省计生协会长李桂英，省政府副省长高峰，省人口计生委主任郝青山，市委、市人民政府的主要领导以及全省16个州市计划生育协会会长、理事共计100余人出席了会议。会上，李桂英会长、高峰副省长、郝青山主任作了重要讲话，表彰了53个计划生育协会工作先进集体和20个先进工作者、65个先进志愿者。会议还组织全体参会人员现场参观了玉溪市红塔区李棋镇下赫村委会的协会活动基地和大营街玻璃厂计划生育协会流动人口会员之家，观看了红塔区基层协会业余文艺队的演出。

【云南省“十一五”人口发展规划和事业发展中期评估暨人口形势分析会】

2008年8月21日，为期两天的全省“十一五”人口发展规划和事业发展中期评估暨人口形势分析会在风景秀丽的澄江县禄充风景区举行。省人口计生委主任郝青山、副主任李善荣、委机关各处室负责人，玉溪市人民政府副市长陈志芬、澄江县委、县政府领导，市人口计生委主任、副主任以及来自全省16个州市计生系统的领导、统计员100余人参加了会议。玉溪市、昆明市、曲靖市、大理州、楚雄州汇报了上半年人口形势，与会人员还就全省的人口形势及今后的工作作了充分的讨论。

【政风行风评议】

2008年7月至10月，根据省人口计生委和市政府纠风办的安排，在全市人口计生系统开展了政风行风评议工作。通过市政府纠风办组织考核，玉溪市人口计生委、红塔区人口计生局、澄江县人口计生局、华宁县人口计生局、易门县人口计生局、峨山县人口计生局获市政府表彰。

【市政协视察】

2008年11月中旬，市政协钱开祯副主席率视察组，对玉溪市执行农业人口计划生育“奖优免补”工作进行了专题视察。视察组一行在听取了市人口计生委党组书记、主任雷毅的专题汇报后，深入到通海县河西镇、江川县大街镇、元江县咪哩乡进村入户，到独生子女家庭和计划生育奖励扶助对象家中了解情况，同育龄妇女亲切交谈，详细询问了农村计划生育工作情况，面对面倾听基层群众的需求。通过视察，视察组对今后的人口和计划生育工作提出了八个方面的建议。

【新农村建设联系点工作】

2008年，市人口计生委紧紧围绕市委市政府提出的全面落实科学发展观和新农村建设发展思路，积极为新农村建设联系点新平县扬武镇大开门村委会献计出力，市人口计生委被市委市政府评为先进派出单位，派出指导员被评为先进指导员。

【荣誉】

省政府对市政府、省人口计生委对市人口计生委的责任目标考核连续7年荣获一等奖，市委书记孔祥庚荣获“云南省第二届人口奖”荣誉称号，7名县乡党政干部和人口计生工作者荣获“云南省2008年度人口和计划生育先进工作者”荣誉称号，市政府对我委行政效能、“四项制度”、社会治安综合治理考核荣获一等奖。

红塔区

2006年

【统计数据】

根据2006年1月至12月人口计划生育统计报表显示，全区总人口406484人，已婚育龄妇女79055人，年内出生人口3856人，与上年同期相比少出生150人，出生率9.53‰，与上年同比下降0.51‰；自然增长率4.64‰，与上年同比下降0.39‰；在出生的3856人中，男性1958人，女性1898人，出生婴儿性别比为103∶100（女性为100）。一孩出生2298人，一孩率为59.595%，比上年同期增加1.53%，二孩出生1547人，二孩率为40.12%，比上年同期减少1.44%，多孩出生11人，多孩率0.29%，比上年同期减0.09%。计划生育率99.92%。

【节育措施】

2006年末，红塔区已婚育龄妇女人数为79055人，已落实各种措施人数71451人，比上年同期增加753人，节育率为90.38%；采取结扎与放环措施的人数为66040人，比上年同期增加446人，三术率为83.54%。

【出生率】

2006年，报表显示：红塔区总人口为406484人，出生人口3856人，出生率为9.53‰，同比少生150人，下降0.51个千分点，自然增长人口为1877人，自然增长率4.64‰，同比下降了0.39个千分点。

【领取《独生子女父母光荣证》情况】

红塔区有农业人口一孩家庭户11275户，领取父母光荣证有5395户，领证率达47.84%。2005年10月1日至2006年9月31日，农业人口独生子女年龄在0—14周岁领取《独生子女父母光荣证》872户。

2007年

【统计数据】

2007年，红塔区总人口411813人，已婚育龄妇女80241人，年内出生人口3868人，出生率9.45‰，与上年同比下降0.07‰；自然增长率4.17‰，与上年同比下降0.46‰；在出生的3868人中，男性1977人，女性1891人，出生婴儿性别比为100∶105（女性为100）。计划生育率99.95%。

【节育措施】

2007年末，红塔区已婚育龄妇女人数为80241人，已落实各种措施人数72617人，比上年同期增加1166人，节育率为90.50%，比上年同期增0.12%；采取结扎与放环措施的人数为67173人，比上年同期增加1133人，三术率为83.71%。

【领取“独生子女父母光荣证”情况】

红塔区有农业人口一孩家庭户12944户，领取父母光荣证有5563户，领证率为43.8%，自愿率达100%，巩固率达99.28%。

【奖优免补】

区委、区政府把“奖优免补”工作纳入对乡镇、街道办事处党委、政府的目标考核中，列入重要议事日程，召开了专题会议，安排部署“奖优免补”工作，提出要以行政推动、经济保证、责任到人来确保任务的完成。一是采取各种形式继续加大宣传力度，引导群众自愿领取《独生子女父母光荣证》。二是继续落实经济奖励措施，鼓励群众申办《独生子女父母光荣证》。三是继续落实党政领导分片包干乡（镇）、街道办事处，各乡（镇）、街道办事处均实行领导包组、组干部包户的责任制，确保“奖优免补”工作的完成。四是认真做好“奖优免补”相关资料的收集、整理、立卷归档工作，不断强化内部管理，确保档案的完整和安全，保障了“奖优免补”工作高效有序的运行，充分发挥“奖优免补”档案工作的积极作用，在2007年的考核验收中获得了全市一等奖，成为全市此项工作的示范点。

【继续深入开展优质服务工作】

红塔区以“亲民、为民、便民、富民”为宗旨，以满足广大育龄群众日益增长的服务需求为标准，以强化优质的技术服务为重点，以婚育新风进万家和“三位一体”（宣传教育+村民自治+综合服务）为载体，按照“规范管理、提高质量、推进改革、促进转变”的工作方针和“依法管理、村民自治、优质服务、政策推动、综合治理”的工作管理机制，继续推进和落实“三进五送八服务”的优质服务工作思路，不断更新服务理念，增强服务意识，提升服务质量，朝着“依法管理、村民自治、优质服务、政策推动、综合治理”的方向发展。

在优质服务工作中，加强阵地建设。贯彻国务院《计划生育技术服务管理条例》，围绕“创新服务机制、调整网络布局、增强服务功能、提升服务水平”的要求，加强区、镇、村三级计划生育服务机构的软硬件建设。依法办理《计划生育技术服务机构执业许可证》和《医疗机构执业许可证》，对服务站（所）的执业资格进行评审，对技术服务人员资格按上岗标准进行审核认定。同时，加强计划生育服务站（所）的科普宣传工作，营造文明、温馨的环境。

不断拓宽服务领域，红塔区计生服务站制订出适合青少年生殖健康服务方案，开设了“少女关怀室”，为到服务站就诊、咨询的少女提供全面的避孕方法指导、生殖健康知识等咨询服务，实行“减免费用、定期约诊、提供药具”等人性化服务。

【社会主义新农村建设工作】

红塔区积极探索基层统筹解决人口问题新机制，以“云南第一村”大营街镇大营街居委会，“民营企业村”北城镇莲池村、李棋镇下赫村为龙头，建立“一条龙”服务机制，把计生优质服务拓展到新农村建设中，把服务对象由育龄群众拓展到老人、儿童等人群，把服务内容由生育服务拓展到生育、生产、生活全程服务，指导基层协会开展了“四个带动”活动，即：以生育文明带动乡风文明；以少生快富带动经济发展和生活宽裕；以爱家护村带动村容整洁；以民主参与监督带动管理民主。在会员中广泛开展“争做新农民”活动，提出了“四有四新”的新农民标准，即“有一门致富技术，树立少生快富的新观念；有一套治家方略，家庭和谐呈现新气象；有一个正确的荣辱观，道德修养得到新提高；有一种奉献精神，为协会发展作出新贡献”。

红塔区以社会主义新农村建设工作为契机，出台农业人口独生子女家庭享受“新农合”优待政策。农业人口独生子女及其父母凭区计生局核发的“独生子女家庭新型农村合作医疗优待证”可以享受“新农合”的优待政策。即：从2008年1月1日起，农村户口独生子女及其父母可享受三项优惠：一是由区、乡镇（街道）财政各承担50%，资助解决每人10元的参合费；二是在红塔区新型农村合作医疗定点医疗机构住院治疗，起付线为“零”；三是到定点医疗机构住院治疗，住院医药费报销比例分别提高3%。全区可享受“新农合”优待政策的农业人口独生子女家庭5558户，14532人，仅参合费一项就投入经费14.532万元。

【村（居）民自治、协会工作】

红塔区有81个村（居）委会，876个村（居）民小组，全区计划生育协会现有组织102个，81个村（居）委会经验收，全部达到计划生育村民自治合格村标准。

红塔区计生协严格按照“组织健全、活动经常、搞好服务、形成风尚”的要求，以开展“生育关怀行动”为契机，牢固树立“想服务、会服务、能服务”的理念，拓展服务领域、创新宣传方式：一是自主开发宣传品；二是制作电视公益宣传画，拓宽宣传视角；三是生育文化进超市；四是设立人口文化图书角。

在做好基础工作的同时，继续巩固“推套防

艾”项目成果。红塔区是中国计生协第二批“防艾”项目拓展点、美国福特基金资助“防艾”健康教育项目点。按照“4-5-5-4”实施策略，通过“防艾”健康教育项目的实施，广大群众“防艾”科普知识知晓率达98%。2007年6月18日至21日，省计生协会代表国家计生协和美国福特基金会到红塔区进行“项目”评估验收，各项工作指标均为优秀，得到评估组的高度评价。“项目”的实施，拓宽了工作视野，促进了计划生育工作的开展。

【流动人口管理】

红塔区流动人口有8万余人，占总人口的19.5%，已纳入造册登记的33139人，其中：流入人员31167人，占94%，已婚育龄人口18123人；流出人员1972人，占6%。

结合红塔区实际，制订了《红塔区流动人口计划生育管理与服务试点工作方案》，建立流动人口计划生育信息数据准确及时采集、录入制度，今年共录入1万余人。并层层落实责任制，签订责任书。并在总结“垂直图谱管理”、“外来务工人员之家”、“双向管理”经验的基础上，创新了三种管理模式，一是在中卫批发市场、维和制药厂、大营街水泥厂建立了“流动人口计划生育服务室”，免费为其提供计生政策法规、优生优育等知识咨询及定期约诊服务，每季度开展一次三查。二是在流动人口相对集中的沃尔玛超市、电力公司等大型企业开展计划生育知识讲座，主动把宣传、知识、服务、药具送上门，满足了企业对计划生育服务的需求。三是进一步完善了“双向管理”工作制度，目前红塔区与省外10县（区）、省内8县（区）、市属8县签订了双向管理协议书。四是针对当前青春期少女意外怀孕的现象，开展“计生知识进校园”活动，签订“流出学生管理服务协约书”，目前已为150余名学生举办青春期知识教育及计生政策法规讲座一期，得到了广大师生好评。

2008年

【统计数据】

2008年，红塔区总人口410822人，已婚育龄妇女80846人，年内出生人口3922人，出生率9.58‰；自然增长率4.38‰；在出生的3922人中，男性2015人，女性1907人，出生婴儿性别比为106∶100（女性为100）。一孩出生2476人，二孩出生1433人，多孩出生13人。计划生育率99.9%。分孩次计划生育率：一孩100%，二孩99.79%，多孩92.31%。

【节育措施】

2008年末，红塔区已婚育龄妇女人数80846人，已落实各种措施人数72906人，比上年同期增加645人，优选节育率为90.18%，超出目标要求0.09个百分点；采取结扎与放环措施的人数为67442人，比上年同期增加789人，三术率为83.42%，采取针药及药具避孕人数为5464人，避孕及时率达86.43%。

【奖优免补】

红塔区2008年农业人口领取父母光荣证有240户，录入网站678人，资格认定准确率达100%，信息录入准确率达100%。“奖优免补”档案合格率达100%。

主要做法：一是继续深入宣传“奖优免补”政策，提高广大人民群众自觉参与的主动性和提高政策知晓率；二是认真落实对农业人口独生子女家庭的各项奖励优惠政策，提高农业人口办理《独生子女父母光荣证》的巩固率；三是加强对“奖优免补”工作的监督检查，确保各项奖励政策的及时兑现。

【计划生育特别家庭扶助】

计划生育特别家庭扶助实施以来共审核181人，其中伤残58人，死亡123人，信息录入率达100%。

【巩固“全国计生优质服务先进区”成果】

红塔区以“三进五送八服务”为工作主线，以满足育龄群众的需求和提高服务质量为工作目标，以送生殖健康服务为有效载体。一是完善了“少女关怀室”的服务制度和设备，为未婚先孕的少女提供心理咨询和生殖健康保健服务、免费提供避孕药具等；二是让外来务工人员同享优质服务，会同建设局等有关部门开展了两次“关爱建设者，服务进工地”活动，共为800多名外来务工人员提供了免费“三查”和健康体检，为外来务工人员开展生殖健康服务和宣传工作。三是深入推进“出生缺陷干预、推套防艾和关爱女孩”三大工程，不断拓展服务领域，在育龄妇女中大力推广叶酸、福施福的使用，同时，积极参加国家计生委十一·五攻关课题研究，并初见成效。

【巩固防“艾项”目成果】

全面巩固计生协会艾滋病防治中英合作项目、艾滋病综合防治示范区、预防艾滋病拓展点美国福特基金资助项目等三个项目的成果。采取区、乡、村、组、户五级联动的工作方式，广泛宣传艾滋病防治知识，拨出1万元专款制作了宣传单、挂历等宣传品，增强了宣传效果。省级计生协专家组对红塔区预防性病艾滋病健康教育项目进行了评估，对红塔区的预防性病、艾滋病工作给予了高度的评价。

【出生缺陷一级预防】

红塔区于2008年6月全面启动出生缺陷一级预防工作。实行政府领导、多部门配合、群众参与，投入41万元，实施“三级”培训。截至9月底，由区计生局及服务站对区、乡、村、组四级计生干部进行了1180人次的培训；对4496人开展了出生缺陷一级预防进行了讲解。确定目标人群为2248对，进行出生缺陷预防检查991对，完成率达38.34%。对符合生育条件的服务对象登记造册，按药具发放程序进行免费发放，实行叶酸增补。共发放“预防出生缺陷服务指南”、“预防出生缺陷须知”等各种宣传品5万余份。

【社会主义新农村建设工作】

红塔区以建设社会主义新农村为契机，按照“先行试点、总结经验、分步实施、整体推进”的工作思路，围绕“倡导新风尚、培育新型农民、争创新家庭、建设新农村”这一主题，按照省市计划生育“新农村、新家庭”创建标准，确定了两个示范村，“四新”创建工作取得了进展。

【协会工作】

以建设社会主义新农村为契机，围绕“倡导新风尚、培育新型农民、争创新家庭、建设新农村”这一主题，建立了区指导乡、乡督促村、村推动组、组带领协会会员的“五级联动”工作机制，在三个试点村（居）取得的经验的基础上，开展“设岗定责”活动，基层计生干部和协会会员根据各自的能力和特长选任一个岗位，及时为群众服务，充分调动无职会员的积极性，增强了他们的光荣感和使命感。

按照省、市计生“生育关怀”的有关要求，由协会向上级协会争取10万元帮扶基金，在北城镇梅园村建立了计划生育协会帮扶“八角基地”，在洛河乡、小石桥乡实施种、养殖项目，帮助10户计生困难户脱贫致富。

【依法行政工作】

红塔区各级计生部门，按照“权责统一、公开透明、行为规范、高效便民”的依法管理机制，在查处计生案件中，严格做到依法管理、文明执法、正确执法。征收社会抚养费严格按照规范的执法程序进行，做到主体合格、程序合法、适用法律条文准确，一年来未无违法行为发生。

【流动人口管理】

全区流动人口约10万人，其中：流入人口约8万人，纳入造册登记管理的29862人，育龄妇女8823人，已婚育龄妇女6840人，采取各种节育措施的人数3986人；流出人口1823人，育龄妇女824人，已婚育龄妇女591人，采取各种节育措施的人数549人。全区对流动人口实行管理服务1675人次，共为流出人员办理《流动人口婚育证明》1677本，持证率达92%。

在总结了“垂直图谱管理”、“外来务工人员之家”、“双向管理”等管理经验的基础上，红塔区成立了流动人口计划生育管理与服务试点工作领导小组并制订了实施方案。一是建立流动人口计划生育信息数据准确及时采集、录入制度，今年共录入9000人；二是在维和制药厂、大营街水泥厂建立了计划生育服务室，为流动人口计生协会的400余名育龄人群提供了计划生育生殖健康服务及计划生育政策法规、优生优育知识、避孕节育知识咨询等服务，免费发放避孕药具1200余份；三是各试点乡镇、街道办事处与村（居、社区）、村（居）民小组、出租房房主签订“三级”管理合同，村（居、社区）与用工单位签订计划生育管理协议书、与用工单位法人签订计划生育担保书，村（居）民小组与出租房主签订计划生育管理责任书，进一步增强了管理和服务的实效性；四是协调有关部门为常驻流动人口提供家电修理、管道疏通等家政服务和子女入托入学等方面的服务。五是开展了3次流动人口计生执法督查，有效地保护了流动人口的合法权益，今年共查处违法生育5人。

【宣传工作】

红塔区把学习宣传贯彻中央《决定》作为重点，在区政府常务会、人口与计划生育成员单位联席会、乡镇分管领导工作会等会议上作专题学习，并于5月27—29日举办了区、乡、村及机关、企事业单位学习培训班。到目前为止，全区共举办各类培训班125期，4000余人参加了培训，印发宣传传单15000份，张贴各类标语1500条，进一步提高了全社会对人口问题重要性的认识，形成了有利于全面加强人口和计划生育工作、统筹解决人口问题的良好舆论环境。一是对全区11个乡镇（街道）计生标语口号进行清理，更新规范标语323条。二是在沃尔玛、研和百信、泷水塘社区等爱心超市中，设立生育文化免费宣传专柜，摆放人口政策、艾滋病防治知识、服务承诺等宣传资料及计生用品让群众自由、自主、自愿地获取，实现生育文化宣传模式新的一次尝试。三是在各乡、镇、村、组图书室专设人口文化图书角，为育龄群众及时提供人口生育文化知识，同时还在局机关建立了人口文化图书室，配置了价值2.5万元的人口文化书籍，为计生系统干部提供了丰富的学习资料。

【群众对计划生育管理和服务满意率】

今年，区委区政府对所有部、委、办、局进行千人评议行风政风，红塔区计生局由前年的第46名，今年上升到的第14名，标志着领导、干部、群众对计生工作的满意率在逐渐提高。

江川县

2006年

【概况】

2006年江川县人口与计划生育工作认真落实双线目标管理责任制，抓好奖优免补、流动人口计划生育管理、优质服务等工作，通过江川县人口计生工作者的共同努力，圆满完成了年度各项人口计生工作目标任务，人口和计划生育工作取得了明显成效。

【统计数据】

据江川县2006年国民经济和社会发展统计公报，年末总人口268230人，年内出生人数2728人，出生率10.21‰，死亡人数1192人，死亡率4.46‰，人口自然增长人数1536人，人口自然增长率5.75‰。

【计划生育情况】

江川县年末已婚育龄妇女人数53048人，已采取各种避孕节育措施人数46366人，综合节育率为87.40%。计划生育率99.21%。

【人口目标执行情况】

2006年人口与计划生育工作坚持“双线”目标管理考核责任制。各级政府与人口计生部门层层签订目标管理责任书，严格执行黄牌警告、目标管理、单位法定代表人、合同管理、一票否决等“五项”制度。通过一年的辛勤工作，圆满完成了市下达指标任务，2006年市政府对县政府、市人口计生委对县人口计生局“双线”责任目标考核荣获“二等奖”。

【2006年人口与计划生育工作会议召开】

2006年3月13日，召开江川县 2006年人口与计划生育工作会议，传达学习全国、全省、全市人口计生工作会议精神，总结2005年人口计生工作，全面安排部署2006年的人口计生工作任务，会议由县政府副县长杨建萍同志主持。会上，县委书记范汝坤、县政府县长张延明分别发表了重要讲话。县人口计生局局长陈林柱代表县人口计生局报告2005年江川县人口与计划生育工作情况。县政府副县长杨建萍代表县政府通报了2005年受“通报批评”的乡镇。并分别与各乡镇人民政府、15个“三结合”协调成员单位的主要领导分别签订了《2006年人口与计划生育目标管理责任书》、《计划生育“三结合”目标管理责任书》。县计生局与各乡镇签订了《2006年人口与计划生育目标管理责任书》。

【“奖优免补”工作】

2006年江川县新领取《独生子女父母光荣证》831户。2006年审批一次性奖励金631户，审批养老补助264人，审批教育奖学金793人，审批高考加分7人，中考加分14人。农业人口已领取《独生子女父母光荣证》巩固率为99.64%，比市下达的99.5%高0.14个百分点，新办证自愿率为100%。“奖优免补”网站数据录入准确率、兑现率100%。

【计划生育优质服务工作】

2006年，严格按照市政府办公厅《关于全面开展计划生育优质服务先进县创建活动的通知》文件要求，积极创建玉溪市计划生育优质服务先进乡镇。县政府制订了优质服务实施意见和方案，明确江川县开展计划生育优质服务工作的总体思路是大力实施“11311”工程（“紧抓一条主线，突出一个中心，做好三项服务，实现一个目标，达到一个满意”）。通过评估和验收，大街镇、前卫镇、雄关乡等三个乡镇达到玉溪市优质服务先进乡镇标准。

【加强流动人口计划生育管理工作】

大街镇成立了流动人口计划生育协会、江城镇组建了流动人口管理服务站，积极创建流动人口管理新机制。

【开展计划生育专项执法工作】

2005年11月，江川县开展计划生育专项执法宣传月活动，加大对计划生育违法行为的查处力度，严厉打击早婚早育，非婚生育和违法多生育等行为，有效遏止了违法生育案件的发生，推进依法管理人口和计划生育工作。2006年江川县共查处违法生育案件30件，其中征收社会抚养费案件11件，应征社会抚养费569432.00元，已征56880.00元；行政处罚案件19件，应处罚款49500.00元，已收罚款25900.00元。

【江川县人口和计生队伍培训会议召开】

2006年5月17日，江川县举办行政执法培训班，对各乡镇乡（镇）长、计划生育分管领导、计生办人员及县人口计生局的全体人员共 40余人进行计划生育政策法律法规、行政执法培训。

【计划生育村（居）民自治工作】

2006年，计划生育村（居）民自治工作在江川县55个村（居）民委员会全面推进，以新农村建设为契机，把农村人口计生工作纳入新农村建设的总体规划之中，以江川县新农村建设11个试点村委会为重点，严格组织实施，稳步推进。村（居）民自治工作形成了“县镇作指导，两委负总表，村居搞自治，协会当骨干，群众做主人”的工作格局，建立了民主参与，民主决策，民主管理，民主监督的自治机制。江川县共有22个村（居）委会被市人口计生委评定为计划生育村（居）民自治合格村（居）委会。

【计划生育协会工作】

健全巩固各级协会组织网络。各乡镇、村共建立了协会组织81个，会员小组428个，建会及巩固率达100%，共有会员26798人。成立大街镇流动人口计划生育协会。

【积极做好包村帮扶工作和“三结合”工作】

2006年，江川县共投入帮扶资金16.74万元，技术培训252人次，重点帮扶计划生育户74户。

【乳腺普查普治项目】

2006年2月28日，云南省乳腺普查普治项目组仪器捐赠暨医疗救助仪式在江川县人口和计划生育局隆重举行。

【计划生育行政执法培训会召开】

2006年5月17日，江川县计划生育行政执法委托暨培训会在江川县人口和计划生育局召开。

【计划生育优质服务项目培训】

2006年5月18日至19日，江川县人口和计划生育局举办计划生育优质服务项目培训班。

【生殖道感染普查普治项目】

2006年5月29日，江川县关爱女性健康——生殖道感染普查普治项目全面启动。

2007年

【概况】

江川县2007年的人口与计划生育工作，认真贯彻《中共中央国务院关于全面加强人口和计划生育工作统筹解决人口问题的决定》精神，围绕进一步稳定低生育水平，构建和谐计生这一中心，全面推进江川县计划生育优质服务省级先进单位创建活动，完善“奖优免补”和计划生育村民自治两项机制，实施出生缺陷干预、关爱女孩行动和综合治理出生性别比偏高三大工程，突出贯彻落实中央《决定》精神、“奖优免补”、流动人口计划生育管理和基层基础工作四个重点。

【统计数据】

据江川县2007年国民经济和社会发展统计公报，年末总人口270179人，年内出生人数2602人，出生率9.67‰，死亡人数1097人，死亡率4.07‰，人口自然增长人数1505人，人口自然增长率5.59‰。

【计划生育情况】

江川县共有已婚育龄妇女人53451人，已采取各种避孕节育措施人数46686人，综合节育率为87.34%。计划生育率98.39%。

【人口目标执行情况】

2007年人口与计划生育工作坚持“双线”目标

管理考核责任制。各级政府与人口计生部门层层签订目标管理责任书，严格执行黄牌警告、目标管理、单位法定代表人、合同管理、一票否决等“五项”制度。通过一年的辛勤工作，圆满完成了市下达指标任务，2007年市政府对县政府、市人口计生委对县人口计生局“双线”责任目标考核荣获“二等奖”。

【2007年人口与计划生育工作会议召开】

2007年3月15日，召开江川县2007年人口与计划生育工作会，传达学习全国、全省、全市人口计生工作会议精神，总结2006年人口计生工作，全面安排部署2007年的人口计生工作任务。会议由县委常委、宣传部长施玉兰主持。市计生委，中共江川县委、县政府、县人大、县政协分管计生工作的领导、县人口与计划生育工作领导小组和“三结合”成员单位领导、各乡镇党委书记、乡镇长、分管计划生育的领导共70余人出席了本次会议。会上，县委书记李宏发表了重要讲话，县长张延明以“深化认识 真抓实干 促进人口计生工作深入发展”为主题作了重要讲话，县人口计生局局长陈林柱汇报2006年人口计生工作执行情况。县委常委、副县长罗跃岗与15个“三结合”协调成员单位和各乡镇人民政府的主要领导、分别签订了2007年《计划生育“三结合”目标管理责任书》、《人口与计划生育目标管理责任书》。

【农业人口独生子女家庭“奖优免补”工作】

截至2007年12月31日农业人口领取《独生子女父母光荣证》总领证数达3040户，其中2007年办理农业人口《独生子女父母光荣证》38户，自愿率为100%；2007年1月至12月办理非正常退证24户，领证巩固率达99.21%（比市下达指标99%高0.21个百分点）；兑现32户一次性奖励金；审批了17名初中生和10名高中生升学加分；295名年满60周岁符合补助政策的对象领到了养老生活补助金，共兑现金额19.11万元，发放农业人口独生子女保健费26万元。

【计划生育优质服务工作】

围绕江川县开展计划生育优质服务工作的总体思路——大力实施“11311”工程（即“紧抓一条主线，突出一个中心，做好三项服务，实现一个目标，达到一个满意”），江城镇、路居镇和安化乡三个乡镇通过市级计划生育优质服务先进单位验收，江川县通过省级计划生育优质服务先进达标县验收。

【开展生殖道疾病普查普治工作】

在已婚育龄家庭中开展生殖道疾病普查普治工作，把关心育龄妇女身心健康作为计划生育工作的重要内容，采取进村入户、服务上门的工作方式，为育龄群众提供生殖健康普查普治，使广大育龄群众在村门口就能享受到免费的计生优质服务。截至2007年8月3日，在江川县七个乡镇共普查17718w人，普查率达34.99%，治疗人数4702人，治疗率达46.06%。

【加强流动人口计划生育管理工作】

按照市人口计生委《关于开展流动人口计划生育管理和服务试点工作的实施方案》（玉人口发[2007]10号）文件要求，把流动人口相对集中的大街镇、江城镇被确定为试点乡镇。试点乡镇进一步明确和强化政府及各有关部门职责与公安、工商、计生、卫生、教育等部门协调一致，将流动人口计划生育管理工作纳入村（居委会、社区）管理和社会治安综合治理的内容。江城镇充分发挥流动人口综合管理站的整体效能，大街镇充分发挥流动人口协会作用使流动人口管理与服务工作水平不断提高。乡镇、村、组三级对辖区内的流动人口进行包片、包户管理，并分别在试点乡镇流动人口较集中的村委会绘制完成图谱。

【计划生育依法行政工作】

2007年江川县共查处违法生育案件28件，其中征收社会抚养费案件11件，应征社会抚养费417160元，已征101560元；行政处罚案件17件，应处罚款48500元，已收罚款7000元。移交法院案件11件。

【计划生育村（居）民自治工作】

2007年江川县4村委会通过市级“计划生育村

（居）民自治合格村”验收，6个计划生育村（居）民自治合格村通过再次验收。并巩固落实完善去年验收的39个村（居）民自治合格村，落实民主管理，加强民主监督。

【建设生育文化广场】

前卫镇投资2万元建设生育文化小广场。

【计划生育协会工作】

2007年1月江川县计划生育协会召开第四届换届选举大会，江川县水泥厂、江磷集团成立计划生育企业协会，加强对企业职工计划生育的管理和服务。

【开展“三结合”工作】

2007年，在大街镇、安化乡投入“少生快富”帮扶基金12万元，帮助21户家庭发展生产，勤劳致富。

【推广安全套防治艾滋病工作】

2007年，宾馆旅店和娱乐场所摆放率100%，在江川县人员集中的地点安装了15台安全套自动售货机，建立安全套发放、使用、采供和每月登记制等工作措施，确保了推广使用安全套防治艾滋病工程工作稳步推进。

【加强计生干部队伍建设】

2007年县、乡、村三级共举办培训班52期，江川县463个村民小组现已配齐计划生育信息员，并落实报酬每个每月20元，经费由市、县各补助10元。

【计划生育协会第四次会员代表大会】

1月17日，江川县计划生育协会第四届会员代表大会隆重召开。

【计划生育行政执法培训会召开】

5月24日，江川县人口和计划生育局组织召开江川县计划生育系统干部队伍培训会。

【计划生育行政执法培训会召开】

6月6日，江川县生殖道感染普查普治工作正式启动。

【生殖道感染普查普治工作经验交流】

12月17日，江川县人口和计划生育局陈林柱局长代表江川县在云南省计划生育宣传工作会议上作生殖道感染普查普治工作经验交流发言。

2008年

【概况】

2008年，深入贯彻落实中央、省委省政府《决定》及中央、省、市人口资源环境工作座谈会议精神，紧紧围绕“稳定低生育水平、统筹解决人口问题、促进人的全面发展”这一中心，以完成年初既定的双向目标管理责任为主要任务，突出争创省计划生育优质服务先进单位这一重点，深入推进奖优免补政策落实、流动人口计划生育管理、出生缺陷一级预防等工作，进一步完善“依法管理、村（居）民自治、齐抓共管、综合治理”的新机制，全面提升江川县人口和计划生育管理和服务水平。

【人口目标执行情况】

2008年人口与计划生育工作坚持“双线”目标管理考核责任制。各级政府与人口计生部门层层签订目标管理责任书，严格执行黄牌警告、目标管理、单位法定代表人、合同管理、一票否决等“五项”制度。通过一年的辛勤工作，圆满完成了市下达指标任务，2008年市政府对县政府、市人口计生委对县人口计生局“双线”责任目标考核荣获“二等奖”。

【2008年人口与计划生育工作会议召开】

2008年3月25日，召开江川县 2008年人口与计划生育工作会议，传达学习全国、全省、全市人口计生工作会议精神，总结2007年人口计生工作，全面安排部署2008年的人口计生工作任务，会议由县委常委、宣传部长李东林同志主持。市计生委，中共江川县委、县政府、县人大、县政协分管计生工作的领导、县人口与计划生育工作领导小组和“三结合”成员单位领导、各乡镇党委书记、乡镇长、分管计划生育的领导共70余人出席了本次会议。在这次会议上，副县长龚桂存代表县政府与15个“三结合”协调成员单位和各乡镇人民政府的主要领导分别签订了2008年《计划生育“三结合”目标管理责任书》、《人口与计划生育目标管理责任书》。县人口计生局局长代表县计生局与各乡镇计生办签订了2008年《人口与计划生育目标管理责任书》。

【计划生育优质服务】

江川县2008年成功创建省级计划生育优质服务先进单位。一年来，江川县将创建计划生育省级优质服务单位列为工作重点，坚持“以人为本”的服务理念，以“性孕育”服务为切入点，以项目为支撑点，以“三结合”为着力点，依托协会网络，大力实施“11311”工程，稳步推进计划生育优质服务工作，优质服务工作跃上一个新台阶，2008年创建省级计划生育优质服务单位顺利通过评估验收。

【开展出生缺陷一级预防工作】

县政府成立了出生缺陷一级预防工作领导小组，制订了工作实施方案，出台了《江川县人民政府关于全面开展人口出生一级预防工作的实施意见》（江政发〔2008〕38号），紧紧围绕“宣传倡导、健康促进、优生咨询、高危人群指导、孕前实验室筛查和营养素补充”等六个方面的主要内容，积极开展出生缺陷一级预防工作。

【农业人口独生子女家庭“奖优免补”工作】

江川县累计有3038户农业人口家庭自愿领取了《独生子女父母光荣证》，其中：2008年度新领证27户。2008年度共审批符合兑现一次性奖励金17户，初中生升学加分25人，高中生升学加分10人，审批2008年录取的高中、大专、本科生奖学金44人，金额4.98万元。2008年审批应享受奖励扶助（养老补助）325人，其中当年新增34人，奖励扶助资格认定准确率100%，另外审批伤残、死亡等特别扶助人数37人。

【加强流动人口管理和服务工作】

2008年，积极开展流动人口计划生育管理试点工作。大街镇、江城镇、前卫镇为试点单位，成立了前卫镇流动人口计划生育协会，并在流动人口相对集中，计划生育管理难度较大的渔村村委会成立村级流动人口协会，充分发挥流动人口的自我教育、自我管理和自我服务的作用。同时，流动人口信息平台安装全部完成，县上组织相关人员培训，各乡（镇）都明确了专人管理，能熟练应用信息管理平台。

【计划生育依法行政工作】

2008年，江川县共查处违法生育案件45件，其中：征收社会抚养费案件13件；行政处罚案件32件；对违法生育者拒不履行法定义务的25件案件及时申请县人民法院强制执行，未出现错案和执法过错现象，为推进计划生育法制化进程，遏制计划外生育起到了一定的促进作用。

【基础设施建设】

加强计划生育技术服务网络建设。2008年县计生服务站进行装修改造，改造面积1874平方米，项目总投资100万元，其中：中央补助80万元，地方20万元，已完成项目初步设计，并已通过项目论证。另外，江城镇服务所改建已投入使用。

【“三结合”工作】

在前卫镇、安化乡投入“少生快富”帮扶基金12万元，帮助21户家庭发展生产，勤劳致富。

【人口基本情况】

据江川县2008年国民经济和社会发展统计公报，年末总人口271335人，全年出生人数2598人，出生率9.60‰；死亡2017人，死亡率7.45‰；自然增加人数581人，人口自然增长率2.15‰。

【计划生育情况】

江川县年末已婚育龄妇女人数53444人，已采取各种避孕节育措施人数46627人，综合节育率为87.24%。计划生育率98.23%。

【提高村组计生干部待遇】

2008年，提高计生宣传员待遇。宣传员的工资待遇在去年的基础上每人每月增加80元，并把信息员每月20元的补助纳入财政预算，由各乡镇财政统一发放。

【开展计生系统民主评议政风行风工作】

在江川县开展计生系统民主评议政风行风工作。大力开展"弘扬计生人精神，争做新时期最可爱的人"活动。江川县各级计生工作人员在思想上受到很大触动，工作上得到很大促进，广大计生人员进一步树立了服务观念、端正了工作作风。

【出生缺陷一级预防工作启动会召开】

2008年9月25日，召开了江川县出生缺陷一级预防工作启动会，副县长龚桂存到会作了重要讲话，标志着江川县出生缺陷一级预防工作正式启动。

【玉溪市2008年科技活动周启动仪式】

玉溪市2008年科技活动周启动仪式于5月23日在江川县大街镇仁和街举行，为丰富以"依靠科技创新，建设生态玉溪"为主题的科技周活动。

【召开人口和计划生育系统民主评议政风行风工作动员大会】

2008年8月14日，江川县召开人口和计划生育系统民主评议政风行风工作动员大会。县人民政府副县长龚桂存，县纠风行评组、县监察局的领导及县纠风办聘请的政风行风评议组成员，县计生局全体干部职工，计生服务站全体干部职工，各乡镇计生分管领导、计生办主任、计生服务所所长共计50人参加了此次会议。会议由县人口和计划生育局副局长罗玉华主持。

【荣誉】

2008年受市级以上表彰的先进单位和个人。云南省人事厅 云南省人口和计划生育委员会授予陈留焕同志"2007年度云南省人口和计划生育先进工作者"荣誉称号。云南省人口和计划生育委员会授予江川县2008年"全省计划生育优质服务先进单位"荣誉称号；国家人口计生委授予郭勇"全国流动人口计划生育工作先进个人"荣誉称号；云南省人力资源和社会保障厅 云南省人口和计划生育委员会授予葛茂芬2008年度"云南省人口和计划生育先进工作者" 荣誉称号。

通海县

2006年

【综述】

2006年，通海县人口和计划生育工作坚持以“三个代表”重要思想为指导，全面贯彻落实科学发展观，紧紧围绕以稳定低生育水平，控制人口数量，提高人口出生素质为目标，严格执行《人口与计划生育法》、《云南省人口与计划生育条例》、《云南省农业人口独生子女家庭奖励规定》等法律法规，在各级党委和政府的领导和有关部门的支持下，抓难点、突重点、分类指导的思路更加明确，经常性管理和服务机制逐步建立和完善，基层服务网络继续扩展和延伸、优质服务、“婚育新风进万家”活动广泛开展，生育政策更加深入人心，群众生育观念转变，机关作风明显改变，各项工作得到全面完成。

【统计数据】

2006年，全县共出生人口2594人，人口出生继续下降，比上年同期减273人，人口出生率为9.51‰，比上年降低1.07个千分点，人口自然增长率为3.88‰，比上年下降0.89个千分点，计划生育率98.42%，比上年下降0.18个百分点，综合节育率达87.79%，比上年上升0.35个百分点，长效节育率达84.45%，生育证审批程序合格率、发放率均达100%，计划生育率达100%的乡（镇）5个，村（社区）委会63个，人口出生性别比为100∶103，全面完成市、县下达的各项任务指标。

【“奖优免补”工作稳步推进】

2004年6月农业人口独生子女家庭“奖优免补”政策执行以来，各级党委、政府坚持一把手亲自抓，把“奖优免补”工作提到可持续发展战略和以人为本的科学发展观的高度加以认识，把好资格确认关，坚持层层进行审批，坚持“三公开”、“三公示”、“一评议”制度，做到公开透明，确保各项奖励资金的安全使用和奖励政策及时兑现，到2006年底，农业人口家庭已领取《独生父母光荣证》3870户，占一孩家庭户的45%，兑现一次性奖励2882户、273.75万元，兑现教育奖学金4059人，63.764万元，享受养老补助1149人，75.115万元，享受升学加分145人。有力地促进了稳定低生育水平，提高出生人口素质，计划生育工作的均衡发展。

【提高管理水平，拓展计划生育优质服务】

通过弘扬以人为本的群众需求与导向，以计生服务站为龙头，乡（镇）服务所为依托，村（居）服务室为基础，以计划生育流动服务车为载体的计划生育优质服务，形成了“管理一体化、服务人性化”和县、乡（镇）村三级联动创建计划生育优质服务工作模式。做到国策进家，政策法规进家，扶贫帮困进家，优生优育，避孕节育知识进家、受术对象随访进家，避孕药具发放随访进家，生殖健康知识进家，计划生育以人为本的优质服务核心理念得到进一步体现，减免各种费用46.41万元；计划生育优质服务实现了“四个提升”（即提升了思想认识，提升了服务能力，提升了服务科技含量，提升了管理能力）。

【计划生育服务站举行庆“三八”演讲比赛】

2006年3月3日，通海县计划生育服务站举行以“服务站在我心中”为主题的特殊演讲比赛方式庆祝“三·八”妇女节。通过这次演讲比赛，使广大职工树立了主人翁的思想，增强了服务站的凝聚力和战斗力。

【通海县人口资源环境工作座谈会】

2006年3月1日，通海县人口与资源环境工作座谈会在县委党校召开，林清局长对2005年通海县人口计生工作作了总结发言。县委书记夏立洪对通海县的人口资源环境工作提出三点要求：一是进一步做好人口与计划生育工作，稳定低生育水平。围绕全面建设小康社会的奋斗目标，继续做好人口发展战略研究，加大多种形式的宣传力度，提高群众生育素质，深入推行“奖优免补”政策，创造良好人口环境；二是合理开发利用资源。资源是人类生存发展的物质基础，要从可持续发展的战略高度，谋划协调好眼前利益与长远利益、局部利益与全局利益；三是加强环境保护和生态建设，增强全民环保意识，努力建设社会文明、经济高效、自然和谐的“青山绿水、环境优美、宜休闲、宜居住”的生态县。

【首次流动人口计划生育管理、服务例会召开】

为进一步加强流动人口计划生育管理与服务，认真落实现居住地管理原则，把“同宣传、同管理、同服务”纳入经常性工作，总结和借鉴新经验、新方法，分析和研究近期全县流动人口管理与服务工作中存在的问题和困难，积极探索流动人口计划生育管理的有效途径，3月9日，通海县人口和计划生育局召开首次流动人口计划生育工作专题例会。

【红河州计生干部考察计划生育村民自治工作】

通海县经过3年的探索和实践，全县已有69个村（居）委会开展了计划生育村（居）民自治工作，2005年39个村（居）委会通过市级验收，成为计划生育村民自治合格村。5月31日，红河州13个县（市）的人口和计划生育局局长，法规科长及州人口和计划生育委员会处、室领导共40人在州人口和计划生育委员会邵刚主任的率领下，到通海县考察学习计划生育村民自治工作。玉溪市人口和计划生育委员会雷毅主任、李建明副主任、通海县杨建敏副县长全程陪同考察活动。

【省市专家组检查指导优质服务工作】

2006年8月1日，省市计划生育优质服务专家组一行7人在市人口计生委李建明副主任的陪同下，深入通海县检查指导创建计划生育优质服务工作进展情况。通过深入乡镇走访、座谈，听取情况汇报后，省计划生育优质服务专家组就下一步通海县开展计划生育优质服务工作提出了很好的意见和建议，对通海县争创全国计划生育优质服务先进县活动给予定位，提出“管理一体化，服务人性化”的工作思路。

【向贫困户捐赠电视机】

通海县人口和计划生育局为落实好市委、市政府和县委、县政府提出的“用三至五年的时间实现广播电视村村通、户户看”为主的文化设施建设目标，人口和计划生育局、计划生育服务站42名干部职工积极响应县委、政府的号召，踊跃捐款4400元，并于8月9日购置7台彩色电视机送到挂钩帮扶点——河西镇螺吉村7户贫困户家中。

【加大行政执法案件查处力度】

通海县人口计生局针对全县历年来累积的67件计划生育违法案件，认真分析研究，决定重点对纳古镇的51件计划生育案件进行查处，以带动全县的行政执法工作，由于纳古镇党委、政府的高度重视和支持，采取强化宣传教育“一把钥匙开一把锁”的方法，组建县、镇、组三级联合政策法律宣传小组，分别入组入户，到计划外生育案件当事人家中，面对面地开展政治思想工作，由于工作到位、措施有力，仅9月13日至9月15日就有19户主动到纳古镇计生办按规定缴清了罚教及社会抚养费，为全县案件查处起到了极大影响和促进作用。

【荣誉】

2006年12月4日，通海县秀山镇、九街镇、河西镇、四街镇、杨广镇、里山乡、高大乡、兴蒙乡被玉溪市人民政府命名为计划生育优质服务先进乡镇。

2006年12月30日，通海县高大乡计生办、河西镇计生办、秀山镇滨湖社区、九街镇九龙村委会、杨广镇杨广村委会被市政府授予玉溪市人口和计划生育先进集体称号。

魏德萍、王文慧、杨敏、赵玲、林维齐、张家有、常宗辉、陈绍红、张梅、奎丽英、朱美红、胡俊、阮菊仙13人被市政府授予玉溪市人口和计划生育先进个人荣誉称号。

2007年

【综述】

2007年，通海县人口和计划生育工作，坚持以“三个代表”重要思想为指导，全面贯彻落实《中共中央国务院关于加强人口与计划生育工作统筹解决人口问题的决定》精神，以稳定低生育水平，提高出生人口素质为目标，努力完成计划生育工作思路和工作方法的两个转变，重点抓好流动人口计划生育管理和服务试点工作，完善计划生育村（居）民自治，突出抓好计划生育依法行政；继续深化宣传教育，夯实计划生育基础工作，切实加强计生干部队伍建设；认真做好计划生育协会工作，各项工作取得新进展，全面完成了人口和计划生育目标管理各项指标任务。

【统计数据】

2007年，全县共出生人口2641人，比上年增110人，人口出生率为9.62‰，比上年增0.11个千分点，人口自然增长率为3.81‰，比上年下降0.07个千分点，计划生育率98.18%，比上年减0.24个百分点，综合节育率为88.05%，比上年上升0.26个百分点，长效节育率为84.3%，生育证审批程序合格率、发放率均达100%，计划生育率达100%的乡（镇）3个，分别为兴蒙乡、高大乡、里山乡；无计划生育的村（社区）委会55个，人口出生性别比101。

【村（居）民自治工作效果明显】

通海县69个村（居）委会，66个村（居）委会通过玉溪市人民政府验收为“村民自治合格村”，有力地推动了人口和计划生育工作健康发展，在已取得的工作成果的基础上不断充实完善村（居）民自治《章程》和协约书，并对相关内容进行了修改和完善，进一步理顺了乡（镇）与村、村与群众的关系，变乡镇管理为村民自治和村民自我管理，充分调动了村委会干部和广大群众实行计划生育的自觉性和主动性。

【四街镇者湾村被立为“云南新农村建设中生殖健康促进示范区”研究项目点】

2007年1月10日云南省新农村建设生殖健康促进社区示范研究项目组来到者湾村进行实地调研，调研组对者湾村的计划生育工作、优质服务、乡村文化等情况进行了了解调查，对如何开展项目及项目带来的社会效益、经济效益作了认真的分析研究。项目组对者湾村委会出版的《者湾村志》、《者湾翰墨集》及成立诗书画协会给予了充分肯定；同时认为已具备项目研究条件，同意拟将者湾村确立为省生殖健康项目研究点。

【市计生委对通海县计生干部走访慰问】

2007年2月8日，玉溪市人口和计划生育委员会张艳华副主任等领导代表玉溪市人口和计划生育委员会、党组到通海县向县人口和计划生育局、计划生育服务站全体干部职工致予新春的问候、祝福，并送来慰问金。

【签订《流动人口计划生育双向管理协议书》】

2007年7月7日，为了加强流动人口计划生育服务和管理，通海县人口计生局到牟定县人口和计划生育委员会一同探讨管理与服务的新路子；通海县人口和计划生育局，牟定县人口和计划生育委员会，就目前的县情，计生状况，流动人口问题作了分析研究。经过相互协商，决定签订通海县、牟定县《流动人口计划生育双向管理协议书》，并且由牟定县提供“牟定籍流动人口登记册”，决定在通海县纳古镇建立流动人口计划生育协会，切实加强流动人口计划生育管理工作。

【举办村（居）计生宣传员培训班】

为切实加强基层人口和计划生育干部队伍建设，以适应新时期的人口和计划生育工作的发展和需求，完善基层网络建设，夯实基层基础工作，针对全县村（社区）两委班子换届人员变动的情况，通海县人口和计划生育局结合当前学习贯彻《中共中央国务院关于全面加强人口和计划生育工作统筹解决人口问题的决定》精神，对全县69个村（社区）计划生育宣传员进行计划生育方针政策、法律、法规、奖优免补、计划生育村民自治、计划生育优质服务、生殖健康、流动人口计划生育管理与服务等方面培训，培训收到了良好的效果。

【学习借鉴流动人口计划生育图谱式管理】

2007年6月12日，通海县流动人口计划生育监察大队、秀山镇、纳古镇等相关人员12人，到玉溪市红塔区凤凰路瓦窑村学习借鉴流动人口计划生育图谱式管理。通过学习借鉴，探讨了新形势下流动人口计划生育管理和服务中遇到的新情况、新问题，学到了新的思路及管理经验，为通海县下一步加强流动人口计划生育管理与服务奠定了坚实的基础。

【陈志芬副市长调研人口和计划生育工作】

2007年8月20日玉溪市人民政府副市长陈志芬、副秘书长杨丽芬、玉溪市人口计生委主任雷毅一行到通海县调研人口和计划生育工作。通海县人民政府副县长宁杰代表通海县委、县政府汇报了“奖优免补”、专项资金管理、计划生育优质服务、基层基础工作、法制化建设等五个方面工作，并对下半年重点工作提出了新思路和工作打算。县委副书记马文龙、县委宣传部长赵莉苹分别对通海的人口计生工作取得的成绩和存在的问题作了详细汇报。陈副市长对通海县的人口和计划生育工作提出了建议：一是持之以恒，加强领导，确保今年目标任务的完成；二是采取强有力的措施，规范行政执法主体建设，解决基层计生执法难的问题；三是加强基层队伍素质建设；四是积极争取各级支持，加强基础设施建设；五是加大经费投入，提高政府诚信度，切实解决独生子女保健费欠费问题。

【市督查人口和计划生育专项工作】

2007年8月22日至23日，玉溪市人口计生委、玉溪市财政局组成人口和计划生育专项督查组对通海县“奖优免补”专项资金管理工作进行督查，督查组听取了工作汇报并分别到河西镇、九街镇和秀山镇对专项工作开展情况进行抽查，并到农户家中走访了解全县奖优免补政策落实情况和独生子女保健费兑现情况。

【通海县人口和计划生育局科室更名】

2007年8月10日，根据通机编［2007］11号《关于县属部门内设股所级机构更名的通知》，通海县人口和计划生育局内设“科室”更名为“股室”。

【规范乡镇计生专干资格】

2007年9月26日，《关于规范乡镇计生专干任职资格的通知》通组发［2007］23号，通海县在各乡镇人民政府设一名计划生育专职干部，由具有公务员身份的人员担任，具体负责本乡镇的计划生育工作。

2008年

【综述】

2008年全面落实党的“十七大”精神，努力推进社会主义和谐社会和新农村建设的重要时期，人口和计划生育工作进入历史性转折的关键之年。人口和计划生育工作，坚持以“三个代表”重要思想为指导，坚持“稳定、提高、统筹”的工作方针，认真贯彻落实科学发展观，以人为本，以稳定低生育水平为中心，以人口出生缺陷一级预防为重点，狠抓中共中央国务院、云南省人民政府《关于全面加强人口和计划生育工作统筹解决人口问题的决定》，依法行政、流动人口管理与服务、基础设施建设和协会建设五项工作，不断巩固提升优质服务、村（居）民自治、服务站一体化管理改革和“奖优免补”四项成果，人口和计划生育工作取得了较好的成绩。优质服务巩固提升、村（居）民自治成效显著。继续深化“一体化管理、整体化推进”优质服务工作，减免各种检查费用25万元。认真开展政策法规、优生优育随访工作，综合服务证使用合格率达60.54%。完善激励机制，推进服务站分配制度改革，不断提高技术人员服务水平和能力，计划生育管理服务满意率达96%，社会效益和经济效益进一步提高，充分调动群众参与村民自治的积极性，做到了村民自治与依法行政、法制建设与协会“双创”、发挥协会作用与经济发展、实惠群众与优质服务“四个结合”，全县69个村（居）委员会计划生育自治开展率、合格率均达100%，村民自治协约书签订率达97.51%，同比提高1.38个百分点。

【统计数据】

2008年，全县总人口278172人，年内出生人口2616人，出生率9.45‰，同比减0.17个千分点，人口自然增长率3.5‰，同比降低0.31个千分点；计划生育率97.78%，优选节育率84.24%，同比降低0.06个百分点，避孕及时率82.35%，同比增1.24个百分点；计划生育综合服务证使用合格率60.54%，奖励扶助资格认定、准确率、奖优免补档案合格率均达100%，启动河西、杨广流动人口试点工作，“关爱女孩”行动取得明显成效，解决了60名辍学女孩就读问题，为80户独生子女和双女户家庭提供小额信贷及计生部门扶助金12万元，农业人口家庭生育一孩办理《独生子女父母光荣证》的占总数的35%；基础工作进一步规范、统计台账符合规定、制度健全、管理规范、运转正常，全县计划生育率达100%的乡镇1个（里山乡），计划生育率达100%的村（社区）59个。

【流动人口计划生育管理服务进一步加强】

健全完善流动人口清理登记、办证查验、“双向管理”、用工单位及房屋出租户责任制和举报制度，实行合同管理、划片承包，签订《目标管理责任书》120份，清理流动人口1.3万人次。认真抓好合同管理和图谱式分片包干管理试点工作，依托17个流动人口计生协会拓宽了管理服务渠道，促进了流动人口管理和服务工作。坚持以服务促管理，做到流动人口与常住人口同宣传、同管理、同服务。针对流动人口子女上学难的实际，妥善解决了3426名流动人口子女入学的问题。积极探索双向管理服务机制，与牟定县、蒙自县签订了流动人口双向管理协议，促进了资源共享，管理服务水平进一步提高。截至目前，全县流动人口在册管理人数为13094人，《流动人口婚育证明》出具率90.03%，查验率为90%；全国流动人口信息交换平台反馈率达57%。

【协会作用有效发挥，行政执法更加规范】

切实加强协会组织建设，制度建设和阵地建设，充分发挥协会“带头、宣传、服务、监督、交流”职能和自我教育、自我管理、自我服务作用，计划生育管理服务水平进一步提高，认真实施“少生快富”帮扶项目，争取上级资金12万元，帮扶计划生育户17户。认真贯彻落实《人口和计划生育法》和《云南省人口与计划生育条例》，严格执法程序，依法强化管理，切实维护法律尊严和群众合法权益，确保了计划生育工作依法有序开展。2008年，全县违法违规生育立案54件，结案49件，征收社会抚养费23.76万元，罚款3.8万元，结案率90.74%。

【人口出生缺陷一级预防工作顺利进行】

成立工作领导机构，落实人员经费，结合工作实际制订切实可行的实施方案，加大宣传力度，全面启动通海县人口出生缺陷一级预防工作，狠抓基线调查及孕前检查，孕前培训率、检查率分别达96.51%、31.13%。

【政风行风评议，转变机关作风】

坚持一把手负总责，制订切实可行的实施方案，广泛开展全县人口和计划生育系统政风行风评议，与新闻媒体沟通，宣传发动群众参与，随时接受群众监督，“请农民兄弟姐妹评计生”、“请流动人口农民工评计生”、“请人大、政协相关部门评计生”，发放群众满意度调查卷55份，通海县纠风办发放95份，梳理意见建议8条，通过边评议边整改，制订相应的整改措施整改方案，通过县纠风办情况反馈，综合满意率达99%，有力地促进了计生工作政风行风建设的根本性转变。

【召开2008年人口和计划生育工作暨表彰会】

2008年7月29日，通海县召开2006—2007年人口和计划生育工作暨表彰会，全面总结两年来的人口和计划生育工作。通海县人民政府县长资武在讲话中充分肯定了两年来计生事业的工作进展并对当前和今后一个时期的人口和计划生育工作提出了总体思路和工作要求，明确提出2008年人口和计划生育工作的目标任务。市人口计生委副主任张艳华对通海县的人口和计划生育工作给予了高度评价，对如何贯彻落实中共中央国务院、云南省人民政府《关于加强人口和计划生育工作统筹解决人口问题的决定》作了安排部署。会上对两年来在人口计生工作中涌现出来的5个先进集体、27位先进工作者进行表彰。通海县人民政府与各乡（镇）签订了2008年人口和计划生育工作目标管理责任书。

【省人口计生委调研流动人口计划生育工作】

2008年8月19日，省人口和计划生育委员会副主任李善荣、流动人口管理处处长范雅康在玉溪市人口和计划生育委员会主任雷毅等陪同下，对通海县流动人口计划生育管理与服务工作进行调研。通海县县委常委、副县长王军、县委常委宣传部部长赵莉苹、人口和计划生育局局长戴端、九街镇镇长吕华向调研组详细汇报了通海县流动人口计划生育管理与服务工作情况。省人口和计划生育委员会流动人口管理处处长范雅康对通海县流动人口管理与服务工作取得的成绩给予了肯定：一是领导高度重视；二是宣传工作扎实；三是“抓源头、攻难点”思路明确；四是大胆探索出了一条行之有效的管理路子；五是坚持双向管理，突出了全国流动人口计划生育管理与服务“一盘棋”格局；六是依法维护流动人口合法权益落到实处。李善荣副主任在调研中对流动人口计划生育工作提出了好的建议和意见。此次调研对通海县流动人口计划生育管理和服务工作，既肯定了成绩，又提出了指导性建议，为通海县今后的流动人口计划生育工作起到了十分重要的促进作用。

【绘制通海县流动人口图谱】

为了加强流动人口计划生育服务和管理，通海县人口和计划生育局借鉴和探讨出一条流动人口管理和服务的新路子，流动人口办公室、流动人口监察大队认真研究、精心组织，在全县范围内开展绘制了以乡（镇）、村、（社区）组为重点目标的《流动人口图谱》。解决了适应新形势下流动人口计划生育管理和服务中遇到的新情况、新问题，为通海县今后加强流动人口计划生育管理和服务奠定了坚实的基础。

【落实八项工作承诺】

2008年7月1日，通海县人口和计划生育局向社会公开“八项”工作承诺：一、坚决贯彻执行国家的法律、法规和规章，严格执行县委、县政府的各项决定、决议，认真贯彻落实国家的人口和计划生育方针、政策；二、严格按照《中华人民共和国人口与计划生育法》、《云南省人口与计划生育条例》等相关法律法规，正确履行人口和计划生育行政管理职责，依法规范行政行为，坚持依法办事，依法行政；三、进一步解放思想，创新思路，统筹解决人口问题，积极探索和完善计划生育利益导向机制；四、全面推行政务公开，按程序和时限要求，为群众提供方便、快捷、优质、高效的服务；五、严格按照《信访工作条例》的规定，切实做好信访工作，认真接待群众来电、来信、来访，妥善处理好群众反映的热点、难点问题。严肃对待群众举报、投诉，认真查证处理，做到有访必接，有电必复；六、严格落实党风廉政建设责任制，不断强化对干部的教育、管理和监督，努力创建学习型、创新型、服务型、廉洁型机关；七、严格责任追究制度，对服务承诺制、首问责任制和限时办结制执行不严、落实不力的，严格按问责制的有关规定进行问责；八、主动接受监督。通海县人口和计划生育局干部职工违反以上承诺产生不良后果的，一经查实，将按有关规定严肃查处。

【实施“三项制度”社会评议】

2008年7月26日，通海县人口和计划生育局组织计生局、计生服务站、流动人口协管员50人，采取发放评议表的方式进行“三项制度”评议，满意50份，满意率达100%。通过“三项制度”的学习、培训、考试、评议，人口和计划生育局干部队伍素质、依法行政和为民服务水平进一步得到提高，机关作风得到了较大的改进，机关形象得到进一步提升。

【市政协视察“奖优免补”工作】

2008年11月7日，玉溪市政协副主席钱开祯一行到通海县视察通海落实“奖优免补”政策兑现及贯彻中共中央国务院、云南省人民政府《关于全面加强人口和计划生育工作统筹解决人口问题的决定》情况，在听取通海县人民政府副县长王军汇报后，对通海落实“奖优免补”及贯彻《决定》精神取得的工作成效给予充分肯定，在肯定取得成效的同时对今后的工作提出了指导性建议和意见。希望通海继续加大“奖优免补”的宣传力度，再接再厉做好人口和计划生育工作。

【荣誉】

2008年8月11日，通海县人口和计划生育局荣获玉溪市人口计生委《社会主义新农村建设人口理论》论文组织奖，寇仲军、吴焕丽、普开明、朱学富、王文慧分别荣获玉溪市人口计生委《社会主义新农村建设人口理论》论文个人一、三等奖。

2008年11月20日，秀山镇滨湖社区计生宣传员张萍被授予“云南省人口和计划生育先进工作者”称号。

澄江县

2006年

【概述】

在县委、县政府的正确领导下，县人口计生部门紧紧围绕进一步降低生育水平、提高人口素质的目标，充分调动广大计生干部的积极性，坚持深入基层，扎实工作，以计划生育村（居）民自治、“奖优免补”和优质服务工作的广泛深入开展为契机，切实转变工作思路，努力创新工作方法，采取有力措施，坚持加强基层基础工作，努力创建以人为本的管理和服务机制，基层统计台账管理规范，局、站便民措施到位，计划生育村民自治运行规范，“奖优免补”政策日益深入人心，优质服务工作不断向前推进，综合治理人口问题、计划生育管理和服务网络建设等方面取得了新的突破。

【统计数据】

截至2006年末，澄江县总人口为158002人，出生人口1662人，人口出生率为10.55‰，同比下降了0.59个千分点；计划生育率为99.88%，死亡人数825人，死亡率为5.24‰，同比下降0.47个千分点。

澄江县已婚育龄妇女32954人，占总人口的20.86%，女性初婚572人；采取各种节育措施29619人，综合节育率89.88%，避孕及时率90.87%，采取长效节育措施28031人，三术率达85.06 %。

完成“奖优免补”办证482户，办证率为102.55%，政策兑现率达100%；2004年6月以来累计办理《农村独生子女父母光荣证》2043户，是自实行计划生育政策20多年以来累计办证的17.17倍。

【落实目标管理责任制】

澄江县各级严格实行目标管理责任制，层层签订责任书，一级管好一级，层层抓紧落实，严格兑现奖惩。坚持计划生育通报制度、黄牌警告制度和“一票否决”制度，逐步建立起“依法管理、政策推动、村民自治、优质服务、综合治理”的管理机制，强化了“县领导、镇负责、村为主、户落实”的工作模式。2006年，澄江县圆满完成了市下达的各项指标任务，各镇也全面落实了县政府年初下达的各项目标任务。

【农业人口独生子女“奖优免补”工作】

为做好“奖优免补”工作，县“奖优免补”领导小组充分发挥作用，充分利用广播、电视、网络、手机短信、宣传标语、计划生育流动服务车等宣传形式和通过召开座谈会、兑现会、文艺演出、发放宣传品等形式，从政策规定、办事程序等方面进行广泛宣传，最大限度地提高群众的知晓率。营造了有利于农村群众积极响应号召、踊跃办理《独生子女父母光荣证》的良好氛围，各镇、村和县人口计生局严格把关，做到快审、快报、快批，及时兑现，取信于民。根据不同地域群众的不同情况，及时研究方法，有针对性地抓好重点和难点工作。采取科室包镇、包村的做法，通过进村入户，与群众开展面对面的座谈和算账对比，用已办证并得到实惠的典型家庭来引导和发动群众，激发了更多一孩家庭自愿办证的热情。

各村（社区）还按照村（居）民自治章程，对领证农户给予300至500元的奖励。由于加大了兑现力度，提高了政策兑现率，从而促进了办证率的提高。自2004年6月实施“奖优免补”政策至2006年底，澄江县农村办理《独生子女父母光荣证》2043户，是过去20多年办证数的17.17倍。

【计划生育村（居）民自治工作】

澄江县切实把计划生育村（居）民自治工作作为新农村建设的重点工作抓紧抓好。澄江县39个村（居）委会按照自治工作上台阶的要求，在去年已全面通过市级验收的基础上，对各项基础工作进行认真复查。提高了干部群众参与村民自治的积极性，认真修改健全《章程》，确保运行质量，通过包村、包组的方式，收集群众的意见和建议，最终形成由村民代表大会通过的切合实际、符合民意、可操作性强的《村民自治章程》和《协议书》。坚持严格兑现奖惩，增强了群众主动参与和监督计生工作的积极性，强化了村级领导干部的自治意识，使这项工作又迈上了一个新台阶。

【计划生育优质服务】

澄江县在实践中逐步形成了以村（居）民自治为龙头，以实施“八项工程”为载体，以实现镇、村“六个好”为目标，逐步探索和开展了一系列的优质服务工作。严格坚持依法行政，实施法制计生工程；创新群众工作方式，实施民主计生工程；提高技术服务能力，实施健康计生工程；全面落实奖扶政策，实施阳光计生工程；拓展宣传教育渠道，实施文化计生工程；建立人口信息系统，实施数字计生工程；完善综合治理措施，实施合力计生工程；改革考核评估制度，实施文明计生工程。这“八项工程”的实施，对于实现好、维护好和发展好群众的合法权益，为基本国策的贯彻落实探索出了新的实现途径，对澄江县的社会主义新农村建设起到了良好的推动作用。

【流动人口计划生育管理】

至2006年9月，澄江县流入人口13938人，流出人口1054人。按照“政府牵头、部门参与、条块配合、综合治理”的指导思想，充分发挥现居住地、街道和协会会员的作用，形成有效的流动人口管理与服务网络，公安、工商、城建、劳动、计生、教育、卫生等多部门联合执法，齐抓共管责任制得到进一步落实，以“流入地管理为主，流出地积极配合”的管理体制得到进一步巩固和完善。信息联系、档案管理和查环查孕三项制度得到较好落实，行政执法水平逐步得到提高。充分利用电脑网络，建立了信息交换平台，并确保正常运转，为流动人口计划生育管理做好服务。

【宣传教育工作】

各村（社区）宣传方式不拘一格，生动活泼，突出了地域特色和文化层次，不仅达到了宣传计生工作的效果，也营造了平安祥和的新农村氛围，树立了具有澄江特色的新型婚育文化。充分利用“立夏节”及“世界人口日”等有利时机，开展宣传活动，发放宣传品和计生药具。积极开展五期教育和婚育新风进万家活动，在广大农村大力宣传婚前、孕前、产前保健知识、科学育儿知识，在中学生中进行青少年性健康知识辅导，针对中老年开展了性保健知识宣传，在娱乐场所和宾馆酒店开展了性病、艾滋病预防知识宣传。县计生服务站的医技人员每年坚持100天以上的下乡活动，把展版、画册、生殖保健知识卡片、挂图搬到农村、厂矿和学校，利用各类人群集中的场所，提供优质方便的服务。

【计划生育协会工作】

计划生育协会充分发挥联系面广的优势，调动广大会员积极参与计划生育工作，真正成为两委联系村民的桥梁和纽带。以邻里为基础，建立会员联系制度，联系3至10户村（居）民，在共同致富和生产生活等方面互帮互助，并互相监督执行计划生育政策，及时报告流入流出育龄人员情况。会员们充分利用茶余饭后、田间地头、婚丧嫁娶机会，把在培训班上学到的知识，教给广大育龄夫妇，使广大群众自觉落实“奖优免补”政策，积极领取《独生子女父母光荣证》，了解自己的权益，获得新的知识和福利。他们还编排了《只生一个好》、《计划生育六大好》、《租房》等群众喜闻乐见的节目，使广大群众在轻松的娱乐中获得知识，知晓政策，起到了广泛宣传的作用，得到了省计划生育协会会长李桂英同志及各级领导和广大群众的肯定，部分节目被推荐到国家计生委。

2007年

【概述】

2007年度，澄江县紧紧围绕计生工作为新农村建设服务的方针，抓住贯彻落实《中共中央国务院关于全面加强人口和计划生育工作，统筹解决人口问题的决定》的有利时机，充分调动广大干部群众的积极性，切实转变工作思路，努力创新工作方法，深入开展了计划生育村（居）民自治、“奖优免补”和优质服务工作，使流动人口计划生育管理与服务得到加强，以人为本的管理和服务机制逐渐形成，基层统计台账管理规范，便民措施到位，村（居）民自治工作运行平稳，“奖优免补”政策日益深入人心，优质服务工作不断向前推进，综合治理人口问题、计划生育管理和服务网络建设等方面取得了新的突破。

【统计数据】

至2007年12月，澄江县总人口161011人，出生人口1571人，人口出生率为9.81 ‰，与上年同比下降了0.70个千分点；死亡人数889人，死亡率5.55‰，自然增长人数682人，同比减少177人，自然增长率为4.26‰，同比下降1.18个千分点；计划生育率达100 %，本年度，澄江县实现无计划外多孩生育。

澄江县已婚育龄妇女33141人，采取各种节育措施30239人，综合节育率达91.204%，避孕及时率达97.01%，长效节育人数合计28566人，长效节育率达86. 2%。

“奖优免补”年内新办证100户，办证自愿率达100%，巩固达99.7%，政策兑现率达100%，“奖优免补”网站数据录入率达100 %，“奖优免补”政策知晓率达96.5%。澄江县综合服务证发放率为97%，使用率为94%，群众对管理和服务的满意率达96.5%，药具计划分配执行率达100%，基层统计台账合格率达99.6%，流动人口办证率达93.55 %，查证率达91.35 %。

【“奖优免补”工作】

为做好“奖优免补”工作，澄江县充分利用广播、电视、网络、手机短信、宣传标语、流动服务车等媒介，通过召开座谈会、兑现会、文艺演出、发放宣传品的形式，通过进村入户，与群众开展面对面的座谈和算账对比，用已办证并在养老、升学等方面得到实惠的典型家庭来引导和发动群众，最大限度地提高群众的知晓率。截至2007年12月末，澄江县农业人口领取《独生子女父母光荣证》达2303户，其中：1337户家庭领取了一次性奖励，24名高中生享受了高考加分，94名初中生享受了中考加分，848名中小学生享受了“教育奖学金”，182名60周岁以上的独生子女父母享受了养老生活补助，“奖优免补”资格确认、办证及审批严格执行合法程序，认真进行公示。“奖优免补”资金按要求足额配套并拨付到位，严格按照省市统一要求实行专户管理，发放方式也严格按照上级规定进行，做到了足额及时兑现，并与网站统计数据相符。同时，认真做好县、镇的“奖优免补”电子档案和文书档案管理工作，做到完整、规范和准确。

【村（居）民自治工作】

澄江县切实把计划生育村（居）民自治工作作为新农村建设的重点工作抓紧抓好。按照自治工作上台阶的要求，在前年已全面通过市级验收的基础上，澄江县40个村（居）委会认真复查，反复征求群众意见，不断修改完善《村民自治章程》和《协议书》，使之更加符合实际，更具可操作性，做到精益求精。通过严格兑现奖惩措施，增强了群众主动参与和监督计生工作的积极性，强化了村级领导干部的自治意识，民主管理的社会主义新农村风貌日渐形成。在村民自治工作中，澄江县计生协会充分发挥会员联系制度的优势，每人联系3至10户村（居）民，在共同致富和生产生活等方面互帮互助，并互相监督执行计划生育政策，及时报告流入流出育龄人员情况。会员们利用茶余饭后、田间地头、婚丧嫁娶的机会，把在培训班上学到的知识，教给广大育龄夫妇，使广大群众自觉落实“奖优免补”政策，积极领取《独生子女父母光荣证》，了解自己的权益，获得新的知识和福利。会员们编排的《只生一个好》、《计划生育六大好》、《租房》等群众喜闻乐见的节目，使广大群众在轻松的娱乐中获得知识，知晓政策，起到了广泛宣传的作用。

【优质服务工作】

澄江县在实践中逐步形成了以村（居）民自治为龙头，以实施“八项工程”为载体，以实现镇、村“六个好”为目标，探索和开展了一系列的优质服务工作一是在广大农村大力宣传婚前、孕前、产前保健和科学育儿知识。二是在中学生中进行青少年性健康知识辅导，针对中老年开展了性保健知识宣传。三是率先实施免费婚检，为提高出生人口素质，增强出生缺陷干预，有效遏止传染病的传播蔓延打下了坚实的基础。我们通过婚前培训、日常门诊及手术小分队一年四次下乡开展生殖健康综合服务，加强宣传和培训，不断提高群众对降低出生缺陷重要性的认识。并通过“两干预、一监测”实施出生缺陷干预。澄江县“两干预”群众咨询4453人次，实施福施福或福格森、叶酸片预防神经管畸形1896人次。已孕妇女B超监测4189人次，检测率达93%，对查出的2例神经管畸形、1例唐氏综合征、3例葡萄胎、42例胚胎停止发育等均及时处理。有效降低了出生缺陷，提高出生人口素质。四是在娱乐场所和宾馆酒店开展了性病、艾滋病预防知识宣传，在100家宾馆酒店和旅店100%摆放了安全套，在人群集中的街道、小区安装了10余台自动售套机。五是依托县计划生育协会，成立关爱女孩行动指导小组，在澄江县全面开展“零岁方案”早期教育计划，促进出生人口素质的提高和儿童健康成长；通过救助12名贫困女孩24000元，送“爱心书包”等多种方式，搭建社会各界广泛参与关爱女孩的平台。在生育关怀行动中，由县委书记、县长带头，深入村社，关心、慰问独生子女家庭、双女户家庭和基层计生干部，给实行计划生育的家庭带来了温暖。澄江县认真管理好市下达的资金，对6户重点户给予了扶持，取得了较好社会效益的同时，确保了资金的安全。在财政经费十分紧张的情况下，为做好生育关怀工作，今年投入经费达8万元，用于开展生育关怀行动的各项救助，年内共救助贫困母亲、失学儿童、高考贫困女生、独生子女和贫困计生干部32人次。六是县计生服务站的医技人员全年坚持四次100天以上的下乡活动，下乡覆盖率100%，B超检查3093例，放环1135例，取环182例，皮埋45例，生殖保健5007人次，并把展版、画册、生殖保健知识卡片、挂图搬到农村、厂矿和学校，利用各类人群集中的场所，提供优质方便的服务。

【流动人口管理与服务】

按照“政府牵头、部门参与、条块配合、综合治理”的指导思想，充分发挥现居住地、街道和协会会员的作用，公安、工商、城建、劳动、计生、教育、卫生等多部门联合执法，齐抓共管责任制得到进一步落实，通过建立社区图谱，与出租户签订协议等措施，加强和规范了流动人口的管理。通过送知识、送信息、送药具上门的措施，提高对流动人口的服务质量。以“流入地管理为主，流出地积极配合”的管理体制得到进一步巩固和完善，信息联系、档案管理和查环查孕三项制度得到较好落实，行政执法水平逐步得到提高。充分利用电脑网络，建立了信息交换平台，并确保正常运转，确保了流动人口计划生育与常住人口同管理、同服务。根据市人口计生委的工作部署，澄江县成立了流动人口试点工作领导小组，投入3万余元，进一步做好凤麓镇流动人口计划生育管理试点工作。今年以来，澄江县组织80余人，对流动人口进行了4次清理清查，共清理登记流动人口13766人，其中：流入人口12681人，已婚育龄人数8571人，已婚育龄妇女4720人，查验《审验证》11584 本。流出人口1085人，已婚育龄人数641人，已婚育龄妇女306人，持有《婚育证明》1015本。免费发放避孕套5000余盒。5月份，根据清理的情况，对文书档案和网络数据进行了更新。

【计划生育协会工作情况】

澄江县计生协有关人员深入到镇、村讲课，特别是计划生育五关怀行动的有关知识，培训46期，参加人员1150人次。通过学习培训，并进行了测试，取得了良好的效果。一是在村民自治工作中，计生协会发挥了主力军作用。澄江县计生协会发挥了网络覆盖面广和活动灵活多样的独特优势，认真履行“带头、宣传、服务、监督、交流”的职能作用，把生育、生产、生活结合起来，把计划生育各项管理服务工作落到实处，计划生育协会的会员起到了联系群众的桥梁和纽带作用。建立和强化了会员联系制度，对联系户进行计划生育法律法规、避孕节育、优生优育、生殖健康等知识宣传，并互相监督执行计划生育政策，及时报告流入流出育龄人员情况。二是协会文艺宣传队在“奖优免补”村民自治和生育关怀行动工作中，发挥了带头、宣传作用。三是在生育关怀行动中，由县委书记、县长带头，深入村社，关心、慰问独生子女家庭、双女户家庭和基层计生干部，给实行计划生育的家庭带来了温暖。澄江县认真管理好市计生协下达的资金，对6户重点户给予了扶持，取得了较好社会效益的同时，确保了资金的安全。

【先进集体和先进个人】

2007年10月，国家计划生育协会授予县计生局局长吴运龙同志全国计生协会先进个人称号，2007年12月玉溪市人口和计划生育委员会及玉溪市计划生育协会授予县计生协会“全市协会先进集体”，中共澄江县委及澄江县人民政府授予县计生局“党风廉政先进单位”。

2008年

【概述】

2008年，按照县委、县政府和市人口计生委的部署和要求，澄江县人口计生局树立上级为下级排忧解难，机关为基层服务的工作机制和服务理念，围绕控制人口增长，降低生育水平这一目标，努力实现基层基础工作、流动人口计划生育管理和计划生育服务网络建设有新的突破，做好优质服务、奖优免补等工作，确保了人口和计划生育工作持续、稳定、健康发展。

【统计数据】

2008年末澄江县总人口达162833人，出生人口1460人，人口出生率为9.02‰，同比下降0.79个千分点；计划生育率达99.86%。死亡人数883人，死亡率为5.45‰。本年度，澄江县实现无计划外多孩生育。

澄江县已婚育龄妇女33627人，占总人口的20.65%；采取各种节育措施30799人，综合节育率达91.59%，避孕及时率达94.82%，三术合计29069例，三术率达86.45%。

澄江县农业人口领取《独生子女父母光荣证》达2291户，其中：2004年6月1日至2008年12月30日领证2239户，2008年新增领证86户。“奖优免补”政策知晓率达98%，政策兑现率达100%，全面完成了市对县下达的各项指标。

【计划生育优质服务】

2008年，澄江县紧紧围绕实施出生缺陷干预工程和开展关爱妇女健康科普宣传和进行生殖健康普查项目工作来深化优质服务工作。至2008年 11月30日，在出生缺陷一级干预工作中，共采集送检血样标本757人份。并对参加筛查采血的757人进行了筛查，查出了近期感染阳性数为50人，经检查符合条件免费发放叶酸人员617人，发放率为41.47%；建议进行遗传咨询13对。开展出生缺陷一级干预孕前检查人数447对，孕前检查率为30.04 % ，叶酸使用率占目标人群的 40 %。

2008年10月初，县人口计生局在澄江县农村开展了关爱妇女健康科普宣传和进行生殖健康普查项目工作。至12月20日，普查工作结束，合计普查天数56天，普查人数7272人，普查率为29%。以上两个项目的实施，进一步推进和深化了优质服务工作。

【流动人口计划生育管理与服务】

认真开展流动人口计划生育优质服务活动周，组织各镇计生办人员，清查流动人口14000多人，督促相关人员办理计生证件200人次。通过以广播喇叭、书写标语、发放资料、制作专栏等形式，开展声势浩大的宣传活动，让计生法律法规深入人心，发放宣传资料5000份，摆放宣传版9块、免费发放避孕套8000只、避孕药1000余盒，来访、咨询计生知识500余人次，为流动人口已婚育龄妇女提供妇女常见病普查普治、查环查孕和信息采集等服务。认真地把计划生育的各项法律法规、政策宣传到广大的育龄群众，让流动人口在现居住地同样得到关怀与关爱，有效保障了流动人口的合法权益。开展了流动人口计划生育“关怀关爱”专项行动，于2月1日至25日，组织各镇在辖区内开展了以“关怀关爱、促进和谐”为主题的专项行动，专项行动以人的全面发展为中心，关注流动人口的生存、生活、生育状况，维护流动人口实行计划生育的合法权益。在县计生站开展针对流动人口的免费的“三查”服务，以及对流动人口进行登门服务，为流入人口送去了避孕药具和相关政策法规的宣传品，宣传了“健康检查、落实避孕节育措施、发放避孕药具、办理审验《流动人口婚育证明》一律免费”。3月27至28对凤麓镇辖区内的流动人口育龄人群进行了入户药具走访、政策法规、避孕节育等相关知识的宣传，对新流入的流动人口登记造册，已迁出的及时消户，做好不重登、不漏登，确保所收集到的信息准确，无误。此次共入户走访400余户，1000余人，免费发放避孕套1500支，各类宣传资料500余份，补签《流动人口计划生育管理协议》120份。澄江县2008年流动人口总数15167人，流入人口14063人，流出1101人。

【政策法规工作】

2008年1至12月，对违法生育的行为进行了依法处理，共立案95起，结案95起，结案率100%，其中，违法生育94起，违法多生育1起。所有案件都做到事实清楚、程序合法、文书规范、引用法律法规适当，查处的行政案件，没有1件发生行政复议、行政应诉和信访。至12月31日，各镇及我局共接待信访111件，其中，求决55件，咨询56件。共办结信访案件111起，办结率为100%，满意率在98%以上。

【常规工作管理】

建立健全并认真实行行政负责人问责办法、首问责任制、限时办结制、服务承诺制以及岗位目标责任制、一次性告知制等制度。严格执行政务公开的规定，公开机关职能、工作程序、公共服务办理条件、程序、期限，强化便民服务承诺，规范办事流程，提高部门办事效率，积极有效为群众提供服务。认真开展民主评议政风行风工作，明确工作目标，分解职责任务，严格督促落实；建立健全工作任务分解落实责任制，确保当年各项工作目标和机关建设任务落到实处；强化部门纪律作风建设，认真解决群众反映强烈的热点难点问题，加强干部队伍自身建设，努力提高干部职工的综合素质，使政风行风明显好转，民主评议政风行风工作得到了市政府的表彰。

华宁县

2006年

【概况】

2006年，华宁县人口和计划生育局紧紧围绕市下达的各项指标任务，按年初提出的围绕一个中心（奖优免补），提升两个创新（计划生育优质服务、婚育新风进万家），抓好五项工作（村民自治、计生协会、宣传教育、违法生育管理、流动人口管理）的工作思路，早计划、早安排，层层签订目标管理责任书，狠抓各项指标任务落实。年末，长效避孕率达85.55%，比指标任务提高10.55个百分点，为我县构建和谐社会、推进社会主义新农村建设，营造了良好的人口环境。

【统计数据】

人口基本情况（据华宁县统计年鉴）：年末总人口206236人、出生人口1659人、出生率8.07‰，死亡人口1046人、死亡率5.14‰，自然增长人口603人、自然增长率2.93‰。计划生育率99.58%，综合避孕率88.17%。

【流动人口管理】

根据《玉溪市流动人口计划生育管理办法》，制订了《华宁县流动人口管理措施》，明确了各乡（镇）的职责和管理办法。年内，计生局、乡镇计生办组织对流动人口集中的厂矿、企业、基地、集市清查4次，每周上一次“全国流动人口计划生育信息管理平台”网，察看流入、流出人员信息、反馈流动计生信息。年末，华宁县流动人口总数2626人，其中：流入人口2056人，流出人口570人，为持有节育证明的流入人员办理临时《流动人口婚育证明》86件，流入人口违法怀孕采取补救措施7例，免费发放避孕套1200盒，对到期未办理《流动人口婚育证明》的处予500元以下罚款者共25例。

【群众来信来访办理】

围绕“一法三规一条例”和“行政许可法”，建立完善人口和计划生育行政执法体系实施办法，进一步规范行政执法行为，按依法行政照要求，由计生局与乡（镇）法定代表人签订征收社会抚养费委托书，接受群众、人大、政协、法治，上级部门的监督检查。年末，办理群众来信来访1644人，其中：奖励优待242人，术后问题129人，办证问题74人，违法怀孕7人，咨询生育政策158人，避孕节育327人，生殖健康592人，做到事事有答复，件件有着落，办结率100%。

【宣传教育】

抓住宣传教育工作的六个载体：一是以乡、村人口学校和农村科技学校为载体，对育龄群众进行人口理论、国情国策、“五期”教育培训28684人，基础知识普及率达96.98%，宣传品入户率90%，政策知晓率96%；二是以服务站（所）为载体，通过举办生殖保健、避孕节育、预防艾滋病科普知识展览、咨询门诊、悄悄话室、热线电话等形式，为群众提供温馨服务；三是以电视、广播现代传媒为载体，把法律法规、奖优免补、生殖保健等知识传播到千家万户，满足群众不同层次的需求，广播宣传483次；四是以街头宣传服务为载体，利用春节、纪念日活动，开展书写赠送计生春联、文艺表演、宣传彩车、科普知识展板等活动向群众传播科学、文明、进步的生育文化，散发法律法规、“奖优免补”政策、生殖健康优生优育、预防性病、艾滋病等科普知识宣传品68766份，避孕药具4500盒，书写赠送群众计生春联360对；五是以户外宣传为载体，在城镇、社区交通要道，村街巷尾刷写规范的固定宣传标语2047条宣传标语达标率100%；六是以文艺为载体，充分发挥基层协会文艺队扎根于农村群众喜闻乐见的优势，不断加强基层文艺队伍建设，计划生育局、计划生育协会编创了《婚育新风进万家文艺专辑》下发到乡（镇）， 为基层计生协会文艺队广泛宣传晚婚晚育、少生优生、生男生女都一样、女儿也是传后人等新型生育文化，提供了现成的剧本，全年共演出1014场，受教群众122248人次。

【计生协会建设】

2006 年，各级计生协紧紧围绕计生工作的中心任务，以广泛宣传“奖优免补政策为核心，紧扣婚育新风进万家、关爱女孩行动和计划生育优质服务”这条主线，着眼于新农村建设的全局。华宁县有协会组织 89 个，其中：县级协会l个，乡级协会5个，村（居）协会77个，流动人口协会6个。华宁县有理事896人，其中有女性160人，会员22738人，占总人口的11.06%。会员联系户7564户，会员小组690个，协会文艺队338支，比去年增加8支，华宁县77个基层协会“会员之家”建设面达100%。

【计生协会换届】

2006年6月12日，在宁州镇文化中心，县计生协召开第四届会员代表大会，70余名会员代表，选举产生了第四届理事会候选人24人，常务理事候选人13人，会长、常务副会长、专职副会长、副会长、秘书长6人，表决通过了《华宁县计划生育协会章程》。

【协会服务行动拓展年】

2006年各级计生协积极参与计生行政部门开展计划生育优质服务，在参与优质服务工作中，不断拓展宣传服务渠道。8月21日，盘溪镇计生协会结合回族聚集区特点，针对穆斯林育龄群众对计划生育生殖健康了解甚少的实际，围绕群众的生育、生产、生活积极开展“四个心”活动。协会以宣传栏、散发宣传品、文艺表演的形式，从不同侧面，不同角度宣传文明进步的婚育观念；协调计生服务站（所）医务人员为穆斯林育龄群众 B超健康查体65人次、乳腺诊断62人次，咨询服务120人次、免费发放避孕药具180盒；医务人员入户跟踪对患不育症，治愈后怀孕的穆斯林妇女，进行温馨交谈、孕期健康查体。

9月25日至26日，华溪镇、通红旬乡计生协针对彝族、苗族村寨偏远，群众缺乏生殖健康保健知识的实际，组织医务人员携带医疗器械，深入村民小组，开展“计生优质服务走进少数民族村寨”活动，把少数民族传统文艺融入优质服务之中，深受群众的欢迎和好评。

2006年9月27日，青龙镇计生协将流动人口计划生育管理纳入优质服务范围步提出了“要管人心，先暖人心”的温馨口号，改变过去单一僵硬的管理模式，对流动人口不再看成计划生育的监控对象，视为兄弟、姐妹服务对象，同户籍地人口同 宣传、同服务、同管理，散发《致外来人口兄弟姐妹的一封信》、流动人口须知指南、预防艾滋病等科普知识宣传品85 份，为流动人口健康查体53人。

【帮扶贫困献爱心】

2006年，各级计生协把“民思我想，民困我帮，民需我做”作为协会落点和出发点，组织发动理事、会员为独生子女、双女困难户开展助耕帮扶、扶贫救困活动。年末共帮扶独生子女、双女困难家庭栽秧280亩，栽烟308亩，扶贫救困捐资6400元，救助独生子女、双女困难家庭大米7400公斤，捐资、协调政府赠送计划生育困难家庭电视机53台。协会开展不同形式的帮扶活动、凝聚了民心，树立了协会的良好形象。

【协会参与禁毒防艾活动】

2006年9月29日，宁州镇计生协与强制戒毒所、华一中联合举办预防艾滋病知识宣传专题活动，组织1000余名高中生观看禁毒防艾科普知识展板，组织戒毒人员发言，向学生讲述亲身经历的毒品之害。镇协会文艺队现场演出花灯表演唱《劝君莫吸海洛因》、《全民携手抗艾滋》、方言小品《救救我》等节目，宣传形式直观生动，使学生深受教育。协会参与预防艾滋病宣传活动，有效地提高了广大育龄群众的知晓率，学生参与社会、家庭的参合力。

【业务培训】

为进一步提高人口计生干部和协会秘书长的综合素质和业务水平，更好地适应新时期人口计生工作和协会工作发展的要求。计生局、计生协筹措15000元培训费，于4月5日至7日，在宁州镇文化中心举办“华宁县人口与计划生育综合培训班”，特邀请协张美合秘书长、计生 委技术服务中心主任龚光义到班对华宁县五个乡（镇）的计生专干、服务所医务人员和计生协秘书长70人进行协会规范化管理知识、计划生育优质服务知识讲课，并对学员进行协会规范化管理知识考试考分达 95 分以上。

【创建市级优质服务先进县】

根据玉人口发[2006]23 号《关于开展计划生育优质服务先进乡镇创建活动的通知》精神，2006年华宁县计划生育优质服务工作，紧扣“316”工程（三进村、一进校、六到户），“三进村”即：计生文艺进村、科普知识进村、扶贫救助进村。“一进校”即：预防艾滋病远离毒品进校。“六到户”即：法律法规、奖优免补政策、科普知识宣传品到户；人口知识、科技知识培训到户，避孕药具发放到户，受术对象随访到户，健康检查服务到户，帮扶措施落实到户。狠抓创建优质服务先进县考核指标落实工作。计生局投资15000元，制作了长达26分钟题为《甜蜜事业的基石》反映华宁开展优质服务纪实的VCD光盘。10月20日，市计生委按照计划生育优质服务关键指标，保障指标工作指标、效果指标四个指标体系，对华宁进行考核验收，经考核验收为市级优质服务先进县。

【村民自治通过考核验收】

2006年10月21日，市计生委按照玉溪市计划生育村（居）民自治考核评分标准，依法管理、民主管理、服务优质，对宁州、盘溪、青龙、通红甸四个乡镇71个村委会进行考核验收，经考核验收71个村委会为计划生育村（居）民自治合格村。

【内设机构更名】

根据华机编字[2006]27号《关于华宁县县属单位内设机构更名的通知》的文件通知，自12月31日起，综合科更名为综合股，宣传科技科更名为宣传科技股，更名后的机构级别仍为股所级。

【农业人口独生子女奖励政策】

根据市计生委分配的农业人口独生子女“奖优免补”办证指标任务，计生局制订相应的工作措施，乡（镇）、村把办证指标任务分解到计生办（所）干部、职工、村、组干部、宣传员、信息员，层层制订奖惩措施，由于措施有力，方法得当。年末，华宁县农业人口办理《子女父母光荣证》38户，比市政协下达的570户指标任务超68户，兑现率达100%。兑现一次性奖励609户，570500元。其中兑现1000元家庭的532户，兑现500元家庭的77户，兑现教育奖学金184960元，其中：初中168人次，小学883人次，兑现养老生活补助费167650元，259人，其中：独生子144人，独生女100人。无子女15人。

【召开人口资源环境工作座谈会】

2月19日，县政府在宾馆组织召开由县属单位负责人、各乡镇书记、镇长参加的华宁县人口资源、环境工作座谈会。总结了2005年人口与计生工作，兑现了各项责任目标奖共70433元。县政府于各乡镇人民政府签订了2006年度人口与计生目标管理责任书。

【创建计划生育文化超市】

县计生服务站投资12万元， 建盖了文化超市。文化超市的创建，拓宽了广大育龄群众不同层次的需求，取到了“为民、便民、亲民、利民”的功能作用，打开了多年来就计划生育而宣传计划生育封闭的大门。

【下岗职工独生子女保健】

计生局把独生子女保健费兑现问题轨入议事日程，专题上报县委、政府，县委、政府拨款412410元专款， 兑现城镇居民下岗、待岗、失业、农业人口独生子女3168户，兑现金额368400元，解除了下岗、待业、失业、农业人口独生子女保健费无着落的后顾之忧，使独生子女家庭真正感受到实行计划生育政治上有地位，经济上得实惠、生活上有保障。

【实施少生快富帮扶项目】

2006年轻龙镇计生协转换帮扶村委会，拟定紫马龙村计生协实施计划生育“少生快富”帮扶基金项目，向11户独生子女困难户、10 户双女困难户，共21户帮扶户，贷帮扶基金45000元，发展种植、养殖业，从2006年5月1日起至2006年12月20日止，经过短期帮扶取得了明显的成效。21户帮扶户，帮扶前经济收入36100元，帮扶后经济收入155520元，增纯收入119420元，人均收入达1571元，逐步实现了少生快富的目标。

【预防艾滋病工程】

大力向群众宣传“推广使用安全套、预防艾滋病”的知识。大规模到宾馆、酒店、娱乐场所检查监督摆放安全套、预防艾滋病4次；提问宾馆、酒店管理人员15家，均能全部回答“使用安全套、预防艾滋病”的相关知识；增加了5台自动售套机，并在“计划生育文化，婚育健康超市”内增加安全套品种。以满足不同层次、不同个性的群众选择使用。8月30日经省“推广使用安全套、预防艾滋病”工作领导小组的检查，得到了高度的好评。

【科技计生下乡】

2006年5月16日，由科技局牵头，县计生协参与，在华溪镇开展科技、计生宣传活动，活动内容紧贴农村实际和群众需求，向群众散发农村实用技术、科技致富、农村科技报、农作物常见病虫害图谱、农民技术手册、理想母猪与产仔、农药使用技术、柑桔夏季栽培技术等科技知识读本、手册8900份，计划生育法律法规、优生优育、避孕节育、生殖保健、预防性病、艾滋病等科普知识宣传品3500份，免费发放避孕套4000只，展出崇尚科学、关爱生命、维护人权、反对邪教、预防艾滋病等科普知识展板42块，受教育群众450人次。

【节育措施落实情况】

2006年，华宁县落实三术措施 （男扎、女扎、放环 ）33258例，其中：男扎239例，女扎1182例，放环31837例，期末选用各种避孕方法人数36064人，综合节育率88.17%，三术率81.52%。

【荣誉】

华宁县计生局被中国人口文化促进会评为“全国人口文化工作先进集体”计生局、青龙计生办、青龙村委会、宁州镇右所村委会、盘溪镇乐士堂村委会被市政府评为人口和计划生育先进单位；华宁县计生局被县委、政府评为党风廉政建设优秀单位、行政效能建设先进单位。李海波被国家计生委评为全国人口和计划生育科技先进工作者；吴伯平县长、张平副县长、魏忠田、顾丽琼、王志超、马红英、夏兰仙、邓存珍、雷华庆、郑瑛被市委、市政府评为人口和计划生育先进工作者。

2007年

【概况】

2007年， 华宁县人口和计划生育局紧紧围绕市下达的各项指标任务，按年初提出的 “突出三个重点” （ 优质服务、 奖优免补、关爱女孩行动 ）， 规范三项工作 （ 流动人口计划生育管理、计划生育协会、行政执法 ）， 巩固一个成果 （ 计划生育村民自治成果），夯实一个基础（ 基础台账、宣传教育），狠抓各项指标任务落实。年末，农业人口已领取《独生子女父母光荣证》巩固率达99.05%，为华宁县构建和谐社会和新农村建设，营造了良好的人口环境。

【统计数据】

人口基本情况（据华宁县统计年鉴）：年末总人口207721人、出生人口1627人、出生率7.86‰，死亡人口1362人、死亡率6.58‰，自然增长人口265人、自然增长率1.28‰。计划生育率99.69%，综合避孕率88.87%。

【流动人口管理】

建立以属地管理，单位负责，村民自治， 社区服务的现居住地管理为主的流动人口管理机制。年末 ，华宁县流动人口 3023 人，其中：流入人口 2039 人，流出人口 984 人，为流动人口发放《玉溪市流动人口管理办法》、《致外来人口兄弟姐妹的一封信》、《流动人口计划生育法规问答》、《流动人口计划生育服务指南》等宣传资料3000份，免费发放避孕套1200盒，为流动人口免费健康服务1231人次，建立流动人口计划生育协会6个。拟定了县、镇实施方案，成立了试点工作领导小组，把流动人口计划生育管理纳入目标责任考核，与社区、村委会、出租房主签订“三级”管理合同298份。

【宣传教育】

围绕《中共中央国务院关于全面加 强人口和计划生育工作统筹解决人口问题的决定》精神和“奖优免补”、婚育新风进万家、关爱女孩行动、计划生育优质服务这条主线节开展形式多样的宣传教育活动，一是以乡、村人口学校和农村科技学校为载体，把学习贯彻《决定》精神作为开展人口理论的重要课程，国情国策、“五期”教育培训35098人，基础知识普及率达97.6%，宣传口入户率达93%， 群众政策知晓率达 96.5%；二是以服务站（所）为载体通过举办生殖保健、避孕节育、优生优育、预防性病、艾滋病科普知识展览、咨询门诊、悄悄话室、热线电话等形式，为育龄群众提供温馨服务； 三是以乡、村电视、广播为载体，通过电视、广播把《决定》精神、法律法规、奖优免补、优生优育、生殖保健等知识传 播到千家万户；四是以街头宣传服务为载体，利用春节、纪念日等活动，开展书写赠送计生春联、才艺演出、宣传彩车、科普知识展板等活动向群众传播生育文化，散发法律法规、“奖优免补”生殖健康、优生优育、禁毒防艾等科普知识宣传品75328 份，《云南科技报》、《农村适用科技》77132套，避孕药具7230盒，书写赠送群众计生春联1650对；五是以户外宣传为载体节按照国家计生委推荐新时期标语口号在城镇、社区交通要道、村街巷尾刷写规范宣传标语2737条，宣传标语达标率100%；六是以乡、村黑板报、宣传栏为载体，大力宣传法律法规、“奖优免补”、避孕节育、生殖健康、优生优育、禁毒防艾、农村适用科技等科普知识型出刊黑板报、宣传栏514期；七是以文艺为载体，充分发挥华宁县338支基层计生协会文艺队扎根农村群众喜闻乐见的优势节把计生文艺宣传活动融入春节、“三八”妇女节、“5·29”计生协会会员活动日、“7·11”世界人口日、苗族“花山”节、彝族火把节、“12·1”世界艾滋病宣传日等节日中，广泛宣传晚婚晚育、少生优生、生男生女都一样、女儿也是传后人等新型生育文化，把婚育新风尚传播到村村寨寨千家万户，全年共演出1214场，受教育群众118972人次。

【计生协会建设】

按照市计生协基层协会“五个一” 和“会员之家”、“八有”的要求，各级计生协会争取党委、政府的重视支持加大规范化协会建设步伐，华宁县77个村（居） 协会步入了规范化管理轨道，“会员之家”建设面达100%。年末，华宁县有协会组织89个、理事812人、会员22738人，占总人口的11.28%，其中：“五老”占会员总数的5.08%，会员联系户7564户，协会文艺队338支。

【协会生育关怀行动】

2007年11月29日至30日，玉溪市基层计划生育协会工作现场会暨表彰会在华宁召开，省计生协会专职副会长郭秀华、玉溪市人民政府副市长陈志芬、市计生协会会长施以宽、市计生委主任雷毅、华宁县委副书记李丁全、副县长张平及各县区分管计生副县长、计生协会专职会长、计生局局长、专职副会长、秘书长和各乡（镇）计生办主任共185人参加了会议。

【扶贫救助献爱心】

各级计生协会把关怀计生困难家庭生产、生活作为开展“生育关怀行动”的主要活动内容，组织发动理事、会员为独生子女、双女困难户开展助耕帮扶、救困活动。全年帮扶独生子女、双女困难家庭栽秧 62 亩，栽烟422亩，救助独生子女、双女困难家庭大米700千克，赠送计划生育困难家庭电视机5台。

【创建生育文化大院】

为满足广大育龄群众求知、求富、求乐、求健康的需求，拓展计生协会服务领域。8月1日， 计生局、计生协会投入3500元，在城关社区老年活动中心创建融法律法规、奖优免补、青春期、新婚期、育儿期、孕产期、更年期、男性健康、女性保健、关爱女孩、避孕节育知情选择、妇女保障、云南科技报、农村适用科技等报刊宣传品，避孕药具免费发放节计生书法、宣传画、健康服务、文艺为一体的生育文化大院，拓宽广大育龄群众获得不同需求的服务渠道，由单一说教的传统方法，转变为丰富多彩的现代方法。

【实施少生快富帮扶项目】

宁州镇、青龙镇计生协拟定平地、右所、紫马龙、海边村计生协会实施计划生育“少生快富”帮扶基金项目，为26户独生子女困难户，20户双女户贷帮扶基金150000元，发展种植养殖业，从1月11日至12月31日止。46户帮扶户帮扶前经济总收入357400元，帮扶后经济总收入达508286元，比帮扶前增收150886元，帮扶前人均收入为2248元，帮扶后人均收入达3197元，比帮扶前增收949元。

【科技计生宣传活动】

2007年3月20日，由县政协牵头组织， 县计生协参与节在青龙镇海镜村委会开展科技、文化、卫生“三下乡 ”活动， 宣传内容紧贴农村实际和群众的需求， 向群众散发云南科技报 7200 份， 农村适用技术 600 本， 计划生育法律法规、奖优 免补、关爱女孩行动倡议书、青春期、新婚期、孕儿期、更年期、流动人口知识指南、禁毒防区产、生殖健康保健等宣传品 3600份，免费发放避孕套 400 盒， 为群众作 B 超健康检查 71 人， 查出肝、胆、肾、女科疾病 17 人。海镜村计生协会文艺队为群众 表演了讴歌构建和谐社会，婚育新风尚、新农村建设、家庭美德花灯、小品文艺节目8个，受教育群众达2758余人。

【综合档案室验收达四星级标准】

2007年9月24日，县档案局验收小组通过实地察看、听汇报、会议等形式，从管理体制、设施设备、业务建设、开发利用、信息化建设、家庭档案建设六个方面进行考评验收，计生局综合档案室以136.2分的成绩获得云南省档案局颁发的“四星级”证书和匾牌。

【县区服务站长药具工作会在华宁召开】

为进一步规范计生服务站和药具管理工作，玉溪市人口计生委1月4日至5日在象鼻温泉度假村召开各县区计划生育服务站长、药具管理人员40余人参加的计生服务站长暨药具工作会议，市服务中心副主任吴玉琼传达学习了全省在西双版纳召开的药具工作会议精神，县服务站站长唐华交流华宁服务站规范管理经验和做法。并参观了县服务站规范管理和生育婚育文化超市，观看专题片《省药具站建站 20 周年纪实》，对药具管理人员进行了业务培训。

【省人口计生委领导到华宁调研计生工作】

10月18日，省人口计生委主任郝青山、办公室主任石丽康一行三人， 在玉溪市人民政府副市长陈志芬、杨丽芬副秘书长、市计生委主任雷毅的陪同下深入县计生服务站、宁州镇城关社区、青龙镇进行工作调研，通过座谈、走访、实地察看，省人口计生委郝青山主任对华宁人口和计划生育工作给予了充分的肯定： 一是各级党委、政府高度重视计划生育工作，切实解决工作中存在的困难和问题节有全局意识和大局意识；二是广大基层计生干部工作务实，爱岗敬业，乐于奉献，勇于创新。同时针对华宁计生工作提出了要求，一是要坚持依法管理，文明执法；二是要强化宣传教育；三是要抓典型经验的总结推广， 为全省提供先进典型。

【农业人口独生子女奖励政策】

乡（镇）计生办采取多种渠道不断加大农业人口“奖优免补”政策的宣传力度，年末华宁县农业人口办理《独生子女父母光荣证》80户。一次性兑现奖励105户，99500元，其中兑现1000元家庭的94户，兑现500元家庭的11户；兑现教育奖学金226120元，其中：初中210人次、小学1072人次兑现养老生活补助费176050元，其中：独生子151人，独生女106人，无子女15人。

【下岗职工独生子女保健】

华宁县计生局把农业人口、下岗、待业、失业人员独生子女保健作为计划生育工作的“热”、“难”问题，专题上报县委、政府，拨付412410元专款，兑现城镇居民下岗、待岗、失业、农业人口独生子女3168户，兑现金额375570元，解除了下岗、失业、待业、失业、农业人口独生子女保健费的后顾之忧，使实行计划生育的独生子女家庭感受到政治上有地位、经济上得实惠、生活上有保障。

【村民自治】

为确保计划生育村民自治程序化、规范化、具体化，华宁县77个村（居）制订了章程，村两委联席会议制度，村民代表会议制度，完善村务公开、财务制度；决策责任追究制度；创新村级重大事务民主决策程序、村民代表会议议事程序和民主理财小组、村务公开监督小组等民主监督机构。年末，华宁县77个村（居）计划生育村民自治开展率达100%，考评合格率达100%。

【业务技术培训】

计生服务站送医务人员5人参加省第一人民医院举办的“妇科内分泌疾病及不孕不育疾病治疗培训”；7月送医务人员4人参加省妇幼保健院举办的“阴道镜和LEEPD宫颈疾病诊治培训”；9月送医务人员2人，参加国家癌症基金会在昆明举办的高级别“宫颈早诊早治研讨班”培训。

【技术服务】

2007年4月17日至30日，县计生服务站与总工会联手，为县属机关事业单位育龄妇女进行生殖健康综合体检服务，历时14天体检823例；11月至12月，抽调医务骨干到青龙、盘溪为育龄妇女健康检查860例。年末，共查出患宫颈癌前病变（CIN）117人，患子宫肌瘤163人，患子宫腺肌症35人，患输卵管积水5人，绝经后子宫内膜过厚4人，患卵巢囊肿147人，卵巢多囊样改变19人，患乳腺疾病926人，患阴道炎（霉菌、滴虫性、细菌）411人，肾结石202人，胆结石46人，乙型肝炎病毒感染者44人。全年门诊人次9601人，比2006年增加1453人，各种节育手术占华宁县的40%，其中：人流384例，与去年371例相比增加13例，药流144例，与去年159例相比减少15例，引产161例与去年202例相比减少4例，放环703例与去年849例相比减少146例，取环415例与去年460例相比减少45例？皮埋14例与去年11例相比增加3例，B超3280人与去年2819例相比增加461人，化验5416例与去年4679例相比增加737例，心电图378人与去年318人相比增加60人，乳腺诊断72例，阴道镜148人，波姆光治疗55人。

【荣誉】

2007年11月27日，县计生协会被玉溪市计生协会评为“玉溪市计划生育协会先进集体”；宁州镇、青龙镇被玉溪市计生协会评为“玉溪市计划生育协会先进集体”，宁州镇城关社区、盘溪镇小龙潭村委会被玉溪市计生协会评为“玉溪市计划生育协会先进集体”；行政效能建设一等奖；张平和魏忠田被省评为计生先进工作者。

2007年12月，县计划生育协会被中国计划生育协会评为“全国计生协工作先进单位”。

2008年

【概况】

2008年，华宁县人口和计划生育局紧紧围绕市下达的各项指标任务，按年初提出的“拓展一个领域”（计划生育优质服务），实现三个突破（流动人口计划生育管理、依法行政、政策法规宣传培训），巩固二个成果（奖优免补、村民自治），加大三个力度（人口出生缺陷一级预防、关爱女孩行动、协会规范化管理、基层基础统计台账），达到一个目标（华宁县人口和计划生育工作再上一个新的台阶）的工作思路，继续坚持“党政一把手亲自抓、负总责和具定的人口目标不变”的工作方针，狠抓各项工作的落实。年末累计领取《独生子女父母光荣证》8199人，比上年同期增209人，为新农村建设创造了良好的人口环境。

【统计数据】

人口基本情况（据华宁县统计年鉴）：年末总人口28525人、出生人口1764人、出生率8.53‰，死亡人口1528人、死亡率5.06‰，自然增长人口718人、自然增长率3.47‰。计划生育率99.66%，综合避孕率89.92%。

【基层统计台账】

华宁县基层计划生育统计台账进一步走上了规范化管理轨道，制订了定期报告制度，定期随访制度和例会制度，村级计生宣传员实行乡聘、村用、县管的管理体制，村委会换届更换计生宣传员，乡（镇）采取集中培训的方法，进行统计业务培训。县、乡（镇）每半年对村级统计台账检查一次，对运转不正常、不规范的责令限期整改。

【流动人口管理】

根据《玉溪市流动人口计划生育管理办法》和年初制订的工作计划，狠抓流动人口计划生育基层管理工作，建立以属地管理，单位负责，村民自治，社区服务的现居住地管理为主的流动人口管理机制，一是以宣传教育为导向，引导流动人口树立新型生育文化观念，二是坚持以人为本，指导流动人口开展避孕方法知情选择。年末，华宁县流动人口2627人，其中：流入人口1610人，流出人口1017人，为流动人口发放《玉溪市流动人口管理办法》、《致外来人口兄弟姐妹的一封信》、《流动人口计划生育法规问答》、《流动人口计划生育服务指南》等宣传资料15546份，免费发放避孕套2000盒，办理《流动人口婚育证明》72本。

【群众来信来访办理】

按照省、市人口计生委“排查得早、发现得了，控制得住，解决得好”的要求，乡镇计生办着力解决影响社会稳定的热点、难点问题，认真受理信访举报，做好矛盾纠纷排查化解工作。年末，受理政策咨询、生殖健康、避孕节育、手术并发症、解决独生子女保健费来访49件，其中：电话访19件，来信8件，信访案件按期结案率和优质结案率达100%，做到件件有着落，事事有结果，把人口和计划生育矛盾纠纷化解在当地、化解在基层、化解在萌芽状态。

【宣传教育】

华宁县计生局紧紧围绕《中共中央国务院关于全面加强人口和计划生育工作统筹解决人口问题的决定》精神（以下简称为《决定》）和“法律法规、奖优免补”、婚育新风进万家、关爱女孩行动、人口出生缺陷一级预防、计划生育优质服务这条主线，开展形式多样的宣传教育活动。一是以乡、村人口学校和农村科技学校为载体，把学习贯彻《决定》精神作为开展人口理论的重要课程，国情国策、“五期”教育培训34001人，基础知识普及率达92.5%，宣传品入户率达92%，群众政策知晓率达95.51%；二是以服务站（所）为载体通过举办生殖保健、避孕节育、优生优育、预防性病、艾滋病科普知识展览、咨询门诊、悄悄话室、热线电话等形式，为育龄群众提供温馨服务；三是以乡、村电视、广播为载体，通过电视、广播把《决定》精神、法律法规、奖优免补、优生优育、生殖保健等知识传播到千家万户；四是以街头宣传服务为载体，利用春节、纪念日等活动，开展书写赠送计生春联、文艺演出、科普知识展板等活动向群众传播生育文化，散发法律法规、“奖优免补”、生殖健康、优生优育、禁毒防艾等科普知识宣传品56854份，《云南科技报》、《农村适用科技》5310套，避孕药具2000盒，书写赠送群众计生春联893对；五是以户外宣传为载体，按照国家计生委推荐新时期标语口号在城镇、社区交通要道、村街巷尾刷写规范宣传标语1694条，宣传标语达标率100%；六是以乡、村黑板报、宣传栏为载体，大力宣传法律法规、“奖优免补”、避孕节育、生殖健康、优生优育、禁毒防艾、农村适用科技等科普知识，出刊黑板报、宣传栏402期；七是以文艺为载体，充分发挥华宁县338支基层计生协会文艺队扎根于农村群众喜闻乐见的优势，把计生文艺宣传活动融入春节、“三八”妇女节、“5·29”计生协会会员活动日、“7·11”世界人口日、苗族“花山”节、彝族火把节、“12·1”世界艾滋病宣传日等节日中，广泛宣传晚婚晚育、少生优生、生男生女都一样、女儿也是传后人等新型生育文化，把婚育新风尚传播到村村寨寨千家万户，全年共演出298场，受教育群众61431人次。

【计生协会建设】

按照市计生协基层协会“五个一”（一块牌子，一块阵地，一套班子，一套制度，一支文艺队）和“会员之家”、“八有”的要求，各级计生协会积极争取党委、政府的重视支持加大规范化协会建设步伐，华宁县77个村（居）协会步入了规范化管理轨道，“会员之家”建设面达100%。年末，华宁县有协会组织89个，其中：县级协会1个，乡级协会5个，村（居）协会77个，企业流动人口协会6个，会员小组690个。华宁县有理事812人，会员22738人，占总人口的11.28%，其中：“五老”占会员总数的5.08%，45岁以下育龄群众中的积极分子，有文化、有知识、有能力的占会员总数的73.52%，致富能人占会员总数的21.4%，会员联系户7564户，协会文艺队338支。

【协会生育关怀行动】

各级计生协会紧扣“生育传承希望，关怀相伴和谐”这条主线，积极拓展生育关怀服务领域。1月9日青龙镇计生协组织理事、会员、服务所医务人员、协会文艺队，携带医疗器械，演出器材奔赴山岐村委会开展为民健康服务活动，他们白天为育龄群众作B超、乳腺、妇科检查，晚上开展计生文艺宣传演出，既为民开展了健康检查服务，又宣传了计划生育、生殖健康、优生优育知识，丰富了山区群众的文化生活。

2008年6月2日青龙镇计生协与镇中心小学联手把“5·29”活动延伸到校园。开展“情暖花蕾、生育关怀进校园”活动向中心小学赠独生子女、双女困难学生助学金1000元和价值720元的学习用品，为师生测量血压183人，称体重、听诊心脏231人，散发预防艾滋病、关爱女孩、青春期等宣传品607份。下午，组织四、五年级125名女生在电教室举办“我是女孩我骄傲”演讲比赛，经过激烈的竞争，分别评出一等奖1名、二等奖2名，三等奖3名、鼓励奖2名，奖品金额180元；并慰问在校12名独生子女、10名双女困难学生、2名孤儿、每名困难学生发放慰问金30元，共发放慰问金720元。

2008年10月1日，城关社区计生协组织理事、会员48人，深入宁州镇敬老院开展“城关社区计生协心系孤老真情关怀服务活动”，协会购置150元的蛋糕食品分发给17位高龄孤寡老人，理事、会员们与老人们促膝谈心，嘘寒问暖，梳头、折被、打扫室内外卫生，整个活动其乐融融，使孤寡老人们感到来自计生协会的温馨关怀，感受到社会大家庭的温暖。

【独生子女伤残死亡家庭扶助】

根据国人口发[2007]78号《人口计生委、财政部关于印发全国独生子女伤残死亡家庭扶助制度试点方案的通知》，2008年计生局把独生子女伤残的死亡家庭扶助，作为事关广大群众家庭幸福和社会和谐的大事落到实处，按照扶助对象符合的条件，做好独生子女伤残死亡家庭扶助工作，通过张榜公布，逐级审核。年末，华宁县享受独生子女伤残死亡家庭扶助34人，其中：子女死亡28人，伤残6人。

【政策法规培训】

2008年3月12日至14日，华宁县计生局在通红甸乡温泉举办为期3天的计划生育政策法规培训班，聘请市计生委政策法规科科长张红辉、县法院李从跃作计划生育法规法规、行政执法程序讲座，培训县、乡、镇计生干部、分管计生副乡镇长53人。

【人口出生缺陷一级预防】

为认真贯彻国家计生委《关于开展出生缺陷一级预防工作的指导意见》、《云南省出生缺陷预防规定》、《玉溪市关于全面开展人口出生缺陷一级预防工作实施意见》，2008年6月23日，县人民政府办公室下发了华政发[2008]83号文件关于印发《华宁县人口出生缺陷一级预防工作实施方案》的通知，各乡镇按通知相继成立了人口出生缺陷一级预防领导小组，制订了实施方案，华宁县掀起了宣传婚前期教育与优生、孕前保健、孕期保健、婴幼儿保健的高潮。年末，华宁县举办出生缺陷一级预防知识培训83期，培训3209人，举办婚前培训49期，培训2375人，散发人口出生缺陷一级预防知识问卷，预防出生缺陷生一个健康的孩子宣传品3164份，在1800对目标人群中完成30%孕前检查540对，免费发放叶酸756瓶。

【扶贫救困献爱心】

各级计生协会把关怀计生困难家庭生产、生活作为开展"生育关怀行动"的主要活动内容，组织发动理事、会员为独生子女、双女困难户开展助耕帮扶、扶贫救困活动。全年帮扶独生子女、双女困难家庭栽秧32亩，割小麦12亩，栽烟88.1亩，浇烤烟水40亩，理烟墒23亩。

【技术服务】

2008年服务站，门诊人次9196人次，与去年8483人次比增加713人次；各种节育手术数达华宁县计划生育手术的40%以上，其中：放环648例与去年635例比增加13例；取环488例，与去年384例比增加144例；B超3387人次，与去年3005例比增加382人次；化验2603人次，与去年2383例比增加220人次；心电图321人次，与去年343例比下减22人次；乳腺诊断148例，与去年384例比下减41例；阴道镜327人次，与去年159例比增加168例，检出宫颈癌7例；LEEP刀治疗宫颈癌前病变158例。

【创建生育文化大院】

2008年生育文化大院始终坚持与科普知识，致富信息交流、农村的经济发展、农民的发家致富相结合，与法制道德教育、思想道德教育、思想道德相结合，与精神文明建设活动和村（居）民自治相结合，与婚育新风进万家活动和计划生育优质服务相结合，与倡导男女平等夫妻和睦、尊老爱幼、勤俭持家、邻里团结家庭美德相结合，与构建和谐社会和新农村建设相结合。一是乐民。为发挥生育文化功能，延伸新型生育文化传播，每逢纪念日，县计生协组织宁州镇计生协文艺队在生育文化大院门口开展群众喜闻乐见的文艺演出，大力弘扬新型生育文化，共演出13场，受教育群众12650余人；二是惠民，生育文化大院摆放法律法规、奖优免补、优生优育、避孕节育知情选择，云南科技报、妇女保障等宣传品和避孕药具，由专人负责发放并造册登记，聘请服务站医务人员进生育文化大院，开展为民健康服务，共散发各种宣传品4583份，免费发放避孕药具2000盒，为群众测量血压325人次；三是富民。为满足广大育龄群众求知、求富的愿望，县计生协与科技局理事单位搭桥挂钩，为育龄群众提供云南科技报、大众科普知识手册等致富信息，帮助农民发展科技生产，共散发云南科技报3129份，大众科普知识手册318册。

【实施少生快富帮扶项目】

盘溪镇、青龙镇计生协会拟定青龙、落梅、山歧、各纳甸村计生协会实施计划生育"少生快富"帮扶基金项目，帮扶54户独生子女、双女困难户，其中：16户独生子女困难户，39户双女户，贷无息帮扶基金150000元，发展种植、养殖、加工、饮食、运输业，从1月1日至12月31日止。54户帮扶户，帮扶前年户总收入为473750元，帮扶后年户总收入达920800元，比帮扶前增收517050元，帮扶前年人均纯收入为1878元，帮扶后年人均纯收入达4283元，比帮扶前增收2405元。

【艾滋病预防】

为做好推广使用安全套、预防艾滋病工作，2008年服务站选派人员参加市推广使用安全套、预防艾滋病3次，进一步加强落实推广使用安全套、预防艾滋病工作，年末，组织人员到宾馆、酒店、娱乐场所检查监督摆放安全套、预防艾滋病5次，向宾馆、酒店管理人员提问使用安全套、预防艾滋病相关知识，在“计划生育文化、婚育健康超市”增加安全套品种、满足育龄群众不同层次的需求。

【农业人口独生子女奖励政策】

乡（镇）计生办采取多种渠道不断加大农业人口“奖优免补”政策的宣传力度，年末华宁县农业人口办理《独生子女父母光荣证》53户。一次性兑现奖励56户，52500元，其中兑现1000元家庭的49户，兑现500元家庭的7户；兑现教育奖学金259140元，其中：初中265人次，小学1189人次；兑现养老生活补助费171300元，其中：独生子156人，独生女111人，农村独生子女高中、大学阶段“奖学金”兑现39600元，其中：考取高中34人，考取大专3人，考取本科1人。

【下岗职工独生子女保健】

华宁县计生局把农业人口、下岗、待业、失业人员独生子女保健作为计划生育工作的“热”、“难”问题，专题上报县委、政府，拨付420000元专款，兑现城镇居民下岗、待岗、失业、农业人口独生子女3198户，兑现金额383435元，解除了下岗、待业、失业、农业人口独生子女保健费的后顾之忧，使实行计划生育的独生子女家庭，感受到政治上有地位、经济上得实惠、生活上有保障。

【荣誉】

2008年12月华宁县人口计生局被中华人民共和国国家人口和计划生育委员会评为“全国计划生育优质服务先进单位”；被县政府评为“2005—2007年度防治艾滋病人民战争”先进单位，行政效能建设一等奖。

易门县

2006年

【综述】

2006年，易门县人口和计划生育工作，以人的全面发展为中心，坚持计划生育基本国策不动摇，紧扣"控制人口数量，提高人口素质"这一主题，实施"少生快富"、出生缺陷干预、推广使用安全套预防艾滋病、改善出生人口性别比结构四项工程，强化"奖优免补"、计划生育优质服务、依法行政、村（居）民自治、流动人口管理、计划生育协会六项工作，低生育水平进一步巩固，人口和计划生育事业稳步深入发展，呈现出"人口增长持续走低，人口总量增加减慢，出生人口性别比结构趋向正常"的良好态势。

【统计数据】

据计划生育统计报表，截至12月31日，全县总人口173969人，已婚育龄妇女32726人，占总人口的18.81%。2006年，出生人口1411人，比上年少生150人，人口出生率8.14‰，比上年下降0.89个千分点；自然增长率2.42‰，比上年下降0.34个千分点；计划生育率99.86%，与上年提高0.12个百分点。

【落实目标责任制】

2006年年初，县政府与市政府、县人口计生局与市人口计生委签订目标管理责任书；县政府与各乡（镇）政府、玉溪矿业有限公司签订《人口和计划生育目标责任书》，乡（镇）与各村（居）签订责任书，24家县级计划生育"三结合"成员单位与县政府签订帮扶责任书，经市、县政府组织考核，各责任单位全面完成2006年度的各项指标任务，县政府、县人口计生局分别获全市二等奖。县委、政府以文件通报考核结果并兑现目标责任奖。

【村民自治】

龙泉镇的11个、六街镇的5个、小街乡的3个共19个村（居）委会达标市级"计划生育村居民自治合格村"，十街乡十街村通过复检，村民自我教育、自我管理、自我宣传、自我服务的格局逐步形成。

【优质服务】

在全面总结上年六街镇、小街乡试点经验的基础上，进一步完善易门县计划生育优质服务工作方案，全面实施"三入户、两减免、四服务、五提高"的计划生育优质服务"3245"工程。全年共为育龄群众开展技术服务18924人次，群众对计划生育服务工作的满意率由80%提高到90%，龙泉镇、六街镇、小街乡被确认为"市级计划生育优质服务先进乡（镇）"。

【落实奖励政策】

贯彻落实易发〔2003〕34号文件奖励政策，兑现2523户每人每月10元的独生子女保健费28.2865万元、5户采取结扎术一次性200元的奖励金0.1万元、759名村民小组计生服务员每人每月5元的津贴45540万元。

【"奖优免补"工作】

易门县农业人口家庭累计办理《独生子女父母光荣证》2237户，占农业人口一孩家庭户的49.57%。2005年10月1日至2006年9月30日期间，农业人口领办《独生子女父母光荣证》的户数达500户，落实升学加分15 人，兑现一次性奖励449户42.7万元、教育奖学金629名11.244万元、养老生活补助金233人15.295万元。

【流动人口管理】

在人员流动大，流动人口相对集中的龙泉镇中心街、兴文街、西环路三个社区和大椿树工业园区实施流动人口属地化管理试点改革，突破城市、社区流动人口人户分离和私营、民营企业计划生育管理、服务难的问题。强化与公安、城建、民政等八家部门的齐抓共管，积极落实一证多管制度，加强与周边地、州（市）、县（区）的联系，加强全国流动人口信息交换平台的运作和管理，积极构建全县流动人口综合管理服务体系。

【计生协工作】

完善省计划生育帮扶资金项目合同管理，全县使用省帮扶资金11.6万元帮扶98户，在4个乡（镇）20个试点村开展预防性病/艾滋病健康教育项目，群众知晓率由原来的54.4%提高到91.4%，项目工作收到了实效。在绿汁镇大木奔村民小组、小街乡歪头山村民小组、龙泉镇干头村村民小组率先建立较规范的组级 “会员之家”。

【县委、政府召开工作会】

2006年2月15日，县委、政府在召开“两会”期间，召开了易门县人口资源环境工作座谈会。会上，龙泉镇人民政府、易门意达陶瓷有限公司、易门铜业有限公司的负责人作了计划生育管理经验交流。3月17日，召开易门县人口和计划生育工作会。会上，政府副县长鲁春红全面分析了“十五”期间人口和计划生育工作取得的成绩及存在的问题，对2006年全县人口和计划生育工作提出了目标要求。9月6日，为进一步规范全县人口统计工作，召开了人口统计协调会，县统计局、县公安局、县人口计生局分管人口统计工作的领导参加会议，会议决定由3家单位联文下发《关于加强全县人口统计工作的通知》。

【荣誉】

2006年9月，李云生被云南省人民政府1%人口抽样调查领导小组表彰为“省级先进个人”。12月，易门县人民政府、小街乡人民政府、龙泉镇曾所村、十街乡十街村、铜厂乡西山村、易门县人口计生局被玉溪市委、市政府表彰为“玉溪市人口和计划生育工作先进集体”。鲁春红、普学武、李曙东、郭晖、李玉萍、阮兴华、矣秀莲、李文发、王莉、田萍仙、郄兰珍被玉溪市委、市政府表彰为“玉溪市人口和计划生育工作先进个人”。

2007年

【综述】

2007年，易门县人口和计划生育工作，以“三个代表”重要思想为指导，坚持以人为本，突出重点，强化基础，全面推进各项工作顺利开展，全县人口和计划生育工作呈现出“人口总量减少，出生人口下降，出生婴儿性别比均衡度提高”的良好态势。

【统计数据】

据计划生育统计报表， 截至12月31日，全县总人口173247人，同比减少722人；已婚育龄妇女32521人，占总人口的18.77%。2007年，出生人口1303人，比上年少生108人，出生率7.51‰，比上年下降0.64个千分点；自然增长率1.43‰，比上年下降0.99个千分点；计划生育率99.69%，比上年下降0.17个百分点。

【落实责任】

2007年，县政府与市政府、县人口计生局与市人口计生委签订目标管理责任书；县政府与各乡（镇）政府、玉溪矿业有限公司签订《人口和计划生育目标责任书》，乡（镇）与各村（居）签订责任书，经市、县政府组织考核，全面完成2007年度的各项指标任务，县政府、县人口计生局分别获全市二等奖。县委、县政府以文件通报考核结果并兑现目标责任奖。

【督查调研】

2007年 6月4日，市人口计生委调研员白仲华一行4人，到易门县督查调研人口计生工作。8月21日至22日，市人口计生委综合科科长张红辉一行3人，到易门督查“奖优免补”工作情况、专项资金管理和计生干部报酬落实情况、计划生育优质服务创建省级先进单位工作开展情况。11月5日至7日，市人口计生委副主任李建明一行4人，对易门县乡（镇）创建计划生育优质服务先进单位、计划生育村（居）民自治、计划生育“奖优免补”档案管理三项工作进行考核验收。

【落实奖励政策】

落实全县2007年度享受易发〔2003〕34号文件规定的计划生育奖励政策，兑现2545户独生子女家庭每人每月10元的独生子女保健费28.9355万元、8人采取结扎手术一次性200元的奖励0.16万元、759名组计生服务员每人每月10元的津贴9.108万元。一次性解决2000年8月1日前农业人口办理《独生子女父母光荣证》的独生子女保健费。

【"奖优免补"工作】

截至12月31日，全县农业人口领取《独生子女父母光荣证》累计达到2260户。全年新领取《独生子女父母光荣证》72户，自愿率达100%；落实升学加分32人，兑现一次性奖励107户10.3万元、教育奖学金944人16.764万元、养老生活补助金254人16.71万元。

【优质服务】

围绕"制度创新、便民维权、积极推进六服务"的优质服务创建工作思路，把计划生育优质服务作为实现人口和计划生育工作思路和工作方法转变的重点工作抓紧抓好。投资25.6万元对县计划生育服务站门诊业务用房进行改造和修缮，投入22万元资金为7个乡（镇）改善服务环境，营造生育文化传播空间，增强服务能力。全年县、乡服务站、所服务育龄群众9.6万人次，对已婚育龄群众12594人次减免计划生育手术费和B超服务费9.2万元，县、乡下村入组技术服务3次，服务育龄群众2.9万人次。10月，邀请中西部地区计划生育优质服务示范工程项目组刘湘源、熊源发两位专家，到易门县调研和指导优质服务创建工作。绿汁镇、十街乡、浦贝乡被确认为市级"计划生育优质服务先进单位"。易门县被确认为省级"计划生育优质服务达标单位"。

【不孕不育服务】

2007年 7月12日至14日，特邀云南省计划生育科研所原所长彭林、副所长叶汉风等6人，为易门县患不孕不育症前来就诊的31户家庭52人次开展诊疗活动，通过两次诊疗服务，7对患不孕不育症的夫妇成功怀孕生育。

【县委、政府召开表彰会】

2007年3月13日，召开易门县人口和计划生育工作表彰会，市人大常委会原副主任、市计划生育协会会长施以宽、市人口计生委副主任李建明亲临会场作指导，县委书记李富昌，副书记、县长李长金，副书记周映海，县委常委、宣传部长冯晓燕，县人大主任杨怀明，副县长鲁春红，县政协副主席金德芳出席会议。县属党政机关、部、委、办、局、企（事）业单位主要负责人、中央、省、市驻易单位主要负责人，各乡（镇）党委书记、乡（镇）长、分管人口和计划生育工作的领导，社会事业中心主任，各村（居）党总支书记及部分先进集体和先进个人代表共300余人参加会议。会议表彰奖励"九五"以来涌现出来的38个先进集体和90名先进个人。

【县委、政府召开工作会】

2007年5月25日，召开易门县人口和计划生育工作会，会上，鲁春红副县长对抓好人口计生工作提出要求。9月13日，召开易门县人口和计划生育工作座谈会。

【县委、政府出台计生手术补助措施】

易门县出台六条措施规范计划生育手术补助费。一是提高补助标准，规范补助项目。二是扩大补助范围。将原来的执行标准由农业人口、城镇居民扩大到流动人口。三是实行"按例计算，包干使用"制度。四是规范补助结算方式。五是公开补助标准，接受群众监督。六是实行季报年结制。

【推行党政质量管理】

2007年4月开始，易门县人口计生局按照县委组织部的要求，将ISO9000：2000国际质量管理体系引入党建和行政工作中，开展了数字化党政工作的创新探索，进一步加强了党政工作规范化建设。

【完成国家计生科技课题】

县计划生育服务站在全县开展了 "十一五"国家科技支撑课题"哺乳期放置宫内节育器150例临床观察"第一阶段的工作。县计划生育服务站被国家计生委药具发展规划管理中心列为避孕药具信息规范化管理试点县。

【荣誉】

2007年11月27日，易门县、绿汁镇、狮子山村、梅营村、云南省易门益兴瓷业有限责任公司共5家计划生育协会被玉溪市计划生育协会、玉溪市人口计生委表彰为“计划生育协会工作先进集体”。李文军、宋云坤、陈旭东、矣秀玲被玉溪市计划生育协会、玉溪市人口计生委表彰为“计划生育协会工作先进个人”。

2008年

【综述】

2008年，易门县人口和计划生育工作，严格贯彻落实《中共中央国务院关于全面加强人口和计划生育工作统筹解决人口问题的决定》、《中共云南省委省人民政府关于进一步加强人口和计划生育工作统筹解决人口问题的决定》，以人的全面发展为中心，紧紧围绕市对县的“双线”责任目标考核及县委、人大、政府提出的人口控制目标，全面开展管理服务工作，低生育水平进一步巩固。

【统计数据】

据计划生育统计报表，截至12月31日，全县总人口171348人，同比减少1899人；已婚育龄妇女31759人，占总人口的18.53%。2008年，出生人口1311人，比上年增加8人，人口自然增长率1.66‰，比上年提高0.23个千分点；出生率7.61‰，比上年提高0.1个千分点。计划内生育1303人，计划生育率99.39%，比上年下降0.3个百分点。

【调整领导小组】

因人事变动，县委、政府及时调整易门县人口和计划生育工作领导小组成员，组长周映海（县委副书记、县长），副组长李永忠（县委副书记）、冯晓燕（县委常委、宣传部部长、政府副县长），成员由29个县级相关部门的主要领导组成。同时，易门县人民政府对县计划生育技术鉴定领导小组成员进行了调整。

【落实目标责任制】

2008年，县政府与市政府、县人口计生局与市人口计生委签订目标管理责任书；县政府与各乡（镇）政府、玉溪矿业有限公司签订《人口和计划生育目标责任书》，乡（镇）与各村（居）签订责任书。经市、县政府组织考核，各责任单位全面完成下达的各项指标任务，县政府获全市二等奖。县委、县政府以文件通报考核结果并兑现目标责任奖。

【落实一票否决制度】

易门县对县人行申报成都分行“文明单位”、县检察申报全国“文明单位”和县表彰10户“五好文明家庭”、10个红旗集体、20名“三八红旗手”进行了计划生育工作审核鉴定。

【检查考核】

2008年1月11日–12日，由省人口计生委办公室主任石丽康、发展规划处副处长付秀莲一行5人组成的省政府考评组，在市人口计生委主任雷毅、副主任张艳华的陪同下，对易门县2007年度的人口和计划生育工作和创建省级计划生育优质服务先进县的工作情况进行了检查考评。12月22日–23日，由市人口计生委副主任张艳华等领导组成的市政府考核组，对易门县人民政府完成2008年度的人口和计划生育目标管理责任书的情况进行了考核。

【调研指导】

2008年9月1日至2日，玉溪市人口计生委主任雷毅和市人口计生委办公室主任郭跃华，深入到易门县绿汁镇、铜厂乡调研了人口和计划生育工作。11月21日–22日，省人口计生委科技处处长丁明、副处长杨自清等领导，在市人口计生委宣传科技科科长高双桥等领导的陪同下，对易门县计划生育优质服务工作进行指导督查。

【出生缺陷一级预防服务】

围绕出生缺陷一级预防工作六项任务，易门县人民政府成立工作领导小组，制订实施意见，落实开展工作所需设备经费、目标人群叶酸增补县级配套经费。邀请云南省计划生育科研所原所长彭林对技术服务人员进行培训，举行出生缺陷一级预防工作启动仪式，完成364对夫妇孕前实验室筛查、健康检查和叶酸发放工作，当年有70对夫妇怀孕。

【优质服务】

围绕创优工作思路，以婚育新风进万家活动为主线，强化宣传教育，营造有利于计划生育优质服务的人文环境，围绕群众需求拓展服务领域，深入开展计划生育技术服务，认真实施不孕不育症诊治、乳腺疾病普查普治、育龄妇女生殖健康免费普查工作，积极开展避孕节育知情选择，尊重群众避孕选择权利，维护群众生育权益。铜厂乡被确认为市级“计划生育优质服务先进单位”，易门县被确认为省级“计划生育优质服务先进单位”。

【关爱育龄妇女生殖健康】

易门县组织开展“关爱育龄妇女生殖健康免费普查项目”工作。历时一个多月的时间，由12名省、县、乡（镇）三级组成的项目工作人员，分两组携带先进医疗设备，深入全县56个村（居）委会为广大农村育龄妇女开展生殖健康咨询和普查服务，免费服务育龄群众1.1万人次。

【不孕不育诊疗服务】

2008年5月，易门县主动邀请云南省计划生育科研所原所长彭林、副所长叶汉凤等一行5人，到易门县为育龄群众开展第三次不孕不育诊疗服务，25户家庭通过服务顺利生育了孩子。易门县计生服务站完成的《生殖健康个性化服务模式在诊治不孕不育症中的应用研究》课题荣获易门县科技进步二等奖。

【首次推行免费避孕药具进超市】

在7个乡（镇）所在地的超市、公交客运车站和县城大掌柜的3个连锁超市设立10个计划生育避孕药具免费发放点，安装计划生育避孕药具、宣传品免费发放柜，让群众获得便捷安全的避孕免费药具。

【创新流动人口“超前办证”管理模式】

落实好流入人口计划生育手术费基本项目免费政策，继续坚持“两卡一书”管理制度和“四级动态管理”模式，创新管理思路，在绿汁、六街两个镇开展试点工作，对流入人口推行“五线管理”法，把流出人口婚育证明放到村（居）委会办理，探索实施“流出人口超前办证”模式。

【建立行政执法监督员监督制度】

为强化对社会抚养费自由裁量权的监督，扩大监督范围，提高执法透明度，创新从县人大、县政协、县司法局、县政府法制办等部门聘请4名行政执法监督员参与计划生育行政执法案件的全程监督。

【落实奖励扶助政策】

一是落实县委、政府出台的计划生育奖励惠民政策。兑现2536户每人每月10元的独生子女保健费28.379万元、10户采取结扎手术一次性200元的奖励金2000元、759名组计生服务员每人每月10元的津贴9.108万元。二是落实国家、省级奖励扶助政策。截至12月31日，全县农业人口办领《独生子女父母光荣证》累计达2259户，占农业人口一孩家庭户的45%，其中当年新办证60户，办证自愿率100%。落实44人升学加分政策，兑现一次奖励金58户5.3万元、教育奖学金1059人19.094万元、养老生活补助金247名16.145万元、特别扶助金49人5.616万元、农村独生子女升学奖学金43人4.88万元。

【县委、政府召开工作会议】

2008年4月18日，召开易门县人口和计划生育工作会议。5月29日，召开易门县人口和计划生育半年工作推进会，市计划生育协会常务副会长秦光秀应邀参加会议。

【政风行风评议】

深入开展民主评议政风行风工作，通过“下评”、“纵评”群众满意度调查，群众对易门县人计生局的综合满意率达97.49%。2009年1月4日，玉溪市人民政府将易门县人口计生局通报表彰为2008

年度民主评议政风行风工作先进单位。

【党政质量管理体系试点工作】

在2007年的基础上，易门县人口计生局有序推进党政质量管理的运行。3月，被易门县委授予“组织工作创新奖”。

【新农村建设】

2007年、2008年，易门县人口计生局选派1名副局长、1名事业干部担任第一批、第二批新农村建设工作指导员，分别下派驻点村委会，为易门县新农村建设作出了积极的贡献。选派的杨梅同志被易门县委、政府表彰为“2007年度优秀新农村建设指导员”，易门县人口计生局被中共玉溪市委、玉溪市人民政府表彰为“玉溪市第二批新农村建设工作及下派新农村指导员工作先进派出单位”。

【荣誉】

2008年 6月，孟之福、柳凤花、余阳荣被国家人口计生委授予“计划生育工作荣誉证书”。 9月，张钧菖被玉溪市人民政府表彰为“玉溪市第二次全国农业普查先进个人”。 8月，李国荣撰写的《对社会抚养费征收难及对策的思考》获市计委关于社会主义新农建设人口理论论文有奖征文三等奖。2009年2月，易门县小街乡党委书记张诚被云南省人力资源和社会保障厅、云南省人口计生委表彰为“2008年度人口和计划生育先进工作者”。

峨山县

2006年

【概况】

2006年，峨山县的人口和计划生育工作紧紧围绕县委、县人民政府的中心工作和全市人口计生工作的总体部署，进一步强化基层计划生育基础工作，全面开展计划生育优质服务先进乡镇创建活动，推进计划生育村民自治工作，认真落实农业人口独生子女“奖优免补”政策，加强行政执法力度，保障了2006年人口和计划生育目标管理各项指标的顺利完成。

【统计数据】

截至2006年9月30日，峨山县总人口为152543人，已婚育龄妇女30359人。年内出生人口1331人，出生率为8.76‰，死亡率为5.18‰，自然增长率为3.58‰；计划内出生1327人，计划生育率为99.7%；综合节育率为89.04%；长效节育率为85.6%；避孕及时率为81.69%；截至2006年9月30日，农业人口领取《独生子女父母光荣证》2342户，领证率达46.64%。

【召开计划生育工作会】

2006年4月7日，县委、政府召开2006年峨山县人口和计划生育工作会，县五套班子领导、县计划生育领导小组成员和各成员单位的主要领导、各乡镇乡镇长、分管领导，县、乡计划生育干部、计划生育技术服务人员参加了会议。会议认真总结了2005年峨山县人口和计划生育工作，安排部署了2006年峨山县人口和计划生育工作，进一步明确职责，签订了2006年人口与计划生育目标管理责任书，兑现了2005年人口与计划生育目标责任考核奖，把坚持计划生育“黄牌警告”制度，深化计划生育优质服务，全面落实农业人口独生子女“奖优免补”政策，加强流动人口计划生育管理，稳步推行计划生育村民自治工作作为2006年度人口和计划生育工作的重点工作任务。

【落实奖优免补政策】

通过广泛深入的宣传动员和扎实有效的工作，2006年峨山县有415户农业人口新领取《独生子女父母光荣证》，超额完成年初市政府下达我县400户的任务指标，对进一步降低人口自然增长率，稳定低生育水平起到较大的促进作用。

农村独生子女家庭"奖优免补"政策兑现情况表

"奖优免补"政策兑现情况

年度	奖	优						免		补	
	已兑现一次性奖金户数	兑现资金（万元）	已享受升学加分人数					已兑现教育奖学金人数	兑现资金（万元）	已兑现养老生活补助人数	兑现资金（万元）
			合计	小学升初中	初中升高中	高中升高等院校					
2006年	327	31.1	16	0	13	3		919	15.93	251	16.41

【创建计划生育优质服务先进乡镇】

为进一步规范和完善"六登门、八服务"工作，更好地为育龄群众服务，在荣获 "全国计划生育优质服务先进县"的基础上，我县全面实施以乡镇为单位的计划生育优质服务先进乡镇活动， 2006年，双江镇、小街镇、甸中镇、塔甸镇、岔河乡、富良棚乡、大龙潭乡七个乡镇通过了市人口计生委的考评验收。

【计划生育村民自治】

2006年峨山县有66个村民委员会创建计划生育村民自治合格村，县人民政府对每个村委会分别给予1000元的资金补助。经过玉溪市人口计生委的考核评估，司城村委会等54个村委会都达到玉溪市计划生育村（居）民自治考核评分标准，被评为计划生育村民自治合格村。

【计划生育行政执法】

2006年县人口计生局依据法律程序向人民法院申请对13户违法生育家庭征收社会抚养费问题进行强制执行，执行金额达169029元。

【农村不孕不育症普查跟踪服务与公共管理模式研究】

由峨山县人口和计划生育局、峨山县计划生育服务站组织开展的"农村不孕不育症普查跟踪服务与公共管理模式研究"项目，是通过对峨山县农村320对不孕不育症患者进行普查、需求评估、系统诊治、跟踪随访、建立档案、科学管理，成功治愈了71对患者，从而摸索出的一套适合少数民族山区贫困县县情并行之有效的"全面普查、全员诊治、全程随访、系统管理"的诊治不孕不育症公共管理模式。该项目被评为峨山县科学技术一等奖、玉溪市科学技术二等奖。

【基础设施建设】

为不断完善计划生育基础设施建设，为基层开展计划生育优质服务工作搭建良好的平台。小街镇和岔河乡计划生育服务所进行装修改建，比较合理地规范服务所内部结构和布局，并于2006年底投入使用，保证了技术服务、宣传咨询、人员培训、药具发放"四项功能"所需要的基础设施和基本条件。

【加强干部队伍建设】

2006年4月县人口计生局公开选调了3名国家公务员充实流动人口监察大队队伍，加强对流动人口的清理登记、政策宣传和管理服务工作。

【推广使用安全套预防艾滋病工程】

“推广使用安全套预防艾滋病工程”是人口计生部门贯彻实施艾滋病防治六项工程，阻断艾滋病传播途径的重要措施之一。为确实开展好推广使用安全套预防艾滋病工程，2006年主要开展了以下活动：一是由计生部门牵头，协调公安、工商、卫生、疾控中心等相关部门到峨山县90家宾馆、酒店、旅社、招待所和娱乐场所，按照“安全套购销协议书”的协议，向企业负责人及业主提供优质安全套销售，共提供安全套9936只，峨山县宾馆、酒店、旅社、招待所和娱乐场所安全套摆放率达100%。二是把预防艾滋病工作列为计划生育优质服务的重点内容之一，融入“六登门、八服务”工作中，对峨山县育龄群众进行艾滋病基础知识的宣传。县计划生育服务站还通过开设性病、艾滋病咨询室，开通热线电话等方式，为群众提供了咨询和服务的场所。三是在原有的10台安全套自动售套机的基础上，再增设了3台，满足了群众需求。四是积极协调相关部门对峨山县宾馆、酒店、旅社和娱乐场所的负责人召开培训会，共举办了2期专题培训，接受培训78人次。通过宣传培训，提高了广大群众和服务对象对预防艾滋病知识的知晓率，对有效遏制艾滋病的传播和蔓延起到了良好的促进作用。

【荣誉】

峨山县人口计生局被县委、县人民政府表彰为2001—2005年度峨山县法制宣传教育先进集体；

2006年7月峨山县人口和计划生育局、峨山县计划生育服务站被玉溪市人民政府表彰为科学技术二等奖；

2006年7月被玉溪市人民政府表彰为科学技术二等奖的个人：普云生、李秀芬、柏廷兰、施鸿武、普海燕、谭玉芬、王宏前、孔爱琴；

2006年8月被玉溪市委、市人民政府表彰的计划生育先进集体：峨山县甸中镇人民政府、峨山县小街镇大海治村民委员会、峨山县岔河乡河外村民委员会；

2006年12月被玉溪市委、市人民政府表彰的计划生育先进个人：普云生（峨山县人口和计生局）、李群鹰（峨山县人口和计生局）、施桂仙（大龙潭乡人民政府）、普平原（塔甸镇计生办）、邱翠美（峨山县计划生育服务站）、陶绍友（富良棚乡计生办）、施云芬（甸中镇计生办）、潘绍武（大龙潭乡计生办）、李玉仙（双江镇柏锦社区）、李艳红（化念镇化念村委会）。

2007年

【概况】

2007年，峨山县的人口和计划生育工作，按照全市人口计生工作的总体部署，认真学习宣传贯彻《中共中央国务院关于全面加强人口和计划生育工作统筹解决人口问题的决定》精神，加大行政执法力度，深化计划生育优质服务，巩固完善计划生育村民自治工作，认真落实农业人口独生子女“奖优免补”政策，圆满完成市人民政府、市人口计生委下达的各项目标任务。

【统计数据】

截至2007年12月31日，峨山县总人口为152762人，已婚育龄妇女30461人；年内出生1212人，出生率为7.94‰，死亡率为4.93‰，自然增长率为3.02‰；计划内出生1208人，计划生育率为99.67%；长效避孕及时率达82.26%，综合节育率达88.38%，长效节育率达85.10%；农业人口累计办理《独生子女父母光荣证》户数达2455户，领证率为48.15%。

【加大计划生育经费投入】

一是加大对乡镇和机关、企事业单位的人口和计划生育工作奖励力度：无违法多孩生育乡镇的奖励金由3000元提高为5000元；增设“重视支持计划生育工作的领导干部奖”，每名奖金300元。二是加大了计划生育服务员报酬，自2007年起，计生服务员的报酬由每月每人10元增加为20元。三是按照县级应承担的独生子女保健费部分，兑现了2006年及历年拖欠的独生子女保健费31万元。四是拨付资金40万元改善办公条件，增加了一辆业务用车，解决了县人口计生局工作用车不足的问题，保证了人口计生工作的顺利开展。

【学习宣传贯彻《中共中央国务院关于全面加强人口和计划生育工作统筹解决人口问题的决定》】

以召开峨山县人口和计划生育工作会为契机，对峨山县如何贯彻宣传《决定》精神作了安排部署，组织参会的190人进行了《决定》的宣传学习。积极组织峨山县广大干部和群众参加《决定》知识竞赛，协调妇联、工会、法院等相关部门，采取设点宣传、召开座谈会、举行文艺节目表演等形式，把《决定》主要精神传达到广大计生干部和群众中，峨山县共计举行文艺演出30多场次，召开座谈会20次，参加人员达2万多人次，在峨山县范围内掀起学习宣传《决定》的热潮。

【计划生育优质服务】

继续以"六登门、八服务"为主要工作方式和内容，明确了"全面推进，深度发展"的整体推进思路，从一转变、二提升、三扩大、四改进、五延伸、六提高6个方面推进和深化峨山县优质服务工作。"一转变"即转变服务理念。强化了以人为本理念和群众权益意识，以群众的根本利益和需求为出发点，完善了群众需求信息采集制度。"二提升"即提升服务能力。峨山县服务站、所开采取"送出去、请进来"的方式加大了对医务人员的培训，年内送10名服务站职工到昆明医学院附一院、昆明市妇幼保健院、玉溪市人民医院妇产科进修，邀请玉溪市人民医院妇产科主任于希濂到服务站讲课、坐诊30余次，极大提高了医务人员的服务能力。"三扩大"，即扩大服务对象。以开展流动人口计划生育管理和服务试点工作为契机，把流动人口广泛纳入服务，真正做到了流动人口免费享受基本项目的医学服务。"四改进"即改服务方式。投入经费3万余元，制作40000份宣传挂历发放到峨山县所有已婚育龄家庭，通过多种形式的宣传和不断提高服务水平，增强了育龄群众对计划生育服务部门的认同感，2007年为峨山县12家机关企事业单位720名干部职工进行了健康体检，下乡开展医学服务25次，为23459人次的育龄群众进行了生殖健康体检，从而改变育龄群众被动接受服务的局面，逐步形成服务者提供登门服务与群众主动寻求服务相结合的互动服务方式。"五延伸"即延伸服务内容。在积极稳妥地推进避孕节育、出生缺陷干预、生殖道感染综合防治三大工程的同时，县计生服务站于2007年1月开设了男性生殖健康专科门诊，邀请昆明医学院附一院男性专科主任李金琨定期坐诊，从而延伸了服务内容，改变了以往对男性育龄群众服务少、水平低的现状，更好地满足了男性患者的需求，推动了计划生育优质服务工作向纵深发展。"六提高"即提高服务质量。2007年开展的不孕不育症诊治工作，被市科技局列为市院市校合作项目，有497对不孕不育患者接受治疗，其中82对已成功受孕，受到了不孕不育夫妇的好评；投入13万元经费购买了利普刀，更换了电子阴道镜、乳房扫描仪等医疗设备，为进一步提高服务质量打下了坚实的基础。

【落实奖优免补政策】

继续开展深入广泛的宣传动员工作，进一步提高了群众对"奖优免补"政策的知晓率，同时严格执行资金发放程序，各项奖励政策兑现率达100%。

2007年农业人口独生子女家庭“奖优免补”政策兑现情况表

“奖优免补”政策兑现情况

年度	奖	优					免		补	
	享受一次性奖金（户）	兑现资金（万元）	享受升学加分人数				享受教育奖学金人数	兑现资金（万元）	享受养老生活补助（人）	兑现资金（万元）
			合计	初中升高中	高中升高等院校					
2007	90	8.45	20	18	2	1117	19.61	267	17.46	16.41

【计划生育村民自治】

2007年在指导16个尚未通过验收村委会村民自治工作的同时，按要求认真做好已开展村委会中20个村的巩固和完善工作，巩固率达33.3%。

【流动人口计划生育管理和服务试点工作】

为进一步抓好流动人口计划生育管理和服务工作，我县选取了流动人口相对较多、管理有一定基础的双江镇和小街镇，采取有效措施开展流动人口计划生育管理和服务试点工作。一是对辖区内的流动人口进行全面的清理清查，健全完善了流动人口计划生育台账。二是积极协调县国土局、县建设局制作流动人口分布图谱，建立分片包干管理机制，定期到所负责的片区进行宣传服务。三是在流动人口相对集中的地方建立流动人口计划生育协会。初步探索出一条较为有效、规范的流动人口计划生育管理服务新路子，提升了全县流动人口计划生育管理水平。

【少生快富帮扶项目】

根据自然条件和农户现有的生产力水平，从甸中镇、化念镇、富良棚乡、大龙潭乡四个乡镇的独生子女户中挑选了13户有一定经济基础，有扶持潜力的农户作为帮扶对象，投入帮扶基金共计10万元。农户利用协会帮扶基金解决了当前生产发展中资金投入不足的困难，并取得了明显的经济效益：帮扶前年人均纯收入是3782元，年户总收入为19407.08元。

【规范基层统计台账】

按照先由村级进行自查清理，再由县、乡两级进行审核指导的步骤制订出工作和培训计划，指导和保证清理清查工作的顺利进行。严格按照统计台账封面规范、内容规范、填写规范和管理制度规范的要求进行清理清查。对情况不清、信息不准的重点对象，做到入户、见人核实清楚，保证账账相符、账实相符，降低统计误差。县人口计生局统一购买、下发了各种账册的封面，组织相关业务人员利用乡级召开月例会的时机，分别到各乡镇进行培训指导，进一步规范完善台账的运作管理程序，全县基层统计台账运转合格率达98%。

【推广使用安全套预防艾滋病工程】

通过采取倡导宣传、教育培训、行为干预、技术服务、督促检查等措施，确保了推广使用安全套预防艾滋病工作得到顺利实施，并收到了良好的效果：一是性工作者安全套使用率明显提高。经调查数据显示，娱乐场所小姐最近一月安全套使用率由2006年的84%上升到现在的100%。二是安全套销售、发放数量明显增加。2007年全县免费发放安全套240000只，比2006年增长18%。主要采取了以下工作措施：一是加大宣传培训力度，协调相关部门对全县104家宾馆、酒店及娱乐场所的近200名负责人、工作人员进行了4次培训，发放艾滋病预防知识宣传资料60000份；开展了同伴教育培训，通过他们有效地进行宣传，促进行为的改变。二是强化措施，提高安全套的可获得性，全县共设置城乡安全套免费发放点11个；设置安全套自动售套机15个，在全县104家宾馆、饭店（1203个房间、2365个床位）全面推广放置了安全套和艾滋病预防知识警示牌；与104家宾馆、饭店及娱乐场所法人签订了工作协议，为目标人群接受宣传教育和技术指导创造了有利环境。三是抽调相关部门人员组成工程督查组，定期或不定期对各娱乐场所安全套使用情况进行督导检查和技术服务，促使娱乐场所按规定使用安全套。

【机关档案管理】

为促进机关档案管理规范化、制度化和科学化建设，县人口计生局进一步完善档案库房设施建设，健全各项档案工作规章制度，完成了1972年至2006年的各种档案的整理归档，于2007年11月20日通过县档案局评定组的验收，达到云南省党政机关档案室建设“五星级”标准。

2008年

【概况】

2008年，峨山县的人口和计划生育工作，进一步加大行政执法力度，深化计划生育优质服务，认真落实农业人口独生子女“奖优免补”政策，加强流动人口管理和服务工作，巩固完善计划生育村民自治工作，全面开展出生缺陷一级预防工作，全县人口计生工作健康稳定地向前推进。

【统计数据】

截至2008年12月31日，全县总人口为152847人，年内出生1231人，出生率为8.06‰，自然增长率为2.5‰；计划内出生1219人，计划生育率为99.03 %；优选节育率达84.61%，综合节育率达88.04%，避孕及时率达82.86%。

【着力解决重点难点问题】

为认清工作形势，把握工作重点和难点，进一步提升全县人口和计划生育工作管理水平，县人口计生局领导班子深入基层对制约当前人口计生工作的问题进行了专题调研，并采取有效措施，多方协调，着力解决：一是因修建玉元公路而征用土地，所涉及的农转非人员待遇未落实，导致计划生育管理难度较大的问题，通过人大、政协委员提案，在玉溪日报专题栏目上进行宣传报道，形成专题调查报告向县人民政府、市人口计生委汇报，多渠道争取政策待遇落实。二是积极向市人口计生委争取资金5万元，向企业老板协调资金4万元，解决了塔甸煤矿改制后职工独生子女保健费无着落的问题，保障了特殊人群的计划生育合法权益。三是积极向国家、省、市争取“十一五”国债资金进行县计生服务站基础设施建设，目前已争取到中央计划投资100万元（中央80万元，地方配套23万元），用于立项对县计生服务站进行改扩建，为进一步加强计划生育技术服务设施建设，推动计划生育优质服务工作向纵深发展提供了良好的保障。

【召开人口和计划生育工作会】

2008年3月17日，县委、县政府召开2008年全县人口和计划生育工作会议，县五套班子领导，县计划生育领导小组成员单位领导，各乡镇主要领导、分管领导，县、乡计划生育干部、计划生育技术服务人员参加了会议。会议认真总结了2007年全县人口和计划生育工作，安排部署了2008年工作任务，同时兑现了2007年人口和计划生育目标责任考核奖，做到目标早明确，问题早研究，任务早部署，责任早落实。

【出生缺陷一级预防】

峨山县人民政府高度重视出生缺陷一级预防工作，全县共投入工作经费26.65万元。在广泛宣传动员、进行基线调查并确定目标人群的基础上，各县、乡计生技术服务人员对目标人群进行孕前检查，孕前检查率达35.36%。截至2008年12月31日，共有389对夫妇接受了出生缺陷防治，使广大群众的优生优育意识明显增强。

【计划生育优质服务】

继续以“六登门、八服务”为主要工作方式和内容，明确了“全面推进，深度发展”的整体推进思路，从一转变、二提升、三扩大、四改进、五延伸、六提高6个方面推进和深化全县优质服务工作。“转变”即转变服务理念。不断完善群众需求信息采集制度，针对群众需求提供服务，充分体现以人为本的个性化服务理念。“提升” 即提升服务能力。年内共送出20名医技人员到昆明医学院附一院、昆明市妇幼保健院、玉溪市人民医院妇产科进修，邀请玉溪市人民医院妇产科主任于希濂、昆明医学院附一院男性科主任李金琨到服务站讲课、坐诊30余次。接收3名乡镇人员来站进修，并定期到乡镇服务所指导工作，目前全县8个乡镇服务所均为市级达标服务所，均能独立开展人流、放取环、查环、查孕等业务，极大提高了医务人员的医疗水平和服务能力。“扩大”，即扩大服务对象。一是以开展流动人口计划生育管理和服务试点工作为契机，把流动人口广泛纳入服务，真正做到了流动人口免费享受基本项目的医学服务。二是将服务对象由以前的“育龄妇女”拓展为现在的 “育龄群众”，把男性纳入计划生育服务对象，关爱男性生殖健康，开设男性生殖健康专科门诊，使“人人享有生殖健康服务”的目标逐渐成为现实。“改进”即改服务方式。投入经费3万余元，制作4万份宣传挂历发放到全县所有已婚育龄家庭，营造了良好的生育文化氛围。2008年县计生服务站下乡开展医学服务24次，为21358人次的育龄群众进行了生殖健康体检，查出患有不同程度的妇科及乳腺疾病的妇女8069人，有7695人得到了有效治疗，从而改变育龄群众被动接受服务的局面，逐步形成服务者提供登门服务与群众主动寻求服务相结合的互动服务方式。“延伸”即延伸服务内容。在积极稳妥地推进避孕节育、出生缺陷干预、生殖道感染综合防治三大工程的同时，针对我县育龄妇女的生殖健康状况，全面开展了育龄妇女乳腺疾病和生殖道感染综合防治工程和宫颈癌早期检测新项目。另外，充分发挥男性生殖健康门诊作用，通过门诊咨询、发放资料和邀请专家定期坐诊等形式，为男性生殖健康提供优质服务，从而改变了以往对男性育龄群众服务少、水平低的现状，更好地满足了男性患者的需求，推动了计划生育优质服务工作向纵深发展。“提高”即提高服务质量。继续深入开展不孕不育症诊治工作，同省昆明医学院附一院、昆明市妇幼保健院等上级医院合作，连续5年邀请省计划生育科研所诊治不孕不育症专家坐诊，目前共有497对不孕不育患者接受治疗，其中95对已成功受孕。另外，更换了电子阴道镜、乳房扫描仪等设备，为进一步提高服务质量打下了坚实的基础。

【落实奖优免补政策】

2008年继续大力宣传农业人口“奖优免补”政策，坚持“三公开、四公示、一见面、二抽查”的奖励对象资格确认制度。

2008年农业人口独生子女家庭“奖优免补”政策兑现情况表

“奖优免补”政策兑现情况

年度	奖	优						免		补	
	享受一次性奖金（户）	兑现资金（万元）	享受升学加分人数					享受教育奖学金人数	兑现资金（万元）	享受养老生活补助（人）	兑现资金（万元）
			合计	初中升高中	高中升高等院校						
2008	73	6.85		38	5	1197		21.62	293	18.92	16.41

【落实全国独生子女伤残死亡家庭扶助制度】

2008年9月，全国独生子女伤残死亡家庭扶助制度在我县全面推行。9月24日，县人口计生局组织召开了由各乡镇计生办主任，县级机关、厂（矿）、企事业单位妇工委主任，县人口计生局全体干部职工和县计生服务站班子成员近110人参加的计划生育家庭特别扶助对象资格确认培训会，对贯彻落实特扶制度进行了安排部署和业务培训，为下一步统计资格确认和兑现工作打下了良好的基础。2008年峨山县享受全国独生子女伤残死亡家庭扶助制度的有85人（其中：子女死亡63人，子女伤残22人）。

【计划生育村民自治】

2008年峨山县76个村（居）委会全部通过市人口计生委验收，为计划生育村民自治合格村。

【流动人口计划生育管理和服务试点工作】

在巩固双江、小街镇流动人口管理和服务试点工作的基础上，2008年又选取化念镇、塔甸镇为试点，因地制宜地开展流动人口管理和服务工作。针对目前流动人口计划生育管理服务中存在的婚育信息难掌握、综合治理难、违法处罚难、管理责任落实难等问题，我县从加强宣传教育、强化图谱和合同管理、提供优质服务、落实信息交换、建立群团组织五个方面，提升了流动人口管理服务工作水平。

【计划生育行政执法】

继续强化计划生育法律法规的宣传教育和培训，于11月4日召开了峨山县计划生育行政执法培训会，进一步提高了峨山县行政执法水平。同时继续加大社会抚养费和违法生育处罚款的征收力度，县人民政府于10月8日印发了《峨山县人民政府关于做好人口和计划生育社会抚养费征收及罚款缴纳工作的通知》（峨政发〔2008〕48号），各乡镇因地制宜地开展了社会抚养费征收工作，起到很好的惩罚和警示教育的作用，有效遏止了违法生育现象的发生。

新平县

2006年

【概况】

2006年，新平县人口和计划生育工作以县乡计划生育服务站所改革为主题，以创新工作机制为主线，以计划生育优质服务和人口出生缺陷干预项目为重点，以全面推进人口与计划生育各项工作任务为落脚点，采取有力措施，狠抓工作落实，新平县人口和计划生育工作保持良好的发展态势。

【统计数据】

新平县总人口267444人，出生2707人，出生率10.18‰，死亡1474人，死亡率5.54‰，与去年同期持平，自然增长率4.64‰，比年初计划数下降0.36个千分点。

在出生的2707人中，男1422人，女1285人，性别比111，计划内出生2692人，计划外出生15人，无违法多生育，计划生育率99.45%；新平县有已婚育龄妇女53964人，采取避孕节育措施的有47088人（其中男扎1006人，女扎5845人，放环37374人，皮埋114人），综合节育率87.26%，同比下降1.09个百分点，长效节育率82.16%，同比下降1.4个百分点，长效避孕及时率81.2%，同比上升5.4个百分点。

【实行县乡计划生育服务站所一体化管理改革】

由于历史原因，新平人口和计划生育工作中普遍存在计生工作人员素质偏低、人员结构和配置不合理、工作责任心和事业心不强、服务行为不规范、综合服务能力弱、群众满意度不高的问题，这些问题严重制约了新平人口计生工作的发展，县乡计划生育服务站所改革势在必行。针对这些问题，在充分调研、论证的基础上，制订出台《新平县计生服务站所改革实施方案》、《新平县计生服务站所人员竞聘办法》等系列办法措施，按照“实事求是、稳定机构、稳步推进、公开竞争、盘活资源、规范管理、强化服务”的原则，从完善县乡计划生育服务管理体制、恢复乡镇计生办以及规范岗位设置、实行竞聘上岗、打破分配制度等方面对新平县计生服务站所进行改革。

【计划生育优质服务试点工作取得成功经验】

2006年，为深入推进计划生育优质服务先进乡镇创建活动，新平县在正确理解和把握优质服务实质、内涵的基础上，梳理出了一条符合新平县情的计划生育优质服务思路，即：全面推进计划生育优质服务的“五三九一”工程。按照《玉溪市计划生育优质服务规范》，制订了符合本县实际，突出地方特色的《新平县计划生育优质服务实施方案》，认真组织实施，漠沙、腰街、扬武、平甸四个乡镇被玉溪市人口计生委评为计划生育优质服务先进乡镇。

【人口出生缺陷干预项目稳步实施】

2006年，新平县被列为云南省25个人口出生缺陷干预试点县之一。开展基线调查、制订实施方案、落实配套经费，免费发放叶酸片等各项工作，对1152人目标人群免费发放了1152份叶酸。

【婚育新风进万家活动】

婚育新风进万家活动成效明显。2006年，县、乡通过改革宣传教育形式、丰富宣传内容、加大宣传品的制作力度，开展了多形式、全方位、有针对性的宣传教育活动，如平甸乡通过宣传、咨询与技术服务有机结合，白天开展医学服务，晚上开展计生文艺演出，深受群众欢迎和喜爱；漠沙镇把婚育新风与花腰傣民族文化相结合，使宣传教育贴近百姓、贴近生活；腰街镇利用人口学校，协调农业、科技部门开展计生综合知识、生殖健康知识、农业科技知识实用技术的综合培训，使群众得到实惠，计生宣传品入户率达95%以上，农村群众对计生综合知识及政策的知晓率达95%以上，有效促进了群众婚育观念的转变。平甸乡、老厂乡、腰街镇磨刀村、漠沙镇团结村等二乡三村被市委、市政府评为玉溪市人口和计划生育先进集体。

【理顺乡镇管理机构】

针对新平县乡镇计划生育工作站和计划生育服务所实行一套班子、两块牌子、编制合一的管理方式，导致乡镇站所管理混乱，执法主体资格不当的实际，2007年7月25日，经中共新平县委常委会议研究决定，撤销了乡镇计划生育工作站，实行站所分离，恢复设置乡镇计划生育办公室，为乡镇人民政府职能部门，核定事业编制26人。

【计划生育服务站所改革】

（1）规范机构设置。将乡镇计划生育服务所上划县计划生育服务站并实行一体化管理，乡镇计划生育服务所为县计划生育服务站的派出机构，人、财、物（房产除外）纳入县计生服务站统筹安排，行政管理实行县计生服务站和乡镇人民政府"双管"。（2）实行竞争上岗。对站内人员分级聘任，实行双向选择、平等竞争上岗，由县人口和计划生育局聘任县计生服务站长及副站长，由县计生服务站长聘任科室科长和乡镇计生服务所所长，最后由科长和所长聘任职员。（3）完善考核机制。制订《新平县计划生育服务站所考核管理办法》，进一步细化考核措施，在确保全额拨款的前提下，打破平均主义分配方式，把县计生服务站所职工个人工作目标奖、定包奖、十三个月工资、职工津贴四项人均6200元共计26.66万元收入作为考核奖惩资金，从"德、能、勤、绩"四个方面对专业技术人员和工勤人员进行考核，并在年终一次性兑现。

【荣誉】

2006年受地厅级表彰的先进个人

	所在单位	授奖单位	授奖时间	荣誉称号
方红萍	新平县人口计生局	玉溪市委、市政府	2006年4月	玉溪市第二届劳动模范
张有德	新平县人口计生局	省人事厅、计生委	2006年2月	云南省人口和计划生育工作者
刘邦华	新平县人口计生局	玉溪市委、市政府	2006年12月	人口和计划生育工作先进个人
朱建华	新平县人民政府	玉溪市委、市政府	2006年12月	人口和计划生育工作先进个人
普家明	新平县平甸乡计生办	玉溪市委、市政府	2006年12月	人口和计划生育工作先进个人
曹仕文	新平县戛洒镇计生办	玉溪市委、市政府	2006年12月	人口和计划生育工作先进个人
高焕美	新平县平掌乡人民政府	玉溪市委、市政府	2006年12月	人口和计划生育工作先进个人
易琼华	新平县水塘镇计生服务所	玉溪市委、市政府	2006年12月	人口和计划生育工作先进个人
尹世贵	新平县桂山镇计生办	玉溪市委、市政府	2006年12月	人口和计划生育工作先进个人
何建祥	新平县新化乡计生办	玉溪市委、市政府	2006年12月	人口和计划生育工作先进个人
刀元安	新平县腰街镇磨刀村	玉溪市委、市政府	2006年12月	人口和计划生育工作先进个人
王　鹏	新平县扬武镇人民政府	玉溪市委、市政府	2006年12月	人口和计划生育工作先进个人
周兴荣	新平县漠沙镇计生办	玉溪市委、市政府	2006年12月	人口和计划生育工作先进个人
陈世琼	新平县者竜乡计生服务所	玉溪市委、市政府	2006年12月	人口和计划生育工作先进个人
邵永贵	新平县老厂乡计生办	玉溪市委、市政府	2006年12月	人口和计划生育工作先进个人
杨华山	新平县建兴乡计生办	玉溪市委、市政府	2006年12月	人口和计划生育工作先进个人

2006年受地厅级表彰的先进集体

单位名称	授奖单位	授奖时间	荣誉称号
新平县老厂乡政府	玉溪市委、市政府	2006年12月	人口和计划生育工作先进集体
新平县腰街镇磨刀村委会	玉溪市委、市政府	2006年12月	人口和计划生育工作先进集体
新平县漠沙镇团结村委会	玉溪市委、市政府	2006年12 月	人口和计划生育工作先进集体
新平县平甸乡政府	玉溪市委、市政府	2006年12月	人口和计划生育工作先进集体
新平县腰街镇计生办	玉溪市委、市政府	2006年12月	人口和计划生育工作先进集体
新平县腰街镇上坝竜小组	玉溪市委、市政府	2006年12月	人口和计划生育工作先进集体

2007年

【概况】

2007年，新平县人口和计划生育工作抓住贯彻中央《决定》的有利契机，抓住创建省级优质服务先进县和实施出生缺陷干预项目县的大好时机，围绕目标管理责任书确定的任务，切实抓好人口计生各项工作，圆满完成了市下达的各项目标和任务。

【计划生育村民自治有新推进】

计划生育村民自治在120个村全面推开，有55个村通过验收，其中有47个村获合格村称号，根据考核评估10条目标要求，实际有98%的村达到了验收标准，各乡镇、村不断充实完善村民自治《章程》、《协约书》内容，《章程》制订率已达100%，与43646户农户签订《协约书》，签订率达98.9%。任务。

【统计数据】

全县总人口实现270061人，同比下降2617人，出生2523人，同比少生184人，出生率9.36‰，同比下降0.53个千分点；在出生的2523人中，一孩1531人，同比增加36人，一孩率60.7%，同比上升4.29个百分点，二孩975人，同比少生170人，二孩率38.64%，同比下降4.55个百分点，多孩17人，同比增加6人，多孩率0.67%，同比上升0.26个百分点；死亡1402人，同比减少71人，死亡率5.2‰，同比下降0.3个千分点，自然增长人数1121人，自然增长率4.16‰，同比下降0.24个千分点，比年初计划数5‰低0.84个千分点，年增长人数923人，同比减少1356人，年增长率3.42‰，同比下降5.1个千分点。

在出生的2523人中，男1302人，女1221人，计划内出生2502人，同比减少131人，计划外生育21人，同比增加2人，其中计划外多孩2人，同比增加1人，计划生育率99.17%，同比下降0.15个百分点，性别比（女=100）100:107。

【计划生育协会建设得到加强】

县、乡、村各级协会充分发动广大计生协会会员捐款2.7万元开展形式多样的扶贫济困送温暖活动，投入少生快富资金13万元，对22户独生子女户、双女户贫困户实施帮扶，在云新公司、南恩公司、仙福集团、红山两矿建立4个企业计划生育协会，县本级投入协会经费3万元，为计划生育协会注入了新的活力，全县计划生育协会达137个，会员人数达27236人，在去年的基础上增加了190人，规模不断扩大。

【基层基础得到夯实】

村两委换届有9名村计划生育宣传员被选为村干部，36名因年龄偏大、责任心不强等原因进行了调整，针对这一情况，结合市人口计生委对统计台账清理的要求，加强了对统计台账的清理、改革、更新，对村计划生育宣传员进行有步骤、分片、分乡镇的统计台账业务知识培训12期120余人，确保统计台账运转合格率达98%，“村两委”换届后，村计划生育宣传员报酬从140元提高到180元，小组计划生育服务员月报酬由去年的15元增加到今年的20元，对村计划生育宣传员实行绩效考核管理。

【学习贯彻《决定》】

2006年12月17日，中共中央、国务院发布了《关于全面加强人口和计划生育工作统筹解决人口问题的决定》，为贯彻落实《决定》精神，2007年，县、乡依托各级党校、人口学校等阵地，采取报告会、培训班、研讨班等形式，利用广播、宣传车、宣传标语等方式开展广泛宣传，开展以各乡镇党政领导、县直各部门领导及乡镇计生办主任、服务所所长为主要对象参加的培训班2期，研讨班1期，印发以《决定》为主要内容的宣传材料5000余份，利用文化、科技、卫生三下乡、五月科普活动周等活动之机发放到广大育龄群众中，服务车在县城、乡镇街天巡回宣传服务10余天，书写规范的计生宣传标语350条，宣传栏133期，入户宣传120余次，结合计生协5.29宣传日活动，举办了“生育传承希望 关爱相伴和谐”为主题的广场文化大家唱文艺活动，吸引观众2000余人，组织了县、乡、村各级干部1100人参加《决定》的知识竞赛活动。

【“奖优免补”】

2007年农业人口领取《独生子女父母光荣证》187户，群众办证自愿率达100%；本年退证41户，其中正常退证3户，巩固率为99.2%；召开各种“奖优免补”政策宣传会1477次，培训28000人次，群众政策知晓率达98%；兑现一次性奖励金290户28.1万元；申报3名独生子女高中毕业升学加分，1人顺利考入省内高等院校，申报33名独生子女初中毕业升学加分，23人顺利考入高中；应兑现独生子女小学阶段免费上学1429人，已兑现1429人，应兑现独生子女初中阶段免费上学331人，已兑现331人；符合发放养老生活补助637人，其中，独生子父母341人，独生女父母242人，生育子女死亡无子女54人，已全部兑现，发放养老生活补助41.45万元；兑现失业下岗独生子女保健费58.25万元；县、乡对“奖优免补”档案进行立档、归档、建档。

【计划生育优质服务】

①服务模式：“5391”工程→ “绿色服务促健康”，开展人性服务、亲情服务、人文服务、文明服务。②培训：对开展计划生育优质服务创建的乡镇开展2天的系统培训，组织全县技术服务人员开展2天的科技大比武，派送14名技术服务人员到省、市各大医院进修学习，利用县、乡、村三级人口学校开展“五期”教育、婚育知识、计划生育基础知识教育265期，受教育人数达5.3万人，教育面98%。③避孕节育措施知情选择和生殖保健系列服务：为651名已婚育龄妇女采取腹腔镜女扎手术，服务站所服务人员巡回各村为8.4万位已婚育龄妇女开展医学服务，落实四项手术（男扎、女扎、放环、皮埋）3832例，为符合手术减免条件的手术对象减免手术费41万元。

【人口出生缺陷干预项目】

①宣传培训：利用广播、电视等媒体，黑板报、标语、乡镇赶集日发放宣传单、门诊咨询服务等方

式开展宣传活动，将项目知识在新平电视台滚动宣传12期，县、乡、村广播宣传1430期，刊登黑板报2261期，制作标语628条，发放宣传单4.15万份，县、乡计划生育门诊接受群众咨询服务3600人。②孕前检查：白带化验2024例，血液常规检查1592例，尿液常规检查2512例，乙肝血清学检测1023例，梅毒血清学检测1097例，TORCH检测767例，抗HIV抗体检测6435人，孕前检查538人，随访220人。③叶酸增补：向目标人群免费发放叶酸2009份，其中首批1152份，第二批857份，向自费人群推广叶酸400份，群众参与率95%，吃叶酸片的孕妇妊娠结束出现流产28例，无早产，治疗性引产1例，足月分娩正常的有192例，未出现足月死产、死胎、足月出生缺陷儿，生育健康率100%。

【荣誉】

2007年受地厅级表彰的先进个人

姓名	所在单位	授奖单位	授奖时间	荣誉称号
周兴荣	新平县漠沙镇计生办	云南省计生委、人事厅	2007年3月	省人口和计划生育先进工作者
朱建华	新平县人民政府	云南省计生委、人事厅	2007年3月	省人口和计划生育先进工作者

2007年受地厅级表彰的先进集体

单位名称	授奖单位	授奖时间	荣誉称号
新平县桂山镇计生协会	玉溪市委、市政府	2007年11月	人口和计划生育工作先进集体
新平县腰街镇磨刀村委会	玉溪市委、市政府	2007年11月	人口和计划生育工作先进集体

2008年

【概况】

2008年，新平县人口和计划生育工作以“三个代表”重要思想为指导，牢固树立科学发展观，认真贯彻中共中央、国务院《关于全面加强人口和计划生育工作统筹解决人口问题的决定》，全面完成了年初确定的目标任务，有力促进了新平县经济社会与人口、资源、环境的协调和可持续发展。

【站所建设得到加强】

积极争取和启动县计划生育服务站综合服务楼、平甸、建兴、平掌服务所的新建项目。投资170万元建筑面积1500㎡的县服务站综合服务楼新建工程已动工建设，投入16万元对新化、老厂、水塘、平掌四个乡镇服务所进行规划改造。

【开展民主评议政风行风活动】

新平县人口和计划生育局被确定为新平县政风行风评议5个被评单位之一，先后4次召开民主评议办公室成员会议，8月18日召开了由各乡镇计生办主任、服务所长、局机关、服务站全体干部职工50余人参加的新平县人口计生系统民主评议政风行风工作动员大会，发放评议问卷600份，收回598份，经过认真梳理归纳收集到意见11条、建议19条，评议组的测评分94.94分，达到满意档次，居新平县5个被评单位第二名。

【"奖优免补"】

2008年农业人口领取《独生子女父母光荣证》137户，群众办证自愿率达100%；本年退证125户，其中正常退证8户，巩固率为99.2%；召开各种"奖优免补"政策宣传会1250次，培训9000人次，群众政策知晓率达98%；兑现一次性奖励金104户10.1万元；申报12名独生子女高中毕业升学加分，8人顺利考入省内高等院校，申报45名独生子女初中毕业升学加分，26人顺利考入高中；为91人办理了升学奖励金手续，其中：中学毕业考取高中80人，高中毕业考取大学5人；兑现教育奖学金1936人（小学1548人，中学388人）；应享受奖励扶助金598人（独子343人，独女246人）；应享受特扶119人（伤残家庭29人，死亡家庭90人）；发放养老生活补助41.45万元；兑现失业下岗独生子女保健费48万元；县、乡对"奖优免补"档案进行立档、归档、建档。

【计划生育村民自治】

计划生育村民自治在120个村全面推开，有75个村通过验收，其中有47个村获合格村称号，根据考核评估10条目标要求，有98%的村达到了验收标准，各乡镇、村不断充实完善村民自治《章程》、《协约书》内容，《章程》制订率已达100%，与44656户农户签订《协约书》，签订率达98.9%。

【计划生育优质服务】

在巩固省级计划生育优质服务达标县成果的基础上，以创建省级优质服务县为目标，围绕群众需求，积极开展妇女生殖道感染、乳腺疾病、不孕不育普查普治，出生缺陷干预，优生优育咨询服务，逐步扩大服务内容，基本满足了群众服务需求。开展生殖健康检查服务。与县总工会联合，组织县直各部门、企事业单位和12个乡镇的育龄妇女开展生殖健康检查服务，2万名妇女主动上门接受服务；各乡镇还结合实际，利用流动服务车这个便利服务平台，巡回各村为广大育龄妇女开展生殖保健医学检查服务，有6万名妇女得到服务，有1500名育龄妇女接受了放环、皮埋等避孕措施知情选择服务。积极引进新技术为621位已婚育龄妇女开展腹腔镜女扎术服务。为满足群众对避孕药具的需求，实施避孕药具进超市、进社区，在万佳超市三个零售点设置避孕药具免费发放点，月发放量1600只，累计提供安全套6382只。

【出生缺陷干预一级预防】

利用广播、电视等媒体，黑板报、标语、乡镇赶集日发放宣传单、门诊咨询服务等方式开展宣传活动，印发《出生缺陷干预知识读本》20000本，对乡镇、村、组工作人员培训12期3652人次，目标人群培训12期3851人次，广播宣传20次，上街宣传14次，刊登黑板报2261期，制作标语628条，发放宣传单7910份，县、乡计划生育门诊接受群众咨询服务11448人，男性体格检查630人次，女性体格检查747人次，孕前B超检查102人次，白带化验747人次，血液常规检查653人次，尿液常规检查1377人次，乙肝血清学检测1023例，梅毒血清学检测1097例，TORCH检测630例，抗HIV抗体检测6435人，随访220人；新平县目标人群有950人，发放叶酸1009人，广大干部及目标人群对项目知识知晓率达96%，群众参与率95%，群众对项目工作的满意度达98%，孕前检查率达78%。

【流动人口计划生育管理和服务】

新平县有流动人口23527人，流出8207人，其中已婚育龄人数2695人，出具《流动人口婚育证明》231人，流入15320人，其中已婚育龄人数5027人，查验《流动人口婚育证明》1674人。5月，召开新平县流动人口管理服务试点工作启动会，积极协调试点配套工作经费8万元；腰街、漠沙、扬武、老厂4个乡（镇）开展试点工作，试点乡镇结合各自实际，制订具体实施方案和工作流程，成立领导小组，召开启动会；试点乡镇围绕宣传、培训、管理、服务、建立协会和信息交换平台的运用等六个方面有序开展工作，利用图谱对流动人口进行动态管理；各乡镇充分利用动态管理板、流动人口区位图谱、统计台账和信息交换平台对流动人口进行有效管理，按要求完成信息录入14038人，利用全国信息交换平台加强交流与反馈，接收信息152条，反馈信息152条，提交信息700条，反馈信息148条；利用动态管理板、统计台账和相关制度进行动态管理；定期清理和排查流动人口，掌握婚、孕、育情况，共清理流动人口4727人，签订协议书2428份，对流动人口违法怀孕76人及时采取补救措施，计免手术费1.75万元，提供以查病、查孕、查环为主要内容的生殖保健服务4597人次，对查出患乳腺疾病、生殖道感染及常见妇科病的54位流动人口已婚育龄妇女进行了相应治疗。

【荣誉】

2008年受地厅级表彰的先进个人

姓名	所在单位	授奖单位	授奖时间	荣誉称号
方红萍	新平县人口计生局	云南省计生委、人事厅	2008年12月	省人口和计划生育先进工作者

元江县

2006年

【综述】

2006年，元江县人口与计划生育工作，继续加大贯彻执行党中央、国务院《关于加强人口与计划生育工作，稳定低生育水平的决定》和省委、省政府《关于加强人口与计划生育工作，进一步降低生育水平的决定》及市委、市政府《关于加强人口与计划生育工作，进一步降低生育水平的意见》及计划生育政策法律法规的力度，认真实施“围绕一个目标，突出两个重点，实现三个突破，做好四项工作”的思路，不断完善规范化管理，狠抓各项政策措施的落实，“奖优免补”工作成效明显，优质服务、村民自治、依法行政、流动人口计划生育管理、计划生育协会等各项工作整体推进，进展顺利，为促进元江县经济、社会的全面协调发展提供了良好的人口环境。

【统计数据】

2006年，元江县总人口198167人，出生人口1544人，同比增加11人，其中：男839人，女705人；出生婴儿性别比为100∶119，同比下降6人。从分孩次出生婴儿看：一孩出生903人，一孩率为58.484%；二孩出生640人，二孩率为41.45%；多孩出生1人，多孩率为0.06%。与上年同期相比：一孩减少185人，一孩率下降4.26%；二孩减少4人，二孩率上升4.31%；多孩减少1人，多孩率下降0.05%。在出生的1544人中，计划内出生1515人，同比减少184人，计划生育率98.12%，同比上升0.14个百分点；分孩次计划生育率分别为：一孩99.78%，二孩95.78%，多孩100%。违法生育29人，同比减少6人，违法生育率1.88%，同比下降0.14个百分点。元江县14个乡镇75个村（居）委会全年无违法多生育。元江县有已婚育龄妇女38474人，占总人口198167人的19.41%，同比增加381人。选用各种避孕方法人数32920人，综合节育率为85.56%，同比上升0.27个百分点。其中：长效节育（男扎、女扎、放环、皮埋）人数30407人，同比增加465人，长效节育率79.03%，同比上升0.43%；采取避孕药具避孕的有2513人，针药具避孕率为6.53%，同比减少38人，下降0.17%。年内，施行计划生育手术4480例，其中，采取长效节育措施3201例，取出宫内节育器566例，人工流产713例。出生人流比0.46，同比减少0.14；当年，元江县女性初婚人数512人，同比减少57人，其中，晚婚人数380人，晚婚率74.22%，同比减少39人，上升0.58%；早婚50人，早婚率9.77%，同比减少8人，下降0.43%。截至2006年9月30日，元江县领取《独生子女父母光荣证》7754户，领证率20.15%，同比增加374户，上升0.78%。

【人口与计划生育工作机制】

2006年，元江县各级党委、政府继续完善领导、投入、责任、监督相结合的人口与计划生育工作机制，全面推进人口与计划生育工作。主要做法：一是加强领导。县委、县政府把人口与计划生育工作纳入重要议事日程，主要领导在元江县人口资源环境座谈会、人口和计划生育工作会议上，强调抓紧抓好人口与计划生育工作对促进经济社会发展的重大意义，要求各乡镇、农场加强领导，切实抓紧抓好；各乡镇、农场把人口与计划生育工作作为与经济社会同等重要的大事来抓，狠抓各项政策措施的落实，元江县上下齐抓共管、真抓实干，真正形成了党政一把手亲自抓、分管领导具体抓、相关部门配合抓、计生部门主动抓的人口与计划生育目标管理责任制。二是保障投入。县乡两级财政不断增加投入，年初，县财政预算投入计生经费40万元，其中，“奖优免补”经费10万元，有力地保障了人口与计划生育工作顺利开展。三是完善目标责任制。县政府与乡镇、农场签订"双线"目标管理责任书，与65个行政机关、企事业单位签订人口与计划生育目标管理责任书。继续完善人口与计划生育目标管理责任制，落实计划生育"一票否决"制度、通报制度和黄牌警告制度，确保各级责任目标落实到位，做到目标明确，责任到人，元江县上下形成了纵向到底、横向到边的目标管理体系。四是强化监督。县委县政府加强了对人口与计划生育责任目标的督促、检查和落实，把人口与计划生育工作例为每年的重大督查事项范围，责成县人口计生局年内进行二次专项督查，把市委、市政府和市人口计生委对人口与计划生育工作的指标和要求及相关政策真正落到实处。

【计划生育宣传教育工作】

一是加大对"一法一条例"及有关法律法规的宣传力度。坚持进村入户，广泛开展宣传教育工作，大力普及政策法规、优生优育、避孕节育、生殖保健等知识。全年共制作宣传材料7万份，发放安全套16.6万只，刷新宣传标语2406条，有公示栏795块，制作公益性广告3块，业务性广告牌2块，并出动宣传车进行宣传，宣传面覆盖了元江县村村寨寨；二是投入宣传经费8万元，保证了宣传工作的顺利开展。永久性宣传标语1100条，并出动宣传车进行宣传，宣传面覆盖了元江县村村寨寨；三是广泛开展婚育新风进万家及计划生育"三下乡"活动和抓好农业人口独生子女家庭奖励政策的宣传教育工作；四是宣传《云南省社会抚养费征收管理规定》，重在提高依法行政水平和宣传《流动人口计划生育工作管理办法》重在规范流动人口生育行为。结合《人口与计划生育法》和《玉溪市流动人口管理办法》，统一编印入户宣传品，发放到元江县流入人口和有流出人口的家庭，使流动人口不仅充分认识到公民在计划生育方面的权利、义务，懂得用法律、法规规范自己的生育行为。通过多方位的宣传教育，元江县计划生育宣传品入户率达到80%，群众对计划生育知识知晓率达90%，"奖优免补"宣传品入户率达95%，其中农业人口一孩家庭、新婚家庭入户率达100%，有效地促进了元江县广大群众婚育观念的转变，为人口与计划生育工作的全面开展打下了良好的基础。

【计划生育基层基础工作】

一是强化对乡镇、村委会的计划生育管理，把工作真正落实在基层，把问题切实解决在乡村。提高村级计生工作人员的待遇，落实了村民小组信息员的生活补贴，调动了村组计生工作人员的工作积极性，计生工作"村组梗阻"现象得到了缓解。二是加强计划生育基层组织建设。在县乡计划生育服务站所建设方面，投入专项经费6.9万元，对10个乡（镇）更新B超10台。县人口计生局、10个乡（镇）计生办均配备了微机，为全面提高管理服务水平提供了保证。元江县计生服务站所34名医务人员中有中级职称2人，有6名医生取得了执业医师资格证书。为适应开展服务的需要，元江县计生服务站所正在办理各种服务证照。三是健全计划生育服务网络，充分发挥县、乡、村三级服务网络的作用，真正为育龄人群提供安全、高效、及时的避孕节育技术服务。全年累计落实各种节育措施人数32920人，节育率85.56%，比上年同期增427人，上升0.27%，避孕及时率达76.4%。年内施行计划生育手术4480例，同比减少314例，其中，采取长效节育手术3201例，取环566例，人工流产713例，出生人流比0.46，同比下降0.14。四是健全完善计划生育基层统计台账，确保基层统计台账正常运转。经过一年多来的改革和完善，元江县台账运转合格率达85%以上。五是做好《综合服务证》的规范使用工作。建立健全了已婚育龄妇女生殖保健档案，建立定期随访和定期服务质量分析制度。2006年元江县已使用综合服务证32380户，占应使用的85%。六是进一步深化对农村计划生育"三结合"工作的认识，计划生育"三结合"工作不断深入发展。各级党政切实加强领导，增加投入，多方筹措"三结合"帮扶资金，扎实抓好帮扶工作，有效地推进了计划生育与发展农村经济、人民群众勤劳致富奔小康、建设文明幸福家庭的有机结合。

【行政执法工作】

一是认真贯彻落实《中华人民共和国人口与计划生育法》、《云南省人口与计划生育条例》、《云南省社会抚养费征收管理规定》等法律法规，加大生育政策的执行力度。重点抓好已婚育龄妇女的节育管理，本着“严控多孩、狠抓间隔、杜绝早婚早育”的工作思路，认真抓好控制违法生育工作，把控制早婚早育、非婚生育、间隔不到生育和违法多生育作为提高计划生育率的根本，狠抓一些地方违法生育突出的问题，提高计划生育率。二是规范基层行政执法，加大社会抚养费征收力度。2005年10月~2006年9月，元江县共发生计生行政处罚违法案件29件，其中，立案21件，结案7件，未缴清14件；违法多孩生育1件（已立案）；申请法院强制执行1件（已受理）。审批生育证921人，审批生育程序合格率100%。三是建立健全计划生育执法责任制。年内，与10个乡镇签订了《征收社会抚养费委托书》，对2002年8月31日前违法生育的，由各乡镇人民政府依照《云南省计划生育条例》的有关规定，结合各自的实际，制订相应的办法措施，征收或追缴计划外生育费。9月1日以后违法生育的严格按照《云南省人口与计划生育条例》、《云南省社会抚养费征收管理规定》征收。

【流动人口计划生育管理工作】

一是健全组织，明确职责。为进一步加大对流动人口计划生育的管理工作，年内，县政府调整充实了流动人口计划生育管理领导小组班子成员，各乡镇、农场均不同程度的调整充实了流动人口计划生育管理工作领导班子成员。各乡（镇）均设有兼职人员负责本辖区内的流动人口计划生育管理工作，明确工作职责。为把工作落到实处，年内与各乡镇、农场签订了目标管理责任书，年终进行考核。二是结合实际，搞好协调工作。协调公安、工商、劳动、就业等部门，搞好流动人口清理清查工作，建立流动人口计划生育管理档案。三是抓好宣传培训，提高认识，为流动人口提供生殖健康优质服务。始终将流入人口与本县县民同等对待，在计生政策、生殖健康及其子女入学等方面，积极为流动人口提供优质服务。元江县有流动人口17390人，加上季节性流动人口，共有2万余人，其中：流入人口13531人，《流动人口婚育证明》查验率达82.5%；流出人口3859人，为2164人办理了《流动人口婚育证明》，出具率为83.5%。年内，流入人口出生87人，其中：符合政策生育84人，出生人口符合政策率达到96.6%；违法生育3人，违法生育率为3.4；流出人口出生20人，均属政策内生育。全年为流动人口提供优质服务、生殖健康服务260人次，生殖保健咨询900人次，放环38例，皮埋4例，出据孕情证明188人，采取人工终止妊娠62例。四是加大经费投入。元江县投入流动人口计划生育事业费5万元，保证了流动人口计划生育工作的正常开展。五是在县人口计生局和澧江镇计生办建立了流动人口信息交换平台，实行流动人口信息化管理，已录入微机管理的流动人口共有2282人。

【农业人口独生子女家庭奖励工作】

元江县委、县政府高度重视农业人口独生子女家庭“奖优免补”工作奖励政策的兑现和落实工作。至2006年9月，县财政共配套专项经费13.34万元。至2006年9月30日，元江县累计领取独生子女父母光荣证的共有7754户，其中：农业人口领证2251户。仅2004年6月1日至2006年9月30日，元江县有1647户农业人口家庭自愿申请领取了独生子女父母光荣证；2005年10月1日至2006年9月30日领证537户。在这些领证农户中：符合一次性奖励的389户（符合享受1000元的322户，500元的67户），金额35.55万元；符合加分奖励的中考生14人，高考生4人；符合享受教育奖励金的627人（初中157人，小学470人），奖励金11.6万元；符合享受养老生活补助金的385人，补助金25.2万元。“奖优免补”政策兑现率达100%。

【计划生育村民自治工作】

元江县自2003年在龙潭、哈罗村委会开展计划生育村民自治并取得成功经验以来，本着“稳步推进，适时发展”的工作思路，在不断完善龙潭、哈罗两个市县试点村工作的基础上，结合实际，全面面推行了计划生育村民自治工作。至2006年，元江县实行计划生育村民自治的村委会已达60个，占元江县75个村委会的80%，涉及农户38412户。其中：40个村委会已于2005年通过市人口和计生委的考评验收。2006年，开展计生村民自治的20个村委会严格执行村民自治的32条标准，制订《计划生育村民自治章程》20份，签订《计划生育村民自治协议书》10500份。在推行计划生育村民自治工作中，遵守了“四个原则”，抓好了“五个结合”，“四个原则”：在党的领导下自治；在法律范围内自治；群众是自治主体；各司其职。“五个结合”：自治与上级考核相结合；自治与法治、德治相结合；自治与村情民意相结合；自治与“婚育新风进万家”活动相结合；自治与优质服务相结合。

【计划生育优质服务工作】

把东峨、澧江、因远三个镇列为开展计划生育优质服务重点镇。在加强服务机构基础建设，人员配备，保证服务功能的前提下，三个镇在提供优质服务方面，创新建立了三个方面的服务机制：一是健全了基层优质服务机制。根据《计划生育管理服务规范》对基层服务人员在哪些方面、在什么时间提供哪些服务和提醒群众接受哪些服务都作了明确的要求，提出了具体的标准。全面加强了基层科学化、优质化、法制化的管理和系列化、个性化、优质化的服务。二是健全了免费的计划生育基本项目优质技术服务机制。把《计划生育综合服务证》，发到每一个育龄妇女手中。《服务证》明确告知已婚育龄妇女应免费享受的技术服务项目和生殖健康服务项目。对农村和流动人口，还明确告知提供服务的机构、机构的地址和各项服务的标准，要求。元江县已婚育龄妇女，一证在手，可在元江县各级计划生育服务机构免费领取避孕药具；一证在手，可在指定的技术服务机构，接受免费的计划生育各项技术服务和生殖保健普查服务以及生殖健康方面的有偿医疗服务。三是健全了技术服务信息反馈，质量监督机制。为保证服务质量，在各级计划生育服务机构建立健全了服务人员岗位责任制，把优质服务的职责，落实到了人头。目前，三个镇100%的村（居）委会开展了避孕措施的知情选择，已婚育龄妇女综合节育率达到了85%以上，已婚育龄妇女生殖健康服务率达90%，农业人口独生子女家庭奖励政策兑现率达100%，知情选择知晓率达85%，优质服务理念和基本知识知晓率达100%，群众对计划生育管理和服务满意率达95%以上。三个镇已按标准申报创建市级优质服务先进乡镇。

【计划生育技术服务】

2006年，元江县计划生育技术服务营业额达61.8万元，门诊就诊人次达17590人次。施行计划生育手术4480例，其中：人工流产713例，放环2917例，取环275例，放置皮埋566例，女扎9例。为31164名已婚育龄人群进行生殖健康检查，查出各种妇科疾病499例。为2名病残儿童进行了医学鉴定。

【预防艾滋病工程】

一是成立了以县政府副县长王琼珍为组长，卫生、计划生育、文化、广播电视、公安等多个部门参与的元江县推广使用安全套预防艾滋病工程工作组，工作组下设办公室，办公地点设在县计划生育服务中心。二是下发了《推广使用安全套预防艾滋病工程实施方案》，接收了县卫生局的使用安全套预防艾滋病工程，并与宾馆、酒店等62家单位的负责人签订了《安全套供货协议书》，督促他们负责落实到位。三是在县城人口流动量较大的活动场所安装了10台安全套自动售套机，以满足广大育龄人群的需求。四是县人口计生局和县药监局联合成立清查小组，对县城驻地的成人用品店、药店、医疗诊所等30家单位进行清查，清查出13个品种13盒无生产批准文号和生产日期的避孕套及1盒标有“国家免费”字样的避孕套在销售，清查组及时给予了教育，并作了没收处理。五是组织培训，提高认识。县人口和计划生育局在安排县计生医务人员参加艾滋病自愿咨询检测培训班的同时，积极配合县疾控中心分期分批、分层次对临床医生、娱乐场所负责人、高危人群等人员进行培训，通过培训，增强他们对艾滋病的安全防范意识，提高目标人群安全套使用率。六是在62家宾馆、酒店摆放安全套并实行定价销售，目前，共摆放安全套1.3万只，摆放率达100%。七是把艾滋病宣传教育工作纳入议事日程，提高广大群众对预防控制性病、艾滋病的认识，增强自我保护意识，进一步促进艾滋病的控制工作。通过开设健康教育咨询室、悄悄话室、热线电话等方式，为群众提供交心谈心场所，为其解除难言之隐。

【计划生育协会工作】

2006年，元江县有县级协会1个，乡镇协会10个，村（居）协会73个，其他协会5个，协会会员小组510个；会员19806人，会员占总人口数的10.07%；会员联系户5845户。年内，元江县各级计生协会积极开展了各项业务工作：一是县计生协会设立了专门的办公室，配置了办公设备，配备了专职人员2人，建立了协会实体2个，健全和完善了各项规章制度，进一步规范管理。二是乡村计生协会完成了换届工作任务，人员进一步稳定，制度不断完善，协会活动不断增强，会员不断增多。三是积极拓展服务领域，发挥计生协会“带头、宣传、服务、监督、交流”五大职能和“自我教育、自我管理、自我服务”作用，把计划生育工作做到村组、做到户、做到人，为提高元江县全民计划生育意识作出积极努力。四是认真组织实施《玉溪市计划生育协会工作规范化管理考核办法》，提高协会工作整体水平。五是广泛开展宣传教育活动。县、乡、村各级协会，利用“5·29”等重大节日广泛开展宣传教育和为民服务活动，以“5·29”宣传日活动为契机，发挥各级协会文艺队作用，广泛宣传计生政策、法律法规、生殖保健知识，并通过会员联系户尽力为育龄群众提供生产、生活、生育服务，积极为民办实事好事，深受人民群众的好评。六是加大经费投入，保证协会工作的正常开展。元江县全年共投入工作经费134000元，其中：县级投入30000元，乡、村级投入10.4万元。

2007年

【概述】

2007年，元江县人口与计划生育工作，认真实施“围绕一个目标，突出两个重点，实现三个突破，做好四项工作”的思路，不断完善规范化管理，狠抓各项政策措施的落实，“奖优免补”工作成效明显，优质服务、村民自治、依法行政、流动人口计划生育管理、计划生育协会等各项工作整体推进，进展顺利，为促进元江县经济、社会的全面协调发展提供了良好的人口环境

【统计数据】

2007年，元江县总人口数为199452人，出生人口1586人，同比增加42人，其中男894人，女692人，出生婴儿性别比为100∶129，同比上升7人。人口出生率7.97‰，同比上升0.11‰；死亡人口1066人，人口死亡率5.36‰，同比减少106人，同比下降0.56‰；人口自然增加520人，人口自然增长率2.61‰，同比增加135人，同比上升0.67‰；年增长人数808人，年增长率4.06‰，同比减少20人，下降0.1‰；分孩次出生婴儿看：一孩出生960人，一孩率为60.53%；二孩出生625人，二孩率为39.41%；多孩出生1人，多孩率为0.06%。与上年同期相比：一孩增加45人，上升1.76%；二孩减少16人，二孩率下降1.76%；多孩与上年同期持平。在出生的1586人中，符合政策生育1571人，符合政策生育率99.05%，同比增加41人，上升0.79%；分孩次计划生育率分别为：一孩958人，占99.79%，二孩612人，

占97.92%，多孩1人，占100%。违法生育15人，违法生育率0.95%，同比减少12人，同比下降0.79个百分点。流动人口出生36人，均属符合政策生育。元江县14个乡镇75个村（居）委会全年无违法多生育。元江县有已婚育龄妇女38672人，占总人口199452人的19.39%，同比增加274人。选用各种避孕人数33617人，综合节育率为86.93%，同比增加491人，上升0.66个百分点。其中：长效节育（男扎、女扎、放环、皮埋）人数30992人，同比增加632人，长效节育率80.14%，同比上升1.07%；采取针药具避孕2625人，针药具避孕率为6.79%，同比减少141人，下降0.42%。年内，施行计划生育手术4573例，其中，采取长效节育措施3288例，取出宫内节育器582例，人工流产703例。出生人流比0.44，同比减少0.01；当年，元江县女性初婚人数543人，其中，早婚人数68人，早婚率12.52%，同比增加16人，上升3.22%；晚婚人数404人，晚婚率74.4%，同比减少17人，下降0.91%。截至2007年12月31日，元江县领取《独生子女父母光荣证》8022人，领证率20.74%，同比增加60户，上升0.01%；其中农业人口累计领证2274人，统计年度内领证34人。

【完善人口与计划生育工作机制】

一是加强领导。县委、县政府把人口与计划生育工作纳入重要议事日程，主要领导在元江县人口资源环境座谈会、人口与计划生育工作会议上，强调抓紧抓好人口与计划生育工作对促进经济社会发展的重要性，要求各乡镇、农场人口与计划生育工作纳入经济社会同等重要的大事来抓，狠抓各项政策措施的落实，元江县上下齐抓共管、真抓实干，真正形成了党政一把手亲自抓、分管领导具体抓、相关部门配合抓、人口计生部门主动抓的人口与计划生育工作格局。二是保障投入。县乡两级财政不断增加投入，年初，县财政预算投入计生经费40万元，其中，“奖优免补”经费10万元。实际共投入计划生育经费72万元，其中按比例配套农业人口独生子女家庭奖励经费3.3万元，有力地保障了人口与计划生育工作顺利开展。三是完善“双向”目标责任制。在2006年工作基础上，2007年人口与计划生育工作继续执行单项考核奖励制度，县政府与10个乡镇、4个农场、65个行政机关、企事业单位签订目标管理责任书，明确责任，实行单位法人负责制度。同时，县人口计生局与10个乡镇4个农场计生办签订责任书，落实计划生育“一票否决”制度、通报制度和黄牌警告制度，确保各级责任目标落实到位，做到目标明确，责任到人，元江县上下形成了纵向到底、横向到边的目标管理体系。四是强化监督。县委县政府加强了对人口与计划生育责任目标的督促、检查和落实，把人口与计划生育工作例为每年的重大督查事项范围，责成县人口计生局年内进行二次专项督查，把市政府和市人口计生委对人口与计划生育工作的指标和要求及相关政策真正落到实处。

【学习决定，提高认识】

2006年12月17日，党中央、国务院发布《关于全面加强人口和计划生育工作统筹解决人口问题的决定》，为大力宣传、全面贯彻落实《决定》精神，2007年，县计生局采取了三项措施：一是召开局机关全体干部职工会议，认真学习中央《决定》，领会精神实质，并围绕中央《决定》确定的五大重点工作任务进行深入讨论，使大家的思想认识迅速统一到中央《决定》精神上来。二是召开元江县计生办主任会议，就全系统学习宣传贯彻中央《决定》精神，全面加强2007年元江县人口计生工作作出部署。三是召开元江县人口计生工作会议，总结2006年工作，安排2007年工作。四是组织计生干部、医务人员、计生宣传员、信息员和部分县、乡、村干部共810人参加《关于全面加强人口和计划生育工作统筹解决人口问题的决定》知识竞赛。

【计划生育宣传教育工作】

2007年元江县人口与计划生育宣传教育工作，以“三个代表”重要思想为指导，紧紧围绕为全面建设小康社会创造良好的人口环境这一工作重心，切实开展好宣传教育工作，一是全系统学习宣传贯彻中央《决定》精神，掀起学习宣传贯彻中央《决定》新高潮。二是加大对"一法一条例"及有关法律法规的宣传力度，坚持进村入户，广泛开展宣传教育工作，大力普及政策法规、优生优育、避孕节育、生殖保健等知识。全年，元江县共制作宣传材料5万份，发放安全套22.8万只，刷新宣传标语2406条，有公示栏795块，制作公益性广告3块，业务性广告牌2块，并出动宣传车进行宣传，宣传面基本覆盖了元江县村村寨寨。三是投入宣传经费4万元，保证了宣传工作的顺利开展。永久性宣传标语1100条，并出动宣传车进行宣传，宣传面基本覆盖了元江县村村寨寨。四是广泛开展婚育新风进万家及计划生育"三下乡"活动，为群众排忧解难。五是认真抓好农业人口独生子女家庭奖励政策的宣传工作。通过多方位宣传教育，元江县计划生育宣传品入户率达到80%，群众对计划生育知识知晓率达90%，"奖优免补"宣传品入户率达100%。

【计划生育基层基础工作】

元江县有10个乡镇计生服务所、4个农场计生办，75个村计划生育服务室，计划生育专干41人（县级13人、乡镇28人），医护人员33人（县级15人、乡镇18人），村计生宣传员78人，村民小组信息员697人，2007年，在抓基层计生工作方面主要开展了以下工作：一是强化对乡镇、村委会的计划生育管理，把工作真正落实在基层，把问题切实解决在乡村。提高村级计生工作人员的待遇，落实了村民小组信息员的生活补贴，因而调动了村组计生工作人员的工作积极性，计生工作"村组梗阻"现象得到了缓解。二是加强计划生育队伍建设。元江县计生服务站所33名医务人员，其中有中级职称2人，已有6名医生取得了执业医师资格证书。目前，为适应开展服务的需要，元江县计生服务站所正在办理各种服务证照。三是健全计划生育服务网络，充分发挥县、乡、村三级服务网络的作用，真正为育龄人群提供安全、高效、及时的避孕节育技术服务。为最大限度地减少违法生育，元江县计生系统医护人员走村串寨，不辞辛苦，为广大已婚育龄人群提供优质服务。元江县累计落实各种节育措施人数33617人，节育率86.93%，比上年同期增491人，上升0.66%，避孕及时率达78%。年内施行计划生育手术4573例，同比减少21例，其中，采取长效节育手术3288例，取环582例，人工流产703例，出生人流比0.44，同比下降0.01。四是健全完善计划生育基层统计台账，确保基层统计台账正常运转。经过一年多来的改革和完善，元江县台账运转合格率达85%以上。五是做好《综合服务证》的规范使用工作，建立健全了已婚育龄妇女生殖保健档案，建立定期随访和定期服务质量分析制度。2007年元江县已使用综合服务证32380户，占85%。六是进一步深化对农村计划生育"三结合"工作的认识，计划生育"三结合"工作不断深入发展。各级党政切实加强领导，增加投入，多方筹措"三结合"帮扶资金，扎实抓好帮扶工作，有效地推进了计划生育与发展农村经济，与人民群众勤劳致富奔小康，与建设文明幸福家庭有机结合。

【计划生育行政执法工作】

一是认真贯彻落实《中华人民共和国人口与计划生育法》、《云南省人口与计划生育条例》、《云南省社会抚养费征收管理规定》等法律法规，加大生育政策的执行力度，重点抓好已婚育龄妇女的节育管理，本着"严控多孩、狠抓间隔、杜绝早婚早育"的工作思路，认真抓好控制违法生育工作，把控制早婚早育、非婚生育、间隔不到生育和违法多生育作为提高计划生育率的根本，狠抓一些地方违法生育突出的问题，提高计划生育率。二是规范基层行政执法，加大社会抚养费征收力度。年内，审批一孩生育证988人，二孩及二孩以上生育证356人，审批生育程序合格率达100%。2002年9月至2007年12月，元江县应征收社会抚养费23人，金额734197元，实际征收19人，金额368518元，征收率达50.1%。2007年，违法生育案件15件。

【流动人口计划生育管理工作】

元江县有流动人口18113人，其中流入人口13613人，流出人口450人，流入人口中，已婚育龄妇女3915人，年内人口出生67人。流出人口中，已婚育龄妇女1345人。在出生人口中，符合政策生育67人，计划生育率达100%。应办理《婚育证明》人数3589人，实际办证2969人，出具率达83%，应查验《婚育证明》人数9926人，实际查验8154人，查验率82%，应采取避孕节育措施人数3993人，实际采取2568人。元江县流动人口计划生育管理工作的平稳运行，主要采取了以下措施；一是切实加强对流动人口计划生育工作的领导。二是进一步明确10名流动人口计划生育协管员的工作职责，发挥其作用，加大对流动人口的计划生育管理。三是实施一证多管制，强化综合管理。四是建立了流动人口信息平台，实行流动人口信息化管理，实现资源共享，共接收信息119次，反馈119次，信息交换平台运转正常。五是严格按照属地化管理的原则，明确各乡镇、村（居）委会的管理范围，避免出现管理空白。六是认真组织开展澧江镇流动人口计划生育管理试点工作。在试点工作中，建立了流动人口计划生育信息采集、录入制度，并于2007年6月前按要求完成了信息采集、录入，全镇有流动人口9714人，共录入流动人口信息3100人。实行分片包干，加强合同管理，完善图谱垂直管理。由澧江镇政府与村（社区）、组、出租房房主签订管理合同261份。提高对流动人口的计划生育技术服务。年内，对流动人口施行计划生育技术服务1010人次，免费发放避孕药具4500人次，并适时为流动人口计划生育户、独生子女困难户、生育节育户提供生产、生活、生育、就业、子女入学等方面的服务。建立流动人口计划生育协会，充分发挥协会会员作用。试点工作中，共建立商场协会1个、企业协会2个，流动人口协会会员100人，占全镇流动人口总数的1%。加大经费投入。年内，共投入管理经费5000元，保证工作运转。

【农业人口独生子女家庭奖励工作】

在全面实施农业人口独生子女家庭“奖优免补”工作中，县委、县政府高度重视奖励政策的兑现和落实工作。至2007年12月，元江县农业人口累计领取独生子女父母光荣证2274户，其中， 2007年1—12月，元江县有34户农业人口家庭自愿申请领取了独生子女父母光荣证。 2007年度，应兑现一次性奖励30000元，其中：符合奖励1000元的28户，计28000元，符合奖励500元的4户，计2000元；符合高考加分1人，中考加分9人；教育奖励金131280元，其中符合小学教育奖励金554人，计88640元，初中教育奖励金164人、计42640元；养老生活补助403人，263750元，其中符合600元补助的201人，计120600元，700元补助的167人，计116900元，750元补助的35人，计26250元。“奖优免补”政策兑现率达100%。农业人口独生子女家庭奖励政策的实施，使元江县人民群众真正感受到了党和政府的关心和温暖，为进一步降低元江县生育水平，控制人口过快增长起到了积极的促进作用。

【计划生育村民自治工作】

元江县自2003年在龙潭、哈罗村委会开展计划生育村民自治并取得成功经验以来，本着“稳步推进，适时发展”的工作思路，在不断完善近几年所开展的计划生育村民自治工作取得成功经验的基础上，至2006年元江县实行计划生育村民自治的村委会已达40个。2007年按照市人口计生委的要求，结合元江实际，新开展5个村委会，元江县共开展45个村委会，占元江县75个的60%。

【计划生育优质服务工作】

人口与计划生育工作转换工作思路，转变工作方法，最终要体现在不断强化管理，强化服务上。为贯彻落实《玉溪市人民政府办公厅关于全面开展计划生育优质服务先进县区创建活动的通知》精神，在元江县计划生育优质服务领导小组的领导下，在工作指导组的组织协调下，按照《元江县全面开展计划生育优质服务先进乡镇创建活动实施方案》，《计划生育优质服务工作流程图》，在上年东峨、澧江、因远三个镇试点镇取得成功经验的基础上，把青龙厂镇、咪哩乡、龙潭乡、洼垤乡列为2007年市级创建计划生育优质服务乡镇，并得到市人口计生委的合格验收。元江县7个乡镇100%的村（居）委会开展了避孕措施的知情选择，已婚育龄妇女综合节育率达到了85%以上，已婚育龄妇女生殖健康服务率达90%，农业人口独生子女家庭奖励政策兑现率达100%，知情选择知晓率达85%，优质服务理念和基本知识知晓率达100%，群众对计划生育管理和服务满意率达98%。

【计划生育技术服务】

2007年元江县计划生育服务中心（所）圆满完成了各项指标任务，计划生育技术服务工作取得了较好的成绩。市下达药具经费104861.4元，实际分配执行金额达119177.7元，药具执行率达113.65%。为4名独生子女病残儿童进行了医学鉴定，其中，符合再生育的夫妇为2户。元江县施行计划生育手术4573例，其中，人工流产703例，放环3065例，取环582例，放置皮埋215例，女扎8例。为31164名已婚育龄人群进行生殖健康检查，查出各种妇科疾病499例。

【推广使用安全套预防艾滋病工程】

根据《元江县人民政府办公室关于实施艾滋病防治工程的通知》精神，在县艾滋病防治工程领导小组的统一领导下，进一步明确职责，落实工作经费，保证工作正常开展。充分发挥15台安全套自动售套机的作用，保证市场需求。县人口计生局继续与67家宾馆酒店签订安全套摆放责任书，宾馆酒店安全套摆放率达100%。年内共销售安全套18732只，为预防艾滋病传播起到了积极的作用。

【计划生育协会工作】

县委、政府高度重视计划生育协会工作，各级计生部门与计生协会密切配合，认真做好人口与计划生育工作，发挥了车之两轮，分之两翼的作用，促进了人口与计划生育工作整体水平的不断提高。元江县有县级协会1个，乡镇协会10个，村（居）协会73个，其他协会5个，协会会员小组510个，会员19806人，会员占总人口数的10.07%，会员联系户510户。县乡村计生协会人员稳定，协会活动正常，会员不断增多。开展帮扶活动。2007年3月县计划生育协会在澧江镇开展计划生育帮扶项目，帮扶资金10万元，帮扶户涉及大水平、桥头、南洒、那整、澧江、凤凰6个村（社区）9户农户，受益人口27人，其中，种植业6户、养殖业2户、饮食业1户。加大经费投入。年内县协会投入资金3.1万元，乡镇协会2.8万元，保证协会工作正常运转。完善和建立“会员之家”。元江县有协会“会员之家”55家，均按要求做到了“八有”。积极拓展服务领域，发挥计生协会“带头、宣传、服务、监督、交流”五大职能和“自我教育、自我管理、自我服务”作用，把计划生育工作做到村组、做到户、做到人，为提高元江县全民计划生育意识作出积极努力。认真组织实施《玉溪市计划生育协会工作规范化管理考核办法》，提高协会工作整体水平。通过抓规范化管理，使基层协会逐步走上制度化、科学化、规范化管理轨迹。

2008年

【概况】

元江县2008年人口与计划生育工作，认真贯彻党的十七大精神，坚持以邓小平理论和“三个代表”重要思想为指导，牢固树立和全面落实科学发展观和正确政绩观，认真学习贯彻《中共中央国务院关于全面加强人口和计划生育工作统筹解决人口问题的决定》，稳定低生育水平，巩固已取得的计划生育优质服务成果，围绕创建计划生育优质服务县目标，以控制违法生育特别是违法多孩生育、提高符合政策生育率为重点，主攻流动人口计划生育难点，继续抓好医学监护、孕前管理和服务，坚持以人为本，创新思路，改进服务，综合治理，分类指导，为建设和谐元江创造良好的人口环境。

【统计数据】

2008年，元江县总人口数为200163人，出生人口1443人，人口出生率7.22‰，同比减少143人、下降0.75‰，比市政府下达任务10‰低2.78‰。人口自然增加543人，人口自然增长率2.72‰，同比增加23人，上升0.11‰。人口出生率符合政策生育1421人，符合政策生育率98.48%，同比减少150人，下降0.58%，比市下达任务90%高8.48%。年增长人数711人，年增长率3.56‰。元江县的人口与计划生育工作进入了低生育水平阶段。出生人口中男810人，女633人，出生婴儿性别比为100:128，同比下降1。出生孩次：一孩出生834人，其中男449人、女385人，一孩出生率为57.8%；二孩出生608人，其中男360人、女248人，二孩出生率为42.13%；多孩出生1人，其中男1人，多孩出生率为0.07%。与去年同期相比：一孩减少126人，二孩减少17人，多孩与去年同期持平。

在出生的1443人中，分孩次符合政策生育率分别为：一孩833人，占99.88%，二孩587人，占96.55%，多孩1人，占100%。违法生育22人，违法生育率1.52%，同比增加7人，上升0.58个百分点。流动人口出生38人，均属符合政策生育。元江县14个乡镇75个村（居）委会全年无违法多生育。

元江县有已婚育龄妇女38932人，占总人口19.45%，同比增加260人。累计落实节育措施人数33691人，综合节育率为86.54%，同比增加74人，下降0.39个百分点。其中：长效节育（男扎、女扎、放环、皮埋）人数31259人，长效节育率80.29%，同比增加267人，上升0.15%；采取针药具避孕2432人，针药具避孕率为6.25%，同比减少193人，下降0.54%。年内，施行计划生育手术4597例，其中，采取长效节育措施3164例，取出宫内节育器665例，人工流产768例。出生人流比0.53，同比上升0.09；元江县累计领取独生子女证人数8527户，其中农业人口2345户。年内领证279户，其中农业人口71户。

【全力贯彻落实中央《决定》精神】

元江县人口计生局把学习、宣传、贯彻、落实《决定》作为当前人口计生工作的中心任务，采取五项有力措施，狠抓落实。一是召开各类会议，认真学习领会《决定》精神。先后召开元江县人口与计划生育工作会、元江县计生干部大会、月工作例会、乡镇、农场分管领导参加的专题会，认真学习《决定》，领会精神实质，并围绕《决定》确定的五项重点工作任务进行深入讨论，使元江县各级领导和计生干部的思想迅速统一到《决定》精神上来。二是县政府专题听取元江县人口计生工作汇报，认真落实《决定》要求，切实解决新时期人口计生工作中存在的新难点、新困难。三是进一步落实相关部门职责。按照《决定》，2008年元江县人口计生目标管理责任书实行党委政府、人口计生两条线分线考核，严格执行“一票否决”制度，规范“一票否决”内容和办法。县政府与10个乡（镇）政府、4个农场签订《人口与计划生育目标管理责任书》，县人口计生局与各乡（镇）、农场计生办签订目标管理责任书，并对2008年1—12月的人口与计划生育工作，进行严格考核。凡生育秩序混乱、人口失控、发生重大责任事故、影响恶劣的实行“一票否决”，确保降低人口自然增长率目标任务的完成。经县政府综合考核，2008年度一等奖澧江镇、因远镇、东峨镇、红光农场；二等奖青龙厂镇、龙潭乡、羊街乡、咪哩乡、洼垤乡、元江监狱、红侨农场；三等奖羊岔街乡、那诺乡、甘庄农场。四是大力宣传《决定》精神。2008年以来，元江县人口计生局认真贯彻落实《决定》精神，在元江县迅速掀起学习中央《决定》的热潮，各地充分利用党校、人口学校等阵地，采取举办培训班、召开报告会等形式，深入宣传中央《决定》精神，积极协调相关部门和群众团体充分利用报刊、广播、电视、互联网等媒体，大张旗鼓地宣传，使《决定》精神家喻户晓，人人皆知。五是制订年度工作实施意见。对“十一五”投入增长幅度、期末投入指标和重点保障项目等问题提出明确要求，确保高质量地完成了全年人口计生工作目标任务。六是加大经费投入，确保元江县目标任务的完成。目前，共投入计划生育事业费171.57万元，其中，县级投入31.6万元，省市专项资金139.97万元已到位。

【广泛宣传，营造良好的舆论环境】

2008年元江县人口与计划生育宣传教育工作，以“三个代表”重要思想为指导，紧紧围绕为全面建设小康社会创造良好的人口环境这一工作重心，切实开展好宣传教育工作，一是全系统学习宣传贯彻中央《决定》精神，掀起学习宣传贯彻中央《决定》新高潮。二是加大对“一法一条例”及有关法律法规的宣传力度，坚持进村入户，广泛开展宣传教育工作，大力普及政策法规、优生优育、避孕节育、生殖保健等知识。半年来，元江县共制作发放政策法规、优生优育等宣传单12万份，并出动宣传车进行宣传，宣传面基本覆盖了元江县村村寨寨。二是投入宣传经费8万元，保证了宣传工作的顺利开展。三是广泛开展婚育新风进万家活动，为群众排忧解难。四是认真抓好农业人口独生子女家庭奖励政策的宣传教育工作。通过多方位的宣传教育，群众实行计划生育的自觉性不断提高，广大群众婚育观念逐步转变，为元江县人口与计划生育工作的全面开展打下了良好的基础。经过多方位的宣传，计划生育政策知晓率达90%。

【计生惠民政策得到进一步落实】

进一步完善领导小组议事制度，明确各部门工作职责，落实配套资金，确保“奖优免补”政策兑现到位。在农业人口独生子女家庭奖励工作中，元江县认真履行《云南省农业人口独生子女家庭奖励工作监督办法》规定的职责。对奖励对象资格认定进行政策规定公开、办事程序公开、办理结果公开，乡村组对奖励对象、奖励事项、奖励金数量实行公示，村（居）委会对一次性奖励申请人的条件进行集体评议。元江县《独生子女父母光荣证》累计领证8577户，其中农业人口领证2345户，领证率21.9%，同比增505户，上升1.16%；年内办证279户，其中办理农业人口《独生子女父母光荣证》71户，符合一次性奖励的49人，其中奖励1000元44户，奖励500元5户，奖金4.65万元；加分奖励18人，其中高考加分2人，中考加分16人；教育奖励751人，奖金13.616万元，其中中学生160人，小学生591人；养老生活补助384人，其中独女173人，独子211人，补助金24.77万元；特别扶助68人，其中伤残扶助21人，死亡扶助47人，扶助金7.656万元。教育一次性奖学金14人（高中13人，大学本科1人），奖金1.2万元。

【生殖道疾病免费普查受到好评】

2008年共为14个乡镇、农场10308人进行免费生殖道疾病检查，查出各种妇科疾病人数2403人，检查项目从查环查孕扩展到查病、生殖保健服务和治病，深得广大育龄妇女好评。

【计划生育优质服务工作】

为贯彻落实玉政办发（2005）30号《玉溪市人民政府办公厅关于全面开展计划生育优质服务先进县区创建活动的通知》精神，元江县人口计生局在元江县计划生育优质服务领导小组的领导下，在工作指导组的组织协调下，按照《元江县全面开展计划生育优质服务先进乡镇创建活动实施方案》和《计划生育优质服务工作流程图》的要求，2006年东峨、澧江、因远三个试点乡镇取得成功经验的基础上，2007年轻龙厂镇、咪哩乡、洼垤乡、龙潭乡的计划生育优质服务工作被市人口计生委验收，2008年剩余的羊岔街、羊街、那诺乡的计划生育优质服务工作已达标，并经过市人口计生委的验收，元江县已达市级计划生育优质服务县标准。

【推广使用安全套预防艾滋病工程】

进一步明确职责，落实工作经费，保证工作的正常开展。发挥11台安全套自动售套机的作用，保证市场销售。继续与68家宾馆酒店签订安全套摆放责任书，实行100%的宾馆酒店摆放安全套，共销售安全套14498只，免费发放137510只。

【独生子女病残儿童鉴定和计划生育手术后遗症治疗工作】

定期组织开展独生子女病残儿童鉴定和计划

生育手术后遗症治疗工作，维护群众的合法权益。共为2名独生子女病残儿童进行了鉴定。为12名16人次计划生育手术后遗症患者进行免费治疗。

【计生服务站所管理】

按照“环境优美、管理规范、技术优良、服务优质”的要求，加强对11个县乡服务站所一体化管理工作。

【知情选择，及时为育龄人群提供技术服务】

元江县已婚育龄妇女38605人，累计落实节育措施33162人，综合节育率85.90%，落实长效避孕节育人数30908例，优选节育率80.06%，同比增加326例，上升0.82%。落实施行计划生育手术4597例，同比增24例，其中，女性绝育3例，放置宫内节育器2889例，皮下埋植272例，取出宫内节育器665例，人工流产768例。2007年5月至2008年4月有生育和做过补救措施已婚育龄妇女2316人，其中在8个月内落实长效避孕措施的1867人，避孕及时率80.6%。

【推广使用安全套预防艾滋病工程】

发挥11台安全套自动售套机的作用，保证市场销售。继续与68家宾馆酒店签订安全套摆放责任书，实行100%的宾馆酒店摆放安全套，共销售安全套14498只，免费发放137510只。

【独生子女病残儿童鉴定和计划生育手术后遗症治疗工作】

共为2名独生子女病残儿童进行了鉴定。为12名16人次计划生育手术后遗症患者进行免费治疗。

【计划生育技术服务】

元江县已婚育龄妇女38605人，累计落实节育措施33162人，综合节育率85.90%，落实长效避孕节育人数30908例，优选节育率80.06%，同比增加326例，上升0.82%。落实施行计划生育手术4597例，同比增24例，其中，女性绝育3例，放置宫内节育器2889例，皮下埋植272例，取出宫内节育器665例，人工流产768例。2007年5月至2008年4月有生育和做过补救措施已婚育龄妇女2316人，其中在8个月内落实长效避孕措施的1867人，避孕及时率80.6%。

【出生缺陷干预工程】

根据上级人口计生委的工作安排，元江县在重点做好一级预防干预的基础上，全面实施出生缺陷干预工程。按照元政发（2008）100号《元江县全面开展人口出生缺陷一级预防工作实施意见》要求，县人口计生局根据工作职责制订了相应实施方案，召开宣传动员大会，组织基线调查，掌握目标人群，培训技术人员，配置硬件设备，建立健全育龄妇女生殖健康档案，扎实推进出生缺陷一级预防工作。根据职能定位和目前具有的条件，向元江县14个乡镇、农场新婚、拟怀孕和已怀孕的妇女免费提供优生优育科普知识宣传品，同时进行优生优育科普知识宣传、咨询和培训。对技术服务人员进行优生优育科普知识宣传品的使用和咨询宣传技巧培训和指导；完成信息收集；建立出生缺陷一级干预的经常性工作体系。重点做好宣传倡导、健康促进、优生咨询、高危人群指导、孕前实验室筛查和营养素补充等六个方面工作。县人口计生局于2008年5月根据工作职责制订了相应实施方案，召开宣传动员大会，组织基线调查，掌握目标人群，培训技术人员，配置硬件设备，建立健全育龄妇女生殖健康档案，上级拨款10.08万元，县级已按50%比例配套到位。扎实推进出生缺陷一级预防工作。元江县目标人群为1444对夫妇，按30%孕前检查任务计算，今年应完成孕前检查任务为 433对夫妇，实际完成435对夫妇，占任务数100%。

【计划生育村民自治】

元江县自2003年在龙潭、哈罗村委会开展计划生育村民自治并取得成功经验以来，本着“稳步推进，适时发展”的工作思路，在不断完善龙潭、哈罗两个市县试点村工作的基础上，按照市计生委的要求，结合元江县实际，2007年元江县实行村民自治的村委会已达50个，占元江县75个村委会的80%，涉及农户38412户，今年，继续完善和巩固已开展的村委会，重点抓好新开展的10个村委会和2个复查村委会的计划生育村民自治工作。

【流动人口计划生育管理】

元江县有流动人口15326人，其中流入人口11352人，流出人口3974人，流入人口中，已婚育龄妇女7010人，年内人口出生38人。流出人口中，已婚育龄妇女1712人。在出生人口中，符合政策生育38人，计划生育率达100%。应办理《婚育证明》人数3974人，实际办证1857人，出具率达47%，应查验《婚育证明》人数7010人，实际查验3424人，查验率49%，应采取避孕节育措施人数4489人，实际采取2304人，签订管理合同220份。元江县截至10月底，已完成信息采集并录入11079人，录入率72.3%；应查询8722人，已查询5281人，查询率60.5%；应反馈信息407人，已反馈308人，反馈率77%。一是认真贯彻落实玉政发（2004）117号文件精神，把贯彻落实《实施办法》纳入领导责任制的重要内容，切实加强对流动人口计划生育工作的领导。二是在巩固好2007年澧江镇流动人口试点的基础上，重点抓好因远镇、甘庄农场二个试点。三是进一步明确10名流动人口计划生育协管员的工作职责，发挥的作用，加大对流动人口的计划生育管理。四是实施一证多管制，强化综合管理。五是建立了流动人口信息平台，实行流动人口信息化管理，实现资源共享，信息交换平台运转正常。六是严格按照属地化管理的原则，明确各乡镇、村（居）委会的管理范围，避免出现管理空白。

【计划生育依法行政】

认真贯彻落实《中华人民共和国人口与计划生育法》、《云南省人口与计划生育条例》、《云南省社会抚养费征收管理规定》等法律法规，加大生育政策的执行力度，重点抓好已婚育龄妇女的节育管理，本着“严控多孩、狠抓间隔、杜绝早婚早育”的工作思路，认真抓好控制违法生育工作，把控制早婚早育、非婚生育、间隔不到生育和违法多生育作为提高计划生育率的根本，狠抓一些地方违法生育突出的问题，提高计划生育率。在出生人口人中，符合政策出生1421人，符合政策生育率98.48%，其中，一孩出生834人，符合政策生育833人，符合政策生育率99.88%；二孩出生608人，符合政策生育587人，符合政策生育率96.55%，多孩出生1人，符合政策生育1人，符合政策生育率100%。违法生育22人，违法生育率1.52%。违法生育行政处罚案件12件，其中立案1件，结案1件；历年违法多生育案件7件，其中立案7件，结案2件，未缴清2件。规范基层行政执法，加大社会抚养费征收力度。审批生育证1311人，审批合格生育证1311人，合格率100%。

【计划生育协会工作】

县委、政府高度重视计划生育协会工作，各级计生部门与计生协会密切配合，认真做好人口与计划生育工作，发挥了车之两轮，鸟之两翼的作用，促进了人口与计划生育工作整体水平的不断提高。元江县有县级协会1个，乡镇协会10个，村（居）协会73个，其他协会5个，协会会员小组510个，会员19806人，会员占总人口数的10.07%，会员联系户5845户。县计生协会积极开展“扶贫助困”帮扶活动，为9户计划生育困难户提供无息贷款10万元，帮助他们发展生产。

【政行风政风评议】

按照市人口计生委、县政府纠风办的要求，元江县人口计生系统于今年8月开展民主政风行风评议工作，经过召开座谈会、发放调查问卷等方式，共征集到意见建议35条，经梳理归纳，分类汇总意见4条、建议6条。自开展民主评议政风行风工作以来，元江县各级人口计生工作人员在思想上受到很大触动，工作上得到很大促进，取得了比较显著的成效，一是计生人员进一步树立了服务观念、端正了工作作风。二是为基层、为群众减负成效明显。三是政务公开、依法行政工作水平显著提高。四是计划生育优质服务工作全面加强。

【计划生育基层基础工作】

元江县有10个乡镇、4个农场计生办10个乡镇计生服务所，75个村计划生育服务室，计划生育专干41人（县级13人、乡镇28人），医护人员33人（县级15人、乡镇18人），村计生宣传员78人，村民小组信息员697人，一年来，在抓基层方面主要开展了以下工作：

一是强化对乡镇、村委会的计划生育管理，把工作真正落实在基层，把问题切实解决在乡村。提高村级计生工作人员的待遇，落实了村民小组信息员的生活补贴，因而调动了村组计生工作人员的工作积极性，计生工作“村组梗阻”现象得到了缓解。

二是加强计划生育队伍建设。元江县计生服务站所33名医务人员，其中有中级职称2人，已有6名医生取得了执业医师资格证书。目前，为适应开展服务的需要，元江县计生服务站所正在办理各种服务证照。

四是健全完善计划生育基层统计台账，确保基层统计台账正常运转。经过一年多来的改革和完善，元江县台账运转合格率达85%以上。

五是做好《综合服务证》的规范使用工作，建立健全了已婚育龄妇女生殖保健档案，建立定期随访和定期服务质量分析制度。2007年元江县已使用综合服务证32380户，占85%。

红河州人口和计划生育委员会

红河州

2006年

【概况】

2006年，红河州人口和计划生育工作严格按中共云南省委、省政府提出的“人口自然增长率三年下降三个千分点”的目标要求，狠抓各项措施的落实，人口和计划生育工作呈现出稳步发展的态势。1.把人口和计划生育工作情况纳入政绩考核体系，坚持党政一把手亲自抓、负总责不动摇，严格执行人口和计划生育“黄牌警告”制度。2.严格执行现行生育政策，始终把工作的着力点放在农村人口和流动人口计划生育管理服务上，全面实施农业人口独生子女家庭奖励政策，加大对违法生育的处罚力度，进一步降低生育水平。3.强化基层管理和服务网络建设，积极开展计划生育优质服务先进单位创建活动，全面实施出生缺陷一级预防，提高出生人口素质。

【统计数据】

1.人口基本情况。据红河州统计局统计年鉴，2006年红河州年末总人口434.5万人，出生率13.99‰，死亡率6‰，自然增长率7.99‰。

2.计划生育基本情况。据云南省人口计生委考核认定，计划生育率95.7%，长效避孕及时率67.5%。

【考核结果】

1.红河州政府与13个县市签订的责任目标考核情况。个旧市、开远市、蒙自县、屏边县、建水县、石屏县、弥勒县、泸西县、元阳县、红河县、金平县、绿春县、河口县，全面完成了2006年与红河州政府签订的责任目标。2.红河州计生委与13县市人口计生局签订的责任目标考核情况。个旧市、蒙自县、建水县、石屏县、泸西县、河口县，全面完成了与红河州人口计生委签订的责任目标；开远市、屏边县、弥勒县、元阳县、红河县、金平县、绿春县，未完成长效避孕及时率考核指标。

【国家人口计生委副主任赵白鸽到弥勒县视察指导工作】

2006年2月21日，国家人口计生委副主任赵白鸽到弥勒县视察指导工作。云南省人口计生委主任张玉明、副主任金桂兰，红河州人民政府普乔艳副州长及红河州人口计生委、弥勒县委、政府领导陪同考察。赵白鸽一行深入到弥勒县计生服务站、弥阳镇卫泸计生服务所、弥勒县西三镇可邑村计生服务室进行了视察，亲切看望了基层计生工作人员，仔细询问了他们的工作，并和村干部和村民进行了访谈，了解他们对计划生育的认识和看法。

【红河州召开人口计生工作会议暨“十五”先进表彰会】

2006年4月17日，红河州人口和计划生育工作会议暨“十五”先进表彰会在蒙自红河会堂召开，来自红河州13个县市的100名先进集体代表、先进个人身披红绸、胸戴红花，在军乐队的带领下列队步入红河会堂。中共红河州委常委、州委秘书长杨为民，红河州人大常委会副主任邓小礼，红河州政协副主席刘竹芬等领导出席会议。州人民政府洪丹平副州长在会上作重要讲话。会议充分肯定“十五”期间全州人口和计划生育工作取得了显著成绩，认真分析研究了人口和计划生育工作存在的困难和问题。明确提出“十一五”期间红河州人口和计划生育要重点抓好五个方面工作：1.切实加强对人口和计划生育工作的领导，坚决实行“黄牌警告”和“一票否决”制度；2.加大投入，努力构建以财政投入为主的计划生育公共投入体制；3.采取有效措施，增强人口控制能力，进一步降低生育水平；4.坚持以人为本，以人的全面发展统筹解决人口问题；5.全面推进综合改革，推动人口和计划生育工作深入发展。红河州人民政府副秘书长赵振兵宣读了《红河州人民政府关于表彰奖励“十五”人口和计划生育工作先进集体和先进个人的决定》，与会领导为先进集体、先进个人颁奖。

【全州计生系统积极做好户籍制度改革后人口和计划生育工作】

红河州人口和计生系统认真贯彻落实《中共红河州委州人民政府关于深化户籍制度改革促进公民迁徙自由的决定》，深入调查研究，制订政策措施，确保户籍制度改革后全州人口和计划生育工作的平稳运行。1.及时完善配套政策。下发了《关于贯彻〈中共红河州委红河州人民政府关于深化户籍制度改革促进公民迁徙自由的决定〉的实施办法（试行）》，根据《云南省人口与计划生育条例》，结合《决定》出台后户籍迁徙中可能出现的情况，对相关生育政策作出了具体规定。2.加大宣传教育力度。积极宣传户籍制度改革的目的意义，针对户籍制度改革后面临的如何界定二孩生育对象的问题，特别是城乡结合部二孩《生育证》的审批发放问题进行了广泛深入的宣传，为人口政策的平稳推进奠定了良好的基础。

【红河州人民政府出台政策解决有关人口独生子女保健费发放问题】

2006年9月13日，红河州人民政府办公室下发了《关于州县市配套资金解决有关人口独生子女保健费发放问题的通知》（红政办发[2006]123号），明确规定农业人口独生子女保健费，个旧、开远、蒙自、泸西、弥勒、建水、石屏7县市，由红河州州级财政承担50%，县市财政承担50%；元阳、红河、绿春、金平、屏边、河口6县，由红河州州级财政全额承担。城镇无业居民、下岗待业职工、困难企业职工独生子女保健费，个旧、开远、蒙自、弥勒、建水5县市，由县市财政承担；泸西、石屏、元阳、红河、绿春、金平、屏边、河口8县，由红河州州级财政全额承担。

【红河州抓住两个环节稳步开展计划生育村民自治试点工作】

2007年红河州人口计生系统紧紧抓住计划生育村民自治工作中的两个关键环节，在红河州13个县市中选择了具备条件的147个村（居）民委员会开展了计划生育村民自治试点。1.计划生育村民自治章程制订。在广泛收集村民意见、建议的基础上，召开村党支部会、村组干部会、村计生协会理事会、村民代表会，依照《村民委员会组织法》、《村民自治章程》，按照内容合法性原则；权利与义务平等原则；制约措施与优惠奖励相结合原则；因地制宜原则；程序合法性原则的要求，研究制订《计划生育村民自治章程》，由乡镇计划生育村民自治领导小组审核把关后，召开村民代表大会，通过《计划生育村规民约》，建立计划生育村民自治制度、奖励制度、民主监督制度。对村计生办、计生服务室、协会活动室进行合理安排，规范上墙内容。2.计划生育村务公开。建立完善村党组织、村委会、计生协会联席会议制度和民主监督制度。让群众在计划生育事务中做到事前参与、事中介入、事后监督，调动村民参与计划生育村民自治的积极性。

【荣誉】

1.2006年 2月22日，首届云南人口奖在昆明揭晓并颁奖，中共红河州委书记罗崇敏荣获首届云南人口奖。

2.2006年10月，红河州被国家人口计生委、财政部评为全国农村部分计划生育家庭奖励扶助制度和“少生快富”工程试点工作先进单位。

3.2006年11月，红河州人口和计划生育委员会主任部钢，被国家人口和计划生育委员会授予“全国人口和计划生育系统优秀工作者”荣誉称号。

2007年

【概况】

2007年红河州人口和计划生育工作，紧紧围绕中共红河州委六届二次全会提出的“不断完善现行人口与计划生育政策，控制人口数量，提高人口素质”的目标任务，狠抓基层基础工作，强化孕前规范管理和服务，严格控制违法生育，特别是违法多生育，人口和计划生育工作稳步健康发展。1.始终坚持和落实科学发展观，坚持人口与发展综合决策，坚持现行生育政策不变，既定的人口控制目标不变和各级党政一把手亲自抓、负总责不变，实行计划生育“黄牌警告”和“一票否决”，坚决落实目标管理责任制；2.切实转变工作思路和工作方法，坚持宣传教育为主、避孕为主、经常性工作为主，始终把工作重点放在农村，特别是边远贫困地区，放在基层基础工作上，对不同地区，采取不同政策，从实际出发，因地制宜，分类指导。3.积极开展计划生育村民自治试点工作，组织广大育龄群众实行自我教育、自我管理、自我服务。4.进一步完善人口和计划生育利益导向政策体系，落实各项计划生育奖励优先优惠政策，提高农业人口独生子女父母光荣证领证率，遏制农村人口过快增长。

【统计数据】

1.人口基本情况。据红河州统计局统计年鉴，2007年红河州年末总人口437.3万人，出生率13.3‰，死亡率6.5‰，自然增长率6.8‰。

2.计划生育基本情况。据云南省人口计生委考核认定，计划生育率94.59%，长效避孕及时率88%。

【考核结果】

1.红河州政府与13个县市签订的责任目标考核情况。个旧市、开远市、蒙自县、建水县、弥勒县、泸西县、绿春县、河口县，全面完成了2007年与红河州政府签订的责任目标；屏边县未完成每1个社区（居委会）配备1名流动人口专职管理人员、及乡镇计划生育服务所有编制并按核定编制配齐人员2项考核指标，石屏、元阳、红河、金平4县未完成每1个社区（居委会）配备1名流动人口专职管理人员考核指标。2.红河州计生委与13县市人口计生局签订的责任目标考核情况。个旧市、开远市、蒙自县、建水县、弥勒县、泸西县、红河县、金平县、绿春县、河口县，全面完成了与红河州人口计生委签订的责任目标；屏边县未完成长效避孕及时率、以及基层统计台账设置符合规定要求、制度健全、管理规范、运转正常2项考核指标，石屏县未完成基层统计台账设置符合规定要求、制度健全、管理规范、运转正常考核指标，元阳县未完成长效避孕及时率考核指标。

【云南省人口和计划生育形势分析会在红河州蒙自召开】

2007年8月1日至2日，云南省人口和计划生育形势分析会在红河州蒙自召开。云南省人口计生委党组班子全体成员，机关各处室、下属事业单位负责同志，16个州市人口计生委主任、发展规划科（处）长等50多人出席会议。会议对云南省人口和计划生育形势作了深入分析，就如何抓好2007年下半年工作，完成2007年人口和计划生育目标任务进行了全面安排部署。会议指出，2007年年上半年，云南省人口出生率、自然增长率略有下降，计划生育率、晚婚率、独生子女领证率有所上升；但早婚率上升，计划生育手术减少。随着人口与计划生育工作的深入发展，云南省出生率已连续8年控制在20‰以内，自然增长率连续4年控制在10‰以内，云南省人口和计划生育工作已进入稳定低生育水平，统筹解决人口问题的新阶段。但由于云南省人口基数大，低增长率下的高增长量，人口状况总体不佳，人口素质不高的状况，以及较强的生育意愿与严格的生育政策之间的矛盾在短期内难以改变。加之受性别结构、年龄结构失衡，人口红利期长、劳动年龄人口压力大，人口分布不理想、农村人口增长快等多方面因素的影响，云南省人口计生工作仍存在诸多不利因素，人口形势依然严峻。会议要求，在今后的工作中，各级计生部门要坚定不移地实行计划生育基本国策，全面加强人口和计划生育工作，综合治理好人口问题。要切实做好依法行政工作，适应新的历史条件，调整开展计划生育工作的观念、思路、方法，将工作重心下移到村，在抓住国家“少生快富”工程在云南省试点的机遇，扎实做好启动实施工作的同时，进一步加强督促检查，确保2007年人口和计划生育目标任务的完成。中共红河州委副书记、州长杨福生，红河州州委常委、州委宣传部部长李涛，红河州人大常委会副主任邓小礼，红河州政府副州长洪丹平，红河州政协副主席刘竹芬出席会议，红河州人口计生委科以上干部，13市县人口计生局局长列席了会议。

【红河州开展“破旧俗，树新风”生育观念大讨论有奖征文活动】

2007年 1月29日，红河州“破旧俗、树新风”生育观念大讨论有奖征文评选活动结束。此次征文活动以“我生孩子为什么、多生孩子干什么、养育孩子需什么、少生孩子得什么”为主题，以转变生育观念，破除旧思想，树立新风尚为主要内容，在红河州范围内征集到大讨论文章50多篇。经评选，评选出一等奖2名，二等奖3名，三等奖5名，鼓励奖20名。

【红河州开展计划生育优质服务进警营活动】

2007年6月15日，红河州人口计生委、蒙自县人口计生局与武警驻蒙某部联合开展了“计划生育优质服务进警营”活动。红河州、县计划生育服务站技术服务人员携带乳腺诊断仪等检查设备，依托武警医院为部队官兵和军人家属开展了乳腺筛查、妇科检查和计划生育生殖健康普查。此次活动，州、县人口计生部门共派出医务人员和工作人员20多人，为143名女军人及军人家属进行妇科检查、乳腺筛查和计划生育生殖健康普查。

【红河州首家标准化规范化乡镇计划生育中心服务站建成使用】

2007年12月6日，作为红河州计划生育服务站标准化、规范化建设试点示范的弥勒县朋普镇计划生育中心服务站正式投入使用。弥勒县朋普镇计划生育中心服务站是根据国家发改委、建设部颁布的《农村计划生育机构基础设施建设标准》，按照“标准化建设，规范化管理，法制化执业，人性化服务”的工作思路和“服务站外观颜色、标识设置、标准字体、象征图案、人员服装、站内宣传、办公用品、站内外标牌统一”的要求，投资70万元改建而成的。

【红河州“三个到位”开展社区流动人口计划生育服务管理试点工作】

红河州始终坚持把流动人口计划生育服务管理工作作为人口和计划生育工作的一件大事来抓，2007年采取“三个到位”的办法，选择蒙自、金平两县、其余11县市选择1个条件较好的流动人口较多的社区，开展流动人口计划生育服务管理试点工作，探索建立“属地管理、单位负责、居民自治、社区服务”的流动人口计划生育管理机制。1.层层签订责任书，确保责任落实到位。①乡镇政府与社区主任签订流动人口计划生育管理和服务责任书，实行一把手负责制。②社区负责人与辖区内单位法人和房屋出租户签订责任书，实行规范管理。③社区与外出务工的育龄夫妇签订《流动人口计划生育管理协议书》，并督促其办理《流动人口婚育证明》。2.强化管理、服务到位。①实行一卡一上门服务制度。一卡即《流动人口计划生育生殖健康服务卡》，凭卡可免费享受以下计划生育技术服务：领取避孕药具；放置、取出宫内节育器及技术常规所规定的各项医学检查；人工流产术及技术常规所规定的各项医学检查；输精管结扎术、输卵管结扎术及技术常规所规定的各项医学检查。一上门即每季度深入到流动人口聚居区或流动人口较多的单位，为流动人口提供查环查验、生殖保健知识咨询等服务。②建立三卡一信管理，（即流动人口计划生育登记卡、雇主登记卡、房主登记卡及致房主（雇主）的一封信）。③加大对《流动人口婚育证明》办理和查验力度，确保办证率、查验率和持证率达95%以上。④在流动人口聚居区，设立“流动人口知心话信箱”，收集流动人口对计生工作的意见和建议。⑤在社区内配备1~2台自动售套机。⑥在试点社区设置流动人口服务窗口。3.营造舆论氛围，宣传工作到位。①有一至两条固定的永久性的流动人口计划生育宣传标语。②在社区设有一个流动人口宣传橱窗，每月更换一次内容。③在社区内发放流动人口计划生育宣传手册，做到每户一册。

2008年

【概况】

2008年红河州人口和计划生育工作，认真贯彻落实《中共中央国务院关于全面加强人口和计划生育工作统筹解决人口问题的决定》、《中共云南省委云南省人民政府关于进一步加强人口和计划生育工作统筹解决人口问题的决定》，按照构建社会主义和谐社会、建设社会主义新农村的要求，以稳定和完善现行人口政策和生育政策为前提，以深化综合改革，健全工作新机制为动力，以增强公共服务和社会管理能力为基础，以推进人口与发展科学决策、综合治理为保障，认真落实“黄牌警告”和“一票否决”制度，实行政府对政府、计生部门对计生部门的“双线”目标考核，狠抓基层基础工作，强化孕前规范管理和服务，切实加强流动人口计划生育服务管理工作，严格控制违法生育，积极开展计划生育优质服务、出生缺陷一级预防和“关爱女孩”行动，全面完成了省人民政府与州人民政府、省人口计生委与州人口计生委签订的责任目标。

【统计数据】

1.人口基本情况。据红河州统计局统计年鉴，2008年红河州年末总人口441.2万人，出生率13.2‰，死亡率6.41‰，自然增长率6.79‰。

2.计划生育基本情况。据云南省人口计生委考核认定，计划生育率92.8%，长效避孕及时率80%。

【考核结果】

1.红河州政府与13个县市签订的责任目标考核情况。个旧市、开远市、蒙自县、建水县、石屏县、弥勒县、泸西县、红河县、绿春县、金平县、河口县，全面完成了2008年与红河州政府签订的责任目标；屏边县、元阳县未完成乡镇计划生育服务所有编制并按核定编制配齐人员，并至少有1名具有执业（助理）医师资格人员的考核指标。2.红河州计生委与13县市人口计生局签订的责任目标考核情况。个旧市、开远市、蒙自县、建水县、石屏县、弥勒县、泸西县、红河县、绿春县、金平县、河口县，全面完成了与红河州人口计生委签订的责任目标；屏边县、元阳县未完成长效避孕及时率考核指标。

【红河州规范人口和计划生育目标考核】

2008年3月中共红河州委、州人民政府与各县市党委、政府签订了《2008年度人口和计划生育目标管理责任书》，决定对人口和计划生育工作严格实行“黄牌警告”和“一票否决”制度。为推进人口和计划生育综合治理，规范人口和计划生育责任目标考核工作，红河州决定从2008年起将原来由红河州人口和计生委单独行文，对中共红河州委、人民政府与各县市党委、政府签订的《人口和计划生育目标管理责任书》考核指标进行解释说明的办法，改由负责人口和计划生育责任目标考核工作的红河州纪律检查委员会、州委组织部、州财政局、州人事局、州人口和计生委联合行文对考核指标进行解释说明。2008年4月，州纪律检查委员会、州委组织部、州财政局、州人事局、州人口和计生委，根据州委、州政府关于对人口和计划生育工作实行“黄牌警告”制度的有关要求，联合行文对《2008年度人口和计划生育目标管理责任书》中的出生率、自然增长率、计划生育率、长效手术任务等人口控制指标；县级专项经费、乡级人均经费投入、“独生子女保健费”和“奖优免补”配套经费按时足额到位并100%兑现到位等经费投入指标；认真落实“黄牌警告”和“一票否决”制度、社会居委会配备流动人口计划生育专职管理人员，乡级计划服务所按规定编制配齐技术人员并至少有1人具有执业（助理）医师资格等工作指标的考核，从定性、定量两个方面作了具体说明，进一步明确了各县市及各相关部门在人口和计划生育工作中的职责，既有利于各县市党委、政府及相关部门根据职责要求开展工作，又有利于考核单位年底对各县市的检查考核，使考核工作做到公开、公平、公正、客观、透明。

【红河州全面启动出生缺陷一级预防工作】

红河州人口和计划生育委员会根据职能定位，发挥自身优势，结合红河州内各县市经济社会发展水平、人口计生工作基础、服务站所设备条件、人员技术水平等方面存在的差异，决定采取“全面开展、分类指导、分层推进”的办法，从2008年起在红河州13个县市开展出生缺陷一级预防工作。第一层次为巩固提高发展县。即省确定的泸西、弥勒、建水3个试点县，要求围绕宣传倡导、健康促进、优生咨询、高危人群指导、孕前实验室筛查和营养素补充6项重点任务，在规范化管理、制度化建设、系列化服务方面抓落实，着力建立完善政府主导、计生牵头、部门配合、专家支持、群众参与的工作机制。第二层次为推介实施县市。即内地非试点县，包括个旧、开远、蒙自、石屏4县市。要求围绕宣传倡导、健康促进、优生咨询、高危人群指导4项任务开展工作，在建立工作机制，完善管理服务方面取得明显进步。第三层次为普遍倡导县，即红河、元阳、绿春、金平、屏边、河口6县，要求以宣传倡导为主，逐步推动健康促进、优生优育咨询和高危人群指导等工作的开展。

【红河州加快农村基层计划生育服务体系建设步伐】

红河州高度重视“十一五”农村基层计划生育服务体系建设，加快计划生育服务站所标准化、规范化建设步伐，积极争取云南省发改委、省人口和计生委的支持，2008年启动实施了金平县、屏边县、绿春县、元阳县、弥勒县、个旧市、开远市、蒙自县8个县级计划生育服务站、9个乡级服务所国债项目建设工程。紧紧抓住国家扩大内需，加强基础设施建设的机遇，2008年11月，又争取2008年中央扩大内需新增计划生育服务站所国债资金建设项目36个。在工程建设中，红河州人口计生委采取了以下措施。1.严格按建设部、国家发展改革委员会颁布的《农村计划生育服务机构基础设施建设标准》、《人口和计划生育服务站机构形象规范手册》要求，精心规划、设计，杜绝超规模建设。2.严格执行基本建设程序，实行项目法人责任制、工程监理制、招投标制和合同制，加强项目建设的全程管理和监督。3.强化资金管理，严格执行基本建设财务制度，对资金实行专户管理，确保资金使用安全有效。

【红河州推进"六化"服务开展计划生育优质服务先进单位创建活动】

红河州人口和计划生育系统坚持以人为本，全力推进"六化"服务，开展计划生育优质服务先进单位创建活动。1.技术服务规范化。围绕生育、节育、不育、优生及其他生殖保健开展规范的系列服务。2.具体服务个性化。针对不同人群的计划生育/生殖健康需求开展个性化服务。3.分类服务特色化。针对贫困边远山区育龄群众、下岗女工、残疾妇女等弱势群体及流动人口的特点，提供综合服务。4.政策服务公平、公开化。充分尊重群众的知情权，把政策交给群众，使群众增强依法规范生育行为的自觉性。5.信息服务准确快捷化。将人口和计划生育工作纳入信息化管理，确保相关信息全面、及时、准确传递，提升服务水平和服务效益。6.宣传服务温馨化。积极开展"婚育新风进万家"活动，发挥计划生育技术服务站所的宣传服务功能，对新婚、孕产期、完成生育任务进入长期避孕的对象进行宣传培训，提高群众计划生育生殖保健的自我意识和能力，宣传科学文明进步的婚育观念，促进群众生育观念的转变。2008年开远市被国家人口和计划生育委员会授予国家计划生育优质服务先进单位称号，蒙自县被云南省人口和计划生育委员会授予云南省计划生育优质服务先进单位，石屏、红河两个计划生育优质服务达标县通过了云南省人口和计划生育委员会的达标验收。截至2008年12月，红河州弥勒县、泸西县、开远市被国家人口计生委评为计划生育优质服务先进单位，河口县、蒙自县被云南省人口计生委评为计划生育优质服务先进单位。

【红河州采取州县市配套资金的办法强化流动人口计划生育服务管理平台建设】

红河州人口和计生委高度重视流动人口计划生育服务管理平台建设，针对社区流动人口育龄妇女个案信息录入，以及服务管理信息的提交、查询、协查、反馈等工作中存在的问题，决定采取每台微机红河州州级补助不少于3000元，其余不足部分县市自筹资金的办法，2008年、2009年为红河州13个县市122个社区配备122台流动人口服务管理专用微机。2008年，红河州州级财政下拨36万元专项资金，为72个社区配备了微机。

【荣誉】

1.2008年6月，红河州人口和计划生育委员会被中共云南省委、云南省人民政府评为三年禁毒和防艾人民战争先进集体；

2.2008年6月，红河州人口和计划生育委员会被红河州人民政府评为妇女儿童工作先进集体。

3.2008年6月，红河州人口和计划生育委员会主任邵钢被中共云南省委、云南省人民政府评为三年禁毒和防艾人民战争先进个人；

4.2008年，红河州委书记罗崇敏、人口和计划生育委员会主任邵钢荣获首届云南人口奖。

个旧市

2006年

【概况】

2006年，个旧市人口和计划生育工作，以全面落实“三为主”方针、狠抓基层、夯实基础为重点，强化孕前规范管理，严格控制违法生育，积极开展“奖优免补”、优质服务和村民自治工作，认真研究和解决流动人口管理工作中出现的新情况、新问题，人口和计划生育工作呈现出稳步发展的态势。

【统计数据】

1.人口基本情况：据个旧统计局公布：2006年个旧市总人口388059人，当年出生3826人，出生率9.86 ‰，死亡 2212 人，死亡率5.71 ‰，自然增长人口 1606人，自然增长率4.15‰。

2.计划生育基本情况：据个旧计生统计报表，计划生育率97.75 %，长效避孕及时率68.05 %。

【个旧市采取双线考核的办法落实目标管理责任制】

个旧市把人口计生工作与经济工作同安排、同落实，采取双线考核的办法落实目标管理责任制。即个旧市人民政府与各乡镇（区）签订人口和计划生育目标管理责任书，个旧市人口和计划生育局与各乡镇（区）计生办签订目标管理责任书；乡镇（区）政府与各村委会签订目标管理责任书，乡镇（区）计生办与各村委会计划生育宣传员签订目标管理责任书，年终严格考核奖惩。

【个旧市以宣传开路营造良好的生育文化氛围】

2006年，个旧市人口和计划生育局以开展“奖优免补”和“创建优质服务达标市”工作为契机，把宣传教育作为促进婚育观念转变，努力实现人口和计划生育良性循环的重要任务来抓，广泛宣传科学、文明、进步的婚育观念和生殖健康科学知识，积极传播新型生育文化。年内，开展计划生育宣传一条街活动21次，集中宣传计划生育“一法二条例”、农村独生子女“奖优免补”政策和优生优育知识等内容，营造良好盛誉文化。2006年共展出宣传板面51块，设咨询台20场次，演出计划生育文艺节目28场次，发放宣传材料9.5万多份、宣传小折页和小册子4.3万多份，发放“奖优免补”宣传小围腰5000条，制作公示栏584块、永久性宣传标语1767条。

【个旧市开展计划生育自治试点工作】

2006年个旧市人口和计划生育局选定在个旧市锡城镇跃进村委会为个旧市计划生育村民自治试点村，同时要求其他7个乡镇也各选择1个村委会开展计划生育村民自治试点。锡城镇跃进村委会的试点工作得到镇、村两级党政领导班子的重视，村委会多次召开村干部、村民代表会议，对《跃进村委会计划生育村民自治章程》、《计划生育村规民约》、《计划生育协议书》进行讨论、修改。村委会提出的对独生子女户和采取长效避孕节育措施的妇女给予奖励的意见，得到村民代表的一致赞同，《自治章程》、《村规民约》在村民代表会议上顺利通过，村委会与全村96户村民签订了《计划生育协议书》。其余7个乡镇的计划生育村民自治试点工作也进展顺利。到2006年底，个旧市共有10个村民委员会与4629户村民签订了《计划生育协议书》，计划生育村民自治试点工作取得较好的效果。

【个旧市采取分块管理的办法加强流动人口计划生育工作】

个旧市贯彻落实《红河州流动人口计划生育管理和服务实施细则》，建立健全“党政负责、部门配合、群团参与、综合治理”的流动人口计划生育管理工作机制，进一步明确了公安、工商、劳动和社会保障、民政、国土资源、卫生、文化体育旅游和建设等部门在流动人口计划生育管理中的职责，将个旧流动人口计划生育管理划分为以乡镇为主的矿山流动人口用工管理；以部分乡镇和社区为主的流动人口租房户管两大块，按照“谁用工谁管理，谁租房谁负责，谁管辖谁治理”的原则，不断强化居住地乡镇和社区的管理职能，与用工单位签订《个旧市流动人口用工单位协助管理计划生育合同书》660份，与租房户签订《个旧市出租房屋协助管理计划生育合同书》721份。

【荣誉】

1.2006年4月，云南锡业集团有限责任公司、个旧市锡城镇人民政府、个旧市大屯镇人民政府，被红河州人民政府评为红河州“十五”人口和计划生育先进集体；

2.2006年4月，云南锡业集团有限责任公司沈洪忠，云南锡业集团有限责任公司计生办苏继芬，中共个旧市委杨铭书，个旧市人口计生局崔丽荣、蒋光辉，个旧老厂镇计生办尚琴芬，个旧市计划生育服务站郭宏跃，个旧市蔓耗镇人民政府李琼，个旧市大屯镇红土坡村委会马秀芬，中共个旧市乍甸镇党委王伟，被红河州人民政府评为红河州“十五”人口和计划生育先进个人。

2007年

【概况】

2007年个旧市人口和计划生育工作，紧紧围绕进一步稳定低生育水平、统筹解决人口问题、促进人的全面发展这个中心任务，以完成责任目标为中心，以进一步降低生育水平为核心，以实施农业人口独生子女家庭奖励政策、抓好南部乡镇和北部山区人口控制、抓好流动人口计划生育管理与服务工作为重点，狠抓人口和计划生育各项措施的落实，较好地完成了人口与计划生育目标任务。

【统计数据】

1.人口基本情况：据个旧统计局公布：2007年个旧市总人口389985人，当年出生 3898 人，出生率 10.12 ‰，死亡 2197 人，死亡率5.65 ‰，自然增长人口1701人，自然增长率4.37‰。

2.计划生育基本情况：据个旧计生统计报表，计划生育率97.77 %，长效避孕及时率68.5%。

【个旧市加大边远山区人口控制力度】

2007年个旧市在强化基层基础工作，加大宣传教育工作的同时，始终把工作的着力点放在农村人口和计划生育工作上，针对违法多生育主要集中在边远山区的实际，在工作中实行分类指导，采取教育、行政、经济等措施，加大对山区乡镇违法多生育的控制力度。2006年，个旧市违法生育人数由2002年的208 人下降到2007年的93人，违法多生育人数由2002年的9人下降到2007年的5人。

【个旧市积极稳妥推进计划生育村民自治工作】

2007年个旧市在巩固2006年计划生育村民自治试点成果的基础上， 在个旧市34个村委会、3个社区推进计划生育村（居）民自治工作。各乡镇、城区街道办事处、村委会、社区严格按照村民自治工作流程开展工作。37个村（居）委会与23308户村（居）民签订《计划生育协议书》。2007年底，个旧全市已有44个村委会、3个居委会开展村（居）民自治工作，分别达到75个村委会、29个社区居委会的56.7%和10.3%。

【个旧市开展流动人口计划生育服务管理试点工作】

2007年个旧市选择卡房镇卡房、城区办新冠两个社区开展流动人口管理与服务试点工作，探索建立“属地管理、单位负责、居民自治、社区服务”的流动人口计划生育管理机制，规范流动人口计划生育服务管理工作，有效控制了个旧市辖区内流动人口躲生、超生的不良现象。

【个旧市计划生育协会利用“5·29”纪念日开展系列宣传】

个旧市计划生育协会在中国计生协会“5·29”

纪念日前后，开展了形式多样、内容丰富的“5·29”计划生育协会系列活动。城区街道办事处计生协会和个旧市计生协在怀源芳浦广场联合举办以“生育传承希望，关怀相伴和谐”为主题的为民服务活动；卡房镇在促进矿大礼堂举行纪念“5·29”活动日大型文艺演出；鸡街镇举办以“我是女孩，我骄傲”为主题的关爱女孩演讲比赛和以“婚育新风进万家、建设和谐新农村”为主题的大型文艺表演；老厂镇在羊坝底村委会举办以“关爱女孩”为主题的大型文艺活动和计生知识竞赛活动，普及计划生育政策和避孕节育、优生优育知识。

【荣誉】

2007年，个旧市人口和计划生育局局长崔丽荣，被云南省人事厅、云南省人口和计划生育委员会评为2007年云南省人口和计划生育先进工作者。

2008年

【概况】

2008年个旧市人口和计划生育工作，认真贯彻落实《中共云南省委云南省人民政府关于进一步加强人口和计划生育工作统筹解决人口问题的决定》，采取措施稳定低生育水平，人口和计划生育工作呈现出稳步发展的态势。

【统计数据】

1.人口基本情况：据个旧统计局公布：2007年个旧市总人口389952人，当年出生 4199 人，出生率10.8 ‰，死亡 2930 人，死亡率7.5 ‰，自然增长人口 1269 人，自然增长率3.3‰。2.计划生育基本情况：据个旧计生统计报表，计划生育率98.01%，长效避孕及时率68.39%。

【个旧市完善人口和计划生育“黄牌警告”制度】

2008年3月，中共个旧市委、市人民政府联合下发了《关于进一步健全完善人口与计划生育工作黄牌警告制度的通知》，在原“黄牌警告”制度的基础上，将考核对象扩大到人口和计划生育领导小组成员单位的主要领导、细化了考核内容、提高了奖惩标准、明晰了处理意见和考核办法，进一步明确了各乡镇、部委办局管理计划生育工作的职责和应负的责任，强调计划生育工作一把手负责制，要求各有关单位党政领导要不断提高认识，坚定信心，加强领导，克服消极畏难情绪，履行好自己的工作职责，进一步做好本辖区、本单位的计划生育工作。

【个旧市细化任务层层落实目标责任】

2008年个旧市认真分析州级下达的各项责任目标，将优选节育率、避孕及时率、政策知晓率、依法行政、基层统计台账、流动人口计划生育管理等指标考核分值细化到小项指标，使考核更具可操作性。在双线考核中，既坚持对乡镇党委政府、计生办和村委会的严格考核，又对各村委会计划生育宣传员加大了考核力度，个旧市人口和计划生育工作形成了级级有人抓、层层有人管的良好局面。

【个旧市人口计生部门与有关单位联合开展计划生育服务】

1.与农工党个旧市委、妇幼保健院的医护人员联合深入矿山、农村，扎实开展医学监护活动、育龄妇女生殖健康随访、生殖道感染以及乳腺疾病的普查普治等工作。共为9277名育龄妇女免费检查妇科疾病，免费发放20000多元的药品；对农村5203位随访对象、3411位访问对象和25996位服务对象随访了40222人次。2.与省计划生育科研所联合开展乳腺疾病普查普治工作，医务专家和医务人员深入到个旧市29个社区、9个乡镇、89个厂矿公司为25138位育龄妇女免费检查乳腺疾病，查出乳腺癌疑似病例13人，治疗人数为3228人，治疗率达27.85%。

开远市

2006年

【概况】

2006年，开远市全面完成了红河州下达的各项责任目标任务，计划生育工作呈现稳步健康发展态势。

【统计数据】

1.人口基本情况。据开远市统计局公报，2006年开远市年末总人口262641 人，出生率12.34‰，死亡率5.08‰，自然增长率为7.26‰，出生人口为3251人，死亡人口为1337人。

2.计划生育基本情况。据开远市计划生育报表，计划生育率为98.15%、优选节育率为77.29%、避孕及时率为68%。

【开远市对人口和计划生育工作实行黄牌警告制度】

开远市委、市政府严格执行“黄牌警告”制度，加大对各乡（处）人口和计划生育责任目标执行情况的督促检查。2006年先后四次组织检查组到五乡三处开展检查工作，根据检查结果进行通报，对责任目标完成不好的乡（处），给予“黄牌警告”预警，进一步增强了乡（处）党政领导和基层计生工作人员的责任意识。

【开远市出台奖励政策为农业人口独生子女家庭交纳农村合作医疗个人承担部分的参合费】

开远市委、市政府重视农业人口独生子女家庭奖励工作，在全面落实《云南省农业人口独生子女家庭奖励规定》的基础上，出台了农业人口独生子女家庭参加新型农村合作医疗的奖励优惠政策，决定为领取农业人口《独生子女父母光荣证》的家庭户交纳每人10元的新型农村合作医疗参合费，2006年全市共为4179户农业人口《独生子女父母光荣证》的家庭户交纳参合费111990元。

【开远市加大计划生育优质服务工作力度】

1.认真做好二查人员（放环一年以上，两年以内；结扎一年以内，要求一年开展两次避孕检查）、四查人员（应落实避孕措施而未落实已婚育龄夫妇；使用避孕药、避孕套、外用避孕药的已婚育龄夫妇；放环一年以内的已婚育龄夫妇）的随访工作，围绕出生缺陷干预工程、生殖道感染干预工程、避孕节育优质服务工程，开展查环、查孕、孕前培训、生殖健康和出生缺陷的宣传服务。2006年开展孕前培训12期，培训孕前夫妇300多对，开展医学监护9173人次，妇科病普查普治2965人次，施行计划生育手术5648例。2.利用各种重大节日，发挥各级计生协会的优势，在城乡街头、广场开展以计划生育工作为题材的文艺表演，发放宣传资料；利用流动服务车到乡（处）和城区16 家单位开展计划生育避孕节育、知情选择、生殖保健、优生优育等宣传81次。2006年共开展各类宣传活动和咨询服务12次，发放各种宣传资料26000余份，放电影6场，图片展3次，免费咨询500余人次，文艺表演3次58个节目，参加演出人员248人，出黑板报、墙报47期。

【开远市四项措施加强计生协会工作】

1.以项目为龙头，带动计生协会工作。2006年开远市小龙潭办事处投入1万元项目经费，扶持了14户计划生育户。2.加强协会自身建设，为市、乡两级协会配备专（兼）职人员；对乡（处）、村（社区）协会会员进行培训。3.创造性地开展宣传工作，各基层协会充分发挥主观能动性，结合“5·29”会员活动日、社会主义新农村建设等活动，多形式、多角度宣传计划生育法律法规和“奖优免补”政策。4.开远市计生协会分别与该市8个乡（处）计生协会签订目标责任书，年终进行考核。

【荣誉】

（一）2006年小龙潭办事处、国电小龙潭发电厂被红河州人民政府评为“十五”人口和计划生育工作先进集体。

（二）2006年，薛瑞年、李惠英、杨土生、张惠清、冯永强、高云芳、蔡永光被红河州人民政府评为“十五”人口和计划生育工作先进个人。

2007年

【概况】

2007年，开远市围绕以人的全面发展为核心，以稳定低生育水平、提高人口素质为目标，全面提高管理水平和服务质量，为全市建设小康社会创造良好的人口环境。

【统计数据】

1.人口基本情况。据开远市统计局公报，2007年开远市年末总人口为265202人，出生率12.54‰，死亡率4.61‰，自然增长率7.93‰，出生人口为3309人，死亡人口为1217人。

2.计划生育基本情况。据开远市计划生育报表，计划生育率为97.73%、优选节育率为77.50%、避孕及时率为68%。

【开远市各级党委政府强化对人口计生工作的领导】

1. 配齐配强了开远市人口和计划生育局领导班子。2.为开远市计生服务站增加3名技术人员编制，投入50万元扩建开远市计生服务站，解决业务用房不达标的问题。3.在红河州率先提高了村宣传员的生活补助，为52个村委会的宣传员每人每月增加生活补助费75元，达到每人每月300元以上。4.为马者哨乡、大庄乡计生办各配备了一辆公务用车，碑格乡计生办更换了车辆。5.大庄乡为计生办增加了一名工作人员。6.马者哨乡调整了乡计生办主任，安排两位新录用的公务员到乡计生办工作。

【开远市出台奖励政策对乡级计生办办理独子证给予资金补助】

开远市委、市政府重视农业人口独生子女家庭奖励工作，为提高基层工作人员的积极性，对乡级计生办采取每办一户独生子女父母光荣证补助30元、超额完成一户补助50元的办法。2007年，该市共办理《独生子女父母光荣证》346户，比任务数270户多76户，共兑现一次性奖励金13.25万元。

【开远市五项措施成功创建省级优质服务达标市】

1.明确市、乡、村三级创优领导小组和工作机构，制订各种工作规范。2.市委、市政府投入15万元对该市3个服务站（所）的硬件设施进行了改造。3.构建城乡避孕药具发放网络，8个乡（处）共配备药具管理人员8名，19个社区52个行政村445个自然村都设有发药员，形成了全方位的药具发放网络。4.对使用药具人员进行跟踪随访，做好药具效果评估。5.加大计划生育优质服务工作力度。2007年共发放育龄妇女优质服务证4万册、印发生殖健康指南1万册、制作各种医疗文书5万份，开展B超医学监护11739人次，妇科病普查普治15876人次，施行各类计划生育手术3802例。

【开远市从三方面加大流动人口管理工作】

（一）2007年7月经开远市编委批准成立了开远市流动人口计划生育监察大队，在该市19个社区，2个居委会配齐了流动人口计生管理专职人员21名。（二）建立流动人口户籍地和现居住地的协调联系制度，2007年开远市与红河州12个市（县）、曲靖宣威市签订双向管理协议书并建立了友好联系制度；与当地驻军建立了军地人口和计划生育“双管双助”工作制度；把灵泉办事处的健民和西园社区列为该市流动人口管理和服务试点社区，建立房屋出租登记卡和流动人口管理卡，建卡率达95%。（三）社区成立了流动人口计生协会，实行居住地管理、市民化服务，发放《开远市流动人口计划生育健康服务卡》。

【开远市计划生育协会队伍不断壮大】

2007年，开远市协会小组由2006年的712个增加到716个，会员人数由2006年的37478人增加到

38094人，会员之家由2006年的5个增加到7个。计划生育协会队伍的不断壮大，为该市做好人口计生工作奠定了基础。

【荣誉】

(一) 2007年灵泉街道计划生育协会荣获“全国计划生育协会先进单位”。

(二) 2007年开远市荣获“全省计划生育优质服务达标市”称号。

(三) 开远市人民政府市长李存贵被云南省人事厅、云南省人口和计划生育委员会评为2007年度云南省人口和计划生育先进工作者。

2008年

【概况】

2008年开远市委、市人民政府紧紧围绕“推动科学发展，促进社会和谐”、“建美丽开远市，做幸福开远人”总体目标，在加快经济建设的同时，高度重视人口和计划生育工作，使该市的计划生育管理和服务工作迈上了一个新的台阶。

【统计数据】

1.人口基本情况。据开远市统计局公报，2008年开远市年末总人口267780人，出生率15.85‰，死亡率为4.96‰，自然增长率为10.89‰，出生人口为4223人，死亡人口1323人。

2.计划生育基本情况。据开远市计划生育报表，计划生育率为97.66%、优选节育率为81.38%、避孕及时率为68%。

【开远市开展国家级计划生育优质服务先进单位创建活动】

开远市在2007年达省级优质服务达标市的基础上，2008年积极开展创建全国计生优质服务先进单位活动，并通过国家人口和计划生育委员会的考评验收。具体的措施是：1.采集群众需求信息。以群众需求作为优质服务工作的出发点，采集群众服务需求信息，进行认真梳理和汇总。2.转变管理服务方式。在服务项目上实现了由单纯防止意外妊娠的环孕情监测向查环、查孕与查病相结合转变；在服务对象上实现了由以育龄妇女为主向多样化转变；在服务形式上实现了由群众上门找服务向主动进村入户送服务转变；在服务主体上实现了由以人口计生部门为主向部门联动转变。3.推行避孕方法知情选择。采取系统培训、面对面指导等多种形式，积极宣传各种避孕方法的优缺点，坚持避孕节育术前知情选择同意制度，确保育龄夫妇都能在充分知情、技术人员指导、自主选择的前提下选择适合本人身体状况的避孕节育措施。4.强化服务站所建设。2008年该市争取到计划生育服务网络建设项目资金80万元，对市、乡服务站（所）进行了标准化、规范化改造。5.强化基层网络工程建设。市、乡、村、组四级人口计生工作机构网络健全、报酬落实。6.开展生殖保健服务。市、乡服务站（所）设立了“悄悄话室”，免费开展婚前咨询、孕前咨询、遗传优生、孕产期保健、更年期保健和老年保健等服务，公开热线电话，推行上门服务制，实行24小时服务承诺制； 市、乡两级技术人员组成服务队，定期巡回村寨，免费为已婚育龄妇女开展生殖健康检查，免费为育龄夫妇提供计划生育技术服务；为该市52个村委会、21个社区配备避孕药具柜。7.开展新型生育文化建设。该市通过到乡、村巡回放映宣传影片，把新型婚育观念、农村致富信息、避孕节育和优生优育预防出生缺陷等科学知识送进千家万户。2008年该市设立大型计划生育公益广告牌3块，在城市主要街道设置计划生育公益广告灯箱10块，乡村醒目地点喷刷永久性标语1988条，发放优质服务倡议书4万份，《计划生育优质服务证》6万余册、生殖健康指南1万册、宣传画册5万余份。

【开远市强化流动人口管理服务工作】

乡镇（处）设立流动人口计划生育管理机构。按照“流入地管理为主、流出地配合”的原则，与省内、省外相关县市建立了流动人口计划生育管理联系制度，签订双向管理协议书。加大对《流动人口婚育证明》和违法生育的查验、查处力度。发挥流动人口信息平台的作用，为12社区配备了电脑，对流动人口实行定位管理与服务，建立房屋出租登记卡和流动人口管理卡，与公安派出所实现资源共享。对持有《居民身份证》和有效的《流动人口婚育证明》流入我市的已婚育龄流动人口发放《计划生育优质服务证》，按照“现居住地管理，市民化服务”的原则，为流动人口育龄群众提供国家规定的基本项目免费避孕节育技术、避孕药具和法律法规咨询等服务，做到了将流动人口与常住人口同宣传、同服务、同管理。全年信息交换平台录入2220人，反馈319人。

【开远市把推广使用安全套预防艾滋病和性传播疾病的防治服务工作指标列入政府考核范围】

2008年，开远市把推广使用安全套预防艾滋病和性传播疾病的防治服务工作指标列入市政府对乡镇（处）计生目标管理考核的重要内容，认真开展宣传教育工作，切实提高广大群众对艾滋病和性传播疾病防治的知晓率，增强自我防护意识。

【开远市以关爱女孩行动综合治理出生人口性别比问题】

1.加强对B超诊断仪和B超技术操作人员的管理，建立登记备案制度，实行终止妊娠药品实名销售制度。2.把“关爱女孩”与“生育关怀”相结合，在全社会大力宣传以消除性别歧视为重点，保护妇女儿童权益的法律知识，努力营造强大的宣传舆论氛围。3.对实行计划生育的特困家庭在生产、生活生育等方面给予帮助和关怀。2008年共资助计划生育特困家庭259户，合计金额111903元。

【荣誉】

（一）2008年开远市荣获“全国计划生育优质服务先进单位”称号。

（二）2008年开远市荣获“全省计划生育优质服务先进单位”称号。

（三）开远市人口和计划生育局局长刘东，被云南省人力资源和社会保障厅、云南省人口和计划生育委员会评为2008年度云南省人口和计划生育先进工作者。

蒙自县

2006年

【概况】

2006年，蒙自县人口和计划生育局紧紧围绕县委、县政府工作部署和上级下达的目标任务，坚持以人的全面发展为中心，以技术服务为重点，以广大育龄群众的需求和满意程度为标准，加强人口计生队伍能力建设，进一步提高依法行政、优质服务和社会保障水平，加快建立人口计生工作新机制建设。

【统计数据】

1.人口基本情况：据蒙自县统计局公报， 全县年末总人口33.3万人，人口出生率10.73‰，死亡率4.41‰，人口自然增长率5.64‰。

2.计划生育情况：据计生统计报表，计划生育率98.49%，长效避孕及时率78.72%。

【蒙自县人口计生局采取四项措施强化宣传教育工作】

1.创建了蒙自县人口和计划生育网站，通过现代化的手段，图文并茂、可读、可视、可用的宣传教育途径，突出了计生宣传温馨化、社会化、生活化的特色，营造有利于计生工作开展的宣传环境。2.与蒙自电视台联合在《天气预报栏目》开设《人口和计划生育知识宣传栏目》，使广大人民群众看到了贴近群众、贴近生活的计生宣传内容。3.明确主题，精心制作印有计划生育"奖优免补"内容的雨伞、围裙1.13万份，免费发放给育龄群众。4.制作11块14平方米以上的计划生育大型宣传牌，安置在公路沿线和人群集中处，强化计划生育观念。

【蒙自县出台优惠政策对独生子女家庭予以奖励】

独生子女及其父母、计生协会会员到计生服务站（所）就诊的给予优惠10%的药费和20%的手术费；在卫生部门开展的农村新型合作医疗工作中，农业人口独生子女家庭住院费用在原基础上提高5%的比例给予报销。

【蒙自县加强流动人口计划生育管理服务工作】

1.构建和完善社区计划生育组织网络、服务体系和工作机制，2006年为社区招聘了11名计生宣传员，配齐了社区计生干部；2.对自觉实行计划生育的流动人口育龄妇女发放《优惠卡》，给予查环查孕收费优惠50%，生殖健康检查、节育手术费优惠20%，一般性疾病诊治收费优惠10%；3.加强流动人口登记、信息录入，登记率达60.09%，录入率和反馈及时率居全州第一。

【蒙自县积极开展计生技术服务】

大力推行以技术服务为重点的避孕节育优质服务、出生缺陷干预和生殖道感染干预"三大工程"，拓宽服务领域，在全县开展乳腺疾病普查普治活动，为全县18~55周岁的17975名育龄妇女进行免费检查。积极开展推广使用安全套预防艾滋病工作，全年抽调52人次，对172家宾馆、饭店、招待所和78家娱乐服务场所进行检查，安全套摆放率为100%，同时安装了18台安全套发放机，共免费发放安全套34.8万只。

【蒙自县计划生育协会加大"少生快富"项目实施力度】

2006年蒙自县计划生育协会在2005年实施"少生快富"项目的基础上，又投入资金4万元，重点扶持独生子女户、双女户、计划生育户和协会会员户21户，利用塑钢大棚种植瓜果蔬菜，每户给予2000元一年期有偿无息扶持资金，帮助群众发展生产。

【荣誉】

1.先进个人：陈南舟被国家人口计生委、财政部评为全国农村部分计划生育家庭奖励扶助制度和“少生快富”工程试点工作先进个人；陈南舟被云南省人事厅、云南省人口和计划生育委员会评为云南省2006年度人口和计划生育先进工作者；杨国林、向从科、高宝云、飞家燕、普美芬、杨艳艳、牟勇被红河州人民政府评为“十五”人口和计划生育工作先进个人。

2.先进单位：蒙自县人民武装部、蒙自县人口和计划生育局、蒙自草坝镇人民政府被红河州人民政府评为“十五”人口和计划生育工作先进单位。

2007年

【概况】

2007年蒙自县人口和计划生育工作紧紧围绕目标，强化保障，狠抓宣传，夯实基础，突出重点，着力打造以“温馨计生、甘露计生、公平计生、民主计生、阳光计生、合力计生”为内容的蒙自计生品牌，圆满完成了人口计生各项目标任务。

【统计数据】

1.人口基本情况：据蒙自县统计局公报，全县年末总人口33.94万人，人口出生率11‰，死亡率4.02‰；人口自然增长率5.5‰。

2.计划生育情况：据计生统计报表，计划生育率98.65%；长效避孕及时率82.3%；

【蒙自县开展计划生育优质服务进警营活动】

2007年6月15日，红河州人口计生委、蒙自县人口计生局与武警驻蒙某部联合开展了“计划生育优质服务进警营”活动。红河州州、县计划生育服务站技术服务人员携带乳腺诊断仪等检查设备，依托武警医院为部队官兵和军人家属开展了乳腺筛查、妇科检查和计划生育生殖健康普查。此次活动，红河州州、县人口计生部门共派出医务人员和工作人员20多人，为143名女军人及军人家属进行妇科检查、乳腺筛查和计划生育生殖健康普查。

【云南省人口和计划生育形势分析会与会人员到蒙自文澜镇彝家寨参观】

2007年8月2日上午，在红河州蒙自参加云南省人口和计划生育形势分析会的与会人员，集中到蒙自县文澜镇彝家寨参观。与会人员听取了蒙自县人民政府、文澜镇人民政府人口和计划生育工作的情况介绍，察看了彝家寨村民委员会基层统计台账、“奖优免补”档案管理、计划生育技术服务的相关情况，观看了彝家寨村计划生育协会文艺宣传队的文艺表演。

【蒙自县三项措施强化计划生育基层基础工作】

1.加大硬件建设投入，改善办公条件，投入资金40余万元，为11个乡镇配齐了电脑、打印机等现代化办公设备。2.完善基层基础台账，建立统计员每月例会制度。每月集中到县级报送计生统计数据，根据各乡镇统计台账情况、统计报表质量进行评奖，做到奖优罚劣。3.乡镇每年打造一个计划生育综合示范村，做到打造一个验收一个，以点带面逐步提升基层工作的综合管理水平。

【蒙自县从四方面入手开展云南省计划生育优质服务达标单位创建活动】

2007年蒙自县从四方面入手开展云南省计划生育优质服务先进单位创建活动，探索和建立以群众需求为导向、以生殖保健服务为重点的计划生育优质服务工作机制。1.提高认识明确目标，做到“创优”工作有保障；2.加大宣传搞好培训，做到“创优”工作有氛围；3.强化管理规范运作，做到“创优”工作有内容；4.树立计生服务品牌，做到“创优”工作有特色。通过“创优”工作的开展，促进了蒙自县人口和计划生育工作整体水平的提高，达到了“政府得形象、队伍得培养、服务得提升、群众得实惠”的目标，“创优”达标工作顺利通过了云南省人口和计划生育委员会组织的检查验收。

【蒙自计划生育协会开展生育关怀行动】

蒙自县计划生育协会积极筹措资金，在全县范围内广泛开展“生育关怀行动”，明确规定，从2007年1月1日起对符合生育政策规定，自觉实行计划生育的农村育龄妇女，生育后一周内，由基层计划生育协会登门进行慰问，每户给予30个鸡蛋和2斤红糖，到2007年12月底，共对545户农村家庭进行了走访慰问，发放鸡蛋16350个，红糖545公斤。

2008年

【概况】

2008年蒙自县人口和计划生育工作，以"完善考核、强基固本"为核心，以"创新宣教、利益导向、依法行政、优质服务、综合施治"为重点，着力改善民生、创新特色，实现了工作重心下移，固本强基的目标，全面提升了人口计生工作整体水平。

【统计数据】

1.人口基本情况：据蒙自县统计局公报，全县总人口34.2万人，出生人数2802人，出生率为10.9‰；自然增长率为5.6‰。

2.计划生育情况：据计生统计报表，计划生育率为98.32%；优选节育率为82.48%，长效避孕及时率为81.8%。

【蒙自县制作宣传画广告牌开展计划生育宣传】

在全县三分之一的村委会制作图文并茂、通俗易懂、不小于15平方米的计生宣传画开展宣传活动，全县共制作27块；县级投资12万元在文澜镇、老寨乡、期路北乡、雨过铺镇四个乡镇制作60平方米的大型宣传广告牌4块，宣传人口和计划生育法律法规。

【蒙自县强化农村基层计划生育服务站所规范化建设】

2008年蒙自县在积极争取云南省发展改革委员会支持，将蒙自县计划生育服务站，老寨乡、冷泉镇计划生育服务所建设项目列入国债建设项目的基础上，先后投入资金207万余元，对县乡计生服务站所进行规范化、标准化建设，提高服务站所的服务能力。

【蒙自县完善人口计生目标管理考核制度】

2008年蒙自县政府根据全县人口和计划生育工作的实际，健全完善人口计生目标管理考核制度，将人口计生领导小组成员单位纳入目标管理考核体系，签订目标责任书，年底严格考核奖惩，增强各成员单位配合做好人口计生工作的责任心，形成了部门联动的综合治理工作格局。

【蒙自县出台补助措施促长效节育措施落实】

2008年蒙自县人口计生局出台奖励补助措施，决定从2008年1月起对蒙自县辖区内生育、人流、引产后8个月内采取长效节育措施的农业人口，按是否合法生育，分别给予10元、15元的经济补助。

【蒙自县加大计划生育技术服务人员培训力度】

1.2008年 6月、10月在全县计划生育服务站所技术服务人员中开展科技大练兵活动，进行业务技能培训和岗位竞赛。2.选送5名专业技术人员到省州医疗单位进修实习，提高服务技术人员业务素质创新服务。

【蒙自县开展"三进五送八服务"活动】

"三进"：即新婚进家，产后进家，术后进家；"五送"：即送政策法规知识，送新型生育文化知识，送优生优育优教知识，送生殖健康及性病艾滋病预防知识，送"奖优免补"政策；"八服务"：即避孕指导自主选择服务，独生子女家庭奖励服务，为群众依法维权服务，个性化咨询及男性生殖健康服务，节育手术对象跟踪随访服务，妇科疾病普查普治服务，出生缺陷预防服务，为计划生育家庭提供致富信息及实用技术服务。

【蒙自县"五个一"提升流动人口计划生育管理服务工作】

蒙自县积极开展流动人口计划生育管理服务试点工作，在文澜镇南湖社区、绿茵社区建立"流动人口计生协会"，寓管理于服务之中，为他们提供"五个一"服务。即：制作一块"流动人口管理示意图"；每个社区配备一台电脑、打印机，一名流动人口计生服务管理员；建立一张"流动人口育龄妇女计划生育管理卡"，人来登记、人去注销，做到不错不漏不乱；发送一封"致外来朋友书"，公开介绍人口计生各项政策和服务；做好一条龙服务，免费为流动人口开展施行计划生育手术、办理孕检证明、发放避孕药具、优生优育、生殖健康普查、义诊、咨询等服务活动。

【荣誉】

（一）2008年6月蒙自县人口和计划生育局被国家人口和计划生育委员会评为全国流动人口计划生育信息化建设先进单位。

（二）2008年蒙自县云南省人口和计划生育委员会授予云南省计划生育优质服务先进单位。

（三）蒙自县人民政府副县长高宝云被云南省人力资源和社会保障厅、云南省人口和计划生育委员会评为2008年度云南省人口和计划生育先进工作者。

屏边县

2006年

【概况】

2006年屏边县人口和计划生育工作，以完成责任目标为中心，以进一步降低生育水平为核心，以落实农业人口独生子女家庭奖励政策，控制农村和流动人口违法生育为重点，严格执行“黄牌警告”和“一票否决”制度，狠抓基层基础工作，强化孕前规范管理，严格控制违法多生育，全面完成各项责任目标任务。

【统计数据】

1.人口基本情况。据屏边县统计局公报，2006年末总人口149114人，出生率6.92‰；死亡率4.71‰；自然增长率2.21‰。

2.计划生育基本情况。据红河州计生委考核认定，计划生育率96.71%；长效避孕及时率63.1%。

【屏边县对人口和计划生育工作实行“黄牌警告”制度】

2006年3月16日，中共屏边县委办公室、屏边人民政府办公室联合下发了《关于继续实行人口与计划生育工作“黄牌警告”制度的通知》（屏办发〔2006〕19号），明确了“黄牌警告”制度中的重点考核指标，同时明确规定对完不成人口和计划生育责任目标的乡镇和主要责任人，实行“黄牌警告”和“一票否决”制度。

【屏边加强宣传教育的首位意识积极开展面上宣传工作】

2006年，全县出动宣传车199辆次，发放宣传材料60500份，咨询服务5000余人，展板11块，免费发放避孕套13830只，播放科技计生政策录像7场次，文艺演出262场，观众达40960余人次。宣传面达到100%；政策知晓率95%以上。

【屏边县加强计划生育统计工作提高统计质量】

2006年5月9日，屏边县人口计生局下发《关于认真抓好人口与计划生育统计工作的通知》（屏计生发〔2006〕6号），明确要求各乡镇要抓好基层台账建设和管理，抓好“三术”统计上报，抓实流动人口统计工作，切实减少统计水分，提高统计质量。

【屏边县三项措施强化流动人口管理服务工作】

1.遵循以经常工作为主的原则，将流动人口纳入常住人口进行管理服务；2.充分利用科技管理手段，实行流动人口数据微机化管理；3.取消《婚育证明》工本费，及时查验和办理《婚育证明》。2006年全县共有流动人口9476人，其中，流出人口7745人，已婚育龄妇女1740人，采取各种措施人数1213人。流入人口1731人，已婚育龄妇女475人，采取各种措施人数318人。

【屏边启动计划生育村民自治试点工作】

2006年中共屏边县委、屏边县人民政府下发了《关于在全县农村开展计划生育村民自治试点工作的通知》（屏办发【2006】95号），将玉屏镇半坡村委会确定为县级计划生育村民自治试点村，县政府划拨计划生育村民自治试点启动经费2万元，试点工作取得了预期的效果。

【荣誉】

（一）2006年4月，屏边县湾塘乡人民政府被红河州人民政府评为红河州“十五”人口和计划生育工作先进集体；

（二）2006年4月，李雪曼、忘惠青、蒋荣昌、樊孝芬、刘广柱、松万荣被红河州人民政府评为红河州“十五”人口和计划生育工作先进个人。

2007年

【工作概况】

2007年屏边县人口和计划生育工作，以完成责任目标为中心，以降低生育水平为核心，以全面实施农业人口独生子女家庭奖励政策、抓好常住人口和流动人口违法生育控制为重点，全面完成了红河州下达的各项责任目标任务。

【统计数据】

1.人口基本情况。据屏边县统计局公报，2007年末总人口151070人，出生率7.53‰，死亡率4.69‰，自然增长率2.84‰。

2.计划生育基本情况。据红河州计生委考核认定，计划生育率96.84%，长效避孕及时率65.49%。

【屏边全面落实农业人口独生子女家庭“奖优免补”政策】

2007年屏边县办理农业人口《独生子女父母光荣证》235户。享受教育“奖学金”的独生子女481人。其中初中77人，小学404人，发放奖学金8.466万元。享受一次性奖励金的农业人口独生子女家庭175户，发放金额13.71万元。享受农村计划生育家庭奖励扶助金178人，发放金额11.645万元。兑现农业人口、城镇居民下岗职工、困难企业独生子女保健费16.152万元，共1346人。

【屏边县开展生殖健康优惠普查普治活动】

2007年5月5日至16日，屏边县计生服务站在城区开展生殖健康优惠普查普治活动，参检人员达1343人。

【屏边县对村级宣传员进行集中培训】

针对村级换届后计生队伍人员变动、业务脱节等实际，2007年3月份，屏边县人口和计划生育局组织村计生宣传员开展计划生育有关法律法规的知识学习培训，使计生人员能掌握政策、严格执法、高效服务。

【屏边县开展关爱女孩宣传活动】

2007年5月27日 屏边县举办了由县委宣传部牵头，县计生局等17家单位参加的“关爱女孩”活动，发放宣传材料22030份。

【屏边县稳步推进计划生育村民自治】

屏边县在总结2006年玉屏镇半坡村委会计划生育村民自治试点工作的基础上，2007年又在其余的6个乡选点开展了计划生育村民自治试点工作。

2008年

【概况】

2008年，屏边县的人口与计划生育工作继续保持了良好的发展态势，全面完成了州下达的人口与计划生育工作“双线”责任目标任务。

【统计数据】

1.人口基本情况。据屏边县统计局公报，2008年末总人口152933人，出生率7.85‰，死亡率4.91‰，自然增长率2.94‰。

2.计划生育基本情况。据红河州计生委考核认定。计划生育率96.37%，长效避孕及时率63.05 %。

【屏边县切实加强对人口和计划生育工作的领导】

1.坚持党政一把手“亲自抓、负总责”，把人口计生工作摆到与经济建设同等重要位置，纳入县委、政府的中心目标考核。2.严格执行“黄牌警告”和“一票否决”制度。县委、政府于2008年4月8日召开全县人口计生工作会议，层层签订责任目标。各乡镇也相应出台文件并考核到村级，“黄牌警告”制度及各项措施得到较好的贯彻落实。

【屏边县全面落实国家规定的计划生育优惠政策】

屏边县严格执行国家规定的计划生育优惠政策，2008年为21名特别扶助对象发放了特别扶助金；为 445位岗职工、城镇居民独生子女发放了独生子女保健费；为541人农业人口独生子女九年义务教育阶段学生兑现了教育奖学金，其中小学448人、初中 93人，为14名农村独生子女考取高中、大专\大学的学生兑现了教育“奖学金”，其中高中12人、大专1人、本科1人，为60户农业人口独生子女家庭办理了农村低保。

【屏边县积极推广使用安全套防治艾滋病】

全县设立安全套免费发放点89个，社会营销点27个，设置安全套自动销售机4台，发放安全套

129600只。

【屏边县充分发挥计划生育协会的作用】

屏边县充分发挥计生协会在基层组织健全的优势，在开展宣传教育、转变婚育观念上发挥协会的作用；在开展生殖健康服务，提高群众生殖保健意识上发挥协会的作用；在为计生贫困户排忧解难上发挥协会的作用。协会组织不断壮大，协会的凝聚力日益增强。到2008年底全县有计划生育协会组织89个，其中流动人口计划生育协会1个，会员20025人。

【荣誉】

（一）2008年3月，陶玉秀被红河州人民政府评为2005—2007年防治艾滋病人民战争先进工作者。

（二）屏边县人口计生局耿琼芬被云南省人力资源和社会保障厅、云南省人口和计划生育委员会评为2008年云南省人口和计划生育先进工作者。

建水县

2006年

【概况】

2006年，建水县人口和计划生育工作紧紧围绕州下达的目标任务，狠抓各项措施的落实，人口和计划生育工作稳步发展。1.重点做好《云南省农业人口独生子女家庭奖励规定》的宣传。2.层层签订目标责任书，严格执行人口和计划生育“黄牌警告”制度，严格执行现行生育政策，把工作的着力点放在农村人口和流动人口计划生育管理服务上，全面实施农业人口独生子女家庭奖励政策，加大对违法生育的处罚力度，进一步降低生育水平。3.强化基层管理和服务网络建设，积极开展计划生育优质服务先进单位创建活动，探索计划生育村民自治试点工作，逐步建立计划生育管理新机制。

【统计数据】

1.人口基本情况。据建水县统计局公报，2006年，建水县年末总人口506525人，出生人口6342人，出生率12.5‰，自然增长率6.1‰。

2.计划生育基本情况。据计生统计报表，计划生育率98.77%，长效避孕及时率86.7%。

【建水县多形式开展计划生育宣传工作】

2006年建水县把抓好计划生育法律、法规、奖优免补政策、关爱女孩宣传培训作为人口和计划生育宣传教育工作的重点，采取多种形式开展宣传教育。1.集中组织人员培训，举办各种培训25期；2.发放宣传资料，免费发奖优免补围腰1.5万条、小册子4万份、宣传画2.5万张，预防出生缺陷标语画600套、折页24000册；3.书写标语，制作计生公示栏1681块、书写规范性宣传标语5088条；4.充分利用婚育学校、三下乡、文艺形式，广泛开展宣传活动。

【建水县加大农业人口家庭“奖优免补”工作力度】

建水县加大农业人口家庭“奖优免补”工作力度，2006年农业人口办领独生子女父母光荣证1866户，其中，兑现第一批农业人口独生子女父母一次性奖励配套经费27.4375万元，第二批一次性奖励配套经费8.25万元，兑现农业人口独生子女九年义务教育阶段奖学金10.936万元，发放农业人口独生子女保健费25.8万元，共计72.4235万元。

【建水县多措并举加强流动人口计划生育管理工作】

1.县乡两级开展流动人口计划生育信息交换平台信息录入和反馈工作，监控流动人口计划生育情况，2008年建水县接收省外查询信息83条，反馈80条。2.健全了流动人口管理机构，在10个社区共配备流动人口计划生育管理人员10名，并按建水县最低工资标准落实报酬和待遇。3.开展流动人口婚育证明办理、查验工作，2008年建水县流入人口8399人，查验婚育证明7908人，流出人口4584人，办证人数4072人。4.将流动人口纳入常住人口进行管理，为流动人口提供国家规定的基本项目的计划生育免费技术服务。

【建水县开展计划生育村民自治试点工作】

2006年建水县人民政府下发了《关于推进计划生育村民自治实施意见通知》，在西庄镇全面开展试点的基础上，要求其余乡镇选择1~2个村委会开展试点工作。按实施意见的目标任务，村民委员会通过民主决策、民主管理、民主监督，规范婚姻、生育、节育等婚前行为，建立起自我管理、自我教育、自我服务的计划生育管理机制。村民委员会独立自主地行使管理计划生育事务的权利，自觉承担起做好计划生育工作的责任，试点工作进展有序进行。

【荣誉】

（一）2006年4月，建水县、建水县甸尾乡人民政府、建水县西庄镇人民政府，被红河州人民政府评为红河州“十五”人口和计划生育先进集体；

（二）2006年4月，建水县人民政府王发利，建水县南庄镇计生办杨富元，中共建水县官厅党委白永福，建水临安镇城郊村委会许丽云，建水县人民政府武装部李玉金，建水县人口计生局郭应良、杨家琪，建水县财政局牛兴贵，建水县面甸镇计生办张学文，建水县计划生育服务站杨立云，被红河州人民政府评为红河州“十五”人口和计划生育先进个人；

（三）建水县人民政府县长王发利，被云南省人事厅、云南省人口和计划生育委员会评为2006年度云南省人口和计划生育先进工作者。

2007年

【概况】

2007年，建水县人口和计划生育工作不断创新工作方式，综合运用法律、行政、教育、经济等手段治理人口问题，建水县人口和计划生育工作稳步推进。1.认真贯彻落实《中共中央、国务院关于加强人口与计划生育稳定低生育水平的决定》、《云南省人口与计划生育条例》、《云南省农业人口独生子女家庭奖励规定》，加强对流动人口的管理与服务，严格控制违法生育。2.遵循“严格控制、科学管理、分类指导、层层落实”的工作原则，以落实农业人口独生子女奖励政策、稳定低生育水平，提高人口素质，统筹解决人口问题为重点，强化基层基础工作，推动整体工作开展。

【统计数据】

1.人口基本情况。据建水县统计局公报 2007年，建水县年末总人口510252人、出生7260人，出生率14.2‰，自然增长率为8.3‰，

2.计划生育基本情况。据计生统计报表，计划生育率99.08%，长效避孕及时率86.7%。

【建水县积极开展计划生育政务公开】

2007年建水县认真开展计划生育政务公开工作，将人口计生法律法规、生育证、独生子女证办理等办事程序、计划生育政务信息在“建水县政府信息公开网站”上公开，并要求各乡镇计划生育政务信息相应公开，自觉接受群众监督。

【建水县三项措施强化基层基础工作】

1.改善基层计生服务条件，打牢工作基础。为各乡镇计生办配备计算机，加强乡级服务所管理和建设，10个乡级服务所通过了红河州人口和计生委规范化管理达标验收。2.加强对基层业务人员的技术指导，采取集中学习与自学相结合的办法，加大计生干部、村宣传员和医务人员的学习培训，一级抓一级、层层抓落实，提高计生干部业务水平；3.积极开展计划生育村民自治工作，建水县141个村委会有45个逐步实现村民“自我教育、自我管理、自我服务”新机制。基础工作加强，人口控制能力增强。

【建水县稳步推进出生缺陷预防试点工作】

建水县作为云南省出生缺陷干预试点县，2007年紧紧围绕“宣传倡导、健康促进、优生咨询、高危人群指导、孕前实验室筛查和营养素补充”6项任务，稳步推进出生缺陷一级预防工作。年内发放宣传品8046份、组织6230名目标人群参加婚检和孕前培训，为1833名待孕、怀孕妇女进行了检查，为1377名妇女免费发放叶酸8264瓶。

2008年

【概况】

2008年建水县人口和计划生育工作以稳定和完善现行人口政策和生育政策为前提，以落实农业人口独生子女奖励政策、稳定低生育水平，提高人口素质，统筹解决人口问题为重点，强化基层基础工作，推动整体工作开展。继续实行政府对政府、计生部门对计生部门的“双线”目标考核，严格控制违法生育，积极开展出生缺陷一级预防和“关爱女孩”行动，全面完成了建水县人民政府与红河州人民政府、建水县人口计生局与红河州人口计生委

签订的责任目标。

【统计数据】

1.人口基本情况。2008年据建水县统计局公报，建水县年末总人口514577人、出生7472人，出生率14.52‰，自然增长率7.8‰。

2.计划生育基本情况。据红河州人口计生委考核认定，计划生育生育率 %，优选节育率89.3%。

【建水县从五方面入手拓宽计生服务领域】

1.以创建计划生育优质服务达标县为契机，全方位开展计划生育优质服务。2008年12月经云南省人口和计划生育委员会验收，建水县达云南省省级优质服务达标县标准。2.开展个性化、特色化服务。针对育龄群众的要求，基层计划生育技术服务人员深入农村、深入育龄群众家庭，开展面对面的技术服务，指导育龄群众落实长效节育为主的避孕措施，提高综合避孕节育率。3.扎实开展出生缺陷一级预防工作，对目标人群进行宣传培训，孕前检查率达87.5%。4.开展关爱女孩活动，走访慰问独生子女、双女户，帮助双女户家庭解决生产、生活中的实际困难，宣传新型生育文化。

【建水县改革基层统计台账提高统计质量】

2008年建水县人口计生局按云南省人口计生委要求模式对基层统计台账进行改革，举办了统计台账管理改革培训班，投资2万元，为14个乡镇更换人口计生管理动态板，统计台账运转正常，信息上报及时。

【建水县加快“十一五”农村基层计划生育服务站建设项目】

建水县高度重视农村基层计划生育服务体系建设，2008年在启动实施临安北山中心计生服务站建设的同时，积极争取云南省发展改革委员会、云南省人口和计划生育委员会的支持，2008年12月南庄镇、曲江镇、官厅镇3个计生中心服务站，又列入了2008年中央扩大内需新增计划生育服务体系建设项目。

【流动人口计划生育管理服务】

落实考核制度。(1)探索管理与服务新途径。与工商、建设、农业等联合并签订责任书，做到年初有布置，年终进行考核奖惩。(2)认真分析管理工作中的困难和问题，掌握已婚育龄妇女婚情、孕情及生育情况，健全管理信息交换平台，对外出人员跟踪服务。2008年，全年流动人口总数29663人，其中流入人群17894人，流出人群11769人，提交信息143条，接收信息643条，为流动人口提供经费40000万元，

【建水县人口出生缺陷干预试点工作进展顺利】

建水县人口出生缺陷干预试点工作扎实推进，2008年免费培训目标人群5391对，免费检查目标人群4918人，免费发叶酸3059人计18570瓶，全面完成了云南省人口和计划生育委员会下达的出生缺陷干预工作任务。

【建水县狠抓人口计生干部队伍建设】

1.狠抓思想作风建设。弘扬“能吃苦、能战斗、能奉献、善于做群众工作”的传统，强化服务、责任、大局意识，形成比、学、赶、超的竞争局面。2.加强能力培养。对计生行政管理人员，重点开展依法行政、基层管理和网络知识的培训，培养业务骨干。在技术服务人员中开展科技大练兵活动，对技术服务人员定期实行业务考核和综合能力测评。3.抓队伍稳定。按标准配齐配强乡镇技术服务人员，保证每个服务所有1名助理资格以上的医师，主要统计岗位和技术骨干相对保持稳定，确保工作连续性。

【荣誉】

建水县人民政府县长赵云华，被云南省人力资源和社会保障厅、云南省人口和计划生育委员会评为2008年云南省人口和计划生育先进工作者。

石屏县

2006年

【概况】

2006年，石屏县人口和计划生育工作，以农业人口独生子女奖励工作为重点，以红河州下达的人口与计划生育责任目标为中心，狠抓经常性工作，严格控制计划外生育，圆满完成了州下达的计划生育各项责任目标任务，人口和计划生育工作呈平稳发展的态势。

【统计数据】

1.人口基本情况。全县年末总人口296266人，出生率11.07‰，死亡率5.98‰，自然增长率5.09‰。据石屏县统计局公报。

2.计划生育基本情况。据计生统计报表，计划生育率97.66%，长效避孕及时率68%。

【石屏县形式多样开展计划生育宣教工作】

1.借开展科技周活动、艾滋病宣传日和"12·4"普法宣传日等契机，在县城和乡镇设立宣传咨询点，宣传计划生育基础知识、生殖健康知识以及性病预防知识，制作宣传展板12块，发放农业人口独生子女奖励政策宣传单1万余份。2.充分发挥县、乡、村计生协会作用，抓住"三八"妇女节、"五二九"计生协会活动日等有利时机，宣传农业人口独生子女奖励优惠、计划生育政策法规等。3.利用广播电视、报刊、黑板报、宣传栏、标语进行宣传。4.进村入户，开展零距离面对面宣传。年内共书写标语4307条，制作公示栏1567块，在石屏县电视台播放了《人口与计划生育》栏目2期，发放《奖优免补宣传指南》等宣传材料6万余份。

【石屏县积极开展计划生育优质服务】

石屏县乡计生技术服务人员协调配合，深入村寨查环查孕、查病治病，发放避孕药具，进行医学监护，为育龄群众提供优生优育，避孕节育咨询服务。年内出动计划生育流动服务车19次，发放避孕药具3950份，优生优育咨询17500人次，治疗妇科疾病2950例，使计划生育服务工作更加贴近群众，方便群众，赢得了广大人民群众对计划生育工作的理解和支持。

【石屏县多措并举落实奖优免补政策】

1.摸底调查。县乡计生工作人员深入村寨摸清底数，定位目标人群，掌握工作对象的思想、家庭经济情况。2.加强培训。采取多种形式，对村级计生宣传员进行培训，使其准确掌握《云南省农业人口独生子女家庭奖励规定》的精神实质，切实提高业务水平和工作能力，做到想服务，会服务，能服务，服务好。3.注重宣传教育。各乡镇结合实际，采取行之有效的方法，杜绝"坐、等"群众上门办证的不良作风，深入基层，深入群众，寓宣传于服务之中，融服务和宣传为一体，消除宣传死角，把"奖优免补"政策准确无误的宣传到每家每户，使群众从实质上理解奖励政策。4.严格把关，切实做好农业人口独生子女办证工作。县乡计生工作人员准确把握政策规定，认真审核农业人口独生子女领证申请表，做到不重不漏，坚决杜绝不按政策办证的现象。对符合政策的，积极办理，切实做到让群众满意，对不符合政策的，耐心劝告，争取群众的理解和支持。5.密切配合，认真办理"奖、优、免、补"有关手续。县人口计划生局积极协调教育局和财政局等相关部门、齐抓共管，认真办理相关手续。年内对符合政策的 491户930人兑现了一次性奖励46.5万元，办理了4名中考生和4名高考生的独生子女升学加分，兑现了1015名小学生和222名初中生的教育奖学金22.012万元、345 人的养老生活补助22.45万元。6.切实抓好已领证家庭的随访工作，防止退证或办证后生育的现象发生，确保农业人口独生子女领证率的巩固和提高。

【石屏县启动计划生育村民自治试点工作】

健全完善"依法管理、村民自治、优质服务、政策推动、综合治理"的工作机智，选择具备条件的哨冲镇开展计划生育村民自治试点工作。1.制订计划生育村民自治章程。广泛征求村民对《计划生育村民自治章程》、《计划生育村民自治协议》的修改建议，制订适合育龄群众意愿的《计划生育村民自治章程》，使群众的民主知情权利得到充分发挥，同时与每户签订了村民自治协议书。协议书签字率达100%。2.实行政务公开，充分发挥民主管理和有效监督。村委会实行政务公开、村务公开和财务公开，计生协会参与民主管理，从而实现了计划生育工作的有效监督。3.广泛宣传计划生育村民自治的法律法规，将各项计划生育政策、法律法规、服务承诺等进行宣传公示，通过印发计生宣传品、宣传标语、召开培训会等形式，将公民应享受的权利和人口与计划生育行政执法依据、程序、奖励和收费、处罚项目及标准原原本本地交给群众，放手让群众行使监督权。

【荣誉】

（一）2006年4月，石屏县人口和计划生育局、石屏县哨冲镇人民政府被红河州人民政府评为红河州"十五"人口和计划生育工作先进单位；

（二）2006年4月，邱忠仕、丁进学、章绍明、武卫、李云飞、车武新、张强被红河州人民政府评为红河州"十五"人口和计划生育工作先进个人。

2007年

【概况】

2007年，石屏县人口和计划生育工作，围绕"下移工作重心，求真务实，夯实工作基础"的工作思路，狠抓经常性工作，严格控制违法生育，全县人口和计划生育工作稳步健康发展。

【统计数据】

1.人口基本情况。据石屏县统计局公报，全县年末总人口98777人，出生率10.79‰，死亡率6.11‰，自然增长率4.68‰。

2.计划生育基本情况。据计生统计报表，计划生育率96%，长效避孕及时率68%。

【石屏县切实加强计划生育队伍建设】

采取试点先行、稳步推进的方法，先后在哨冲镇、坝心镇、大桥乡公开招聘计划生育宣传员，把"想干事、能干事"的人充实到计生宣传队伍中来。通过笔试、面试、公示考察、张榜公布、招聘录用等程序，3个试点乡镇公开招聘了30名既年轻又有专业知识的计生宣传员，其中：男10名，女20名，大专文化1人，高中文化15人，中专文化10人，初中文化4人 。

【石屏县夯实基础着力提升计划生育技术服务水平】

1.进一步加快服务体系建设。争取到国债资金25万元，规范化新建坝心计生服务所。2.采取培训和离岗进修的方式，提高技术服务水平。县计生服务站选送业务骨干到云南省第一人民医院进修，同时，组织乡镇计生服务所人员在县计划生育服务站学习无痛人流、剖腹产等业务技术，进一步提高计生队伍的业务技能。3.全面实施优质服务。各乡镇计生服务所全面开展查孕、查环、查病、咨询服务、药具发放服务等活动，强化了宣传教育、技术服务、信息咨询、人员培训、药具发放"五位一体"的服务功能。年内出动计划生育流动服务车 15次，发放避孕药具3510人次，优生优育咨询18500人次，治疗妇科疾病810例。

【石屏县发放农村计划生育手术费减免证】

全县投资3.5万元统一印制计划生育手术费减免证和有关宣传材料。将育龄妇女基本情况、减免证办理程序、减免标准、避孕节育知识纳入《减免证》。《减免证》既证明育龄夫妇身份，又让育龄夫妇知晓减免标准、避孕节育知识。全年共办理计划生育手术费减免证36170本，为保障广大育龄群众的合法权益奠定了基础。

【石屏县三项措施强化流动人口计划生育管理与服务】

1.开展流动人口集中整治活动。县、乡计生工作人员采取定期不定期的方式开展流动人口清理整治、优质服务等活动。据统计：全年发放《致外来朋友书》宣传单5000份，《流动人口计划生育工作管理办法》宣传单7500份，《流动人口婚育证明规定》宣传单6800份，责令限期补办《流动人口婚育证明》通知书1143份，下达征收社会抚养费决定书6份，下达计划生育行政处罚4份。2.加强流动人口信息交换平台的管理。利用流动人口计生管理信息交换平台系统，认真做好信息交换工作。年内，共发放流动人口婚育证明 243本，查验流入人口婚育证明2474 人次，信息录入215人次，反馈信息249人次，与外来人口签订计生管理服务合同书866份，流入已婚育龄妇女环、孕情服务率达到90%以上 。3.加强社区流动人口计生管理。异龙镇人民政府在城东社区开展了流动人口计划生育管理服务试点，配备1 名流动人口计划生育专职管理员，制订城东社区计划生育自治章程、城东社区流动人口计划生育管理与服务工作奖励优待制度、城东社区流动人口计划生育双向协调管理等制度。

【荣誉】

2007年，石屏人口和计划生育局局长章绍明被云南省人事厅、云南省人口和计划生育委员会评为2007年度云南省人口和计划生育先进工作者。

2008年

【概况】

2008年， 石屏县人口和计划生育工作，深入贯彻落实《中共中央国务院关于全面加强人口和计划生育工作统筹解决人口问题的决定》，围绕稳定低生育水平、统筹解决人口问题、促进人的全面发展这个中心任务，以创建省级计划生育优质服务达标单位为载体。通过抓重点，强基础，创特色，求实效，人口计生工作整体水平有新提高。

【统计数据】

1.人口基本情况。据石屏县统计局公报，全县年末总人口300302万人，出生率11.50‰，死亡率6.00‰，自然增长率5.50‰。

2.计划生育基本情况。据计生委统计报表，计划生育率96.5%，长效避孕及时率68%。

【石屏县“四个强化”稳定低生育水平】

1.强化领导干部责任制。严格执行“黄牌警告”和“一票否决”，层层落实目标责任制。2.强化宣传舆论。着力在宣传形式和宣传内容上新突破，营造 人人关心、人人支持计划生育的良好氛围。3.强化基层服务力度。把工作重点放在农村，建立经常性工作机制，提高群众对计划生育技术服务的易得性和满意度。4.强化流动人口管理。进一步健全流动人口信息平台管理系统，强化流动人口登记、查验制度，实现流动人口信息适时变动、部门联动和信息互通。

【石屏县全面落实奖励优惠政策】

全面落实云南省农业人口独生子女家庭“奖优免补”政策、实施农村计划生育家庭奖励扶助制度，与教育、财政、邮政等相关部门密切配合，办理农业人口独生子女父母光荣证114户，兑现农业人口独生子女家庭一次性奖励114户217人，资金10.85万元；独生子女父母60周岁以上养老生活补助365人，资金23.455万元；小学、初中义务教育“奖学金”1556人，资金28.466万元；年内共兑现的资金合计为62.771万元。办理33人独生子女升学加分手续，加分后25人被录入高中，1人被大专院校录取。

【石屏县“五加强”做好流动人口计划生育管理服务】

1.加强社区专职管理人员的管理。明确流动人口计划生育专职管理人员职责，加强业务培训，配备办公电脑，落实报酬，提高业务能力和工作积极性。2.加强综合治理。强化流动人口登记、查验制度，实现流动人口信息适时变动、异地查询和跟踪管理，落实工作责任制，实行部门联动和信息互通，成立流动人口计划生育协会，进一步完善流动人口管理服务网络。年内共查验流入人口婚育证明1341人次，分别催办流入人口、流出人口婚育证明987人次，信息录入281人次，反馈信息474人次。3.加强宣传教育。发放流动人口计划生育宣传小折页、小读本，向流动人口宣传政策知识，传播新型婚育文化，提高流动人口实行计划生育的自觉性。共发放各种宣传资料10000余份。4.加强优质服务。完善服务窗口，全面推行《流动人口计划生育优质服务卡》制度，适时为外来育龄妇女查治妇科疾病、指导知情选择、落实节育措施等。根据流动人口不同层次的需求，分类服务，将人口和计生政策知识、药具、技术服务等送到流动人口家中，切实为流动人口提供方便快捷的优质服务。(5)加强考核。严格落实目标管理责任制，将流动人口计划生育管理纳入全县综合目标考核，纳入人口与计划生育目标考核体系，对各乡镇、各部门进行考核。

【石屏县开展计生系统行风“双评”活动】

在人口计生系统开展农民兄弟姐妹评计生、流动人口农民工评计生的民主评议行风的“双评”活动，活动按安排部署、组织实施、集中整改、总结评估的步骤层层推进。评议范围为全县人口和计划生育系统。评议内容包括农民兄弟姐妹、流动人口农民工对人口计生工作的满意度评价，计划生育政务公开、技术服务、文明执法、流动人口管理和服务等5个方面满意度评价。评议方法以现场发放调查表、无记名填写回收的方式进行，分别深入农村征集评议意见，共发出“双评”问卷调查表1300份，收回调查表1292份，回收率达99.38%，满意率90%，自开展民主评议政风行风工作以来，全县各乡镇计生工作人员在思想上受到很大触动，工作上得到很大促进，取得比较显著的成效，计生工作人员进一步树立了服务观念、端正了工作作风。

【石屏县注重“三好”开展计生优质服务县创建活动】

1.组织领导好。成立以县政府分管领导为组长，相关部门领导为成员的工作领导小组，制订下发创建方案，明确指导思想、工作目标、基本内容、具体措施与要求。2.规范技术服务标准好。成立技术服务质量管理小组，制订质量管理年度计划，定期对各乡镇服务所的诊疗服务、节育技术、药品发放管理、处方制度执行、仪器设备操作等相关工作进行检查、分析、讲评，对存在的问题要求及时制订整改措施，并限期整改。3.服务工作好。按照“面向基层、深入乡村、服务上门、方便群众、减少浪费、提高效益”的原则，把提升服务水平作为人口和计生部门关注民生、保障民生、改善民生的有效途径，积极探索宣传、咨询、指导、发放、随访、保健“六位一体”的个性化服务模式，提高群众对计划生育服务工作的满意度。

弥勒县

2006年

【概况】

2006年弥勒县人口和计划生育工作，坚持以人为本的理念，树立科学发展观，积极探索计划生育“依法管理、优质服务、政策推动、综合治理”的新路子，坚持计划生育基本国策不动摇，严格实行“黄牌警告”和“一票否决”制度，深化计划生育优质服务，认真贯彻落实农业人口独生子女“奖优免补”政策，积极开展出生缺陷干预工程及计划生育村民自治试点工作，全面提升计划生育工作整体水平，人口计生工作取得了长足发展。

【统计数据】

1.人口基本情况：据弥勒县统计局公报，年末总人口504999人，当年出生人口6954人，出生率9.95‰，死亡人口2018人，死亡率4.89‰，自然增长人口4936，自然增长率5.06‰。

2.计划生育情况：据计生统计报表，计划生育率98.84%，综合避孕率86.84%，避孕及时率79.40%（据计划生育报表）。

【国家人口计生委副主任赵白鸽到弥勒视察】

2006年2月21日，国家人口计生委副主任赵白鸽在云南省人口计生委主任张玉明、副主任金桂兰、科技处长丁明、红河州人民政府副州长普乔艳、州人口计生委主任邵钢、副主任张泽洪等领导的陪同下，对弥勒县计划生育生殖健康“绿色通道”优质服务工作进行了视察。

【弥勒县多措并举强化宣传教育工作】

1.制作15000个印有农业人口独生子女“奖优免补”政策宣传内容的小围腰免费发放给全县农业人口一孩户；2.制作绘有计划生育政策、优生优育、优质服务等内容的瓷砖固定壁画，按每个乡镇12平方米、每个村委会6平方米的面积下发到12个乡镇和134个社区、村委会；3.制作并免费发放《计生优质服务知识读本》35000册、“奖优免补”宣传画册24100份；4.利用“5·29”“9·25”纪念活动日、节假日上街开展文艺演出并发放计划生育政策、优质服务宣传单80000余份。全年共开展各种形式宣传活动265场次，受教育群众达36万余人次。

【弥勒县成立流动人口计划生育监察队】

2006年9月，弥勒县成立流动人口计划生育监察队，设立了流动人口计划生育服务厅，聘用了3名流动人口计划生育协管员，同时，在全县12个乡镇配备了流动人口计划生育专（兼）职管理人员。

【弥勒县全面落实农业人口独生子女“奖优免补”政策】

2006年共兑现“奖优免补”各项奖励金219.179万元，兑现率达100%，其中：农业人口独生子女九年义务教育奖学金2329人42.094万元；农业人口独生子女家庭一次性奖励金1364户2539人126.95万元；农业人口独生子女家庭养老生活补助760人50.135万元； 另外，共有224名农业人口独生子女在校学生享受了升学加分优待政策，其中：小学升初中166名，初中升高中54名，高中升大学4名。

【荣誉】

（一）先进集体：2006年6月，弥勒县人口计生局被国家人口计生委评为“全国计划生育科技工作先进集体”；2006年7月，弥勒县人口计生局被中共红河州委、红河州人民政府授予“2007—2009年文明单位”；2006年4月，弥勒县弥阳镇人民政府、弥勒县西三镇人民政府被红河州人民政府评为红河州“十五”人口和计划生育工作先进集体。

（二）先进个人：弥勒县西三镇蚂蚁村委会寇玉明被国家人口计生委、财政部评为全国农村部分计划生育家庭奖励扶助制度和“少生快富”工程试点工作先进个人；弥勒县人口计生局局长马艳秋被云南省人事厅、云南省人口计生委评为2006年度云南省人口和计划生育先进工作者；2006年4月，李连生、陈树生、毕辉、陈建石、胡桂芬、赵琼、巴云柱、杨金旺、朱世平、李冲被红河州人民政府评为红河州“十五”人口和计划生育工作先进个人。

2007年

【概况】

2007年弥勒县人口计生工作始终坚持以人为本，全面落实科学发展观，紧紧围绕人与自然和谐发展这一根本任务，以进一步稳定低生育水平为核心，以构建和谐计生为目的，深化计划生育优质服务，不断强化内部管理，全力打造“计划生育优质服务”品牌，全面完成了各项责任目标任务。

【统计数据】

1.人口基本情况：据弥勒县统计局公报， 年末总人口511477人，当年出生人口5144人，出生率10.18‰，死亡人口2649人，死亡率5.24‰，自然增长人口2495，自然增长率4.94‰。

2.计划生育情况：据计生统计报表，计划生育率98.44%，综合避孕率87.32%，避孕及时率72.99%。

【弥勒县宣传教育工作做到“两到位”】

1.人口计生政策、优生优育知识宣传到位。(1)订制并免费发放印有农业人口独生子女“奖优免补”等有关政策的小围腰3万个，《决定》宣传画2000套、挂历5000套；(2)依托“2131”电影放映工程，与县电影公司签订《计划生育科教宣传片播放协议》，由县电影放映队深入乡村放映计生知识宣传片，2007年，共放映690场，观众达38.6万人次；(3)各级协会组织自编、自导，经常开展寓教于乐、形式多样的计划生育文艺演出活动。2.队伍业务知识培训到位。2009年10月29—31日，召开了为期3天的全县12个乡镇计生办主任、计生专干、协会秘书长、宣传员、计生服务所所长268人参加的计划生育系列保险暨计划生育业务人员培训会，对计生法律法规、计生系列保险知识进行了集中培训。

【弥勒县开展免费服务周活动提高育龄人群的生殖健康水平】

2007年6月，弥勒县人口计生局与弥勒县妇联联合下发了《关于开展为全县育龄妇女免费服务周活动的通知》，将每星期一定为免费健康检查日，向全县育龄妇女（含流动人口）免费提供B超检查、乳腺疾病检查、电子阴道镜、常规妇检等多项生殖健康检查，为查出患病的妇女建立生殖健康档案，实行跟踪服务，并开展随访指导治疗，2007年共免费检查35508人次。

【弥勒县实施“三个一”模式构建流动人口计生管理服务体系】

2007年，弥勒县在流动人口计划生育管理服务工作中，实施综合治理一证通、优质服务一档案、信息交换一平台“三个一”工作模式，提升流动人口计划生育管理服务水平。1.综合治理“一证通”，就是持有《流动人口婚育证明》的外来已婚育龄夫妇，可享受与当地常住人口同等的计划生育技术服务，定期领取避孕药具，有计划地享受所在乡镇人口和计划生育部门组织的查环、查孕、生殖健康检查服务。2.优质服务“一档案”，就是对外出打工人员建立留守儿童、留守老人档案，每逢过年过节计生办对他们进行慰问。3.信息交换“一平台”，就是外出打工人员与现居住地建立婚姻、生育、个人档案，为当地计划生育工作提供信息保障。同时，弥勒县还制订了流动人口农民工计划生育“十项便民服务”措施，对外出农民工实行源头管理、跟踪服务，为留守老人、留守儿童进行慰问服务，在弥阳镇城关、古城两个社区开展流动人口计划生育“温馨社区”试点工作，推行“社区为我服务29天，我为社区服务1天”的流动人口计划生育服务活动，把享受城市低保对象组织起来编为若干个小组对流动人口计划生育进行巡查登记。

【弥勒县开展抓信访排查创和谐计生活动】

2007年，弥勒人口和计划生育系统开展"抓信访排查、创和谐计生"活动，实行局长信访接待日工作制度，将信访工作纳入社会治安综合治理创建文明科（室、站）目标责任制，由局长与各科（室、站）长签订目标责任书，并采取分片联系乡镇的办法，帮助、指导乡镇人口计生办做好群众来信来访排查处理工作。2007共接待来信来访94件，结案率100%，做到事事有交待，件件有答复，无群众越级上访或集体上访现象。

【弥勒县建成红河州首家规范化乡镇计划生育中心服务站】

2007年12月6日，红河州首家标准化、规范化乡镇计划生育中心服务站—弥勒县朋普镇计划生育中心服务站正式揭牌使用，该服务站是严格按照《农村计划生育机构基础设施建设标准》要求建设的，占地面积860㎡，业务用房建筑面积548㎡，总投资70万元。

【荣誉】

（一）弥勒县人民政府县长王家林被云南省人事厅、云南省人口计生委评为"2007年度人口和计划生育先进工作者"；

（二）2007年4月，弥勒县人口计生局被国家课题组昆明医学院健康研究所评为"十五"国家科技攻关计划"宫内节育器（IUD）失败原因及预防技术对策的研究"流行病学调查先进集体。

2008年

【概况】

2008年弥勒县人口和计划生育工作认真贯彻落实《中共中央国务院关于全面加强人口和计划生育工作统筹解决人口问题的决定》精神，认真落实"黄牌警告"和"一票否决"制度，狠抓基层基础工作，强化孕前管理和服务，严格控制违法生育，全面完成了红河州州下达给弥勒县的各项责任目标，人口和计划生育工作呈现出生率低、自然增长率低和计划生育率高、避孕及时率高、农业人口独生子女办证巩固率高 "两低三高"的良好势头。

【统计数据】

1.人口基本情况：据弥勒县统计局公报，年末总人口515331人，当年出生人口4784人，出生率9.39‰，死亡人口2528人，死亡率4.96‰，自然增长人口2256人，自然增长率4.43‰。

2.计划生育情况：据计生统计报表，计划生育率98.56%，综合避孕率87.40%，避孕及时率73.62‰。

【弥勒县狠抓二查四查促孕前管理服务工作深入开展】

为适应新形势新任务对计生服务工作的新要求，弥勒县在全县范围内建立了已婚育龄妇女《计划生育优质服务证》管理制度，将《计划生育优质服务证》免费发放给全县10.4万育龄妇女，做到人手1册，持证率达100%，已婚育龄妇女凭此证可在全县计划生育服务站（所）免费享受计划生育技术服务，每开展1次服务，都要求服务人员和受服务对象在《计划生育优质服务证》相应栏目内签字确认，作为对各乡镇二查、四查和避孕及时率完成情况的考核依据，并将二查、四查和避孕及时率完成情况与手术经费挂钩，列为专项督查；以"二查、四查"带动知情选择、优生指导、随访服务、生殖保健等其他服务项目的开展，实现工作重心下移，把对育龄妇女的管理和服务工作做得更深、更细、更到位，真正实现工作方法由孕后补救型向孕前管理和服务型转变。

【弥勒县深化县计生服务站内部改革提升服务水平】

弥勒县人口计生局引入竞争机制，于2008年1月对弥勒县计划生育服务站进行了内部改革，实施站长公开选聘，推行绩效奖金制，建立健全了各项规章制度，激活了服务站人员工作热情，服务水平和服务能力得到提升，社会效益和经济效益明显提高。

【弥勒县上下联动推进出生缺陷干预工作】

1.设立出生缺陷干预项目工作办公室，抽调2名专职人员负责日常事务。2.建立健全出生缺陷干预一级预防管理台账、培训、检查、随访及考核等相关工作制度，将孕前检查率、孕前培训率分别纳入各乡镇“黄牌警告”指标和部门工作指标进行考核。3.配备了全自动血球计数仪、尿机、洗板机、血红蛋白仪等设备，提升服务能力。4.加强对县、乡、村、组的计生工作者的出生缺陷干预工作业务培训，提高出生缺陷干预工作业务水平，形成了县、乡、村、组预防控制出生缺陷网络队伍，积极组织出生缺陷干预目标人群进行出生缺陷干预知识培训，全年共举办了12期出生缺陷干预知识讲座。通过努力，弥勒县2008年出生缺陷干预目标人群孕前培训率达94%，孕前检查率达65%，新生儿出生缺陷发生率明显下降。

【弥勒县开展科技大练兵活动提高计生技术服务人员业务素质】

2008年弥勒县积极开展科技大练兵活动，组织全县计生服务站（所）技术人员举办了4期计划生育业务技术培训班，并分别于2008年9月26日、2008年10月25日，对全县计划生育服务站（所）技术服务人员进行了计划生育科技大练兵专业技术知识闭卷测试。通过开展知识测试活动，有效地推动了计生服务站（所）技术服务人员之间的相互学习和交流，在全县计生系统内营造了一种学知识、比技术的浓厚氛围。

【弥勒县积极稳妥推进计划生育村民自治】

2008年，弥勒县总结2006年、2007年计划生育村民自治试点工作的经验，在全县积极稳妥地推开计划生育村民自治，到2008年底，全县共有97个村委会（社区）开展了计划生育村民自治工作，自治率达71.32%。“两委抓导向、协会唱主角、村民搞自治、计生上水平”的计划生育村民自治工作机制已基本形成。

【弥勒县出台优惠政策对农业人口独生子女家庭给予奖励优惠】

1.从2008年开始，办理了《独生子女父母光荣证》的农业人口独生子女，其新型农村合作医疗个人应缴部分由县财政承担。2.对于独生子女家庭，各乡镇都相应出台相关奖励扶持政策，如增加烤烟合同、优先安排到乡镇、村办企业上班、在审批宅基地和确定低保对象时进行优先考虑、优先发给甘蔗收购证等。3.利用各种节日慰问独生子女户和计划生育困难户，让计划生育家庭真正得到实惠。

【荣誉】

弥勒县朋普镇人口计生办主任许树芳被云南省人事厅、云南省人口计生委评为“2008年度人口和计划生育先进工作者”。

泸西县

2006年

【概况】

2006年，泸西县人口和计划生育工作严格贯彻执行相关的政策和法律法规，坚持和落实以人为本的科学发展观，加强领导，落实责任，强化法制意识、人本意识和服务意识，围绕文明执法、优质服务、流动人口计划生育管理、队伍建设和农业人口独生子女家庭“奖优免补”、出生缺陷干预、推广使用安全套预防艾滋病等工作，全面完成了目标管理的各项工作任务。荣获“全国计划生育优质服务先进县”等多项殊荣。

【统计数据】

1.人口基本情况。据泸西县国民经济和社会发展统计公报：总人口390391人，出生人口7487人，死亡人口1563人，人口自然增长率7.9‰。

2.计划生育基本情况。据计划生育统计报表：计划生育率97.63%，长效避孕及时率达70%。

【泸西县开展国家级计划生育优质服务先进县创建活动】

2006年泸西县遵循 “政府牵头、计生为主、相关部门配合，齐抓共管”的原则，按照 “领导重视好、政策导向好、依法行政好、服务质量好、民主管理好、队伍建设好”的六好标准和“县指导、乡（镇）负责、村为主、户落实”的要求，全方位开展国家级计划生育优质先进县创建活动。累计投资153万元用于县、乡（镇）服务站（所）房屋改造和设备更新、微机信息网络建设、制作各种宣传品，编印了《泸西县创建国家计划生育优质服务县资料汇编》、《泸西县计划生育优质服务规范》，制作了创建工作纪录片，制作了大型公益宣传牌11块、图片展板9块、交通要道宣传标语25条、公示牌577块。2006年12月经国家人口计生委资格审核与抽查评估验收，被授予第四批“全国计划生育优质服务先进县”荣誉称号。

【泸西县开展出生缺陷干预试点工作】

2006年8月，泸西县被列为云南省25个出生缺陷一级干预试点县之一，严格按照政府主导，各方参与；广泛宣传，积极动员；注重培训，规范操作；突出重点，统筹兼顾；量化管理，狠抓落实的要求开展各项工作。截至2006年底，宣传教育128847人次，募集目标人群6750人，婚前培训5272人，孕前检查1383人，叶酸增补2514人，B超筛查2759人，完成随访表1771人份，发现脊柱裂（死产）1例。

【泸西县设立流动人口计划生育服务大厅】

2006年2月，泸西县人口计生局在县计生局办公楼一楼设立70平方米的流动人口计划生育服务大厅，强化流动人口计划生育服务管理。同时加大了对流动人口的清查登记力度，建立流动人口计划生育管理台账，了解、掌握流动人口的婚育状况；主动上门为流动人口落实避孕节育措施，免费发放避孕药具；与常住人口同宣传、同管理、同服务，为流动人口提供生殖健康免费服务；建立属地管理责任制，做到了流出前办证、流入后验证。2006年泸西县流入人口4647人，查验流动人口《婚育证明》3668本，占78.93%；流出人口2585人，办理流动人口《婚育证明》2397本，占92.72%。

【云南省人口计生委吴莉华副主任到泸西县调研】

2006年 3月24日，云南省人口计生委副主任吴莉华到泸西调研人口和计划生育工作，并深入金马镇实地了解出生缺陷干预工作情况。吴莉华指出：泸西虽然是一个贫困县，但人口与计划生育整体工作健康有序发展，同时要求泸西县要找准工作中的薄弱点、困难点；把“奖优免补”政策落在实处；要在广度和深度上寻求发展，让计划生育优质服务深入人心；要在流动人口的管理和出生缺陷干预项目工程上狠下工夫，力求突破；要抓住机遇，在社会主义新农村建设中促进人口和计划生育工作。

【荣誉】

先进集体：1.泸西县荣获国家人口计生委表彰的“全国计划生育优质服务先进县”；2.泸西县人口和计划生育局荣获国家人事部、人口计生委表彰的“全国人口和计划生育先进集体”；3.泸西县计划生育服务站荣获云南省人口计生委表彰的“云南省人口和计划生育系统药具工作先进集体”；4.泸西县、泸西县永宁乡人民政府、泸西县计划生育服务站，被红河州人民政府评为红河州“十五”人口和计划生育先进集体。

先进个人：1.陈志冈荣获国家人口计生委表彰“全国人口和计划生育科技工作先进个人”；2.尚永明荣被云南省人事厅、云南省人口计生委评为2006年度云南省人口和计划生育先进工作者；3.施毅英、李翠华、牟崇俊、尚永明、张景泽、唐乔英、谢家福、陈石东等8人，被红河州人民政府评为红河州“十五”人口和计划生育先进个人。

2007年

【概况】

2007年泸西县人口和计划生育工作以强化优质服务为重点，建立和完善工作机制，全面加强人口和计划生育工作，统筹解决人口问题，深入开展“生育关怀行动”、预防性病艾滋病健康教育工作，切实加强流动人口计划生育管理和服务工作，充分发挥计划生育协会群团组织的作用，全面完成了人口和计划生育各项指标任务。

【统计数据】

1.人口基本情况。据泸西县国民经济和社会发展统计公报：总人口395506人，出生人口5589人，死亡人口1666人，人口自然增长率9.9‰。

2.计划生育基本情况。据计划生育统计报表：计划生育率97.92%，长效避孕及时率为79.54%。

【泸西县开展生育关怀行动】

泸西县以关怀计划生育困难家庭、关怀育龄群众生殖健康、关怀独生子女、关怀女孩健康成长、关怀计划生育工作者 “五关怀”为主题，积极开展生育关怀行动，通过上街咨询宣传、召开座谈会、为圭山煤矿女职工进行生殖健康普查普治、对实行计划生育的困难户送去急需的化肥、为贫困女学生购买学习用具等方式，救助物资达10万余元。

【泸西县严把“四关”推进出生缺陷干预试点工作】

1.领导重视，精心策划，严把“组织关”；2.加强宣传，营造氛围，严把“舆论关”；3.部门合作，齐抓共管，严把“职责关”；4.周密布置，深入实际，严把“落实关”。通过严把“四关”，探索出了出生缺陷干预工作的方法及模式；建立健全了监测干预网络；培训提高了一支技术队伍；提高了育龄群众优生优育知识水平。2007年泸西县在出生缺陷干预试点工作中，共发放各种宣传材料19万余份，张贴大小标语2050条，播放电视专题片12期，举办培训班37期，参训人员达3200余人次，募集目标人群10697人（其中待孕4272人、在孕6425人），血清采样送检1213人份（其中复查110人份），胎儿B超监测6149人，婚前培训5272人，免费为育龄群众孕前检查1383人，服用叶酸、斯利安、福施福6227人（其中免费发放叶酸2212人），完成妊娠妇女随访记录5829人份，发现异常妊娠66例。

【泸西县预防性病艾滋病健康教育项目通过云南省计划生育协会评估验收】

2007年 6月18日至20日，云南省计划生育协会项目评估组对泸西县实施预防性病艾滋病健康教育项目工作进行终期评估验收。评估组通过听汇报、查资料，深入三塘乡、永宁乡的部分村寨，走访部分干部群众，系统性评估，认定泸西县实施预防性病艾滋病健康教育项目工作达到项目实施的预期目标，同意验收。

【泸西县配备社区流动人口计划生育管理服务

人员】

2007年泸西县在中枢镇5个社区开展流动人口计划生育管理和服务试点工作，为5个社区配备了5名流动人口计划生育专职管理人员，待遇由泸西县财政列入预算予以解决，流动人口计划生育管理服务工作有新进展。2007年泸西县流入人口6725人，查验流动人口《婚育证明》5974本，占88.83%；流出人口1454人，办理流动人口《婚育证明》1402本，办证率达96.42%。对已婚育龄妇女实行微机信息化管理，共录入信息542条，接收查询信息714条，反馈信息705条，反馈率达98.74%。

【荣誉】

1.姚自能荣获全国计划生育协会先进工作者；

2.王金荣获云南省人事厅、云南省人口和计划生育委员会表彰的2007年度云南省人口和计划生育先进工作者。

2008年

【概况】

2008年泸西县人口和计划生育工作围绕宣传贯彻《中共中央国务院关于全面加强人口和计划生育工作统筹解决人口问题的决定》、《中共云南省委云南省人民政府关于进一步加强人口和计划生育工作统筹解决人口问题的决定》精神， 以实施农业人口少生奖励政策，抓好违法生育控制和流动人口计划生育管理服务，巩固国家级计划生育优质服务先进县创建成果，着力提高出生人口素质，加快建立以宣传教育为先导，以完善“依法管理、村（居）民自治、优质服务、政策推动、综合治理”的长效工作新机制等工作为重点，全面完成了人口和计划生育各项指标任务。

【统计数据】

1.人口基本情况。据泸西县国民经济和社会发展统计公报：总人口399349人，出生人口5742人，人口自然增长率7.6‰。

2.计划生育基本情况。据计划生育统计报表：计划生育率97.08%，长效避孕及时率71%。

【红河州基层统计台账管理现场会在泸西召开】

2008年7月3日，红河州加强人口和计划生育基层统计台账管理现场会在泸西县召开。红河州13县（市）人口计生局局长、分管副局长、发展规划科科长及其1个乡镇计生办主任、统计员，泸西县人口计生局科、室、站以上负责人，8个乡镇计生办主任、统计员，共计96人参加会议。云南省人口计生委副主任李善荣、发展规划处处长吴宏，红河州人民政府副州长洪丹平，红河州人口计生委主任邵钢、副主任张泽洪、谭云华、李翠华等领导到会指导。与会人员实地观摩了中枢镇计生办、中枢镇桃笑村委会计划生育基层统计台账和“奖优免补”档案管理。泸西县人口计生局局长张赵萍就加强计划生育基层工作、提升管理工作水平作了经验交流发言。张泽洪作了“加强制度建设，规范台账管理，推进信息引导管理服务，提升计生工作整体水平”为主题的讲话。李善荣、洪丹平、邵钢、吴宏、李翠华分别讲了话，提出了工作要求。

【泸西县开展计划生育行政执法检查】

2008年 9月，泸西县人口计生局组织人员深入3个乡镇、6个村委会开展了行政执法检查，重点围绕基层干部和计生工作人员贯彻执行政策法规、奖励扶助和“奖优免补”兑现、计划生育技术服务和社会抚养费征收管理等情况进行检查。在县委书记、县长大接访活动中，涉及人口计生工作的信访案件4件，及时组织人员进行调查，做到了件件有交代、事事有答复。

【云南省人口计生委金桂兰副主任到泸西县调研】

2008年 9月18～19日，云南省人口计生委副主任金桂兰到泸西调研宣传教育工作，并到金马镇计生办、计生服务所实地察看。金桂兰强调要抓好云南省即将出台的《决定》精神的贯彻学习、宣传培训工作，抓紧做好“人口文化大院”的试点工作。

【泸西县人口计生局档案管理达五星级标准】

2008年9月25日，泸西县档案局受云南省、红河州档案局的委托，组织人员到泸西县人口计生局就档案管理进行考评验收，核准认定泸西县人口计生局档案室建设达“云南省党政机关档案室建设五星级”。在70平方米的档案室中共收藏规范管理的文书档案447卷、“奖优免补”档案364卷、计划生育技术服务病历档案18632份、会计类报表账簿凭证700册、基建档案9卷、照片档案5本、实物档案（各种奖牌奖杯）25件。

【泸西县县乡计划生育协会举行换届选举】

2008年泸西县县级和8个乡（镇）计划生育协会在年内先后进行了换届选举，召开了会员代表大会，总结了取得的成绩和经验，提出了今后的工作重点，修订了章程，明确了计生协会必须五年一换届，选举产生了第二届理事会理事、常务理事、会长、常务副会长、副会长，聘任了秘书长。到2008年底，泸西县有计划生育协会会员小组534个、会员人数56056人，有团体会员96个、流动人口计生协会2个，有“会员之家”95个，创建规范“会员之家”66个，占会员之家总数的70%。各级协会做到了有牌子、有班子、有阵地、有制度、有活动、有档案，活动正常，发挥作用。

【泸西县创建红河州首个人口文化大院】

泸西县金马镇在原镇人口婚育学校和计划生育服务所的基础上，在省、州、县人口计生部门的帮助指导下，率先创建红河州首个“农村人口文化大院”，设置了人口文化影像室、人口文化阅览室，建成人口文化宣传长廊45米。

元阳县

2006年

【概况】

元阳县2006年的人口和计划生育工作，呈现出计划生育率不断提高，人口自然增长率逐步下降，农业人口独生子女父母光荣证办证积极性日益高涨，广大育龄群众依法生育子女的法律意识得到进一步增强，人口增长过快的势头得到了有效遏制。

【统计数据】

1.人口基本情况。据元阳县统计局公布的数据，2006年末全县总人口380609人，出生率15.8‰，死亡率7.5‰，自然增长率8.3‰。

2.计划生育情况。据计生统计报表，综合节育率83.33%，计划生育率95.54%。

【元阳县实行人口和计划生育“黄牌警告”制度】

坚持和完善人口和计划生育考核制度、责任追究制度，对人口和计划生育工作继续实行“黄牌警告”和“一票否决”制度，严格实行县对乡镇、乡镇对村委会的“黄牌警告”制度，层层签订责任目标，为做好人口和计划生育工作提供了强有力的保证。

【元阳县强化计划生育宣传教育工作】

加强对计划生育固定性宣传标语的刷写，全县乡镇共有15块公示板，83条永久性标语；全县村（居）民委员会，共有137块公示板，608条永久性标语；全县村民小组均有公示板1块，4052条永久性标语。

【元阳县积极大力开展计划生育优质服务】

为满足广大育龄妇女对生殖健康的需求，进一步推进计划生育技术服务工作。2006年在南沙镇、新街镇、胜村乡、攀枝花乡、黄茅岭乡、黄草岭乡开展了妇科疾病的免费普查普治活动。共投入资金103311.40元，对1525名已婚育龄妇女进行了免费普查普治活动。受到了广大育龄群众的拥护，树立了计划生育工作在群众中的良好形象。

【元阳县认真实施农业人口独生子女家庭“奖优免补”政策】

2006年全县共有683户农业人口独生子女家庭领取了《独生子女父母光荣证》。共兑现各项“奖优免补”资金来139.522万元，符合享受独生子女一次性奖励654户，兑现一次性奖金60.35万元；享受老生活补助对象1018人，兑现67.45万元；享受义务教育阶段奖学金672人，兑现奖学金11.722万元。发放农业人口和城镇下岗职工独生子女保健费21.564万元。

【元阳县开展计划生育村民自治试点工作】

为实现计划生育工作在农村有人管事、有章理事，建立健全“县乡依法行政、村级两委负责、群众自治自主、家庭落实受益”的计划生育管理机制。元阳县人民政府确定胜村乡全福庄村委会为全县村民自治试点。在村民自治试点中成立了领导小组，开展了宣传教育，召开了各种干部群众会议，发放了各种宣传资料和自制综合服务优惠证，共投入资金20000元。

[荣誉]

（一）2006年4月，元阳县嘎娘乡人民政府、元阳县新街镇人民政府、元阳县人口和计划生育局，被红河州人民政府评为红河州“十五”人口和计划生育先进集体。

（二）2006年4月，陈玉丽、李光忠、马正亮、童新学、张智芬、段玉华、普文林、白秀华被红河州人民政府评为红河州“十五”人口和计划生育先进个人。

2007年

【概况】

2007年元阳县人口和计划生育工作，紧紧抓住提高计划生育率，进一步降低生育水平这一主线，认真贯彻落实《中共中央国务院关于全面加强人口和计划生育工作统筹解决人口问题的决定》精神。以实施农业人口独生子女家庭奖励政策，抓好流动人口计划生育管理工作和基层基础工作为重点，强化孕前规范管理和服务，严格控制违法生育，特别是违法多生育。使全县人口计生工作呈现出良好的发展势头，为全面建设小康社会营造良好的人口环境。

【统计数据】

1.人口基本情况。 据元阳县统计局公布的数据，2007年末，全县总人口386601人，人口出生率13.75‰，人口死亡率为7.13‰，人口自然增长率6.62‰。

2.计划生育情况。据计生统计报表，计划生育率为95.82%，长效避孕及时率63%。

【元阳县建立完善计划生育利益导向机制】

全面落实《云南省农业人口独生子女家庭奖励规定》，建立和完善利益导向机制。2007年为符合享受独生子女一次性奖励条件的342户农业人口独生子女父母，兑现一次性奖金31.1万元；为享受养老生活补助的1072人，兑现养老生活补助70.86万元；为农业人口独生子女义务教育阶段768名学生，兑现教育奖学金13.408万元。发放农业人口和城镇下岗职工独生子女保健费20.376万元，其中农业人口1615人，城镇下岗职工263人。

【元阳县强化流动人口计划生育管理服务工作】

坚持“流入地为主，流出地配合”和“党政负责、部门配合、群团参与、综合治理”的流动人口管理原则和管理工作机制，认真贯彻落实《云南省流动人口计划生育管理规定》。按照“属地化管理，市民化服务“的原则，切实加大对流入、流出人口的计划生育管理，设立流动人口计划生育技术咨询服务点，同常住人口同宣传、同教育、同管理，免费发放药具和提供计划生育优质服务，最大限度地维护流动人口的合法权益。在新街镇大田街、下节街社区，南沙镇南林、元槟社区开展了“流动人口管理与服务试点”工作，并投入1.2万元建立了流动人口计划生育管理台账。

【元阳县加强计生干部队伍建设】

2007年11月元阳县新招考录用了15名计生技术服务人员分配到乡镇计生服务所，计生服务所按照编制配齐了技术服务人员30名，录用7名公务员补充到乡镇计生队伍，同时加强对计生专干、计生宣传员的业务培训，计生干部队伍的素质不断提高，行政能力明显增强

【元阳县强化乡镇计划生育服务所规范管理】

2007年元阳县加大了乡镇服务所规范化管理力度。1.投入5万元修缮攀枝花乡计划生育服务所，改善了服务环境。2.由元阳县人口计生局牵头，组织人口计生、卫生、药监等单位相关人员，深入到全县13个乡级计生服务所对所内的药品、卫生、消毒、科室设置等情况进行了检查指导，并针对存在的问题提出了整改措施，并要求限期限整改，通过检查指导、及时整改，计生服务所的管理进一步规范。

【元阳县积极开展计划生育村民自治试点工作】

2007年，元阳县投入资金8万元，在各乡镇选择两个人口计生工作较好的村委会开展计划生育村民自治试点工作，全县共有31个村民委员会开展试点工作，占村委会的22.63%，与群众签订协议书8600份，为巩固计划生育成果奠定了基础。

2008年

【概况】

2008年，元阳县人口和计划生育工作，紧紧围绕人口和计划生育各项责任目标，狠抓各项措施的落实，人口和计划生育工作呈良好的发展态势。

【统计数据】

1.人口基本情况：据元阳县统计局公布的数据2008年末，全县总人口395694人，总出生5400人，

死亡2634人，人口出生率13.86‰，死亡率6.76‰，人口自然增长率7.1‰。

2.计划生育情况：据计生统计报表，计划生育率95.20%，优选节育率81.66%，避孕及时率66%。

【元阳县加大计划生育干部培训力度】

2008年4月，组织了县、乡、村三级计划生育干部200余人进行了计划生育法律法规和业务知识培训。2008年8月21日，组织全县14个乡镇分管领导，对现行的计划生育政策和业务知识进行了培训，提高了乡镇分管领导管理计划生育工作的能力和水平。2008年5月，组织了全县在计划生育行政岗位上的9名执法人员进行了行政执法培训，全县计生行政执法人员100%拥有了计生行政执法资格。

【元阳县全面落实"奖优免补"政策】

元阳县重视农业人口独生子女家庭奖励工作，及时兑现各种奖励资金。2008年享受农村养老生活补助对象916人，发放资金58.93万元；享受独生子女伤残死亡家庭特别扶助对象194人，发放特别扶助金23.16万元；已办理农业人口《独生子女父母光荣证》10户，发放一次性奖励金0.9万元；2008—2009学年度农业人口独生子女教育奖学金发放对象803人，发放奖学金14.288万元；享受考取高中、中专一次性奖学金对象4人，发放一次性奖学金0.4万元。享受2007年度红河州农业人口独生子女享受保健费对象名单1615人，发放保健费19.38万元；享受2007年度红河州城镇居民、企业下岗独生子女保健费对象263人，发放保健费3.156万元。

【元阳县加大农村基层计划生育服务站标准化规范化建设】

2008年实施了元阳县计划生育服务站国债项目工程建设，同时积极争取2008年度中央新增国债资金建设项目，编报了13个乡镇新建计划生育服务所《可行性研究报告》，并上报元阳县发改局批准，大坪、上新城、嘎娘、俄扎乡4个服务所业务用房建设列入了2008年度中央扩大内需计划生育服务体系建设项目。

【元阳县改善计生服务条件开展计划生育优质服务】

2008年元阳县投入5.6万元修缮了新街计生服务所；为黄草岭乡、牛角寨乡计生服务所配备了电脑，对"三术"案例进行微机管理，并购置了太阳能淋浴器，改善工作环境。组织全县计生服务站所的医务人员大力开展了查环、查孕和妇科疾病普查普治活动，共发放宣传单3000份，查环、查孕28863人次，免费检查妇科疾病986例，共投入经费24560元，在群众中树立了计划生育工作的良好形象。

【元阳县五项措施加强流动人口计划生育管理服务工作】

成立了"元阳县流动人口计划生育管理与服务试点工作领导小组"，切实加强了对计划生育流动人口管理的领导。四个社区配备了计划生育流动人口专职管理人员，报酬每人每月400元，并为四个社区各配置了一台电脑，专门用于流动人口计划生育信息的录入和流出人口的确认工作。在流动人口计划生育管理服务工作中采取了以下5项措施。1.将流入人口纳入与常住人口同宣传、同服务、同管理，与常住人口同等享受免费的计划生育优质技术服务，为流动人口提供环孕情服务848人次。2.摸清流入人口底数，建档立卡，跟踪管理，每季度查验一次《流动人口婚育证明》，共发放《流动人口婚育证明》2778人，查验《流动人口婚育证明》1079人。3.录入全国流动人口信息交换平台，进行信息化管理。4.免费发放宣传材料，向流动人口发放《流动人口计划生育管理和服务工作指南》手册2000份，法律法规宣传材料15000份。5.建立各项管理制度，如登记制度、管理制度等；社区与房屋出租户（单位）签订流动人口计划生育管理合同。

[荣誉]

元阳县人口和计划生育局朱文亮被云南省人力资源和社会保障厅、云南省人口计生委评为"2008年度人口和计划生育先进工作者"。

红河县

2006年

【概况】

2006年，红河县人口和计划生育工作，围绕进一步降低生育水平这一根本目标，始终坚持党政一把手亲自抓，负总责不动摇，严格执行人口和计划生育"黄牌警告"和"一票否决"制度，狠抓各项措施的落实，全面完成了与红河州州委、红河州人民政府签订的人口与计划生育责任目标。

【统计数据】

1.人口基本情况：据红河县统计局公布的数据，2006年末全县总人口28.46万人，出生率13.5‰，死亡率6.7‰，人口自然增长率6.84‰。

2.计划生育情况：据计划生育报表，计划生育率95.24%，避孕及时率69.2%，综合节育率80.5%。

【红河县政协组织政协委员调研人口计生工作】

2006年12月4日，红河县政协副主席许平周、简季萍带领红河县部分政协委员会调研人口和计划生育工作，在听取了红河县计生工作汇报后提出四点建议。1.要充分发挥计生部门优势，依托计生协会组织，稳步推进计生工作，积极投身到新农村建设中。2.要采取有效措施，狠抓责任目标的落实，严格执行计生工作"黄牌警告"制度。3.要把流动人口计生管理工作列为重点，按照流动人口以流入地为主，流出地配合的工作格局，做好管理和服务。4.要广泛宣传"奖优免补"惠农政策，使之家喻户晓，深入人心，提高农业人口独生子女领证率。

【红河县严格实行人口和计划生育黄牌警告制度】

2006年3月18日，红河县召开人口计生工作会议，总结2005年全县人口计生工作，表彰奖励成绩突出的大羊街等9个乡（镇），对完成任务较差的迤萨镇给予"黄牌警告"，实行"一票否决"。

【红河县加大计生宣传教育工作力度】

1.全年共制作大中小型户外计生政策宣传标语721条。2.制作农业人口"奖优免补"宣传公示栏140块。3.制作发放《中华人民共和国人口与计划生育法》、《云南省人口与计划生育条例》、《社会抚育费征收管理办法》、《流动人口计划生育工作管理办法》、《中华人民共和国收养法》等计生宣传册子2.8万份，计划生育宣传品入户率达98%。

【红河县贯彻落实农业人口独生子女家庭奖励政策】

1.加大农业人口独生子女家庭"奖优免补"政策宣传力度，提高广大人民群众对农业人口独生子女家庭"奖优免补"政策的知晓率。2.全年共办理《农业人口独生子女父母光荣证》609户，兑现一次性奖励金54.8万元。发放义务教育阶段奖学金7.978万元，其中小学生393人，初中生65人。为符合养老生活补助的对象782人，发放养老生活补助51.03万元。

【红河县强化流动人口计生管理】

1.不断加大宣传教育，突出管理重点，落实目标责任，强化服务措施，认真组织开展流动人口清理清查活动，摸清流动人口底子，为流动人口管理提供了翔实可靠的统计数据。2.全年共清理登记流入人口706人，查验流入人口《婚育证明》705人次，办理流动人口《婚育证明》433本。3.组织人员到西双版纳、元江县、峨山县、新平县、个旧市、石屏县、建水县等周边县市开展流动人口计生工作跟踪服务。

【红河县举办第二届计生杯运动会】

2006年12月9日至12日，红河县举办了第二届"人口计生杯"运动会。运动会共设篮球、象棋、扑克3个比赛项目，县、乡、村三级共有14个代表队参赛，经过3天的激烈拼搏，阿扎河乡、三村乡、架车乡分别夺得篮球一、二、三等奖；象棋一、二、三等奖分别被迤萨镇、阿扎河乡、甲寅乡捧走；大羊街乡、宝华乡、甲寅乡分别获得扑克一、二、三等奖。

【荣誉】

（一）2006年4月，红河县大羊街乡人民政府、红河县人口和计划生育局，被红河州人民政府评为红河州“十五”人口和计划生育工作先进集体。

（二）2006年4月红河县人民政府王泽荣、红河县垤玛乡人民政府白批福、红河县车古乡计生办王林征、红河县人口和计划生育局王周泽、红河县三村乡计生办依伟生、红河县架车乡计划生育服务所李邓义生、红河县浪堤乡计划生育服务所马红刚、红河县甲寅乡人民政府许忠明，被红河州人民政府评为红河州“十五”人口和计划生育工作先进个人。

（三）红河县甲寅乡老博村计生宣传员许福义，被云南省人事厅、云南省人口和计划生育委员会评为2006年度云南省人口和计划生育先进工作者。

2007年

【概况】

2007年，红河县人口和计划生育工作，以完成责任目标为核心，以控制计划外生育，强化对流动人口计划生育服务管理为重点，稳步推进人口和计划生育综合治理。

【统计数据】

1.人口基本情况：据红河县统计局公布的数据，2007年末全县总人口284728人，比上年增长8.59%，出生率12.48‰，死亡率6.14‰，人口自然增长率6.34‰。

2.计划生育情况：据计生统计报表，计划生育率为95.79%，避孕及时率88.19%。

【红河县对宝华乡进行人口和计划生育“黄牌警告”】

2007年4月24日，红河县召开人口和计划生育工作会议。出席会议，会议总结2006年全县人口和计划生育工作情况，对完成任务较差的宝华乡给予“黄牌警告”。

【红河县进一步加大“奖优免补”工作力度】

年内共办理农业人口《独生子女光荣证》370户，兑现一次性奖励金16.8万元。兑现农村独生子女义务教育阶段奖学金9.766万元，发放养老生活补助对象823人养老生活补助53.33万元。

【红河县积极开展推套防艾工作】

1.积极开展推广使用安全套预防艾滋病的宣传教育工作，落实业主责任制，旅馆业避孕套摆放率达100%。2.对全县旅馆和娱乐场所的管理人员，进行艾滋病防治知识培训。3.设置防治艾滋病宣传咨询窗口，年内免费发放避孕套81500只，社会营销避孕套20000只。

【红河县计划生育服务站积极开展计生技术服务】

全面系统地开展避孕节育、优生优育、生殖健康等计生技术服务，全年共施行各种计生手术6695例，优生优育检测892人次，妇女生殖健康服务4383人次，全县避孕药具使用率达96%，其中有效率达99%，随访率达95%。

【红河县全面推进计划生育依法行政工作】

1.对全县计生执法主体、执法文书进行认真清理，严格执法程序，规范执法行为，明确界定县、乡职权，确保执法主体和具体行政行为合法。2.建立健全约束机制，对各项政策性收费、农业人口独生子女奖励、流动人口免费服务等项目实行公示，增加透明度，接受社会监督。3.加大社会抚养费征收力度，年内下发《行政处罚决定书》139份，作出社会抚养费征收决定书10份，征收社会抚养费84.9万元。

2008年

【概况】

2008年，红河县人口计生工作，以加强行政执法、基层统计台账管理为基础，以完成计生责任目标为核心，以控制计划外生育，落实长效节育措施，建立健全流动人口计生服务管理机制，创建云南省级优质服务达标县为重点，创新工作思路，提高人口和计划生育工作整体水平。

【统计数据】

1.人口基本情况：据红河县统计局公布的数据，2008年末全县总人口284828人，出生率14.9‰，死亡率7‰，自然增长率7.9‰。

2.计划生育基本情况：据计生统计报表，计划生育率94.5‰，避孕及时率64‰，综合节育率83.67%。

【红河州人民政府副州长洪丹平到红河县调研计生工作】

2008年9月24—25日，红河州人民政府副州长洪丹平先后深入红河县乐育乡、架车乡、车古乡，就红河县创建云南省级计划生育优质服务达标县的相关工作和人口计生工作开展情况进行调研。

【红河县对阿扎河乡给予人口和计划生育黄牌警告】

2008年4月3日，红河县召开人口和计划生育工作会议，会议总结了2007年度人口计生工作，对完成任务较差的阿扎河乡给予"黄牌警告"。

【红河县采取四种方式促进宣传教育工作】

1.联合式宣传。县计生局主动与县委宣传部、县妇联、县民政局、县科技局等部门联合，利用纪念日、宣传日、赶集日集中开展公益宣传咨询服务活动，为育龄群众"送政策、送健康、送知识"，免费发放避孕药具8500盒，奖优免补宣传资料1.5万份，出生缺陷干预宣传单1.2万份，预防性病、艾滋病及避孕节育、优生优育宣传册2万份，计生法律法规政策宣传资料3万份，咨询群众3万人。2.融合服务式。把宣传教育融入"婚育新风进万家"、"关爱女孩行动"、"奖优免补"活动中，组织宣传技术人员边服务、边宣传，让科学、文明、进步的生育观念在基层群众中得以传播。3.寓教于乐式。组织农村、社区群众文艺队，深入村组、街道演出群众喜闻乐见的节目50场，观众达5500人次。4.熏陶渐进式。加强计生宣传阵地建设，在县城、各乡镇、各村委会、村民小组主干道墙上按要求刷写规范、固定的宣传标语。全县共刷写标语1140条，制作计生公示栏914块，出黑板报315期。加强乡镇婚育学校、村委会教学点建设，定期按照规划进行培训工作，乡镇村婚育学校和教学点共培训2500人。

【红河县六项措施推进流动人口计生服务管理工作】

1.全县成立了流动人口计生管理办公室，社区配备了流动人口计专职管理员，乡镇、村配备专（兼）职人员负责管理。2.对流动人口进行清理登记，建立流动人口计生管理台账，了解掌握流动人口的婚育状况，年内清理登记流入人口1064人，办理流出人口《婚育证明》355本，查验流入人口《婚育证明》1538人（本）。3.发挥流动人口信息交换平台的作用，实现资源共享。年内信息交换平台录入161人，反馈152人，反馈率达94.3%。4.为流动人口提供生殖健康服务，免费为流动人口进行生殖健康检查400人。5.在流动人口集中的迤萨镇跑马路社区成立流动人口计生协会，做到流动人口自我管理、自我服务、自我监督。在2008年"5·12"汶川地震中，该计生协会发起了"献爱心"活动，向在红河县务工经商的四川籍受灾家属开展慰问。6.流动人口计生工作实行考核奖励制度，实现流动人口与常住人口同管理、同服务。

【红河县开展出生缺陷预防工作】

1.制订出台《红河县出生缺陷预防工作实施意见》，县乡计生服务站利用墙报专栏、培训讲座多种形式，大力普及预防出生缺陷科学知识。2.积极开展优生咨询，对前来咨询的服务对象提供针对性的解答，帮助服务对象选择相应对策，开展与出生缺陷相关的筛查、诊断及防治，做到知情同意。3.为病残儿再生育二孩家庭全部建立了监护档案。县乡服务网络积极为被监护对象开展孕前指导、孕期跟踪、定期随访服务。4.开展孕期保健流动服务。

县乡计生服务站所派出技术人员组成巡回技术服队，携带B超等仪器深入乡、村，免费为怀孕对象进行健康体查及情况跟踪服务。

【红河县开展云南省省级计生优质服务达标县创建活动】

1.成立了以红河县县长王洪兴任组长、分管副县长陈黎任副组长、相关部门为成员的红河县创建省级计生优质服务达标县工作领导小组，及时制订实施方案，并拔出了20万元启动资金，全面推进创优工作。2.加强阵地建设，完善服务平台。加强县乡计生服务站所的硬件建设和房屋扩建、设备购置。对县计生服务站、甲寅乡计生服务所、大羊街乡计生服务所、阿扎河乡计生服务所、迤萨镇计生服务所按规范化标准，进行装修改造。建立健全以县计生服务站为核心，乡镇服务所为支点的技术服务网络。全县12个乡镇获得了计生技术服务执业许可证。3.规范技术管理、提高服务水平。完善县乡服务站所医疗文书、技术服务等工作制度及技术服务质量管理控制体系，统一规范管理、定期对各乡镇服务所诊疗服务、节育技术等相关工作进行质量检查、限期整改，对技术服务管理始终坚持高标准、高质量、严要求。4.加强人员培训、提高业务素质。2008年4月举办了政策法规、计生统计、流动人口、技术服务、避孕药具管理等综合性培训；2008年6月就计生优质服务业务知识进行了重点培训，并在全县人口计生技术服务人员中开展科技大练兵活动，进行业务技能培训和岗位竞赛，鼓励技术服务人员参加进修学习，选派4名技术人员到省医疗单位进修。5.创新服务、拓展领域。开展“三进五送七服务”，“三进”即新婚进家，产后进家，术后进家；“五送”即送政策法规知识，送新型生育文化知识，送优生优育优教知识，送生殖健康及性病艾滋病预防知识，送奖优免补政策；“七服务”即避孕指导自主择服务，为群众依法维权服务，个性化咨询及男性生殖健康服务，节育手术对象跟踪随访服务，妇科病普查普治服务，出生缺陷预防服务，为计生家庭提供致富信息及实用技术服务。年内累计开展优生优育咨询服务3500例，生殖健康检查4017人，乳腺疾病普查普治138人，术后医学随访率和药具随访率达90%。

【荣誉】

（一）红河县评云南省人口和计划生育委员会命名为2008年云南省省级计划生育优质服务达标县。

（二）红河县大养街乡妥赊村委会计生宣传员钱然呼，被云南省人力资源和社会保障厅、云南省人口和计划生育委员会评为2008年度云南省人口和计划生育先进工作者。

金平县

2006年

【概况】

2006年金平县人口和计划生育工作，以完成责任目标为中心，严格执行"黄牌警告"和"一票否决"制度，认真落实农业人口独生子女家庭"奖优免补"政策，强化流动人口计划生育管理服务工作，努力控制违法多生育，着力夯实基层基础工作，人口计生工作呈现出稳步发展的态势。

【统计数据】

1.人口基本情况：据金平县统计局公报，2006年末，全县总人口为333937人，出生人数为5154人，出生率为15.6‰，死亡人数为2345人，死亡率为7.1‰，自然增长人数为2809人，自然增长率为8.5‰。

2.计划生育基本情况：据计划生育报表，2006年，全县计划生育率为95.91%，综合节育率86.26%，长效节育率为80.31%。

【金平县加强"奖优免补"工作提高农业人口领证率】

1.逐级分解任务，强化政府行为。明确党政"一把手"是"奖优免补"工作的第一责任人，并将农业人口独生子女办证任务纳入"黄牌警告"制度考核内容。2.搞好队伍培训。在全县计生工作会议上，对农业人口独生子女家庭奖励政策作了一次全面系统的培训。3.切实做好兑现工作。全面兑现2005年第二批农业人口独生子女家庭一次性奖励573户53.05万元，2006年第一批农业人口独生子女家庭一次性奖励20户1.75万元，2005年秋季至2006年春季享受农村独生子女教育奖学金393人6.988万元；兑现2005年各乡镇上报符合享受农村计划生育家庭奖励扶助的对象349人23.355万元。4.进一步建立和完善独生子女"奖优免补"档案，切实加强"奖优免补"计算机录入工作。5.组建工作组入村开展工作。2006年7~9月，组织20人分4组深入乡（镇）、村寨，协助乡镇落实农业人口独生子女办证工作，办理农业人口独生子女证570户。

【金平县加强宣传教育工作提高群众政策知晓率】

切实加强计划生育宣传工作，张贴大小标语1000余条（幅），发放《中华人民共和国人口与计划生育法》、《云南省人口与计划生育条例》、《流动人口计划生育管理办法》和《云南省农业人口独生子女家庭奖励规定》、《红河州流动人口计划生育管理和服务实施细则》等各种传单20000余份，制作并发放"建设新型农村，树婚育新风"宣传画13000份，在全县范围内开展关爱女孩行动知识竞赛活动。

【金平县举办关爱女孩知识竞赛】

为进一步深化社会对"关爱女孩行动"的认识，推动全县"关爱女孩行动"的深入开展，2006年9月10日至30日，由金平县人口计生局牵头，金平县"婚育新风进万家"活动领导小组举办了关爱女孩知识竞赛，全县2500名干部职工参加了知识竞赛活动，评选出一等奖5名、二等奖10名、三等奖20名、鼓励奖50名。

【金平县开展违法生育清理整治工作】

2006年4月27日至6月10日，金平县人口计生局组织工作队，依法对国营金平农场四个民族队（前进、曼仗、火龙、向阳村）计划生育管理薄弱地区进行清理整顿。2006年6月19日至11月4日组织计生工作组先后对阿得博乡历年来违法多生育的情况进行认真清理整治。通过清理、整顿和查处，有效发挥了法律法规的震慑作用，使这些地区人口和计划生育工作逐步步入良性发展轨道。

【金平县开展计划生育村民自治试点工作】

为了充分发挥人民群众的主人翁作用，达到“自我教育、自我管理、自我服务、自我监督、自我约束”的目的，2006年金平县人口计生局在大寨乡渡口村委会、者米下新寨村委会、老勐乡老勐村委会开展了计划生育村民自治试点工作。

【荣誉】

（一）2006年4月，金平县马鞍底乡人民政府、金平县老集寨乡人民政府、金平县人口和计划生育局，被红河州人民政府评为红河州“十五”人口和计划生育工作先进单位。

（二）2006年4月，金平县人口计生局白木黑、金平县营盘乡计生办马强、金平县者米乡计生办苦自华、金平县金河镇人民政府苏元灿、金平县者米乡计生服务所徐艳、金平县老猛乡计生办李玉陆、金平县审计局刘国兴，被红河州人民政府评为红河州“十五”人口和计划生育工作先进个人。

2007年

【概况】

2007年金平县人口和计划生育工作，紧紧围绕统筹人与自然和谐发展，狠抓责任目标落实，全面完成了红河州下达的各项目标任务。

【统计数据】

1.人口基本情况：据金平县统计局公报，2007年末，全县总人口为351018人，出生人数为5115人，出生率为15.4‰，死亡人数为2325人，死亡率为7‰，自然增长人数为2790人，自然增长率为8.4‰。

2.计划生育基本情况：据计划生育报表，2007年全县计划生育率为95.76%，综合节育率86%，长效节育率为79.76%。

【金平县全面落实国家规定的计划生育奖励政策】

完成农业人口独生子女办证任务231户，共兑现一次性奖励金21.15万元；完成了农业人口独生子女591名小学生、165名中学生教育奖学金的发放工作，共兑现教育奖学金13.746万元；完成了291户农业人口独生子女办证和756人教育奖学金的网上录入工作；完成了1585人农业人口和306人城镇居民及下岗职工独生子女保健费的发放，共计发放独生子女保健费25.044万元。

【金平县加大计划生育法律法规的执行力度】

2007年金平县人口计生局组织抽调20人组成五个工作组，会同各乡镇党委、政府深入到各村寨，全面清理和查处历年来违法生育、非法收养子女案件，维护了计生法律法规的严肃性。

【金平县加快计划生育服务站所规范化标准化建设】

抓好“兴边富民”工程和国债等项目立项和实施工作，完成了老集寨、营盘、铜厂、大寨、沙依坡、马鞍底、者米、金水河、阿得博等9个乡镇服务所建设的可行性研究报告，启动了县级服务站综合服务大楼的建设工程，完成老勐乡、勐桥乡服务所建设工程，验收交付使用。

【金平县设立流动人口计划生育服务窗口】

为了进一步搞好流动人口计划生育管理与服务工作，金平县人口计生局在金平县金隆公司、金河镇金沙社区、仙人洞社区和老勐乡开设了流动人口计划生育服务之窗，为流动人口提供优质快捷的服务。

【金平县对流动人口进行计划生育法律法规培训】

2007年3月，金平县人口计生局与县人事劳动部门联合，举办了1期由个体和国有建筑队中流动人口参加的计划生育法律、法规培训；举办3期150人参加的流出人员计划生育法律、法规、生殖健康知识的培训。

【金平县计划生育服务站纳入新型农村合作医疗定点单位】

金平县计划生育服务站在搞好计划生育技术服务工作的同时，不断创新工作方法和工作思路，扩大服务范围，拓展服务领域，通过积极争取，金平县计划生育服务站被金平县卫生局纳入新型农村合作医疗定点单位。

【金平县县委政府增加县乡服务站所人员编制】

金平县人口计生局积极向县编制委员会争取县乡服务站所人员和编制，通过努力，金平县委、县政府决定在原有编制的基础上，增加了县乡服务站所8名事业编制，其中县服务站4名，乡级服务所4名。

2008年

【概况】

2008年金平县人口和计划生育工作，认真宣传贯彻落实《中共云南省委云南省人民政府关于进一步加强人口和计划生育工作统筹解决问题的决定》，狠抓各项措施的落实，人口和计划生育工作呈现出稳步发展的态势。

【统计数据】

1.人口基本情况：据金平县统计局公报，2008年全县总人口为360109人，出生人数为5192人，出生率为15‰，死亡人数为2388人，死亡率为6.8‰，自然增长人数为2804人，自然增长率为8.1‰。

2.计划生育基本情况：据计划生育报表，2008年全县计划生育率为95.78%，综合节育率86.27%，长效节育率为81.42%。

【金平县加快计划生育服务站所建设步伐】

金平县人口计生局高度重视计划生育服务站所建设项目储备和前期工作，2008年争取了6个计生服务站（所）国债资金建设（其中：县级1个，乡级5个），项目资金218万元，到2008年底有2个项目完工投入使用、2个进入装修阶段、拉动内需的2个项目正在建设之中。

【金平县出台农业人口独生子女家庭参加新型农村合作医疗奖励政策】

明确规定国家奖励扶助对象和农业人口独生子女家庭参加农村合作医疗，个人缴费部分由县财政预算支付。

【金平加大对人口和计划生育事业经费的投入力度】

2008年金平县县级财政投入人口和计划生育事业费161.7万元，占州下达指标87万元的185.9%，乡级人均经费投入达2.51元，占州下达人均指标1.7元的147.6%。在县级财政十分困难的情况下，将四个社区专职流动人口管理员的工资待遇纳入县级财政预算。

【金平县对历年来违法生育进行重点清理整治】

2008年，金平县人口计生共抽调45人次分9次对全县历年来违法生育进行重点清理整治，全年共查处历年各类计生违法案件1146件，对违法生育人员起到了震慑作用，为提高持证生育率打下了基础。

【金平县采取措施治理出生性别比偏高问题】

1.加强孕情、助产技术服务、胎儿性别鉴定、终止妊娠手术和终止妊娠药品管理，规范医疗卫生和计划生育技术服务市场。2.县人口计生局牵头，联合县妇联、县财政局、县民政局、县科技局、县广播电视局、县教育局、县文体局等12家单位对全县13个乡镇计划生育办（服务所）、卫生院、县计划生育服务站、县人民医院、金平农场职工医院和84家个体私人诊所、药店进行了“非医学需要的胎儿性别鉴定和选择性别的人工终止妊娠行为”专项整治活动，规范了B超从业行为。

【金平召开第五届计划生育协会会员代表大会】

2008年9月4日，金平县召开第五届计划生育协会会员代表大会，选举产生了以普正才为会长，黎宁、夏绪凤、舒春田、尹家会、徐福成、白术黑、马强为副会长的新一届协会组织。

绿春县

2006年

【概况】

2006年绿春县人口和计划生育工作，以完成责任目标为核心，以农业人口独生子女家庭奖励、控制违法生育、落实长效节育措施为重点，切实转变工作思路和方法，人口和计划生育工作取得了显著成绩。

【统计数据】

1.人口基本情况：据绿春县统计局《国民经济统计手册》，2006年出生人口2201人，人口出生率10.69‰；死亡人口1332人，死亡率6.47‰；自然增长人口869人，人口自然增长率4.22‰。2006年末全县总人口为213578人。

2.计划生育情况：据绿春县计划生育统计报表， 2006年全县已婚育龄妇女为41901人；优选节育率85.76%；计划生育96.05%。

【绿春县加大违法生育控制力度】

绿春县采取多种措施，严格控制违法生育。1.对人口和计划生育工作实行"黄牌警告"制度，健全完善以党政一把手亲自抓、负总责为主要内容的目标管理责任制。2.成立专项督查组，按季度督查责任目标执行情况，按季度通报督查结果。3.严格征收社会抚养费，采取教育、行政、经济等手段综合治理人口问题。4.实行主管局干部职工分片挂钩联系制度，通过上述措施，2006年违法生育率下降到13.95%。

【绿春县计划生育村民自治试点在平河乡略马村委会开展】

绿春县高度重视计划生育村民自治工作，2006年选择平河乡略马村委会开展试点。县乡层层成立计划生育村民自治领导小组，明确了村党支部、村委会、村计生协会在村民自治工作的责任。平河乡略马村委会在村一级通过村民选举等方式配备计生宣传员、信息员，强化制度建设，制订了村民自治章程，与村民签订计划生育合同，规范自治行为，按照"村民自治、组织管理、户落实"的模式，组织群众对计划生育事务实行自我教育、自我管理、自我服务。试点工作于2006年1月开始，2006年10月结束，为全县开展计划生育村民自治工作探索了经验。

【绿春县四项措施开展推套防艾工作】

1.落实业主负责制、与业主签订推广使用安全套责任书；2.举办娱乐场所管理人员进行防治艾滋病知识培训班，2006举办2期，参训人员达216人次；3.在人员集中的车站、东仰大酒店安装自动售套机4台，在县计生服务站和乡镇计生服务所设置咨询窗口；4.利用哈尼十月年、吃新米饭等各大民族节日宣传防治艾滋病知识，2006年发放各种宣传资料4000余份。

【绿春县积极开展计划生育优质服务活动】

1.多形式、多渠道开展以计划生育生殖保健知识为重点的宣传教育；2.积极稳妥地推进避孕节育方法知情选择；3.全面系统地开展生殖保健普查普治、治疗各种妇科疾病；4.转变县乡服务站所工作方式，定期集中服务与经常工作相结合，由单纯的孕检、环检改为健康体检和妇科病查治；5.加强基层统计台账的管理与应用，引导优质服务工作的开展。

【绿春人口计生局积极参与社会主义新农村建设】

绿春县人口计生局充分发挥人口计生部门的职能作用，积极参加社会主义新农村建设。干部职工深入扶贫挂钩点17人次，捐款2900元，单位筹资3万元，建盖卫生公厕6个；修建人畜饮水工程2件，铺设卫生路400米，实施三面光水沟450米，改善当地群众生产生活条件，县人口计生局被绿春县委评为新农村建设先进单位。

【荣誉】

（一）2006年，绿春县三猛乡人民政府被红河州人民政府评为“十五”期间红河州人口和计划生育先进集体；

（二）绿春县大兴镇马宗村委会计生宣员杨龙三，2006年被云南省人事厅、云南省人口和计划生育委员会评为“云南省人口和计划生育工作先进个人”。

（三）绿春县大兴镇党委书记何玉才、绿春县人口和计划生育局办公室主任马黑保、绿春县大兴镇计生办主任张普角、绿春县计生服务站主管护师普称诺、绿春县牛孔乡龙洞村委会计生宣传员白然里，绿春县平河乡人口计生办公室白阿普，2006年被红河州人民政府评为红河州“十五”人口和计划生育先进个人。

2007年

【概况】

2007年，绿春县人口和计划生育工作保持良好的发展态势，全面完成了与红河州人民政府、红河州人口和计划生育委员会签订的“双线”责任目标。

【统计数据】

1.人口基本情况。根据绿春县统计局《领导干部经济工作手册》公报，2007年出生人口2298人，人口出生率11.11‰；死亡人口1221人，死亡率5.9‰；自然增长人口1077人，人口自然增长率5.21‰。2007年末全县总人口为215833人。

2.计划生育情况。绿春县计划生育统计报表，2007年全县已婚育龄妇女达41934人；优选节育率84.52%；计划生育率为94.91%；避孕及时率64.5%。

【绿春县多措并举强化宣传教育工作】

1.组织县乡村三级干部207人的计划生育政策宣讲组，深入乡村召开群众大会，宣讲计生政策；2.制订《绿春县人口和计划生育宣传报道奖励办法》，创办《人口计生之窗》，鼓励社会各界对计生工作进行宣传报道；3.印制各种计划生育政策的日历3万本、围裙2万个，开展宣传品进村入户活动。

【绿春县大兴镇开展流动人口管理服务试点工作】

开展流动人口管理服务试点工作，为所辖的东城、西城社区配备流动人口专职管理人员，享受村（居）委会副主任待遇，配备计算机和打印机，运用信息交换平台沟通流入地和流出地的信息，与房主、农户签订合同和协议书，建立流动人口计划生育协会，举办各种培训班，查验《婚育证明》。

【绿春县采取六项措施狠抓农业人口独生子女家庭“奖优免补”工作落实】

1.摸清底数，定位领证目标人群，筛选领证对象，掌握对象思想、家庭经济情况，从易到难做好宣传发动工作；2.加强培训，培训好乡村计生干部，掌握领会政策知识；3.改变工作方法，实行上门办证；4.严格办证，不符合政策的耐心解释，争取群众的理解和支持；5.认真办理相关手续，部门齐抓共管，密切配合，及时办理相关手续，及时兑现奖励金；6.认真做好随访工作，杜绝退证发生。通过上述措施，2007年末，全县农业人口领证户数达1562户。

【中共绿春县委为人口和计生工作解决实际问题】

2007年 月中共绿春县委召开常委会，听取绿春县人口和计划生育工作汇报，为人口和计划生育解决了3个实际问题。1.招录乡镇计生助理3名，乡镇计生服务员7名充实到乡镇计生办和服务所；2.社区流动人口计划生育专职管理人员报酬纳入县级财政预算；3.无偿划拨骑马坝乡、大黑山乡计生服务所建用地各300㎡。

【绿春举办学习中央《决定》知识竞赛】

2007年5月4日至20日，绿春县人口计生局、绿春县妇联、共青团绿春县委联合举办学习中央《决定》知识竞赛，全县干部职工共计3700人参加。活动结束后，表彰了县委办等5个集体，100名干部职工。

【荣誉】

绿春县人口和计划生育局局长李江山，被云南省人事、云南省人口和计划生育委员会评为2007年度“云南省人口和计划生育先进工作者”。

2008年

【概况】

2008年绿春县人口和计划生育工作，围绕降低生育水平、统筹解决人口问题这一中心任务，集中精力抓好领导、督查、宣传、服务、落实、关爱、建设、协会、队伍建设等各项工作，较好地完成“双线”责任目标。

【统计数据】

1.人口基本情况：据绿春县统计局《领导干部经济工作手册》公报，全县出生人口为2341人，人口出生率11.22‰；死亡人口1242人，死亡率5.31‰；自然增长1099人，人口自然增长率5.27‰。2008年末全县总人口为219636人。

2.计划生育情况：据计划生育统计报表，2008年末全县已婚育龄妇女达42240人；优选节育率84.29%；常住人口违法多生育8人；计划生育率94.65%；避孕及时率64.5%。

【绿春县开展计划生育政策“七进村”活动】

1.文化进村。县人口计生局组织乡村文艺队，精心编排17个农民群众喜闻乐见，寓教于乐的计划生育节目到乡村演出120场次；2.科技进村。县人口计生局组织茶叶、草果、八角等技术人员，利用农闲时节到全县717个自然村举行科技培训，深入田间地头进行现场指导；3.信息进村。制作发放致富信息3万余份，提供劳务信息40余条，帮助40名妇女协调贴息贷款；4.服务进村。组织计生服务人员全面开展妇科病查治、优生咨询活动208次，查治妇科疾病4000余人，上门办理《生育证》、《独生子女父母光荣证》等证件台700余份；5.温暖进村。县乡组织开展走访慰问独生子女户，计生干部活动，共放发慰问金1万余元，棉被20余床；6.政策进村。成立9个计生政策宣讲队，重点向农村、农民、建筑工地宣讲计划生育政策；7.法律进村。2008年全县开展计生法律、法规宣传咨询服务20场次，受教育群众达1200余人。

【绿春县认真落实计划生育奖励措施】

绿春县抓好《云南省农业人口独生子女家庭奖励规定》的落实，严格“奖优免补”调查摸底、见面谈话、审核、公示、办证、录入等相关程序，2008年办证户21户，农业人口领证数达1583户；为493人享受计划生育养老补助对象兑现奖励金315100元，兑现108名中学生和332名小学生独生子女奖学金81200元，为89人兑现农村独生子女伤残、死亡家庭特别扶助金106800元；兑现农村独生子女保健费和城镇无业人员独生子女保健费89400元。

【绿春县扎实推进计生服务所建设】

2008年绿春县紧抓住云南省实施“兴边富民”工程、计划生育服务站所国债项目建设的机遇，投资180万元，建设了半坡乡、骑马坝乡、大黑山乡计生服务所，总面积达1600㎡，3个计生服务所按《农村计划生育服务机构基础设施建设标准》建设，达到《计划生育服务站机构形象规范手册》要求。

【绿春县召开计生协会会员代表大会】

2008年8月14日，绿春县召开计生协会会员代表大会，选举产生了第二届绿春县计划生育协会理事、常务理事、副会长、会长，增加了工作机构、健全了各项制度，建立会员之家，增强计生协会的吸引力和凝聚力。

河口县

2006年

【概况】

2006年河口县人口和计划生育局紧紧围绕人口和计划生育工作责任目标、创建省级计划生育优质服务县为目标，坚持以人为本，注重群众需求，深化优质服务，加强流动人口管理，全面实施农业人口独生子女家庭奖励政策，积极开展计划生育村民自治，不断完善和健全计划生育管理机制。

【统计数据】

1.人口基本情况：据河口县统计局公布：2006年末，河口县总人口85753人，当年出生930人，出生率14.46‰，死亡463人，死亡率7.64‰，自然增长人口467人，自然增长率6.82‰。

【河口县开展省级计划生育优质服务先进单位创建活动】

2006年，河口县把省级计划生育优质先进单位创建工作，作为全面提高河口县人口和计划生育工作水平的一项重要工作来抓。河口县人民政府成立了计划生育优质服务先进单位创建工作领导小组，制订了《河口县计划生育优质服务工作运行规范（试行）》、《计划生育技术服务随访工作规范》、《乡镇计划生育技术服务所工作要求》等规章制度，狠抓各项措施的落实，年底创先争优活动顺利通过云南省人口和计划生育委员会的考评验收。

【河口县开展计划生育村民自治试点】

2006年，河口县人口计生局把开展计划生育村民自治工作纳入新农村建设的重要内容，制订了《关于推行计划生育村民自治的实施意见》，并在河口镇的城郊村、南溪的大南溪村、桥头的老汪山村、瑶山的梁子村、莲花滩的石板寨村等5个村委会开展了村民自治试点工作，各试点村在村民小组建立了《计划生育村民自治章程》、《计划生育村规民约》等规章制度，并与村民签订了《计划生育协议书》1373份。

【河口县对计划生育协会基层组织进行整顿】

2006年河口县计生协会根据河口县基层计划生育协会中存在的问题，对河口镇的那排村、莲花滩乡的莲花滩村、老范寨乡的斑鸠河村协会进行了全面整建，基层计划生育协会工作得到了加强。

【河口县兴边富民工程桥头乡计划生育服务所建设项目竣工投入使用】

2006年2月11日，河口县桥头乡“兴边富民工程”计划生育服务所建设项目破土动工，该项目总投资406242.15元，建筑面积441.92平方米，经过7个多月的建设，于2006年9月22日竣工交付使用。

【荣誉】

（一）2006年4月，河口县被评为红河州“十五”人口和计划生育工作先进县；蚂蝗堡农场、莲花滩乡人民政府被评为红河州“十五”人口和计划生育工作先进集体；周碧奋（河口县人民政府副县长）、顾维志（河口南溪镇人民政府副镇长）、沈荣芳（河口县计划生育服务站站长）、罗文高（河口县莲花滩乡计生办主任）分别荣获“十五”人口和计划生育工作先进个人称号。

（二）2006年8月，河口县人口和计划生育局被中共红河州委、红河州人民政府评为红河州“四五”普法“二五”依法治州先进单位。

（三）2006年，中共河口县委书记叶翠萍，被云南省人事厅、云南省人口和计划生育委员会评为2006度云南省人口和计划生育先进工作者。

2007年

【概况】

2007年，河口县人口和计划生育工作贯彻落实

《中共中央国务院关于全面加强人口和计划生育工作统筹解决人口问题的决定》，切实加强对人口和计划生育工作的领导，转变工作思路，创新工作方式，强化依法管理，积极开展优质服务，努力营造计划生育以人为本的管理模式，促进了河口县人口和计划生育事业持续健康发展。

【统计数据】

1.人口基本情况：据河口县统计局公布：2007年全县总人口86615人，当年出生997人，出生率11.57‰，死亡534人，死亡率6.20‰，自然增长人口463人，自然增长率5.37‰。

【河口县兴边富民工程莲花滩乡计划生育服务所建设项目竣工投入使用】

2007年8月2日，河口县莲花滩乡“兴边富民工程”计划生育服务所建设项目破土动工，该项目总投资267087.5元，装修面积280平方米，扩建面积140平方米，严格按《农村基层计划生育服务体系建设标准》设计施工，2008年2月20日竣工交付使用。

【河口县认真贯彻红河州流动人口计划生育管理和服务实施细则】

2007年，河口县认真贯彻落实红河州人民政府下发的《红河州流动人口计划生育管理和服务实施细则》，制订了《河口县流动人口计划生育管理服务方案》，进一步明确了各部门的职责，将流动人口计划生育纳入常住人口同管理、同服务。2007年下半年，在河口镇合群社区开展了流动人口计划生育服务与管理试点工作。

【荣誉】

河口莲花滩计生办罗文高，被云南省人事厅、云南省人口和计划生育委员会评为2007年度云南省人口和计划生育先进工作者。

2008年

【概况】

2008年河口县人口和计划生育工作，紧紧围绕“稳定低生育水平、统筹解决人口问题、促进人的全面发展”这一中心任务，狠抓各项措施的落实，圆满地完成了人口和计划生育各项目标任务。

【统计数据】

1.人口基本情况：据河口县统计局公布：2008年全县总人口87260人，当年出生1019人，出生率11.72‰，死亡567人，死亡率6.50‰，自然增长人口452人，自然增长率5.22‰。

【河口县加大对人口和计划生育工作的宣传力度】

1.利用人口文化宣传月活动，在“9·25”公开信发表纪念日，开展了纪念《中共中央关于控制我国人口增长问题致全体共产党员、共青团员的公开信》发表28周年活动；2.县人口和计划生育局对改革开放30年来河口县的人口和计划生育工作成就进行了收集和整理，制作了喷绘图片展板四块，在河口县进行巡回宣传和展览；3.与县司法局协作组织普法志愿者进入难民集中居住区、各国营农场生产队等单位开展人口和计划生育普法宣传教育活动，提高难民对人口和计划生育法规的知晓率和守法意识；4.利用农村电影队下乡放映电影的时机，播放人口和计划生育宣教影片和幻灯片，全年共播放189场。

【河口县加强计划生育技术服务队伍建设】

河口县把强基固本工作作为人口和计划生育工作的一件大事来抓，不断强化计划生育技术服务队伍建设。2008年，组织河口县5个乡级服务所、县计生服务站28名专业技术人员开展科技大练兵活动，同时制订了轮流下派河口县计生服务站专业技术人员到乡镇服务所帮助工作3个月的制度，河口县服务站还派出4名技术服务人员到云南省省级医院、红河州医院进修学习。

【河口县开展出生缺陷一级预防工作】

2008年4月18日上午，河口县全面开展出生缺陷一级预防启动仪式在河口宾馆召开。红河州人口计生委、河口县委、河口县人大、河口县政府、河口县政协领导，河口县人口与计划生育领导小组成员单位单位负责同志，河口县4乡2镇和4个国营农场分管计生工作的领导、计生办主任、服务所所长，河口县计生局各科室负责人以及县计生服务站站长、副站长共75人参加了会议。会议要求河口县人口计生系统要充分认识开展出生缺陷一级预防的重大意义，根据人口计生部门的职能定位，围绕宣传倡导、健康促进、优生咨询、高危人群指导、孕前实验室筛查和营养素补充6项重点任务，在规范化管理、制度化建设、系列化服务方面抓落实，着力建立完善政府主导、计生牵头、部门配合、专家支持、群众参与的工作机制，减少出生缺陷发生率，提高出生人口素质。

【河口县在乡级开展流动人口计划生育信息交换平台信息录入和反馈工作】

2008年下半年河口县利用现有国家人口和计划生育委员会建立的流动人口计划生育信息交换平台，在乡级开展了流动人口计划生育信息交换平台信息录入和反馈工作，将河口县流入、流出人口计划生育信息情及时录入交换平台，充分利用网络信息，实行动态管理。

【红河广播、电视台、红河日报社记者对河口县人口和计划生育工作进行专题采访】

2008年6月，红河人民广播电台、红河电视台、红河日报社派出记者，对河口县人口和计划生育工作进行了专题集中采访，2008年6月相关内容已在红河电视台播出。

嵩明县人口和计划生育局

嵩明县人口和计划生育工作与经济社会同步发展，为经济社会的持续健康发展做出了积极的贡献，县人口和计划生育局及计划生育协会，共有机关干部职工18人，其中局长1人、党支部书记1人、副局长2人、一般干部11人、机关工勤人员3人，设三个职能科室一个计生办证窗口及计生协会即办公室、综合一科、综合二科、县政府行政审批中心计生窗口及县计划生育协会。2008年是嵩明全县上下切实优化经济社会发展软环境建设，努力转变机关作风，提高行政效能的起步之年，也是人口计生工作抢抓发展机遇，积极探索新思路、新方法，扎实苦干，取得工作重大突破的进步之年，取得七个方面的重要突破，即规范行政执法，在依法行政上有新突破；强化流动人口管理，在创新管理服务机制上有新突破；强化计生技术服务，在基层服务网络建设上有新的突破；创新宣传教育形式，在生育文化示范村建设上有新突破；在盘活国有资产、偿还集体欠帐，谋求计生事业减负前行上取得新的突破；落实农业及其他非农人口独生子女保健费，在健全利益导向机制上有新的突破；认真落实建设项目及扶持资金，在力争国家、省、市资金补助有新的突破。圆满完成各项指标任务，荣获市政府目标考核一等奖、市人口计生委目标考核四等奖，县级综合目标考核一等奖，行风民主测评明显提高，为全县人口与经济社会的协调和可持续发展创造良好的人口环境。紧紧围绕“一个中心、着力突出四个重点、确保完成各项指标任务”，即以贯彻落实中央《决定》精神为中心，全面贯彻计划生育政策有新突破，贯彻落实农村独生子女“奖优免补”政策有新举措，计划生育宣传教育有新亮点，优质服务有新起点，全面完成市人民政府及市人口计生委下达的人口与计划生育各项指标任务，创新工作机制和体制，狠抓各项任务指标的落实。市考核组的检查考核，责任目标全面完成。

国际计生联合会会长，安吉拉·戈梅兹女士视察基层协会工作(左2安吉拉,左3市计生委主任熊晶,左1随行翻译)

中国计划生育协会常务副会长杨魁浮视察杨桥乡三结合工作（右2杨魁浮，右1县委书记黄云波）

省市领导指导三结合工作（右4省人口计生委主任郝青山、右2市人口计生委主任杨文惠、右1县委书记李勇毅、右3县人口计生局局长刘东升、右5三结合扶持户）

宜良县人口和计划生育局

2006年4月10日，国家人口计生委主任张维庆（左二）在副省长高峰（右一）宜良县委书记郭子贞（左一）陪同下，到宜良县汤池镇深入农户调研

省人口计生委主任郝青山（前排左三）在市人口计委主任杨文慧（前排右一）陪同下到宜良县基层调研

宜良县属云南省昆明市辖郊县，距昆明55公里，全县辖4乡5镇，133个村委会，4个社区居委会，1015个村民小组，总人口40.71万人，其中农业人口36万人，少数民族人口3.6万人，已婚育龄妇女86265人，国土面积1886平方公里，耕地面积29.2亩。

2007年全县生产总总值达到59亿元，县财政收入2、88亿元。计划生育率99、82%，出生率9、3‰，自然增长3、53‰。宜良县的人口和计划生育工作在县委、县政府的领导下，在国家、省市人口计生委的帮助指导下，巩固和发展“三为主”，全面推广“三结合”经验，认真贯彻落实计划生育各项方针政策，开展计划生育优质服务和以科学的发展观指导人口和计划生育工作，紧紧围绕经济发展，构建社会和谐为主的中心工作，认真贯彻落实昆明市下达的人口与计划生育目标任务。坚持以人为本，优质服务和农业人口独生子女家庭奖励扶助制度。全面推行了出生缺陷干预工程，逐步建立了计划生育利益导向机制。使全县的计划生育工作取得了显著成绩，得到了国家、省、市计生委的充分肯定。2007年被评为“全国计划生育优质服务先进县”。为宜良的人口、经济、社会、资源的协调发展作出了贡献。

省人口计生委主任郝青山（左五）在市、县领导陪同下，到宜良县计生服务站检查、调研

宜良县人口计生局开展“防治艾滋病”宣传活动

宜良县人口计生局开展“中共中央国务院关于加强人口和计划生育工作统筹解决人口问题的决定”宣传活动

宜良县匡远镇永丰村委会生育文化村宣传队的文艺演出

东川区人口和计划生育局

昆明市计生协戴文中会长到我区调研

2006年，东川区认真贯彻执行《中华人民共和国人口与计划生育法》、《云南省人口与计划生育条例》，继续控制人口数量，提高人口素质，全年工作以遏制违法生育为中心，以狠抓基层、夯实基础为重点，以农业人口独生子女"奖优免补"为突破口，认真落实"三为主"方针，较好地完成了昆明市下达的各项计划生育指标。

2007年，东川区的人口和计划生育工作贯彻执行中央《关于全面加强人口和计划生育工作统筹解决人口问题的决定》及省、市人口和计划生育工作会议精神，紧紧围绕市政府及市计生委下达的人口和计划生育工作目标，以强化领导，狠抓基层，夯实基础为重点，认真落实"三为主"方针，研究解决人口和计划生育工作出现的新情况、新问题，积极探索统筹解决东川人口问题的新思路、新途径，努力完成人口和计划生育各项工作。

区级领导向农村独女户捐赠电视机

派出工作组加强对基层的指导

开展生育文化示范村建设

2008年，东川区人口和计划生育工作在区委、区政府的高度重视和正确领导下，在区人大的监督下，在昆明市人口计生委大力支持和指导下，坚持以“三个代表”重要思想为指导，深入贯彻落实科学发展观，按照新时期稳定低生育水平、统筹解决人口问题、促进人的全面发展的要求，认真落实全市人口计生工作会议精神，紧紧围绕市政府下达的人口和计划生育工作目标责任，增强领导干部的紧迫感和责任感，狠抓基础，强化管理，创新工作机制，努力推动东川人口和计划生育工作又好有快地发展，为东川超常规、跨越式、可持续发展营造良好的人口环境。

马俊副区长与各乡镇签订责任.

新建成的乡镇服务所

开展计生系统解放思想学习活动

帮助贫困村修建三面光沟渠

威信县人口和计划生育局

威信县人口和计划生育工作，得到各级党委、政府的高度重视，各级各部门领导经常深入基层，在一线调研。图为昭通市人民政府市长罗应光同志深入农村独生子女家中对生产、生活进行了解调查

威信县人口和计划生育局领导班子成员
（左）张朝友：党组成员、纪检组长
（中）杨 诚：党组书记、局长
（右）姜伟五：党组成员、副局长

威信县花大力气抓好农村独生子女家庭奖励扶助政策的实施，通过大量的宣传发动，这项惠民政策在革命老区生根发芽、开花结果，截止2007年底全县共计办理农村独生子女3503户，图为农村独生子女家庭颁奖现场

强化目标责任制管理，是威信县人口和计划生育工作的命脉，每年年初，县委、政府都要与各级各部门签订目标管理责任书。图为中共威信县委常委、威信县人民政府副县长吴敏与县人口计生局局长杨诚在责任书签字现场

宣传为先导，威信县始终把宣传教育工作放在首位，每年充分利用几个重大节日，全面开展人口和计划生育工作宣传教育活动，为群众解释政策法规、义务就诊、发放避孕药具。图为县人口计生局副局长王明山（左）和林昌虹（右）在现场为群众讲解有关人口和计划生育政策法规

绥江县人口和计划生育局

领导调研

绥江县计划生育协会2007年度第二次理事会

2008年度人口和计划生育工作成效明显。人口出生率、自然增长率继续稳定在较低水平。据报表统计，到9月底，全县总人口154971人，其中：常住人口124409人，流出人口30562人，流出人口占总人口的19.72%，已婚育龄妇女28980人，其中：常住已婚育龄妇女22176人，流出已婚育龄妇女6804人，已婚育龄妇女占总人口的18.55%，流出已婚育龄妇女占已婚育龄妇女总数的23.48%。年内，全县常住人口出生1326人，人口出生率为10.62‰，死亡852人，死亡率为6.82‰，自然增长474人，自然增长率为3.8‰。与上年同比，人口出生减少29人，自然增长增加69人。计划生育率逐年提高，违法多生育逐年减少。奖励扶助得到进一步落实。年内，全县领取农业人口独生子女父母光荣证107户，全县已领取独生子女父母光荣证从2004年起累计达1669户，占农业人口一孩总数的27.58%。

绥江县人口与计划生育法律法规培训

绥江县人口与计划生育局防范艾滋病宣传活动

沾益县人口和计划生育局

2008年12月3日，联合国人口基金项目官员彭炯、宋娅、张辉一行到沾益考察指导六周期项目工作，充分肯定了沾益县项目工作所取得的优异成绩

团结务实、开拓进取的局领导班子

为丰富婚育新风进万家活动内容，沾益县人口计生局创新工作思路，在做好常规活动的同时，自编自演文艺节目下基层为群众进行宣传服务，让群众在寓教于乐中接受教育，增长知识

沾益县的人口计生工作，长期以来备受省人口计生委领导的关爱和支持，各级领导多次到沾益进行调研指导人口和计划生育工作。图为 省人口计生委主任郝青山到沾益检查指导工作

2003年，沾益县人口计生局多方筹措资金600余万元，建起了全省一流的计划生育生殖健康服务中心，为全县育龄群众优质服务提供了良好的服务环境

师宗县人口和计划生育局

2006年，师宗县人口和计划生育工作重点突出关爱女孩打击“两非”行动，社会主义新农村建设，落实奖励优惠政策，认真推广使用安全套，落实业主负责制工作，加大计划生育执法力度和计划生育“三结合”工作，较好地完成各项目标任务。

2007年，师宗县人口和计划生育工作认真落实中央《决定》精神，坚持实行“双线”目标管理责任制考核，把握工作重点，突出工作重心，做好奖励扶助工作；加大力度，查处特殊人群违法生育行为；加强指导，规范流动人口管理；强化管理，做好优质服务工作。

2008年，师宗县人口和计划生育工作认真开展出生缺陷一级预防工作，强化基础，扎实有效稳定低生育水平；坚持政策拉动，扎实做好计划生育奖励扶助工作，搞好服务，利用信息平台规范流动人口管理体系；务实高效，做好优质服务工作。全面完成了各项任务指标。

省市计生委领导到我县指导工作

关爱妇女 开展健康检查

会泽县人口和计划生育局

省、县领导到农村独生子女家庭了解生产、生活情况。左一：省人口计生委副主任金桂兰 左二：会泽县人民政府副县长李才永

云南省人口计生委副主任金桂兰到基层调研人口计生工作

2006年，会泽县人口和计划生育工作，围绕“控制人口数量，稳定低生育水平，提高出生人口素质”的目标，督促落实“双线目标责任制”、“黄、红牌警告制”等制度，开展乳腺疾病普查普治工作、出生缺陷干预试点工程、计生服务所达标整改等创建工作，计划生育村（居）民自治、“关爱女孩行动”工作不断引向深入。

2007年，全县认真贯彻落实《中共中央国务院关于全面加强人口和计划生育工作统筹解决人口问题的决定》，以控制人口数量、综合治理人口问题、改善人口结构、提高人口素质为目标，以大力推行农业人口独生子女奖励为重点,以开展关爱女孩行动、出生人口缺陷干预、村（居）民自治为重要举措，做到思想早动员、工作早安排、措施早落实。

2008年，全县人口和计划生育工作，紧紧围绕控制人口数量，稳定低生育水平，狠抓各种节育措施的落实、计划生育村（居）民自治和违法生育案件的查处等工作，严格执行计划生育“黄、红牌警告”和“一票否决”等制度，人口增长得到有效控制。围绕提高出生人口素质，改善人口结构，狠抓了“关爱女孩行动”试点工作和出生缺陷干预一级预防工作，综合治理人口问题初见成效。

会泽县委、县政府自开展“关爱女孩行动”试点工作以来，非常重视此项工作，每年均召开全县“关爱女孩行动”工作专题会议

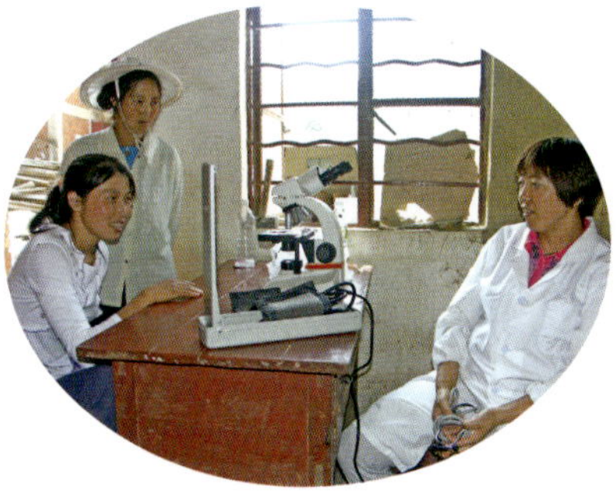

会泽县计划生育技术药具服务站工作人员到基层为出生缺陷干预对象开展服务

会泽县委书记何汝利(左五)、县长陈国宝(左三)、县委常委、县委办主任刘祖铭(左六)、分管副县长杨应龙到基层调研人口计生工作。

陆良县人口和计划生育局

陆良县人口和计划生育局下设县计划生育服务站、10个乡镇计生办、服务所，有工作人员180名。多年来，陆良县的人口与计划生育工作在县委、县人民政府的重视支持下，在省、市人口计生委的关心指导下，以邓小平理论和“三个代表”重要思想为指导，深入贯彻落实中央《决定》精神，以控制人口数量、提高人口素质为目标，开展宣传教育，狠抓基础工作，推进依法行政，深化优质服务，积极探索新形势下的人口与计划生育工作新思路、新方法、新措施，使人口快速增长的势头得到有效控制，为全县经济社会的协调发展和可持续发展提供了良好的人口环境。1998年被中国计划生育协会评为“计划生育协会百强先进县”，2001年被国家计生委表彰为“全国婚育新风进万家活动先进县”，2003年被国家人口计生委评为“全国人口和计划生育法制建设先进集体”。县人口计生局多次被省、市人口计生委及县委、县政府评为先进集体。

党组书记、局长　栾晓生

云南省人口计生委科技处处长丁明（后排左三）到我县检查指导项目工作

陆良县马街镇计生办工作人员为农业人口兑现独生子女保健费

2007年8月，曲靖市计划生育协会工作现场会在陆良召开

2007年9月，陆良县计划生育村民自治工作现场会在板桥镇左里堡村委会召开

牟定县人口和计划生育委员会

党组书记、主任 吴继英

全体干部合影

云南省人口计生委主任郝青山到我县江坡镇调研人口和计划生育工作

牟定县2006年的人口和计划生育工作，以创新人口和计划生育工作思路、机制和方法为核心，以优质服务和落实奖优免补政策为重点，通过扎实有效的工作，人口和计划生育工作水平进一步得到提高。

据牟定县统计局统计公报数据显示，截止2007年12月31日，牟定县有总人口204310人。2007年，全县共出生1993人，人口出生率11.7‰；死亡1504人，死亡率 7 ‰；自然增长489人，自然增长率 4.7‰；计划生育率达99.9%。

据牟定县统计局统计公报数据显示，截止2008年12月31日，牟定县有总人口202850人。2008年全县共出生1840人，人口出生率为10.65‰；死亡1274人，死亡率为 6.87 ‰；自然增长566人，自然增长率为 3.78‰；年增长81人，年增长率为 0.4‰。计划生育率达99.89%。

楚雄州人民政府副州长李红民到县计划生育服务站检查指导工作

2007年9月26日，云南省人口计生委主任郝青山到我县检查指导计生工作

南华县人口和计划生育委员会

2006年，南华县的人口和计划生育工作紧紧围绕“在建立利益导向机制上有新突破、流动人口管理上有新突破、引导群众转变生育观念上有新突破、优质服务上有新突破、加强基层基础工作上有新突破、教育培训上有新突破”的工作要求，狠抓落实，顺利完成了州人民政府和州人口计生委下达的各项考核任务指标。

2007年，南华县的人口和计划生育工作围绕稳定低生育水平、统筹解决人口问题、促进人的全面发展这个中心任务，谋全局，抓大事，深化改革，健全机制，全面贯彻落实以人为本的科学发展观，进一步稳定低生育水平，顺利完成了州政府和州人口计生委下达的各项考核任务指标。

2008年，南华县的人口和计划生育工作紧紧围绕稳定低生育水平、统筹解决人口问题、促进人的全面发展这个中心任务，努力构建“和谐人口、惠民计生”，全县的人口和计划生育工作取得开创性、突破性的发展。

云南省计生委副主任金桂兰等领导到南华调研

云南省人口计生委副主任吴莉华在南华县人民政 府县长周兴国的陪同下视察县计划生育服务 站

楚雄州人口计生委主任孟树仙在南华县委书记纳 云德的陪同下检查指导人口和计划生育工作

南华县农业人口独生子女奖优免补养老生活补助金首发仪式现场

省人口计生委副主任李善荣到南华 调研流动人口计划生育管理工作

永仁县人口和计划生育委员会

省、州人口计生委领导到永仁调研新农村

2008年，永仁县的人口和计划生育工作在县委、县人民政府的正确领导和州人口计生委的指导帮助下，坚持以邓小平理论和“三个代表”重要思想为指导，以科学发展观统领工作全局，以贯彻落实党的十七大精神和《中共中央国务院关于全面加强人口和计划生育工作统筹解决人口问题的决定》（以下简称中央《决定》）为主线，紧紧围绕稳定低生育水平、统筹解决人口问题、促进人的全面发展这个中心任务，努力构建“和谐人口、惠民计生”开展工作。全县年内共落实三术1071例，占下达任务950例的112.73%。县本级部门专项投入76.9万元。年内兑现独生子女保健费53.9275万元。全年共清查流入人口2次，清查流动人口2486人，流出人员3171人，当年实发证487人，在流入人口2486人中，应持证2473人已验证2261人，责令补证212人。认真执行药具分配计划，2008年州药具站下达永仁县计划生育避孕药具33699.10元，分配到乡级23481.96元，县级15322.74元，药具分配计划执行率达100%。

省计生委吴莉华副主任到永仁指导8.30地震抗震救灾工作

认真落实目标责任

街头宣传

兑现历年独生子女保健费

禄丰县人口和计划生育委员会

2008年11月20日，国家人口计生委流动人口管理司副司长阎宏在省计生委副主任李善荣的陪同下到我县调研

2008年10月25日，国家人口计生委副主任潘贵玉一行在省、州人口计生委领导的陪同下到我县调研流动人口管理工作

2006年，禄丰县人口和计划生育工作紧紧围绕上级下达的人口和计划生育目标任务，加强领导，强化措施，真抓实干，各项工作取得新进展。2006年各级财政投入计划生育专项经费627.899万元,其中:县本级计划生育事业费投入157.899万元，乡级财政投入271万元。

禄丰县2007年的人口和计划生育工作，坚持以人为本，以人的全面发展为中心，以优质服务为重点，扎实开展农村独生子女“奖优免补”工作，积极探索流动人口计划生育管理服务新机制，深入推进计划生育新农村、新家庭创建活动，努力改善民生问题，经过全县各乡（镇）、各部门及广大计生干部的艰苦努力和扎实工作，全面完成了州人民政府、州人口计生委下达的各项指标任务。

2008年，坚持和落实科学发展观，紧紧围绕“稳定低生育水平，提高人口素质”这一中心任务，注重三个强化、建立三项制度、突出三大特色、夯实三项基础、落实三大惠民政策、促进了人口和计划生育工作的健康发展。

县人口计生委主任赵莉，在开展优质服务创建活动中，深入育龄群众中开展“六登门八服务”活动

受县人民政府表彰的20名计划生育宣传员合影

县人民政府副县长李静云，县人口计生委主任赵莉，深入流动人口聚居地开展“关爱流动人口活动”为流动人口儿童送去生日蛋糕

广南县人口和计划生育局

文山州人口计生委副主任杨朝华深入广南县莲城镇进行计划生育政策宣传

广南县人口和计划生育局内设办公室、计划财务股、政策法规股、科技股、流动人口管理股、计划生育协会办公室。下辖县计划生育服务站。

局机关干部职工 24 人，服务站 14 人。局长：朱玉(女，苗族)，副局长：李有会（苗族）（2008.03 免职），何恩良（壮族），龚玉弘（2008.11 任职）；党总支书记：严贵能。

广南县人口计生局以邓小平理论和“三个代”重要思想为指导，认真贯彻党的十七大精神，坚持以人为本，控制人口数量，提高人口素质，树立和落实科学发展观、《云南省人口与计划生育条例》、中共中央国务院《关于进一步加强人口和计划生育工作统筹解决人口问题的决定》和中共云南省委 云南省人民政府《关于加强人口和计划生育工作统筹解决人口问题的决定》等有关法律法规，围绕大局抓重点，集中力量攻难点，开拓创新造亮点，扎实落实好各项工作措施，全面完成好年度人口与计划生育各项任务指标，为构建平安和谐广南营造良好的人口环境。

广南县召开全县流动人口“一盘棋”部署暨半年人口分析工作会。主席台是就座的是广南县人口计生局局长朱玉（右）和党总支书记严贵能（左）

广南县人口计生局领导深入扶贫点调研

参加培训的服务对象认真填写广南县人口计生局组织的政风行风民主评议活动

广南县召开全县出生缺陷一级预防培训会。局长朱玉在作重要讲话